이 책을 향한 찬사

디지털 대변환의 시기, 한국 산업의 미래전략에 불확실성과 기회라는 화두가 던져졌다. 더불어 복잡하게 얽혀 있는 경제 현실에도 이를 해석할 새로운 통찰력을 요구하고 있다. 이 책은 이러한 경제생태계에서 진짜 부의 기원을 찾아간다. 한마디로 복잡한 적응 시스템적 사고가 요구되는 시대의 '복잡한 경제학 혁명'에 관한 이야기다. 결코 쉽게 파악할 수도, 섣불리 단정 지을 수도 없는 새로운 경제 패러다임의 등장이다. 저자가 제시하는 낯설지만 생생히 도래할 새로운 기업과 사회, 금융, 정치의 미래를 따라가 보길 바란다. 21세기 지적 체계에서 가장 흥미로운 변화로 기록될 경제학에 대한 가장 앞선 통찰을 전해줄 것이라 확신한다. 경제학과 과학에서 나오는 새로운 아이디어들이 세상을 어떻게 바꿀지 촉각을 세우고 있는 비즈니스 리더들, 투자가들, 정책 결정자들의 생각을 뒤바꾸는 실로 혁명적인 책이다.

_권오경, 한국공학한림원 회장

팬데믹 위기와 함께 홀연히 등장한 인플레이션, 금융 불확실성, 지정학적 충돌, 에너지 불안 등으로 세계 경제는 지금 복합위기에 직면해 있다. 복합위기는 기존의 대응 방식을 무력화하고 있다. 한마디로 판이 바뀐 것이다. 과거 모델이 안 맞으면 그 모델을 버려야 한다. 복합위기에는 다른 분야도 함께 보고 대응해야 한다. 경제는 다른 영역들과 역동적으로, 서로 연결돼 있다. 좁은 경제적 관점의 정책이 통하던 시대는 지나갔다. 이 책은 그 출구를 가리키고 있다.

_김용범, 전 기획재정부 제1차관

이 책은 세계 경제의 복잡한 질서가 어떻게 이루어지는지 장엄한 역사적 맥락을 들어 설득력 있게 풀어낸다. 우리를 둘러싼 시스템의 진화 과정을 파악하지 못하면 정치인, 관료는 말할 것도 없고 개인과 기업조차 다가오는 미래에 제대로 대응할 수 없다. 혁신이 매 순간 강조되는 이때, 저자가 제시하는 진화의 알고리즘에서 부의 원천이 될 지식을 능동적으로 찾길 바란다.

_신종균, 삼성전자 고문

이 책은 기존 경제학의 모순과 한계 사이에 존재하는 가능성을 모색하기 위해 새롭게 통섭과 융합을 시도한 결과물이다. 특히 저자의 진화생물학, 열역학, 행동경제학, 사회학 등 분야에 갇히지 않은 연구 결과를 통해 경제를 새로운 적응 체계로 바라보는 시각이 탁월하다. 아직 미완의 영역이 있음에도 시간이 지날수록 그 가치를 인정받을 만하다.

_이광형, 카이스트(KAIST) 명예교수

부의 기원

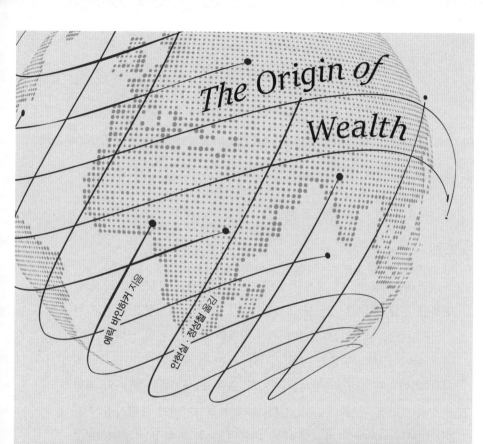

The Origin of
Wealth

에릭 바인하커 지음

안현실 · 정성철 옮김

부의 기원

알에이치코리아

내가 이 책을 쓸 때 경제학 분야는 100년이 넘는 기간 중 가장 큰 변화를 겪고 있었고 지금도 그렇다. 이런 변화는 세계적인 지적 흐름의 큰 이동을 상징하는 것이며 우리 세대의 삶은 물론이고 다음 세대들의 삶에 심대한 영향을 미칠 것이다. 나는 또 생물학이 20세기에 진정한 과학으로 발전한 것처럼 경제학 또한 21세기에는 하나의 과학으로 인정받을 것이라고 확신한다. 위대한 역사가이자 과학사상가 토머스 쿤Thomas Kuhn이 관찰한 바에 따르면, 과학적 탐구는 점진적이고 한결같은 진보를 통해 발전한 게 아니다. 그보다는 쿤을 연구한 한 학자가 표현했듯이 과학은 "하나의 개념적 세계관이 다른 것에 의해 대체되어 버리는, 지적으로 격렬한 혁명들이 불연속적으로 있었고 그 사이에 일련의 평화로운 막간들이 존재하는 그런 과정"[1]을 통해 발전하고 있다. 쿤은 이런 격동의 시기들을 "패러다임 이동paradigm shift"이라고 불렀다. 이 용어가 너무 남용되다 보니 이제는 좀 힘이 빠져 버린 느낌이 들기도 하지만, 그럼에도 이 책에서는 오늘날 우리가 접하고 있는 경제학의 변화가 사실상 그러한 패러다임 이동의 초기 단계에 해당한다고 주장할 것이다.

경제학에서의 패러다임 이동이 왜 중요한가? 경제학자들이 아닌 사람들이 이런 문제에 신경을 써야 할 이유가 있는가? 대부분의 사람들은 경제학을 재미없고 학술적이며 고도의 전문적인 영역이라고 생각한다. 토머스 칼라일Thomas Carlyle 같은 사람은 "우울한 과학dismal science"이라는 유명한 말을 남기기도 했다[2]. 그러나 경제학적 아이디어들은 중요하다. 왜냐하면 이 아이디어들은 우리 사회의 지적 체계에 깊이 박혀 있기 때문이다. 실제로 경제학적 아이디어는 우리 개인들의 다양한 선택에 영향을 미치고 있다. 어떤 종류의 모기지(주택 담보 대출)를 선택할 것인가에서부터 은퇴 이후를 대비한 투자, 누구에게 투표할 것인가에 이르기까지 너무도 다양하다.

경제학적 아이디어들은 또 비즈니스나 정치 분야 지도자들이 우리에게 영향을 미치는 결정을 내리는 방법과 관련해서도 중요한 틀을 제공한다. 추상적인 과학적 이론들이 우리가 타는 비행기, 우리가 먹는 약, 우리가 사용하는 컴퓨터 등을 통해 현실로 나타나듯이 경제학적 아이디어 또한 우리를 고용한 조직, 우리가 소비하는 제품과 서비스, 그리고 정부의 정책 등을 통하여 현실로 나타나고 있다. 존 메이너드 케인스John Maynard Keynes가 그의 저서 『고용·이자 및 화폐에 관한 일반 이론General Theory of Employment, Interest and Money』의 결론에서 쓴 바와 같이 "경제학자들과 정치철학자들의 아이디어는 그것이 맞을 때나 틀릴 때나 일반적으로 생각하는 것보다 훨씬 강력하다. 정말 세계는 조그만 차이에 의해 좌우된다."[3] 역사적으로 보면 나쁜 경제학적 아이디어는 수백만 명에 이르는 사람들을 고통으로 몰아넣었고, 반면 좋은 아이디어는 번영의 토대가 되었다.

경제학적 사고가 미치는 이런 영향력에도 불구하고 조용한 학문의 전당 바깥에 있는 사람들 중에 오늘날 경제학 영역에서 진행되고 있는 근본적인 변화를 알고 있는 이는 거의 없다. 이 책은 이른바 '복잡계 경제학 혁명'에 관한 이야기다. 복잡계 경제학은 과연 무엇이고, 그것이 경제학의 가장 근본적인 의문점들에 대해 우리에게 무엇을 알려주는지, 그리고 비즈니스와 우리 사회에서 의미하는 바가 무엇인지에 대해 살펴볼 것이다.

어떤 과학적 혁명들은 아인슈타인의 '상대성 이론'처럼 한 사람의 천재에 의해 완전한 작품으로 태어나기도 하고, 1900년에서 1930년까지의 '양자 물리학quantum physics' 혁명처럼 많은 사람들에 의해 수십 년에 걸쳐 일어나기도 한다.

복잡계 경제학도 이와 비슷하다. 이는 전 세계에서 수십 명이 수년에 걸쳐 이루어 낸 작업의 결과에 따른 혁명이다. 물론 복잡계 경제학의 많은 아이디어들은 역사적으로 깊은 뿌리를 갖고 있다. 하지만 물리학의 발전을 계기로, 일단의 소수 경제학자와 사회과학자들이 경제를 이해하는 새로운 방법이 있을지 모른다고 생각하기 시작한 1970년대 후반에 이르러 그러한 혁명이 꿈틀대기 시작했다. 1980년대, 1990년대에 저렴하면서도 막강한 '컴퓨팅 파워computing power'의 등장에 힘입어 연구자들은 새롭고, 과거에는 예상치 못했던 방법으로 이러한 아이디어를 탐구하게 되어 복잡계 경제학 혁명은 가속화되었다.

그러나 이 혁명은 아직도 진행 중이다. 그런 만큼 논란도 있다. 일부 경제학자들은 이 책의 아이디어에 열광하며 열정적으로 동의하고 나서겠지만 그 반대인 경제학자들도 있을 것이다. 또한 보다 많은 경제학자들이 어떤 점에는 동의하겠지만 다른 점에는 동의하지 못한다고 말할 것이다(오래된 농담이지만 네 가지 의견을 원한다면 두 명의 경제학자에게 물어보면 된다는 얘기가 있다). 어쨌든 지적 조류는 복잡계 경제학 쪽으로 확고하게 돌아섰으며 이 개념이 앞으로 수십 년 동안 경제학의 이론과 실제의 기반을 제공하게 될 것이라는 것이 나의 믿음이다. 이 책의 역할은 바로 복잡계 경제학 혁명 이야기를 일반 대중에게 널리 알리는 것이다. 그 과정에서 이런 아이디어가 무엇을 의미하며, 또 그것이 어떻게 비즈니스, 금융, 정부의 실제 현장에 적용될 수 있는지에 대한 내 견해도 아울러 밝히겠다.

이 책은 누가 읽어야 하는가?

나는 세 독자층을 염두에 두고 이 책을 썼다. 첫 번째 독자는 경제학과 과학에서 나오는 새로운 아이디어들이 자신들의 일에 어떤 영향을 미칠지 관심 있어 하는 비즈니스 리더들, 투자가들, 정책 결정자들이다. 이 독자들에게는 우선 이 책이 '월요일 아침에 무엇을 할 것인가?'와 같은 책이 아니라는 점을 강조하고 싶다. 복잡계 경제학은 경영자나 정책 결정자들이 부딪히는 아주 어려운 문제와 관련성이 높은 매우 영향력 있는 개념들을 담고 있다. 독자들은 앞서가는 기업들이 복잡계 경제학을 어떻게 활용하고 있는지에 대한 세세한 사례들이라든가, 쉽게 써먹을 수 있는 10단계 프로그램 등과 같은 것들을 이 책에서 발견하지 못할 것이다. 많은 경영학 책들이 첨단 아이디어를 독자들에게 약속한다. 그러면서 동시에 이 첨단 아이디어들이 수년에 걸쳐 수십 개의 기업들에서 성공적으로 적용돼 그 유효성이 증명되고 있다고 말한다. 그러나 당신이 이 두 가지를 모두 가질 수는 없다. 복잡계 경제학은 진실로 첨단적이지만, 바로 그 때문에 아직 널리 활용되지 못하고 있다. 몇몇 기업들이 이를 실험해 보고 있으며, 또 다른 기업들은 충동적으로 혹은 우연히 복잡계 경제학적 사고와 일치하는 실행을 경험한 적이 있다. 이런 경험들을 모아 경영적인 도구로 만들어 보려는 몇몇 시도들이 있었지만 복잡계 경제학 아이디어들이 구체적으로 어떻게 응용될지 말하는 것은 시기상조라는 게 내 생각이다[4]. 나는 어떤 사례나 도구를 독자들에게 제공하기보다는 경제 시스템이 어떻게 움직이는지에 대한 그들의 생각을 다시 바꾸어 놓는 데 집중할 것이다. 비유하자면 이 책은 '월요일 아침용 책'이 아니라 '일요일 아침용 책'이다. 이 책의 목적은 당신이 무엇을 해야 하는지를 알려 주는 것이 아니라 당신이 어떻게 생각해야 하는지 알려 주는 것, 다시 말해 생각하는 방법을 바꾸는 데 있다.

두 번째 독자는 경제학, 사회적 이슈, 공공 정책, 과학 등에 일반적으로 관심 있는 사람들이다. 어떤 과학적 혁명을 그것이 만들어지는 단계에서 목격하기는 쉽지 않다. 전 세계에 큰 영향을 미칠 그런 혁명인 경우는 더욱 그렇다. 이 책은 앞으로 21세기 지적 체계에서 가장 흥미로운 변화로 기록될 것이 분명한 복잡계 경제학에 대해 여러분을 가장 앞선 사람으로 만들어 줄 것이다. 이 책은 경제학이나 과학 등 어떤 선행적인 배경지식을 전제로 하고 있지 않으며, 논의들이 지나치게 전문적이지도 않다. 하지만 독자들에게 익숙하지 않을 수도 있는 수많은 용어들이 등장할 것이다. 사실 경제, 비즈니스, 사회적 이슈들을 논의하고 이해하기 위한 이런 새로운 용어들은 복잡계 경제학의 가장 중요한 공헌 중 하나다.

세 번째 독자는 학자와 학생들이다. 이 책이 이들 독자에게는 우리가 지금 어디에 있고, 또 어디로 가고 있는지에 대해 유용한 리뷰가 될 수 있다. 또한 경제학에서 아직도 진행 중인 일부 논쟁들을 명확히 이해하고(그 논쟁을 확실히 해결해 주지는 못하겠지만) 새로운 논쟁을 제기하는 데 도움이 될 것이다. 이런 문제에 보다 깊은 관심을 가신 학자나 독자들의 경우 각 장에 달린 주석들이 논의의 좋은 재료가 될 것이다. 이는 상세한 참고 자료를 넘어 보다 기술적인 논의, 또한 본문에는 제시되어 있지 않은 논쟁의 기회로도 활용될 수 있을 것이다. 자료의 출처를 찾아 자신들의 의문을 풀어 가고자 하는 독자들을 위해 참고 문헌들을 이 책의 뒷부분에 적어 놓았다.

옮긴이의 말

"현실을 제대로 분석하고 예측하며 해결책을 내놓는 데 실패했다."
1999년 12월 초, 한국 경제가 IMF 관리체제에 들어간 지 2년 후, 국
내 경제학자 40여 명이 모여 이 같은 반성의 글을 내놓았다. 이에 앞
서 내로라하는 경영학자들도 비슷한 반성문을 내놓았다. 1997년 발
생한 외환 위기는 한국 경제의 틀을 완전히 바꾸어 놓았다. 2007년,
우리가 이 책을 처음 번역했을 때도 경제학계에서는 외환 위기의 영
향이 주제로 등장했다. 그 이후 변화된 긍정적 측면들에 주목하면서
'위장된 축복'이라는 평가가 일부 있었지만, 실제로 한국이 치러야 했
던 고통은 엄청났다.

당시 경제학자들은 주류 경제학을 추종했던 한국 경제학의 취약성
을 지적했다. 경제적 원리가 국가마다 반드시 달라야 한다는 법이 없
다는 점에서 꼭 그렇게만 볼 일도 아니다. 미국의 저명한 경제학자들
이 당시 한국에 있었다 해도 과연 제대로 된 예측을 했을지는 의문이
다. 미국의 경제학자들 또한 미국 경제의 미래를 정확히 예측하지 못
한다고 비판받기는 마찬가지 아닌가?

외환 위기는 도대체 어떻게 해서 일어난 것인가? 동남아 금융 위기
가 확산하는 과정에서 한국도 희생양이 되어 버린 것인가? 아니면 한
국 내부의 산업·금융 부실이 누적되어 일어난 것인가? 민간 부문의

잘못인가? 아니면 정부 정책 대응의 실패인가? 그 원인에 대한 논쟁에는 여전히 결론이 없다. 국제 음모론까지 나왔을 정도다. 외환 위기 이후 한국은 얼마나 달라졌는가? 외환 위기를 겪고 10년이 지나자 다시 세계 경제는 넘치는 유동성, 자산시장 거품 등을 시작으로 1929년 대공황 이후 최대 금융 위기를 맞았다. 2008년에 일어난 글로벌 금융 위기가 그것이다.

불행히도 글로벌 금융 위기가 올 것을 예측하고 경고한 소위 주류 경제학자는 없었다. 이에 대해 펜실베이니아 대학교 와턴경영대학원의 온라인 저널은 주류 경제학이 현실 변수를 고려할 수 없는 수리모델에 과도하게 의존하기 때문이라고 하였다.[*]

뿐만 아니라 로즈와 슈피겔(2012)은 금융 위기와 관련된 60개의 다양한 변수(금융정책, 제도, 부동산 가격, 주식시장, 국제수지, 외환 보유고, 거시경제 변수, 제도 변수, 지리적 특징 등)를 활용한 다중지표 다중원인 구조 모형MIMIC model을 통해 금융 위기의 원인을 찾고자 했으나 실패했다고 말했다.[**]

이에 반해 상당수의 비주류 경제학자들은 다양한 이유를 들어 금융 위기가 임박하였음을 경고한 바 있다. 이들은 세계 금융 시장이 항상 급변동의 위험을 안고 있으며, 미국 경기의 하강 폭과 정도에 따라 금융 시장이 침몰할 수도 있다고 경고하였다.

놀랍게도 일반 시민도 금융 위기의 징후를 보고 있었다. 글로벌 금융 위기가 발발하기 전 전국경제인연합회가 실시한 '최근 경제 현황 및 경제 정책의 방향에 대한 국민 의식 조사' 결과만 봐도 알 수 있다.

---

[*] Wharton School, University of Pennsylvania (May 13, 2009) Why Economics Failed to Predict the Financial Crisis

[**] Rose, Andrew K. and Mark M. Spiegel (2012) Cross-country causes and consequences of the 2008 crisis: Early warning, Japan and the World Economy, 24 (1)

이에 응답한 국민 5명 중 4명은 우리 경제가 향후 3년 이내에 외환 위기에 버금가는 경제 위기에 처하거나, 그 수준은 아니더라도 상당한 어려움에 처할 것이라고 내다봤다. 일반 경제 주체인 국민들이 그 징후를 상당히 느끼고 있었던 것이다.

그렇다면 이런 의문이 들 것이다. 우리가 알고 있는 경제학은 앞을 예측하는 것은 둘째치고 이미 벌어진 사건조차 제대로 분석하지 못하고 한계를 보여 주고 있는 것이 아닌가? 경제학은 일반 경제 주체의 예측 능력에도 수준이 못 미치는가? 누구나 미래를 알고 싶어 한다. 그러나 현상 분석조차 제대로 하지 못하는 주류 경제학에 복잡한 경제의 미래에 대한 예측을 기대하는 것은 무리가 아닐까?

아마도 이러한 의문 때문에 일부 사회과학자들이 "경제도 복잡 적응 시스템의 한 형태"일지 모른다는 생각을 하게 되었을 것이다. 확실한 것은 경제란 주체 간에 서로 교류하고 이로부터 얻은 정보를 분석하여 그 결과를 바탕으로 환경에 맞게 적응하고 의사 결정하는 인간 활동의 집합체라는 것이다. 따라서 1980~1990년대 들어 사회과학자들은 전통적 모델과는 크게 다른 새로운 경제 모델을 실험하기 시작했다. 이들은 경제를 정태적인 균형 시스템이 아니라 역동적인 활동으로 북적대는 그야말로 '벌통' 같은 것으로 보았다. 이 모델들은 현실 경제에서도 수많은 주체들의 상호 작용을 통해 다양하고 복잡한 성공과 실패의 패턴이 만들어지고, 변화와 혁신이 일어난다는 것을 시뮬레이션을 통해 보여 주었다.

이 책이 소개하고 있는 이러한 모델의 의미는 크게 두 가지다. 첫째, 경제 시스템에 외생 변수는 없다는 것이다. 경제에 영향을 미치는 모든 변수는 시장과정이 만들어 낸 것이다. 기술혁신, 심지어는 자연환경의 변화까지도 예외가 아니다. 둘째, 좋든 나쁘든 경제적 성과는 바로 주체들의 상호 작용의 결과라는 것이다. 변화의 정보를 제대로 이해하고 환경에 맞게 잘 적응하고 변신하고 혁신하는 주체가 승자가 된다는 얘기다.

지금 세계 경제는 이중고를 겪고 있다. Covid-19은 국가 간, 개인 간 빈부 격차를 심화시키고 있고, 미국과 중국의 충돌에 이어 러시아의 우크라이나 침공은 글로벌 공급망을 불안하게 흔들고 자원 수급 체계까지 붕괴시키며 세계 경제 회복을 저해하고 있다. 이런 요인들로 인해 심각한 스태그플레이션이 우려되고 있다. 이러한 현상을 IMF는 "저성장, 고물가; 저소득, 생활고 Growth down, inflation up; Income down, Human hardship up"라고 표현하고 있다.*

이러한 문제의 직접적인 원인은 물론 팬데믹, 미·중 충돌, 우크라이나 전쟁이지만, 더 큰 문제는 "세계 경제의 지경학적 블록geo-economical blocks의 분산화"로 인해 세계 경제 문제를 극복하고 해결할 국제사회의 역량이 크게 약화되고 있다는 점이라고 IMF는 지적한다.

그러나 장기적인 차원에서 본다면 팬데믹도, 미·중 충돌도, 전쟁도, 세계 경제 블록의 분산화까지도 외생 변수가 아니라 경제 프로세스의 결과로 나타난 내생 변수라고 볼 수 있다. 예를 들어 경제의 지경학적 블록 분산화는 과거 경제 시스템의 성공적 성과가 그 원인일 수도 있다는 것이다. 제2차 세계 대전 이후 국제 사회의 경제 위기 관리 능력과 경제 지형 변화에 대한 스스로의 적응력을 바탕으로 많은 국가들이 부국 대열에 오를 수 있었다. 한국이 그 대표적인 예다. 중국도 그렇다. 그리고 이들 국가들의 국제 사회에서의 발언권도 강화되었다. 따라서 오늘날 세계 경제에서의 영향력은 분산될 수밖에 없고 이것이 경제 블록의 지경학적 분산으로 이어졌다고 볼 수 있다. 결국 오늘 우리가 당면한 '위기'는 경제 과정의 결과로서 끊임없이 일어나는 경제 지형의 낯선 변화에 대한 두려움의 표현일 뿐이다. 변화된 지형에 적응하고 거기에 맞게 변신, 대응하는 경제 주체 ─ 개인, 기업,

---

* Imf.org/en/News/Articles/2022/04/14/sp041422-curtain-raiser-sm2022

국가 — 가 결국 성장하고 부유해진다. 즉, 부의 원천은 변화에 대한 대응 능력에 있다.

이러한 의미에서 국가의 변화 대응 능력은 매우 중요하다. 언제부터인가 한국 사회에 흥미로운, 그러나 전혀 바람직하지 않은 현상 하나가 뚜렷하게 감지되고 있다. 정부 정책에 대한 경제 주체들의 신뢰가 예전 같지 않다는 점이다. 오랫동안 정부의 역할이 시장에서 강하게 작용해 왔던 것이 한국 경제의 특성이었기 때문에 이는 새로운 변수임이 분명하다. 그 원인은 어디에 있을까? 아무리 생각해 봐도 국민들이 정부의 실패를 직접 목도하게 되었던 일련의 사건들과 무관하지 않을 것이다.

외환 위기는 물론이고, 그 뒤에 나타난 카드 위기의 이면에는 정부가 변화된 경제 지형을 이해하지 못하고(잘못된 정보처리), 과거의 성공적인 역할에 집착했기(변화 능력 부재) 때문이라고 진단한다면 틀린 것일까? 시장실패도 문제지만 그것을 빌미로 한 무분별한 정부개입이 초래할 실패가 더 고통스러울 수 있다는 것을 이제는 제대로 인식할 필요가 있다.

정부는 하나의 경제 주체이자, 동시에 개인과 기업의 입장에서 보면 경제 지형을 결정하는 룰 세터요, 심판이다. 국민과 기업의 신뢰를 잃은 룰 세터나 심판은 게임을 운영할 수 없다. 그러한 경기에서는 진정한 승자도 있을 수 없다.

달라진 경제 지형에 따라 제대로 된 이해와 대응이 중요한 것은 비단 정부뿐만이 아니다. 개인, 기업 등의 경제 주체도 마찬가지다. 바로 이런 배경에서 개인의 사고가 급속히 달라지고 있다. "내 일은 내가 책임져야 한다"는 것이 그것이다. 경제 뉴스나 경제 정보, 각종 데이터에 대한 개인의 관심이 갈수록 높아지는 현상도 같은 연장선상에서 볼 일이다. 정치에서 경제로 국민들의 주된 관심사가 이동하고 있는 것만은 틀림없다. 정치에 대한 관심도 정치가 미칠 경제 지형의 변화에 모아진다. 그러나 쏟아지는 수많은 뉴스, 정보, 데이터에 대해 개인이 감을 잡는다는 것이 그렇게 쉬운 일은 아니다. 경제학이 이 모든 의문을 설명하지 못하고 있기 때문이다. 그래서 개인은 그 어느 때보다 이 복잡한 경제 현실에 대한 새로운 설명에 목말라하고 있다.

개인이 이럴 정도면 기업들의 답답함은 더 말할 것도 없을 것이다. 글로벌화가 가속화되면서 경제 현실은 더욱 복잡하게 얽히고 있다. 그만큼 기업으로서는 언제 어디서 위험이 발생할지 모른다는 위기의식이 커지고 있다. 경쟁이 치열한 만큼 전략적 포트폴리오상 조그마한 실수라도 생기면 기업은 단 한 번에 나락으로 떨어질 수 있다. 이런 위기의식과 위험에 대한 두려움이 바로 이 복잡한 세계를 제대로 파악하려는 기업들의 강한 니즈를 낳고 있다. 이런 니즈가 충족되려면 세상을 보는 눈이 근본적으로 달라져야 한다. 우리가 문제를 너무 단순하게 보고 있는 것은 아닌가. 모든 현상의 인과 관계가 시간적으로나 공간적으로 우리가 손쉽게 알아차릴 수 있도록 결합되어 있으면 좋겠지만, 그렇지 않은 경우가 이 세상에는 너무나 많다. 가령 오늘의 주가 하락은 어제 발표된 기업 실적 때문이라는 식의 피상적인 언론 보도만으로는 현상의 기저에 흐르는 근본적인 원인을 감지해 낼 수 없다.

그렇다면 문제의 배후에 있는 본질을 찾아내는 방법은 무엇인가? 한마디로 우리에겐 복잡 적응 시스템적 사고가 필요하다. 이는 어떤 사건이 발생했을 때 그 직접적인 원인에만 주목하지 않고 그 사건을 만들어 낸 구조를 탐구하는 자세를 말한다. 사건들 간의 관계도 단선적 인과 관계보다는 각 요인 사이의 상호 연결관계(피드백 고리)들을 파악하는 게 핵심이다. 단선적 인과 관계 중심의 사고가 아니라 구조를 보고 패턴을 읽어 내는 사고가 요구되는 것이다. 그러기 위해서는 특정 시점에만 집착하지 않고 전체적인 변화의 흐름을 살펴보는 자세가 필요하다.

14

이는 어느 한 학문, 특정 영역의 지식만으로는 가능하지 않을 것이다. 복잡한 세상을 살아가며 특정한 시각만 고집하거나 특정한 지식에만 의존할 게 아니라 학문이나 영역의 경계를 넘나드는, 개방된 태도를 보여야 하는 것은 그 때문이다. 이른바 융합의 바람, 통섭의 바람은 복잡한 세상을 조금이라도 체계적으로 이해해 보려는 몸부림이다.

이제 이 책의 유용성을 언급할 단계에 이른 것 같다. 복잡성을 제대로 파악하고 판단할 수 있는 새로운 패러다임을 원하는 개인, 기업과 정부 실패를 조금이라도 줄여 보려는 관료들에게 이 책은 더 없는 참고자료가 될 수 있다. 또한 이 책은 한국 사회가 지난 몇 년간 치열하게 논쟁해 왔던 좌냐 우냐, 큰 정부냐 작은 정부냐 등의 주제들에 대해서도 의미 있는 통찰을 던지고 있다.

과연 세상의 한쪽 면만을 보는 좌우가 우리가 직면하고 있는 이 복잡한 문제들을 해결해 줄 수 있을까? 여러분은 좌파들이 그토록 의지하는 정부가 모든 것을 해결해 줄 수 있다고 보는가? 아니면 우파가 숭배하는 시장이 모든 것을 해결해 줄 수 있다고 믿는가? 아니면 좌우 논쟁은 더 이상 의미가 없으며 시장이 해야 할 역할, 정부가 해야 할 역할이 따로 있다고 보는가?

흥미롭게도 오늘날 좌와 우는 서로를 벤치마킹하고 있다. 실제로 미국 민주당은 공화당의 경제정책을 벤치마킹해 왔고, 공화당은 민주당의 사회 복지 정책을 벤치마킹해 왔다. 유럽도 마찬가지다. 따지고 보면 중도가 나오고 제3의 길이 나오는 것도 이념 논쟁의 한계를 말해 주는 것일 뿐이다. 이 책은 그런 점을 비롯해 지금 사회가 관심을 두고 있는 수많은 정치적 문제에 이르기까지 결코 후회하지 않을 지적 탐험을 독자에게 제공한다.

역사적으로 보면 경제 이론 패러다임에 큰 변화가 있을 때마다 그 진동은 학계 차원을 훨씬 뛰어넘었다. 애덤 스미스의 아이디어는 자유 무역 확대에 지대한 영향을 미쳤다. 카를 마르크스는 사회 변혁의 영감을 주었고, 20세기 초중반에 걸쳐 등장한 사회주의는 실패했지만 새로운 경제 제도를 실험하게 했다. 앵글로색슨의 '지적 지배'라고 볼 수 있는 신고전파 경제학은 20세기 후반 이후 수십 년 동안 글로벌 자본주의를 부상할 수 있게 했다. 아마도 앞으로 수십 년이 흐른 뒤에는 새로운 경제학의 완전한 사회정치적 의미가 더욱 명확해질 것이다. 이 책이 설명하고자 하는 복잡계 경제학이라는 새로운 프레임이 개인과 기업, 사회의 경제 활동에 어떠한 변화를 가져올지 관심이 쏠리는 이유다.

오랫동안 산업과 기술혁신에 관심을 갖고 연구해 왔던 역자들로서는 이 책을 만난 것이 개인적으로 잊지 못할 큰 기쁨으로 남을 것 같다. 일찍이 경제학자 조지프 슘페터Joseph Schumpeter는 자본주의라는 체제가 굴러가려면 새로운 성장엔진이 계속 나와야 한다고 했다. 기업가 정신을 가진 기업가와 이를 알아보는 금융이 만나 기술혁신을 지속적으로 창출해야 한다는 것이다. 이런 기술혁신이 제대로 꽃을 피울지 말지는 결국 시장이라는, 진화 알고리즘이 작동하는 최고의 플랫폼이 결정한다. 시장과 기술혁신은 자본수의의 양대 축이다.

이 점을 잘 알면서도 왜 어떤 나라에서는 혁신이 잘 일어나는데 반해 다른 나라에서는 그렇지 못할까? 지난 몇 년간 OECD(경제협력개발기구)의 큰 관심사는 바로 이것이었다. 그래서 나온 것이 국가 혁신 시스템이고, 더 세부적으로는 지역 혁신 시스템, 부문별 혁신 시스템, 산학연 협력 시스템, 기업, 대학, 연구소의 개별적 혁신 시스템이다.

결론은 혁신이 일어나는 복잡 적응 시스템과 각 혁신 주체 간 또는 혁신 요소 간 상호 작용에 주목할 필요가 있다는 것이다. 부의 창출을 논리적으로 파헤치고 있는 이 책은 복잡계 경제학, 진화 경제학이라는 또 다른 관점에서 더 포괄적이면서도 체계적으로 그리고 흥미롭고 설득력 있게 우리를 이런 결론으로 자연스럽게 인도하고 있다.

지금 한국 경제는 새로운 경제 지형을 헤쳐가야 할 알맞은 시스템을 수립해야 하고, 이를 토대로 새로운 성장동력을 창출해야 하는 절박한 상황에 놓여 있다. 우리 경제를 걱정하는 개인, 기업, 정부가 이 시점에서 이 책을 접할 수 있는 것은 참으로 큰 행운이다.

2022년 8월
안현실·정성철

차례

$

우리가 분연히 일어서서 의문을 제기하면서부터
다섯 번인가 여섯 번 만에 문이 열렸다.
당신이 알고 있다고 생각한 거의 모든 것이 틀렸을 때,
바로 그때가 당신이 생생하게 살아 있음을 보여 줄 최상의 시기다.

－톰 스토퍼드, 『아카디아』

패러다임의 이동

인류의 역사는 한 줌의 은유의 역사일지도 모른다.

– 호르헤 루이스 보르헤스, 『미궁』

1

부는 어디에서 오는가?

⋮

　케냐 남서부에 위치한 오지. 연로한 마사이 부족민 소유의 초가 오두막 방에서 나는 벽에 바짝 기댄 채 조그만 돌출부에 자리 잡고 앉아 있었다. 온갖 풍상을 겪은 그래서 세상사를 다 아는 듯한 얼굴에 날카로운 눈빛을 가진 마사이 노인은 나의 가족에 대해서, 내가 떠나온 곳에 대해서 정중하게 물었다. 내가 어떤 사람인지 알고 싶은 눈치였다. 그는 조리용 화롯불 너머 나를 쳐다보더니 이렇게 물었다. "얼마나 많은 소를 가지고 있는가?" 나는 잠시 주저하다가 조용히 대답했다. "한 마리도 없습니다." 그곳에서 이미 나의 친구가 돼 안내원 역할을 해주던 현지 마사이 선생이 통역해 주었다. 순간 낯선 이방인을 호기심 어린 시선으로 바라보던 마을 사람들이 이 말의 의미를 궁리하는 듯 그 조그만 방에는 침묵이 흘렀다. 잠시 생각하더니 다시 노인이 말했다. "유감이오." 그러나 그 목소리와 표정에서 이렇게 가난한 사람이 어떻게 그 먼 거리를 여행할 수 있고, 게다가 카메라까지 가지고 있는지 궁금해하는 것을 느낄 수 있었다. 이야기는 다시 나의 가족에 대한 질문으로 돌아갔다. 삼촌이 한때 메릴랜드 농장에 상당수의 소를 소유했다고 말했다. 그러자 그는 드디어 의문이 풀렸다는 듯 곧 머리를 끄덕였다. 그들은 나를 부유한 삼촌을 둔 일종의 건달로, 친척에 의지해 여행이나 하며 살아가는 그런 사람이라고 이해했음이 분명했다.

부의 미스터리

부는 무엇인가? 마사이족에게 소는 부의 지표다. 그러나 이 책을 읽는 대부분의 독자들은 부의 척도를 달러, 파운드, 유로, 엔 혹은 다른 화폐로 평가한다. 200년 전 위대한 경제학자 애덤 스미스Adam Smith는 역사적으로 사람들이 어떻게 부를 평가해 왔는지 그 다양한 방법들을 이렇게 설명했다.

사회 초기에는 소가 상거래의 보편적인 수단이 됐다는 얘기가 전해 내려오고…… 상당히 불편했을 것이 틀림없었을 테지만 소금이 아비시니아 지역에서는 상업과 교환의 수단으로 사용됐다는 얘기도 있다. 그 외에도 많다. 인도 해안 일부 지역에서는 조개껍데기류가, 뉴펀들랜드에서는 말린 대구, 버지니아에서는 담배, 서인도 식민지 일부에서는 설탕, 다른 나라에서는 짐승의 가죽 혹은 손질한 가죽이 각각 그와 같은 수단으로 활용되었다. 그리고 요즘에도 스코틀랜드의 한 마을에서는 노동자들이 빵집이나 술집에 돈 대신 못을 들고 가는 게 이상한 일이 아니라고 들었다.[1]

부는 내재적이고, 또 유형이어야 하는가? 소, 대구, 못에는 가치를 부여하는 내재적인 뭔가 특별한 것이 있는가? 마사이 부족민에게는 소에 부가 체화돼 있다. 자신과 가족들에게 우유, 고기, 뼈, 가죽, 악기까지 제공해 준다. 그러나 스미스는 그의 『국부론The Wealth of Nations』에서 부라는 것은 고정된 개념이 아님을 보여 준다. 가치는 누군가가 특정 시점에 이를 얻기 위해 기꺼이 지불하려고 하는 것에 달렸다는 것이다. 심지어 마사이족에게도 오늘의 소의 가치가 내일의 소의 가치와 같지는 않을 것이다. 화폐라는 종이로 부를 측정하는 사람들에게 부는 어떻게 보면 훨씬 더 덧없는 개념이다. 선진국 대부분의 사람들은 자신들이 갖고 있는 부를 보지도 만지지도 못한다. 열심히 번 돈은 은행 컴퓨터에서 한순간에 전산으로 처리돼 버린다. 그러나 그런 전산 처리는 당신의 신용 카드나 컴퓨터 마우스의 클릭을 통해 소, 대구, 못 또는 당신이 원하는 유형의 재화로 전환될 수 있다.

부는 어디에서 비롯되는가? 이마의 땀과 머릿속의 지식이 어떻게 부의 창출로 이어지는가? 세계는 왜 날이 갈수록 부유해지는가? 경영자들은 어떻게 하면 회사를 성장시켜 더 많은 일자리와 기회를 만들어 낼 수 있을까? 정부는 어떻게 부를 증대시키고 가난과 불평등의 문제를 해결해 나갈 것인가?

그러나 부는 맨 처음 어디에서 오는가? 이마의 땀과 머릿속의 지식이 어떻게 부의 창출로 이어지는가? 세계는 왜 시간이 갈수록 부유해지는가? 우리는 어떻게 소를 교환하다가 마이크로 칩을 교환하는 데까지 이르게 됐는가? 이런 질문을 던지다 보면 우리는 부에 대한 가장 중요한 미스터리, 다시 말해 "우리는 어떻게 보다 많은 부를 창출할 수 있는가?"에 이르게 된다. 좁은 이기심에서 이런 질문을 던질 수도 있지만, "우리 사회의 부를 어떻게 더 증대시킬 수 있는가?" 하는 보다 높은 차원의 질문을 던질 수도 있다. 경영자들은 어떻게 회사를 성장시켜 더 많은 일자리와 기회를 사람들에게 제공할 수 있을까? 정부는 어떻게 부를 증대시키고 가난과 불평등 문제를 해결해 나갈 것인가? 전 세계의 모든 사회가 어떻게 하면 보다 나은 교육과 건강, 기타 중요한 목표를 위해 필요한 자원을 창출할 것인가? 그리고 세계 경제는 어떻게 환경적으로 지속 가능한 방향으로 성장할 수 있을 것인가? 부가 반드시 행복을 보장하는 것은 아닐지 모르지만 그 반대인 가난이 전 세계적으로 수백만의 사람을 비참하게 만들고 있는 것은 분명한 사실이다[2].

이 책이 탐색하고자 하는 문제, 즉 "부는 무엇인가? 부는 어떻게 창출되는가? 부를 어떻게 증대시킬 수 있는가?"는 우리 사회의 가장 중요한 질문들인 동시에 가장 오랜 경제학의 질문이기도 하다. 그리고 경제학 분야에서 이전에도 그랬고, 지금도 여전히 그 해답을 찾는 노력이 계속되고 있는 과제들이다. 이 책은 이런 기본적인 문제에 대한 새로운 해답이 지난 몇십 년 동안의 연구로 서서히 드러나고 있다고 주장한다. 이 새로운 해답은 경제학자의 연구에서뿐만 아니라 생물학자, 물리학자, 진화 이론가들, 컴퓨터 과학자들, 인류학자, 심리학자, 인지과학자로부터도 나오고 있다. 현대 과학, 특히 진화 이론과 '복잡 적응 시스템complex adaptive system'은 앞에서 지적한 오랜 경제학적 숙제에 대해 과격할 정도로 새로운 관점을 제시하고 있다.

이 장에서는 이 책의 주요 내용에 관해 개략적인 윤곽을 설명하고 앞으로 논의할 아이디어들을 간략히 살펴볼 것이다. 그러나 해답에 대한 새로운 관점을 제시하기 전에, 이 질문들에 대해 우리가 갖고 있는 시각부터 바꿀 필요가 있다. 대부분의 사람들은 경제를 일상생활에서 당연한 것으로 받아들여 깊이 생각하지 않는다. 우리가 경제에 대해 하는 생각은 프린스턴 대학교 경제학자 폴 크루그먼Paul Krugman이 "업 앤드 다운up and down 경제학"이라고 불렀듯이 '주식 가격이 상승한다', '실업률이 떨어진다'와 같은 식이다[3]. 그러나 경제의 단기적인 상승과 하락으로 이루어진 꼬불꼬불한 그래프에서 잠시 뒤로 물러서 경제 전체를 하나의 시스템으로 생각해 봐야 한다.

당신의 집을 한번 둘러보라. 당신이 무엇을 입고 있는지 살펴보라. 방 밖을 한번 내다보라. 거대한 산업 도시 또는 조그만 시골 마을 어느 곳에서 살든 당신은 경제 활동과 그 결과들에 둘러싸여 있다. 하루 24시간, 주 7일간 이 지구는 디자인을 하고, 뭔가를 조직하고, 물건을 만들고, 서비스를 제공하고, 수송하고, 교류하고, 뭔가를 사고, 뭔가를 파는 사람들로 그야말로 왁자지껄하다.[4]

이 모든 활동의 복잡성은 믿기지 않을 정도로 놀랍다. 시골의 조그만 읍 정도의 마을, 그러니까 소란스러운 현대 생활에서 탈출하기 위해 당신이 갈 수도 있는 그런 조용하고 단순한 곳을 상상해 보라. 그리고 이 마을 사람들이 당신을 자신들의 '자비로운 독재자'로 만들어 주었다고 생각하자. 당신은 그 대단한 권력을 가진 대신 마을 사람들의 의식주를 책임져야 한다. 그 누구도 당신의 허가 없이는 아무것도 할 수 없다. 따라서 매일 아침 당신은 마을 사람들의 모든 경제 활동에 대해 일일이 리스트를 작성하지 않으면 안 된다.[5] 끝내야 할 일들, 조정이 필요한 일들, 이 모든 일들의 타이밍과 순서를 하나하나 적어야 한다. 예컨대, 웨더스푼 아줌마의 꽃 가게는 장미를 제대로 인도받았는지, 너틀리 씨의 요통에 대한 보험 청구는 제때 처리되고 있는지 등 세세하기 이를 데 없는 것들까지 챙겨야 한다. 그러다 보면 이런 조그만 마을에서조차 챙겨야 할 일들이 믿기 어려울 정도로 길고 복잡한 리스트가 돼버리고 만다.

그렇다면 세계 경제 전체를 다루기 위한 리스트는 과연 어떠할지 한번 상상해 보라. 세계 경제가 제대로 굴러갈 수 있도록 전 세계에서 매일 매분 수조 개의 복잡한 의사 결정을 해야 한다고 생각해 보라. 그러나 세계 경제를 대상으로 리스트를 작성하는 사람은 없다. 모잠비크의 어부가 잡은 생선 하나를 한국의 한 식당으로 보내 PC 부품을 만드는 한 컴퓨터 근로자의 점심으로 제공하고, 밀라노의 한 패션 디자이너가 시카고에 사는 금리 선물 시장 거래원의 옷을 디자인하는 데 그가 만든 컴퓨터가 사용되도록 일일이 챙겨 주는 자비로운 독재자는 없다. 그럼에도 참으로 신기한 것은 이런 모든 것들이 바닥에서부터 스스로 조직화되는 방식으로 일어나고 있다는 사실이다.

경제학에서 가장 놀라운 경험적 사실은 우선 어디를 가도 경제가 있다는 점이다. 그리고 두 번째로 놀라운 것은 날마다 경제가 작동되고 있다는 점이다. 바로 그 경제가 지금 전 세계 79억 인구 대부분(모두가 아닌 것은 유감이지만)의 일자리, 의식주 그리고 헬로 키티 핸드백에서 의료용 레이저에 이르기까지 다양한 상품들을 제공하고 있다. 국제 우주 정거장, 중국 정부, 인터넷 등 인간이 만든 다른 복잡한 시스템들을 생각해 보면 글로벌 경제는 분명 인간이 지금까지 만들었던 그 어떤 물리적·사회적 구조물보다 훨씬 더 복잡하다[6]. 경제는 정말 경이로울 만큼 복잡하다. 그러나 그 누구도 이를 설계하지 않았다. 운영하는 사람도 없다. 물론 최고경영자CEO, 정부 관료, 국제 기구, 투자자 그리고 경제의 특정 부분을 관리하려고 하는 사람들이 있다. 그러나 몇 걸음 물러서서 36조 5천억 달러에 달하는 세계 경제 전체를 바라보면 이를 책임지고 있는 사람은 없다는 것이 분명하다[7].

그런데 어떻게 경제가 여기에 이르게 됐는가? 과학은 우리 역사가 자연의 상태, 말 그대로 우리 몸에 걸칠 셔츠 하나도 없는 그런 상태에서 시작됐다고 말해 주고 있다. 우리의 직계 조상은 커다란 뇌와 재빠른 손을 가진, 또 내가 마사이 부족민들과 함께 앉았던 곳에서 멀지 않은 아프리카 사바나를 돌아다녔던 원시인이었다. 인류는 어떻게 자연 상태에서 놀라울 정도로 자기 조직화된, 복잡한 지금의 글로벌

> 아무도 전 세계 경제 전체를 지휘하거나 조정하지는 않지만, 지금 이 순간에도 글로벌 경제 시스템은 전 세계 79억 명 중 대부분에게 일자리와 의식주, 사치품에서 정밀기기에 이르기까지 실로 다양한 상품을 제공하고 있다.

경제로 옮겨 온 것일까?

250만 년의 경제 약사略史

사람들은 인류경제의 발전이 천천히 지속적으로 이루어졌고, 또 석기에서 오늘날에 이르는 발전도 선형적인 진보의 결과일 것으로 상상한다. 그러나 고고학자, 인류학자, 역사학자, 경제학자들의 연구를 종합해 보면 그 변화의 실상은 이와 다르게 훨씬 극적이다[8].

이 이야기의 출발은 첫 원시 인류가 약 700만 년 전에 지구에 나타났고 그들의 후손인 오스트랄로피테쿠스 아프리카누스(아프리카에 살았던 원인)가 약 400만 년 전에 서서 걷기 시작했을 때부터다[9]. 약 250만 년 전쯤에 이르러 호모 하빌리스(최초로 도구를 만든 것으로 보이는 화석 인류)가 상대적으로 큰 뇌를 이용해 조악한 석기를 만들기 시작했다. 이것을 최초의 제품으로 생각할 수 있다. 그리고 어느 시점엔가 우리의 원시 조상들 중 두 명이(아마도 가까운 친척들로 구성된 같은 무리 출신들이겠지만) 사바나의 땅에 앉아 도구를 서로 교환하는 모습을 상상해 볼 수 있다. 바로 이 250만 년 전이라는 대략적인 시점에 인류 경제가 시작된 것으로 볼 수 있다. 그 뒤 호모 에렉투스(직립 원인)가 불을 발견하고 돌, 나무, 뼈 등으로 훨씬 다양한 도구를 생산하기 시작하는 데 또 100만 년이 걸렸다. 호모 사피엔스(현세인, 인류)는 약 13만 년 전에 출현, 점점 더 복잡하고 다양한 도구들을 개발했다. 그리고 어느 시점에 이르러 호모 사피엔스는 언어라는 중요한 기술을 발전시켰는데, 그 정확한 시기에 대해서는 많은 논쟁이 있다. 어쨌든 이 첫 번째 인류의 경제 활동은 주로 가까운 친척들로 이루어진 유랑민 사이에서 식량을 구하거나 기본적인 도구를 제작하는 일에 국한됐다.

그렇게 흘러가다가 3만 5천 년 전쯤에 이르러서야 무덤, 동굴 벽화, 장식품 등 좀 더 정착된 생활의 증거를 발견할 수 있다. 이 기간 동안 고고학자들도 초기 인류들의 '집단 간' 거래의 증거를 보기 시작한다. 현지의 것이 아닌 외지의 재료로 만든 장지 도구, 해변에 살지 않는 부족들에서 발견되는 바다조개 보석류, 교역 경로로 보이는 흔적들이 바로 그것이다[10]. 교역으로 얻을 수 있는 큰 이익 중 하나가 전문화를 가능하게 한다는 점이다. 이 기간 동안의 기록들을 보면 도구나 공예품의 비약적인 증가를 알 수 있다. 툴루즈 대학교의 폴 시브라이트Paul Seabright에 따르면, 친척들이 아닌 사람들 사이에서의 협력적인 거래는 인간만의 독특한 활동이다[11]. 그 어떤 종도 이방과의 거래와 노동 분업의 결합을 생각하지 못했다는 점에서, 이것은 인간 경제의 특징이다. 사실, 미시간 대학교의 리처드 호런Richard Horan과 그 동료들은 호모 사피엔스의 독특한 능력인 거래는 네안데르탈인과 같은 다른 원시 종족들과의 경쟁에서 큰 우위로 작용했고, 그 결과 다른 원시인들은 사라져 갔지만 우리 조상들은 생존할 수 있었다고 주장한다[12].

영구 정착, 다양한 도구, 거래망의 창출로 우리 조상들은 인류학자들이 수렵·채집 생활이라고 말하는 일정 수준의 문화적·경제적 복잡성을 만들어 냈다. 인류학자들의 기록을 통해 수렵·채집민들이 어떻게 살았고, 그들의 경제가 어떤 모습이었는지에 대해 어느 정도 알게 됐지만 이런 생활 방식에 관한 정보는 다른 곳에서도 얻을 수 있다. 이 지구상에는 아직도 수렵·채집 부족민들이 현대 세계와의 접촉이 거의 없는 가운데 사실상 수만 년 전과 다를 바 없이 살고 있는 고립된 지역들이 있다. 인류학자들은 이들 부족을 초기 시대를 보여 주는 살아 있는 타임캡슐로 생각한다.

두 부족 이야기

두 부족이 있다. 하나는 브라질과 베네수엘라의 경계에 있는 오리노코강을 따라 살고 있는 석기 수렵·채집민인 야노마모족이고[13], 다른 하나는 뉴욕과 뉴저지주의 경계에 있는 허드슨강을 따라 살면서 휴대폰을 쓰고 카페라테를 즐기는 뉴요커들이다. 이 두 부족은 모든 인간들과 똑같은 약 3만 개의 유전자를 공유하고 있다. 따라서 생물학적으로 타고난 지능 측면에서는 본질적으로 같다. 그러나 뉴욕 시민의 생활양식과 야노마모족의 잘 보존된 수렵·채집민의 생활양식은 엄청나게 다르다. 야노마모족은 바퀴(자동차)를 발명하지도 못했고, 문자도 없으며, 숫자 개념도 '하나, 둘, 많다'의 수준을 넘어서지 못하고 있다.

이 두 부족의 경제를 좀 더 자세히 보자. 야노마모족이 하는 일이란 숲에서 먹을 것을 채집하고, 토끼 등 작은 사냥감들을 잡으러 다니며, 몇 가지 종류의 과일과 채소를 재배하고, 오두막을 보수 또는 유지하는 것 정도다. 야노마모족은 또 바구니, 해먹hammock, 석기, 무기 같은 것들을 만든다. 그들은 40~50명 규모의 마을에 살면서 서로 간에 재화나 서비스를 교환하고, 또 그 지역에 있는 약 250개 마을 간에 거래를 한다. 야노마모 부족민의 평균 소득은 1인당 90달러 정도다. 이들이 돈을 사용하지 않고, 또 통계를 내는 것도 아니기 때문에 당연히 이것은 하나의 추정치에 불과하다. 반면, 뉴요커의 2022년 평균 소득은 약 10만 5천 달러로, 야노마모족의 1000배다[14]. 누가 더 행복한지, 도덕적으로 누가 더 우월한지, 또는 누가 더 환경과 조화를 이루고 있는지에 대한 판단을 제쳐 둔다면 이 두 부족 간에 물질적 부의 차이는 분명히 엄청나다.

야노마모족의 평균 수명도 뉴요커보다 짧고, 사는 동안에도 여러 가지 불확실성, 질병, 폭력, 자연 환경으로부터의 위협 그리고 그 외

뉴요커들이 겪지 않아도 되는 다양한 어려움을 견뎌야 한다.

그래서 야노마모 마을에 사는 경우의 사망 확률은 뉴욕의 경우보다 약 여덟 배나 높다고 한다[15].

그런데 뉴요커들을 부유하게 만드는 건 단지 소득의 절대적인 수준만은 아니다. 그들은 부를 가지고 믿기지 않을 정도로 다양한 물건들을 살 수 있다. 당신이 뉴요커의 소득 수준을 가지고 있는데 야노마모 경제에서나 찾아볼 수 있는 그런 물건들만 살 수 있다고 상상해 보라[16]. 3만 6천 달러를 진흙 오두막을 고치고, 그 마을에서 흙으로 만든 가장 좋은 단지를 사고, 또 가장 좋은 야노마모족의 음식을 먹는 데 쓴다면 야노마모 기준으로는 극히 부유한 생활을 한다고 할 수 있다. 그러나 나이키 운동화, 텔레비전, 플로리다에서의 휴양 등 전형적인 뉴요커와 비교하면 훨씬 가난하다고 느낄 것이다. 평균적인 뉴요커들의 경제적 선택의 수는 엄청나다[17]. JFK 공항 근처 월마트에는 무려 10만 가지가 넘는 물품들이 진열돼 있다. 케이블 TV 채널만도 200개가 넘는다. 반스앤노블에는 책 제목이 800만 개가 넘을 정도다. 지역 슈퍼마켓에 가면 아침 식사용 시리얼이 275종류나 된다. 보통의 백화점에 가도 150가지가 넘는 립스틱을 볼 수 있다. 그리고 뉴욕시에만 레스토랑이 5만 개가 넘는다.

소매업자들은 자신들의 상점에서 팔려 나간 물건들을 종류별로 계산할 때 이른바 '재고 유지 단위stock keeping units, SKUs'라는 지표를 사용한다. 예컨대, 다섯 가지 형태의 청바지가 있다면 SKUs도 다섯 개가 된다. 만약 야노마모 경제에 있는 모든 종류의 제품과 서비스 — 서로 다른 모델의 석기, 서로 다른 종류의 음식 — 를 일람표로 만든다면 전체 SKUs의 수는 얼마나 될까? 아마도 몇백 개, 기껏해야 천 단위가 될 것이다[18]. 이에 비해 뉴욕 경제의 SKUs 수는 정확히 알려진 것은 없지만 여러 데이터를 활용해 볼 때 단위의 정도가 대략 10^{10}에 이를 것으로 추정된다. 10^{10}은 10억의 10배다[19]. 이 어마어마한 숫자

36

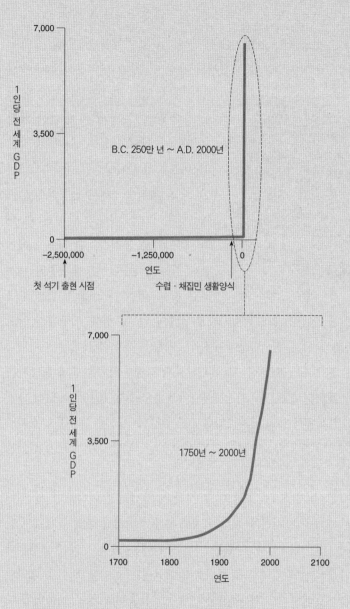

자료: B.C. 100만 년에서 A.D. 2000년까지의 추정치는 버클리 캘리포니아 대학의 브래드퍼드 들롱에게서 나온 것임. B.C. 250만 년에서 B.C. 100만 년까지의 추정치는 통계적으로 외삽법을 통해 얻은 것임. 1인당 GDP는 1990년 국제 달러화 기준으로 측정한 것이다.

〈그림 1-1〉 부의 폭발적 성장

가 어느 정도인지는 이 지구상에 있는 전체 종種들에 대한 추정치가 $10^6 \sim 10^8$ 정도라는 점을 떠올려 보면 금방 이해할 수 있을 것이다. 그렇다면 뉴욕과 야노마모 경제의 가장 큰 차이점은 단지 1000배나 차이 나는 부에 있는 게 아니라, 뉴욕과 야노마모 경제 간의 수억 배 차이 나는 복잡성과 다양성에 있다고 할 수 있다.

야노마모족의 생활양식은 대략 1만 5천 년 전 우리 조상들에게서 전형적으로 나타났던 것이다[20]. 이렇게 말하면 꽤 오래전 이야기로 들리겠지만 인류 전체의 경제 역사로 보면 야노마모족의 세계는 너무도 최근의 과거라고 할 수 있다. 우리가 첫 번째 도구의 출현을 인류경제의 출발점으로 삼는다면 첫 번째 도구에서 야노마모족과 같은 수렵·채집민 수준의 경제적·사회적 복잡성에 이르기까지는 약 248만 5천 년, 그러니까 전체 경제사의 99.4%에 해당하는 기간이 걸렸다(〈그림 1-1〉). 그 후 야노마모족의 1인당 90달러, 10^2 SKUs 경제에서 뉴요커의 1인당 3만 6천 달러, 10^{10} SKUs 경제로 도약하는 데는 인류 경제사 중 단지 0.6%에 해당되는 기간이 걸렸을 뿐이다.

그런데 이 지난 1만 5천 년의 시간을 자세히 들여다보면 훨씬 더 놀라운 사실을 발견하게 된다. 수렵·채집 경제에서 현대 경제로의 발전 역시 1만 5천 년 중 대부분 기간 동안에는 매우 느리게 진행되다가 지난 250년 동안에 폭발적으로 일어났다는 점이다. 버클리 대학의 경제학자 브래드퍼드 들롱J. Bradford DeLong이 축적해 놓은 데이터에 따르면 1인당 90달러 수렵·채집민 경제에서 대략 1인당 150달러인 B.C. 1000년의 고대 그리스 경제로 조금씩 전진하는 데만 1만 2천 년이 걸렸다[21]. 그 후 1750년에 이르러서야 비로소 세계의 1인당 GDP

가 약 180달러에 도달했다. 1만 5천 년 전 수렵·채집민 시절에서 출발해 가까스로 두 배가 된 것이다. 그 뒤 18세기 중반에 특별한 일이 일어났고 그 후 250년 만에 세계의 1인당 GDP가 무려 37배나 증가해 현재 수준인 6,600달러에 이른 것이다. 뉴요커 같은 부유한 사회는 물론 이 수준을 훨씬 넘어섰다[22]. 세계의 부가 거의 수직에 가까운 곡선 형태로 증가했고 지금도 증가하고 있다.

250만 년의 경제 역사를 간략히 요약하면 이렇다. 정말이지 오랜 시간 동안 별 변화가 없다가 갑자기, 엄청난 혼란이 발생했다. 야노마모족이 가진 부의 수준에 이르기까지는 전체 경제사의 99.4%가 걸렸고, 그 뒤 1750년경 두 배가 되기까지는 0.59%가 소요됐다. 그리고 그 후 세계의 부가 현재 수준에 도달하는 데는 단지 0.01%만이 걸렸을 뿐이다. 이를 달리 설명하면, 인류 부의 97% 이상이 우리 역사 중 마지막 0.01%에 창출됐다는 얘기다[23]. 경제사학자인 데이비드 랜즈David Landes는 이렇게 말한다. "1750년의 영국 사람들은 물질적인 면에서 자신들의 위대한 자손보다 시저의 군단 병에 더 가까웠다."[24]

이제 우리가 다루고자 하는 현상이 무엇인지 감 잡았을 것이다. 그렇다면 아래와 같은 추가적인 질문들을 던질 수 있다.

- 경제처럼 복잡하고 고도로 구조화된 체계가 어떻게 창출될 수 있고 또 어떻게 자기 조직화되고 상향식bottom-up으로 작동될 수 있는가?
- 경제의 복잡성과 다양성이 시간에 따라 증대하는 이유는 무엇인가? 그리고 경제의 복잡성과 경제의 부 사이의 상관관계가 나타나는 이유는 무엇인가?
- 부의 증가와 복잡성이 완만하게 증대하는 게 아니라 갑자기, 폭발적으로 늘어나는 이유는 또 무엇인가?

부는 무엇이며, 어떻게 창출되는지를 설명하고자 하는 이론이라면 이런 질문들에 답하지 않으면 안 된다. 우리는 인류 경제사에서 과연

'무슨 일이' 일어났는지, 예컨대 우리는 정착 농업의 등장, 산업 혁명 등 그 역사적 이야기에 대해서는 잘 알고 있다. 이제는 그것이 '어떻게' 발생했고, '왜' 일어났는지에 대한 이론이 필요하다. 초기 인류가 자연 상태에서 살 때부터 야노마모족의 수렵·채집민 생활양식까지 그리고 야노마모족에서 뉴욕과 그 이후에 이르기까지를 설명해 줄 수 있는 이론이 필요하다는 얘기다.

경제는 진화한다

현대 과학은 바로 그런 이론을 제공한다. 이 책에서는 부를, 간단하지만 매우 강력한 3단계 공식, 즉 차별화, 선택, 증식이라는 진화의 공식에서 나온 산물이라고 주장할 것이다. 생물권biosphere의 질서와 복잡성의 증대를 가져왔던 똑같은 과정이 경제권econosphere의 질서와 복잡성의 증대를 몰고 오고 있다[25]. 그리고 캄브리아기*에서 폭발적인 종의 다양성이 일어났던 것과 마찬가지로 산업 혁명기 동안 SKUs의 다양성도 폭발적으로 증가했다.

우리는 진화를 주로 생물학적 맥락에서 생각한다. 그러나 현대 진화 이론에서는 진화를 그보다 훨씬 더 일반적인 것으로 생각한다. 진화는 하나의 '알고리즘(수학이나 컴퓨터 등에서의 연산법)'이다. 이는 혁신에 이르는 만능의all purpose 공식, 다시 말해 시행착오를 통해 새로운 디자인을 만들어 내고 어려운 문제를 풀어 가는 공식이다. 진화는 DNA라는 특정 기질에서만 요술을 부릴 수 있는 게 아니라 정보 처리와 정보 저장의 특성을 갖는 모든 시스템에서도 마찬가지로 작동한다[26]. 요약하면 '차별화, 선택, 증식'이라는 진화의 간단한 처방은 컴퓨터 프로그램의 한 형태로 새로움과 지식, 성장을 창조하는 프로그

---

* 지질 시대 구분의 하나로 고생대 최초의 기. 생물 진화상 대사건이 있었던 시기다.

램이다. 진화는 정보 처리의 한 형태이기 때문에 컴퓨터 소프트웨어에서 정신, 인간 문화, 경제에 이르는 모든 영역에서 질서를 창출하는 일을 할 수 있다.

경제학과 진화 이론은 오랜 공동의 역사를 갖고 있다. 이 역사에 대한 비판 중 하나는 경제가 어떻게 진화 시스템과 비슷할 수 있는가와 관련하여 제대로 정리되지 못한, 너무도 많은 유추들이 난무했다는 점이다. 예를 들어, 어떤 사람들은 컴퓨터 산업이 칩 디자이너, 하드 드라이버 제조업자, 소프트웨어 제공업자 등, 그 내부에서 적자생존 투쟁에 관련돼 있는 여러 가지 다른 종들의 플레이어들로 구성된 하나의 생태계와 같다고 말한다. 경제학자 폴 크루그먼은 경제적 시스템과 생물학적 시스템의 은유적 비교를 '바이오 잡음 혹은 바이오 혼선'이라고 불렀다[27]. 이 책에 나오는 대부분의 학자들은 이런 바이오 잡음은 좋은 과학도 아니고 그렇다고 매우 설명력이 있는 것도 아니라는 폴 크루그먼의 주장에 동의할 것이다. 경제를 진화 시스템으로 이해하려는 최근의 연구는 그러한 은유법보다는 진화의 보편적인 알고리즘이 어떻게 인간 경제 활동이라는 정보 처리 기질에서 실행되고 있는지를 이해하는 데 초점을 맞추고 있다. 생물학적 시스템과 경제학적 시스템이 진화의 핵심 알고리즘을 공유하고, 그 결과 어느 정도 유사성을 갖고 있지만 진화의 구체적 실현은 사실상 서로 매우 다르다. 때문에 각각의 상황을 감안하여 이해할 필요가 있다.

과학적 관점에서 볼 때 글로벌 경제를 은유적인 진화 시스템으로 보는 것과, 말 그대로의 진화 시스템으로 이해하는 것은 분명히 구분해야 한다. 경제 시스템이 생물 시스템과 비슷하다고 말하는 것은 과학적이지 못하다. 반면 경제 시스템과 생물학적 시스템 모두 일반적이고 보편적인 진화 시스템의 부분 시스템이라고 보는 것이 과학적 설득력이 있을 것이다. 이는 연구자들이 진화 시스템의 일반적인 법칙이 존재한다고 믿고 있기 때문이다[28]. 과학자들은 자연이 가진 특징들을 보편적이라고 생각한다. 예를 들어, 중력은 우주의 가장 먼 곳에서와 마찬가지 방법으로 지구에서도 작동하며, 또한 원자, 사과, 그리고 은하계에서도 마찬가지라는 것이다. 진화 이론가들은 중력처럼 진화도 보편적 현상이라고 확신한다. 진화의 알고리즘이 생물적 DNA라는 기질, 컴퓨터 프로그램, 경제, 또는 먼 혹성의 외계 생물이라는 기질 등 그 어디에서 돌아가든 진화는 어떤 일반적인 법칙에 따라 움직인다는 얘기다.

경제가 정말 진화 시스템이고, 또 진화 시스템의 일반적인 법칙이 있다면 일반적인 경제학적 법칙이 있다는 얘기가 된다. 물론 이것은 많은 논쟁을 불러올 수도 있는 개념이다. 그러나 일반적인 경제학적 법칙이 있다는 말이 우리가 경제에 대해서 언제나 완벽한 예측을 할 수 있다는 의미는 아니다. 언젠가는 경제 현상에 대해 지금보다 훨씬 더 깊은 이해를 할 수 있다는 의미로 보는 게 옳을 것이다. 이는 또한 미래 경제학은 그전과는 분명히 다른 과학적 권위를 가지고 기업과 공공 정책에 대한 처방을 제시할 수 있다는 의미이기도 하다.

어떤 사람들은 보나 과학적인 경제학의 가능성에 대해 굉장히 흥분하고 또 그렇게 된다면 세계에 많은 이익을 줄 것으로 생각하는 반면 또 다른 사람들은 인간 사회 문제에 대해 과학을 적용하려는 또 하나의 잘못된 시도라고 비판할지도 모른다. 그와 같은 비판을 접하면 19세기 후반과 20세기 초반에 걸쳐 사회적 다원주의 운동에서 비롯된, 종종 적의를 품은 그런 사고들이 떠오른다. 그 시기에 허버트 스펜서Herbert Spencer를 비롯한 철학자들은 다윈의 이론을 사회·경제적 영역에 무턱대고 적용하려고 했다[29]. 사회적 다원주의자들은 적자생존이라는 원칙(이 표현은 종종 다윈에게서 나온 것처럼 생각하지만 실은 스펜서에게서 나온 것임)을 계급 불평등, 인종주의, 식민주의, 그리고 기타 사회적 불공정을 정당화시켜 주는 것으로 받아들였다. 앞으로 우리가 논의할 경제적 진화에 대한 새로운 관점은 옛날의 사회적 다원주의와는 아무런 공통점이 없다. 따지고 보면 그 반대다. 왜냐하면 경제 발전에서 협력은 적자생존이라는 개인주의만큼 중요한 요소라고 보기 때문이다. 비슷한 논리로 어떤 이는 마르크스주의라는, 이른바 과학적 이론을 바탕으로 한 사회 변혁이 초래한 수많은 재앙들을 지적할지 모른다. 그러한 사회 변혁의 폐해에 대한 주의를 환기시켜 주는 것은 적절하다. 그러나 우리가 앞으로 논의할 새 이론은 경제 현상이 왜 예측하기 어려운지, 동시에 사회 변혁을 위한 대대적인 시도가 왜 역사적으로 실패했는지를 깨닫게 하는 데 도움을 줄 것이다.

최적 디자인의 창조

어떤 종류의 알고리즘이 진화인가? 그리고 그 알고리즘이 수행하는 일은 무엇인가? 진화철학자 대니얼 데닛Daniel Dennett은 진화에 대해 '디자이너 없는 디자인'을 만드는 다목적용 알고리즘이라고 말한다[30]. 예를 들어 보자. 숲, 목초지, 북미와 유럽에 있는 정원의 토양 환경에서 생존과 재생의 목적에 딱 맞게 창안된 독창적 디자인으로 평가받는 룸브리쿠스 테레스트리스Lumbricus terrestris라는 흔한 지렁이가 있다. 이 지렁이는 본질적으로 관, 통 모양의 관상管狀 기관으로 흙 속을 뚫고 들어가 한쪽 끝에서 흙을 빨아들여 반대쪽으로 통과시키는 과정에서 많은 미생물을 흡수하고, 더 많은 음식의 발견과 재생을 위해 충분한 칼로리를 비축한다. 이 특별한 디자인을 살펴보면 약탈자를 피하는 데 도움이 되는 촉수 및 진동 센서들은 물론이고 유사시 둘로 절단되더라도 재생할 수 있도록 몸의 대부분에 일종의 백업 시스템도 갖추어 놓고 있다. 또 이 지렁이는 재생을 거듭함으로써 수많은 새끼들이 살아남아 다시 재생할 수 있는 가능성을 높인다. 룸브리쿠스 테레스트리스의 이 훌륭한 디자인은 어떤 합리적인 디자이너 없이 진화의 알고리즘에 의해 만들어졌다(참고로 나는 이 책에서 진화에 대해 해명이 필요 없을 정도로 과학적인 입장을 취할 것이며 창조론 또는 소위 지적 디자인을 둘러싼 종교적 논쟁들은 취급하지 않을 것이다)[31].

진화는 시행착오를 통해 디자인을 창조한다. 보다 적절하게 표현하자면 디자인을 발견한다. 여러 가지 종류의 디자인들을 만들어 해당 환경에서 시험해 보고, 여기서 성공적인 디자인은 살아남아 반복되는 실험을 거쳐 수용되는 반면, 성공적이지 못한 디자인은 버려진다. 이런 과정을 계속 거치면서 특정한 목적과 환경에 적합한 디자인이 나온다. 그리고 진화는 과거의 성공을 토대로 새로운 미래의 디자인을 만들어 가기 때문에 적당한 조건이 충족되면 유한한 자원을 놓고 디자인 간 경쟁이 일어나고 시간이 흐름에 따라 구조가 더 커지고 복잡해진다[32]. 그리고 세계가 바뀌면 진화가 창조하는 디자인 또한 종종 눈부시게, 때때로 놀라울 정도로 변화한다. 진화는 수많은, 거의 무한대의 가능한 모든 디자인을 탐색해서 특정한 목적과 환경에 적합한 극소수의 디자인들을 찾아낸다. 데닛이 설명하듯이 진화는 가능성이라는 건초 더미에서 좋은 디자인이라는 바늘 몇 개를 발견하는 알고리즘이다[33].

여기서 몇 가지 궁금증이 생길 수 있다. 생물학적 진화를 설명할 경우는 이런 '디자이너 없는 디자인'이라는 개념이 필요할 수도 있지만 우리 주변에서 수많은 인간 디자이너를 찾아볼 수 있는 지금, 그리고 경제의 부를 창출하는 과정을 설명하는 데도 이런 개념이 과연 필요한 것인가? 또, 우리는 우리 스스로가 경제적 창조의 신들 아닌가? 우리는 인간의 합리성과 창의력이 부를 창조하는 주된 동인動因이라고 생각하는 데 이미 익숙해 있다. 부는 결국 새로운 아이디어 제품과 서비스를 생각해 내는 똑똑하고 혁신적인 사람들, 그리고 그것을 만들고 판매하는 많은 노력들에 의해 창출된다. 나는 인간의 합리성과 창의력이 부의 창조에 중요한 역할을 하는 것은 사실이지만, 우리가 보통 생각하듯이 전부는 아니라고 주장할 것이다. 합리성과 창의력은 경제에서 진화 알고리즘의 작동에 영양분을 주고 그 형태에 영향을 미치지만 그 자체를 대체하는 것은 아니다.

셔츠, 블라우스 등 우리가 몸에 걸치고 있는 옷들의 디자인은 어디에서 온 것일까?[34] 당신은 이렇게 대답할 것이다. 옷 디자이너가 한 것 아니냐고. 그러나 여기에는 그 이상의 의미가 있다. 실제로 일어난 일을 정리해 보면 다음과 같다. 수많은 옷 디자이너들은 셔츠는 어떻게 해야 하는지에 대해 이미 떠오른 아이디어들을 가지고 있을 것이다. 그리고 자신들의 합리성과 창의력을 활용해 모든 다양한 종류의 셔츠를 창안해서 밑그림들을 그린다. 그 다음에는 자신들이 그린 여러 가지 스케치를 보고 소비자들이 좋아할 디자인들을 골라내 제한된 수의 샘플들을 만든다. 이 샘플들을 경영진에게 보여 주면 그들은 또 그중에서 소비자들이 좋아할 것으로 보이는 디자인들을 추려 낸 뒤 제조를 지시한다. 제품들을 만들어 여러 소매업자들에게 보이면 그들이 소비자

> 과거 소련은 악명 높은 5개년 계획에서 합리적 예측을 시도한 바 있다. 결과는 경제적 재앙이었다. 인간의 합리성에도 불구하고 경제와 같은 복잡한 시스템에서 미래를 예측하는 것은 매우 단기적인 경우를 제외하고는 거의 불가능하다.

들이 좋아할 것으로 생각하는 디자인을 골라낸다. 옷 제조 회사는 이 과정을 거쳐 주문을 토대로 생산을 늘려 소매업자들에게 셔츠를 공급한다. 그 뒤 당신이 이 가게에 들어와 다양한 셔츠들을 둘러본 뒤 마음에 드는 것을 골라 산다. 이는 디자인의 차별화, 적합도의 기준에 따른 선택, 그리고 성공적인 디자인의 증식 또는 확산의 과정을 보여 준다. 이 모든 일들이 옷 회사 내부에서는 물론이고 전반적인 패션 시장에서 일어난다. 그러니까 당신의 셔츠는 디자인된 게 아니라 진화의 과정을 거친 것이다.

그러나 왜 패션 산업은 이런 반복적이고, 많은 경우 소모적인 과정을 거치게 되는 것일까? 당신의 셔츠가 디자인된 게 아니라 진화된 것이라고 하는 것은 거의 무한대에 가까운 모든 가능한 셔츠 중에서

당신이 과연 어떤 종류의 셔츠를 선택할지 아무도 모르기 때문이다. 과거 소련은 그 악명 높은 5개년 계획에서 바로 그런 종류의 합리적 예측을 시도한 바 있다. 결과는 경제적 재앙, 그리고 대규모 패션 오류였다. 앞으로 알게 되겠지만 인간 합리성이라는 힘과 능력에도 불구하고 경제와 같은 복잡한 시스템에서의 예측은 매우 단기적인 경우를 제외하고는 거의 불가능하다. 우리는 경제적 의사 결정을 할 때 두뇌를 가능한 한 최대로 사용한다. 그러나 그다음에는 실험을 하고 개선하면서 예측하기 어려운 미래를 헤쳐 간다. 그 과정에서 유용한 것은 수용하고, 그렇지 못한 것은 버린다. 우리가 가지고 있는 의도, 합리성, 그리고 창의성은 경제의 동력으로서 분명 중요하다. 그러나 그것은 어디까지나 '보다 큰 진화 과정의 부분으로서' 중요한 것이다.

경제적 진화는 단일 과정이 아니라 밀접하게 연결된 다음 세 가지 과정들을 거쳐서 이루어진다. 첫째는 기술의 진화다. 기술은 역사적으로 경제 성장의 핵심 요소다. 그중에서도 가장 주목되는 것은 1750년경 경제의 폭발적 성장이다. 이는 산업 혁명을 몰고 온 거대한 기술적 도약과 일치한다. 그러나 기술의 진화만이 전부는 아니다. 컬럼비아 대학의 진화경제학자 리처드 넬슨Richard Nelson은 사실 두 가지 기술이 경제 성장에 중요한 역할을 한다고 지적했다[35].

우선 물리적 기술이다. 이는 우리가 흔히 기술이라고 생각해 오던 것으로, 예를 들면 청동 만드는 기술, 증기 엔진, 마이크로 칩 같은 것이다. 다음으로 사회적 기술이다. 무엇인가를 하도록 사람들을 조직하는 방법들이다. 정착 농업, 법규, 화폐, 공동 출자 회사, 그리고 벤처 자본 등이 그런 예들이다. 넬슨은 물리적 기술들이 사회에 큰 영향을 끼치는 것은 분명하지만 사회적 기술도 똑같이 중요하고, 이 두 가지는 서로 공진화共進化한다고 특별히 언급하고 있다[36]. 예를 들어, 산업 혁명기 동안 18세기 리처드 아크라이트Richard Arkwright의 정방기精紡機(물리적 기술)의 발명은 큰 공장(사회적 기술)에서 옷 만드는 일을 경제적인(규모의 경제로 인한 비용효율적인) 것으로 바꾸어 놓았다. 그 결과 이는 다시 수력, 증기, 그리고 전기를 제조에 응용하는 수많은 혁신들(다시 물리적 기술들)을 몰고 왔다[37]. 농업 혁명, 산업 혁명, 정보 혁명은 모두 물리적 기술과 사회적 기술이 상호 작용하고 서로 보완하면서 하나의 작품을 만들어 내는 춤과도 같은 것이다.

그러나 물리적 기술과 사회적 기술의 공진화도 우리가 이야기하려는 것의 3분의 2에 불과하다. 아직 하나가 더 있다. 사실 기술은 아이디어나 디자인과 같은 것이다.

정방기에 들어가는 물리적 기술은 그 자체가 곧 정방기는 아니다. 다시 말해 누군가는 정방기를 만들어야 한다. 마찬가지로, 공장을 위한 사회적 기술은 그 자체가 공장은 아니다. 누군가는 실제로 공장이라는 형태를 만들어야 한다. 기술이 전 세계에 영향을 미치려면 누군가 혹은 일단의 사람들이 물리적·사회적 기술들을 개념이 아닌 현실로 전환해야 한다. 경제 영역에서 이런 역할을 하는 것이 바로 기업이다. 기업은 물리적·사회적 기술을 함께 융합시켜 제품과 서비스라는 형태로 만들어 낸다.

기업은 그 자체가 디자인의 한 형태다. 기업의 디자인은 전략, 조직 구조, 경영 과정, 문화, 그리고 그 외에 수많은 다른 요소들을 포괄하고 있다. 기업 디자인도 시간이 흐름에 따라 차별화-선택-증식이라는 과정을 거치며 진화한다. 이때 시장은 그런 디자인이 적합한지 중재자 역할을 한다. 결론적으로 이 책의 주요 주제 중 하나는 물리적 기술, 사회적 기술, 그리고 경제에서 변화와 성장의 패턴을 보여 주는 기업 디자인, 이 세 가지의 공진화 현상이다.

복잡계 경제학

경제를 하나의 진화 시스템으로 보는 개념은 급진적 아이디어로 비칠지도 모른다. 이 개념이 지난 100년에 걸쳐 개발된 경제학 표준 이론의 많은 부분과 직접적으로 부딪친다는 점을 생각하면 그럴 수도 있다. 그러나 이것은 결코 새로운 아이디어가 아니다. 진화 이론과 경제학은 서로 영향을 주고받았던 오랜 역사를 공유하고 있다[38]. 사실 찰스 다윈의 가장 중요한 통찰력에 불을 붙인 사람은 다름 아닌 한 경제학자였다. 1798년 영국의 경제학자 토머스 로버트 맬서스Thomas Robert Malthus는 『인구론』에서 경제를 경쟁적인 생존 투쟁, 그리고 인구 증가와 인류의 생산성 향상 능력 간의 끊임없는 경주로 묘사했다. 맬서스는 이 경주에서 인류가 결국 지게 될 것이라고 예측했다. 다윈은 자서전에서 맬서스의 책을 읽고 느낀 소감을 이렇게 적고 있다.

> 1838년 10월 내가 체계적으로 연구를 시작한 지 15개월쯤 지났을 때 우연히도 『인구에 대한 맬서스』를 재미로 읽어 봤다. 농불과 식물의 습관에 대한 오랜 관찰에서 나온 생존을 위한 투쟁을 제대로 인식하기에 딱 좋은 이 책을 읽은 순간 이런 조건에서는 유리한 변종들은 보존되고 불리한 것들은 없어지는 경향이 있을 것이라는 생각이 머리에 번쩍 떠올랐다. 그 결과가 바로 새로운 종種의 형성이다. 여기서 나는 하나의 이론을 얻게 되었다.[39]

진화에서 '자연의 선택'이라는 핵심적인 역할에 관한 다윈의 이런 통찰력에 대한 영감은 바로 경제학에서 나온 것이었다[40]. 다윈이 『종의 기원』이란 책을 펴낸 지 오래지 않아 이번에는 지적 조류가 처음과는 반대로 진화론에서 경제학으로 흘러가기 시작했다. 1898년 경제학자 소스타인 베블런Thorstein Veblen은 경제는 하나의 진화 시스템이라고 주장하는 논문을 썼는데, 오늘날에도 여전히 널리 읽히고 있다[41]. 그 후 오래지 않아 근대 경제 이론의 창설자 중 한 사람인 앨프리드 마셜Alfred Marshall은 『경제학 원리』라는 자신의 역저 서문에서 "경제학자들의 메카는 경제적 생물학에 있다"고 적고 있다[42]. 그 후 수십 년에 걸쳐 조지프 슘페터Joseph Schumpeter, 프리드리히 하이에크Friedrich Hayek 등을 비롯해 많은 유명한 경제학자들이 경제학과 진화론 간의 관계에 주목했다[43]. 1982년 리처드 넬슨과 시드니 윈터Sidney Winter는 『경제 변화의 진화론An Evolutionary Theory of Economic Change』이라는 기념비적인 저서를 내놨다. 이는 진화론, 경제학, 그리고 그 당시에 개발되고 있었던 컴퓨터 시뮬레이션(가상 실험)을 연결시키는 첫 번째 주요 시도였다[44].

그러나 이런 훌륭한 인물들의 노력에도 불구하고 경제학에서 진화론적 사고는 주류 경제학 이론에 거의 영향을 미치지 못했다. 다윈의 『종의 기원』과 똑같은 시기에 경제학은 매우 다른 길로 접어들고 있었다.

19세기 후반 이후 경제학을 구성하는 패러다임은, 경제는 하나의 균형 시스템, 특히 정지 상태의 시스템이라는 아이디어였다. 나중에 살펴보겠지만 19세기 후반에서 20세기 중반까지 경제학자들이 영감을 얻은 곳은 생물학이 아니라 물리학이었다. 그중에서도 운동과 에너지의 물리학이다. 전통적 경제 이론에서는 경제를 큰 사발 그릇 밑에서 굴러다니는 고무공과 같은 것으로 생각한다. 궁극적으로 공은 사발 밑바닥에 멈추면서 정지 내지 균형 상태로 접어들게 될 것이다. 어떤 외부적인 힘으로 인해 사발이 흔들리거나 기울어지는 경우, 혹은 충격을 받는 경우 공은 새로운 균형점으로 이동하겠지만 그 전까지는 그 상태로 있을 것이다. 지난 100년 동안 경제학의 주류 패러다임은 경제를 하나의 균형점에 있다가 시간이 흐르면서 기술, 정치, 소비자 취향의 변화, 그리고 다른 외부적 요인들 때문에 새로운 균형점으로 이동하는 그런 시스템으로 묘사해 왔다.

이렇게 경제학자들은 하나의 균형 시스템으로서의 경제의 비전을 추구해 나가고 있었지만 20세기 후반부에 이르러 물리학자, 화학자, 생물학자들의 관심은 그런 균형 상태와는 거리가 먼, 역동적이고 복잡한, 그리고 단 한 번도 정지 상태에 접어들지 않는 시스템으로 옮겨 가고 있었다. 1970년대에 들어서면서 과학자들은 이런 형태의 시스템을 '복잡계complex systems'라고 규정하기 시작했다. 이 용어는 나중에 자세히 살펴보겠지만 요약하자면 역동적으로 상호 작용하는 수많은 요소들 혹은 입자粒子들로 구성된 시스템이다. 그런 시스템에서 요소들이나 입자들의 미시적 차원의 상호 작용들은 거시적 차원의 행태 패턴으로 나타난다.

예를 하나 들어 보자. 고립되어 존재하는 물 분자는 좀 지루하다. 그러나 수십억 개의 물 분자를 모아 놓고 에너지를 가하면 소용돌이라는 복잡한 거시적 패턴이 나타난다[45]. 이런 형태의 소용돌이는 개별 물 분자들 간 역동적인 상호 작용의 결과다. 하나의 물 분자로는 이런 소용돌이를 만들 수 없다. 정확히 말하면 물 소용돌이는 시스템 그 자체의 집단적인 또는 창발적인 특성인 것이다.

1970년대에 들어와 과학자들이 복잡계의 행태에 대해 보다 많이 알게 되면서 이들의 관심도 그쪽으로 옮겨 갔다. 이들은 물 분자들처럼 고정된 형태를 갖는 단순한 것들이 아니라 지능과 환경에 적응하는 능력을 가진 그런 시스템에 흥미를 갖게 된다. 물 분자들은 그 행태를 환경에 맞춰 변화시키지 못하지만 개미들은 그럴 수 있다. 인간의 기준으로 보면 별로라고 생각할지 모르겠지만, 이들은 다른 개미와 주변으로부터 오는 정보를 처리하고, 그에 따라 행태를 바꾸어 나간다. 하나의 물 분자처럼 개미 한 마리 그 자체로는 별로 흥미롭지 않다. 그러나 수천 마리의 개미들을 한곳에 모아 놓으면 그들은 서로 상호 작용도 하고, 화학적 신호를 통해 의사소통도 한다. 또한 정교한 개미 탑을 쌓거나 공격자들의 공격에 대비해 복잡한 방어벽을 구축하는 등의 일을 수행하기 위해 자신들의 활동을 통합, 조정할 수 있다. 과학자들은 정보를 처리하고 환경 변화에 적응하는 능력을 가진 요소나 입자들을 '행위자'라고 부르고, 이 행위자들이 상호 작용하는 시스템을 '복잡 적응 시스템complex adaptive systems: CAS'이라고 말한다[46]. 우리 몸 면역 체계 내의 세포들, 생태계에서 상호 작용하는 유기체들, 그리고 인터넷 이용자들도 복잡 적응 시스템의 또 다른 사례들이다. 1980년대 고용량의 저렴한 컴퓨터가 등장하면서 과학자들은 자연 세계에 있는 여러 가지 복잡 적응 시스템을 더욱 잘 이해할 수 있게 되었다. 그 결과 이런 시스템들이 공통점을 많이 갖는 하나의 보편적 그룹을 형성한다고 생각하기 시작했다. 사실 많은 생물학자들은 진화 시스템을 복잡 적응 시스템의 특별한 한 형태 또는 부분 시스템으로 본다.

1980년대에 들어 연구자들은 전통적 모델과는 크게 다른 경제 모델을 실험하기 시작했다. 이 모델들은 현실 경제에서 수많은 행위자들의 상호 작용을 통해 흥망성쇠의 복잡한 패턴, 그리고 혁신의 파동이 일어난다는 점을 시뮬레이션을 통해 보여 주었다.

이에 따라 사회과학자들 역시 경제도 복잡 적응 시스템의 한 형태일지 모른다는 생각을 갖게 됐다. 경제의 가장 확실한 특성은 서로 교류하고, 정보를 처리하며, 행동을 환경에 맞게 적응시키는 인간들의 집합체라는 점이다. 1980년대와 1990년대 초반 연구자들은 전통적 모델과는 크게 다른 새로운 경제 현상 모델을 실험하기 시작했다[47]. 이런 모델들은 경제를 정태적인 균형 시스템으로 보는 게 아니라 균형은 보이지 않고, 역동적인 활동으로 가득 찬 그야말로 사람들이 와글와글하는 마치 '꿀벌 통' 같은 것으로 보았다. 물 분자의 상호 작용으로 소용돌이라는 형태가 일어나듯, 현실 경제에서도 수많은 행위자들의 상호 작용을 통해 경제에 흥망성쇠의 복잡한 패턴, 그리고 혁신의 파고 등이 일어난다는 점을 이 모델들은 시뮬레이션을 통해 보여 주었다. 이렇게 경제를 하나의 복잡 적응 시스템으로 이해하는 노력들은 지난 10년 동안 급속히 증대되었는데, 이 책의 전체에 걸쳐 이런 노력들을 살펴보게 될 것이다.

나는 이런 작업들을 '복잡계 경제학'이라고 부를 것이다(복잡계 경제학이라는 용어에 대한 신뢰나 비난이 있다면 그것은 전 스탠퍼드 대학 교수이자 산타페 연구소의 경제학자인 브라이언 아서를 향하게 될 것이다)[48]. 그러나 복잡계 경제학이라는 말을 붙였다고 해서 복잡계 경제학에 대한 유일하고 종합적인 이론이 현재 존재한다고 생각해서는 안 된다. 그보다 이 용어를 사용하는 것은 이 책에서 우리가 살펴보게 될 광범위한 이론, 가설, 도구, 기법, 그리고 추론 등을 포괄하고자 하는 의도에서다. 단계로 보면 복잡계 경제학은 현재 발전 중에 있으며 통합된 이론이라기보다는 과학 철학자들의 말을 빌리자면 하나의 '프로그램'이라고 할 수 있다[49].

이 책의 이정표

경제가 정말 복잡 적응 시스템이라고 한다면 이는 네 가지 중요한 시사점을 던진다. 첫째, 지난 세기 동안 경제학자들은 근본적으로 경제를 잘못 분류했다. 오늘날 교과서, 경영자의 사고, 정부 정책 등에 반영돼 있는 주류 경제 이론은 잘못됐거나 기껏해야 개략적으로만 옳을 뿐이다. 이는 1부에서 탐구하게 될 주요 논점이다.

둘째, 경제를 복잡 적응 시스템으로 보는 것은 경제 현상을 설명하는 새로운 도구, 기법, 그리고 이론을 제공해 준다. 이 새로운 접근에 대해서는 2부에서 논의할 것이다.

셋째, 부는 진화의 산물이다. 생물학적 진화가 원시 상태의 '수프 soup'에서 복잡한 유기체나 생태계를 이끌어 냈듯이, 경제적 진화 역시 자연 상태에서 출발해 새로운 질서, 복잡성, 그리고 다양성을 증대시키면서 지금의 글로벌 경제로 이끌어 냈다. 3부에서는 경제적 부의 창출과 관련하여 진화론적 설명을 할 것이다.

그리고 넷째, 역사적으로 보면 경제 이론 패러다임에 큰 변화가 있을 때마다 그 진동은 학계 차원을 훨씬 뛰어넘었다. 애덤 스미스의 아이디어는 19세기 자유 무역의 증대에 중요한 영향을 미쳤다. 카를 마르크스의 전망은 혁명에 영감을 주었고 20세기 초반에서 중반에 걸쳐 사회주의의 등장을 가져왔다. 앵글로색슨의 '지석 지배'라고 볼 수 있는 신고전 경제학은 20세기 후반 수십 년 동안 글로벌 자본주의의 부상과 일치한다. 아마도 앞으로 수십 년이 더 흐르면 이번에는 복잡계 경제학의 완전한 사회 정치적 의미가 보다 명확해질 것이다. 그러나 복잡계 경제학의 윤곽은 충분히 형성되었다고 판단되므로 이를 토대로 복잡계 경제학이 기업이나 사회에 의미하는 바에 대해 4부에서 탐구해 볼 것이다.

　　끝으로, 이 책은 낙관주의적인 메시지로 결론 맺을 것이다. 우리가 부의 창출 과정에 대해 좀 더 잘 이해할 수 있다면 그 지식을 활용해 경제 성장과 보다 많은 기회를 창출할 수 있는 새로운 접근법을 발전시킬 수 있을 것이다. 복잡계 경제학이 경영자가 직면한 여러 도전적 과제나 사회적 병폐에 대한 만병통치약일 수는 없다. 그러나 자연현상에 대한 과학적인 이해가 인류의 조건을 향상시키는 데 크게 도움이 되었듯이 경제 현상에 대해서도 보다 과학적으로 이해할 수 있다면 그것은 전 세계에 걸쳐 사람들의 삶을 향상시키는 데 큰 도움이 될 수 있다고 생각한다.

2

전통 경제학: 균형의 세계

⋮

    1984년 당시 존 리드John Reed는 문제에 직면해 있었다[1]. 그는 45세에 세계에서 가장 큰 회사 중 하나인 시티코프Citicorp의 회상이자 CEO로 선임되었다. 그러나 리드가 인계받을 당시 시티코프는 엄청난 어려움을 겪고 있는 상황이었다. 미국의 다른 대형 은행들과 마찬가지로 시티코프 역시 1970년대 내내 개발도상국, 특히 라틴 아메리카 국가들에 아주 공격적으로 대출을 했다. 당시 시티코프를 지휘하던 사람, 즉 리드의 전임자인 월터 리스턴Walter Wriston은 주권 국가의 정부는 채무 불이행을 하지 않는다는 점을 들어 그런 대출이야말로 '안전한 은행업'이라고 외치고 다녔다. 그러나 리스턴의 판단이 잘못됐음이 1982년 8월 드러났다. 당시 멕시코 정부가 결국 엄청난 빚을 감당하지 못했던 것이다. 이는 바로 글로벌 금융 위기를 몰고 온 일련의 연쇄적 사건의 출발점이었다. 그 후 수년 동안 광범위한 채무 불이행, 화폐의 평가 절하 현상이 나타났고 몇몇 나라는 경제적으로 붕괴하기도 했다. 소동이 가라앉았을 때 수백만 명의 사람들은 이전보다 생활이 궁핍해졌다는 것을 알게 됐다. 은행 역시 예외가 아니었다. 그들의 대차 대조표 상에서 무려 3천억 달러가 증발했던 것이다. 시티코프만 하더라도 1년에 10억 달러를 까먹고 있었고, 130억 달러에 이르는 악성 부채까지 짊어지고 있었다.

리드가 알고 싶은 것은 한두 가지가 아니었다. 왜 이런 위기가 발생했고, 어떻게 일어났으며, 어떻게 하면 이런 일이 재발되지 않도록 할 수 있을까? 시티뱅크와 다른 대형 은행들의 최고 브레인들은 어떻게 그토록 위험을 잘못 판단할 수 있었을까? 왜 아무도 그런 대출로 초래될지 모를 위험을 미리 예상하지 못했던 것일까? 멕시코 현지에서 일어난 일련의 국지적 사건들이 어떻게 글로벌 위기로까지 연쇄 파장을 몰고 온 것일까? 그리고 전 세계에 있는 정부라는 존재는 그런 위기에 대해 왜 그토록 무력했을까?

리드는 이에 대해 수많은 전문가들에게 자문을 구했다. 전문가 중에는 학계, 월 스트리트, 정부 등에서 앞서 나간다는 경제학자들도 있었다. 실은 리드 자신도 MIT 학생 시절부터 경제학에 대한 식견을 가지고 있었다. 리드가 던진 그런 질문들에 답하는 것이 누구의 일이냐고 묻는다면 그것은 분명 경제학일 것이 틀림없다. 그러나 유감스럽게도 경제학자들은 그런 위기에 대해서 어떠한 새롭고 유용한 답변도 내놓지 못했다. 정확히 말하면 그 위기 동안 경제학자들이 내놨다는 제안들은 완전히 잘못된 것들이었다. 과학 저술가 미첼 월드롭**Mitchell Waldrop**은 이렇게 말하고 있다. "세계 금융 시장에 관한 한 전문적인 경제학자들이 요정들과 함께 어디론가 떠나 버렸다고 리드는 결론 내리고…… 경제학에 대한 완전히 새로운 접근이 필요하다고 생각했다."[2]

경제학에 대해 의문을 품은 것은 리드만이 아니었다. 지난 10년에 걸쳐 경제 이론에 관한 비판이 봇물을 이루었다[3]. 예를 들어, 1996년 존 캐시디John Cassidy는 『뉴요커The New Yorker』*에 '경제학의 몰락'이라는 제목의 기고문을 썼다[4]. 이 글은 많은 논쟁을 불러일으키며 널리 읽혔다. 캐시디는 경제학이 데이터에 의해서 검증되지 않은, 그리고 비현실적인 가정들에 둘러싸인, 고도로 이상적인 이론의 상아탑 속으로 사라져 버렸다고 비판했다. 그는 또 경제학이 거대한 학술적 게임이 돼버렸다고 주장했다. 경제학자들이 자신들의 수학적 재능이나 자랑하면서 서로 각자 논문을 쓰고 있지만 그 이론들이 현실 세계에서 어떤 의미를 갖는지에 대해서는 정작 아무런 관심이 없다는 것이다. 캐시디는 대부분의 기업들이 경제학에 대한 기대를 접었다면서 IBM, GE 같은 회사들이 경제 담당 조직을 없앴다는 점을 그 예로 적시했다.

그러나 경제학의 현 상태에 대해서 비판적인 사람들은 단순히 기업인들과 저널리스트들만이 아니다. 경제학자들 스스로도 가혹한 비판을 가하고 있다[5]. 『뉴요커』에 게재한 글에서 캐시디는 미국의 대통령 경제자문위원장을 지냈고, 세계은행의 수석 경제학자이자 노벨상 수상자인 조지프 스티글리츠Joseph Stiglitz의 말을 인용하고 있다. 스티글리츠는 "이런 경제학 모델들을 본 사람이면 누구나 이것들이 현대 세계를 제대로 표현할 수 없다고 할 것이다"라고 말했다[6]. 또 같은 글에서 마찬가지로 대통령 경제자문위원장을 지낸 하버드 대학의 그레고리 맨큐Gregory Mankiw도 경제학자들이 생산하는 유용한 산출물이 적다면(다시 말해, 생산성이 낮다면) 그들 연구에 지원되는 투입도 당연히 적

---

* 1925년 창간된 미국의 주간 잡지로, 뉴욕의 여러 분야에 걸친 생활상을 세련된 문장과 사진으로 재미있게 소개하고 있다. 유머, 수필, 전기물, 르포르타주, 단편 소설, 미술평, 만화 부문 등에서 높은 평가를 받고 있다.

어야 한다면서 경제학자들을 과도한 보조금을 받는 낙농업자들에 비유했다. 미국 연방준비제도이사회FRB 의장을 지냈고, 경제 정책 분야에서 가장 존경받는 사람 중 한 명인 앨런 그린스펀Alan Greenspan조차 연방준비제도이사회 동료들에게 이런 말을 했다. "우리는 경제가 어떻게 움직이는지 정말로 몰라…… 옛날 모델들이 작동하지 않고 있어." 그전에는 이런 말도 했다. "놀라운 것은 많은 경제학자들이 경제 모델과 현실 세계를 제대로 구분할 능력이 없다는 거지."[7]

그러나 기존 경제 이론에 대한 불만의 증가에도 불구하고 이 분야가 완전히 쓸모없다거나 영향력이 없다고 주장하는 평론가들은 거의 없다. 오히려 반대로 대부분의 기업가들, 정책 결정자들, 그리고 심지어 스스로 비판적인 경제학자들도 경제학이 시장의 효율성에서 자유무역의 이익과 개인 선택의 중요성에 이르기까지 강력하고 영향력 있는 아이디어를 생산해 냈다는 점을 인정한다. 경제 이론의 성공을 평가할 하나의 잣대는 무엇보다 G7 국가들(영국, 캐나다, 프랑스, 독일, 이탈리아, 일본, 미국)처럼 부유한 경제에서 찾아볼 수 있다. 사실 이들 G7 국가들이야말로 세계 다른 어떤 나라들보다 경제학 아이디어들이 가장 많이 실행돼 왔던 곳들이다. 오늘날 G7 국가 국민들은 인플레이션을 다루기 위한 금리 조정, 경기 사이클을 완화시키기 위한, 예컨대 급속한 경기 팽창이나 경기 둔화 등을 방지하기 위한 금융과 재정 정책, 경쟁 촉진, 시장 시스템의 사각지대 문제에 대응하기 위한 사회안전망, 시장 실패로부터 사람들을 보호하기 위한 제품의 안전성, 환경, 노동 관련 규제 등을 너무나 당연하게 받아들인다. 그러나 100년, 50년, 아니 20년 전만 하더라도 이런 아이디어들은 그렇게 흔한 것이 결코 아니었다. 이들 아이디어들은 전부 지난 1세기 동안 열심히 연구해 왔던 경제학자들에게서 나온 것들이다.

오히려 지금의 이슈는 경제학이 '하나의 과학으로서' 기대되는 가능성과 잠재력을 충분히 발휘하지 못하고 있다고 생각하는 사람들이 학계, 산업계, 그리고 정책 결정자들 사이에서 늘어나고 있다는 점이다[8]. 경제학 분야에 큰 영향을 미친 이론들, 이른바 '빅 아이디어들' 중 많은 것들이 등장한 지 이미 1세기가 지났다. 경제학의 공식적 이론과 수학적 모델들 또한 비현실적 가정으로 인해 그 한계가 분명해지거나 현실 데이터와 모순되는 것들이 많다. 내가 말하고자 하는 요점은 경제학의 과거 공헌을 훼손하려는 게 아니라 오히려 경제학은 더 잘할 수 있고, 바로 지금이 그런 쪽으로 움직여야 할 때라는 얘기다.

이 장과 다음 장에 걸쳐 우리는 왜 근본적으로 새로운 접근이 필요한지 살펴볼 것이다. 나는 경제학 분야에서 기존 재래의 이론이나 아이디어들을 '전통 경제학Traditional Economics'이라고 정의함으로써 논의를 시작할 것이다. 그런 다음 전통 경제학의 역사나 주요 개념들을 빨리 훑어보고, 3장에서 이에 대한 비판들을 종합적으로 살펴볼 것이다. 지난 200년간의 경제적 아이디어들을 훑어보다 보니 불가피하게 중요한 많은 연구들을 제쳐 두는 경우도 있을 것이다. 그러나 이 두 장의 목적은 전통 경제학에 대한 교과서적 설명이라든지, 각종 비평에 대한 광범위한 조사를 하자는 게 아니다(이를 원한다면 주석이나 참고 문헌을 참조하기 바란다)[9]. 그보다는 현대 경제학의 발전에 가장 핵심이 된 일련의 아이디어들을 집중 조명해서 그 장점과 약점을 따져 봄으로써 2부에서 우리가 살펴볼 복잡계 경제학의 토대를 만들려는 게 주된 목적이다. 경제학이 앞으로 갈 길을 모색하려면 우선 지나온 길을 이해하는 것이 중요하기 때문이다.

무엇이 전통 경제학인가

앞으로, 지난 세기 동안 경제 이론을 지배해 왔던 일련의 아이디어들을 '전통 경제학'이라고 부를 것이다. 먼저 전통 경제학의 의미를 정확히 규정하는 것이 좋을 것 같다. 일반적으로 전통 경제학은 대학 교과서에 나와 있는 경제학이고, 또 언론에서 논의하거나 산업계, 정부 등에서 흔히 말하는 그런 경제학이다. 말하자면 학문적 경제학의 주류적인 입장을 의미한다[10]. 이 용어의 정확성을 좀 더 높이기 위하여 전통 이론에 대한 두 명의 탁월한 비평가, 컬럼비아 대학의 리처드 넬슨과 펜실베이니아 대학의 시드니 윈터의 주장을 그대로 따라 전통 경제학에 대한 정의로 삼겠다[11].

전통 경제학은 학부와 대학원 중간 정도 수준의 교과서에서 명료하게 기술돼 있는 개념과 이론들의 집합이다. 여기에는 또 저널 같은 곳에서 동료들이 검토하거나 평가하는 이른바 '피어 리뷰peer-review' 조사에서 당연하게 요구하거나 학계에서 일반적으로 동의하고 있다고 여기는 그런 개념과 이론을 포함한다.[12]

교과서는 전문가 집단의 합의된 견해를 담고 있다. 여기에는 그 분야에 처음 입문하는 사람이라면 누구나 알아야 할 기본적인 개념들이 포함돼 있다[13]. 그러나 교과서에서는 보다 진전된 연구 결과들은 생략할 수밖에 없는 측면이 있다. 때문에 나는 특정 시점에서 그 당시 경제학의 상황을 잘 정리한 책과 논문들도 전통 경제학의 정의(범위)에 추가했다. 물론 교과서와 논문만으로는 한계가 있다. 거기에 담긴 내용들은 대개 첨단적인 것보다는 기존의 지식에 초점을 맞추고 있기 때문이다[14]. 그러나 이런 제한은 사실 의도적인 것이다. 내가 말하는 전통 경제학은 경제학의 역사적 핵심, 즉 이미 노벨 경제학상이 수여된 그런 연구를 말한다[15]. 내가 전통 경제학이라는 이름하에 한 덩어리로 집어넣으려는 아이디어들은 일반적으로 경제학자들이 신고전 경제학(이 용어는 이 장의 뒷부분에서 정의될 것이다)이라고 부른 것을 가리킨다[16].

전통 경제학이라는 이름하에 무엇이 포함되고, 또 무엇이 포함되지 않는지는 어느 정도 주관적일 수밖에 없다. 그리고 반 정도는 포함되고 나머지 반은 포함되지 않은 일종의 회색 영역에 속하는 아이디어들도 있을 것이다. 그럼에도 불구하고 뒤에 이루어질 논의, 특히 역사적 패러다임과 이에 도전장을 내민 이른바 복잡계 경제학에서 나오는 새로운 아이디어들을 구분할 때 전통 경제학이라는 명칭이 유용하다는 것을 알게 될 것이다. 어쨌든 이런 점을 염두에 두고 무엇이 전통 경제학인지 그 내부를 한번 들여다보자.

핀 만들기와 보이지 않는 손

가장 유명한 경제학자, 애덤 스미스 얘기부터 시작해야겠다. 스미스는 인류 역사상 첫 경제학자는 아니었다. 아마도 첫 경제학자의 영광은 고대 그리스 철학자 크세노폰Xenophon*에게 돌아가야 할 것이다. '경제학economics'이라는 용어는 크세노폰의 저서 『오이코노미코스 Oikonomikos』의 제목에서 유래된 것이다.** 그러나 스미스의 영향력은 우리 논의의 출발점이 될 만큼 크다[17]. 스미스는 1723년 스코틀랜드의 에든버러 근처에 위치한 커콜디라는 조그만 도시에서 태어나 1790년까지 살았다. 이 기간은 역사가들이 말하는 고전파 경제 이론 시대(대략 1680~1830)에 해당한다[18]. 스미스는 옥스퍼드에서 교육을 받았지만 그 뒤 대부분의 시간을 글래스고 대학에서 보냈다. 그의 의미 있는 첫 저서는 경제학이 아닌 도덕철학에 관한 것이었다. 1759년 『도덕감정론The Theory of Moral Sentiments』을 출간했는데, 이로 인해 그는 상대적으로 젊은 나이에 스코틀랜드 계몽주의학파의 핵심 인물이 되

---

* B.C. 434?~B.C. 355?. 그리스의 철학자·역사가이자 장군.
** 그리스어로 '바람직한 공동체상'을 의미한다.

었다.* 스미스는 글래스고에 있는 동안 젊은 스코틀랜드 공작의 주목을 받게 되어 좋은 조건에 개인 교사를 맡게 되었다. 스미스는 이 공작과 함께 프랑스를 여행하기도 했다. 이는 당시 대륙에서 논쟁이 되고 있던 여러 가지 경제적 아이디어들을 접하는 기회가 되었다. 특히 당시 프랑스 중농주의자重農主義者들의 아이디어를 접할 수 있었는데, 이들은 정부가 경제에 대한 간섭을 제한하고 대신 시장에 대부분을 맡기라는 과격한 아이디어를 가진 부류의 학자들이었다. 공작 덕분에 재정적으로 안정되었던 스미스는 커콜디로 돌아온 뒤 다소 외진 곳에서 어머니와 함께 살면서 6년 동안 『국부론』 원고를 써 내려갔다. 이 책은 1776년 출간되었는데 곧바로 대작으로 인정받았다.

역사적으로 보면 경제학자들이 씨름을 해왔던 가장 근본적인 의문은 두 가지다. 하나는 부는 어떻게 창출되는가, 다른 하나는 이 부가 어떻게 배분되는가 하는 것이다[19]. 스미스는 그의 『국부론』에서 이 두 가지 문제를 다 다루었다[20]. 첫 번째 의문에 대한 그의 답은 간단하면서도 설득력이 있었다. 경제적 가치는, 사람들이 자연환경으로부터 원료를 가져다가 노동력을 통해 사람들이 원하는 그 무엇으로 변환시킬 때 창출된다는 게 그의 답이었다. 예를 들어, 도공을 생각해 보자. 그는 땅에서 점토를 가져다가 사발 같은 것을 만든다. 스미스의 가장 큰 통찰력은 바로 부의 창출 비밀은 노동 생산성을 높이는 데 있다고 한 점이다. 도공이 한 시간 안에 보다 많은 사발들을 만들어 낼수록 더 부유해질 것이라는 얘기다. 그리고 보다 높은 생산성의 비밀은 노동의 분업과 이로 인해 가능한 전문화에 있다고 보았다[21]. 여기서 스미스는 그 유명한 핀 공장을 예로 든다. 이 공장에서 일하는 10명의

---

* 계몽주의로 불리는 시기에 서구 사회사상사의 각종 이론이 등장했고, 이를 전후해 근대 사회가 그 모습을 나타내게 되었다고 평가받는다. '스코틀랜드 계몽주의'를 주도한 사상가들은 프랜시스 허치슨(1694~1746), 데이비드 흄(1711~1776) 그리고 애덤 스미스 등이었다.

근로자는 각자 핀 제조 공정의 한두 단계에 전문화되어 있다[22]. 스미스는 이런 전문화와 협력이 이 그룹으로 하여금 하루에 4만 8천 개의 핀, 즉 근로자 1인당 4,800개의 핀을 생산할 수 있게 했다고 지적한다. 이런 노동의 분업이 없었다면 이 공장은 하루에 단지 20개의 핀만을 만들어 냈을 것이며, 만약 별로 숙련되지 못한 근로자들이라면 핀을 아예 하나도 만들지 못할 수도 있었다고 스미스는 추정했다.

인구 증가로 인해 가용 노동인력이 늘어나면 사회의 부는 증가할 것이다. 그러나 1인 기준으로 부를 늘리려면(다시 말해 개인 삶의 수준을 높이려면) 생산성을 높여야 하고, 생산성을 높이려면 전문화가 필요하다. 바로 이 논리는 스미스를 경제학의 두 번째 의문으로 자연스럽게 이끌었다. 즉, 무엇이 한 사회에서 부와 자원의 배분을 결정하는가? 바로 그 의문이다. 부의 창출이 전문화를 요구한다면, 그 전문화는 거래를 필요로 한다. 다시 말해 핀을 만드는 사람들이 핀을 먹을 수는 없고, 따라서 자신들이 필요로 하는 것을 얻으려면 그것을 팔아야만 한다. 그런데 핀 생산업자들, 농부들, 어부들, 목공들, 그리고 다른 여러 생산업자들이 모두 자신들의 상품을 갖고 나와 거래를 할 경우 이 상품들이 배분되는 방법은 누가 결정하는가? 핀 몇 개가 과연 1부셸의 밀과 같은 것일까?* 목공이 만든 의자를 구하려면 얼마나 많은 고기가 필요한 것일까? 그리고 누가 더 부자가 될까? 핀 생산업자일까, 아니면 어부일까? 도덕철학자이기도 한 스미스에게 이 문제는 단순히 자원이 어떻게 '배분되는가'의 문제만이 아니었다. 자원이 어떻게 '배분되어야 하는가', 다시 말해 개인, 또 사회 전체적으로 공정하고 적정한 자원 배분은 어떤 것인가? 이 문제도 당연히 따라 나오게 돼 있었다.

스미스는 개인들의 입장에서 자원을 배분하는 가장 공정한 메커니

---

* 1부셸은 약 36리터, 약 두 말로 보면 된다.

즘은 사람들이 자신의 이기심에 따라 스스로 선택할 수 있게 하는 것이라고 생각했다. 결국 사람들이 자신의 행복에 대한 최고의 판단가라는 얘기다. 동시에 사회 전체적으로 최상의 자원 배분은 자원들이가장 효율적으로 사용되도록 함으로써 사회 전체의 부를 극대화하는것이라고 보았다. 자원을 낭비하는 것은 사회가 달성 가능한 부를 감소시키는 행위이기 때문에 도덕적으로 잘못된 것으로 생각했다. 검소한 스코틀랜드 사람들이 볼 때는 특히 그러했다. 스미스의 이런 견해는 당시 '최대 다수의 최대 행복'을 설파했던 프랜시스 허치슨Francis Hutcheson으로부터 영향을 받은 것이었다[23].

이런 목표를 어떻게 달성할 것인가에 관한 스미스의 견해는 당시로 보면 과격했다(오늘날에도 일부 사람들은 그렇게 생각한다). 다시 말해, 경쟁적인 시장이야말로 사회의 자원을 배분하는 데 가장 도덕적으로 공정한 메커니즘이라고 본 것이다.

> 스미스는 자원을 분배하는 가장 공정한 메커니즘은 각자의 이기심에서 나온 선택이라고 생각했다. "우리가 기대하는 저녁식사는 정육업자, 양조업자, 제빵업자들의 자비심에서 나오는 게 아니라 그들의 이기심에서 나온다."

그는 사람들이 자유롭게 거래하도록 내버려 두면 이기심에 따라 제품과 서비스를 공급할 수 있게 된다고 주장했다. "우리가 기대하는 저녁은 정육업자, 양조업자, 제빵업자들의 자비심에서 나오는 게 아니라 그들의 이기심에서 나온다."[24] 더구나 이윤 동기와 경쟁의 결합은 사람들로 하여금 가능한 한 효율적으로 자신들의 제품과 서비스를 제공하도록 만들 것이라고 보았다. "개인들은 자신이 받을 수 있는 자본(봉급)이 얼마든 간에 가장 유리한 일자리를 구하려고 계속 노력한다."[25]

스미스는 개인들이 이기심을 추구하는 것이 이 사회를 전반적으로 윤택하게 한다고 주장한다.

> 상인들은 그 자신의 이익을 생각해 행동한다. 그렇게 함으로써 어떤

'보이지 않은 손'에 의해 자신이 애초 뜻하지 않았던 목적(사회적 이익)의 달성을 촉진하게 된다…… 자신의 이익을 추구함으로써 사회적 이익을 도모하는 것은 그가 의도적으로 사회적 이익을 촉진하려고 하는 경우보다 더 효과적이다."[26]

이 사회에 효과적인 자원 배분이라는 행복한 결과를 가져다주는 이 '보이지 않는 손'은 바로 '경쟁적인 시장'이라는 메커니즘이다. 스미스는 어떻게 해서 가격이 생산자와 소비자가 시장에서 만나도록 하는 핵심 메커니즘으로 작동하는지를 설명했다[27]. 수요를 충족시키기에 공급이 너무 적다면 가격은 올라가게 되고, 그 경우 생산자는 생산을 늘리고 소비자들은 소비를 줄이게 된다. 반대로 수요에 비해 공급이 너무 많다면 가격은 떨어지게 되고, 그 경우 생산자는 공급을 줄이고 소비자들은 소비를 증가시킨다. 이렇게 해서 어떤 지점에 이르면 시장은 상호 반대의 힘이 균형을 이루는 가격에 도달한다. 즉, 공급과 수요가 일치하고 시장은 깨끗이 정리된다. 이렇게 개인들의 이기심과 경쟁적인 시장에 맡겨 두면 이 두 가지가 결합해 경제를 자연스럽게 균형점에 이르게 한다는 게 스미스의 주장이다. 스미스의 이런 요지를 현대적 용어들로 옮기자면 1980년대 영화 〈월 스트리트〉에 나오는 고든 게코의 대사였던, "탐욕은 좋은 것이다"라는 표현이 적절하다는 생각이다. 물론 도덕철학자이기도 했던 스미스로부터 나온 결론치고는 좀 놀랄 만한 것이지만 말이다.

건강한 균형

경제가 자연스럽게 수렴되면서 균형점을 갖는다는 개념은 경제학의 초창기에 해당하는 스미스에게로까지 곧바로 거슬러 올라가는 주제인 동시에 오늘날에도 여전히 전통 경제학의 핵심 개념으로 남아 있다. 한정된 자원을 놓고 경쟁을 벌인다는 것은 경제에 서로 상충하는 힘 또는 긴장이 있음을 의미한다. 17세기 아일랜드의 금융가 리샤르 캉티용Richard Cantillon에게, 경제의 핵심적인 긴장 관계는 인구와 가용한 토지 사이에서 비롯됐다. 캉티용은 과잉 인구와 기아라는 야만적인 메커니즘이 임금과 가격을 스스로 조정되도록 만들어 궁극적으로는 균형점에 이르게 할 것이라고 믿었다[28]. 18세기 프랑스의 지식인 프랑수아 케네François Quesnay(중농주의자의 지도자이며 스미스와 프랑스에서 많은 시간을 같이 보낸 사람)에게 핵심적인 긴장은 농업, 제조업 그리고 토지를 소유한 상류 귀족 사회 사이에서 나오고 있었다. 케네는 그 유명한 '경제표Tableau Economique'(본질적으로 경제의 흐름도를 나타낸 것)를 가지고 경제를 균형 상태로 만들 가격과 생산 수준을 계산해 낼 수 있다고 주장했다[29]. 경제학에 뛰어들기 전에 의사였던 케네에게 마치 18세기 의학에서 체액들humours*이 균형 상태에 있으면 몸이 건강하다고 했듯이, 균형 잡힌 경제는 건강한 경제를 의미했다. 스미스는 소비자와 생산자 간에 비롯되는 핵심적인 긴장, 즉 공급과 수요의 균형을 달성해야 한다고 봤다(물론 당시 공급과 수요에 대한 스미스의 얘기는 오늘날 교과서에 기술돼 있는 것처럼 완전한 것은 아니었으며, 그것은 나중에 존 스튜어트 밀, 앨프리드 마셜에 의해 만들어졌다는 점은 지적돼야 하겠지만).

스미스는 공급과 수요의 균형을 달성하는 데 시장의 역할을 설명해 냈지만 이기적인 공급자들의 공급량과 이기적인 소비자들의 수요량이 어떻게 정해지는지, 그 의사 결정 과정에 대해서는 구체적으로 설명하지 않았다. 이에 관한 아이디어들은 스미스와 같은 고전파에 속하는 동시대 지식인인 자크 튀르고Jacques Turgot와 제러미 벤담Jeremy

---

* 이른바 4체액이라고 하는데, 피, 점액, 담즙, 흑담즙을 말한다. 옛날에는 이 네 가지의 균형에 따라 체질이나 기질이 정해지는 것이라고 믿었다.

Bentham에 이르러 비로소 나온다.

자크 튀르고는 루이 15세 정부의 각료를 지냈으며, 이른바 자유방임주의, 즉 정부는 시장의 작동을 방해하는 행위를 최소화해야 한다는 철학의 주창자로 유명하다[30]. 튀르고의 이런 견해에도 불구하고 당시 프랑스 정부는 경제 운용에 매우 많이 간여하고 있었다. 그리고 각료로서 튀르고가 맡은 임무는 식량 부족 문제를 다루는 일이었다[31]. 1767년에 튀르고는 농부가 조그만 땅에다 단지 씨를 뿌리기만 하면 그가 거둘 수 있는 수확량은 매우 적을 수밖에 없다는 사실을 발견했다. 만약 농부가 씨뿌리기 전에 단 한 번이라도 땅을 갈면, 훨씬 많은 수확을 얻을 것이다. 만약 그가 두 번 땅을 갈면 단지 두 배가 아니라 세 배나 되는 많은 수확량을 거두게 될지 모른다. 이렇게 농부가 땅을 열심히 가꾸면 가꿀수록 그가 얻게 될 수확량도 점점 커질 것이다. 그러나 어떤 수준에 이르게 되면 그 한계가 드러나게 되는데, 이때부터 농부가 투입한 추가적인 노력의 단위에 비해 그가 거두게 되는 수익은 점점 적어지는 현상이 발생한다. 이런 관찰에 기초해서 튀르고는 오늘날 '수확 체감의 법칙law of diminishing returns'이라고 알려진 개념을 명료하게 설명해 냈다. 농업, 제조업, 서비스업 무엇이든 간에 대부분의 생산 과정에 한 특정 요소(예컨대, 노동, 원료, 또는 기계류)를 보다 많이 투자해도 어떤 수준에 이르면서부터는 들어가는 돈(투입)에 부합되는 가치(산출)가 점점 더 적어지는 결과가 발생한다는 얘기다. 수확 체감의 법칙은 경제가 균형을 달성하도록 하는 데 핵심적인 역할을 한다. 시장에서 가격이 주어지면 생산자는 더 이상 수익이 나지 않을 때까지, 다시 말해 산출물 한 단위를 더 늘리는 데 들어가는 추가 비용이 그로 인해 얻을 수 있는 추가 수입보다 커질 때까지 투입을 계속 늘려 생산을 확대할 것이다. 따라서 농부는 시장에서 요구하는 정도에 맞게, 더도 아니고 덜도 아닌 그만큼만 일할 것이다. 만약 농작물의 가격이 오르면 당연히 그는 주어진 토지에서 더 열심히 일할

66

것이고(또는 더 많은 토지를 경작할 것이고), 그 반대라면 덜 재배할 것이다. 만약 생산에 따른 수익이 어떤 수준에서도 감소하지 않는다면 농부는 산출을 계속해서 무한대로 늘리고 싶어 하는 결과가 일어날 수 있다[32]. 튀르고의 법칙은 공급과 수요의 관계에서 우선 공급과 생산자 비용을 연결시키는 중요한 개념을 제공했다[33].

거의 같은 시기에 영국의 철학자 제러미 벤담은 수요 측면에서 튀르고와 비슷한 중요한 업적을 만들고 있었다. 1748년 런던에서 태어난 벤담은 네 살에 라틴어를 알고 열두 살에 옥스퍼드에 진학한, 한마디로 신동神童이었다[34]. 애덤 스미스와 마찬가지로 벤담은 자신을 도덕철학자, 정치철학자로 생각했다. 스미스는 인간의 이기심이 경제를 작동하게 만드는 결정적 동기라고 생각했지만, 그 이기심이 어떻게 구체적인 의사 결정으로 표현되는지에 대해서는 별로 설명하지 않았다. 벤담은 이기심의 추구는 즐거움과 고통이라는 계산법을 토대로 한 합리적인 활동이라는 논리를 폈다. 벤담은 개인의 즐거움과 고통을 측정하기 위하여 '효용utility'이라는 하나의 양적 지표를 생각해 냈다[35]. 그는 경제적 선택이란 어떤 행동이 자신의 효용을 최대화할 것인지에 대한 개인들의 계산 결과라고 주장했다[36]. 당신이 만약 사과를 좋아하고 바나나를 싫어한다면, 사과와 바나나 중에서 하나를 선택해야 하는 상황에서 사과를 소비하는 것이 당신에게 더 큰 효용을 가져다줄 것이라고 계산하여 사과를 선택한다는 얘기다. 물론 다른 사람에게는 바나나의 효용이 더 클 수도 있다. 벤담의 이런 아이디어는 18세기 후반 지식인 사회와 정치계에 큰 영향을 미쳐 강력한 지지자들을 끌어모았는데, 이것이 이른바 '효용주의'다. 당시 효용주의자들은 사회는 집단적 효용, 즉 행복을 최대화하는 방식으로 조직화돼야 한다는 신조를 갖고 있었다.

그로부터 약 50년 후 독일 경제학자 헤르만 하인리히 고센Hermann Heinrich Gossen은 벤담의 아이디어를 토대로 '한계 효용 체감의 법칙'을 만들어 냈다[37]. 이것은 본질적으로 튀르고 법칙의 반대쪽에 해당하는 것이었다. 튀르고가 생산을 증대시켜도 이익이 감소한다는 것을 보여 주었듯이, 고센은 소비를 증대해도 효용이 감소한다는 것을 보여 주었다. 예를 들어, 당신이 굉장히 배고파서 도넛을 하나 산다면, 그 소비는 당신에게 꽤 큰 만족, 다시 말해 큰 효용을 가져다줄 것이다. 당신이 여전히 배가 고파 두 번째 도넛을 샀다면 이 또한 만족감을 주겠지만, 한계 효용 체감의 법칙에 따르면 그 효용은 처음보다는 작을 것이라는 의미다. 다섯 번째, 여섯 번째 도넛 정도가 되면 이로 인해 증가하는 만족감은 꽤 작아질 것이다(어쩌면 그로 인해 당신의 위에 고통이라도 초래하면 효용은 마이너스가 될지 모른다). 따라서 어느 정도 먹고 나면 당신은 이렇게 말할 것이다. "나는 이미 배가 불러. 도넛을 더 먹기에는 돈이 아까워." 마치 농산물 가격이 오르면 생산을 늘리고, 가격이 떨어지면 생산을 줄이는 것처럼, 소비자들이 더 먹을 가치가 없다며 소비를 중단하는 바로 그 수준도 가격에 따라 더 높아지거나, 더 낮아진다. 따라서 수요는 가격이 오르면 떨어지고, 그 반대면 올라간다. 또 한계 수익 체감이 농부로 하여금 무한대로 농작물을 재배할 수 없게 만들듯, 한계 효용 체감은 소비자들이 무한대의 도넛을 소비할 수 없게 만든다.

생산에서의 한계 수익 체감과, 소비에서의 한계 효용 체감을 결합하게 되면 시장은 자연스럽게 가격이라는 균형 메커니즘을 갖게 된다. 가격은 생산자와 소비자들이 공유하는 가장 중요한 정보다. 가격이 오르면 소비자들은 소비 수준을 더 낮추고 생산자들은 생산 수준을 더 높일 것이며, 가격이 떨어지면 그 반대가 될 것이다.

결론적으로, 경제학의 고전파 시대는 시장이 어떻게 소비자의 수요와 생산의 경제학이 서로 균형을 맞추면서 자연스럽게 양쪽을 만족시키는 어떤 지점에 이르게 하는지를 설명하는 강력한 이론적 틀을 제시하면서 막을 내렸다. 그러나 여전히 중요한 의문이 남는다. 어떤 상품과 효용 구조, 그리고 생산 과정이 모두 주어졌다고 가정할 때 가격은 정확히 얼마인가? 우리는 이 가격을 계산해 낼 수 있는가? 또는 예측할 수 있는가?

새로운 과학을 향한 꿈

고전파 경제학의 연구에 뒤이어 등장한 것이 이른바 한계주의자 시대다(1830~1930). 이 시기의 핵심 인물은 레옹 발라Léon Walras다. 그는 1834년 프랑스 에브뢰에서 태어났다. 그러나 젊은 발라는 출발부터가 매우 불안했다. 나중에 정말 위대한 사람이 되리라는 전조前兆는 거의 찾아보기 어려울 정도였다. 학생 시절 그는 형편없는 수학 실력 때문에 권위 있는 이공 대학인 에콜 폴리테크니크École Polytechnique에서 두 번씩이나 퇴짜를 당했다. 대신 그는 국립광산학교 에콜 데 민École Des Mines에 입학했지만 엔지니어로서는 실패였다. 그 후 소설가로도 변신해 보았지만 성공적이지 못했다. 1858년 어느 저녁 잔뜩 의기소침해 있던 발라가 교사이자 작가인 아버지와 산책하면서 앞으로 무엇을 하며 살아갈지 논의하고 있었다[38]. 대단한 과학 숭배자였던 그의 아버지는 19세기에는 두 가지 큰 도전이 남아 있다고 말했다. 그것은 역사에 대한 완전한 이론의 창출과 경제학에 관한 과학적 이론의 창출이었다. 발라의 아버지는 미분학을 경제학에 응용할 경우 '천문학적인 힘에 관한 과학과 마찬가지로 경제적 힘에 관한 과학'을 만들수 있을 것이라고 믿었다[39]. 과학적 경제학에 대한 아버지의 비전을 듣고 발라는 영감을 얻었다. 그러고는 이 비전을 달성하는 것을 평생의 업으로 삼기로 결심했다. 그 뒤 발라는 몇 년간 신문 기자, 은행원 등으로 일하며 힘들게 보냈지만 그 와중에도 여가 시간을 이용해 경제학에 관한 논문과 팸플릿 등을 썼다. 1870년 여러 교수들의 거센 논란 속에 그는 로잔 아카데미Lausanne Academy의 교수로 최종 임명되었다. 그리고 1872년 그의 역작『순수 경제학 요론Eléments d'Économie Politique Pure』을 완성했다.[40]

그동안 경제학은 수학적 영역이 아니었다. 많은 초기 경제학자들, 예컨대 스미스, 벤담 등은 자신들을 과학자가 아니라 철학자로 생각했다. 그리고 고전파 시대의 수학(경제학에 나오는 수학)이란 대개 몇 개의 수적인 사례나 약간의 대수학 정도였을 뿐, 그보다 더 복잡하지 않았다[41]. 발라와 그의 동료 한계주의자들은 이를 급격히 변화시켰다. 그들은 위대한 과학적 진보의 시대에 살았다. 17세기 뉴턴의 기념비적인 발견에 뒤이어 라이프니츠, 라그랑주Lagrange, 오일러Euler, 해밀턴 등 일련의 과학자와 수학자들이 미분 방정식을 이용한 새로운 수학적 언어를 개발하여 놀라울 정도로 넓은 영역에 걸쳐 자연현상들을 설명해 냈다. 고대 그리스 시대 이래 인류를 좌절케 했던 문제들, 예컨대 행성의 이동에서부터 바이올린 줄의 진동에 이르기까지 모든 문제가 갑작스레 풀려 버렸다. 이런 성공은 과학자들에게 어떤 자연현상도 방정식으로 설명해 낼 수 있다는 무한한 낙관론을 갖게 했다[42]. 발라와 그의 동료들은 미분 방정식이 우주의 행성과 원자의 움직임을 파악할 수 있게 만들었다면 똑같은 수학적 기법을 응용할 경우 경제에서도 인간 심리의 움직임을 설명해 낼 수 있을 것이라고 확신했다.

특히 발라는 경제 시스템의 균형점과 자연에서의 균형점 사이에는 유사성이 있다고 보았다[43]. 자연의 많은 시스템들은 균형점balancing point을 갖고 있다. 앞 장에서도 나왔지만 지금 당신에게 표면이 매끄럽고 둥글며 밑바닥이 원형인 큰 유리그릇과 고무공이 있다고 해보자. 그릇의 가장자리에다 공을 놓고 손을 떼면 한동안 공은 앞뒤로 움직이면서 빙빙 굴러다니다가 결국 그릇 밑바닥에 멈추게 된다. 그 순간 공은 균형 상태에 놓인 것이다. 해당 시스템에 작용하는 모든 힘들이 서로 상쇄돼 시스템이 균형 상태에 놓일 때, 비로소 균형이 이루어진다. 이 경우 공을 밑으로 보내는 중력의 힘이 아래에서 밀어 올리는 공의 힘과 정확히 맞아떨어진 것이다. 공은 정확히 그 지점, 즉 그릇의 밑바닥에 머물게 되는데 다른 어떤 새로운 힘이 흔들어 놓지 않는 한 영원히 그 상태일 것이다. 이 경우 균형점은 유일하다. 다시 말해 그릇의 가장 밑이다. 아무리 여러 번 그 그릇 속에 공을 집어 던져도 공은 항상 똑같은 곳에 머물게 될 것이다.

물리적 시스템들은 여러 가지 형태의 균형점들을 가지고 있다. 예를 들어, 연필을 세워서 균형을 잡는 문제를 생각해 보자. 당신이 연필을 잡아 똑바로 세운다면 그것은 균형 상태에 있게 될 것이다. 그러나 그릇 안에 있는 고무공과 달리 이는 매우 불안한 균형이다. 아주 조금만 바람이 불어도 연필이 넘어질 수 있기 때문이다. 역동적인 균형dynamic equilibrium도 있다. 한 행성이 궤도에서 별 주위를 돌 때 행성을 안으로 끌어당기는 별의 중력과 그것을 밖으로 밀어내는 행성의 원심력이 서로 만나면서 균형을 이룬다. 이 균형은 밖에서 다른 힘이 가해지지 않는 한 계속 유지될 것이고 행성도 안정적인 궤도로 계속 돌 것이다. 마지막으로 고르지 못한, 다시 말해 울퉁불퉁한 밑바닥을 가진 그릇을 생각해 볼 수 있다. 그 경우 공이 안착하게 될 균형점은 여러 개일 수 있다.

수학을 경제학에 도입한 발라의 의도는 경제 시스템을 예측 가능하게 만들겠다는 것이었다. 불행히도 불안정한 균형은 본질적으로 예측하기 어렵다. 왜냐하면 조그만 변화가 와도 시스템을 흔들어 놓을 것이기 때문이다. 마찬가지로 발라 시대에 어떤 역동적인 시스템이 안정적인 균형 상태에 있는지, 없는지 여부를 결정하는 것은 스웨덴의 왕 오스카 2세가 그 문제를 푸는 사람에게 2,500크라운의 상을 제안했을 만큼 어려운 문제였다[44]. 마지막으로 시스템이 여러 균형점들을 갖고 있을 경우 그 시스템이 어떤 균형점에서 머물게 될지는 매우 어려운 문제이고, 많은 경우 예측조차 불가능하다. 발라는 예측 가능성을 원했다. 그것은 그가 단일의, 안정적인 균형점을 필요로 했음을 의미한다. 특히 발라는 하나의 시장에서 공급과 수요의 균형은 상징적으로 물리적 균형 시스템에서의 힘의 균형과 같은 것이라고 보았다. 그는 시장에서 거래되는 모든 상품에는 오로지 하나의 가격, 하나의 균형점이 있고, 그 균형점에서 거래 당사자들은 모두 만족할 것이며, 그 결과 시장은 정리될 것이라고 생각했다. 발라는 마치 공이 그릇의 매끄러운 바닥에 머물 것으로 예측하듯이 시장에서의 가격도 하나의 균형 수준에 이를 것으로 예측할 수 있다고 본 것이다.

발라는 자신의 이런 생각을 방정식으로 표현하기 위해 그 시대의 물리학 교과서를 모두 섭렵했다. 그중에서 1803년 프랑스 수학자 루이 푸앵소Louis Poinsot가 펴낸 『정역학靜力學의 원리Elements of Statics』라는 교과서가 특히 발라에게 영향을 미쳤다. 발라가 자신의 저서에 '원리Elements'라는 용어를 모방했을 정도면 충분히 짐작할 만하다[45]. 발라의 전기 작가인 윌리엄 자페William Jaffé가 지적한 바 있지만, 구체적으로 말하자면 발라는 물리학에서 균형이라는 개념을 경제학에 차용해 오늘날 교과서와 저널에서 취급하는 선통 경세학의 수학직 기초를 놓았다. 이는 바로 푸앵소가 쓴 책의 내용 중 '방정식으로 표현된 균형의 조건에 대하여'라는 제목이 붙은 2장에서 비롯된 것이다[46]. 이 역사적인 지적은 주목할 만하다. 다음 장에서 논의하겠지만, 일부 비판가들은 물리학에서 균형을 차용한 것이 경제학에 지금까지도 영향을 미치는 중대한 과학적 실수였다고 주장하고 있다는 점에서 그렇다.

균형 모델을 구축할 때 발라는 경제의 반인 생산을 한쪽으로 놔두고 소비자들 사이의 거래에 집중했다. 그는 모델에서 다양한 제품이 이미 존재하고 있다고 가정했다. 문제는 어떻게 가격이 형성되고, 어떻게 제품들이 관련된 개인들에게 배분될 것인지를 결정하는 것이다. 발라의 모델이 어떻게 작동하는지를 보기 위해 사람들로 가득 찬 큰 방을 상상해 보라. 각자는 이용 가능한 모든 제품들 중에서 임의로

72

뽑은 샘플을 받는다. 예컨대, 나는 바나나 5개, 세탁기 1대, 신발 2켤레, 자동차 타이어 5개 등을 받고, 당신은 청바지 1벌, 우산 2개, 전화 1대, 아보카도 3개와 기타 제품을 받을지 모른다. 그러나 각자 이런 제품들에 대해 저마다 효용 구조를 갖고 있다. 예를 들어, 당신은 바나나를 좋아하지만 나는 아보카도를 좋아하고, 둘 다 전화에 대해서는 높이 평가할 수 있다. 제품에 대한 초기 할당은 임의적이라고 하자. 그렇다면 참석자들이 각자 제품을 처음에 할당받고 행복해할 가능성은 매우 낮다. 그래서 그들은 거래를 원하게 된다. 발라는 거래에 대한 이런 욕망을 시스템이 균형에 있지 않다는 하나의 신호로 간주했다. 이는 이 그룹을 더 행복하게 할 수 있는 상품의 다른 배합이 있다는 것을 의미한다. 그렇다면 남은 문제는 방에 있는 모든 사람들이 가능한 한 만족하는 상품의 배분을 찾아내고, 사람들이 처음 상태에서 보다 만족스러운 상태로 옮겨 갈 수 있도록 거래를 위한 가격을 발견하는 일이다. 이렇게 이동한 새로운 상태는 균형을 이룰 것이다. 왜냐하면 주어진 가용한 상품과 가격에서 모든 사람들이 가능한 한 만족하면 그 누구도 더 이상 거래를 원하지 않을 것이기 때문이다[47].

거래가 보다 조직적으로 이루어지고, 수학적으로 보다 단순해지도록 하기 위하여 발라는 이 그룹의 거래를 중개하기 위한 경매인이 있는 상황을 상상했다. 그는 상품 중의 하나는 화폐 형태로 사용될 수 있다고 가정했다. 예를 들면, 금 조각, 유리구슬, 조개껍데기 등을 생각해 볼 수 있다. 그러면 경매인은 그런 상품을 기준으로 어떤 물건들의 가격을 매길 수가 있게 된다. 예를 들어, 아보카도 1개는 유리구슬 10개와 같다는 식이다. 경매인은 각 제품에 대해 가격을 부르고 입찰 금액을 받아 적는다. 공급에 비해 수요가 많으면 가격을 올릴 것이고, 공급이 수요보다 많으면 가격을 낮출 것이다. 경매인은 모든 상품들에 대해 수요와 공급이 균형을 이룰 때까지 이렇게 해 나가게 된다. 그 결과 모든 가격이 정해지면 비로소 모든 사람들이 거래를 할 것이고, 자신들이 받을 가치를 최대화한다는 점을 확실히 할 수 있을 것이다. 거래를 통해 참여자 그룹은 임의의, 불균형 상태인 처음보다 더 행복한 균형 상태로 이동할 것이다. 발라는 이를 가리켜 일반 균형이라고 불렀다. 발라는 경매 과정을 탐색이라는 의미를 가진 프랑스어 타톤망tâtonnement이라고 불렀다. 경매인이 서로 다른 제품에 대해 여러 가지 다른 가격들을 시험해 보면서 일반 균형점을 모색해 나간다는 의미를 담고 있다.

발라의 아이디어 자체도 새로운 것이지만 정말 혁명적인 것은 그가 물리학에서 차용한 복잡한 수학의 활용이었다. 사람들은 서로 다른 효용을 가지며, 또 합리적이고 이기적이라서 효용을 최대화할 것이라는 발라의 가정을 수용한다면 수학의 정밀성을 활용해 사람들이 어떻게 거래를 할 것인지와 경제에서 설정될 상대 가격을 예측할 수 있을 것이다. 물론 신과 같은 경매인의 존재, 그리고 어떻게 개인들의 효용을 관찰하고 측정할 수 있는지에 대한 의문 등 몇 가지 문제가 있다. 그러나 발라는 이런 이슈들은 미래에 해결될 수 있을 것이라고 보았다[48]. 다시 말해 경제에서 처음으로 가격과 같은 문제에 관하여 수학적으로 정확하고 과학적인 예측을 할 수 있는 능력에 비하면 이로 인해 치러야 할 비용은 적다고 생각한 것이다. 어쨌든 발라가 수학적인 예측성을 확보하기 위해 여러 가지 상충 관계를 적극적으로 설정한 것은 다음 세기에 걸쳐 경제학자들이 따르는 패턴으로 자리 잡게 되었다.

중력과 같은 수준의 예측 가능성

당시 경제학을 과학으로 만들겠다는 영감을 가지고 물리학을 파고든 경제학자는 발라뿐이 아니었다. 윌리엄 스탠리 제번스William Stanley Jevons는 1835년 리버풀에서 부유한 산업가 가문의 11남매 중 아홉 번째로 태어났다[49]. 발라와 마찬가지로 그도 대기만성형이었다. 그는 학위도 없이 대학을 그만두고 당시 호주의 골드러시gold rush* 기간 동안 시드니 조폐국에서 수필가로 20대를 보냈다. 그러는 동안 가만있지 못하는 성격이었던 그는 철도에 매료되어 틈틈이 시간을 내 철도 경제학의 수학적 모델을 만들려고 시도했다. 이런 경험을 통해 그는 경제학이 하나의 수리과학이 될 필요가 있다고 확신했다. 그는 경제학 공부를 더 해 학위 과정을 마칠 목적으로 영국으로 돌아가기로 결심했다. 발라와 마찬가지로 그도 새로운 지식의 토대를 만들어 경제학을 보다 설득력 있는 과학적 기반 위에 다시 구축해 보겠다는 사명감에 충만하였다[50].

1867년 두 명의 저명한 영국 과학자 윌리엄 톰슨William Thomson 경(후에 켈빈 경이 됨)과 피터 거스리 테이트Peter Guthrie Tait는 에너지 물리학에 대한 발견들을 모아 『자연철학 강의A Treatise on Natural Philosophy』라는 새로운 교과서를 내놨다[51]. 이 책의 열렬한 독자 중 한 사람이 바로 제번스였다. 그는 톰슨과 테이트의 책을 통해서 중력, 자성, 그리고 전기 등을 힘의 영역으로 설명하기 위해 마이클 패러데이Michael Faraday와 제임스 클러크 맥스웰James Clerk Maxwell이 개발한 새로운 이론들을 알게 되었다. 예를 들어 태양과 같은 큰 덩어리mass(질량)는 물건들을 자신 쪽으로 끌어당기는 중력장重力場**을 갖는다. 그리고 그 덩어리가 크면 클수록 그 힘의 중력장은 더 강해진다. 제번스는 인간의 이기심을 중력과 매우 흡사한 하나의 힘으로 보았다[52].

효용은 한쪽에는 원하는 사람이 있고 다른 쪽에는 원하는 물건이 있을

---

* 금 산지가 발견되어 많은 사람이 몰려드는 현상. 1848~1849년 미국 캘리포니아주에서 발견된 금을 채취하기 위해 사람들이 몰려든 것이 시초다.
** 지구가 주변 공간에 변화를 일으켜 지구의 중력이 물체에 영향을 미치는 공간을 말한다.

때만 발생한다······ 물체의 중력이 질량에만 의존하는 것이 아니라 그것을 둘러싸고 있는 물체들의 질량들, 그리고 상대적인 위치와 거리 등에 의존하듯이 효용도 원하는 존재와 원하는 물건 사이의 끌어당김이다[53].

제번스는 벤담의 효용 개념과 고센의 한계 효용 체감 이론을 소비에 적용했고, 1871년 『정치경제학 이론Theory of Political Economy』에서 물리학의 '장이론field theory'으로부터 유래된 방정식을 사용해 철학적 개념에서 나온 벤담과 고센의 아이디어들을 수학적 모델로 바꾸어 놨다[54].

요약하자면 제번스는 인간의 행동을 중력처럼 예측 가능한 것으로 만들고 싶어 했다. 어떤 물체가 중력장에서 어떻게 행동하는지를 예측하려면 두 가지를 알아야 한다. 중력이 작용하는 방향, 그리고 그 물체의 이동과 관련한 제약 조건의 형태가 그것이다. 다시 우리가 처음에 든 사례로 돌아가 보자. 공을 그릇 속으로 굴려 보내면 중력은 그 공을 밑으로 끌어당긴다. 그리고 그 그릇의 표면들은 공의 이동을 제약한다. 만약 우리가 중력이 아래로 향하는 방향이 어느 쪽인지와 또 공의 움직임을 제약하는 그릇의 모양을 알고 있다면 그 공이 결국 어디에서 안착할지 그 균형점을 예측할 수 있을 것이다. 마찬가지로 고정된 한 축이나 점의 주위를 일정한 주기로 진동하는 물체, 즉 진자振子의 균형점 역시 중력이 어느 쪽으로 끌어당기는지 그 방향과 움직임을 제약하는 줄의 길이를 알면 예측할 수 있다.

제번스의 개념에서 인간의 이기심은 바로 그 중력과 같은 것으로, 사람들로 하여금 자신의 행복과 효용을 극대화하는 쪽으로 작용하는 힘인 것이다. 그러나 우리는 유한한 자원을 가진 세계에 살고 있기 때문에 이는 우리의 행동에 대한 제약 조건이 된다. 따라서 유한한 자원이라는 제약 조건하에서 우리의 행복을 최대화하는 제품과 서비스

인간은 유한한 자원이라는 제약 조건하에서 최대한의 행복을 추구하며, 행복에 도달하기 위해 계속해서 거래를 한다.

의 조합을 찾아내는 요령이 필요하다. 발라의 모델은 거래를 통해 바로 그런 조합에 이를 수 있다는 얘기다.

자, 여기서 와인과 치즈라는 두 가지 상품으로 구성된 경제를 생각해 보자. 나는 일반적으로 치즈보다 와인을 선호하지만, 어떤 수준을 넘어 한계 효용 체감의 법칙이 작용하면, 이제 와인은 충분하니 치즈를 먹고 싶어 할 것이다. 반면 당신은 와인보다 치즈를 좋아하지만 역시 어떤 수준에 이르게 되면 치즈보다 와인을 마시는 것이 행복하다고 느낄 것이다. 이제 여기서 와인과 치즈의 양은 유한하고, 우리 각자는 와인과 치즈를 임의로 할당받았다고 가정해 보자. 발라 모델에서 살펴보았듯이 우리가 임의로 할당받은 와인과 치즈가 우리의 효용과 정확히 맞아떨어지는 조합일 가능성은 거의 없다. 따라서 우리 각자는 와인과 치즈의 전체 양이 주어진 상황에서 가능한 한 가장 큰 만족을 제공하는 와인과 치즈의 양을 보유할 때까지 거래를 하려고 할 것이다.

이렇게 경제적 선택을 제약 조건하의 최적화, 다시 말해 여러 제약 조건들이 주어진 상황에서 최적화 문제로 표현한 것도 제번스의 업적이다. 즉, 가용한 양이 주어지면 소비자들은 자신에게 가장 큰 만족감을 줄 상품들의 조합을 계산해 낼 것이라는 얘기다. 제번스의 관점에서 설명하자면 개인 간 효용의 차이는 거래를 위한 일종의 잠재적인 에너지를 만들어 낸다. 제번스는 자신의 저서 『경제학의 이론Principles of Economics』에서 "우리의 과학(경제학)에서 가치의 개념은 기계학에서의 에너지 개념과 같다"[55]고 말했다. 그릇에 있는 공이 그릇 표면들이라는 제약 조건하에서 최소한의 에너지 상태를 찾아가듯이 인간들은 유한한 자원이라는 제약 조건하에서 최대한의 행복 상태를 추구하며, 그런 행복 상태에 도달하기 위해 거래를 한다.

팡글로시안Panglossian* 경제

애덤 스미스는 인간의 이기심이 시장을 균형 상태, 즉 모든 가격이 조정되면서 거래가 이루어져 시장이 깨끗이 정리되는 안정 상태에 이르게 한다고 주장했다. 발라는 이런 균형 상태가 수학적으로 계산할 수 있는 하나의 균형점으로 간주될 수 있음을 증명했다. 제번스는 사람마다 효용이 다르고 자원이 유한한 세계에서 각자 자신의 행복을 최대화하려고 불가피하게 스스로 거래에 나서면서 시장은 균형점에 이르게 된다는 것을 보여 주었다. 그런데 애덤 스미스의 주장은 사실은 더 멀리까지 나갔다. 다시 말해 그는 인간 이기심이 시장을 균형으로 몰아갈 뿐만 아니라 사회 전체적으로 달성 가능한 최선의 결과를 가져다준다고 생각했다.

빌프레도 파레토Vilfredo Pareto는 발라와 제번스와 같은 시대를 살았던 이탈리아 사람이다. 엔지니어로 훈련받았고 '고체의 탄력적 균형'을 주제로 박사 논문을 쓴 파레토는 당시 물리학에 대해서는 발라와 제번스만큼이나, 아니 그들보다 훨씬 더 정통했다[56]. 파레토는 스위스에 있는 한 산의 오두막집에 은둔하며 앙골라 고양이 20마리와 함께 말년을 보낸 별난 사람이었다. 그러나 파레토는 경제학의 가장 중요한 개념 중의 하나인 '파레토 최적Pareto optimum'에 자신의 이름을 갖다 붙임으로써 경제학의 세계에서 불후의 명성을 얻었다.

애덤 스미스의 『국부론』이 출간된 이래로 경제학자들은 내내 경쟁적 시장이 사회적 후생을 정말 최대화하는지, 만약 그렇다면 어떤 상황에서 그런 것인지 알고 싶어 했다. 제번스가 효용에 관한 이론적 분석을 크게 발전시켰지만 효용은 측정할 수 없다는 문제가 여전히 남

---

* 극단적으로 낙천적인 사람을 의미한다. 볼테르의 『캉디드Candide』에 나오는 닥터 팡글로스에서 유래.

아 있었다. 다시 말해 그 누구도 사람들의 두뇌 안에 들어가 효용을 측정하고 또 이를 합산할 수 없다는 문제를 안고 있었다. 그렇다면 사회적 후생이 정말 상승했는지, 또는 최대화되었는지 어떻게 알 수 있겠는가.

파레토는 독창적인 논리적 주장을 펴면서 이런 문제를 극복해 냈다. 그는 사람들이 할 수 있는 거래에는 네 가지 종류가 있다고 주장했다. 첫 번째, 윈윈 거래로서, 거래 당사자들이 서로 이득을 보는 경우다. 이 경우 후생은 증가한다. 두 번째, 한쪽은 이득을 보고, 다른 한쪽은 손해를 보지 않는 거래다. 이 경우에도 후생은 증가한다. 세 번째, 누구도 이득을 보는 이가 없는 가운데 특정 사람이 손해를 보는 경우다. 이 경우 후생은 감소한다. 네 번째, 어떤 이는 이익을 보고 어떤 이는 손해를 보는 거래다.

효용을 직접적으로 측정하지는 못하지만 효용의 순 증가 내지 순 감소 등 그 영향이 어떠한지를 결정하는 것은 불가능한 일이 아니다. 파레토는 거래에 동의하는 두 명의 사람이 있을 경우, 또 그들이 어리석지 않다면 그들은 윈윈 또는 최소한 한쪽이 이득을 보더라도 다른 한쪽은 손해를 안 보는 거래에만 관여할 것이고, 그 결과 참여자들의 전체 후생은 증가할 것이라고 주장했다. 이 거래는 후에 '파레토 우위 Pareto superior' 거래로 불리게 되었다. 그리고 파레토는 자유 시장에서 모든 파레토 우위 거래가 소진될 때까지 사람들은 거래를 계속할 것이라고 주장했다. 만약 더 이상 거래를 했다가 누군가가 손해를 보게 되면 그 지점에서 거래는 멈출 것이고 시장은 하나의 균형점에 이를 것이라는 얘기다. 나중에 경제학자들은 이 균형점을 '파레토 최적'이라고 불렀다. 파레토 최적은 어느 누군가에게 손해를 주지 않고는 더 이상 거래를 할 수 없는 균형점을 가리킨다. 파레토 최적은 반드시 전체 그룹의 가치를 최대화하는 그런 균형점은 아니다. 왜냐하면 다른 사람들의 이익을 위해 일부 사람들에게 손해를 주더라도 전체적으로 보면 그 그룹의 총효용을 증대시킬 수 있는 거래도 얼마든지 있을 수 있기 때문이다. 효용을 정확히 측정할 수 있는 방법이 없고, 또 다른 사람들의 이익을 위해 일부 사람들의 후생을 줄이는 거래를 강요할 독재자도 없다면 파레토 최적은 우리가 자유 시장 경제에서 할 수 있는 최선이다[57].

이제까지의 논의를 종합해 보자. 발라, 제번스, 파레토, 그리고 다른 한계주의자들의 이론에 따르면 시장 경제에서 참여자들은 어떤 가용한 자원이 주어졌을 때 가능한 한 만족할 수 있는 상태에 이를 때까지 자유롭게 거래를 한다. 이런 거래를 통해 경제는 미끄러지듯 자연스럽게 정지 지점인 균형에 이르게 된다. 이 균형점은 공급이 수요와 일치하고, 자원이 가장 효율적으로 활용되며, 사회적 후생이 파레토 최적인 상태다. 볼테르의 『캉디드Candide』*에 나오는 팡글로스 박사 Dr. Pangloss는 이렇게 말한다. "여러 가능한 세상 중 이처럼 최선의 세상에서는…… 모든 것이 최선이다."[58] 한계주의자의 업적에서 아마도 가장 두드러진 것은, 스스로에게 맡겨 두면 공이 그릇 밑바닥으로 굴러 갈 수밖에 없듯이 자유 시장 경제가 어떻게 팡글로시안 상태에 이르게 되는지를 보여 주는 수학적 이론을 경제학이 드디어 갖게 됐다는 점일 것이다. 발라는 이렇게 선언했다. "나의 순수한 경제학 이론은 모든 면에서 물리수리과학physico-mathematical science과 닮은 과학이다." 제번스는 자신이 '도덕적 결과에 대한 계산법'을 만들어 냈다고 믿었다.** 그리고 파레토는 이렇게 선언했다. "경제과학의 이론이 이로써

---

* 1759년 출간된 이 소설은 부제 '낙천주의樂天主義'가 보여 주듯 라이프니츠 등의 낙천적 세계관을 조소하고 사회적 부정·불합리를 고발하는 철학적 콩트의 대표작으로, 웃음을 통해서 지성에 호소하는, 명쾌하고 신랄하여 템포가 빠른 문체가 매력인 볼테르 풍의 전형적인 풍자 소설이다.

** 애덤 스미스 등의 도덕적·철학적 연구들에 대한 수학적 분석을 했다는 의미.

합리적인 기계학의 엄격함을 획득했다."[59] 이들의 관점에서 보면 한계주의자들은 경제학을 진정한 수리과학으로 바꾸는 데 성공했다.

신고전파적 종합

20세기에 들어와 위대한 경제학자들의 신전神殿은 한계주의자들이 닦아 놓은 토대 위에서 더욱 굳건해졌다. 세기의 전환 시점에 영국의 경제학자 앨프리드 마셜은 제번스의 고립된 단일 시장 모델(부분 균형)과, 서로 연결된 시장을 대상으로 한 발라의 모델(일반 균형)을 연결시켰다. 마셜은 또 공급과 수요 곡선을 그래프로 처음 그린 사람이기도 하다. 이후 경제학에 입문하는 모든 학생들은 이 성가신 그래프와 씨름하게 되었다. 1930년대에 맨체스터 대학*의 존 힉스John Hicks는 발라, 마셜, 그리고 파레토의 연구를 자신의 저서 『가치와 자본 Value and Capital』에서 하나의 통합된 이론으로 묶었다. 유럽이 20세기 중반 전쟁에 휩싸이면서 혁신의 축은 대서양을 건너가게 된다. 미국인들과, 히틀러의 유럽에서 피난 나온 사람들의 세대가 오늘날 '신고전파적 종합Neoclassical synthesis'이라고 불리는 현대 경제 이론의 핵심을 만들어 낸다. 그 시대의 가장 저명한 두 명의 인물은 폴 새뮤얼슨Paul Samuelson과 케네스 애로Kenneth Arrow다.

새뮤얼슨은 정말 신동이었다[60]. 그의 야심적인 역저 『경제 분석의 기초Foundations of Economic Analysis』는 1941년에 완성되었는데, 그때 그의 나이는 불과 26세였다. 이 저서는 그가 하버드 대학에서 당시 대학원생일 때 논문으로 썼던 것이다. 새뮤얼슨은 본질적으로 힉스의 종합

---

* 자유 무역을 주장했던 맨체스터학파의 전통이 이 대학의 설립에 영향을 주었으며, 경제학에서 한계 혁명을 가져온 한계주의자의 거장 제번스가 학설을 펼쳤던 곳이다. 맨체스터 대학 정경대학 휴게실은 '제번스 바'라는 이름을 붙여 그를 기념하고 있다. 1972년 노벨경제학상 수상자인 존 힉스 역시 이 대학에서 8년간 재직했다. 그는 자서전에서 이 기간 중 자신의 주요 이론이 다듬어졌다고 밝히고 있다.

이론을 채택하고, 여기에 자신의 독자적인 창의력을 추가함으로써 현란한 수학적 이론을 완성했다. 이는 바로 시장의 작동에 관한 표준 모델이 되었다[61]. 새뮤얼슨이 만들어 낸 핵심적 돌파구 중의 하나는 벤담 이래로 경제학자들을 괴롭혀 왔던 문제를 해결한 것이었다. 사실 효용은 경제 이론의 핵심이 되었지만 여전히 손에 잡히지 않고, 관찰할 수 없으며, 측정할 수 없는 양적 개념이었다. 파레토와 힉스는 '효용util'이 킬로그램kg이나 와트watt처럼 고정된 측정 단위라는 아이디어는 잘못된 것으로 보았다. 효용은 단지 상대적인 의미, 예를 들어 '나에게 사과는 오렌지에 비해 효용이 두 배다'라는 식의 의미만 존재한다고 주장했다. 그러나 그 상대적인 효용조차 어떻게 측정하느냐는 의문은 여전히 남아 있다. 새뮤얼슨이 내놓은 답은 사람의 머릿속을 들여다보며 효용을 직접 측정할 필요가 없다는 것이었다. 다시 말해, 사람들은 선택을 통하여 자신의 선호를 드러낸다고 새뮤얼슨은 생각했다. 따라서 필요한 것은 사람들 행동이 논리적이고 일관성이 있다는 가정뿐이라고 했다. 예를 들어, 만약 당신이 누군가에게 사과와 오렌지 중에서 선택하라고 했는데 그가 사과를 선택했다고 하자. 그러면 다음에 사과, 오렌지, 바나나를 제시했을 때 그가 오렌지를 선택하지 않을 것이라고 당신은 예측할 수 있다(왜냐하면 그는 논리적으로 여전히 오렌지보다 사과를 선호할 것이므로 사과를 선택하든가 아니면 바나나를 선택할 것이다). 이런 관찰이 비록 '사과는 오렌지보다 효용이 두 배다'라는 식의 얘기는 못해주지만 그 사람이 '사과를 오렌지보다 선호한다'고는 분명히 알려 준다. 새뮤얼슨은 수요 이론을 정립하는 데는 이런 간단한 설명만으로도 충분하다고 주장했다. 이에 따라 새뮤얼슨은 사람들의 선호에 순서를 매기는 기본적이고 논리적인 규칙들을 가지고 기존의 효용 이론을 대체시켰다. 이 규칙들은 전통 경제학에서 소비자 행태 이론의 기초이자 동시에 사람들이 경제적 선택을 할 때는 합리적이라고 주장하는 개념의 중추가 되었다[62].

새뮤얼슨보다 약간 더 젊은 동시대인 케네스 애로도 어린 나이 때부터 최고의 수학적 실력을 보여 준 사람이다. 애로는 이 분야에서 아주 근본적인 공헌을 많이 했다. 그중에서도 가장 유명한 것은 1954년 프랑스 경제학자 제라르 드브뢰Gérard Debreu와 함께 증명한 정리定理다. 애로와 드브뢰는 일반 균형에 대한 발라의 개념과 파레토의 최적성 개념을 보다 일반적인 방법으로 연결시킴으로써 일반 균형에 대한 신고전파 이론을 탄생시켰다. 이들은 정리를 통해 경제에 존재하는 모든 시장들은 경제 전체적으로 파레토 최적인 가격 체계 위에서 함께 자동적으로 조정된다는 점을 보여 주었다. 그리고 이는 시장에 불확실성이 존재할 때도 마찬가지임을 증명했다. 발라가 자신의 모델에서 모든 것이 확실하다는 가정을 필요로 했던 점을 생각하면 크게 발전한 것이다[63]. 이런 자동 조정이 일어나는 이유는 시장이 서로 연결되어 있기 때문이다. 어떤 제품들은 다른 제품들의 대체재 역할을 할 능력(예를 들어, 커피 값이 올라가면 사람들은 홍차로 바꿀 수 있다)을 갖고 있고, 또한 다른 제품들이 이 제품의 보완재로서 함께 소비되는 경향(예를 들어, 가솔린 가격이 올라가면 가솔린을 많이 잡아먹는 대형차의 수요는 줄어들 것이다)도 보인다. 이는 상품들이 서로 연결돼 있음을 보여 준다. 애로와 드브뢰는 가격은 경제 전반에 걸쳐 공급과 수요에 관해 신호를 보내는, 마치 신경 체계와 같이 움직인다고 봤다. 그리고 이기적인 인간은 그런 가격 신호에 반응하게 되고, 이것이 시스템을 사회적으로 최적인 균형점으로 유도해 간다는 얘기다. 보이지 않은 손은 정말 강력하다.

아마도 애로와 드브뢰가 일군 일반 균형 이론의 가장 놀라운 업적은 이렇게 강력한 결과들이 몇 가지의 공리公理를 토대로 나왔다는 점일 것이다. 이중 몇 가지 가정은 별로 문제될 게 없다. 예컨대, 당신이 마이너스 노동, 마이너스 소비를 가질 수 없다는 것 등이다. 그러나 일부 가정들은 문제가 있을 수 있다. 예를 들어, 두 사람의 정리는 모든 사람은 경제에 존재하는 모든 제품을 최소한 어느 정도씩은 갖고 있다는 가정에서 출발한다. 또 모든 제품과 서비스에 대해 선물先物 시장이 존재한다는 가정도 있다. 그리고 모든 사람은 의사 결정 대안들을 따질 때 지극히 합리적이며, 미래에 일어날 모든 상황에 대한 확률을 알고 있다고 가정한다. 발라의 초기 모델에서처럼 이러한 가정들은 단순화를 위해 필요한 것들이며 언젠가 때가 되면 하나하나 세부적으로 다루어질 문제로 볼 수 있다. 그러나 중요한 것은 몇 가지 간단한 공리들만 가지고 엄격하게, 수학적으로 매우 일반적인 결과, 즉 경쟁적인 시장에서 작동하는 합리적인 인간의 이기심이 경제를 최적 상태로 이끈다는 결론을 도출해 냈다는 점이다. 1954년 두 사람의 정리가 발표됐을 때 경제학자들은 큰 돌파구가 마련됐다며 매우 환호했다. 냉전이 극에 달했을 때 이 정리는, 정치적 영역에서는 시장자본주의가 사회주의보다 우월하다는 점을 보여 주는 결정적인 수학적 증명으로 해석됐다[64]. 애로와 드브뢰의 모델이 현실 경제를 고도로 단순화한 것은 틀림없다. 그리고 이 모델은 독점적 산업, 노조, 정부 규제, 세금 등 현실의 경제 세계가 직면하고 있는 여러 문제들을 빠뜨리고 있는 것이 사실이다. 하지만 정치적 메시지는 분명했다. 우리가 왜곡이나 간섭 없이 완전 경쟁이라는 이상적인 상태에 가까이 도달할수록 최적 균형점에 좀 더 가까이 다가갈 것이라는 점이다.

1960년대에 이르면 개별 소비자와 생산자에 대한 몇 가지 공리적 가정에서 출발해 시장과 경제에 대한 포괄적인 결론들을 이끌어 낸, 거의 완전한 이론이 출현한다. 경제학자들은 개인들과 시장에 대한 상향식 이론을 가리켜 미시 경제학microeconomics이라고 불렀다. 또한 이 기간 동안 거시 경제학macroeconomics에서도 많은 연구가 진행되었다. 거시 경제학 분야에서는 위에서 밑으로 경제를 바라본다. 따라서 가령 왜 실업률이 존재하는지, 무엇이 경기 사이클을 일으키는지, 금리와 인플레이션은 어떻게 연결되는지와 같은 질문들이 연구 대상이다. 이것들은 나중에 다시 살펴보기로 하고, 여기서는 1960~1970년 대에 밀턴 프리드먼Milton Friedman, 로버트 루카스Robert Lucas와 같은 이른바 시카고 경제학자들은 신고전파 미시 경제학의 기법들을 거시 경제학에 응용하기 시작했다는 사실에 주목해야 한다. 그 결과 효용을 극대화하는 합리적 소비자들이라든지 최적 균형과 같은 개념들이 전통적인 거시 경제 이론에서도 핵심 부분으로 들어오게 되었다.

분배에서 성장으로

1장 전반부에서 경제학은 역사적으로 두 가지 큰 문제, 즉 부는 어떻게 창출되며, 그 부는 어떻게 배분되는지에 대해 쭉 관심을 가져왔다는 점을 지적한 바 있다. 애덤 스미스의 고전파 시대에서 새뮤얼슨과 애로의 20세기 중반에 이르기까지 사실 첫 번째 질문은 두 번째 질문에 의해 가려졌다고 볼 수 있다. 발라, 제번스, 그리고 파레토의 모델들은 경제는 이미 존재하고, 생산자는 자원을 가지고 있으며, 소비자들은 다양한 상품을 보유하고 있다는 가정에서 출발했다. 따라서 이들 모델들이 다룬 문제는 모든 사람에게 최대한의 이익을 가져다주려면 경제에 존재하는 유한한 부를 어떻게 배분해야 하느냐에 대한 것이었다. 유한한 자원의 배분에 초점을 맞춘 한 가지 중요한 이유는 물리학에서 차용한 균형 방정식의 경우 배분 문제에 대한 답을 구하는 데는 이상적이었지만 이를 성장에 적용하는 것은 그보다 어려웠기 때문이다. 균형은 그 정의상 정지 상태를 말한다. 하지만 성장은 변화와 역동주의를 의미한다는 점에서 그 차이가 있다.

균형과 성장 사이의 모순을 인식한 중요한 인물은 바로 조지프 슘페터였다. 슘페터는 오늘날의 체코 공화국에서 태어났는데도 불구하고 종종 오스트리아 경제학자로 소개되고 있다[65]. 슘페터는 하버드 대학 교수 모임에 승마화를 신고 가고, 집에서 저녁을 먹을 때도 공식적인 야회복夜會服을 입는 것으로 유명한, 변화무쌍하고 활달한 성격의 소유자였다. 그는 자신의 인생에서 세 가지 목표를 가지고 있다고 말했던 것으로도 유명하다. 세 가지 목표란 빈에서 가장 위대한 연인이 되는 것, 유럽에서 가장 위대한 승마자가 되는 것, 그리고 세계에서 가장 위대한 경제학자가 되는 것이었다. 그러나 슬프게도 그는 두 번째 목표는 실패했다고 말하곤 했다. 슘페터는 부의 배분에 관해 동시대 신고전파 경제학자들의 균형 개념에 대해 동조적이었지만 성장의 문제를 답하는 데도 이것이 딱 맞는 이론적 틀이라고는 믿지 않았다. 생산에 대한 신고전파적 견해는 매우 정태적이었다. 기업들의 기술 및 제품 세트는 고정적이라고 가정했다. 기업들이 할 수 있는 것은 오로지 이윤을 극대화하는 생산량을 계산하는 것뿐이다. 그러나 슘페터는 경제 성장은 단순히 이미 생산되고 있는 제품의 양을 증가시키는 차원의 문제가 아니라는 점을 관찰해 냈다. 즉, 혁신의 역할이 있다는 얘기다. "당신이 원하는 만큼 우편차를 계속 추가해 보라. 그렇게 하다간 결코 철도를 달릴 수 없을 것이다."[66] 1장의 용어를 빌리면 슘페터는 생산량의 증가는 물론이고 SKUs(상품 분류 단위)의 증가를 설명하고 싶어 했다.

신고전파는 혁신을 외부적인, 또는 외생적外生的인 요소로 보려는 경향이 있었다. 경제에 영향을 미치지만 기후처럼 경제 연구의 경계에서 벗어나 있는 임의의 변수로 간주했다는 얘기다. 그러나 슘페터는 혁신을 경제의 내부적이고 내생적인, 그리고 경제를 이해하는 데 핵심적인 요소로 보아야 한다고 믿었다. 슘페터는 성장이 일어나려면 "달성될 수도 있는 모든 균형을 스스로 붕괴시키는 에너지의 원천이 경제 시스템 내에" 있어야만 한다고 주장했다[67]. 슘페터에게 그런 에너지의 원천은 기업가였다. 슘페터는 기업가에 대해 거의 영웅적인 용어를 동원해 설명하고 있다. 슘페터에 따르면 기술 진보는 일련의 돌발적인 발견들로 일어난다. 그러나 새로운 기술들을 상업화하려다 보면 자금 수요에서부터 견고한 관습과 고정관념에 이르기까지 수많은 장벽에 부딪힌다. 때문에 댐 안의 물처럼 시간이 지남에 따라 돌발적인 발견들은 계속 쌓이게 된다. 슘페터의 이론에서 기업가는 댐을 붕괴시키는 역할을 함으로써 혁신의 홍수를 터뜨리고 이를 시장으로 쏟아 보낸다. 이렇게 성장은 지속적인 흐름으로 오는 것이 아니라 슘페터의 유명한 표현처럼 '질풍처럼 밀려오는 창조적 파괴' 형태로 경제에 다가온다. 슘페터에 따르면 부의 원천은 개별 기업가들의 영웅적인 노력에 있다. 그러니까 슘페터식 부의 창조는 리처드 아크라이트, 헨리 포드Henry Ford, 토머스 앨바 에디슨Thomas Alva Edison, 그리고 스티브 잡스Steve Jobs 같은 사람들이 악조건과 싸워 기술을 마침내 상업화로 성공적으로 연결시킬 때 일어났다.

슘페터의 이론은 본질적으로 '인간과 역사의 이론'이다. 그리고 강점과 약점을 동시에 갖고 있다. 슘페터의 풍부한 아이디어는 오늘날에도 여전히 울려 퍼지고 있지만 그는 자신의 이론을 단지 기술적記述的으로만 표현했을 뿐 엄밀한 수학적 형태로 바꾸지 못했다. 이는 슘페터의 아이디어가 수학적인 신고전파의 분석 틀과 융합될 수 없음을 의미했다. 결국 이런 결점은 슘페터의 영향력을 제한시키는 결과를 낳았다[68]. 또한 이런 수학적 결여로 인해 로버트 솔로Robert Solow가 나타날 때까지 40년 동안 성장 이론은 제대로 된 인정을 받지 못했다[69].

솔로는 브루클린에서 태어나 하버드 대학에서 교육을 받았고 MIT에서 경력을 쌓았다[70]. 솔로는 슘페터처럼 수학적 혜안의 부족으로 고생하는 일은 없었다. 그는 신고전파 이론의 예측 가능성, 다시 말해 그릇 안에 있는 공의 사례와 같은 그런 예측성과 성장 문제를 융합하려고 했다. 1987년 솔로는 노벨상 수상 기념 강연에서 자신의 이론을 개발한 동기를 설명했다[71]. 성장에 관한 초기의 수학적 연구는 꽤 단순했다. 자본의 생산성, 즉 투자가 도구, 기계 그리고 장비와 같은 자본재에 투자함으로써 얻는 수익은 일정하다고 가정했던 것이다. 이 가정은 명백히 비현실적인 것이었다. 역사적으로 보면 기술 변화는 자본의 생산성을 비약적으로 증대시켰다. 예를 들어, 트랙터의 생산성은 황소가 이끄는 쟁기의 생산성보다 훨씬 높다. 솔로는 바로 이런 중요한 효과를 포함시킬 방법을 찾고 싶었다. 그러나 혁신을 균형을 파괴하는 힘으로 보았던 슘페터와 달리 솔로가 제시한 모델은 신고전파 이론과 일치하고, 경제에서 균형을 유지하는 방법으로 혁신을 설명하고자 했다.

성장과 균형은 서로가 잘 양립하는 개념으로는 들리지 않는다. 앞서 우리가 사례로 든 그릇 속의 공은 성장하는 시스템이 아니다. 그러나 솔로는 1956년 자신의 기념비적인 논문에서 경제를 일종의 '동적인 균형'에 있는 것, 그의 용어로 말하자면 '균형 성장'으로 바라봄으로써 이 두 개념을 조화시켰다[72]. 어떤 배우가 용감하게도 높은 외줄 위를 왔다 갔다 하면서 자전거 타는 서커스 묘기를 한다고 생각해 보자. 배우는 균형을 유지하고 외줄에서 떨어지지 않기 위해 수평으로 쭉 뻗은 긴 장대를 쥐고 있다. 배우가 외줄을 따라 페달을 밟으며 앞으로 나가면서 움직이고 있다고 하더라도 특정 시점에서 보면 그는 일종의 균형 상태에서 평형을 이루고 있다고 볼 수 있다. 유사하게 솔로는 경제 역시 성장을 하더라도 균형 상태에서 평형을 이루는 것으로 봤다. 그는 자신의 모델에서 두 가지 중요한 변수를 외생 변수로 놓았다. 인구 성장률과 기술 변화율이 그것이다. 이 두 가지 변수가 성장률을 좌우한다. 비유를 하자면 이 두 가지는 고공에서 외줄을 따라 자전거를 타는 사람이 페달을 밟는 에너지로 생각할 수 있다. 그런 다음 솔로는 저축률과 자본 총량 등과 같은 다른 요소들은 인구 성장과 기술 변화에 반응하여 자동적으로 이에 균형을 맞추어 간다는 것을 보여 줬다. 마치 서커스 배우가 균형을 잡기 위해 장대를 이동하듯이 말이다. 솔로 모델에서 균형을 잡아 자전거를 타는 사람의 역할은 바로 노동과 자본 시장이 떠맡고 있다. 이들 두 시장은 경제가 성장할 때에도 모든 것이 파레토 최적 균형 상태를 유지하도록 작동한다.

솔로 모델은 인구 증가가 국가 전체의 부를 증대시킬지 모르지만, 생산성이 증가해야만 1인당 기준으로 그 국가가 더 부유해질 수 있다는 애덤 스미스의 통찰력과 일치한다. 즉, 국가를 부유하게 하는 것은 그 나라가 얼마나 많은 자본을 가지고 있느냐가 아니라 그 자본이 얼마나 생산적이냐에 달렸다는 얘기다. 솔로에 따르면 생산성을 높이는 핵심은 기술이다. 솔로의 모델로 보면 미국과 다른 서방 국가들은 풍부한 천연자원과 같은 행운 또는 하늘로부터 받은 만나(예상 밖의 행운)처럼 떨어진 자본 때문에 부유해진 게 아니다*. 그보다는 기술 향상이 자본을 보다 생산적인 것으로 만들고, 이것이 다시 높은 저축률로 이어져 보다 많은 자본 투자를 하게 하는 그런 선순환을 통해 부유해진 것이다. 기술 진보가 없다면 자본은 단지 인구에 비례해서 증가할 뿐이고, 1인당 부는 똑같을 것이다. 오늘날의 지식 경제라는 말이 유행하기 오래전인 1956년에 솔로는 이미 지식 경제를 발견했던 것이다[73].

솔로의 연구는 성장이라는 주제에 대해 새로운 관심을 다시 불러일으키는 계기가 됐다. 솔로의 기본 모델에 여러 가지 변화를 가한 일련의 연구들이 계속 이어졌다. 그러나 1980년대 중반 스탠퍼드 대학의 경제학자 폴 로머**Paul Romer**가 이끄는 일단의 경제학자들은 솔로 모델에서 실질적으로 성장을 이끄는 기술이 외생적으로 취급되고 있다는 점에 불만을 표시하기 시작했다. 마치 50년 전 경제학이 혁신을 외생

---

* '만나'는 이집트 탈출 후 광야를 헤매던 옛 이스라엘인들이 신에게서 받은 음식을 말한다.

적으로 취급하고 있다는 사실에 슘페터가 좌절을 느꼈던 것과 비슷했다[74]. 슘페터와 마찬가지로 로머는 성장을 위한 에너지는 경제에서 내생적인 변수로 간주되어야 한다고 생각했다. 1990년에 발표된 로머의 한 논문은 오늘날 잘 알려진 '내생적 성장 이론'의 등장을 알리는 것이었다[75].

로머는 성장을 위한 에너지의 원천을 영웅적인 기업가가 아니라 기술 그 자체의 특성에서 찾았다. 기술은 누적적이고, 가속화되는 속성을 갖고 있다고 로머는 주장했다. 아는 것이 많으면 많을수록 인간의 지식 기반은 더욱 확대되고 다음에 올 발견으로 얻게 될 수익도 그만큼 커진다는 얘기다. 지식에 대해서 경제학자들은 '수확 체증 현상'을 말한다. 앞에서 논의했지만 18세기에 자크 튀르고는 대부분의 생산 공정은 '수확 체감'이라는 반대의 특성을 보여 준다고 했다. 다시 말해 농업이든 제조업이든 서비스업이든 간에 대부분의 생산 공정을 보면 많이 투입할수록 한계 수익은 점점 더 적어진다는 얘기다. 그러나 기술을 생산하는 경우에는 이 논리가 뒤집어진다고 로머는 주장했다. 즉, 지식에 투자를 많이할수록 시간이 흐름에 따라 지식이 누진적으로 축적되고, 그리 되면 수익은 더 높아진다는 것이다. 오늘날 마이크로 칩과 바이오 기술에 한 시간의 연구 개발 투자를 하면 1900년에 증기 기관과 전신기에 한 시간의 연구 개발 투자를 한 것보다 더 높은 수익을 가져다준다. 로머는 자신의 모델에서 이른바 '양+의 되먹임 고리positive feedback loop'라는 것을 생각해 냈다. 일종의 '선순환'으로 사회가 기술에 투자를 많이 할수록 사회는 더 부유해지고 수익도 더욱 많아져 기술에 더 많이 투자를 할 수 있다는 의미다. 그 결과는 '무한대의 기하급수적 성장'이다. 앞서 고공 외줄에서 자전거를 타는 사람의 이미지를 생각해 보면 알겠지만, 기술 투자의 수확 체증은 그전보다 성장의 페달이 훨씬 더 빨리 돌아갈 수 있도록 만든다.

전통 경제학의 유산

20세기 말쯤 신고전파 패러다임은 완전히 전통 경제학을 지배하게 되었다. 합리적이고 최적화하려는 소비자와 생산자들이 한정된 자원으로 이루어진 경제 세계에서 선택을 하고, 이런 선택들은 수확 체감에 의해 제한을 받는(기술 투자는 예외적이지만) 개념들이 기본적인 토대가 되었다. 그리고 인간의 이기심과 제약 조건은 경제를 파레토 최적에 해당하는 균형으로 이끌게 된다. 경제적 분석의 방법론으로는 수학적 증명이 지배적이었다. 즉, 일련의 가정에서 출발해 논리적으로 결론들을 도출했다. 솔로가 개척한 '신성장 이론'은 부의 창출에 관한 큰 의문에 답을 제시했다고 주장했다. 그리고 애로와 드브뢰의 신고전파적 일반 균형 이론도 부의 배분에 관한 의문에 표면상으로는 답을 내놨다. 이런 규범적·정규적canonical 모델의 변종들도 많이 있다. 예컨대 불확실성, 불완전한 경쟁, 그리고 불완전 정보 등을 전제로 한 모델들이다. 그러나 이것들은 그 자체로 새로운 모델이라기보다는 변종들이다.

전통 경제학 패러다임은 기업 전략에서 공공 정책에 이르기까지 커다란 영향을 끼쳤다. 세계 금융 시장에서는 전통 경제학 이론에서 만들어진 계산법에 따라 매일 수조 달러가 거래되고 있다. 그러나 전통 경제학은 너무도 불안한 기반 위에 세워졌다.

결론적으로 20세기의 경제학자들은 경제의 작동을 묘사할 수 있는 엄격하고, 잘 정의된 수학적 모델들을 창출하겠다는 야심을 실현했다. 미시와 거시적 관점들을 신고전파 패러다임 아래 완벽히 통합하겠다는 꿈이 완전히 실현된 것은 아니지만, 논리적으로 일관된 하나의 분석 틀과 가정으로 개인들의 의사 결정에서부터 국가 경제에 이르기까지 다룰 수 있게 되었다[76].

전통 패러다임은 의심의 여지없이 공공 정책, 기업, 그리고 금융의 세계에 큰 영향을 미쳤다. 중앙은행 관계자에서부터 대통령 보좌관과 재무부 장관에 이르기까지 많은 정책 결정자들이 전통 경제학과 모델에 의존하고 있다. 마찬가지로 전통 경제 이론의 개념들은 기업의 의사 결정에도 널리 활용되고 있다. 경쟁 전략에서부터 기업을 합병할 것인가, 인수할 것인가에 이르기까지 의사 결정의 범위는 넓다[77]. 또한 세계 금융 시장에서는 전통 경제학 이론에서 만들어진 계산법에 따라 매일 수조 달러가 거래되고 있다. 전통 경제학의 아이디어들은 경제와 사회에 대한 사람들의 이해에도 엄청난 기여를 했다.

그러나 전통 경제학의 이런 의심할 바 없는 큰 영향에도 불구하고 이 장을 출발할 때 저자가 제기했던 불안감은 여전히 남아 있다. 경제학자 베르너 힐덴브란트Werner Hildenbrand는 일반 균형 이론을 '고딕 대성당'에 비유한 적이 있다. 여기서 발라와 그 동시대인들은 '설계자'이고, 20세기 위대한 경제학자들은 '뛰어난 건축가'라는 얘기다[78]. 그러나 불행히도, 다음 장에서 살펴보겠지만 그 성당은 너무도 불안한 기반 위에 세워졌다.

3

비판적 고찰: 혼란과 쿠바의 자동차

⋮

경제학자들에게서 때때로 좌절감을 맛보기도 했지만 존 리드는 학계와 활발한 관계를 유지했다. 그리고 그는 사회과학 연구를 지원하는 권위 있는 러셀 세이지Russell Sage 재단* 이사회에 관여했다. 뉴욕에서 열린 이사회에서 잠시 커피 타임을 갖는 동안 같은 이사이자 스미스소니언협회Smithsonian Institution를 맡고 있던 밥 애덤스Bob Adams는 리드에게 뉴멕시코 사막에 세워질 급진적인 새로운 연구소에 관해 얘기했다[1]. 이 연구소 그룹은 전 백악관 과학 보좌관이자 로스앨러모스 국립연구소Los Alamos National Laboratory의 수장인 조지 코원George Cowan이 이끌었다. 그리고 그와 뜻을 같이한 사람들은 노벨상 수상자이자 쿼

---

* 1907년 마거릿 올리비아 세이지가 세운 러셀 세이지 재단은 사회 연구, 정책 처방, 공공 토론의 형성에 도움을 주기 위해 기초적인 사회과학 연구가 아닌 사회적 병리를 해결하는 응용 연구를 목적으로 연구원을 충원하였다고 알려져 있다.

크quark* 발견자인 머리 겔만Murray Gell-Mann, 역시 노벨상 수상자인 프린스턴 대학의 필 앤더슨Phil Anderson, 그리고 로스앨러모스 연구소의 선임 연구원 등 그야말로 최고의 슈퍼스타급 과학자들로 이루어져 있다.

이 그룹은 과학적 연구를 수행하는 방법을 기본적으로 바꾸어 보겠다는 조심스러우면서 야심적인 목표를 설정했다. 역사적으로 과학은 우주를 가능한 한 가장 작은 조각으로 쪼개는, 위에서 밑으로의 요소 환원주의적要素還元主義的 접근 방식을 채택하여 은하수 수준에서 시작해 원자핵을 이루는 아원자 입자들subatomic particles로 이동하면서 궁극적인 법칙을 탐구해 왔다. 그러나 산타페 연구소 과학자들의 생각은 달랐다. 이런 접근법이 놀라운 성공을 거두기도 했지만 우리가 현실에서 부딪히는 어려운 문제들은 그 성질상 복잡계 또는 복잡 시스템들로서 집단적이고 창발적創發的인 특징들을 갖고 있으므로 아래에서부터 위로의 전체론적인 관점에서 접근할 때 더 잘 이해할 수 있다고 믿었다[2]. 예를 들어 "생명이란 무엇인가?"라는 의문은 유기체를 연구하는 화학에서 하듯이 위에서 아래로의 방식으로는 결코 해결될 수 없을 것이라고 이 그룹은 판단했다[3]. 유기체는 요소의 결합으로 나타나는 전체가 개별 요소들의 합보다 더 큰, 복잡 시스템이라는 얘기다. 따라서 "생명이란 무엇인가?"에 답하려면 유기체를 시스템으로 보는 관점, 그리고 수십억 개의 분자들이 어떻게 상호 작용을 해 생명이라는 복잡한 조화를 만들어 낼 수 있는지 아래에서부터 위로 가는 방식의 이해가 필요하다. 뇌, 생태계, 인터넷, 그리고 인간 사회를 비롯한 광범위한 현상들에서 이렇게 전체는 구성 요소들의 단순한 합보다 더 크기 때문에 앞서 말한 새로운 접근이 요구된다고 이 그룹은 느꼈다. 또한 이 그룹은 매우 어려운 과학적 문제들에 접근하고자 할 때는 여

---

* 쿼크는 하드론(강한 상호 작용을 하는 소립자 baryon과 중간자를 포함하는 소립자의 일족(一族))의 구성 요소로 되어 있는 입자.

러 학문 분야를 통한 관점, 즉 학제적學際的 관점이 필요하다고 믿었다. "생명은 무엇인가?"와 같은 질문에 진전이 있으려면 생물학, 물리학, 화학, 컴퓨터 과학, 그리고 다른 여러 분야의 과학자들의 공동 연구가 필요하다. 그러나 대부분의 대학, 연구소들은 상호 간 높은 장벽으로 나뉘어 있어 그런 협력을 기대하기 어렵다. 1984년 이 그룹은 복잡 시스템에 대한 학제적 연구를 추구하기 위해 비영리 연구 기관으로 산타페 연구소Santa Fe Institute, SFI를 만들었다. 그리고 얼마 뒤 이 연구소는 당시 사용하지 않고 있던 수녀원에 거점을 마련했다. 코원은 수녀원장 사무실에 자리를 찾아 앉았는데, 상그레 데 크리스토 산맥 Sangre de Cristo Mountains*이 새로운 영감을 줄 만한 그런 전경이었다.[4]

리드는 산타페 연구소에 대한 애덤스의 설명에 흥미를 느꼈다. 글로벌 경제처럼 복잡한 시스템을 이해한다는 것은 분명히 과학적으로 어려운 문제이고 따라서 어쩌면 산타페 연구소에서처럼 아래에서부터 위로의 접근, 그리고 학제적 접근이 경제학에 새로운 자극을 줄지 모른다고 생각했다. 애덤스는 리드를 산타페 연구소 창립 멤버들에게 소개했다. 그리고 1987년 리드와 시티코프는 경제학에 관한 학제적인 워크숍을 지원하기로 했다.

거장들의 충돌

미팅은 마치 럭비 경기처럼 구성되었다[5]. 한쪽 편에는 앞 장에서 살펴보았던 애로 · 드브뢰 일반 균형 이론의 공동 개발자이자 노벨상 수상자 케네스 애로를 팀장으로 한 10명의 저명한 경제학자들이 진陣을 쳤다. 그리고 반대쪽에는 필 앤더슨을 팀장으로 물리학자, 생물학자, 그리고 컴퓨터 과학자 등 10명이 배치됐다. 경제학자들 쪽에는 나중

---

* 뉴멕시코 주 북부의 로키 산맥 지역.

에 미국 재무부 장관, 그리고 그 뒤에 하버드 대학 총장이 된 래리 서머스Larry Summers, 후에 마이크로소프트 반독점 재판에서 핵심적 논쟁의 근거가 된 이론을 제공한 스탠퍼드 대학의 브라이언 아서William Brian Arthur, 그리고 뒤에 전설적인 시카고 대학 경제학부를 이끌게 되는 호세 셰인크먼José Scheinkman 등 내로라하는 저명 인사들이 포진해 있었다. 반대쪽도 그에 못지않은 쟁쟁한 학자들이었다. 카오스 이론의 개척자 중 한 사람인 데이비드 루엘David Luelle, 인공 지능 연구자 존 홀란드John Holland, 맥아더 재단의 '천재genius상'을 수상한 펜실베이니아 대학 생물학자 스튜어트 카우프만Stuart Kauffman, 그리고 로스앨러모스 국립연구소 출신의 젊고 유능한 물리학자로서 비선형 물리학을 이용해 라스베이거스 룰렛 게임에서 이긴 일로 유명한 도인 파머Doyne Farmer가 참여했다.

양쪽은 각각 해당 분야의 현재 동향을 설명한 다음 열흘 동안 경제적 행태, 기술 혁신, 경기 사이클, 그리고 자본 시장의 작동 등에 관한 논쟁을 펼쳤다. 경제학자들은 물리과학자들의 아이디어와 기법에 흥분했지만 과학자들은 경제 문제에 대해서는 순진하고 약간은 거만하기조차 하다고 생각했다. 한편, 과학자들은 경제학자들의 수학적 기량에 깊은 인상을 받았고 동시에 경제 문제의 어려움에 진정으로 놀라워했다.

물리학자들에게 경제학은 지난 수십 년 동안 과학적 진보와의 접촉 없이 그 자신의 지적 봉쇄에 갇힌 채 독자적으로 이론을 수정, 확장 또는 갱신하면서 굴러 온 것처럼 보였다.

그러나 과학자들에게 정말 충격을 준 것은 경제학이 또 다른 시대로 후퇴한 것으로 보였다는 점이다. 이 미팅에 참가한 한 사람은 나중에 그날 미팅에서 경제학을 접하고 보니 자기가 최근 쿠바를 여행했던 기억이 다시 생각나더라고 논평했다. 그의 설명을 옮기면 이렇다. 쿠바에서 미국의 무역 봉쇄로 거의 50년 넘게 서방 세계로부터는 완전히 고립돼 왔던 한 지역을 들어가 봤다. 거리는 이미 퇴출된 자동차 브랜드들인 1950년대의 패커드Packard와 드소토DeSoto 들로 꽉 차 있었고, 그보다 최근의 브랜드 자동차는 거의 찾아보기 어려웠다. 그토록 오랜 기간 여기저기서 수집한 폐품들과 소련제 트랙터의 끄트러기나 잡동사니들을 가지고 이런 자동차들이 계속 굴러다닐 수 있도록 해온 쿠바 사람들의 독창성에 놀랐다는 게 얘기의 골자였다. 한마디로 경제학의 많은 부분이 이 물리학자에게는 바로 쿠바 자동차와 유사하게 느껴졌다는 얘기다. 과학자들 눈에 경제학은 지난 수십 년 동안 과학적 진보와의 접촉 없이 그 자신의 지적 엠바고 아래서 나름대로 이론을 수정, 확장 또는 갱신하면서 굴러 온 것처럼 보였다. 물리학자들이 본 것은 바로 발라와 제번스의 유산들이었다. 경제학에서 패커드와 데소토 같은 수학적 유물들은 100년 전에 물리학 교과서에서 한계주의자들이 차용하였던 바로 그 방정식과 기법들이었던 것이다.

경제학에서의 수학은 하나의 돌풍처럼 보이기도 했지만 물리학자들은 경제학자들이 단순화시킨 가정들을 자신들의 모델에 사용하는 방법에 또 한 번 놀랐다. 갈릴레이 시대 이후부터 과학자들은 자신들의 모델을 분석하기 쉽도록 하기 위해 완벽한 구球, 이상적인 기체와 같은 단순화를 활용해 왔다. 그러나 과학자들은 이러한 가정들이 현실을 단순화시키지만 그것이 현실 세계와 모순되지 않는다는 점을 확실히 할 정도로 신중하다. 그리고 과학자들은 또 이 가정들이 자신들의 이론에서 도출된 결론에 중요한지, 아닌지를 신중하게 검정한다. 그러나 경제학자들은 과학자들이 보기에 극단적으로 가정을 활용하거나 가정에 너무 의존했다. 과학자들을 놀라게 한 것 중 하나는 경제학자들의 완전 합리성 가정이다. 전통 경제학자들은 사람들이 미래에 대해 가능한 한 모든 것을 알고 있고 또 이 모든 정보들을 놀라울 정도로 복잡한 계산을 통해 처리할 수 있다고 본다. 이를 토대로 가령 1파인트의 우유를 살지 말지와 같은 기초적인 의사 결정을 내린다고 가정함으로써 인간 행태를 단순화했다. 이 주제와 관련한 오랜 논쟁의 역사를 잘 알고 있지 못하다고 하더라도 일상생활과 명백히 배치되는 이런 모델의 사용에 물리학자들은 단호히 반대했다. 과학 저술가인 미첼 월드롭은 이 미팅에 참가한 경제학자 중 한 사람인 아서가 양쪽의 의견 교환에 대해 얘기한 것을 다음과 같이 인용하고 있다.

물리학자들은 경제학자들의 가정에 충격을 받았다. 가정에 대한 테스트는 현실과 부합하느냐가 아니라 이 가정이 이 분야의 공통적인 흐름인가 아닌가에 초점이 맞추어졌다. 나는 얼굴에 미소를 띠고 있던 필 앤더슨이 "경제학자들 당신들은 실제로 그렇게 믿는가?"라고 말하는 것을 들었다. 궁지에 몰린 경제학자들은 이렇게 대답했다. "이런 가정이 있어야 문제를 풀 수가 있다. 만약 당신이 이런 가정을 하지 않으면 아무것도 할 수가 없다." 그러자 물리학자들은 곧바로 응수했다. "그럴 수도 있겠지만, 그러나 그렇게 해서 당신들이 얻은 것이 무엇인가? 가정이 현실에 맞지 않으면 당신들은 잘못된 문제를 풀고 있는 것이다."[6]

이 장에서 나는 경제학이 거둔 많은 성공에도 불구하고 산타페 연구소에서 과학자들이 말한 경제학에 대한 우려는 일리 있다고 주장할 것이다. 발라는 균형이라는 개념을 물리학에서 차용함으로써 경제학에서 수학적 정확성과 과학적 예측성이라는 이득을 얻었다. 그러나 그는 그에 대한 높은 대가, 다시 말해 현실주의의 희생이라는 비용을 지불했다. 균형을 위한 수학 때문에 발라와 그 뒤 경제학자들은 고도로 제한적인 가정을 하지 않으면 안 되었다. 이론 경제학이 현실 세계로부터 점차 멀어지게 된 것이다. 전통 경제학은 컴퓨터 프로그래머들이 말하듯 '쓰레기를 넣으면 쓰레기가 나온다'는 꼴이 됐다. 당신이 컴퓨터에 투입하는 입력물이 나쁜 것이면, 절대적인 정확성과 완벽한 논리로 움직이는 컴퓨터는 그에 상응하는 나쁜 산출물을 내놓게 마련이다. 마찬가지로, 대부분의 전통 경제학 모델들은 비현실적인 가정에서 출발해 수학적 불가피성에 따라 어떤 결론에 도달했다면 그 역시 비현실적인 결론이 되기 십상이라는 얘기다. 나중에 살펴보겠지만 전통 경제학의 수많은 핵심적 아이디어에 대한 경험적·실증적 뒷받침을 찾아보기 어렵고, 심지어 실증적 증거가 이론적 예측과 바로 배치되는 경우가 없지 않은 이유도 실은 이 때문이다. 우리는 앞으로 산타페 연구소 과학자들을 성가시게 한 이런 가정들을 구체적으로 살펴본 뒤 전통 경제학에 대한 경험적 데이터들을 조사해 볼 것이다. 그런 다음 다시 경제학의 역사로 돌아와 어떤 역사적 사건들 때문에 경제학이 1세기라는 긴 세월 동안 잘못된 길로 들어서게 됐는지 알아볼 것이다.

비현실적인 가정들

경제학자들과 물리학자들이 가정의 사용을 놓고 맞붙은 것은 산타페 연구소 미팅이 처음은 아니었다. 1901년, 레옹 발라는 프랑스의 전설적인 수학자 앙리 푸앵카레Henri Poincaré에게 자신의 저서 『순수 경제학 요론』 복사본을 보내 그의 의견을 물었다. 푸앵카레는 이렇게 답변했다. "선천적으로 나는 수학을 경제학에 응용하는 것에 적대적이지 않습니다. 그것이 어떤 한계를 넘어서지 않는 한 말입니다." 추가로 이어지는 편지에서 이 수학자는 발라가 여러 가정들을 사용하고 있는 것을 가리키며 발라의 이론이 수많은 임의의 함수들을 포함하고 있다고 말했다. 그는 그 한계가 무엇인지를 분명히 했다. 푸앵카레는 발라의 방정식에서 도출된 결론이 수학적으로 정확하지만 "만약 임의의 함수들이 그 결과로 다시 나타난다면" 이 이론의 결론은 "완전히 흥미 없는 것이 될 수 있다"고 말했다[7]. 1세기 뒤 산타페 연구소 과학자들과 마찬가지로 푸앵카레는 경제 주체들의 무한한 예지력에 대한 발라의 가정을 특히 우려했다. 푸앵카레는 이렇게 표현했다. "당신은 인간을 무한히 이기적이고 무한히 멀리 내다볼 줄 아는 존재로 간주하고 있다. 첫 번째 가정은 그런대로 인정될 수도 있지만 두 번째는 좀 생각해 볼 필요가 있을 것 같다."[8]

그 사이 경제학자들과 당시 선도적 과학자들 간에 꽤 많은 의견 교환이 있었다. 프랑스 물리학자인 조제프 베르트랑Joseph Bertrand과 에르망 로랑Hermann Laurent, 미국의 열역학 개척자 J. 윌라드 깁스Willard Gibbs, 그리고 이탈리아의 위대한 수학자 비토 볼테라Vito Volterra 등이 대표적이다. 이들 모두 푸앵카레와 의견이 같았다. 다시 말해 경제학이 보다 수학적이고 엄격해지려고 하는 것은 칭찬할 만하지만, 그렇다고 해서 오로지 방정식을 풀릴 수 있는 것으로 만들기 위해 현실을 던져 버리는 것은 가야 할 길이 아니었다는 얘기다[9]. 그러나 경제학자들은 이런 비판들을 무시했으며 신고전파 경제학을 구축하는 프로그램은 빠른 속도로 계속되었다. 그 후 경제학의 가정을 둘러싼 논쟁이 사라진 것은 아니지만 수십 년 동안 바닥에서 계속 끓고 있었다.

그러던 중 1953년 시카고 대학의 밀턴 프리드먼은 이 논쟁을 다시 촉발시켰다. 그가 『실증 경제학의 방법론The Methodology of Positive Economics』이라는 에세이집을 출간했을 때였다[10]. 이 에세이의 주장은 경제 이론에서의 비현실적 가정은 그 이론이 예측을 정확히 하는 한 중요하지 않다는 얘기였다. 예컨대, 경제가 마치 사람들이 완전히 합리적인 것처럼 움직이면 인간이 완전히 합리적이냐 아니냐는 별로 중요하지 않다는 것이었다. 그러니까 결과만 옳으면 가정은 더 이상 정당화가 필요치 않다는 것이다. 다른 말로 하면 결과가 쓰레기가 아니면, 무엇이 투입되었는지는 중요하지 않다는 의미다. 이 에세이는 널리 읽혔고 즉각 논란이 되었다[11]. 몇 년 후 미국경제학회의 한 미팅에서 카네기멜론 대학의 허버트 사이먼Herbert Simon은 이에 반대하는 주장을 폈다[12]. 과학적 이론의 목적은 예측을 하는 것이 아니라 설명을 하는 데 있다. 예측은 이 설명이 맞느냐 맞지 않느냐에 대한 테스트

100

다. 그러나 테스트하려면 궁극적으로 도출된 결론만이 아니라 설명의 전체적인 논리 구조를 따져 봐야 한다고 사이먼은 지적했다.

사이먼의 요지를 쉽게 이해하기 위해 간단한 보기를 하나 들겠다. 우리가 자는 동안 모든 밤을 푸르게 칠할 수 있는 거인의 존재를 가정함으로써 하늘은 푸르다는 것을 설명하는 이론이 제시될 수 있다[13]. 극단적으로 보면 프리드먼의 논리는 이론이 올바른 예측, 다시 말해 하늘이 푸르다는 예측을 하는 한, 거인의 존재에 대한 가정은 상관없다는 얘기다. 그러나 누구도 그 결론의 정확성을 바로 테스트할 수 없다고 사이먼은 주장했다. 오히려 그런 이론을 수용하기 위해서는 실제 행동하고 있는 거인도 관찰해야만 한다. 경제철학자 대니얼 하우스먼Daniel Hausman이 주장하듯 설명의 인과 관계가 여전히 유효하다는 점을 알기 위해서는 이론의 내막을 소상히 살펴보아야 한다[14].

그렇다면 이론에서 가정의 적절한 역할은 무엇인가? 갈릴레이와 뉴턴이 완전한 진공과 이상적인 구珠의 존재를 가정하면 큰 문제가 없는 반면, 발라의 경우 완벽하게 합리적인 인간과 신과 같은 경매자의 존재를 가정하면 왜 문제가 되는 것인가? 가정의 사용과 관련한 두 가지의 황금 규칙이 있는데, 과학철학자들은 일반적으로 이에 동의한다[15]. 첫째, 가정은 모델의 목적에 적절한 것이어야 한다. 둘째, 모델이 그러한 목적을 위해 제시하는 답에 대해 이 가정들이 영향을 미치지 말아야 한다. 이 두 가지 규칙의 원천을 따져 들어가면 과학철학자들이 말하는 세밀한 표면 상태와 조악한 표면 상태라는 얘기로 거슬러 올라간다.

과학적 이론을 지도와 같은 것으로 생각하면 이해하기 쉬울 것 같다[16]. 지도는 그 바탕이 되는 현실을 근사적으로 그린 것이다. 예컨대, 아이오와주 오스칼루사Oskaloosa에 관한 지도는 실제 오스칼루사에 대한 근사적인 표현에 불과하다. 오스칼루사에 대한 유일하게 완벽한 지도는 오스칼루사 그 자체지만, 이것은 너무 커서 자동차의 앞좌석 앞에 있는, 장갑 따위를 넣는 작은 칸에 들어갈 수 없으므로 유용하지 못하다. 지도 작성자가 어떤 지역의 특징들을 이상화하거나 생략하는 것처럼 과학자들도 이론을 단순화하거나 이상화한다. 이때 포함되거나 빠뜨려지는 것은 그 지도나 이론의 목적에 따라 다를 것이다. 만약 당신이 자동차로 국토 횡단 여행을 한다면 주요 고속도로를 보여 주는 큰 단위로 그린 지도만 있으면 될 것이다. 한편, 당신이 오스칼루사의 포드 애비뉴Ford Avenue에 있는 대고모를 방문하려고 할 때 필요한 지도는 오스칼루사의 거리의 격자를 보여 주는 상세한 지도이지 전국 고속도로를 담은 지도는 필요없는 것이다. 마찬가지로 우주론자들은 은하수 수준에서 이 세계를 볼 것이고, 반면 화학자들은 원자 수준에서 보려고 할 것이다. 이렇게 각 연구자들은 서로 다른 형태와 수준의 이상화를 필요로 한다. 중요한 것은 큰 단위의 지도든 세밀한 지도든 서로 간에는 물론이고 그 바탕이 되는 현실의 관찰과 일치해야 한다는 점이다. 예컨대, 고속도로 지도에서 특정한 위치에 강이 있다면 이 강은 현지 지도 상에도 똑같은 위치에 있어야 하고, 실제로 그 강이 어디에 위치하고 있는지에 대한 관찰과도 일치해야 한다. 마찬가지로 우주론자와 화학자의 모델이 서로 다른 것에 초점을 맞추고 있지만 이 모델들이 서로 모순적이어선 안 되며, 어느 모델이든 경험적·실험적 증거들과 일치해야 한다. 지도를 작성할 때 지도를 그리기 쉽게 할 목적으로 도로와 강을 마음대로 옮겨선 안 된다. 이런 측면에서 봤을 때 비판가들의 눈에는 전통 경제학의 많은 가정들이 경제학자들의 주장처럼 적합한 큰 단위의 지도로 보이지 않는 것이다. 오히려 발라와 제번스를 시작으로 경제학자들은 완전한 합리성, 신과 같은 경매자의 존재 등과 같은 가정들을 임의로 만들기 시작했다. 그것도 오로지 균형이라는 수학 문제가 풀릴 수 있도록 한다는 목적을 위해서 말이다. 우리는 지금부터 전통 이론에서 가장 문제가 되는 가정들에 대해 보다 자세히 살펴볼 것이다.

너무도 단순한 세계, 굉장히 영리한 인간

전통 경제학의 모든 가정 중에서 아마 가장 강력하고, 가장 비현실적인 것은 나중에 6장에서 자세히 살펴보겠지만 인간 행동에 관한 모델이다. 종종 완전한 '합리성'을 가리키는 이 모델은 두 가지의 기본적인 가정 위에 세워졌다. 첫 번째 가정은, 사람들은 경제적 문제에 관해 자신의 이기심을 추구한다는 것이다. 경제학자들도 현실 세계에서 사람들이 간혹 진실로 이타적인 행위를 한다는 것을 알고 있다(이타주의가 정의하기 매우 까다롭다는 것은 주지의 사실이지만). 그러나 단순화를 위해 사람들은 무엇이건 자신의 경제적 이기심에 따라 일반적으로 행동한다고 가정하는 것이 합리적이라고 경제학자들은 주장한다. 두 번째 가정은, 사람들은 그 이기심을 대단히 복잡하고 계산을 하지 않으면 안 되는 방식으로 추구하고 있다는 것이다. 예컨대, 사람들이 일상적인 의사 결정을 할 때 물가 상승률, 미래 정부 지출에 대한 추정치, 무역 적자와 같은 요소들을 고려한다고 경제학자들은 거의 표준적으로 가정해 버린다. 경제학자들은 또한 자신들 스스로 생각해도 풀기 어려운 방정식과 계산법을 사람들이 동원해 이 모든 정보를 처리한다고 가정한다.

뿐만 아니라 인간 행동을 예측 가능한 것으로 만들기 위해 전통적으로 경제학자들은 사람들이 살고 있는 실제 세계보다 훨씬 단순한 이론 세계에 이들 슈퍼 인간 로봇들이 살고 있다고 가정해 왔다. 예컨대, 당신이 돈을 저축 계좌에 넣을 것인지 맥주 6팩을 살 것인지 결정할 때 당신의 남은 인생 동안 이자율이 어떻게 바뀔지 고려하려면 이자율과 관련된 방대한 정보를 필요로 한다. 전통 모델은 당신의 의사 결정에 필요한 모

> 전통 경제학은 우리가 살고 있는 세계에 대해 비현실적인 가정을 한다. 예를 들어 일체의 거래 비용이 없고, 모든 제품은 가격만을 기준으로 팔리며, 기업은 언제나 최대한 효율적으로 일하고 있고, 소비자들은 모든 가능한 사건에 대비해 보험에 들 수 있다.

든 정보는 완벽하게, 그리고 즉시, 그것도 공짜로 이용 가능하다고 가정해 버린다. 물론 현실은 그렇지 않다. 우리는 종종 불완전하거나 모호한 정보를 가지고 의사 결정을 해야 하고, 또 정보가 더 필요한 경우 시간과 돈을 들여야 그것을 얻을 수 있다. 그 외에도 우리가 살고 있는 세계에 대한 경제학의 다른 전형적인 가정들을 보면 이런 것들도 있다.

- 일체의 거래 비용이 없다(수수료, 세금, 법적 제한, 기타 다른 비용 혹은 물건을 사고파는 데 장벽이 전혀 없다).
- 모든 제품은 가격만을 기준으로 팔리는 순수한 상품이다(브랜드, 제품 품질상의 차이가 없다).
- 기업들은 언제나 가능한 한 효율적으로 일하고 있다.
- 소비자들은 모든 가능한 사건에 대비해 보험을 구매할 수 있다.
- 경제적 의사 결정자들은 단순히 가격을 통해, 대개 경매 메커니즘을 통해 서로 상호 작용한다(당신의 슈퍼마켓이 경매를 마지막으로 열었던 때가 언제였는지 생각해 보라).

이런 가정들이 결합돼 나오자 로스앤젤레스에 있는 캘리포니아 대학의 거시 경제학자 악셀 레이온후브드Axel Leijonhufvud는 이렇게 논평했다. 현실 세계는 '매우 복잡한 상황에 직면해 있는 정말 단순한 사람들'로 표현하는 것이 보다 정확할 텐데 오히려 전통 경제학은 '믿을 수 없을 정도로 단순한 상황에 너무나 머리 좋은 사람들'로 모델화하고 있다는 것이다[17]. 레이온후브드의 주장을 뒷받침할 증거들은 너무도 많다(6장에서 다시 논의할 것이다). 허버트 사이먼, 대니얼 카너먼Daniel Kahneman, 그리고 아모스 트버스키Amos Tversky와 같은 행동경제학자들은 사람들이 의사 결정을 할 때 지적知的이지만 전통 경제학에서 제시하는 그림과는 매우 다른 방법으로 지적이라는 사실을 보여 주었다[18]. 현실 세계의 사람들은 복잡한 논리적 계산에는 사실 꽤 서툴지만 패턴을 재빨리 인식하거나 모호한 정보를 해석하고 학습하는 데는 매우 능하다. 현실 세계의 사람들은 또한 의사 결정을 내릴 때 잘못하기도 하고, 편견 때문에 제약을 받기도 한다. 마지막으로 현실 세계의 사람들은 사이먼이 말한 "적당한 만족satisficing"(최소한의 필요조건을 충족시키거나 작은 성과에 만족하는 것)에 관심이 있다. 즉, '절대적인 최선'이 아니라 '충분히 좋은' 결과를 찾는다는 얘기다. 예를 들어, 전통 경제학은 당신이 차에 연료를 넣을 필요가 있을 때 가장 저렴한 가격을 찾아 그 지역에 있는 모든 주유소에 차를 직접 몰고 가볼 것이라고 가정한다. 그러나 사이먼은 당신은 연료 비용이 얼마인지 대충 알고 있으므로 적정한 가격으로 보이는 가장 가까운 주유소에 들를 것이라고 주장한다[19]. 정보가 그 획득에 비용이 들고, 불완전하며, 급속히 변화하는 세계에서는 우리의 뇌가 '완전한 최적'보다는 '충분히 좋은' 것을 빨리 고르는 의사 결정 쪽에 맞추어질 것이라는 주장이 더 설득력 있다.

최근 들어 주류 경제학자들도 전통 경제학 가정들의 비현실성을 인정하기 시작했다. 2001년 노벨 경제학상은 조지 애커로프George Akerlof, 마이클 스펜스Michael Spence, 그리고 조지프 스티글리츠에게 돌아갔다. 이들의 모델은 모든 사람들이 완전한 정보에 접근하는 것은 아니라는 점을 인정한다. 그리고 2002년 노벨 경제학상은 보다 현실적인 행동 이론에 관한 공로를 인정, 대니얼 카너먼과 버넌 스미스Vernon Smith에게 주어졌다. 또한 비非발라적 시장non-Walrasian markets, 즉 경매자가 없는 시장에 대한 연구도 많이 있는데 프랭크 한Frank Hahn과 다카시 네기시Takashi Negishi 같은 연구자들이 그들이다. 그러나 이런 진전에도 불구하고 이 모든 연구 결과들을 동시에 수렴해 정말 현실 세계에서 현실적인 사람들을 전제로 한 모델은 거의 찾아보기 어려운 실정이다[20]. 전통 경제학에서 균형은 건드려서는 안 되는 것이다. 따라서 경제학자들이 한두 개의 가정을 완화한다고 하더라도 균형 수학의 한계는 여전할 수밖에 없다. 진실로 현실적인 모델을 원한다면 전통 경제학의 이론적 틀로부터 보다 과감한 단절이 필요하다는 얘기다.

시간에 대한 이상한 관점

전통 경제학이 균형을 위해 지불한 또 다른 대가는 시간에 대한 이상한 관점이다. 대부분의 전통 경제 모델은 실제로 시간을 고려하지 않는다. 대신 경제는 하나의 균형에서 다른 균형으로 순간적으로 이동하며, 균형 간의 이행 조건은 중요하지 않다고 간단히 가정해 버린다. 만약 어떤 모델이 시간을 가지고 있다면 그것은 단기와 장기이거나 단순히 상상 속의 지수 시간, 예를 들어 게임 이론 모델에서의 라운드, 거시 경제학 모델에서의 세대 등과 같은 것들이기 십상이다. 분, 시간, 주와 같은 정상적 의미에서의 시간을 실제로 고려하는 모델은 거의 없다[21]. 그러나 시간은 현실 세계의 경제 현상에서는 의심할 여지도 없이 중요한 변수다. 물건을 디자인하고, 만들고, 수송하고, 팔고, 정보를 얻고, 의사 결정을 하는 데는 시간이 필요하다. 이런 일들이 얼마나 많은 시간을 필요로 하는지는 경제의 역동성을 이해하는 데 중요하다.

함께 길을 걷는 노숙한 경제학자와 젊은 경제학자 얘기를 담은 널리 알려진 농담으로 이 문제를 설명해 보자. 젊은 경제학자가 길가에 떨어져 있는 20달러짜리 지폐를 보고는 "저기 보세요. 20달러짜리 지폐가 땅에 떨어져 있어요!"라고 소리쳤다. 그러나 이 노숙한 경제학자 양반은 쳐다보지도 않은 채 이렇게 말했다. "말도 안 돼. 만약 20달러 지폐가 땅에 떨어져 있었다면 누군가가 벌써 주워 갔을 거야."

전통 경제학적 관점에서 보면, 20달러짜리 지폐가 거리에 떨어질 때 세상은 갑자기 균형을 벗어난 것이다. 합리적이고 이기적인 인간이라면 20달러짜리 지폐를 집어 들 인센티브가 있기 때문에 누군가 와서 그 지폐를 주위 가면서 세상을 다시 균형으로 돌려 놓는다. 우리가 이미 알고 있는 바와 같이 전통 경제학에서 중요한 것은 균형 상태가 무엇인가이다. 여기서 균형은 그 어떤 20달러짜리 지폐도 거리에 떨어져 있지 않은 상황이다. 지폐를 발견하고 이를 집어 드는 데 얼마나 시간이 걸리는지, 이 세계가 균형과 균형 사이를 움직이면서 어떤 구체적인 경로를 따라가고 있는지 등은 실제적인 관심사가 아니다.

그러나 현실 세계를 보면 20달러짜리 지폐가 길가에 떨어진 것과, 그것을 누군가가 보고 줍는 것 사이에는 시간 지체가 있다. 따라서 어떤 주어진 시간에

젊은 경제학자가 길에 떨어져 있는 20달러짜리 지폐를 보고 "20달러짜리 지폐가 땅에 떨어져 있어요!"라고 소리쳤다. 그러나 노숙한 경제학자는 쳐다보지도 않고 이렇게 말했다. "말도 안 돼. 만약 20달러 지폐가 땅에 떨어져 있었다면 누군가가 벌써 주워 갔을 거야."

어디엔가 발견되지 않은 20달러짜리 지폐 최소한 몇 장이 떨어져 있다고 추론하는 것은 설득력이 있다. 이 과정에서 시간 단위를 분명히 하는 게 중요하다. 왜냐하면 거리에 남아 있는 20달러짜리 지폐의 양은 지폐가 땅에 떨어질 비율과 발견하는 데 걸리는 평균 시간의 함수일 것이기 때문이다. 시간 단위의 변화에 따라서는 길거리가 돈으로 어지럽게 되어 있는 시나리오(예컨대, 급속한 분실률, 발견하는 데 시간이 많이 걸릴 경우), 거의 지폐를 발견할 수 없는 시나리오(예컨대, 느린 분실률, 발견하는 데 시간이 조금 걸릴 경우), 또는 이 두 극단적인 경우들 사이의 시나리오 등을 생각해 볼 수 있다. 혹은 돈이 여기저기 더미처럼 쌓여 있는 상황과 전혀 없는 상황 사이를 오가는 시나리오도 그려 볼 수 있다[22]. 요점은 우리가 이런 시간 척도를 모른다면 시스템이 어떻게 움직일지에 대해 이야기할 게 별로 없다는 얘기다.

100년 전 앨프리드 마셜이 가장 마음에 들어 했던 경제학에 대한 불만 중 하나도 명시적인 시간 척도에 대한 고려가 결여돼 있다는 것

이었다. 물론 그동안 동적인 측면을 전통 이론에 도입하려는 시도들도 있었다. 남캘리포니아 대학의 리처드 데이Richard Day의 연구, 시간 지체나 차이를 특징으로 하는 거시 경제학 모델이 그런 사례들이다[23]. 그러나 인간 행동에 관한 가정에서와 마찬가지로 복잡한 동적인 측면과 현실 세계의 시간 척도를 전통 경제학의 균형 개념과 결합하는 모델을 만드는 것은 거의 불가능하다[24].

외생 변수로 돌려라

전형적인 전통 모델이 시간에 관한 명시적 개념을 포함하지 않는다면 경제의 변화를 과연 어떻게 다루는지 물어보지 않을 수 없다. 앞에서 그릇 속의 공처럼 묘사했던 전통 경제학의 그림을 다시 떠올려 보자. 그릇 안 어디에서 공을 굴리건 처음과 똑같은 균형점으로 돌아간다. 그러나 경제란 고도로 동태적인 현상이라는 점을 우리는 잘 알고 있다. 생산이 늘어나고 줄어들 때마다, 가격이 요동칠 때마다, 사람들의 취향과 기술이 변할 때마다, 그리고 기타 여러 변수들에 따라 경제 상황은 항상 바뀐다. 이런 역동적인 측면들을 어떻게 본질적으로 정태적인 균형이라는 그림 속에 집어넣을 수 있겠는가? 그릇 속의 공이 어떻게 하면 시간에 따라 움직이도록 할 것인가?

그림 3-1 균형, 충격, 새로운 균형

전(前) 균형점

새 균형점

만약 공이 들어 있는 그릇을 집어 들고 흔들거나, 한쪽 면을 기울어지게 하거나, 균형을 방해하면 어떻게 될까? 충격이 가해지면 처음에는 공이 균형점 밖으로 벗어나 그릇 안에서 굴러가게 될 것이다. 그릇의 한쪽 면을 기울게 하고(여기서 그릇은 고무로 만들었다고 상상하라) 제약 조건(그릇 표면 등)을 바꾸면 그 공은 달라진 형상의 그릇 안에서 새로운 균형점에 안착할 것이다(〈그림 3-1〉 참조).

실제로 이것은 경제학자들이 자신들의 모델에 외생적인 충격을 도입할 때 하는 일이다. 모든 모델은 한계나 제약 조건을 가지고 있다. 문제는 그런 것들을 모델에 너무 많이 집어넣게 되면 모델의 규모가 커지거나 너무 복잡해져 효용성을 잃게 된다는 점이다. 예를 들어, 인구 증가는 명백히 경제 시스템에 영향을 주지만 출생과 사망의 모델을 경제 모델 안에 집어넣기가 곤란한 이유가 바로 여기에 있다. 이 때문에 단순화를 위해 하나의 외생적 투입 요소로서 인구 전망표를 만들고는 끝내 버린다. 앞에서도 언급했지만 모델의 경계 밖 변수들은 외생 변수라 하고, 모델의 경계 안에 있는 변수들은 내생 변수라고 한다. 전형적인 외생 변수로는 소비자 취향 변화, 기술 혁신, 정부의 새로운 조치, 기후 등이다. 예를 들어, 인터넷 발명과 같은 기술 변화는 경제 시스템에 외생적 충격을 가한다고 보는 것이다. 이런 변화는 생산자 비용에 영향을 미칠 뿐만 아니라(예를 들어, 델은 온라인으로 주문을 받음으로써 훨씬 싸게 컴퓨터를 팔 수 있다), 소비자 선호에도 영향을 미친다(예를 들어, 소비자들은 아마존닷컴을 통해 온라인으로 책을 구입하는 편리함을 좋아할 수 있다). 이런 변화는 시스템의 제약 조건에 영향을 미치고(그릇 속의 공 사례로 보면 그릇의 형상을 말한다), 그에 따라 균형점의 위치에도 영향을 준다. 경제가 이렇게 외생 변수의 충격을 받으면 균형은 이동하게 된다. 따라서 경제의 역동성이라는 것은 균형의 과정에서 나온다고 볼 수 있다. 즉 하나의 충격이 가해지면 새로운 균형이 생기고, 또 다른 충격이 가해지면 또 새로운 균형이 이루어진다.

이렇게 경제는 하나의 임시적 균형에서 또 다른 임시적 균형으로 이동해 간다.

그러나 이렇게 접근하는 방식에는 문제가 있다. 경제학자들에게는 이것이 하나의 피난용 비상구 역할을 하고 있다는 점이다. 다시 말해 경제학자들은 이런 접근 방식을 이용해 가장 어려우면서도 종종 가장 흥미로운 궁금증들을 경제학의 경계 밖으로 밀어낼 수 있다. 예를 들어, 기술 변화를 돌발적인, 외부의 힘(기후처럼)으로 취급하면 기술 변화와 경제 변화 간의 상호 작용에 관한 근본적인 이론은 필요치 않다[25]. 마찬가지로 경기 사이클도 외부의 힘, 예컨대 소비자 신뢰의 변화라든지 뉴스에 따른 주식 시장의 추락 등과 같은 신비스러운 바깥의 힘 탓으로 돌려 버릴 수 있다. 생물학에도 이와 비슷한 게 있다. 수년 동안 진화 이론가들은 대규모 멸종 사건들의 수수께끼로 고민해 왔다. 본능적으로 생각하면 가장 가까운, 그에 비례할 만한 상응하는 원인을 찾는 것이다. 무슨 말이냐 하면, 큰 사건이 일어났으면 그에 걸맞은 큰 원인이 있었을 게 틀림없다고 생각하는 것이다. 예를 들어 보자. 1980년대 지리학자 월터 앨버레즈Walter Alvarez와, 그의 아버지이자 노벨상 수상자인 물리학자 루이스 앨버레즈Luis Alvarez는 하나의 이론을 제시했다. 백악기 말에 지구와 소행성의 대규모 충돌로 공룡들이 소멸했다는 것이다. 일부 증거들이 이 가정을 뒷받침했다. 그러나 다른 연구자들이 이 가정들을 유보한 채 장기간 화석 기록들을 조사해 본 결과 소행성 이론이 백악기 말의 대규모 소멸 사건에 대해서는 설명을 해줄지 몰라도 화석 기록상 명백히 나타난 열 번의 다른 대형 충돌 사건들은(일부는 소행성 사건 때보다 규모가 더 큰 것들임) 설명해 주지 못한다는 것이다. 보다 최근의 연구들은 이런 소멸 사건들이 어떤 외부적 힘에 의해서라기보다는 아마도 진화 자체의 내부적인 역동성에 의해 초래됐을 수 있음을 보여 주고 있다[26]. 8장에서 알게 되겠지만 복잡 적응 시스템에서는 그 특성상 작고 재미없는 사건들이 때때로 산사태와 같은 큰 변화를 몰고 올 수 있다.

경제학에서 외생적인 소행성들이 때때로 경제를 흔들어 놓기도 한다. 가령 9·11 테러와 같은 공격은 세계 경제에 큰 영향을 준다. 그러나 증시가 20%나 곤두박질쳤던 1987년 10월 19일 주식 시장 붕괴는 어떤가? 그날 「뉴욕 타임스」 헤드라인은 '달러 하락과 무역 적자에 대한 우려'였다. 사실 이런 헤드라인은 대규모 붕괴가 일어나지 않았던 다른 수많은 날에도 있었다[27]. 또는 실업률이 7.5%에서 두 달 만에 11%로 급상승한 1982년의 침체는 어떤가? 그해 내내 20명의 주류 경제학자들은 일관되게 실업률이 하락할 것이라고 예측했다. 만약 침체를 초래할 몇 가지 주요 사건들이 그 당시 진행되고 있었다면 이들 경제학자들은 실업률이 올라갈 것이라고 예측하지 않았을까[28]? 이들 각각의 경우, 내생적인 요소들이 정말 중요한 경제적 행태를 몰고 온 것처럼 보인다. 내부적인 역동성을 제대로 이해 못하면 시장 붕괴나 침체를 야기하는 원인이 될 수 있다[29].

전통 경제학에서는 어디엔가 모델의 경계선을 그어 두지 않으면 안된다. 그러나 과학이 발전하려면 시간이 흐름에 따라 설명의 영역을 넓혀 가야 한다. 전통 경제학이 균형이라는 엄중한 굴레에 묶이는 한, 모델들은 가장 흥미롭고 근본적인 의문들을 외생이라는 이름의 담장 밖에 방치할 수 밖에 없게된다.

뚜껑을 덮어라

많은 사람들이 말을 하기 위해 마이크 가까이 갔다가 찍찍거리는 소리 때문에 당황했던 적이 있을 것이다. 찍찍거리는 소리가 난 것은 양*의 되먹임 결과다. 마이크가 큰 스피커에 너무 가까이 있으면 마이크와 큰 스피커 사이에서 증폭 사이클에 따라 소리가 튀면서 귀청이 찢어질 듯한 소음이 생긴다. 양의 되먹임은 갈수록 속도가 붙고, 증폭

하는, 자기 강화적인 사이클이다. 부-의 되먹임은 그 반대다. 즉, 속도
가 떨어지고, 점점 꺾이는, 자기 규제적인 사이클이다. 그 고전적인 사
례가 자동 온도 조절 장치다. 집 안의 공기가 차가워지면 온도 조절
장치는 난방 스위치를 작동한다. 열이 일정한 수준을 넘어서면 다시
정해진 수준 이하로 집 안 공기가 차가워질 때까지 스위치는 꺼진다.
온도 조절 장치는 집 안 열의 변동을 줄여 정해진 수준 가까이에서
온도를 유지시키는 역할을 한다.

전통적인 경제학에서는 이렇게 점점 줄어드는 부의 되먹임이 경제
적 과정을 지배한다. 우리가 바로 앞 장에서 살펴보았던 생산과 소비
의 한계 체감의 법칙이다. 이미 지적했듯이 전통 경제학에서는 생산
라인에서 스무 번째 근로자는 열 번째 근로자보다 덜 생산적이며, 다
섯 번째 도넛은 처음 도넛보다 맛이 덜하다. 앞서 그릇 안의 공 사례
에서 부의 되먹임은 그릇의 형상처럼 물건들을 그 안에 담아 균형으
로 향하도록 한다. 그리고 이 세상이 수많은 자동차들과 도넛들로 가
득 채워지는 경우를 막아 준다.

현실 세계는 분명히 수확 체감을 보여 주기는 한다. 그러나 전前 스
탠퍼드 대학 교수이자 산타페 연구소의 경제학자인 브라이언 아서가 주
장했듯이 현실 세계는 또한 양의 되먹임, 즉 수확 체증도 보여 준다[30].
보다 많은 10대들이 최신 유행의 스니커즈를 신을수록 그 신발의 효
용은 더 커진다. 보다 많은 정보가 웹에서 이용 가능해지면 그 웹의
유용성은 더욱 커진다. 그리고 때때로 주식을 사는 사람들이 많을수
록, 그 오름세를 잡기 위해 다른 사람들도 우르르 몰려든다. 이런 모
든 수확 체증 현상들은 궁극적으로는 소멸된다. 오늘의 뜨거운 유행
이 내일의 큰 실책으로 이어지고, 웹은 정보 과부하에 빠져 든다. 그
리고 주식 시장의 버블은 필연적으로 터진다. 그러나 타이밍이 가장
중요하다. 전통 경제학 이론은 장기 개념을 들고 나와 이 기간 내에
모든 수확 체증이 스스로 소멸되면서 경제는 안전하게 균형으로 갈

수 있다고 주장한다. 그러나 이 장기라는 게 끝내 끝나지 않으면 어찌 되는가? 한 패션이 사라지기도 전에 다른 패션이 올라오기 시작하면 어찌 되는가? 누군가가 웹을 서핑surfing하는 데 도움을 주는 구글Google을 만들어 내면 어떻게 될까? 어떤 투자가들이 여전히, 심지어 버블 붕괴를 목도한 이후에도 자신들은 시장을 이길 수 있다고 믿는다면 또 어떻게 될까? 경제와 같은 시스템에는 항상 활기를 북돋울 양의 되먹임을 불러오는 새로운 원천들이 있다. 현실 세계에는 장기란 없다. 케인스John Maynard Keynes는 이런 유명한 표현을 했다.

이 장기란 것은 현재의 일들을 자칫 오도하는 역할을 한다. 장기로 가면 우리 모두는 죽고 없다. 경제학자들은 지금 폭풍우 치는 계절에 폭풍이 지나간 뒤 한참 시간이 흐르면 바다가 다시 잠잠해질 것이라는 정도를 말할 수 있는 너무도 쉽고, 쓸모없는 일에 매달리고 있다.[31]

19세기 영국의 풍자가 토머스 러브 피콕Thomas Love Peacock은 자신의 소설 『기상성奇想城, Crotchet Castle』에서 고대 그리스 시대 이후 세계가 진보한 것인지, 아니면 도리어 후퇴한 것인지에 대한 두 신사의 논쟁을 적고 있다. 신사 중 한 사람은 진보의 증거로 경제학의 발전을 인용했다. 그는 경제학을 "과학 중의 과학"으로 표현했다. 반대쪽 신사는 경제학은 "지나치게 교양 없거나 세련되지 못한 기술이며 아테네 사람이라면 그 누구도 경청하지 않았을 것이다. 증거가 없는 가정에 의존한 전제 혹은 증거가 있음에도 불구하고 이를 무시하고 채택된 전제와, 그런 전제로부터 논리적으로 도출된 결론이라면 뭔가 필연적으로 잘못됐음이 틀림없다"고 응수했다[32].

복잡하고 역동적인 세계 경제를 단순하고 정태적인 균형이라는 박스 안에 집어넣기 위해 경제학자들은 증거 없는 전제들을 만들지 않을 수 없었다. 이런 전제들이 모델의 결과에 대해 심각한 의문을 제기하게 만드는 원인이다. 이런 가정들이 없다면 우리가 앞에서 사례로 들었던 잘 만들어진 '그릇 속의 공'과 같은 모델은 사라질 것이다. 평평한 그릇의 바닥에 융기 같은 것이 돋아나면 공은 결코 안착할 수 없고 방정식은 풀리지 않을 것이며, 균형에 대한 예측력도 없어질 것이다. 이렇게 말하면 전통 경제학자들은 그동안 수년에 걸쳐 이런 가정들을 완화함으로써 현실을 조금씩 반영한 모델들을 만들려고 많은 노력을 경주해 왔다고 반박할지 모르겠다. 물론 경제학자들은 완벽한 합리성 가정의 완화, 불완전 정보, 시장의 마찰, 동태적 측면, 그리고 그전에 외생 변수로 취급했던 변수들의 내생화 등을 고려한 모델들을 정립했다. 그러나 전통 경제학에서 이런 가정들을 한 번에 모두 완화해, 그 결과 실제 경제 시스템처럼 보이는 그런 모델들이 과연 있느냐는 질문은 여전히 남아 있다. 그런 모델을 만들려면 최근까지도 전통 경제학이 전혀 포기할 준비가 되어 있지 않은 특별한 개념, 즉 경제는 하나의 균형 시스템이라는 아이디어를 정말 포기하지 않으면 안 된다.

현실성 테스트

그러나 여기서 밀턴 프리드먼에게 이 모든 의심을 면제해 주고 우리는 전통 경제학의 가정들을 자세히 살펴볼 필요가 없다고 생각해 보자. 그렇다면 전통 경제학은 프리드먼의 실증적 테스트에서 어떻게 됐을까?

경제학자들이 아닌 많은 사람들은 경제학의 과학적 신뢰성에 대해 회의적이다. 그 이유는 무엇보다 경제 성장, 이자율, 그리고 인플레이션과 같은 것들에 대한 예측에서 보여 준 너무도 나쁜 성적 때문이다. 그러나 우리는 여기서 과학에 대한 보증은 미래를 예측하는 능력이 아니라 무엇을 설명하는, 다시 말해 이 세계가 어떻게 작동하는지에 대한 우리의 이해를 높여 주는 능력이라는 점을 유념해야 한다[33].

114

전에도 언급했듯이 과학에서 예측의 역할은 서로 경쟁하는 이론들을 구분하는 데 도움이 된다는 점에 있다. 잘 형성된 이론은 검정하기에 좋은 논리적인 의미들을 담고 있다. 예를 들어, 기상학자들과 기후학자들은 우리에게 대기 화학에 관해 많은 얘기를 해줄 수 있다. 또한 그들의 이론은 북극 얼음에 구멍을 뚫어 속을 들여다보거나 기상 관측 기구를 상층 대기권으로 보내 봄으로써 검정할 수 있다. 그러나 이것이 다음 일요일 당신이 바비큐 파티를 하는 날에 비가 올지, 안 올지에 대해 누군가 당신에게 확실히 알려 줄 수 있다는 의미는 아니다. 지구의 대기는 경제와 마찬가지로 균형과는 거리가 먼 복잡하고 고도로 역동적인 시스템인 까닭이다. 사실, 기상학과 기후과학은 왜 일기 예보가 본질적으로는 부정확할 수밖에 없는지를 설명할 수 있다. 과학은 연구자들이 반드시 정확한 예측을 할 수는 없지만 현상들을 설명할 수 있고 또 그 설명의 타당성을 검정할 수 있는 사례들로 가득 차 있다. 예를 들어, 생물학자는 단백질의 굴곡을 설명할 수는 있지만 이를 예측할 수는 없다. 그리고 물리학자는 요동치는 유체의 정확한 움직임을 설명할 수는 있지만 이를 예측할 수는 없다.

과학은 연속적인 학습 과정이다. 이 과정에서 서로 경쟁하는 설명들의 주장은 검정을 받게 되고, 그 결과 시간이 흐름에 따라 증거들이 축적된다. 1930년대 칼 포퍼Sir Karl Popper가 말했듯이 어떤 이론이 옳다는 결정판 같은 증명은 없다. 그러나 어떤 이론이 데이터와 맞지 않다거나 한 이론이 다른 이론에 비해 데이터와 더 잘 맞아떨어진다거나, 또 어떤 이론이 데이터와 모순된다는 것이 아직 밝혀지지 않았다는 등의 얘기는 할 수 있다[34]. 예를 들어, 아인슈타인의 상대성 이론이 증명됐다고 말할 수는 없지만 이를 이용한 예측을 검정해 보니 결과가 좋다거나 아직 모순되는 점이 밝혀지지 않았다거나, 지금까지 제시된 다른 어떤 대안적인 설명보다 데이터와 더 잘 맞아떨어진다는 얘기는 할 수 있다. 이렇게 과학은 다양한 설명을 제안하고 검정이 가능한 방법으로 엄격히 표현하며, 검정에서 떨어진 이론은 제거당하고, 이를 통과한 이론은 발전하는 과정을 거친다[35].

이런 관점에서 질문을 던져 보자. 전통 경제학의 예측은 데이터에 의해 얼마나 잘 뒷받침되는가? 대답은 "별로"다. 존경받는 미시 경제학자이자 프랑스 사회과학고등연구원의 연구소장 알랑 키르망Alan Kirman이 관찰한 것은 이렇다.

경제학에서 지난 100년에 걸쳐 구축되어 온 우아한 이론적 구조들이 실은 잘못된 초점, 균형이라는 오도되고 오래갈 수 없는 개념을 제시했다는 것은 다음 10년에 걸쳐 밝혀질 것이다. 과학 이론에 대한 두 가지 표준적 기준, 즉 예측과 현상에 대한 설명을 고려하면 경제 이론은 아무리 줄잡아 말하더라도 부적합한 것으로 밝혀졌다. 첫 번째 논점, 즉 예측과 관련하여 경제 이론의 예측 성과가 형편없다는 점에는 아무도 이의를 제기하지 않는다. 이에 대해 정당화하는 얘기도 많지만 그 결론은 논쟁의 주제조차 못 될 정도다. 두 번째 논점, 즉 현상에 대한 설명과 관련해서는 경제가 어떻게 작동하는지에 대해 사람들의 이해가 높아졌고, 지금도 향상되고 있으므로 그런 측면에서 경제 이론이 부적합한 것으로 밝혀졌다는 주장에 이의를 제기하려는 경제학자들은 많다. 그러나 증거는 그렇게 고무적이지 않다. 총량적인 차원 외에 구체적으로 경제 이론과 실증적 데이터를 비교하는 데 대해 병적인 반감을 갖는 것을 보면 경제학의 현상에 대한 설명이란 것도 검증할 수 있는 그런 개념이 아니라 일종의 자기 충족적인 개념에 불과하다는 것을 시사해 주는 것이다.[36]

키르망이 지적하듯이 전통 이론이 데이터와 모순된다는 점에서도 문제가 있겠지만 많은 이론들이 적절한 검정을 받은 적이 없다. '계량경제학Econometrics'이라고 불리는 경제학의 한 영역은 데이터 분석을 다룬다[37]. 그러나 이론적 모델을 검정한다기보다는 공공 정책 또는 다른 응용적 목적을 위하여 변수들 간의 통계적인 관계를 밝히는 데 많은 계량 경제학적 연구들이 집중한다. 불행히도 통계적 상관관계는 현상들에 대한 인과적 상관관계를 제시하지는 않는다. 더구나 많은 경제학자들이 지적하고 있듯이 종종 이론을 테스트해 볼 적시에 이용 가능한 데이터가 없고, 이용 가능한 데이터들이 있다고 해도 잡음이 끼여 있거나 문제점이 한둘이 아닌 경우가 빈번하다(이것은 자신들의 이론 검증을 위한 데이터를 얻기 위해 입자 가속기와 우주 망원경을 만들어야 하고, 또 인간 게놈 지도를 그려야 하는 물리학자나 생물학 자들의 관점에서는 수용하기 어려운 일이다).

그럼에도 불구하고 두 가지 분야에서 전통 이론은 엄격한 테스트를 거쳤다. 우선 하나는 금융 이론이다. 금융 시장에서 매분每分 나오는 데이터와 엄청난 계산 능력은 전통 이론에 대한 전례 없는 수준의 검증을 가능하게 만들었다. 전통 경제학에는 불행한 일이지만 이런 데이터와의 만남을 계기로 전통 이론들이 제시했던 기초적 예측들을 반박하는 일련의 연구들이 계속 쏟아지게 되었다(17장에서 다시 논의할 것이다)[38]. 다른 하나는 실험 경제학experiment economics이다. 경제학은 가설을 검증하기 위한 통제된 실험을 즉각 수행할 수 없다는 점에서 다른 과학과는 다르다는 인식이 많다. 예를 들어, 연방준비제도이사회에서 금리와 관련하여 어떤 수준에서 침체를 초래하는지 알아보기 위해 금리를 급격히 올릴 수는 없는 노릇이다. 경제 전반에 걸쳐 실험을 행하는 것은 상당히 어려운 일이지만 소규모로 경제에 관한 실험을 하는 것은 가능하다. 연구자들은 사람들을 그룹으로 나누어 서로 협상, 경매, 게임, 가상 주식 시장에서의 투자, 가상 상점에서의 쇼핑, 기타 인위적으로 만든 모든 종류의 상황에 참여하도록 함으로써 인간 행동의 구체적인 특징을 파악한다. 그 결과 풍부한 연구 결과들이 나왔는데, 이중 일부에 대해서는 6장에서 살펴볼 것이다. 결론적으로 말하면 데이터와의 만남은 전통 경제학의 많은 핵심적 아이디어에 달갑지 않은 결과를 가져다주었다[39].

당연한 결과지만 전통 경제학을 검증한 많은 연구들은 고도로 기술적인 것이었다(여기에 흥미가 있는 독자들은 주석 참조). 그럼에도 불구하고 다음 몇 섹션에 걸쳐 우리는 전통 경제학의 핵심적인 예측들이 과학적인 '현실성 테스트'의 기준을 충족하지 못한다는 것을 보여주는 몇 가지 사례들을 살펴볼 것이다.

공급과 수요, 법칙인가?

앞에서 이미 살펴보았듯이 전통 경제학의 가장 오래된 원칙 중 하나는 수요와 공급의 법칙이다. 이 '법칙'의 기본적인 예측은 공급과 수요라는 서로 상반된 힘이 시장을 가격과 수량 측면에서 균형으로 몰고 가고, 그 결과 시장은 깨끗이 정리된다는 것이다. 현실에 대한 1차 근사적 차원에서 보면 이 이론은 꽤 잘 작동한다. 예를 들어, 자동차 회사가 갑자기 인기를 얻은 새로운 자동차 모델을 도입한다고 하면 그 회사는 일반적으로 수요가 공급을 초과하는 한 가격을 올리고 생산을 늘릴 것이며, 수요가 일단 진정되고 공급이 수요를 따라붙으면 가격을 낮추게 될 것이다. 이것이 이 이론이 예측하는 전부다.

그러나 보다 세밀한 수준으로 들어가면 현실 시장은 공급과 수요가 같아지는 상황에 결코 있지 않으며 시장은 거의 균형에 이르지 못한다는 사실을 알 수 있다. 실제로 많은 시장들은 균형보다는 불균형이란 가정을 중심으로 형성되고 있다. 대부분의 시장을 보면 재고, 주문 잔고, 여유 생산 능력, 그리고 이런 불균형을 완화시키는 데 도움을 주는 중개자들이 존재한다. 당신이 살고 있는 지역의 자동차 딜러는 천천히 팔리는 차들로 가득 찬 주차장을 가지고 있고, 소비자들이 기다리고 있는 인기 차종에 대해서는 주문 잔고를 갖고 있다. 당신 지역의 슈퍼마켓은 거의 균형 상태에 있지 않다. 가게 뒷문으로 수송되어 오는 식료품 공급과 가게 앞문에서 빠져나가는 수요 사이의 불균형을 조정하는 과정에서 가게의 재고가 오르락내리락하기 때문이다. 변호사와 회계사 같은 서비스 업종도 자신들의 가용 능력을 100% 활용하지 않는다. 즉, 수요의 변동에 대비해 활용 가능한 어느 정도의 자유로운 여분의 용량을 별도로 남겨 둔다는 얘기다. 이론적인 이상과 가장 가까운 시장으로 볼 수 있는 금융 시장조차 불가피하게 공급과 수요 간 불균형을 다루기 위한 메커니즘을 갖고 있다. 뉴욕 증권거래소에는 많은 전문가들이 있고, 나스닥에는 마켓메이커 (시장조성자)가 있는데, 이 들 모두 공급과 수요 사이의 불균형 을 완화시키기 위해 존재한다.

공급과 수요의 법칙은 결국 법칙이 아니다(최소한 과학적 의미에서는 그렇다. 그보다는 '공급과 수요에 대한 개략적인 근사적 표현' 정도라고 하는 것이 더 적절하다). 그렇게 말하면 일부 전통 경제학자들은 이렇게 주장할지 모르겠다. 재고와 여

> 현실 시장은 결코 공급과 수요가 같아지는 균형 상황에 이르지 못한다. 실제로 많은 시장들은 균형보다는 불균형이란 가정을 중심으로 형성되고 있다. 대부분의 시장에는 재고, 주문 잔고, 여유, 생산 능력, 그리고 이런 불균형을 완화시키는 데 도움을 주는 중개자들이 존재한다.

유 생산 능력의 존재가 중요한 게 아니라 그것들은 수요와 공급의 균형에서 일종의 잡음과도 같은 것이라고 말이다. 그러나 이는 잘못된 주장이다. 나중에 이 책에서 논의하겠지만 재고와 생산 능력의 역동성은 가격 변동과 경기 사이클과 같은 현상들(전통 경제학은 대개 외생 변수에 의존해 이 현상을 설명하고 있다)을 설명하는 데 도움을 준다[40]. 18장에서 살펴보겠지만, 심지어 주식 시장에서 재고의 존재는 주식시장의 변동성을 설명하는 데 도움을 주고 있다[41].

일물일가一物一價 법칙

전통 미시 경제학에서 두 번째로 유명한 법칙은 일물일가의 법칙이다. 설명하자면 수송 비용과 거래 장벽이 없다면 동일한 제품들은 모든 시장에서 같은 가격에 팔려야 한다는 얘기다[42]. 예를 들어, 뉴욕의 금값은 런던과 같아야 한다는 의미다. 만약 가격에 어떤 차이가 난다면 그것은 한 시장에서 다른 시장으로 그것을 수송하는 데 들어가는 비용(수입 관세, 세금, 기타 수송비 등)으로 설명되지 않으면 안 된다. 만약 그렇지 않다면 사람들은 그 차액을 노리는 거래를 할 수 있다. 즉, 가격이 싼 시장에서 금을 사들여 가격이 높은 시장에 내다 파는 식으로 그냥 앉아서 이익을 볼 수 있게 된다. 이렇게 차액을 노리는 매매인들이 나서면 두 시장의 가격은 다시 균형에 이르게 된다. 공급과 수요처럼 일물일가의 법칙도 1차 근사적 차원에서는 종종 먹혀 든다. 금과 같은 유동성이 높은 상품의 경우 시장 간에 의미 있게 볼 정도로 심한 가격 차이는 거의 나타나지 않는다.

그럼에도 불구하고 일물일가 법칙은 거시 경제학 수준에서는 물론이고 보다 미시적인 개별 제품과 서비스 수준에서도 자주 틀리는, 정말이지 하나의 근사에 불과하다. 이 이론을 테스트해 볼 수 있는 한 예가 있다. 대부분의 유럽 경제를 합치면서 유로Euro라는 공동 화폐까지 도입한 유럽 연합EU이 그것이다. 일물일가 법칙에 따라 예측한다면 대규모의 무역 장벽 축소, 보다 증가한 인적 이동, 화폐 거래 비용의 감소, 보다 큰 가격 투명성으로 EU 전역에 걸쳐 그전보다 훨씬 큰 가격상의 수렴이 있어야 한다. 그러나 실제로는 그 반대 현상이 일어났다. 유럽 연합의 통계청Eurostat에 따르면 1999년 유로가 도입된 이후 가격 차이는 더 벌어졌다. 유로 지역 내 가격의 표준 편차는 1998년 12.3%이던 것이 2003년에 13.8%로 증가했다. 일물일가 이론의 예측과는 정반대가 된 셈이다. EU의 내수 시장 담당국에서 경제 분석을 책임지고 있는 프란시스코 카발레로-산츠Francisco Caballero-Sanz는 가격 수렴의 실패를 경제 이론에서 가정하기 좋아하는 것과 같이 소비자들이 합리적이지 않은 탓으로 돌렸다[43].

보다 구체적인 수준으로 내려가 보자. 우리는 종종 개별 제품과 서비스에서 큰 가격 차를 본다. 예를 들어, 드레스드너 클라인보르트 바세르슈타인DKW 투자 은행에서 글로벌 지분 투자 전략을 맡고 있는 제임스 몬티에James Montier는 런던 케첩 시장에 대한 좀 별난 연구를 하다가 똑같은 케첩 한 병 가격이 지역 슈퍼마켓마다 너무도 다르다는 사실을 알게 됐다[44]. 그는 이론적으로 예측됐던 가격에서 43%까지 차이가 있음을 발견했다. 당연히 런던 케첩 시장에는 앉아서 이익을 볼 수 있는 기회가 있다는 얘기다. 전통 미시 경제학의 이론적 세계에서 그런 기회는 즉각 차액을 노린 거래로 이어질 것이다. 그러나 현실 세계에서는 차액 거래의 기회를 발견하고 왔다 갔다 하는 데 시간이 걸리거나, 실제로 그런 거래를 할 가치가 있을 수도 있지만 없을 수도 있으며, 또 차액 거래를 하는 데 여러 가지 거래 장벽들이 있을지도 모른다.

다시 돌아와서, 이렇게 말하면 일부 전통 경제학자들은 일물일가 법칙은 현실을 이상화한 것인데 앞에서 제기된 문제들이 그토록 중요한지 되물을지 모른다. 그러나 대부분의 과학자들에게는 전체 유로 지역에 걸쳐 13.8%라는 표준 편차가 나왔다는 것, 또 케첩 가격에 43%의 오차가 있다는 것은 일물일가 법칙의 지나친 이상화로 비칠 분명하다. 요점은 일물일가 법칙의 기본적인 아이디어가 잘못됐다는 게 아니다. 사실 그 어떤 장벽도 없다면 가격 차이가 날 경우 사람들로서는 차액 거래를 노려 볼 만한 인센티브를 가질 만하다. 그러나 현실 세계에서는 어떤 종류의 장벽이건 거의 존재하게 마련이다. 예컨대, 가장 낮은 케첩 가격을 찾아 한 지역에 있는 모든 상점들을 돌아다닐 시간이 없거나, 돌아다닌다 하더라도 여전히 다양한 거래 비용이나 수송 비용이라든지, EU 지역 내 거래에 영향을 미치는 법적 및 기타 여러 가지 이슈들이 여전히 존재할 수 있다. 실제로 가격 수렴을 둘러싸고 과학적으로 제기되는 흥미로운 질문이 있다. 차액 거래를 하려는 유인과 변화하는 다양한 장벽들이 시간에 따라 어떻게 역동적으로 상호 작용하는가이다. 그러나 균형이라는 이론적 틀이 요구하는 수학적 조건들 때문에 경제학자들은 이런 복잡성을 떼어 내버리고 일물일가 법칙이라는, 예측력이 의문스러운 이런 '법칙'만 남겨 둔 것이다. 하지만 이론이 보다 유용성을 가지려면 현실 세계에서 가격의 복잡성을 다룰 수 있어야 한다[45].

너무 오래 걸리는 균형

아마도 전통 경제학에서 가장 근본이 되는 예측은 전체 경제 어디에선가 균형에 도달할 수밖에 없다는 것이다. 미시 경제학의 일반 균형 이론에서는 물론이고, 표준적인 거시 경제학에서도 그렇게 예측한다[46]. 전에도 지적한 것처럼 전통 경제학은 균형을 영구적인 상태로 생각하는 게 아니라 시간에 따라 충격→잠정적 균형→충격→잠정적 균형이라는 연속 과정을 거치는 것으로 설명한다. 앞서 그릇 속의 공 사례를 떠올려 보자. 여기서 그릇을 탁 때려 공이 다시 제자리로 돌아가는 것을 지켜보고, 또 탁 때려서 마찬가지로 지켜보는 경우를 생각해 보자. 시스템이 균형에 도달하려면 그릇에 가해지는 충격과 충격 사이의 시간이 공이 안착할 때까지 충분히 길어야 한다. 그렇지 않고 계속 그릇에 갑작스러운 충격을 반복하면 공은 이리저리 시달리며 균형에 이르지 못한다.

여기서 중요한 질문 하나를 던질 수 있다. 경제가 균형에 도달하려면 얼마나 시간이 걸릴까? 균형에 머무르는 시간은 또 얼마일까? 1970년대 예일 대학 경제학자 허버트 스카프Herbert Scarf는 균형에 이르는 시간은 경제에 있는 제품과 서비스 수의 4제곱에 따라 기하급수적으로 늘어난다고 주장했다[47]. 이런 관계식의 바탕에 있는 직관은 간단하다. 제품 수, 서비스 수가 많으면 많을수록 모든 시장들이 서로 상호 작용하는 데 더 오랜 시간이 걸리고, 또 모든 가격과 양이 조절되는 데도 더 오랜 시간이 걸린다는 얘기다. 1장에서 얘기한 것처럼 현대 경제의 상품 수가 재고 유지 단위 기준으로 10^{10} 정도라고 하고, 또 모든 의사 결정은 세계에서 가장 빠른 슈퍼컴퓨터의 속도로 이루어진다고 가정하고(당시 IBM의 블루진이 최고였는데 초당 70.72조의 부동소수점 계산이 가능했다), 스카프의 연구 결과를 사용하면 경제가 외부적 충격을 받은 후 균형에 도달하기까지는 4.5×10^{18}년이 걸린다. 기술 변화, 정치적 불확실성, 기후, 그리고 소비자 취향의 변화와 같은 요소들로부터 충격이 매초 경제에 가해진다고 생각해 보자. 이 우주가 나이로 따질 때 약 120억 년밖에 안 된다는 점을 생각하면 문제가 무엇인지는 명확히 드러나는 셈이다[48].

비非랜덤워크

앞에서 언급했듯이 전통 경제학 중에서 이론이 실증적으로 검증될 수 있는 최적의 기회를 가진 영역이 바로 금융이다. 그러나 전통적 금융 이론의 예측은 1차적 근사 수준으로 보면 나쁘지 않지만 보다 세밀하게 들어가면 제대로 맞지 않는다.

전통 금융 분야에서 가장 잘 알려진 예측 중 하나는 주식 시장이 '랜덤워크random walk'를 따른다는 이론이다. 이 책의 후반부에 가서 이 개념을 보다 자세히 살펴볼 예정인데 우선 간단히 설명하자면, 랜덤워크란 가격의 움직임에는 어떠한 패턴도 없으며, 과거의 가격을 보더라도 미래의 가격과 관련한 어떠한 단서도 찾을 수 없다는 의미다. 얼핏 보면 주식 가격은 마치 랜덤워크를 매우 닮은 것 같기도 하다. 주식 가격이 상대적으로 조용하고 정상적으로 움직일 때는 특히 그렇다. 수십 년간 연구자들은 가격은 실제로 랜덤하다고 믿었다. 그러나 보다 좋은 데이터, 보다 강력한 도구를 활용한 최근의 분석들은 가격이 랜덤워크를 따르지 않는다는 사실을 결정적으로 보여 주고 있다. 예를 들어, MIT의 앤드루 로Andrew Lo와 펜실베이니아 대학 워튼 스쿨Wharton School의 크레이그 맥킨리Craig MacKinlay는 1962년에서 1985년에 이르는 기간 동안 전체 1,216주의 주식 가격 표본을 가지고 랜덤워크 가정에 대한 일련의 검증을 시도했다. 여기서 일련의 검증은 개별 주식, 주식 포트폴리오, 주식 지수 등을 포함한 것이었는데 모든 경우에 랜덤워크 가정은 기각됐다[49]. 다른 표본, 다른 기법을 사용한 그 외의 많은 연구에서도 마찬가지 결과가 나왔다[50].

흥미롭게도 주가 변동이 더 이상 랜덤워크가 아니라는 것은 시장이 크게 움직일 때, 달리 말하면 시장이 균형에서 가장 멀리 떨어져 있을 때 통계적으로 가장 분명하다[51]. 주식 가격 데이터에는 확실히 동적인 구조와 정보가 있다. 그리고 그런 정보로부터 누가 체계적으로 돈을 벌 수 있는지 없는지는 논쟁이 있을 수 있지만, 랜덤워크라는 예측이 확실히 잘못됐다는 사실은 전통 금융의 과학적 신뢰성 향상에 도움이 되지 못한다[52].

전통 경제 이론의 예측들이 대개 완전히 잘못된 것은 아니다. 공급은 근사적으로 보면 수요와 일치한다. 가격은 항상은 아니지만 때때로 수렴한다. 시장은 현실적으로 보면 결코 균형에 도달할 수 없지만 마치 균형이란 형태에 놓여 있는 것처럼 움직일 수 있다. 그리고 금융 시장은 조용하고 정상적으로 움직일 때, 다시 말해 시장이 더 이상 조용하고 정상적인 상황이 아닐 때까지는 마치 랜덤워크를 따르는 것처럼 표면적으로 나타난다. 이런 얘기들이 그렇게 과학적으로 들리지 않는다면 실제로도 과학적이지 않기 때문이다. 프리드먼의 대항마로서 허버트 사이먼은 이렇게 말한다.

경제학이 고도로 복잡한 수학적 법칙들의 구성체로 발전했다는 것은 분명하다. 그러나 대부분 이런 법칙들은 실증적인 현상들과는 다소 거리가 있으며 그것도 대개 정성적定性的인 관계만을 보여 줄 뿐이다.[53]

전통 경제학은 취약한 가정의 토대 위에 구축되어 있으며, 따라서 여기서 나온 결론도 똑같이 취약하다. 이렇게 말하면 이 분야가 왜 그런 처지가 되고 말았는지 물을지 모르겠다. 전통 경제학의 문제를 추적하다 보면 100년 전으로 거슬러 올라가게 되는데, 발라가 균형이라는 개념을 물리학에서 차용하면서 취했던 가정들에까지 이르게 된다. 이를 미처 깨닫지 못한 채 발라는 경제를 근본적으로 잘못 분류해 버리고 말았던 것이다.

잘못된 은유

인간은 패턴을 인식하는 데 뛰어나다. 그래서 현실 세계에 대해 이해를 하거나 논리를 펼 때 은유법을 활용한다. 무엇이 닮았다거나 특별히 다른 어떤 특징을 갖고 있다고 말하면 재빠르게, 그것도 몇 마디만으로 복잡한 현상의 핵심을 파악하는 게 가능하다. 예컨대, 셰익스피어는 어떻게 해서 줄리엣이 로미오의 삶에 핵심이 되었는지, 그에게 얼마나 행복을 가져다주었는지 등에 대해 독자들에게 긴 설명을 해줄 수도 있었을 것이다. 그러나 그 모든 것 대신에 그는 간단히 "줄리엣은 태양이다!" 이 한 구절로 그 의미를, 그것도 훨씬 풍부하고 보다 강력한 방법으로 독자들에게 전달했다.

과학도 은유법을 활용한다. 창의성을 자극하거나 복잡한 아이디어를 전달하는 데 도움이 되기 때문이다. 예를 들어, 조그마한 진동하는 끈의 고리에 대한 비유는 끈 이론·string theory*을 개발하는 물리학자들에게 영감을 던져 앞서간 사람들과는 완전히 다른 방법으로 생각하는 데 도움을 주었다. 끈 이론은 우주에서 작용하는 기본적인 힘들을 통합하고 아원자 입자들·subatomic particles의 기원을 설명하려는 시도이다[54]. 그와 똑같이 '끈의 고리'라는 표현은 은유적으로 끈 이론의 핵심적 아이디어를 일반 대중들에게 알리는 데, 예컨대 11차원의 칼라비-야우·Calabi-Yau 공간**을 말하는 것보다는 훨씬 쉽다. 그러나 은유라는 것이 과학에 대한 영감을 주고 소통하는 데는 유용할지 모르지만 과학 자체는 은유 이상의 것을 토대로 한다. 과학 이론은 단순히 특정한 무엇이 다른 것과 닮았다는 식의 주장을 하지 않는다. 1장에서 논의했듯이 과학자들은 특정한 무엇이 어떤 보편적 현상들의 집합에 속하는지 아닌지에 관한 주장을 한다. 유사하다는 것은 똑같다는 의미가 아니다. 우주론자가 태양은 하나의 별이라고 말할 때, 태양이 별과 비슷하다는 뜻은 아니다. 태양은 별들로 불리는 보편적 현상들의 집합에 속하는 것으로 실증적으로 관찰할 수 있는 어떤 특징들을 공유한다는 의미다[55].

발라가 푸앵소의 물리학 교과서를 읽고 나서 물리 시스템에서 균형을 이루는 힘에 관한 개념과 경제 시스템에서 균형을 이루는 힘에 관한 개념 간의 유사성을 발견하고, 은유적으로 영감을 받은 것은 의심의 여지가 없다[56]. 이런 유사성을 보고 그는 균형 분석을 위한 수학적 도구들을 경제 시스템에 적용하면 어떨까 하는 영감을 받았다. 그로부터 100년 뒤 산타페에서 열린 과학자, 경제학자 연석 미팅에서 테이블 위에 올라간 가장 핵심적인 질문은 다음과 같은 것이다. 경제학

---

* 만물의 최소 단위가 점 입자가 아니라 '진동하는 끈'으로 이루어져 있다는 이론으로, 그 끈은 우리가 흔히 알고 있는 원자와 분자로 이루어진 것이 아니라 더 이상의 세부 구조를 갖고 있지 않는 가장 기본 단위인 쿼크를 말한다.
** 칼라비-야우 공간에 대해서는 『초끈 이론』(박재모, 살림, 2004) 등 참조.

의 균형 개념이라는 것이 단순히 물리학과 경제 시스템 간 피상적인 유사성에 기초한 것은 아닐까? 아니면 경제 시스템은 정말 말 그대로 균형 시스템인가? 그렇다면 균형 시스템들의 보편적인 특성들을 과연 공유하고 있는가?[57] 달리 말하면 전통 경제학에서 균형이라는 이론적 틀은 단지 하나의 은유에 불과한가, 아니면 과학인가?

발라와 그의 한계주의자 동료들에게는 그런 질문 자체가 떠오르지 않았을 것이다. 그 이유는 첫째, 그 당시 과학철학에 대한 이해, 또 은유의 역할이 어떤 경우에 적합한지 아닌지에 관한 이해 등이 지금과 같은 수준이 아니었다. 둘째, 질문이 질문을 청하는 식인데, 만약 경제 시스템이 균형 시스템이 아니라면 무엇인가?

발라 시대 물리학자들에게는 수학적으로 분석할 수 있는 간단한 균형 시스템과 그렇지 않은 다른 시스템으로 나누어지는데, 이 다른 시스템 중 일부분은 수학적으로 풀 수 있지만 대부분은 풀 수 없는 것들이다. 그러니까 경제라는 현상을 분류할 수 있는 다른 대안적인 길들이 그리 많지 않았다는 의미다. 따라서 발라가 경제학에 수학적 정교함과 예측성을 부여하겠다는 목표를 세웠다고 하면 그가 균형 분석이라는 잘 다져진 길을 걸어간 것이 놀랄 일은 아니다.

설익은 물리학

불행히도 발라가 경제학을 과학으로 바꾸겠다는 사명을 가졌을 당시의 과학은 과학 발전 과정상 좀 특이한 시기로, 중요한 개념들이 아직 나오지 않은 때였다. 모든 과학은 진행 중에 있었다. 그 당시 한계주의자들이 알았던 물리학도 지금 우리가 물리 교과서에서 보는 고전적인 열역학이 아직 아니었다. 사실상, 그 당시 물리학은 빵으로 치면 단지 반 정도만 구워진 수준이었다고 말할 수 있다. 한계주의자들이 차용했던 당시 물리학에는 열역학 제1법칙은 포함돼 있었지만 제2

법칙은 빠져 있었던 것이다.

에너지는 새로 만들어지거나 파괴되지 않는다는 열역학 제1법칙은 에너지 보존의 법칙이라고도 하는데 이는 19세기 초반에서 중반까지 개발되었기 때문에 발라, 제번스, 그리고 다른 경제학자들이 읽었던 교과서에 분명히 설명되어 있었다. 제1법칙이 어떻게 작동하는지 알아보기 위해 앞에서 예를 워낙 많이 들어서 이제는 익숙해졌을 그릇과 공 그림을 다시 생각해 보자. 공을 그릇의 측면 높은 곳에 잡고 있다고 상상해 보라. 이때 공은 바닥으로 떨어질 때 발산되는 잠재적 에너지를 갖고 있다. 손을 그릇 바닥에 갖다 대면 공은 중력이 끌어당기듯이 손으로 세게 떨어지고, 그 에너지가 손으로 방출되는 현상을 느낄 수 있다. 에너지의 방출은 '일work'로 간주된다. 왜냐하면 에너지는 기계의 가동 등 유용한 뭔가를 하는 데 잠재적으로 사용될 수 있기 때문이다. 공이 손을 떠나 이리저리 굴러다니면 그릇 표면과 마찰이 생기고, 이로 인해 열이 발생한다. 결국 공의 잠재적 에너지는 '일'과 '열'로 변화한다. 영국의 위대한 물리학자 제임스 프레스콧 줄James Prescott Joule은 자연은 에너지에 극도로 인색하다는 점을 보여 주었다. 에너지는 창출되지도, 파괴되지도 않고 단지 한 형태에서 다른 형태로 변화될 뿐이라는 것이다. 만약 그릇의 꼭대기에 있는 공에 축적된 잠재적 에너지의 양을 계산하면, 공이 밑으로 굴러갈 때 방출되는 일과 열의 양과 똑같을 것이다. 마찬가지로 석탄 한 덩이에 저장된 에너지의 양을 측정하고 난 다음, 뭔가 일을 하기 위해, 예컨대 증기기관차 모터를 돌리기 위해 석탄을 태운다고 하자. 석탄에 저장된 에너지는 일을 하기 위해 사용된 에너지와 기관차의 굴뚝으로 나가는 폐열廢熱의 합과 같을 것이다[58].

제1법칙의 특성 중 하나는 하나의 시스템 안에 있는 총에너지가 고정되면, 즉 보존되면 그 시스템은 궁극적으로 균형에 이르게 된다는 것이다. 공의 잠재적 에너지가 일단 일과 열로 모두 전환된 뒤 공이 그릇 바닥에서 최소한의 에너지만으로 정지하면 그게 균형 상태라는 얘기다. 마찬가지로 가열되는 석탄이 모두 일과 폐열로 바뀌면 더 이상 타지 않고 균형 상태에 이른다. 그 상태에서는 밖에서 에너지를 추가할 때만, 예컨대 그릇을 흔들거나 석탄 한 덩어리를 추가할 때만 시스템을 균형에서 벗어나게 할 수 있다.

노트르담 대학의 필립 미로스키Philip Mirowski가 지적했듯이 발라가 균형을 물리학에서 차용한 결과의 하나는 전통 경제모델이 고정 또는 보존된 양을 전제로 하여야 하는 수학적 필요성이다. 이 때문에 전통 경제학은 흔히 가치를 한 형태에서 다른 형태로 변환되는 고정된 양으로 묘사한다. 여기서 한 형태에서 다른 형태로 바뀐다는 것은, 예를 들어 자원이 상품으로 바뀌고, 그 상품이 돈으로 교환되며, 돈이 다시 상품으로 바뀌고, 그 상품이 소비되고 효용을 창출한다는 그런 의미다[59]. 그러니까 새로운 부는 창출되지 않는다. 오히려 세계는 유한한 자원에서 시작하여 이것이 생산자들에게 배분되고, 생산자들은 다시 유한한 상품들을 소비자들에게 배분한다. 잘하면 다소 효율적인 방법으로 부를 배분할 수 있을 것이다. 마치 한 덩어리의 석탄을 효율적인 방법으로 태우듯이 말이다. 그러나 일반 균형 모델에서는 경제가 한 덩어리의 석탄이 재생할 수 있는 것보다 조금이라도 더 새로운 부를 창출할 수 없다[60].

고정된 부를 강조하다 보니 이게 원인이 되어 영국 경제학자 라이오넬 로빈스Lionel Robbins는 1935년 경제학에 대해 그 유명한 "희소성의 과학"이라는 표현을 사용했다[61]. 이것은 아직도 근대 경제학 교과서에 반영되어 있다. 예컨대, 널리 사용되고 있는 폴 새뮤얼슨과 윌리엄 노드하우스William Nordhaus의 책을 보면 경제학을 "사회가 어떻게 희소 자원을 사용해 가치 있는 제품들을 생산하며 이를 서로 다른 사람들 사이에 배분하는지에 관한 연구"라고 정의하고 있다[62]. 발라와 제번스에게 은유적으로 영감을 주었던 열역학 제1법칙의 유산은 오늘날 전통 경제학에 그대로 살아 있다.

그러나 제1법칙은 열역학 얘기의 단지 반에 불과한 것이다. 발라와 제번스가 알았던 물리학에서 빠져 있던 제2법칙은 엔트로피, 즉 한 시스템에서 무질서나 임의성의 한 척도인 엔트로피가 항상 증가한다는 것이다. 제2법칙은 전체로서의 우주는 불가피하게 질서의 상태에서 무질서의 상태로 표류하고 있다고 본다. 그리고 이 우주의 궁극적인 종착점은 완벽히 한결같은 온도를 갖는 임의의 아무 특색도 없는 미아스마miasma*다. 우주에 있는 모든 질서, 구조 및 패턴은 시간이 가면 결국 고장 나거나 쇠퇴하고 또 흩어져 사라진다. 자동차는 녹이 슬고, 빌딩은 부스러지고, 산은 침식되며, 사과는 썩고, 커피에 들어간 크림은 골고루 섞이며 흩어져 없어진다. 엔트로피는 시간에 화살을 준 것이다.

위대한 물리학자이자 산타페 연구소 창립자의 한 사람인 머리 겔만은 이렇게 설명한다. 어린아이들 혹은 손자들이 있다면 찬장 안에 땅콩버터와 젤리를 담은 병들을 넣어 두었을 것이다. 시간이 흐르면 아이가 샌드위치를 먹을 때마다 땅콩버터는 결국 젤리에 새어 들어가고, 젤리는 땅콩에 새어 들어간다. 겔만은 이렇게 설명한다. 당신이 만약 땅콩버터 병에 젤리가 들어가는 것을 저속 촬영 동영상으로 보면 땅콩버터에 젤리로 인한 반점 같은 것이 급속히 늘어났다가 순간적으로 땅콩 버터가 자기 정화를 하면서 젤리 반점이 사라지는 것을 알 수 있을 것이다. 이것을 보면 어느 쪽이 앞으로 가는 방향이고, 뒤로 가는 방향인지 즉각 알게 될 것이다[63]. 엔트로피, 그리고 질서에서 무질서로의 불가피한 흐름이 없다면, 과거 현재 그리고 미래를 구별할 방법이 없을 것이다. 엔트로피가 발견되면서 물리학이 우주를 보는 핵심 개념이 되었다[64].

---

* 장기간 대기 중에 존재한다는 병독적 안개.

130

발라, 제번스, 그리고 전통 경제학을 구축한 여러 다른 학자들의 이론적 틀에는 불행하게도 자연에 관한 이 최고의 법칙이 빠져 있다. 제2법칙은 오랜 잉태 끝에 나왔다. 1824년에서 1865년에 걸쳐 사디 카르노Sadi Carnot, 루돌프 클라우시우스Rudolph Clausius, 그리고 윌리엄 톰슨 등 수많은 사람들의 연구를 통해 발전됐다. 그러나 그 중요성은 19세기 말에야 완전히 인정받았고, 이것이 던지는 많은 시사점들을 20세기에 들어오면서 알게 되었다. 사실은 지금도 진행 중이다. 엔트로피는 그 당시 발라와 제번스에게 영감을 던져 준 물리학 교과서에 포함되기에는 너무 새로운, 아직 이해가 제대로 안 된 그런 개념이었던 것이다[65].

열려라 참깨

열역학의 제1법칙과 제2법칙에 대해 이해하면 또 다른 개념으로 옮겨 갈 수 있는데, 이 역시 발라나 제번스 시대에는 없었다. 바로 닫힌 계closed system와 열린 계open system 개념이 그것이다. 이 용어들은 경제학에서는 국제 무역과 관련하여 다른 의미를 가지기도 하는데, 여기서는 물리학적 의미로 이들 용어들을 사용한다. 먼저, 열역학 시스템은 우리가 구분하여 연구하고 싶어하는 공간, 물질, 에너지 또는 정보의 집합이다. 이 우주 자체가 하나의 시스템이고, 모든 시스템 중 가장 큰 시스템 안에서 수많은 작은 시스템들을 정의할 수 있다. 예를 들어, 우리의 행성은 당신의 몸, 당신의 집, 또는 물이 가득 찬 욕조와 마찬가지로 하나의 시스템이다.

닫힌 계는 어떤 다른 시스템과의 상호 작용이나 소통이 없는 시스템이다. 닫힌 계에서는 어떤 에너지, 물질 또는 정보가 들어오지도 나가지도 않는다. 우주 자체가 하나의 닫힌 계다. 우주 밖이라는 것 자체가 없으며, 우주의 경계를 넘어서 우주가 상호 작용할 수 있는 시스템은 없다[66]. 에너지는 물질로 변환될 수 있고, 그 반대도 가능하다. 그리고 에너지는 그 시스템 내에서 여러 가지 다른 형태로 변화될 수 있다. 그러나 제1법칙에 따르면 에너지 총량은 일정하다. 게다가 닫힌 계에서 총 엔트로피는 언제나 증가하면서 최고 수준에 이르게 되는데, 이는 질서가 무질서로 바뀌어 가면서 궁극적으로 시스템이 정지하는 것에 따른 것이다.

두 번째 형태의 시스템은 열린 계다. 에너지와 물질이 들어가고 나오는 시스템이다. 열린 계는 에너지와 물질을 활용, 일시적으로 엔트로피와 싸우면서 한동안 질서, 구조, 그리고 패턴을 창조한다. 우리의 행성은 하나의 열린 계다. 태양으로부터 흘러나오는 에너지의 강 한 가운데 놓여 있다. 이런 에너지의 흐름은 크고 복잡한 분자를 만들어내고, 이는 생명을 가능하게 하며, 질서와 복잡성 속에서 움직이는 하나의 생물권 창조로 이어진다. 엔트로피는 어디로 가버린 게 아니다. 지구상에 있는 모든 것들이 언젠가는 고장이 나거나 쇠퇴하고, 모든 유기체들은 궁극적으로 죽는다. 그러나 태양에서 나오는 에너지는 항상 새로운 질서의 창조에 동력을 제공한다. 열린 계에서는 에너지의 힘에 의한 새로운 질서 창조와 엔트로피에 의한 질서 파괴 사이의 끝없는 싸움이 있다.

자연의 계산법은 매우 엄격해서 열린 계에서 질서가 만들어질 때는 반드시 지불해야 할 비용이 있다. 우주의 어느 한 부분에서 질서가 창출되면 다른 어딘가에서 질서가 파괴되어야 한다. 왜냐하면 순 효과는 엔트로피의 증가, 다시 말해 질서의 감소로 나타나야 하기 때문이다. 따라서 태양이 지구상의 새로운 질서 창출에 동력원을 제공함에 따라 모든 생명과 활동이 열을 만들어 내고, 이는 다시 대기로 방출된다. 열은 그것이 끝나는 곳마다 여러 가지 예측하기 어려운 영향을 미치며 엔트로피를 증가시킨다. 그러므로 지구는 에너지를 수입하고 대신 엔트로피는 수출한다.

우리가 살고 있는 집과 관련한 사례를 들어 보자. 당신이 직장 일로 너무 바쁜 관계로 제2법칙이 당신의 집을 질서에서 무질서 상태로 만들었다고 상상해 보자. 당신은 에너지의 일부를 엔트로피와 맞서 싸우는 데 투자해 집을 깨끗이 치우기로 결정한다. 당신은 박박 문지르고 물건을 정리하느라 칼로리를 태우는 형태로 당신 집에 에너지를 투입한다. 그리고 진공청소기, 식기 세척기, 세탁기는 전기를 이용해 사용한다. 뿐만 아니라 물질들은 음식, 의류, 깨끗한 제품 등의 형태를 가진 고도로 질서가 잡힌 그런 상태로 당신 집에 유입된다. 그러나 당신과, 당신이 사용하는 모든 기기들이 열을 환경 속으로 방출할 때 이 우주는 엔트로피를 다시 얻게 된다. 더구나 당신이 이용하는 전기는 발전소에서 폐열과 굴뚝을 통한 가스 배출을 수반한다. 그리고 물질은 당신 집에서 다시 나와 쓰레기 형태의 무질서한 상태로 밖으로 배출된다. 정리하자면, 당신의 집이라는 시스템이 에너지와 물질을 도입하면 이는 다시 그 한계 범위 내에서 질서를 창출하는 데 쓰이고, 그다음에 열과 무질서한 물질로 바뀌어 우주 속으로 다시 나간다. 다시 말해 이런 과정을 통해 엔트로피를 내보내는 것이다.

닫힌 계는 항상 예측 가능한 마지막 상태를 보여 준다. 물론 도중에는 예측 불가능한 일들을 할지 모르지만 궁극적으로는 최대의 엔트로피라는 균형을 향해 나간다. 열린 계는 이보다 훨씬 복잡하다. 때때로 안정적이고 균형 잡힌 상태에 있는가 하면 균형과는 거리가 먼, 매우 복잡하고 예측할 수 없는 행태의 패턴, 예컨대 기하급수적 성장, 급격한 붕괴, 또는 진동 같은 패턴을 보여 주기도 한다. 열린 계가 자유로운 에너지를 가지는 한, 최종적인 상태 또는 그런 상태에 도달할지의 여부를 예측하기란 거의 불가능하다.

1장에서 나는 복잡 적응계 또는 복잡 적응 시스템을 서로에게 적응하고 환경에 적응하는, 상호 작용하는 주체들의 시스템으로 정의했다. 복잡 적응 시스템들은 열린 계의 한 하위 범주다. 정보를 처리하고 질서를 유지하며 복잡한 패턴을 창조하려면 에너지가 필요하다. 예를 들어, 개미 집단이 에너지와 물질을 가져오는 것은 자신들의 보금자리로 실어 나르는 음식물과 재료들을 통해서다. 개미들이 집을 짓고 활동을 조직화할 때 이 에너지와 물질을 이용하여 엔트로피와 싸운다. 자유로운 에너지의 존재는 개미 왕국과 같은 복잡 적응 시스템이 균형으로부터 떨어져 질서를 창조하고 시간에 따라 매우 역동적으로 움직일 수 있게 만든다. 만약 당신이 그 에너지를 제거하면 엔트로피가 그 자리를 이어받아 시스템이 쇠퇴하고, 궁극적으로는 정지 또는 균형 상태에 이른다. 산타페 회의 참석자 중 한 사람인 미시간대학의 이론가 존 홀란드는 이런 얘기를 한 적이 있다. "사실상 시스템이 결국 균형에 이른다면 그 시스템은 안정적이지 못하고 죽은 것이나 마찬가지다."[67]

경제를 잘못 분류하다

발라와 제번스는 제2법칙을 몰랐고 따라서 열린 계와 닫힌 계의 구분, 그리고 복잡 적응 시스템의 존재 등을 인지하지 못했다. 사실 열린 계에 대한 상세한 이해는 20세기 동안에는 점차적으로 이루어지다가 1960년대, 1970년대에 걸쳐 러시아 태생의 화학자 일리아 프리고긴Ilya Prigogine의 연구로 가속화됐다. 그 당시 전통 모델은 경제는 열역학적으로 닫힌 계라는 묵시적 가정하에 만들어졌다. 비록 발라, 제번스, 그리고 그들의 동료들인 한계주의자들은 이런 가정을 자신들의 이론에 집어넣었다는 것을 몰랐지만 말이다. 그다음 100년 동안 경제학과 물리학이 서로 제 갈 길을 감에 따라 이 가정은 전통 경제학의 수학적 핵심에 박혀 버렸다[68].

경제 이론으로서는 불행이지만 제2법칙을 몰랐다는 것은 한계주의자들과 그들의 계승자들이 근본적으로 경제를 잘못 분류했다는 것을

134

의미한다. 경제는 닫힌 균형 시스템이 아니라 열린 불균형 시스템이다. 보다 구체적으로 말하면 복잡 적응 시스템이다. 이에 대한 증거는 창 밖에 있는 게 아니라 바로 당신의 코밑에 있다. 그러나 최근까지도 대부분의 경제학자들은 이런 증거에 주목하지 못했음이 분명하다[69]. 경제가 닫힌 균형 시스템이면 그 시스템의 특성들은 질서, 복잡성, 구조 등이 시간이 지남에 따라 줄어들거나 흔들리는 쪽이 될 것이다. 왜냐하면 엔트로피가 모든 닫힌 균형 시스템을 아무런 특성이 없는 상태로 몰고 가기 때문이다. 닫힌 균형 시스템에서는 순간적으로 자기조직화를 하는 일도 없고, 또 패턴이나 구조, 복잡성이 발생하는 일도 없다. 그리고 무엇보다 시간이 흐르더라도 새로움이란 게 창조되지도 않는다[70]. 그러나 당신의 창 밖에 있는 경제의 모든 움직임, 예컨대 그 시끄러움, 조직, 그리고 활동은 닫힌 균형 시스템의 산물일 수 없다. 우리가 1장에서 보았듯이 경제를 정의하는 특성은 두말할 것도 없이 10^1 SKUs 수준의 호모 하빌리스Homo habilis* 경제에서 10^{10} SKUs 수준의 현대 세계 경제에 이르는 동안 경제적 복잡성이 비약적으로 증가했다는 점이다. 석기 시대에서 지금까지 경제적 활동의 증가는 대규모로 엔트로피와 싸운 하나의 긴 역사였다. 그것은 오로지 개방된 불균형 시스템에서만 일어날 수 있는 특별한 것이다.

나스닥의 메인 컴퓨터 센터 근처의 전기 변압기 속으로 다람쥐가 굴을 파고 들어가자 전기가 나갔고, 그 순간 전자 주식 거래 시장의 문을 닫게 만들었다. 경제적 활동은 현실의 물리적인 세계에 뿌리를 두고 있고, 경제 이론은 열역학 법칙들을 피할 수 없다.

이렇게 말하면 전통 경제학자들은 열린 계, 닫힌 계 등 물리학의 이 모든 개념이 경제학과 무슨 관계냐고 물을지도 모른다. 물론 열린 계, 닫힌 계는 물리학적 개념들이고 반면 경제는 사회적 현상이다. 그렇

---

* 영국의 인류학자 리키가 1964년 동아프리카의 탕가니카에서 발견한 화석 인류. 약 150만 년 전 홍적세에 살았던 인류로, '능력 있는 사람'이라는 뜻을 갖고 있다.

다면 지금 저자는 발라에 대해 비난했던 부적절한 은유적 추론과 같은 일에 몰두하고 있는 것인가? 대답은 "아니요"다. 우리가 기억해야 할 것은 사회 시스템은 경제학자들의 마음속이나 교과서의 방정식에 존재하는 추상적인 수학적 모델이 아니라는 점이다. 사회 시스템들은 물질, 에너지, 그리고 정보 들로 이루어진 현실적인 물리적 시스템들이다. 즉 사회 시스템은 사람들과, 당신의 창 밖에서 일어나고 있는 모든 것들로 구성돼 있으며 다른 현상들처럼 물리학의 법칙을 적용받고 있다. 실물경제는 현실적으로나 물리적으로나 엄청난 에너지를 매일 그 속에 쏟아붓고 있다. 이 덕분에 경제가 작동한다[71]. 수렵과 채집을 하던 우리 조상들은 자신들이 먹는 음식물과 끌어 모은 땔감들로 경제를 돌아가게 했다. 현대 경제에서 그 역할을 하는 것들은 무엇인가. 현대 경제의 에너지는 빅맥Big Mac과, 전자렌지를 이용하면 바로 먹을 수 있는 즉석 음식 등과 함께 석유, 천연가스, 석탄, 수력, 원자력, 그리고 기타 다른 에너지원으로부터 나온다. 에너지는 경제에 들어와 엔트로피에 대항할 힘을 주고 질서를 창조한다. 마찬가지로 경제는 제2법칙에 순응한다. 쓰레기, 오염, 온실 가스, 그리고 열을 밖으로 내보내는 등 우리를 둘러 싸고 있는 우주로 무질서를 다시 돌려보내고 있다.

경제는 단순히 은유적으로만 열린 계와 비슷한 게 아니다. 말 그대로, 물리적인 열린 계들로 이루어진 집합에 속하는 한 시스템이다. 누가 경제에 공급될 에너지를 끊어 버리면, 다시 말해 음식물, 석유, 가스, 그리고 석탄 등을 끊어 버리면 엔트로피는 더 이상 저항자가 없는 상황이 될 것이고 경제는 정말 균형으로 이동할 것이다. 슬프게도 우리는 한 나라가 콩고에서처럼 전쟁으로 박살이 났을 때나 북한에서처럼 정치 지도자들 때문에 고립될 때 이런 상황을 본다. 엔트로피가 이기기 시작하면서 경제는 쇠퇴를 피할 수 없고, 결국 비참과 기아의 균형으로 향한다. 반면 성장하는, 활기 있는 경제는 정의상 균형과는 거리가 멀다.

　거래자들의 컴퓨터 화면 상에서만 나타나는 나스닥 주식 시장과 같은 순수 정보 시장조차 여전히 물리적 세계에 기반을 가지고 있다. 오래전 이를 상기시켜 주는 놀라운 사건이 있었다. 코네티컷주에 있는 나스닥의 메인 컴퓨터 센터 근처의 전기 변압기 속으로 다람쥐가 굴을 파고 들어왔을 때다. 다람쥐는 전기를 못 쓰게 만들었고, 순간 시장의 문을 닫게 만들었다[72]. 14장에서 다시 논의하겠지만 부를 창출하는 모든 경제적 활동은 어떤 형태의 에너지를 필요로 하고 물질과 정보의 조작에 관계한다. 사용하는 에너지, 활동을 조작하는 물질과 정보 모두가 부를 창출하는 것은 아니라는 점에서 그 역은 사실이 아니지만 말이다. 경제적 활동은 현실의 물리적인 세계에 확고히 뿌리를 두고 있고, 따라서 경제 이론은 열역학 법칙들을 피할 수 없다.

　어떤 전통 경제학자는 경제는 현실의 물리적 시스템이고 심지어 열린 계라는 점도 인정하지만 경제학자들은 경제를 실제적인 물리적 기반보다 훨씬 더 높은 수준의 추상화를 통해 이를 모델화하기 때문에 열린 계, 닫힌 계의 물리학은 중요하지 않다고 주장할 수 있다. 달리 말하면 경제 모델은 물리학 모델보다 덜 세부적인, 반대로 말하면 더 개략적인 수준이라는 의미다. 생물학자들이 아원자 물리학에 대한 참고 없이도 세포를 모델화하듯이 경제학자들도 물리학의 열역학에 대한 명시적인 참조 없이도 경제를 모델화할 수 있다는 것이다. 또 경제학은 선호, 가격, 생산 함수와 같은 고유의 개념들을 갖고 있는데 마치 생물학자들이 생물학 영역과 관련하여 높은 수준의 추상화를 하듯이 이런 개념들 역시 사회적 영역을 추상화하면서 나온 것들이라는 얘기다. 어떤 전통 경제학자는 발라와 제번스가 잘못한 게 있다면 그것은 물리학 교과서에 있는 몇 가지 수학적 기법들을 빌려 와서 경제학이라는 추상화를 너무 정교하게 한 것이라고 주장할지 모른다. 균형 분석은 하나의 수학적 기법에 지나지 않을 뿐 그 이상이 아니란 의미다. 물리학, 경제학 모두 대수학을 사용한다. 왜 균형이 큰 문제란 말인가?[73]

균형을 옹호하는 이런 주장에는 실제로 다음 두 가지 점이 내포돼 있다. 하나는 서로 다른 수준의 추상화라는 것이고, 다른 하나는 그저 수학일 뿐이라는 얘기다. 과학이 서로 다른 현상들에 대해 서로 다른 수준의 추상화를 필요로 한다는 점은 확실하다. 전에도 말한 적이 있지만 과학 이론은 큰 그림, 즉 고속도로와 같은 큰 것만 그린 지도일 수도 있고, 현지 지도처럼 세밀하게 그린 지도일 수도 있다. 둘 다 동일하게 유효하다. 그리고 이 지도들은 서로 간에 일치하고, 또 실제 현실과도 부합할 필요가 있다. 그런 점에서 경제학이 물리학에서는 다루지 않는, 그리고 물리학의 법칙에 대한 명시적인 참조 없이 높은 수준의 추상화를 통해 만들어 낸 개념들을 갖는 것은 좋다. 그러나 경제 이론은 기본적인 물리적 법칙과 불일치할 수 없다. 경제가 하나의 닫힌 균형 시스템이라는 주장은 명백히 기본적인 물리적 법칙을 위반한 것이다. 따라서 추상화의 수준을 제기하는 주장이 유효하려면 설사 경제가 현실에서는 열린 불균형 시스템이라고 하더라도 어떤 이유로 이를 닫힌 균형 시스템으로 모델화하는 것이 더 좋다는 것을 우리가 확신할 수 있어야 한다. 하지만 사실은 그 반대다. 2부에서 살펴보겠지만 비현실적인 가정과 실증적 타당성의 결여라는 문제점들은 열린 불균형 시스템을 닫힌 균형적 기법을 사용해 잘못 모델화한 것에서 비롯된 것이다[74].

균형을 옹호하는 두 번째 주장, 즉 그저 수학일 뿐이라는 주장은 균형은 무엇에 관한 것이며, 수학은 무엇에 관한 것인지 이 두 가지 모두를 잘못 이해하고 있다. 수학은 언어의 한 형태이고, 현실 세계를 상징적 시스템으로 표현하고 설명하는 데 이 수학을 활용한다[75]. 수학은 하나의 특별한 언어다. 왜냐하면 다양한 기호들이 무엇을 의미하는지, 또 그런 기호들을 조작하는 규칙에 대한 고도의 약속이기 때문이다. 순수 수학을 만들려는 다양한 시도들이 있었는데, 이 순수 수학은 그 기호들이 현실 세계와는 아무 관련이 없는 순전히 논리적인 구성 개념들로 이루어진 하나의 추상적인 언어다[76]. 이런 시도들은 학문의 경계를 넓히는 데는 가치가 있었지만 현재 수학자들과 철학자들 사이에 이루어진 합의는 수학과 그것이 물리 세계에 의미하는 바를 서로 분리할 수 없다는 것이다[77]. 물론 수학자들은 물리적 현실에서는 존재하지 않는, 예컨대 우리가 보거나 만져 볼 수도 없는 43차원의 물체 등 수학적인 환상 세계를 만들 수 있다. 그러나 우리는 자연 언어를 가지고도 그렇게 한다. 즉, 실제 세상에 존재하지 않는 것에 대해 소설도 쓰고 영화도 만든다. 그러나 이런 환상적인 대상에 대한 우리의 해석은 그것이 최신 할리우드 초대작이든 43차원의 초구超球든 간에 현실 세계에 대한 우리의 경험과 불가피하게 관련될 수밖에 없다[78]. 수학일 뿐이라는 것은 말이 안 된다.

경제적 균형economic equilibrium이 현실 세계에서 어떤 의미를 갖는다면 그다음 질문은 그게 과연 무엇이냐는 것이다. 두 영역에서 연구하는 사람들이 똑같은 방식으로 용어를 사용해야 한다는 규칙은 없다. 우리는 이렇게 물을 수 있다. 경제학에서 균형의 의미가 물리학에서와 똑같은가? 아마도 경제학자들이 균형을 말할 때 물리학과는 완전히 다른 특별한 것을 의미하며, 여기서 저자가 지적했던 문제는 혼동된 용어 사용을 보여 주는 경우라고 생각할 수도 있다. 만약 균형이 서로 다른 영역에서 서로 다른 의미로 사용되고 있다면 우리는 하나의 정의에서 또 다른 정의로 번역해 낼 수 있어야 할 것이다. 그러나 나는 물리학자들이 말하는 균형이라는 것과 다른 방식으로 경제학이 정의하는 균형이라는 것에 대해 들어 본 적이 없다. 오히려 이와는 반대로 두 영역에서는 균형이라는 용어를 정확히 똑같은 방식으로 사용한다. 『옥스퍼드 물리학 사전Oxford Dictionary of Physics』에는 균형이 이렇게 정의돼 있다. "힘, 영향, 반응 등이 서로 간에 완전한 평형을 이루어 어떠한 순 변화net change도 없는 그런 시스템의 (한) 상태다."[79] 한편,『콜린스 경제학 사전Collins Dictionary of Economics』은 균형을 "변화하려는 경향이 없는 평형의 한 상태"로 정의한다[80]. 뿐만 아니라 경제학자들과 물리학자들이 균형 분석을 위해 사용한 수학적 기법들도 동일하다.

결국 경제학으로서는 불편하게 느껴질 수 있는 몇 가지 질문에 이르게 된다. 전통 경제학은 경제와 시장이 균형 시스템이라고 주장하는가? 이는 적합한 이론적 확장의 한 경우로 볼 수 있는가? 여기서 이론적 확장이라는 의미는 균형이라고 불리는 시스템들의 보편적 집합을 말하는 것으로, 용수철 저울과 돼지고기 선물시장 등을 모두 포함한다. 그러나 한쪽에서는 에너지와 물질이 들어오고 다른 쪽으로는 엔트로피가 나가는데, 경제가 어떻게 닫힌 균형 시스템일 수 있는가? 이런 주장은 물리학의 기본 법칙을 위반한 게 아닌가? 또 경제와 시장은 단지 균형 시스템들과 닮은 것에 불과한 것 아닌가? 이게 모두 경제학의 특이한 역사에서 오는 일종의 은유법의 오용 아닌가?[81]

이에 대한 대답은 분명하다고 나는 믿는다. 즉, 전통 이론의 핵심을 이루는 신고전파 모델은 잘못된 은유를 바탕으로 세워진 것이다. 그 점을 알지 못한 채 그저 좋은 의도로 19세기 후반 경제학자들은 물리학에서 일단의 아이디어를 차용했는데, 이로 인해 기본적으로 경제를 닫힌 균형 시스템으로 잘못 분류하고 말았다. 오늘날 우리가 보는 전통 경제학의 이론적 틀은 이런 접근의 결과물이다. 불행하게도 이 잘못된 분류가 큰 굴레로 작용하여 경제학자들은 매우 비현실적인 가정을 할 수밖에 없게 만들었고, 경제학의 실증적인 성공도 그만큼 제약하는 결과가 되고 말았다.

발라의 대성당을 넘어서

산타페 미팅이 열흘간의 일정으로 끝났을 때 흥분되고 유쾌한 기분과 함께 극도로 피곤에 지친 기분이었다[82]. 강도 높은 논쟁과 때때로 일어난 자존심의 충돌에도 불구하고 이 미팅은 서로에 대한 극도의 존경으로 끝이 났다. 경제학자들은 전통 경제학에 대한 그들 스스로의 의심 중 일부가 보다 확실해졌다는 것을 알았고 경제학이 지금까지 안고 왔던 오랜 문제들에 대해 새로운 방식으로 생각하는 법에 눈을 떴다. 물리학자 등 과학자들도 경제의 현상이 그 특성에 있어서 자신들이 알고 있는 자연세계의 그 어떤 것 못지않게 환상적이고, 복잡하며, 도전적인 그런 한 현상인 경제에 대해 어렴풋이 알게 되었다. 이 미팅에서 형성된 많은 네트워크와 상호 협력은 그 후에도 지속됐고 산타페 연구소는 경제학에 대한 학제적 프로그램을 시작했다. 이 프로그램은 처음에 브라이언 아서와 존 홀란드가 주도했고 시티코프가 지원했다.

언덕에서 구르는 눈송이처럼 진전이 빨랐다. 산타페 연구소는 하나의 핵심 동력 역할을 하며 지난 수년 동안 금융에서 경제적 불평등에 이르기까지 다양한 주제들을 다룬 워크숍과 회의를 개최했다. 여기에는 10년 뒤 최초의 회의에 대한 후속편도 포함돼 있다[83]. 아마도 가장 중요한 것은 이런 이슈들을 연구하는 사람들 간의 네트워크가 비약적으로 증가했다는 점이다. 오늘날 대부분의 경제학부에는 다음 장에서 저자가 복잡계 경제학이라고 정의하는 그런 부분들에 관해 연구하는 학자들이 최소한 한두 명은 있을 정도다. 그리고 학제적 협력 또한 확대됐다. 오늘날 『피지컬 리뷰 레터스Physical Review Letters』, 『네이처Nature』, 그리고 심지어 『이론 생물학 저널Journal of Theoretical Biology』 같은 잡지에서 경제학 논문을 심심찮게 볼 수 있다.

이 장에서 제기된 비판들은 일반적으로 경제학이나 경제학자들을 전면적으로 공격하기 위한 의도가 아니다. 그보다는 전통 경제학을 구성하고 있는 특정 이론들에 대한 비판이었다. 경제학은 마치 하나의 광의의 교회와 같아서 그 안에는 전통 경제학이라는 정통교회말고도 다양한 종류의 연구가 있어 왔고, 또 최근에는 전통 경제학의 경계를 압박하는 연구도 많이 이루어지고 있다. 2부에서 살펴보겠지만 많은 경제학자들 스스로가 전통 경제학의 울타리를 떠나 복잡계 경제학이라는 새로운 이론을 발전시키는 데 다른 학문 분야의 동료들과 함께 데 앞장서고 있다.

저자는 과학이 되고자 하는 경제학의 열망이나 수학의 사용을 비난한 것이 결코 아니다. 경제학이 정치와 도덕철학의 한 분야로서 경제학자가 되기 위해 굳이 복잡한 수학적 능력을 필요로 하지 않았던 발라 이전 시대를 그리워하는 비판가들도 많이 있다. 경제학은 의심할 여지없이 과학으로서의 고유한 특성들을 많이 갖고 있음에도 불구하고 수학의 정확성과 정교함이 없다면 과학적으로 신뢰할 만한 설명 을 도출할 수 없다는 점이 문제다[84]. 저자가 제기한 문제는 수학 그 자체의 사용이 아니라 경제학이 올바른 수학을 사용하고 있는가에 관한 것이다.

또한 여기서 제기된 비판은 경제학이 지난 세기에 걸쳐 이룩한 업적들을 폄하하고자 하는 것이 아니다. 전에도 논의했지만 과학적 이론은 언제나 그 이론들이 설명하려고 하는 현실의 근사적 표현이다. 2부에서 나는 복잡계 경제학이 전통 경제학보다 현실을 더 잘 근사적으로 표현한다고 주장할 것이다. 마치 아인슈타인의 상대성 이론이 뉴턴의 법칙보다 물리적 현상을 더 근사적으로 표현하듯이 말이다. 나는 전통 경제학이 많은 이슈들과 관련하여 적어도 근사적으로, 또는 방향성 측면에서는 옳았고, 그 아이디어들이 수십억 인구의 삶을 향상시키는 데 도움을 주었다고 믿는다. 게다가 전통 경제학은 지적인 미를 보유하고 있다. 뛰어난 학자들이 경제학을 과학으로 만들기 위해 이렇게 발전시킨 것이다. 그러나 과학은 한 세대가 아이디어를 만들고, 때때로 다른 사람들의 아이디어로 교체되면서 발전하는 것이다. 그런 점에서 과거에 만들어진 패러다임을 뛰어넘어 경제학의 진보를 이루는 것이야말로 '발라의 대성당'을 만든 사람들이 남긴 유산을 가장 빛나게 하는 일이 될 것이다.

2부

복잡계 경제학

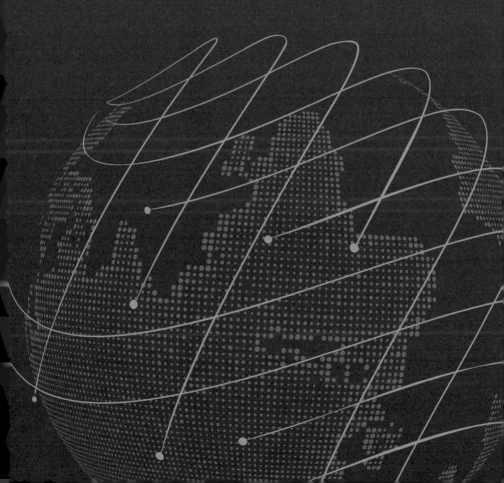

진정한 발견은 새로운 경관을 보는 데 있는 게 아니라
새로운 시각을 얻는 데 있다.

– 마르셀 프루스트

4

큰 그림: 설탕과 향료

⋮

루즈 오촌드라는 세계에서 가장 큰 쓰레기 집적지 중의 한 곳에 살고 있다. 필리핀 마닐라 바로 외곽에 위치한 이 쓰레기 집적지는 어울리지 않게도 '약속의 땅'으로 불리는 곳이다[1]. 이 약속의 땅에 정확히 얼마나 많은 사람들이 살고 있는지는 아무도 모르지만 최소한 2~3천 명에 이르는 극도로 가난한 성인들과 어린아이들이 쓰레기 더미 속에서 뭔가 쓸모 있는 것을 찾느라 시간을 보내고 있다. 주민들과 함께 일하는 조엘 베르나르도 신부는 그 사람들은 가난한 사람들 중에서도 가장 가난한, 이 세계에서 '버려진 사람들'이라고 말한다. 또 다른 거주민 파즈 칼로페즈는 약속의 땅의 상황이 어떠한지에 대해 이렇게 표현한다.

항상 연기와 불길이 있는 곳이다. 심지어 비가 올 때도 마찬가지다. 쓰레기는 계속 쌓인다. 밤에도 쌓인다. 그리고 항상 큰 소음들이 들린다. 배터리가 폭발하는 것 같다. 냄새는 화장실보다 더 지독하다. 불도저가 지나갈 때는 특히 그렇다.

비극적인 일도 일어났다. 2000년 7월 수주일 간에 걸쳐 호우가 쏟아지면서 쓰레기 더미가 갑자기 붕괴되고 말았다. 그 사고로 200명 이상의 사람들이 죽었다. 오춘드라도 이때 아들 두 명을 잃었다.

지구상에서 가장 끔찍한 지옥 같은 이곳에, 절박할 대로 절박한 사람들이 모여 사는 이곳에, 복잡하고 심지어 활기차기까지 한 경제가 작동하고 있다면 쉽게 믿기 어려울 것이다. 1994년 필리핀 정부는 또 다른 지역에 있는 대형 쓰레기 집적지를 폐쇄했다. 이로 인해 약속의 땅으로 밀려드는 쓰레기의 양이 크게 늘어났다. 약속의 땅이 거의 꽉 차기 시작하자 그곳의 경제가 갑자기 활기를 찾았다. 약속의 땅 경제의 가장 밑바닥에는 쓰레기 더미 위에 살면서 폐품을 수집하는 가구들이 있다. 이들은 쓰레기를 뒤적거리며 고철, 플라스틱 병, 고무 타이어, 그리고 기타 유용한 물건들을 찾아낸다. 때때로 그들은 버려진 전자 제품들, 가구, 옷가지, 장난감, 심지어 먹어도 되는 음식들도 발견한다.

폐품 수집자들은 이중 일부는 자신들이 사용하기도 하지만 대부분은 중간 거래자들에게 판다. 이들 중간 거래자들은 체인으로 따지자면 폐품 수집자 바로 위 단계에 있는 사람들이다. 중간 거래자들은 물건 형태에 따라 전문화하는 경향이 있으며 리사이클업자, 제조업자들과 관계를 맺고 있다. 리사이클업자와 제조업자들은 중간 거래자들이 폐품 수집자들로부터 모은 금속, 플라스틱, 고무 등을 구입한다. 일부 중간 거래자들은 심지어 대기업, 호텔 체인 등과 리사이클링 계약을 맺기도 한다. 이런 계약들이 성사되면 중간 거래자들은 폐품 수집자들을 일의 양에 따라 보수를 받는 삯일, 청부일 형태로 고용하여 트럭들이 일반 쓰레기장에 내다 버리기 전에 먼저 고객들의 쓰레기 창고를 뒤져 필요한 물건들을 추려 내도록 한다. 중간 거래자들은 보다 나은 물건들이 있는 곳에 효율적으로 접근할 수 있어 좋고, 고객 회사들로서는 그만큼 쓰레기 처리 수수료가 싸져서 좋다.

경제의 그다음 체인으로는 폐품 수집자, 중간 거래자, 그리고 그들의 가족들에게 서비스하는 다양한 업종들이다. 오두막집 형태의 다양한 가게들이 생겨나 비누에서 신발, 자전거 부품, 아이스크림, 학용품 등을 판다. 폐품 수집자들이 매우 어렵고, 건강하지 못하고, 위험한 생활을 하고 있음에도 불구하고 쓰레기 더미는 이 지역 거주민들 대부분이 굶어 죽지 않도록(하루 1달러도 채 못 버는 사람들이 7400만 명이나 되는 나라에서 기아는 너무도 실질적인 위험이다) 상대적으로 안정적인 소득원이 되어 주고 있다. 베르나르도 신부는 이렇게 표현한다.

"여기서 원시적인 자본주의가 작동하고 있다. 그리고 그것은 실제로 돈을 만들어 내고 있다. 수백만 페소가 매일 여기서 회전되고 있다."

경제는 어디서 오는가? 약속의 땅 경제와 같은 복잡한 경제 시스템이 어떻게 쓰레기 더미에서 마술처럼 나타나게 된 것인가? 경제의 밑바탕을 이루는 행태들, 관계들, 기구 및 제도들, 그리고 아이디어들은 어디서 나오며, 이것들은 시간이 지남에 따라 어떻게 발전하는가? 어떤 대상의 원천에 관한, 즉 원천적인 질문들은 모든 과학에서 탁월한 역할을 한다.

빅뱅이 없는 현대 천문학이나 진화 개념이 없는 생물학을 상상하기는 어려울 것이다. 마찬가지로 "경제는 어디서 오는가?"라는 질문에 답할 수 없다면 경제학이 언젠가 과학으로서 정말 성공할 수 있으리라는 믿음을 갖기 어려울 것이다. 그러나 경제의 원천에 관한 질문은 전통 경제학에서 핵심적인 역할을 하지 못했다[2]. 앞에서 논의한 바와 같이 전통 경제학은 경제적 파이가 우선 어떻게 여기서 생겨났느냐보다는 경제적 파이가 어떻게 배분되느냐에 초점을 맞추어 왔다. 전통적인 성장 이론조차 묵시적으로 "경제를 가정한다"로 시작한다. 경제 형성의 과정은 지금 우리에게 1급 수준의 과학적 수수께기를 던지고 있는 셈이다. 그리고 이것은 전통 경제학과 앞으로 우리가 살펴보게 될 복잡계 경제학 간의 가장 뚜렷한 차이점이기도 하다.

가상의 설탕 섬

조슈아 엡스타인Joshua Epstein과 로버트 액스텔Robert Axtell은 워싱턴 D.C.에 있는 대표적인 공공 정책 싱크탱크의 하나인 브루킹스 연구소 연구원들이다. 이들은 1995년, 사람들이 맨 처음 출발선에서부터 경제를 어떻게 발전시켜 나가는지 살펴보기 위한 실험을 실시해 보기로 했다. 세균 배양용 페트리 접시에서 생물을 생체 밖(예컨대 시험관, 유리관)에서 배양하는 생물학자들처럼 엡스타인과 액스텔은 인 실리코in silico*로 경제 생명체를 유발할 수 있는지 알아보고 싶었다[3].

전통적인 미시 경제학 모델은 소비자, 생산자, 기술, 그리고 시장이 있다는 가정에서 출발한다. 거시 경제학 모델 역시 화폐, 노동 시장, 자본 시장, 정부, 그리고 중앙은행 같은 것들이 존재한다는 가정에서 출발한다. 엡스타인과 액스텔은 이런 것들을 전혀 원하지 않았다. 그들은 아주 초기, 즉 자연 상태로 되돌아가서 단지 기본적인 몇 가지 능력을 가진 사람들, 자연 자원이 조금 있는 환경만으로 구성된 모델을 갖고 싶었다. 그들은 경제 활동의 체인을 출발시키는 데 필요한 최소한의 조건을 발견하고 싶었다. 경제 시스템이 경제적 질서를 증가시키는 사다리를 타고 올라가도록 하려면 무엇이 필요한가?[4]

엡스타인과 액스텔의 모델을 그려 보기 위해 어떤 외진 섬 위에 좌

---

*컴퓨터 모의 실험 또는 가상 실험을 뜻하는 2000년을 전후해 새롭게 등장한 생명정보학 용어로, 가상 실험에서의 컴퓨터 프로그래밍을 뜻한다.

초된 일단의 사람들을 상상해 보자. 물론 여기서 섬과 난파한 사람들 모두 컴퓨터상의 시뮬레이션이다. 이 컴퓨터 섬은 거대한 체스판처럼 그 위에 가로세로 각 50개씩의 격자 눈금이 그려진 완벽한 정사각형이다. 이 가상의 섬에는 오로지 단 하나의 자원인 설탕이 있다. 그리고 격자의 각 칸에는 서로 다른 양의 설탕이 쌓여 있다. 각 설탕 더미의 높이는 가장 높은 4(설탕 단위)에서 0(설탕이 전혀 없는 경우)의 범위에 있다. 설탕 더미들이 취하고 있는 모양새를 그려 보면 두 개의 산 같은 설탕 더미가 있는데 하나는 북동쪽 구석에, 다른 하나는 남서쪽 구석에 위치하고 있다. 이들의 높이는 각각 3과 4단위다(〈그림 4-1〉). 두 개의 산 사이에는 설탕이 조금밖에 없거나 거의 없는 일종의 황무지가 있다. 엡스타인과 액스텔은 이 가상의 설탕 섬을 '슈거스케이프 Sugarscape'라고 명명했다.

물론 슈거스케이프의 경관은 실제 섬을 아주 단순화한 것이지만 현실 세계의 섬이 갖고 있는 세 가지 중요한 특징을 부각시켜 주고 있다. 첫째는 물리적 공간이라는 개념이다. 즉, 당신은 그 위에서 동서남북 어디로든 움직일 수 있다. 둘째는 설탕이라는 에너지원이 있다는 것이다. 그리고 셋째는 땅이 차별화되어 있다는 것이다. 즉 산, 계

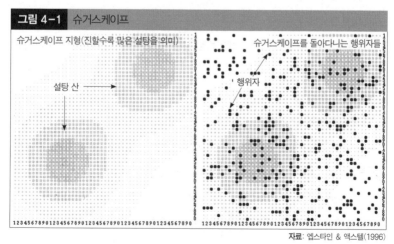

그림 4-1 슈거스케이프

슈거스케이프 지형(진할수록 많은 설탕을 의미)

설탕 산 ──→

슈거스케이프를 돌아다니는 행위자들

행위자

자료: 엡스타인 & 액스텔(1996)

곡, 비옥한 땅과 황무지 등을 갖고 있다.

마찬가지로 슈거스케이프에 있는 난파된 가상의 사람들도 매우 단순화한 것이지만 실제 사람들이 갖고 있는 주요 특성들을 공유하고 있다. 가상의 사람들 각자는, 즉 행위자는 슈거스케이프 환경으로부터 정보를 받아들이고, 코드를 통해 정보를 고속 처리한 다음 의사결정을 하고 행동으로 옮기는 하나의 독립된 컴퓨터 프로그램이다. 가장 기본적인 컴퓨터 시뮬레이션에서 슈거스케이프의 각 행위자는 오로지 세 가지를 할 수 있다. 설탕을 찾고, 움직이며, 설탕을 먹는다. 그게 전부다. 음식을 찾기 위해 각 행위자는 설탕을 찾아다닐 수 있는 시각을 가지고 있고, 그다음으로 에너지원을 향해 움직일 수 있는 능력을 보유하고 있다. 각 행위자는 또한 설탕을 소화할 수 있는 물질 대사 작용이라는 기능을 갖는다.

엡스타인과 액스텔은 이 단순한 환경에서 단순한 행위자들이 경제와 같은 특별한 것을 과연 창조해 낼 수 있는지 보고 싶었다. 이들은 각 행위자들이 매회 게임마다 따라야 하는 기본적인 규칙들을 다음과 같이 주었다[5].

- 행위자는 동서남북 네 방향으로 시각이 허용하는 한 앞을 바라본다(행위자들은 대각선으로 볼 수 없다).
- 행위자는 시각의 범위 내에서 어떤 비점유 지역이 가장 많은 설탕을 가지고 있는지를 판단한다.
- 행위자는 해당 칸으로 이동해서 설탕을 먹는다.
- 행위자가 먹은 설탕의 양은 크레디트credit로 잡히지만 물질대사에 의해 소비된 설탕의 양은 그만큼 차감된다. 행위자가 소비한 설탕보다 더 많은 설탕을 먹으면 그 양만큼은 저축 계좌에 쌓아 놓는다. 이 저축을 체지방으로 생각해도 좋다. 그리고 이 저축은 다음 라운드로 그대로 이월된다. 만약 소비하는 양보다 덜 먹게 되면 저축 계좌를 완전히 비우게 될 것이다. 즉, 체지방이 빠지게 될 것이다.

• 행위자가 저축 계좌에 쌓아 놓은 설탕이 0 이하 수준으로 내려가면 이 행위자는 굶어 죽은 것으로 간주돼 이 게임에서 제거된다. 그렇지 않으면 미리 결정돼 있는 최대 수명만큼 살 수 있다.

이런 과업을 수행하기 위하여 각 행위자들은 시각과 물질대사를 위한 일종의 유전적 소질(형질 또는 재능)을 보유하고 있다. 다른 말로 설명하면 각 행위자는 앞에 위치하고 있는 칸들을 얼마나 많이 볼 수 있는지, 매회 얼마나 많은 설탕들을 소비하는지 설명해 주는 컴퓨터 코드, 일종의 컴퓨터 DNA가 부여되어 있다. 매우 좋은 시각을 가진 행위자는 그 앞에 높여 있는 여섯 개까지의 칸들을 볼 수 있고, 반면 시각이 나쁜 행위자는 단지 바로 앞에 놓인 한 개의 칸만 볼 수 있다. 마찬가지로 느린 물질대사를 하는 행위자는 매회 살아남기 위해서 단지 1단위 설탕을 필요로 하는 반면, 빠른 물질대사를 하는 행위자는 4단위를 필요로 한다. 각 행위자의 시각과 물질대사 기능이 어느 수준인지는 임의로 즉, 무작위적으로 분포되어 있다. 따라서 모든 행위자들이 동일한 게 아니란 얘기다. 어떤 행위자는 시각이 나쁘지만 대단히 좋은 물질대사 기능을 갖고 있고, 반대로 시각은 좋지만 열악한 물질대사 기능을 갖는 행위자도 있다. 물론 시각과 물질대사 양쪽 모두에서 우성인 행위자가 있는가 하면 양쪽 모두에서 열성인 행위자도 있다. 각 행위자는 또한 임의로 최대 수명을 부여받는다. 최대 수명이 다하면 죽음의 신*이 와서 이들을 게임판에서 제거한다. 마지막으로, 행위자들이 설탕을 먹어 치움에 따라 설탕은 곡물처럼 다시 자라난다. 그 성장 속도는 주어진 기간(시간 단위)당 1단위씩이다. 만약 4단위의 설탕을 다 먹어 없애버리면 원래 수준으로 되돌아오는데, 시간적으로 4기간이 걸리게 된다.

---

* 수의를 걸치고 손에 낫을 든 해골로 상징된다.

게임은 슈거스케이프에 임의로 분포된 250행위자로 시작된다. 어떤 행위자는 우연히 설탕이 풍부한 산에 위치해 있을 수 있는데 이들은 설탕이라는 부富 속에서 태어난 셈이다. 반면, 운이 나빠 황무지 같은 열악한 곳에서 태어난 행위자도 있을 것이다. 먼저, 게임이 시작되면 행위자들이 설탕을 찾아 이리저리 달려가고, 또 나쁜 지역에서 출발한 많은 행위자들이 굶어 죽으면서 약간 혼란스러운 양상이 펼쳐진다. 그러나 곧 빠르게 질서가 나타나기 시작한다. 예상하고 있겠지만 행위자들이 설탕이 풍부한 두 개의 산을 발견하게 되면 이들은 그 주변에 몰려들기 시작한다(〈그림 4-2〉. 여기서 숫자 1, 2, 3, 4는 시간이

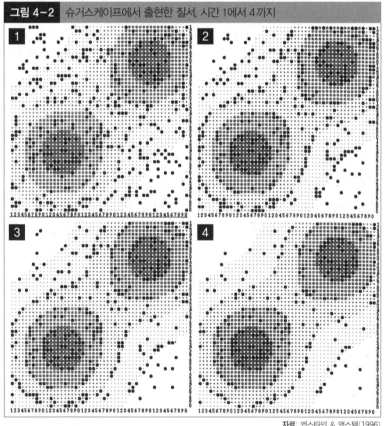

그림 4-2 슈거스케이프에서 출현한 질서, 시간 1에서 4까지

자료: 엡스타인 & 액스텔(1996)

흘러가는 일련의 시점들을 가리킨다). 지리적인 운명이 거의 바로 작용하기 시작한 것이다. 두 개의 설탕 산이라는 비옥한 지역으로 나누어진 섬의 구조가 행위자들을 두 그룹으로 분리시키는 결과로 이어진다[6].

슈거스케이프의 특정 지역에 초점을 맞추면 또 다른 점을 발견할 수 있다. 행위자들은 놀라울 정도로 효율적인 방목 가축과 같다. 오랫동안 설탕이 거의 남아 있지 않더라도 행위자들은 매우 간단한 규칙만으로 그 환경에서 최대의 가치를 빨아들인다. 설탕 더미가 다시 자라나 최대 용량에 이르자마자 곧바로 방목하는 행위자의 손으로 넘어간다. 우리는 이렇게 자기조직화의 가장 기본적인 형태를 곧바로 볼 수 있다. 행위자들은 스스로 두 개의 집중된 부족部族으로 재빠르게 조직화된다. 각자 설탕 산에 거주하며 효율적으로 설탕이라는 곡물을 수확하면서 말이다.

부익부 원리

엡스타인과 액스텔은 이 시뮬레이션 과정을 통해 슈거스케이프 행위자들에 대한 다양한 통계를 수집하고 기록했다. 이들이 추적했던 변수 중 하나는 행위자의 부富다. 행위자들이 특정 시점에 얼마나 많은 설탕을 자신의 저축 계좌로 가지고 있는지를 추적한 것이다. 연구자들은 각 기간마다 가장 부유한 행위자(100이라는 부를 가진 행위자들)와 가장 가난한 행위자 간 저축 계좌로 측정한 거리를 10개의 구간, 예를 들어 0~10, 11~20, 21~30 등으로 구분하여 각각 분류했다. 그런 다음 얼마나 많은 행위자들이 각 해당 구간에 속하는지를 계산해 숫자로 표시했다. 예컨대, 0~10 구간에는 2명, 11~20 구간에는 6명 등으로 기록하는 식이다. 엡스타인과 액스텔은 부의 분포가 시간에 따라 어떻게 전개되는지와 관련하여 매우 흥미로운 점을 발견했다(〈그림 4-3〉). 시뮬레이션 초기에 슈거스케이프는 꽤 평등한 사회였다. 부의 분포를 보면 아주 부유한 몇몇 행위자와 또 아주 가난한 몇몇 행위자를 빼면 중간층이 넓은, 순탄한 종 모양의 곡선(종형 곡선)으로 돼 있다. 게다가 가장 부유한 행위자와 가장 가난한 행위자 간의 거리도 상대적으로 좁다.

그러나 시간이 흐름에 따라 이 분포는 크게 바뀐다. 행위자들이 두 개의 설탕 산에 집결함에 따라 평균적인 부는 상승했지만 부의 분포도는 한쪽으로 크게 치우친 형태(편중된 분포)로 변화한다. 예컨대, 몇몇 초부자超富者 행위자들이 출현하고, 상위 계층의 꼬리는 길어지며, 중간 계층은 점점 줄어들고, 하위 가난한 행위자 층이 크게 늘어나는 모양새다. 위의 그림에서 축의 단위가 시간에 따라 바뀐다는 점에 주의하자. 초기에는 가장 부유한 행위자가 단지 30단위의 설탕밖에 안 가졌지만, 마지막으로 가면 270단위로 늘어나고 있다.

2장에서 우리는 19세기 경제학자 빌프레도 파레토의 연구를 간략히 논의해 봤다. '파레토 최적'이라는 개념 개발 외에 파레토는 사회적 부의 분포에도 매우 관심이 많았다. 1895년 수많은 나라에서 수집한 소득 데이터를 후에 '파레토 분포Pareto distribution'로 알려지게 된 한 분포 곡선에 적용해 봤다. 종 모양의 정규 분포가 아니라 파레토 곡선은 부의 하단 쪽 끝에 많은 사람들이 몰려 있고, 중간층은 넓게 분포되어 있으며, 몇몇 초부자들이 상단에 위치한 그런 곡선이다. 이런 파레토 분포에서 나온 것이 소위 '80-20 규칙'이다. 즉, 전체 부의 80% 정도를 20%의 사람들이 소유하고 있다는 것이다. 지난 세기에 걸쳐 경제학자들은 소득과 부는 파레토 분포를 따르는 경향이 있으며 이 결과는 국가와 시기에 관계없이 놀라울 정도로 일치한다는 점을 확인시켜 주었다. 간단한 슈거스케이프 모델이 보여 준 부의 분포는 바로 현실 세계의 파레토 분포와 같은 종류인 것이다[7].

그렇다면 이제 왜 이런 일이 일어나는가를 밝혀야 한다. 왜 슈거스케이프에서조차 부유한 사람은 더 부유해지고, 가난한 사람은 더 가

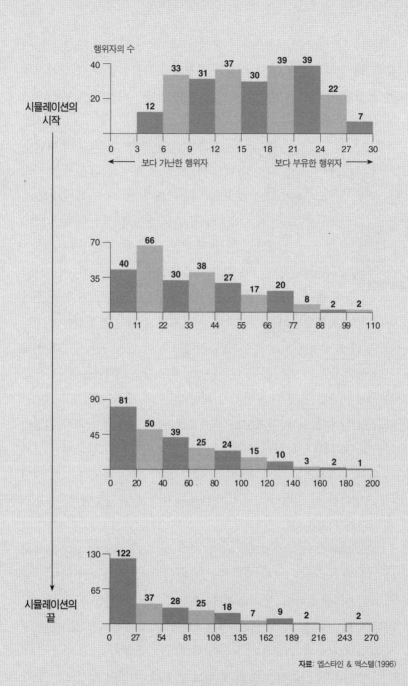

행위자의 수

시뮬레이션의 시작

보다 가난한 행위자 ← → 보다 부유한 행위자

시뮬레이션의 끝

자료: 엡스타인 & 액스텔(1996)

〈그림 4-3〉 부의 분포가 시간에 따라 달라지는 모습

난해지는가? 슈거스케이프라는 통제된 세계에서 다양한 가설들을 검증하기는 매우 쉽다. 첫째, 이것은 본성인가? 다시 말해 각 참가자들의 유전적 형질과 특별한 관련이 있는가? 이는 "대단한 시각과 느린 물질대사 기능을 가진 행위자들이 결국 모든 부를 다 가질 것인가?"라는 질문으로 곧바로 이어진다. 대답은 "아니요"다. 유전적 형질은 균등한 임의의 분포로 나누어졌다. 부가 만약 슈거스케이프의 유전적 형질과 상관관계가 있다면 부의 분포 또한 매우 균등해야 한다. 즉 부유한 사람, 중간층, 가난한 사람

가상의 설탕 섬 실험에서조차 80 대 20의 파레토 법칙이 성립한다. 부유한 자가 더 부유해지는 현상은 물리적 환경, 유전, 우연, 행운, 출생 등 모든 요인이 복합적으로 작용해서 발생한다.

들이 대략 같아야 한다. 그렇다면 이렇게 물을 것이다. 본성이 아니면 양육 때문인가? 다시 말해, 행위자들의 태어난 환경이 원인인가? 달리 표현하면 이런 질문이다. 설탕이 쌓여 있는 산꼭대기에서 태어난 행위자들은 모든 부를 다 가지고, 황무지에 태어나는 나쁜 운을 가진 행위자들은 모두 가난하게 되는가? 이에 대한 대답도 "아니요"다. 유전적 형질과 마찬가지로 행위자의 출생지 역시 완벽하게 임의적으로 주어졌다. 따라서 이것이 정말 각 행위자들의 궁극적인 경제적 위치를 결정하는 원인이라면 그 분포 또한 매우 균등해야 할 것이다. 그렇다면 이 임의적인 초기 상태에서 어떻게 불균등한 부의 분포에 이르게 되었는가?

그 대답은 본질적으로 "모든 것"이다. 편중된 분포는 시스템에서 나타나는 특성이다. 거시적인 행태는 행위자들의 집단적인 미시적 행태들로부터 출현한다. 물리적 환경, 유전적 형질, 자신들이 태어난 곳, 따라야 할 규칙들, 서로 간 또는 환경과의 상호 작용, 그리고 행운 등이 결합돼 편중된 분포라는 현상이 나타나는 것이다.

이제부터 이렇게 된 이유를 알아보기 위해, 유전적 형질로는 중간 정도이고, 중산층 부에 해당하는 동네에서 태어난 행위자 1과 행위

158

자 2가 있다고 생각해 보자. 태어날 때 이들의 성공과 실패에 대한 확률은 동일하다. 그러나 행위자 1은 삶에서 첫 번째 발걸음을 어디로 향할지와 관련하여 각 방향을 둘러본 뒤 다른 행위자들이 동, 서, 남에 이미 꽉 차 있다는 것을 발견하고는 북으로 향하면서 그 길을 따라 설탕을 먹어 치우며 이동한다. 우연히도 그는 북쪽으로 방향을 잡으면서 한 설탕 산의 핵심 지역으로 향하게 된다. 그것도 다른 행위자들이 별로 없는 곳에 도착한다. 그는 여기서 최대한 많은 설탕을 마음껏 즐기면서 저축 계좌도 많이 쌓는 등 다른 행위자들이 이 지역을 발견하고 움직이기 시작할 때까지 시간을 보낸다. 그러나 이런 초기의 황금 기간으로 인해 행위자 1의 부는 평균을 훨씬 넘는 수준이 된다. 설탕 산 위에 올라간 첫 번째 행위자로서, 그곳에 머물면서 여생을 편안하게 보낸다.

반면, 행위자 2는 그렇게 운이 좋지 않았다. 그의 첫 발걸음은 남쪽 황무지를 향했다. 그가 뭔가 잘못됐다는 점을 깨달았을 때 다른 행위자들은 이미 설탕이 풍부한 북쪽 지역에 몰려들고 있었기 때문에 몇 번이나 방향을 돌려 비옥한 쪽으로 가려 했지만 여의치 않았다. 그러는 동안 그의 저축 계좌는 점점 감소, 부는 평균 이하 수준으로 계속 떨어진다. 그가 좀 더 비옥한 영역 쪽으로 방향을 돌렸을 때 그 지역은 이미 거의 만원이다. 그래서 아직 누군가에 의해서 점유되지 않은 땅을 발견할 수 있는 기간은 점점 없어지고 있다.

행위자 2는 생존은 하지만 게임이 진행되면서 똑같은 출발점에서 시작한 행위자 1에 비해 그 부가 훨씬 뒤처지게 된다. 비록 똑같은 조건에서 시작했지만 처음의 조그만 우연적 행위가 게임의 흐름 과정에서 확대되면서 두 행위자 간에 매우 다른 결과로 나타난다. 이 결과는 경제학자들이 '수평적 불평등horizontal inequality'이라고 부르는 것인데 전통 경제 이론에서는 엄격히 금지돼 있다. 전통 경제학의 균형 세계에서는 똑같은 능력, 똑같은 선호도, 태어날 때 똑같은 조건을 가진 사람들은 똑같은 수준의 부를 가지는 것으로 끝나야 한다. 만약 차이가 있다면 그것은 임의로 분포된 잡음이나 오류 때문일 따름이다. 그러나 슈거스케이프라는 불균형 세계에서 수평적 불평등은 피할 수 없는 인생의 현실이다. 행위자 1과 2의 결과 차이는 단지 시스템의 임의성 차이 때문이 아니다. 임의성이 물론 행위자들이 서로 다른 길로 향하는 데 하나의 역할을 하는 것은 사실이지만 게임의 역동성이 이를 크게 확대시킴으로써 단지 우연한 기회만으로도 설명할 수 없는 너무도 크게 치우친 결과를 낳는 것이다.

이런 게임의 역동성이 어떻게 작동하는지 알아보기 위해 다음과 같이 생각해 보자. 만약 행위자 1이 좀 더 우월한 유전자 또는 처음 시작할 때 좀 더 좋은 위치에서 태어났다면 그는 훨씬 빨리 앞으로 향했을 것이다. 마찬가지로 행위자 2의 초기 조건이 좀 더 열악했다면 빈곤의 악순환은 훨씬 더했을 것이고 어쩌면 죽음에 이르렀을지 모른다. 이렇게 개별적인 능력, 태어날 때의 여건, 그리고 더 중요한 개별적인 운명의 사소한 곡절들이 모두 결합돼 시뮬레이션상에서 행위자의 특정 경로를 만들어 낸다. 핵심은 어떤 한 지점에서의 조그만 차이(즉, 행운이나 불운 같은 것)가 엄청난 결과의 차이가 나는 길로 접어들게 한다는 점이다. 이런 조그만 차이들이 가속화되다 보면 어떤 사람들은 부유한 쪽으로 가고, 다른 사람들은 넝마로 전락하는 그런 추세가 나타난다.

시뮬레이션 초기 종형 곡선을 다시 생각해 보자. 여기서 이 곡선의 양쪽 끝의 꼬리를 잡아 밖으로 끌어당겨 보자. 꼬리의 오른쪽을 쭉 늘리면 몇몇 초부자들에 이르게 된다. 반면 중간층의 지형은 축소된다. 한편 분포의 왼쪽 끝을 끌어당기면 설탕이 0이 되는 수준까지 이르게 되는데, 그 이상이 될 수는 없다. 사람이 죽게 되는 0 수준 이하보다 더 가난해질 수 없으므로 왼쪽 꼬리는 거기서 끊어진다. 이렇게 늘리고, 끊어진 분포가 〈그림 4-3〉에서 본 결과다.

이것이 의미하는 바는 무엇일까? 슈거스케이프라는 이 단순한 모델에서조차 가난과 불평등을 이끄는 인과 관계가 결코 간단치 않다는 점을 보여 주고 있는 것이다. 다시 말해 가난과 불평등은 매우 복잡한 요소들의 혼합된 결과다. 때문에 슈거스케이프라는 이 단순하기 그지없는 세계에서조차 가난 문제를 해결하는 해법을 찾아내기가 쉽지 않다는 얘기다. 엡스타인과 액스텔은, 슈거스케이프는 여기서 현실 세계의 가난과 불평등에 대한 구체적인 결론을 이끌어 내기에는 너무나 단순화된 것이라고 말한다. 그러나 이 모델이 한 가지 분명히 보여 주는 것이 있다. 1차원적인 관점, 다시 말해 가난은 이들을 착취하는 부유한 사람들에 의해 만들어진 것이라는 좌파적 진단, 그리고 당신이 가난하다면 당신은 멍청하거나 게으르거나 아니면 이 둘 다라고 생각하는 우파적 진단은 모두 잘못일 가능성이 있다는 점이다. 다시 말해 효과적인 해법을 찾으려면 문제를 체계적으로 살펴보지 않으면 안 된다는 얘기다. 복잡계 경제학자들은 현실 세계의 불평등에 대한 원인을 보다 잘 이해하기 위해 슈거스케이프라는 단순한 세계를 훨씬 뛰어넘고 있다. 18장에서 그들의 연구를 살펴볼 것이다.

새와 꿀벌처럼

엡스타인과 액스텔은 슈거스케이프 모델에 요소 한 가지를 더 추가했다. 실생활에서와 마찬가지로 상황을 거꾸로 뒤집어 놓을 수도 있는 이른바 섹스다. 경제학자들은 최소한 맬서스가 19세기 초 인구에 대한 유명한 논문을 썼던 당시부터 섹스의 효과를 알고 있었다. 다행히도 슈거스케이프와 같은 컴퓨터 모델을 통해 인구 성장과 진화의 효과를 실시간으로 관찰하고 다양한 조건과 가정을 가지고 실험을 해볼 수 있다.

엡스타인과 액스텔은 각 행위자에게 나이와 성별을 표시하는 표를 부여하기로 했다[8]. 행위자가 임신이 가능한 나이에 이르고 그 행위자가 최소한 설탕 저축 계좌를 갖고 있다면 번식 능력이 있는 것으로 간주된다. 매회 이 가임 행위자는 동서남북으로 한 칸 범위에 있는 이웃들을 탐색한다. 그래서 반대 성을 가진 다른 가임 행위자를 발견하면 바로 출산한다. 그 결과 출생한 아기 행위자의 DNA는 엄마로부터 반, 아빠로부터 반을 임의로 부여받는다. 따라서 이 아기의 시각과 물질대사 기능은 양쪽 부모의 그것들이 혼합된 결과다. 또 이 아기 행위자는 양쪽 부모로부터 부를 상속받는데 아버지의 부 반, 어머니의 부 반을 더한 것이다. 아기 행위자는 엄마·아빠와 인접한 빈 칸에서 태어난다. 따라서 부모가 풍부한 혹은 열악한 설탕 근처에 사느냐에 따라 그 아기 역시 그곳에서 인생을 출발하게 되는 것이다. 고도로 단순화된 이 설계는 두 가지 중요한 결과를 의미한다. 전체 행위자들 중에서 제대로 적응하지 못하는 행위자들은 후손을 가질 가능성이 작고, 반면 가장 적응을 잘하는 행위자들의 자손들은 어느 정도 의미 있는 생물학적·환경적 이점을 가지고 인생을 출발한다는 점이다.

엡스타인과 액스텔이 섹스가 가미된 슈거스케이프 모형의 시작 버튼을 누르자 행위자들은 부를 수확하는 행위자 주변으로 분주하게 모여들었고, 가임 행위자들은 재빨리 상대방을 발견, 로맨스가 결실을 맺었다. 봄이 지나고 여름이 오면서 어린 행위자들의 소리들도 들려왔다. 그러면서 다음 세 가지가 일어나기 시작했다.

첫째, 거의 적응을 하지 못한 행위자들은 그냥 죽어 사라진 반면, 가장 적응을 잘한 행위자들은 점점 더 많은 후손을 가지게 됐다. 시간이 지남에 따라 시각과 물질대사 효율성의 평균치가 상승하기 시작했다. 이 평균치가 상승함에 따라 부 역시 상승했다.

둘째, 출생과 사망이라는 이 새로운 역동성이 추가되면서 인구 변화가 일어났다. 섹스가 도입되기 전에는 인구가 항상 일정했고 대략적으로 환경이 허용하는 용량과 균형 수준을 이루었다. 그러나 섹스

162

와 함께 풍요로움과 궁핍이라는 사이클이 일어났다. 잘 적응한 행위자들은 저축 계좌를 늘리고 다수의 후손들을 갖게 되었지만 궁극적으로 인구가 증가하면서 환경적인 수용 용량을 초과하기 시작했다. 행위자들이 설탕 비축 분을 가지고 과잉 방목하기 시작하면서 기근을 불러왔다. 그리고 이 기근은 인구 감소를 초래했다. 그 결과 환경은 재생되었고 사이클은 또다시 반복됐다.

셋째, 부유한 행위자와 가난한 행위자 간 격차가 훨씬 더 벌어졌다. 앞에서 우리는 섹스를 고려하지 않은 단순화된 모델에서조차 부가 한쪽으로 편중된 분포가 나올 수 있다는 것을 보았다. 세대를 넘어가는 부의 상속은 물론이고 유전적 형질의 계승이 가능하자 부유한 사람은 더욱 부유하게, 가난한 사람은 더욱 가난하게 되는 흐름이 가속화됐다.

보이지 않는 손의 등장

지금까지 슈거스케이프의 행위자들은 순수한 수렵·채집민이었다. 즉, 자신들이 발견한 설탕을 수집하고 소비했다. 그러나 엡스타인과 액스텔은 이 인공적인 세계에 현실적인 요소 한 가지를 더 추가했다[9]. 설탕 외에 향료라는 두 번째 상품을 도입했다. 게임판 위의 각 칸은 이제 얼마나 많은 설탕이 있는지를 표시하는 가치는 물론이고 얼마나 많은 향료가 있는지를 나타내는 가치를 동시에 갖고 있다. 설탕과 마찬가지로 향료 또한 두 산에 집중돼 있다. 설탕의 경우 앞서 얘기한 것처럼 북동과 남서쪽에 위치한 반면, 향료 산은 남동과 북서쪽에 있다. 이 모델에서 엡스타인과 액스텔은 행위자들의 물질대사 기능과 관련하여 조금 변경을 하는데, 각 행위자들이 생존하기 위해서는 설탕뿐 아니라 향료도 어느 정도 필요하다는 조건이었다. 그러나 어떤 행위자들은 설탕을 많이 필요로 하는 반면 향료는 조금만 필요로 하고, 다른 행위자들은 설탕보다는 향료를 더 많이 필요로 한다. 이것은 DNA로 사전에 결정된다. 전통 경제학의 용어를 빌리자면 이런 수요의 차이는 행위자들의 선호preferences와 같은 것이다[10]. 또 전처럼 각 행위자들은 자신들이 다 소비하지 않는 설탕이나 향료는 저축할 수 있다.

그리고 마지막으로 엡스타인과 액스텔은 행위자들이 서로 거래를 할 수 있도록 했다. 그러나 전형적인 전통 경제학 모델 처럼 시장이나 경매인에 대한 가정은 없었다. 대신 개인들 간의 물물 교환이 허용됐다. 행위자들이 슈거스케이프를 이리저리 돌아다니다 보면 다른 행위자들을 만난다. 매회 각 행위자들은 동서남북으로 있는 각 한 칸을 보면서 그 주변에 있는 행위자들이 거래를 원하는지 물을 것이다. 만약 어떤 행위자가 향료는 많이 가지고 있는데 설탕을 필요로 하고, 다른 행위자가 그 반대 상황에 직면하고 있다면 두 행위자는 거래를 통해 자신들이 처한 상황을 향상시킬 수 있다. 행위자들이 거래에 합의하면 그들은 조그마한 협상실로 들어가 가격에 합의할 때까지 상대방에게 제안을 한다. 슈거스케이프에는 화폐가 없다. 따라서 가격은 향료에 대한 설탕의 상대적 가치 또는 설탕에 대한 향료의 상대적 가치를 의미한다.

엡스타인과 액스텔은 슈거스케이프에 이제 거래를 할 수 있는, 시각과 유전형질 등을 임의로 부여받은 행위자들을 뿌려 놓고 스위치를 누른다. 행위자들이 분주하게 돌아다니기 시작하자 곧 활발한 비즈니스가 시작됐다. 거래의 패턴은 많은 측면에서 전통 경제학이 예측했던 것과 매우 비슷했다. 엡스타인과 액스텔은 행위자들이 거래를 할 수 있는 모델과 스스로 설탕과 향료를 찾아 나서는 일만 하는 모델을 비교해 보았더니, 거래가 이루어지는 경우가 슈거스케이프 사회를 더 부유하게 한다는 점을 알았다. 거래를 통한 부의 증가는 애덤 스미스 시대로까지 거슬러 올라갈 정도로 경제학의 가장 기본적인 예측 중 하나다. 엡스타인과 액스텔은 아주 극단적인 경우를 가지고 이런 부의 증가를 설명한다. 한 쌍의 이웃 행위자들이 있다고 생각해 보자. 한 행위자는 설탕을 가지고 있지만 향료 부족으로 거의 죽음에 가까운 상황이고 다른 한 행위자는 그 반대 상황이다. 만약 거래가 금지되면 둘 다 죽는다. 물론 거래가 허용되면 둘 다 산다. 이렇게 거래는 슈거스케이프 환경의 수용능력을 증가시키는 것과 같은 효과를 가지므로 모든 행위자에게 이익이 된다.

엡스타인과 액스텔은 또 거래 네트워크의 발전을 추적했다. 누가 누구와 거래를 하는지 추적해 본 결과 지역별로 거래 네트워크상의 집적 효과가 어느 정도 존재한다는 점을 발견했다. 행위자들은 자신들의 지역에 있는 행위자들과 더 빈번하게 거래하는 경향을 보여 주었다. 그리고 거래의 이익은 자기 강화적이기 때문에 거래가 거래를 낳는다. 집중된 거래 네트워크 집적지cluster들이 출현했다. 마치 지역별 장터market town처럼 말이다. 게다가 향료라는 두 번째 상품의 도입은 행위자들의 움직임을 보다 복잡하게 만들었다. 행위자들은 더 이상 두 개의 설탕 산 위에 부족을 형성하며 모여 살 수 없게 됐다. 이들도 밖으로 나가 향료와 거래 파트너를 찾아야 했다. 지역과 인구의 역동성이 결합되면서 복잡한 거래 경로가 생겼다. 행위자들이 설탕과 향료가 집중된 산들을 오가면서 고대 실크 로드와 같은 것이 생겨난 것이다.

엡스타인과 액스텔은 게임 때마다 각 행위자들의 내부를 들여다볼 수 있었다. 행위자들이 일련의 가격 범위에서 기꺼이 매도하거나 매입하는 설탕 또는 향료가 어느 정도인지 측정한다. 모든 행위자들을 통틀어 이 수치들을 합산하면 각 상품별로 공급·수요 곡선이 만들어진다. 그 결과가 대체로 교과서에 나오는 것처럼 오른쪽으로 내려가는 수요 곡선과 오른쪽으로 올라가는 공급 곡선이다. 엡스타인과 액스텔이 자신들의 모델에서 공급과 수요에 관해 그 무엇도 명시적으로

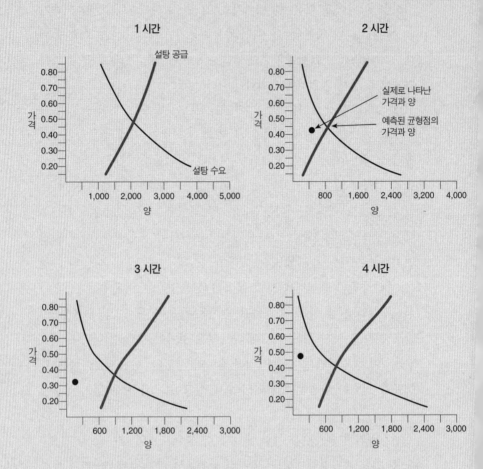

1 시간

가격

설탕 공급

설탕 수요

양

2 시간

가격

실제로 나타난
가격과 양

예측된 균형점의
가격과 양

양

3 시간

가격

양

4 시간

가격

양

자료: 엡스타인 & 액스텔(1996)

〈그림 4-4〉 슈거스케이프에는 균형이 없다

제시한 것이 없었는데도 말이다(〈그림 4-4〉). 오히려 이 공급과 수요 곡선들은 행위자들의 단순한 상호 작용에서 나온, 순전히 밑바닥에서부터 형성된 현상으로 나타났다.

균형의 실종

3장에서 우리는 전통 경제학의 여러 가지 핵심적인 예측들 가운데 얼마나 많은 것들이 현실에 대한 1차적 근사로서 제대로 작동하는지 논의했다. 하지만 좀 더 자세히 조사해 보니 현실과 달리 맞지 않더라는 것이다. 이는 슈거스케이프를 통해서도 마찬가지다. 슈거스케이프 경제가 순간적으로 근사한 X자 형태의 공급·수요 곡선을 만들어 냈지만 거래가 이루어진 실제의 가격과 수량(〈그림 4-4〉에서 점으로 표시)은 결코 이론적으로 예측된 균형점(그림에서 공급과 수요 곡선의 교차점)이 아니었다. 가격은 균형점 근처에서 움직였고, 어떤 조건하에서는 시간의 흐름에 따라 어느 정도 수렴하는 양상을 보이기도 했다. 그러나 균형에서 벗어난 가격의 변동 폭은 모델을 아무리 길게 돌려 보아도 그대로였다. 이런 얘기가 나오면 전통 경제학자들은 균형 주변의 오차 때문이라고 말할지 모르지만 이 모델에서는 노이즈가 없다는 점을 분명히 말한다. 초기 조건은 임의로 주어졌지만 일단 모델이 작동하기 시작하면 컴퓨터가 계속해서 대량의 데이터를 고속으로 처리해 나가기 때문에 모든 행태는 완전하게 확정적이다. 따라서 오히려 정확히 해석하자면 슈거스케이프에서 가격은 어떤 끌어당기는 것, 즉 유인체attractor 주변에서 역동적으로 움직이지만 실제로 균형에 안착하는 일은 결코 없다. 따라서 슈거스케이프에서 공급과 수요의 법칙은 현실에서 단지 하나의 개략적인 근사적 표현에 불과하다.

엡스타인과 액스텔은 또 시스템이 균형으로 향하면 생각보다 훨씬 더 많은 거래가 일어난다는 점도 발견했다. 균형 가격에 대한 전통적인 예측에 따르면 자연스레 도출되는 주장이 있는데, 그것은 바로 공급과 수요가 균형으로 이르는 데 필요한 최소한의 거래가 있을 뿐이라는 것이다. 전통 경제학에서 가장 중요한 미스터리 가운데 하나는 상품 시장, 금융 시장 모두에서 거래량이 이론에서 예측한 것보다 훨씬 더 큰 이유가 무엇이냐는 것이다[11]. 이 똑같은 의문이 슈거스케이프에서도 반복되는데, 전통 이론에서 예측된 것보다 가격 변동성이나 거래량이 더 크다. 전통 모델에서 전체 인구는 균형에 이르기 위해 필요한 최소한의 거래를 하는 것으로 간단히 가정한다. 슈거스케이프에서 전체 행위자들을 조정하는 메커니즘은 없다. 행위자들은 물리적 거리에 의해 분리되어 있고, 따라서 움직이는 데 시간이 필요하기 때문에 단순히 이웃에 있는 행위자들과 거래를 할 뿐 전체적인 균형을 찾아 나서는 일은 없다. 따라서 거래의 새로운 기회가 생기는 경우는 행위자들이 이리저리 움직이면서 우연히 다른 행위자를 만날 때다. 그 결과 거래량도 많아지게 되는 것이다.

앞에서 논의했지만 전통 경제학의 또 다른 핵심적인 예측은 일물일가 법칙이다. 주어진 시장에서 상품은 균형 가격에서만 거래된다는 얘기다. 그러나 슈거스케이프에서는 특정 시점에 가격 변동의 폭이 넓다. 어떤 곳에서는 바가지를 쓸 수도 있고, 다른 곳에서는 런던 케첩 시장에서처럼 이득을 노려 볼 만한 가격 차이도 있다. 모든 일이 단 한 번에 일어나는 균형 모델과 달리 슈거스케이프에서는 시간에 따라 일들이 전개되고 있고 또 거래 상대방을 찾는 데도 시간이 걸린다. 세계 어느 지역에 싼 물건들이 있다면 행위자가 그것을 발견하고 그곳으로 찾아가는 데 시간이 걸린다. 이는 경제학자가 길거리에서 20달러짜리 지폐를 발견하는 경우와 마찬가지다. 차액을 노리는 행위자가 어느 싼 물건에 가까이 다가서자마자 또 다른 행위자가 어디에선가 갑자기 튀어나온다. 그러나 역동성이란 경제에서 일어나는 끊임없는 변화를 행위자들이 결코 쫓아갈 수 없다는 의미다. 이 때문에 가격은

168

이론에서 생각하듯 결코 완전하게 균형에 이르지 못한다.

전통 경제학의 또 다른 기본적인 원칙은 파레토 최적이다. 즉, 시장은 언제나 완벽한 자원 배분에 이른다는 얘기다. 따라서 누군가의 상황을 더 악화시키지 않으면서 다른 사람을 더 좋게 만들 수 있는 자원 배분은 더 이상 없다. 그러나 슈거스케이프 시장은 파레토 최적에 못 미치는 수준에서 작동한다. 모든 사람들을 더 좋게 만들 수 있지만 아직 성사되지 못한 그런 거래가 항상 있다. 이 역시 행위자들의 거래가 시간적·공간적으로 제약받고 있기 때문이다. 예컨대, 남서쪽 구석에 있는 행위자 A는 북동쪽 구석에 있는 행위자 B가 큰 거래 파트너일 수 있다는 점을 모르고 있다. 더구나 설사 이를 알았다고 해도 그들이 서로 만나기 위해 가는 데는 시간이 걸리는 데다 그때쯤에는 가격이 또 변해 있을지 모른다. 이렇게 말하면 전통 경제학자들은 즉각 이거야말로 시장이 치료해 줄 수 있는 문제라고 말할 것이다. 다시 말해 시장이 있으면 매수자와 매도자를 시간적·공간적으로 묶어서 거래 당사자들이 좀 더 효율적으로 거래할 수 있게 만든다는 주장이다. 물론 우리는 모든 행위자들을 매일 정오에 한 지점에 불러 모아 발라 모델에서처럼 설탕과 향료를 경매에 넘김으로써 슈거스케이프의 경제적 효율성을 쉽게 높일 수도 있을 것이다. 전통 경제학은 현실 세계가 시간에 관계없이 언제나 이런 '발라 경매Walrasian auctions'가 일어나고 있다고 간단히 가정해 버린다. 그러나 이것은 사실이 아니다. 금융 시장이나 이베이eBay 밖에서 실제로 경매가 일어나는 경우는 거의 드물다. 그 이유는 뭔가? 경매가 딱 알맞은 가격을 찾아내는 것은 좋지만 거래를 처리하는 데는 시간이 걸린다. 현실 세계에서 대부분의 거래는 슈거스케이프와 더 닮았다. 다른 말로 하면 거래가 두 당사자 간에 이루어진다는 얘기다. 예를 들면, 당신과 당신 지역의 식료품점, 또는 IBM과 포드 간의 쌍방간 거래다. 쌍방간 거래에서는 가격의 범위가 보다 넓긴 하지만 훨씬 효율적이다. 솔직히 당신이 우유

하나를 사고 싶을 때마다 동네 슈퍼마켓 경매장에 계속 앉아 있어야 한다면 얼마나 짜증 나는 일인지 생각해 보라[12]. 하지만 현실 세계에서 쌍방간 거래는 슈거스케이프에서처럼 거래를 공간적·시간적으로 분산시킨다. 따라서 글로벌 균형 같은 것에 도달할 가능성은 거의 없다. 전통 경제학에서 거래가 경매 시장에서 일어난다고 가정한 유일한 이유는 그런 가정이 있어야만 수학적으로 균형이라는 결과를 만들어 낼 수 있기 때문이다.

슈거스케이프에서 이루어지는 거래는 사회 전체를 모두 부유하게 만들지만 빈부 격차를 더욱 확대시키는 효과도 있다. 이와 같이 가장 기초적인 모델에서조차 게임의 역동성으로 인해 작지만 의미 있는 빈부 격차가 발생했다. 그런 모델에 능력과 부가 상속될 수 있도록 섹스와 가족이라는 변수를 도입하자 그 격차는 더욱 커졌다. 여기에 거래가 도입되자 모두가 더 부유하게 되었지만 빈부의 격차는 더욱 확대됐다. 엡스타인과 액스텔에 따르면 부의 편중된 분포 정도가 현실 세계 경제의 모습에 접근하기 시작했다[13].

계층 구조의 진화

슈거스케이프 경제는 개인들의 집합체에 불과하다. 경영자나 노동자, 또는 공급자, 중간 거래자, 그리고 소매업자 등과 같은 계층은 없다. 이는 행위자들 간의 상호 작용이라는 것이 매우 짧은 데다(만나서 거래한 뒤 헤어지는 식이었으므로) 대칭적이었기 때문이다. 그러나 계층은 현실 세계 경제에서는 대표적인 특징 중 하나다. 엡스타인과 액스텔은 행위자들의 행태에 한 가지 더 추가적인, 간단한 변화를 주었다. 이런 수정은 안정적인 거래 관계의 창출과 계층의 발전을 가져왔다. 즉, 빌리고, 빌려주는 행위를 가능하게 한 것이다.

슈거스케이프에서 차용자가 될 유일한 이유가 있다면 그것은 아이들을 가지기 위해서다. 슈거스케이프에 있는 모든 행위자들은 아이를 낳고 싶어 하는 기본적인 욕망을 갖고 있지만 어떤 행위자들은 너무 가난해서 자손들을 먹여 살릴 수 없을 정도다. 반면 설탕과 향료가 남아돌지만 소비할 데가 없는 행위자들도 있다. 그래서 엡스타인과 액스텔은 다음과 같은 규칙을 도입했다. 어떤 행위자가 너무 나이가 많아 아이를 가질 수 없거나 양육에 쓰고도 남을 정도의 저축이 있다면 그러한 행위자는 대여자가 될 수 있다. 반대로 자식을 가지기에는 지금의 저축이 불충분하지만 설탕과 향료 소득이 지속 가능하다면 이 행위자는 차용자가 될 수 있다는 것이다. 단순화를 위해 엡스타인과 액스텔은 이자율과 대출 기간을 고정했고 채무 불이행에 대한 기본적인 조치도 만들었다. 따라서 신용은 좋지만 아이들을 가지기 위해 자원이 더 필요한 행위자라면 빌려줄 자원을 가진 이웃들로부터 자유롭게 빌릴 수 있다.

엡스타인과 액스텔을 놀라게 한 것은 이를 통해 단순히 상당한 차용과 대출이 일어났다는 점이 아니라 복잡하고 계층적인 자본 시장이 출현했다는 점이다. 엡스타인과 액스텔은 차용자와 대여자의 관계를 추적해 보았다. 여기서 어떤 행위자들은 차용자이면서 동시에 대여자 역할을 한다는 점을 발견했다. 이들은 사실상 중간 거래자들이다. 슈거스케이프에서 은행이 출현한 것이다! 이 가상 실험이 진행되면서 상황은 더욱 복잡해졌다. 정말로 부유한 어떤 행위자들 중에는 도매상 역할을 떠맡아 중간 거래자들에게 빌려 주고, 중간 거래자들은 최종적인 차용자들에게 대출을 해주었다. 어떤 가상 실험에서는 계층 구조가 5단계로 늘었다. 이 가상 실험에서 단순히 은행이 출현한 것뿐만 아니라 제도권 투자자들, 투자 은행IB, 상업 은행, 그리고 소매 은행들도 출현했다.

슈거스케이프에서 나타난 다른 여러 가지 패턴들과 마찬가지로 이런 신용 네트워크의 진화 역시 모델에서 톱-다운Top-down식으로 부여된 것이 결코 아니다. 오히려 이런 대규모 거시적 패턴들은 국지적으로 각종 미시적 가정들이 역동적으로 상호 작용을 함으로써 밑에서부터 분출됐다.

인 실리코 경제

과학자들은 두 가지 이론을 비교할 때 '대응 원리'를 따른다. 이에 의하면 하나의 새로운 이론은 옛날 이론의 성공을 재현해야 하고, 실패를 설명해야 하며, 또 옛날 이론이 제시하지 못한 통찰력을 도출해야 한다. 엡스타인도, 액스텔도 슈거스케이프가 그 자체로 모든 경제 이론을 설명한다고 주장하지 않는다. 또 그들은 자신들의 모델이 '부의 기원/원천'에 대한 질문에 완전한 답을 제시한다고 주장하지도 않는다. 그러나 슈거스케이프는 대응 원리에 따라 우리에게 흥미로운 새로운 방향들을 제시하고 있다. 이 모델은 전통 경제학의 가장 기본적이고 상식적인 요소들 중 많은 것들을 재현해 보였다. 공급과 수요 법칙은 현실 세계에서 그런 것처럼 비슷하게 작동했고, 거래를 통해 상당한 이익을 거둘 수 있음을 보여 주었다. 그런 결과를 실제로 보여 주지 않는 모델을 신뢰할 수 없는 일이다. 엡스타인과 액스텔은 전통 모델에서 전형적으로 찾아볼 수 있는 비현실적인 가정들의 구속을 전혀 받지 않는 모델을 통해 이런 고전적인 결과들을 보여 주었다. 행위자들은 초인적인 합리성이라는 힘을 가진 존재라고 가정하지 않았다. 미리 존재하는 사회적 또는 경제적 구조를 가정하지 않았다. 뿐만 아니라 모든 것이 순간적으로 일어난다는 가정도 하지 않았다.

그러나 이보다 훨씬 흥미로운 것은 슈거스케이프가 전통 경제학에서 발견된 주요한 예외적인 현상들도 일부 보여 주었다는 사실이다. 예를 들면, 일물일가 법칙의 위반, 수평적 불평등의 존재, 그리고 전통 경제학에서 예측하는 것보다 더 큰 가격 변동성과 거래량 등이 그것이

172

다. 이는 엡스타인과 액스텔이 취한 접근법이 근본적으로 전통 경제학과 다르기 때문이다. 엡스타인과 액스텔은 슈거스케이프가 균형 시스템이라고 선험적으로 가정하지 않았다. 대신 그들은 슈거스케이프에서 행위자들과 환경 등의 기본적인 구조를 주었다. 그러나 일단 모든 것이 준비되고 난 다음에는 행위자들이 스스로 발전하면서 어디로 갈지 살펴보고 결정하도록 했다. 슈거스케이프는 균형 상태로 갈 수도 있었지만 실제로는 그렇지 않았다. 대신 슈거스케이프는 부족, 장터, 거래 경로, 자본 시장 등으로 해석될 수 있는 것들을 포함해 복잡한 질서, 구조, 그리고 다양성 등을 자생적으로 발전시켰다. 이들 중에 사전에 기획된 것은 하나도 없었다. 오히려 그 모든 것들은 엡스타인과 액스텔이 시스템에 부여한 단순한 출발 규칙에서 시작해 아래서부터 형성, 출현했다.

복잡계 경제학의 정의

슈거스케이프는 저자가 경제학에 대한 진실로 새로운 접근이라고 믿고 있는 것과 관련하여 하나의 예증을 제시해 주고 있다. 슈거스케이프와 같은 모델들은 빠른 컴퓨터 덕분에 최근 개발된 것이지만 그 뿌리를 찾아보면 장기간에 걸쳐, 풍부한 지적 역사 위에 구축된 것이다. 그 역사를 대표하는 인물로는 게임 이론과 세포자동자細胞自動子 이론*을 만든 존 폰 노이만John von Neumann · 프리드리히 하이에크와 같은 오스트리아학파의 멤버들, 허버트 사이먼 · 대니얼 카너먼 등 행동주의 경제학자들, 더글러스 노스Douglass North와 같은 제도학파 학자들,

---

* 1951년 현대 컴퓨터 개념을 만들어 낸 천재 과학자 폰 노이만이 발표하여 생명에 대한 새로운 논리 구조를 제시했다. 폰 노이만은 바둑판 모양의 주위 환경을 설정한 뒤, 각각의 사각형을 세포로 생각하고 그들의 집합으로 유기체를 구성했다. 각 세포는 자신을 둘러싼 주위 세포의 상태에 따라 자신의 상태를 바꾸게 되는데, 이 결과 전체 유기체는 매우 복잡한 패턴이나 행동으로 발전했다.

리처드 넬슨·시드니 윈터 등 진화경제학자들, 로버트 액설로드Robert Axelrod · 토머스 셸링Thomas Schelling 등 정치학자들, 존 홀란드·크리스토퍼 랭턴Christopher Langton 등 컴퓨터 과학자 등이 있다[14].

2부에서 거론된 연구자들은 물론 다른 여러 연구자들의 업적을 살펴볼 것이다. 그리고 이들 연구들을 모두 합치면 어떻게 하나의 새로운 패러다임을 구성하는지 알아볼 것이다. 연구들이 갖는 여러 가지 측면을 설명하는 과정에서 경제학자들은 수많은 용어들을 사용한다. 예를 들면 이런 것들이다. 계산경제학, 행위자 기반 모델링, 사회적 역동성, 진화경제학, 행동주의 게임 이론, 산타페학파, 그리고 상호 작용 경제학 등이다[15]. 이 모든 용어들은 약간씩 서로 다른 의미를 지니고 있다. 따라서 이들 중 어느 한 가지만 채택하면 현상을 너무 좁게 볼 위험이 있다. 따라서 이 모두를 통괄할 수 있는 포괄적 용어가 필요한데, 그게 바로 '복잡계 경제학'이다. 앞에서도 말했지만 복잡계 경제학은 단일의 통합된 이론이라기보다는 아직도 개발 중인 하나의 연구 프로그램 성격이 더 강하다. 따라서 이 용어의 우산 밑에는 아직도 규명되어야 할 분야들이 많이 존재한다. 그러나 〈표 4-1〉에 기술돼 있는 다섯 가지 큰 아이디어들은 복잡계 경제학을 정의하고, 또 그 이전에 이루어진 연구들과 구분하는 데 도움을 줄 것이다.

복잡계 경제학적 접근의 중요한 한 측면은 이들 다섯 가지 영역이 수학적 정리만으로는 분석될 수 없다는 점이다. 브라이언 아서는 전통 경제학이 수학적 증명에 의존하는 것을 두고 "깃펜과 양피지 기술(고급스럽지만 실효성이 낮은 방법론)"에 갇힌 것으로 표현했다. 그에 비해 복잡계 경제학은 광범위한 접근법들을 활용한다. 물론 정리定理, 균형 분석, 게임 이론, 그리고 기타 다른 전통 경제학적 접근 등도 여전히 그중 하나의 방법론으로 남아 있다. 그러나 복잡계 연구자들은 무어의 법칙Moore's Law*을 십분 활용, 새로운 계산 능력의 발전이 이루어지면 이를 자신들의 연구에 그대로 적용한다. 이에 더하여 복잡계 연구자들은 경제를 하나의 개방된, 역동적인 시스템으로 더 잘 이해할 수 있도록 물리학, 생물학, 그리고 여러 다른 분야들로부터 수학적, 통계학적 기법들을 빌려 왔다. 마지막으로 복잡계 경제학자들은 실험 경제학과 경제적 데이터 분석의 발전을 십분 활용, 자신들의 이론에 대한 실증적 증거들을 만들기 시작했다.

이제부터 다음 장들에 걸쳐 빅 아이디어 다섯 가지를 하나하나 더 깊이 살펴볼 것이다. 그런 다음 3부에서는 이 모든 것이 어떻게 합쳐져 부의 기원(원천)이 무엇인가에 대한 새로운 관점의 토대를 제공하는지 알아볼 것이다.

〈표 4-1〉 복잡계 경제학과 전통 경제학의 구분: 5대 빅 아이디어

구분	복잡계 경제학	전통 경제학
역동성	균형과는 거리가 먼 개방적, 동태적, 비선형적 시스템.	폐쇄적, 정태적, 선형적 균형 시스템.
행위자	개별적인 모델링, 귀납적 경험 법칙, 불완전 정보, 착오와 편견의 제약, 시간에 따른 학습과 적응.	집단적 모델링, 복잡하고 연역적인 계산에 의한 의사 결정, 완전한 정보, 착오와 편견 배제, 학습과 적응 필요성 없음(행위자는 이미 완벽).
네트워크	개별 행위자 간 상호 작용의 명시적 모델링, 시간에 따른 관계 네트워크의 변화.	행위자들은 경매 등 시장 메커니즘을 통해 간접적으로만 상호 작용.
창발성	거시와 미시 간 구분 없음. 거시 패턴은 미시적 행태와 상호 작용의 결과로 나타남.	미시와 거시 경제학은 별도의 분야로 존재.
진화	차별화, 선택, 그리고 확산이라는 진화 과정이 시스템의 혁신을 가져다주고 질서와 복잡성의 증대를 가져옴.	내생적으로 새로운 혁신을 창출하거나 질서 및 복잡성의 증대를 가져오는 메커니즘은 없음.

＊마이크로칩 기술의 발전 속도에 관한 것으로 마이크로칩에 저장할 수 있는 데이터의 양이 18개월마다 두 배씩 증가한다는 법칙이다.

동태성: 불균형의 즐거움

경제학이 물리학과의 만남으로부터 떨어져 나와 지적인 고립 상황으로 빠져 들어가던 20세기 초 물리학에서는 커다란 방향 변화가 일어났다. 그다음 100년간에 걸쳐 발라와 그 동료들이 빌려 온 바로 그 물리학 이론들은 파기되고 그 자리에 상대성 이론, 양자 역학, 비선형 시스템의 열역학, 카오스 이론, 복잡계 이론 등이 들어선다. 과학자들은 우주는 시계처럼 결정적인 것도 아니고 도박처럼 임의적인 것도 아니라는 점을 알게 되었다. 사실 완전히 결정적이거나, 진정으로 임의적인 시스템은 꽤 드물다. 우주에 있는 대부분의 현상들은 그 중간쯤 어디엔가 위치한다. 그리고 여기에는 결정론과 임의성이 복잡하고 예측하기 어려운 방법으로 혼합되어 있다. 20세기의 과학은 어지럽게 늘려진 것과 확정되지 않은 것들을 받아들이게 되었다.

3장에서 저자는 전통 경제학이 경제를 균형 시스템으로 잘못 분류했으며 경제는 하나의 복잡 적응 시스템이라고 주장했다. 4장에서는 슈거스케이프라는 사례를 이용해 복잡 적응 시스템이 무엇이며 어떻게 작동하는지를 탐색하기 시작했다. 5장에서는 경제란 무엇이며 경제에 대한 우리의 새로운 규정이 과연 무엇을 의미하는지에 대한 그림을 다듬을 것이다. 1980년대 이후 카오스chaos, 동태성dynamic, 비선형nonlinear 등과 같은 용어들은 제임스 글레이크James Gleick의 베스트셀러 『카오스』 덕분에, 심지어는 소설책과 할리우드 영화들 덕분에 이제는 대중들도 인식할 정도가 됐다. 지금부터 우리는 이런 용어들이 경제적 맥락에서는 어떤 의미를 갖는지 살펴보고 또한 항공기 제조업에서 부동산에 이르기까지 각종 산업에서 흥망성쇠와 같은 현상이 어떻게 이들 용어들과 연결되는지도 논의할 것이다.

동태성과 피드백

경제는 하나의 동태적인 시스템이라고 보는 것이 논의의 출발점으로 유용하다고 본다. 경제가 동태적이라는 얘기는 두말할 것도 없이 경제는 시간에 따라 변한다는 의미다. 이는 명백하다. 가격은 상승과 하락을 반복한다. 임금도 변한다. 그리고 기업들은 시장에 진입하고 또 퇴출된다. 이런 동태성은 전통 경제학에서도 잘 알고 있었던 것이지만, 외부적인 요인, 예컨대 기술 변화, 정치적 사건들, 그리고 소비자 취향의 변화와 같은 것들로부터 생긴다는 것이 일반적인 생각이었다. 우리가 관심을 갖고 있는 질문은 이런 동태성이 어떻게 경제 그 자체의 구조에서 비롯되는지, 다시 말해 내생적으로 생겨날 수 있는가 하는 것이다.

과학자들이 어떤 시스템이 동태적이라고 말할 때 의미하는 것은 현재 순간 그 시스템의 상태는, 바로 전 시스템 상태와의 어떤 변화의 함수라는 얘기다[1]. 동태적인 모델의 가장 간단한 보기는 은행 계좌다[2]. 계좌의 상태, 즉 잔고balance는 시간에 따라 변한다. 내일 당신의 잔고는 오늘 당신의 잔고 상태와 더불어 그 사이 이루어진 예금, 인출, 또는 이자 지급과 같은 변화의 결과다. 여기서 우리는 특정 시점에서 계좌 잔고를 나타내는 다음과 같은 간단한 공식 하나를 만들 수 있다. $B_t+1 = B_t+($예금$-$인출$+$이자$)$. 여기서 B_t는 오늘의 잔고이고, B_t+1은 내일의 잔고다. 그러므로 저축 계좌는 시간에 따라 계속 변한다. 그리고 어떤 특정 기간 이 방정식의 결과는 그다음 기간의 방정식 계산에 투입 변수가 되는 식으로 계속 반복된다. 동태적 과정에서의 변화는 은행 계좌에서처럼 특정 시점에 변화가 일어나는 이산적離散的 형태일 수도 있고 행성이 공전하는 것처럼 연속적으로 이어지는 것일 수도 있다.

동태적 시스템을 표현하는 가장 편리한 하나의 방법은 스톡stock(축적)과 플로flow(흐름) 개념의 관점에서 보는 것이다[3]. 스톡은 예컨대 은행 계좌의 잔고나 욕조의 물처럼 무엇인가의 축적을 가리킨다. 그리고 시간에 따른 스톡의 변화율은 플로다. 예컨대, 은행 계좌로 흘러 들어가거나 여기서 빠져나오는 돈이라든지 욕조에 흘러 들어가거나 여기서 빠져나오는 물 등의 변화율이다. 경제는 시간에 따라 변화하는 여러 가지 스톡들로 가득 차 있다. 예컨대, 화폐 공급량이라든지 취업자 수 등이 그것이다. 이들 스톡들은 그에 상응하는 플로들, 즉 시간에 따른 변화율들을 각각 갖고 있다. 예컨대, 중앙은행은 화폐 공급을 늘릴 수도 있고 줄일 수도 있다. 또 기업은 신규 사원을 고용할 수도 있고 해고할 수도 있다. 플로는 언제나 특정 시간 단위당으로 움직인다. 한편 스톡과 플로는 반드시 화폐나 사람처럼 언제나 유형적인 것만은 아니다. 덜 유형적이지만 중요한 스톡들도 있을 수 있다. 예컨대, 소비자 신뢰 같은 것은 시간에 따라 오르락내리락하는 스톡으로 생각할 수 있다[4].

경제를 스톡과 그와 관련된 플로의 집합체로 생각하기 시작하면 다양한 스톡과 플로들이 복잡한 방법으로 서로 연결돼 있다는 점이

금방 분명해진다. 예를 들어 보자. 고용 스톡이 낮은 수준으로 떨어지면 정책 결정자들은 대출을 용이하게 하기 위해 금리 인하를 결정할지 모른다. 금리 인하로 대출이 촉진되면 투자를 위한 돈의 공급이 확대되는 것이고, 그러면 기업들은 이 돈을 새로운 생산 설비 투자에 활용할 수 있다. 이는 신규 고용을 유발해 고용 스톡을 다시 올라가게 만들 것이다. 그렇게 되면 다시 돌아가 미래의 금리 정책에 영향을 주게 되는 것이다. 동태적 시스템에서 스톡과 플로 간의 이 연쇄적인 관계가 바로 피드백(되먹임) 고리feedback loop다.

피드백이 일어나는 경우는 시스템의 한 부분에서의 산출물이 다른 부분에서는 투입물이 되는 경우다. 그러니까 예를 들어 A는 B에 영향을 주고, B는 C에 영향을 주고, C는 다시 A에 영향을 미치는 경우다. 양⁺의 피드백positive feedback(양의 되먹임)은 이런 피드백이 자기 강화적self-reinforcing일 때 발생한다. 예를 들면 당신이 A를 밀면, A는 B를 더 세게 밀게 되고, B는 C를 훨씬 더 세게 밀어, C는 당신이 A를 처음 밀었을 때보다 더 세게 A를 밀게 되는 그런 경우를 생각하면 된다. 앞에서 한 번 사례를 든 적이 있는데, 양의 피드백의 고전적 보기로는 마이크를 확성기에 너무 가까이 가져갔을 때 귀청이 찢어질 듯 소음이 나는 경우다. 양⁺이라는 말에도 불구하고 아래쪽으로 확대되는 연쇄적 변동이나 악순환 또한 양의 피드백의 한 형태다. 예를 들어, 소비자 신뢰의 하락은 지출 감소를 가져오고, 이는 다시 생산 감소를 초래해 실업을 초래한다. 그 실업으로 인해 소비자 신뢰가 다시 추락하면 지출은 더 감소돼 바로 침체 속으로 빠져 들게 되는 것이다. 이는 케인스가 1936년 자신의 『고용·이자 및 화폐에 관한 일반 이론』에서 규명했던 것으로 유명한 하나의 '동태적 흐름의 고리dynamic loop'였다[5]. 이 사례는 그런 상황에 처한 사람들에게는 결코 바람직한 것이 아니지만 양의 피드백의 한 경우임은 틀림없다. 기억해야 할 점은 양의 피드백은 무슨 일이 일어나든지, 그것이 선순환이든 좋지 않은 쪽으로 연쇄적으로 변동하는 악순환이든 상관없이 일이 진행되면서 보다 강화되거나 가속화되고 증폭되는 특성을 갖고 있다는 점이다. 따라서 양의 피드백을 가진 시스템은 기하급수적 성장이나 붕괴 또는 점점 진폭이 증가하는 진동을 보일 것이다.

양의 피드백의 반대 현상은 음⁻의 피드백negative feedback(음의 되먹임)이다. 음의 피드백은 꺾이거나 감소하는 사이클로 자기 강화를 하는 게 아니라 그 반대쪽으로 향한다. 양의 피드백이 변화를 가속화시키는 반면 음의 피드백은 변화를 줄이고, 이를 통제하며, 깨끗이 정렬시킨다. 전에도 말했지만 자동 온도 조절 장치가 그런 고전적 사례다. 음의 피드백을 갖는 시스템은 어떤 정해진 지점, 즉 하나의 균형으로 되돌아가도록 압력을 받거나 시간이 지남에 따라 진폭이 점점 줄어들면서 사라져 가는 진동의 모습을 보여 준다[6].

동태적인 시스템의 세 번째 요소는 시간 지체다. 당신은 아마도 호텔 방과 같은 익숙지 않은 곳에서 샤워를 해본 경험이 있을 것이다. 거기서 뜨거운 물 쪽으로 틀었는데 별로 뜨겁지 않다는 것을 알고 좀 더 뜨거운 쪽으로 높여 보니 이번에는 너무 뜨거워졌다. 그래서 다시 방향을 돌려 보지만 여전히 뜨거워 좀 더 방향을 틀었더니 이번에는 너무 차가운 물이 쏟아졌다. 문제는 수도꼭지에서 당신이 취한 조치와 온도로 이어지기까지의 피드백 간에 시간 지체가 조금 있다는 점이다. 이런 지체가 당신으로 하여금 바람직한 온도로부터 너무 벗어나도록 하거나 왔다 갔다 하게 만드는 원인이다. 물론 결국 당신이 이를 파악하게 되면 바람직한 온도에 이를 때까지 진동은 점점 작아질 것이다. 그러나 시간 지체가 너무 길어지면 물의 온도를 통제하기가 더 어려워지고 당신이 겪어야 할 진동도 더 커지거나 많아질 것이다.

양과 음의 피드백 고리를 통해 상호 작용하는 스톡과 플로가 여러 개 존재할 경우 동태적인 시스템이 얼마나 재빠르게 복잡해질 수 있는지를 살펴보는 것은 그리 어렵지 않다. 양의 피드백이 시스템을 움

180

직여 그 흐름을 가속화시키지만 동시에 음의 피드백은 이를 줄이거나 통제하는 방향으로 힘을 가한다. 여기에 시간 지체가 끼어들면 밀어 붙이는 힘과 이를 줄이려는 힘이 균형을 벗어나고 동조성을 잃게 되면서 시스템은 고도로 복잡하고 정교한 방법으로 진동한다.

코끼리를 제외한 동물들에 대한 연구

경제에 관한 두 번째 관찰은 경제는 비선형 시스템nonlinear system이라는 것이다. 이 용어는 종종 혼동의 원인이 되고 있다. 심지어 경제학자들 사이에서조차 그렇다. 비선형은 말 그대로 똑바로 뻗은 선이 아니라는 의미이기 때문에 사람들은 때때로 곡선을 만들어 내는 모든 함수는 다 비선형이라는 의미로 받아들인다. 정태적 시스템static system에서는 물론 사실이다. 방정식 $y=mx+b$는 선형이다. 그래프로 그려 보면 직선이 나온다. 한편, $y=x^2$ 방정식은 비선형이다. 그래프로 그려 보면 지수 곡선exponential curve이다. 좋은 경험 법칙을 말하자면 방정식의 오른쪽이 모두 덧셈, 뺄셈, 곱셈 또는 나누기면 선형이고, 거듭제곱, 사인, 코사인, 또는 기타 이상한 기호가 있으면 비선형이다.

그러나 해당 시스템이 동태적인 시스템이라면 주의하지 않으면 안 된다. 왜냐하면 선형인 동태적 시스템도 시간에 따라 점을 찍어 보면 곡선 모양을 나타낼 수 있기 때문이다. 우리는 앞에서 은행 계좌가 동태적인 시스템의 일종이라고 말한 적이 있다. 여기서 은행 계좌가 시간이 흐름에 따라 이자가 들어오면서 어떻게 늘어나는지를 계산하기 위한 간단한 선형 방정식을 하나 만들어 보자. 이자율은 10%라고 하자. 그리고 어떤 추가적인 입금도, 인출도 없다고 가정한다. 그러면 계좌(B)의 방정식은 $B_t+1 = B_t(1+0.10)$로 나타낼 수 있다. 따라서 우리 계좌가 현재 100이라고 하면 다음 기간에는 110이 된다는 얘기다. 이 방정식의 오른쪽에 단지 덧셈과 곱셈밖에 없으니 이 관계식은 선형이다. 그러나 우리가 계좌 총액(B)을 시간에 따라 표시해 보면 근사한 지수 곡선(〈그림 5-1a〉)이 나온다. 시간에 따른 행태는 곡선이지만 방정식은 그 변화율이 10%로 일정하기 때문에 여전히 선형이다. 실제로 가로축의 현재 시점(t)에 대응해 그다음 시점(t+1)의 값을 세로축에 그려 보면 쉽게 알 수 있다(〈그림 5-1b〉). 이 그림을 가리켜 '콥웹 도형cobweb diagram(거미줄 도형)'이라고 한다. 이 도형을 해석하는 방법은 이렇다. x축은 현재 시점의 계좌를 말하고, y축은 그다음 시점에 계좌가 어떻게 달라져 있을지를 표시한다. 이것을 보면 변화율이 증가하는지 감소하는지, 아니면 일정한지를 알 수 있다. 예컨대, 그림 〈5-1b〉의 경우는 변화율이 일정하다는 것을 의미하는 근사한 직선 형태이다. 따라서 이 시스템은 선형이다. 선형인 동태적 시스템들은 시간에 따라 수많은 행태를 나타낸다. 여기에는 정지 상태, 직선 성장 또는 직선 감소, 그리고 기하급수적 성장 또는 쇠퇴 등이 포함된다. 그 어떤 경우에도 변화율은 선형이다.

만약 우리가 비선형 동태적 시스템nonlinear dynamic systems을 살펴보게

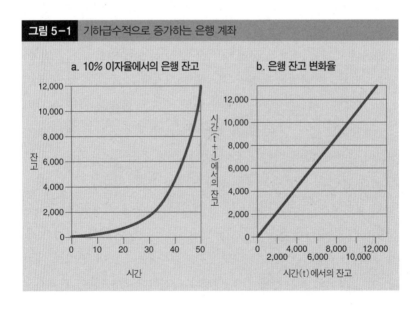

그림 5-1 기하급수적으로 증가하는 은행 계좌

a. 10% 이자율에서의 은행 잔고

b. 은행 잔고 변화율

되면 얘기는 더욱 흥미로워진다. 다시 은행 계좌로 돌아가서 계좌가 다음과 같이 계산되는 좀 이상한 경우를 한번 생각해 보자. 방정식으로 표시하면 $B_{t+1} = rB_t - rB_t^2$, 그리고 여기서 r은 상수다. 방정식 오른쪽에 있는 표시는 이 관계식이 비선형임을 말해 준다. 이 방정식을 읽기 쉬운 형태로 다시 쓰면 $B_{t+1} = rB_t(1-B_t)$, 즉 2차 방정식이다. 예를 들어, 당신의 현 계좌가 100이고 r이 0.10이면 다음 기간에 당신의 계좌는 −990일 것이다. 이 비선형 방정식이 좋은 저축 계좌를 만들어 주는 것은 결코 아니지만, 몇 가지 흥미로운 특성들을 갖고 있다. 예컨대, 우리는 이 r를 자동차의 가속 페달처럼 활용할 수 있다. 즉 변화율을 증가시키거나 줄일 수 있다. 만약 이 방정식의 속도를 올려 보면 서로 매우 다른 행태의 그래프들을 얻을 수 있다.

예를 들어, 초기 계좌를 0.1에 놓고 r = 1.5로 하면 계좌는 0.3333으로 증가한 뒤 그다음부터는 〈그림 5-2a〉가 보여 주는 것처럼 평평한 안정 궤도에 들어서게 된다. 이에 대한 콥웹 도형(〈그림 5-2b〉)을 보면 계좌가 0.3333에 이를 때까지는 보기 좋은 곡선을 따라 증가하

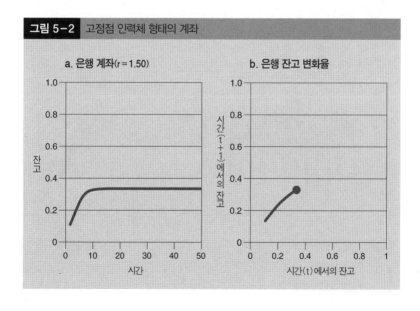

그림 5-2 고정점 인력체 형태의 계좌

a. 은행 계좌(r = 1.50)

b. 은행 잔고 변화율

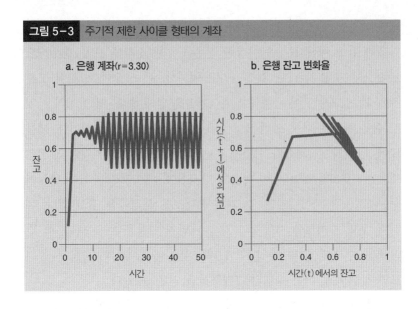

그림 5-3 주기적 제한 사이클 형태의 계좌

a. 은행 계좌(r=3.30)

b. 은행 잔고 변화율

다가 그다음에는 멈춰 버린다. 이것은 우리의 오랜 친구, 즉 균형에 도달한 것으로 시스템 용어로는 '고정점 인력체 또는 끌개fixed-point attractor'로 불린다. 그 이유는 콥웹 도형에서 보면 시스템이 단일 고정

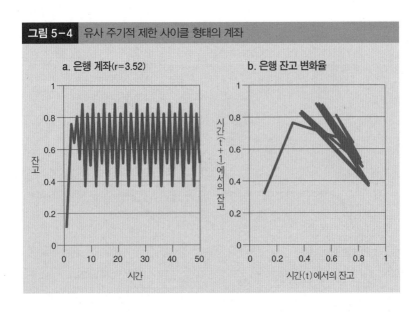

그림 5-4 유사 주기적 제한 사이클 형태의 계좌

a. 은행 계좌(r=3.52)

b. 은행 잔고 변화율

점(이 경우는 0.3333)으로 끌려 들어가기 때문이다.

만약 r＝3.3으로 하면 매우 다른 결과를 얻는다. 시스템은 마치 앞뒤를 왔다 갔다 하는 하나의 추처럼 정기적인 진동을 보이게 된다(주기적 제한 사이클 〈그림 5-3〉. 이번에는 r을 조금 위로 움직여 3.52에 놓으면 단순한 진동이 아니라 보다 큰 진동 안에서 또 진동하는 더 복잡한 형태로 변한다. 마치 심장 박동과 같은 형태다(유사 주기적 제한 사이클 〈그림 5-4〉). 어떤 비선형 시스템은 매우 복잡한 형태를 나타낼 수 있는데, 오랜 시간이 경과되고 나서야 결국 스스로 반복되는 경우가 있다.

마지막으로 r＝4로 하면 카오스 형태를 얻게 된다(〈그림 5-5a〉).

카오스 시스템은 세 가지 중요한 특징들을 갖고 있다. 첫째, 외견상으로는 임의적인 것으로 보이지만 실은 확정적인 것이다. 둘째, 주기적 시스템과 달리 이 공식을 아무리 계속 돌리더라도 결코 반복되는 법이 없다. 물론 매우 길고 복잡한 진동을 갖는 시스템들 중에서 정말 카오스 시스템인지, 아닌지를 구분해 내는 것이 때로는 어려운 일일 수 있다. 셋째, 이 시스템은 제한적이다. 즉, 시스템의 궤적이 왔

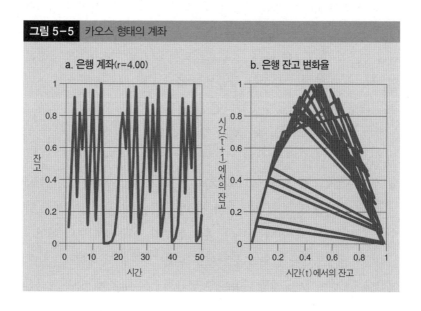

그림 5-5 카오스 형태의 계좌

a. 은행 계좌(r=4.00)

b. 은행 잔고 변화율

다 갔다 하지만 결코 넘어설 수 없는 범위가 있다. 은행 계좌의 경우 이 시스템이 보이는 값의 범위는 0과 1 사이다. 그리고 콥웹 도형을 보면 시스템이 가운데 구멍이 뚫린 채 하나의 삼각형 형태를 보여 준다(〈그림 5-5b〉). 왼쪽에 있는 은행 계좌의 시간에 따른 변화와 오른쪽에 있는 변화율을 보여 주는 콥웹 도형을 연결시키기가 좀 어렵지 않느냐고 생각할 수도 있는데, 솔직히 그런 사람이 비단 당신만은 아니다. 비선형 동태적 시스템이 언제나 직관적인 것은 아니다. 그 결과, 나중에 알게 되겠지만 이런 시스템에서 의사 결정을 하다 보면 문제가 생길 수 있다.

이렇게 변수 하나를 미세 조정할 경우 매우 다양한 결과를 얻을 수 있다는 사실은 비선형 동태적 시스템의 중요한 특징 중 하나다. 이른바 초기 조건에 대한 민감성이다. 경사와 융기, 능선 같은 부분들이 군데군데 있는 매우 어려운 그린에서 골퍼가 퍼트를 한다고 상상해 보자. 이 골퍼는 두 번 퍼트를 하는데, 그 볼의 출발 지점이나 스윙의 각도, 힘 등에서 너무나 사소한 차이가 있을 뿐인데도, 그 결과를 보면 점점 벌어지면서 서로 다른 길로 가다가 결국 둘 사이의 거리가 크게 벌어지고 만다. 비선형성은 초기 조건상에는 조그만 차이에 불과하지만 시간이 감에 따라 크게 확대되는 결과를 만들어 낸다. 따라서 당신이 만약 거의 무한한 정밀성을 가지고 이 시스템의 초기 조건을 제대로 파악하고 있지 못하다면 그 결과를 알 수가 없다.

한편 비선형 동태적인 시스템이 갖는 또 하나의 특징 중 하나는 경로 의존이다. 다른 말로 하면 역사가 중요하다는 얘기다. $t+1$기의 은행 계좌는 t기의 은행 계좌에 의존한다. 마찬가지로 골퍼가 어떤 홀에서 네 번째 샷을 하는 위치는 그가 세 번째 샷을 했을 때의 위치의 함수다. 그리고 이 세 번째는 두 번째의 함수다. 이렇게 일련의 이어진 사건에서 무슨 변화가 일어나면 매우 다른 결과를 초래할 수 있다. 예컨대, 두 번째 샷이 매우 다르다면 궁극적으로 네 번째 샷에 그만한 영향을 줄 것이란 의미다.

　지금까지 살펴본 두 가지 특성, 즉 초기 조건에 대한 민감성과 경로 의존성 때문에 비선형 시스템을 가지고 작업하기는 너무도 어렵다. 많은 경우 예측이 불가능하다. 실제로 발라가 물리학 교과서에서 이것저것 차용할 당시 프랑스 수학자 앙리 푸앵카레는 이미 카오스를 발견하고 많은 종류의 비선형 동태적 시스템들이 그 당시 가능한 수학적 도구들을 가지고는 풀 수 없다는 점을 증명했다[7]. 방정식을 분석적으로 풀 수 없었기 때문에 이 비선형 동태적 시스템이 어떤 형태를 보여 줄지 미리 알 수 있는 지름길이 없었다. 이런 시스템이 어떤 형태를 보여 줄지 알아보는 유일한 길은 실제로 굴러가도록 내버려 두는 것이다. 컴퓨터상에서는 그렇게 하기가 쉽다. 예컨대, 은행 계좌의 경우 간단한 스프레드시트*를 활용할 수 있다. 그러나 손으로 일일이 그것을 해야 한다면 상상하기 어려울 정도로 지루한 일이다. 푸앵카레의 발견 이후 과학자들은 비선형 시스템을 아예 무시하거나 선형 방정식을 이용해 비선형 시스템을 근사적으로 표현한 것 외에는 달리 선택의 여지가 없었다. 그 결과 비선형 시스템에 대한 연구는 70년 동안 시들해지고 말았다. 그 후 연구가 재개된 것은 새로운 수학적 도구들과 컴퓨터가 결합되는 1960∼1970년대였다. 지금은 비선형 시스템이 물리학자들에게는 빵과 버터와 같은 기본적이고 핵심적인 주제다[8].

　이는 하나의 중요한 발전이었다. 왜냐하면 비선형 시스템은 자연에서 너무도 흔하기 때문이다. 예를 들어, 비행기 날개상에서의 난기류에서부터 기후, 레이저, 그리고 뇌에서의 시냅스들의 분출에 이르기까지 비선형은 수많은 현상들에서 찾아볼 수 있다. 이렇게 비선형 시스

---

* 데이터를 가로세로의 표 모양으로 나열해 놓은 것으로, 그 표에 입력하고 데이터를 처리할 수 있는 프로그램.

템은 압도적으로 흔한 현상인 반면 선형 시스템은 상대적으로 드문 현상이기 때문에 수학자 이안 스튜어트Ian Stewart는 "비선형 시스템" 이라는 분야가 물리학에 따로 있다는 것은 이상한 일이다라고 했다. 이는 마치 동물학에서 코끼리를 제외한 모든 동물에 대한 연구, 즉 "비후피동물학nonpachydermology" 이라는 분야를 따로 두는 것과 같이 바보스러운 일이라는 것이다[9].

경제, 복잡하지만 카오스는 아니다

경제가 동태적인 시스템이라는 점은 이미 지적한 바 있다. 이에 더하여 경제는 하나의 비선형 시스템이라고 특징지을 수 있다. 경제학자들은 튀르고가 18세기 수확 체감의 법칙을 고안한 이후 비선형 관계식의 존재를 알고 있었다. 우리 역시 시간이 갈수록 가속화되는 기술 변화의 속도에서부터 광고를 처음 접했을 때에 비해 다섯 번째쯤 되면 눈길이 덜 가는 경우에 이르기까지 일상 경제 생활에서도 비선형성을 직관적으로 알 수 있다. 통계 분석을 보더라도 산업 생산에서부터 고용 수치에 이르기까지 거시적인 데이터에서도 비선형성에 대한 증거들을 쉽게 찾아볼 수 있다[10]. 경제학에서 비선형성의 존재에 대해 인식한 지는 오래됐지만 이런 비선형성을 동태적인 방법으로 내재화하는 과정에서는(모델에 포함시키는 과정에서는) 여러 가지 어려움이 많았다. 비선형 동태적 시스템에 대해 최근까지도 제대로 이해하지 못했기 때문에 전통 경제학자들은 역사적으로 정태적 모델에서 비선형 관계를 활용하거나 동태적 모델에서 선형 관계를 활용함으로써 어떤 경우에든 방정식이 풀릴 수 있도록 하는 방법으로 넘어갔다. 그러나 복잡계 경제학의 접근 방식은 이와 다르다. 복잡계 경제학에서는 경제를 비선형적이고 동시에 동태적인 것으로 인식한다. 따라서 복잡계 경제학에서는 최근 개발된 수학적 기법들과 컴퓨터 시뮬레이션을 적극적으로 활용한다.

여기서 이제 자연스럽게 나오는 질문은, "그렇다면 경제는 무질서한 것인가?"이다. 이 질문은 1980년대 많은 흥미를 불러일으켰다. 특히 주식 시장이 무질서한지 아닌지가 주된 관심의 대상이었다(이를 제대로 아는 게 많은 돈을 벌게 해주는지 아닌지에 대한 관심도 물론이다)[11].

이 질문에 대해서 많은 후속적인 연구들이 진행됐다. 현재까지의 결론은 '아마도 그렇지 않을 것이다'로 나타나고 있다. 카오스는 복잡하지만 혼돈스럽지 않은 다른 행태, 그리고 임의성을 갖는 행태와 구분하기가 쉽지 않기 때문에 사실 이 질문에 대한 어떤 확정적인 답을 내놓기는 어렵다. 어떤 시스템이 카오스인지 아닌지

이제 우리는 경제 예측가들이 얼마나 어려운 일을 하고 있으며 심지어 기상 캐스터보다 왜 더 평판이 나쁜지 그 이유를 알기 시작했다. 초기 조건에 대한 민감성, 경로 의존성, 엄청난 동태적 복잡성 등이 결합되면 경제는 기후처럼 극히 단기간을 제외하고는 도저히 예측하기 어렵다.

를 검증하려고 해도 상당한 데이터가 필요한데 데이터가 많은 금융 시장조차 확정적인 결과를 낼 만큼 데이터가 충분하지는 않다[12].

경제를 무질서하다고 규정하면 많은 연구자들은 너무도 단순하고 좁은 분류라고 말할 것이다. 실제로 무질서한 시스템은 상대적으로 적은 변수, 적은 자유도를 갖는 경향이 있다. 경제는 복잡하다고 말하는 것이 보다 적절하다. 이미 지적한 바 있듯이 경제는 엄청난 수의 스톡과 플로를 갖고 있으며 이 스톡과 플로들은 양$^+$ 또는 음$^-$의 피드백 관계들로 이루어진, 정교한 거미줄처럼 서로 연결돼 있다. 그리고 이런 피드백 관계들은 시차를 가지며 서로 다른 시간 단위에서 움직인다. 또 이 시스템은 어려운 비선형 행태를 보인다. 그런 시스템이라면 압도적으로 많은 수의 자유도를 가지고 있으며 비후피동물들로 가득 찬 동물원에 나타날 수 있는 모든 종류의 행태들을 보여 줄 수 있다. 경제는 때때로 어떤 차원에서 무질서한 행태를 보여 줄 수도 있겠지만 성장, 쇠퇴, 주기적 제한 사이클, 유사 주기적 제한 사이클, 그

리고 그 외에 여러 가지 다른 행태들도 보여 준다고 말하는 것이 옳다.

경제의 완전한 동태적 복잡성은 과학자들이 말하는 이른바 'n체 문제'*라는 관점에서 경제를 생각해 보면 훨씬 확실해진다. 푸앵카레가 카오스를 처음 연구하게 된 것은 태양 시스템이 안정적인지 여부, 또는 행성이 언젠가 태양 속으로 충돌해 들어가거나 우주 속으로 날아가 버리는 것인지 여부에 관해 설명해 주는 사람에게 주겠다고 스웨덴의 왕 오스카 2세가 1887년 내놓은 2,500크로네의 상금이 그 동기였다[13]. 이것은 사실 매우 풀기 어려운 문제다. 태양 시스템은 행성들이 태양을 둘러싸고 계속 돌아가는 동태적인 시스템이고, 작용하는 중력의 힘이 비선형일 뿐만 아니라 10개의 행성과 태양들 사이의 가능한 모든 상호 작용들도 모두 따져 보지 않으면 안 되는 문제다. 푸앵카레는 그 당시 알려진 8개의 행성과 태양에 대해서는 고사하고 심지어 n=3인 3체 문제조차 풀 수 없다는 것을 알아냈다. 오스카 왕의 문제는 20세기에 들어와서야 비로소 풀리게 된다(당신은 이 문제를 걱정할 필요가 없다. 지구 궤도가 불안정하기 전에 태양은 폭파돼 버릴 것이다). 그러나 n체 문제는 여전히 매우 다루기 어려운 문제로 남아 있다. 경제는 규모가 매우 큰 n체 문제다. 경제에 참여하는 개별 사람들은 각자의 고유한 스톡(저축, 부채, 기술 등)과 플로(소득, 지출, 학습 등)를 갖고 있다. 앞서 우리가 살펴보았던 슈거스케이프와 같은 고도로 단순한 경제에서도 개별 행위자들은 각자 고유한 설탕 스톡과 설탕의 소비와 소화라는 플로를 갖고 있었다. 슈거스케이프의 동태성이 이 가상의 경제에 참여하는 각 행위자들 간에 일어나는 모든 상호 작용의 산물이듯이 현실 경제의 동태성은 수십억 명의 비선형적 상호 작용의 산물이다. 이 시스템의 복잡성을 생각해 보면 푸앵카레의 태

---

*n개 개체들의 초기 위치, 질량, 속도 등이 주어졌을 때 고전적인 역학, 예컨대 뉴턴의 운동 법칙과 중력의 법칙처럼 이들의 후속적인 운동의 행태를 발견하는 문제다.

양 시스템 분류는 차라리 쉽게 보일 정도다. 다시 말해, 현실 경제의 시스템은 n=3인 3체 문제 정도가 아니라 64억 명이 참여하는 n=64 억인 그런 문제다.

이제 우리는 경제 예측가들이 얼마나 어려운 일을 하고 있으며, 심지어 기상 예보자들보다 왜 더 평판이 나쁜지 그 이유를 알 듯하다. 초기 조건에 대한 민감성, 경로 의존성, 엄청난 동태적 복잡성 등이 결합되면 경제는 기후처럼 극히 단기간을 제외하고는 도저히 예측하기 어렵다. 기상 예보자는 최근 몇 년 동안 상당히 예측력을 향상시켰다. 위성과 레이더를 통해 수집하는 매우 질 좋은 데이터, 컴퓨터 모델을 이용한 보다 복잡한 분석 덕분이다. 이런 점을 생각하면 경제 예측 역시 보다 좋은 데이터와 모델이 뒷받침된다면 그 예측력을 높일 수 있을 것이다. 그러나 기후에 대해 고도로 정확한 장기 예측이 불가능하듯이 경제에 대해 고도로 정확한 장기 예측 역시 불가능하다.

경제에서 장기 예측이 불가능하다고 해서 이것이 경제학의 발전에 장애 요인이 되는 건 아니다. 앞에서도 말했듯이 과학은 예측이 아니라 설명에 관한 학문이다. 경제의 동태적인 특성을 이해한다면 수많은 경제 현상들에 대한 검증 가능한 설명을 하는 데 큰 도움이 될 것이다.

보이지 않는 손이 때때로 흔들린다

MIT 슬론 경영대학원의 교수인 존 스터먼John Sterman은 비선형 동태적 시스템을 활용해 경제와 경영 현상을 새로이 설명하는 데 인생의 많은 시간을 쏟아부은 연구자다[14]. 그가 특히 관심을 가졌던 질문은 이 수많은 상품들이 복잡한 흥망성쇠라는 사이클을 겪는 이유가 무엇이냐는 것이었다. 사이클이라는 순환을 보여 주는 산업은 모든 범위에 걸쳐 있다. 스터먼의 표현을 빌리자면 "비행기에서부터 아연에

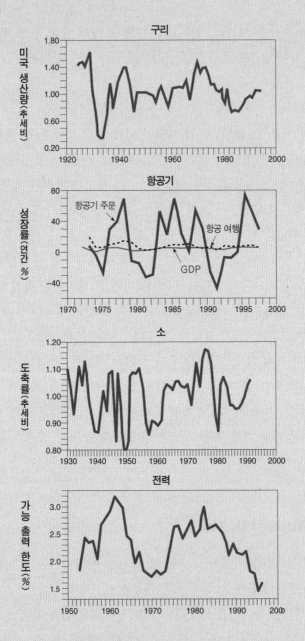

자료: 스터먼(2000). 구리와 소 자료는 상품연감의 상품연구국에서 구한 것이고, 항공기 자료는 매사추세츠 케임브리지의 퍼그-로버츠 어소시에이츠에서 따온 것이며, 전기 자료는 에디슨 전기연구소에서 얻은 것이다.

〈그림 5-6〉 사이클 산업들의 보기

이르기까지"(〈그림 5-6〉)다[15].

이 다양한 산업들이 공통적으로 보여 주는 것은 가격과 산업 생산의 순환적 변화가 그 밑바닥에 있는 수요 변화나 경제 전반적인 변화보다 훨씬 더 심하다는 사실이다. 별다른 원인 없이도 큰 변화가 일어나는 이유다.

사이클은 또 꽤 정규적인 것도 아니면서 그렇다고 크게 임의적이지도 않은 흥미로운 특성을 갖고 있다. 사이클을 들여다보면 데이터들이 분명히 임의적인 변동은 아니라는 점을 알 수 있다. 즉, 뭔가 분명한 주기성을 갖고 있다는 말이다. 그렇다고 이 사이클이 정확히 정규적인 것도 아니다. 다시 말해 완벽하게 주기적인 것은 아니라는 얘기다. 그렇다면 우리는 이 사이클들이 복잡하다고 확실히 말할 수 있다. 상품 무역업자에서부터 산업계의 경영진에 이르기까지 많은 사람들이 이 사이클을 예측하려고 했지만 거의 성공을 거두지 못했다. 스터먼은 그렇게 정규적이지도 않고, 그렇게 임의적이지도 않은 이런 행태가 어떻게 해서 나오는지 조사하기 위해 모델을 만들기로 결심했다.

전통 경제학에서 가장 중요한 음의 피드백 고리는 공급과 수요에서 가격이 하는 역할이다. 즉 수요가 늘어나면 가격은 올라가서 공급이 늘게 만들고, 이는 다시 공급과 수요가 일치할 때까지 가격을 떨어뜨리는 요인이 된다. 마치 자동 온도 조절 장치와 똑같다. 그러나 앞에서 우리가 논의했듯이 전통 경제학자들은 대개 이 모든 것이 한꺼번에 일어나는 것으로 가정한다. 다시 말해, 시간 지체 같은 것은 무시한다는 얘기다[16]. 공급과 수요가 경제학 교과서에서는 균형을 이루지만 현실 세계는 재고, 초과 생산 능력, 그리고 불균형에 대한 완충 역할을 하는 여러 가지 다른 스톡들로 가득 차 있다. 스터먼은 여러 가지 완충 역할을 하는 스톡들의 조정 속도 차이가 상품 사이클의 변화 근저에서 작용하고 있다고 주장했다.

스터먼(2000)은 자신의 가정을 한번 검정해 보기로 했다. 그래서 간단한 상품 시장을 대상으로 한 컴퓨터 모델을 만들어 사이클의 통계적 특성들을 재생할 수 있는지 알아보았다[17]. 전통적 모델들과 달리 그의 모델은 하나의 시스템 역학 시뮬레이션이다. 재고와 생산 능력과 관련한 스톡들, 양+과 음-의 피드백 고리들, 시간 지체, 그리고 비선형 관계식 등 앞에서 우리가 살펴보았던 특징을 모두 가졌다. 이제 스터먼의 모델이 어떻게 작동했는지 알아보자. 이를 위해 경제학 입문 교과서에 나오는 다양한 제품을 만드는 일반적인 제조업에서 당신이 일한다고 상상해 보자. 공급과 수요의 불일치에 대비해서는 세 가지 중요한 완충 재고들이 있다.

첫째, 당신은 이 제품의 재고를 갖고 있다. 이 재고는 당신의 고객으로부터의 불확실한 수요와 공장으로부터의 생산 사이에서 하나의 완충 역할을 한다. 만약 고객의 주문이 생산한 것보다 적으면 재고는 증가할 것이고, 반대로 주문이 생산보다 많으면 재고는 떨어진다. 수주와 배송 사이에는 약간의 시간 지체가 있을 수 있지만 재고는 거의 바로 조정이 이루어진다.

생산이 주문을 따라잡지 못할 때, 생산 책임자는 공장 설비를 증설해야 할까? 경쟁사들도 동시에 생산 설비를 증설한다면 어떻게 될까? 주문이 증가할 때, 그것이 일시적인 현상인지 지속적인 추세인지 어떻게 알 수 있을까?

둘째, 즉각적으로 이용 가능한 생산 능력의 스톡이 있다. 재고가 점점 바닥으로 떨어지면 당신은 공장에 생산을 늘리라고 요구할 것이다. 정상적인 상황에서 대부분의 공장은 100%보다 낮은 수준인 대개 80% 정도로 가동된다. 따라서 단기적으로 유연한 대응이 가능하다. 그래서 당신이 생산을 늘리라고 요구하면 공장장은 생산 라인을 좀 더 빨리 돌리고, 추가적인 근로자 교대를 이용하여 여유 라인을 가동시키거나 판매가 느린 제품 생산 라인을 판매가 빠른 제품 생산 라인 쪽으로 전환할 수 있다. 이렇게 단기적으로 생산을 늘리는 데 걸리는 시간 지체는 몇 시간에서 수개월에 이를 수 있다. 다시 말해 이 경우에는 조정이 순간적으로 이루어지는 게 아니다. 따라서 재고 조정보다는 조정이 더 천천히 이루어진다.

셋째, 마지막 스톡은 장기적인 생산 능력의 총량이다. 일단 모든 생산 라인이 최대한의 속도로 가동되고 그 활용률이 100%라면 산출물을 늘리는 유일한 방법은 추가적으로 생산 라인을 설치하거나 공장을 더 짓는 것이다. 장기적 생산 능력을 새로 늘리는 일은 기존 생산 능력의 활용률을 높이는 일보다 시간이 더 걸린다. 새로 공장을 짓고 사람들을 더 고용하는 등의 일을 다 하려면 수개월에서 수년이 걸린다.

스터먼의 모델은 이 세 가지 피드백 고리들이 각기 서로 다른 속도로 조정이 이루어지는 구조다. 이제 이 구조가 시간에 따라 어떤 변화를 보여 주는지 알아보자. 여기서 당신은 상품 생산 라인의 책임자로서 주당 제품 보고서를 받아 본다고 하자. 이번 주 보고서를 읽다가 생산하는 제품의 수요가 증가한 대신 재고는 조금 떨어졌다는 사실을 알았다. 재고는 항상 오르락내리락한다. 이는 수요의 임의적인 변동 때문이다. 이때 당신이 생각해야 하는 첫 번째 질문은 생산 증가를 공장에 요구할 것인지 말지이다. 사실, 자칫 너무 많은 재고를 초래할 수도 있는 생산 증가를 주문하기 전에 지금의 수요 증가가 계속될지, 아니면 일시적 변동인지 알아보기 위해 잠시 시간을 갖고 기다리는 것은 당연한 반응이다. 그다음 질문은 가격을 올려야 하는가이다. 이 질문과 관련해서도 당신은 이 수요 증가가 정말 실질적인 것인지 알고 싶어 한다. 가격을 올리는 데는 시간이 걸리고 처리해야 할 일, 예를 들면 컴퓨터에 새로운 가격을 프로그래밍해서 넣어야 하고 고객과의 계약도 변경하는 등 여러 가지 일들이 뒤따른다. 그리고 가격 인상은 자칫 고객들을 이탈시킬 위험도 수반한다. 그래서 당신은 좀 더 기다려 보기로 결정한다.

그런데 그다음 재고 보고서에서 수요 증가가 계속되고 있음을 확인한 당신은 이것이 확실한 추세라고 믿는다. 재고는 위험할 정도로 낮은 수준으로 떨어지고, 그 결과 당신은 일부 고객에 대해서는 이월 주문back order으로 처리해야만 한다. 당신은 곧바로 행동을 취해 생산 증가 요구서를 낸다. 기업 본사의 의사 결정에는 관료주의 요소가 있어 생산은 몇 주가 지나고 나서야 증가한다. 그러는 사이에 수요는 계속 증가하고 재고는 바닥이 나버린다. 이로 인해 이월 주문이 더욱 늘어나기 시작한다. 수요는 확실하고 공급 부족에 대한 불안이 이어지면(여기서 당신은 당신의 경쟁 기업도 동일한 상황에 처해 있다고 생각한다), 당신은 지금이 가격을 인상할 때라고 결정한다.

가격 인상이 즉각적으로 수요에 영향을 미치지는 않는다. 공급 부족 때문에 재고가 바닥나게 되더라도 수요자들이 곧바로 대체재나 대안적인 제품을 발견할 수 있는 것은 아니기 때문에 가격을 올리면 적어도 단기적으로는 보다 높은 가격을 지불하려고 할 것이다. 치솟는 수요, 보다 높아진 가격이라면 손익 계산서가 매우 좋아질 것은 당연하다. 그 결과 CEO는 당신을 영웅으로 생각한다. 당신이 이제 해결할 유일한 문제는 제품을 충분히 만드는 일이다. 공장이 거의 100% 수준으로 돌아가면서 당신은 보다 많은 생산 능력을 가진 경쟁 기업들에게 주문을 빼앗기거나 시장 점유율에서 밀린다. 그러면 당신은 또 다른 공장을 만들기 위하여 설비 투자 제안서를 경영위원회에 제출한다. 지금까지 당신의 화려한 성과를 토대로 경영위원회는 이를 승인한다. 당신은 새 부지에서 기공식을 갖고 공장을 짓기 시작한다.

그러나 새로운 공장의 완공 예정일을 6개월 앞두었을 때쯤 당신은 걱정스러운 추세를 감지하기 시작한다. 수요가 다시 둔화되기 시작한 것이다. 그리고 가격 인상과 몇 개월 전의 공급 부족 또한 효과를 나타내기 시작했다. 당신의 고객이 당신 제품에 대한 몇 가지 대체재를 발견하는 동시에 상품을 적게 사용하는 법을 터득한 것이다. 설상가상으로 당신이 수요를 충족시키려 공장을 열심히 가동하는 동안 당신의 경쟁 기업 또한 그렇게 했다. 때문에 이제는 재고가 많이 쌓이기 시작했다. 수요 둔화, 경쟁 기업들의 공급량 증대로 타격을 받아 당신이 곧 가격을 내리라는 압력을 받게 될 것이라는 얘기가 판매 팀으로부터 들려온다. 당신은 결국 판매 팀의 아우성에 손은 들면서 가격 인하에 동의한다.

그러는 와중에 새로운 공장의 오픈 기념일이 다가왔다. CEO가 리본 커팅을 한 직후 당신은 소름 끼치는 보고서를 받아 본다. 수요는 계속 둔화되고 있다. 그보다 더 나쁜 것은 가격이 자유 낙하 상황으로 내몰리고 있는 점이다. 해당 산업 종사자들 모두 재고 더미에 앉아 대폭적인 할인 판매를 하고 있다. 가격 하락과 점점 나빠지는 손익 계산서에도 불구하고 당신은 새 공장도 가동한다. 이미 모든 것이 설치된 상황에서, 다시 말해 대부분이 매몰 비용sunk cost이 된 상황에서 이 시설들을 달리 활용할 수도 없다. 가격이 저가라고 해도 최소한 노동 비용과 재료비는 건질 수 있다.

이렇게 몇 달이 지난 후 당신은 한 산업 전시회에서 당신이 속한 산업의 쇠퇴를 슬퍼하는 다른 경영자들과 술자리를 함께한다. 그들은 성수기에 당신이 했던 것과 똑같은 일을 했다. 그들 역시 온라인으로 작동되는 아직도 반짝거리는 새로운 공장들을 갖고 있었다. 당신은 경쟁 기업들이 새로이 설비를 증설할지 모른다고 의심했지만 산업계의 비밀 때문에 얼마나 많이 할지 정확히 알 수가 없었다. 설사 그들이 증설에 나서더라도 수요 증가가 이를 흡수해 줄 것이라고 생각했다. 당신은 또 사람들이 미쳐서 마구 증설에 나서지는 않을 것이라고도 생각했다.

그다음 해에 이르자 산업은 과잉 설비로 시달리면서 가격은 폭락한다. 그러자 이번에는 반대 사이클이 발생하기 시작한다. 시간이 지나면서 손실이 불어나자 산업계에서는 일부 생산 라인을 폐쇄하고, 교대 근무를 줄이며, 생산 능력을 축소하는 일이 생겨난다. 상황이 점점 더 악화되면서 어떤 기업들은 아예 공장 문을 닫고 대규모 해고를 단행한다. 과잉 설비가 모두 해소되기까지는 수년이 걸린다. 그러나 이는 이제 더 이상 당신의 관심사가 아니다. 왜냐하면 당신은 몇 차례의 인원 감축 과정에서 이미 해고되었기 때문이다.

몇 년 후, 한 신출내기 관리자가 당신 자리로 온다. 그는 앞서 말한 마지막 사이클 동안 대학생이었고 이에 대해 기억하는 게 없다. 어느 날 그는 사무실에서 최근의 제품 생산 보고서를 받아 본다. 그리고 눈에 확 들어오는 수요 증가 추세에 흥분한다. 그러면서 사이클은 다시 반복되는 것이다.

이런 얘기가 바로 스터먼 모델의 핵심이다. 모델을 돌리자 현실 세계와 통계적으로 유사한 그런 상품 사이클이 일어난다는 것을 알아냈다[18]. 이 모델에 따르면 피드백 고리상의 여러 가지 다른 시간 단위와 인간이 오류를 범할 가능성이 겹치면서 앞서 말한 사이클의 발생은 불가피하다. 스터먼과 그의 동료 마크 파이치Mark Paich는 또 사람들로 하여금 공장장 역할을 맡아 이런 사이클을 최소화해 보도록 하는 실험도 해봤다[19]. 그러나 연구자들이 발견한 것은, 복잡한 피드백과 다양한 시간 지체가 일어나는 시스템들을 처리하는 시간이 사람들마다 매우 다르다는 점이다. 마치 천천히 반응하는 샤워 꼭지가 그러하듯이 말이다. 스터먼 모델과 실험이 의미하는 점 중의 하나는 사이클을 완화시키는 유일한 길은 시스템 자체의 구조를 변화시키는 것이다. 예를 들면, 신규 설비를 추가하는 데 시간 지체를 줄이고, 큰 공장보다 소형 설비 형태인 미니밀mini-mill들을 짓는, 다시 말해 생산 능력을 다소 유연하게 하며, 고객 주문에 대한 예측력을 높이고, 해당 산업의 생산 능력이 실제로 어느 정도이며 증설 중인 것은 또 얼마나 되는지에 대한 정보력도 향상시키는 것이다.

스터먼 연구가 던진 가장 흥미로운 시사점 중 하나는 비선형 동태적 시스템을 이해하고 이에 대한 통찰력을 키우는 것이 얼마나 어려

198

운지를 뚜렷하게 보여준 점이다[20]. 문제는 사람들이 어리석다는 게 아니다. 그보다는 우리의 두뇌가 그런 방식으로 생각하게끔 구조화되어 있지 않다는 것이다. 관리자들과 정책 결정자들은 자신들이 할 수 있는 최선을 다한다. 그러나 그들의 행동은 종종 예상치 못한 결과를 낳는다. 어떤 경우에는 상황을 더 악화시키기도 한다.

다음 장에서 우리는 인간 인식의 약점과 결점에 대해 전반적으로 살펴볼 것이다. 이를 토대로 인간의 행태와 경제의 동태적 구조를 결합할 경우 경제 전반의 성장과 침체 사이클에서부터 주식 시장의 가변성에 이르기까지 복잡한 경제 현상들을 어떻게 이해할 수 있는지 알아볼 것이다.

6

행위자들: 심리 게임

⋮

　모든 경제 이론의 핵심에는 인간 행태 이론이 있을 수밖에 없다. 경제는 궁극적으로 사람들로 구성되기 때문이다. 경제적 행태 이론은 다음과 같은 질문에 답하지 않으면 안 된다. 우리는 어떻게 경제적 의사 결정을 내리는가? 우리는 어떤 종류의 정보를 활용하는가? 그리고 의사 결정 중에서 우리가 제대로 하거나, 잘못을 범하는 것들은 어떤 것들이 있는가?

　많은 사람들은 인간 행태를 과학적인 방법으로 이해할 수 있다는 얘기가 나오면 본질적으로 거부감을 갖는다. 그렇다면 감성, 창조성, 상상력, 그리고 학습 능력 등을 가진 인간의 마음처럼 복잡하고 예측하기 어려운 것은 어떻게 이해할 수 있는가? 사랑하고 미워하고 시를 쓰는 인간을 수학 공식에다 집어넣을 수 있을까? 아이작 아시모프Isaac Asimov의 고전적 공상과학 3부작 『파운데이션Foundation』에서 먼 미래 과학자들은 역사심리학psychohistory*으로 불리는 학문 분야를 만든다. 이 역사심리학을 통해 과학자들은 개별 인간의 행태를 수학 방정식으로 축약할 수 있다. 이 수학 방정식을 이용해 과학자들은 미래 역사의 진행에 대해 정확한 예측을 할 수 있다. 역사심리학은 경제학자들의 궁극적인 꿈처럼 들린다. 그러나 우리는 경제의 작동을 이해하기 위해 역사심리학과 같은 인간 행태에 대한 예측 이론을 필요한 것은 아니다. 우리의 기준은 이보다 훨씬 낮다. 우리가 필요한 것은 인간 행태에 어떤 기본적인 규칙성이 존재하는가이다. 그런 미시적인 규칙성이 존재한다면 이를 통해 경제의 거시적 움직임을 더 잘 이해할 수 있다. 이번 장에서 살펴보겠지만 인간 행태는 규칙성으로 가득 차 있다.

앞에서 논의했듯이 모든 과학 이론은 실제 현실 세계를 근사적으로 표현하거나 단순화한 것이다. 인간 행태에 관한 경제 모델을 만드는 우리 목표는 어떤 완벽한 복제본을 만들자는 게 아니다. 오히려 인간의 경제적 행태에 관한 우리의 모델은 일종의 좋은 지도와 같은 것이어야 한다. 지형의 중요한 특징들은 잡아내지만 사족적인 세부 사항들은 무시한다. 그러나 모델은 현실 세계에 존재하지 않는 것을 집어넣어선 안 되며(다시 말해, 모델은 실제 사람들이 갖고 있지 않은 정신적인 텔레파시나 다른 능력을 제공하는 게 아니다) 우리가 진실이라고 알고 있는 것들과 모순되어서도 안 된다. 앞서 우리가 살펴보았던 슈거스케이프는 그런 종류의 단순화에 대한 사례를 보여 주었다. 슈거스케이프에서 행위자들의 행태는 실제 사람들의 행태에 비하면 너무나 단순한 것이다. 슈거스케이프의 행위자들은 단지 먹고, 움직이고, 재생(출산)하고, 거래를 할 수 있을 뿐이다. 심지어 그런 일을 하는 방식도 너무나 단순하다. 그렇지만 물리적 움직임이나 재생, 거래는 모두 경제 현상을 이해하는 데 필요한 현실 세계의 인간 활동들이다. 현실 세계의

---

* 심리학적 방법으로 역사적 사건과 인물을 분석하는 학문.

사람들이 하지 않거나 할 수 없는 활동은 슈거스케이프에 전혀 없다.

경제학자들은 인간 행태에 관한 자신들의 표준 모델에 대해 호모 에코노미쿠스homo economicus라고 표현하기를 좋아한다. 이 장을 통해서 우리는 호모 에코노미쿠스에 대한 복잡계 경제학의 접근이 전통 경제학적 접근과는 크게 다르다는 것을 알게 될 것이다. 이미 간략히 논의한 바 있듯이 인간 행태에 관한 전통 모델은 전통 이론에서도 논란이 되는 가정들 중 하나다. 지금부터 이 문제에 대해 보다 세밀하게 살펴볼 것이다. 나는 전통 경제학에서의 호모 에코노미쿠스는 실제 인간들이 어떻게 행동하고 있는지에 대한 중요한 점들은 무시하고 대신 인간들이 실제로 갖고 있지 않은, 그러나 전통 이론이 성립하기 위해서는 꼭 있어야 하는 중요한 특징들을 추가한, 한마디로 나쁜 지도라고 주장할 것이다.

스폭이 쇼핑을 하다

〈스타 트렉Star Trek〉 시리즈에서 벌컨Vulcan 출신 스폭Spock은 완벽한 합리적 존재의 모습을 보여 준다. 스폭은 숫자 π를 소수점 50자리까지 기억하고, 믿기지 않을 정도의 복잡한 계산도 척척 해낸다. 페이저 phaser(에너지 빔을 쏘는 무기)가 불을 뿜는 와중인데도 아랑곳하지 않고, 사소한 감정의 흔들림도 없다. 스폭은 전통 경제학이 인간 행태를 묘사하는 좋은 보기다. 지금 당신이 근처 식품 가게로 걸어 들어가서 토마토를 본다고 생각하자. 다음은 토마토를 살지 말지 결정하는 데 당신이 어떤 과정을 거치는지에 대해 전통 경제학에서 주장하는 바를 정리한 것이다[1].

당신은 토마토와 빵, 우유, 스페인에서의 휴가 등 다른 모든 상품들과 비교해서 작성된, 잘 정리된 선호도를 갖고 있다. 더구나 당신은 미래의 어떤 시점에 살지도 모를 모든 상품들에 대해서도 이미 선호도를 갖고 있다. 미래는 불확실하기 때문에 당신은 가능한 구매마다 확률을 부여해 놓고 있다. 예를 들면 이렇다. 앞으로 2년 후에 부엌 선반이 느슨해져서 이를 조일 볼트를 구입하기 위해 1.2달러를 지불할 가능성이 23%가 있다는 식이다. 1.2달러의 현재 가치는 약 1달러다. 여기에 23%의 확률을 곱하면 기대 가치가 나오는데, 계산 결과는 23센트다. 미래에 있을 수선을 위한 기대 지출이 23센트라는 얘기다. 그러니까 이런 구매 가능성과 지금 이 순간 토마토 구매, 그리고 일생 동안 가능한 모든 다른 구매 등을 따져 보지 않으면 안 된다. 전통 경제 모델에서는 이렇게 정의된 모든 선호도가 매우 논리적으로 정돈 돼 있다. 그래서 내가 만약 토마토를 당근보다 더 선호하고, 또 녹색 콩보다 당근을 더 선호한다면 나는 항상 녹색 콩에 비해 토마토를 선호한다. 마찬가지로, 내가 토마토를 당근보다 선호한다면 내가 녹색 콩을 보았다는 그 이유만으로 갑자기 당근을 사러 가지는 않을 것이다.

전통 경제학에서는 또한 당신이 토마토 소비를 위한 예산이 어느 정도인지 정확히 알고 있다고 가정한다. 이 예산을 계산하려면 당신은 전 생애에 걸쳐 미래 소득에 대한 기대치를 이미 충분히 파악하고 있어야 하고, 그런 지식을 토대로 현재의 예산을 최적화해야 한다. 다른 말로 하면, 토마토에 쓰인 돈이 은퇴했을 때 더 잘 쓰일 수 있다는 것을 당신이 안다면 그 이유 때문에 지금 토마토에 대한 소비를 보류할지도 모른다. 물론 여기에는 몇 가지 가정이 있다. 당신의 미래 소득은 완벽하게 위험이 분산된 금융 자산의 포트폴리오에 투자될 것이다. 그리고 당신은 65세에 은퇴할 때까지 살아 있을 확률에 대한 보험 통계적 계산도 고려한다. 미래 이자율, 인플레이션율, 그리고 환율 등에 대한 기대치도 물론 포함된다. 당신은 좋아 보이는 빨간 토마토를 응시하면서 서 있는 동안 이 모든 정보를 머릿속에 집어넣고는 빈틈이 안 보일 정도로, 그리고 믿을 수 없을 정도로 복잡한 최적화 계산을 한다. 그리고 그 결과 살지 안 살지에 대해 완벽하게 최적인 해답을 찾아낸다. 이 같은 스폭과 같은 방식이 '완전 합리성perfect-rationality' 모델로 알려져 있다. 완전 합리성 모델은 바로 전통 경제학의 근본적이고 핵심적인 가정의 하나다[2].

이와는 대조적으로 새로이 등장한 복잡계 경제학이 인간 행태에 대해 갖는 관점의 핵심에는 '추론적 합리성inductive rationality'으로 알려진 또 하나의 방식이 자리하고 있다. 예를 들면 이런 것이다. "흠…… 토마토로군. 좋고 신선해 보이네. 오늘 밤 샐러드가 당기는데. 가격도 좋고." 그래서 쇼핑 바구니 속으로 토마토가 들어간다.

인식의 부조화

전통 경제학의 다른 많은 가정들과 마찬가지로 완전 합리성 또한 발라와 제번스로 거슬러 올라간다. 그들은 인간 행태를 연구함으로써 이 모델을 떠올린 게 아니었다. 사람들이 그런 식으로 모든 계산을 한 뒤 행동하는 것을 아무도 본 적이 없다. 그런데도 경제학은 완전 합리성을 하나의 가정으로 채택했다. 경제학을 19세기 균형이라는 이론적 틀에 맞추기 위한 목적에서였다.

앞에서 여러 번 사례로 들었던 공과 그릇의 경우 완전 합리성은 중력과 비슷한 역할을 한다. 우리가 사람들의 행동에 관한 제약 조건을 알고 있고, 또 모든 사람들이 완전하게 합리적으로 행동한다고 가정하면 모두가 똑같은 방식으로 제약 조건에 반응할 것이다. 사람의 결정들은 예측 가능할 것이고, 시스템을 균형으로 이끌 것이다. 전통 경제학에서 인간 행태에 관한 이 핵심적인 가정은 이후 더 발전하지 못했다. 그 이유는 모든 사람들이 이 가정이 실제 인간 행태를 잘 묘사한 것이라고 생각했기 때문이다. 그리고 완전 합리성 가정은 균형이라는 분석 틀에서 수학이 작동하도록 만들기 위해 바로 채택됐다. 발라와 그 이후 경제학자들은 사후적으로 가정의 현실성 결여를 정당화하려고 노력했다. 완전 합리성 가정은 사람들이 실제 어떻게 행동하는지를 잘 묘사한 것(경제학적 용어로 말하면 '실증적 모델')은 아니라고 할지라도 인간이 어떻게 행동해야 하는지에 대한 묘사('규범적 모델')로는 괜찮은 것 아니냐는 얘기다. 완전하게 합리적인 경제를 모델로 만들 수는 있겠지만, 그럴 경우 실제 세계가 그런 이상과 얼마나 괴리되어 있는지를 바로 알 수 있다.

완전 합리성이 사람들이 어떻게 행동해야 하는지에 관한 것이라고 정당화하는 것에는 두 가지 문제점이 있다. 첫째, 다른 모든 사람들이 자기와 다르게 행동하더라도 자신만은 완전하게 합리적인 사람이 되어야 한다는 결론이 반드시 당연한 것은 아니다. 앞서 동태성에 관한 논의에서 살펴보았지만 타이밍이 매우 중요하다. 예를 들어, 당신이 1998년 닷컴 주식을 공매short*했다면 2002년에 당신이 옳았다는 것이 입증되기 전에 이미 2년간 상당한 돈을 잃었을 것이다. 둘째, 곧 알게 되겠지만 완전 합리성은 좋은 규범적 모델도 아니다. 왜냐하면 사람들이 그렇게 행동하고 싶다고 해도 실제로는 그럴 수 없기 때문이다.

3장에서 논의한 바 있듯이 완전 합리성 가정은 그것이 도입될 때부터 도전받고 비판받아 왔다. 그러나 경제학자들은 어쨌든 이 가정을 계속 사용해 왔다. 완전 합리성으로 인해 모델이 수학적으로 바뀔 수 있는 데다 아무도 이보다 더 나은 대안을 제시하지 못했기 때문이다. 1950년대에 허버트 사이먼과 카네기멜론 대학의 그의 동료 제임스 마치James March와 리처드 사이어트Richard Cyert는 이 가정에 직접적인 도

---

* 주식이나 상품의 현물을 가지고 있지 않거나 가지고 있더라도 실제로 이를 상대방에게 인도할 의사가 없이 증권회사나 중개인에게 일정률의 증거금만 지급하고 팔았다가 일정 기간 후에 환매함으로써 그동안의 가격 하락 또는 상승분의 차금(差金)을 결제하는 방법이다. 가격이 하락한 경우에는 이득을 얻을 수 있지만, 반대로 오른 경우에는 증거금까지 잃을 수도 있다.

전을 했다. 그들은 당시로서는 꽤 과격한 시도를 했다. 현실 세계의 사람들이 의사 결정을 내리는 것을, 특히 실제로 회사에서 관리자들이 의사 결정을 내리는 것을 지켜보고 연구했다. 이 실험과 심리학자들의 도움 등을 통해 그들은 현실 세계 사람들의 행동은 경제학 교과서에 기술되어 있는 모습과 전혀 비슷하지 않다는 점을 확신했다. 사이먼은 완전 합리성과 경쟁하는 의사 결정 이론을 제시했다. 바로 '제한적 합리성bounded rationality' 이론이다[3]. 기본적으로 인간은 경제적으로 이기적이고 영리하다고 말하지만 그렇게 영리한 것은 아니다. 사이먼 이론은 완전 정보의 부재, 그리고 크지만 여전히 제한적인 인간 뇌의 처리 용량을 고려했다. 앞에서 이미 언급한 적이 있지만, 사이먼은 완전 합리성 대신에 인간은 작은 성과에 만족한다고 주장한다. 기본적으로 우리 인간은 현재 가지고 있는 정보에 의존해 최선을 다할 뿐이라는 얘기다.

많은 경제학자들은 완전 합리성에 대한 행동경제학의 비판을 인정하면서도 여전히 전통 경제학의 가정들을 사용한다. 공식적인 모델로 사용할 수 있는 대안이 없다는 이유에서다. 그러나 행동경제학자들, 심리학자들, 컴퓨터 과학자들이 서로 협력하면서 대안적인 모델들이 출현하기 시작했다.

이런 노력을 평가받아 사이먼은 1978년 노벨 경제학상을 받았다. 오늘날 대부분의 경제학자는 그에 대해서는 존경스럽다는 듯이 말한다. 그러나 사이먼의 연구는 전통 경제학 이론에 단지 제한적인 영향을 미쳤을 뿐이다[4]. 대부분의 표준 경제학 교과서는 사이먼 또는 제한적 합리성에 대해 언급조차 안 하고 있다[5]. 이런 무시의 한 이유는, 수년간에 걸친 다양한 시도에도 불구하고 연구자들이 사이먼의 아이디어를 수학적 모델로 바꾸는 데 성공하지 못했다는 점에서 찾을 수 있다[6].

사이먼의 개척자적 연구에 뒤이어 크게 두 집단의 경제학자들과 심리학자들이 호모 에코노미쿠스에 대한 전통 경제학적 모델을 반박하는 경험적·실증적 증거들을 찾아내기 시작했다. 1970년대에 프린스턴 대학의 카너먼과 스탠퍼드 대학의 트버스키는 실제 인간들의 의사 결정이 전통 모델의 가장 기본적인 가정들과 어떻게 바로 상충되는지를 보여 주는 일련의 독창적인 논문들을 발표했다[7]. 1980~1990년대에는 폴 슬로빅Paul Slovic, 콜린 캐머러Colin Camerer, 앨빈 로스Alvin Roth, 라인하르트 젤텐Reinhard Selten, 리처드 탈러Richard Thaler, 조지 로웬스타인George Lowenstein, 매슈 라빈Mathew Rabin, 드라젠 프렐렉Drazen Prelec, 허버트 긴티스Herbert Gintis, 에른스트 페르Ernst Fehr, 존 카젤John Kagel, 그리고 버넌 스미스Vernon Smith 등 많은 연구자들이 오늘날 '행동경제학'으로 알려진 분야를 만들어 냈다[8]. 이 연구들 역시 실제 사람들은 전통 경제학 이론에서 설명하는 방식대로 선호도를 만들어 놓고 위험을 판단하며 의사 결정을 내리지 않는다는 점을 거듭 확인시켜 주었다. 새 밀레니엄을 맞이하여 행동경제학은 학문의 주류로 들어왔다. 2002년에 카너먼과 스미스는 노벨상을 받았다. 노벨상은 사후에는 수여되지 않기 때문에 많은 사람들은 카너먼의 오랜 동료인 고故 아모스 트버스키가 공동 수상에서 빠진 세 번째 수상자일 것이라고 생각했다[9].

행동경제학의 등장으로 경제학은 '인식의 부조화'라는 이상한 상황에 놓이게 되었다. 즉, 많은 경제학자들이 완전 합리성에 대한 비판의 타당성을 인정하면서도 여전히 전통 경제학의 가정들을 사용한다. 공식적인 모델로 사용할 수 있는 대안이 없다는 이유에서다. 그러나 행동경제학자들, 심리학자들, 그리고 컴퓨터 과학자들이 서로 협력을 확대하면서 대안적인 모델이 출현하기 시작했다. 다음 몇 섹션에 걸쳐 우리는 행동경제학자들이 찾아낸 각종 증거들을 살펴볼 것이다. 그리고, 이를 토대로 새로운 호모 에코노미쿠스는 어떤 모습인지 조사할 것이다.

당신이 지금 비행기로 여행을 한다고 생각해 보자. 당신은 통로 쪽에 앉았는데 별스럽게 보이는 어떤 여성이 당신 옆에 앉아 있다[10]. 창가 쪽 자리에는 당신이 모르는 출장 가는 사업가가 앉아 있다. 비행 도중에 이 여성은 자신이 매우 부유하다는 자랑을 하고는 장거리 여행은 매우 지루하다면서 양쪽에 앉아 있는 두 사람에게 말을 건다. 그녀는 당신과 그 옆 사업가에게 두 사람이 돈을 어떻게 나눌지에 대해 합의한다면 5천 달러를 주겠다고 말한다. 그러나 그 과정은 다음과 같아야 한다. 우선 사업가가 돈을 어떻게 나눌지를 결정해 당신에게 일정한 부분을 제의한다. 당신이 그의 제안을 받아들이면 두 사람은 각자 일정한 부분을 갖게 될 것이다. 그러나 당신이 그의 제안을 거절하면 둘 다 한 푼도 갖지 못한다. 옆자리 사업가는 잠시 생각하더니 당신을 보면서 이렇게 말한다. "나의 제안은 내가 4,990달러를 갖고 당신은 10달러를 갖는 것이오." 당신은 어떻게 할 것인가? 그의 제안을 받을 것인가, 아니면 거절할 것인가?

당신이 대부분의 사람들과 같다면 거절할 것이다. 왜? 그것은 너무도 불공평한 제안으로, 다시 말해 이 사업가는 너무도 욕심쟁이기 때문이다. 그러나 경제적 관점에서 따진다면 그의 제안을 거절하는 것은 완전히 비합리적인 결정이다. 당신은 그가 제안하는 것이면 무엇이든 받아들여야 한다. 설사 당신에게 1달러만 주겠다는 제안이라고 할지라도. 다시 말해 이 이기적인 사업가가 심지어 자신이 4,999달러를 갖겠다고 하더라도 당신은 아무 소득이 없는 것보다 1달러라도 받는 것이 더 낫다.

이런 최후통첩 게임을 여러 형태로 나누어 실제 사람들을 대상으로 실험해 보았다. 그것도 일본, 이스라엘, 슬로베니아, 칠레, 짐바브웨, 인도네시아, 미국 등 서로 다른 나라에서 수천 번에 걸쳐 실험을 했다. 또한 이 게임은 대학생들, 사업가들, 몽고의 토르구트 부족민들, 탄자니아의 상구족 양치기 목자들 등 다양한 부류들을 대상으로 실시됐다. 그 결과는 놀라울 정도로 일치했다. 실제 사람들의 결정은 경제 교과서에 나오는 것과 전혀 비슷하지 않았다. 대부분의 사람들은 실사 확실한 금융적 이득을 거둘 수 있는 제안이라고 하더라도 불공평하다고 여겨지는 제안은 거절했다(대개 30% 미만이면 일반적으로 불공평하다고 하지만 정확히 어느 정도면 불공평한지에 대해서는 문화마다 차이가 있다)[11]. 이런 결과는 과연 사람들이 감성적이거나 비합리적이라는 것을 의미하는 것인가?

> 공평성과 상호주의에 대한 우리의 판단은 우리를 불공평하게 대하는 사람들을 벌하려는 욕구를 자극할 뿐만 아니라 반대로 우리를 도와주고 뭔가를 해주려는 사람들에게는 보상을 하게 한다.

　일부 경제학자들은 10달러를 거절하는 것은 여전히 완전하게 합리적인 결정이라고 주장하고 싶을 것이다. 이 경제학자들이 말하는 것은 이른바 반복 게임이다. 이들 경제학자들의 주장을 살펴보자. 당신은 사업가의 제안을 거절하고 이를 통해 이 사업가를 벌함으로써 묵시적으로 미래의 상호 작용이 있을 것이라고, 다시 말해 이 사업가는 당신이 어리석은 사람이 아니라는 점을 알았을 것이기 때문에 앞으로의 거래에서는 보다 큰 몫을 당신에게 줄 가능성이 높다고 가정하고 있을지 모른다. 따라서 나중에 더 큰 이익의 가능성 때문에 지금의 10달러를 희생한다면 당신이 합리적이라는 얘기 아니냐는 것이다. 그러나 이런 해석은 엄밀히 따져 보면 타당하지 않다. 취리히 대학의 에른스트 페르와 시몬 게히터Simon Gächter는 주의 깊게 설계된 일련의 실험을 통하여 참가자들 간에 미래에 어떤 상호 작용도 없을 것이라는 점이 명백한 경우라도, 그래서 나중의 이익과 현재의 손실을 교환할 기회가 없다고 할 경우라도 똑같은 행동이 나온다는 것을 보여 주었다[12].

　공평성과 상호주의에 대한 우리의 판단은 우리를 불공평하게 대하는 사람들을 벌하려는 욕구를 자극할 뿐만 아니라 우리를 도와주고 뭔가를 해주려고 하는 사람들에게는 보상을 하게 한다. 예를 들어, 레스토랑에서의 행동을 연구하는 연구자들에 따르면, 웨이터들이 청구서와 함께 사탕 하나를 놓았을 때의 팁은 그렇지 않았을 때보다 18%나 더 높았다(물론 사탕 두 개는 그보다 훨씬 많은 팁을 가져다주었다)는 점을 발견했다[13].

전통 모델은 사람들이 단지 경제적 의사 결정의 결과에만 관심이 있지, 그런 결정을 내리는 과정에 대해서는 관심이 없다고 묵시적으로 가정한다. 협상, 공평성, 강압 등과 같은 것들은 고려 대상이 아니다. 또한 전통 모델에서는 사람들이 개인적으로 무슨 이익을 보고 무슨 손해를 보는지에만 관심이 있지, 다른 사람들의 결과는 쳐다보지도 않는다고 가정한다. 최후통첩 게임의 실험 결과는 이런 가정들에 대한 직접적인 반증反證이다. 최근의 행태론적 연구 동향 조사에서 매사추세츠 대학과 산타페 연구소의 허버트 긴티스와 그 동료들은 애덤 스미스가 『국부론』에서 인간을 이기적이고 유물론적인 존재로 표현했다고 지적한다[14]. 그러나 스미스가 그의 또 다른 책 『도덕감정론』에서는 인간에 대해 이기심과 아량을 동시에 발휘할 수 있는 존재로 표현하는 등 인간 본성에 대한 미묘한 관점의 차이를 드러냈다는 사실을 많은 사람들이 잊고 있다고 긴티스와 그 동료들은 말한다. 최후통첩 게임과 다른 여러 실험에서 도출된 증거들은 스미스의 두 번째 관점이 옳다는 것을 보여 준다. 인간은 계산된 합리성을 무시할 만큼 공평성과 상호주의에 대한 아주 뿌리 깊은 규칙을 갖고 있다. 긴티스와 그 동료들은 인간은 다른 사람들이 아량을 보이는 한 이쪽에서도 아량을 보이는 '조건부 협력자'라는 점을 알아냈다. 또 인간은 불공평하게 행동하는 사람에게는 자신의 직접적인 이익을 희생해서라도 한 방 먹이려는 '이타적인 징벌자'라는 점도 발견했다.

우리가 조건부 협력자이고 이타적인 징벌자라는 사실은 놀라운 게 아니다. 우리의 원시 조상들은 협력적 행동과 생존이 결코 분리될 수 없는 소규모 무리로 살면서 약 200만 년간이나 존재했다. 오늘날 사람들은 여전히 상호주의가 중요한 사회적 상호 작용의 네트워크 속에서 살아간다. 우리 모두 서로를 도우면 더 좋아질 수 있지만, 되돌려주는 것 없이 자기 이익만 취하는 사람들에 의한 악용 가능성도 물론 있다. 아주 조그만 정도의 무임승차는 용납할 수 있지만 만약 그것이 만연한다면 서로 등을 긁어 주는 시스템은 붕괴할 것이고, 그렇게 되면 모든 사람들이 더 나빠진다. 이런 점을 생각하면 우리가 협력을 보상하고 무임승차자는 벌하는 뿌리 깊은 행태를 갖고 있다는 것은 설득력이 있어 보인다[15]. 일부 경제학자들은 이런 행태에 대해 비합리적이라고 말할지 모르지만. 우리는 뒤의 장들에서 이런 행태들이 실은 부의 창출에 긴요한 사회적 협력의 근간이 된다는 사실을 알게 될 것이다.

과오는 인지적 오류다

현실 세계 사람들이 전통 모델에서 이탈하는 또 하나의 중요한 이유가 있다. 사람은 실수를 한다는 점이다. 전통 모델에서는 스폭과 같은 행위자들을 생각하기 때문에 그들은 완전하고 결코 실수를 하지 않는다. 실수를 하더라도 정답 근처에 임의적으로 분포된 노이즈 noise(잡음) 정도에 불과하다. 다른 말로 하면 전통 모델에서는 사람들이 공통의 실수나 편견을 공유하는 일은 없다.

한편, 행동경제학이 바라보는 관점은 다르다. 한마디로 '과오는 인지적 오류'로 생각한다. 컬럼비아 대학의 존 엘스터Jon Elster라는 행동 연구자는 심지어 "전혀 편견 없는 인식적 평가를 할 가능성이 가장 높은 사람들은 임상적으로 의기소침한 사람들이다"라고 주장한다[16]. 연구자들이 정상적인 활동을 하는 사람들에게서 발견한 공통적인 실수나 편견 중에는 다음과 같은 것들이 있다[17].

- **프레임 편견:** 어떤 이슈를 정확히 어떤 틀로 표현하느냐는 사람들이 그 문제를 생각하는 데 영향을 줄 수 있다. 예를 들어 이 두 가지 질문, 즉 "영국은 유로화를 채택해야 하는가?"와 "영국은 파운드화를 포기해야 하는가?"를 비교해 보라. 완전 합리성 가정하에서라면 이 두 가지 표현의 차이는 전혀 중요하지 않다.

- **대표성:** 사람들은 매우 작고 치우친 표본에서 큰 결론을 도출하려는 나쁜 습관을 갖고 있다. 예를 들어, 사무실에서 우연히 그날따라 모두 일진이 안 좋은 세 명의 친구들에게 말을 걸어 보고는 이 회사가 산산조각 나고 있다고 결론을 내린다.

- **가용성 편견:** 사람들은 좋은 결정을 내리기 위해 진실로 필요한 자료들을 발견하기보다는 손쉽게 구할 수 있는 자료들을 토대로 의사 결정을 내리는 경향이 있다. 이는, 달리 표현하면 가장 잘 보인다는 이유로 잃어버린 키를 가로등 밑에서 찾는 것과 같다.

- **위험 판단의 어려움:** 대부분의 사람들은 확률로 추론하고 위험을 평가하느라 어려운 시간을 보낸다. 2000년 10월 영국 하트필드에서 기차가 충돌하면서 4명이 죽고 34명이 부상하는 비극적인 일이 일어났다. 이를 계기로 영국 정부는 추가적으로 30억 달러를 투자하겠다고 제안했다. 그러나 『이코노미스트』지가 지적했듯이 사람들이 열차 사고로 죽을 실제 확률은 다른 교통수단에 비해 꽤 낮고, 이를 감안하면 이런 지출은 도로 안전에 쓰이는 돈과 비교할 때 철도 여행시 줄일 수 있는 인명피해 한 명 당 150배나 많은 돈을 쓰는 것을 의미한다[18].

- **미신에 사로잡힌 추론:** 우리는 단지 순서나 발생 등에서 가장 가까운 원인을 찾는 경향이 있다. 그리고 종종 임의적으로 발생한 일을 인과 관계로

혼동하기도 한다. 이런 사례는 많다. '행운의 양말'을 신는 스포츠 스타에서부터 단순히 사람들을 해고하기 어렵게 만들어 실업률을 줄이려는 정부에 이르기까지 다양하다.

• 정신적 회계: 전통 경제학에선 돈을 모두 같이 취급한다. 그러나 사람들은 돈을 서로 다른 칸막이에 넣어 두는 경향이 있다. 예를 들어, 많은 사람들은 아직 갚지 않은 신용 카드 대금이 있는데도 매달 은퇴 후를 위한 계좌에 돈을 집어넣는다. 이는 경제적으로 합리적이지 않다. 왜냐하면 은퇴 계좌의 투자 수익률(세후 저축이라고 하더라도)은 신용 카드 이자율보다 낮을 것이기 때문이다. 그런데도 사람들은 종종 은퇴 후를 위한 저축은 꼭 해야 하는 일로 생각하고 현재의 지출로부터 보호한다. 여러 가지 형태의 지출을 정신적으로 칸막이해 놓는 행태는 그 뿌리가 깊다. 어떤 인류학자는 심지어 이런 행태를 심지어 아프리카의 루오 부족민들 사이에서도 발견한 적이 있다[19].

계산이 안 된다

전통 경제학자들은 때때로 인간의 약점 목록에 대해 이렇게 말한다. 대부분의 사람들이 합리성으로부터 이탈할 수도 있지만 시장에는 소수의 혹은 단 한 명의 초합리적인 플레이어만 있으면 이 모든 사람들의 실수를 이용해 시장을 완전한 합리적 균형으로 이끌 수 있다고 말이다. 모든 투자자들이 바보라고 하더라도 스폭과 같은 몇 사람의 거래자들이 다른 모든 사람들의 어리석음을 이용한 매매를 통해 큰돈을 벌고, 가격을 완전 합리성에 의해 예측된 수준으로 끌어 올린다[20]는 얘기다. 이런 차액 매매 거래 과정이 어떻게 이루어지는지에 대한 현실성, 즉 그렇게 할 수 있는 충분한 정보와 자본을 가질 수 있는 사람은 누구인가? 앞에서 사례로 든 바 있는 런던의 케첩 시장처럼 덜 완전한 시장에서도 이것이 작동할 수 있는가? 그리고 시간 지체, 탐색 비용 등은 어떤가? 이런 문제들은 차치하고서라도 또 다른 큰 문제가 있다. 어느 누구도, 심지어 스폭 같은 완전한 사람이라고 할지라도 실제로 그렇게 할 만큼 충분히 총명할 수는 없는 일이다.

1985년 알라인 루이스Alain Lewis라는 이름을 가진 수학자는 계산 이론에서 나오는 복잡한 기법을 활용, 그 어느 누구도, 가장 총명한 차액매매 거래자라고 할지라도 실제로는 완전 합리성으로 표현되는 그런 계산을 해낼 수 없음을 증명했다[21]. 완전 합리성은 경제 이론에서는 가능한 얘기일 수 있지만 계산할 수 없는 것이기 때문에 실제적인 의미에서는 가능한 게 아니라는 점을 밝힌 것이다. 계산 이론에는 '튜링 기계Turing Machine'라는 개념이 있다. 이는 수학자 앨런 튜링Alan Turing의 이름을 딴 것으로, 일종의 상상 속의 만능 컴퓨터다[22]. 어떤 문제가 튜링 기계에서 계산이 가능하다면 적어도 이론적으로는 그런 계산이 가능한 물리적 컴퓨터를 만드는 것이 가능하다. 그러나 튜링 기계에서 계산이 불가능하다면 컴퓨터가 아무리 강력하더라도, 설사 우주에 맞먹는 용량을 가진다고 하더라도 그 문제를 결코 풀 수 없다. 루이스가 증명해 낸 건 바로 전통 경제학자들이 정의하는 완전 합리성이 튜링 기계에서도 계산할 수 없다는 것이다.

인지과학자들과 철학자들이 기술적으로 우리의 뇌가 튜링 기계인지 아닌지에 대해 논란도 벌이지만 루이스의 증명이 보여 주는 것은 완전 합리성이 요구하는 계산량이 실로 엄청나다는 사실이다. 이는 앞서 우리가 보았듯이 경제가 균형에 도달하기까지는 1000의 6제곱의 몇 배가 걸린다는 얘기와 관련이 있다[23]. 계산의 규모와 그 형태로 보아 우리 뇌가 거의 처리할 수 없는 수준이다.

아서의 술집

　많은 경제적 문제들은 계산이 불가능할 뿐 아니라 이론적으로도 그렇고, 실제로도 결코 완전히 합리적인 솔루션이 없다는 것이 밝혀지고 있다[24]. 초기 산타페 연구소 모임에 참여했고 한때 산타페 연구소의 경제 프로그램을 관장했던 브라이언 아서는 다음과 같은 보기를 통해 이 문제를 설명했다[25]. 산타페의 한 대중적인 술집 '엘 파롤El Farol'은 목요일 밤이면 아일랜드의 생음악을 들려준다. 그러나 대형 술집이 아니라 손님이 60명을 넘지 않을 때만 편안하고 즐거운 저녁을 즐길 수 있다. 만약 60명이 넘는 인원이 밀려들면 술집이 꽉 차서 혼잡해지고 그만큼 불편하다. 당신은 목요일 밤 60명이 넘지 않을 것이라고 기대하면 이곳에 오기로 결정한다. 물론 60명을 넘어설 것으로 예상되면 그냥 집에 머물기로 한다. 여기서 당신은 이곳에 올지도 모를 다른 사람들과 의사소통할 방법은 갖고 있지 않다. 또한 그날 얼마나 붐빌지 엘 파롤에 전화를 걸어 물어볼 수도 없다. 오로지 각자가 앞서 말한 대로 자신의 기대에 따라 이곳에 올지 안 올지를 결정한다고 가정하자. 그렇다면 당신은 이곳에 갈 것인가, 집에 머물 것인가? 어떻게 결정할 것인가?

　이 문제에 대해 완전히 합리적인 솔루션은 없는 것으로 증명이 된다. 여기에는 하나의 무한한 '순환성circularity'이 존재한다. 당신은 내가 어떻게 할지에 대한 예측에 의존하고, 나는 당신이 어떻게 할지에 대한 예측에 의존하는 식의 끝없는 반복이 있다. 분석적인 대답 대신 엘 파롤 문제에서 의사결정을 내리는 유일한 방법은 참가자들이 과거에 자신이 이곳에 왔던 기억을 떠올리며 어떤 패턴이 있는지 살펴보고는 '지난 두 목요일에 갔

> 산타페의 술집 엘 파롤에서는 목요일 밤마다 아일랜드 음악을 연주해준다. 이 곳은 비좁은 편이어서 손님이 60명 이상을 넘지 않을 때만 편안하고 즐거운 저녁을 즐길 수 있다. 그렇다면 어느 목요일 밤 이 술집에 들르고 싶을 때, 손님이 60명이 넘을지, 넘지 않을지 예측할 수 있을까?

는데 붐비지 않았다. 그러니 다시 가겠다'는 식으로 판단하는 것이다.

아서는 그와 같은 경험 법칙에 따라 컴퓨터상에서 가상 실험을 해보고는 이 문제는 결코 균형에 이르지 못한다는 것을 발견했다. 어느 날은 꽤 붐비고, 또 어느 날은 반이나 비었다. 그러나 그런 변동은 결국 60명 수준의 평균치를 보여 주고 있다(〈그림 6-1〉).

전통 경제학자가 이를 본다면 이렇게 말할 것이다. "거 봐, 편안한 느낌을 가질 수 있는 이 술집의 최대 수용 용량인 60명이라는 완전히 합리적인 수준에 도달하고 있지 않은가. 그러니 우리는 균형을 발견했다고 말할 수 있네. 균형 주변에서 오락가락하는 노이즈가 좀 있기는 하지만 말이야." 그러나 이는 틀린 주장이다. 60명이라는 평균 참석률은 하나의 균형으로 볼 수 없다. 그리고 이를 중심으로 한 변동을 그냥 노이즈의 일종으로 생각해 무시할 수 없다. 초기 출발 조건을 제외하면 이 시스템에는 어떠한 임의적인 것도 없다. 그런 점에서 이 시스템은 결정론적인 것이고 노이즈도 없다. 오히려 이 문제는 균형을 갖고 있지 않은, 다시 말해 어떠한 '고정점 인력체 또는 끌개'도 갖고 있지 않다고 보는 것이 적절한 해석이다[26]. 다양한 경험 법칙을

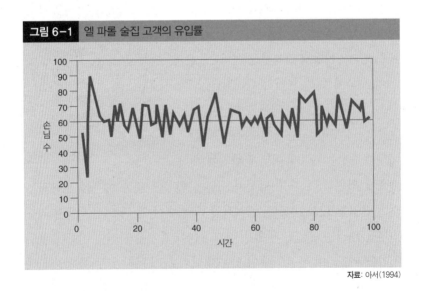

그림 6-1 엘 파롤 술집 고객의 유입률

자료: 아서(1994)

활용하는 참가자들 모두의 역동성이 60을 중심으로 동태적인 인력체를 만들어 낸다. 그리고 고객 수의 높은 변동성은 행위자들의 상호작용에 의해 내생적으로 발생한 것으로서, 결코 사라지지 않을 것이다. 다시 말해 고객 수는 언제나 심하게 오락가락하며 변동할 것이며, 어떤 균형점으로의 수렴은 결코 일어나지 않을 것이다.

아서는 이런 문제처럼 동태적이고, 일종의 자기 참조적 또는 자기 준거적이며, 정의하기가 모호한 경제적 의사 결정들이 많다고 지적한다. 가격 인하를 고려하는 기업 A는 자신이 처한 상황뿐만 아니라 기업 B와 C가 어떻게 할지에 대해서도 걱정할 것이다. 그리고 기업 B와 C는 기업 A가 무엇을 할지에 대한 예상을 전략 수립에 감안할 것이다. 새로운 기술 표준 채택, 새로운 제품의 시장 출시, 그리고 주식 가치 평가에는 모두 일종의 자기 참조적 예측이 내재되어 있다. 사람들이 이런 의사 결정을 별다른 묘책 없이도 그럭저럭 내리는 유일한 방법은 과거의 경험을 토대로 패턴이라든지 법칙을 찾아보는 것이다. 이렇게 경험에서 법칙을 도출하고, 상호 작용하고, 어떻게 보면 우물쭈물하는 행위자들의 세계는 결코 균형에 이를 수 없다. 현실 세계에서 우리가 보는 변동성의 많은 부분이 외생적이거나 임의적인 충격에 의한 것이라기보다는 앞서 살펴보았듯이 의사 결정 규칙의 역동성 때문에 초래되는 것일 수 있다는 흥미로운 가능성을 제기하고 있는 게 바로 아서의 술집 문제이다[27].

귀납적 합리성

완전 합리성이라는 용어는 어떻게 생각하면 불행하고, 감성적으로 부담이 되는 표현이다. 왜냐하면 이에 대한 그 어떤 대안도 불완전하거나 비합리적이라는 얘기가 되기 때문이다. 아무도 불완전하고 비합리적이기를 원하지는 않는다. 경제학자들은 특히 그럴 것이다. 그렇다면 우리의 유일한 선택은 손을 공중에 올린 채 인간의 변덕스러움을 탓하며 호모 에코노미쿠스를 이해하는 것을 포기하는 것일까? 다행히도 인간 행태를 바라보는 대안적인 방법이 있다. 이는 호모 에코노미쿠스에 대한 새로운 관점의 기초를 제공해 줄 수 있는 한 방법으로, 바로 근대 인지과학 이론들이다.

인지과학은 인간 심리의 소프트웨어를 연구하는 분야에 붙인 이름이다. 이 영역은 많은 분야를 활용하는데 신경과학, 심리학, 인공지능, 언어학, 진화 이론, 인류학, 그리고 철학 등이다[28]. 인지과학은 21세기 초 과학 중에서 가장 빠르게 발전하는 분야 중 하나다.

근대 인지과학은 두 가지 관점에서 인간의 마음을 바라본다. 첫째, 마음은 MIT의 스티븐 핑커Steven Pinker의 표현을 빌리자면 '정보 처리 기관', 다른 말로 하면 '계산을 하는 물건'으로 취급된다[29]. 그러나 인지과학자들은 '컴퓨터'라는 용어 사용을 좋아하지 않는다. 컴퓨터는 당신 데스크 위에 놓여 있는 말 못하는 흰색 플라스틱이라는 부정적인 의미를 함축하고 있고, 컴퓨터가 갖고 있다고 알려진 유일한 감성은 당신이 절대 뒤로 미룰 수 없는 원고 마감 시간 직전에 갑자기 기능을 정지하면서 그 잔인함을 즐거워하는 듯한 느낌이기 때문이다. 그리고 우리의 마음은 계산을 하되 인간이 만든 컴퓨터와는 매우 다른 방법으로 한다. '정보 처리 기관'이라는 용어는 인간 마음을 담고 있는 뇌가 당신의 생물학적인 장비의 한 부분이지만 정보의 처리라는 전문화된 기능을 갖고 있다는 의미를 내포하고 있다. 이 용어는 또한 우리의 뇌가 특이하게 복잡할 수 있지만 그렇다고 마술적이거나 궁극적으로 알 수 없는 무엇을 갖고 있다는 뜻은 아니다. 오히려 우리의 뇌는 과학적으로 이해할 수 있는 하나의 물질적 대상이다. 물론 그렇게 되려면 시간이 많이 걸릴 수도 있겠지만 말이다. 인지과학이 마음을 바라보는 두 번째 관점은 진화다. '호모 사피엔스'의 정보 처리 기관은 자연 선택의 힘들에 의해 형성되었고 우리 종의 역사와 환경의 산물이다. 우리의 마음은 깨끗한 백지에서 출발한 엔지니어에 의해 설계된 것이 아니라 영장류靈長類로서 보낸 수천만 년, 그리고 아프리카 사바나의 환경에서 주로 살면서 원시 인류로서 보낸 그다음 200만 년의 진화에 의해 설계된 것이다.

인지과학 연구는 인간의 마음은 정보 처리와 학습이라는 믿기 어려울 정도의 능력을 가지고 있음을 보여 준다. 이는 '완전 합리성'이라는 가정으로 표현된 그림과는 매우 다른 방식으로 이루어진다. 예를 들어, 인간은 긴 방정식을 계산하는 데는 총명하지 않을지 몰라도 놀라운 이야기꾼이자 동시에 이런 이야기에 대한 경청자이기도 하다. 노스웨스턴 대학의 학습과학연구소 소장이자 예일대 인공지능연구소의 전前 소장 로저 쉥크Roger Schank는 이해, 기억, 그리고 소통을 위한 우리의 정신적 과정에서 이야기가 중심적 역할을 함을 보여 주는 연구를 수행한 바 있다[30]. 그리스의 철학자 플라톤이 말했듯이 "이야기를 하는 사람이 사회를 지배한다". 당신이 친구들과 저녁을 먹을 때, 잠시 뒤에 앉아 무슨 일이 일어나고 있는지 관찰해 보라. 모든 사람이 무엇을 하고 있는가? 저녁의 대부분이 재미있는 이야기, 슬픈 이야기, 친구들 이야기, 신문에서 읽은 이야기 등에 관해 서로 대화하는 시간으로 채워질 것이다. 우리는 왜 그러는가? 이야기 하기와 이야기 듣기는 우리가 생각하는 방식에 있어서 왜 그렇게 중요한가?

이야기가 중요한 이유는 우리가 정보를 처리하는 주된 방법이 귀납법을 통해서 이루어지기 때문이다. 귀납법은 본질적으로 패턴 인식에 의한 추론이다. 이는 증거 우위의 원칙에 따른 결론을 활용한다. 예를 들어, 집사가 일을 저지르는 것을 본 사람이 아무도 없다고 해도 그의 지문이 칼에 남아 있고, 현장을 떠나다가 잡혔으며, 그럴 만한 동기가 있었다고 하면 그가 실제로 일을 저질렀다고 보는 것이다. 물론 우리는 집사가 그렇게 했다는 것을 논리적으로 증명할 수는 없다. 다른 누군가가 그렇게 했다는 것도 논리적으로는 가능하다. 게다가 궁극적으로는 그 누구도 집사가 그렇게 하는 걸 못 봤다. 그러나 증거의 패턴이라는 게 있어서 우리는 귀납적으로 집사가 그렇게 했다고 결론을 내리는 것이다.

우리가 이야기를 좋아하는 이유는 이야기가 우리의 귀납적 사고 기계에 들어가 그 속에서 패턴을 발견할 수 있는 재료가 되어 주기 때문이다. 이야기들은 우리가 학습하는 하나의 방법이다. 예를 들어 셰익스피어를 읽음으로써 우리는 사랑과 가족 관계에 대한 유용한 모든 종류의 교훈을 배울 수 있다. 이른바 베스트셀러 책들은 종종 성공적인 개인과 기업들의 이야기를 다룬다. 그리고 모든 사람들이 잭 웰치 또는 빌 게이츠가 어떻게 성공을 했는지, 그 성공의 패턴을 알아보려는 희망으로 이에 대한 이야기를 읽고 싶어 한다.

인간은 특히 두 가지 측면의 귀납적 패턴 인식에 뛰어나다. 첫째, 새로운 경험을 은유와 유추 만들기를 통해 옛날 패턴에 연결시킨다[31]. 당신이 무슨 회의에 참석하면 "이는 1987년 산업의 재편과 비슷하다" 또는 "이 고객은 나에게 ○○ 회사를 떠올리게 한다" 등 사람들이 얼마나 자주 유추를 통해 논리를 펴는지 보라. 인터넷이 1990년대 초 처음으로 비즈니스 영역에 얼굴을 내밀었을 때 사람들은 인터넷이 텔레비전, 라디오, 잡지, 소프트웨어, 그리고 전화 등과 비교해 유사한 점과 다른 점이 무엇인지, 다시 말해 유추를 통해 이를 정의하려고 무척 노력했다.

둘째, 우리는 좋은 패턴 인식자일 뿐 아니라 매우 훌륭한 패턴 완성자이기도 하다. 우리의 마음은 잃어버린 정보의 간극을 채워 넣는 데는 전문가적이다. 패턴을 완성하고 매우 불완전한 정보로부터도 결론을 이끌어 내는 능력 덕분에, 빠르게 움직이면서 동시에 모호한 환경에서도 우리는 신속한 결정을 내릴 수 있다.

패턴 인식과 이야기 하기는 인간의 인식에 핵심적인 요소들로서, 이것 때문에 우리는 완전히 임의적인 자료에서도 패턴을 발견하고 이야기를 만들어 낸다. 스포츠 해설가와 팬들은 그저 그런 선수가 갑자기 호조를 보이면서 많은 골을 기록하거나 홈런을 치게 되면 그 이유가 무엇인지 상세한 이야기들을 이끌어 내는 것을 즐긴다. 한 유명한 분석이 있다. 토머스 길로비치Thomas Gilovich, 로버트 발론Robert Vallone, 그리고 아모스 트버스키는 이런 현상을 보고 스포츠에서 뛰어난 기량을 보이는 사람들의 대다수는 임의적인 경우로 보면 틀림없다는 것을 보여 주었다. 다시 말해, 선수들이 충분히 많으면 누군가는 언젠가 호조를 보일 수 있다는 얘기다. 본질적으로 사람들은 자신들이 생각하기에 이게 무슨 패턴인지를 설명하려고 이야기를 만들어 낸다[32].

딥 블루가 신발 끈을 맬 수 없는 이유

귀납의 반대말은 연역이다. 연역은 일단의 전제들로부터 결론이 논리적으로 나오는 추론 과정이다. 예를 들어, "소크라테스는 사람이고, 모든 사람은 도덕적이다. 그러므로 소크라테스는 도덕적이다"라는 식이다. 인간은 귀납만큼 연역을 사용한다. 그러나 우리는 귀납만큼 연역에는 그렇게 능숙하지 못하다. 흥미롭게도 인간은 귀납에는 상대적으로 능숙한 반면, 연역에는 상대적으로 미숙하다. 컴퓨터는 그 반대다. 우리 중 누구나 순간적으로 얼굴을 인식할 수 있다(하나의 귀납적 작업). 그러나 대부분 연역적 계산, 예컨대 $(239.46 \times 0.48 + 6.03) \div 120.9708$ 등을 재빨리 하려면 힘들다. 그러나 간단한 포켓 계산기는 후자와 같은 것을 빨리, 또 완벽하게 해낼 수 있다(정답은 1이다). 하지만 아무리 강력한 컴퓨터라고 하더라도 얼굴을 정확히 알아보는 것은 매우 어려운 프로그래밍상의 과제다.

그럼에도 불구하고 우리는 강한 귀납적 능력에 연역적 능력을 덧붙여 활용해 이를 보완한다. 대개 어찌할 바를 모를 정도로 난처한 입장에 빠졌을 때, 패턴에 대한 우리의 데이터베이스가 답을 찾아내지 못하고 있을 때, 또는 우리의 귀납적 본능이 제공한 답에 대해 확신이 안 설 때 그렇게 한다. 그때 우리는 쭈그리고 앉아서 고통스럽게 이 문제를 해결할 길을 찾느라 논리를 적용하려 할 것이다. 인간은 그 과정에서 도움을 얻고자 몇 가지 도구를 만들어 냈다. 연필, 종이, 대수학, 아바치abaci*, 계산기, 컴퓨터, 그리고 과학적 방법 등이다. 그러나 일단 우리가 이를 통해 수치 처리 등 문제를 해결하면 그 경험은 하나의 패턴으로서 우리의 인식에 쌓이게 되므로 그다음부터는 이 과정을 다시 반복할 필요가 없다. 결론적으로 우리는 패턴에 기초한 판단의 성공 또는 실패를 끊임없이 평가하면서 경험을 통해 학습을 해 나간다.

귀납과 연역이라는 추론 과정이 어떻게 함께 작동하는지를 보여 주는 좋은 사례는 바로 체스 게임이다. 최고의 체스 선수들은 우선 귀납을 활용해 장기판을 전체적으로 살펴보면서 연역을 사용해 구체적인 위치들을 분석한다. 인디애나 대학의 인지과학 프로그램 책임자인 앤디 클라크Andy Clark에 따르면 명인급의 체스 선수들은 힐끗 보기만 해도 대략 5만 가지에 달하는 서로 다른 장기 포지션들을 구별해 낸다고 한다[33]. 이런 믿을 수 없는 귀납적 패턴의 데이터베이스 덕분에 그들은 수많은 상황에 거의 자동적으로 반응한다. 예를 들면 이런 식이다. "이것은 1971년 세계 챔피언전에서 보비 피셔Bobby Fischer의 공격과 좀 비슷하군." 그러나 체스는 엄청난 경우의 수를 가진 게임이다. 그래서 미리 인식하고 있던 패턴에 들어맞지 않는 상황이 언제든 벌어질 수 있다. 이때 명인들은 이를 갈면서 특정 포지션을 염두에 두고 말을 옮기거나 그 반대의 이동으로 나누어지는 모든 가능성에 따른

---

* 피사의 사탑으로 유명한 피사에 12세기 말경 출현한 수학의 대천재 레오나르도 피보나치는 『Liber Abaci』라는 책을 펴냈다. 아랍식 기수법, 정수 및 분수에 관한 계산법, 가정법, 제곱근, 세제곱근, 기하학과 대수학의 연관성, 그리고 2차 방정식 및 부정 방정식의 해법 등에 관한 내용들을 담고 있다.

선택을 포함하는 의사 결정 나무(경우의 수를 그린 그림)를 통해 연역적으로 자신의 길을 만들어 나간다. 최고의 체스 선수들은 대부분 연역적 의사 결정 나무에서 3단계 아래까지 내려갈 수 있다.

인간이 귀납적 패턴 인식과 약간의 연역적 논리를 혼합하는 방식은 IBM이 만든 장기를 두는 컴퓨터 딥 블루Deep Blue가 모든 경우의 수를 따져 연역적으로 접근하는 방식과는 크게 상반된다. 딥 블루는 초당 2억 번에 달하는 연산으로 모든 가능한 수들을 평가하고 의사 결정 나무의 6단계까지 그림을 그릴 수 있다. 그러나 딥 블루의 사례는 왜 우리가 연역보다 귀납을 선호하는지 그 이유를 보여 준다. 연역은 단지 장기의 수처럼 매우 잘 정의된 문제에서만 효과가 있다. 연역이 작동하려면 그 문제가 어떤 정보를 잃어버리거나 모호해서는 안 된다는 얘기다. 연역은 추론을 하는 데 매우 강력한 방법이지만 본질적으로 차갑고 냉담하다. 귀납은 연역보다 잘못될 경향이 있지만 보다 유연하고, 또 우리가 흔히 부딪히는 불완전하고 모호한 정보 상황에서는 더 적합한 측면이 있다. 따라서 우리가 귀납 쪽으로 치우치게 되는 것은 진화론적으로는 설득력이 있다. 딥 블루는 게리 카스파로프Gary Kasparov 수준으로 장기를 둘 수 있지만 게리 카스파로프의 귀납적 기계

> 슈퍼컴퓨터 딥 블루는 천재 수준으로 체스를 둘 수 있지만, 신발 끈을 매거나 음식점에서 주문을 하지는 못한다.

는 그가 장기를 둘 수 있게 해줄 뿐만 아니라 아침에 그가 신발 끈을 매게 하고 식당에서 주문을 할 수도 있게 한다. 딥 블루가 할 수 없는 그런 일들이다[34].

근대 인지과학이 인간 행동을 바라보는 관점은 완전 합리성에 기초한 전통적 경제학 관점과는 거의 정반대다[35]. 완전 합리성은 우리가 100% 연역적이며, 딥 블루처럼 언제나 명확하고 잘 정의된 문제만 다룬다고 가정한다. 또한 우리는 학습하지 않는다고 가정한다. 우리가 완전하다면 무엇을 더 배울 필요가 있느냐는 얘기다.

또한 인지과학적 관점은 실험경제학자들이 제기한 변칙적인 결과들에 대한 설명을 하는 데도 도움이 된다. 앞에서 살펴본 프레임 짜기, 가용성 편견, 기준점 잡기anchoring*, 그리고 기타 효과들은 빠른 패턴 인식자로서, 또 미흡한 패턴의 완성자로서 인간의 모습과 어울린다. 때때로 귀납에 너무 성급한 나머지 실수를 하고 논리적 연관성을 잃어버리기도 한다. 우리는 진화를 통해 빠르고, 유연하고, 대충은 옳은 존재로 발전했다. 이는 느리고, 냉담하고, 그러나 완벽하게 논리적인 존재와 대비된다.

그러나 이로 인해 우리는 난처한 처지가 됐다. 완전 합리성의 핵심적인 이득은 그것이 매우 구체적이라는 점이다. 당신은 그것을 일련의 방정식 형태로 표현할 수 있고 이를 통해 모델을 세울 수 있다. 경제학이 과학이 되려면 그와 같은 정확성이나 엄밀성을 필요로 한다. 패턴 인식, 귀납, 학습, 그리고 유추 등 완전 합리성과는 거리가 먼 개념들을 가지고 우리는 어떻게 그런 일을 해낼 수 있을까?

행위자의 마음

지금 이 순간, 표준적이고 광범위하게 합의된 귀납적 추론 모델은 없지만 다양한 연구자들은 적어도 정확히 표현된 수학적 귀납 모델을 정립하는 것은 가능하다는 점을 보여 주고 있다. 패턴 인식과 학습을 특징으로 하는 모델들은 오늘날 컴퓨터 과학 연구의 주요 테마가 되었다. 그리고 이 모델들은 공항에서 테러리스트의 얼굴을 알아보는 것에서부터 신용 카드를 이용한 사기 패턴을 인식하는 것에 이르기까지 실제로 많이 응용되고 있다.

---

* 닻을 내린 곳에 배가 머무는 것처럼 맨 처음의 정보가 전체적인 판단에 영향을 미치는 경우를 말한다. 사람들이 어떤 값을 추정할 때 초기 값에 근거해서 판단하는 것도 같은 경우다.

미시간 대학 컴퓨터 과학자 존 홀란드, UCLA의 심리학자 키스 홀리오크**Keith Holyoak**, 미시간 대학의 심리학자 리처드 니스벳**Richard Nisbett**, 그리고 프린스턴 대학 인지과학연구소의 폴 타가드**Paul Thagard** 등은 귀납에 관한 일반적인 모델을 만들었다. 이는 새로운 호모 에코노미쿠스가 어떤 모습일 수 있는지에 대한 하나의 표본이다[36]. 홀란드와 그 동료들이 만든 모델의 기본적인 구조는 다음과 같다.

- **행위자**: 다른 행위자 및 환경과 상호 작용하는 행위자가 있다.
- **목표**: 행위자는 달성하려고 하는 한 가지 목표 또는 여러 목표들을 갖고 있으며, 따라서 현재의 상황과 자신이 바라는 상황과의 격차, 예를 들어 '나는 배가 고프다' 또는 '나는 위험한 상황이다' 등 그 격차를 인식할 수 있다. 행위자의 일은 목표에 좀 더 가까이 다가서기 위한 의사 결정을 하는 것이다.
- **경험의 법칙**: 행위자는 현 상태와 필요한 행동을 연결시키는 경험의 법칙들을 갖고 있다. 이것들은 '조건-행동' 규칙으로 불린다. 이는 'IF, THEN' 규칙으로 더 잘 알려져 있다. 예를 들면 "만약**IF** 스토브가 뜨겁다면, 그러면**THEN** 만지지 마라"는 식이다. 특정 시점에서 행위자가 갖는 경험 법칙들의 집합은 그 행위자의 '사고 모델'로 불린다.
- **피드백과 학습**: 행위자의 사고 모델은 어떤 규칙이 목표를 달성하는 데 도움이 됐고, 어떤 규칙이 목표로부터 더 멀어지게 했는지를 추적한다. 역사적으로 성공적인 규칙들은 비성공적인 규칙들보다 종종 더 자주 활용되었다. 환경으로부터의 피드백은 행위자가 시간이 흐름에 따라 학습할 수 있도록 만들었다.

이런 식으로 설명을 하면 귀납은 행위자가 자신의 목표 달성을 이루기 위해 사용하는, 본질적으로 하나의 문제 해결 도구다. 환경으로부터의 피드백으로 형성된 규칙들의 집합은 외부 세계에 대한 행위자의 내부 모델이다. 행위자는 이 내부 모델을 사용해 목표를 추구하는 과정에서 직면하는 다양한 상황에 어떻게 대응하는 게 최선일지를 예측한다.

이렇게 귀납적으로 문제를 해결하고, 학습하며, 유추를 통해 추론하는 방식은 꽤 복잡해 보인다. 그러나 홀란드가 지적했듯이 방금 설명한 이런 문제 해결 구조는 복잡성 정도에 따라 그 수준이 다양하기는 하지만 생물 세계에 널리 퍼져 있다. 예를 들어, 박테리아 같은 하등 생물조차 귀납적 문제 해결 방식을 사용한다. 즉 다양한 집적도의 음식물들을 만나면 집적도가 더 높은 방향으로 움직인다. 그러니까 그 방향 쪽에 자신이 좋아하는 것들이 더 많이 있을 것이라는 묵시적인 예측을 한다. 박테리아의 DNA는 박테리아 세계의 모델을 제시한다. 가령, 음식물 집적도가 높아지면 박테리아는 계속해서 그쪽으로 올라간다(만약 음식물 분자들이 완전하게 임의적으로 분포되어 있다면 달라지겠지만). 박테리아는 목표(음식물)를 가지고, 패턴(화학적 요소)을 인지하며, 예측(그 방향에 음식이 있다)을 하고, 이를 행동(편모를 좌우로 흔든다)으로 옮긴다. 박테리아는 환경으로부터 바로 피드백을 얻는다. 즉, 규칙이 먹혀 들어가면 살아남아 증식을 하고, 그렇지 않으면 죽는다.

개구리 학습

연못 위에 뜬 큰 수련 잎에 행복하게 앉아 있는 개구리 커밋**Kermit**을 상상해 보라[37]. 그의 삶의 목표는 너무나 단순하다. 위험을 피해서 파리를 먹는 것이다. 커밋의 사고 모델을 보면 그는 감각을 통해 자신이 처한 환경 소선들, 예를 들면, '움직인다' '줄무늬가 있다' '크다' '가까이 있다' '윙윙거린다' 등을 체크하는 다양한 탐지기를 갖고 있다. 커밋은 또 이에 대해 자신이 취할 수 있는 다양한 행동, 예를 들어 '도망간다' '추적한다' '혀를 쑥 내민다' '아무것도 하지 않는다' 등을 처방하는 작동체作動體들의 집합도 갖고 있다. 커밋의 사고 모델이 하는 일은 자신의 목표를 가장 잘 달성하는 방식으로 탐지기와 작동체를 함께 묶어 'IF, THEN' 규칙으로 만드는 것이다. 예를 들면 〈만약IF '작고' '날아다니고' '시야 한가운데 있다'면, 그러면THEN '혀를 내민다'〉는 식이다.

그렇다면 우선 커밋은 어떻게 그런 규칙을 얻게 될까? 그리고 커밋은 시간이 지남에 따라 어떻게 학습하는 것일까? 커밋에는 DNA 형태로 강하게 고정된 기본적인 규칙의 집합이 있다. 올챙이 때부터 먹을 수 있는 것은 바로 착수하고 위험은 피한다. 그러나 일단 세상 밖으로 나가면 커밋의 규칙은 빠르게 확장되기 시작한다. 예를 들어, 커밋이 다음과 같은 규칙, 즉 〈만약IF '작고' '날아다니고' '시야 한가운데 있다'면, 그러면THEN '혀를 내민다'〉는 행동 규칙을 갖고 태어났다고 하자. 그러나 그가 꿀벌이나 말벌 등 유쾌하지 않은 친구들을 만난 후에는 그 규칙을 수정할 수 있다. 즉, 〈만약IF '작고' '날아다니고' '푸르고' '시야 한가운데 있다'면, 그러면THEN '혀를 내민다'〉는 식으로. 이는 보다 정확히 파리를 잡기 위해서다. 마찬가지로 꿀벌이나 말벌에 대한 나쁜 경험으로 인해 그는 새로운 규칙을 추가할 수 있다. 즉, 〈만약IF '작고' '날아다니고' '줄무늬가 있다'면, 그러면THEN '아무것도 하지 마라'〉는 규칙이다.

커밋의 규칙 집합이 이렇게 환경으로부터의 피드백을 통해 수정되고 확장되면서 그는 불가피하게 갈등을 야기하는 상황에 직면하기도 한다. 예를 들어, 어느 날 커밋이 조그맣고, 날아다니는 푸른 것을 보고 있는데 머리 위로 검은 그림자가 지나간다고 하자. 커밋의 탐지기는 두 가지 규칙을 내려 보낼 것이다. 〈만약IF '작고' '날아다니고' '푸르고' '시야 한가운데 있다'면, 그러면THEN '혀를 내민다'〉와 〈만약IF '그림자' '머리 위'면, 그러면THEN '도망친다'〉다. 이 두 가지 규칙이 지금 경쟁을 하고 있다. 이 갈등의 문제를 해결하기 위해 커밋의 사고 모델은 신용 할당 과정을 갖고 있다고 가정한다. 즉, 해당 규칙을 적용했을 때 과거 커밋의 목표를 달성하는 데 얼마나 기여했는가에 기초해 점수를 부여받는다는 얘기다. 성공적인 규칙은 높은 점수를 얻는 반면 성공적이지 못하거나 오히려 손해를 초래하는 규칙은 낮은 점수를 받는다. 〈만약IF '그림자' '머리 위'면, 그러면THEN '도망친다'〉는 규칙이 커밋이 약탈적인 새들의 먹잇감이 되는 경우를 피할 수 있도록 하는 데 중요하다고 가정해 보자. 그 결과 커밋의 사고 모델의 점수 시스템에서 이 규칙은 100점을 부여받았다고 하자. 그리고 파리를 잡는 규칙은 물론 중요하지만 그 규칙만큼은 중요하지 않아 80점을 부여받았다고 하자. 두 가지 규칙이 동시에 적용되는 상황이면 커밋의 사고 모델은 보다 높은 점수의 규칙을 선택할 것이고, 따라서 그는 도망갈 것이다. 커밋의 사고 모델은 그의 목표 관점에서 도망하는 규칙이 얼마나 잘 먹혀들었는지를 따져 그 점수를 다시 갱신할 것이다.

이런 과정은 너무도 자연스럽게 학습으로 이어진다. 커밋이 가령 〈만약IF '윙윙거리는 소리를 듣는다' '떠났다'면, 그러면THEN '왼쪽으로 향한다' '혀를 내민다'〉는 규칙을 갖고 있다고 하자. 그런데 우연한 경우 어느 날 커밋이 머리를 왼쪽 대신 오른쪽으로 돌렸는데 파리를 잡게 된다. 이제 그는 〈만약IF '윙윙거리는 소리를 듣는다' '떠났다'면, 그러면THEN '오른쪽으로 향한다' '혀를 내민다'〉는 규칙도 추가할 것이다. 두 가지 규칙은 직접적으로 상충 관계다. 이 두 가지 규칙 모두 과거에 파리를 잡는 결과를 낳았고 그래서 10점이라는 점수를 똑같이 부여받았다고 하자. 이제 이 두 가지 규칙은 개구리 세계에서 서로 경쟁하는 가설이리고 생각할 수 있다. 점수가 동일하다면, 커밋은 두 가지 규칙을 다 시도할 것이다. 그러나 우리는 시간이 흐름에 따라 왼쪽으로 머리를 돌리는 규칙이 더 나은 결과를 내고, 그 결과 이 규칙의 점수가 올라갈 것이라는 점을 분명히 알 수 있다.

그러나 여기에는 두 가지 문제가 있다. 첫째, 어떤 규칙의 점수가 10점에서 11점으로 올라가자마자 커밋이 이와 경쟁하는 다른 규칙은 전혀 시도하지 않을 정도로 시스템이 경직화되는 것을 우리는 원치 않는다. 만약 커밋이 다음에 오른쪽으로 머리를 돌리는 규칙을 시도했는데 우연히도 파리를 잡았다면, 그 결과 이 규칙의 점수가 11점으로 올라감으로써 커밋은 앞으로 왼쪽으로 머리를 돌리는 규칙을 전혀 사용하지 않게 되면 궁극적으로 굶어 죽게 될 가능성도 있다. 높은 점수는 이 규칙이 적용될 가능성을 증가시키지만 그렇다고 성공한다는 보장은 없다. 우리는 여전히 점수가 비슷한 규칙들에 대해서는 실험을 원한다. 그리고 때때로 이미 눈 밖에 난 규칙도 세계가 정말 변해 버렸는지 그 여부를 알아보기 위해 시험을 해보고 싶을지 모른다. 둘째, 때때로 행동과 보상이 시간적으로 따로 논다는 점에서도 문제가 있다. 비용은 단기에 발생하고 이익 실현은 장기간이 걸릴 때 시스템은 어떻게 전략적으로 행동하는 것을 학습할까?

홀란드와 동료들의 답, 즉 "우리에게는 시장이 있다"는 얘기를 들으면 경제학자들의 마음이 훈훈해질지도 모르겠다. 이들의 가정은 이렇다. 당신의 사고 모델에 있는 규칙들은 각자의 신용 점수를 이용, 당신의 선택을 이끌어 내기 위해 서로 경쟁한다[38]. 신용 점수가 높으면 물론 이 규칙이 선택될 확률이 더 높지만 그렇다고 확실한 것은 아니다. 예컨대, 5점 차이밖에 나지 않는 두 규칙 중 어느 것이 선택될지는 50 대 50일 수 있고, 만약 10점 차이가 난다면 60 대 40으로 점수가 높은 쪽이 더 유리할 수 있다는 얘기다. 뿐만 아니라 경쟁은 대개 독자적으로 행동하는 단일 규칙들 간에 이루어지는 게 아니라 복잡한 연쇄적인 규칙들 간에 이루어진다. 예를 들어, 커밋은 파리들이 많이 모이는 장소를 찾고, 이에 접근해 들어가서(잠시 겁을 주어 쫓아 버린다), 파리들이 돌아올 때까지 한동안 앉아 있다가 혀를 가지고 단숨에 해치워 버린다는 전략을 가질 수 있다. 이렇게 복잡한 연쇄적인 규칙들이 작용한다는 것은 보상을 얻는 규칙(만약IF '파리'면, 그러면THEN '혀를 바로 내민다')과 먼저 그런 조건을 갖추는 규칙(만약IF '파리를 끌어모으는 냄새나는 음식물'이면, 그러면THEN '접근한다')이 분리되어 있음을 말해 준다.

규칙 시장에서 연쇄 관계를 형성하고 있는 규칙들은 서로에게 공급자이고 고객이라고 볼 수 있다. 예를 들어 '혀를 내민다' 규칙은 '앉아서 기다린다' 규칙으로부터 구매를 하고, 이 규칙은 또 '냄새나는 음식물에 접근한다'는 규칙으로부터 구매를 한다. 따라서 '혀를 내민다'는 규칙이 보상을 받으면 이는 그 공급자 역할을 한 규칙들에게 대가를 지불해야 하고, 이들 공급자들은 또 자신들에게 공급자 역할을 한 규칙들에게 대가를 지불한다. 이윤을 창출하는 규칙들(즉, 이들은 모두 보상을 얻어 낸 체인의 능력에 기여했다)은 시간이 지남에 따라 그 강도가 점점 세져 더욱 빈번하게 사용된다. 그러나 규칙들이 체인상에서 뒤로 멀리 가면 갈수록 대가로 지불받는 몫은, 다시 말해 이른바 트리클 다운trickle-down 효과*는 중간에 위치한 다른 많은 규칙들 때문에 점점 줄어든다. 그 결과 보다 몫이 떨어지면 자연스럽게 원인과 결과 사이의 거리에 한계가 설정된다. 이런 구조는 우리가 어느 정도 전략적으로 행동할 수 있지만 길고, 복잡한 인과적 연쇄 사슬을 따라 추론을 해나가는 데는 어려움을 겪는다는 실험적 증거와 일치하는 것이다.

패턴 인식

여기서는 서로 경쟁하는 규칙, 점수, 환경으로부터의 피드백 등으로 구성된 상대적으로 간단한 시스템이 어떻게 시간이 지남에 따라 학습을 하는 유연한 패턴 인식 시스템으로 발전하는지 알아보려고

---

* 넘쳐흐르는 물이 바닥을 적신다는 뜻으로, 적하(滴下) 효과로 불린다.

한다. 이제 시스템의 성과를 크게 높이기 위해 가정을 한 가지 더 추가하자. 시간이 흐름에 따라 시스템의 규칙들은 자기 조직화를 통해 '계층적 구조'가 된다고 가정한다. 커밋의 세계는 규칙성이 있기 때문에 커밋의 사고 모델에 나타나는 규칙의 패턴에도 규칙성이 있을 것이다. 예를 들어, '작다' '날아다닌다' '푸르다' 등을 다루는 규칙들은 동시에 나타나는 경향이 있다. 규칙들이 함께 나타나면 이들은 연관성이 있는 것이므로 우리는 이 규칙들이 하나의 범주로 조직화된다고 생각할 수 있다. 커밋이 '작다' '푸르다'에 해당하는 것을 만날 때 떠오르는 여러 규칙들은 '파리'라는 범주에 들어올 수 있고, 마찬가지로 '크다' '날아다닌다' '날개를 퍼덕거린다' 규칙들을 떠오르게 하는 것은 '새'라는 범주로 모일 수 있다. 커밋의 사고 모델은 파리와 새와 관련한 수많은 경험들과 반응들을 갖고 있을 것이다.

계층적 구조는 귀납적 시스템에 두 가지 중요한 이점을 준다. 우선, 시스템이 새로운 현상에 대응할 수 있게 해준다. 어떤 사고 모델도 언제나 실제 세계보다는 더 단순할 것이다. 따라서 커밋은 항상 자신이 전에 경험해 보지 못했던 상황을 만날 수 있고, 그 경우 어떤 대응을 해야 할 것이다(그 대응이 '아무것도 하지 마라'일지라도). 이에 따라 우리는 커밋의 사고 모델은 '기본적으로 미리 내정된 계층 구조'로 정리되어 있다고 가정한다. 커밋이 어떤 패턴을 만나면 그의 사고 모델은 그 패턴에 맞는 특정한 대응책을 갖고 있는지 조사할 것이다. 그래서 만약 없다면 그는 다시 미리 내정된 대응에 의지할 것이다[39]. 예를 들어, 커밋이 〈만약IF '목적물 이동' '다른 정보 없음'이면, 그러면THEN '도망간다'〉라는 미리 내정된 대응책을 가지고 있을 수 있다. 이는 커밋으로 하여금 어려운 상황에 빠지지 않도록 설계된 매우 일반적이고 보수적인 규칙이다. 그러나 커밋은 보다 구체적인 대응책, 예를 들어 〈만약IF '목적물 이동' '작다' '가깝다'이면, 그러면THEN '접근한다' '천천히'〉와 같은 경우를 포함하여 좀 더 많은 정보를 갖고 있는 몇 가지 상황에 직면할 수 있다. 따라서 커밋은 새로운 현상에 직면할 때는 조심하다가, 다시 시도해서 정답을 찾는 규칙들에 의지하는 등 시간이 흐름에 따라 마주하는 새로운 상황마다 그에 적합한 목록들을 개발할 것이다.

규칙 계층 구조가 갖는 두 번째 이점은 유추에 의한 추론을 가능하게 한다는 점이다[40]. 개구리는 문학적 의미에서의 은유를 생각해 낼 수 없다. 그러나 귀납적인 시스템을 가진 개구리 또는 다른 어떤 행위자들도 무엇이 다른 어떤 것과 비슷하다고 말하는 유추를 통해 추론을 할 수 있다. 하나의 계층으로 배열된 규칙들의 집합은 이런 형태의 추론에 자연스럽게 들어맞는다. 가령, 새에 대한 커밋의 경험 중 대부분이 바다 갈매기였고, 그 결과 '크다' '날아다닌다' '날개를 퍼덕거린다' 등을 탐지하면 발동되는 규칙들이 '새'라는 범주에 들어가 있다고 하자. 어느 날 커밋은 '크다' '날아다닌다' 그러나 '날개를 퍼덕거린다'에는 해당되지 않는 어떤 것을 보았다. 이런 일에 직면하면 '새'라는 탐지기들의 일부만 작동하게 된다. 커밋에게 이 새로운 물체는 '새 같은 것 또는 새 비슷한 것'으로 지금껏 자신이 새에 관련해 갖고 있던 경험에 비추어 정확히 맞지 않는다. 커밋의 사고 모델은 무엇이 이 새로운 물체와 일치하는지 다른 범주들의 탐색을 돕고 이것이 파리나 강아지보다는 새에 가깝다는 것을 알려 준다. 커밋은 이미 정해 놓은 규칙의 계층 구조를 활용해 가장 일반적인 새에 대한 대응책, 즉 '도망간다' 쪽으로 향한다.

유추에 의한 이론 추론은 끊임없이 새로운 과제가 등장하는 모호한 세계에서 커밋에게 큰 이익을 가져다준다. 어떤 것이 새와 비슷하다는 것을 알게 되면 식별이 안 되는 새로운 물체를 만났을 때 곧바로 '무엇인지 알 수 없다' 범주로 가는 것보다 정확한 대응책을 만들어 낼 가능성이 있다. 예를 들어, 커밋이 본 날개를 퍼덕거리지 않는 무언가를 보았는데, 그것이 이 개구리를 찾아 날아오르는 매라면 무슨 일이 일어날까? 그것은 또 비행기이거나 아무 해가 없는 다른 물체일 수도 있지만 새 비슷한 것으로 보는 것은 여전히 합리적이고 보수적인 반응책의 하나다. 즉, 커밋의 반응이 비록 완벽하지 못하다고 할지라도 적절한 무슨 조치를 취할 가능성은 향상될 것이라는 요점이다. 시간이 흐름에 따라 매나 비행기가 커밋의 세계에 중요하다면 '새 비슷하다'는 그의 정의도 발전할 것이고, 결국 그는 이들 물체에 대한 보다 적절한 대응 조치를 그의 앞서 미리 내정된 규칙 계층 구조에 입력시켜 놓을 것이다.

금융 정보를 추적하는 스톡 봇*

앞에서 파리를 잡는 개구리에 관한 모델에 대해 알아보았다. 그렇다면 홀란드와 그의 동료들의 귀납적 모델은 인간의 경제적 의사 결정에는 어떻게 적용되는가? 1987년 산타페 연구소의 경제학 미팅 직후 홀란드는 아서와 협동 연구를 시작했다. 아서는 학술적이었지만 대학원생일 때 맥킨지 파견 근무를 비롯해 기업 세계에서 일한 경력이 있다. 그는 이런 체험을 통해 실제 세계의 의사 결정 과정은 경제학 모델에서 말하는 참하고, 무미건조하며, 완벽한 합리성과는 거리가 멀다는 것을 깨달았다. 그가 실제 세계를 보다 잘 반영하는 방법이 없는지에 대해 오랫동안 관심을 갖게 된 이유다. 홀란드와 아서 팀은 홀란드의 아이디어를 주식 시장 행태를 모델링하는 데 응용해 보기로 했다. 이들이 블레이크 르바론Blake LeBaron, 리처드 파머Richard Palmer, 산타페 연구소 가상 주식 시장Artificial Stock market의 폴 테일러Paul Tayler 등과 함께 정립한 모델은 그 후 복잡계 경제학 문헌에서는 하나의 고전으로 통하게 되었다[41].

앞에서 살펴보았던 일반적 귀납 모델을 따른다면 산타페 모델에서

---

* Stock Bot, 인터넷 상 로봇의 일종이다.

행위자들은 정보를 처리하는 존재로서 본질적으로 작은 컴퓨터 프로그램들이다. 이들은 환경에서 정보를 수집하고, 정보를 처리하며, 의사 결정을 내리고, 그다음 환경으로부터 그 결정에 대한 피드백을 얻는다.

슈거스케이프의 행위자처럼, 주식 시장 모델의 행위자들에게도 진화의 힘이 적용된다. 즉, 가장 경제적으로 성공한 슈거스케이프 행위자들이 살아남고 번식을 하는 것처럼, 산타페 주식 시장에서도 가장 성공적인 주식 거래 행위자들은 보상을 받고 성공적이지 못한 행위자는 파산 선고를 받고 퇴출된다. 그러나 아서, 홀란드, 그리고 그 동료들은 자신들의 모델에 또 하나의 진화를 추가했다. 주식 시장 모델에서 진화는 행위자들이 학습할 수 있도록 그들의 머릿속에서도 작동한다.

> 새로운 경제적 주체 모델인 '호모 에코노미쿠스'는 변화하는 환경에 순발력 있게 대응하고 학습하는 '귀납적으로 합리적인' 존재다. 또한 전적으로 이기적이거나, 이타적이지는 않다. 사람들이 개발한 사회적 네트워크는 협력의 대가를 보상하고 무임승차자를 벌하는 데 초점을 맞추고 있다.

이것이 어떻게 작동하는지 알아보기 위해 당신이 복권에 당첨돼 적당한 금액을 땄다고 상상해 보자. 당신은 주식 중개인에게 전화를 걸어 투자 전략에 대한 일반적인 자문을 부탁한다. 그러면 그 중개인은 당신에게 몇 가지 경험 법칙들을 알려 준다. 예를 들면, 사서 보유하는 것이 장기적으로 가장 좋은 전략이다, 항상 당신의 포트폴리오가 다변화되어 있는지(위험 분산적인지)를 확인하라, 수익 대비 가격이 그 분야 다른 주식들보다 훨씬 높은 주식들은 조심하라 등이다. 그럼에도 당신은 좀 더 자문을 구해 보기로 한다. 몇 명의 중개인에게 더 전화를 해보고 당신의 삼촌이나 친구들에게도 당신이 어떻게 하면 좋을지 물어본다. 곧바로 당신은 많은 투자 자문을 받게 된다. 그러다 보니 그중에는 불가피하게 서로 모순되는 것들도 있다. 이제 당신이 해야 할 일은 당신 머릿속에서 둥둥 떠다니는 이 모든 후보 전략들을 자세히 살펴본 다음 무엇을 해야 할지 선택하는 것이다.

이 시나리오에는 두 가지의 경쟁이 시장에서 진행되고 있다. 우선, 시장 그 자체에서 투자 전략들 간의 일반적인 경쟁이다. 누가 더 잘할지, 성장 투자가들인지아니면 가치 투자가들인지, 또는 황소인지 곰인지 같은 경쟁을 말한다. 두 번째는 당신의 머릿속에서 서로 대립하는 투자 전략들 간의 경쟁이다. 누구 말을 들어야 하나? 중개인인가 아니면 당신의 괴짜 삼촌 허비인가? 아서와 홀란드는 이 두 가지 모두 진화론적인 학습 과정을 따른다고 추측했다.

이 아이디어를 탐색하기 위하여 아서, 홀란드, 그리고 그 동료들은 컴퓨터상에서 가상으로 거래되는 주식 환경을 만들었다. 임의로 배당금을 지급하는 단일 주식을 대상으로 했다. 그리고 주식을 사고팔 100명의 거래 행위자들도 두었다. 주식 가격은 시장에서 행위자들의 매매에 의해 결정된다. 각 행위자들의 목표는 간단했다. 가능한 한 많은 돈을 벌겠다는 것이다. 이 목표를 달성하기 위해 각 행위자들은 언제 사고팔지 결정해야만 했다. 행위자들은 이런 결정을 내리는 과정에서 세 가지 정보를 참고했다. 주식의 과거 가격 패턴, 배당금 지급 기록, 안정적인 이자율이다. 다음으로 아서, 홀란드와 그 동료들은 행위자들이 의사 결정을 내리기 위해 이들 정보들을 어떻게 처리하는지를 결정해야 했다.

개구리 모델에서처럼 연구자들은 시장에서의 패턴과 행위자의 주식 가치에 대한 기대를 이어 주는 '조건-행동 규칙'을 활용했다. 예를 들면, 〈만약IF '지난 기간에 비해 가격이 5% 오른다'면, 그러면THEN '다음 기간 가격은 현재 기간 가격+5%로 예측하라'〉는 것과 같은 규칙이다. 이런 규칙을 따르는 행위자는 예측 가격과 현재 가격을 비교함으로써 주식을 살 것인지 팔 것인지를 간단히 결정할 수 있을 것이다. 즉, 예측 가격이 더 높으면 주식을 사고, 더 낮으면 팔면 된다. 이렇게 만들어진 규칙들은 경우에 따라서는 훨씬 더 복잡해질 수도 있다. 예를 들어, 〈만약IF '지난 세 기간에 걸쳐 가격이 올랐다'면, 그리고 AND '가격이 배당금을 안정적인 기본 이자율로 나눈 것의 16배보다 크지 않다'면, 그러면THEN '다음 기간 가격과 배당금 합은 현재 기간 가격과 배당금 합의 106%로 예측하라'〉는 규칙도 있을 수 있다. 행위자들이 사용하는 경험 법칙들은 기본적인 조건(예를 들면, 이익 대비 가격 비율이 일정 범위에 있는 주식을 사라)이나 시장의 추세(계속 가격이 상승하는 주식을 사라) 또는 이 두 가지의 혼합에 근거할 수 있다. 이 모델에는 하나의 규칙이 얼마나 복잡해도 되는지에 대한 어떤 제한은 없다.

조금 전 우리가 상상했던 복권 당첨자가 상충하는 투자 자문들을 모두 살펴본다고 했던 것과 일치하도록 아서와 홀란드는 각 행위자에게 단지 하나의 경험 규칙이 아니라 100개의 규칙들을 부여했다. 그러니까 행위자는 주식 시장에서 무엇이 과연 성공에 이를지 머릿속에 있는 100개 규칙들을 서로 경쟁하는 가설들로 해석할 수 있다. 달리 설명하면 각 규칙은 하나의 잠재적인 투자 전략이고, 행위자가 할 일은 가능한 모든 잠재적인 전략들을 다 살펴본 뒤 어떤 것이 돈을 버는 데 도움이 될지를 결정하는 것이다.

이렇게 말하면 행위자들이 어떻게 100개나 되는 투자 전략을 다 살펴볼 수 있느냐고 물을 수 있다. 답은 매우 간단하다. 개구리 커밋처럼 행위자들은 과거의 경험을 사용한다. 아서와 홀란드는 행위자의 머릿속에서도 진화의 과정이 작동하도록 했다. 이에 따라 각각의 조건-행동 규칙은 1과 0을 사용한 일련의 번호들로 코드화되었다. 이런 일련의 번호는 다양한 투자 전략을 표현하는 컴퓨터 DNA로 생각할 수 있다. 예를 들어, 011000100101은 〈만약IF '배당금이 지난 다섯 번의 기간에 걸쳐 평균 10% 떨어졌다'면, 그러면THEN '가격이 다음 기간에는 2% 떨어질 것으로 예측하라'〉를 표현하는 것이고, 100011010101은 〈만약IF '배당금이 안정적인 기본 이자율의 3배보

236

다 적다'면, 그러면THEN '가격이 다음 기간에는 5% 오를 것으로 예측하라')를 표현한다는 얘기다. 이렇게 각 행위자는 자신의 소프트웨어 머릿속에 수많은 투자 전략 DNA를 갖고 있다. 각 전략 DNA마다 적합도(또는 적응도) 점수도 부여받는다. 따라서 어떤 전략이 행위자에게 돈을 벌어다 주었다면 그 적합도 점수는 증가하고, 반대로 돈을 잃게 했다면 점수는 내려간다.

매회 게임에서 행위자는 다음과 같은 과정을 거쳤다. 행위자는 과거 주식 가격, 배당금, 그리고 안정적인 기본 이자율 정보를 받았다. 그런 다음 이 정보를 자신들의 잠재적인 투자 전략과 시장의 패턴에 관한 자신들의 데이터베이스와 비교해 일치 여부를 살펴보았다. 그 결과 몇 가지 규칙들이 일치하면 행위자는 각 규칙들의 적합도 점수를 보고 가장 높은 점수를 가진 규칙을 선택한다. 따라서 과거에 잘 들어맞았던 규칙들은 더 자주 활용되는 경향이 있다. 규칙이 일단 활용된 뒤에는 그것이 어떤 결과를 가져왔는지를 살핀다. 다시 말해 돈을 벌게 했는지, 아니면 잃게 했는지를 살펴본다는 얘기다. 행위자가 돈을 벌었다면 그 결과로 인하여 이 규칙은 더욱 강력한 힘을 갖는다. 반대로 돈을 잃으면 이 규칙은 약해진다.

지금까지 우리는 고정된 수의 규칙들 안에서 학습할 수 있는 시스템을 갖고 있다. 이제 각 행위자마다 임의로 구축된 100개의 규칙들을 가지고 출발한다고 하자. 이 시스템을 사용할 경우, 행위자들은 시행착오를 겪으면서 궁극적으로 자신들이 가진 규칙들 중 어느 것이 돈을 벌고 그렇지 않은지를 학습할 것이다. 그러나 실제 주식 시장에서 사람들은 끊임없이 새로운 투자 전략을 고안해 내고 있다. 그렇다면 우리는 어떻게 행위자들로 하여금 새로운 규칙들을 만들어 내게 할 것인가?

아서와 홀란드, 그리고 그 동료들은 다음과 같은 과정을 모델 안에 집어넣었다. 때때로 중간중간에 각 행위자들이 보유한 100개 규칙들의 집합이 하나의 진화 과정을 겪도록 한 것이다. 즉, 성적이 밑바닥인 20개 규칙들은 제거되고 새로운 규칙들이 탄생해 이들 자리를 차지한다. 보다 성공적인, 남아 있는 80개 규칙들 중 일부의 경우는 컴퓨터 DNA의 개별 요소에 돌연변이가 일어난다. 예를 들어, 일련의 숫자 중 임의의 1이 0으로 바뀌거나 그 반대가 일어날 수 있다. 또 남아 있는 일부 규칙들은 재결합되기도 한다. 이는 본질적으로 컴퓨터 섹스다. 하나의 DNA 열께이 임의의 지점에서 싹둑 잘려 두 개가 되고 이것이 또 다른 열과 결합되었다가 다시 두 개로 잘리면서 새로운 다른 무엇을 탄생하기도 한다. 이와 같은 돌연변이와 재결합 과정의 결과로 행위자가 가진 100개의 규칙 풀pool에서 새로운 전략이 만들어진다. 물론 이렇게 만들어진 새로운 전략들 중 많은 것은 말이 안 되거나 심지어는 해롭기까지 할 수도 있지만 그중 일부는 정말 성공적인 혁신일 수 있다. 시장에서 활용되고 있는 다른 많은 전략들보다 훨씬 더 성공적인 그런 전략이 탄생할 수 있다는 얘기다.

귀납적인 주식 시장 모델이 다 준비되자 아서, 홀란드, 그리고 그 동료들은 스위치를 눌러 일련의 실험을 시작했다. 행위자마다 100개의 규칙을 가진 완전한 모델을 돌리기에 앞서 모든 행위자가 똑같은 한 가지 규칙, 즉 완전 합리성을 가졌고, 학습률은 0인 단순한 시스템을 먼저 돌려 보았다[42]. 돌려 본 결과는 전통 경제학이 예측했던 것과 매우 비슷한 것으로 나타났다. 모델은 빠른 속도로 이론적 균형 가격에 가까운 한 가격으로 안정되어 갔다. 균형 가격은 주식의 기본적 가치와 일치한다. 거래량이나 변동성은 상대적으로 적었고, 어느 누구도 다른 사람들이 번 것보다 특별히 더 높은 이익을 얻지 못했다. 이 실험은 모든 사람이 전통 경제학의 합리성에 따라(또는 그 비슷하게) 행동한다면 시장은 대체로 전통 이론이 예측한 대로 돌아간다는 점을 보여 주었다.

아서와 홀란드는 이번에는 다른 모델을 돌려 보았다. 두 사람은 각 행위자의 머릿속에 있는 100개에 달하는 경쟁적 규칙들을 작동시켰다. 임의로 분포한 전략들로 초기 값을 주었고, 학습률은 0 이상으로 높였다. 이는 모델의 행태에 극적인 영향을 미쳤다. 거래량은 훨씬 높아졌고, 변동성은 커졌다. 그리고 주식 가격은 시간이 흐름에 따라 버블과 폭락 등 훨씬 더 복잡한 동태성을 갖게 되었다. 시장 또한 강력한 폭풍과도 같은 기간과 상대적으로 정적인 기간이 혼재하는 패턴을 나타냈다. 뿐만 아니라 행위자들의 상대적인 성과에도 큰 차이가 있었다. 엄청나게 우수한 워런 버핏Warren Buffett 같은 행위자가 나왔는가 하면 추락해 파산한 행위자들도 나왔다. 17장에서 보다 상세히 살펴보겠지만 실질적인 금융 시장은 전통 경제학에서 예측하는 균형보다 지금 말한 이런 모습에 훨씬 더 가깝다.

무엇이 보다 동태적이고 현실적으로 보이는 시장으로 변화시킨 것일까? 모든 사람이 똑같은 완전 합리성 규칙들을 가지고 별다른 학습도 없이 여기에 매달리면 가격은 대략 균형 상황을 보이며 시장은 마치 떼를 지어 쭉 굴러가는 모습이다. 그러나 여기에 이질성과 학습을 도입하자마자 상황은 훨씬 더 다양해졌고 더 복잡해졌다. 가령 어떤 이유로 주식 가격이 일시적으로 좀 올랐다고 하자. 일부 행위자는 주가의 상승을 살펴보고 주식을 산다. 가격이 오르면서 점점 더 많은 행위자들이 뛰어들고, 그 결과 가격은 더욱더 높게 오른다. 그러나 다른 일부 행위자들은 이 주식의 기본 가치에 주목하면서 주식이 지나치게 고평가되었다고 생각해 어떤 시점부터 팔기 시작한다. 충분히 많은 행위자들이 한꺼번에 이렇게 나오면 주식 가격은 다시 하락할 것이고, 하락하는 주식은 매도하라는 규칙을 가진 행위자의 진입을 동시에 자극한다. 성장 투자가들이 모두 출구를 향해 달아나기 시작하면 주식 가격은 폭락으로 향할 것이다. 이러다 보면 주가의 이런 등락 패턴을 특별히 살피는 새로운 규칙들이 발전할 수 있다. 이 모든 가격 움직임은 여러 규칙들이 동태적으로 상호 작용하면서 촉발된다.

그 근저에 있는 주식의 경제적 가치 변화와는 별로 상관이 없다. 복잡한 패턴은 단순히 임의적인 노이즈 때문도 아니다. 그보다는 행위자의 머릿속에서, 그리고 각 행위자들 간에 여러 가지 믿음들이 복잡한 양상으로 경쟁하고 있고 그 결과 시장의 변동성과 복잡한 패턴이 촉발된다. 17장에서 서로 다른 형태의 행위자들 간의, 그리고 전략들 간의 경쟁이 어떻게 시장 행태의 중요한 측면들을 설명해 주는지 더 탐색할 것이다.

경제라는 복잡 적응 시스템에서 개인들의 미시적 행태에 대한 이해는 시스템이 전체적으로 어떤 행태를 보이는지를 이해하는 데 매우 중요하다. 거의 100년에 걸쳐 경제학의 인간 행동에 관한 모델은 오늘날 대부분의 경제학자들도 인정하듯이 과도하게 단순화시켰고, 수많은 증거들과 근본적으로 배치되며, 단지 수학적으로 다루기 쉽다는 목적을 달성하기 위한 것이었다. 그런 모델로 지금까지 변통해 왔다고 해도 결코 과언이 아니다. 그러나 이제는 심리학자들, 컴퓨터 과학자들, 인지과학자들과 협력해 호모 에코노미쿠스에 관한 새로운 모델이 나오고 있다. 이 모델은 인간을 모호하고 빨리 변화하는 환경에서도 의사 결정을 내릴 수 있고, 시간이 흐름에 따라 학습하는 귀납적으로 합리적인 패턴 인식자로 묘사한다. 실제로 사람들은 전적으로 자기만 생각하는 것도 아니고, 그렇다고 순전히 이타적인 것도 아니다. 오히려 사람들의 행태는 사회적 네트워크를 통해 협력을 이끌어내며, 협력의 대가를 보상하고 무임승차자를 벌하는 데 맞추어져 있다. 그러나 슬프게도 우리는 그 누구도 완전하지 못하며, 결점과 편견을 갖고 있다.

그렇지만 완전 합리성 모델에 대한 마지막 한 가지 변론이 남아 있다. 혹자는 완전히 합리적일 수 있는 방법은 하나밖에 없으며, 최소한 경제학은 비록 그것이 얼마나 결점이 있고 단순화됐든 인간 행동을 모델링하기 위한 표준적이고 합의된 방법론을 갖고 있지 않느냐고 주장한다. 그리고 귀납적인 합리성의 경우는 그렇게 말할 수 없지 않느냐고 주장한다. 인지과학은 아직도 도입 단계에 있고 합의된 단일 방법론도 없다. 그럼에도 불구하고 최소한 사실과 일치하는 모델을 사용하는 것이, 잘못된 모델을 알면서도 사용하는 것보다 더 낫다고 생각한다. 더구나 모든 목적에 부합하는 단일의 호모 에코노미쿠스는 아마도 없을 것이다. 주식 시장 모델을 위하여 필요했던 단순화된 몇 가지 행태에 관한 가정들은 거시 경제 모델에 필요한 가정들과 다를지 모른다. 그러나 여기서 우리가 이론을 지도에 비유했던 것을 다시 생각해 보자. 호모 에코노미쿠스에 대한 다양한 접근법들은 최소한 서로 간에는 일치해야 하고, 또 우리가 실제 인간 행동에 대해 이미 알고 있는 것과도 일치해야 한다. 앞으로 인지과학은 계속해서 빠른 속도로 발전할 것이다. 모델링 기술도 계속 향상될 것이다. 그 결과, 경제학이 결코 역사심리학이 될 수 없을지라도 우리는 인간 행동이 경제를 어떻게 이끌고 가는지에 대해 현재보다는 훨씬 더 잘 이해할 수 있을 것이다.

7

네트워크: 오! 너무나 복잡한 거미집

⋮

　네트워크는 어떤 복잡 적응 시스템에서든 반드시 포함되는 필수적인 요소다. 행위자들 간의 상호 작용이 없다면 어떠한 복잡성도 없을 것이다. 예를 들어, 생물 세계는 광범위한 네트워크의 계층으로 구성돼 있다. 분자들은 세포에서 상호 작용하고 세포들은 유기체에서 상호 작용한다. 그리고 유기체들은 생태계에서 상호 작용한다. 인간의 몸은 다른 네트워크와 상호 작용하는 네트워크 내부에 또 네트워크로 구성된 고도의 복잡한 구성체다. 뇌, 신경계, 순환계, 그리고 면역 체계 등을 포함한다. 인간 몸에서 이런 네트워크 구조를 다 떼어 내버리면 우리는 화학 물질을 담은 조그만 박스나 욕조 반 정도의 물에 불과할 것이다.

　경제적 세계 역시 네트워크에 의존한다. 우리가 살고 있는 지구는 도로, 하수도, 수계, 전기 배선망, 철로, 가스 라인, 전파, 텔레비전 신호, 그리고 광케이블 등으로 꽉 차 있다. 이것들은 경제라는 개방 시스템에 따라 움직이는 물질, 에너지, 그리고 정보를 방방곡곡 흐르게 하는 역할을 한다. 경제는 매우 복잡한 가상 네트워크들도 포함한다. 사람들은 기업에서 상호 작용을 하고, 기업들은 시장에서 상호 작용을 하고, 시장들은 글로벌 경제에서 상호 작용을 한다. 생물 세계에서처럼 경제 세계의 네트워크들은 네트워크 내부의 네트워크라는 계층별로 배열되어 있다.

그러나 경제 활동에 미치는 네트워크의 중요성에도 불구하고 네트워크는 최근까지도 경제학자들의 주된 관심사가 아니었다. 사회학자들이 수년 동안 네트워크를 연구해 왔지만 그것은 일반적으로 경제학보다는 사회정치적 관계라는 맥락에서였다[1]. 전통 경제학은 이것이 균형이라는 패러다임과 깔끔하게 맞아떨어지지 않기 때문에 네트워크를 적당히 얼버무리려는 경향을 보였다. 전통적 모델의 전형적인 가정에서는 행위자들이 단지 경매(또는 다른 가격 설정 메커니즘)를 통하거나 일대일 협상으로 상호 작용을 한다. 이런 가정이 도입된 것은 경매와 양자 게임의 경우 하나의 균형 시스템으로 표현될 수 있다는 이유에서다. 반면 보다 큰 그룹의 사람들이 복잡한 상호 작용에 관계하면 수학적으로 모델화하기는 훨씬 더 어렵고, 많은 경우 컴퓨터 가상 실험을 필요로 한다.

네트워크가 경제학에서 이렇게 대접받은 것과는 대조적으로 물리학에서는 수년간 관심을 끈 주제였다. 헝가리의 수학자 파울 에르되 Paul Erdös와 알프레드 레니Alfréd Rényi는 1950년대와 1960년대에 걸쳐 이 주제와 관련하여 개척자적 연구 결과를 많이 내놓았다[2]. 최근에는 새로운 수학적 도구와 컴퓨터의 발달에 힘입어 물리학적으로는 물론이고 사회과학적으로도 네트워크에 관한 연구가 크게 진전됐다. 이 연구 결과에 따르면 우리가 입자들의 상호 작용 네트워크에 대해 말하든, 아니면 뇌에서의 신경망 혹은 하나의 조직에 속해 있는 사람들에 대해 말하든 상관없이 네트워크는 공통적으로 적용되는 수많은

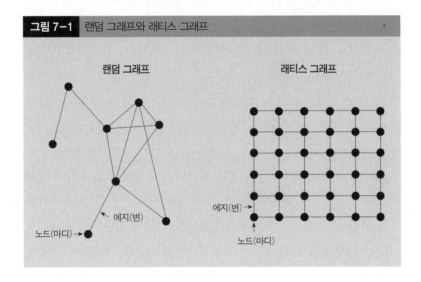

그림 7-1 랜덤 그래프와 래티스 그래프

랜덤 그래프

래티스 그래프

에지(변) →

노드(마디) →

에지(변) →

노드(마디)

일반적인 특성을 갖고 있다[3]. 이 장에서는 새로 발견된 그와 같은 '네트워크 법칙들' 중 일부가 경제 시스템에서 의미하는 바가 무엇인지 살펴볼 것이다.

  네트워크의 특성을 탐색해 보기 전에 우선 몇 가지 용어들을 정의하자. 종이를 꺼내 그 위에 점을 몇 개 그려 보라. 그리고 점들을 서로 연결해 보라. 당신은 하나의 네트워크를 만들었다. 수학자들은 이 점들을 '노드node'라고 하고, 이들을 연결하는 선을 '에지edge'라고 한다. 노드와 에지로 구성된 네트워크 자체의 그림은 '그래프graph'라고 부른다. 만약, 당신이 점들을 연결할 때 선을 임의로 그렸다면 당신이 그린 네트워크는 '랜덤 그래프random graph'라고 말한다(〈그림 7-1〉). 만약 당신이 그린 연결이 규칙적인 패턴을 보인다면(예를 들어, 각 점들을 가장 가까운 4개의 이웃 점들과 연결하면 장기판의 격자 패턴이 나타난다) 그런 네트워크는 '래티스 그래프lattice graph'라고 부른다. 랜덤 그래프와 래티스 그래프 모두 경제 현상에서 볼 수 있다. 그리고 가장 흥미로운 네트워크 중 일부는 이 두 가지가 결합된 형태다.

네트워크의 폭발

이메일, 팩스, 전화 등과 같은 상품들은 사용하는 사람들이 많으면 많을수록 더 유용해지는 특성을 갖고 있다는 점을 경제학자들은 오랫동안 알고 있었다. 이것이 '네트워크 효과'다. 그러나 전통 경제학은 이런 형태의 제품들이 왜 갑자기 불이 붙어 인기를 크게 얻는지 그 이유에 대해서는 역사적으로 별로 설명을 하지 않았다.

이론생물학자 스튜어트 카우프만은 에르되와 레니가 발전시킨 랜덤 그래프 이론이 그 답을 갖고 있다고 믿고 있다[4]. 단단한 목재 바닥 위에 1천 개의 단추들을 이리저리 늘어놓은 그림을 그려라. 그리고 당신 손에는 몇 개의 실이 있다고 상상하자. 당신은 2개의 단추를 임의로 주워 들어 이들을 실로 연결해 다시 내려놓는다. 처음 시작할 때는 당신이 집어 든 각 단추들이 연결이 안 돼 있을 가능성이 크기 때문에 당신은 계속해서 많은 단추들을 두 개씩 연결할 수 있을 것이다. 그러나 일을 계속해 나가다 보면 어느 시점에선가 다른 단추에 이미 연결돼 있는 단추를 집어 들게 되고 그러면 세 번째 단추를 계속 추가해야 하는 일이 일어날 것이다. 결국 연결되지 않은 단추가 점점 적어지게 되면 3개의 단추들로 이루어진 클러스터cluster들이 더 생기게 되고, 그다음에는 4개, 5개로 이루어진 클러스터들이 형성되기 시작할 것이다. 마치 조그만 섬들이 단추들로 이루어진 바다에 흩어져 있듯이 말이다.

지금이 기회다. 계속해서 단추를 연결해 나가면 분리된 단추들의 클러스터가 갑자기 이어지기 시작하면서 거대한 '슈퍼 클러스터'가 만들어지기 시작한다. 5개의 단추로 이루어진 클러스터 2개가 이어지면 10개의 단추로 이루어진 클러스터가 되고, 각각 단추 10개의 클러스터와 4개의 클러스터가 이어지면 단추 14개의 클러스터가 될 것이다. 물리학자들은 시스템의 특성에서 이런 갑작스러운 변화를 '상相 변화'

라고 부른다. 예를 들어, 증기를 가져다 온도를 한 번에 1도씩 낮추어 100℃에 이르면 그 증기는 물로 변하고, 다시 0℃에 이르면 얼음으로 바뀐다. 임의의 네트워크에서는 작은 클러스터에서 거대한 클러스터로의 상전이가 특정 시점에서 일어나는데, 그것은 바로 단추node당 연결된 실edges의 비율이 1의 가치, 즉 단추당 평균 1개의 실이 연결된 경우를 넘어설 때다[5]. 그렇다면 1의 비율은 '분기점(티핑 포인트)'*으로 생각할 수 있는데, 이 분기점은 임의의 네트워크가 드문드문 연결된 상태에서 밀접하게 연결된 상태로 갑작스럽게 바뀌는 시점을 말한다[6].

카우프만은 네트워크 형성에서 이 분기점은 생명을 위해 필요한 화학 반응 네트워크가 어떻게 시작되는지를 설명해 주는 중요한 부분이라고 믿고 있다. 그러나 우리는 이 효과가 경제나 기술이라는 맥락에서도 똑같이 작용한다는 점을 알게 된다. 인터넷이야말로 이를 보여 주는 가장 극적인 사례가 아닐까 싶다. 인터넷은 1960년대로 거슬러 올라가 국방부 프로젝트로 발명되었다. 근 20년 동안 세상에 잘 알려지지 않은 채 서서히 퍼지기 시작했는데, 주로 학계에서 사용되었다. 그러다가 1990년 후반 갑자기 폭발적으로 사용되었다. 이에 대해 한 가지 설득력 있는 설명은 빠르고 싼 모뎀, 보다 좋은 사용자 인터페이스 덕분에 사람들의 사회적 네트워크에서 이른바 에지-노드 비율이 1이라는 매직 넘버magic number를 넘어서면서, 다시 말해 분기점을 넘어서면서 폭발적인 사용이 일어났다는 것이다.

랜덤 그래프 이론은 그런 현상을 모델링하는 방법을 가르쳐 주고 있다. 그리고 네트워크 효과는 부드럽고 점진적인 것이 아니라 고도로 비선형이라는 점을 보여 준다. 이런 네트워크들을 분석하면 왜 갑

---

* 글래드웰은 티핑 포인트(tipping point)의 세 가지 특징으로, 전염성이 있다는 것, 작은 것이 엄청난 결과와 효과를 가져올 수 있다는 것, 이런 변화가 극적인 순간에 발생한다는 것을 꼽고 있다. 그리고 이 세 가지 특징 중에서 세 번째 특징이 가장 중요하다고 말한다. 왜냐하면 변화의 순간이 극적이라는 특성이 전염성이 있다는 것, 작은 것이 엄청난 결과를 몰고 올 수 있다는 앞의 두 특징을 설명해 준다는 점에서다.

자기 어떤 패션이 히트하는지, 왜 갑자기 정치적 운동이 뜰 수 있는 지, 또 심지어 주식 시장을 뜨겁게 달구는 것이 무엇인지를 보다 잘 이해할 수 있을 것이다[7].

세상은 좁다

1967년 심리학자 스탠리 밀그램Stanley Milgram은 한 가지 실험을 했다[8]. 그는 캔자스와 네브래스카에 있는 일단의 사람들에게 편지를 보냈는데, 그 내용은 이 편지를 보스턴에 있는 두 사람의 수신자 중 한 명에게 보내야 한다는 것이었다. 그러나 밀그램은 단지 그 수신자의 성명, 직업, 인구 통계적 사항, 그리고 개략적인 주소만 파악했다. 그는 캔자스와 네브래스카 참가자들에게 성이 아닌 이름을 기준으로 자신이 알고 있는 누군가에게 이 편지를 보내라고 지시했다. 그리고 그 편지를 받은 누군가는 또 이름 기준으로 자신이 알고 있는 누군가에게 보내도록 한 것이다. 일종의 연쇄적 편지와 같은 것이다. 이것은 그 편지가 의도한 사람에게 도착할 때까지 계속되었다. 당신도 한 참가자인데, 문제는 보스턴에 아는 사람이 아무도 없다고 하자. 그래서 당신은 그 편지를 동부 해안 쪽 대학으로 간 오하이오에 있는 사촌에게 보냈다. 그 사촌은 그 편지를 보스턴에 있는 대학 친구에게 전했다. 그리고 그 친구는 최종 수신자가 의사이기 때문에 한 의사에게 이 편지를 보냈다. 편지 릴레이는 이런 식이다. 그런데 밀그램은 정말 놀라운 점을 알아냈다. 우선, 대부분의 편지가 전달됐다. 두 번째로, 연쇄적 전달의 중앙값은 6이었다. 이 결과는 지구상의 모든 사람들이 6개의 상호 연결 고리 내에 있다는 개념을 말하는 이른바 '6단계 분리 법칙'의 토대가 되었다*.

---

* 인적 네트워크 이론으로, 모르는 사람도 6명만 거치면 연결된다는 법칙이다.

컬럼비아 대학의 던컨 와츠Duncan Watts와 코넬 대학의 스티브 스트로가츠Steven Strogatz는 6단계 분리 원칙과 관련하여 케빈 베이컨 게임Kevin Bacon game[9]을 사용한 기발한 테스트를 실시했다. 와츠에 따르면 이 게임은 윌리엄메리 대학William and Mary College의 남학생 사교 클럽 회원들로 이루어진 한 그룹이 발명했다. 이들은 영화광들로서 케빈 베이컨이라는 배우가 영화 세계의 중심 인물이라고 결정했다. 이 게임은 먼저 임의의 배우를 생각해 내고 그가 얼마나 많은 연결을 거쳐 베이컨이 나오는 영화로 이어지는지를 결정한다. 예를 들어, 케빈 코스트너의 경우 그는 영화 〈JFK〉에 베이컨과 같이 출연했기 때문에 베이컨 넘버 1을 갖게 된다. 한편, 브루스 윌리스는 베이컨과 한 번도 같이 출연한 적이 없지만 베이컨 넘버 2를 갖는다. 왜

> 64억 명이나 사는 이 지구에서 어떻게 우리 모두가 6번의 악수만으로 연결될 수 있다는 것일까? 수학자라면 이렇게 말할지도 모르겠다. 세계 모든 사람들이 평균 100명의 친구를 갖고 있다면 친구의 친구의 숫자는 1만 명일 것이고, 친구의 친구의 친구의 숫자는 100만 명이다.

냐하면 그는 〈아마겟돈Armageddon〉에서 패트릭 맥코맥과 같이 출연했고, 맥코맥은 〈할로우 맨Hollow Man〉에서 베이컨과 출연했기 때문이다. 버지니아 대학의 브렛 차덴Brett Tjaden의 자료에 따르면 와츠와 그 동료는 임의로 미국 배우 아무나 생각해도 가장 높은 베이컨 넘버는 4라는 사실을 발견했다. 그다음, 이들은 인터넷의 영화 데이터베이스를 전부 뒤져 조사해 봤더니 전 세계 약 57만 명의 배우 중 90%가 베이컨과 연관성을 가졌는데, 그중 최고 베이컨 넘버는 10이었다. 그리고 85%는 3 또는 그 이하의 베이컨 넘버를 가졌다[10]. 과학자들, 기업체 이사회 멤버들을 비롯한 다른 사회적 네트워크를 대상으로 유사한 연구들이 수행되었는데도 비슷한 결과가 나왔다[11]. 한마디로 세상은 이렇게 좁다.

64억 명이나 사는 이 지구에서 어떻게 우리 모두가 서로 간에 6번의 악수만으로 연결될 수 있다는 것일까. 수학자라면 이렇게 말할지

도 모르겠다. 세계 모든 사람들이 평균 100명의 친구를 갖고 있다면 친구의 친구의 숫자는 1만 명일 것이고, 친구의 친구의 친구의 숫자는 100만 명이다. 이런 식으로 하면 다섯 번째, 즉 친구의 친구의 친구의 친구의 친구는 100억 명에 이른다는 계산이 나온다[12]. 그러나 여기에는 두 가지 문제점이 있다. 첫째, 모든 사람에게 100명의 친구는 평균치로 볼 때 너무 높다. 둘째, 이보다 더 중요한 것으로 나의 친구 100명이 친구의 친구 100명과 완전히 다른 게 아니라는 점이다. 따라서 세계가 좁다는 말은 이와는 다른 요인 때문임이 틀림없다.

와츠와 미시간 대학의 마크 뉴먼Mark Newman(둘 다 산타페 연구소와 관계된 사람들이다)은 이에 대해 흥미로운 답을 내놨다. 이른바 '좁은 세계 효과'는 네트워크 그 자체의 구조 때문이라는 것이다. 와츠와 뉴먼이 발견한 것은 사회적 네트워크가 발전하면서 규칙성과 임의성이 매우 효율적으로 배합된 형태가 되었다는 점이다[13]. 미국의 지도를 놓고 인구가 10만 명이 넘는 도시들을 표시해 보자. 그리고 각 도시와 그 도시에 가장 가까운 4개의 이웃 도시들을 선으로 이어 보자. 예를 들어, 보스턴은 우스터, 케임브리지, 프로비던스, 그리고 맨체스터에 연결될 것이다. 이렇게 해서 나온 것은 앞에서 정의한 바 있는 일종의 '래티스 네트워크'다. 물론 이 래티스 네트워크는 앞서 〈그림 7-1〉에서 보았던 이상적인 래티스 그래프만큼 깔끔하게 보이지 않을 것이다. 그러나 4개의 가장 가까운 이웃을 연결하는 규칙이 의미하는 것은 이 네트워크가 규칙성과 구조를 갖고 있다는 점이다. 우리는 보스턴에 연결된 도시들을 보고서 이들을 하나의 지역, 예컨대 동남 뉴잉글랜드southeastern New England로 생각할 수 있다. 그러나 이런 규칙성의 불리한 측면은 이 네트워크를 통하여 이동하려면 너무 많은 단계를 거친다는 점이다. 예를 들어, 보스턴과 샌디에이고를 연결하려면, 보스턴에서 프로비던스, 그다음 프로비던스에서 하트퍼드, 그리고 그다음에는 하트퍼드에서 뉴욕 시티 등 한 번에 한 도시씩 기어가듯 서행하면서 횡단하는 꼴이 되어 버린다. 래티스 그래프는 이렇게 '높은 정도의 분리 단계들'을 특징으로 하기 때문에 한쪽 해안에서 반대쪽 해안으로 연결하려면 20~30번이나 되는 단계(단거리 여행)를 거쳐야 하는 것이다.

이제는 가장 가까운 이웃을 연결하는 규칙 대신 도시마다 임의로 4개의 도시를 이어 준다고 하자. 그러면 보스턴에서 한 번 만에 뉴욕주 올버니, 캔자스주 토피카, 플로리다주 새러소타, 그리고 워싱턴주 스포캔에 이어질 수도 있다. 어떤 선은 워싱턴 D. C.와 필라델피아 사이를 이어 주는 매우 짧은 거리일 것이고, 또 어떤 선은 덴버와 클리블랜드 사이를 이어 주는 중간 정도 거리일 것이다. 그러나 샌디에이고와 샬럿 사이를 이어 주는 꽤 먼 거리인 경우도 나올 것이다. 모든 선은 임의적인 것이기 때문에 짧은 거리, 중간 정도 거리, 긴 거리의 연결선들의 수는 같을 것이다. 이것이 의미하는 것은 어떤 두 도시를 연결하는 단계의 수가 훨씬 줄어들 것이라는 점이다. 왜냐하면 그 두 도시를 적절히 연결하기 위해 단, 중, 장거리 여행을 배합할 수 있기 때문이다. 래티스 그래프에서 랜덤 그래프로 옮겨 가면 분리된 단계의 정도가 확 줄어든다.

우연히 안 친구의 가치

사회적 네트워크는 래티스 그래프와 비슷하다. 왜냐하면 그 안에는 질서와 구조가 있기 때문이다. 당신에게 친구들을 한번 대보라고 하면 같이 자란 사람, 학교를 같이 다닌 사람, 직장 동료, 당신과 같은 직업을 가진 사람, 그리고 현재의 이웃 등일 것이다. 이것은 의미하는 바가 있다. 당신은 사회적 네트워크에서 친구들을 끌어내는 경향이 있기 때문에 당신 친구들은 서로 알고 있을 가능성이 평균 이상이다. 모든 사회적 네트워크들을 보면 너무도 식별이 가능한 클러스터들 또는 배타적 파벌들이 있다. 예를 들어, 세인트루이스에 있는 치과 의사들은 서로 이미 알고 있기 쉽다. 슈투트가르트에 있는 비행기광들도 마찬가지다. 이런 클러스터의 존재는 네트워크가 임의적인 것이 아니라 질서와 구조를 갖는다는 점을 보여 준다.

그러나 사회적 네트워크가 구조화되어 있다고 하더라도 우연히 알게 된 몇 명의 친구들도 있다. 이들은 우리의 정규적인 사회적 서클 내부에 속해 있지 않거나, 그 외부에 있지만 어떻게 만나 친해진 사람들이다. 예컨대 휴가 갔다가 알게 된 사람일 수도 있고, 병원 대기실에서 기다리다 알게 된 사람일 수도 있다. 우리의 정규적인 클러스터에는 해당되지 않는 이 사람들은 우리의 사회적 네트워크 밖에서 일종의 다리 역할을 한다. 다시 말해 우리를 다른 사회적 네트워크에 연결해 준다. 만약 우리가 근사한 구조를 가진 래티스 그래프에다 몇몇 임의적인 연결 고리들을 집어넣으면 양쪽 세계의 이익을 모두 얻게 된다. 식별이 가능한 클러스터들이 있지만 그것들은 분리의 단계들이 너무 짧다. 예를 들어, 내 친구들은 대부분 세인트루이스의 치과 의사들이다. 그런데 나는 체육관에서 한때 할리우드에서 일했던 친구를 알고 있다…… 이렇게 임의의 연결 고리들이 추가되면 당신은 곧 마돈나에게 말을 걸 수 있을지도 모른다. 우연히 알게 된 친구들은 비유를 하자면 샬럿에서 샌디에이고까지 급행 항공 여행과 같은 것이다.

가장 연결이 좋은 사람들은 접촉하는 그룹이 매우 다양한 사람들이다. 누구에게나 말을 걸 수 있고, 모든 계층과 환경에서 친구들을 선택할 수 있을 것처럼 보이는 사람들이다. GE는 직원들을 조직의 경계에 관계없이 이동시키고, 서로 다른 지역 출신의 사람들에게 지속적인 사회적 네트워크를 형성할 수 있는 기회를 주는 훈련 프로그램으로 유명하다.

뉴먼과 와츠는 이 효과를 계량화했다. 각자 10명의 친구를 가진 1천 명의 집단이 있다고 하자. 그리고 우연히 알게 된 친구들은 전혀 없다고 하자. 그러니까 친구들은 모두 각자가 속한 엄격히 규정된 단체 출신들이다. 여기서 평균 분리의 단계는 50이다. 다른 말로 하면 임의로 선정된 한 사람에서 출발해 또 다른 사람으로 이어지려면 50단계나 걸린다는 의미다. 그러나 각자 친구들의 25%가 우연히 알게 된 친구들이라고 하면, 즉 자신들이 속한 정규적인 단체 밖의 친구들이라면 평균 분리의 단계는 3.6으로 크게 떨어진다[14]. 흥미롭게도 우연히 알게 된 친구라는 아이디어는 무엇이 좋은 네트워크인지에 대한 우리의 사고에 반직관적으로 작용하는 측면이 있다. 무슨 말이냐 하면, 우리는 어떤 사람이 특정한 세계를 매우 잘 알면 그 사람을 연결이 좋은 사람으로 생각하는 경향이 있다. 그러나 와츠와 뉴먼의 연구에 따르면 가장 연결이 좋은 사람들은 접촉하는 그룹이 매우 다양한 사람들이다. 누구에게나 말을 걸 수 있고 모든 계층과 환경에서 친구들을 선택할 가능성이 있는 사람들이 있다. 그들은 정말 연결이 잘돼 있는 사람들이다.

사회적 네트워크 구조는 개인에게 중요할 뿐만 아니라 커다란 조직의 기능과 관련해서도 매우 중요하다. 만약 구성원들이 엄격한 경력 단계별로 올라가야 하고, 격납고나 저장고 형태의 사업 단위 내지 부서들을 가진 조직체라면 사회적 네트워크는 임의성이 충분하지 않으며, 과도하게 구조화되어 버릴 것이다. 그러면 정보가 주변으로 퍼져 나가기 위한 단계들의 연결 체인이 길어진다. 부족한 소통, 느린 의사 결정이 초래된다는 얘기다. 이와 대조적으로 어떤 조직들은 의도적으로 사람들을 여러 기능과 업무를 거치도록 한다. 이를 통해 회사 내에서 보다 다양한 연결성을 갖도록 사회적 네트워크를 만든다. 사람들이 너무 자주 바뀌면 그 사회적 네트워크가 엉망이 될 수도 있지만 적당히 하면 조직의 기능을 획기적으로 향상시킬 수 있다. 예를 들어 제너럴 일렉트릭GE은 사람들을 조직의 경계에 관계없이 이동시키고, 서로 다른 지역 출신 사람들에게 지속적인 사회적 네트워크를 형성할 수 있는 기회를 주는 훈련 프로그램으로 유명하다.

네트워크는 컴퓨터다

오랜 기간 선마이크로시스템스는 "네트워크는 컴퓨터다The Network Is The Computer"라는 슬로건을 가지고 광고를 해왔다[15]. 이는 흔히 볼 수 없는 통찰력 있는 구호이다. 왜냐하면 이는 네트워크와 컴퓨터 두 가지 모두에 대해 가장 기본적인 진실을 가리키고 있기 때문이다. 컴퓨터는 사실상 네트워크이고, 네트워크는 현실에서 컴퓨터다. 컴퓨터를 열어서 그 안을 들여다보면 하나의 네트워크로 서로 이어져 있는 칩 다발을 볼 것이다. 또 이 칩 중 하나를 열어 안을 들여다보면 역시 하나의 네트워크로 서로 이어져 있는 수천만 개의 트랜지스터를 볼 것이다. 이들 트랜지스터가 하는 유일한 일은 두 가지 상태, 즉 0과 1 사이에서 왔다 갔다 하는 것이다. 컴퓨터는 개별 트랜지스터에서 동력을 얻는 게 아니라 이것들이 하나의 네트워크로 묶이면서 동력을 얻는다. 마찬가지로 개별 컴퓨터를 하나의 네트워크로 이어 주면 보다 강력한 컴퓨터를 만들 수 있다. 지금의 슈퍼컴퓨터들은 실제로 개별 컴퓨터들의 네트워크들이다.

0 아니면 1의 상태에 있는 노드들로 구성된 네트워크는 이를 처음 만들어 낸 수학자 조지 불George Boole의 이름을 따 '불리언 네트워크Boolean Network'라고 부른다[16]. 불리언 네트워크에서 노드들의 0 또는 1 상태는 일련의 규칙들로 결정된다. 스튜어트 카우프만은 켜졌다 꺼졌다 하는 일련의 크리스마스트리 전구들의 이미지를 가지고 이것을 설명한다[17].

세 개의 전구가 서로 연결되어 하나의 고리를 형성하고 있다고 생각하자. 그리고 편의상 이 전구들을 A, B, C라고 부르자. 각 전구는 켜지거나 꺼질 수 있고, 이는 1 또는 0으로 각각 표현된다. 각 전구는 자신의 양쪽에 있는 두 전구로부터 그것들이 켜져 있는지, 꺼져 있는지 알 수 있는 투입 자료를 받는다. 이제 규칙 하나를 설명하자. 전구는 다른 두 전구로부터 받은 투입 자료에 따라 그 다음 기간에 어떻게 할지를 결정하는 규칙에 따른다. 예를 들어, 전구 A는 전구 B와 C가 1이면 1이고, 그 외의 다른 상황에서는 0이 된다는 규칙을 따를 수 있다. 이것은 '불리언 AND 규칙Boolean AND rule'으로 알려진 것으로 계산의 기본적인 블록 중 하나다.

우리는 전구에 다른 규칙들을 부여할 수도 있다. 예를 들어, A와 B가 0이면 C도 0이고, 그 외 다른 모든 상황에서는 1이라는 규칙이 있을 수 있다. 이는 '불리언 OR 규칙Boolean OR rule'이다. 우리가 전구에 부여하는 규칙과 시간에 따라, 전구가 깜박거리는 형태가 결정된다. 네트워크는 각 상태에 따라 클릭을 계속해 나간다. 다른 두 전구의 투입 자료와 규칙을 보고 다음 단계에 켜질지 꺼질지를 결정한다. 이런 규칙에 따라 한 순간에서 다음 순간으로 네트워크의 상태를 연결할 수 있다.

불리언 네트워크는 컴퓨터 칩상의 트랜지스터에서 화학 반응 네트워크(연구자들은 이른바 '화학 컴퓨터'를 만들 능력을 가졌던 적도 있다)에 이르기까지 그 범위가 다양하다. 우리의 뇌가 컴퓨터의 0과 1 논리를 사용하여 작동하는 것이 아니라고 할지라도 개별적인 신경 단위neuron는 수학적으로 그렇게 표현될 수 있다. 대부분의 연구자들은 뉴런의 덩어리인 뇌가 불리언 네트워크의 한 형태라고 믿고 있다(물론 압도적으로 복잡한 네트워크지만). 우리가 경제를 뇌들로 이루어진 거대한 네트워크라고 생각하면 실제로 경제도 하나의 불리언 네트워크다(이는 훨씬 더 압도적으로 복잡한 네트워크다). 개념적인 비약이 좀 있기는 하지만 이것이 사실이라면 경제에 대해 시사하는 바가 무엇인지 생각해 볼 수 있을 것이다[18].

30년이 넘는 불리언 네트워크에 대한 연구 덕분에 그 특성에 대해서는 많은 이들이 이제 이해하는 수준이 되었다. 불리언 네트워크는 WWW World Wide Web를 형성하고, 당신의 몸을 만들며, 정신을 불어 넣는 것과 같은 놀라운 일을 할 수 있지만 기본적으로 매우 단순한 피조물이다. 기본적으로 세 가지 변수가 이 네트워크의 행태를 이끈다. 첫째, 네트워크에 있는 노드의 수다. 둘째, 각 노드가 얼마나 많은 다른 노드들에 연결되어 있느냐 하는 것이다. 그리고 셋째, 노드의 행태를 이끄는 규칙들과 관련한 '치우침 bias'의 정도나. 이제부터 이들 규칙들과, 그것이 경제와 다른 여러 형태의 조직들에 무엇을 의미하는지 살펴보겠다.

큰 것이 아름답다: 정보의 규모

불리언 네트워크와 관련하여 첫 번째로 중요한 사실은 네트워크가 처할 상황의 수는 노드의 수에 따라 기하급수적으로 커진다는 점이다. 2개의 노드를 가진 네트워크는 4가지, 즉 2^2개의 상태에 있을 수 있다. 즉 00, 10, 01, 11이 그것이다. 마찬가지로 3개의 노드를 가진 네트워크는 8개의 상태를 보일 수 있다. 즉 2^3개다. 이런 단순한 사실은 놀라운 결과를 낳을 수 있다. 정확히 100개의 노드를 가진 네트워크를 갖고 있고 우리가 지구에서 가장 빠른 슈퍼컴퓨터의 속도로 네트워크가 처할 수 있는 가능한 각 상황을 하나하나 클릭해 들어간다면 모든 상태를 탐색하는 데는 5억 6,800만 년이 걸릴 것이다[19]. 5개의 노드를 더 만들어 105개가 되면 우주의 수명을 넘는 기간이 걸릴 것이다.

"만약 우리가 이들 작은 네트워크들을 전부 탐색할 수 없다면, 예컨대 인텔의 펜티엄 프로세서 또는 인간 뇌의 모든 가능한 상태를 단한 번이라도 완전히 탐색한다는 것은 바랄 수조차 없는 일이다[20]. 극도로 작은 부분만 탐색할 수 있을 뿐이다. 이것이 의미하는 긍정적인 측면은 네트워크의 규모가 커지면 이것이 취할 수 있는 정보량 또는 이것이 할 수 있는 일들이 기하급수적으로 증가한다는 것이다. '무어의 법칙Moore's law'은 처리 능력을 기하급수적으로 증대시킬 뿐만 아니라 그러한 능력이 할 수 있는 일들 또한 기하급수적으로 늘리고 있다.

생물학은 네트워크 성장의 '파워power'를 보여 주는 좋은 사례다. 인간 게놈은 유전자를 켰다, 껐다 하는 거대하게 복잡한 화학적 네트워크로 생각할 수 있다. 인간 게놈 프로젝트를 출범하기 전에 과학자들은 인간 게놈이 약 10만 개의 유전자를 갖고 있지 않을까 추정했었다. 과학자들은 막상 지도가 완성됐을 때 인간이 약 3만 개의 유전자만 갖고 있다는 것을 발견하고는 놀랐다[21]. 비교를 하면 이렇다. 미천한 회충은 1만 9천 개의 유전자를 갖고 있다. 인간 유전자 수의 3분의 2다. 인간은 회충보다 33% 더 복잡하다는 얘기다. 어떻게 찬란할 정도로 복잡한 호모 사피엔Homo sapien이 단순하기 짝이 없는 선충류보다 단지 33% 더 많은 유전자를 가질 수 밖에 없는 것인가? 이에 대한 답은 다른 데 있다. 유전자는 불리언 네트워크에서 우리 몸의 성장을 조절한다. 그런데 이 1만 개 남짓한 유전자가 더 있으면 인간 유전 네트워크는 회충 네트워크가 할 수 있는 것에 비해 훨씬 더 복잡한 결과들을 만들어 낼 수 있다.

가능한 모든 상태의 가지 수 측면에서 기하급수적인 성장이 일어나면 정보를 처리하는 단위들로 구성된 네트워크에서는 강력한 규모의 경제가 일어난다. 전통 경제학자들은 규모의 경제를 비용과 수량에 관련된 함수로 대개 생각해 왔다. 예컨대, 생산된 상품의 수량이 증가하면 상품당 비용이 내려간다는 의미다. 그러나 불리언 네트워크에서는 또 다른 종류의 규모의 경제를 생각하게 한다. 불리언 네트워크의 규모가 커지면 '새로운 경험의 가능성'은 기하급수적으로 증가한다. 10개의 노드를 가진 불리언 네트워크는 2^{10}개의 가능한 상태의 수를 갖는다. 그리고 100개의 노드를 가지면 상태의 수는 2^{100}이다. 여기서 100개의 노드를 갖는 네트워크의 가능한 상태들을 모아 놓은 공간은 10개의 노드를 갖는 네트워크의 그것보다 단순히 10배 더 큰

게 아니다. 차이를 따지면 10^{30}만큼이나 된다. 우리 주변의 커피숍에서 일하는 10명의 사람과 보잉에서 일하는 18만 명을 비교하면 근로자 수 측면에서는 단지 10^4 정도의 차이에 불과하다. 그러나 카페 라테를 만드는 것과 점보 제트기를 만드는 것의 복잡성의 차이는 그보다 엄청나게 더 벌어진다. 인간이 회충에 비해 훨씬 더 복잡한 것처럼 말이다. 또 보잉의 조직 규모는 내재적으로 미래 혁신을 위해 더 많은 공간을 갖고 있다. 보잉 조직 네트워크에서 가능한 상황의 수가 훨씬 많다는 것은 보잉이 조그만 구석의 커피숍보다 생존하기 위한 방법들이 훨씬 더 많다는 의미다.

전통적인 '규모의 경제'가 경제 성장을 설명하는 유일한 요소라면, 단지 우리는 오늘날 석기를 200만 년 전보다 더 싸게 만들고 있을 뿐일 것이다. 그러나 인간의 조직을 불리언 네트워크의 일종이라고 생각하면(물론 단순히 켜지거나 꺼지는 것보다 훨씬 더 많은 상태들을 가진 네트워크지만), 조직이 규모면에서 증가함에 따라 가능한 혁신의 공간은 기하급수적으로 펼쳐질 것이다. 인간의 경제 조직은 실제로 시간이 지남에 따라 규모면에서 증가해 왔다. 특히 조직의 점프가 일어난 것은 기술 변화와 일치했다. 정착 농업의 발전으로 그전 조직 단위로 볼 수 있는 수렵·채집 시대보다 확실히 큰 마을의 형성이 가능해졌다. 마찬가지로 산업 혁명은 대규모 공장의 설립과 산업 도시의 형성을 가져다주었다. 그리고 20세기 후반의 정보 혁명은 거대한 글로벌 회사들의 출현을 가능하게 만들었다. 한마디로 선순환 고리가 생겨났다. 다시 말해, 기술 변화는 보다 큰 단위의 경제 협력을 가능하게 만들었고, 경제 협력 단위는 큰 정보 규모를 활용, 미래의 혁신을 위한 더 많은 가능성을 만들어 낸다. 우리는 3부에서 이런 내용을 좀 더 살펴볼 것이다.

그러나 불리언 네트워크의 수학은 우리를 난처한 입장에 빠뜨린다. 큰 조직이 작은 조직보다 혁신을 위한 더 많은 공간을 갖는다면 작은 조직이 큰 조직을 혁신에서 압도하는 비즈니스 신화들이 유효한 이유는 무엇이고, 실리콘밸리에 있는 친구들이 큰 골리앗 같은 기업들을 이기는 이유는 또 무엇인가?

큰 것은 나쁘다: 복잡성의 불행

뉴먼의 이론은 규모가 커짐에 따라 또 다른 면, 보다 어두운 측면을 우리에게 보여 준다. 불리언 네트워크의 두 번째 변수, '연결의 정도'에 의해 발생하는 중요한 규모의 불경제가 있다. 매우 듬성듬성하게 연결된, 예컨대 크리스마스 전구 줄처럼 각 노드가 자신의 양쪽에 있는 한 노드에만 연결되는 네트워크를 상상해 보라. 또는 이와 대조적으로 매우 밀접하게 연결된, 가령 수천 개의 노드들이 있고 각 노드가 다른 모든 노드들에 연결되는 네트워크를 상상해 보라. 노드당 연결의 수는 네트워크 행태에 중요한 효과를 갖는다. 카우프만과 그의 동료들은 산타페 연구소에서 이 관계를 깊이 연구했다[22]. 이들이 발견한 핵심적 내용 중 하나는 다음과 같은 간단한 관찰로부터 나온다. 즉 어떤 네트워크가 노드당 평균적으로 한 개가 넘는 연결을 갖는다면 노드의 수가 증가함에 따라 연결의 수는 기하급수적으로 늘어날 것이다. 이것은 네트워크에서 상호 의존의 수는 네트워크 그 자체보다 더 빠른 속도로 증가한다는 의미다. 문제는 여기서 발생하기 시작한다. 상호 의존의 수가 늘어남에 따라 네트워크의 한 부분에 변화가 생기면 네트워크의 다른 부분에 그 효과를 미칠 가능성이 크게 높아진다. 이러한 파급 효과(스필 오버)*의 가능성이 높아짐에 따라 네트워크의 한 부분에서 긍정적인 변화가 다른 곳에서는 부정적인 효과를

---

* 스필 오버(spill over)는 어떤 조치나 행동을 취했을 때 그것이 간접적으로 연결된 사안이나 환경에 미치는 2차적인 또 간접적인 효과를 말한다.

미치게 될 가능성도 증가한다.

이에 대한 설명을 위해 당신이 단지 두 개의 담당 부서밖에 없는 조그만 기업의 공동 창업자라고 하자. 부서는 제품 개발과 마케팅 부서뿐이다. 당신은 제품 개발을 담당하면서 신제품에 대한 새로운 아이디어를 내놓는다. 이 아이디어를 논의하기 위해 미팅을 열고, 마케팅 부서에서 동의하고 나서면 준비는 끝난다. 너무나 간단하다. 당신이 생각해 낸 신제품은 성공이다. 회사가 성장하기 시작한다. 그리고 당신은 금융과 고객 서비스를 담당하는 조직들이 필요하다고 결정한다. 네 개의 부서가 된 것이다. 그러나 대부분의 초기 기업들이 그렇듯이 당신 기업도 조직적으로 아직은 좀 엉성하다. 새 그룹의 어느 누구도 서로에게 말을 걸지 못하는 상황이다. 그러나 당신이 공동 창업자 중 한 사람이라는 이유로 그들 모두 당신에게는 말한다. 당신은 또 새로운 제품 아이디어가 떠오른다. 그래서 마케팅, 금융, 고객 서비스 부서들과 각각 회의를 갖는다. 모든 부서들이 이 새로운 제안을 뒷받침할 수 있도록 확실히 해놓기 위해서다. 회의도 많아지는 등 그 전보다 좀 복잡해진다. 물론 그렇게 나쁜 상황은 아니다. 전체 미팅 수는 단지 부서의 수만큼 늘어난 것이다. 첫 번째 신제품의 경우는 미팅이 한 번이고, 두 번째는 세 번이다.

그러나 당신은 어느 순간부터 이렇게 소통의 허브 역할을 하는 게 지루하다고 생각한다. 그래서 각 부서의 장들에게 지시를 내린다. 각 장들은 다른 부서장들과 정기적으로 직접 얘기하고, 정보를 공유하고, 조정도 해야 한다고 말이다. 곧 이메일이 날아다니고, 회의실은 미팅으로 가득 찬다. 소통을 높이려는 당신의 조치는 성공이다. 당신은 이제 세 번째 신제품에 대한 아이디어를 낸다. 먼저 마케팅부와 회의를 연다. 그러나 바로 승인하기 전에 마케팅 관리자는 금융 부서로부터 이미 승인이 난 자신들의 예산에 미치는 영향을 점검해 봐야 한다고 말한다. 금융 부서 친구들은 고객 서비스 부서로부터 추가적으로 지원이 필요한 비용들에 대한 추정치를 받아 보기 전에는 당신의 프로젝트를 승인할 수 없다고 말한다. 그리고 고객 서비스 부서는 이 신제품 계획이 회사의 브랜드와 가격 전략과 일치하는지 마케팅 부서와 함께 따져 봐야 한다고 말한다. 갑자기 세 번의 미팅이면 충분하던 것이 열 번으로 늘어난다(모든 경우가 다 일어난다면). 그런데 조직의 규모는 그대로다. 그럼에도 이런 결과가 나온 유일한 이유는 소통 연결의 밀도가 증가했기 때문이다. 회사가 점점 성장하면서, 예컨대 각자는 모든 다른 사람들에게 이야기를 해야 한다는 규칙을 적용하면 무슨 일이 벌어질지 상상을 해보라. 만약 당신이 한 부서 더, 예컨대 법률 부서를 추가하면 미팅의 수는 25번으로 증가할 것이다. 사실 당신이 하고 싶어 했던 것은 더 좋은 소통을 갖도록 하자는 것이다. 이런 좋은 의도에도 불구하고 당신 회사는 관료주의적인 수렁에 빠져들고 만다.

당신은 이 미팅 수의 폭발적 증가에 대해 신기한 다른 무엇을 발견한다. 각 미팅에서 이루어지는 의사 결정은 서로에게 상호 연결됨으로써, 조직의 한 부분에서 조그만 변화가 일어나면 네트워크를 통하여 일련의 단계적 변화를 초래한다는 점이다. 당신의 신제품 계획이 마케팅 부서로 하여금 더 많은 예산을 요구하게 만들고, 재무 부서는 고객 서비스 부서로부터 자료를 받아 예산을 책정한다. 그리고 고객 서비스 부서는 지원을 용이하게 하려면 제품을 변화시킬 필요가 있다고 말한다. 그러면 당신은 이런 요구를 당신 신제품 계획에 추가한다. 그 결과 이는 다시 돌아가 마케팅에 더 많은 변화를 가져오는 원인이 되고, 같은 과정이 반복된다. 마찬가지로 네트워크의 한 부분에 지체가 발생하면 광범위한 교통 혼잡을 야기할 수 있다. 예를 들어, 법률 부서에서 당신의 제품 계획에 대한 검토가 필요하다며 보류하면 마케팅 부서는 예산을 결정지을 수 없고, 재무 부서는 고객 서비스 부서에 그 예산을 알려 줄 수 없으며, 고객 서비스 부서는 얼마나 많은 사람을 신규로 고용할 수 있을지 모른다. 이런 식의 연쇄 반응이 계속 일어난다.

네트워크에서 이런 종류의 상호 의존은 카우프만이 말한 '복잡성의 불행'을 야기한다. 이런 효과가 일어나는 이유는 이렇다. 네트워크가 규모면에서 발전하고, 상호 의존의 수가 늘어나면 네드워크 한 부분에서는 긍정적이던 변화가 단계적 반응을 통해 다른 곳에서는 부정적인 변화를 야기할 확률이 노드 수에 따라 기하급수적으로 커진다. 즉 밀도 있게 연결된 네트워크는 그 규모가 커짐에 따라 융통성이 떨어진다.

이런 복잡성의 불행은 관료주의가 잡초처럼 강인하게 자라나는 이유를 설명하는 데 도움을 준다. 많은 기업들이 관료주의를 없애려고 노력하지만 몇 년 후 다시 조직은 관료주의로 되돌아간다는 것을 발견하게 된다. 그 어느 누구도 관료주의를 고의적으로 설계한 것은 아니다. 그보다는 사람들이 네트워크에서 자신들의 담당 영역만을 최적화하려고 하면서 관료주의가 형성된다. 즉, 재무 쪽은 숫자가 제대로 맞는지에만 관심이 있고, 법률 쪽은 위법 여부를 따져 누구도 사법처리되지 않도록 하는데 집중한다. 그리고 마케팅 부서는 브랜드 가치를 높이는데 우선순위를 둔다. 문제는 사람들이 어리석거나 나쁜 의도에 있는 게 아니라, 오히려, 네트워크 확장이 상호 의존성을 높이고, 이 상호 의존으로 인해 제약 조건들이 상충하는 일이 일어난다. 상충적인 제약 조건들로 인해 의사 결정은 느려지고 궁극적으로 관료주의적 정체로 이어진다.

가능성의 정도 대 자유의 정도

조직에는 두 가지 서로 상반되는 힘이 작용한다. 노드 증가에서 오는 정보, 즉 '규모의 경제economy of scale', 그리고 상충하는 제약 조건들의 증가로 인한 '규모의 불경제diseconomy of scale'가 그것이다. 이 두 가지 힘은 큰 것이 왜 아름답기도 하면서 나쁘기도 한지, 그 이유를 이해할 수 있게 해준다. 조직의 규모가 증가함에 따라 가능성의 정도는 기하급수적으로 증가하지만 자유의 정도는 기하급수적으로 떨어진다.

간단히 얘기하자면 큰 조직은 작은 조직들에 비해 내재적으로 보다 많은 매력적인 기회들을 가지고 있다(큰 조직은 이론적으로는 작은 조직들이 할 수 있는 모든 것은 다 할 수 있고, 그들이 못하는 것도 한다). 그러나 미래의 기회들을 달성하는 과정에서 여러 가지 상충 관계에 직면한다. 조직의 네트워크가 보다 밀접하게 연결되면 될수록 이런 상충 관계는 더욱 심화된다. 조직 내의 정치적 관계로 인해 특정 부서의 어려움 때문에 조직이 전체적으로 이익이 되는 어떤 새로운 상태로 옮겨 가지 못하고 마는 상황도 생겨난다.

예를 들어, 수십 년 동안 IBM은 컴퓨터 산업을 지배하기 위해 조직을 확대하고 글로벌 규모로 키웠다. 그 결과 1980년대 동안 IBM은 세계 PC 시장에서 압도적인 점유율을 차지했다[23]. 그러나 1984년 19세의 마이클 델Michael Dell이라는 사람이 10대를 대상으로 한 우표 거래를 통해 저축한 단돈 1천 달러를 가지고 회사를 하나 만들었다. 이 회사가 13년 후에 세계를 주도하던 PC 판매 회사 IBM의 명성을 그늘지게 만들었다. 결국 IBM은 PC 사업에서 손을 떼고 해당 파트를 중국 회사로 넘겨 버리기에 이른다.

세계에서 가장 큰 회사 중 하나이고, 수십억 달러의 자산, 전 세계에서 끌어 모은 수십만 명의 재능 있는 인력, 그리고 심지어 노벨상을 수상할 정도의 연구 능력을 가진 IBM이 어떻게 우표 수집으로 번 용돈밖에 안 되는 돈을 가진 10대에게 질 수 있는가? 추측건대, 델이

> IBM이 델 컴퓨터와 경쟁하기 위해 좀 더 일찍 우편을 통해 PC를 팔기 시작했다면 소매업자들과 내부 판매 조직에서 큰 반란이 일어나 순간적으로 판매가 급감했을지 모른다. 대부분 조직의 실상을 보면 충분히 많은 사람들이 "아니오"라고 말하면 변화는 일어날 수 없다.

1990년대 초 IBM의 시장 점유율을 잠식해 들어가기 시작했을 때 IBM 내부의 어느 총명한 사람은 이런 말을 했을 것이 분명하다. "이제 고객들은 우편을 통해 컴퓨터를 사는 것을 좋아하는 것 같다. 델이 급속히 성장하는 것도 이 때문이다. 우리도 컴퓨터를 이렇게 팔아야 하지 않을까" 분명 컴퓨터를 메일을 통해 파는 것은 IBM 능력 밖의 일이 아니었다. 박스와 발포 비닐 랩을 구입해 컴퓨터를 포장, 우편으로 또는 인편으로 보낼 수 있다. 그런데 왜 IBM은 델이 시장 점유율에서 IBM을 앞지른 뒤 7년만에 고객에게 직접 컴퓨터 파는 일을 시작했을까? 그 이유는 IBM이 앞서 말한 '복잡성의 불행'의 희생물이 된 탓이다.

델이 사업을 시작한 그때 IBM은 PC의 상당량을 고객에게는 소매 채널을 통해서, 그리고 기업 고객에게는 자신들의 내부 판매 조직을 통해 팔았다. 만약 IBM이 우편을 통해 PC를 팔기 시작했다면 소매 업자들과 내부 판매 조직에서 큰 반란이 일어나 순간적으로 판매가 급감했을지 모른다. 값싸고 직접적인 우편 판매의 이미지가 IBM이라는 블루칩 브랜드에 적합한지에 대한 의문도 물론 나왔다. 사실, 그런 변화가 일어났다면 제조 부문에서 고객 서비스 부문에 이르기까지 IBM의 전체 사업 시스템에 연쇄적 반응을 몰고 왔을 것이다. IBM의 경영진은 어쩌면 어느 시점에 이르러 델이 하나의 위협이라는 사실을 깨닫고 이들이 빼앗아 간 시장 점유율을 다시 찾아오고 싶어 했겠지만 IBM 사업 시스템의 높은 상호 의존성은 그 속에 있는 사람들이 "아니요"라고 말할 기회를 많이 만들어 놓은 결과가 되고 말았다. 무엇을 하나 변화시키는 데 필요한 상호 작용이 많으면 많을수록 충돌과 제약의 확률은 더 높다.

대부분의 조직 실상을 보면 충분히 많은 사람들이 "아니요"라고 말하면 변화는 일어날 수 없다. IBM-델 전쟁 초창기에 IBM은 그 가능성의 정도로 보면 델보다 훨씬 더 많았다. 예컨대, IBM은 델보다 훨씬 더 빠른 직접 주문 모델로 기업 시장을 침투할 수 있었다. 그러나 불행히도 이 오래된 기업은 그런 기회를 살릴 '자유도'면에서는 델에 훨씬 뒤졌던 것이다[24].

상호 의존성과 적응성 사이의 긴장은 네트워크가 갖고 있는 근본적인 특징으로 여러 형태의 시스템에 큰 영향을 미친다. 소프트웨어 설계자는 프로그램이 너무 복잡해져서 무엇을 개선하거나 버그를 고치면 새로운 5개의 버그가 일어나는 때가 언제인지를 살핀다. 건축가는 고객이 벽을 30센티미터만 옮겨 달라고 부탁할 때 그것의 연쇄반응으로 프로젝트 비용을 증가한다는 것을 안다. 스튜어트 카우프만 같은 일부 생물학자들은 이런 긴장이 유기체의 복잡성에 상한선을 만들어 낸다고 믿는다[25]. 경제 조직에서는 규모의 경제와 복잡성으로

그림 7-2 밀도 높은 네트워크 대(對) 계층적 네트워크

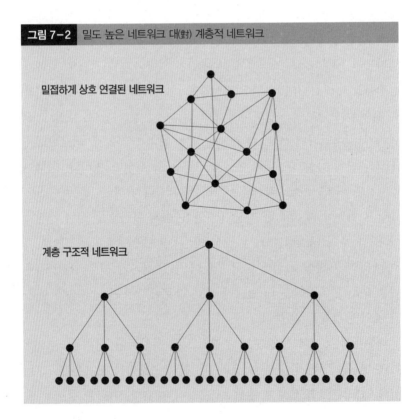

밀접하게 상호 연결된 네트워크

계층 구조적 네트워크

인한 조정 비용 및 제약 조건 사이의 상충 관계가 분명히 있다. 그렇다면 이런 질문이 자연스럽게 나온다. 이 문제를 어떻게 할 것인가?

계층 구조에 대한 두 찬사

네트워크 이론은 조직들이 두 가지 조치를 취할 수 있음을 보여 준다. 하나는 연결의 밀도를 줄이는 것이고, 다른 하나는 의사 결정의 예측성을 높이는 것이다. 각각에 대해 간략히 살펴보자.

지금까지는 각 노드마다 연결 패턴이 똑같은, 가령 각 노드마다 세 가지 연결 등과 같은 그런 네트워크를 살펴보았다. 그러나 만약 네트워크를 계층적 구조로 배열하면 어떻게 될까? 예를 들어, 3명의 근로자 노드들은 하나의 관리자 노드에 보고하고, 세 명의 관리자 노드들은 하나의 경영자 노드에 보고하는 구조를 상상해 보자. 무슨 일이 일어날까? 이 네트워크는 그 전과 다른 모습으로 밀도가 높은 부분과 그렇지 않은 부분으로 이루어진 하나의 혼합체다(〈그림 7-2〉).

카우프만은 조직의 적응성을 높이고 상충하는 제약 조건들을 피해 나가는 효과적인 방법의 하나는 조직을 쪼개는 것이라고 주장한다[26]. 네트워크를 계층적 구조로 바꾸면 연결의 밀도를 줄임으로써 네트워크의 상호 의존성을 감소시킨다. 계층적 구조는 규모의 불경제가 뿌리를 내리기 전에 네트워크가 더 큰 규모에 이를 수 있게 하는 데 핵심적 역할을 한다. 이것은 자연 세계와 컴퓨터 세계에서 그렇게 많은 네트워크들이 네트워크 안의 네트워크로 구조화되는 이유다.

조직적 관점에서 볼 때 계층적 구조는 적응성을 줄이는 관료주의의 한 특징이라는 게 전통적인 생각이다. 관리자들은 계층을 없애는 등 조직을 되도록 평평하게 만들어야 한다는 얘기를 듣는다. 그러나 반직관적으로(직관과는 반대로) 계층적 구조는 상호 의존성을 낮추고, 조직 전체가 자리 잡기 전에 조직이 더 큰 규모에 이를 수 있도록 함으로써 오히려 적응성을 높이는 데 기여할 수 있다[27]. 간단한 보기를 들어 보자. 〈그림 7-2〉에 있는 계층적 구조는 40개의 노드(우리는 이 노드들을 사람으로 생각할 것이다)를 갖는다. 이 조직은 어떤 의사 결정을 내려야 하고, 여기에 모든 사람이 참여하도록 해야 할 필요가 있다고 하자. 만약 계층적 구조가 전혀 없는 극단적인 경우를 생각해 보면, 모든 사람은 다른 모든 사람을 만나야만 할 것이다. 1,600번의 미팅이 열릴 것이다. 그러나 그림 상에 있는 계층적 구조라면 각 팀은 관리자를 만나고, 합의해서, 그 의사 결정을 그 다음 단계로 그냥 올려 보내면 된다. 그러면 거기서 다시 만나, 마찬가지로 그 다음 단계로 의사 결정을 올려 보내는 식으로 진행된다. 맨 밑의 단계에서는 9번의 미팅, 중간층에서는 3번의 미팅, 그 다음 CEO와의 마지막 미팅 1번 등 전체적으로 13번의 미팅이면 족하다. 1,600번의 미팅과는 엄청난 차이다. 계층 구조가 미팅 수를 실제로 줄인다는 사실을 누가 생각이나 했을까? 물론 계층 구조에는 문제점들이 있다. 예를 들어, 정보가 체인을 따라 위로 올라가면서 변질될 수 있고, CEO가 일선 현장과 유리될 수 있으며, 위 단계에서 누군가 일을 잘못 수행하면 많은 손실을 가져다줄 수 있다. 그렇다고 해서 계층적 구조는 원래 나쁘다고 바로 가정해 버리는 것은 너무 단순한 생각이다. 상호 의존성을 줄이는 계층 구조의 핵심적인 역할을 놓치는 것이 된다.

이와 관련하여 나타난 한 움직임은 계층적 구조 내의 조직 단위들에 보다 자율성을 부여하는 것이다. 이는 알프레드 슬론Alfred Sloan의 위대한 통찰 중 하나로, 그는 자율적인 부서(조직)의 개념을 만들어 냈다. 그는 당시 제너럴 모터스GM가 성장해 세계에서 가장 큰 회사로 거듭나게 했다. 슬론은 하나의 자동차 회사 안에 본질적으로 5개의 자동차 회사를 만들었다. 이들 회사는 각자 고유의 브랜드와 함께 높은 독립성을 가졌다. 1980년대와 1990년대에 많은 회사들이 독자적인 손익 책임성을 갖는 보다 자율적인 조직 단위로 옮겨 간 것은 대부분 조직 확대에 따른 복잡성 문제에 대한 대응이었다.

최종적으로는 조직을 스핀 오프spin-off*하거나 회사를 분리함으로써 궁극적인 자율성을 조직에 부여하는 것이 설득력 있을 것이다. 사모 회사(사모 펀드, 사모 투자 회사)들이 대기업들의 부서들을 인수할 때 보면 종종 해딩 업종의 성과에 뚜렷한 진전이 있다. 그 이유 중 많은 것은 틀림없이 인센티브와 주식 소유가 부여된 경영 때문이겠지만, 인수를 계기로 어느 정도 제약 조건이 제거되고 자유도가 증가한 것 역시 일부 기여했을 것이다. 마찬가지로 성과가 좋은 소기업을 대기업이 사는 그 반대의 경우도 본다. 그 후 이 기업은 제약 속에서 질식되는 쪽으로 간다.

지루함이 더 낫다

카우프만과 그 동료들이 맨 처음 연구를 수행했을 때 비계층적 네트워크들은 각 노드당 평균 1~2개의 연결을 갖는 자연 발생적인 질서를 보여 주지만, 노드당 4개의 연결 혹은 그보다 더 많은 경우에는 카오스 상황에 빠진다(단계적인 연쇄 변화와 복잡성의 불행을 일으킨다)는 사실을 발견했다[28]. 뒤이어, 파리의 에콜 노르말 쉬페리외르(ENS·고등 사범 학교)의 두 물리학자, 베르나르 데리다Bernard Derrida와 제라드 바이스부흐Gerard Weisbuch가 상전이phase transition가 일어나는 지점을 결정하는 모수parameter 하나를 발견했다[29]. 바로 치우침bias이다.

앞에서 불리언 크리스마스 전구를 얘기할 때 각 전구 내부에는 이웃한 전구들로부터 받은 투입 자료를 산출로 바꾼다는 규칙이 있다고 한 것을 다시 상기해 보자. 예를 들어, A와 B가 꺼지면 C도 꺼질

---

* 조직의 재편성 방법으로, 자회사 등의 형태로 모회사에서 분리 독립시키는 것을 의미한다.

것이다. 그런데 이번에는 각 전구 내부의 규칙이 무엇인지 모른다고 생각해 보자. 그러니까 각 전구는 하나의 블랙박스다. 그럼에도 불구하고 우리는 전구마다 투입 자료를 넣어 보고 그 산출이 무엇인지 관찰함으로써 개별 전구의 행태를 연구할 수 있다. 가령 어떤 전구를 하나 선택해 임의로 1과 0들을 집어넣어 본다. 투입 스트림input stream은 대략 50%의 1과 50%의 0일 것이다. 산출 스트림output stream 또한 50:50으로 1과 0이면 산출은 치우침이 없다고 말한다. 그러나 산출의 90%가 1이면 이것은 1쪽으로 치우쳤다고 하고, 마찬가지로 90%가 0이면 이것은 0쪽으로 치우쳤다고 한다. 전구들의 산출은 투입이 정해지면 여기에 결정론적인 규칙이 적용돼 계산된다고 우리는 알고 있다. 따라서 결과가 치우침이 작다고 해서(예컨대, 50 대 50) 전구가 임의적으로 행동하고 있다는 것을 의미하지는 않는다. 신비로운 의사 결정 규칙이 똑같이 1과 0을 만들어 낼 수도 있다는 것을 의미할 뿐이다. 규칙이 무엇인지 모르는 제3자 입장에서 보면 치우침이 낮은 노드의 행태는 예측하기 어렵고, 반면 치우침이 높은 노드는 예측하기 쉽다.

데리다와 바이스부흐는 치우침이 높을수록 네트워크는 카오스로 이행하기 전에 노드당 더 많은 연결을 가질 수 있다는 점을 발견했다. 평균 치우침이 50 대 50이라면 카오스로의 이행은 노드당 2개와 4개의 연결 사이 범위에서 발생한다. 카우프만 연구에서도 그랬다. 만약 평균 치우침이 75%라면 카오스로의 이행은 노드당 연결이 4개를 넘어설 때 일어난다. 치우침이 더 높은 수준이면 네트워크가 카오스로 빠져 들기 전에 노드당 6개의 연결까지 가능하다. 요점은, 노드의 행태에 규칙성이 많으면 많을수록 네트워크가 감내할 수 있는 연결의 밀도도 더 높아진다는 사실이다.

조직적 맥락에서는 이런 치우침을 예측성의 잣대로 간주할 수 있다. 조직의 의사 결정에 예측성이 있다면(크리스마스 전구의 규칙성 같은 것을 말한다), 이 조직은 더 밀도 높은 네트워크를 가지고도 효과적으로 기능할 수 있다. 그러나 의사 결정이 예측할 수 없다면 밀도가 덜한 연결, 보다 계층적인 구조, 보다 작은 관리 범위 등이 요구된다. 군대를 예로 들어 보자. 군대처럼 규칙적이고 예측 가능한 행동이 중시되는 조직에서는 가령 창조적인 광고 회사보다 더 큰 조직 규모에서도 문제점들을 피해 나가는 것이 가능할 수 있다. 이는 또한 행동을 예측할 수 없게 하는 요소들, 가령 사무실 내의 정치나 감성은 조직이 성장할 수 있는 규모를 제한하여 규모가 복잡성에 압도될 정도로까지 성장할 수 없도록 한다는 의미이다. 이제 어떻게 하면 기능 장애 조직이 되는지 그 처방을 알 수 있다. 예측할 수 없는 행동, 평평한 계층 조직, 그리고 매우 밀도 높은 상호 연결을 혼합하라. 그러면 무슨 일을 성공적으로 해낼 가능성은 거의 제로가 될 것이다.

질서의 선

카우프만과 그 동료들의 연구는 직관과는 다른(반직관적인) 통찰력을 제시한다. 델에 대한 IBM의 문제는 이 블루칩 회사가 변화에 둔감했던 것이 아니라 오히려 변화에 너무 민감했던 데 있다. 밀도 높은 상호 연결, 혼란스러운 상호 작용을 가진 사업 시스템은 조그만 변화도, 예컨대 "우편으로 컴퓨터를 팔자"와 같은 변화조차 조직 전반에 걸쳐 연쇄적 변화를 야기해 큰 문제들로 바뀔 수 있다는 점을 의미했다. 그래서 왜 우편으로 컴퓨터를 팔 수 없는지에 대해 수천 가지의 이유들이 튀어나오는 것이다.

이것은 복잡계 이론을 단순히 은유적 차원에서 해석할 경우 위험한 이유 중 하나이다. 많은 경영학 서적과 논문들이 카오스의 경계에 대한 내용을 다루고 있다. 말하자면 질서와 혼돈의 경계선인데, 이 지점에서 자연은 가장 잘 적응하는 상태에 있다고 주장한다. 이 개념에 대한 통속적인 해석은 이런 것이다. 조직이 너무 질서 잡힌 체제에 깊이 박혀 버리면 변화에 제대로 적응할 수 없으므로 혁신을 더 자극하려면 카오스의 요소를 좀 조직에 집어 넣을 필요가 있다는 얘기다. 이는 그럴듯하게 들리지만 과학에 대한 정확한 해석은 실제로 이보다 더 미묘한 것이어서 이와는 다른 의미들을 제시한다.

제대로 이해하기 위해 카우프만의 깜박거리는 전구 네트워크로 다시 돌아가 보자. 카우프만의 연구에서, 만약 각 전구가 다른 전구와 평균 두 번 정도 연결돼 있으면 그 네트워크의 행태는 꽤 질서를 갖춘 상태가 된다. 조그만 변화가 발생한다고 해도 깜박거리는 전구의 패턴에 큰 변화로 이어지지는 않는다. 그러나 각 전구를 4개의 다른 전구에 연결하면 그 행태는 크게 달라진다. 네트워크의 어느 한 부분에서 조그만 변화가 있으면(가령, 전구의 패턴을 결정하는, 켰다 껐다 하는 연결 규칙들 중 하나를 조금만 수정하면) 연쇄적 변화로 이어져 전구의 패턴을 예측할 수 없게 된다. 조직적 맥락에서 이런 연쇄적인 변화들은 상충하는 제약 조건들로 이어진다[30]. 전구당 2개의 연결에서 4개의 연결로 옮겨 가면 네트워크가 경직적이고 변화에 둔감한 상태에서 혼란스럽고 지나치게 변화에 민감한 상태로 갑작스러운 상전이가 일어난다.

이 책의 뒷부분에서 자세히 살펴보겠지만 여러 가지 이유로 진화 시스템은 변화에 대한 중간 수준의 민감도, 다시 말해 앞에서 말한 두 상태 사이의 범위에 있을 때 가장 잘 작동한다. 만약 진화 시스템이 변화에 너무 둔감해서 변화하지 못하면 환경 변화의 속도를 따라갈 수 없을 것이다. 그러나 그렇다고 시스템이 과도하게 변화에 민감하면 조그만 변화라도 커다란 의미를 가지거나 파장으로 이어질 수 있다. 이런 과도한 민감성이 문제인 것은 어떤 시스템이 과거에 성공적이었다면 어떤 큰 변화도 이 조직을 향상시킬 가능성이 작아지기 때문이다. 오히려 대부분의 큰 변화는 조직에 해를 끼칠 가능성이 더 높다.

270

카우프만은 불리언 네트워크에 있는 각 전구가 평균적으로 2개와 4개 사이의 연결을 가질 때 시스템은 고도로 적응성이 높아졌다는 점을 발견했다. 이 상태에서 시스템은 구조를 갖춘 큰 섬들로 형성되어 전체적으로 질서가 있지만 한편으로는 각 구조들의 경계선 주변에서 무질서가 꿈틀대며 조직으로 스며들고 있는 그런 네트워크다. 시스템의 연결 규칙에 조그만 돌연변이는 일반적으로 그 결과도 조그만 변화로 이어졌다. 그러나 간혹 작은 변화가 보다 큰 연쇄적인 변화를 불러와 때로는 전체 조직의 성과를 저하시켰고, 때로는 향상시키기도 하였다. 이 특별한 네트워크는 고도로 적응성이 높았지만 노드당 2개에서 4개의 연결은 자연과 인간 조직에서 만나는 대부분의 네트워크 기준으로 볼 때 상당히 듬성듬성한 그런 연결 수준에 불과하다는 점 때문에 카우프만은 곤란을 겪었다.

그러나 카우프만의 초기 연구 결과를 그 뒤의 계층적 구조와 치우침에 관한 연구들과 결합하면 국면 전환은 6개에서 9개의 노드 범위로 이동한다. 흥미롭게도 불리언 네트워크에 대한 분석에서 나온 이 수치들은 인간 조직에서 효과적인 워킹 그룹working group의 규모에 대해 우리가 일반적으로 알고 있는 것과 꽤 근접한 것이다[31]. 예를 들어 회사 이사회와 경영위원회는 종종 회장이나 CEO 아래 5~8명을 두고 있다. 미국 대법원은 8명의 부심과 1명의 주심을 둔다. 반면 유럽연합의 집행위원회는 5명의 부위원장과 1명의 위원장을 둔다. 어떤 인류학자는 이런 전형적인 구조와 규모는 수렵·채집민으로서의 오랜 진화의 유산이라고 추측했다. 진화는 시간이 지남에 따라 여러 상충적 관계들 사이에서 균형을 찾아가는 데 꽤 효율적인 경향이 있다. 그렇다면 이런 전형적인 워킹 그룹의 규모는 이것이 규모의 경제라는 이점(혼자서 사냥하는 경우보다 무리를 지어 사냥할 경우 소비된 칼로리당 보다 많은 음식을 얻을 수 있다)과 복잡성의 불경제 사이에서 균형을 나타낸 것이기 때문에 그 수준으로 진화했을 것이다. 만약 30명 정도로 구성된 집단들로 나뉘어 그날 들소를 사냥할지, 영양을 사냥할지를 의논하며 시간을 흘려보냈다면 우리 조상들은 그렇게 오랜 기간 살아남지 못했을 것이다.

8

창발성: 패턴들의 퍼즐

⋮

1315년경 영국 경제는 바닥 없는 추락으로 빠져 들었다[1]. 나쁜 기후로 인한 두 번의 연이은 흉작으로 28킬로그램의 밀 가격이 5실링에서 40실링으로 무려 8배나 치솟았다. 밀 가격이 오르자 제분업자는 제분할 곡물을 살 수 없었고, 제빵업자는 빵 만들 밀가루를 살 수 없었다. 농부들은 가축을 먹일 여유가 없다 보니 가축들이 병들고 죽었다. 가축이 줄어들자 농지는 제대로 경작이 안 되었다. 식량 부족은 더욱 심해졌다. 식량 공급이 붕괴되면서 소작 농민들은 절박한 처지로 내몰렸고 이들은 고양이, 쥐, 벌레, 나무 등 눈에 보이는 건 무엇이든 먹어 치웠다. 소작 농민들이 기아로 내몰리면서 그 파장은 상인들에게로 옮겨 갔다. 목수들, 여자 재봉사들도 사지로 내몰렸다. 귀족들도 이 여파에서 예외가 아니었고, 심지어는 에드워드 2세의 왕실에서조차 음식을 구하기가 어려울 정도였다. 영국 경제의 붕괴는 바로 대륙으로 퍼져 나가기 시작했다. 프랑스 파리에서 네덜란드 남서부의 위트레흐트로 침체가 확산돼 갔다.

불경기depression, 경기 후퇴recession, 물가 상승inflation 등은 근대에 와서 나타난 현상들이 결코 아니다. 역사의 기록이 시작된 이래 반복돼 왔다[2]. 경제학에서도 똑같이 오래된 다른 패턴들이 있다. 1장에서 논의된 1인당 부의 장기적인 성장, 4장에서 논의된 부의 분배 등이 그것이다. 이런 패턴들이 그렇게 오래됐다는 것은 경제의 작동에 깊은 뿌리를 둔 원인들, 즉 특정 시대의 기술, 정부 정책, 사업 행태 등과는 무관한 요인들의 결과임을 보여 주는 것이 분명하다.

생산, 실업률 또는 인플레이션 등 경제 관련 시계열 데이터들의 그

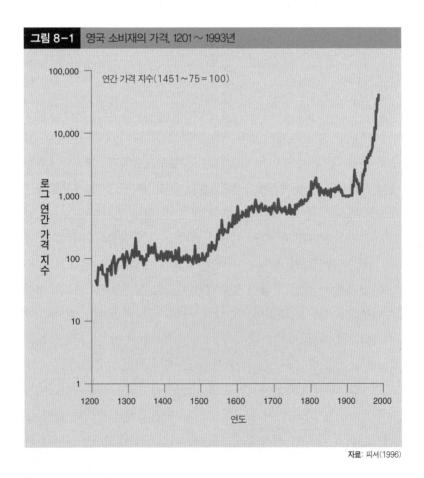

그림 8-1 영국 소비재의 가격, 1201 ～ 1993년

래프를 보면 데이터들이 매우 현란하다. 다시 말해 그래프의 곳곳에서 파동을 친다. 이런 요란한 파동에도 불구하고 그 데이터에는 패턴들이 있다. 예를 들어, 〈그림 8-1〉을 보자. 브랜다이스 대학의 데이비드 해켓 피셔David Hackett Fisher가 만든 지수다. 1201년부터 1993년까지 거의 800년에 걸쳐 영국에서 일어난 가격 상승을 보여 준다.

이 데이터를 보면 몇 가지 패턴을 읽을 수 있다. 첫째, 장기적 성장 추세를 읽을 수 있다(이 그래프는 로그를 취한 것으로, 실제로는 기하급수적 곡선이다). 그다음 이런 장기적 성장 추세 위에는 세 가지의 낙타 혹 또는 파고가 층을 이루고 있는데, 이들이 각각 몇백 년간씩 지속된 것이다. 그다음으로 이보다 짧은 등락의 사이클들이 많이 있는데 이것들은 단지 몇 년간 이어진 것들이다. 따라서 이 그래프의 데이터는 그렇게 규칙적인 것도 아니고, 그렇다고 그렇게 임의적인 것도 아니다.

다른 시계열 자료들도 이와 비슷하게 규칙적인 것도 아니고, 임의적인 것도 아닌 특성을 갖는다. 예를 들어, 미국 경기 사이클의 업 앤드 다운up and down은 명백히 진동하는 패턴을 보여 주지만 그 진동의 빈도는 짧게는 18개월에서 길게는 9년에 걸쳐 있고, 진폭을 보면 완만한 침체들에서부터 깊은 침체들까지 나타나고 있다[3]. 경제학자들은 경제 데이터의 이와 같은 불규칙적인 역사적 패턴을 이용하여 미래 경제의 행태를 예측하는 데 별로 성공을 거두지 못했다. 경제학이 답을 내놓을 필요가 있는 질문은 두 가지다. 경제 데이터의 패턴들은 왜 그렇게 규칙적인 것도 아니고, 그렇다고 그렇게 임의적인 것도 아닌 특성을 갖는가? 또 매우 오랜 기간에 걸쳐 어떤 패턴을 만들어내는 원인이 되는 경제의 뿌리 깊은 구조적 특성은 무엇인가?

전통 경제학은 역사적으로 이 질문들에 답하려 노력해 왔다. 앞에서 살펴보았지만 경제학은 둘로 나누어지는데 거시 경제학과 미시 경제학이 그것이다. 미시 경제학은 경제에 대한 보텀업bottom-up(밑에서 위로 보는) 관점이다. 개별적인 의사 결정자에서 출발해 시장으로, 그리고 경제로 가는 방향이다. 거시 경제학은 톱다운top-down(위에서 밑으로) 관점이다. 왜 실업이 존재하는지와 같은 질문에서 출발해 그 답을 찾으려 밑으로 파고 들어간다. 지금까지 우리는 대부분 미시 경제학 이슈들을 다루어 왔다. 그러니 이 장에서는 거시 차원으로 올라갈 것이다. 대부분의 경제학자들은 미시 경제학, 거시 경제학이 별도로 분리되지 않는 게 이상적이라는 데 동의한다. 미시적 행태에서 출발해 위로 올라갈 수 있어야 하고, 또는 거시 패턴으로 출발했으면 밑으로 내려갈 수 있어야 한다. 그래서 하나의 이론 안에서 두 가지 접근법을 끊어짐 없이 활용할 수 있어야 한다. 두 영역이 많은 아이디어, 기법, 그리고 전체적으로는 전통적인 균형 이론의 틀을 공유하고 있음에도 불구하고 경제학자들은 아직 그런 열망을 달성하지 못했다. 19세기 미국을 횡단하는 철도를 건설한 두 팀처럼 미시 경제학자들과 거시 경제학자들은 각각 경제학의 다른 측면에서 출발, 서로를 향해 연구해 왔다. 불행히도 서로를 이어 줄 선로 설치 작업을 한 지 한 세기가 지났음에도 그들은 아직 중간에서 만나지 못했다. 지금부터 미시, 거시 각 관점이 앞서 본 패턴들의 퍼즐에 대해 무엇을 말해 줄 수 있어야 하는지를 살펴본 다음, 복잡계 경제학이라는 관점에서 이런 이슈들을 생각해 볼 것이다.

경기 사이클은 꼬물거리는 젤리인가?

경기 사이클의 진동 현상은 전통 미시 이론에 기본적인 도전과제를 던진다. 앞에서 논의한 바 있지만 신고전파 균형 모델은 저절로 춤을 추거나 파동을 치거나 진동하는 일이 없다. 그 모델은 외부적인 충격이 가해질 때만 활기를 찾게 된다. 이렇게 균형 모델은 전파 매커니즘의 역할을 한다[4]. 하나의 충격을 모델에 가하면 모델은 충격을 전달하며 하나의 산출 패턴을 생산한다. 이를 그림으로 설명해보자. 큰 접시 위에 포도 젤리 더미가 놓여 있다고 생각해 보라. 젤리 더미를 숟가락으로 두드리면서 무슨 일이 일어나는지 관찰해 보라. 한 번 두드리면 긴 진동이 젤리 전체로 전달되면서 다른 쪽으로도 전해져 젤리가 파동을 치거나 흔들린다. 이렇게 두드리는 것은 외생적 투입이고, 다른 쪽에서 파동치는 것은 산출 패턴으로 생각할 수 있다. 전통 경제학 문헌에서 이렇게 움직이는 모델들은 실제 경기 사이클 모델로 알려져 있다. 이 모델들에 대한 연구는 1980년대 핀 키들랜드Fynn Kydland와 에드워드 프레스코타Edward Prescotta에 의해 처음 이루어졌다[5].

그러나 전통적인 젤리 모델에는 한 가지 문제가 있다. 전통 이론은 보통 외생적 투입을 임의적인 것(최소한 예측이 가능한 패턴을 갖지 않은 것)으로 설명한다. 그러나 젤리에 대한 투입이 정말 임의적인 것이면 그 산출 또한 임의적일 것이다. 신호는 전파 과정에서 어떤 식으로 변형될 수 있지만 그 산출은 그래도 임의적일 것이다. 이제 숟가락으로 두드리는 투입과 그 결과로 나타나는 젤리의 파동을 그래프로 만든다고 생각해 보자. 산출 파동은 정확히 숟가락으로 두드린 투입과 시간적으로 일치하지 않는다. 왜냐하면 시차가 있기 때문이다. 즉, 두드린 것이 젤리 전체로 퍼지는 데는 시간이 걸린다. 게다가 그 과정에서 진동이 더해질 수 있다. 다시 말해 한 번 두드리면 3~4개의 파동을 일으킬 수 있다. 그러나 이런 파동이 처음 두드린 것과는 다르게 보일지 몰라도 그것은 여전히 임의적이다. 젤리 스스로 임의적이고 무질서한 투입을 취하거나 거기에 복잡한 질서를 추가할 수 없다[6]. 젤리는 하나의 균형 시스템이다. 두드리기를 멈추면 젤리는 안정을 되찾아 움직임을 멈출 것이다. 젤리가 진실로 질서 있는 파동을 만들어 낼 유일한 방법은 두드리기로 투입을 질서 있게 하는 것이다. 예를 들어, SOS를 위한 모스Morse 코드를 젤리에 집어넣으면(다시 말해 세 번 빠르게 두드리고, 세 번 길게 두드리고, 세 번 빠르게 두드리면) 산출 파동은 더 이상

임의적인 게 아니라 그 안에 SOS 신호의 구조를 담게 될 것이다.

따라서 실제 경기 사이클에 대한 미시 경제학의 접근은 한 가지 문제가 있다. 먼저, 임의의 데이터를 집어넣으면 현실 세계와는 다른 결과가 나온다. 아니면, 어떤 구조를 갖는 데이터를 집어넣은 뒤 모델에 어떤 효과를 추가함으로써 그 결과가 그렇게 규칙적인 것도 아니고, 그렇다고 그렇게 임의적인 것도 아닌 현실 데이터의 특성을 갖도록 하는 것이다. 그러나 후자의 경우 해당 사이클의 원인을 제대로 설명하는 것이 아니라 단지 그 설명을 외부 요인들로 돌리는 것에 불과하다[7].

우리 모두는 이제 신新케인지언

이제 경제학의 다른 측면, 거시 경제학이 해왔던 일 쪽으로 가보면 이와는 다른 접근법을 볼 수 있다. 거시 경제학자들은 반드시 데이터로 시작해서 이에 대해 설명을 하려고 노력한다. 거시 경제학 이론의 역사를 통틀어 그렇게 규칙적이지도 않고, 그렇게 임의적인 것도 아닌 특성을 가진 경제를 거시 경제학자들이 신뢰성 있게 설명할 수 있는 유일한 길은 전통적인 미시 경제학의 정통성에서 물러서는 것이었다. 따라서 거시 경제학자들은 좀 다른 방향으로 접근해야 했다.

합리적 균형이라는 경제학 이론의 계곡으로부터의 이탈은 케인스의 1936년『고용·이자 및 화폐에 관한 일반 이론』출판으로 중요한 전기를 맞이했다. 1930년대 동안 케인스는 근대사에서 가장 비극적인 불균형 사건 중 하나인 대공황the Great Depression을 목격했다[8].

신고전파 미시 경제학 이론은 균형을 이룬 경제는 완전 고용의 경제라고 주장했기 때문에 경제가 그 조건에서 어떻게 이탈할 수 있는지, 또 복귀를 촉진하기 위해서는 무슨 일을 해야 하는지에 대한 이야기를 내놓아야 했다. 케인스가 발전시킨 이야기, 즉 일반 이론은 이에 대한 해법을 제시해야 했다[9]. 케인스가 제시한 해법, 즉 일반 이론은 이에 대한 하나의 동태적인 스토리였다.

　자, 어떤 이유로 사람들의 신경이 곤두서 있다고 생각해 보자. 예컨대 정치적 불확실성, 자연재해, 또는 전쟁 등으로 말이다. 소비자들과 사업가들은 보다 보수적으로 변하고, 덜 쓰고, 현금에 보다 집착하기 시작한다. 특정 시점에 경제에 있는 현금의 양은 고정적이기 때문에 이런 행태들이 나타나면 유통되는 현금이 줄어든다. 이는 농부, 제조업자, 상점 주인, 그리고 다른 생산자들의 소득이 줄어든다는 의미다. 그렇게 되면 이들은 스스로 소비도 줄이고 투자도 줄인다. 그 결과 또 누군가의 소득이 줄어든다. 결국 소비와 투자의 급감으로 사람들은 일자리를 잃는다. 이는 또 다시 불안감으로 이어져 소비는 더 줄어든다. 이런 식으로 흘러가다 보면 급감하는 소비와 투자, 상승하는 실업률, 그리고 소비자들과 사업가들 사이에 점증하는 불안감이라는 안 좋은 방향으로의 악순환이 가속화된다.

　균형 경제학은 그러한 화폐 공급의 위축에서 오는 문제들은 결국 자체 교정된다고 말한다. 즉, 물가와 임금은 화폐 유통량의 감소를 반영해 떨어지고, 결국 모든 것은 정상적인 완전 고용 균형으로 다시 돌아간다는 것이다. 대공황 때 물가와 임금은 분명히 떨어졌다. 그러나 디플레이션으로 사람들은 소비를 그전보다 훨씬 덜했고(디플레이션 환경에서 돈은 미래에 더 가치가 있기 때문에 현금을 쥐고 있는 것이 최선이다), 그 결과 상황은 더욱 나쁜 방향으로 확산되어 갔다. 케인스는 이런 동태성으로 인해 경제가 아주 오랜 기간 균형에서 벗어난 상태에 처할 수 있다고 주장했다. 경제를 완전 고용으로 되돌리려면 정부가 화폐를 경제 시스템에 투입하는 역할을 해야 한다고 주장했다. 돈의 투입으로 소비 감소를 막고, 실업률 상승을 멈추게 하면 신뢰가 다시 회복돼 악순환 사이클을 선순환 사이클로 역전시킬 수 있다는 얘기다.

　전후 수년간 서방국가 정부들은 케인스의 이런 아이디어를 널리 채택했다. 그러나 그 뒤에 이어진 수십 년 동안의 경제 사이클을 보면서 케인스의 아이디어도 논쟁거리가 되고 있다. 이 논쟁은 1960년대와 1970년대에 정점에 달했다. 당시 밀턴 프리드먼은 케인스가 주장했던 정부 지출과 같은 것으로는 장기 성장에 이르지 않고 더 높은 인플레이션을 초래할 것이라고 주장했다. 프리드먼의 이 주장은 1970년대 고인플레이션, 저성장 기간 동안 특별한 주목을 받았다. 그 뒤 프리드먼의 시카고 대학 동료 로버트 루카스는 이렇게 주장했다. 케인스 이야기의 동태성을 인정한다고 하더라도, 사람이 완전히 합리적이라면 그들은 무슨 일이 진행되고 있는지를 이해하고, 경제가 나쁜 쪽으로 확산돼 가고 있다는 것을 알아차릴 것이며, 이에 따라 자신들의 행태를 스스로 조정해 경제를 다시 완전 고용 균형으로 되돌린다는 것이다. 그리고 완전히 합리적인 소비자들과 생산자들은 정부의 개입 시도를 미리 간파하여 정부의 조치를 예상하고 그 정책의 효과를 무력화시키는 쪽으로 행동한다. 그리 되면 결국 정부 개입은 불경기를 막는 데도 실패할 뿐만 아니라 상황을 오히려 악화시킬 가능성이 있다는 것이다. 루카스의 이론은 수학적으로 근사했다. 그는 이 연구로 1995년 노벨상을 수상했다. 그러나 그의 과도한 합리성 버전은 전통 경제학자들의 신뢰마저 한계에 이르게 하였다.

루카스의 연구에 이어 UC 버클리 대학 교수이자 2001년 노벨상 공동 수상자인 조지 애커로프는 허버트 사이먼의 아이디어를 토대로 이런 주장을 내놨다. 애커로프는 사람들이 슈퍼마켓에서 토마토를 사면서 정부의 미래 재정 적자를 추정하려고 노력한다는 게 실제로 합리적이라고 볼 수 없다고 봤다. 그와 같은 정보를 수집하고 분석하는 데는 너무 비용이 많이 들고 시간도 소비해야 하는데, 과연 그만한 가치가 있느냐는 얘기다. 애커로프는 앞서 살펴보았던 귀납적인 합리성 모델inductively rational model을 정립하지 않았음에도 불구하고 중요한 것을 보여 주었다. 즉, 소비자와 생산자가 완전 합리성에서 약간

모자란 수준이라고 하더라도(정확히는 사람들이 결정을 어떻게 내리든 상관없이) 케인스가 말한 동태성이 작동되고, 그 결과 경제가 침체로 빠져 드는 데는 충분하다는 것이다[10]. 애커로프는 또한 시간 지체가 경제의 동태성에 중요한 역할을 한다는 점을 인정했다. 특히 가격과 임금의 경직성과 즉각적인 조정을 할 수 없는 데서 오는 시간 지체에 주목했다. 그의 모델은 또 정부가 시장에 유동성을 증가시킴으로써 악순환에 반작용을 가하는 건설적인 역할을 할 수 있다는 점을 보여 주었다. 애커로프의 연구는 에드먼드 펠프스Edmund Phelps, 올리비에 블랑샤르Olivier Blanchard, 그리고 그레고리 맨큐와 같은 인물들의 연구와 합쳐져서 오늘날 '신케인지언New Keynesian 경제학'의 영역으로 발전했다[11]. 신케인지언 경제학이 경제 이론가들 사이에서는 논란이 있기도 하지만 정부와 월 스트리트 등 실제 세계에서 사람들은 이자율과 재정 적자 같은 요소들에 대한 정부의 관리가 경제 성과에 영향을 미친다고 일반적으로 받아들인다.

21세기 초에 전통 경제학은 우리가 경제에서 보는 진동 패턴들을 설명하기 위해 두 가지 경쟁적인 가설을 제시한다[12]. 미시 경제학에 기초한 '실제 경기 사이클 이론'은 합리적 균형 모델 관점에 바탕을 두고 있으며 경제는 단지 외부 충격을 전파하는 것으로 본다. 이 이론하에서 경제적 진동의 핵심 원인들은 외부적인 정치 사건, 기술 변화, 그리고 기타 요소들이다. 그러나 이 모델은 경기 사이클이 그 원인으로 지목된 외생적 요인들상의 엄청난 변화에도 불구하고 왜 그렇게 끈질기게 역사적으로 반복되는지 그 이유를 우리에게 설명해 주지 못한다. 거시 경제학에 토대를 둔 신케인스주의는 전통적 정통성에서 뒤로 물러나 완전하지 않은 합리성, 동태성, 그리고 시간 지체 등을 받아들여 내생적인 설명을 하려고 노력한다. 많은 측면에서 신케인스주의는 복잡계 경제학을 향해 한 발짝 나아간 것이다. 그러나 신케인스주의는 균형을 포기할 준비가 안 되었다. 그 결과 이론의 실증적 성공은 지금까지 제한적이었다[13].

모아 놓으면 다르다

복잡 적응 시스템에서 행위자들의 미시적 상호 작용이 어떻게 거시적 구조와 패턴을 유발하는지 논의한 바 있다. 예를 들어, 슈거스케이프에서 매우 단순한 행위자들조차 그 상호 작용이 경제 성장과 소득 불평등 같은 패턴을 가져올 수 있다는 것을 살펴보았다. 복잡계 경제학이 생각하는 궁극적인 업적은 행위자, 네트워크, 진화의 이론에서 시작해 현실 세계에서 우리가 보는 거시적 패턴에 이르기까지 하나의 이론을 개발하는 것이다. 그런 포괄적이고 광범위한 이론은 지금까지 존재하지 않았지만 이제는 그 모습이 어떠할지 그 희미한 빛이라도 볼 수 있게 됐다.

그 이론은 거시 경제학적 패턴을 '창발적emergent' 현상들, 다른 행위자나 환경과의 상호 작용으로 생겨난 시스템의 전체적 특성들로 본다[14]. 앞 장에서 이 창발성에 대해 간략히 다루었지만 이 개념은 아직도 약간 신비주의적인 느낌을 던져 준다. 부분의 합보다 전체가 어떻게 더 많을 수 있을까? 또는 물리학자 필 앤더슨이 너무나 잘 표현했듯이 '왜 더 다른 걸까?'[15]

창발성은 신비로운 것으로 보일 수도 있지만 실제로는 매일 경험하는 일이다. 예를 들어, 두 개의 수소와 한 개의 산소 원자로 이루어진 단일 물 분자는 젖은 느낌이 없다(당신이 단일 분자를 느낄 수 있다고 가정할 경우). 그러나 컵에 있는 수십억 개의 물 분자들은 젖은 느낌을 준다. 그 이유는 젖었다는 느낌은 특정한 온도 범위에서 물 분자들 사이의 미끄러운 상호 작용 결과 나타나는 집단적 특성 가운데 하나이기 때문이다. 물의 온도를 낮추면 분자들은 다른 방법으로 상호 작용을 한다. 즉, 물은 수정crystal 구조의 얼음을 형성하고, '젖었다 wetness'는 창발적 특성 대신에 딱딱한 특징을 갖는다. 이와 유사하게, 우리가 심포니라고 부르는 것은 개별 악기들의 연주에서 나오는 소리의 패턴이다. 우리가 신장kidney이라고 부르는 것은 세포들이 협력함으로써 그 어떤 세포도 단독으로는 스스로 할 수 없는 보다 높은 차원의 기능을 제공한다[16].

복잡계 경제학 역시 경기 사이클, 성장, 인플레이션 등과 같은 경제적 패턴들을 시스템의 상호 작용으로부터 내생적으로 일어나는 창발적 현상들로 본다. 복잡 적응 시스템들은 많은 형태의 시스템들에 공통적으로 나타나는 대표적인 창발적 패턴들을 갖고 있다. 이 패턴들을 분석하면 그런 시스템들이 어떻게 작동하는지 더 잘 이해할 수 있다. 지금부터는 그런 대표적인 세 가지 패턴, 즉 진동, 단속 균형*, 거듭제곱의 법칙 등을 살펴볼 것이다.

진동: 맥주 업계의 호황과 불황

앞뒤로 왔다 갔다 하는 시계추, 기타 줄의 떨림, 당신의 심장 박동 등은 모두 진동 시스템의 사례다. 앞에서 논의했듯이 경제는 경제 전반의 경기 사이클, 5장에서 언급했던 산업 차원의 상품 사이클, 그리고 보다 장기에 걸친 파동 변화에 따라 진동한다[17]. 이런 진동은 왜 존재하는가? 그리고 역사적으로 이런 진동이 그렇게 끈질기게 나타나는 이유는 무엇인가?

진동은 복잡 적응 시스템들에서 볼 수 있는 공통된 특징이다. 예를 들어, 생물의 생태계에서 개체 수는 진동의 패턴을 따른다. 20세기 초

---

* 직설적으로 표현하면 구두점식 균형론인데, 단속 균형 혹은 불연속 균형(또는 평형)의 의미로 해석되며 점진적 진화론과 대비된다.

반, 우크라이나 화학자 알프레드 로트카Alfred Lotka와 이탈리아 수학자 비토 볼테라는 생태계에서 약탈자와 먹잇감 사이의 상호 작용으로 발생하는 진동을 묘사하기 위해 유명한 모델을 만들었다[18]. 예컨대 여우와 토끼의 개체 수를 생각해 보자. 이 모델은 토끼의 개체 수가 증가하면 여우는 보다 많은 토끼를 잡아먹을 수 있고, 이에 따라 여우의 개체 수는 증가하고 토끼의 개체 수는 감소한다는 것을 보여 준다. 토끼의 개체 수가 감소하면 여우 입장에서 볼 때 한 마리당 먹잇감의 감소를 의미하고, 결국 여우의 개체 수는 줄어들고 이로 인해 토끼의 개체 수는 늘어난다. 여우와 토끼 개체 수 진동은 이렇게 일어난다. 이런 동태적 시스템은 결코 정지하지 않고 무한히 진동한다. 로트카와 볼테라 모델에서 진동을 초래하는 외생적인exogenous 충격은 없다. 부침ups and downs은 어떤 외부의 힘에 의해서가 아니라 시스템의 구조에서 나온다.

> 전통 경제학에 따르면 수요 측면에서 외생적인 충격이 발생하면 몇 번의 조정 후에 새로운 균형으로 옮겨 가게 돼 있다. 그러나 '맥주 유통 게임' 같은 간단한 실험에서조차 공급과 수요의 불균형, 재고의 부족이나 과잉 현상이 광범위하게 발생한다.

그렇다면 경제 시스템의 구조에서 어떻게 내생적인 진동이 발생하는 것일까? 사실, 경제 시스템을 내생적으로 진동하게 하는 것은 그렇게 어렵지 않다. 몇 명의 대학생, 그리고 가상의 맥주 상자들이 있다고 생각하자. 1950년대 MIT의 제이 포레스터Jay Forrester는 '맥주 유통 게임'으로 불리는 게임을 만들었다. 그는 이를 통해 인간의 행동과 동태적인 구조를 결합할 경우 이것이 어떻게 상호 작용을 통하여 간단한 경제 시스템에서 진동을 만들어 내는지를 증명했다[19].

먼저 네 명의 자원자들에게 상품의 제조와 유통을 시뮬레이션하는 게임을 하도록 부탁한다. 상품은 아무것이나 다 좋지만 학생들에게 보다 흥미를 주기 위해 포레스터는 맥주를 선택했다. 한 학생은 맥주 양조업자 역할을 수행한다. 또 다른 세 명의 학생은 맥주 유통업자,

도매업자, 소매업자 역할을 각각 맡는다. 제조업자, 유통업자, 도매업자, 소매업자로 구성된 공급 체인은 물론 많은 산업들에서 볼 수 있는 흔한 것이다. 이 게임에서 맥주 소비자 역할을 하는 사람은 없다. 소비자 수요는 소매업자 옆에 엎어 놓은 카드 더미 형태로 제공된다.

이 게임은 다음과 같이 진행된다. 각 참가자는 맥주 상자들을 재고로 갖고 있다(이는 게임 점수판에 칩으로 표시된다). 매회 초기에 소매업자가 고객으로부터 주문을 받으면(예를 들어, 4상자) 옆의 카드 더미에서 카드를 꺼내어 뒤집은 뒤 도매업자에게 주문을 낸다. 도매업자는 소매업자로부터 온 주문을 보고 유통업자에게 넘긴다. 유통업자는 이 주문을 양조업자에게 제출한다. 각자는 일단 주문을 받으면 맥주 상자를 실어 보냄으로써 주문을 충족한다. 양조업자는 유통업자에게 실어 보내고, 유통업자는 도매업자, 그리고 도매업자는 소매업자에게 각각 실어 보낸 뒤 소매업자는 맥주를 고객에게 판다. 주문 흐름은 고객에게서 양조업자로 공급 체인을 따라가지만, 맥주 흐름은 그 반대다. 주문이 제출되고 맥주가 공급되면 그다음 회의 게임이 시작된다.

한편 참가자들은 보유한 재고에 대해 상자당 0.5달러를 지불한다(맥주를 쌓아서 보관하는 비용). 그리고 맥주의 재고가 바닥나는 경우에는 상자당 1달러를 내야 한다(화난 고객과 판매 손실을 감안). 따라서 참가자들은 재고가 바닥나는 일 없이 주문을 충족시키기에 충분한 재고를 보유하려고 한다. 비용의 비대칭성 때문에(추가적인 재고 비용보다 부족 비용이 더 크다) 약간의 추가적 재고를 가지려는 쪽으로 치우치는 경향을 보일 것이다. 게임의 승자는 가장 적은 비용을 지불하는 사람이다. 말은 쉽게 들리지만 몇 번의 곡절 또는 변화가 일어난다. 실제 생활에서처럼 맥주를 주문하는 시점과 주문된 맥주를 받는 시점 사이에 시간 지체가 있다. 예컨대, 맥주를 생산해서 트럭에 실어 보내는 데 걸리는 시간을 생각해 볼 수 있다. 마찬가지로 주문을 내는 시점과 그것이 처리되는 시점 간에도 조그만 시간 지체가 일어난다. 어떤 사람이 주문을 받고 이를 컴퓨터에 입력해서, 신용을 체크하는 등의 일을 하는 데 걸리는 시간으로 볼 수 있다. 마지막으로 주문을 하는 것 외에는 어떤 상호 작용도 참가자들 간에 허용되지 않는다. 따라서 양조업자는 고객 수요가 소매업자 쪽에서 얼마나 떨어졌는지 모른다. 그가 알고 있는 것은 오로지 유통업자들이 보내온 주문이다.

이런 시간 지체들은 상황을 좀 혼란스럽게 만든다. 가령 당신이 유통업자인데 도매업자로부터 큰 주문을 받는다고 하자. 우선 당신이 보유한 재고에 갑작스러운 감소가 일어난다. 그러면 당신은 그 재고를 채워 넣기 위하여 제조업자에 큰 주문을 낸다. 그러나 맥주를 받으려면 몇 회가 걸릴 것이고, 그 사이 또 큰 주문이 들어오면 어떻게 될까? 다음에도 높은 수요가 이어질 것을 예상해 아예 주문을 더 크게 내야 하는 것일까? 그러나 일시적인 하락이 발생하면 어떻게 될까? 자칫 2회 뒤에는 당신의 재고가 맥주로 넘칠지 모른다. 인간은 자신들의 행동과 행동에 대한 반응 사이에 시간 지체가 있는 경우 제대로 대처하지 못한다. 5장에서 살펴보았듯이 낯선 샤워장에서 물 온도를 제대로 맞추기 위해 뜨거운 물과 차가운 물 사이를 왔다 갔다 하며 진동하는 사례를 상기하면 이해가 될 것이다.

이 게임은 정확히 균형에서 출발한다. 각 참가자들은 4상자의 맥주를 주문받고 정확히 그만큼을 실어 보낸다. 수송 파이프라인 또한 꽉 찬 채로 출발, 각 참가자는 게임의 1회에서는 정확히 4상자의 맥주를 접수한다. 따라서 공급 체인 전체에 걸쳐 재고 수준은 그대로다. 그 이후부터 참가자들은 각자 알아서 스스로 얼마나 주문할지 의사 결정을 해야 한다. 참가자들에게는 알려지지 않은 채 소비자 덱deck에 쌓여 있는 첫 카드들은 4개를 유지한다. 참가자들에 따라서는 자신이 얼마나 위험 회피적이냐에 따라 4개보다 좀 더, 혹은 좀 덜 주문할 수 있다. 그렇지 않으면 별다른 일은 일어나지 않는다. 그런데 어느 회에

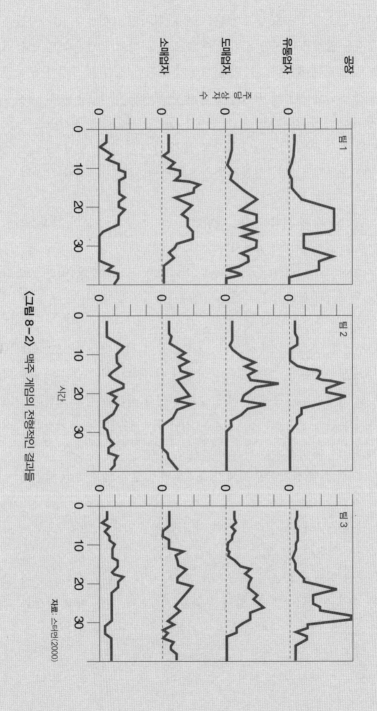

공장

유통업자

도매업자

소매업자

주문의 성격 수

팀 1   팀 2   팀 3

0   10 20 30   0   10 20 30   0   10 20 30

시간

〈그림 8-2〉 맥주 게임의 전형적인 결과들

자료: 스타먼(2000)

이르러 소비자 수요가 4개에서 8개로 갑자기 늘어난다. 참가자들은 그것을 알지 못하지만 소비자 수요 수준은 앞으로 남은 게임 동안 8개로 유지될 것이다. 한 번에 주문이 증가한 것이다. 그러나 주문의 증가는 공급 체인을 따라 예상치 못한 변화로 이어진다. 전통 경제학에 따르면 수요 측면에서 외생적인 충격이 발생하면 참가자들은 몇 번의 조정 후에 새로운 균형으로 옮겨 가게 돼 있다. 일단 새로운 균형에 도달하면 모든 참가자들은 8개를 주문하고 그 결과 각자의 재고도 그대로 유지된다.

그러나 실제 사람들과의 실험에서 참가자들은 주문의 갑작스러운 점프로 재고 수준이 떨어지자 초과 주문을 하는 등 지나치게 행동하는 것이 불가피해진다. 초과 주문의 파장은 공급 체인을 따라 전달되는 과정에서 확대된다. 수요가 4개에서 8개로 늘어나는 것에 놀란 소매업자는 재고를 다시 채워 넣을 필요를 느낄 것이고, 따라서 12개를 주문한다. 소매업자의 주문이 12개로 늘어나는 것을 본 도매업자는 16개를 주문한다. 그런 식으로 파장이 이어진다. 이런 넘치는 행동 외에도 참가자들은 주문과 실제 수령 사이의 시간 지체를 적절히 고려하지 못한다. 그 결과 소매업자는 지난 회에 12개를 주문했지만 아직 도착하지 않아 재고는 계속 바닥이다. 그래서 그는 12개를 더 주문한다. 이런 식의 불가피한 결과가 초래되면서 결국 많은 양의 맥주가 공급 체인을 따라 다시 흘러 들어가기 시작하고 각 참가자들은 재고의 늪에 빠져 버린다. 그러면 이런 과잉 반응 사이클은 반대쪽으로 움직이기 시작한다. 즉, 일부 참가자들은 주문을 줄이기 시작하고 심지어 일부는 아예 주문을 하지 않기도 한다. 과잉 주문과 과소 주문의 진동 파장은 공급 체인을 따라 부침을 거듭한다. 이에 따라 가상의 맥주 산업도 매우 값비싼 부침의 사이클을 겪는다(〈그림 8-2〉).

MIT 교수 존 스터먼과 그 동료들은 세계 여러 곳의 사람들을 대상으로 이 맥주 게임 실험을 수백 번이나 했다. 여기에는 MBA 학생

288

들, 사업가들, 그리고 임의로 선정된 사람들 모두가 포함됐다[20]. 심지어 전문적인 재고 관리자들, 고도로 합리적인 경제학자들을 대상으로도 실험했다. 그러나 결과는 언제나 같았다. 다시 말해 마찬가지로 거친wild 진동의 파장을 관찰하였다[21]. 전통 경제학 이론은 참가자들이 완전하게 합리적일 경우(참가자들이 완전하게 합리적일 수 있도록 모든 필요한 정보를 갖는 게임에서는) 거친 진동이 일어날 수 없다고 말한다. 즉, 게임은 한 균형에서 다른 균형으로 말끔하게 이동한다는 의미다. 실험에서 발생하는 비용과 이론적으로 합리적인 경우에 발생하는 비용을 계산하면 실제 사람들에 의해 발생하는 비용은 평균적으로 완전 합리적인 비용의 10배에 달한다.

어떤 종류의 행태로 인해 그렇게 단순한 실험에서 거친 진동의 파장이 일어나는 것인가? 스터면은 참가자들이 활용한 의사 결정 규칙을 통계적으로 추론해 낼 수 있었다[22]. 이 규칙은 심리학에서 말하는 "기준점을 정하고 조정한다anchor and adjust"는 행태에 기반을 둔 것이다. 참가자들은 재고 수준을 살피고, 시간 지체의 효과를 고려해 자신의 미래 수요를 연역적으로 계산하기보다는 단순히 주문과 재고 수준에 대한 과거의 패턴을 보고 귀납적으로 추론해 정상적으로 보이는 하나의 패턴으로 기준점을 정한다. 결과적으로 'IF, THEN' 규칙이 그들을 정상적인 패턴으로 이끌어 간다. 그러므로 어떤 참가자는 4상자의 맥주를 정상적인 주문 패턴으로 보고 상황이 달라지면 이를 중심으로 조절하려고 한다. 예를 들어 "재고가 떨어지고 있다. 더 주문해!" 이런 식으로 의사 결정을 내린다. 시간 지체가 있는 환경에서는 일단 기준점을 정하고 조절한다는 규칙이 개인들을 과잉 반응하도록(지나치게 과잉 주문하거나 과소 주문하는) 만들고, 그 결과 사이클 행태라는 '창발적 패턴'이 발생한다.

맥주 게임은 앞에서 얘기했던 단순히 꾸물거리는 젤리와 같은 전파 과정이 아니다. 물론 이 게임에도 하나의 외생적인 충격을 받는다. 즉 주문이 4개에서 8개로 증가하는 충격을 받는다. 그러나 한 번의 두들김을 받은 젤리와 달리, 맥주 게임에서는 진동이 시작되면 시스템이 결코 균형으로 돌아가지 않는다[23]. 맥주 게임에서 진동의 궁극적인 원천은 외부적인 충격 그 자체가 아니라(사실 이것은 단지 시스템을 출발하게 한다는 것뿐임) 참가자들의 행태와 시스템의 반응-feedback 구조에 있기 때문이다. 이 시스템은 외생적인 동력을 전파하는 게 아니라 내생적으로 동력을 창출한다.

여기서 말하는 바는 완전 합리성의 심장에 또 다른 화살을 꽂자는 게 아니라 미시적 차원에서 일어나는 개별 행태의 예측불허한 변화들이 모이면 거시적 차원에서는 큰 창발적인 결과로 이어진다는 것이다. 앞의 사례는 "일단 기준점을 정하고 조절한다"는 규칙이 어떻게 진동을 발생시키는지 보여 준다. 그렇다면 거시 경제의 순환은 훨씬 복잡한 차원의 맥주 게임과 같은 것이 만들어 낸 결과인지 물을 것이다. 경제는 결국 공급 체인, 재고, 시간 지체 들로 가득 차 있다. 거시 경제의 실제 진동의 원인은 가지각색이지만 맥주 게임이 주는 교훈은, 사이클은 궁극적으로 사람들이 의사 결정에서 활용하는 귀납적 규칙들이 경제 시스템의 동태적 구조와 상호 작용하는 방식에 기인한다는 것이다.

경제가 거대한 맥주 게임과 같은 것이라면 이것이 던지는 한 가지 시사점이 있다. 그것은 금리 인하, 재정 지출 증가와 같은 표준적인 해법들은 사이클의 근원을 다룬다기보다는 단지 그 증상을 다룬다는 것이다. 우리는 경기 사이클을 결코 완전히 제거할 수 없지만(실은 주기적인 경기 위축기가 오면 비효율적인 자원의 사용을 씻어 내고 혁신을 부추기는 기회가 되기 때문에 사이클이 완전히 제거되는 것을 우리가 원치 않을 수도 있다) 정부가 보다 근본적인 방법으로 사이클의 영향을 감소시키고자 한다면 경제 시스템 자체의 구조를 잘 살펴볼 필요가 있다.

사실 경제의 동태적 구조는 명시적인 정부의 개입이 없다고 하더라도 계속 변하고 있다는 증거가 있다. 맥주 게임의 사이클을 줄이는 두 가지 방법이 있다. 하나는 시간 지체를 줄이는 것이고, 다른 하나는 참가자들에게 보다 많은 정보를 제공하는 것이다(예를 들어, 양조업자가 소매 시장에서 무슨 일이 일어나고 있는지 직접 볼 수 있게 하는 방안 등이 있을 수 있다)[24]. 1960년대 시작된 정보 기술 혁명은 이 두 가지에 직접적으로 영향을 미쳤다. 데이터를 보면 미국의 경기 사이클 변동성은 1959년 이후 계속 줄어 왔으며, 특히 1980년대 들어 급격히 줄어들기 시작했다. 이 시기는 빠르고 값싼 컴퓨터의 광범위한 확산과 정확히 일치한다[25]. 컴퓨터 덕분에 기업들은 신속한 주문 처리, 저스트인 타임just-in-time* 재고 관행 채택, 생산자와 부품 등 공급 체인 간 전자적 연결이 가능해졌다. 줄어든 사이클 변동성 중 얼마나 많은 부분을 기술 및 산업 관행의 변화로 돌릴 수 있는지에 대해서는 물론 논란이 있을 수 있다[26]. 그러나 거시적인 맥주 게임이 변하고 있다는 것만은 분명하다[27].

단속 균형: 핵심 기술이 있는가?

다윈의 『종의 기원』이 나온 뒤 한 세기 동안 생물학자들은 진화는 천천히 선형적인 방식으로 진행돼 종의 형성과 소멸이 순탄한 패턴을 보일 것으로 가정했다. 그 뒤 고생물학자인 스티븐 제이 굴드Stephen Jay Gould와 나일스 엘드리지Niles Eldridge는 1972년 기념비적인 논문에서 기존의 이런 관념을 뒤집었다. 그들은 화석 기록은 진화가 순탄한 경로를 결코 따르지 않았음을 보여 준다고 주장하고 나섰다[28]. 오히려 진화는 오랜 기간 동안의 정체 상태와 더불어 폭발적인 혁신과 대량 소멸 기간들이 곳곳에 가미된 과정을 겪어 왔다는 것이다. 예를 들어,

---

*원하는 시간, 원하는 장소에 원하는 물건이라는 개념으로 기존의 재고 비용을 획기적으로 줄이는 생산 방식이다. 일본 토요타 등을 통해 확산됐다.

5억 5천만 년 전 캄브리아기에 터진 진화 혁명 때 다세포 생물이 지구를 지배하게 되었다. 오늘날 지구에 있는 주요 생물의 문門들의 대부분이 이 당시 탄생했다. 그 후 약 2억 4,500만 년 전, 후기 이첩기二疊紀 동안 굴드가 말하는 '최대의 소멸granddaddy of all extinctions'이 일어났다. 이때 지구의 육지와 해양 생물 종의 96%가 사라졌다[29]. 굴드는 이와 같이 고요와 폭풍이 교차하는 패턴을 표현하기 위하여 '단속 균형(단선적, 불연속적 균형)'이라는 용어를 만들었다(이 용어는 기술적으로 그렇게 정확한 것이 아니다. 왜냐하면 생물학적 진화는 수학적 의미에서 균형 상황에 있는 게 아니기 때문이다. 굴드가 이 용어를 통해 전달하려고 했던 것은 정적 혹은 정체의 기간들에 변화의 기간들이 가미된다는 의미였다고 스스로 주장한 바 있다. 그러나 이 표현이 고착화되다시피 했기 때문에 여기서도 그대로 사용하겠다)[30].

단속 균형의 패턴은 생물학적 진화에서만 나타나는 것이 아니라 눈사태에서부터 주식 시장의 폭락에 이르는 다른 복잡 시스템에서도 나타난다[31]. 복잡계 연구자들은 1980년대부터 이런 패턴들과 그 기원들을 쭉 연구해 오고 있다. 이 연구의 결론 중 하나는 이런 행태를 유발하는 가장 중요한 요인은 바로 시스템에서 일어나는 상호 작용의 네트워크 구조라는 것이다. 앞의 7장에서 논의된 바와 같이 산타페 연구소의 던컨 와츠와 마크 뉴먼은 많은 형태의 네트워크들이 매우 밀도 있는 연결과 매우 듬성듬성한 연결을 서로 혼합해 놓은 구조로 자기 조직화한다는 점을 보여 주었다[32]. 인도 과학연구소의 산제이 제인Sanjay Jain과 네루 센터의 산디프 크리슈나Sandeep Krishna는 생물 생태계에서 단속 균형이 출현한 밑바탕에는 그런 네트워크 구조가 자리하고 있다고 믿고 있다[33].

제인과 크리슈나는 컴퓨터 피조물들의 진화 생태계에 관한 가상 실험을 고안했다. 연구자들은 이 실험에서 임의로 어떤 종들을 제거할 경우 대개는 큰 일이 일어나지 않는다는 점을 알아냈다. 그러나 이

따금 어떤 종들의 경우는 이를 제거하면 일련의 연쇄적인 사건들이 일어나면서 대량 소멸로 이어졌다. 이런 종들은 먹이사슬과 생태적 지위의 경쟁 측면에서 다른 종들과 매우 밀접하게 연결돼 있다. 생물학자들은 이런 종들을 '핵심 종'이라고 부른다. 예를 들어, 아메바 같은 종을 생각해 볼 수 있다. 이 종은 다양한 곤충들과 여과 섭식filter feeding 연충編蟲의 먹이 원천이다. 그리고 이들은 다시 다양한 새들과 포유동물들의 먹이가 되고, 새들과 포유동물은 여러 식물의 종들에 영향을 미친다. 만약 먹이사슬 밑바탕에 있는 아메바 개체 수에 갑작스러운 감소가 발생하면 그 파장은 생태계 전반으로 퍼질 수 있다.

생태계 시뮬레이션을 통해 제인과 크리슈나는 단속 균형에는 세 가지의 뚜렷한 단계가 있다고 주장한다. 첫째, 임의의 국면random phase이다. 네트워크가 퍼져 나가지만 특정 구조를 갖고 있는 것이 아니고, 임의의 여러 변화들이 일어나지만 이 단계에서는 큰 효과를 수반하지 않는다. 그런 의미에서 이 국면은 균형의 기간이다. 그 뒤 어떤 혁신이 일어나면서 네트워크는 성장 국면으로 바뀐다. 국면 전환을 가져오는 이런 혁신은 양+의 되먹임 고리를 통해 다른 혁신들을 촉진시킨다. 혁신이 추가적인 혁신을 유도하는 것이다. 새로운 종들이 나타나 생태계에서 한 자리를 차지하면서 먹이와 생태 지위 네트워크에 질서가 형성된다. 이런 성장 국면은 계속 이어지는 게 아니다. 어느 시점에 이르면 성장 국면이 완화되면서 조직화된 국면이 나타난다. 이 단계에서는 모든 변화들이 통합되고 네트워크는 고도로 구조화된다. 그리고 핵심 종들은 상호 작용 네트워크에서 매우 중요한 지점에서 나타난다. 이러한 지점은 항공기의 비행 경로를 그린 지도에서 허브역할을 하는 도시와 같다. 네트워크는 조직화된 국면에서 한동안 그대로 유지된다(균형의 또 다른 기간이다). 그러나 그 뒤 어떤 혁신이나 돌연한 변화가 핵심 종들에 타격을 가하는 일이 발생한다. 핵심 종에 영향을 주는 변화는 전체 조직 구조로 퍼져 나가고 네트워크는 멸종의 파고 속에서 무너진다. 이런 과정이 지나고 나면 다시 새로운 임의의 국면이 전개되고, 그다음에는 성장 국면이 오는 식으로 반복된다.

많은 관찰자들은 기술 혁신은 정적과 폭풍이라는 비슷한 과정을 겪는다고 주장해 왔다. 그중에는 특히 카를 마르크스와 조지프 슘페터도 포함된다[34]. 대부분의 기술 혁신의 영향은 제한적이다. 예를 들어, 1957년 GE는 석영石英 할로겐 램프를 발명했다. 이 기술은 1980년대에 이르러 가격이 매우 싸졌고, 그 결과 할로겐 전구는 대중적인 소비 제품이 되었다. 할로겐 전구는 표준 백열 전구에 비해 하나의 중요한 발전이었다. 그러나 이것이 우리 사회에 극적인 영향을 미쳤다고 말할 수는 없다. 이에 비해 처음에는 선행 기술에 대한 점진적인 발전에 불과했지만 커다란 영향을 몰고 온 것들도 있다. 1901년 12월, 굴리엘모 마르코니Guglielmo Marconi는 영국 콘월에서 대서양 건너편 캐나다의 뉴펀들랜드로 전파를 이용해 세 번의 모스 코드 신호를 보냈다. 마르코니의 발명은 유선 전신에 비해 보다 싸고 편리한 대안 정도의 의미를 가졌다. 따라서 그 당시 많은 사람들에게 이 발명은 인상적인 게 아니었다. 당시 「파이낸셜 타임스」의 인용에 따르면 앵글로아메리칸 케이블 회사는 이 신기술을 거부했다. 그 이유는 이렇다. "무선 전신 기술을 상업적으로 활용 가능성은 아직 요원하기 때문에 우리는 이전처럼 가기로 했다."[35] 사람들이 흔히 말하듯 이제 이야기의 나머지는 다 아는 사실이다. 라디오는 그것만으로도 큰 영향을 미쳤지만 그 뒤 텔레비전, 마이크로파 통신, 레이더, 이동 전화, 그리고 무선 인터넷의 발명을 유도했다. 마르코니의 발명은 대중문화, 오락, 정치, 그리고 군사 전략에 이르기까지 눈사태 같은 변화를 불러왔다.

지난 수년에 걸쳐 기술 개발을 하나의 진화 과정으로 보는 많은 연구들이 진행돼 왔다[36]. 이에 대해서는 다음 11장에서 다시 살펴볼 것이다. 그러나 이 연구에서 제기된 두 가지 중요한 관찰은 지금 우리가 논의하고 있는 단속 균형과 관련이 있다. 첫째, 어떤 기술도 독립적으로 개발되지 않는다. 모든 기술은 다른 기술들과의 관계에 의존한다. 예컨대, 이동 전화의 발명은 라디오 기술을 활용했을 뿐만 아니라 컴퓨터 기술과 코딩 기술 등 다른 많은 분야를 활용했다[37]. 이러한 상호 관계들은 단순히 기술적인 것이 아니라 경제적인 것이다. 자동차를 예로 들면 그 주변에서 같이 성장한 경제적 연계망에는 철강에서부터 석유, 호텔, 그리고 패스트푸드에 이르기까지 여러 산업들이 포함돼 있다[38].

이제 두 번째 얘기를 해보자. 하버드 경영대학원의 킴 클라크Kim Clark가 지적했듯이 기술은 본질적으로 모듈러modular다. 예를 들어, 자동차는 엔진, 변속기, 차체 등으로 만들어졌다[39]. 이런 모듈들이 조립돼 만들어진 게 이른바 '아키텍처architecture'다. 자동차의 경우 아키텍처는 차 자체의 디자인이다. 모듈의 혁신은 새로운 아키텍처를 가능하게 한다. 예컨대, 마이크로 칩이 PC의 탄생에 큰 역할을 했다. 그러나 후속적으로, 연관되는 혁신들을 촉진하는 등 큰 파급 효과를 갖는 경우는 아키텍처 혁신이다. 이제 우리는 제인과 크리슈나 모델에서 단속 균형 패턴을 가져오는 중요한 특징 두 가지를 알았다. 상호 작용을 하는 네트워크*와 개별 노드의 촉매 효과다. 11장에서 보다 자세히 살펴볼 예정이지만 기술 연계망이 어떻게 연쇄적 변화와 연계되면서 단속 균형이라는 창발적 패턴을 유발하는지, 그리고 어떤 특정 기술들은 이 연계망에서 핵심적인 역할을 한다는 사실을 알 수 있을 것이다.

거듭제곱 법칙: 지진과 주식 시장

---

* 구체적으로는 '매우 밀도 있는 연결'과 '매우 듬성듬성한 연결'을 서로 혼합해 놓은 구조를 말한다.

이 책의 앞 부분에서 전통 경제학의 예측 중 하나인 주식 가격은 랜덤워크를 따른다는 얘기를 한 바 있다. 랜덤워크를 보여 주기 위해 펜을 종이 위에 놓고 왼쪽에서 오른쪽으로 끌고 가보라. 그러면서 펜을 임의로 위 또는 아래로 움직여 보라. 술에 취한 사람이 도로 위에서 비틀거리며 걸어가는 것을 상상해 보면 쉽게 알 것이다. 이제 〈그림 8-3〉을 보자.

이는 예일 대학의 수학자 브누아 망델브로Benoit Mandelbrot 연구에서 따온 것이다. 하나는 1959년에서 1996년까지 IBM의 주식 가격이고

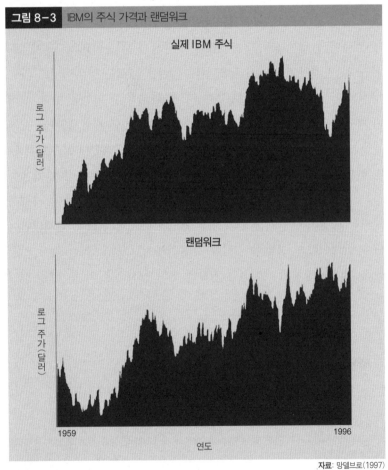

그림 8-3 IBM의 주식 가격과 랜덤워크

실제 IBM 주식

랜덤워크

자료: 망델브로(1997)

(로그를 취한 결과들을 표시한 것임), 다른 하나는 랜덤워크 데이터들이다(이 랜덤워크는 그 안에 하나의 성장 추세를 갖고 있다). 이 그래프는 질적으로 매우 비슷해 보인다. 만약 구분을 해놓지 않으면 어느 쪽이 IBM에 관한 것이고, 또 어느 쪽이 랜덤워크인지 추측하기가 매우 어렵다. 그리고 왜 랜덤워크가 100년에 걸쳐 금융 이론의 핵심이 돼왔는지 그 이유를 이 그래프를 보더라도 대략 알 수 있다.

그러나 절대적인 가격 수준을 보지 말고 특정한 날에 주식 가격이 얼마나 올라가고 내려갔는지(〈그림 8-4〉)를 보라. 그러면 두 그래프가

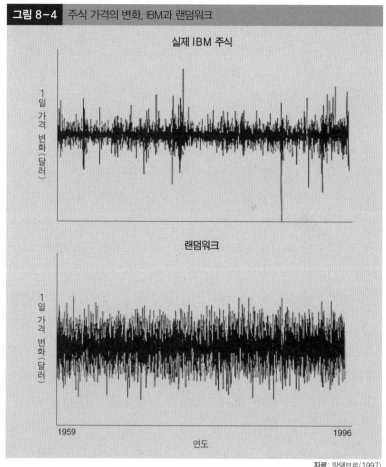

그림 8-4 주식 가격의 변화, IBM과 랜덤워크

실제 IBM 주식

1일 가격 변화(달러)

랜덤워크

1일 가격 변화(달러)

1959   연도   1996

자료: 망델브로(1997)

놀라울 정도로 서로 다르게 보인다는 것을 알 수 있다.

위의 그래프에는 뾰족한 곳들이 군데군데 있다. 다시 말해 가격이 크게 움직인 기간과 작게 움직인 기간들이 시간에 따라 집적 형태로 나타난다. 반면, 아래의 그래프는 모호하다. 가격이 크게 움직인 기간과 작게 움직인 기간들이 시간에 따라 임의적으로 혼재한 양상이다. 이렇게 보면 IBM 데이터는 모호한 랜덤워크와 그렇게 비슷하지 않다는 것을 분명히 확인할 수 있다(3장에서 이미 언급했지만 몇 연구자들은 주식 가격이 랜덤워크를 따르지 않는다는 것을 통계적으로 보여 준 바 있다). 군데군데 집적 모양의 IBM 패턴은 가격의 변동성이 시간과 상관관계가 있음을 보여 준다. 이는 우리가 조금 전에 살펴보았던 단속 균형이 보여 주는 폭풍-고요-폭풍이라는 형태의 연속과 유사하다. 그러나 무엇인가 또 다른 점을 발견할 것이다. 랜덤워크 자료를 보면 여기서도 물론 가격의 큰 움직임이 있지만 그 어느 것도 다른 것에 비해 확 드러나게 큰 움직임을 보인 것은 없다. 그러나 실제 IBM 데이터를 보면 다른 것에 비해 높이 치솟은 것들도 있고, 또는 푹 꺼진 것들도 있다. 무엇이 이렇게 극적인 가격 움직임을 초래하는 것일까?

전통적 경제학에서는 새로운 뉴스가 시장에 전달될 때 주식 가격이 변동한다고 말한다. 전통 이론의 예측 중 하나는 가격의 큰 움직임은 예기치 못한 빅 뉴스와 일치한다는 것이다. 데이비드 커틀러David Cutler, 제임스 포터바James Poterba, 그리고 래리 서머스는 1989년 한 연구에서 이런 예측을 검정해 봤다[40]. 그는 1941년부터 1987년까지 가장 변동이 컸던 미국 주식 시장 움직임을 살펴보았다. 그리고 그 당시의 신문들을 쭉 훑어보았다. 시장의 큰 움직임과 일치하는 뉴스가 무엇인지 조사했던 것이다. 그러나 실제로는 주식 시장의 대폭락 시점 앞뒤로 그렇게 특이한 뉴스들은 별로 없었다는 사실을 발견했다. 앞에서 언급한 적이 있지만 1987년 10월 19일 S&P 500지수가 20% 폭락한 것에 대한 「뉴욕 타임스」의 설명은 "달러 가치 하락과 재정 적자에 대한 우려"였다. 이것은 매번 제기되던 이슈이지 새로 불거진 이슈가 결코 아니다. 1946년 9월 3일 또 다른 폭락이 있던 날, 신문의 기사 제목은 "가격이 급락할 근본 이유가 없다"였다. 커틀러와 그의 동료들은 뒤집어서 살펴보기도 했다. 즉, 해당 기간 동안 큰 뉴스들을 조사해서 그 당시 주식 시장이 어떻게 움직였는지 살펴보았다. 예를 들어, 일본이 진주만을 폭격했을 때 주식 시장은 단지 4.4% 떨어졌다. 쿠바 미사일 위기가 평화적으로 해결됐을 때 시장은 단지 2.2% 올랐을 뿐이다. 그렇다면 의문점이 생길 것이다. 왜 그렇게 큰 뉴스가 발생했는데도 시장의 변동성은 그에 미치지 못한 걸까? 이에 대한 대답은 다음과 같은 흥미로운 관찰에서 얻을 수 있다. 주식 가격 움직임은 랜덤워크를 많이 닮은 게 아니라 이와는 다른 현상, 즉 지진과 비슷하다는 것이다.

1950년대 캘리포니아 기술연구소 출신 지리물리학자들인 베노 구텐베르크Beno Gutenberg와 찰스 리히터Charles Richter는 캘리포니아 공과대학의 도서관에서 지진을 다룬 연구들을 모두 찾아보았다[41]. 이 과학자들은 자신들이 할 수 있는 한 과거의 역사로 거슬러 올라갔다. 이들은 얼마나 많은 지진이 여러 가지 강도별로 일어났는지 알고 싶었다. 예를 들어, 강력한 지진은 과거에 흔했는가, 드물었는가? 규모 2의 지진은 규모 4의 지진보다 일어날 확률이 2배나 더 큰가? 이들은 지진 자료들을 각 구간별로 나누어 보았다. 예컨대 규모 2.0~2.5, 2.5~3.0 등으로 나누고 분포 곡선을 그려 보았더니 앞에서 우리가 논의했던 슈거스케이프의 소득 자료 그래프와 비슷하게 나왔다.

가장 잘 알려진 분포는 종형, 즉 종의 모양bell curve 분포 곡선이다. 이는 '정상 분포', '가우스 분포' 등으로 불린다(가우스 분포는 그 발견자인 19세기 카를 프리드리히 가우스의 이름을 딴 것이다). 만약 우리가 어떤 모집단에서 여자의 키에 관한 자료를 수집하고, 이를 키의 수준별로 나누어(예컨대 125~130센티미터, 130~135센티미터 등) 각 구간에 해당하는 사람이 몇 명인지 세어 보면 모나지 않은 종 모양의 곡선을 볼 수 있을 것이다. 곡선의 중간에 낙타의 혹처럼 생긴 부분은 전형적인 여자들의 키가 150~180센티미터 범위에 있다는 것을 보여 주는 것이고, 반면 꼬리 부분은 과도하게 키가 작은 여자 또는 과도하게 키가 큰 여자들이 매우 적다는 얘기다.

다시 지진 얘기로 돌아가자. 누구는 지진 그래프가 키에 대한 가우스 분포와 닮았다고 기대할 수 있을 것이다. 다시 말해, 어떤 전형적인 지진 규모가 있고, 대부분의 지진은 이 범위 내에 있으며, 나머지 초강력 지진, 초소형 지진은 매우 적지 않겠느냐는 얘기다. 그러나 구텐베르크와 리히터는 지진 그래프를 그려 보고는 뭔가 특별한 점을 발견했다. 이들이 발견한 결과를 좀 더 쉽게 알아보기 위해 양 축(가로축, 세로축)에 로그를 취한 데이터를 그래프로 그렸다. 로그-로그 그래프에 나타난 결과는 〈그림 8-5〉에 있는 것처럼 거의 곧은 직선이다.

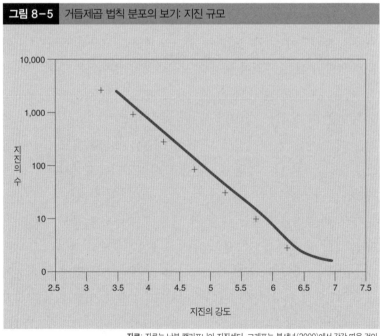

그림 8-5 거듭제곱 법칙 분포의 보기: 지진 규모

자료: 자료는 남부 캘리포니아 지진센터, 그래프는 뷰새넌(2000)에서 각각 따온 것임.

이런 직선이 의미하는 것은 지진의 경우 키의 분포에서 보았던 것처럼 분포의 중간에 전형적인 양상이 위치하지 않는다는 얘기다. 그보다는 지진의 경우 모든 규모에 걸쳐 일어난다. 그러나 지진이 클수록 빈도는 드물다. 더 구체적으로 말하면 지진 에너지가 2배가 될 경우 그런 규모의 지진이 발생할 확률은 4의 율¾로 떨어진다. 이 결과 가장 규모가 작은 지진에서부터 가장 규모가 큰 지진 쪽으로 기울기가 쭉 미끄러지며 내려가는 모양으로 나타난 것이다. 물리학자들은 이런 관계를 거듭제곱 법칙power law이라고 부른다. 분포가 지수 또는 거듭제곱을 갖는 방정식으로 표현된다는 이유에서다[42].

거듭제곱 법칙은 여러 가지 광범위한 현상들에서 발견할 수 있다. 생물 소멸의 규모, 태양 표면의 폭발 강도, 규모별 도시 순위, 교통 혼잡, 면사의 가격, 전쟁에서의 사망자 수, 그리고 사회적 네트워크에서 섹스 파트너의 분포 등이 모두 그렇다[43]. 거듭제곱 법칙은 진동과 단속 균형과 더불어 복잡 적응 시스템의 또 다른 대표적인 특성이다.

그러나 지진을 통해 거듭제곱법칙이 처음 발견된 것은 아니다. 사실 거듭제곱 법칙의 첫 발견은 경제학에서였다. 바로 1895년 빌프레도 파레토다. 물론 당시에는 그것이 거듭제곱 법칙인지 몰랐다[44]. 4장에서 이야기했듯이 소득에 관한 파레토의 연구 결과, 가난한 사람은 많고, 중산층은 넓은 소득 구간에 걸쳐 분포되어 있으며, 매우 부자인 사람들을 드문 그런 분포를 보였다. 소득이 1% 증가할 때 그에 해당되는 가구 수의 감소 폭은 1.5%였다. 역시 양 축에 로그-로그를 취하면 직선이 나온다. 이 또한 거듭제곱 법칙이다. 파레토는 자신이 발견한 것이 어떤 의미를 갖는지 충분히 인식할 만한 수학적 도구를 가지지 못했다[45]. 거듭제곱 법칙은 1960년대 경제학에서 다시금 나타났다. 망델브로가 시카고 상품 거래 시장에서 면사 가격의 변동에 관심을 갖게 되었을 때다. 망델브로는 데이터를 그래프로 그렸을 때 면사 가격 변동이 IBM 주식 가격처럼, 전통 이론이 예측하는 것보다 훨씬 더 큰 움직임들을 보인다는 사실을 재빨리 알아챘다. 게다가 그는 이 가격 변동에는 어떤 자연적인 시간 척도가 없는 것 같다는 점도 발견했다. 그래프의 한 부분, 가령 한 시간 구간을 잘라 하루의 길이로 늘렸더니, 어느 그래프가 시간별 데이터이고 어느 것이 1일 데이터인지 구분할 수 없었다. 그는 금, 밀 등 다른 상품 데이터도 조사했는데 똑같은 패턴을 보였다. 바로 거듭제곱 법칙이었다[46]. 망델브로가 이를 처음 발견했지만 경제학자들은 무시했다. 일부는 그가 경제학자가 아닌 수학자라는 이유였고, 또 일부는 그의 연구 결과가 전통 이론과 맞지 않다는 이유에서였다.

파레토와 망델브로 발견에서 놀라운 특성은 1980년, 1990년대에 이르러서야 제대로 조명을 받았다. 경제를 복잡 적응 시스템으로 보는 아이디어들이 나오면서 거듭제곱 법칙에 대한 새로운 관심이 촉발되던 때였다. 물리학자들은 자연 시스템에서 거듭제곱 법칙을 분석해 본 많은 경험을 갖고 있다. 그리고 경제물리학자econophysicist들이 주식 시장 데이터를 쳐다보기 시작했다.

그들 중 보스턴 대학의 진 스탠리Gene Stanley는 흥미로운 계산 결과를 내놨다. 주식 시장이 전통 경제학이 주장하는 대로 랜덤워크를 따른다면 1987년 이른바 블랙 먼데이 대폭락이 일어날 확률은 10^{-1480}%였다는 것이다. 이 믿을 수 없을 정도로 작은 숫자를 가늠해 보려면 지구에서 가장 작은 단위인 플랑크Planck 길이가 10^{-33}센티미터라는 사실을 생각하면 될 것이다. 따라서 시장이 임의적으로 이렇게 저렇게 움직이다가 그런 대폭락을 겪는 경우는 엄청나게 일어나기 힘들다는 얘기다. 가우시안 분포나 랜덤워크에서 표준 편차 보다 다섯 배 이상의 변동 폭은 거의 없다. 그러나 주식 시장 대폭락과 같은 경제 데이터를 보면 표준 편차의 다섯 배는 물론 그보다 더 큰 폭의 변동이 실제 일어난다[47].

실제로 무슨 일이 일어나는지를 알아보기 위해 스탠리와 그의 동료들은 모든 주식 거래를 대상으로 1994년부터 1995년까지 5분마다 표본 추출을 했다. 대상은 미국에서 가장 큰 1천 개 기업들이었다. 이들은 모두 4천만 개나 되는 대량의 데이터를 컴퓨터로 고속으로 처리하기 시작했다. 주식 가격의 변동은 분포의 꼬리 부분에서 거듭제곱을 따른다는 게 분명했다. 보다 확실히 하기 위해 이들은 1962년에서 1996년까지 35년간에 걸쳐 6천 개의 미국 주식들을 대상으로 1일 데이터를 3천만 개 조사했다. 이런 기록들 역시 거듭제곱 법칙을 보여주었다. 어떤 전통 경제학자는 이렇게 말할지도 모르겠다. 스탠리가 조사했던 데이터들은 단기간인 5분을 대상으로 함으로써 비가우스 non-Gaussian적으로 나타난 것일 뿐 좀 더 긴 기간을 대상으로 하면 가우스적으로 될 것이라고 말이다. 스탠리는 5분에서 6,240분(16일을 넘어서면 어떤 강한 결론을 내는 데 충분한 데이터를 얻기 어렵다)에 이르는 기간을 세 번(길이 순으로) 변화시켜 보았다. 기간이 길면 좀 더 가우스적으로 보이기는 했지만 그래도 여전히 거듭제곱 법칙을 따르는 것은 마찬가지였다[48].

이런 연구 결과는 주식 시장이 전통 경제학이 말하는 것보다 훨씬 더 변동성이 있음을 보여 준다. 시장이 거듭제곱 법칙을 따를 경우 블랙 먼데이 사건이 일어날 확률은 10^{-148}이 아니라 10^{-5}에 더 가깝다(언제인지 몰라도 100년에 한 번 일어날 가능성이 있다는 의미다). 엄청난 차이다. 이것이 투자자들이 어떻게 생각하고 위험을 관리하는지와 관련해 큰 의미가 있는 것은 두말할 필요도 없다. 놀랍게도 다른 경제 데이터에서도 거듭제곱 법칙은 분명히 나타났다. 앞서 슈거스케이프라는 설명 프레임을 만들었던 로버트 액스텔은 1997년 미국 센서스 데이터를 사용하여 1명 이상을 고용한 550만 개 기업을 분석했다. 종업원 수로 측정한 기업의 규모 또한 하나의 거듭제곱 법칙에 따른다는 점을 발견했다[49]. 스탠리와 연구 팀은 국가의 GDP 성장은 물론이고 기업의 매출 성장도 마찬가지로 그 규모가 거듭제곱 법칙을 따른다는 점을 보여 주었다[50]. 다음 장들에서는 이런 발견이 의미하는 바가 무엇인지를 살펴볼 것이다.

주식 시장은 왜 변동성이 큰가?

주식 시장이 전통 경제학에서 예측하는 것보다 훨씬 변동성이 큰 이유는 무엇인가? 또 그런 변동성이 거듭제곱 법칙을 따르는 이유는 무엇인가? 초기 산타페 연구소에서 경제학 미팅에 참석했던 물리학자 도인 파머와 그의 연구 협력 팀은 이 질문에 대한 답을 찾았다고 믿고 있다[51]. 요점은 대부분의 주식 거래소에서 우리는 두 가지 형태의 거래를 한다는 것이다. 하나는 시장가 주문(시세대로의 매매 주문 또는 성립가 주문으로 부르기도 한다)이다. 거래자가 이용 가능한 가장 좋은 가격에 주식 X를 바로 매수하거나 매도하라고 말하는 주문이다. 또 하나는 제한 주문이다. 거래자는 가격이 100달러로 떨어지면 주식 X를 매수하라고 말하고, 반대로 가격이 100달러로 오르면 주식 X를 매도하라고 말한다. 이 경우 100달러는 거래자가 거래를 준비하는 제한선이다. 시장의 모든 주식에 대해 제한 주문을 기록한 제한 주문 장부가 있다. 옛날에는 한쪽 면엔 매수 주문을, 다른 면엔 매도 주문을 기록한 원장이었는데, 오늘날에는 전자식으로 바뀌었다.

이 제한 주문 장부는 아직 처리되지 못한 주문을 기록한 일종의 재고장부 혹은 보관 장치와 같은 것이다. 거래자가 주식 X에 대해 100달러에 매수 제한 주문을 내고 현재 가격이 110달러라면 이 주문은 가격이 100달러로 떨어져 매수 주문이 이루어지거나 주문이 취소될 때까지 이 원장에 남아 있을 것이다. 제한 주문 장부를 보면 무엇이 최선의 매수 제안이고, 또 무엇이 최선의 매도 제안인지 알 수 있다. 예를 들어, 최선의 매수 제안은 100달러이고, 최선의 매도 제안은 102달러일 수 있다. 이 둘의 차이를 '매수 호가-매도 호가 범위bid-ask spread'

라고 말한다.

이제는 새로운 시장가 주문이 제한 주문 장부에서 일치하는 것이 있을 때 무슨 일이 일어나는지 보자. 어떻게 주식 거래가 이루어지는지 그 구체적인 내용은 주식 거래소별로 좀 다양하다. 뉴욕과 같은 거래소에서는 사람이 직접 하고, 런던 등 다른 거래소에서는 전자적으로 이루어진다. 그러나 모든 거래소가 공유하는 두 가지 규칙이 있다. 바로 가격 우선과 시간 우선이다. 앞서 시장가 주문은 지금 바로 당신이 받을 수 있는 최선의 가격에서 내는 매수 또는 매도 주문이다. 가격 우선은 주문 장부에서 최선의 가격에서 시작해 맺을 수 있는 주문은 다 체결하고, 그다음 최선의 가격 수준으로 이동하는 방식이다. 시간 우선은 주문 장부에 똑같은 가격에 두 개의 제한 주문이 있을 경우, 먼저 낸 주문이 우선적으로 맺어진다는 의미다.

이해를 위하여 다음과 같은 시나리오를 생각하자. 당신은 중개인에게 전화를 걸어 주식 X를 1,000주 사 달라는 시장가 주문을 내고 당신의 주문을 거래소로 송부한다. 현재 주문 장부에서 최선의 매도 제안은 102달러에 나온 제한 주문이고 그 가격에 가능한 주식 수는 200주다. 이 시스템은 우선 그 가격에 200주를 확보하고 아직 800주를 채워야 하기 때문에 그다음 최선의 가격을 찾아 나선다. 그 결과 105달러에 300주 매도 주문을 발견하고 이 주식을 매입한다. 그러나 아직 500주가 남아 있다. 다시 주문 장부를 조사해 그 다음 최선 가격을 조사해 본 결과 107달러에 200주 제한 매도 주문, 그리고 역시 같은 가격에 600주 제한 매도 주문을 찾아낸다. 그런데 200주 매도 주문이 주문 예약 장부에 더 오래 기록돼 있었다고 가정하면 시간 우선을 적용해 우선 이 주문부터 먼저 받아들인다. 그리고 두 번째 주문에서 300주를 더해 500주를 채운다. 당신의 주문은 이제 다 채워졌으며 평균 105.40달러에 거래가 이루어졌다. 현재의 주문 장부 상황에서는 이것이 1,000주를 매수할 수 있는 최선의 가격이다. 1,000

주 거래가 끝남에 따라 이제는 107달러에 이용 가능한 300주가 남아 있는 최선의 매도 호가다. 당신이 낸 1,000주 시장가 매수 주문의 영향으로 매도 가격은 102달러에서 107달러로 올라갔다. 파머의 표현을 빌리면 이렇게 상상해 볼 수 있다. 즉, 제한 주문들이 시간이 지남에 따라 떨어지는 눈처럼 주문 장부에 뿌려지면서 가격 수준별로 쌓인다. 그런 다음 시장가 주문(또는 매수 호가와 매도 호가 차이 범위 내에 있는 제한 주문)이 나오면 주문서에 있는 제한 주문들이 나가게 되고 이로 인해 쌓여 있는 재고의 가격이 올라가거나 내려간다.

파머와 그의 팀은 주문 처리 과정과 제한 주문 장부의 구조가 어떻게 가격에 영향을 미치는지 알고 싶어 했다. 그들은 주문 장부에 대한 완전한 열람과 함께 거래별 데이터를 보여 주는 런던 거래소로 가서 가장 많이, 가장 높은 가격에 거래되는 6개 주식을 대상으로 데이터를 분석했다. 연구자들은 전체적으로 약 4천만 건 이상을 분석했는데, 여기에는 주문 접수와 취소도 포함됐다. 파머와 그의 팀은 큰 가격 변동의 원인은 주문서 자체의 구조라는 점을 발견했다. 주문서에 쌓인 주문들 간의 가격 수준 차이가 클 때 큰 변동이 일어났다. 이에 대한 보기로 이들은 글로벌 제약 회사 아스트라제네카AstraZeneca 주식의 거래 순간을 관찰했다. 그들이 연구했던 특정 시점의 아스트라제네카의 제한 주문서에는 31.84파운드의 소량의 제한 매도 주문과 그 다음에는 큰 시차를 두는 32.30파운드의 제한 매도 주문이 있다. 그때 한 건의 소량의 시장가 매수 주문이 들어왔고, 매도 호가는 한 번의 거래로 31.84파운드에서 32.30파운드로 뛰어올랐다. 46펜스가 올라간 1.4% 증가였다(〈그림 8-6〉).

이 한 번의 거래, 그것도 2만 8천 달러 정도인 작은 거래로 주식 가격은 23펜스 올랐다(매수 호가-매도 호가 차이의 중간 값으로 매도 가격의 변동 폭인 46펜스의 반이다). 이로 인해 아스트라제네카의 전체 시장 가치는 6억 5,800만 달러가 올랐다. 그러나 그날 신문에 특이한 뉴스

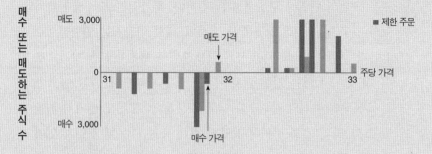

매수-매도 호가의 중간점 = 31.79

매도 3,000

매도 가격

0

주당 가격

매수 3,000

매수 가격

제한 주문

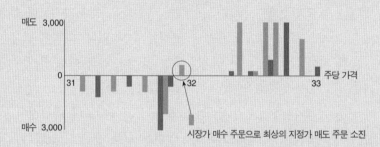

매수-매도 호가의 중간점 = 31.79

매도 3,000

0

주당 가격

매수 3,000

시장가 매수 주문으로 최상의 지정가 매도 주문 소진

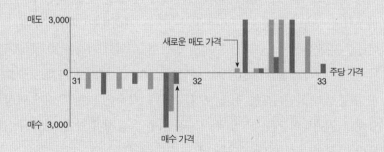

새로운 매수-매도 호가의 중간점 = 32.02

매도 3,000

새로운 매도 가격

0

주당 가격

매수 3,000

매수 가격

자료: 도인 파머와 그의 연구 협력 팀(2004)

〈그림 8-6〉 아스트라제네카의 제한 주문 장부를 통해 본 가격 변동 사례

는 없었다. 이렇게 큰 시장 가치의 변화는 단지 주문 장부에 쌓여 있던 주문 패턴의 인위적 구조에 따른 결과다. 추가적인 분석에서 파머와 그의 연구 팀은 이런 일들이 꽤 흔하며, 제한 주문서는 일반적으로 특정 가격 주변에 덩어리처럼 뭉쳐 있으면서 동시에 다양한 가격으로 듬성듬성 흩어져 있는 경향을 보인다는 점을 밝혀냈다. 가장 규모가 크고, 유동적인 주식의 경우조차 제한 주문은 30개 정도의 가격에 몰려 있고 그 밖의 가격 범위에 상당히 많은 소량 주문이 흩어져 있어 격차가 발생한다. 이렇게 말하면 대부분의 제한 주문은 최선의 매수, 매도 가격 주위에 몰려 있을 것이라고 기대할지 모른다. 이는 어느 정도 사실이다. 그러나 이 팀은 주문들이 주문 장부 전체에 걸쳐 퍼져 있다는 점도 발견했다. 예를 들어, 어떤 사람들은 현재 가격보다 훨씬 높은 가격 수준에서 매도 주문을 고집할 수도 있다. 가격이 결국은 상승할 것이라는 희망에서 내버려 두는 것이다. 결국 이로 인해 주문 패턴이 고르지 못하고, 가격 차이가 발생하는 것이다.

전문 거래자들은 큰 주식이라고 하더라도 생각보다 유동성이 낮고, 주문의 패턴도 정형화 되어있지 않다는 점을 잘 알고 있다. 큰 거래를 시간에 따라 조금씩 하는 이유다. 다시 말해 한번에 큰 거래가 일어나면 가격이 너무 크게 움직일 수 있기 때문이다. 그러나 파머와 그 동료들의 연구가 나오기까지 이런 고르지 못한 주문 패턴이 주식 변동성에 얼마나 영향을 미치는지 사람들은 제대로 인식하지 못했다. 이들은 주문 예약의 수학적 모델을 만들고, 임의의 거래를 할 때(다시 말해 아무런 실제 뉴스가 없을 때) 예약 주문의 구조는 그 자체로 중요한 변동성의 원인이라는 점을 보여 주었다. 그들은 또한 우리가 예상한대로 거래량이 적은 소형 주식들의 경우 유동성이 높은 대형 주식보다 가격 변동성이 더 크다는 점도 보여 주었다.

후속 연구에서 파머와 그의 동료 마이크 스자볼크스Mike Szabolcs는 그 다음 단계로 넘어가 제한 주문 장부에 있는 주문 패턴을 자세히 조사해 봤다[52]. 그들이 집중적으로 본 변수는 현재 최선인 매수-매도 범위와 새로운 제한 주문과의 거리 패턴이었다. 예를 들어, 현재 최선의 매수-매도 가격 범위가 100달러에서 102달러라면 매도 제한 주문이 101달러, 102달러, 103달러 등의 가격에 이를 확률은 어느 정도인가? 또 매수 제한 주문이 101달러, 100달러, 99달러에 이를 확률은 얼마인가? 연구 팀은 주문이 매우 규칙적인 패턴을 따른다는 것을 발견했다. 이 패턴은 매수-매도 호가 범위를 중심으로 모여 있는 '학생 분포'의 모양새(마녀가 쓰고 있는 끝이 뾰족한 모자를 상상하면 될 것이다)이다. 파머와 스자볼크스는 주문 패턴의 규칙성은 주문하는 거래자들의 행태에도 어느 정도 규칙성이 있음을 의미한다고 주장했다. 모든 거래는 예측하기 어려운 새로운 사건들로 파생된다는 전통 이론과는 상반되는 결과다. 파머와 스자볼크스는 이 연구 결과를 제한 주문 장부에 대한 그 전의 연구와 결합했을 때 자신들이 연구했던 주식들이 나타낸 이른바 거듭제곱 법칙에 의한 변동성을 거의 비슷한 정도로 재생할 수 있었다.

그런 연구 결과가 실제 현실에서 일어나는 뉴스가 주식에 중요하지 않다는 것을 의미하지는 않는다. 만약 아스트라제네카가 투자자들이 놀랄 그런 결과들을 발표하면 그 주식은 반응할 것이 분명하다. 제한 주문 장부는 대부분 기억의 한 형태로서, 또는 그 안에 내재돼 있는 주문 패턴은 주문 접수 당시의 뉴스에 영향을 받은 것일 수 있다는 점에서 과거 뉴스의 창고로서 역할을 한다. 그러나 주식 가격 변동 중에는 그때의 뉴스와는 아무 상관이 없이, 새로운 주문과 그 시점에서 장부의 특정한 주문 패턴이 상호 작용하면서 나오는 일종의 인공 산물인 경우들도 많다는 것을 이 연구 결과는 보여 주고 있다. 일부 전통 경제학자들은 이런 가격 변동은 무시해도 되는 하나의 단기적 노이즈로 간단히 처리해 버리고 싶은 유혹을 느낄지도 모른다. 이에 대한 파머의 대답은 두 가지다. 우선 제한 주문의 영향은 결코 단기간에 끝나 버리는 게 아니라는 점이다. 파머와 그의 연구 팀은 또 같은 변동성 분포가 훨씬 더 긴 시간 척도에서도 나타난다는 것을 보여 주었다. 다음으로 그것은 임의적인 노이즈가 아니라는 것이다. 앞서 살펴보았던 맥주 게임에서의 진동이 해당 시스템의 구조에서 비롯된 것과 같이 가격 변동의 거듭제곱 법칙은 시스템 그 자체의 구조에서 파생된다는 얘기다. 파머의 연구 결과는 개별 주식에만 적용되는 게 아니다. 17장에서는 이른바 뉴스를 제거한 변동성이 어떻게 실제 주식을 거래하는 인간들의 행태 규칙들과 결합돼 시장 전체에 지진을 일으키는지 살펴볼 것이다.

많은 측면에서 맥주 게임과 파머 연구 팀 모델이 던지는 시사점들이 같다. 경기 사이클과 주식 가격 변동 등 복잡한 창발적 현상들은 세 가지 근원을 가지고 있다. 먼저, 시스템 참가자들의 행태다. 앞에서 보았듯이 실제 인간들의 행태를 보면 규칙성이 있다는 것이다. 그것은 맥주 게임 참가자들이 보여 준 '일단 기준을 정한 다음 조절하는 규칙'일 수도 있고, 주식 주문에서 '학생 분포'가 보여 주는 규칙성일 수도 있다. 둘째, 시스템의 제도적 구조가 매우 중요하다. 맥주 게임에서 제조업자와 소매업자들 간의 공급 체인 구조는 참가자들의 행태와 결합해 진동을 일으키는 역동성을 만들어 냈다. 주식 시장의 경우에는 제한 주문 시스템의 구조가 거래자들의 행태와 결합, 거듭제곱 법칙이라는 변동성을 만들어 냈다. 마지막으로 셋째는 시스템에 대한 외생적 투입 요소들이다. 맥주 게임에서는 고객 주문이 한 번 만에 뜀박질할 경우였고, 주식 시장에서는 뉴스가 바로 그것이다. 이런 외생적인 충격이 시스템의 역동성에 불을 붙이고 촉발에 기여한다는 것은 물론 의심할 여지가 없다. 그러나 외생적 충격이 하나의 역할을 하기는 하지만 불행히도 전통 경제학에는 이른바 균형이라는 굴레 때문에 이 요소에 너무 초점이 맞추어졌고, 그 바람에 앞의 두 가지 요인이 희생되고 말았다.

복잡계 경제학이 모든 경제 패턴들의 수수께끼에 답을 제시해 주지는 않는다. 그러나 복잡계 경제학은 새로운 분석의 툴을 제공함으로써 다양한 요소들이 어떻게 결합해서 우리가 관찰한 행태들을 낳고 있는지 이해할 수 있게 해준다. 현실 경제는 전통 경제학이 상상하는 균형 세계에 비해 훨씬 더 흥미진진하다. 멈추지 않는 진동, 단속 균형, 거듭제곱 법칙, 이것들은 모두 이른바 복잡 적응 경제에서 작동하는 대표적인 행태들이다.

9

진화: 그건 바로 저기에 있는 정글이다

"그건 정글이야", "적자생존이다" 이런 얘기들을 그동안 얼마나 많이 들었던가? 사업하는 사람들, 언론인들, 학교에 있는 사람들 할 것 없이 경제를 말할 때 너무도 자연스럽게 생태계와 진화의 이미지를 곧잘 사용한다. 복잡계 경제학이 강력하게 주장하는 것 중의 하나는 이 표현은 단순한 비유나 수사가 아니라는 점이다. 조직, 시장, 경제는 생태 시스템과 단순히 비슷한 게 아니라 말 그대로 정말 진화 시스템들이라는 의미다.

이 장을 통하여 진화는 단지 생물 세계에 관한 것이 아니라는 점을 알게 될 것이다. 오히려 진화는 복잡한 문제들에 대한 혁신적인 해법을 찾기 위한 다목적용의, 고도로 강력한 처방전이다. 이것은 변화하는 환경에 적응하고, 지식을 축적해 가는 하나의 학습 알고리즘이다. 진화는 자연 세계의 모든 질서, 복잡성, 그리고 다양성을 설명해 주는 공식이다. 3부에서 살펴보겠지만, 미리 말하자면 경제 세계의 모든 질

312

서, 복잡성, 다양성, 그리고 궁극적으로 부(富)의 근저에도 똑같은 진화의 공식이 자리하고 있다.

디자이너 없는 디자인

진화 이론가이자 터프츠 대학의 인지과학센터 소장인 대니얼 데닛(이 장에서 나는 이 사람의 연구를 많이 활용할 것이다)은 진화를 '디자이너 없이 디자인을 창조하는' 방법이라고 부른다[1]. 우리가 어떤 무엇이 디자인된 것으로 생각하면 그것은 하나의 목적을 가진, 다시 말해 어떤 과업에 적합한 디자인이라고 생각한다. 망치는 못을 박거나 뽑도록 디자인되어 있고, 박테리아는 특정한 환경에서 생존하고 재생할 수 있도록 디자인되어 있다. 우리는 또 디자인을 가진 것들에 대해 거기에는 어떤 수준의 복잡성, 질서, 구조가 있다고 생각한다. 우리는 해변에 있는 임의의 모래알이 디자인된 것이라고 생각하지 않는다. 그러나 복잡한 구조를 갖는 제트 엔진, 나선형 방으로 된 조개껍데기, 복잡한 음들의 배합으로 이루어진 음악 등은 모두 디자인을 보여 주는 것으로 생각한다. 디자인된 것과 그렇지 않은 것을 구분 짓는 것은 바로 목적에 대한 적합성과 복잡성의 결합이다. 줄무늬 있는 암석은 우리 눈에 아름답게 보이고, 복잡한 패턴도 갖고 있으며 심지어는 예술 작품으로 보일 수 있다. 그러나 그것은 어떤 기능을 갖고 있거나 어떤 특정한 목적에 적합한 것이 아니다. 그보다는 임의의 지질학적인 힘들의 작용으로 우연히 만들어진 것에 불과하다. 디자인된 것들은 엔트로피가 낮다. 다시 말해 디자인된 것들은 결코 임의로 만들어진 게 아니라는 의미다.

우리가 디자인을 보는 영역은 두 가지다(사실 이 두 가지뿐이기도 하다). 생물 세계에서, 그리고 생물들이 만들어 낸 인위적 산물들에서다. 생물 세계를 보면 점핑을 위한 캥거루 다리, 어둠 속에서도 뭔가를 발견하는 박쥐의 음파 탐지기, 그리고 수분을 촉진하기 위해 꿀벌 성기로 교묘히 위장한 꽃 수술 등이 있다. 인간 세계에는 나사를 돌리기 위한 드라이버, 팬케이크를 뒤집기 위한 주걱, 사람들을 수송하기 위한 점보제트기 등이 있다. 그러나 인간은 디자인을 갖는 인공물을 만드는 유일한 존재가 아니다. 흰개미들은 정교한 집을 만들고, 해리는 복잡한 둑을 만든다.

영국 국교회 사제이자 철학자인 윌리엄 페일리William Paley는 1802년 자신의 저서『자연신학Natural Theology』*에서 시계처럼 복잡하고, 디자인된 특별한 것은 시계 제조업자를 전제로 한다고 주장했다. 그러니까 자연 세계의 복잡성과 디자인은 성스러운 시계 제조업자의 존재를 필요로 한다는 게 그의 주장이다. 고도로 디자인된 것들은 저절로 이 세계로 튀어나온 게 아니다. 디자인은 목적, 지능, 그리고 문제 해결을 보여 준다(이는 물론 이른바 '지적 디자인 이론theory of intelligent design' 주창자들이 2세기 후인 지금 하고 있는 주장과 똑같다)[2].

그러나 바로 이것이 진화가 하는 일이다. 진화는 스스로 디자인을 창조한다. 옥스퍼드 대학 진화 이론가인 리처드 도킨스Richard Dawkins는 진화를 "앞이 보이지 않는 눈먼 시계 제조업자"라고 불렀다[3](도킨스의 연구 역시 이 장에서의 논의에 많은 정보를 제공하고 있다). 진화는 맹목적이고, 기계적이며, 단순한 공식이지만 영리한 디자인을 창조하는 데 놀라울 정도로 효과적이다.

인공적 생물

MIT 미디어랩의 전 멤버였고 지금은 젠아트GenArts 회사에서 일하는 칼 심스Karl Sims는 1994년 진화가 어떻게 일어나는지를 연구해 보

---

* 신의 계시에 의하지 않고 인간 이성에 의거한 신학 이론을 말한다.

고 싶었다. 그가 원했던 것은 박테리아와 과일 파리를 가지고 하는 실험이 아니라 좀 더 빠르고 더 많이 통제할 수 있는 방식의 실험이었다. 그래서 그는 슈퍼컴퓨터에 인공적인 컴퓨터 생물들이 사는 가상의 진화 세계를 만들었다(슈퍼컴퓨터와 칼 심스의 프로그래밍 재능이 없었다면, 아마도 막시스Maxis의 '심라이프SimLife'와 마이크로소프트의 '임파서블 크리처스Impossible Creatures'와 같은 여러 가지 상업용 컴퓨터 게임들을 이용한 가상적인 진화 실험을 경험했을 것이다)[4]. 각 생물들의 몸은 상호 연결된 일련의 직사각형 블록들로 구성되어 있다. 블록은 정육면체, 짧고 두꺼운 직사각형, 길고 얇은 직사각형 등 여러 가지 형태를 가질 수 있다. 각 블록들은 관절이 있어서 구부리거나 펼 수 있는 방식으로 서로 연결되어 있다(〈그림 9-1〉).

이 블록 생물은 움직임을 조절하는 간단한 컴퓨터 칩의 힘으로 관절이 달려 있는 블록 몸체들의 움직임을 통제할 수 있다. 심스는 각 블록 생물에 목표를 주었다. 각 생물은 그 목표에 비추어 자신이 어디에 서 있는지 몸에 있는 센서를 통해 판단한다. 그 후 각 블록 생물들은 관절로 연결되어 있는 각 블록 몸체들을 움직임으로써 그 목표를 달성하기 위해 행동을 취한다. 첫 번째 실험에서 이 인공적 생물들에

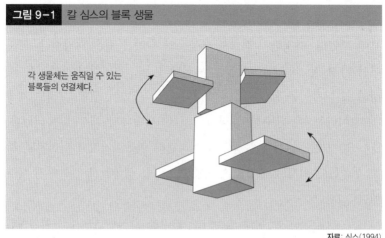

그림 9-1 칼 심스의 블록 생물

각 생물체는 움직일 수 있는 블록들의 연결체다.

자료: 심스(1994)

게 주어진 목표는 가상의 강을 빠르게 헤엄쳐 건너가는 것이었다.

그리고 심스는 이 블록 생물들의 세계에 생물학적 변화를 주었다. 바로 컴퓨터 DNA를 부여한 것이다. DNA는 1)각 생물 몸체의 형상, 2)관절로 연결된 블록 몸체들을 움직이는 방법, 3)뇌의 초기 상태에 관한 정보 들을 각각 담고 있다. 이와 같은 조건에서 심스는 일련의 실험을 실시했다. 그는 완전히 임의적인 컴퓨터 DNA, 그리고 완전히 임의적인 블록 몸체들을 가진 300개의 블록 생물들로 각 실험을 시작했다. 심스는 생물들을 컴퓨터 안의 가상 수영장에다 풀어 났다. 임의적으로 디자인된 것이기 때문에 대부분은 허우적거리고 넘어지거나 물에 빠졌다. 그러나 우연히도 몇 개는 조금이나마 가능성을 보여 주었다. 자신을 앞으로 나가게 하는 동작 또는 스스로 방향을 잡는 능력 등을 발휘했다. 심스는 제1세대인 임의의 생물들에게 간단한 진화의 공식을 적용해 봤다. 가장 성공적으로 수영을 한 생물들은 그대로 남았고, 수영에 가장 성공적이지 못한 생물들은 제거됐다. 그 뒤 수영에 가장 성공적인 블록 생물들은 자신들의 컴퓨터 DNA를 서로 교환하는 컴퓨터 섹스를 통해 양 부모의 특성들을 그대로 이어받는 새로운 생물을 만들었다. 뿐만 아니라 일부 새로운 생물들은 자신들의 DNA를 변화시키는 임의의 돌연변이를 일으키기도 했다.

정리를 해보면, 블록 생물들의 집단은 서로 다른 특성, 즉 변이를 보여 주었다. 특정한 시점에서 생물들의 수영 능력은 다양했다. 그중에서 가장 잘 적응하는 생물들은 선택되었고, 성공적인 생물들은 재생해 그 디자인을 확산시키는 과정이 있었다. 변이, 선택, 그리고 재생(복제)이라는 이 단순한 공식이 약 100세대까지 계속 반복되었다. 20~30세대를 거치자 볼품없이 이리저리 허우적거리고 넘어지던 블록 생물들이 실제로 수영을 할 수 있는 그런 생물들로 진화하기 시작했다(〈그림 9-2〉).

일부 생물들은 등 뒤에 펄럭이는 꼬리를 가지는 등 크고 핵심적인

수영에 적합하도록 진화한 생물체들

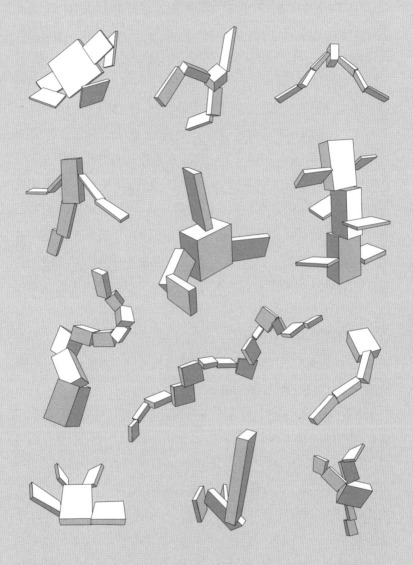

자료: 심스(1994)

〈그림 9-2〉 가상적인 진화 후의 블록 생물들

몸체를 발전시켰다. 어떤 꼬리는 돌고래처럼 위아래로 움직였고, 또 어떤 꼬리는 상어처럼 옆으로 움직였다. 몇몇 생물들의 경우 다양한 물고기 디자인에서 볼 수 있는 것처럼 몸을 안정화시키는 지느러미가 돋아나기도 했다. 또 다른 생물들은 길고 가느다란 몸체로 발전했는데, 많은 부분들이 서로 연결돼 마치 뱀처럼 꼬리를 휘둘렀다. 또 다른 생물들은 작은 팔을 많이 가진 형태로 발전해 노래기같이 회전했다. 그리고 또 다른 생물들은 매우 우아한 해마 모양으로 진화했다.

진화의 알고리즘은 수영을 잘하기 위한 단 하나의 최고 방법, 최적의 방법을 찾은 것은 아니지만 데닛의 표현을 빌리자면 진화 공식들은 여러 가지 '생존을 위한 좋은 기술'을 찾아냈다[5]. 물에 관한 기초 물리학은 무한하지는 않지만 많은 수의 운동 방식을 허용한다. 물속에서 작전을 펴려면 또한 지느러미나 유체역학적인 몸체로 균형을 잡는 능력이 필요하다. 그러니까 물의 물리학은 수영하는 데 성공적인 몸의 디자인은 어때야 하는지에 대한 제약 조건들을 제공하는 셈이다. 이것은 모든 수생 생물들이 인간이 만든 잠수함과 기계들이 그러하듯이 어떤 목적과 관련하여 여러 가지 다른 특성, 즉 변이들로 구성되는 이유다. 또한 심스의 블록 생물들이 진화의 과정을 통하여 재빠르게 성공적인 디자인들을 발견한 이유다.

심스의 컴퓨터 진화가 복잡한 제약 조건을 가진 세계에서 좋은 기술을 발견하는 데 성공한 것은 단지 수영 문제에만 국한된 것은 아니다. 심스는 생물들에게 가상의 중력을 가진 평평한 표면에서 걸어가라는 목표를 주고 비슷한 실험도 했다. 다시 진화 공식이 20~30회 거듭되자 이리저리 허우적거리던 생물들이 진화를 했다. 기어가고, 깡충깡충 뛰고, 굴러가고, 심지어 두 다리로 걸어가는 생물들은 물론이고 게처럼 허둥지둥 달리는 생물, 뱀처럼 미끄러지듯이 가는 생물들이 나왔다. 또한 가상의 음식 블록을 쟁취하기 위해 서로 경쟁하는 실험에서는 각 블록 생물들이 팔, 갈고리 발톱, 입 등을 진화시켰다.

심스는 각 진화 과정에서 출현한 생존 해법들 중 그 어떤 것도 사전에 전제하지 않았다. 진화가 작동할 수 있는 조건들을 만들었을 뿐이다(예컨대, 컴퓨터 DNA와 선택 과정이 그것이다). 각 블록 생물들에 대해 어떤 디자인도 하지 않았다. 즉, 지느러미, 꼬리, 다리, 발톱 등에 관한 것은 프로그램에 없었다. 이런 디자인들은 많은 세대에 걸쳐 진화 과정을 겪으며 발견되고 출현한 것이다[6]. 지난 수백만 년에 걸쳐 생물들에게 눈알, 방호를 위한 위장술, 악취를 뿜어내는 기술, 날개, 다른 손가락과 마주할 수 있는 엄지손가락* 등 믿을 수 없을 정도로 혁신적인 디자인을 가져다준 것도 똑같은 과정을 통해서였다. 그럼에도 불구하고, 진화는 어떻게 다양한 종류의 생존을 위한 혁신적인 좋은 기술을 생산해 내는 것일까?

혁신을 위한 알고리즘

이 책에서 여러 번 진화의 알고리즘을 말했는데 정확히 이것이 갖는 의미는 무엇일까? 당신은 알고리즘을 하나의 처방전으로 생각할 수 있다. 예컨대 어떤 투입 요소들(밀가루, 달걀, 설탕, 버터 등)을 넣고 어떤 과정(잘 섞어 175℃에서 15분간 굽기)을 통해 기계적으로 처리하고, 그러고 나서 지시 사항대로 따르면 어떤 산출물(쿠키)이 확실히 나오는 식의 처방전이다. 데닛은 알고리즘의 또 다른 보기로 준준결승, 준결승, 결승을 갖는 테니스 토너먼트를 들었다. 누군가 또는 어떤 기관에서 선수들을 투입하고, 주어진 규칙대로 과정을 거쳐 승자라는 하나의 결과를 확실히 내놓는다. 토너먼트 과정은 꽤 일반적인 알고리즘으로 꼭 테니스에만 국한되는 게 아니다. 골프, 축구, 컴퓨터 게임, 원반 튕기기, 그리고 다른 수많은 기질基質에도 사용될 수 있다.

---

* 물건을 잡을 수 있다는 의미다.

여기서 기질이란 알고리즘이 작용하는 물질 또는 정보를 생각할 수 있다.

어떤 알고리즘은 '기질 중립적substrate-neutral'이다. 즉, 이런 알고리즘을 분해해 보면 어떤 기초적인 환경 조건이 충족되는 한 기질이 무엇이건 상관없이 작동하는 기본적인 핵심이 있다. 예를 들어, 가장 큰 것에서 가장 작은 것으로 분류하는 알고리즘을 생각해 볼 수 있다. 그런 알고리즘은 사과를 분류하거나 이름의 길이를 분류할 때 유용할 수 있다. 이 경우 알고리즘을 정의하는 것은 특정 기질이 아니라 정보를 처리하는 논리다. 분류 알고리즘은 사과나 이름을 물리적으로 분류하는 게 아니라 사과의 무게나 이름 철자의 길이에 대한 정보를 토대로 작업을 한다. 알고리즘은 정보를 처리하는 공식이다. 이것들은 사실상 컴퓨터 프로그램들이다[7].

진화는 기질 중립적인 하나의 알고리즘이다. 디자인에 대한 정보를 토대로 정해진 대로 어떤 과정을 거쳐 그 정보를 처리한다. 진화는 또한 순환적이다. 즉, 한 사이클의 산출물은 다음 회에 투입물이 된다. 이런 순환성이 의미하는 것은 무엇인가? 진화를 멈추게 하지 않는 한 계속 돌아간다는 얘기다. 데닛의 테니스 토너먼트 사례 또한 순환적이다. 전 게임(예를 들어, 준준결승)의 결과는 다음 게임(준결승)의 투입이 된다. 그리고 이 과정은 승자가 나올 때까지 계속된다. 그러나 생물학적 진화는 언제 멈출지 미리 결정된 게 없다. 태양이 폭발할 때까지, 또는 지구가 더 이상 생존에 적합하지 않을 때까지 진화는 순환적으로 계속될 것이다.

레고 도서관[8]

어느 해인가 크리스마스 파티에서 생물학자이자 진화 이론가인 스튜어트 카우프만이 레고 조립 게임에서 이겼다[9]. 당시 매우 간단한 빌

320

딩 블록에서 출발해 믿을 수 없을 정도로 복잡한 디자인으로 어떻게 발전해 가는지를 주제로 진화를 연구하고 있던 카우프만에게는 특히 적합한 재능이 아닐 수 없었다. 모든 어린이들이 알고 있듯이 레고의 가장 큰 매력은 단순하고 여러 색깔을 가진 플라스틱 블록들이 무수히 많은 방법으로 조합되어 흥미롭고 복잡한 구조를 만들어 낸다는 점이다.

가장 간단한 블록들조차 수많은 치환 또는 변환을 통해 여러 가지로 조립될 수 있다. 예를 들어, 폭 1, 길이 2의 조그만 직사각형 블록 두 개를 생각해 보자. 1-by-2 블록으로 표현되는 이들 두 블록이 서로 동일하지 않다면, 예를 들어 색깔이 다르다면 14가지 다른 방법으로 조립될 수 있다. 만약 2-by-2 블록 두 개라면 33가지 방법으로 조립될 수 있다. 블록의 수, 크기, 부착 방법의 수가 늘어나면 바꾸어 조립할 수 있는 경우의 수는 폭발적으로 증가한다. 적당한 크기의 레고 세트라고 해도 이를 통해 만들 수 있는 가능한 구조물의 수는 상상을 초월할 정도로 많다.

그럼에도 불구하고 그 수는 유한하다. 진화 이론가들은 이런 가능한 변환의 집합을 '디자인 공간design space'이라고 부른다. '창조자Creator'라는 이름의 레고 세트에 500개의 다양한 모양과 색깔의 레고들이 있다고 하면 여기서 만들어질 수 있는 모든 가능한 레고 블록 디자인은 대략 10^{120}개나 된다. 데닛의 용어를 빌려 이 디자인 집합을 '모든 가능한 레고 디자인 도서관'이라고 부를 것이다[10]. 이 도서관은 우주 자체(우주는 단지 약 10^{80}개의 원자들을 갖고 있다)보다 훨씬 더 큰 것으로, 모든 서가들이 고유한 레고 디자인을 위한 지시 사항들을 적어 놓은 종이 노트 카드들로 꽉 들어찬 것으로 상상해 볼 수 있다. 만약 우리가 레고 도서관을 두리번거리다 우연히 노트 카드를 집어 든다면 너무도 많은 수의 디자인들이 정말 지루하다는 것을 발견할 것이다. 한 개의 푸른색 2-by-2 블록을 빨간색 2-by-2 블록에 다른 방법으로 부착하는 디자인의 수 33가지, 노란색의 2-by-2 블록에 부착하는 또 다른 디자인의 수 33가지 등 단지 두 개의 서로 다른 색깔을 가진 블록을 연결하는 방법만도 수백만 가지이고, 세 블록을 연결하는 데는 수조 가지나 된다.

그러나 도서관 한복판 어디엔가는 7년에 걸쳐 의욕적으로 완성한 384개의 블록으로 구성된 찬란한 레고 우주선 디자인이 박혀 있다. 마찬가지로 405개의 블록으로 만들어진 레고 성城 디자인은 물론 220개의 블록으로 된 환상적인 레고 말 디자인도 있다. 또한 앞의 성과 똑같은 디자인에 단지 1개의 블록이 추가된 406개의 블록으로 된 레고 성 디자인도 있다. 이렇게 단지 블록 1개 차이의 변이 디자인들도 무수히 많다. 그러나 성에 관한 수조 가지의 변이 디자인에도 불구하고 레고 도서관에서 정말 흥미로운 디자인은 극히 드물다. 정말이지 너무도 지루하고, 임의적이며, 영문 모를 디자인들도 정말 많다. 그리고 실제로 실행되지 못하는 디자인들 또한 많다. 이론적으로는 가능하지만 현실 세계의 중력에 직면했을 때 넘어지고 갈라지거나 무너져 내리는 디자인들도 많다. 데닛의 용어를 빌리자면 당신이 레고 도서관에서 흥미를 가진 특정 디자인을 발견하기란 현실세계의 대양大洋에서 특정한 물 한 방울을 발견하는 것보다 더 어렵다는 얘기다.

그러나 당신이 특정한 디자인을 위해 레고 도서관을 찾아야 하는 정말 마뜩치 않은 일을 떠맡았다고 생각해 보자. 어떻게 할 것인가? 지루하고 임의적인 디자인들로 가득 찬, 우주보다 훨씬 더 넓은 바다에서 성, 우주선, 말 등을 어떻게 발견할 것인가? 당신이 이리저리 도서관을 돌아다니다가 선반들을 엿보고 희미하게나마 흥미로운 디자인 한 개를 발견하는 데만 수백 년이 걸릴지 모른다. 우리는 이 광활한 디자인 공간에서 신뢰할 수 있고 또 재빠르게 좋은 디자인을 발견할 수 있는 그런 알고리즘을 필요로 한다. 진화가 바로 알고리즘이다. 사실상 진화는 '그랜드 챔피언Grand Champion'이다.

진화의 구조

모든 알고리즘은 작업을 수행하기 위한 구조를 필요로 한다. 알고리즘들은 정보를 처리한다. 따라서 우선 모든 가능한 레고 디자인들을 '정보'로 전환하는 방법이 필요하다. 우리가 레고 디자인을 코드화하는 방법은 많다. 영어 문장을 사용하여 하나하나 적을 수도 있다. 예를 들어, 'Attach a red 2-by-6 block on top of a blue 2-by-2 block'이라는 식이다. 우리는 또 건축가가 설계도를 만드는 방식으로 디자인에 대한 그림을 그릴 수도 있다. 또는 레고 디자인을 표시할 특정한 코드를 만들 수도 있다. 예컨대, 'RED26TOPBLUE22AT56TO12'라는 형태다. 또는 1과 0을 이용해 101011100100101 등과 같이 컴퓨터 방식으로 레고 디자인을 표현할 수도 있다. 코딩이 정확히 어떤 형식으로 돼 있느냐는 중요하지 않다. 중요한 것은 디자인을 신뢰할 만하게 정확하게 코드화하고, 또 풀어 낼 수 있는 그런 방법으로 돼 있느냐 하는 것이다. 이런 디자인 코드화를 '도식'이라고 한다[11]. 일단 도식을 정립하고 나면 디자인 공간에 있는 임의의 모든 디자인은 이 도식으로 표현될 수 있다.

그다음에는 도식으로 표현된 정보를 저장하는 어떤 장치가 필요하다. 레고 도서관의 경우 종이 노트 카드에 도식을 적음으로써 저장한다고 생각해 보자. 예를 들어, 어떤 카드는 'RED26TOPBLUE22AT56TO12', 또 다른 카드는 'YELLOW26TOPBLUE22AT56TO12'의 도식들을 적어 놓는 식이다.

다음으로 필요한 것은 도식으로 표현된 이론적 디자인을 현실 세계에서 진짜 플라스틱 레고 구조물로 바꾸는 메커니즘이다. 이때 필요한 것은 도식 식별자이다. 생물학적 세계에서 도식 식별자는 DNA를 생명체로 바꾸는 메커니즘이다. 예를 들어 새들의 경우 새끼에 대한 DNA 디자인을 실제 살아 있는 새끼로 변환시킬 수 있는 것은 수정란이다. 인간과 다른 포유동물의 도식 식별자는 여성 자궁 속 수정란이다. 데닛이 지적한 바에 따르면 과학자들이 공룡 DNA로부터 공룡을 재생시키는 『쥬라기 공원Jurassic Park』이라는 소설과 동명의 영화에서 드러난 치명적인 오류는 이런 점을 고려하지 못했다는 것이다. 다시 말해 공룡을 재탄생시키려면 과학자들은 공룡이라는 도식의 식별자, 다시 말해 암컷 공룡과 그 알이 있었어야 한다는 것이다.

생물학적 시스템에서 중요한 특징 중 하나는 도식 코드가 그 자신의 고유한 도식 식별자에게 맞추어져 있다는 점이다. 인간의 경우 여자 태아가 20주가 될 때면 이미 난소와 함께 그 안에 수백만 개의 알을 갖게 된다. 그러니까 출산을 하기 전에 자궁 안에 자기 자신의 딸을 갖고 있을 뿐만 아니라 그 딸 안에 그녀의 미래 손자들을 위한 알도 갖고 있는 것이다.

레고 장난감은 아직 스스로 복제하는 단계로까지는 발전하지 못했다. 레고 도식 식별자는 해당 도식 코드를 알고 있는 일곱 살 어린이다. 이 어린이 앞에 레고 블록들이 담겨 있는 큰 박스를 던져 주고 이를 디자인하기 위한 코드를 담은 카드를 이 어린 친구에게 넘긴다고 하자. 이 어린이는 충실하게 필요한 플라스틱 부분들을 다 꺼내 놓고선 종이에 적혀 있는 코드대로 이들을 조립해 디자인을 만들어 간다. 우리는 이 어린이를 '식별자reader'라고 부를 것이다.

이제 우리는 이 식별자가 하는 일을 표현할 적절한 용어가 필요하다. 즉, 디자인 공간에 있는 이론적이고 잠재적인 디자인과, 실제로 만들어진 살아 있는 디자인을 구별할 용어가 필요하다. 우리는 진화철학자 데이비드 헐David Hull로부터 그 용어를 빌리기로 한다. 바로 '상호 작용자interactor'다[12]. 상호 작용자는 디자인 공간에서 추출되어 어떤 환경에서 실재화된real(여기서 'real'이라는 것은 컴퓨터 상에 존재하는 것을 의미할 수도 있다) 디자인을 말한다. 상호 작용자라는 표현을 쓰는 이유는 진화체제에서는 디자인이 만들어져 실재화 되면 그것은 환경과 상호 작용하면서 선택의 압력에 직면하기 때문이다.

한편 진화의 구조에서 마지막으로 필요한 것은 '적합도 함수fitness function'다. 지금까지 레고 도서관에서 우리가 찾고자 하는 것이 과연 무엇인지 명확하지 않았다. 나는 단지 흥미로운 디자인을 찾고 있다고만 말했다. 누구에게, 무엇에 흥미롭다는 말인가? 칼 심스 모델에서 적합도 함수는 수영 속도를 의미했다. 이미 언급했듯이 디자인은 목적을 나타낸다. 따라서 레고 장난감의 목적은 어린이를 즐겁게 하기 위한 것이므로 레고 디자인 적합도에 대한 중재자로서 역할을 할 두 번째 일곱 살 어린이를 생각해 볼 수 있다. 식별자는 다양한 도식에 따라 레고 장난감을 조립하고 이를 적합도를 결정하는 어린아이('심판자'로 부르겠다)에게 넘긴다. 이 심판자는 자신에게 넘어온 여러 장난감들을 보고, 예컨대 0('따분하다')에서 100('정말 멋있다')의 척도로 평가를 한다.

진화의 과정: 어린이들의 놀이

진화가 작동하기 위한 모든 필요한 정보 처리 기구들이 갖추어지면 우리는 이 시스템을 가동할 필요가 있다. 레고 조각들이 식별자 앞의 바닥에 쏟아져 있다고 생각하자. 우리는 레고 도서관에서 디자인의 도식이 적혀 있는 100개의 카드를 임의로 꺼내어 식별자에게 건넨다. 그는 카드에 적혀 있는 대로 충실히 장난감을 조립해 심판자 앞에 그 결과물을 내놓는다. 그러면 이 심판자는 장난감을 따분한 것에서 멋있는 것에 이르기까지의 척도를 이용해 평가한다. 이 장난감은 완전히 임의적인 구조물이기 때문에 평가 점수는 대부분 0이거나 0에 가깝다. 그러나 일부 장난감은 다른 장난감들에 비해 좀 더 흥미롭다는 이유로 약간 높은 평가를 받는다. 우리는 심판자들이 이렇게 적합도 함수를 적용해 장난감을 평가하는 과정을 '선택'이라고 말한다.

식별자는 최고로 높이 평가받은 2개의 장난감을 선택해 이들의 디자인 변종을 시도한다. 그는 이들의 도식 카드를 꺼내 임의로 반을 뚝 잘라서 서로 바꾸어 끼운다. 그러면 새로운 변종은 가장 높이 평가를 받은 두 장난감 각각의 디자인 특성들을 갖게 된다. 진화의 용어를 빌리자면 이렇게 도식의 부분을 서로 바꾸는 것을 '(염색체의) 교차'라고 한다. 진화 알고리즘의 중요한 필요조건 중 하나는 어떤 디자인의 적합도가 높으면 높을수록 평균적으로 보다 많은 변종들이 여기서 만들어질 것이란 점이다. 디자인의 적합도를 높게 만드는 특징들이 그 집단 내에서 '증폭된다'는 얘기다. 그러나 레고 모집단의 규모에는 제약 조건이 있다. 식별자가 장난감을 만들기 위해 사용할 수 있는 레고 조각들의 수가 유한하기 때문이다. 모집단 안에서 적합도가 높

> 진화는 많은 디자인들을 시험해 보면서 어떻게 작동하는지 보고, 그중 좋은 것은 더 많이 채택하고 그렇지 못한 것은 버리는 일을 반복한다. 여기에는 어떤 예측, 계획, 합리성, 의도적인 디자인 같은 것들은 없다. 그저 아무 생각 없이 기계적으로 움직이는 알고리즘만 있을 뿐이다.

은 장난감의 특성들은 증폭시키고 적합도가 떨어지는 장난감의 특성들은 사라지도록 하기 위해 다음과 같은 규칙을 실행할 것이다. 즉, 최고로 적합도가 높은 20개의 디자인들은 '교차'하는 짝당 4개의 변종들을 갖게 된다. 그다음 20개의 경우는 3개, 그다음 20개는 2개, 그다음 20개는 1개의 변종을 각각 갖게 되고, 가장 적합도가 낮은 20개의 디자인은 단 하나의 변종도 갖지 못한다. 적합도 점수가 같으면 동전을 던져서 결정을 한다. 처음 100개의 디자인을 가지고 우리는 전체 100개의 변종들(40+30+20+10+0)을 만들 것이다.

일단 변종들이 만들어지면 처음 100개는 파괴해서 그 부품들을 박스 안에 도로 집어넣는다. 우리는 또 높은 점수를 받은 디자인을 위해 박스에서 이용 가능한 것보다 더 많은 부품들이 필요할 경우 가장 점수가 낮은 디자인을 분해해 필요한 부품을 제공한다는 규칙을 도

입할 것이다. 레고 세계에서조차 유한한 자원 때문에 경쟁이 있다.

마지막으로 우리는 식별자 어린이가 완벽하지 않다고 가정할 것이다. 때때로 진행 과정에서 실수가 벌어질 것이다. 한 카드에 있는 도식을 다른 카드에 옮겨 적는 과정에서 실수를 할 수 있다. 예를 들어, 우연히 기호를 변화시키거나 누락하고 또는 그전에 없던 기호를 추가할 수 있다. 이런 실수의 대부분은 인식하지 못한 채 지나간다. 즉, 어디에선가 한 부분의 색깔이 바뀌었다든가 특정한 블록 벽돌 부분의 방향이 좀 달라졌다든가 하는 경우들이다. 그러나 가끔은 그런 임의의 실수 하나가 후속적으로 나오는 장난감의 적합도에 큰 영향을 미칠 수 있다. 그런 임의의 실수가 바로 '돌연변이'다.

자, 이제 두 어린이가 수십 번 이 사이클을 따라간다고 하자. 과연 무슨 일이 일어날까? 칼 심스의 컴퓨터 시뮬레이션에서처럼 처음에는 임의의 낮은 적합도의 디자인들로 이루어진 집단을 보게 될 것이다. 어린이들은 한동안 수많은 흥미 없는 디자인들과 함께 시간을 보낼 것이다. 그러나 결국 한두 디자인이 심판자의 눈에 띄게 될 것이고, 그 디자인은 변종들을 만들어 내기 시작할 것이다. 곧 보다 적합도가 높고, 보다 흥미로운 디자인들이 나타난다. 장난감 집단 전체적으로 적합도가 올라가기 시작한다. 그와 동시에 장난감들에서 공통된 특징들이 나타날 것이다. 심판자의 입맛을 충족시키는 이른바 '좋은 기술들'이다. 예를 들어, 만약 심판자가 사람과 동물들의 이미지를 갖는 장난감들을 좋아한다면 사지와 얼굴을 가진 장난감들이 나타나기 시작할 것이다. 심판자가 노란색을 좋아한다면 전체적으로 노랑 색조가 많이 흐르는 장난감이 보이기 시작할 것이다. 어느 시점에 이르면 복잡한 구조들이 출현하기 시작한다. 예컨대, 레고 인간, 레고 말, 레고 강아지 등 적합도를 결정하는 심판자의 기호에 맞는 것이라면 무엇이건 나타날 것이다. 레고 도서관을 임의로 찾아 나설 때에 비해 상대적으로 적합도가 높은 디자인에 대한 발견이 훨씬 재빠르게 일어날 것이다.

상호 작용자 집단에서 공통된 특징과 좋은 기술들이 출현하는 것은 또 하나의 중요한 결과를 낳는다. 복잡한 디자인은 내재적으로 모듈러modular이다[13]. 우리의 몸은 놀라울 정도로 시스템, 부분 시스템, 그리고 요소들의 배열로 이루어져 있다. 예컨대, 심장 혈관 시스템에는 심장과 적혈구가 있고, 이는 다시 또 시스템과 부분 시스템으로 이어진다. 복잡한 인간 몸의 디자인은 자동차의 브레이크 시스템, 브레이크 그 자체, 그리고 개별 브레이크 패드와 똑같은 특징들을 갖고 있다. 복잡한 디자인은 모듈과 부분 모듈들이 계층적으로 구성된 하나의 집합체로 볼 수 있다. 진화 시스템에서 이들 시스템, 부분 시스템, 요소들 각각은 도식에서 그에 상응하는 코드 정보들을 갖고 있다. 진화적인 건축을 위한 도식은 빌딩 블록들로 가득 차 있다. 이 빌딩 블록들은 보다 높은 차원의 빌딩 블록으로 결합되고, 이는 다시 더 높은 차원의 빌딩 블록으로 결합된다. 생물학에서 DNA 도식을 구성하는 빌딩 블록은 바로 개별 유전자들이다. 이 개별 유전자들은 눈 색깔에서부터 유독성 암모니아를 요소尿素로 바꾸는 화학적 사이클에 이르기까지 모든 것을 코드화한 것이다. 레고 사례에서 레고 사지와 노란색 등을 코드화하는 도식의 덩어리들을 볼 수 있을 것이다. 어떤 빌딩 블록이 상호 작용자의 적합도에 도움이 된다고 하면 시간이 갈수록 그 빌딩 블록은 집단 내에서 보다 확산된다. 예를 들어, 모든 인간은 암모니아를 분해하는 매우 유용한 유전자를 갖고 있다. 그리고 만약 우리의 심판자가 노란색을 정말 좋아한다면 모든 도식들에서 노란 빌딩 블록이 갑자기 나타나기 시작할 것이다.

실제로 도킨스가 지적했듯이 선택은 상호 작용자 그 자체가 아니라 빌딩 블록에서 작용한다[14]. 심판자는 어떤 특징을 선호하고(그것이 무엇인지 제대로 모른다고 하더라도), 그 결과 진화의 과정은 심판자 앞에 서로 다른 결합들을 매달아 놓고 어떤 특징이 심판자의 눈을 사로

잡는지 시험해 그런 특징을 가진 것들을 더 많이 채택한다. 시간이 흐르면 그런 특징들은(그리고 이를 코드화한 빌딩 블록들은) 집단 내에서 보다 확산된다. 따라서 사실상 진화 과정은 개별적인 장난감을 선택하는 게 아니다. 비유를 하자면 "심판자는 사지limbs가 있는 노란색을 좋아한다"고 말하는 것이다.

이제 심판자를 제거하고 다른 심판자(심판자 2)로 바꾼다고 생각해 보자. 갑자기 레고 환경에서 적합도가 높은 것과 그렇지 못한 것들이 바뀌게 될 것이다. 그전 심판자의 기호를 충족시켰던 많은 장난감들이 이제는 심판자 2에 의해 '따분한 것'으로 평가받게 되는 등 적합도의 붕괴가 일어난다. 그러나 일정 시점이 되면 진화 알고리즘이 안착하면서 좀 더 나은 디자인들을 제시하기 시작한다. 일단 이런 일이 일어나면 더 좋은 디자인의 변종들이 점점 더 많이 생겨나고, 결국 레고 장난감 집단들의 적합도는 다시 상승하기 시작한다. 만약 심판자 2가 비행기, 자동차, 그리고 색깔은 녹색을 좋아한다면 날개, 바퀴, 녹색을 많이 가진 디자인들이 출현하기 시작할 것이다[15].

진화는 모든 가능성의 공간에서 시작하는 변화의 과정이다. 많은 디자인들을 시험해 보면서 어떻게 작동하는지 보고, 그중 좋은 것은 더 많이 채택하고 그렇지 못한 것은 버리는 일을 반복한다. 여기에는 어떤 예측, 계획, 합리성, 그리고 의도적인 디자인 같은 것들은 없다. 그저 아무 생각 없이 기계적으로 움직이는 알고리즘만 있을 뿐이다.

복제자는 복제를 원한다

"그럼, 잠깐!" 하고 당신은 소리칠지 모른다. "그것이 정말 디자이너 없는 디자인인가?" 알고리즘이 어떤 도움도 없이 스스로 계속 진행된다면 이것은 사실일 수 있다. 그러나 그전에 이루어진 모든 준비 과정에 대해서는 뭐라고 할 것인가? 모든 프로그래밍을 만든 심스에 대해서는 또 뭐라고 할 것인가? 인간 식별자와 인간 심판자를 레고 사고 실험에서 낙하산 인사로 앉힌 것은 또 무엇인가?

내생적인 진화의 논리 또는 외부의 디자이너나 프로그래머의 도움을 받지 않는 진화를 제대로 이해하기 위한 가장 좋은 방법은 유일하게 알려진 진화, 즉 지구상에서 생물의 발전을 살펴보는 것이다[16]. 지구의 나이 대략 46억 년 정도 되었다. 처음 수십억 년 동안은 어떤 종류의 생물도 없었다. 그러나 이 기간 동안 서서히 식고 있던 대양에서는 여기저기 초기 지구의 풍부한 화학적 작용이 일어나고 있었다. 격랑이 일면서 땅덩어리가 만들어졌고, 화산 등 대기권으로의 분출도 일어났다. 천문학적으로는 많은 수의 분자들이 열을 받고, 냉각되고, 이러저리 튀겨지고, 전기적으로 충전되면서 상호 작용을 하고 서로 반응했다. 이를 통해 점점 더 복잡한 분자들이 생성되었다.

이런 과정을 거쳐 약 30~35억 년 전에 이르러 놀라운 일이 일어났다. 스스로를 복제할 수 있는 분자들이 생겨난 것이다. 맨 처음 복제하는 분자의 수준은 매우 단순한 것으로, 본뜨기 형판, 즉 주형鑄型을 넘는 수준이 아니었을 것이다. 어떤 자기 복제 분자가 아마도 주변의 다른 화학 물질 집단에서 정반대 분자들을 끌어들이고, 이들이 다시 자신들과 정반대인 분자들을 끌어들이면서 초기 분자의 복제를 만들어 냈을 것이다(마치 네거티브 사진을 찍어 프린트한 것과 같다). 이와 같은 간단한 자기 복제 분자조차 우연히 일어나기란 정말 어렵다. 그러나 조兆의 조의 한 번은 정말 작은 확률이지만 수조의 조의 분자들이 약 10억 년에 걸쳐 1000의 6제곱의 6제곱만큼의 상호 작용을 하는 경우라면 충분히 일어날 만하다. 어떤 과학자들은 또한 그 가능성이 열역학 법칙적으로 크게 높아졌다고 믿는다. 초기 지구는 화산과 다른 여러 가지 지열地熱 활동, 그리고 신진 대사의 기초인 반응 네트워크와 복잡한 유기 분자들로 인해 엄청난 양의 자유 에너지를 가졌다. 따라서 자기 복제는 이 모든 에너지가 대양의 화학 작용을 통하여 퍼져 나가는 자연스럽고도 가능한 방법이었을 것이다[17].

　과학자들은 처음으로 자기 복제를 한 분자(또는 아마도 분자들)의 정확한 구성을 아직도 모르고 있다. 이것이 여전히 중요한 연구 영역이 되고 있는 이유다. 하지만 최소한 하나의 분자는 RNA의 전조와 같은 것이었음이 틀림없다는 것을 알고는 있다(지구상의 모든 생물들은 리보솜 RNA상의 공통된 유전자들을 갖고 있다). 그러나 일단 초기 지구에서 이리저리 튀기는 임의의 화학 작용으로부터 첫 복제 분자가 발생했다면 하나의 특이한 논리가 일어난 것이다. 리처드 도킨스가 『이기적 유전자Selfish Gene』에서 지적한 대로 어떤 복제 과정도 완벽하지 않다. 결국 오류가 끼어들고 이로 인해 여기저기서 조금씩 변화가 일어난다. 그런 점에서 자기 복제 분자는 원래와 거의 비슷하지만 아주 똑같지는 않은 것을 만들어 낸다고 말해야 옳을 것이다. 그런데 이런 오류가 자기 복제 과정에서 크게 손상될 정도로 그렇게 충분히 큰 게 아니라고 생각해 보자. 시간이 좀 지난 뒤에는 화학 물질들의 집단은 조금씩 서로 다른 다양한 자기 복제 분자들로 가득 찰 것이다. 그 화학 물질 집단 내에 있는 다양한 자기 복제 물질들은 똑같다고 봐야 할 것인가? 도킨스도 동의하듯이 불가피하게도 그렇지 않다. 어떤 분자들은 다른 분자들에 비해 화학적으로 좀 더 안정적일 것이고, 그 결과 이 분자들은 더 오래 살아남거나 자기 복제에 더 빠르다. 더 오래 살아남고 더 좋고 더 빠른 자기 복제자들이 집단 내에서 더욱 퍼지게 될 것이다. 이에 더하여 자기 복제를 하는 분자들의 바로 이웃에서 이들의 복제에 쓰이게 될 유한한 원료들이 공급된다. 임의의 변화가 발생해 어떤 분자가 다른 분자에 비해 화학적으로 이런 원료를 끌어들이는 데 더 능숙하게 된다면 그 분자는 보다 많은 자기 복제를 하게 될 것이다. 유한한 자원을 놓고 벌어지는 경쟁은 맨 처음부터 진화의 테마였다.

　결국, 어떤 분자들은 다른 동료 자기 복제자들의 구조를 불안정하게 만들거나 분해하는 화학적 구조를 우연히 갖추게 되고 이로 인해 공격하는 분자는 자신의 목적을 위해 희생물이 된 분자들을 편입할 수 있다. 이런 우연한 혁신은 순간적으로 엄청난 이득을 가져다준다. 혼자서 원료를 발견하고 조립하는 것보다 동료 복제자들로부터 미리 조립된 원료를 취하는 게 훨씬 더 쉽기 때문이다. 붕괴에 취약하고 자신의 화학 물질을 도둑맞은 분자들은 집단 내에서 급격히 쇠퇴하는 반면 훌륭한 파괴자들은 재빠르게 자기 복제를 해낼 것이다. 그러나 그러면 일부 자기 복제 분자들의 경우 자신들의 자기 복제 장치와 외부 세계 사이에 완충 역할을 하는 화학 물질, 예를 들어 지질脂質을 외층부에 우연히 갖게 될지 모른다. 파괴자들을 대비해 방어 장치를 가진 분자들은 성공적으로 보다 빈번하게 자기 복제를 할 것이고, 그만큼 집단 내에서 확산된다. 일단 밖의 세계에 대비한 장벽을 갖추고 복제하는 단계에 도달한 것으로 지금 살고 있는 우리의 눈에 잡히는 어떤 특별한 무엇이 있다. 바로 바이러스다. 어떤 바이러스는 지금 살아 있다고 볼 수도 있고 그렇지 않다고 볼 수도 있지만, 확실한 것은 아직도 생명체로 진행 중이라는 사실이다.

분자들의 전쟁 밑바닥에 흐르는 논리는 매우 간단하다. 좋은 복제자들이 복제된다는 점이다[18]. 동의어의 반복처럼 들릴지 모르지만 단순하고 순환적인 논리는 가장 미묘하면서도 강력한 진화의 동인動因이다. 우연히 복제 능력에 어떤 격차가 발생하면 복제를 촉진시키는 요인들은 시간이 흐를수록 그 집단 내에서 더욱 보편화될 것이다. 진화는 궁극적으로 복제를 지원하는 빌딩 블록들을 선택한다. 이것이 도킨스의 유명한 '이기적 유전자' 이론의 핵심이다[19]. 여기서 이기적이라는 의미는 때때로 잘못 이해되기도 하는데, 도킨스는 유전자가 우리(또는 다른 생물들)를 생존 탐색과 관련하여 본질적으로 이기적이게 만든다는 뜻으로 한 말이 아니다. 우리 자신은 물론이고 다른 많은 종들에게 협력은 실제로 중요한 생존 수단이다. 그가 말하고자 했던 것은 복제의 논리였다. 자신의 복제를 지원하는 데 능한(그런 의미에서 이기적인) 유전자들(또는 일반적으로 말하면 빌딩 블록들)이 복제될 것이라는 얘기다. 그렇지 않으면 경쟁의 세계에서 살아남을 수 없기 때문이다.

'좋은 복제자들이 복제된다'는 논리는 때때로 우리의 컴퓨터를 망쳐 놓는 바이러스의 세계에서도 볼 수 있다. 어떤 성공적인 컴퓨터 바이러스는(해커나 바이러스의 관점에서) 자신을 많이 복제하는 바이러스다. 대부분의 바이러스는 수신자의 이메일 주소록을 이용해 자신을 복제한다. 따라서 바이러스가 복제되기 위해서는 그것이 도착할 때 수신자로 하여금 이메일을 열어 보도록 속이지 않으면 안 된다. 예컨대 바이러스는 '나는 당신을 사랑한다'에서부터 '누구누구의 누드 사진들'에 이르는 제목들을 단 이메일로 날아온다. 최근에 내가 받은 이메일은 보낸 사람이 '관리자'이고 제목은 '당신의 이메일 계정이 폐쇄된다'는 것이었다. 이 모든 것은 해커들이 자신들이 만든 바이러스가 복제되도록 하기 위한 기술들이다. 복제되기 좋은 바이러스들이 복제되기 때문에 전 세계 컴퓨터 바이러스 집단을 조사해 본다면 특히 사람들을 바이러스들이 그중에서도 훨씬 많다는 사실을 알게 될 것이다.

이렇게 해서 약 38억 년 전 자기 복제 분자 전쟁은 훌륭한 복제자들이 오늘날 RNA와 비슷한 자기 복제 과정, 그리고 분자들과 외부 세계 사이의 기초적인 막을 갖는 정도로 진전됐다. 그러나 미토콘드리아, 엽록체, 세포핵, 또는 보다 고등 유기체 세포에서 발견되는 다른 세포 기관 등은 갖추지 못한 수준이었다. 이들 첫 생물 형태는 봉지 안에서 자기 복제를 하는, 예컨대 바다에서 거품이 인 매트 모양으로 떠다니는 간단한 남조식물* 같은 수준이다. 그러나 일단 자기 복

---

* 분열균류(分裂菌類)라고도 말한다. 단세포 조류로서 세포 안에 핵과 액포가 없고, 번식은 2분열에 의한 무성생식으로만 하며, 현생 식물 중에서 가장 미분화한 식물로 일컬어진다.

제 분자가 이 정도에 이르면 진화는 경주를 향해 출발한 것이나 다름 없다. 보다 복잡한 내부 조직을 갖추고, 이동하고 햇빛을 처리하는 등의 일을 할 수 있는 수많은 단세포 조직들이 생겨나기 시작한다. 이런 과정을 거쳐 18억 년 전에 이르면 진화는 다세포 생물 형태라는 디자인을 발견한다. 이것이 식물, 동물, 그리고 지금의 우리에 이르기까지 다양성의 폭발을 가져온 것이다.

이 생물 진화 이야기에는 물론 추가적으로 연구되어야 할 중요한 과학적 세부 사항들이 많이 있지만 그 논리에는 어떠한 외부적 요소들이 필요하지 않다. 도식과 도식의 식별자, 그리고 적합도 함수가 있으면 바로 진화의 논리는 정립될 수 있다. 생명 이야기에서 도식과 도식 식별자는 똑같은 하나다. 자기 복제 분자들이 코드이면서 동시에 식별자인 것과 같다. 복제를 위한 기술조차 시간이 흐르면서 진화를 해왔다. 이 과정을 거쳐 DNA와 DNA를 보호하는 핵막, 성적 재생, 그리고 상대방 성을 끌어들이기 위한 수많은 전략들과 같은 혁신들을 만들어 냈다.

레고 실험에서 적합도 함수는 심판자에 의해 외생적으로 주어졌다. 생물학에서 적합도 함수는 내생적이다. 적합도를 결정하는 어떤 제약 조건은 고정적이다. 예컨대 물리나 화학 법칙 같은 것들이다. 그러나 적합도 함수의 다른 중요한 측면들은 시스템과 더불어 공진화를 한다. 하나의 유기체를 둘러싼 환경 중 매우 중요한 한 부분은 다른 유기체들이다. 각 유기체의 진화를 향한 움직임과 그 반대의 움직임은 다른 유기체들의 적합도에 영향을 미친다. 만약 약탈자라면 매우 빠른 스피드 쪽으로 진화할 것이다(잘 달리는 유전자는 복제 가능성을 증가시킨다). 그러나 그 먹잇감은 위장술을 발전시킬 것이고, 이에 따라 약탈자의 시력은 보다 향상될 것이다. 이런 식으로 맞물려 진화하는 일종의 군비(확장) 경쟁이 끝없이 일어난다. 그러나 각 움직임마다 적합도 함수가 변한다. 적합도의 또 다른 요소인 지구의 기후조차 생물

334

이 진화하면서 변해 왔다. 예를 들어, 식물의 발전은 대기권에 산소량을 증가시켰다. 이는 산소를 들이마시는 생물들을 위한 길을 만든 효과를 가져왔다. 물론 지금은 인간의 진화가 기후는 물론이고 지구상에 있는 모든 생물들의 적합도 함수를 더욱 바꿔 놓고 있다.

진화를 위한 준비는 결국 정보 처리로 귀결된다. 진화가 발판을 마련하려면 정보를 처리하는 매개체가 필요하다. 이는 도식을 저장하고 수정하고 복사하기 위한 것이다. 생물 세계에서 진화가 출발하려면 열역학과 우연히 결합돼 분자 디자인을 저장하고, 수정하고, 복제할 수 있는 첫 자기 복제 분자가 만들어져야 가능하다. 3부에서 경제 세계에서는 진화에 발판을 마련해 주는 정보 처리 매개체가 말과 문서라는 점을 알게 될 것이다. 일단 정보 처리 매개체가 정립되면 차별화, 선택, 그리고 복제의 과정이 시작될 수 있다. 좋은 복제자가 복제되고, 무엇이 적합한지는 환경에 의해 결정되는데, 여기에는 다른 복제자들과의 경쟁이 포함된다. 그렇게 진화는 보다 더 좋은 복제자 디자인을 추구하면서 디자인 공간을 향해 행진을 시작한다.

우리는 진화가 어떻게 이루어지는지를 보았다. 그다음 큰 질문은 진화가 그렇게 잘 이루어지는 이유에 관한 것이다.

적합도 지형 탐색

DNA로 코드화할 수 있는 모든 생명체들의 디자인 공간을 생각해 보자. DNA 알파벳은 4문자, 즉 C, G, A 그리고 T다. 이들 4개의 뉴클레오티드 염기는 시토신, 구아닌, 아데닌, 그리고 티민이다. 각각 염기쌍으로 배열되어 있으며, 이들은 다시 우리에게 익숙한 이중 나선형 DNA로 되어 있다. 인간 유전체는 약 60억 개의 DNA 염기쌍을 갖고 있다. 인간보다 더 긴 DNA 가닥을 가진 생명체의 진화를 생각해 보기 위해 염기쌍이 100억 개가 넘는 DNA 알파벳의 모든 가능한 서열을 담고 있는 디자인 공간을 상상해 보자. 나아가 두꺼운 책에다 각각의 서열을 적어 책상 위에 쌓는다고 해보자. 당연히 우주의 규모보다도 훨씬 더 클 것이다. 책상 위 어디엔가 당신의 전체 DNA 서열을 담은 3천 페이지짜리 책 한 권이 있을 뿐만 아니라 여러 종류의 대장균 서열 관련 책 약 1만 900권, 식물 종들 관련 책 $10^{12,000}$권 등 너무도 많은 책들이 있다[20]. 데닛은 가능한 모든 DNA 생명체들의 디자인 공간을 가리켜 맨 처음 유전자를 발견한 19세기 수도사의 이름 따서 '멘델의 도서관'이라고 부른다[21]. 레고 도서관에서와 마찬가지로 여기 있는 것들 중 대부분은 시시한 것들이다. 어떻게 해서 만들어지기는 했지만 기껏해야 처음부터 실패작인 돌연변이체를 생산하는, 한마디로 유전자로서는 별 볼일 없다는 얘기다. 환경에 성공적으로 적응해 살아남을 수 있는 디자인은 상상할 수 없을 정도로 많지만, 그보다 더 상상할 수 없을 정도로 많은 거대한 디자인 공간의 규모와 비교해 보면 극히 드물다고 말해야 할 것이다.

레고 도서관에서와 마찬가지로 멘델 도서관도 유한하다. 그러나 이것은 단지 특정 시점에서 유한하다[22]. 사실 지구에서 생물의 역사를 보면 단순한 박테리아에서부터 보다 복잡한 포유류에 이르기까지 시간이 흐름에 따라 DNA 가닥의 길이가 확장돼 왔다. 이는 곧 DNA 디자인 공간 규모의 확장이다. 디자인 공간을 풍선의 표면과 비슷한 것으로 생각해 볼 수 있다. 특정 시점에서는 유한하지만 공기 등이 들어가면서 표면이 팽창하듯이 이것도 늘어난다. 멘델 도서관과 같은 디자인 공간의 유한성은 수학적으로는 중요한 의미가 있지만 실제적인 목적 측면에서 보면 무한한 것과 비슷하다. 인간들과 다른 생명체들의 모든 가능한 디자인들에 대한 완전한 탐색을 위해서는 수많은 우주들의 수명을 다 합한 것보다 더 긴 시간을 요한다.

데닛으로부터 또 하나의 이미지를 차용하자. 멘델 도서관에 있는 각 DNA 책 위에 탑처럼 금속 막대기가 설치되어 있다고 상상하자[23].

우리는 각 막대기의 높이가 그 밑에 있는 특정 DNA 서열의 적합도를 나타내도록 할 것이다. 그러니까 높을수록 디자인의 적합도가 좋은 것이다. 물론 여기서 '적합'이라는 말은 어디까지나 특정 시점에서 특정 환경에 대한 적합을 의미한다. 추가적인 가정을 하나 더 하겠다. 멘델 도서관에 있는 DNA 책들이 한 비트[bit]씩 떨어진 순서로 배열되었다고 하자. 가령 AGCCT 서열은 CGCCT 옆에 있고, CGCCT는 GGCCT 옆에 위치하는 식이다. 그렇다면 당신의 DNA를 담고 있는 책 바로 옆에는 단지 글자 하나만 차이 나는 무려 360억 가지 변종들이 있다[24]. 우리는 한 번에 한 글자씩 움직여 책에서 책으로 이동하면

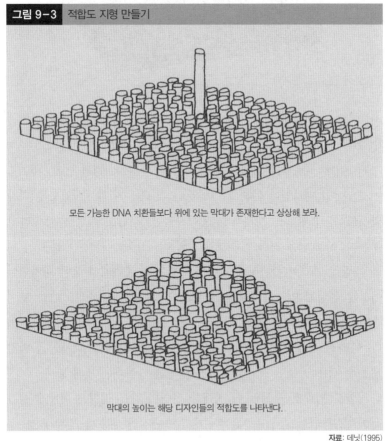

그림 9-3 적합도 지형 만들기

모든 가능한 DNA 치환들보다 위에 있는 막대가 존재한다고 상상해 보라.

막대의 높이는 해당 디자인들의 적합도를 나타낸다.

자료: 데닛(1995)

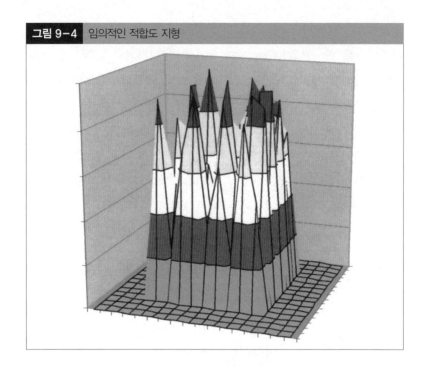

그림 9-4 임의적인 적합도 지형

서 각 DNA 서열에 대해 막대 높이로 표시되는 적합도 변화를 살펴볼 수 있다.

자, 이제 서로 다른 막대 높이를 가진 산 같은 경관을 보자(〈그림 9-3〉). 어떤 디자인이 다른 디자인보다 더 좋은지 알 수 있도록 디자인 공간을 표현하는 방법을 생물학자들은 '적합도 지형(경관)'이라고 부른다. 이 개념은 진화 이론가인 시월 라이트Sewall Wright가 1931년 처음 개발한 개념이다[25]. 적합도 지형은 디자인 공간에서 좋은 디자인이 어디에 위치해 있는지를 시각적으로(연구자들에게는 수학적으로) 보여준다. 좋은 디자인은 높은 적합도 정점을 가진 것으로 생각할 수 있다. 따라서 거의 무한에 가까운 디자인 공간에서 좋은 디자인을 발견하는 문제는 적합도 지형에서 높은 정점을 찾아내는 것과 같다.

적합도 막대로 구성된 이 거대한 산더미 같은 지형은 어떻게 생겼을까? 스튜어트 카우프만은 두 가지 극단적인 경우를 생각해 볼 수

338

그림 9-5 후지산 같은 적합도 지형

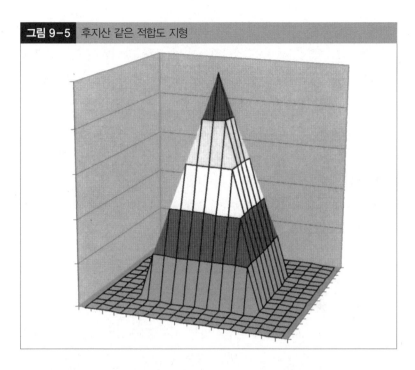

그림 9-6 개략적으로 상호 연관된 적합도 지형

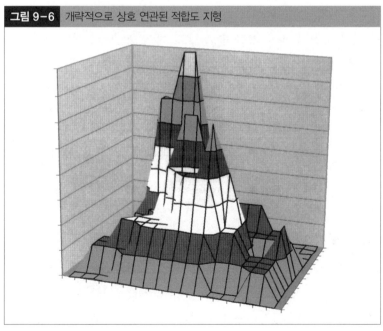

있다고 주장한다. 하나는 모든 막대들이 서로 다른 높이를 갖는 경우다. 이때 그 지형은 완전히 임의적이고, 뾰족한 막대들이 무질서하게 뒤범벅된 모양새일 것이다(〈그림 9-4〉). 또 하나의 극단적인 경우로 완전히 질서 잡힌 지형을 생각해 볼 수 있다. 낮은 적합도에서 높은 적합도로 점진적으로 발전, 탑처럼 올라가면서 후지산 같은 단일 정점을 가진 모양새다(〈그림 9-5〉). 그러나 현실에서는 그 중간 어디쯤에 해당한다는 것이 카우프만의 주장이다(〈그림 9-6〉)[26].

그러나 당신의 DNA 책과 단지 글자 하나가 다른 DNA 책은 십중팔구 당신의 것과 똑같은 적합도를 가질 것이다(그것이 특별히 운이 좋은, 혹은 운이 나쁜 돌연변이가 아니라면). 두 글자가 다른 DNA 책 또한 동일한 적합도를 가질 것이다. 그러나 당신의 DNA 책에서 점점 멀어져 수십 자, 수백 자 또는 수천 자가 다른 DNA 책으로 이동하면 이런 변화가 적합도에 영향을 미칠 가능성은 증가하기 시작한다. 멀리 떨어질수록 그 책의 적합도 또한 다를 가능성이 크다. 하지만 그런 변화들이 거리에 따라서 고르게 이루어지지는 않을 것이다. 어떤 조그만 변화가 큰 효과를 가질 수도 있고, 큰 변화임에도 반대로 조그만 효과를 가질 수 있기 때문이다. 따라서 두 이웃 DNA 간의 적합도는 단지 개략적으로만 상호 연관되어 있는 셈이다. 책들 사이의 간격이 보다 멀어 지도록 이동하면 적합도 변화는 울퉁불퉁한 모양새가 된다. 카우프만이 발견한 것은 이런 적합도 지형에서 개략적인 상관관계의 효과는 임의적으로 뒤범벅된 형태 또는 하나의 정점을 가진 후지산 모양보다는 스위스 알프스 산맥과 비슷한 지형으로 나타난다는 것이다.

산타페 연구소의 짐 크러치필드**Jim Crutchfield** 등 다른 연구자들은 적합도 지형의 수학적 형상을 연구해 추가적인 특징을 밝혀냈다[27]. 먼저, 보통 산의 지형과 달리 적합도 지형에는 낮은 평지가 여기저기 있다. 앞에서도 언급했지만 유기체 DNA 코드 상의 수많은 조그만 변화들은 그것이 적합도에 긍정적이든 부정적이든 거의 영향을 미치지 않는다.

따라서 당신의 DNA와 한 자가 다른 360억 개의 변종들, 그리고 몇 글자 다르지 않은 수조의 수조의 변종들로 이루어진 지형 주변은 넓고 평평한 지형으로 되어 있다. 그러나 이런 평평한 고원 내부에는 깊은 구멍 또는 무시무시한 크레바스crevasse들이 있다. 마치 스위스 치즈의 구멍과 같은 모양이다. 이런 구멍에 빠지면 적합도는 크게 떨어진다. 수많은 조그만 돌연변이들이 거의 아무런 변화를 가져다주지 않는다고 하지만, 그중에는 꽤 위험한 것들도 있기 때문이다. 예를 들어, 뇌 기능에서 중요한 단백질을 만드는 지시가 당신의 DNA에 빠져 있다면 당신은 큰 곤란을 겪게 될 것이다. 그러나 그 이면을 보면 매우 부정적인 돌연변이가 있는가 하면 반대로 매우 긍정적인 조그만 돌연변이도 있다. 그런 긍정적인 조그만 돌연변이는 적합도를 눈에 띄게 향상시키거나, 때때로 그보다 훨씬 더 중요한 '적합도 향상을 위한 돌연변이'가 추가적으로 나올 길을 열어 놓을 수 있다. 크러치필드는 적합도 지형에서 이를 '관문portals'이라고 부른다. 이것들은 마치 산에 있는 한 고원에서 다른 고원을 이어 주는 다리처럼 산으로 올라가는 빠른 경로들이다. 앞 장에서 우리는 생태계에 있는 수많은 종들의 관계로 이루어진 네트워크 구조를 논하면서 단속 균형(불연속적 균형)을 설명하는 모델을 살펴보았다. 크러치필드에 따르면 평평한 지역, 스위스 치즈의 구멍, 그리고 관문 등 적합도 지형의 특징들은 유전적 변화에 비선형성nonlinearity을 갖게 함으로써 단속 균형에도 기여한다. 대부분의 변화들은 거의 또는 아무 영향이 없지만 어떤 변화는 적합도에 큰 영향을 미치고(좋든 나쁘든), 그 결과 다양한 종들의 관계로 이루어진 네트워크에 큰 영향을 미친다.

도식상에 조그만 변화를 나타내는 대부분은 적합도에 미치는 영향이 작거나 거의 없지만 그중의 일부가 큰 영향을 미치는 디자인 공간은 그림에서 본 바와 같이 개략적으로 상호 연관된 모양의 생물학적 적합도 지형을 갖게 될 것이다. 이것은 중요한 포인트다. 바로 그런 특징이 진화를 적합도 지형을 탐색하는 하나의 이상적인 알고리즘으로 만든다.

탐색 알고리즘의 그랜드 챔피언

이제부터는 높은 정점을 향해 멘델의 산 같은 적합도 지형을 탐색하는 임무를 부여받았다고 생각해 보자. 그러나 과제는 가장 높은 정점을 발견하는 것이 아니다. 우선 단 하나의 명확하게 가장 정점이라고 할 수 있는 것이 반드시 존재하지 않을 수 있다. 똑같은 높이의 여러 개 정점들이 서로 멀리 떨어져 있는 경우도 있을 수 있다. 그러나 보다 중요한 것은 다른 모든 막대보다 조금이라도 더 높은 적합도 막대가 하나 있다고 하더라도 그것을 발견할 가능성은 극히 낮다는 점이다. 게다가 나중에 살펴보겠지만 정점의 높이도 계속 변한다. 그래서 막상 가장 높은 막대를 발견했을 때는 그것이 이미 낮아졌거나, 또 다른 막대가 더 높아졌을 수 있다는 얘기다. 따라서 어떤 '글로벌 최적점'을 탐색한다기보다는 주어진 시점에서 우리가 발견할 수 있는 가장 높은 정점들을 찾는 것이 과제다.

도보 여행을 출발하기 전에 탐색과 관련하여 세 가지 추가적인 조건들을 소개하겠다. 먼저, 칠흑 같은, 달빛도 없는 어두운 밤이라는 것을 생각해야 한다. 당신은 스스로 발길이 더 높은 곳으로 인도하고 있는지, 아니면 더 낮은 곳으로 인도하고 있는지는 느낄 수 있다. 그러나 그게 전부다. 어떤 의미에서도 진화는 앞을 내다보는 능력이 없다는 것을 말한다. 진화가 할 수 있는 모든 것은 그것이 효과가 있는지 없는지를 알기 위해 뭔가를 시도해 보는 것뿐이다.

둘째, 이런 산 같은 적합도 지형은 상당히 위험한 특징을 갖고 있다. 카우프만은 지형에서 적합도가 낮은 계곡이나 갈라진 틈에 붙어 있는 유독성 안개의 이미지를 사용한다. 만약 당신이 헤매다가 너무 낮은 곳으로 가면 안개 속으로 내려가 질식해 숨지고 말 것이라는 얘기다. 여기서 안개는 자연의 선택을 나타낸다. 어떤 주어진 시점에서 당신의 적합도가 너무 낮으면 당신은 솎아져 나올 것이다.

셋째, 적합도 지형은 정태적이지 않다. 시간에 따라 계속 변한다. 환경이 변하면 적합도 함수도 변하고, 이에 따라 오늘은 적합도가 높은 정점인 곳이 내일은 그렇지 않을지 모른다. 환경이 변하면 지형도 움직이고 기복이 생겨난다. 적합도가 떨어지는 계곡들이 갑자기 밀고 나와 새로운 산이 되고, 반면 그전에 높은 정점이었던 곳은 낮은 곳으로 내려앉아 유독성 안개 밑으로 떨어지는 식이다. 주어진 특정 시점에서 지형의 어떤 지역은 안정적이고, 다른 지역은 텍토닉 플레이트 **tectonic plate***처럼 점진적으로 이동할 수 있다. 반면, 또 다른 지역들은 지질적으로 매우 활발해, 극적인 융기, 지진, 분화 등으로 가득 찬 단층선과 같은 것들일 수 있다.

소행성의 지구 충돌과 이로 인한 기후 변화처럼 적합도 지형의 일부 변화는 환경에 대응한 임의적인 변화를 나타낸다. 그러나 움직이고 솟아나는 일의 대부분은 종 자체의 진화 결과다. 앞서 모든 종은 다른 종들과의 복잡한 관계망 속에서 존재한다는 점을 지적한 바 있다. 즉, 약탈자, 먹잇감, 공생, 기생 등의 관계들이다. 종들은 공진화를 하면서 공격과 방어, 협력과 경쟁 등 일종의 군비 경쟁을 벌인다. 그 결과 어느 한 종의 진화적 변화는 다른 종들의 적합도에 연쇄적 영향을 유발할 수 있다.

지형을 탐색하기 위하여 먼저 임의의 한 출발점을 선택한 뒤 다음과 같은 간단한 규칙을 따른다. 임의의 방향으로 발걸음을 옮긴다.

---

* 판상(板狀)을 이루어 움직이는 지각의 표출을 말한다.

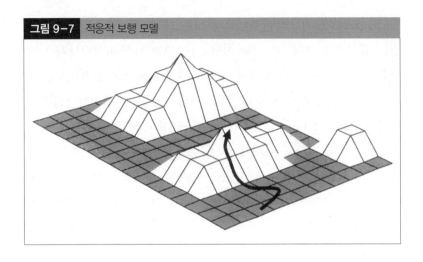

그림 9-7 | 적응적 보행 모델

그래서 더 올라간 것이면 다시 임의의 방향으로 움직이고, 만약 그렇지 않으면 그 전 위치로 돌아와 다시 시도한다. 만약 출발점이 계곡 아래쪽이고 이 규칙을 따른다면 처음에는 계곡 바닥에서 이러저리 헤맬 것이다. 그러나 결국 위로 올라가는 경로를 발견할 것이고 꽤 빠르게 가장 가까운 정점으로 기어오를 것이다. 이런 규칙을 '적응적 보행'이라고 부른다(《그림 9-7》)[28]. 적응적 보행은 개별적인 정점으로 올라가는 데는 효율적이지만 중요한 한계가 있다. 일단 정점의 꼭대기

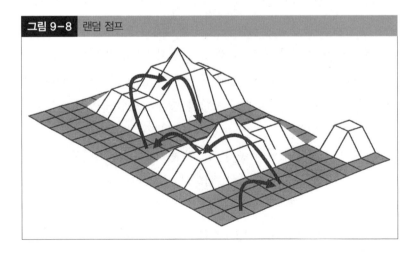

그림 9-8 | 랜덤 점프

에 이르면 거기서 멈추어 국지적인 어떤 최고점에 박혀 버린다. 더 높은 정점이 그 계곡 건너 가까이에 있을 수도 있는데 그런 것을 결코 찾아내지 못하게 된다는 얘기다. 왜냐하면 그곳으로 가려면 다시 처음으로 내려가야 하기 때문이다. 결론적으로 적응적 보행 모델은 에베레스트산들로 이루어진 지역의 중간에 있는 한 흙 두둑 위에 멈춰 버리고 마는 그런 결과를 낳을 수 있다.

이제 또 다른 전략을 가지고 임의의 출발점을 선택하자. 이번에는 보행이 아니라 매우 강력한 스카이 콩콩으로 움직인다고 생각해 보라. 당신이 버튼을 누르면 임의의 거리, 임의의 방향으로 옮겨 갈 수 있다. 높은 곳에 도착할 것이라는 희망을 갖고 당신은 버튼을 계속 누른다. 이 전략은 '랜덤 점프random jump'로 불린다(〈그림 9-8〉).

랜덤 점프는 적응적 보행 모델과 비교하여 국지적인 최고점들에 박히지 않는다는 이점이 있다. 즉, 낮은 정점에서 보다 높은 정점을 향해 중간에 있는 계곡들을 넘어 계속 뜀박질할 수 있다. 그러나 이 또한 불리한 점이 있다. 즉, 어떤 죽음의 계곡 밑에 당신이 놓여 있다는 것을 발견할지 모른다. 적응적 보행 전략의 경우는 최소한 당신을 가장 낮은 지역에서 빠져나오게 하고 유독성 안개를 피하게 해준다. 그런 점에서 보면 랜덤 점프는 적응적 보행 전략에 비해 좀 위험한 전략이다. 랜덤 점프는 또 실제로 높은 정점을 발견할 가능성이 매우 낮다. 원뿔 형태로 된 산의 기하학적 구조를 생각해 보자. 원뿔을 놓고 수평으로 반을 뚝 자르면 원뿔 밑의 반의 표면은 위의 반의 표면보다 항상 더 클 것이다. 지형의 보다 큰 표면적은 높은 적합도보다 낮은 적합도를 갖는 영역들로 채워질 것이다. 그렇다면 평균적으로 볼 때 랜덤 콩콩 점프를 하면 적응도가 낮은 곳에 당신이 위치하게 될 가능성이 크다. 물론 운 좋게도 가끔 그렇지 않은 경우도 있겠지만 가능성 측면에서는 그렇다. 적합도 지형을 탐색하다가 적당히 높은 적합도를 가진 지역을 찾아낸 그 누구에게도 지금보다 더 좋아지거나 더 나빠질 수 있는 수많은 길들이 항상 있을 것이다. 여기서 이 점을 다시 한번 상기하는 것이 좋겠다. 어떤 디자인 공간에서 좋은 디자인의 수는 데닛의 표현을 빌리자면 '0에 가까울 정도로 적다'.

이제 우리는 골라잡을 수 없는 이른바 홉슨의 선택Hobson's choice에 직면한 것 같다. 위험도는 낮지만 매우 높은 정점에 도달할 가능성이 작은 전략을 택하든지, 아니면 높은 정점에 도달할 가능성은 있지만 잘못하면 유독성 안개 밑으로 내려갈 수도 있는 위험도가 큰 전략을 택하든지 해야 한다.

이제 다음으로 두 가지 선택을 혼합한 알고리즘을 시도해 보자. 적응적 보행을 함으로써 지형에서 계속 더 높은 곳으로 올라가지만 또한 국지적 최고점에 박혀 버리지 않도록 몇 번의 랜덤 점프도 하는 알고리즘이다(〈그림 9-9〉)[29]. 그리고 보다 짧은 점프 쪽에 가중치를 줄 것이다(점프가 길수록 확률은 낮아진다). 이는 국지적 최고점에서 멈추는 일을 막는 데 도움이 되면서도 정말 낮은 계곡에서 종말을 맞을 가능성을 줄여 준다. 그리고 한 가지 더 변화를 추가한다. 단 한 명이 아니라 적합도 지형을 탐색하는 일단의 보행자들이 있다고 가정하자. 이 모델은 어떻게 작동할까?

그림 9-9 적응적 보행과 랜덤 점프의 혼합

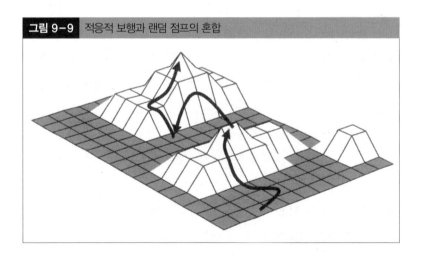

만약 우리가 카우프만의 표현을 빌려 이른바 '신의 눈god's-eye'으로 보면 각 보행자들은 거대한 영역 위에 하나의 조그만 검은 점이고, 이들이 보다 높은 정점을 찾아다님에 따라 우리의 군대는 와글거리는 구름처럼 보일 것이다[30]. 그리고 참가자들이 적응적 보행을 취함에 따라 구름은 산 위쪽으로 서서히 움직인다. 결국 구름은 국지적 고원에 이르게 되고 참가자들은 더 높은 곳을 찾기 위해 이러저리 흩어지면서 구름 또한 그 주변으로 퍼질 것이다. 적응적 보행을 계속함에 따라 일부 참가자들은 스위스 치즈의 구멍에 빠져 사라지기도 하겠지만 대부분은 국지적 고원 주변으로 퍼져 나갈 것이다. 그러나 때때로 이 그룹에서 랜덤 점프들이 나오는데, 이들은 주력 부대에서 멀리 떨어져서 나아간다. 마치 선발대처럼 이들 랜덤 점퍼jumper들은 더 높이 올라갈 수 있는 새로운 경로들을 찾아 나선다. 일부 점퍼들은 고원 경계 밖으로 벗어나 유독성 안개 밑으로 떨어진다. 그러나 또 다른 점퍼들은 우연히도 더 높이 올라가는 새로운 길을 발견할지 모른다. 적합도가 낮은 계곡에서 더 높은 새로운 계곡으로 가는, 크러치필드가 말한 '관문portal'이 되는 다리들 중 하나를 발견할지 모른다.

우리는 양 세계에서 제일 좋은 것을 취한다. 하이킹 참가자의 대부분은 상대적으로 위험도가 낮은 적응적 보행 쪽으로 할당돼 지형을 탐색해 간다. 그러나 군데군데서 베팅도 한다. 일부 참가자들은 중앙에서 멀리 떨어진 채 흩어져서 수색하고 그중 몇몇은 정말 멀리 떨어져 탐색한다. 이러한 전략은 불가피하게 일부 참가자들의 손실도 가져오지만 국지적 고원에 박히지 않고 보다 높은 적합도 지역을 발견할 가능성을 높여 줄 것이다.

이렇게 한 집단 전체에 걸쳐 분산 베팅을 하는 것은 정확히 진화가 하는 일이다. 각 상호 작용자 또는 생물에서의 유기체는 하나의 보행자로 볼 수 있다. 복제 과정은 적응적 보행에 에너지를 준다. 만약 높은 적합도를 보이는 보행자가 다른 높은 적합도를 가진 보행자와 그 도식들을 다시 결합하고 그 결과 낮은 적합도를 가진 보행자들보다 더 많은 자손들을 가지는 경향을 보인다면, 보행자들의 구름은 보다 높은 고도에서는 커지고, 그렇지 않은 곳에서는 줄어들 것이다. 그러나 차별화 과정은(생물에서는 염색체의 교차와 돌연변이를 통하여) 지형 전역으로 퍼져 나가는 보행자들이 있다는 의미다. 물론 대부분은 같은 지역에 서로 가까이 모여 있을 것이다. 이것은 좋은 일이다. 왜냐하면 보행자들이 어쨌든 살아 있다면 최소한 유독성 안개 위 어딘가에 있다는 얘기다. 그리고 위로 올라가기보다는 밑으로 내려가는 길이 언제나 더 많다는 점에서도 그렇다. 그러나 더 높은 곳에 이르는 길을 찾을 가능성을 제시할 최소한 소수의 외딴 보행자도 있을 것이다.

만약 멀리 외딴 첨병들이 어떤 새로운 길을 찾아낸다면, 가령 새로운 높은 적합도 지역으로 가는 관문이 되는 육교를 건너간다면, 이들은 빠르게 스스로 복제하여 그 지역에서 새로운 구름 집단을 만들 것이다. '신의 눈'으로 보면 어떤 다른 고원 위에서 와글거리는 구름 집단이 보일 것이다. 이 와글거리는 구름 집단은 다른 말로 하면 새로운 종이다[31].

차별화를 통한 베팅의 분산은 적합도가 높은 지역을 향해 새로운 길을 찾는 것뿐만 아니라 지형이 변하더라도 일부 보행자들이 살아남을 가능성을 높이는 일이다. 보행자 집단의 대부분은, 갑자기 지형이 바뀌고 그로 인해 고원이 안개 아래로 붕괴될 순간에도 괜찮은 적합도를 갖는 고원에서 생을 즐기면서 와글와글하고 있을지 모른다. 갑작스러운 변화 후 살아남은 보행자들은 멀리 떨어져서 집단을 재생해야 하는 첨병들일 것이다. 마찬가지로 낮은 적합도 지역에 있던 첨병들은 지형이 변함에 따라 자신들이 새롭고 보다 높은 고도에 있다는 것을 발견할지 모른다. 이것이 바로 유전자적 다양성이 집단에서 갖는 중요한 역할이다. 적합도 지형 전역으로 사전에 베팅을 해놓지 않으면 갑자기 환경이 변할 때 모든 것을 잃어버릴 위험이 있다.

점프의 폭을 다양하게 함으로써 진화는 존 홀란드가 말하는 탐색과 활용 간의 긴장을 관리한다[32]. 진화가 보다 높은 고원을 발견하면 그 집단 구성원의 대부분은 그 지역 주변에 모여들어 재생을 하며 성장한다. 행운을 즐기고 자신들이 발견한 이 성공적인 적응을 십분 활용한다. 그러나 멀리 떨어져 어둠 속에서 더듬거리며 언덕을 올라가는, 새로운 길을 찾아 이른바 '과도한 적응'을 두려워 하는 보행자들도 언제나 존재한다.

흥미롭게도 진화가 탐색과 활용 간의 적절한 균형을 자동적으로 맞춘다는 점을 홀란드는 보여 주었다. 상황이 좋으면, 높은 고원을 발견했다면 그런 환경에 맞추어 진화는 집단의 보다 많은 자원을 활용 쪽에 투입한다. 그러나 상황이 나쁘면, 집단이 계곡 밑에 위치해 있으면 보다 많은 자원이 탐색 쪽으로 향한다. 진화가 적합도 지형의 새로운 부분을 점유할 때면 언제나 아직 알려지지 않은 곳에 베팅을 할당한다. 그러나 보다 많은 정보를 얻게 되면 여느 다른 베팅자들과 마찬가지로 가장 유망해 보이는 베팅에 자원을 증강하고 싶어 한다. 홀란드는 활용과 탐색 간 균형을 위한 최적의 공식을 만들어 냈고 진화는 최적 균형을 달성하는 데 매우 근접해 있다는 것을 보여 주었다[33]. 진화는 하나의 도박꾼이지만 가능성을 매우 잘 활용하는 도박꾼이다.

좋은 기술, 강요된 움직임, 그리고 경로 의존성

데닛의 이른바 '좋은 기술' 개념에 대해서는 앞에서 언급하였다[34]. 좋은 기술은 소멸의 고통 과정에서 요구되는 것이 아니라 오히려 너무 매력적이어서 진화적 탐색이 반복적으로, 독립적으로 찾아낼 가능성이 높은 조치들이다. 예를 들어, 적합도 지형에서 '눈을 가진 생명체'로 불리는 크고 높은 산 지역이 있다고 상상해 보자. 여기에 있는 모든 생물들의 DNA 책은 빛을 탐지하는 센서를 만들라는 지시를 담고 있다. 눈을 통해 빛을 탐지하고 해석하는 능력은 사실상 환경에 관계없이(어두워지지만 않는다면) 적합도에 상당한 기여를 할 수 있는 것이어서 적합도 지형 관점에서 볼 때 이들이 거주하는 곳은 높은 적합도를 가진 매우 크고 안정적인 지역이다. 이 지역의 규모, 높이 그리고 안정성을 보아 진화적 탐색 과정을 통해 궁극적으로 발견될 가능성이 높다. 크고 높은 산 지역들은 또한 여기에 이르는 다수의 진화 경로를 가지고 있을 것이다. 따라서 좋은 기술은 여러 종들에서 독립적으로 발생할 것이고 그 종들은 포유류의 눈 디자인, 곤충의 눈 디자인처럼 어느 정도 서로 다른 다자인들을 가질 것이다.

데닛은 또 다른 요소도 설명하고 있다. '강요된 움직임Forced Moves'이다[35]. 서양 장기 게임에서 선수들은 때때로 선택할 것이 아무것도 없는 상황에 놓일 때가 있다. 어떤 다른 움직임도 자살적 행위가 되는 상황을 말한다. 마찬가지로, 적합도 지형에서 진화 탐색 움직임은 어떤 주어진 환경에서 이미 적합한 것들로 인해 제약을 받는다. 즉, 적합도가 낮은 유독성 안개 위에 있는 산등성이를 따라 달려가는데, 여기서 벗어나면 죽음이 되는 경우다. 강요된 움직임은 물리학이나 화학 법칙들에 의해 부과된 제약 조건들로 인해 만들어진다. 예를 들어, 열역학 법칙들이 그렇다. 이 법칙은 모든 생물체들은 자신들과 외부 세계 사이에서, 낮은 엔트로피의 내부와 높은 엔트로피의 외부 간 장벽으로 작용할 일종의 경계를 가져야 한다고 말하고 있다. 이에 따라 모든 생명체는 피부, 막, 외골격, 프로테인 셸Protein shell, 또는 다른 용기와 같은 것들을 가진다. 현재의 환경 상태로 정의되거나 종들 간의 공진화로 정의되는 다른 여러 가지 강요된 움직임들은 영원한 것일 수도 있고, 아닐 수도 있다.

적합도 지형도의 마지막 결론은 앞에서 간단히 언급했던 '경로 의존성'이다. 진화 시스템에서는 역사가 중요하다. 당신이 앞으로 갈 길은 당신이 과거에 왔던 길에 의존한다. 차별화는 집단들을 적합도 지형 주변으로 흩어지게 할 수 있지만 그렇다고 당신이 마음 내키는 대로 한 지역에서 다른 지역으로 바로 갈 수 있는 것은 아니다(앞서 랜덤 점프는 임의적이면서 동시에 보다 작은 점프 쪽에 가중치를 둔 것이라는 점을 기억하라). 어떤 정점을 어류와 같은 디자인들이 점유해 있다고 하자. 그러나 어류들의 환경은 계속 변한다. 생태적 지위가 사라지면서 그 정점은 유독성 안개 속으로 빠지고 있다. 그러나 신의 눈 관점에서 보면 근처에는 아직 존재하지는 않지만 또 다른 형태의 어류 디자인을 위한 정점이 있다는 것을 알 수 있다. 이 지역은 유독성 안개 위에 있고 안정적으로 보인다. 그러나 두 디자인 사이에 어떠한 경로도, 육교도 없다. 랜덤 점프로 이어지기에는 두 디자인이 너무 멀리 떨어져 있다. 첫 번째 어류 디자인과 두 번째 어류 디자인 사이를 이어주는 지속 가능한 중간적 생태 지위가 존재하지 않기 때문에 그 어류는 자신이 가진 '역사의 포로'가 되고 만다. 특별한 정점에서 막다른 골목에 이르는 특별한 경로, 그리고 미래를 위한 선택 방안들은 그 과거에 의해 제한받는다.

수학자들과 진화 이론가들은 여러 가지 다른 지형도에 관하여 다양한 종류의 대안적인 탐색 알고리즘을 탐구해 왔다. 어떤 알고리즘은 완전히 임의적인 지형들을 탐색하는 데 더 좋고, 또 어떤 알고리즘은 고도로 질서가 잡히거나 규칙적인 지형을 탐색하는 데 더 좋다. 그러나 그 중간에 있는, 개략적으로 상호 연관된 수준이고 고원, 구멍, 관문 등과 같은 복잡한 특징들을 가진 그런 지형들의 경우는 진화를 이기기 어렵다. 그리고 지형이 계속 변할 때, 탐색 문제가 동적인 것일 때, 탐색과 활용 간의 긴장을 감안해야 할 때, 진화는 모든 알고리즘 중에서 진정 그랜드 챔피언이다[36].

진화의 기본 요소들

우리가 지금까지 만들어 왔던 기질 중립적인 진화 버전을 다시 정리하면 이렇다. 먼저 진화가 작동하기 위한 필요조건들이다.

- 모든 가능한 디자인들을 담고 있는 디자인 공간이 존재한다.
- 이들 디자인들을 신뢰성 있게 코드화하여 하나의 도식으로 만들 수 있다.
- 이 도식들을 신뢰성 있게 해독해 이들을 상호 작용자로 만들 수 있는 어떤 형태의 도식 식별자가 있다. 내생적 진화에서 도식은 자신의 고유한 식별자를 코드화한다.
- 상호 작용자는 모듈과 모듈의 시스템으로 구성되는데, 이들은 도식에서 빌딩 블록들 형태로 코드화된다.
- 상호 작용자는 하나의 환경으로 바뀐다. 그리고 환경은 상호 작용자들에게 제약 조건들을 부여한다. 물리학의 법칙들, 기후, 또는 레고 심판자 등 이 제약 조건들은 시간에 따라 변할 수 있다. 특히 중요한 제약 요소는 유한한 자원을 놓고 상호 작용자들 사이에 벌어지는 경쟁이다.
- 하나의 환경에서 제약 조건들은 집단적으로 적합도 함수를 만들어 낸다. 이에 따라 어떤 상호 작용자는 다른 상호 작용자보다 더 적합한 일이 일어난다.

진화의 과정은 제약 조건이 주어진 상황에서 적합한 디자인을 찾아 디자인 공간을 탐색하는 알고리즘으로 생각할 수 있다. 알고리즘은 디자인 공간을 다음과 같이 탐색한다.

- 시간이 흐름에 따라 도식들에 변이의 과정이 일어난다. 도식자들은 수많은 작용자들, 예를 들어 염색체 교차나 돌연변이 등으로 인해 변할 수 있다.
- 도식은 하나의 집단을 만들어 내는 상호 작용자들로 바뀐다.
- 선택의 과정이 상호 작용자들에게 작용한다. 이에 따라 어떤 디자인은 적합도 함수에 의해 다른 디자인들보다 더 적합한 것으로 평가된다. 적합도가 낮은 상호 작용자

는 집단에서 제거될 확률이 보다 높다.

- 복제의 과정이 있다. 적합한 상호 작용자들은 평균적으로 보다 큰 복제 가능성을 갖는다. 그리고 적합도가 낮은 디자인보다 적합도가 높은 디자인에서 보다 많은 변종들이 만들어진다.
- 상호 작용자의 적합도에 기여하는 빌딩 블록들은 시간이 갈수록 보다 빈번히 복제되고, 이에 따라 해당 집단에서 더욱 퍼지게 된다.
- 마지막으로 변이, 선택, 그리고 복제의 알고리즘 과정은 순환적으로 일어난다. 한 단계에서 나온 산출물은 그다음 단계에서 투입물 역할을 한다.

진화의 알고리즘이 적절히 준비된 정보 처리 기질, 적합한 모수들 parameters을 가지고 작동되면 다음과 같은 결과를 기대할 수 있다[37].

- 임의성에서 질서가 나온다. 단순한 임의의 디자인에서 출발, 적합도 함수의 관점에서 지시된 복잡한 디자인을 알고리즘이 만들어 낸다. 모든 진화의 과정은 개방형 시스템으로 운영되며 그 결과 알고리즘은 국지적인 엔트로피를 감소시키는 에너지를 만들어 내고 임의성을 질서로 바꾸어 나간다.
- 적합 디자인들의 발견이다. 알고리즘은 적합 디자인을 찾아 매우 광활한 디자인 공간을 탐색하기 위한 빠르고 효율적인 방법을 제시한다. 내생적인 진화에서 어떤 디자인들이 살아남아 환경의 제약 조건하에서 복제를 해나간다면 그것들은 적합한 디자인들이다(좋은 디자인이 복제된다).
- 연속적인 적응이다. 알고리즘은 적합도 함수가 무엇을 원하는지 학습하고 그 기준들을 충족시키는 디자인들을 추구한다. 적합도 함수가 변하면 진화는 새로운 선택 압력을 반영하는 디자인들을 생산해 낸다.
- 지식의 축적이다. 진화 과정은 시간이 흐르면서 지식을 축적한다. 우리가 레고 진화 과정을 멈추고 특정 시점에 모든 장난감들에 대한 도식 카드들을 분석하면 카드들에 들어 있는 정보는 역사적으로 장난감들이 진화해 왔던 적합도 환경에 관한 학습 또는 지식을 반영하고 있음을 알 수 있다. 마찬가지로 DNA는 생물학적 디자인들이

과거에 작업을 해왔던 엄청난 양의 정보를 담고 있다. 당신이 만약 다른 행성에서 떨어진 외계인이고 지구를 한 번도 본 적이 없지만 어떻게 해서 지구의 한 유기체로부터 DNA를 얻었다면 그 DNA 코드만으로도 지구 환경에 대해 많은 것을 학습할 수 있다(물론 이것은 당신이 DNA 식별자를 보유하고 있다는 가정하에서다). 도식들은 진화 과정에서 일종의 하드 드라이브와 같은 것이다. 시간이 흐름에 따라 정보들을 채워 나간다.

- 새로운 것의 출현이다. 진화 과정 동안 알고리즘은 계속해서 새로운 변종의 디자인들을 창조한다. 이론적 의미에서 보면 모든 가능한 디자인들은 이미 디자인 공간에 존재한다. 그러나 그것들을 발견하고 실제로 만들어 냄으로써 진화는 새로운 디자인을 현실 세계로 이끈다. 레고 사례에서 진화 알고리즘은 틀림없이 어린이 스스로는 그전에 전혀 생각지도 못했던 그런 디자인들을 대량으로 생산할 것이다. 그리고 컴퓨터상의 가상적 진화를 이용해 제트 엔진의 팬블레이드fan blade에서 컴퓨터 칩에 이르기까지 모든 것을 디자인해 보는 실험도 새로운 디자인들을 만들어 냈다[38].
- 성공적인 디자인에 기여하는 자원의 증가다. 성공적인 디자인 집단들은 성장한다. 성공적인 디자인들이 경쟁에서 이겨 자원을 획득해 감에 따라 성공하지 못한 디자인들은 사라져 간다. 집단들이 크다는 것은 성공적인 도식들이 물질, 에너지, 그리고 정보 측면에서 비성공적인 도식들보다 더 많은 자원을 관리한다는 얘기다. 그러나 그러한 증가는 평탄한 패턴을 따르는 게 아니라 공진화에서 오는 네트워크 효과와 적합도 지형 그 자체 간의 결합에 따른 단속 균형 패턴을 따를 것이다.

진화는 개략적으로 상호 연관된 수준의 적합도 지형을 가진 광활한 디자인 공간에서 적합 디자인들을 찾아내는 데 매우 효과적이다.

- 진화는 병행 탐색을 활용한다. 사실 집단의 각 멤버는 개별적인 디자인 실험이다. 많은 보행자들이 밖에서 높은 정점을 찾아다닌다.
- 진화는 점프의 스펙트럼을 만들어 낸다. 진화는 국지적 최고점에서 옴짝달싹못하게 할 위험이 있는 짧고 점진적인 점프만을 추구하지 않는다. 그렇다고 무모할 정도로

354

다.

- 마지막으로, 진화는 연속적인 혁신의 과정이다. 알고리즘의 순환적 특성은 결코 중단되지 않는다. 지형이 계속 변하는 특성을 갖고 있는 한 이는 중요하다. 진화는 탐색과 활용의 균형을 맞추어 가기 때문에 기간에 따라 보다 활발하거나 그렇지 않은 탐색 기간이 있을 수 있지만 탐색은 결코 끝나지 않는다. 시스템은 균형이 없다. 진화 시스템에서 정지는 소멸을 위한 처방이다.

실제로, 진화는 말한다. "나는 많은 것들을 시도해서 그 결과를 보고 도움이 되는 건 더 많이 하고 그렇지 않은 건 덜한다." 그러나 이 과정에서 놀라운 일들이 일어난다. 알고리즘은 적합도 함수가 원하는 것이 무엇인지를 학습한다. 그리고 그 학습의 지식이 도식에 쌓여 간다. 그리하여 진화 과정은 더욱 적합한 디자인을 탐색하면서 새로운 것을 생성해 낸다.

진화는 놀이와 같다. 배역과 각본은 정해져 있지만 구체적인 배우, 세팅, 그 외 많은 세부적인 사항들은 아직 정해지지 않았다. 진화 과정은 생물학, 컴퓨터 가상 실험, 레고 장난감 게임에 적용될 수 있고, 앞으로 살펴보겠지만 인간 문화, 기술, 그리고 경제에도 적용될 수 있다. 보편적인 진화 과정은 구체적인 기질이 무엇인가에 상관없이 조건만 구비되면 바로 앞에서 기술했던 그런 결과들을 만들어 낸다.

진화 이론에서 경제 현실로

앞에서 언급한 바 있듯이 진화와 경제학은 상호 밀접하게 연관된 역사를 가지고 있으며 그것은 약 180여 년 전으로 바로 거슬러 올라간다. 앨프리드 마셜에서 프리드리히 하이에크에 이르기까지 경제학의 많은 거장들이 진화를 경제학에 포함시키는 문제로 씨름해 왔지만 그들은 결국 다음 두 가지 제약과 마주했다. 우선 생물학적 진화에 대한 이해를 경제적 진화에 그대로 일대일로 대응시키려는 노력으로 어려움을 겪었다. 예컨대, 유전자에 해당하는 것이 경제에서는 무엇인가? 기업들의 그룹도 하나의 개체의 총수인가(인구와 같은)? 경제에서 부모와 그 후손들을 구성하는 것은 무엇일까?[39] 이런 초기의 노력들은 발라, 제번스 그리고 다른 한계주의자(한계효용학파)들과 마찬가지로 은유적 추론에 문제가 있었던 것이다.

생물학 대신 3부에서 우리의 출발점은 조금 전에 우리가 기술했던 진화에 대한 일반적인 알고리즘적 관점이 될 것이다. 진화에 대한 현대의 알고리즘적 관점이 주장하는 것은 진화 시스템은 보편적 법칙들을 따르는 하나의 보편적 클래스를 형성한다는 것이다. 그렇다면 경제도 이 클래스의 한 부류이고 이런 법칙들을 따르는지 물을 것이다. 대답이 "예"라면 경제와 생물학적 세계는 둘 다 보편적 클래스에 속한다. 이들은 알고리즘의 구체적인 실행에서 매우 다를 수 있고, 따라서 경제학에서 생물학적 진화가 말하는 부모와 자손들이 무엇인가를 묻는 것은 의미 없을지 모른다. 그럼에도 불구하고 두 세계는 진화 시스템의 일반적 법칙에 영향을 받고 있다는 점에서 매우 강한, 일종의 가족과 같은 유사성을 보여 준다.

이런 방향으로 이론을 개척한 사람들은 아마도 리처드 넬슨과 시드니 윈터가 처음일 것이다. 두 사람은 『경제 변화의 진화론』이라는 독창적인 책을 저술했다. 그러나 1970년대 후반과 1980년대 초반에 들어서고 나서야 이들의 관점에서 출발한 기질 중립적인, 알고리즘적 진화 이론이 형성되기 시작했다. 존 홀란드의 이정표적인 『자연 및 인공 시스템에서의 적응론Adaptation in Natural and Artificial Systems』은 1975년에 나왔고, 리처드 도킨스의 『이기적 유전자』는 1976년에 출간됐다. 존 메이너드 스미스John Maynard Smith의 『진화와 게임 이론Evolution and the Theory of Games』은 1982년에 발표됐다. 그리고 스튜어트 카우프만의

『질서의 기원Origins of Order』은 1993년이 되어서야 나왔다. 이들 저서들을 비롯한 여러 저서들의 아이디어들은 1980년대 중반 이후 관련 연구 프로그램이 만개하는 데 씨앗 역할을 했고, 오늘날에도 중요한 연구들이 계속되고 있다[40].

그러나 넬슨과 윈터는 물론이고 그 이전의 경제학자들에게는 또다른 중요한 것이 없었다. 오늘날 엄청난 정보를 처리할 수 있는 값싼 계산 능력이 당시에는 없었다는 점이다. 지금까지 살펴보았지만 진화는 단순한 알고리즘이 큰 집단을 대상으로 수천 번, 수백만 번, 수십억 번 무작정 돌아가는 것이다. 그런 과정을 대부분의 경제학자들이 전통적으로 사용해 왔던 분석적 방법으로 모델링하기란 불가능하다. 1990년대 들어 컴퓨터가 더욱 강력해지면서 비로소 가능해졌다.

이제 우리는 진화적 놀이의 역할과 각본을 갖고 있다. 그 역할을 할 경제적 행위자들을 캐스팅하고 조직, 시장, 그리고 국가 경제라는 세팅을 만들 준비가 돼 있다. 그런 놀이의 이야기는 바로 '부의 창출'에 관한 이야기다. 이제 그 때가 왔다. 셰익스피어의 『헨리 4세』에 나오는 팔스타프의 표현대로 이제 "한번 신나게 놀아 보자".[41]

진화는 어떻게 부를 창출하는가

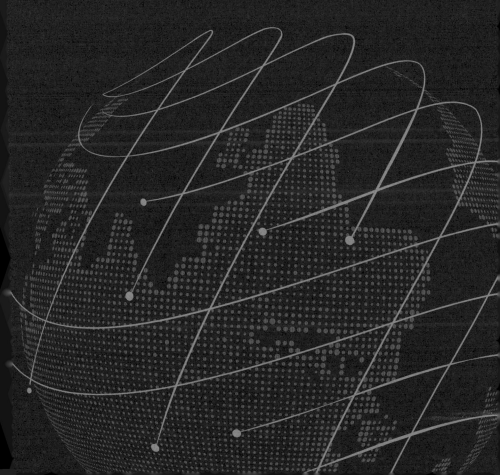

생명의 장엄함이 느껴진다……
정말 단순한 형태에서 시작했지만
가장 아름답고 신기한 생명들이 끝없이 출현해 왔고,
지금 이 순간에도 진화하고 있다.

– 찰스 다윈, 『종의 기원』

10

디자인 공간: 게임에서 경제까지

⋮

  두 사람이 어떤 범죄의 공범자로 체포되었으나, 경찰에겐 이들을 기소할 만한 충분한 증거가 부족한 상태라고 가정하자. 수사관은 두 사람을 별실에 각각 가두어 서로 간의 의사소통을 차단하기로 한다. 그리고 각 용의자에게 상대방의 범죄 사실을 밝히면 이에 대한 보상으로 석방시켜 주겠다고 설득한다. 단, 상대방이 범죄 사실을 시인하지 않는다는 가정하에서다. 만약 두 사람이 모두 서로의 범죄 사실을 인정하면, 두 사람 모두 감옥행을 면할 수 없겠지만 수사에 일조를 한 점이 인정되어 예정보다 가벼운 형량을 받게 된다. 반면에 용의자가 수사관의 설득에도 불구하고 침묵할 경우에는 두 가지 가능성과 맞닥뜨리게 된다. 첫째, 상대방 역시 침묵할 경우, 두 사람은 증거 불충분으로 풀려나게 된다. 둘째, 상대방이 침묵하는 용의자의 범죄 사실을 시인하는 경우, 용의자는 오랜 시간을 감옥에서 보내야만 한다.
  이는 주변에서 쉽게 찾아볼 수 있는 경제 문제의 한 예로 죄수의 딜레마Prisoner's Dilemma 현상이라고 한다. 복잡계 경제학의 창시자 중한 사람인 미시간 대학의 로버트 액설로드는 이를 가리켜 '사회과학계의 이콜라이E.coli(대장균)와 같은 개념'이라고 설명했다[1]. 생물학자들이 종종 박테리아균, 초파리, 혹은 기타 여러 단순한 유기체들을 가지고 첫 실험을 한 후 본격적으로 인체에 적용하는 것처럼, 우리 역시 간단한 경제 모델을 사용하여 경제 활동에 대한 지식을 쌓게 된다는 얘기다. 이번 장에서는 죄수의 딜레마를 이콜라이 모델로 하여 단순 게임에서의 전략을 디자인하는 데 어떠한 혁신적 방식이 일어날 수 있는지 알아볼 것이다.

죄수의 딜레마

죄수의 딜레마에서는 두 용의자의 증언 결정 여부에 따라 다음과 같은 보상 매트릭스를 그릴 수 있다(〈그림 10-1〉). 보상 매트릭스에 따르면 두 용의자 모두 증언을 선택할 경우가 가장 유리함을 알 수 있다.

만약 당신이 용의자이고 당신의 파트너가 어떠한 선택을 할지 알수 없다면, 증언하는 편을 택하는 것이 항상 유리하다. 특히, 당신의 파트너가 증언하지 않는 편을 택한다면 더욱더 증언하는 편이 유리

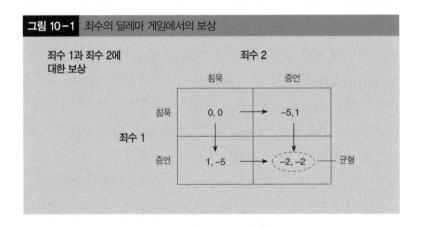

그림 10-1 죄수의 딜레마 게임에서의 보상

하다(〈그림 10-1〉의 보상 매트릭스를 보면 당신은 상대방이 증언할 경우에는 0점을, 증언하지 않을 경우에는 1점을 얻게 된다). 그러나 상대방이 증언하는 경우를 선택한다 하더라도, 당신은 여전히 증언하는 것이 이득이 됨을 알 수 있다(증언하지 않을 경우에는 5점을 잃게 되지만, 증언할 경우에는 2점을 잃게 된다). 이와 같이 두 용의자 모두에 똑같은 선택의 경우가 주어질 경우 두 사람 모두 증언하는 편(보상 매트릭스상의 균형점)을 선택하고 감옥에 가게 될 가능성이 높다. 물론 용의자들의 입장에서 보면, 이것이 결코 최적의 결과는 아닐 것이다. 만약 두 사람 간에 의사소통이 가능했다면 침묵을 택했을 것이고, 결국 두 사람 모두 석방될 수 있었을 것이기 때문이다.

죄수의 딜레마는 게임 이론의 한 예로, 자신만의 이득을 좇는 경우(증언을 통해 자신의 형량을 줄이려 노력하는 한편, 상대방은 침묵하기를 바라는 것)와 협력을 통해 더 큰 이득(두 사람 모두 범죄 사실을 시인하지 않아 석방되는 것)을 좇는 경우 사이의 가장 대표적인 상충 관계를 보여 준다. 이러한 관계는 핵무기 조절, 사업 전략, 부부 관계 등 다양한 상황에서 찾아볼 수 있다. 게임 이론은 그 이름에서 잘 알 수 있듯이 둘 이상의 대상(예를 들면, 두 명의 용의자), 목표(예를 들면, 보상을 받거나 감옥행을 면하는 것), 결정(예를 들면, 증언하는 것과 하지 않는 것) 등이 존재하는 상황에서 시험 대상자들의 결정에 대한 보상 매트릭스의 제시를 통해 연구되어 왔다[2].

죄수의 딜레마는 '논제로섬 게임non-zero-sum-game', 혹은 '비영합非零合 게임'이라는 점에서 특히 흥미롭다. 논제로섬 게임에서 둘 이상의 사람들은 협력을 통해 모두에게 더욱 유리한 결과를 가져올 수 있다. 죄수의 딜레마에서 두 사람은 의사소통이 가능할 경우, 즉 두 사람 모두 침묵을 선택할 경우 가장 큰 이득을 얻을 수 있다. 보상 매트릭스에 의해 두 사람 모두 침묵을 선택할 경우 점수의 합은 0인 반면, 그 외의 경우는 -4를 얻게 된다. "당신이 내 등을 긁어 주면 나도 당신의 등을 긁어 줄 것이다"라는 격언은 논제로섬 게임을 잘 표현한 예라고 할 수 있겠다. 우리는 협력을 통해 혼자서는 얻을 수 없는 더 큰 이득을 얻을 수 있다. 이와 반대로, 제로섬 게임에서는 둘 중 한 명은 패자가 될 수밖에 없다. 즉, 한 명이 승리할 경우 다른 한 명은 반드시 패해야 한다. 예를 들면, 축구 경기의 결과를 놓고 두 사람이 내기를 할 경우, 한 명은 이기게 되고 나머지 한 명은 지게 된다. 두 사람 모두 승리할 수는 없다. 이 책을 통해 곧 알 수 있겠지만, 논제로섬 게임, 그리고 이기심과 협동 간의 끝없는 긴장감은 복잡계 경제학에서 주요한 역할을 하고 있다.

죄수의 딜레마는 우리에게 일종의 수수께끼를 제시한다. 경제는 구성원 간 협동의 산물로서 사람들은 함께 생산을 하고 무역을 하면서 살아간다. 그러나 사람들이 자신만의 단기적 이득을 좇을 경우 일터에서는 꾸물거리고 거래할 때는 상대방을 속이는 등 서로 협력하는 모습을 찾아볼 수 없게 된다. 더구나 사람들이 서로를 속이려 하지 않는다 하더라도, 내가 더 큰 이익을 얻고자 협력의 손길을 뻗었을 경우 상대방이 이에 어떻게 대응할지 전혀 모른다는 위험이 상존하고 있다. 산타페 연구소의 경제학자 새뮤얼 보울스Samuel Bowles는 자신의 저서 『미시 경제학Microeconomics』에서 인도의 작은 시골 마을 팔란푸르에서 한 농부와 가졌던 대화를 제로섬 게임의 한 예로 설명하고 있다.

팔란푸르 농부들은 겨울 농작물을 파종할 때 수확량을 최대화할 수 있는 시기가 아닌, 그로부터 몇 주가 지난 이후에 파종을 시작한다. 농부들의 설명에 따르면, 이들 모두가 파종을 일찍 시작할수록 많은 수확량을 거둘 수 있다는 점을 잘 알고는 있지만 그 누구도 첫 번째로 파종하기를 원하지 않는다고 한다. 그 이유는 어느 한 논밭에 씨가 뿌려지고 나면, 새들이 몰려와 순식간에 먹어 치워 버릴 것이기 때문이다. 나는 그들에게 손실을 최소화하기 위해 많은 농부들이, 예를 들어 친척들끼리라도 같은 날

다함께 파종하는 것을 논의해 본 적은 없었는지 물었다. "만약 그 방법을 알았다면……" 괭이질을 하던 농부는 날 올려다보며 말을 계속했다. "가난해지지는 않았겠지요."[3]

이러한 딜레마를 가리켜 '조화의 문제'라고 설명한다. 사람들이 서로 협력하지 않을 경우, 게임 이론가들은 이를 가리켜 '변절'이라고 일컫는다. 그렇다면 경제에서 협력은 어떻게 얻어지는가? 우리는 어떠한 방법으로 이와 같은 변절의 함정에서 벗어날 수 있을까?

다시 죄수의 딜레마로 돌아가 선택의 기로에서 이미 한 번의 결정을 내리고 그에 따른 결과를 경험했던 용의자들에게 '재선택'의 기회가 주어진다고 가정해 보자. 결과에 변동이 있을까? 이미 수차례 감옥행을 경험한 용의자들이라면, 서로가 침묵하기로 협조하는 편이 낫다는 것을 깨달을 수 있을 것이다. 이와 마찬가지로 팔란푸르의 농부들 역시 같은 날 파종하기로 결정했는데 일부 농부들이 이를 이행하지 않았다면, 이들은 다음 경작기에 이로 인한 벌칙을 받게 될 것이다.

죄수의 딜레마는 논제로섬 게임이라는 점에서 특히 흥미롭다. 논제로섬 게임에서 둘 이상의 사람들은 협력을 통해 모두 더 큰 이득을 얻을 수 있다. 논제로섬 게임, 그리고 이기심과 협동 간의 끝없는 긴장은 복잡계 경제학에서 주요한 역할을 한다.

그러나 불행히도 이 논리에는 한 가지 문제가 있다. 만약 게임이 반복되더라도 일정 횟수만이라고 한다면, 용의자들은 또 다시 변절하는 상태로 되돌아가고 만다. 죄수의 딜레마에서 용의자들이 총 5회의 기회가 주어졌다는 것을 알고 있다면, 이들은 5라운드 전체를 1라운드인 것처럼 게임에 임하게 된다. 5라운드가 마지막 라운드라는 것을 알고 있는 두 용의자는 그 라운드에서 모두 협조를 거부하게 된다. 4라운드에서도 우리는 같은 딜레마를 겪게 된다. 협조한다 하더라도 5라운드에서 이에 대한 보상이 없음을 잘 알고 있다. 그렇다면 4라운드라고 다를 것이 있겠는가? 결국 게임은 원점으로 돌아가고 만다.

그러나 실생활에서 우리가 얼마나 많은 게임을 경험하게 될지는 미리 알 수 없다. 만약 게임을 경험하게 될 횟수가 유한하다고 해도, 그 정확한 숫자를 알 수 없다면 어떻게 될까? 팔란푸르의 농부 역시 그가 평생 동안 경작할 수 있는 횟수가 한정되어 있음을 알고는 있으나, 몇 번이 될지는 정확하게 알 수 없을 것이다. 이 경우 게임은 균형을 잃게 되며 전형적인 경제 분석법으로는 최고의 전략이 무엇인지 알 수 없게 된다. 따라서 우리는 게임에 임하는 다른 전략을 찾아낼 필요가 있다[4].

죄수의 딜레마 경연 대회

1970년대 후반, 로버트 액설로드는 전례 없는 방법을 사용해 반복되는 죄수의 딜레마에 대한 해답을 시도했다. 그는 실험을 통해 죄수의 딜레마에 대한 논리 정립을 시도하였는데, 이 실험은 학계에 큰 반향을 몰고 왔다[5]. 그는 수학적 분석법 대신 경연 대회를 개최하여 세계 각지에서 온 사회과학자들로 하여금 최고의 전략을 찾아내어 제출하도록 했다. 게임이 여러 차례 지속되면서 참가자들은 여러 명의 상대를 만나게 되었다. 일부 참가자들은 매우 세심한 전략을 구사했고, 복잡한 수학적 공식을 도입하기도 하였다. 그러나 경연 대회 우승자인 토론토 대학의 심리수학과 교수 아나톨 라포포트Anatol Rapoport가 제출한 방법은 극히 단순한 것이었다. 라포포트의 전략은 이른바 '눈에는 눈Tit for Tat(팃포탯)' 전략으로, 일단 처음 만난 상대에게는 무조건 협조하는 편을 선택한다. 그다음부터는 상대방이 내린 결정을 보고 그대로 반복하는 것이다. 만약 상대방이 협조하는 편을 택했다면, 라포포트는 그와 다시 만났을 때 협조하는 편을 택했다. 만약 상대방이 협조하지 않는 편을 택했다면, 라포포트 역시 협조를 거부했다. 이 같은 단순한 전략의 성공에 놀란 액셀로드는 이 전략을 더욱 깊이 연구하기 위해 대규모의 두 번째 경연 대회를 개최했다. 두 번째 대회 때는 경제학, 수학, 물리학, 컴퓨터 과학, 진화생물학 등 각 학문 분야에서 명망이 높은 62명의 전문가들이 대거 참여했다. 역시 팃포탯 전략이 우승을 차지했다.

액셀로드는 혼란스러움을 느꼈다. 이렇게 단순한 전략이 어떻게 훨씬 복잡하고 정교한 전략을 누르고 계속해서 우승할 수 있는지 이해할 수 없었다. 결국 팃포탯 전략이 최고의 전략으로 증명된 것일까, 아니면 아직 이보다 더 우수한 전략이 발견되지 않은 것뿐일까? 팃포탯 전략이 큰 성공을 거두긴 했지만 몇몇 특정 전략과 대응했을 때는 큰 두각을 나타내지 못하기도 했다. 그리고 경우에 따라 팃포탯 전략은 사실 실패할 가능성도 크다. 만약 두 참가자가 모두 팃포탯 전략을 구사한다고 가정해 보자. 두 사람이 모두 협조했을 경우에는 뛰어난 점수를 쌓을 수 있지만, 어느 한순간 한 명의 실수로 협조가 이루어지지 않을 경우, 두 참가자는 계속해서 서로에게 협조하지 못하는 악순환에 빠지게 된다. 특히 국가 간 핵무기 조절 협상에 깊은 관심을 갖고 있던 액셀로드는 이런 단순한 실수에서 비롯될 수 있는 재앙에 대해 큰 우려를 나타냈다.

액셀로드는 다른 전략들을 찾아내길 원했으나, 서둘러 더 큰 경연 대회를 개최하는 것에는 반대했다. 액셀로드의 동료 교수인 존 홀란드는 1970년대 중반 자신이 개발한 컴퓨터 시뮬레이션 모델을 사용할 것을 제안했다. 이것은 홀란드와 아서가 주식 시장 모델에서 사용했던 기술로, 앞서 6장에서 이미 소개한 바 있다. 액셀로드는 대회를 통해 사람들이 죄수의 딜레마 전략을 찾는 대신 홀란드의 시뮬레이션 진화 연산법을 통해 컴퓨터로 하여금 스스로 선택해 가장 성공적인 전략을 찾아내도록 했다.

액설로드는 1987년 그간의 연구 결과를 책으로 펴내면서 진화적 시뮬레이션과 게임 이론을 혼합한 연구를 계속해 왔다[6]. 최근 이 연구를 더욱 발전시킨 사람은 크리스티안 린드그렌Kristian Lindgren으로, 그는 스웨덴 찰머스 공대에 재직 중인 물리학자다[7]. 린드그렌의 모델이 특히 흥미로운 이유는 그간 학자들이 두 명의 행위자를 대상으로 죄수의 딜레마를 실험해온 데 반해, 그는 컴퓨터상에서 동시에 두 명 이상을 대상으로 집단 실험을 수행했다는 점이다.

린드그렌의 죄수의 딜레마 진화 시뮬레이션 역시 다소 단순한 이콜라이 모델을 제시하고 있지만 그는 이를 통해 복잡한 실물 경제 체계에서 나타날 수 있는 특정 현상들을 설명할 수 있었다. 린드그렌의 시뮬레이션에는 네 가지 중요한 특징이 있다. 첫째, 경쟁과 협조 간 내재적인 상충 관계는 팽팽한 긴장감을 불러와 시스템을 상시적인 불균형 상태에 놓이게 한다는 점이다. 이 때문에 협력적 구조는 실물 경제에서처럼 시간이 지날수록 점차 개인적 구도로 변하게 된다는 것이다. 둘째, 앞서 6장에서 논의한 바와 같이 린드그렌의 모델에서 죄수의 딜레마를 실험하는 행위자들에게는 최적화된 결정을 내릴 방법이 존재하지 않기 때문에, 그들이 할 수 있는 것은 단지 자신의 상황을 파악하고, 상대방의 과거 선택을 기억해 내어 최선을 다하는 것뿐이라는 점이다. 셋째, 앞서 얘기한 바 있지만, 행위자들의 다양한 상호작용은 종종 예상치 못한 복잡한 창발적 패턴의 행태로 이어지는데, 린드그렌의 모델 역시 예외가 아니었다. 마지막으로 가장 흥미로운 점은 린드그렌의 모델이 혁신적이라는 것이다. 칼 심스의 '진화하는 가상 생물체Evolving Virtual Creatures' 연구처럼 린드그렌 역시 죄수의 딜레마상에서 가장 성공적인 전략을 찾기 위해 진화적 연구 방법을 사용했다. 실제로 린드그렌 모델은 죄수의 딜레마에 관해 가능한 모든 전

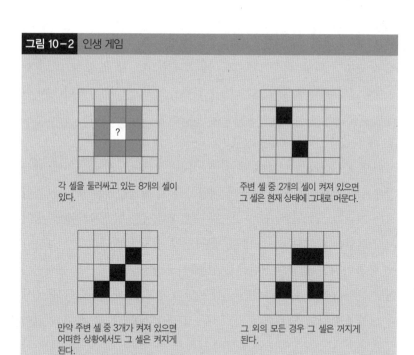

| 그림 10-2 | 인생 게임 |

각 셀을 둘러싸고 있는 8개의 셀이 있다.

주변 셀 중 2개의 셀이 켜져 있으면 그 셀은 현재 상태에 그대로 머문다.

만약 주변 셀 중 3개가 켜져 있으면 어떠한 상황에서도 그 셀은 켜지게 된다.

그 외의 모든 경우 그 셀은 꺼지게 된다.

략이 포함된 다양한 경우의 수를 담은 방대한 디자인 공간을 진화적 방법으로 탐색하는 것이라고 말할 수 있다.

린드그렌 모델의 전체적인 구조는 사실상 죄수의 딜레마와 인생 게임the Game of Life이라는 두 가지 게임이 혼합된 체제다. 수학자 존 호턴 콘웨이John Horton Conway에 의해 개발된 인생 게임 시뮬레이션은 양방향으로 눈금이 그려진 바둑판 같은 배경에서 죄수의 딜레마 실험을 한 것이다(〈그림 10-2〉)[8].

각 네모칸은 셀cell이라고 불리며, 각 셀은 게임이 진행될 때마다 ON이 될 수도 있고 OFF가 될 수도 있다. 만약 ON이라면, 해당 셀은 검은색으로 칠해지고, OFF라면 흰색으로 칠해진다. 각 셀은 직접 혹은 대각으로 맞닿은 총 8개의 셀과 인접하고 있으며, 셀마다 단순한 규칙을 가진다. 즉, 인접한 셀 중에 ON으로 표기되어 있는 셀의 수를 센다. 만약 그 수가 정확히 2라면, 중앙의 셀은 ON/OFF 여부에 상관없이 다음 라운드에서도 현 상태를 유지한다. 만약 그 수가 정확히 3이라면, 중앙의 셀은 다음 라운드에서는 ON이 된다(역시 현재의 ON/OFF 여부는 아무런 영향을 미치지 않는다). 그 외의 경우는 모두 다음 라운드에서 OFF로 표기된다.

인생 게임이라는 이름이 붙게 된 이유는 단순한 게임 규칙에 따라 검은색과 흰색으로 칠해진 셀의 패턴이 마치 아슬아슬하게 삶을 지탱하는 것처럼 느껴지기 때문이다. 경우에 따라서는 검은색과 흰색이 어지럽게 널려 있기도 하고, 마치 세균 배양 접시에 박테리아가 자라나듯 복잡하지만 일정한 패턴을 보여 주기도 한다. 혹자는 존 콘웨이의 인생 게임과 7장에서 다뤘던 카우프만의 불리언 네트워크에서 유사점을 발견할지도 모르겠다. 두 경우 모두 1960년대 존 폰 노이만이 발전시킨 계산 시스템들로 구성된 고도로 일반화된 그룹, 즉 '세포 자동자'의 형태들이다.

린드그렌은 죄수의 딜레마에 콘웨이의 인생 게임 개념을 도입했다. 다만, 게임 이론의 일반적 규칙에 따라 ON/OFF를 표시하는 대신, 죄수의 딜레마의 협조/경쟁 결정에 따라 ON/OFF를 표시하도록 했다. 각 셀을 행위자라고 볼 수 있으며, 각 행위자들은 인접한 4명의 행위자들(동서남북 방향)과 죄수의 딜레마 게임을 벌이게 된다(〈그림 10-3〉).

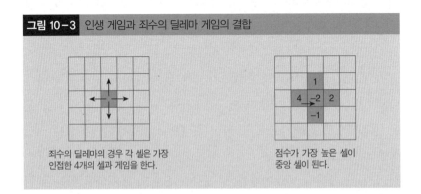

그림 10-3 인생 게임과 죄수의 딜레마 게임의 결합

죄수의 딜레마의 경우 각 셀은 가장 인접한 4개의 셀과 게임을 한다.

점수가 가장 높은 셀이 중앙 셀이 된다.

예를 들면, 한 행위자가 팃포탯 전략을 쓰고 다른 행위자는 반팃팃 포탯 전략을(항상 상대방에게 비협조하는 전략), 또 다른 행위자는 항상 협조하는 등 다양한 경우가 발생할 수 있다. 린드그렌은 각 셀을 행위자들의 전략에 따라 색칠하기로 했다. 그런 다음 각 행위자들이 인접한 4명의 행위자들과 벌인 게임의 점수를 평균한다. 가장 높은 점수를 획득한 행위자는 해당 라운드의 승자가 되어 인접한 패자 셀들의 중앙을 차지한다. 마치 바이러스와 같이 승리의 전략을 이웃에 전파하게 되는 것이다[9]. 만약 반팃포탯 전략을 사용한 행위자가 승리할 경우, 중앙 행위자는 반팃포탯 전략을 사용한 행위자에게 잠식당하게 되며 다음 라운드에서는 반팃포탯 전략을 사용해야만 한다.

그렇다면, 각 행위자들의 전략은 어떻게 결정되는가? 우선 임의로 각 행위자들에게 모두 다른 전략을 부여한 다음 어떠한 결과가 나오는지 지켜보기로 한다. 그러나 그 경우 특정 균형에 도달하거나 단순히 반복되는 주기를 형성하는 등 정확하지 않은 결과를 낳게 된다. 이는 팃포탯보다 월등한 죄수의 딜레마 전략을 찾고자 노력한 액셀로드에게도 큰 도움이 되지 못했다. 임의로 선택한 전략이 우수한 전략으로 판명될 가능성은 상당히 낮기 때문이다.

린드그렌은 컴퓨터 시뮬레이션 스스로 진화를 통해 죄수의 딜레마 전략이 모두 모여 있는 디자인 공간을 탐색하고 가장 높은 점수를 획득할 수 있는 전략을 찾아내도록 했다. 린드그렌은 격자무늬 바둑판 위에 놓인 행위자들에게 전략을 1과 0으로 암호화한 컴퓨터 DNA 도식을 각각 부여했다. 린드그렌은 행위자가 과거의 자신과 상대방의 결정을 기억해 다음 라운드에서는 경험에 의한 성공적인 전략을 예측할 수 있다고 추측했다. 따라서 각 행위자의 컴퓨터 DNA에 자신과 상대방의 과거 결정을 주입하게 되면, 행위자는 협조할지 변절할지를 결정하게 되는 것이다.

린드그렌은 행위자들에게 전 라운드만의 결과를 주입한 후 게임을 시작했다. 바로 전 라운드의 결과만을 알고 있는 행위자들은 다음과 같은 총 4가지의 전략을 사용할 수 있다.

- 항상 변절한다 – 항상 전 라운드에서 상대방이 어떠한 결정을 내렸는지와 무관하게 변절한다.
- 항상 협조한다 – 항상 전 라운드에서 상대방이 어떠한 결정을 내렸는지와 무관하게 협조한다.
- 팃포탯 – 항상 전 라운드에서 상대방이 내린 결정을 따라 한다.
- 반팃포탯 – 항상 전 라운드에서 상대방이 내린 결정과 반대로 따라 한다.

린드그렌은 게임을 시작할 때 임의적으로 각 행위자들에게 위의 4가지 전략을 고루 부여한 후 진화 시뮬레이션을 시행하고 주기적으로 임의적 변화(돌연변이)를 주어 그 결과를 추적했다. 린드그렌의 모델에서는 3가지 변화가 가해졌다. 첫째는 '점 돌연변이point mutations'로 행위자의 컴퓨터 DNA 일부에 변화를 주는 것이다(예를 들면, 01→00). 둘째는 '유전자 복제gene duplication'로 DNA 일부가 복사되어 꼬리에 첨가된다(예를 들면, 01→011). 유전자 복제 효과 중 하나는 행위자가 과거의 결정 패턴을 더욱 많이 기억할 수 있다는 것이다. 따라서 행위자는 바로 전 라운드의 결과뿐 아니라, 그 이전 라운드에 있었던 일까지도 기억해 내어 게임에 적용할 수 있게 된다. 기억이 확장될수록 행위자는 더욱 복잡한 전략을 구사할 수 있게 된다. 예를 들면 이런 것이다. "상대방이 변절할 경우 나도 변절한다. 상대방이 또 변절할 경우 나는 협력할 것이다." 셋째는 '분할 돌연변이split mutations'로 DNA의 어느 한쪽을 모두 삭제하는 것이다(예를 들면, 011011000110001→011011). 분할 돌연변이는 기억력의 규모를 축소시키는 효과를 초래하고 전략의 복잡성을 감소시킬 수 있다.

한편, 린드그렌은 이런 변이에 덧붙여 협조를 선택해야 할 상황에서 변절을 택하게 하는 등 행위자들이 가끔씩 실수를 하도록 만들기도 했다.

바둑판 위의 우림雨林

게임을 시작하기 위해 린드그렌은 가로세로 각각 128칸의 게임판을 제작했다. 게임판 내에는 총 1만 6,384개의 네모 칸이 있으며, 한 칸에 한 명의 행위자가 자리한다. 각 행위자는 앞에서 언급한 4가지 전략 중 임의로 하나를 택하여 게임을 시작한다. 린드그렌이 스위치를 누르면 게임이 시작되고 진화 과정이 진행된다. 전략들이 진화하기 시작하고, 이 중 가장 우수한 전략이 가장 높은 점수를 기록하면서 근접한 셀에 자리한 행위자들에게 자신의 전략을 전파시킨다.

게임이 진행되면서 생태계가 생겨나는 것을 볼 수 있다. 4가지 전략이 상호 작용한 끝에 최초에는 아무렇게나 질서 없이 흩어져 있던 행위자들이 점차 일정한 패턴을 형성하게 된다. '팃포탯'과 '항상 협조 전략'을 택한 행위자가 함께 고득점을 차지하게 된다. 반면 '항상 변절 전략'을 택한 행위자는 '반팃포탯'을 무자비하게 활용하고, '항상 협조 전략'의 행위자는 '항상 변절 전략' 행위자에게도 예외 없이 협조한다. 그러나 곧 항상 변절하는 행위자의 대다수가 게임판에서 사라진 반면, 협조하는 행위자들의 규모가 크게 늘어나 하나의 섬을 이룬 듯한 모양을 띠고 있음을 알 수 있었다. 그리고 이 섬 모양의 중심에는 항상 협조 전략을 택한 행위자들이 대거 자리하고 있으며 계속적인 협조를 통해 높은 점수를 올린다. 그리고 팃포탯 전략가들이 항상 협조 전략가들을 둘러싸고 있으며, 항상 변절 전략가들은 섬의 밖으로 밀려난 것을 볼 수 있다. 그러나 이러한 협조적인 섬이 항상 이 모습 그대로 지속될 수는 없다. 때때로 변절 전략을 택한 행위자들이 협조적 무리를 파고들어 인근 협조 전략가를 침몰시키는 경우도 있고,

협조 무리들의 규모가 마치 박테리아와 같이 빠른 속도로 증대되어 변절자들의 무리를 몰아내는 경우도 나타날 수 있다. 협조와 변절 간의 전략 게임이 지속되면서 네모, 지그재그, 소용돌이 등 다양한 모양의 패턴이 형성된다.

시간이 지나면, 4가지 전략들의 싸움터에 혁신적인 새로운 전략이 등장할 수도 있다. 돌연변이의 등장으로 인해 행위자의 기억력이 증대되어 더 오래된 과거에 있었던 대결 경험까지도 참고할 수 있게 되면서 더욱 복잡한 전략 구사가 가능해진다. 이러한 돌연변이 중 다수는 오래지 않아 소멸되어 버리는 무의미한 전략이지만, 일반적으로 기억력의 확대는 행위자에게 큰 이득을 가져다준다. 새로운 전략이 성공했을 경우는 인근 행위자들을 통해 전파된다. 그 예로, 린드그렌은 일명 '사기꾼'이라는 새로운 전략을 제시했다. 이 전략에 따르면 이전 라운드에서 두 행위자가 협조와 변절 여부에 상관없이 똑같은 선택을 했을 경우 이번 라운드에서는 협조하는 편을 택하고, 이전 라운드에서 두 행위자의 선택이 같지 않았을 경우에는 변절하는 편을 택해야 한다. 또 다른 하나는 이른바 '복수 전략'이다. 첫 라운드에서는 협조하는 편을 택한다. 그런데 이때 상대가 변절하는 편을 택했을 경우 다음 라운드에서는 변절하는 편을 택하게 된다(이 점에서는 팃포탯과 동일하다) 그러나 이어지는 3라운드에서 다시 한 번 변절함으로써 상대방에게 자신의 감정을 알려 준 뒤 다시 협조로 돌아선다. 일부 전략들은 매우 훌륭했다. 앞서 언급했던 바와 같이 팃포탯 전략이 가져올 수 있는 문제는 두 팃포탯 전략가가 맞서게 될 경우 한 명이 실수로 변절하면 두 행위자는 끊임없이 서로를 변절하게 되는 함정에 빠질 수 있다는 점이다. '공정'이라는 이름의 전략은 첫 라운드를 협조하는 편으로 시작한다. 그러나 상대방이 변절할 경우 '화가 난' 행위자는 상대방이 다시 협조로 돌아설 때까지 계속해서 변절하는 전략이다. 그러나 만약 공정 전략가가 실수할 경우에는 상대방이 이를 용서해 줄 때까지 협조하게 되며, 결국 상대방으로부터 용서를 받게 되면 다시 두 행위자는 협조를 지속하게 된다. 따라서 공정 전략을 택한 행위자들은 말 많고 실수투성이인 환경에서도 좋은 성적을 기록할 수 있는 것이다

숲의 제왕

그렇다면 승자는 누구일까? 가장 우수한 전략은 결국 어떤 전략일까? 린드그렌에 따르면 이와 같은 질문은 아무런 의미가 없다. 린드그렌의 모델처럼 지속적으로 진화하는 시스템에서는 단 한 명의 승자는 존재할 수 없으며 최적·최고의 전략 역시 존재할 수 없다. 오히려 특정 시기에 생존하고 있다면, 그 자체로 승자라고 할 수 있다. 이미 다른 누군가는 모두 죽은 상태이기 때문이다. 결국 살아남으려면 행위자는 자신에게 유리한 전략과 삶을 지탱할 수 있는 수단을 보유해야 하며, 적으로부터 자신을 방어하고 주변의 다양한 변수를 다룰 수 있어야 한다.

"모두가 승자다"라는 표현이 있다. 어찌 보면 비겁하게 들릴 수도 있지만, 생존이라는 것은 결코 하찮은 것이 아니다. 스튜어트 카우프만이 지적한 바와 같이 지구상에 존재했던 많은 생물들 중 대다수가 현재는 존재하지 않는다. 앞에서 살펴보았던 이른바 적합도 지형의 극히 작은 부분만이 특정 시점에 현실 속으로 나타난 것일 뿐이다.

경제가 호황일 때는 협조 위주의 전략이 우세를 보이는 등 가끔씩 모든 행위자들이 수익을 거둘 수도 있다. 그러나 어느 순간 경제에 먹구름이 끼기 시작하면 변절과 실패의 시대가 도래한다.

"누가 이겼나?"라는 질문이 왜 의미 없는지에 대한 해답을 찾기 위해 식물, 곤충, 새, 동물 들로 가득한 숲 속을 걷고 있다고 가정해 보자. 숲에 있는 각각의 동식물들은 살아가기 위해 서로 경쟁하거나 협

조하는 등 다양한 전략을 채용하고 있는 행위자들이라고 할 수 있다. 그렇다면 이 숲의 제왕은 누구일까? 생존과 재생산에 가장 적합한 전략을 구사하고 있는 이는 누구일까? 우리 인간, 즉 호모 사피엔스일까? 현재는 마치 이 세상의 지배자가 인간인 것처럼 보일 수 있지만 현재도 계속되는 진화 시스템의 일순간일 뿐이며, 장기적 관점에서 봤을 때 인간의 미래 역시 불투명하다. 그렇다면 작은 들쥐가 숲의 왕이 될 수 있을까? 들쥐는 인간보다 더 오랫동안 지구상에 존재해 왔고 그 수도 인간의 수를 압도한다. 땅 위를 기어 다니는 바퀴벌레의 경우는 어떠한가? 바퀴벌레는 들쥐보다도 더욱 오랜 시간 존재해 왔으며 해충약에서 핵폭발에 이르기까지 그 어떤 경우에도 생명을 부지할 수 있을 것처럼 보인다. 들판의 잡초는 어떨까? 이들 역시 우리가 아무리 제거하려고 해도 없어지지 않을 것처럼 보인다. 아니면 인간을 포함한 모든 동물들의 위(胃)에 기생하고 있는 이콜라이 박테리아가 승자일까?

만약 당신이 '초우량 기업을 찾아서'와 같은 식의 연구를 해서 100가지의 가장 우수한 생존 및 증식 전략을 뽑았다고 하자. 그리고 지금으로부터 100년 후(사실 이 100년이란 시간은 생물학적 시간으로 보면 일순간일 뿐이다) 그 리스트를 살펴본다고 하자. 지금과는 완전히 달라 보일 것이다. 오늘날 가장 성공적인 전략이 100년 후에는 가장 별 볼일 없는 전략으로 돌변할 수도 있으며, 반대로 100년 후에 가장 성공적인 전략으로 칭송받을 전략이 오늘날에는 그저 그런 점수를 받고 있거나 혹은 심지어 아직 발견되지 않은 전략일 수도 있는 것이다.

마찬가지로 우리는 죄수의 딜레마와 같은 생태계에서 어떤 한 전략이 가장 우수하다고 단언할 수 없다. 린드그렌의 모델에서도 볼 수 있듯이 어느 한순간 특정 전략이 등장하여 한동안 게임판을 지배하는 등 화려한 나날을 보내다가도 새롭게 등장한 다른 전략에 의해 결국 소멸되는 경우도 있고, 때때로 일부 전략들이 동시에 등장하여 게임

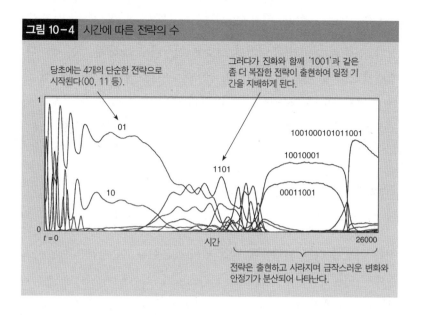

그림 10-4　시간에 따른 전략의 수

당초에는 4개의 단순한 전략으로 시작된다(00, 11 등).

그러다가 진화와 함께 '1001'과 같은 좀 더 복잡한 전략이 출현하여 일정 기간을 지배하게 된다.

01

1001000101011001

10010001

1101

00011001

10

$t = 0$

시간

26000

전략은 출현하고 사라지며 급작스러운 변화와 안정기가 분산되어 나타난다.

판을 함께 독식하다가 새로운 전략의 등장으로 게임판에서 사라져 버리는 경우도 있다. 함께 등장한 두 전략이 공생 관계처럼 협조한 경우도 있었지만 이러한 경우 한 전략에 문제가 생길 경우 나머지 한 전략도 동시에 침몰하게 되는 단점이 있었다. 그런가 하면 게임판에는 바퀴벌레 같은 존재들도 있다. 팃포탯과 같은 단순 전략을 구사하면서 게임판을 독식하지는 않지만 어떠한 일이 벌어지더라도 상관없이 근근이 삶을 이어 나가는 전략 말이다.

한편, 시간이 흐름에 따라 게임은 또한 앞에서 설명한 이른바 '단속 균형'이라는 불연속적 패턴으로 흘러간다. 게임이 진행되면서 승리 전략들이 하나둘씩 나타나 이들이 게임을 지배하게 되면서 상대적인 안정기가 지속될 수 있다. 이러한 시기에는 모두가 공생하는 가운데 일부 행위자들의 전략이 상대적으로 안정세를 구가하게 되어 아무도 전략 변화의 필요성을 느끼지 못하게 된다. 이것은 바로 진화생물학자 존 메이너드 스미스가 말한 '진화적으로 안정된 전략Evolutionary Stable Strategies:ESS'이다[10]. 그러나 얼마 안가 또 다른 작은 혁신이 일어나 발전 모멘텀을 얻게 되면 게임판의 패턴은 순식간에 뒤바뀔 수도 있다. 기존의 질서가 무너지고 새로운 질서가 도래하게 되는 것이다. 경제가 호황일 때는 협조 위주의 전략이 우세를 보이는 등 가끔씩 모든 행위자들이 수익을 거둘 수도 있다. 그러나 어느 순간 경제에 먹구름이 끼기 시작하면 변절과 실패의 시대가 도래한다(〈그림 10-4〉).

예측할 수 없지만 이해할 수는 있다

이 모든 소란의 원인은 특정 환경과 시간에서 어떤 전략의 성공과 실패 여부가 다른 전략들에 달려 있기 때문이다. 이 게임판은 앞서 8장에서 언급한 바 있는 제인과 크리슈나의 '핵심종(키스톤keystone) 모델'과 아주 유사한 하나의 거대 생태학적 그물망으로 생각해 볼 수 있다. 키스톤 모델에서와 마찬가지로 시스템의 일부분에서 일어난 작은 변화는 널리 전파되어 반대편에서 큰 파장을 일으킬 수 있다. 팃포탯 전략가들에게 둘러싸인 '항상 협조' 전략가들을 떠올려 보자. 팃포탯 전략가들은 '항상 변절' 전략가들로부터 '항상 협조' 전략가들을 보호하는 형국을 띠고 있다. 그러나 팃포탯 전략가들에게 작은 돌연변이가 발생해 이들이 일종의 축소 악순환에 빠져 드는 일이 발생한다고 가정하자. 이 틈을 타서 '항상 변절' 전략가들이 섬 내부로 침입을 시도하면 '항상 협조' 전략가들의 섬은 급속히 붕괴되어 게임판에서 사라지고 만다.

이렇게 변화에 민감한 성향으로 인해 그 누구도 방정식을 사용하여 모델의 결과를 정확히 예측해 내기란 불가능하다. 이는 실제 경제예측만큼이나 예측이 불가능하다고 할 수 있다. 혹자는 이러한 예측 불가능성이 모델 내의 임의적 요소들, 예컨대 임의적 돌연변이나 행위자 행태상의 임의적 오류 같은 것들 때문이라고 주장할지 모른다. 그러나 컴퓨터에 프로그램된 모델은 사실상 완벽하게 결정론적이기 때문에 돌연변이율이나 오류를 임의로 작성한 후 두 차례에 걸쳐 프로그램을 돌려 보면 두 번 모두 동일한 결과가 나온다는 것을 알 수 있다. 우리는 모든 행위자의 출발점, 행동 규칙, 심지어 임의적 요소들의 수치가 무엇일지까지 정확히 미리 파악할 수 있다. 그럼에도 불구하고, 모델의 정확한 행태를 미리 예측할 수 있는 방법은 없다. 한마디로 너무 복잡하다는 얘기다.

미래를 예측할 수 있는 유일한 방법은 모델을 돌리고 진화시키는 것이며, 별다른 지름길은 존재하지 않는다. 비록 모델의 행태를 정확히 예측해 낼 수는 없지만, 과학적 지식을 동원하여 모델을 이해할 수는 있다. 예를 들어, 우리는 한 모델의 행태를 조절하는 특정 모수들이 있음을 볼 수 있는데, 돌연변이의 등장 횟수, 오류 발생 비율, 그리고 게임 내의 상대적 보상 체계 등이 그것이다. 이것들은 모두 게임의 거시적 행태에 영향을 미친다. 이 모수들의 값에 따라 행위자들은 매우 협조적인 태도를 보여 높은 점수를 획득할 수도 있고, 반면 쉽게 빠져나올 수 없을 만큼 침체된 비협조적인 전략을 구사할 수도 있다. 또한 가장 혁신적인 신전략을 발전시킬 수 있는 모수들의 값은 어떤 것인지도 파악할 수 있다. 따라서 정확한 결과 예측은 여전히 불가능하지만 "돌연변이의 비율이 0.001 이하이면 혁신과 협조 수준은 매우 낮다" 혹은 "돌연변이의 비율이 0.001 이상 0.01 이하일 경우 게임 환경은 매우 역동적이고 혁신적으로 변화하며 협조 수준과 이익 또한 상승한다" 등과 같은 표현들이 가능해진다. 마찬가지로 모수들의 값에 따라 게임 환경은 특정 전략들에 우호적 또는 적대적으로 변화하게 된다. 그 결과 우리는 "친절하지만 터프한Friendly But Tough 전략은 비록 많은 오류가 발생하지만 협조적 환경에서 가장 우수한 성적을 보였던 반면, 강철주먹Iron Fist 전략은 매우 비협조적인 환경에서 돋보였다" 등의 결론을 내릴 수 있게 된다. 또한, 모수들의 값에는 아무런 변화 없이 임의로 서로 다른 외부적 충격을 가함으로써 그런 결과들이 얼마나 견고한지 알아보기 위해 모델을 수천 번 돌려 볼 수도 있다. 그 결과 "모수의 조건을 X와 같이 구성했을 때 고득점 게임 환경이 나타날 확률과 저득점 게임 환경이 나타날 확률은 각각 60%와 40% 였다" 등과 같은 분석이 가능할 수 있다. 결론적으로 우리는 모델의 정확한 결과를 예측할 수는 없지만, 가능한 모수들의 값을 관찰하고 통계를 모아 모델의 행태에 대해 어느 정도 파악할 수는 있다. 많은 경우 시스템이 어떻게 작동하는지에 대해 깊이 이해하는 것이 그 결과를 정확히 예측하는 것보다 더욱 가치 있는 일이라고 할 수 있다.

앞 장에서 우리는 칼 심스가 진화를 이용해 수영이라는 문제에 대한 좋은 해답을 발견하는 것을 살펴보았다. 린드그렌의 모델에서는 경제 문제에 가장 효과적인 전략을 찾기 위해 진화적 방법이 사용되었다. 최고의 전략이란 애초부터 존재하지 않으며 슘페터의 '창조적 파괴' 개념과 같이 오히려 진화를 통해 계속해서 새로운 전략이 등장한다. 이는 시간이 지남에 따라 변화하는 환경 생태계와 같다. 그렇다면 이런 질문을 던져 볼 수 있다. 만약 진화를 통해 단순한 경제 게임들로 구성된 디자인 공간에서 우수한 전략을 찾아낼 수 있다면, 더욱 복잡한 게임들 속에서도 전략을 발견할 수 있지 않을까? 그 중에서도 100조 달러를 돌파할 것으로 예상하는 세계 경제라는 거대한 게임에서도 그것이 가능할까?

바벨의 도서관

만약 세계 경제라는 디자인 공간이 터무니없는 소리처럼 들린다면, 다음과 같은 또 하나 터무니없는 아이디어, 즉 가능한 모든 문헌들로 구성된 디자인 공간을 떠올려 보자. 대니얼 데닛은 그의 저서『다윈의 위험한 생각Darwin's Dangerous Idea』에서 영어로 쓰일 수 있는 500페이지

380

분량의 모든 책들이 소장된 초대형 도서관을 상상해 보도록 제안한다[11]. 그는 이 상상의 도서관을 가리켜 호르헤 루이스 보르헤스Jorge Luis Borges의 소설을 따라 '바벨의 도서관the Library of Babel'이라고 불렀다. 일반적인 책이 한 페이지당 포함하고 있는 문자의 개수가 대략 2,000개임을 고려할 때, 500쪽 분량의 책이라면 한 권당 약 100만 문자가 담겨 있는 셈이 된다. 또한, 소문자, 대문자, 숫자, 구두점 등을 포함한 영문자 역시 총 100가지가 넘는 점을 고려해 볼 때 바벨의 도서관에는 약 $100^{1,000,000}$에 해당하는 책이 소장되어 있는 셈이라고 할 수 있다. 앞서 '멘델의 도서관'이나 '레고의 도서관'과 마찬가지로, 바벨의 도서관 역시 우주보다도 더 크고 방대하지만, 이론적으로만 존재할 수 있는 개념이다.

그렇다면, 우리가 바벨의 도서관에서 찾을 수 있는 것에는 무엇이 담겨 있을까? 빈칸으로만 가득한 책들, 예컨대 'a'라는 문자만 가득한 책들, 온통 검은색으로 색칠된 책들 등 여러 가지 책들이 있을 수 있다. 사실, 우리가 바벨의 도서관에서 찾을 수 있는 책들의 거의 대부분은 아무런 의미가 없는 단어들의 조합만이 담겨 있을 것이다. 데닛이 지적한 바와 같이 단 한 문장이라도 문법적으로 의미를 담고 있는 문장을 포함한 책을 발견할 확률은 극히 낮다. 그러나 바벨의 도서관에는 윌리엄 셰익스피어의 모든 작품들뿐만 아니라, 『모비 딕Moby Dick』에 대한 완벽한 제본도 들어가 있다. 또한 『모비 딕』과 모든 면에서 똑같아 보이지만 '보비 딕Boby Dick'이라는 고래가 등장하는 책도 있다. 혹은 『코비 딕Coby Dick』, 『도비 딕Doby Dick』도 있다. 더욱 놀랄 일은 바벨의 도서관 어딘가에는 여러분에게 아직 일어나지도 않은 일까지, 그리고 여러분의 죽음에 관한 내용까지 정확히 담긴 500쪽짜리 당신의 자서전도 있다는 것이다.

만약 500페이지가 못 되는 책이라면, 예를 들어 알베르 카뮈의 『시시포스 신화The Myth of Sisyphus』처럼 192페이지에 불과한 책의 경우, 바벨의 도서관에서는 192페이지는 알베르 카뮈의 시시포스의 신화가 담겨 있지만, 나머지 308페이지에는 아무 내용도 없는 책이 된다. 역시 마찬가지로 500페이지가 넘는 책의 경우, 바벨의 도서관에서는 500페이지짜리 2권의 세트로 재현된다. 933페이지에 달하는 제임스 조이스의 『율리시스Ulysses』를 예로 들면, 500페이지짜리 한 권과 433페이지에는 소설의 후반부가 담겨 있지만 나머지 67페이지에는 아무 내용도 없는 또 한 권, 이렇게 두 권으로 구성된 책이 되는 셈이다. 따라서 바벨의 도서관에는 온갖 언어로 쓰인 모든 책들이 있다. 심지어는 아직 쓰이지도 않은 2042년의 베스트셀러도 역시 바벨의 도서관에서 찾을 수 있다.

여러분은 특정 레고 세트를 사용하여 만들 수 있는 레고 디자인은 한정되어 있다는 의견에 동의할 수 있을 것이다. 그러나 향후 쓰일 책들의 수가 한정되어 있다는 의견에는 쉽게 동의하기 힘들 것이다. 만약 그것이 우주의 수명이 다하는 기간까지도 탐색할 수 없을 만큼 엄청난 수라고 하더라도 말이다. 그러나 수학적인 관점에서 보면 디자인 공간에는 한계가 있기 마련이다. 그럼에도 불구하고 우리는 새로운 작품이 지속적으로 등장하기 때문에 시간이 흐르면서 디자인 공간이 확대될 수밖에 없다고 생각하게 된다. 이 역시 틀렸다고만 볼 수 없다. 디자인 공간이라는 단어는 그 자체에 모순점을 내포하고 있다. 한편으로는, 디자인 공간은 한계를 가지고 있는 것이 맞는다. 그러나 다른 한편으로는 한계가 없이 앞에서도 언급한 적이 있지만 마치 풍선처럼 그 크기가 확대될 수도 있다. 바벨의 도서관에 놓여 있는 책의 수를 유한하게 할 수 있는 방법은 단 하나, 데닛처럼 각 권의 페이지를 500페이지로 한정하는 것이다. 그러나 이는 사실 임의적인 한계일 뿐, 이론적으로 책의 길이(페이지 수)에는 정해진 한계가 없다[12]. 하지만 특정 시점에서 보면 가장 긴 책은 있기 마련이고 이것이 그 순간에는 상한선이 된다. 『기네스북』에 의하면, 현재까지 쓰인 책들 중에서 가장 긴 책은 마르셀 프루스트의 13권짜리 『잃어버린 시간을 찾아서 Remembrance of Things Past』다. 모두 960만 9천 단어가 담겨 있다. 프루스트 이전에는 그 상한선이 이보다 더 짧았지만 언젠가는 1천만 개 이상의 단어가 담긴 책이 쓰일 날이 곧 올 수도 있다. 그러나 그 누구도 끝없이 긴 책을 쓰려고 하지도, 또 읽으려고 하지도 않을 것이다. 무엇보다 물리학적 법칙은 도식 식별자가 끝도 없이 긴 코드를 해독하도록 허용하지 않는다[13]. 따라서 실제 세계에서 물리적으로 만들어지는 디자인은 유한한 도식을 가질 수밖에 없고, 그 유한한 도식은 곧 디자인 공간이 유한하다는 것을 의미한다.

디자인 공간에는 한계가 있지만, 가장 길게 만들어질 수 있는 도식의 가장자리 둘레가 늘어나거나 축소될 수 있으므로 디자인 공간은 시간에 따라 확대되거나 축소될 수 있다. 앞에서 언급한 바와 같이 지구상에서 DNA를 가지고 있는 생물체의 디자인 공간은 확대돼 왔다. DNA는 시간이 흐를수록 길어지고 해당 종족이 '테크놀로지(기술, 예컨대 난자, 자궁 등)'를 통해 길어지는 디자인을 감당할 수 있게 되었기 때문이다. 마찬가지로 문헌상의 디자인 공간의 크기 역시 시간에 따라 변한다고 상상할 수 있다. 인쇄 기술이 발달하지 않아 석판에 상형 문자를 새겨 넣던 시기의 책은 당연히 짧았을 것이다. 그리고 향후 초고속으로 책의 내용을 바로 우리의 뇌로 전송할 수 있는 기술이 발견된다면 프루스트의 작품도 간결해 보일 수 있을 것이다.

바벨의 도서관은 디자인 공간에 관해 또 하나의 중요한 점을 상기시켜 준다. 알파벳, 숫자, 그림 혹은 DNA의 화학적 코드 등 일련의 기호로 표현될 수 있다면 그것이 무엇이건 디자인 공간을 건설할 수 있다는 것이다. 달리 말해 디지털화되어 컴퓨터에 저장될 수 있다면 그것은 디자인 공간의 자격 조건을 갖춘 것이다. 따라서 우리는 유한하지만 무한한 음악, 예술, 요리법, 빌딩 디자인 등의 도서관들을 상상할 수 있다.

그럼 이제 한 사업가가 실수로 공항 검색대에 놓고 간 노트북을 우연히 발견했다고 상상해 보자. 우리는 이 컴퓨터에서 무엇을 찾을 수 있을까? 몇 개의 MP3 음악 파일, 가족사진들, 세일즈 프레젠테이션 등의 문서 자료, 가계부, 다양한 프로젝트에 관련된 이메일들, 심지어 사업 계획서 등도 찾을 수 있을지 모른다.

스미스의 박물관

그렇다면 사업 디자인이란 무엇일까? 이와 같은 질문을 받으면 여러분은 사업의 목적, 경쟁 전략, 제품과 서비스, 이들의 구성도, 마케팅 및 판매 계획, 생산 계획, 필요한 기계 및 기술, 경제학적 모델 등에 관한 설명을 적을 것이다. 간단히 말해, 여러분은 사업 계획서를 작성할 것이다[14].

복잡한 대규모 기업들조차 모든 것을 포함하는 단일의 사업 계획서를 가진 경우는 거의 찾아보기 어렵다. 이들 기업의 경우 사업 계획서의 내용들이 조직 전반에 걸쳐 산재해 있을 것이다. 예를 들어, 다양한 개별적인 사업 단위 계획, 전략 프레젠테이션, 조직도, 예산, 연례 보고서, 공시, 기록, 개개인이 가지고 있는 정보 등으로 말이다. 반면 소규모 기업의 경우 형식적인 사업 계획서를 가지고 있지 않은 경우가 많다. 다시 말해, 사람들의 머릿속에 있는 계획이 전부인 경우가 많다. 중요한 것은 만약 현재 문서로 된 사업 계획서가 존재하지 않는다 해도 누군가 이것이 필요하다고 느끼면 작성될 수 있다는 점이다.

데닛이 제시한 바벨 도서관 개념을 다시 한번 생각해 보자. 한 권당 500페이지에 달하는 혹은 여러 권으로 구성될 수 있는 가능한 모든 사업 계획서들로 가득한 방대한 도서관을 상상해 보자. 도서관의 각 서가에는 문학책이 아닌 우주를 가로지를 만큼의 방대한 양의 사업 계획서가 가득 차 있다. 사실상, 가능한 모든 사업 계획서가 있는 이 도서관은 바벨의 도서관에서 일부 특별 구역 정도에 불과할 것이다. 바벨의 도서관에 속한 제2의 도서관인 이곳을 애덤 스미스의 이름을 붙여 '스미스의 도서관the Library of Smith'이라고 부르기로 하자.

스미스의 도서관 서가에서 우리는, 타임스스퀘어에서 일하는 1인 구두닦이의 사업 계획서에서부터 오늘날 IBM의 전략을 정확히 서술하고 있는 사업 계획서, 1952년 GE의 사업 계획서, 기원전 8500년 레바논의 밀 재배 농부의 사업 계획서, 그리고 야노마모족의 사냥꾼 모임 사업 계획서 등을 발견할 수 있다. 또한 스미스의 도서관에는 아직 발명되지도 않은(사업 계획서에는 2023년이라고 되어 있는) 슈퍼나노 신경 포배 관(튜브)를 제조하고 판매하는 기업의 사업 계획서도 있을 것이다. 스미스의 도서관에는 지금까지 어떻게 살아왔는지, 그리고 먼 미래에는 어떻게 살아갈 것인지에 관한 모든 지식을 담고 있다. 물론, 다른 모든 디자인 공간처럼 스미스 도서관에 있는 방대한 사업 계획서들 중 대다수는 문법적으로 말이 되지 않는 문장으로만 가득하고, 실현 가능한 계획은 극히 일부분에 불과할 것이다.

이 상상의 사업 계획서는 어느 정도 세밀하고 구체적이어야 할까? 우리는 어떻게 『모비 딕』과 사업 계획서를 구분해 낼 수 있을까?

다른 도식을 사용하여 이 실험을 반복해 보기로 한다. 스미스의 도서관에 있는 사업 계획서가 사용 가능한 것인지에 대한 가장 중요한 테스트는 이른바 사업 계획서 식별자가 그 계획을 활용해 계획서에 설명되어 있는 대로 경제적 활동을 조직화하고 창출해 낼 수 있느냐는 것이다. 그렇다면 사업 계획서의 식별자는 누구인가? 그것은 바로 기업의 경영 팀이다.

우리는 스미스의 도서관에 있는 한 서가에서 '시스코 시스템스Cisco Systems의 2023년 사업 계획서'라고 적힌 문서를 꺼내 현재의 시스코 경영 팀에 전달한다고 상상하자. 만약 시스코 경영 팀이 이 책에서 유용한 정보를 얻고 이를 행동에 옮길 수 있다면 이는 유효한 사업 계획서가 된다. 이는 마치 시스코 경영 팀에 여러 가지 다양한 500페이지짜리 책이 차려진 음식상을 대접하는 것과 같다. 만약 해당 사업 계획서 상에 허무맹랑한 내용만 담겨 있다면 아무 일도 일어나지 않을 것이다. 만약 시스코 경영 팀에게 전달한 책이 『모비 딕』이었다면, 경영자들은 『모비 딕』을 재미있게 읽겠지만 시스코의 사업 내용에는 아무런 변화도 가져오지 못할 것이다. 그러나 만약 우리가 경영 팀에 전달한 책이 시스코에 새로운 디자인을 줄 수 있는 사업 계획서라면 이는 시스코의 사업 계획서로서, 그리고 새로운 디자인 후보로서 자격을 갖춘 것이 된다. 물론 스미스 박물관에는 방대한 양의 유효한 사업 계획서들이 있을 것이다. 공격적 사업 확장을 주장하는 사업 계획서가 있을 수 있고, 신제품 개발을 촉구하는 사업 계획서, 투자 삭감을 추천하는 사업 계획서, 혹은 이 모두를 혼합한 사업 계획서 등도 있을 수 있다. 수익성이 높은 사업 계획서가 있을 수 있고 그렇지 않은 사업 계획서가 있을 수 있다. 또 변화의 정도에 따라 아주 최소의 변화만을 요구하는 사업 계획서가 있을 수 있고 급격한 변화를 요구하는 사업 계획서도 있을 수 있다. 예를 들어, 현재의 컴퓨터 커뮤니케이션을 접고 패스트푸드 사업을 시작하도록 권고하는 사업 계획서 등이 그런 것이다.

그러나 그 어떤 상상의 사업 계획서도, 그것이 비록 수천 페이지가 넘는다고 하더라도 모든 세세한 측면에서 시스코를 발전시킬 수 있을 만큼 충분하지 않을 것이라는 지적이 있을 수 있다. 하지만 도식을 디자인으로 바꾸는 과정을 생각해 보자. 도식이란 결국 이들이 묘사하고자 하는 디자인을 간단히, 압축 형태로 표현한 것이다. 따라서 모든 내용들이 세세하게 계획서에 기술될 필요는 없다. 사업 계획서는 식별자가 이미 알고 있는 묵시적인 지식, 문장, 기술 등에 크게 의존한다. 마치 레고의 도식에서 어린아이들이 플라스틱 벽돌들을 선택하여 쌓을 수 있다고 가정하는 것처럼, 또 DNA 도식에서 정말 필요한 능력을 갖춘 난자와 자궁의 존재를 가정하는 것처럼 말이다. 따라서 사용 가능한 사업 계획서란 2022년 시스코 경영 팀이 이 계획서를 가지고 어떻게 활용할지 결정할 수 있을 만큼의 정보만 지니고 있으면 충분하다.

생물학적 시스템에서처럼 사업 계획서의 도식과 식별자들은 함께 진화한다. 예를 들면, 시스코의 2021년 사업 계획서는(문서로 작성되었건 사람의 머릿속에 있었건 간에) 2022년에 어떤 종류의 경영 팀이 그 자리에 있어야 할 것이고, 그 구성원들이 어떤 기술을 획득해야 하는지, 어떤 종류의 지식을 보유하고 있어야 하는지, 그런 조건하에 어떤 종류의 경험을 해야 할지에 이미 영향을 미쳤다. 이는 다시 그 팀이 식별해 내어 2023년에 수행하고 하는 사업 계획서의 형태를 정의하고, 그 2023년 사업 계획서는 다시 관리 팀의 미래 진화에 영향을 미치는 식의 '공진화' 과정으로 나가는 것이다[15]. 만약 우리가 시스코의 관리 팀에게 야노마모족의 사냥꾼 모임에 관한 사업 계획서를 준다고 하자. 이는 밀림의 부족들에게는 더할 나위 없이 좋은 사업 계획서가 되겠지만 시스코 측에는 의미 없는 사업 계획서다. 마찬가지로 시스코의 사업 계획서를 야노마모족에게 전달한다고 해서 갑자기 인터넷 통신망 회사가 설립되지는 않을 것이다.

경제의 진화 모델

야노마모족, IBM, 2023년도의 슈퍼나노 신경 포배관 회사 등에 이르기까지 인류는 진화를 통해 스미스 도서관에서 적합한 디자인을 탐색하면서 경제는 발전해 왔다. 마치 모든 죄수의 딜레마 전략들이 자리하고 있는 도서관에서 진화적 알고리즘을 통해 혁신, 성장, 창조적 파괴라는 과정이 발생하는 것처럼 스미스 도서관을 통한 진화 역시 실물 경제에 혁신, 성장, 창조적 파괴라는 동일한 패턴을 가져다준다.

앞서 9장에서 언급했던 우리의 보편적 진화 모델로 돌아가 보자. 사업 계획서라는 '기질基質'에서 변이, 선택, 그리고 복제의 과정은 어떻게 작동하는 것일까? 우리는 앞으로 4장에 걸쳐 경제 상황에 적합한 디자인을 찾기 위한 진화 과정을 조사하게 될 것이다. 이를 통해 사람들이 계속 실험하고, 도전하고, 새로운 사업 전략과 조직 디자인을 창안하면서 이른바 변이가 일어난다는 것을 알게 될 것이다. 선택은 경제의 여러 차원에서 이루어지며 일부 사업을 망하게도 하고 흥하게도 한다. 그리고 마지막으로 성공적인 디자인이 더욱 많은 자원을 제공받고 이것이 널리 퍼지면서 경제 시스템에서 복제가 일어난다.

경제의 진화는 하나의 단일 디자인 공간에서 일어나는 진화의 결과가 아니라, 3개의 디자인 공간에서 일어나는 공진화의 결과로 볼 수 있다. 1장에서 컬럼비아 대학의 리처드 넬슨이 말했던 물리적 기술과 사회적 기술이라는 개념에 대해 간단히 설명한 바 있다[16]. 물리적 기술이란 우리가 일반적으로 이야기하는 '기술'로서 물질, 에너지, 정보 등을 인간이 필요로 하는 용도에 맞게 변환시키기 위한 디자인과 과정을 의미한다. 모래를 유리 혹은 실리콘 칩 등으로 변환시키는 과정 등을 예로 들 수 있겠다. 사회적 기술은 물리적 기술 못지않게 중요한 개념임에도 우리 마음속에서는 종종 최우선적인 위치를 차지하고 있지 않다. 사회적 기술은 인간들이 스스로 조직화하기 위해 필요로 하는 디자인, 과정 혹은 규율 등을 말하며 마을, 군대, 매트릭스 조직, 지폐, 법률, JIT 재고 관리 방식 등이 그 예이다.

사업 계획서는 물리적 기술과 사회적 기술을 '전략'이라는 이름으로 혼합하는 데 핵심적 역할을 하며 경제 상황에 적합한 디자인을 제시한다. 사업 계획서, 물리적 기술, 사회적 기술은 각각 독특한 적합도 함수를 가지고 있는 만큼 3개의 디자인 공간은 별개의 것으로 생각해야 한다. 사업 계획서는 경제적 목적에 맞게 선택되는 경향이 있지만, 물리적 기술 및 사회적 기술의 경우는 다른 목적으로 진화할 수 있다.

388

많은 중요한 물리적 기술들이 군사, 보건 혹은 기타 사회적 필요에 의해 탄생되었거나 단순히 과학자나 발명가들의 호기심에 의해 개발되었다. 법률이나 대학 교육 등 사회적 기술의 많은 부분도 중요한 경제적 기능을 갖고 있지만, 당초에는 다른 목적에서 기인한 것이었다. 앞으로 알게 되겠지만 진화 시스템의 공통된 특징 중 하나는 원래 한 가지 목적으로 진화된 혁신이 향후 다른 목적으로 활용되는, 이른바 전용轉用될 수 있다는 점이다[17].

내가 이 책을 통해 강조하려는 모델은 경제의 진화를 물리적 기술 공간, 사회적 기술 공간, 사업 계획 공간이라는 이 세 공간에서의 합동적인 진화의 산물로 본다. 세 공간은 별개의 개념이면서도 서로 긴밀하게 연결되어 있고 함께 진화하는 것으로 생각할 수 있다. 각 공간마다 진화가 작동한다. 그래서 가능한 모든 디자인을 탐구하고 거기에서 적합 디자인을 찾아내 증폭시키는 한편, 목적에 부합하지 않는 디자인은 도태시킨다. 지금 우리가 보고 있는 기술, 사회, 경제 세계의 질서는 이런 과정을 통해 만들어진 것이다.

11

물리적 기술: 석기에서 우주선으로

스탠리 큐브릭Stanley Kubrick의 명화 〈2001년: 스페이스 오디세이 2001: A Space Odyssey〉는 '인류의 탄생'이라는 자막으로 시작된다. 동아프리카의 아름다운 사바나에 해가 뜨면서 원숭이처럼 생긴 유인원들이 부산히 움직이기 시작한다. 그들은 초기 유인원으로 원숭이도 아니고 인간도 아니다. 그들은 물을 찾아다니다 웅덩이에서 또 다른 일단의 유인원 그룹과 맞닥뜨리게 된다. 먼저 온 유인원들의 수가 약간 더 많고, 더 공격적일 뿐 아니라 집단행동도 더 잘 짜여 있는 듯하다. 물을 확보하기 위한 양측의 싸움은 막상막하지만 결국 먼저 온 그룹이 경쟁자들을 물리치고 물을 차지하게 된다. 집단의 규모, 공격성, 집단조직이 경쟁력의 원천이라는 것을 보여 준다. 이것은 진화의 결과가 아니다. 어느 종에서나 유사한 현상을 발견할 수 있기 때문이다.

두 번째 장면에는 그로부터 수십만 년 후 덩치가 약간 더 크고 더 직립인 유인원이 멧돼지의 뼈를 뒤지고 있다. 그들은 나뭇가지를 잘

390

잡을 수 있도록 진화된 민첩한 손으로 돼지의 장딴지 뼈를 잡고 휘두르면서 다른 뼈들을 부수기 시작한다. 그러는 중 원숭이보다는 크고 인간보다는 작은 그들의 뇌에서 중요한 연상 작용이 일어난다. 그 연상이란 돼지 장딴지 뼈를 몽둥이로 사용하면 살아 있는 돼지를 잡을 수도 있겠구나 하는 것이다. 이야말로 얼마나 중요한 통찰력인가(이때 영화에서는 슈트라우스Strauss의 〈차라투스트라는 이렇게 말했다〉가 배경 음악으로 나온다). 이것은 진화라는 관점에서 볼 때 매우 놀라운 일이기는 하지만 그렇다고 다른 종에서 볼 수 없을 정도로 독특한 것은 아니다. 다른 종의 동물도 주위의 물체를 도구로 활용할 줄 안다. 예를 들어, 카푸친Capuchin 원숭이의 경우 돌을 이용해 견과류를 깨고 침팬지는 막대를 이용해 나무 속의 벌레를 잡기도 한다.

세 번째 장면은 정말 흥미진진하다. 또 다시 수십만 년이 지난 후다. 일단의 유인원들이 둘러앉아 뼈와 나무막대기로 몽둥이를 만들고 있다. 우리 조상들은 주위의 물체를 있는 그대로 도구로 사용하다가 도구를 스스로 만들기 시작하면서 지구상의 어느 종과도 다른 진화 과정에 들어서게 된 것이다. 이를 인류학자들은 천연재天然財를 사용하던 단계에서 가공품加工品을 이용하는 단계로의 발전이라고 한다.

여기서 한 성인 유인원이 아이들에게 몽둥이를 만드는 방법을 가르쳐 주는 장면이 나온다. 즉, 도구를 만드는 지식이 미래 세대에게 자연적인 방법(유전자를 통한 기억)이 아닌 문화적인 방법으로 전달된다는 것이다. 그렇다고 해서 아이들을 가르친다거나 문화적인 방법으로 지식을 전수하는 것이 인간만의 전유물은 아니다. 어미 사자도 새끼에게 사냥하는 법을 가르친다. 진화론자인 리처드 도킨스에 의하면 박새는 부리로 우유병을 비틀어 여는 방법을 알았고 다른 새들도 이를 본떠 모든 박새들에게 확산됐다고 한다[1]. 그러나 도구를 만들고 동시에 그 제조 방법을 동료나 아이들에게 전수하는 것은 인간만이 할 수 있는 것으로, 바로 이 점 때문에 진화가 육체의 범위를 벗어나 사회 문화에 자리 잡게 된다는 것이다. 이때가 바로 기술이 태동되는 순간이다.

그다음 장면에서 큐브릭의 유인원들은 자기들이 만든 도구를 이용해 열심히 돼지를 잡고 영양을 섭취하는 것을 볼 수 있다. 그러다가 또다시 웅덩이에서 다른 유인원 집단과 물을 놓고 대결하는 장면이 나온다. 결과는 당연히 무기를 가진 이들이 손쉽게 상대편을 제압한다는 것이다. 이 전투에서 이긴 것을 자축하기 위해 우두머리가 몽둥이를 하늘 높이 집어 던지고 그 몽둥이는 빠르게 회전하면서 지구를 도는 우주선으로 변한다(이때 슈트라우스의 왈츠가 배경 음악으로 흐른다). 이 영화에서 큐브릭의 의도는 명료하다. 인간이 도구를 만들고 그 제조 기술을 문화적으로 전달하게 되면서 인간의 진화는 급속도로 진행되었고, 오늘날 우주선을 포함한 많은 현대 기술을 만들어 낼 수 있게 되었다는 것이다.

경제적 인간의 탄생

지금까지의 이야기를 다른 방식으로 말하자면, 인간이 스스로 도구를 만들기 시작한 것은 약 250만 년 전이다. 인간이 만든 석기는 호모 하빌리스가 돌을 깨어 만든 손도끼로서 탄자니아의 올두바이 고지에서 발견되었다. 약 100만 년 전 인간이 호모 에렉투스로 진화하면서 도구들도 상당히 세련되고 디자인도 다양해졌다. 뿐만 아니라 인류 역사상 가장 중요한 도구인 불을 발견한 것도 호모 에렉투스이다. 그래서 260만 년 전에서 100만 년 전 우리 조상들은 물질과 에너지를 자기들의 목적을 위해 활용하기 위해 두뇌를 쓰기 시작하였고 이로부터 습득한 지식을 동료와 후손에게 전수하기 시작하였다고 볼 수 있다.

물론 인간의 경제 활동이 정확하게 어디서 언제 어떻게 시작되었는지는 알 수 없다. 그러나 비슷한 시기에, 예를 들어 '해리'와 '래리'라는 두 사람이 만났고, 그중 해리가 온갖 소리와 몸짓으로 "그 도끼와 이 고기랑 바꿀래?" 하고 래리에게 물었을 수 있다[2]. 아마 해리는 그날 사냥에서 운이 좋아 여분의 고기를 가졌거나 어쩌면 도끼 만드는 일에 서툴렀거나 별로 좋아하지 않았을 수 있다. 그리고 래리는 그때 마침 도끼 만드는 일이 쉽고 즐겁다는 것을 알았거나 그날 사냥 운이 안 좋아 배가 고팠을 수 있다. 이에 대해 래리가 "그러지 뭐" 하고 대답했고, 거래는 성사되었다. 바로 경제 활동이 시작되는 광경이다[3].

경제는 두 가지 요소에 달려 있다. 재화와 서비스를 만들 수 있는 물리적 기술과 그러한 재화를 생산하고 거래를 원활히 하도록 사람들을 유인하는 사회적 기술이다. 여러 가지 정황으로 보아 호모 하빌리스와 호모 에렉투스 시대에 이미 이러한 요소가 존재했다고 볼 수 있다. 따라서 그때 이미 경제 활동이 있었다고 추론할 수 있다(물론 장거리 무역이야 훨씬 뒤에 시작되었겠지만)[4].

초기 인간의 도구 제작은 초보적인 논리적 추론의 과정이라고 할 수 있다. 예를 들어, 강한 돌로 연한 돌을 치면 연한 돌이 깨진다는 등의 추리를 바탕으로 강도가 다른 여러 돌을 이용하여 실험하였을 것이다. 실험에서 성공하면 "이런 종류의 돌이 도끼를 만드는 데 적합하다"는 등의 법칙이 성립하게 된다. 이 법칙은 그 후 다른 사람 혹은 후대에 전수되어 다시 실험을 되풀이할 필요가 없게 된다. 이와 같은 기술의 사회적 확산은 인간의 물리적 기술 능력의 발달을 가속화시켰다. 이러한 확산 과정에서 각각의 세대는 전前 세대의 성공과 실패 경험을 바탕으로 더 나은 기술을 만들어 온 것이다. 여러 고고학적 기록에 나타난 대로 도구의 발전이 세대를 거듭할수록 더 가속화되어 왔다는 것이 이를 잘 설명해 준다.

자동차나 이동 전화와 같은 현대 기술에서도 비슷한 진화 과정을 볼 수 있다. 자동차의 경우 '모델 T'에서 전자 장치로 가득한 요즘 자동차에 이르기까지의 진화, 그리고 이동 전화의 경우 초기의 여행 가방만 한 크기에서 오늘날 호주머니에 있는지 없는지 모를 만큼 소형화된 과정 등도 옛날의 기술 진화 과정과 크게 다르지 않다[5]. 또한 각기 다른 기술 간의 관계는 종種의 분화 과정과 유사하다. 예를 들어, 비행기와 열기구, 행글라이더 등 비행기구와의 관계가 이를 잘 설명하여 준다. 어떤 기술은 없어지기도 한다. 워싱턴 한복판에는 19세기에 건설된 운하가 지금은 그 흔적만 남아 있다. 한창 때는 운하가 석탄, 식품 등 온갖 상품을 나르는 배로 가득했으나 이제 멸종 기술 박물관의 박제된 코끼리처럼 몇 척의 배만 보존되어 있을 뿐이다. 운하가 원래 기능은 사라지고 시민들의 조깅 코스가 되고 말았다.

그렇다면 "기술의 진화란 잘못된 표현이 아닌가?"라는 질문이 가능하다. 그러나 기술 진화가 9장에서 설명한 진화의 일반 모형에 접합될 수만 있다면 이른바 은유의 함정을 벗어날 수 있을 것이다. 우선 물리적 기술을 좀 더 정확하게 정의할 필요가 있다[6].

물리적 기술PT은 물질, 에너지 및 정보를 어떠한 목적을 위해 한 상태에서 다른 상태로 전환하는 방법과 디자인이다.

예를 들어 유인원 래리가 몇 개의 돌(물질)에 약간의 힘을 들여(에너지) 조각을 내고 그것으로 동물의 뼈를 자를 수 있는 손도끼를 만든다(목적). 혹은 프로그래머가 자판기 식품을 먹고 그의 뇌에 영양을 보급한 다음 컴퓨터에 전기를 연결하고(에너지) 소프트웨어 정보를 활용(정보)하여 사람들이 즐길 수 있는(목적) 비디오 게임을 만든다(디자인). 이러한 일련의 과정을 물리적 기술이라고 할 수 있겠다. 어떤 기술은 유형의 제품(도끼, 컴퓨터 프로그램 등)을 만들고 어떤 기술은 서비스를 창출한다. 예를 들어, 은행 대출을 하는 데도 필요한 기술이 있고 안마도 마찬가지다. 유형의 제품과 같이 서비스를 생산하는 데도 물질과 에너지 그리고 정보가 필요하다. 안마는 에너지(안마사의 힘)를 일정한 동작으로 전환하여(디자인) 고객의 근육 긴장을 풀어 주는 것이다(목적).

물리적 기술 그 자체는 제품(도끼, 소프트웨어, 마사지 등)이 아니라 그러한 제품을 만들기 위한 디자인이자 지침 혹은 방법이다. 물리적 기술은 마치 제품을 만드는 절차, 방법 등을 설명하는 지침서와 같다. 예를 들어, 돌도끼 제조 지침서에는 완성된 도끼의 그림, 제조에 필요한 돌의 종류, 제조 방법에 대한 안내 등이 포함된다. 그렇다면 앞서 '스미스 도서관'에서 본 것과 같이 우리는 물리적 기술에 대해서도 하나의 도식을 정의할 수 있다. 자연 언어, 수학적 부호, 그림, 청사진, 제조 시범 비디오 등으로 된 도식이다. 무엇이든 이론적으로 신호화할 수 있다면 도식으로 표현 가능하다. 원칙적으로 구전(口傳)된 지침과 암묵적 지식도 기술 도식으로 코드화될 수 있다. 예를 들어, 인류학자가 유인원 래리가 손도끼를 만드는 광경을 보고 이를 바탕으로 기술 도식을 작성할 수 있다는 얘기다.

내가 말하는 물리적 기술은 여러 측면에서 전통 경제학에서 말하는 기술과 유사하다. 전통 경제학 이론에 '생산 함수'라는 것이 있는데 이는 원재료, 자본, 그리고 노동을 제품 혹은 용역으로 전환하는 체계를 말한다. 그리고 기술이란 그러한 전환을 만들어 내는 방법을 말한다는 점에서 매우 유사하다. 그러나 전통 경제학의 경우 기술을 외부적으로 주어지는, 알 수 없는 요소로 간주하고 있는 데 반해 우리의 경우 기술을 일종의 진화의 산물로 보고 그 진화 과정을 이해하고자 한다는 점이 다르다.

이제 상상 가능한 모든 기술에 대한 도서관이 있다고 가정해 보자[7]. 앞서 살펴보았던 다른 도서관처럼 이 도서관도 주어진 시점에서는 유한하다. 그리고 그 규모는 보유한 기술 중 가장 길고 복잡한 도식의 길이로 정의될 수 있지만 거의 무한대에 가깝고, 시간이 지나면서 그 규모는 계속 불어나거나 줄어들 수 있다. 따라서 이 도서관은 거의 무한대에 가까운 청사진, 디자인, 지침서와 물질, 에너지, 그리고 정보를 다양하게 변환시킬 수 있는 방법 등을 담고 있다고 생각하면 된다.

그러나 다른 도서관에서처럼 이 도서관에 있는 기술 디자인의 대부분은 아무 소용이 없는 것일 수도 있다. 거기에 있는 디자인들이 물리적으로 실현 가능하다 하더라도 대부분은 무의미하고 실용성이 없는 것일 수 있기 때문이다. 네모난 바퀴의 자전거, 구멍 뚫린 물병, 치즈로 만든 도끼 등 쓸데없는 것들로 가득 차 있다. 경제적으로 의미 있는 제품 혹은 서비스를 만들어 낼 수 있는 기술은 그중 소수에 불과할 것이다. 기능적으로 문제가 없는 기술도 경제적으로는 가치가 없는 것이 대부분이기 때문이다. 따라서 기술 진화는 마치 거대한 건초 더미에서 쓸 만한 기술인 바늘을 찾아내는 과정이라 할 수 있다. 그중에서도 경제적 가치가 있는 기술을 찾아내는 것은 경제가 어떻게 진화하느냐에 달려 있다.

물리적 기술의 식별자들

앞에서 논의했던 다른 디자인 공간들처럼 물리적 기술도 도식으로서의 요건을 갖추려면 도식 식별자가 이를 해독할 수 있어야 한다. 따라서 물리적 기술에 담겨 있는 정보를 읽어 내고 이를 물질, 에너지, 정보로 이루어지는 실제 경제 활동으로 바꾸려면 특별한 사람, 또는 특별한 무엇이 필요하다. 즉, 설계 도면을 알아보고 실제로 집을 지을 수 있는 사람이 필요하다는 것이다. 여기서 도식에 대한 우리의 기준을 다시 한번 언급하고자 한다. 도식은 누구나 그것을 다룰 수 있을 정도로 수많은 정보를 담고 있는 것이 아니다. 오히려 자격을 갖춘 식별자만이 그 계획을 읽고 제품을 만들거나 서비스를 제공할 수 있는 그런 것이다. 예를 들어, 자격이 있는 건설 기술자들이 건축 기술을 이용해서 주택 설계도를 만들 수 있고, 엘리 릴리**Eli Lilly** 제약 회사의 과학자들은 제약 기술을 이용하여 골다공증 치료제인 라록시펜**raloxifene**을 만들 수 있다. 물리적 기술에 대한 설명 자료는 어느 특정 문건에만 국한되어 있는 것이 아니라 여기저기 흩어져 있을 수도 있고 사람의 머릿속에 존재할 수도 있다. 중요한 원칙은 그러한 기술 설명 자료가 어떠한 형태로든 기록되거나 정리되고 식별자에게 전달될 수 있어야 한다는 것이다. 결국, 멘델의 도서관, 스미스의 도서관에서와 마찬가지로 물리적 기술에 대한 도식과 그 식별자는 상호 작용하면서 진화, 다시 말해 공진화를 한다. 즉, 주택 건설자의 기술과 방법이 변하면 주택의 디자인이 변하고, 주택의 디자인이 변하면 그런 주택을 건설하는 데 필요한 기술자의 요건도 달라진다는 얘기다.

이렇게 설명하고 나면 암묵적 지식의 경우 도식으로는 표현할 수 없지 않느냐는 반론도 제기될 수 있다. 그러나 어떠한 형태로든 기술이나 지식이 표현될 수 없다면 다른 사람에게 전달, 확산될 수 없다. 우리는 그런 지식을 기예技藝라고 부를 것이며 우리가 말하는 기술 도서관(물리적 기술이라는 디자인 공간)에서 제외할 것이다. 진화가 일어나려면 지식이 전달될 수 있어야 한다. 즉, 어떤 형태로든 코드화될 수 있어야 한다는 얘기다. 만약 래리가 아주 멋있는 도끼를 만드는 기술을 가지고 있지만 그 기술을 어떤 형태로든 코드화하거나 전달할 수 없다면 그 기술은 래리와 함께 사라지고 더 이상 진화할 수 없을 것이다.

인류 역사 초기의 물리적 기술은 단순하게 도구를 어떻게 만드는가에 대한 일종의 경험 법칙에 불과했다. 즉, 도구를 만들려면 이 돌을 써서 각 면을 세 번씩 치고…… 하는 식이었다. 그리고 이러한 비언어적 신호는 코드화하거나 전달하는 도식치고는 한계가 분명한, 꽤 낮은 수준이었다. 따라서 물리적 기술의 공간 규모나 복잡성도 그만큼 제한적일 수밖에 없었다. 더구나 몸짓 같은 것은 그렇게 신뢰할 만한 전달 수단이 아니다. 게다가 초기의 물리적 기술의 전달 과정에서는 오류들도 불가피하게 끼어들었을 것이다. 그러나 진화가 적절하게 작동하려면 정보 전달에 최소한의 신뢰성이 있어야 한다[8]. 결국 언어의 출현은 보다 규모가 크고 복잡한 기술을 코드화하고 이를 전달하는 것은 물론이고 이런 일들을 과거에 비해 훨씬 더 정확하게 수행하는 데 엄청난 돌파구 역할을 하였다. 고고학 기록을 보면 도구 제작과 관련된 기술 혁신과 다양성 측면에서 극적인 폭발이 일어났던 시기는 구석기 시대 말이었다. 이때 여러 가지 다양한 재료와 함께 낚싯바늘, 바느질 바늘과 같은 새로운 디자인들이 출현했다고 한다. 인간의 언어 능력이 정확하게 언제 형성되었는지에 대한 확실한 증거는 없지만 도구 디자인의 갑작스러운 출현과 확산은 인간의 언어 능력 형성의 강력한 증거라는 역추론이 가능하다[9]. 실제로 일부 연구자들은 그렇게 믿고 있다.

물리적 기술은 스스로 자란다

인간이 만든 물리적 기술이 가진 놀라운 특성은 바로 그 스스로가 새로운 발명의 가능성과 필요성을 창출한다는 것이다. 스튜어트 카우프만은 내연 엔진의 개발이 자동차의 출현을 가능하게 하였고 자동차의 확산으로 고무 타이어, 와이퍼, 아스팔트 포장, 모텔, 패스트푸드, 고속도로 요금소, 심지어는 라스베이거스의 드라이브-인 예식장 등의 관련 기술과 제품이 등장하게 되었다고 한다[10]. 발명은 새로운 발명의 가능성을 열어 줄 뿐 아니라 그러한 발명에 사용된 부품 소재 또한 새로운 재발명으로 연결되기도 한다. 자동차 같은 경우 그러한 기술 효과가 엄청난 반면 어떤 경우에는 그 영향이 대단하지 않을 수도 있다(카우프만은 그 규모는 거듭제곱 법칙을 따른다고 믿는다). 그러나 어떤 발명이든 작더라도 리플ripple 효과(파급효과)는 있기 마련이다[11]. 어찌하여 기술은 기하급수적으로, 스스로 급증하는 그런 특성을 가지고 있는 것일까? 기술은 어떻게 스스로 성장하는가?

물리적 기술도 다른 도식들과 마찬가지로 앞서 살펴보았듯이 모듈화된 빌딩 블록의 특성을 갖고 있다. 모든 물리적 기술은 요소components와 구조architecture인 전체적 디자인, 이 두 가지를 코드화한 것으로 볼 수 있다[12]. 주택은 방, 배관, 창문 등으로 되어 있고, 그런 것들이 어우러져 집 모양(예를 들어, 튜더 양식 등)을 갖추게 된다. 안마도 개별 근육을 어떻게 이완시키느냐 하는 개별적 요소들과 이들을 적절히 결합한 하나의 디자인으로 구성된다.

손도끼와 같이 원시적인 물리 기술도 마찬가지다. 돌도끼는 기본적으로 돌을 다른 돌로 깎아 날을 세워 만든 것이다. 따라서 돌도끼의 경우 요소는 깎는 돌과 도끼로 깎인 돌로 구분할 수 있다. 그리고 이 경우 구조는 전체적인 디자인 그 자체다. 따라서 요소들과 구조를 다양하게 결합하면 다양한 디자인들의 수가 결정된다. 예를 들어, 도끼의 손잡이를 어떠한 모양으로 하느냐에 따라 손바닥으로 움켜쥐는 원형 도끼와 손가락으로 싸고 쥐는 나팔 모양 도끼로 나누어진다. 도끼날의 경우에도 돌 한쪽만 깨어 만든 것과 양쪽을 깎아 만든 것이 있다. 전체적인 구조 측면에서도 소형 도끼, 대형 도끼, 화강석 도끼, 부싯돌 도끼 등으로 나누어진다. 이것만 가지고도 대형-화강석-원형-양날 도끼, 대형-부싯돌-원형-홑날 도끼, 대형-화강석-나팔형-양날 도끼 등 16개의 다른 도끼들로 분류할 수 있다. 이보다 훨씬 더 복잡한 제품도 이런 방식으로 분류할 수 있다. 자동차의 경우 6기통-1.8리터-200마력-4문-가죽 시트 등으로, 컴퓨터의 경우 2기가헤

르츠 펜티엄 4-128 메가바이트 메모리-80기가바이트 하드드라이브-4X CD 버너 등으로 분류할 수 있다[13].

이러한 요소와 구조의 결합적 특성 때문에 물리적 기술들의 공간은 우주보다도 큰 규모를 갖게 된다. 이는 기술 혁신이 일어나면 물리적 기술 공간을 기하급수적으로 확대시킨다는 뜻이기도 하다. 손도끼를 만드는 데 양날 만들기와 홑날 만들기 같은 두 가지 방법이 있다고 하자. 그리고 어느 날 유인원 '해리'가 도끼날을 만드는 더 좋은 방법을 개발했다고 하자. 또한 이 새로운 방법이라는 것이 조그만 돌을 이용해 돌을 조금씩 더 정밀하게 깨서 더욱 날카로운 도끼 날을 만드는 기술이라고 하자. 이 기술의 개발로 우리는 세 가지 형태의 도끼날, 다시 말해 양날 도끼, 홑날 도끼에 더하여 또 하나의 도끼, 즉 날이 더 날카로운 도끼를 갖게 된다. 이 하나의 기술 혁신으로 가능한 손도끼 종류의 수가 16에서 24로 늘었다. 1장에서 살펴본 상품의 다양성 척도에 따르면 이 경우 기술 혁신의 한 결과로서 물리적 기술 공간에서 찾을 수 있는 가능한 모든 SKUs 수는 8개 늘어나게, 다시 말해 50% 증가하게 된다. 마찬가지로 인텔이 새로운 마이크로프로세서를 만들 때마다 컴퓨터 시장에서의 가능한 SKUs는 엄청나게 늘어난다.

제품 구조에서의 기술 혁신 또한 SKUs의 폭발적 증가를 가져올 수 있다. 해리가 하루는 대형 나팔형 손도끼를 쥐고 도끼날을 세우는 게 아니라 오히려 도끼날을 갈아 무디게 만들었다고 하자[14]. 이건 언뜻 생각하기에는 요소에 대한 사소한 기술 혁신 같지만 사실 전혀 새로운 제품 구조의 혁신이다. 왜냐하면 그러한 약간의 변화가 손도끼를 견과류, 곡류 등을 찧는 전혀 다른 용도의 도구로 바꾸어 놓기 때문이다. 이것으로 해리는 석기 시장에 4개의 새로운 잠재적 SKUs를 추가하는 셈이 된다. 대형 화강석 분쇄기, 소형 화강석 분쇄기, 대형 부싯돌 분쇄기, 소형 부싯돌 분쇄기 등 4가지로 나누어진다는 것이다. 기술 혁신은 제품의 복잡도에 따라 SKUs의 수를 기하급수적으로 증가시킨다. 요소가 2개뿐인 제품의 경우 만약 각 요소별로 2개의 변종이 있다면 SKUs의 수는 4개가 된다. 제품이 3개의 요소로 되어 있고 각 요소별로 3개의 변종이 있다면 SKUs의 수는 27, 4개의 요소로 되어 있고 각 요소별 변종이 4개가 있다면 SKUs의 수가 256이 된다. 제품 구조의 혁신이 새로운 요소 혁신으로 연결되기도 한다. 예를 들어, 개인용 컴퓨터의 발명은 그 구성 요소의 디자인에 광범위한 혁신을 몰고 왔다. 결론적으로 각 혁신은 물리적 기술 공간 전반에 걸쳐 크고 작은 파장을 미치고, 그때마다 컴퓨터 시장에서의 SKUs의 수는 기하급수적으로 늘어난다.

그러나 무한한 SKUs 중 실제 실용화되거나 실용화를 위한 실험으로 연결되는 경우는 말할 것도 없고 우리가 그러한 가능성을 상상해 볼 수 있는 경우는 극히 소수에 불과하다. 현재 개발 가능한 개인용 컴퓨터가 수천, 수십만 종에 달하겠지만, 실제 생산되어 시장에서 팔리고 있는 컴퓨터의 종류는 이에 비하면 아무것도 아니다. 애플사가 파워 PC 프로세서를 장착한 반투명 오렌지색의 컴퓨터를 출시하고 델사는 펜티엄 프로세서를 장착한 검정 컴퓨터를 시장에 내놓는다고 하자. 이때까지 아무도 펜티엄 프로세서를 장착한 반투명 오렌지색 컴퓨터를 내놓을 생각을 하지 못하였다면 이는 하나의 가능성일 뿐 아직 물리적 기술 공간에서 실현된 SKU는 아니다. 따라서 새로운 발명의 의의는 경제적으로 시장에 새로운 SKUs를 추가시키는 것뿐 아니라 가능한 모든 SKUs들로 이루어지는 공간도 확대시킨다는 점에서 찾아볼 수 있다. 각 발명은 새로운 발명의 가능성을 넓혀 주고, 이에 따라 물리적 기술의 공간은 손도끼로부터 큐브릭이 영상화한 지구 둘레를 회전하는 우주선으로까지 확대된다.

앞의 9장에서 진화의 시스템과 관련된 환경, 즉 적합도 지형은 전혀 예측이 불가능한 울퉁불퉁한 지형도 아니요, 그렇다고 해서 산봉우리 하나로 질서정연하게 모아지는 단순한 지형도 아닌, 그 중간에 해당한다. 다시 말해 산봉우리와 고원 계곡 등으로 구성된 개략적으로 상호 연관된 지형이다. 따라서 진화의 환경은 지형으로 말하자면 전형적으로 알프스 산맥과 같다고 할 수 있다. 여기서 중요한 문제는 물리적 기술 공간의 경우에도 진화의 환경, 즉 적합도 지형이 그와 같은 것인가 하는 점이다. 이 질문이 중요한 이유는 진화가 물리적 기술의 탐색에 가장 좋은 방법인지, 아닌지를 결정하는 것이기 때문이다.

직관적으로는 물리적 기술 공간의 지형도 마찬가지라고 생각된다. 즉, 이 공간에서 서로 비슷한 물리적 기술 디자인은 일반적으로 비슷한 수준의 적합도를 가질 것이라고 생각해 볼 수 있다. 예를 들어, 스파크 플러그spark plug만 조금 다를 뿐 디자인은 똑같은 엔진의 경우 완벽하게 같지는 않더라도 그 성능은 서로 비슷할 것이다. 그러나 이러한 일반적인 상관관계는 완벽한 것이 아니다. 스파크 플러그의 디자인이 아주 미세하게 다르다면 몰라도 그 차이가 어느 정도가 되면 엔진 자체의 성능도 현격하게 달라질 수 있기 때문이다. 그러므로 물리적 기술 공간의 적합도 지형 역시 서로 가까이 위치하는 경향이 있는, 높은 정점들을 갖고 있으면서 동시에 고원도 있고, 움푹 파인 곳도 있는 그런 지형과 같을 것이다[15].

물리적 기술 공간이 알프스 산맥과 같은 그런 적합도 지형이라는 가설을 지지하는 추가적인 증거가 있다면 그것은 존재의 증명이 될 것이다. 앞에서 살펴보았듯이 진화는 그와 같은 지형을 추적하는 데 매우 유용한 방식이며, 또한 진화의 과정은 그러한 지형을 만들어 내는 경향이 있다[16]. 그러므로 만약 사람들의 물리적 기술에 관한 혁신

과정이 진화적인 탐색 과정과 같다는 것만 증명할 수 있다면 물리적 기술의 공간도 그와 같은 지형, 즉 알프스 산맥과 같은 적합도 지형을 가질 가능성이 있다.

물리적 기술 혁신이 진화의 과정이라고 주장하면 당장 "진화는 맹목적이고 임의적인 과정인 데 반해 기술 혁신은 인간의 이성과 의도에 의한 것이다. 그 점을 어떻게 풀 것인가?"라는 반응이 나올 수 있다. 그러나 진화 알고리즘의 특성상 반드시 의도성이나 합리성이 배제되어야 한다는 법도 없을뿐더러 진화가 반드시 임의적이어야 한다는 이유도 없다. 기본적으로 진화는 실험과 선택, 그리고 (선택된 것의) 확산의 반복적 과정이다. 생물적 진화 과정에서 임의적인 부분은 선택이 작동하기 위한 변종들의 창출을 가리킨다[17]. 그러나 이조차 완전히 임의적인 것이라고 할 수는 없다. 돌연변이는 임의적일 수 있지만 양성兩性 생물의 재조합은 그렇지 않다. 짝짓기를 위한 경쟁의 원리상 적합도 점수가 높은 것들끼리 맺어질 가능성이 높기 때문이다.

이제 유일한 필요조건은 알고리즘에서 선택을 위한 실험이 충분해야 한다는 것이다. 지형적으로 설명하자면, 실험은 최소한 진화의 알고리즘이 정점(가장 경쟁력이 있는 상태)을 찾아낼 수 있을 정도의 넓은 적합도 지형을 대상으로 삼아야 한다는 것이다. 알고리즘의 관점에서 볼 때 어떻게 그와 같은 다양한 실험을 할 수 있을까 하는 것은 그리 중요하지 않다. 예를 들어, 물리적 기술 공간을 추적하는 인간의 경우 연역적 추론deductive-tinkering을 통해 다양한 시도를 할 수 있다. 내가 말하는 연역적 추론은 심리학자 도널드 캠벨Donald Campbell의 아이디어들과 허버트 사이먼의 '의도적 적응purposeful adaptation'이라는 개념을 빌려 혼합한 것이다[18]. 기본적으로 인간은 발명에서 두 가지의 인식 과정을 거치게 된다.

하나는 연역적인 논리적 사고다. 아주 낮은 차원에서 보면 연역법은 앞서 영화 〈2001 스페이스 오디세이〉의 영상에서 보았듯이 몽둥이는 사냥 무기로 사용될 수 있다는 연상을 하게 하는 유인원의 사고 능력과 같은 것이다. 좀 더 높은 차원에서 보면 연역법은 회로를 칩에 올릴 수 있는 한계가 무엇인지 알아내기 위해 양자 역학을 이용하는 인텔 엔지니어의 과학적 추리와도 같은 것이다.

두 번째는 궁리한다는 것, 즉 무언가 한 번 실험을 해 추론하는 것이다. 현대의 엔지니어들이 과학을 활용하듯이 "어떻게 되는지 한번 실험해 보자"고 하는 것이다[19]. 우연히 중요한 발명을 하게 된 사람들을 우리는 많이 알고 있다. 예를 들어, 1980년 3M의 화학자인 스펜스 실버Spence Silver는 강한 접착제를 만들려다 거꾸로 우연히 약한 접착제를 만들고 말았다. 그런데 그의 동료인 아트 프라이Art Fry가 그 약한 접착제를 이용하여 접착형 북 마크를 만들었고, 이것이 나중에 포스트잇Post-it으로 응용되어 오늘날 전 세계적으로 쓰이고 있다[20]. 포스트잇은 연역적 과정으로 발명된 것만은 아니다. 이 경우 궁리 끝에 나온 뜻밖의 생각도 중요한 역할을 한 셈이다. 듀크 대학교의 공과대학 교수인 헨리 페트로스키Henry Petroski는 이를 두고 "실패를 해야 전적戰績이 쌓이는 법이다"라고 하였다[21]. 그러한 궁리를 한다는 것 자체는 무의식적인 귀납적 인식 과정, 연상 그리고 유추 등의 과정을 거친다는 것을 의미하므로, 이는 단순히 무작위적 행동이라고만 할 수는 없을 것이다. 그럼에도 불구하고 궁리를 통해 연역적인 방법으로 할 수 있는 그 이상의 실험을 우리는 할 수 있다.

연역적인 논리와 귀납적인 추론뿐만 아니라 그 어떤 것에 열광하는 인간의 속성도 중요한 역할을 한다. 예를 들어, 캘리포니아주에 사는 33세의 트럭 운전사 래리 월터스는 1982년 어느 날 시어스Sears 백화점에 가서 야외용 의자를 샀다. 그는 그 의자에 45개의 헬륨 풍선을 묶은 다음 맥주용 냉장 박스와 공기총을 싣고 1만 6천 피트 상공으로 날아갔다. 이 때문에 당시 남캘리포니아주의 항공 교통이 마비되다시피 했다[22]. 원래 그는 공중에 올라간 다음 공기총으로 풍선을 터뜨리고 착륙할 계획이었으나 고공에서 너무 긴장한 나머지 풍선 두 개를 터뜨린 다음 그만 공기총을 떨어뜨리고 말았다. 몇 시간 후 서서히 하강하여 땅에 닿을 무렵 그의 기구는 전선에 걸리고 말았고, 이 때문에 롱비치의 거의 전 지역에 정전 사태가 일어났다. 결국 월터스는 무사히 귀환했지만, 그는 항공공학 이론을 연역적으로 실험하고자 한 것도 아니요 야외용 의자를 비행용으로 쓰기 위한 상업적 실험을 한 것도 아니다. 그는 단지 그냥 한번 날아 보고 싶었을 뿐이다. 과학에 바탕을 둔 연역적 공학 기술과 잘 짜여진 귀납적 실험 등도 있지만 이와 관계없이 항상 어떤 일에 미치는 사람들이 있기 마련이다. 비록 야외 의자로 비행하는 실험에는 실패하였지만 무엇인가에 열광하는 사람들 때문에 물리적 기술 공간에서의 실험은 계속 확대되고 간혹 성공하는 기술이 출현하게 되는 것이다.

연역적 추론의 효과를 그림으로 표현해 보자. 알프스 산맥과 같은

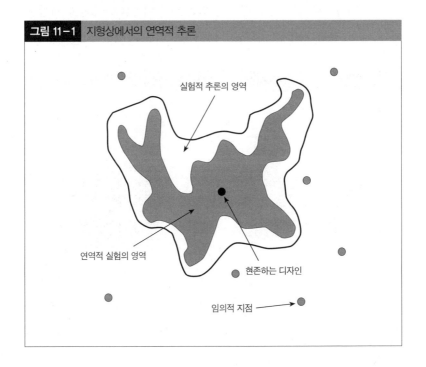

그림 11-1 지형상에서의 연역적 추론

실험적 추론의 영역

연역적 실험의 영역

현존하는 디자인

임의적 지점

적합도 지형에 한 점spot이 있다고 하자. 이 점이 하나의 기술, 예를 들어 마이크로 칩 디자인을 나타낸다고 가정하자. 그리고 그 점을 중심으로 실험의 범위를 나타내는 등고선 같은 것을 그리면 마치 현재의 기술에서 퍼져 나가는 가지 같은 모양을 하게 된다(〈그림 11-1〉).

그 그림은 현재의 기술에서부터 마치 곤충의 촉수처럼 뻗어 있는 가지 모양인데, 그러한 가지는 연역적 실험의 영역을 나타낸다고 할 수 있다. 이러한 영역은 이론, 과학 그리고 과거의 경험으로 보아 의미 있다고 판단되는 쪽으로 뻗어가게 되어 있다. 당연히 이론과 과학 그리고 경험과 다른 방향은 피하게 되어 있다. 마이크로 칩의 경우 이러한 가지는 칩 전문가들이 칩의 디자인을 개선하려고 심혈을 기울이는 방향을 나타낸다. 그리고 그러한 가지를 둘러싸고 있는 부분이 바로 추론을 통한 실험의 구역이다. 이 구역은 칩 디자이너들이 혁신적인 아이디어를 실험하는 더 파격적이고 모험적인 시도를 나타낸다. 그 밖에 마지막으로 여기저기 흩어져 있는 점들이 있다. 이들은 사람들이 그냥 실험을 해보는 점들을 나타낸다. 적합도 지형에서의 이러한

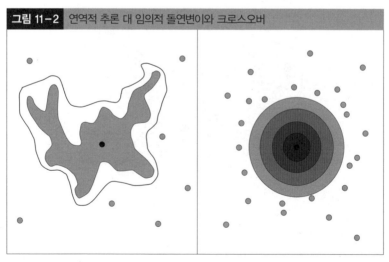

그림 11-2 연역적 추론 대 임의적 돌연변이와 크로스오버

연역적 추론에 의한 패턴(좌)은 임의적 돌연변이와 크로스오버(우)와는 다르게 나타나겠지만, 실험이 지형적으로 확산되고 차별화를 통해 진화를 촉진한다는 점에서는 다름이 없다.

실험의 분포는 임의적인 돌연변이나 교배로 실험이 이루어졌을 때와 똑같은 모양이 아닐 것이다(《그림 11-2》). 그러나 여기서 중요한 것은 그러한 실험이 진화의 원리가 작동할 수 있을 정도로 넓게 분포되어 있다는 것이다.

물리적 기술 지형에서의 선택

따라서 연역적 추론은 물리적 기술의 변이를 위한 메커니즘을 제공한다고 볼 수 있다. 여러 가지 기술 중에서 어떻게 적자適者가 결정되며, 물리적 기술 지형에서 적합도를 결정짓는 것은 무엇인가?

이 경우 생물학적인 진화와는 그 과정이 다르지만 기본적인 원리는 같다고 볼 수 있다. 모든 물리적 기술은 목적이 있고 어떤 기능이 있다[23]. 휴대용 전화는 통신을 위한 것이며 커피 잔은 커피를 담기 위한 것이다. 그리고 플라스틱으로 만든 눈 장갑은 즐거웠던 몬트리올 여행을 기념하는 것이 목적이다. 물리적 기술을 선택하는 기준은 얼마나 그러한 목적에 적합하냐는 것이다. 다시 말해 우리는 목적한 바의 기능을 더 잘 수행하는 기술을 선호하는 것이다. '더 낫다'는 것은 목적을 더 효과적으로 그리고 더 효율적으로 수행할 수 있다는 얘기다. 따라서 눈 장갑을 만드는 기술이 널리 사용되고 있다는 것은 눈 장갑이 놀이뿐 아니라 기념품으로서의 기능도 효과적이라는 점을 사람들이 인정하고 있다는 사실을 증명하는 것이다. 그 장갑이 계속 시장에서 잘나가고 있다는 것은 상대적으로 다른 기념품, 즉 커피 잔이나 행주 혹은 '내 친구가 몬트리올에 갔다 와서 내게 준 거라고는 이 티셔츠뿐'이라고 새긴 티셔츠보다 더 경쟁력이 있다는 뜻이다.

진화 시스템 속에서 선택이라는 과정이 일어나기 위해서는 노스웨스턴 대학의 조엘 모키어Joel Mokyr 교수가 말하는 '과임신過姙娠' 상태가 발생하여야 한다. 즉, 주어진 환경에서 벅찰 정도로 많은 디자인들이 출현하여 이들 간의 경쟁이 불가피한 상태가 되어야 한다는 얘기다[24]. 기술의 경우, 사람들이 사용할 수 있는 것보다 기술의 종류가 더 많은 상황, 예를 들어 관광객의 수요보다 기념품 장신구가 더 많은 경우가 여기에 해당된다. 이 경우 상호 경쟁적 기술이 동시에 존재하고, 또한 사람들은 자기들의 목적에 가장 맞는 기술을 선호하기 때문에 선택을 통한 진화가 일어나는 것이다.

모방은 가장 진심 어린 칭찬이다

진화의 과정을 점검하는 마지막 단계는 복제의 과정이다. 성공적인 디자인이 다른 경쟁 디자인에 비해 눈에 자주 띈다는 것은 진화의 시스템이 실제 작동하고 있다는 증거다. 생물의 경우 진화의 과정은 단순 명료하다. 살아남는 데 가장 필요한 유전자는 그렇지 못한 유전자에 비해 후대로 상속될 확률이 높다. 따라서 적응력이 높은 유전자는 더욱 증가하게 된다. 그렇다면 기술의 경우에는 어떠한가? 어떻게 적응력이 높은 기술이 복제되고 확산되는가?

간단하게 말하자면 사람에게 유용한 기술은 모방된다. 예를 들어, 벽돌 만드는 기술은 처음 메소포타미아에서 기원전 5000년경에 개발되었다[25]. 이 기술은 그 후 널리 모방되었고 '연역적 추론'를 통해 여러 형태의 벽돌 기술이 이로부터 진화되었다. 벽돌 만드는 기술은 사람의 두뇌에 저장되었고 벽돌 그 자체에 체화되었을 뿐 아니라 기록으로도 남겨졌다. 사람들은 눈으로 보고 모방하였으며, 숙련 기술자는 도제들에게 가르쳤고, 또한 어떤 사람들은 벽돌 자체를 보고 어떻게 만들까 궁리하였을 것이다. 그리고 이 모든 결과는 기록되어 벽돌 기술은 급속도로 세계 각지로 퍼지게 된 것이다.

따라서 물리적 기술은 사람의 두뇌를 통해 전파되고 그 기술을 담고 있는 제품이 모방되면서 복제된다. 그리고 그 기술에 대한 기록이 돌에 새겨지거나, 책으로 인쇄되거나 웹 페이지에 올려지면서 복제된다. 성공적 기술은 확산되고 그렇지 못한 기술은 쇠퇴하면서 기술의 시장 점유율이 변한다고 볼 수 있다. 예를 들어, 빅토리아 시대의 런던에서는 벽돌 기술이 전성기를 구가하였다. 그러나 그 후 20세기에는 유리 혹은 철강 기술에 밀려 시장에서의 위치가 크게 약화되었다. 따라서 벽돌 기술이 한동안 기술적 우위를 차지하였으나 다른 우월한 기술이 등장하면서 퇴조할 수밖에 없었던 것이다.

> 진화의 과정에서 어떻게 적응력이 높은 기술이 복제되고 확산되는가? 간단하게 말하자면 사람에게 유용한 기술은 모방된다. 성공적 기술은 확산되고 그렇지 못한 기술은 쇠퇴하면서 기술의 '시장 점유율'이 변한다고 볼 수 있다.

우리는 이제까지 논의한 물리적 기술의 진화 모형을 바탕으로 지금부터 몇 가지 시사점을 찾아낼 것이다. 첫째, 알프스 산과 같은 지형이 이른바 기술 S커브의 현상을 설명하는 데 어떻게 도움이 되는지 알게 될 것이다. 둘째, 물리적 기술의 모듈성과 기술 간 상호 관계가 파괴적 기술의 영향을 어떻게 설명해 내는지도 알아볼 것이다. 그리고 마지막으로 과학이 물리적 기술의 진화 과정 자체를 어떻게 변화시켰는지도 살펴볼 것이다.

기술 S커브

1980년대 맥킨지의 리처드 포스터Richard Foster는 기술의 자연적 생명 주기에 대한 이론을 개발하여 『기술 혁신: 공격자의 이점』이라는 저서에서 이를 소개하였다[26]. 포스터의 이론은 범선으로부터 마이크로프로세서에 이르는 기술에 대한 관찰과 이들 기술에 대한 역사를 바탕으로 한 것이다. 그는 개별 기술에 대한 연구와 자료를 통해 놀랍게도 일관성 있는 패턴을 발견하게 되었다. 신기술의 초기에는 기술의 성과가 부진하고 발전 속도도 더디다. 그러나 투자기와 다양한

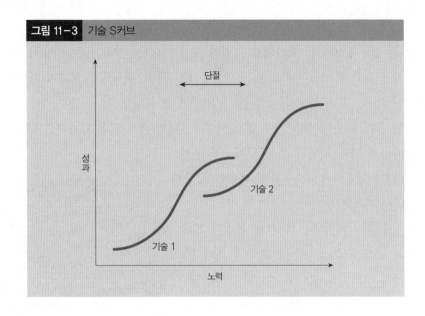

그림 11-3 기술 S커브

단절

성과

기술 2

기술 1

노력

시험기가 지나면 기술의 성과가 갑자기 기하급수적인 상승 곡선을 타게 된다. 이 기간 동안에는 연구 개발 투자가 기술의 성과를 개선하는 데 매우 효과적이다. 그러나 기술이 성숙 단계에 접어들면서 성과 곡선은 완만해지기 시작한다. 그리고 투자 수익이 체감하는 단계에 접어들게 된다. 포스터는 이와 같이 투자에 따른 기술성과의 변화 패턴이 S자와 유사하다고 하여 이를 'S커브'라 명명하였다(〈그림 11-3〉).

포스터의 두 번째 이론은 한 기술에 대한 투자 수익이 감소하기 시작하면 기업가들은 다른 새로운 기술을 찾기 시작한다는 것이다. 이 단계에서도 초기의 발전 속도는 더디지만 결국 이륙 단계를 지나면 새로운 기술이 기존 기술을 대체하게 되고 시장은 새로운 'S커브를 타게 된다'는 얘기다. 포스터의 이론이 말하고자 하는 것은 기존의 S커브와 새로운 S커브 간의 단절 기간이 기업에게는 매우 어려운 취약 기간이라는 것이다. 이미 자리 잡은 기업은 기존 기술로부터 최대한의 이윤을 확보하려 할 것이다. 대개 그러한 기업들은 과거의 성과가 장래에도 지속될 것으로 기대한다. 그래서 기존 기술의 성과가 퇴조하는 데도 불구하고 새로 진입하는 신기술의 위협을 과소평가한다. 이러다 보면 기존 기업은 새로운 기술에 바탕을 둔 혁신 기업에게 당하기 십상이다.

만약 물리적 기술의 진화를 설명하는 지형이 알프스 산맥과 같은 지형이라면 포스터가 관찰했던 것과 같은 S자 형태의 진화 패턴을 발견할 수 있을 것이다. 스튜어트 카우프만이 얘기한 바 있듯이 자전거가 처음 나왔을 때는 앞바퀴가 큰 것, 뒷바퀴가 작은 것, 다양한 방향 조절 손잡이 등 실험적인 디자인이 홍수처럼 쏟아졌다[27]. 그러나 앞뒤 바퀴 크기가 같은 요즘 자전거가 등장하면서 자전거의 기본 디자인이 급속히 개선되고 성능도 크게 좋아졌다. 그 후 자전거 기술이 S커브의 윗부분에 이르렀고 더 이상 개선의 여지가 줄어든 채 기본 디자인은 고정된 상태에서 개선 노력이 기어, 경량화 등 부분적인 기술 변화에 국한되었다. 그리고 시간이 지나 경주용 자전거, 산악용 자전거 등이 등장하면서 자전거 기술은 새로운 S커브를 타게 된 것이다.

그러한 과정을 진화를 설명하는 지형, 즉 적합도 지형을 이용해서 살펴보자. 지형의 한 지점을 최초 자전거 디자인을 나타내는 점이라고 하자. 그 점은 또 진화의 정도를 나타내는 일정한 고도를 가진 지점이라고 하자(〈그림 11-4〉).

이 점 주변의 지역에는 등장할 수 있는 조금씩 다른 종류의 디자인들이 잠재해 있다. 이 점에 인접하여 있는 지역은 최초의 자전거 디자인과 유사한 디자인을 나타내는 반면 멀어질수록 디자인은 점점 더 달라진다. 이 자전거의 성능을 개선할 목적으로 실험을 시작하고 디자인을 변형시켜 성능이 개선되는지 퇴보하는지 실험한다는 것은 최초의 지점으로부터 계곡이 어디인지, 정상이 어디인지를 탐색하는 것과도 같다는 얘기다.

최초 자전거 디자인으로부터 시작해 변화 과정을 본다면 사실 우리가 실험해 보지도 못한 무수한 다른 디자인이 있었을 수도 있다. 이

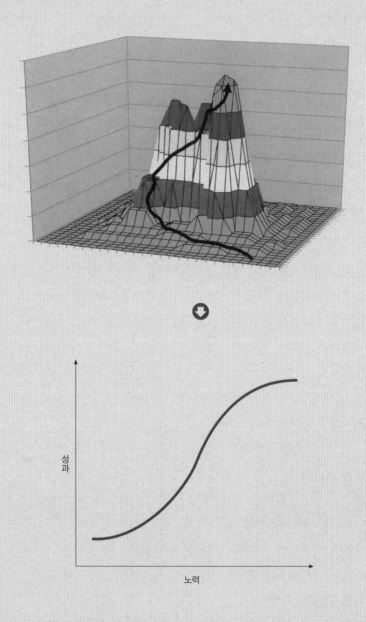

〈그림 11-4〉 개략적으로 상호 연관된 기술 지형은 S커브로 연결된다.

중 많은 것들은 자전거의 성능을 개선하는 효과가 있었지만 그보다 더 많은 것들은 그렇지 못하였을 것이다. 자전거를 만드는 나쁜 방법의 수가 좋은 방법의 수를 압도하는 까닭이다. 그러다 일단 좋은 디자인의 방향을 찾으면(다시 말해서 산의 정점으로 향하는 길을 찾으면) 그 쪽으로 움직이게 되어 있다. 처음에는 이 길 저 길을 가보고 어느 길이 가장 빠른 길인가 찾느라고 그 움직임이 더딜 수 있다. 정상은 항상 멀리 있고 등산은 산자락에서 시작되니 더욱 그렇다. 그러나 처음 얼마간 헤매다 보면 디자인을 찾게 된다(예를 들어, 양 바퀴가 똑같고, 후륜 구동의 자전거와 같은). 이는 등산의 원리와 비슷하다. 그 후 얼마간 등산은 순조롭고 속도도 빠르다(당신의 적합도 점수의 상승이 매우 가파르다). 한 걸음 한 걸음이 정상으로 이르게 한다. 결국 정상에 가까워지면서 속도는 떨어지고 새로운 변화가 감지된다. 전과 달리 정상으로 가기 위해 선택할 수 있는 길의 수가 줄어든다. 처음에는 정상으로 가는 길이 수없이 많았다. 그러나 정상에 가까워지면서 등산로의 선택은 줄어들고 만다는 것이다.

만약 물리적 기술의 진화 과정을 나타내는 적합도 지형이 완전히 임의적인 것이라면, 기술 발전 과정에서 S커브와 같은 패턴을 발견할 수 없을 것이다. 기술 개발에 대한 투자 수익도 임의적인 것이 되고 만다. 그러한 지형에서는 움직임 자체의 방향을 예측할 수 없기 때문이다. 이와는 정반대로 후지산과 같이 하나의 봉우리로 되어 있는 단순한 지형이라면 가장 좋은 자전거 디자인 하나만 존재할 뿐 디자인 간 경쟁이 있을 수 없을 것이다. 이 경우 어떤 기어가 더 좋은지 논란의 여지도 없다. 또한 이 경우 하나의 S커브로부터 새로운 S커브로 옮겨 갈 일도 없을 것이고 일단 정상에 닿으면 더 이상 갈 곳이 없게 된다. 따라서 S커브 현상은 높은 산 낮은 산 등 여러 산이 어울려 있는 알프스 산맥과 같은 적합도 지형에서만 나타날 수 있다.

파괴적 기술

하버드 경영대학원 교수였던 클레이턴 크리스텐슨Clayton Christensen 은 저서 『혁신 기업의 딜레마』에서 왜 하나의 S커브에서 새로운 S커브로 옮겨 가는 것이 성공적인 대기업에게조차 위기가 될 수 있는가 하는 질문을 던졌다. 컴퓨터 하드 디스크 산업에 대한 연구를 통해서 크리스텐슨은 기술의 조그만 변화도 때때로 매우 파괴적인 결과를 초래할 수 있다는 것을 발견하였다.

크리스텐슨은 기술이 파괴적이냐 아니냐 하는 것은 기술 진보의 급진성보다 기술 변화가 S커브상에서 어떠한 구체적인 영향을 미치느냐에 달려 있다고 주장하였다. 만약 새로운 기술이 주어진 S커브상에서 성과를 급속히 제고한다고 하더라도 새로운 S커브로의 환승을 초래하지 않는 한, 그 기술은 현재의 기술 경쟁 관계를 깨뜨리지는 못할 것이다. 그러나 신기술이 기존 기술보다 성과가 좋지 않은데도 불구하고 새로운 S커브로의 환승을 요구한다면, 이 기술은 파괴적인 기술이며 산업 구조 자체의 변화를 초래할 수 있다. 이 상황에서 기존의 성공적인 기업의 경우 초기 예상 수익이 높지 않은 신기술에 투자하기가 쉽지 않다. 최초의 3.5인치 디스크는 느리고 비쌀 뿐 아니라 저장 능력도 적었다. 당시 5인치 디스크를 만든 회사 임원은 "왜 고객들이 3.5인치 디스크를 선호하느냐?"라고 생각할 수도 있다. 신기술이 새로운 S커브를 타기 시작할 즈음 기존 기술을 생산하던 기업들은 기득권 유지를 위해 골몰하게 되고 그러다가 망하기 십상이다.

크리스텐슨이 말하는 '혁신 기업의 딜레마'는 우리가 앞에서 본 알프스 산맥과 같은 기술 진화 지형(적합도 지형)에서 본 경우와 정확하게 일치된다. 하드 디스크 디자인이 14인치에서 1.8인치로 소형화되는 과정에서 문제는 디스크의 소형화 기술 자체가 아니었다. 그러한 소형화를 위해서 여러 가지 관련 부품과 제조 기술의 변화와 더불어

414

상당히 많은 기계 부품을 전자 부품으로 교체해야 했다. 그러한 변화는 점진적인 것이기는 하지만 기술 적합도 지형 관점에서는 상당한 혁신이라고 할 수 있다. 기술 적합도 지형을 편의상 3차원으로 도식화하여 설명하였으나 기술은 여러 가지 부분의 결합체이기 때문에 실제 기술의 진화는 이보다 훨씬 복잡한 다차원적 현상이다. 만약 한 디자인에서 5개의 구성 부품을 바꾼다면 이것만 하더라도 5차원의 그림이 아니면 설명할 수 없다. 기술 적합도 지형에서 '거리'라고 하는 것은 변화되는 구성부품의 수와 각 구성 부품의 변화 정도에 의해 결정된다. 그러므로 하드 디스크의 경우와 같이 여러 구성 부품에서 많은 변화가 일어난다고 하는 것은 기술 적합도 지형상에는 큰 변화를 의미한다.

범선에서 증기선으로의 발전, 경주용 자전거에서 산악용 자전거로의 발전과 같은 구조 자체의 혁신은 많은 것들이 동시에 변할 때 일어난다. MIT의 레베카 헨더슨 Rebecca Henderson과 하버드 경영대학원의 킴 클라크는 반도체 장비 산업 연구를 통해 산업 구조의 관점에서 보면 이런 구조적 혁신이 부품 혁신보다 훨씬 파괴적이라는 것을 보여 주었다[28]. 혁신을 기술 적합도 지형에서의 탐색으로 본다면 포스터, 크리스텐슨, 그리고 헨더슨과 클라크 간에 일맥상통하는 논리를 발견할 수 있다. 즉, 기존 기술로 성공한 기업일수록 기술 적합도 지형에서 새로운 기술로 갈아타기가 어렵다는 것이다. 어떤 기업이 정상에 있을 때는 다른 정상으로 올라가기보다 밑으로 내려가기가 훨씬 쉬울 뿐 아니라, 다른 정상으로의 점프는 위험하기 짝이 없다. 기업가나 신제품으로 시장에 진입하는 신규 진입자 입장에서 보면 산 위로 올라갈 수 있는 새로운 길도 많고 도전할 수 있는 정상도 많다. 한편 계곡에서 산 위로 올라가려고 하

> 범선에서 증기선으로의 발전, 경주용 자전거에서 산악용 자전거로의 발전과 같은 구조 자체의 혁신은 많은 것들이 동시에 변할 때 일어난다. 기존 기술로 성공한 기업일수록 새로운 기술로 갈아타기가 어렵다.

지만 정상에 이르기도 전에 깊은 계곡으로 잘못 빠져 들거나 낮은 봉우리에서 끝나고 마는 경우도 허다하다. 그러나 그 많은 기업 중에 결국 어떤 기업은 정상으로 가는 좋은 길을 찾아내게 마련이다[29].

과학 혁명: 진화의 재再프로그램화

물리적 기술 진화의 특징은 과학적 이론 등에 근거한 연역적 탐색이 임의적인 탐색이나 실험적 추론에 비해 성공 확률이 훨씬 높다는 것이다. 완벽하지는 않지만 인간의 연역적 능력은 어떤 사건의 결과를 예측하고(실제로 실험하기보다) 두뇌를 이용한 시뮬레이션을 실행하는 데 매우 유용하다. 인류 역사의 99.9%에 해당되는 기간만 하더라도 인간의 연역적 능력은 매우 제한적이었고, 따라서 이 기간 동안 앞서 설명했던 연역적 추론 모델은 연역보다는 단순한 실험적 추론에 더 가깝다고 할 수 있다. 인간이 그동안 많은 기술을 가지고 있었으나 그러한 기술들이 왜, 어떻게 작동하는지는 알지 못하였다. 그럼에도 불구하고 250만 년이 넘는 기간 동안 인간의 발명은 천천히 끊임없이 계속되고 늘어났다.

앞서 1장에서 보았듯이 1750년경 매우 놀라운 일이 벌어졌다. 이때 물리적 기술 공간이 크게 확대되면서 SKUs의 수도 급증한 것이다. 그것을 촉발한 것은 과학 혁명이었다. 과학 혁명은 1500년경 이탈리아 르네상스 기간 동안 고전 지식의 부흥과 함께 시작되었고 이로 인해 자연현상에 대한 관심이 높아지기 시작하였다. 자연현상에 대한 관심은 레오나르도 다빈치, 니콜라우스 코페르니쿠스 등과 같은 사람들에 의해 16세기에 더욱 확산되었다. 그러나 여러 가지 측면에서 볼 때 다빈치나 코페르니쿠스는 과학자라기보다는 기술자에 가깝다. 17세기 프랜시스 베이컨Francis Bacon의 과학적 방법론이 나오고 갈릴레이가 실험의 역할을 정립하면서 아이작 뉴턴, 로버트 보일을 포함한 과학자들에 의한 엄청난 발전이 가능하였다. 그 후 과학은 기하급수적인 곡선을 그리며 발전하였고 오늘날에도 계속되고 있다[30].

이러한 과학 발전의 영향으로 인간의 연역적 통찰력은 급속히 성장하였다. 그러면서 '연역적 추론(연역적 논리와 실험적 추론의 혼합)'에서 앞부분인 연역적 논리 과정이 갑자기 더 중요해지기 시작하였다. 그러나 이론이 현실에 다 맞는다고 하는 엔지니어가 없듯이 연역적인 과학 이론이 실험을 완전히 대체하지는 않았다. 하지만 그런 중에서도 이론의 중요성이 점점 증대되면서 물리적 기술의 적합도 지형에서 진화가 새로운 정점을 찾을 수 있는 속도도 매우 빨라졌다.

기술 진화는 단순한 은유적 비유가 아니다. 기술 진화는 물리적 기술 공간이 담고 있는 무한한 가능성으로부터 새로운 기술을 탐색하는 인간의 연역적 추론의 결과다. 여기에서 차별화, 선택 그리고 복제 과정의 성격은 생물적 진화와는 전혀 다르지만 그것 또한 하나의 진화 과정이다. 이는 물리적 기술의 진화가 다른 진화의 경우에 적용되는 일반적 진화의 법칙을 따른다는 얘기다. 따라서 물리적 기술의 진화 또한 다른 경우와 같이 혁신은 또 다른 혁신을 촉진한다든지 기술 변화가 이른바 단속 균형을 나타낸다든지 하는 행태를 보인다. 그러나 물리적 기술 진화의 특성은 인간 사회의 시스템에서만 볼 수 있는 것으로서, 우리 스스로가 진화의 탐색 알고리즘을 재구성할 수 있다는 점이다. 과학의 발명은 인류로 하여금 물리적 기술 공간을 매우 빠르게 탐색할 수 있게 해주었으며 이로 인한 산업 및 정보 혁명은 우리 사회와 지구 전체를 바꾸어 놓았다. 인류의 시작에서 우주 시대에 이르는 긴 여행을 한 우리는 이제 다시 우리의 유인원이 어떻게 살아가는지를 볼 것이다. 물리적 기술이란 인류 생활의 반쪽 이야기에 불과하기 때문이다.

12

사회적 기술: 수렵·채집민에서 다국적 기업으로

⋮

2002년 국제경제연구소Institute for International Economics의 윌리엄 이스털리William Easterly와 미네소타 대학교의 로스 레빈Ross Levine은 72개의 부유한 나라와 가난한 나라들에 대한 상세한 연구를 실시하면서 "한 나라를 다른 나라보다 더 부유하게 만드는 것은 무엇인가?"[1]라는 질문을 했다. 국부를 결정하는 주요 요소들 중에는 부존 천연자원, 정부의 정책 역량, 그리고 국가의 물리적 기술의 상대적인 정교함 등이 포함된다고 추정하는 사람이 있을 것이다. 이스털리와 레빈은 이런 모든 요소들이 어느 정도 중요하기는 하지만 가장 의미 있는 요소는 국가의 사회적 기술 상태라는 사실을 알게 되었다. 법률 규정, 재산권의 존재, 잘 조직된 금융 제도, 경제적 투명성, 부정부패 척결 그리고 그 외의 사회적·제도적 요인들이 국가의 경제적 성공을 결정하는 데 다른 범주에 속하는 요인들보다 훨씬 더 큰 역할을 했다. 천연자원이 거의 없고 정부가 무능한 국가라 할지라도 강력하고 잘 개발된 사회적 기술이 있다면 상당한 성과를 거둘 수 있다. 이렇듯 사회적 기술이 형편없는 국가들 중에 좋은 성과를 거둔 나라는 하나도 없었다. 풍부한 천혜의 자원을 갖추고 있거나 논리 정연한 거시 경제 정책이 마련되어 있는 경우에도 마찬가지였다.

사회적 기술은 국가 경제의 결과에도 영향을 줄 뿐만 아니라 더 세밀한 산업 차원이나 기업 차원에서의 실적 차이도 설명할 수 있다. 1990년대 말에 경제학자들은 미국 경제의 생산성이 빠르게 상승하는 것을 느끼기 시작했다. 처음에, 연구자들은 물리적 기술을 통해 이를 설명하려고 했다. 그 이전 20년 동안 컴퓨팅 능력에 엄청나게 투자했으므로 경제가 아주 오랜만에 그 투자의 결실을 보고 있다는 것이 주된 가설이었다. 하지만 맥킨지의 글로벌 연구소에 있는 나의 동료들은 그 점에 대해 회의적이었기 때문에 주요 항목인 생산성 지표의 이면을 파고들었다[2]. 그 결과, 생산성을 증가시킨 실제 요인은 회사들이 스스로를 조직하고 관리하는 방식의 변화, 바꿔 말하면 사회적 기술의 혁신임을 알게 되었다.

맥킨지가 심층 검토한 산업 부문 중 하나는 소매업, 특히 월마트가 산업 부문 전체 생산성에 미친 영향이었다. 1980년대와 1990년대 초반 월마트는 대형 매장 형식과 효율성이 높은 물류 시스템으로 혁신을 구현하여 경쟁 업체보다 40%나 더 생산적으로 사업을 할 수 있었다. 이런 도전을 받은 경쟁 업체들은 월마트의 조직적인 혁신을 흉내 내지 않을 수 없었고, 1990년대 말까지 생산성을 28%나 향상시켰다. 그동안 월마트는 생산성을 22%나 더 향상시켰다. 소매업 부문에서 나타난 이런 사회적 기술 혁신 경쟁은 같은 기간 미국 전체의 생산성 증가의 거의 4분의 1을 차지했다. 나머지 생산성 증가는 대부분 다섯 가지 다른 산업 부문에서 이루어진 비슷한 사회적 기술 혁신 경쟁으로 인한 것이었다. 이 과정에서 컴퓨터가 중요한 역할을 한 것은 분명하다. 컴퓨터가 없었다면 월마트의 정교한 물류 프로세스는 불가능했을 것이다. 하지만 컴퓨터 기술이 주된 역할을 했다기 보다는 그러한 실현을 가능하게 하는 역할을 했다고 봐야 할 것이다. 엄청난 생산성 증가를 가져온 것은 정작 조직과 프로세스의 혁신이었다.

조직하라

앞 장에서 물리적 기술은 목표를 추구하면서 물질, 에너지 및 정보의 집합체를 어떤 한 상태에서 다른 상태로 변환하는 방법 및 디자인으로 정의했다. 사회적 기술도 비슷하게 정의할 수 있다[3].

사회적 기술ST은 목표를 추구하면서 사람들을 조직하는 방법 및 디자인이다.

사람들은 함께 모여서 스스로 조직을 만들고 회사를 시작하고 종교를 형성하거나 금요일 밤 볼링 리그를 만들기도 한다. 그런 조직화 행위는 항상 목표를 추구한다. 그 목표는 이익일 수도 있고, 영적인 계몽일 수도 있고, 약간의 재미일 수도 있다. 물리적 기술이 인간의 필요에 의해 물리적인 영역에서 질서를 구현하는 방법인 것처럼, 사회적 기술 역시 인간의 필요에 의해 사회적 영역에서 질서를 구현하는 방법이다.

한 나라를 다른 나라보다 더 부유하게 만드는 것은 무엇인가? 이스털리와 레빈은 천연자원, 정부의 역량, 물리적 기술이 어느 정도 중요하기는 하지만 가장 의미 있는 요소는 법률, 재산권의 확립, 빈틈 없는 금융 제도, 경제적 투명성, 부정부패 척결 같은 사회적 기술이라는 사실을 알게 되었다.

사회적 기술이라는 용어는 경제학자들이 사용하는 제도institution라는 용어와 아주 비슷하다. 노벨상 수상자인 더글러스 노스는 제도를 '사회 내에 존재하는 게임의 규칙'으로 정의한다[4]. 제도는 조직화의 한 가지 구성 요소지만, 여기서 사용하는 사회적 기술의 정의에서는 의미를 다소 확대하여 구조, 역할, 프로세스 및 문화적 표준과 같은 다른 구성 요소를 포함하고자 한다. 즉, 사회적 기술에는 조직화에 필요한 모든 요소들이 포함된다. 축구 팀의 사회적 기술에는 게임의 규칙만이 아니라 골키퍼가 하는 일에 대한 설명, 팀의 문화적 규범, 그리고 팀이 전방에 스트라이커를 세 명 세울 것인지 아니면 전방에 두 명을 넣고 후방에 스위퍼를 둘 것인지 등과 같은 내용도 포함된다. 축구 팀의 사회적 기술에는 팀, 조직, 방식에 대한 모든 설명이 포함되지만 팀이 사용하는 전략은 포함되지 않는다. 그렇기 때문에, '왼쪽으로 공격한다'거나 '소트 패스를 주로 사용한다'와 같은 문장은 포함되지 않는다. 경제적인 상황에서 보면, 그런 전략은 비즈니스 사업 계획에 속한다. 이 차이점은 이 책의 뒤에서 다시 다루게 될 것이다.

사회적 기술은 어떻게 진화하는가?

이러한 사회적 기술에 대한 정의를 고려하면, 사회적 기술의 이론적인 디자인 공간, 즉 모든 가능한 사회적 기술 도서관을 구성할 수 있다는 사실이 전혀 놀라운 일이 아니다. 여기서도 물리적 기술 디자인 공간을 구상하면서 거쳤던 과정을 다시 따라가게 될 것이다. 사회적 기술 도서관에는 사회적 구조를 구현할 수 있는 특정한 디자인과 명령을 규정하는 도식들이 있다. 야노마모족의 사냥 파티를 조직하는 명령을 작성하거나 GE의 조직적 구조의 규정, 유럽의 금융 관련 규정을 수립한다고 생각해 볼 수 있다. 이런 명령의 집합체에는 자연어로 된 텍스트, 차트, 도표가 포함된다. 그중에는 조직 구조, 역할, 의사 결정 프로세스, 공식적인 규칙, 인센티브 시스템, 품행 규정 등이 있다. 앞에서와 마찬가지로, 이런 사회적 기술이 500페이지 분량의 책 여러 권으로 구성되어 있다고 생각할 수도 있다. 그럴 경우, 우주보다 더 큰 모든 가능한 사회적 기술 도서관이 될 것이다.

현실 세계의 물리적 기술이나 비즈니스 계획의 경우처럼, 일부 사회적 기술은 문서 형태로 존재하지만 사실은 사람들의 머릿속에만 존재하는 사회적 기술도 많다. 사회적 기술은 기록할 필요가 없을 수도 있지만, 원칙적으로는 자격이 있는 식별자가 그에 따라 행동하면 규정된 대로 실현될 수 있을 정도로 충분히 명시할 수 있다. 따라서 야노마모족 사냥꾼은 사냥단의 체계를 이해할 수 있으며, GE 경영자는 GE 조직에 대한 도식을 이해할 수 있고, 적절한 경험을 갖춘 EU 행정관은 금융의 규제 구조를 이해할 수 있다.

지금까지 설명한 다른 디자인 공간과 마찬가지로, 사회적 기술의 도서관은 세 가지 중요한 속성을 갖추고 있다. 첫째, 사촌이라고 할 수 있는 물리적 기술처럼 사회적 기술 디자인 공간은 자급자족형이며 기하급수적으로 확대된다[5]. 사회적 기술이 비약적으로 발전할 때마다 그다음의 비약적인 발전을 위한 더 많은 디자인 공간이 만들어진다. 예를 들면, 돈이 발명되자 회계학이 만들어졌고, 그로 인해 주식회사를 만들 수 있게 되었으며, 또 그로 인해 주식 시장이 생기게 되었다.

둘째, 사회적 기술은 모듈형의 빌딩 블록의 특성이 있다. 예를 들어, 거대한 다국적 기업의 조직 디자인은 사업부를 조직하는 디자인, 회계 및 통제 시스템 디자인, 위원회 구조 디자인, 그리고 문화적인 행동 규범의 디자인 등이 포함된 모듈의 집합체이다[6].

셋째, 사회적 기술 디자인 공간과 관련된 적합도 지형은 알프스 산맥과 같은, 9장에서 정의했던 '개략적으로 상호 연관된' 지형일 가능성이 매우 높다. 사회적 기술 디자인이 서로 약간 다르면 상대적 적합도도 약간 차이가 있게 되지만, 때때로 조금만 변경해도 사회적 기술이 전혀 실행 불가능한 것이 되거나 훨씬 더 잘 작동하게 된다. 그렇기 때문에, 다른 적합도 지형처럼 사회적 기술 적합도 지형은 개략적으로 상관관계가 있는 알프스 산맥과 같은 형태가 된다. 이런 형태의 지형에서는 평평한 지점도 있고, 스위스 치즈와 같은 구멍이 있거나 때때로 더 높은 지면으로 연결되는 입구도 있다. 이 가정에서 예측할 수 있는 것은 물리적 기술 공간에 S커브와 파괴적인 기술이 있었던 것처럼 사회적 기술 공간에서도 그에 해당하는 것이 있을 거라고 기대할 수 있다. 역사는 이런 사실을 보여 주는 것 같다[7]. 예를 들어, 수렵·채집민의 사회적 기술에서 정착 농경 사회로 비약적으로 발전하는 것은 인간 경제 조직의 S커브가 크게 이동한 것으로 간주할 수 있다[8]. 마찬가지로, 헨리 포드가 1914년에 제조 공정, 즉 생산 라인을 조직하는 완전히 새로운 방식을 개발한 것은 초기 자동차 산업과 그 외의 많은 산업 부문의 구조를 바꾸어 놓은 매우 파괴적인 사회적 기술이었다[9].

사회적 기술 공간의 연역적 추론

사회적 기술 적합도 지형이 정말 알프스 산맥과 같은 지형이라면, 그것을 찾아내는 효과적인 방법은 인류 사상 최고의 검색 알고리즘인 진화이다. 사람들이 '연역적 추론' 방식을 사용하여 물리적 기술 공간을 탐색하는 것처럼, 사회적 기술 공간에서도 연역적 추론 방식을 사용하여 적합한 사회적 기술을 탐색한다. 예를 들어, 헨리 포드와 그의 팀이 생산 라인을 개발했을 때, 단순히 앉아서 연역적으로 이론화하여 문서로 만든 것이 아니다[10]. 그렇다고 임의적으로 실험을 하기만 한 것도 아니었다. 오히려 이 두 가지 방법을 모두 사용했다. 포드는 대중이 구입할 수 있는 저렴한 자동차를 제조하고 싶다는 마음에 따라 움직였다. 그렇게 하기 위하여, 그는 제조 공정에서 숙련공의 수를 줄여서 기능과 경험이 부족한 작업자가 더 많은 일을 수행할 수 있게 해야 했다. 포드는 제조 공정에서 표준화되고 상호 교환이 가능한 부품을 미국 군수부Ordnance Department의 스프링필드 아머리Springfield Armory 가 개발한 것을 알고 있었고, 또 그와 그의 팀은 이론적인 경제학 서적을 많이 읽지는 않았겠지만, 일반적으로 노동 전문화의 장점에 대해 잘 알고 있었다. 일련의 연역적 가설들을 세운 포드는 1908년부터 1912년 사이에 공장을 다양하게 구성하여 실험하기 시작했다. 4년 동안 실험을 한 후, 1913년에 그는 작업자가 아니라 자동차 자체가 생산 라인을 따라 이동해야 한다는 중요한 사실을 깨닫게 되었고, 1914년에는 완전하게 작동되는 이동식 조립 라인을 구현했다.

사회적 기술에서 연역과 실험적 추론 방식의 비율은 물리적 기술에 비해 실험적 추론 방식 쪽으로 더 기울어진다. 경제학과 조직이론의 발전에도 불구하고, 제트기를 제작하거나 새로운 심장약을 만드는 것에 비해, 회사의 조직을 재디자인하거나 중앙 금융 시스템을 구축하는 것과 같은 활동에는 과학 이외에도 훨씬 더 많은 학문이 관련된다. 그렇기 때문에 그동안 진행된 사회적 기술 공간의 적합도 지형에 대한 탐색 패턴을 보면 방향을 알려 주는 비교적 적은 수의 연역적 논리와 그보다 훨씬 더 많은 수의 시행착오적 실험이 그 특징을 이룬다. 복잡계 경제학이 약속하는 것 중 하나는 시간이 지나면 사회적 기술에서 예술과 과학의 경계선을 과학 쪽으로 한 걸음 더 밀어넣겠다는 것이다. 사회적 기술 공간에서 연역이 더 적은 역할을 함에도 불구하고, 연역적 추론 방식을 사용하여 적합한 사회적 기술을 찾는 과정은 진화적 프로세스다. 사람들은 다양한 사회적 기술로 실험을 하지만, 시간이 지날수록 성공적인 디자인은 계속 지속되고 덜 성공적인 디자인은 사라지게 된다. 성공적인 디자인은 복제되어 더 많은 자원을 끌어당기고 확산되면서 증폭되는 경향이 있다. 예를 들어, 이동하는 조립 라인이라는 포드의 혁신은 제조업 부문 전체에 빠른 속도로 퍼져 나가 다른 사회적 기술을 대체하면서 지금은 표준 작업 방식으로 남아 있다[11].

물리적 기술과 사회적 기술 사이에는 긴밀한 연관 관계가 있다. 사람은 물리적 기술의 적합도 지형 내에서 이동하면서 사회적 기술 지형 내에서 굉음, 지진, 그리고 그 외의 격변을 일으키고, 그 반대의 현상도 일어난다. 황소가 끄는 쟁기와 같은 물리적 기술의 진보는 촌락을 중심으로 하는 농경이라는 사회적 기술 혁신이 이루어진 후에야 일어날 수 있었다(유목민이 쟁기를 가지고 다니는 것이 가능하겠는가?). 마찬가지로, 앞에서 언급한 것처럼 현대에 이루어진 많은 경영 혁신은 컴퓨팅과 통신 기술의 발전에 크게 의존했다. 사실, 농업 혁명, 산업 혁명, 그리고 정보 혁명은 물리적 기술의

포드는 4년 동안의 실험을 거쳐, 작업자가 아니라 자동차 자체가 생산 라인을 따라 이동해야 한다는 중요한 사실을 깨닫게 되었고, 1914년 완전한 형태의 이동식 조립 라인을 구현했다.

진보가 각각 새로운 형태의 사회적 기술로 연결되고, 그것은 다시 물리적 기술 발전에 중요한 역할을 하는 일종의 공진화적인 회전목마라고 볼 수 있다.

협력을 위한 경쟁

그다음에 이런 질문이 생긴다. 인류가 사회적 기술 공간을 연역적 추론 방식으로 탐색하도록 만드는 것은 무엇인가? 스스로를 조직화하면서 더 나은 새로운 방법을 끊임없이 찾게 만드는 것은 무엇인가? 그 대답은 '논非제로섬 게임'의 마법에 있다.

앞의 10장에서는 한 사람의 이득이 다른 사람의 손실이 되는 제로섬 게임과 두 사람이 협력하여 더 나은 결과를 얻을 수 있는 논제로섬 게임의 차이에 대해 언급했다. 논제로섬 게임에서의 협력은 1+1=3이라는 논리이다. 이 논리에 따르면 네가 내 등을 긁어 주면 나도 너의 등을 긁어 주는 식으로, 혼자서는 할 수 없는 일을 둘이 하여 함께 이득을 본다는 것이다. 논제로섬 협력은 생물학적인 진화에서 널리 사용되어 온 생존 요령 중 하나다. 개들은 떼를 지어 사냥을 하고, 흰개미는 집단적으로 흙무더기를 만들며, 물고기도 떼를 지어 헤엄친다. 그리고 대부분의 영장류들처럼, 호모 사피엔스에 속한 종족들도 집단

으로 생활한다.

하지만 논제로섬 게임에서 협력하는 것은 상당한 장점이 있지만, 죄수의 딜레마에서 볼 수 있듯이 더 큰 선을 위하여 협력하는 것과 좁은 의미의 이기주의를 추구하는 것 사이에서 종종 긴장이 존재한다[12]. 생각을 자극하는 『논제로Non Zero』라는 책에서, 저널리스트이자 과학서적 저자인 로버트 라이트Robert Wright는 인류 역사의 많은 부분이 협력과 이기주의 사이에 존재하는 이런 핵심적인 긴장의 결과라고 주장한다[13]. 라이트는 단순한 수렵·채집민 종족에서 조직화된 마을로, 또다시 국가와 세계적인 기업으로 사회적 복잡성이 확산되는 과정은 사람들이 점점 더 큰 규모로 협력하는 새로운 방법을 도입하고, 더 복잡하고 수익성이 있는 논제로섬 게임을 하는 방법을 고안한 결과였다고 주장한다. 그는 주어진 한 시점에서 자원이 한정되어 있는 세계에는 경쟁으로 인해 협력하라는 압력이 존재한다고 말한다. 시간이 지나면서 스스로를 조직화하는 일을 더 잘할 수 있는 사회는 그렇지 못한 사회를 사회적·경제적·군사적으로 지배하게 된다. 그렇기 때문에, 사회적 혁신을 하게 만드는 것은 바로 협력하게 만드는 경쟁이다.

> 사회적 기술의 적합도는 세 가지 요소에 달려 있다. 사회적 기술에는 논제로섬 결과를 얻을 수 있는 잠재력이 있어야 하고, 사람들이 그 게임에 참여하고 싶어 하도록 합리적으로 결과물을 분배하는 방법을 고안해야 한다. 또한 변절이라는 문제를 관리하는 메커니즘을 갖춰야 한다.

내가 만든 언어로 라이트의 논문을 다시 고쳐 쓴다면, 사회적 기술의 적합도 지형 전체에 대한 연역적 추론 방식의 탐색은 사람들이 논제로섬 게임을 하면서 그 이득을 얻을 수 있는 사회적 기술을 찾는 행위로 볼 수 있다. 따라서 사회적 기술의 적합도는 세 가지 요소에 달려 있다. 첫째, 사회적 기술에는 논제로섬 결과를 얻을 수 있는 잠재력이 있어야 한다. 둘째, 사람들이 그 게임을 하고 싶어 하게 만드는 방식으로 그 결과를 할당하는 방법이 있어야 한다. 셋째, 사회적

426

기술은 변절이라는 문제를 관리하는 메커니즘을 갖추어야 한다. 이제 각 요소를 좀 더 자세히 살펴보자.

논제로섬 게임의 마법

논제로섬 게임에는 1+1=3이 되는 마법의 4가지 기본적인 요소가 있다. 이 4가지는 모두 전통 경제 이론에서는 이미 잘 알려져 있는 것이다. 첫째는 분업이다. 2장에서 설명한 것처럼, 분업의 장점은 2세기보다 더 전에 애덤 스미스가 지적한 것이다. 두 사람이 약간이라도 서로 다른 기능을 보유하고 있는 경우, 각기 자신이 가장 잘하는 것에 주력한 다음 거래를 하면 서로 이득을 얻을 수 있다. 래리는 사냥을 잘하고 해리가 도끼를 잘 만든다면, 래리는 쓸데없이 바위를 두들겨 깨기보다는 사냥감을 쫓아다니는 것이 더 낫다. 둘째는 사람들의 이질성이다. 사람들은 필요와 취향이 서로 다르기 때문에 슈거스케이프에서 이미 살펴본 것처럼 서로 이득이 되는 거래를 할 기회가 생긴다. 찰스 다윈은 HMS 비글을 타고 항해하다가 푸에지언 인디언Fuegian Indian들과 접촉하면서 이러한 거래의 장점을 관찰했다.

> 양쪽 다 웃음을 터뜨리며 이상하다는 듯 서로를 바라보았다. 우리는 그들이 불쌍했다. 누더기를 받고 싱싱한 생선과 게를 주다니. 그들은 저녁 한 끼를 잘 먹고는 그렇게 멋진 장식품을 내놓을 정도로 바보스러운 사람을 만나게 된 기회를 놓치지 않았다.[14]

셋째는 돌아오는 몫이 증가한다는 장점이다. 이 개념은 3장에서 설명했다. 예를 들어, 한 명의 사냥꾼이 몇 시간 사냥하면서 500kcal의 에너지를 투자해 2,500kcal의 식품에 해당하는 동물을 사냥할 기회가 20%라고 하자. 이 경우, 예상 소득은 500kcal에 해당하므로 그는 투자한 만큼 얻은 것에 불과하다. 이제 그가 다른 두 명의 사냥꾼과 함께 사냥단을 만들었다고 하자. 이 세 명의 사냥꾼은 각각 500kcal를 투자하지만 사냥에 성공할 확률이 90%로 올라간다. 그렇기 때문에, 예상 가치는 각각 750kcal(2,500kcal의 90%를 셋으로 나눈 것)가 된다. 그냥 함께 모인 것에 불과한데도 이 사냥꾼은 투자한 것에서 250kcal의 이익을 보았으므로 위험 부담이 크게 줄어들었다.

넷째, 협력은 시간 경과에 따른 불확실성을 완화시키는 데 도움이 된다. 한 사냥단이 성공적인 하루를 보내고 다른 사냥단은 그렇지 못했다면, 성공한 사냥단은 성공하지 못한 사냥단과 수확을 공유할 수 있다. 단, 상황이 뒤바뀌는 경우 상대 사냥단도 동일하게 행동한다. 아마 되갚을 때는 약간의 이자를 포함시킨다는 전제로 할 것이다. 그렇기 때문에 협력은 위험 부담을 완화시키는 생존 요령이다. 자급자족하는 사람에게 불행이 닥친다면 굶어 죽게 될 것이다. 하지만 서로 협력하는 집단에 속해 있다면, 동료들이 살아남도록 도와줄 것이며 나중에 되갚아 줄 수 있을 것이다.

수확물의 배분

이러한 논제로섬 게임 이득의 4가지 요인을 다양한 상황에서 혼용하고 서로 짝을 맞추면 사람들이 서로 이득을 얻을 수 있도록 협력하는 방법을 거의 무한하게 만들 수 있다. 하지만 서로 협력할 동기가 있는 사람들의 경우, 그 수확물에서 약간의 몫을 받아야 한다. 따라서 협력의 결과를 분배하는 방식은 중요한 문제다. 잘못된 방식으로 분배하는 경우, 협력은 무너지고 논제로섬 이득은 사라지게 된다.

존 내시John Nash*가 1950년대 '계약의 문제The Bargaining Problem'라는

---

* 인기 있는 책이자 영화인 〈뷰티풀 마인드(A Beautiful Mind)〉의 주인공

제목을 단 놀라운 논문으로 유명해진 것이 바로 협력에서 얻은 결과를 할당하는 방법이었다[15]. 이 논문에서, 내시는 "두 명의 계약자가 합의에 어떻게 도달하는가?"라는 간단한 질문을 했다. 해리는 래리에게 손도끼를 받는 대가로 고기를 얼마나 줄 것인가? 이것은 너무나 간단하게 들리지만, 여러 세대 동안 경제학자들을 곤혹스럽게 한 문제였다. 내시는 두 명 이상의 계약자들이 교환에서 얻는 이익을 분배하는 방식은 각각이 거래의 이익을 어느 정도로 평가하느냐, 그리고 계약자들의 대안이 무엇이냐에 따라 결정된다고 정리했다. 이를 자세히 들여다보면 각자는 다른 모든 사람도 역시 가장 좋은 거래를 찾고 있다는 가정하에 자신에게 가장 좋은 거래를 찾게 되며, 다른 사람의 행동을 고려하더라도 그 어느 누구도

영화 〈뷰티풀 마인드〉의 주인공 존 내시는 '래리는 해리에게 손도끼를 주는 대가로 고기를 얼마나 받아야 할까?'라는 주제의 논문을 썼다. 내시의 멋진 해답은, 거래의 기준은 각 계약자들이 거래의 이익을 어느 정도로 평가하는지, 계약자들의 대안이 무엇인지에 따라 결정된다는 것이었다.

위치를 변경할 이유가 없는 지점에서 거래가 이루어진다. 이 지점은 '내시 균형점'이라고 불리게 되었다. 그렇기 때문에, 해리와 래리는 도끼를 놓고 흥정할 때, 결국 두 사람 모두 행복하게 거래할 수 있고 누구든 계약을 이행하지 않고는 자신의 입장을 개선할 수 없는 합의점을 찾아내게 된다. 즉, 거래가 성사된다. 두 사람 모두 전혀 거래를 하지 않은 경우보다 더 나은 상태로 헤어지게 되므로, 협력의 논제로섬 이득을 얻게 된다.

하지만 내시 균형점이 존재한다고 해서 행복하고 협조적인 결과가 보장되는 것은 아니다. 1단계 죄수의 딜레마에서, 내시 균형점은 두 죄수가 모두 서로를 밀고하여 함께 감옥을 가게 되는 것이다. 이는 서로가 상대를 고발할지 조용히 있을지 알지 못하므로 이야기하는 것이 더 낫다고 생각하기 때문이다. 범죄를 함께한 사람에게도 동일한 인센티브가 존재하므로, 그도 밀고할 것이라고 추정할 수 있다.

내시의 공리는, 협력하게 만드는 논제로섬 게임의 경우 각자가 최상의 반응으로 협력할 수 있도록 결과를 구조화해야 하거나 게임을 하는 사람이 자신의 반응을 조정할 수 있는 메커니즘이 필요하다는 사실을 알려 준다. 예를 들어, 그 죄수들에게 증언하는 사람은 누구든 죽여 버릴 것이며 침묵을 지킨 사람은 석방된 후에 보상해 줄 것이라고 약속을 한 마피아 보스가 있다고 하자. 그런 경우, 결과 구조는 바뀌게 되며 내시 균형점은 두 사람이 모두 침묵을 지켜 풀려 나오는 지점으로 옮겨진다. 마찬가지로, 그 죄수들이 서로 의사소통을 하여 상대방에게 제안된 것이 무엇인지 알게 된다면, 그들은 협력하고 대응하여 변절의 덫에 걸리지 않을 수 있을 것이다. 하지만 이 마지막 해결 방법의 경우 한 죄수가 이득을 얻기 위해 상대를 팔아 먹을 가능성이 여전히 존재한다. 어쨌든, 도둑들 사이에 명예란 없는 것이기 때문이다. 이것은 사회적 기술 적합도의 세 번째 중요한 요소로 연결된다. 즉, 사회적 기술이 적합하려면, 게임을 공정하게 하지 않는 사람을 처리하는 메커니즘이 있어야 한다는 것이다.

사기꾼과 승리자의 차이

속이고자 하는 동기가 생긴다는 것은 협력이란 본질적으로 이루기 어려우며 설령 협력이 이루어진다 해도 잠재적으로 불안정함을 의미한다. 한 사냥꾼이 동료들보다 약간 느리게 달리며 겨우 400kcal만을 사용하지만, 그가 부당하게 이득을 보고 있다는 것을 동료들이 눈치채지 못한다면 그는 750kcal의 고기를 가져가게 된다. 마찬가지로, 멋진 손도끼를 받고 그 대신 다소 오래되거나 육질이 거친 고기를 줄 수도 있고, 170그램으로 합의해 놓고 140그램을 줄 수도 있다. 생물학적 진화의 이기적인 논리는 속이는 사람들이 속임수를 써서 이득을 얻게 되면 그 속이는 유전자가 후손에게 전달될 가능성이 높아진다

430

는 것이다. 그렇기 때문에 속임수는 진화에서 유리한 특성이다.

하지만 생물학적인 선택에서 속이는 유전자가 잘 속는 유전자보다 우위에 있다면, 집단 내에서 협력이라는 것이 어떻게 발을 붙일 수 있겠는가? 그 대답은 협력하여 얻는 이득이 너무나 크기 때문에 협력하는 유전자가 속이는 유전자보다 유리하다는 것이다. 하지만 그 유전자가 순진하지 않은 경우에는, 사람들이 잘 속지 않게 해야 하며 속이는 사람은 처벌을 받게 해야 한다[16]. 협조적인 유전자가 생존하려면 정교한 방어 메커니즘이 필요하다. 앞에서 설명한 린드그렌의 모델을 기억해 보라. 죄수의 딜레마에서, 게임을 하는 사람이 단 한 번만 게임을 한다면, 두 사람 모두 서로를 밀고할 인센티브를 가지게 된다. 하지만 그 게임이 반복되며 언제 끝날지 아무도 모른다고 하면, 그 구조가 훨씬 더 복잡해진다. 일반적으로 볼 때 발전하는, 그리고 강력하고 성공적인 종류의 전략 논리는 다음과 같다.

나는 상호 협력을 전제로 시작한다. 하지만 당신이 나를 속인다면 협조를 거부할 뿐만 아니라 단기적으로 손해를 감수하고라도 당신을 처벌할 것이다. 물론, 시간이 좀 지나면 용서하고 다시 협조할 수도 있다. 단, 그 속인 행동이 실수 또는 의사소통이 제대로 안 된 탓이거나, 그렇지 않다면 당신이 사는 방식을 바꾸어야 한다. 하지만 다시 속인다면, 내가 당신을 다시 용서할 확률은 더 낮아질 것이며 처벌은 훨씬 더 강력해질 것이다.[17]

린드그렌의 컴퓨터 모델 세계에서 진화에 의해 이와 같은 종류의 논리가 생긴 것처럼, 진화는 우리 선조들의 정신과 본능 속에도 동일한 종류의 논리를 새겨 넣었다. 이 책의 앞부분에서 '최후통첩성 게임 **ultimatum game**'이라고 하는 일련의 실험에 대해 설명했다. 이 실험에서 연구자들은 두 명의 피실험자에게 돈다발을 주고 한 사람에게 그것을 나누는 방법을 결정하라고 했는데, 상대방이 분할 방식이 공정하다고 동의한 경우 둘 다 자신의 몫을 가질 수 있었다. 하지만 상대방이 분배된 몫을 거부했다면, 아무도 돈을 가질 수 없었다. 이 상호 이익 실험의 결과는 충격적이었다. 경제적인 논리에 따르면 사람들이 나눈 몫이 아무리 작아도 제안을 수락해야 한다. 없는 것보다는 약간이라도 있는 것이 낫기 때문이다. 하지만 테스트를 반복하면서, 피실험자들이 불공정하다고 인식하는 제안은 손해를 보면서도 거부했다. 그 결과는 수렵·채집민 문화를 포함하여 지구상의 어느 문화권에서든 일관성이 있었다. 다른 게임들과 실험들에서도 인간의 협력-상호 이익(상호주의) 행동 방식은 일관성이 있고 뿌리 깊은 특성임이 확인되었다[18]. 진화는 논제로섬 이득의 재물을 획득하기 위해 협조적이 되게끔 우리를 자연스럽게 이끌었다. 그럼에도 불구하고, 진화로 인해 속임수에 대한 민감한 반응, 공정함에 대한 기대, 그리고 선을 넘었다고 생각되는 사람들을 처벌하려는 의지 등도 갖게 되었다. 그 결과, 진화는 우리의 정신적 소프트웨어에 정교하면서도 직관적인 내시 균형점 탐지 능력과 공정성 감지 능력을 프로그래밍해 넣었다. 이런 특성들이 있기 때문에 사람들의 집단은 최소한 합리적이고 안정적이며 불로소득자나 속임수를 쓰는 사람의 공격에 저항하는 연대 관계를 형성할 수 있다[19].

강력하고 성공적인 전략으로 입증된 것은 다음과 같은 전략이다. "나는 상호 협력을 전제로 시작한다. 하지만 당신이 나를 속인다면 나는 협조를 거부할 뿐만 아니라 단기적인 손해를 감수하고라도 당신을 처벌할 것이다. 시간이 좀 지나면 용서하고 다시 협조할 수도 있다. 하지만 다시 속인다면, 내가 당신을 또 용서할 확률은 더 낮아질 것이며 처벌은 처음보다 훨씬 더 강력해질 것이다."

하지만 우리에게 내장된 상호 이익 소프트웨어는 고정되어 있지 않다. 즉, 지역적인 상황에 맞추어 적응할 수 있다. 대부분의 경험에 다른 사람들의 협력과 상호 이익이 관련되어 있고 사람들을 신뢰할 수 있음을 알려 주는 역할을 하는(즉, 사람들이 자기희생적이고 신뢰할 수 있는 유형을 칭찬하는 이야기를 하는) 사회적인 규범이 존재하는 환경이라면 정신적인 협력 소프트웨어는 협력하는 쪽으로 기울어지게 된다. 또한 이런 환경에서 이 소프트웨어가 변절이나 속임수의 예를 보게 될 경우 더 놀라고 더 관용적으로 치우친다. 본질적으로, 우리의 정신은 우리 주위에 있는 모집단을 통계적으로 샘플링하며, 사람들이 일반적으로 협조적인 경우에 만약 속이는 사람을 만나게 되면 그 사람의 행동 방식이 아마도 실수나 오해로 인한 결과일 것이라고 추정하는 경향이 있다. 반면, 덜 협조적이며 협조를 지지하지 않는 사회적 규범이 있는, 다시 말해 속임수가 많은 환경(즉, 전부 도둑에 대한 이야기밖에 없으며 사람들은 "등 뒤를 조심하라"고 말하는 환경)에서는 경험에 입각한 협력 소프트웨어가 우리를 의심하는 쪽으로 치우치게 만든다. 즉, 속임수를 쓴다는 증거가 처음 나타날 때 거칠게 반응하며, 용서한다 해도 천천히 용서한다. 그리고 상대 측에서 먼저 협조한다는 증거가 나올 때까지는 협력에 저항할 가능성이 있다.

상호 이익 규범을 국지적으로 조정하면 모집단의 수준에서 매우 복잡한 구조가 생길 수 있다. 협력을 잘하는 사회라 해도 속임수가 한계 수준에 도달하면 협력이 붕괴될 수 있으며, 협력을 잘 안 하는 사회는 비협조적이고 경제적으로 헐벗은 곤경에 처할 수 있다. 그리고 협력하는 전통이 다양한 사람들이 서로 섞이게 되면, 오해와 혼란이 유발될 수 있다[20]. 동일한 문제가 조직 내에서도 일어날 수 있다. 16장에서 설명하겠지만, 회사 내에 협조적이고 신뢰도가 높은 문화가 있으면 경제적인 성과가 높아지는 경향이 있으며, 회사를 합병하여 신뢰도 변수가 서로 다른 사람들이 갑작스럽게 모이게 되는 경우 상당한 문제가 발생할 수 있다.

그렇기 때문에, 논제로섬 이득이 생기는 요인들을 이용하고 그런 이득을 할당하는 협조적인 내시 균형점을 찾아내고, 변절 문제를 관리하는 등의 일을 잘하는 사회적 기술은 그렇지 못한 사회적 기술에 비해 적합도 지형에서 더 높은 곳에 존재하게 된다. 사람들이 적합한 사회적 기술을 찾기 위해 그 지형에서 자신이 가는 길에 대해 연역적 실험을 시도하면서 인류는 세 가지 문제를 해결해야 하는 더 복잡하고 정교한 사회적 구조를 발전시켰다.

가족 단위에서 비즈니스 단위로

사회적 기술의 진화 과정은 가까운 친척과 가장 밀접하게 협조하는 유전적인 경향에서 시작한다[21]. 무엇보다도 가족 구성원들이 유전 인자를 공유하며 그들을 돕는 것은 그 유전 인자가 다음 세대로 전달될 확률을 높이는 데 도움이 된다. 그렇기 때문에 우리 조상들의 가장 오래된 협조적인 사회적 구조는 가족이다. 인간의 가족 생활 습관은 방탕한 침팬지와 일부일처형 원숭이 사이의 어딘가에서 시작한다. 대부분의 수렵·채집민 부족에서, 일부다처형 남자들은 가능한 한 여러 명의 아내를 취했고 남자의 지위가 높아질수록 배우자가 더 많아졌다[22]. 초기 인류는 일부다처제가 되는 경향이 있었지만, 침팬지와는 달리 남자들은 일반적으로 자기 배우자와 자식들을 떠나지 않고 그들에게 투자하였기 때문에, 상대적으로 안정적인 가족 단위가 형성되었다. 일부 사회들은 이러한 가장 기본적인 사회적 구조 이상으로 전혀 발전하지 않았다. 예를 들어, 로버트 라이트는 누나미우트Nunamiut 에스키모와 쇼쇼니족Shoshone 인디언들이 상당히 최근까지도 가족 단위를 중심으로 조직되었으며 그 이상의 사회적 구조는 거의 없었다고 지적한다[23].

사회적 구조의 사다리에서 첫 번째 계단은 협조적인 사냥단이었다. 사냥단의 기본적인 칼로리 논리, 즉 먹을 것을 더 많이 얻을 수 있다는 논리는 매우 설득력이 있다. 대부분의 수렵·채집민 사회, 그리고 함축적으로는 대부분의 초기 사회에서 이런 형태의 협력이 발견되었다.

하지만 대부분의 초기 사회에서 협조적인 사냥단은 상대적으로 작은 규모였으며 대부분 친족이나 친족에 가까운 사람들로 구성되었다.

사회적 협력에서 빅뱅은 정착 농경이 도래하면서 시작되었다. 식물을 재배하는 물리적 기술은 1만 1천 년쯤 전에 세계 대부분의 지역에서 서로 독립적으로 출발된 것으로 나타난다[24]. 정착 농업으로 인해 획득되는 칼로리가 증가하고 위험 부담이 줄어들면서 정착 생활은 더 영구적이 될 수 있었다. 인간 집단의 규모는 커졌다. 이것은 협력이 가족 구성원들의 씨족 이상으로 확대되기 시작했음을 의미하였다. 더 나아가 이로 인해 많은 새로운 논제로섬 게임이 가능하게 되었다[25]. 협조적인 그룹은 주거지를 건축하는 것과 같이 규모의 경제를 이용할 수 있었고, 몇 명의 가족 구성원들만으로는 지을 수 없었던 다른 구조들의 경우에는 인공물을 만드는 인력을 세분화하여 이익을 얻을 수 있었으며, 멀리 떨어진 마을과의 무역도 추구할 수 있었다.

하지만 협력과 관련된 이 모든 혁신으로 인해 새로운 문제가 생겼다. 즉, 생성된 부를 분배하는 방법이라는 이른바 '내시의 문제'였다. 영장류에 배경을 두고 있는 성적인 계층 구조는 이 문제에 대한 자연스러운 해답을 알려 주었다. 그것은 로버트 라이트와 그 외의 사람들이 이른바 '빅맨 소사이어티Big Man Society'라고 부른 것이다[26]. 우리의 가장 가까운 영장류 친척의 경우, 다른 많은 종들도 마찬가지지만, 남성이 여성에 대한 성적인 접근 권한을 놓고 서로 경쟁한다. 크고 강하고 똑똑하고 공격적인 남성이 약한 남성을 밀어 내고 여성에 대한 접근 권한을 차지하기 때문에, 크고 강하고 똑똑하고 공격적인 유전자가 그 이후 세대로 전달되게 된다. 초기 인류와 같은 일부다처제 사회에서, 남성이 더 지배적일수록 배우자 수가 더 많으며, 배우자 수가 더 많을수록 자식이 더 많다. 이로 인해 신분이 높은 남성과 신분이 낮은 남성의 계층 구조가 생겼다. 초기 인류의 집단이 서로 합쳐져서 비친족 사회가 되면서, 이런 성적인 계층 구조가 협력의 수확물을 분배하는 사회·경제적 신분 계층 구조로 바뀐 것은 지극히 당연했다. 물론, 이 두 가지 계층 구조는 동전의 양면과 같다. 즉, 우리 선조들의 환경에서 성적인 지배력의 특성(즉, 크기, 지능 및 공격성)은 경제적인 성공으로 구현되는 경향이 있었으며, 경제적으로 잘되는 것은 성적인 지위로 나타나는 경향이 있었다. 부유한 사람이 배우자와 자식들에게 더 많은 자원을 제공할 수 있었기 때문이다[27]. 그렇기 때문에, 고대 그리스 신화에서부터 현대의 타블로이드판 신문에 이르기까지, 사람들이 가장 즐기는 대화의 주제 세 가지는 성, 돈, 신분으로, 이것은 초기 시대에서부터 이어져 내려온 것이다.

이미 설명한 것처럼, 계층적 구조는 인기가 별로 많지 않다. 독재자를 좋아하는 사람은 아무도 없다. 기업은 계층을 줄여 팀을 만들어야 하며, 기업 지도자들은 마치 우두머리 남성이나 여성으로서 자기 회사 주위를 뽐내며 돌아다니고 싶은 유혹을 이겨 내야 한다. 하지만 네트워크 이론은 계층 구조가 정보 처리 시스템에서 중요한 역할을 한다는 것을 보여 준다. 그 정보 처리 시스템이 컴퓨터 칩이든, 인터넷이든, 인간의 뇌든, 경제든 관계없이 그러하다. 분업과 규모의 경제적 장점을 이용하려면 업무를 분할하고 그 실행을 조정하고 상황을 다시 결합해 그 결과물을 할당해야 한다. 초기 사회에서, 그 일을 담당하는 사람은 일반적으로 성적으로 지배적인 남자였다. 라이트는 초기 미국 북서부 연안 부족에서 그런 '빅맨'의 역할을 다음과 같이 설명한다.

기획 책임자는 정치적인 지도자, 즉 '빅맨'이었다. 그는 씨족, 즉 마을의 충성을 받았다. 그는 연어 덫을 만들거나 물고기 저장실을 건축하는 일을 지휘했으며, 일부 주민들은 다른 주민들이 사용할 카누를 만드는 것과 같은 전문적인 일을 수행하게 했다. 이 모든 것에 대해 값을 지불하기 위해, 그는 사냥꾼 사냥감의 5분의 1 또는 절반을 차지한다. 이 수입 중 일부는 추장이 후원하는 연회의 형태로 사람들에게 돌아간다……. 말할 필요도 없겠지만, 빅맨은 제일 윗부분을 약간 떼어 먹었다. 그는 평균보다 더 좋은 집에서 살았고 평균보다 더 멋진 의복을 소유했다.[28]

여기서 우리는 이것이 현대 CEO와 정치가들과 크게 다르지 않다는 점을 알 수 있다.

일단 인류가 계층 구조를 만들자, 계층 구조 내에 계층 구조를 중첩시키는 구조를 만드는 것은 아주 간단했다. 그 진행 과정을 상상해보자. 어느 시점에서, 성장하는 마을을 운영하는 성공적인 빅맨이 연어 덫 제작을 지켜볼 수 있는 충분한 시간이 없어 동생이나 가장 친한 친구에게 그 일을 담당하도록 임명한다. 즉, 비즈니스 단위가 태어난 것이다. 그 빅맨 사장은 자신에게 보고하는 소사장들을 두게 되며, 그 소사장들은 또 자기에게 보고하는 소사장들을 두게 된다. 계층 구조가 생기면 분업과 정보 처리가 촉진된다. 이것은 수렵·채집민 부족에서부터 지역 볼링 리그, 대기업에 이르기까지 인류의 모든 사회적 구조에 스며들어 있다[29].

평화, 사랑, 그리고 이해

사회적·경제적 계층 구조는 정보 처리 면에서 중요한 장점이 있지만, 그런 구조는 본질적으로 불안정하다. 최상위 지점에는 항상 경쟁이 있고, 빅맨이 그 능력을 상실하거나 죽으면 계승 전쟁이 불가피하게 발생한다. 조직적인 동요는 손해가 매우 크며 안정성은 이득이 많다. 안정적인 조직은 시간이 경과하면서 지식과 기능을 축적하고, 더 장기적이고(잠재적으로 더 수지맞는) 이익이 있는 논제로섬 게임을 하며, 참여자들에게 더 많은 확실성을 제공하여 더 낮은 비용으로 협력을 얻을 수 있는 능력을 가진다. 영장류의 무리에서, 계층적 구조의 관리 방식은 상당히 단순하다. 크고 똑똑하고 공격적인 남자가 집단을 지배하며, 더 크고 더 똑똑하고 더 공격적인 또 다른 남자가 나타나면 폭력적인 쿠데타를 일으켜 그를 끌어내린다. 불행하게도, 이런 방식의 계층적 구조 관리는 지금까지도 독재 정권, 조직화된 범죄 단체, 그리고 그 외의 불미스러운 사회 조직에서 사용되고 있다.

　농업과 함께 더 크고 더 영구적인 정착 생활이 시작되면서, 희생이 크게 따르는 폭력 없이(또는 최소한 더 적은 폭력으로) 계층적 구조의 권력 이동을 관리하는 일련의 혁신적인 방법이 개발되었다. 이러한 혁신 중에는 장자상속권(즉, 첫째 왕자가 왕이 되는 것)과 장로들에 의한 지도자 선출(예를 들면, 아프가니스탄의 종족 대표 회의나 추기경들의 교황 선출)이 포함되었다. 비교적 최근의 혁신 중에는 보통 선거 방식의 민주적인 선출과 기업의 주주 지배 구조가 포함되었다. 흥미롭게도 현대화된 이런 프로세스의 형태에는 문명성이 느껴짐에도 불구하고, 그 표면 아래에는 항상 물리적인 힘의 위협이 기다리고 있다. 예를 들어, 미국 대통령이 유효성을 가진 선거에서 패배한 후에 백악관을 떠나기를 거부한다면, 까만 선글라스를 쓴 상당히 큰 몇몇 남자들이 아마 그를 끌어낼 것이다. 그럼에도 불구하고 계층적 구조에서 변화를 관리하는 사회적 기술은 조직이 안정성을 유지하고 시간이 경과해도 버틸 수 있도록 하는 데 매우 중요한 역할을 해왔다.

　계층 구조 내에서의 경쟁을 관리할 필요도 있지만 서로 다른 계층 구조의 구성원들 사이의 경쟁으로 인한 위협과 기회도 관리해야 한다. 인간 집단에는 완전히 낯선 사람들 사이의 협력을 가능하게 만드는 사회적 기술이 필요하다. 낯선 사람들이 서로 만날 때 극복해야 하는 첫 번째 문제는 서로 신뢰할 것인지, 아닌지를 모른다는 점이다. 협력과 상호 이익(상호주의) 행동 방식 규범에 관한 모수들은 서로 많이 다를 수 있으며, 거래에서 한쪽이 상대방을 이용할 수도 있다. 그렇기 때문에 사람들은 직계 혈족 이외에 신뢰할 수 있는 사람과 신뢰할 수 없는 사람을 구분하는 사회적 기술이 필요하다. 마을 밖으로 확대해 나가는 과정에서 최초의 그런 사회적 기술은 의문의 여지없이 부족의 정체성이라는 것이다. 즉, 외부인들과 나의 사람을 구분함으로써 사회적 규범을 공유할 가능성이 더 많은 사람들을 효율적으로 찾아낼 수 있을 것이다. 부족 내에서의 상호 작용은 시간이 지나면서 반복될 가능성이 높으므로, 이용당하거나 파괴적이고 잘못된 의사소통이 일어날 가능성은 그만큼 더 적다.

역사적으로 무역망은 최초로 그리고 가장 강력하게 부족, 민족, 종교 집단 내에서 발전하는 경향이 있었다. 기원전 250년부터 900년까지 멕시코, 과테말라, 벨리즈의 거대한 지역에 존재하던 마야 무역망이나, 지난 1천 년 동안 북아프리카에서 시작하여 중동을 거쳐 중앙아시아까지 뻗어 있던 방대한 무슬림 무역망, 그리고 아이비리그가 지배하는 월 스트리트의 회사들을 생각해 보라. 외부인들과 나의 사람들이라는 이 꼬리표의 추한 측면은 바로 차별 대우다. 차별 대우는 본질적으로 자기 제한적인 것이다. 즉, 다른 정보가 없는 경우, 꼬리표를 붙이는 것은 위험 부담을 줄이는 전략이 될 수 있지만, 잠재적으로 이득이 되는 관계를 맺을 수 있는 더 큰 세계를 제외시키는 역할도 한다.

어떤 의미에서, 배타적인 꼬리표를 붙이는 것은 동일한 브랜드의 컴퓨터만(IBM 컴퓨터는 IBM 컴퓨터와, 델 컴퓨터는 델 컴퓨터와) 서로 정보를 교환할 수 있는 폐쇄형 컴퓨팅 환경을 만드는 것과 같다. 통신과 그 작동 방식에 대한 표준 프로토콜을 두는 것은 장점이 있지만 그 대신 확장성을 양보해야 한다. 그렇기 때문에, 사회적 기술에서 주된 혁신은 낯선 사람들이 서로 협력할 수 있는 개방적인 약속을 개발하는 것이었다. 그것이 법률의 규칙이다. 법률이 있으면 배경, 역사,

> 사람들은 직계 혈족 이외에 신뢰할 수 있는 사람과 신뢰할 수 없는 사람을 구분하는 사회적 기술이 필요하다. 사회적 기술에서 주된 혁신은 낯선 사람들이 서로 협력할 수 있는 개방적인 약속을 개발하는 것이었다. 그것이 법률이다.

민족성 및 사회적 규범 등이 서로 다른 완전히 낯선 사람들이 서로 비즈니스를 수행하면서도 위험 부담을 크게 줄일 수 있다. 예를 들어, 주택을 구입하는 것과 같은 큰 투자는 재산법, 건축 법규 및 보험 등의 모든 보호 수단에도 불구하고 겁나는 일이 될 수 있다. 만약 그런 보호 수단조차 없다면 어떻게 될지 생각해 보라. 사회의 부와, 법 집행과 판결을 위한 메커니즘이 포함된 성문법의 존재 사이에는 강력한 상관관계가 있다[30]. 법치주의를 확립하는 것은 가난한 국가에서 성장을 자극하려고 하는 개발 경제학자들에게는 중요한 과제로 간주되었다. 강력한 법률 제도가 없는 국가들은 결국 꼬리표와 같은 수단에 의존할 수밖에 없는데, 이는 덜 효율적이고 사회적으로 불화를 일으키는 대용품이다. 물론 법률은 신뢰를 완전히 대신하지 못하기 때문에, 사회적 신뢰가 무너져 사람들이 법률 기관에 지나치게 의존하게 되면 사회는 기능 장애를 일으킬 수 있다(미국 사회에서 증가하는 소송이 그 증거다). 그럼에도 법률과 규제 제도가 제대로 작동하면서 협력을 위한 프로토콜 역할을 해주지 않는다면 복잡하고 대규모 협력은 사실상 불가능하다.

　의사소통도 협조적인 행동 방식을 발생시키는 데 매우 중요하다. 그렇기 때문에 언어가 개발되면서 사회적·경제적인 협력 잠재력이 극적으로 증가하였고 무수하게 많은 새로운 논제로섬 이득을 얻게 되었다. 언어가 개발된 시점에 대해서는 많은 논쟁이 있다. 널리 인정되는 추정 시기는 3만 년 전부터 100만 년 전까지 그 범위가 넓다[31]. 그럼에도 불구하고, 언어는 아마도 도구가 제작되고도 한참 후에 개발되었을 것이다. 도구 제작은 250만 년 전이라는 증거가 있기 때문이다. 따라서 언어가 개발되기 이전이기 때문에 그 성격상 복잡성의 정도가 제한적인 그런 경제 활동 시기가 있었다. 언어가 물리적 기술을 생성할 수 있는 인간의 능력을 바꾸어 놓은 것처럼 언어는 사회적 기술의 생성도 바꾸어 놓았다. 언어 유전자와 함께 나타나게 된 이점들을 생각해 보라. 어휘가 증가하면서 유익하고 협조적인 사회적 게임의 공간이 폭발적인 속도로 열리게 된다. 끙끙대는 소리, 몸짓, 얼굴 표정만을 사용하여 누군가와 복잡한 거래를 하려 한다고 생각해 보라. 그리고 형편없는 관광객 수준의 프랑스어 50단어를 사용하여 협상을 한다고 생각해 보라. 또한 원어민 수준의 유창한 언어 능력으로 협상을 한다고 생각해 보라.

일단 언어가 개발된 다음, 일련의 물리적 기술 혁신으로 인해 협조적인 활동에서 언어의 가치는 더욱 강화되었다. 약 5천 년 전에 나타난(인류 역사 전체를 기준으로 보면 비교적 최근에 발명된) 문자를 사용하면서 사람들은 지식을 보다 널리 보급할 수 있었고 시간이 지나도 보다 정확하게 지식을 보존할 수 있었다. 만약에 문자가 없었다면 고대 이집트, 그리스 또는 로마의 복잡한 사회가 유지 가능했을지 의문이다. 부족적인 암흑시대에서 유럽 사회가 등장한 것은 분명히 인쇄기로 인해 촉진된 것이며, 산업 혁명의 사회적 혁신도 신뢰할 수 있는 우편 서비스가 없었다면 가능하지 않았을 것이다. 현대의 세계적인 기업들이 보여 주는 그 복잡성도 전화기, 팩스 및 전자 메일이 없었다면 제대로 관리될 수 없었을 것이다.

사람들에게서 나온 컴퓨터

이미 언급한 것처럼 많은 수의 주요 사회적 기술 혁신은 정보 처리라는 의미가 있으며 '정보 처리 제품으로 구성된 네트워크'는 계산할 수 있는 능력이 있다. 사회적 기술의 발전이, 많은 사람들이 협조적인 네트워크를 형성하여 의미 있는 데이터를 전달하고 저장하는 수단을 가지는 단계에 이르자 인간 조직들은 서로 다른 특성을 가지게 되었다. 즉, 새로운 형태의 계산 능력을 갖추게 되었다[32].

사람들로 구성된 조직은 개인들이 혼자 힘으로는 처리하거나 해결할 수 없는 그런 정보를 처리하고 복잡한 문제를 풀 수 있다. 예를 들어, BP(브리티시 페트롤륨)는 전 세계의 여러 곳에서 원유와 가스를 추출하여 정제한 다음 수백만 명의 에너지 사용자들에게 공급하는 문제를 해결하기 위하여 만들어진 컴퓨터라고 생각할 수 있다. 그 엄청나고 복잡한 문제를 해결하는 방법을 충분히 자세하게 설명할 수 있는 사람은 아무도 없다. 매일 BP로 흘러 들어가는 엄청난 양의 데이터와 이사회 수준의 판단에서부터 북해의 굴착 장치 근무 스케줄에 이르기까지 내려야 하는 모든 결정에 대해 생각해 보라. 통제권을 쥔 CEO에 대해 생각해 보라. 존 브라운만큼이나 유능한 CEO조차 큰 조직체에서 임의의 한순간에 내려지는 수천, 수백만 가지의 의사 결정 중 극히 적은 일부분 이상을 파악하기란 불가능하다. 하지만 원유를 찾아내고 뽑아내고 정제하여 배포하는 엄청나게 복잡한 문제는 매일매일 고도로 분산된 형태로 해결된다.

전 세계 100여 국가에 10만 3천 명의 직원이 흩어져 있는 BP 같은 조직에서 직원들의 대부분은 서로 전혀 만난 적이 없으며 앞으로도 절대 만나지 않겠지만, 그들은 공동 목표를 위해 함께 일할 수 있도록 사회적 구조, 규범, 법적 구조 및 인센티브로 이루어진 네트워크로 연결되어 있다.

개미집이나 두뇌와 마찬가지로, 인간의 조직은 네트워크로 연결된 새로운 지능 형태를 보여 준다. 캘리포니아 주립대학 샌디에이고 분교의 인류학자이자 인지과학자인 에드윈 허친스Edwin Hutchins는 매우 다양한 환경에서 조직화된 집단과 개인들의 문제 해결 능력을 비교하는 연구를 했다. 그는 조직들이 집단 내에서 개별적으로는 존재하지 않는 집합적인 새로운 기능을 보유할 수 있다고 결론 내렸다[33]. 본질적으로, BP는 그 구성원 하나하나보다 더 총명할 뿐만 아니라, 그 구성원 전체의 합보다도 더 총명하다.

사회 내에서 BP 같은 세계적인 대기업의 역할에 대해 논쟁이 일어날 수도 있다. 하지만 아무리 강경한 기업 비평가라 할지라도 전 세계 100개 이상의 국가에 10만 3천 명의 직원을 보유하고 있는 BP와

442

같은 조직은 인간 협력의 경이로운 결과라는 사실을 인정하지 않을 수 없을 것이다. 직원들의 대부분은 서로 전혀 만난 적이 없으며 앞으로도 절대로 만나지 않겠지만, 그들은 공동 목표를 위하여 함께 일할 수 있게 해주는 사회적 구조, 규범, 프로토콜, 법적 구조 및 인센티브로 이루어진 망 안에 함께 묶여 있다. 그 협력의 망을 BP의 직속 직원들 밖으로 확대하여 130만 명의 주주와 수천 명의 공급 업체 및 기타 파트너 회사들까지 감안한다면, BP와 같은 사회적 구조의 규모는 훨씬 더 주목할 만한 것이 된다.

BP 정도의 규모와 복잡성을 지닌 조직은 인류 사회가 수백만 년 동안 발전시켜 온 사회적 기술 혁신으로 이루어진 거대한 산에서 제일 높은 곳에 위치할 것이다. 이런 혁신 중에는 2,600년쯤 전에 메소포타미아에서 처음으로 사용된, 본질적으로 보편적인 효용 변환 수단이 되는 돈과 같은 사회적 기술이 포함된다. 돈이 있기 때문에 한 개인의 경제적 필요와 욕구를 다른 사람의 필요와 욕구와 동일한 단위로 변환할 수 있다[34]. 마찬가지로, BP는 13세기의 이탈리아 상인들이 처음 개발한 복식 기장 회계라는 사회적 기술이 제공하는 금융 정보로 이루어진 중앙의 신경 시스템이 없었다면 운영하는 데 어려움을 겪었을 것이다[35]. 또한 1825년과 1862년 사이에 일련의 법령으로 영국 의회에서 창안한 유한 합자 회사가 시작되지 않았더라면 BP는 지금처럼 존재할 수도 없을 것이다[36]. BP는 효용이 있는 사회적 기술의 유산에 의존하지만, 경제적인 진화 시스템에 참여하기도 한다. 왜냐하면 BP의 매니저들은 연역적으로 실험을 시도하면서 새롭게 조직하고 운영하는 방법을 찾아내고 있고, 여기서 나온 성공적인 사회적 기술은 채택되어 BP 내부와 외부로 퍼져 나가고 있기 때문이다.

영장류에 뿌리를 두고 있는 생물학적인 전통으로부터, 우리는 상호 이익이 되도록 협력하려는 경향과 지배적인 계층 구조에서 경쟁하고 싶은 충동을 물려받았으며, 결국에는 인간의 두뇌가 발전하면서 언어라는 것을 갖게 되었다. 이 초라한 출발에서 시작하여 인간이 사회적·경제적 활동을 조직화하는 다양한 방법을 실험하면서 수만 년 동안 이른바 '연역적 추론'의 진화 과정이 진행되었다. 협력에서 발견된 본질적인 논제로섬의 이익은 이를 위해 활용된 사회적 기술에 보상을 해주었고, 시간이 경과하면서 인류는 점점 더 효과적이고 조직적인 성공을 위한 생존 요령을 발견하였다. 인류는 이렇게 알프스 산맥과 같은, 사회적 기술이라는 디자인 공간을 탐색하면서 진화했기 때문에, 사람들은 보다 효용이 있는 생존 요령을 찾아낼 수 있었고, 성공적인 혁신이 나올 때마다 훨씬 더 많은 미래의 가능성이 열리게 되었다. 그런 혁신으로 인해 정보를 처리하고 문제를 해결하는 조직의 능력이 개선되면서, 사회적 기술이라는 적합도 지형에서 점점 더 풍부한 영역이 열렸다. 동시에, 사회적 기술 공간은 물리적 기술 공간과 공진화하였다. 각 공간에서 나온 발견들이 다른 공간에 새로운 가능성을 여는 토대로 작용했기 때문이다.

우리는 손도끼에서 항공기로, 사냥단에서 다국적 기업으로 발전하였다. 아직도 야노마모족에서부터 뉴요커까지의 먼 여행이 끝난 것은 아니지만, 점점 더 가까워지고 있다. 다음 장에서는 경제적 진화의 마지막 조각들을 맞추어 볼 것이다.

경제적 진화: 빅맨에서 시장으로

⋮

　지금까지는 대략 진화의 일반적인 모형을 설명하고 그 모형을 경제 시스템들에 접합시키고자 하였다. 10장에서는 경제적 진화를 모든 가능한 사업 계획, 즉 이른바 '스미스 도서관'에서 찾을 수 있는 디자인 중에서 적합한 디자인을 찾아가는 과정으로 설명한 바 있다. 그리고 11장과 12장에서는 물리적 기술과 사회적 기술의 진화가 어떻게 경제적 진화에 중요한 구성 요소(앞에서 나왔던 용어를 빌리자면 빌딩 블록)가 되는지를 살펴보았다. 이 장에서는 경제적 진화 과정이 기업과 시장의 세계에서 펼쳐지면서 이러한 요소들이 어떻게 상호 결합되는지 알아보고자 한다.

　진화의 일반적 모형에서 나오는 점검표를 가지고 점검을 해보면 지금 우리는 거의 대부분의 요소들을 갖춘 하나의 완전한 모델을 갖고 있음을 알 수 있다. 즉, 경제적 진화를 위한 디자인 공간(스미스 도서관), 이런 디자인들을 코드화한 도식(사업 계획), 그러한 디자인의 바탕이 되는 일단의 요소들(물리적 기술과 사회적 기술), 사업 계획을 현실화할 수 있는 식별자들(경영 팀), 진화적 경쟁이 일어나는 환경(시장) 등을 이미 정의한 바 있다. 그러나 아직 설명하지 못한 중요한 두 가지가 남아 있다.

첫째, 경제적 진화 과정에서 상호 작용하는 주체를 정의할 필요가 있다. 생물학적 진화의 경우에는 생물 개체들이 상호 작용의 주체가 된다. 생물 개체들 상호 간 그리고 환경과의 상호 작용을 통하여 생존하고 사멸하는 진화가 일어나게 된다는 것이다. 그러면 '생존과 사멸'이란 경제적 관점에서 볼 때 무엇을 의미하는가?

둘째, 경제적 진화에서 선택의 단위가 무엇인지 정의할 필요가 있다. 생물학적 진화의 경우, 선택은 유전자 단위에서 일어난다[1]. 경제적 진화의 경우에는 어떠한가?

이 두 질문은 진화 경제학에서 오랜 논의와 토론의 대상이었다[2]. 복잡계 경제학의 전체적인 틀과도 맞을 뿐 아니라 지금까지 우리가 전개해 온 진화의 관점과도 일치되는 시각을 여기에서 제시하고자 한다. 우리의 모형이 완성되면 시장의 역할을 심층적으로 분석하고, 1750년경을 시작으로 대거 출현한 새로운 경제 활동(캄브리아기에 새로운 종이 폭발적으로 출현한 것에 비유할 수 있음)에 대한 새로운 시각을 정립할 수 있을 뿐만 아니라, 다음 장에서 논의하겠지만 부 자체의 기원에 대한 연구에도 활용할 수 있을 것이다.

사업은 생존과 사멸을 거듭한다

진화의 일반적인 모형에서 도식은 상호 작용자의 구조를 결정한다. 앞에서 본 바와 같이 생물학적 관점에서 보면 DNA 도식은 상호 작용자의 역할을 하는 유기체를 코드화한 것이다. 마찬가지로 사업 계획도 경제 시스템에서 하나의 도식으로서 사업의 구조를 코드화한 것이다. 결국 경제에서 상호 작용자는 사업이고, '생존하고 사멸하는 것' 도 다름 아닌 사업이다.

그러면 사업이란 무엇인가? 여기서 우리는 경제적 개념인 사업과, 법적 실체이자 하나의 사회적 기술로 볼 수 있는 기업을 구분할 필요 가 있다.

물리적 기술과 사회적 기술에 대한 정의를 원용하여 우리는 사업을 다음과 같이 정의할 수 있다.

사업이란 이윤을 획득하기 위해 물질, 에너지 그리고 정보를 하나의 상 태에서 또 다른 상태로 전환하는 개인 혹은 다수가 조직화된 그룹이다.

따라서 하나의 사업은 돌을 손도끼로 만들어 고기와 교환하면서 도끼 만드는 데 소모한 칼로리보다 더 많은 양의 칼로리를 섭취하려 는 유인원 '해리'일 수도 있다. 마찬가지로 이는 금속, 플라스틱, 실리 콘, 그리고 전자 기술과 노동자의 에너지를 결합하여 컴퓨터를 만들 고 이를 팔아 이윤을 획득하고자 하는 다수인의 조직, IBM에도 적용 된다. 서비스업의 경우에도 마찬가지이다. 예를 들어, 구두닦이는 이 윤을 위해 구두약과 약간의 팔심을 이용하여 더러운 구두를 반짝이 는 구두로 만든다. 그러나 학교에서 하는 빵 장사 등은 이에 해당되 지 않는다. 물론 빵을 만든다는 것이 계란, 설탕, 밀가루 그리고 학부 형 및 학생의 에너지를 결합하여 빵으로 전환하는 것이기는 하지만 이 경우 이윤보다는 자선을 목적으로 하기 때문이다(16~17장에서 다 시 이윤은 무엇이며 기업에 있어서 이윤이 어떠한 역할을 하는지에 대해 논의 하게 될 것이다).

이렇게 정의하고 나면 GE와 같이 다국적 회사인 경우 사업과 기업 의 구분이 매우 쉽다. GE는 단일 기업 법인이다. 그러나 플라스틱, 조 명, 미디어, 금융 서비스 등 다양한 사업을 운영하고 있다. 사실 대부분의 대기업이 다업종의 기업이다. 코카콜라의 경우 지역적으로도 다기업화되어 있을 뿐 아니라(코카콜라 북미, 코카콜라 아시아 등) 제품별로도 나누어져 있다. 그러나 소기업은 대부분 단일 업종 기업으로 되어 있다. 예를 들어, '18번가의 신문 잡지 가게'는 단일 업종의 기업이다.

따라서 우리는 기업을 다음과 같이 정의할 수 있을 것이다.

기업이란 한 개인 혹은 단체가 공동으로 관리하는 단일 혹은 다수의 사업을 말한다.

현대적인 용어로 말하자면 기업은 개인 기업, 합작 기업, 주식회사 등 다양한 법인체로 되어 있다. 그러나 그러한 공식적인 사회 기술적 용어를 쓰지 않더라도 해리는 손도끼 제조업을 혼자 운영하기 때문에 그 기업의 단일 사주다. 야노마모족의 사냥꾼들은 수렵 사업을 관리하는 일종의 합작 기업이라고 할 수 있다(여기서 내가 소유라는 표현 대신 관리라는 말을 쓰고 있다는 점에 유의하여야 한다. 소유권이라는 것은 재산권의 사회적 기술을 의미하기 때문이다). 그리고 끝으로 GM사가 하나의 기업인 것도 GM의 다양한 사업들이 궁극적으로는 같은 주주에 의해 관리되고 있기 때문이다.

이러한 개념을 바탕으로 본다면 진화 시스템에서 상호 작용자는 기업이 아니라 사업이라고 할 수 있다. 그 용어가 말해 주듯 상호 작용자는 진화 시스템에서 서로 간에, 그리고 환경과 상호 작용하면서 환경의 선택 압력에 서로 다른 성공률을 보여 주는 단위이다. 단일 사업을 운영하는 기업의 경우 기업과 사업의 차이가 그렇게 중요한 것은 아니다. 이 경우 기업과 사업은 사실상 동일체가 된다. 예를 들어, 18번가 신문 잡지 가게의 사업이 망하거나 흥하면 그 기업도 망하거나 흥하는 것과 같다. 그러나 GE의 경우는 다르다. GE의 경우 고객, 공급자 그리고 경쟁 기업들과의 상호 작용은 기업 차원이 아닌 개별 사업 차원에서 일어난다. 즉, GE 플라스틱 사업이 망한다고 해서 GE가 망하는 게 아니다. 망하는 것은 플라스틱 사업일 뿐이라는 것이다. GE 플라스틱이 망한다면 GE에 재정적 손실은 되겠지만 GE는 다른 사업을 운영하면서 계속 살아남을 것이다.

그다음으로 우리가 분명히 하여야 할 것은 사업과 개별 제품 혹은 서비스와의 차이이다. 예를 들어, GE 플라스틱 사업부가 하나의 사업이냐 아니면 그 자체가 '렉산', '노릴' 등과 같은 다양한 사업으로 구성된 하나의 기업 같은 조직이냐 하는 논란이 가능하다. 다시 말하지만 사업의 핵심적 특성은 바로 상호 작용의 거점을 제공한다는 것이다. 그러므로 사업과, 제품 혹은 서비스 상품을 구별할 때는 고객, 경쟁자, 사업 지역, 관련 기술, 공급자 등 상호 작용의 대상이 일치하는가를 살펴보아야 한다. 앞서 본 신문 잡지 가판대를 우유 사업, 신문 사업 등을 취급하는 복합 사업 기업이 아니라 단일 사업이라고 하는 것은 대개 우유와 신문을 사는 고객은 같고 다른 가판대와 경쟁하여 시장에서의 상호 작용이 제품보다는 상점 단위에서 일어나기 때문이다. 반면에 제약 회사는 심장약 사업, 암 치료제 사업 등을 가질 수 있는데, 이때 이들 사업들은 각기 고객, 경쟁자, 기술이 다르다.

그러나 이러한 구분에는 주관성이나 모호성이 없을 수 없다. 따라서 사업과 제품의 구성 요소가 무엇이냐 하는 문제에 대한 논란은 끝이 없다. 결국 이에 대한 구분은 경영 책임자에게 맡기는 것이 현실적이고도 경험론적인 판단이 아닌가 싶다. 따라서 경제적 진화에서 상호 작용자는 기업이 규정하는 사업 단위라고 할 수 있다(렉산이 사업 단위냐 제품이냐 하는 것은 GE의 경영자가 결정한다는 것이다). 이러한 접근법은 제품과 사업의 경계에 대한 동태적 의미를 이해할 수 있다는 이점도 있다. 환경이 바뀌고 기술, 고객, 경쟁자가 변하면 이에 따라 경영자는 사업 단위를 재평가하고 사업 단위의 경계를 재설정할 수 있기 때문이다.

선택의 단위

사업은 경제적 진화 과정에서 적자생존을 위해 경쟁하는 상호 작용자다. 그렇다고 해서 생물계에서 진화의 선택이 생물 개체 단위에서 일어난다고 볼 수 없는 것처럼 사업이 바로 진화 과정에서 선택의 단위라고 할 수는 없다[3]. 진화가 어떻게 일어나는지를 확실하게 알려면 한 단계 더 구체적인 단위로 내려가 보아야 한다.

우리는 앞에서 "복제를 잘하는 자가 복제한다"는 진화의 법칙을 설명한 바 있다. 진화의 일반적 법칙에 따르면 선택 단위는 생존과 복제를 위해 상호 경쟁하는 개체들의 '특질'을 코드화한 도식의 조각들이다. 생물의 경우 도식의 구성 단위들은 유전자들이다. 예를 들어, 어떤 특정한 유전자군이 다른 유전자군에 비해 유기체가 적으로부터 자신을 보호하기 위한 더 좋은 위장술을 가능하게 함으로써 생존과 번식에 유리한 위치를 점하도록 했다면, 그 유전자군은 시간이 지나면서 더욱 확산된다는 것이다.

그러면 경제적 진화에서 선택의 단위는 무엇인가? 진화의 일반적 모델에서 선택 단위가 도식의 조각들이라고 한다면 경제적 진화에서 그건 사업 계획의 구성 단위들임이 분명하다. 그러면 어떠한 부분을 말하는가? 그 부분을 어떻게 인지할 수 있을 것인가? 그리고 어느 정도 세분하여 보아야 할 것인가? 예를 들어, 선택의 단위가 판매 전략인가? 아니면, 제품과 관련한 물리적 기술인가?

이러한 질문에 대한 해답을 찾기 위해서는 과거의 사례에서 경쟁에서 성공한 사업의 다른 점이 무엇이었는가를 볼 필요가 있다. 만약 점포의 형태 때문에 보더스 서점이 반스앤노블Barnes and Noble 서점의 시장을 일정 기간 잠식할 수 있었다면 그 상황에서는 점포의 형태가 바로 선택의 단위였다고 할 수 있다. 만약 재고 관리 시스템이 사업의 성패에 아무 영향을 주지 못하였다면 이는 진화의 선택 단위가 아니였다는 의미다(그러나 언제든 재고 관리 시스템도 진화의 선택 단위가 될 수 있다).

결국 선택의 단위라는 것은 환경이 선택하거나 배제하는 것이면 무엇이든 될 수 있다는 뜻이다. 이렇게 말하면 순환 논리로 들릴지 모르지만 우리로서는 그렇게밖에 말할 수 없다. 적합도 함수라는 것은 극도로 복잡하고, 다차원적이며, 가변적이다. 사전적으로 아무도 무엇이 선택될지 알 수 없다. 단지 뒤돌아보고 알 수 있을 뿐이다. 따라서 선택의 단위는 시간이 지난 다음 경험적으로만 알 수 있는 것이다.

생물의 세계에서도 이러한 사후적·경험적 방법 외에는 선택의 단위를 알 방법이 없다. 유전자의 정의도 똑같이 모호하다. '긴 다리'와 같은 어떠한 특질을 결정하는 유전자는 바로 다리를 길게 만드는 DNA의 어떤 배열이라고 대개 알고 있다. 그러나 실제로는 '긴 다리'라는 특질만을 코드화한 구체적인 DNA 배열이란 것은 없다. DNA는 단순한 청사진이라기보다는 촘촘히 그리고 복잡하게 얽힌 망에 더 가깝다. '긴 다리'라는 특질은 잠재적으로 유전 가능한, 예컨대 뼈의 성장을 다스리는 호르몬, 근육의 생성 절차 등과 같이 상호 작용하는 일단의 구성 모듈들로 이루어진다. 그리고 그런 모듈들 또한 하위 모듈들로 이루어지고, 그런 식으로 내려가다 보면 궁극적으로는 개별 단백질 그 자체의 수준에까지 이르게 된다. 그리고 이런 모듈들은 동시에 다른 특질을 규정하는 과정에도 관련될 수 있다. 따라서 생물학자들도 유전자를 판별하기 위해 사후적·경험적 방법에 의존한다. 예를 들어, 어떤 질병은 특정 단백질의 결핍이 원인이라고 하자. 과학자들은 그 단백질의 결핍 원인이 되는 DNA 배열을 찾아서 그러한 질병을 일으키는 유전자를 발견하였다고 발표한다. 그러나 과학자가 발견한 DNA의 특정 배열은 그 질병뿐 아니라 다른 수많은 메커니즘에도 중요한 영향을 미치고 있다는 사실을 알아야 한다. 따라서 '유전자'라는 것은, DNA를 따라 흩어져 서로 차별적인 생존과 번식의 기반을 제공하는 유전적 특질을 코드화한 도식의 구성 단위에 대한 하나의 편의상 명칭에 불과하다.

경제적 진화에서 선택 단위를 식별하는 데도 앞서 논의한 것과 유사한 실용적·경험적 접근법을 쓸 것이며, 그 과정에서 '모듈'이라는 새로운 개념이 필요한데, 이에 대해서는 다음과 같이 정의한다.

'모듈'은 과거에 제시되었거나 아니면 미래에 제시될 수 있는 사업 계획의 한 구성 요소로서, 경쟁적 환경에서 다수의 사업들 중 선택의 근거가 되는 부분을 말한다.

모듈을 이해하기 위하여 이러한 질문을 해볼 수 있다. "내가 한 사업의 관리자라면 그 사업의 성과를 높이기 위하여 어떤 변화를 시도할 것인가?" 예를 들어, 판촉 사업을 시작할 수도 있고, 고객 서비스 과정을 바꿀 수도 있을 것이며, 새로운 비용 통제 기준이나 제품 개선 방안을 도입할 수도 있을 것이다. 어떤 것이든 사업의 성과를 차별화하는 기반이 된다면 이를 모듈이라고 할 수 있다(좀 더 정확하게는 사업 계획 중 그러한 활동을 코드화한 부분이라고 할 수 있다).

사람은 경험을 바탕으로 모듈을 식별할 수 있다. 컨설팅 전문가들, 경영대학 교수들, 그리고 그 바닥에서 내로라하는 사람들은 사업에서 모범 사례를 찾고 이를 확산하는 데 힘을 쏟고 있다. 바로 이 모범 사례라는 것이 실상은 모듈이다(실패 사례도 마찬가지로 모듈이 될 수 있는데, 단지 적합한 것이 아닐 뿐이다)[4]. 이들은 과거에 사업을 성공으로 이끈 요인을 찾기 위해 기업에 대한 사례 연구를 하고 그 결과를 문서화하거나 설명 자료로 만든다(즉, 이것들을 도식으로 코드화한다). 그러고는 이를 경영 팀(코드화된 도식을 이해할 수 있는 능력을 갖춘 사람들)으로 넘긴다. 경영 팀은 그러한 사례를 차별적인 경쟁 우위를 얻을 목적으로 경영 조직에 적용하는 시도를 한다(선택의 단위로서 활용한다).

모든 정의가 그렇듯이 이 경우에도 주관과 개인적 판단이 개입되지 않을 수 없다. 사업들 간에 성과 차이가 나는 데는 여러 가지 복합적인 이유가 있다(마치 생물체의 환경 적응 능력이 복합적인 요인들에 의해 결정되듯이). 다음 15장에서 보겠지만 과거 진화 과정에서 선택된 모범 사례가 반드시 미래에도 경쟁력의 원천이 된다는 법은 없다. 그럼에도 진화적인 선택은 사업 계획 전체는 아니지만 사업 계획의 일정 부분에서 일어나고 있다.

마지막으로, 선택의 단위에 대한 질문은 경제학과 생물학 모두에서 여전히 논쟁과 연구의 주제가 되고 있다. 지금까지 경제 시스템, 그리고 더 일반적으로는 사회 시스템에서 선택의 단위와 관련된 다양한 이론적 제안이 있었다. 예를 들어, 경제 시스템의 경우 넬슨과 윈터의 '일상적인 과정', 사회 시스템의 경우 도킨스의 '생물의 유전자처럼 재현 모방을 반복하는 사회 현상'의 개념, 혹은 로버트 보이드Robert Boyd 와 피터 리처슨Peter Richerson의 '문화적 변이' 등이 그런 것들이다[5]. 이러한 개념은 각기 나름대로의 장단점이 있다. 모듈의 개념은 바로 그런 아이디어로부터 도출한 것이다. 여기서 모듈이라는 새로운 용어를 도입하는 목적은 우리가 지금까지 구축해 온 일반적인 진화 모형과의 일관성을 확보하고, 나아가 경제적 관점에서 '도식', '상호 작용자', '선택의 단위' 간의 구분을 분명히 하기 위한 것이다.

전략이라는 접착제

'모듈'이라는 말에는 더 깊은 의미가 있다. 앞서 본 대로 진화의 도식은 하나의 빌딩 블록 같은 것으로 짜 맞추는 조립의 특성을 갖고 있다(이 때문에 디자인 공간이 한없이 넓어진다). 따라서 '모듈'이라는 용어는 사업 계획이 여러 가지 모듈의 혼합체이고 이들 모듈을 조립하여 여러 가지 사업 계획을 만들 수 있다는 의미로 사용된다. 실제 기업의 사업 계획서를 보면(앞에서 본 이론적인 사업 계획이 아닌) 다음과 같은 내용을 대개 담고 있다[6].

- 시장 환경
- 전략
- 제품 및 서비스
- 운영
- 마케팅과 판매
- 조직

사업 계획의 각 구성 요소는 또 세부, 세세부 분야로 나누어져 있다. 예를 들어, 화학 분야 사업 계획에는 항공 산업용 신재료인 특수 탄소 섬유의 생산 공급과 관련된 제품 모듈이 있을 수 있다. 그 모듈은 탄소 섬유를 만드는 데 필요한 여러 가지 물리적 기술을 바탕으로 이루어졌을 것이다. 마찬가지로 마케팅 및 판매 부문의 경우 영업망을 활용하여 탄소 섬유를 판매하는 모듈을 포함하고 있을 것이다. 그러나 제품 모듈과 달리 이 모듈은 영업 사원의 조직, 관리 및 동기 부여와 관련된 여러 가지 사회적 기술을 바탕으로 이루어졌을 것이다.

그러므로 사업 계획은 개별 단위의 물리적 기술과 사회적 기술이 결합된 모듈(부문 계획)들이 다시 조합되어 만들어지는 것이다. 그러한 모듈을 결합시키는 접착제가 바로 전략이다. 15장에서 전략에 대해 좀 더 깊이 논의하겠지만 여기서 전략은 어떤 주어진 여건하에서 모듈들이 어떻게 결합되어야 이익이 더 많이 날 것인가에 대한 가설이라고 할 수 있다. 예를 들어, 어떤 기업가가 사용이 편리한 전자 장치에 대한 기술을 애플사로부터 빌려 와 이를 델사의 인터넷 판매 기술, 그리고 자기가 스스로 고안한 상품 디자인과 결합하여 돈을 벌 수 있을 것으로 가정할 수도 있다. 그러한 가정은 하나의 전략이 될 수도

454

있다. 이러한 가정을 바탕으로 그는 사업 계획을 만들고 이 계획서를 실리콘 밸리의 모험 자본가에게 가져가 사업 자금을 조달한다. 사업 계획서는 새로운 사업을 실현하기 위해 물리적 기술과 사회적 기술이 전략이라는 우산 아래서 결합되는 만남의 장소와도 같다.

차별화: 기업가에서 관료까지

진화라는 연극에서 연기자가 누구인지는 알았으니, 이제 극의 구성을 정하고 경제라는 무대에서 진화 과정이 어떻게 전개되는지 볼 차례이다. 앞 장에서 우리는 연역적 추론(연역적 논리+실험적 추론)이 어떻게 물리적 기술과 사회적 기술 공간에서 차별화의 메커니즘을 만들어 내는지 보았다. 사업 계획에서도 이와 똑같은 원리가 적용된다. 사업의 운영자들은 그들 나름대로 성공할 수 있는 계획을 합리적으로 도출해 내기 위해 최선을 다한다. 그러나 짐 콜린스Jim Collins와 제리 포라스Jerry Porras가 장수하는 기업에 대한 저서『성공하는 기업들의 8가지 습관Built to Last』에서 설명한 것처럼 결국 살아남기 위해서는 '많은 시험을 거쳐 제대로 된 것만을 취하는' 방법밖에 없다[7]. 사실 엄청나게 다양한 사업 계획이 항시 실험에 옮겨지고 있다. 예를 들어, 영국에서 독일 보다폰의 제3세대 이동 인터넷 서비스, BP의 러시아 사업 탐색, 고객의 취향을 살피기 위한 볼리비아 커피숍의 커피 원두 교체 등 수도 없이 많은 사업 계획들이 실험되고 있다. 그러므로 사업 계획 공간에서 연역적 추론은 진화적 선택이 가능할 정도로 많은 대안 혹은 대안의 과임신過姙娠 현상을 만들어 낼 수 있다. 성공적인 사업 계획을 만든다는 것은 새로운 사회적 기술을 개발하는 것과 마찬가지로 과학보다는 기예技藝에 가깝다. 그러므로 생물의 경우처럼 진화의 과정이 완전히 관측 불가능한 것은 아닐지라도 성공할 수 있는 사업 계획을 판별하는 데는 연역적 추론 가운데서도 연역적 논리보다 실험적 추론이 훨씬 유효할 수 있다.

다양한 기업가 스펙트럼의 한 끝에는 전혀 새로운 사업 계획을 들고 나오는 혁신적인 기업가가 있다. 기업가적 의사 결정 과정은 연역적 추론의 형태를 띠고 있다. 즉, 기업가는 다양한 사업 계획의 모듈을 새로운 방법으로 뒤섞거나 새로운 물리적 기술 혹은 사회적 기술을 도입, 가미하여 새로운 사업 계획을 도출해 낸다는 것이다. 실례로 '홈 디포Home Depot' 창업자들은 도시 근교의 대형 소매 매장 형태를 취해 자가 조립식 건축 자재상과 결합하여 성공적인 사업 계획을 만들어 냈다.

영국의 경제학자 앨프리드 마셜은 기업가를 중세의 기사에 비유하여 자본주의의 영웅으로 칭송한 바 있다[8]. 그러나 진화의 관점에서 보면 기업가만이 혁신의 주역이라고 할 수 없으니 자본주의의 유일한 영웅이라고도 할 수 없다. 중간 관리자도 영웅이 될 수 있다는 얘기다. 예를 들어, 품질 보증 기간 중 고장 수리 혹은 하자 보수 요구에 대한 새로운 처리 절차를 제안한 '메가 주식회사'의 빌딩 12층 23호실에 중간 관리자가 있다고 하자. 이 중간 관리자도 역시 담당 사업 활동을 합리적으로 기획하고 이에 대한 주변(고객 및 상급자)의 반응을 고려하여 여러 가지를 시도하는 과정에서 연역적 추론 방법을 활용한다는 점은 기업가의 경우와 다를 게 없다(비록 비전이나 재능 면에서 기업가에 미치지는 못할지라도). 진화의 관점에서 볼 때 중간 관리자는 기업가만큼 사업 계획의 다양성을 높이는 중요한 원천, 아니 어쩌면 그보다 훨씬 더 중요한 원천이다. 이른바 적합도 지형이 산악과 같은 곳에서 진화를 하려면 탐색을 하는 데 효과적일 수 있는 일정한 범위의 점프가 필요하다. 여기서 대부분의 혁신은 소소한 뜀뛰기 정도이다. 왜냐하면 지형상 과격한, 큰 점프를 노린 혁신들은 대부분 실패하기 십상이기 때문이다. 23호실의 그 중간 관리자가 과감한 사업 계획을 추진하는 기업가에 비해 훨씬 성공할 가능성이 높다는 점도 이를 잘 설명하여 준다. 그러나 진화가 어떤 국지적 정점에 처박히지 않고 계속 진행되기 위해서는 중간 혹은 높은 수준의 점프 시도도 필요하다. 따라서 진화를 위해서는 끈기 있게 일하는 관료도 필요하고, 무모하다 싶은 계획을 추진하는 과격한 기업가도 필요하다.

선택: 통치자 대 시장

기업가, 관리자 그리고 관료 등이 연역적 추론을 통해 사업 계획들을 차별화할 수 있게 되면 그다음 문제는 그중에서 어떤 사업 계획을 어떻게 선택하느냐이다. 유사 이래로 인류는 두 가지의 경제적 선택 방식을 발전시켜 왔다. 즉, 통치자와 시장이다[9]. 이에 대해 살펴보기로 한다.

초기 경제에서 선택의 과정은 명료하였다. 즉, 살아남는 것 자체가 바로 선택되는 것이었다. 만약 물리적 기술(예를 들어, 활과 화살)과 사회적 기술(예를 들어, 사냥 모임)을 어떤 전략(예를 들어, 강변에서 영양을 사냥하기 위해)하에 결합하는 사업 계획에 성공하였다면 사냥하는 데 쓴 칼로리보다 사냥감으로부터 얻는 칼로리가 더 많았을 것이다. 이 남은 칼로리는 아이들을 먹인다든지 다른 용도로 사용될 수도 있었을 것이다. 칼로리의 측면에서 수지맞았던 이 사업 계획은 더 많은 사람들을 끌어들여 더 복제될 가능성이 많아지고 시간이 지나면서 더욱 확산되어 다음 세대들이 채택하게 된다. 이와 반대로 다른 사업 계획(예를 들어, 새총으로 들판에서 타조 사냥하는 계획)의 경우 칼로리 수익이 신통치 않았다면 다른 성공적인 계획에 자원을 점점 뺏기게 되고, 결국 그 사업을 따르던 사람들도 다른 사업으로 전환하거나 아니면 그대로 도태되고 말 것이다.

그러나 사회와 경제가 복잡해지면서 선택의 과정도 매개 단계가 늘어나고, 사회적으로 선택이 중요해지는 등 과거와 달라졌다. 진화적 선택과 사회 간의 마찰이 처음 일어난 것은 어느 날 통치자가 "이 기름진 옥토를 아무개(농사를 잘 짓는)에게 줄 게 아니라 나의 셋째 부인의 사촌(농사 못 짓기로 유명한)에게 주자"라고 했을 때였다. 정치가 경제에 개입한 지가 경제나 정치의 역사만큼이나 오래되었다는 것은 잘 아는 사실이다. 불량 사업 계획(첩의 사촌의 사업 계획)을 우수한 사업 계획(아무개의 계획)보다 더 선호하는 의사 결정은 생존이 위험한 상황에서는 오래가지 못한다. 만약 통치자가 이러한 결정을 과도하게 반복하면 부족이 망하거나 반란이 일어나 통치자가 쫓겨날 수도 있다. 그러나 한 사회가 생존의 단계를 넘어서면서(특히, 정착 농업 시대 이후), 특히 사회가 점점 더 부유해지면서 선택 과정의 사회적 왜곡은 그저 가능한 정도가 아니라 더욱 심화되었다.

만약 한 부족이 대체적으로 잘 살아가고 있고 통치자의 실정, 부패 혹은 무능이 극심한 정도가 아니라면 부족이 얼마나 많은 손실을 보고 있는지 아는 사람은 별로 없을 것이다. 로버트 라이트가 지적한 대로 경쟁은 이러한 상황에 견제와 균형의 원리를 발동한다. 궁극적으로는 새로운 통치자가 나타나 더 나은 삶을 약속하면서 옛 통치자를 끌어내린다. 아니면 강력한 다른 부족에 의해 무력으로 정복될 수도 있다[10]. 그러나 새로운 통치자 혹은 부족이 과거의 통치자나 부족보다 더 낫다는 보장 또한 없다. 그러므로 사업 계획의 선택 과정에 정치가 개입한다는 것은 진화의 과정을 지체시키는 것과 같다. 극한적인 상황에서는 추장, 왕, 독재자 그리고 다른 통치자들이 경제적 진화를 정지시키고, 국민들의 생존이 궁핍하나마 유지될 수만 있다면 그러한 진화의 정지 상태는 상당 기간 지속될 수도 있다.

사업 계획의 선정에서 통치자(빅맨)가 개입하는 시스템의 문제점은 여기에 그치지 않는다. 통치자는 적합도 함수 자체를 왜곡시킨다. 진화 알고리즘의 특징 중 하나가 어떠한 적합도 기준이 주어지든 거기에 적응하는 능력이 뛰어나다는 점이다. 앞에서 본 대로 컴퓨터 전문가인 칼 심스가 수영에 대한 적합도를 기준으로 자신이 만든 인조 물체를 선택하였더니 수영을 잘하는 물체들이 갑자기 많이 나타나 그를 놀라게 하였다. 적합도의 기준을 대륙 횡단 능력으로 바꾸었더니 지느러미와 꼬리는 사라지고 다리와 뱀과 같은 몸통이 발달하였다. 엔지니어들이 반도체를 디자인하거나 소프트웨어나 신약을 개발하는 데 인공적 진화 방법을 사용하는 경우 적합도 함수를 어떻게 구체화할지에 대해 매우 신중하여야 한다. 왜냐하면 적합도 함수가 잘못 설정되면 디자인도 잘못될 수밖에 없기 때문이다. 통치자가 선택하는 시스템에서 적합도의 기준은 그 사회 전체 경제적 부의 증진이 아니라 통치자의 부와 권력을 극대화하는 것이다. 그러므로 이 경우 국민의 창의성과 기업가 정신 그리고 연역적 실험 능력은 온통 통치자를 즐겁게 하는 데 집중되기 마련이다. 부와 화려함의 상징으로 많은 관광객들을 즐겁게 해주는 프랑스의 성(샤토)에서 러시아의 궁전(에르미타지)에 이르는 세계 각지의 거대한 저택과 궁전도 통치자의 부라는 적합도 함수를 최대화하기 위한 경제적 진화의 소산이다.

통치자가 선택하는 시스템의 대안으로서 인간이 고안해 낸 것이 바로 시장이다. 시장은 고대로부터 존재하기도 하였지만 또한 근대적인 산물이기도 하다. 사실 자유 시장은 해리와 래리가 처음으로 도끼와 고기를 교환한 이래 쭉 있어 왔다. 그러한 비공식적인 양자 간 거래는 우리 역사 이래로 있어 왔지만 제대로 조직화된 시장이 등장한 것은 한참 후의 일이다. 오늘날과 같은 근대적 의미의 시장이 처음 나타난 것은 비옥한 반원半圓 지역(팔레스타인에서 페르시아 만에 이르는 지역)에 정착 농업이 시작되고 기원전 7000~5000년경 우르와 바빌론 같은 도시가 형성된 때였다[11].

전통 경제학의 큰 업적 중 하나가 바로 시장의 선택에 따라 적응하면 그것이 바로 시장에 참여하는 모든 사람의 복지를 향상시키게 된다는 점을 논리적으로 잘 설명하여 주고 있다는 것이다. 통치자 경제

(통치자가 선택권을 가진 경제)에서 사업은 정치적 호불호好不好에 따라 죽고 산다. 그러나 시장 경제에서는 고객의 제품 선호도와 수요에 의해 사업의 성패가 결정된다. 통치자 경제에서는 통치자의 호주머니를 채우는 쪽으로 자원 배분이 일어난다. 그러나 시장 경제에서는 경제적 효율이 극대화되는 방식으로 자원이 배분된다.

사실 역사상 모든 경제는 통치자 경제와 시장 경제의 혼합체였다고 할 수 있다. 과거 수렵·채집 시대의 사람들은 그들의 통치자 비위를 거스르지 않는 한 개인 간의 거래는 자유로웠다. 바빌론 시장이나 아테네의 집회장에서 거래를 하려면 정치적인 끄나풀이 있거나 세금을 내거나 뇌물을 바치거나 다른 비용을 치르고 면허를 받아야 했다. 역사적으로 가장 강력한 통치자 경제였던 구소련의 경우에도 경제 활동의 5분의 1은 암시장에서 자유롭게 이루어졌다고 한다.

인류 역사의 대부분 통치자가 사업 계획의 성패를 결정하였고, 시장은 부차적인 혹은 보이지 않는 역할을 하여 왔다. 예를 들어, 경제학자인 윌리엄 보멀William Baumol은 봉건 유럽의 지배자들이 당시 경제적 생산의 80% 이상을 통제하였던 것으로 추정하였다[12]. 통치자와 시장 간에 있었던 세력 균형에 균열이 가기 시작한 것은 약 300년 전의 일이다. 이 역사적 사실에 대해서는 곧 다시 논의하겠지만 그전에 시장 경제에서 어떻게 진화적 선택이 일어나는지 살펴보기로 한다.

시장 경제에서 진화의 선택

통치자 경제에서 선택은 간단명료하지만 시장 경제에서는 그렇게 간단하지 않다. 진화의 관점에서 볼 때 시장 경제의 가장 중요한 특징은 시장이 사업 계획의 선택에서 가장 중요한 역할을 한다는 것이다. 그렇다고 시장 경제에서 빅맨 같은 계층이 전혀 없다는 의미는 아니다. 그와는 반대로 카를 마르크스나 요즘의 반세계화 세력들이 주장하듯이 자본주의 사회에는 악덕 자본가도 있고 기업 총수도 있고 자기 잇속만 채우는 기업주도 있다. 현대 대기업의 조직도를 보면 소위 통치자들의 계층 조직과 크게 다른 점을 찾을 수 없다. 특히 기업의 경우 여전히 남자 통치자들이 지배하고 있는 반면 여자 통치자들은 그리 많지 않다. 그러나 자본주의 사회에서 돈을 벌려면(자기 잇속만을 채우는 방식이라도) 자기의 사업 계획이 시장에서(따라서 사회로부터) 다른 대안들보다 선호되어야만 가능하다.

시장 경제의 사업 계획 선택 시스템은 두 단계로 작동한다. 대부분의 경제적 의사 결정은 계층 조직, 특히 기업 계층 조직에 의해 이루어진다. 기업 역사 전문가인 앨프리드 챈들러Alfred Chandler는 1970년대에 기업의 계층 조직이라는 '보이는 손'이 애덤 스미스의 '보이지 않는 손'보다 훨씬 더 많은 경제적 의사 결정을 한다고 주장한 바 있다[13]. 그러나 이러한 거대한 기업 계층 조직의 맨 위에는 아주 얇지만 매우 중요한 단계가 있다. 바로 기업의 계층 조직이 시장과 만나는 곳이다. 시장 경제는 진화를 위해 경쟁하는 기업 계층 조직으로 구성된 시스템이다.

우리는 이미 어떻게 연역적 추론을 통해 사업 계획이 선별되는가에 대해 알아 보았다. 여기서는 시장이라는 상황에서 차별화가 어떻게 이루어지고 환경과의 상호 작용을 거쳐 사업 계획이 선택되는가에 대해서 살펴보기로 한다.

대기업에서 사업부를 맡고 있는 고위급 임원이 있다고 하자. 그는 자기 사업부의 이익을 늘리기 위해 사업 계획의 수정을 고려하고 있다. 그 첫 단계로서 그가 생각하는 일은 사업과 관련된 여러 가지 대안들을 만들어 내는 것이다. 생산 라인 A를 확장할 수도 있고, 새로운 서비스 B를 출시할 수도 있고, 어떤 부분의 생산비 절감 혹은 조직 개편 등도 생각해 볼 수 있을 것이다. 이들 각 대안을 실천에 옮기기 위해서는 사업 계획서상의 특정 모듈들을 수정해야 한다. 이러한 대안을 만들어 내는 데 그 임원은 그의 모든 인지 능력을 동원할 것이다. 어떤 경우는 연역적 사고를 통해서, 어떤 대안은 유추나 다른 경험을(예를 들어, 이 방식은 내가 있던 전 회사에서 해보니 되더라는 등) 바탕으로, 어떤 경우는 모방을 통해(경쟁사가 이런 걸 했는데 성공하더라), 그리고 어떤 대안은 다른 사람으로부터 얻을 수도 있다(예컨대, 영업부의 데이비드가 이런 말을 했는데 좋은 아이디어 같다).

사업부의 책임자가 대안을 도출하면 그중 어떤 대안이 가장 좋은가에 대한 판단을 위해 고민하게 된다. 대안을 대략 몇 개로 압축하고 나면 다음 단계로 가서 다시 추가적인 아이디어 도출과 시험 과정을 거치게 된다. 동료들에게 새로운 아이디어를 구하거나, 자기 생각을 설명하고 그것의 성공 가능성에 대해 자문을 구하기도 할 것이다. 그런 다음 그와 직원들은 대안을 다시 수정 보완하여 이들 대안에 대한 가상 시험을 해볼 것이다. 예를 들어, 실행 모델을 작성하고, 시험 가동을 해보고, 비용 분석을 하고, 판매 전망에 대한 연구 조사를 의뢰할 수도 있다. 그리고 난 후에도 각 대안은 각 관련 팀의 평가를 거치게 된다. 그리고 그 대안들은 회사 본부의 고위급 임원 회의에서 토론과 평가 과정도 거쳐야 할 것이다. 이러한 과정을 통해 그 사업부 책임자는 한두 개의 대안을 최종 선정하고 최종 의사 결정을 하게 된다. 그래서 새로운 대안을 사업 계획에 추가, 수정하게 된다. 사업 계획이 수정되면 여러 가지 현실적인 변화가 뒤따른다. 예산과 인력이 재배분되고 제품이 바뀌거나 영업 전략도 바뀔 수 있다. 이러한 변화가 일어나면 시장이 판단할 차례가 된다. 매상이 늘거나 줄 수도 있고, 이익이 증가하거나 감소할 수도 있다. 이에 따라 새로운 계획의 성공 여부에 대한 반응을 시장으로부터 받게 된다.

그러나 이러한 과정이 여기서 설명한 것처럼 가시적이고 정해진 형식을 따라 일어나는 것은 아니다. 다만 대안의 도출, 시험, 선택이라는 반복적 과정이 있다는 것을 설명하고자 하는 것이다. 그러한 반복 과정은 개인의 생각 속에서 시작되어 조직 차원으로 확산되고 이를 통해 실행의 단계로 들어간다. 따라서 대안 선택은 여러 단계에서 일어난다. 즉, 개인의 사고 모델에서, 조직의 계층 구조 내에서, 그리고 최종적으로 시장에서 선택이 이루어진다.

복제: 성공의 확산

진화 알고리즘의 마지막 단계는 복제다. 생물의 진화에서는 복제가 세포의 분열이나 짝짓기에 의해 일어난다. 한 생물체의 생존과 번식 능력에 중요한 영향을 미치는 유전자가 바로 복제의 대상이 된다. 그러므로 복제 효과를 장기적으로 보면 적합한 유전자는 모집단에서 출현 빈도가 크게 늘어나고 그렇지 못한 유전자는 빈도가 줄거나 사라진다. 생물계에서 빈도는 개체의 전체 모집단에서 특정 유전자를 가진 비중이 얼마나 되느냐로 측정한다. 이와 같은 유전자의 출현 빈도수를 측정한다는 것은 얼마나 많은 상호 작용자(예컨대, 인간)들이 전체 상호 작용자 모집단에서 특정한 선택 단위(예를 들면, 파란 눈동자 유전자)를 보유하고 있는가(예를 들면, 20%)를 조사하는 것과 같다.

이러한 측정 방법을 경제에 적용한다면 전체 사업 중에서 어느 특정 모듈을 포함하고 있는 사업이 얼마나 되는가를 조사하는 것과 같다. 그러나 이러한 측정으로는 해결할 수 없는 문제가 있다. 예를 들어, 거의 모든 생물 종에서 상호 작용자의 크기는 큰 차이가 없다. 사례를 들자면 성인의 키는 대개 1미터에서 2.5미터 사이에 있어 그 차이라는 것이 10배 미만이다. 그러나 경제에서 상호 작용자의 크기는 한 사람의 구두닦이 사업에서부터 엑손모빌과 같은 거대 사업에 이르기까지 천차만별이다. 구두닦이와 엑손모빌의 차이는 10억 배에 이른다는 계산도 있다. 그러므로 다섯 개의 구두닦이 가게에서 복제되는 모듈과 다섯 개의 대형 정유 회사에서 복제되는 모듈은 그 경제적 영향이라는 측면에서 서로 비교가 되지 않는다는 점을 어떻게든 설명할 필요가 있다.

생물계에서 출현 빈도라는 것이 축약된 기본적인 측정 단위라는 점을 생각하면 이 문제를 어느 정도 극복할 수 있을 것 같다. 몇 퍼센트의 개체들이 특정 유전자를 갖고 있는가를 묻는 대신 동일하게 그 종의 생물 총량(어떤 환경 내에 현존하는 생물의 총수)에서 몇 퍼센트가 특정 유전자를 갖고 있는가를 물을 수 있다. 유전자 중심의 관점에서 본다면 후자가 더 사실에 근접하다. 왜냐하면 후자의 경우 한정된 화학 및 에너지 자원(생물 총량으로 측정한 것) 중 몇 퍼센트가 특정 유전자의 통제 혹은 영향을 받고 있는가 조사하는 것이기 때문이다. 물론 생물 개체당 평균 생물 총량은 서로 크게 다르지 않기 때문에 출현 빈도 혹은 모집단에서의 비율 등은 편의상의 대리지표로 볼 수 있다. 따라서 "인간이라는 생물 총량 중에서 몇 퍼센트가 파란 눈동자 유전자의 영향을 받았는가?" 하고 묻더라도 대답은 똑같이 "20퍼센트"라고 할 수 있을 것이다. 하지만 이러한 자원 중의 비율이라는 관점은 컴퓨터(예컨대, 계산 자원들 중의 비율)로부터 레고 블록(예컨대, 전체 블록량 중의 비율)까지 여러 다른 시스템에도 적용될 수 있다는 점에서 진화와 관련하여 그 기질에 상관없는, 다시 말해 기질 중립적인 우리의 접근법과도 잘 맞는다고 할 수 있다.

따라서 지금부터 '자원 중의 비율'이라는 접근법을 가지고 복제 성공을 측정해 보자. 다시 말해 적합도 관점에서 사업 계획 모듈의 영향을 받는 자원들 중의 비율로 복제 성공을 측정해 보자. 여기서 자원이라는 것은 돈, 사람, 공장, 장비 혹은 무형의 자산, 예를 들어 브랜드 인지도, 기술 지식, 고객 관계 등까지도 포함한다. 즉, 자원은 공급이 한정되어 있고 이를 얻기 위해 기업이 경쟁하는 과정의 모든 것을 총칭하는 것이다(따라서 '자원 중의 비율'이라는 접근은 경제학에서 이야기

464

하는 '자원 기반의 기업론'과도 일맥상통하는데, 이에 대해서는 16장에서 다시 논하기로 한다)[14]. 그리고 현재 우리가 말하는 측정은 단절된 것이 아닌 연속적인 것이기 때문에 성공적인 사업 계획 모듈은 복제된다기보다는 확산 내지 증폭된다고 보는 게 정확할 것이다. 특정 사업 계획 모듈이 자원에 미치는 영향이 시간이 지나면서 더 커진다면 그 사업 계획 모듈은 사업 계획 공간에서 확산되고 있다는 얘기다[15].

이제 우리는 선택에 대한 논의를 좀 바꾸어 어떻게 성공적인 사업 계획 모듈이 확산되고 더 많은 자원을 확보하게 되는지에 관해 살펴보기로 한다. 첫째, 가상 사업 책임자의 머릿속으로 들어가 보자. 그 책임자는 자기 사업 계획에 대한 여러 가지 대안을 고려하면서 자기가 성공할 것으로 믿는 모듈을 정하고 이를 선택하기로 결정한다. 그런 다음 그 모듈을 실행하면서 거기에 사람, 돈, 그리고 다른 자원을 투입한다. 따라서 그가 선택한 그 모듈은 더욱 확산되고 가용 자원도 늘어나게 된다. 그가 고려는 해보았지만 채택하지 않은 다른 10개의 대안은 자원을 받지 못한 채 최소한 그의 사업부에서는 사멸되고 만다. 그 후 매출이 늘고 이윤이 증가하는 등 그의 사업 계획이 상당히 고무적인 초기 성과를 보였다고 하자. 회사 본부의 고위 임원들은 이에 감복하여 그와 같은 모듈을 채택하고자 할 것이다(예를 들어, 새로운 판매 전략). 그래서 더 많은 사람과 돈 그리고 자원이 그 모듈을 실행하는 데 투입되어 그 모듈은 더욱 확산되는 것이다.

몇 달 후 그의 경쟁자가 사업 계획이 변한 것을 알고 이를 모방하면 이 모듈은 더욱 확산되어 다른 회사에서의 자원도 끌어들이게 된다. 그 모듈의 성공으로 이 두 회사가 성장하게 되면 은행이나 자본 시장으로부터 더 많은 자원이 이들 회사로 모이게 되고 그 모듈의 영향은 더욱 확산된다. 결국, 그 사업 책임자는 그 모듈을 채택하지 않은 조그만 기업을 매입하기로 한다. 매입 목적은 그 모듈을 적용할 기회를 확대하고 그 기업을 키우겠다는 것이다. 새로 매입한 기업에 그 모듈을 적용하면서 모듈의 영향은 더욱 확대된다. 즉, "복제를 잘하는 생물이 복제된다"는 생물학에서의 말과 같이 경제에서는 "확산을 잘하는 자가 확산된다"는 말이 성립된다.

이와 같이 사업 계획 모듈을 전파시키고 확산시키는 데는 여러 가지 메커니즘이 작용하고 있다는 것을 알 수 있다. 단순한 가상의 시뮬레이션, 1인 단독 의사 결정, 다수인에 의한 문제 해결 및 의사 결정, 내·외부 사례의 모방, 시장에 의한 자원의 배분, 기업의 인수 합병 등이 모두 여기에 해당된다.

경제적 진화의 핵심

이제 가능한 모든 사업 계획들이 모여 있는 이른바 '스미스 도서관'에서 적합한 사업 계획을 탐색해 가는 진화 모델의 모든 요소들에 대해서 살펴본 셈이다. 사업 계획이라는 것은 그 내용을 식별하고 해독할 수 있는 능력이 있는 사람이 추진할 수 있는 지침서들이다. 이 지침서는 물리적 기술과 사회적 기술을 전략적으로 결합하여 사업 모듈을 만들어 내는 방법을 설명한다. 여러 가지 사업 계획들은 이익을 낼 잠재력이 있는 사업을 찾는 사람들의 연역적 추론 등을 통해 걸러지고 선별되는 과정을 거치게 된다. 이러한 선별 과정에서의 실험은 생물 세계에서의 진화와 같은 완전한 임의적인 차별화와는 다르지만 진화의 선택이 작용할 수 있을 정도로 많은, 과잉신 수준의 사업 계획들을 대상으로 한다.

선택의 과정은 개인적인 차원의 가상적인 시뮬레이션으로부터 그룹 차원의 문제 해결 실험에 이르는 여러 가지 단계를 거쳐 일어난다. 사업 계획들이 조직의 의사 결정 시스템을 따라 걸러지면서 선택은 계속된다. 그러나 일정 단계에 이르면 선택된 계획이 마침내 실행되고 성공 여부에 대한 판단은 시장의 몫이다.

결국 성공적인 모듈은 보다 많은 자원에 대한 영향력 확대로 보상을 받는다. 모듈의 성공은 두 단계에서 결정된다. 첫째, 사업 계획이 조직 내부에서 선택되는 단계로서, 이때 사업 계획의 실행을 위해 사람과 자원이 배분된다. 둘째는 모듈이 시장에서 인정받고 성장하는 단계로서, 이때는 더 많은 자원이 고객과 자본 시장으로부터 흘러 들어오게 된다. 이것이 바로 적자適者를 걸러 내는 과정이다. 사업 계획의 과임신 현상은 막상 실행 단계에 들어가는 선택들과 비교할 때 그 전에 훨씬 많은 선택들이 고려된다는 것이고, 시장에서 성공으로 판정받는 선택들과 비교해 볼 때 실행 단계에서도 훨씬 많은 선택들이 시도된다는 의미다. 그리고 진화의 선택 과정이 일어나면서 승자는 더 많은 자원을 향유하게 된다. 이러한 진화는 매우 동태적인 과정으로서 오늘의 승자가 내일도 승자가 된다는 법이 없다. 그래서 진화의 과정은 끊임없이 지속되고 새로운 모듈이 부침하면서 사업은 흥하거나 망한다. 그러면서 시장의 수요에 맞게 진화가 일어나는 것이다.

진화 알고리즘의 기본적인 구조 외에는 경제적 진화와 생물적 진화 간에 특별한 유사성이 있는 것으로 보이지 않는다[16]. 예를 들어, 생물의 진화에서 선택 단위는 세대 간의 '하향식 개량'이라는 패턴을 따르는 반면 경제적 진화에서는 제각기 다른 사업 계획을 두고 수평적인 선택 과정을 통해 일어난다. 그러나 경제적 진화도 진화라는 점에서는 차이가 없으며 다만 그 패턴이 다를 뿐이다. 마찬가지로 인간은 두뇌를 활용하고 통찰력을 지니고 있어 인간이 개입되어 있는 경제 시스템에서의 적자 선별과 선정 과정이 생물계에서와 같을 수가 없다. 그럼에도 불구하고 두 경우 다 진화의 과정이라는 점에서는 다를 게 없다.

더욱이 저자가 제시한 진화의 이론적 틀은 시장, 화폐, 사유 재산, 주식회사 혹은 문자와 같은 사회적 기술이 존재한다는 가정을 필요로 하지 않는다. 어떻게 도끼를 더 많은 고기와 교환할 것인가 하는 유인원 '해리'의 선택 과정이나 중국 시장 진출 전략에 대한 다국적 대기업 임원의 선택 과정이나 본질적으로는 다를 게 없다는 뜻이다.

시장 예찬의 또 다른 이유

전통 경제학자들이 모두 의견을 같이하는 것이 있다면 그것은 시장의 우월성이다. 물론 시장이 항상 완벽한 것은 아니다. 시장이 역할을 제대로 하지 못하는 경우도 있다. 그러나 시장 기능이 제대로 작동하는 경우 효율성에서 이를 따를 시스템은 없다. 이러한 결론은 일반 균형 이론에 근거한 것으로서, 20세기 냉전 시대 이데올로기 논쟁의 핵심이기도 하였다. 그리고 지금도 글로벌 자본주의의 핵심 논거가 되고 있다. 진화론적인 경제관도 시장이 우월하다는 데는 다름이 없다. 그러나 그 이유는 다르다.

전통 경제학은 시장이 균형 상태에서 사회 복지를 극대화할 수 있는 가장 효율적인 자원 배분 방법이라는 점을 강조한다. 그러나 우리가 본 대로 문제는 현실에서 균형 상태는 달성 불가능하다는 점이다. 전통 경제학의 균형 조건에 대한 가정이 현실적으로 맞지 않는다면 어떻게 이를 근거로 시장이 우월하다고 할 수 있을 것인가?

우리의 논리 구조를 따르면 시장을 진화를 위한 탐색 메커니즘이라고 해석할 수 있다. 시장은 사업 계획의 선별을 위한 '연역적 추론'이 일어나도록 인센티브를 제공하고 있다[17]. 그리고 시장은 사회 구성원의 광범위한 수요를 반영하는 적합도 함수와 선택 과정을 제공한다. 이에 따라 시장은 선택된 사업 계획으로 자원을 몰아 주어 승자는 더욱 번성하게 하고 패자는 도태시키는 역할을 한다.

간단히 말해서 시장이 우월하다는 주장은 진화론자들이 말하는 '오겔Ogel의 제2법칙'(생화학자 레슬리 오겔의 이름을 딴 것임), 즉 "진화는 당신보다 더 똑똑하다"는 것과 일맥상통한다. 통치자가 아무리 합리적이고 지적이고 자비롭다 하더라도 경제적인 적합도 지형에서 적합도가 가장 높은 정점을 찾아가는 데는 진화의 알고리즘을 당할 수 없다. 따라서 시장이 명령, 통제보다 우월한 것은 시장이 균형 상태에서 효율적인 자원 배분을 할 수 있기 때문이 아니라 불균형 상태에서 기술 혁신을 효과적으로 유도할 수 있기 때문이다.

복잡계 경제학자들은 시장의 자원 배분 기능을 가볍게 보지 않는다[18]. 그들 역시 시장의 자원 배분 기능이 효율적이며 통치자에 의한 배분에 비하면 훨씬 낫다고 본다. 그러나 전통 경제학자들은 균형 상태에서 시장이 '완벽하게 효율적'이라고 보는 반면 복잡계 경제학자들은 시장의 효율성을 상대적 개념으로 보고 있다는 점이 다르다. 복잡계 경제학자들은 완벽한 효율이라는 이상적인 상태는 실제 존재하지 않을 뿐 아니라, 실제 존재한다 하더라도 시장의 불균형성 때문에 그러한 효율적인 상태에는 도달할 수 없다고 주장한다. 자동차 엔진이 열역학적으로 100% 효율적일 수 없듯이 시장 역시 완벽하게 효율적일 수 없다는 것이다. 시장이 자원 배분을 효율적으로 할 수 있는 것은 신화 같은 전체적인 균형 상태에 도달할 수 있는 능력 때문이 아니라 분산 처리 시스템과 같은 시장의 계산 능력 때문이라고 할 수 있다[19]. 즉, 시장은 여러 가지 신호 중에서 적합한 신호를 적합한 사람에게 전달하는 능력이 있다.

실증적 기록을 보더라도 시장이 진화 메커니즘으로서 매우 성공하였음을 알 수 있다. 경제학자 윌리엄 보멀이 말하였듯이 자유로운 시장들은 역사적으로 혁신 제조기였다[20]. 우선 우리 물질적 환경을 둘러보자. 우리의 물질적 환경에서 얼마나 많은 SKUs가 통치자 경제하

> 전통 경제학은 시장이 균형 상태에서 사회 복지를 극대화할 수 있는 가장 효율적인 자원 배분 방법이라는 점을 강조한다. 그러나 현실 세계에서 균형 상태는 달성 불가능하다. 시장이 명령, 통제보다 우월한 것은 시장이 균형 상태에서 효율적인 자원 배분을 할 수 있기 때문이 아니라 불균형 상태에서 기술 혁신을 효과적으로 유도할 수 있기 때문이다.

에서 만들어지거나 아니면 디자인된(단순히 물건만 만드는 것이 아닌) 것인가? 아주 소수의 예외 말고는 대부분의 물리적 기술과 사회적 기술 혁신은 시장 경제의 산물이다. 그리고 소련의 항공기 디자인 등과 같은 통치자 경제에서의 혁신은 주로 경제적 동기보다는 군사적 동기에서 비롯된 것이다.

그렇다고 해서 시장 경제가 완벽하다는 것은 아니다. 부유한 자본주의 사회는 소득 격차, 환경 파괴, 에이즈와 같은 보건 문제 등 여러 가지 문제를 안고 있다. 그리고 이들 사회의 과도한 물질주의가 국민을 반드시 행복하게 한다는 증거도 없다[21]. 피폐해진 통치자 경제도 똑같은 문제들을 갖고 있다. 하지만 여기서는 시장경제보다 문제의 심각성이 더하다. 문제 해결을 위한 자원 배분은 부진하고, 기술 혁신 가능성은 더더욱 낮다. 마지막으로, 시장에 대한 진화론적 관점이 통치자 경제에서 시장 경제로의 이행 과정에서 발생하는 어려움을 줄여주는 것은 아니다. 그러한 경제 체제의 이행은 사회적 변화를 강제하지 않고는 불가능하기 때문이다. 18장에서는 복잡계 이론 역시 시장의 한계나 약점에 대해 다른 관점을 제시하고 있음을 알게 될 것이다. 그러나 근본적으로 사람들의 족적이 말하여 주듯이 세계의 현대 이민 패턴을 보면 사람들이 일관성 있게 통치자 경제를 떠나 시장 경제로 이주하여 왔다.

복잡계 이론은 시장의 혁신 및 성장 촉진 능력을 매우 높이 평가한다. 체코슬로바키아에서 반체제 주의자로 투옥되었다 나중에 대통령이 된 바클라프 하벨Vaclav Havel은 통치자 경제를 통렬하게 비판한 바 있다. "인생의 본질은 무한히, 그리고 오묘하게 다양하다. 따라서 어떠한 중앙 정보 체제를 통해서도 이를 통제하거나 계획할 수 없다."[22]

메타 혁신: 다시 보는 1750년

이 책의 시작 부분에서도 얘기한 바 있지만 인류사에서 가장 경이로운 사건은 1750년경에 시작되어 현재까지 계속되고 있는 폭발적인 부의 증가와 경제의 복잡성 증대다. 우리의 진화 이론적 틀을 활용하면 당시 무엇이 일어났으며, 어떻게 왜 그러한 사건이 일어났는지 이해할 수 있다. 이 기간 중 일어난 일련의 사회적 기술의 혁신은 경제적 진화 자체를 엄청나게 가속화시켰다.

11장에서 과학 혁명, 즉 첫 번째 메타meta 혁신을 논의한 바 있다. 1,500년 전 인간의 지식은 시행착오를 바탕으로 축적된 것이었다. 그러다 과학의 출현으로 물리적 기술을 이용한 인간의 탐구 노력은 가속화하였고 새로운 지식의 창출에 있어서 합리적인 연역과 실험적 사고가 더욱 중요한 역할을 하게 되었다[23].

두 번째 메타 혁신은 시장의 조직화와 함께 일어났다. 시장 경제의 발전은 빅뱅처럼 어느 날 갑자기 만들어진 것이 아니다. 그것은 2세기에 걸친 사회적 기술의 진화 결과다. 이러한 진화의 핵심 동인으로는 영국 의회민주주의 발전과 미국 혁명을 들 수 있다.

1509~1547년 동안 영국의 헨리 8세는 절대 권력자였다. 그러나 1세기 동안의 민중 봉기와 개혁을 거쳐 1690년에 이르러 영국은 입헌군주국으로 변모하였다. 이때 국가 재정권이 의회로 넘어갔고 통화 관리를 위해 영국 중앙은행이 설치되었다[24]. 뿐만 아니라 이 기간 동안 법치주의의 정착과 사유 재산권 보호를 위한 중요한 제도도 도입되었다. 1628년의 권리청원과 1679년 출정영장법出廷令狀法 등이 이 기간 중 도입된 대표적인 제도다. 이와 같은 사회적 기술의 본질적인 변화는 그 후 수 세기에 걸친 사회 변화, 즉 봉건적·계급적·통치자 중심의 사회로부터 시장 경제로의 전환을 가능케 하였고, 이에 따라 상인 계급의 부상, 경쟁적인 민간 부문의 성장, 자본 시장의 출현 등 다

양한 변화가 일어났다. 그때까지도 다른 유럽 국가들은 하향 통제식 경제 권력을 그대로 유지하고 있기는 하였지만 나라에 따라 어느 정도의 제도 개혁이 일어나고 있었다. 특히 북유럽에 시장 경제가 뿌리를 내리기 시작하였고 이러한 바람이 유럽 대륙으로 번지기 시작하였다.

1776년(애덤 스미스의 명저가 나온 것과 같은 해) 시작된 미국 혁명은 시장 경제 발전을 가능하게 만든 두 번째 동력이라고 할 수 있다. 역사가 폴 존슨Paul Johnson은 식민지에 대한 영국의 경제 정책은 다른 유럽 국가들과는 매우 달랐다고 한다[25]. 프랑스, 스페인, 포르투갈은 식민지에 대해 매우 중앙 집중적 정치, 군사, 종교 체제를 이식하고 하향 통제식으로 경제를 관리하였다. 이에 반해 영국은 식민 통치에 필요한 군사에 대규모 투자를 할 여유가 없었다. 사실 영국은 항시 유럽 대륙과의 복잡한 관계 관리에 신경을 더 많이 써야 했기 때문이다. 그래서 영국령 미국 시민지는 대개 독립적인 농부와 상인이 분산되어 사는 정착지로 발전하였다. 초기부터 영국의 북미 식민지는 무역의 자유, 생각의 자유, 종교의 자유가 허용된 그야말로 자유로운 곳이었다. 영국의 식민 당국이 억압하려고 하면 주민들은 억압을 피하기 위해 더 먼 곳으로 이주해 버렸다.

따라서 1776년 혁명이 일어났을 때 그 새로운 국가 미국은 이미 한 세기의 경제적 자유를 경험하였고 1인 통치가 불가능한 평등한 대중적 문화가 형성되어 있었다. 그리고 그때 이미 미국에는 두터운 중산층이 형성되어 있었다. 존슨에 의하면 1750년대 미국 동부 해안 지역의 농부는 평균 60~100에이커 정도의 농토, 소 10수, 양 16마리, 돼지 6마리, 말 2필, 그리고 한 무리의 황소를 가지고 있었다고 한다. 가구별 평균 자녀 수는 6~7명이었고, 그중 4~5명만이 성인이 되었다고 한다. 그리고 중년 남자 중 빈곤층은 3~5%

> 시장 경제의 발전은 빅뱅처럼 어느 날 갑자기 일어난 일이 아니다. 그것은 2세기에 걸친 사회적 기술 진화의 결과이다. 그 핵심 동인으로는 영국에서의 의회민주주의 발전, 그리고 미국 혁명을 들 수 있다.

472

에 불과했다고 한다[26]. 혁명이 일어났을 때 이미 미국은 자유 시장에서 놀라운 성과를 거두고 있었다. 1700년 미국의 GDP는 영국의 5%에 불과하였으나, 1775년 40%로 늘어났다. 이를 두고 존슨은 "세계 역사상 가장 높은 경제 성장률의 하나"라고 평가하였다[27].

18세기 말 미국, 영국 그리고 일부 북유럽 국가에서는 시장 경제의 기반이 되는 사회적 기술이 터를 잡았다. 그러나 아직 시장 경제라고 말하기에는 거리가 있었다. 예를 들어, 은행 제도는 매우 원시적인 단계에 있었고 주식회사 제도도 만들어지지 않았다. 그러나 사업 계획의 선택 과정에서 통치자의 자리는 사라지고 기업가 정신이 그 자리를 차지하였다.

또한 이 지역에서 과학도 뿌리를 튼튼히 내리게 되었다. 따라서 이 지역이 산업 혁명의 중심지가 된 것은 놀라운 일이 아니다. 19세기와 20세기를 통해 과학은 엄청난 물리적 기술을 창출하였고, 시장은 이러한 기술을 새로운 제품과 서비스로 전환하는 사업 계획의 진화를 촉진하였다. 물리적 기술, 사회적 기술 그리고 사업 계획 혁신 간의 선순환이 일어나 세계사에 유례가 없는 거대한 경제 발전 시대를 열었다.

14

부의 새로운 정의: 적합한 질서

⋮

1948년 니콜라스 게오르게스쿠-뢰겐Nicholas Georgescu-Roegen과 그의 부인은 두려움에 떨고 있었다. 그들은 간신히 본국인 루마니아를 떠나 이스탄불로 향하는 기차의 화물칸에 숨어드는 데 성공했다[1]. 그들은 모두 붙잡힐 경우 죽음을 면치 못하리라는 것을 알고 있었다.

파리 소르본에서 수학했으며 하버드 대학의 조지프 슘페터 교수의 뛰어난 제자이기도 했던 경제학자 뢰겐은 1930년대 본국으로 귀환하여 전후 루마니아 정부 건설에 참여했다. 전쟁이 끝나고 수년 동안 루마니아는 권력 다툼 등으로 큰 혼란을 겪어야만 했다. 그러나 1947년 평화 협정과 동시에 루마니아의 수도 부쿠레슈티는 구소련의 공산주의 정권 아래 놓이게 되었으며, 그해 말에는 전체주의 정권이 설립되기에 이르렀다. 이전 정부의 관계자들은 추방되거나 재판에 부쳐졌으며, 일부는 처형되었다. 뢰겐도 루마니아를 떠나야만 했다.

내슈빌의 밴더빌트 대학Vanderbilt University으로부터 교수직을 제안받

474

은 뢰겐은 결국 부인과 함께 루마니아를 떠나 미국으로 향했다. 그리고 이후 약 20여 년간 전통적 경제 이론의 발전에 큰 기여를 했다. 그는 탁월한 수학적 기량으로 학계에서 유명해졌으며, 대표적 신고전주의자인 폴 새뮤얼슨으로부터는 "경제학자들의 경제학자"라는 칭송을 받았다. 그러나 1966년 당시 60세였던 뢰겐은 기존의 경제 이론에 신랄한 비판을 가하며 학계의 이단아로 돌변했다[2]. 그는 진화적 이론 및 물리학을 통해 전통적 경제학의 오류에 대한 해답을 찾고자 했으며, 그 결과 1971년『엔트로피와 경제The Entropy Law and the Economic Process』를 발표했다[3].

이번 장을 통해 우리는 뢰겐이 시대를 앞선 경제학자였음을 알 수 있을 것이다. 열역학 법칙과 경제 과정의 기본적 원리는 다음과 같다. 경제 활동은 본질적으로 질서를 창조하는 것이며, 진화란 질서가 창조되는 과정이다. 우리는 그의 혁신적인 아이디어를 점검해 보고 현재의 과학과 결부시키는 한편, 앞 장에서 본 진화 모델들과 연관시켜 생각해 보기로 한다. 이러한 과정을 통해 우리는 최종 목적지, 즉 부의 기원에 대한 새로운 관점에 도달할 수 있을 것이다.

사회과학계의 괴짜들과 허풍쟁이들

뢰겐은 그의 저서에서 인간의 생물학적 진화는 인체 내의 유전자를 통해 천천히 이루어지지만, 외부적으로는 문화를 통해 급속도로 진화하고 있다고 주장했다. 이러한 견해를 가진 경제학자는 비단 그 혼자만이 아니었다. 다윈 또한 유사한 이론을 펼쳤으며, 1950년대에 가톨릭 신학자인 피에르 테야르 드 샤르댕Pierre Teilhard de Chardin은 인체의 내·외적 진화에 중점을 둔 철학을 개발하기도 했다[4]. 당시 문화의 진화 속에서 기존 경제학의 오류에 대한 해답을 찾아내고자 했던 경제학자로는 뢰겐 외에도 프리드리히 하이에크와 케네스 볼딩Kenneth

Boulding 등이 있다. 하이에크는 1960년 『자유헌정론The Constitution of Liberty』을 출간했으며, 볼딩은 1970년대 문화 및 경제적 진화에 대한 그의 이론을 저서로 출간했다[5]. 그러나 뢰겐은 진화론과 열역학 이론 사이의 관계를 정립하는 등 과학과 경제 이론을 접목시키는 데 탁월한 재능을 보였다.

3장에서 우리는 열역학 제2법칙에 대해서 논의한 바 있다. 이 법칙은 우주는 궁극적으로 낮은 엔트로피 상태에서 높은 엔트로피 상태로 변화한다는 것이다. 그대로 두면 세계는 질서에서 무질서로 변화하는 것이다. 만약 열린 시스템에 에너지를 주입할 경우, 사람들은 일시적으로 증가하는 엔트로피에 맞서 싸울 수 있고, 그 결과 우주의 일부분에서는 질서가 만들어진다. 그러나 열역학 제2법칙에 따르면, 열린 시스템 내에서 엔트로피가 감소하고 있다면 궁극적으로는 모두 열과 노폐물의 형태로 엔트로피를 우주 밖으로 배출시켜야 한다. 따라서 우주의 총 엔트로피는 지속적으로 증가하게 된다. 또한 열린 시스템이 엔트로피와 맞서기 위해서는 계속해서 에너지를 흡수해야 한다. 만약 에너지 공급이 중단되면, 질서는 더 이상 유지되기 어렵고 시스템은 점차 쇠퇴하여 사라지게 된다.

열역학 제2법칙은 근본적으로 생물계에 진화를 가져왔다[6]. 열역학적 관점에서 유기체란 고도의 질서를 가진 분자들의 집합체이다. 모든 유기체들은 외부의 무질서에 대항하여 내부의 질서를 유지하기 위해 세포막, 피부, 내관 등 다양한 형태의 방어막을 갖는다. 이와 같이 내부의 질서를 유지하기 위해 유기체가 필요로 하는 것이 바로 에너지다. 경계 내부의 분자들이 질서를 유지할 수 있는 까닭은 예기치 못한 일부 분자의 움직임으로 인해 유기체 내부에서 특정한 화학적 패턴이 발생할 가능성이 극히 낮기 때문이다. 예를 들어, 돌연변이 분자들이 자연스레 하나의 완벽한 박테리아로 결합될 가능성이 극히 낮은 경우와 같다. 뉴욕 대학의 생화학자인 로버트 샤피로Robert Shapiro는 이

476

를 고물상에 토네이도가 발생하였는데, 그곳의 고물들이 결합되어 보잉 747기가 될 가능성에 비유했다[7]. 따라서 모든 유기체는 복잡한 내부 질서를 유지하거나 발전시키기 위해 에너지를 필요로 하게 되며, 엔트로피는 열과 노폐물을 통해 우주로 배출된다. 이러한 과정이 중단되면 유기체의 분자들은 무질서 상태로 돌아가게 된다. 이를 가리켜 열역학 제2법칙에서는 열역학적 '죽음'이라고 표현한다.

열역학 제2법칙은 모든 생명체에 기본적인 제약을 가한다. 시간이 지나면서 에너지 투입량이 에너지 소모량보다 많아져야 한다는 것이다. 또한 모든 유기체들은 생존과 재생산을 지속하기 위해서 열역학적 '이익'을 창출해 내야만 한다. 각 유기체들은 열역학적 이익을 통해 생존과 재생산이 가능하도록 전략적으로 디자인되었다. 아프리카의 코끼리는 아프리카 나무숲에 맞게, 관해파리목은 심해 환경에 맞게 열역학적 이익을 생산할 수 있도록 디자인되었다고 볼 수 있다. 관해파리목이 2억여 년 동안 지속적으로 존재해 왔음을 고려해 볼 때, 관해파리목은 특히 성공적인 전략을 취하고 있음을 알 수 있다. 물론 질서 창출에 필요한 에너지와 물질을 확보하기 위한 경쟁이 치열하다. 나무 등과 같은 식물은 땅, 물, 햇빛을 두고 경쟁할 것이며, 동물들은 먹이사슬을 통해 생존에 필요한 에너지와 물질을 습득하는 전략을 사용한다. 경쟁적이며 전에 없이 빠른 속도로 변화하는 세상 속에서 생물들은 열역학적 이익을 얻기 위해 30억여 년 동안 진화를 지속하여 왔다.

뢰겐은 『엔트로피와 경제』에서 생물 시스템과 마찬가지로 "경제 과정 역시 본질적으로 고엔트로피에서 저엔트로피로의 변환 과정으로 구성되어 있다"고 했다[8]. 그는 전통 경제학이 경제학에서 엔트로피의 역할을 망각하고 있다고 크게 비난하는 한편, 신고전주의 이론은 열역학적 제약을 인정하지 않는 등 물리적 법칙을 사실상 위반하고 있다고 주장했다[9]. 그는 이러한 오류를 가리켜 "실제 세계와 에덴 동산의 차이점을 무시하는 것"과 같으며, 신고전주의가 말하는 생산 함수는

"환각에 의한 속임수"일 뿐이라고 말했다[10].

뢰겐의 비난에도 불구하고 기존 경제학계는 아무 대응을 하지 않았다. 그리고 그의 저서는 망각 속에 묻히고 말았다[11]. 그가 내린 결론 중 하나는 경제가 엔트로피를 재생산하는 과정에서 오염이라는 피할 수 없는 부산물이 발생한다는 것이었다. 이러한 그의 주장은 환경론자들에게 큰 반응을 불러일으켰다. 따라서 많은 경제학자들이 뢰겐을 환경경제학자로 분류할 뿐, 그가 고전 경제학 이론에 중요한 이슈를 제기했던 인물이었다는 사실을 잊고 있다[12].

뢰겐이 경제학사에서 잊힌 이유 중 하나는 아마도 엔트로피라는 개념이 경제학에서 제대로 빛을 발한 적이 없었기 때문일 것이다. 수십 년 동안 많은 연구자들이 경제학에서 엔트로피와 에너지를 잘 설명할 수 있는 표현을 찾으려고 노력해 왔다. 예를 들면, 화폐와 엔트로피 간의 비교라든지 예산 제약과 에너지의 보존 간 비유 등이 그런 것이다[13]. 폴 새뮤얼슨은 1970년 그의 노벨상 수상 강연에서 다음과 같이 말했다. "엔트로피와 에너지에 상응하는 표현을 찾는 따분한 논문을 얼마나 심사해야 했는가?"[14] 1972년 논문에서 그는 한 걸음 더 나아갔다. "물리학의 엔트로피에 상응하는 개념을 사회 시스템에서 찾으려 하는 것은 사회과학계의 괴짜이거나 설익은 학자가 하는 짓이다."[15]

새뮤얼슨은 옳았다. 앞에서도 이야기했듯이, 표현적 비교 대상을 찾기 위한 시도가 아무 의미도 없는 난센스를 야기할 경우가 있다(역설적이게도 발라, 제번스 등 전통적 경제학자들도 이와 똑같은 일을 했다). 그러나 뢰겐은 괴짜가 아니었으며 경제학의 엔트로피 개념을 찾기 위해 노력하지도 않았다. 대신 그는 앞서 3장에서도 이야기한 바 있지만, 경제 시스템이 실물 세계에 존재하는 만큼 우주 내의 모든 사물이 그러하듯이 엔트로피의 법칙을 따라야만 한다고 주장했다[16]. 영국의 우주물리학자인 아서 에딩턴Authur Eddington도 말했듯이 "만약 당신의 이론이 열역학 제2법칙에 위배된다면, 나는 당신에게 줄 수 있는 희망이 없다. 심한 모욕 속에 좌절하는 수밖에 다른 방도가 없다".[17]

하나의 제안: 가치 창조를 위한 세 가지 조건

뢰겐은 진화를 거듭하는 복잡한 시스템인 경제와 우리의 숙제인 부의 기원을 근본적으로 연결시켜 주는 세 가지의 중요한 관찰을 했다.

첫째, 그는 경제적 가치를 창출해 내는 과정은 본질적으로 불가역적이라고 했다. 경제 시스템에서 시간이란 한 방향으로만 나아가는 화살과 같다. 뢰겐은 "기관차를 움직이도록 하기 위해 한 덩어리의 석탄을 두 번 태울 수는 없지 않느냐"라고 반문했다[18].

둘째, 그는 "의복, 목재, 도자기, 구리 등 일상에서 접할 수 있는 모든 물질들이 고도의 질서 체계를 가지고 있음을 고려해 볼 때 우리가 경제적으로 누리는 모든 것들은 1차적으로 낮은 엔트로피를 이용하고 있음이 증명된다"고 하였다[19]. 앞서 말했듯이 경제 과정은 에너지 소비를 통해 상대적으로 낮은 질서를 가지고 있는 1차적인 물질과 정보를 보다 높은 질서를 가진 상품이나 서비스로 변환시키는 모든 활동을 의미한다.

셋째, 상품과 서비스를 창조하는 것은 본질적으로 질서를 창조하는 행위와 같으나, 모든 질서가 경제적 가치를 지니고 있는 것은 아니다. 뢰겐은 "저엔트로피를 가진 독버섯을 사용할 수 있는 사람은 아무도 없으며, 모든 사람이 해초나 딱정벌레의 엔트로피를 차지하기 위해 싸우지도 않는다"라고 했다[20].

이제 뢰겐의 주장에서 한 걸음 더 나아가 다음과 같이 생각할 수 있다. 위에 언급한 세 가지는 경제적 가치가 창출될 수 있는 정확한 조건을 말해 주고 있으며, 이로 인해 우리는 부에 대한 새로운 정의를 내릴 수 있다. 뢰겐의 주장을 좀 더 명확히 하기 위해 위의 세 가지 주장을 보다 공식적인 용어로 다시 표현하고, 이를 G-R 조건이라 부르자.

물체, 에너지, 그리고 정보 등의 어떤 패턴은 다음의 세 가지 조건을 만족시킬 때에만 경제적 가치를 지닌다.

1. 불가역성Irreversibility

가치를 창조하는 모든 경제적 전환 혹은 거래는 열역학적으로 원상태로 되돌릴 수 없다.

2. 엔트로피Entropy

가치를 창조하는 모든 경제적 전환 혹은 거래는 경제 시스템 내에서는 국지적으로 엔트로피를 감소시키는 반면, 전체적으로는 엔트로피를 증가시킨다.

3. 적합도Fitness

가치를 창조하는 모든 경제적 전환 혹은 거래는 인간의 목적에 적합한 인공재(제품 등)나 행동을 만들어 낸다.

이 세 가지 조건을 하나씩 차례대로 짚어 보기로 하자.

불가역성: 계란을 깨 오믈렛을 만든다

앞서 우리는 사업을 가리켜 "수익을 창출하기 위해 재료, 에너지, 정보 등을 한 상태에서 다른 상태로 변환시키는 사람이나 조직화된 공동체"라고 정의한 바 있다. 마찬가지로 나는 물리적·사회적 기술을 변환의 개념으로 정의했다. 어떠한 물체를 한 상태에서 다른 상태로 변환시키는 것은 열역학적 개념이다[21]. 19세기 프랑스의 공학자인 사디 카르노**Sadi Carnot**는 모든 변환 과정을 가역적인 것과 불가역적인 것에 따라 두 가지로 분류했다. 지구가 태양을 공전하는 것은 가역적 변환의 예가 될 수 있다(우리가 지구의 공전을 '변환'이라고 부를 수 있는 이유는 시간이 지남에 따라 지구의 위치가 한 지점에서 다른 지점으로 바뀌기 때문이다). 지구가 지금과 같은 방향으로 공전하는 이유는 밝혀진 바 없다. 뉴턴의 공식에서조차 지구가 반대 방향으로 돌 수 없다는 말은 찾아볼 수 없다. 만약 지구가 한 방향으로 회전한 후 다른 방향으로도 회전하는 모습이 담긴 영화를 보고 있다고 가정해 보자. 지구의 움직임이 완벽한 균형을 이루고 있는 만큼 어떤 장면이 원래의 모습이고 어떤 장면이 거꾸로 돌아가고 있는 모습인지 판단할 수 없을 것이다[22]. 반대로 테이블에 있던 우유병이 떨어져 바닥에 부딪혀 깨지는 장면이 담긴 영화를 보고 있다고 치자. 이 영화를 거꾸로 돌릴 경우 우리는 어느 장면이 원래의 모습인지 쉽게 판단할 수 있다. 우유병이 깨지는 것은 바로 불가역적 변환 과정의 예가 된다.

우리의 삶과 경제 현상을 거시적으로 볼 때, 현재 확실히 말할 수 있는 것은 시간은 한 방향으로만 흐른다는 사실이다[23]. 이를 가능하게 한 것이 바로 열역학 제2법칙이다. 우리의 머리는 본능적으로 엔트로피가 증가하고 있다는 사실과 엔트로피를 감소시킬 수 있는 유일한 통로는 에너지와 일이라는 것을 알고 있다. 따라서 우유병이 깨지는 장면이나 한 방울의 잉크가 물과 섞여 금방 무색으로 변해 버리는 장면이 담긴 영화를 볼 때 해당 시스템 내의 질서가 감소하고 시간은 앞으로만 흐른다는 사실을 알 수 있다. 우유병이 갑자기 테이블 위로 뛰어올라 원 위치에 놓인다든가 물에 섞인 잉크 방울이 다시 한 방울로 뭉치는 장면을 본다면 시간이 거꾸로 흐르고 있음을 쉽게 알 수 있을 것이다. 그러나 이러한 질서의 창조는 저절로 일어날 수 없다. 만약 누군가가 깨진 유리병을 다시 붙이고 우유를 채워 넣어 테이블 위에 다시 올려놓는다면, 시간은 다시 앞으로 흐르고 있음이 확실하다. 이는 누군가가 시스템에 에너지를 부여하여 질서를 창조하고 있기 때문이다. 물리학자인 리처드 파인먼Richard Feynman이 이와 관련하여 좋은 실험을 추천한 적이 있다. 만약 변환 과정을 촬영한 장면을 역방향으로 보여 주었을 때 관객들이 웃는다면 그 과정은 불가역적인 경우로 보면 된다는 것이다[24].

따라서 불가역성은 엔트로피 및 질서 창조와 밀접하게 관련되어 있다. 그 연관성은 확률 법칙law of probability을 통해 일어난다. 질서에 관해 생각할 수 있는 가장 유용한 방법은 분자의 돌발적인 움직임을 통해 사물의 상태가 변할 수 있는 확률이 몇 퍼센트나 되는가 묻는 것이다. 커피가 담긴 잔에 일정량의 우유를 부은 다음 이를 젓지 않고 그대로 두자. 이때 다양한 분자들의 돌연변이적 행위로 인해 우유가 커피 속으로 침투하고 커피와 우유가 서로를 밀어내 어느 순간 둘이 확연히 구분되어 있는 상태가 될 수 있다고 가정해 보자. 우유를 첨가한 지 몇 분이 지나 컵 안의 커피와 우유가 양쪽으로 확연히 나뉘어 있다면 무척 놀라운 일일 것이다. 이론적으로는 커피와 우유의 분자가 서로를 밀어내 우연히 이와 같은 상황이 발생할 가능성은 있을 수 있지만, 우주의 수명 동안에는 발생하지 않을 그런 수준의 확률이다. 그렇다면 이제 커피와 우유가 섞여 있는 컵의 중간에 경계막을 집어넣는다고 치자. 그리고 이 경계막에는 작은 나노 기술 로봇(이하 나노봇이라 부른다)에 의해 움직이는 분자 크기의 '트랩도어trapdoor'들이 있다고 가정하자. 이 나노봇은 커피 분자와 우유 분자를 분류하여 경계막의 양쪽으로 나누어 놓는 일을 한다. 우유 분자 중 하나가 돌발적으로 한쪽으로 향하면, 나노봇은 트랩도어를 열어 해당 방향으로 나머지 우유를 흘려보낸다. 반대로 커피 분자 중 하나가 돌발적으로 다른 한쪽으로 향하면 트랩도어를 열어 나머지 커피를 그 방향으로 흘려보내게 된다. 시간이 지나면, 커피와 우유는 나노봇에 의해 컵 안에서 정확히 양분된 상태가 될 것이다. 이때 나노봇은 과거에 비해 '낮은 확률 상태'를 만들어 넘으로써 사실상 컵 내의 질서를 창조(엔트로 피는 감소)하고 있는 셈이 된다. 그러나 이러한 질서가 만들어지기 위해서는 불가피하게 치러야 할 비용이 있다. 나노봇이 그 일을 하게 하려면 에너지를 주입해야만 하며, 나노봇은 일의 대가로 열을 방출한다. 따라서 컵 안의 엔트로피는 점차 감소하겠지만, 컵 주변을 둘러싼 우주의 엔트로피는 증가하는 셈이 된다. 물리학자인 제임스 클러크 맥스웰은 자신의 이름을 본떠 '맥스웰의 도깨비Maxwell's Demon'라고 이름 붙인 상상의 분자 분류 장치를 제안한 바 있다[25]. 맥스웰은 1867년 실험을 통해 그 같은 가설을 제기했다(당초에는 '주의력이 있는, 깔끔한 손가락의' 도깨비로 불렸다). 과학자들은 140여 년 동안 논쟁과 이론화, 그리고 실험을 거쳐 맥스웰의 도깨비로도 에너지가 전혀 없으면 엔트로피의 흐름을 역행시킬 수 없다는 결론을 내렸다. 어떠한 질서도 저절로 발생할 수는 없다.

뢰겐이 주장하는 본질은 만약 우주가 열역학 제2법칙을 피할 수 없다면 경제 역시 그러할 것이라는 것이다[26]. 변환 과정을 포함하여 경제적 가치를 창출해 내는 여러 과정들은 열역학적으로 불가역적이다. 이는 가치 창조 과정을 역전환하는 것이 불가능하다는 뜻이라기보다, 어떠한 물건을 만들거나 원 상태로 돌리기 위해서는 에너지가 필요하다는 뜻이라고 할 수 있다. 경제 시스템에서 시간은 화살과 같다. 종이를 만드는 과정을 예로 들어 보자. 나무가 숲에서 벌목되어 트럭으로 이동되고, 펄프로 변하고, 화학 약품들과 섞여 현탁액으로 변하고, 현탁액들이 압축되어 큰 두루마리가 되고, 건조되고, 종이처럼 잘리는 과정을 떠올릴 수 있다. 파인먼의 실험처럼, 펄프가 나무등치가 되고, 나무등치가 트럭에 실리고, 숲의 나무가 되는 과정들이 담긴 장면을 보게 된다면, 우리는 즉각적으로 이 장면이 거꾸로 가고 있음을 알 수 있을 것이다. 마찬가지로, 자동차가 부품들로 분해되거나, 비행기가 뒤로 날아가고 있거나, 은행의 창구 직원들이 컴퓨터에 입력하는 글자들이 하나씩 사라지는 장면들을 보고 있다면 관객들은 그저 웃을 수밖에 없을 것이다.

그러나 완벽하게 가역적인 가치 창조가 가능한 경제 변환 형태를 상상해 볼 수 있다. 1982년 IBM의 물리학자 찰스 베넷Charles Bennett 은 가역적 컴퓨터(열역학적 손실 없이도 양 방향으로 정확한 계산이 가능한 기계)가 이론적으로 가능함을 입증해 보였다. 만약 이러한 기계가 실제로 존재한다면 경제적으로 유용하게 활용될 수 있으면서 가역적이기 때문에 첫째 G-R 조건인 불가역성에 위배되는 듯 보인다. 그러나 이어지는 실험에서 베넷의 IBM 동료인 롤프 랜다우어Ralf Landauer 는 이러한 가역적 컴퓨터가 존재하려면 무한한 용량의 메모리가 필요함을 보여 주었다. 메모리 용량이 한정된 컴퓨터가 새로운 정보를 저장하기 위해서는 기존의 정보를 삭제해야만 하는데, 이는 불가역적 과정에 해당한다. 따라서 경제(경제 역시 우주의 하부 조직에 불과할 뿐, 우주 그 자체는 아니다)에 유한한 한계가 있는 한, 뢰겐의 이론은 안전하며 앞서 제시된 경제적 불가역성의 조건 역시 위배되지 않는다[27].

따라서 첫 번째 G-R 조건은 경제적 가치를 지니고 있는 물품이나 서비스라면 모두 열역학적으로 불가역적인 변환에 의하여 생산된다고 주장한다. 간단히 말하자면, 계란을 깨지 않고는 오믈렛을 만들 수 없는 것과 마찬가지이다.

내가 불가역성을 설명하면서 '변환'과 함께 '거래'라는 단어를 사용했음을 이미 인지한 독자가 있을지도 모르겠다. 경제적 가치는 제품과 서비스의 생산뿐만 아니라 거래를 통해서도 얻어질 수 있다. 책의 앞부분에서도 언급했던 것처럼 전통적 경제학에서도 오랫동안 이 사실을 알고 있었다. 교환은 사람들의 선호도 차이에서 일어나고, 무역은 사람들의 선호도에 따라 제품과 서비스를 효과적으로 재배치함으로써 가치를 창조한다. 가치 창조적 생산이 불가역적인 것처럼, 가치 창조적 거래 역시 불가역적이다[28]. 두 사람이 거래가 서로에게 이익(가치 창조)을 가져온다는 사실에 동의한다면, 그들이 바로 거래를 취소하거나 되돌리려 하지 않을 것임을 직관적으로 알 수 있다. 그 경우 거래를 하지 않는다면 그들은 둘 다 거래에서 오는 경제적 가치를 잃게 될 것이다(물론, 거래로 인해 얻은 상품에 오류가 있다는 새로운 정보 등이 공개되어 두 사람 중 한 명이 거래를 하지 않기로 결정한 경우는 제외하고).

그러나 물리적·열역학적 관점에서 거래의 특성을 정확히 설명하기는 다소 까다롭다. 예를 들어, 두 사람이 행크 에런Hank Aaron의 야구공 카드와 베이비 루스Babe Ruth의 야구공 카드를 교환한다고 치자. 우리는 이 거래가 전진적인지 후진적인지 명확히 답변할 수 없다. 에런을 위해 루스를 희생하는 것인지, 루스를 위해 에런을 희생해야만 하는 것인지 정확히 알 수 없다. 이를 위해 우리는 숨겨진 정보를 알아야 할 필요가 있다. 각각의 선호도와 현존하는 야구공 카드의 양 등이 그것이다. 이제 거래에 앞서 시장 연구자들로 하여금 두 사람이 좋아하는 야구 선수와 가지고 있는 야구공 카드의 종류 등을 조사해 보도록 했다고 하자. 거래 후 두 사람의 선호도와 보유한 야구공 카드가 더 잘 매치되었는지 알 수 있을 것이며, 거래가 어떠한 식으로(전진적 혹은 후진적) 이루어졌는지도 또한 알 수 있을 것이다[29]. 우리는 또 두 사람 모두 즉각적으로 거래를 무효화하지 않을 것임도 알 수 있을 것이다. 따라서 거래 역시 열역학적 의미에서 보면 불가역적이다.

불가역성은 가치 창조의 필수 요소지만, 충분조건은 아니다. 가치가 파괴되는 불가역적인 과정을 상상하는 것은 어렵지 않다. 허리케인, 폭발, 무능한 관리 팀 등은 모두 가치를 파괴시키는 동시에 에너지를 역전시킨다. 첫 번째 G-R 조건에 따라 시간은 경제 시스템 내에서 일방성을 갖지만, 우리는 변환 및 거래가 가치를 창조하고 있음을 확인하기 위해 엔트로피라는 두 번째 조건을 필요로 한다.

엔트로피의 감소: 분홍색 자동차와 폭탄은 가치를 창조하는가?

두 번째 G-R 조건, 가치를 창조하는 모든 경제적 변환 혹은 거래는 경제 시스템 내에서 국지적으로는 엔트로피를 감소시키는 반면, 전체적으로는 엔트로피를 증가시킨다는 것은 창문에 돌을 던지는 것과 창문을 수리하는 것의 확연한 차이점을 설명해 준다. 가치를 창조하는 과정은 어떠한 과정이든 불가역적이어야만 하고 엔트로피를 감소시켜야만 한다.

뢰겐이 의복, 목재, 도자기, 구리 등을 예로 들어 설명했던 것처럼, 대부분의 경제적 변환은 엔트로피를 분명히 감소시킨다. 그렇다면 엔트로피를 증가시키는 경제적 변환은 존재하지 않을까? 예를 들면, 건물을 붕괴시키는 행위가 가치를 파괴시키는 변환은 아닐까? 군대용 폭탄을 제조하는 것은 또 어떨까?

경제적 변환을 좀 더 넓게 정의한다면, 건물을 붕괴하는 행위는 가치 창조의 중간 단계일 뿐 그 자체로 변환이 완성된 것이라고 할 수 없다. 이는 나무를 펄프로 만드는 것이 나무가 종이가 되기 위한 중간 단계인 것과 마찬가지다. 사람들은 아무런 이유도 없이 건물을 붕괴시키지 않는다[30]. 건물을 붕괴시키는 이유는 그 자리에 새로운 건물을 짓거나 다른 용도(고속도로 건설이나 자연 상태의 부지로 되돌리는 것 등)로 사용하기 위함이다[31]. 따라서 쓰레기 처분, 환경 정화, 재활용 등의 과정도 넓게 보면 제품이나 서비스를 창조하는 변환 과정의 1차적 단계라고 볼 수 있다(생산과 환경 정화가 서로 연계되어 있다고 보는 뢰겐의 주장은 환경 보호론자들로 하여금 그를 옹호하도록 만들었다). 가치 창조 과정의 중간 단계로서 파괴 역할은 생물학적 시스템에서도 존재한다. 신체가 세포 및 조직 내에 새로운 질서를 만들어 내려면 우선 소화기 조직들이 음식 속에 정리된 화학 요소들과 에너지들을 잘게 분해시켜야만 한다. 다시 말해, 계란을 깨지 않고는 오믈렛을 만들 수

486

없다는 격언이 맞는 셈이다.

그러나 폭탄의 경우는 이야기가 좀 달라진다. 다량의 화학 물질들을 다이너마이트나 플라스틱 폭탄으로 변환시키는 행위는 엔트로피를 감소시키는 행위이다. 폭발물 제조자들은 에너지와 지식을 이용하여 무질서 상태의 분자들을 모아 교묘히 질서화하여 광산 채굴이나 붕괴 등의 업무에 유용하게 사용될 수 있는 고성능의 에너지 제품들을 만들어 낼 수 있다. 열역학적 관점에서 분자들의 돌연변이적 행동이 자연적으로 이들에게 질서를 부여해 다이너마이트를 생산해 낼 가능성은 지극히 낮다. 그러나 군대가 적의 기지를 공격하기 위해 폭탄을 사용하게 되면, 이는 국가의 안보를 위한 중요한 업무일 수 있겠으나, 폭탄의 사용이 경제적으로 가치를 창조하는 변환 과정이라고 주장하는 이는 아무도 없을 것이다.

폭탄을 제조하는 행위는 엔트로피를 감소시키고 가치를 창조하는 행위다(값을 치르고 폭탄을 구입하는 이들이 있다는 사실이 그 증거다). 그러나 폭탄을 사용하여 적의 자산 등을 폭파시키게 되면, 이는 적과 관련된 엔트로피를 증가시키는 셈이 된다. 그리고 이 행위는 경제적 가치를 창조한다기보다는 파괴하는 것에 가깝다. 전쟁은 힘들여 이룩한 경제 질서를 다시 파편화시키고 인체의 생물학적 질서를 부상과 죽음으로 손상시키는 등 궁극적으로 엔트로피를 증가시키는 행위가 된다.

스튜어트 포터Stewart Potter 판사의 유명한 포르노그래피에 대한 정의, "보면 알 수 있다"처럼, 지금까지 보다 쉬운 방법을 통해 질서의 개념을 이야기했다. 그러나 질서란 사실 모호하고 변하기 쉬운 개념이다. 예를 들면, 여러분이 한밤중에 집을 몰래 빠져나와 미시간주 앤아버Ann Arbor의 차들을 모두 분홍색으로 칠한다고 생각해 보자[32]. 여러분의 이와 같은 행동이 가치를 창조한다고 말하기는 어렵다. 결국, 앤아버의 주민들은 당신에게 크게 화를 내고 당신의 일에 대가를 지불하려 하지 않을 것이다. 그러나 이 일은 엔트로피를 감소시켰다고 주장할 수 있다. 결과는 가능성이 낮은 가치를 위해 에너지를 쓴 것이다. 즉, 분홍색 차들로만 가득한 도시보다 여러 색의 차가 공존하는 도시가 현실에 더 가깝다. 그러나 이 같은 행위가 실질적으로는 엔트로피를 증가시키는 행위라고 주장할 수도 있다. 모든 차를 분홍색으로 칠하는 과정에서 정보가 파괴되었기 때문이다. 페인트칠이 끝난 후, 사람들은 자신의 차가 어떤 차인지 구분하기가 힘들어진다. 따라서 이는 에너지를 소비했음에도 불구하고 창문에 돌을 던지는 등 공공시설물을 파괴하는 행위들보다 나을 것이 없는 경우다. 그렇다면 차를 분홍색으로 칠하는 행위는 질서를 창조하는 행위일까, 아니면 정보를 파괴하는 행위일까?

이는 보는 이의 관점에 따라 달라진다. 이는 질서의 개념을 이해하는 데 중요하다. 질서와 무질서는 상대적인 관점에서 이해되어야 한다. 헬리콥터를 타고 앤아버에 총 몇 대의 차가 등록되어 있는지 파악하고자 하는 교통 계획자들에게는 모든 차를 분홍색으로 도색하는 행위가 질서를 창조하는 행위로 보일 수 있다. 분홍색으로 통일됨으로써 차의 수를 세는 것이 더욱 쉽고 정확해질 수 있기 때문이다. 교통 계획자는 심지어 당신에게 대가를 지불하려 할 수도 있다. 그러나 자동차 소유주의 입장에서 봤을 때 이는 정보를 손상시키는 일(여기서 손상된 정보란 도색 이전의 자동차 색상을 의미하며, 자동차 소유주가 분홍색을 좋아하는지 여부는 별도의 문제이다. 선호도에 관한 문제는 다음 섹션에서 다루기로 한다)에 해당하는 만큼 질서를 파괴하는 일이 된다.

질서의 상대적 특성은 열역학 이론에서는 잘 알려진 이슈다. 폴란드의 물리학자 보이체크 주렉Wojciech Zurek은 이른바 '카드 섞기 마술'을 예로 들었다[33]. 한 마술사가 당신에게 한 벌의 카드들을 보여 준다. 카드는 완벽하게 순서대로, 그리고 그림대로 나뉘어 있다(하트 2 다음에는 하트 3이 오는 식으로 정리되어 있으며, 나머지 세 가지 그림의 카드 역시 마찬가지로 정리되어 있다). 마술사는 정리된 카드들을 매우 신중하게 섞어 처음의 질서를 없애 버린다. 마술사는 무작위로 섞인 카드들을 보여 준다. 이제 그는 당신에게 똑같이 정리된 다른 한 벌의 카드들을 건네주며 자신이 했던 것을 당신은 하지 못하리라는 것에 20달러를 걸겠다고 한다. "카드 한 벌을 섞는 것이 뭐가 어렵겠나"라고 생각한 당신은 내기를 받아들이고 질서정연하던 카드를 잘 섞어 완벽하게 무작위 상태로 바꾸어 놓는다. 당신은 마술사에게 무작위로 정리된 카드 한 벌을 다시 건네주고 대가로 20달러를 기대한다. 그러나 마술사는 다음과 같이 말한다. "당신은 내기에 졌습니다. 내가 섞어 놓은 카드들은 스페이드 퀸, 클로버 10, 다이아몬드 4 등 정해진 질서를 가지고 있습니다. 그러나 당신의 카드들은 내 것과 전혀 다릅니다. 당신은 내게 20달러를 빚졌습니다." 이 우화의 초점은 무작위로 섞인 카드 한 벌은 다른 한 벌과 같을 수도 있고 다를 수도 있다는 것이다. 당신은 마술사와 마찬가지 확률로 카드를 뒤섞어서 어떤 특정한 하나의 상태로 만든다. 우리는 똑같은 가능성을 가진 수많은 카드 배열 중에서 한 가지를 선택하였을 뿐이며, 카드에 명기된 숫자와 그림에 임의적인 의미를 부여하고는 이를 가리켜 "질서가 있다"라고 부르는 것이다.

결론적으로, 어떤 무엇이 경제적 가치를 지니기 위해서는 낮은 엔트로피가 필수적이지만, 어떠한 종류의 질서가 가치 있는 것인지 판단하는 것은 다소 주관적인 문제다. 즉 제 눈에 안경인 셈이다. 따라서 두 번째 G-R 조건 역시 가치 창조의 필요조건이긴 하지만 충분조건이 되지 못함을 알 수 있다.

적합도①: 선호도에 관한 진화적 관점

불가역성과 질서는 근본적으로 경제적 가치 창조와 연결되어 있지만 사람들이 어떠한 이유로 특정 질서를 더 좋아하고 덜 좋아하는지, 왜 각기 다른 색상의 자동차를 선호하는지, 왜 딱정벌레보다 사과를 더 좋아하는지를 이해할 필요가 있다. 한 가지 방법은 전통 경제학이 그랬던 것처럼 단순히 사람들은 각각의 선호도를 가지고 있다고 가정하는 것이다. 마찬가지로 사람들의 다양한 선호가 논리적인 순서를 가지고 있고 사람들은 각자의 선호를 최대한 만족시키기 위한 방식으로 행동한다고 가정하자. 이 같은 방법을 사용하면 우리는 사람들의 선호가 무엇인지 미리 알 필요가 없다. 사람들이 거래하고 소비함에 따라 저절로 나오게 돼 있다. 그리고 이 선호가 어떻게 형성되고 또 시간이 지남에 따라 어떻게 변화하는지 알아야 할 필요도 없다. 이러한 관점에 따르면 부wealth라는 것은 간단히 말해 그게 무엇이든지 각자가 선호하는 질서라고 볼 수 있다. 그러나 이런 정의는 좀 불만족스러운 것이다. 왜냐하면 대부분의 행위들이 선호라는 수수께끼 같은 상자 안에 숨어 버리고 말기 때문이다. 이제 그 상자를 살짝 열어 그 안을 들여다보고, 그 상자를 우리가 지금까지 논의해 왔던 그 진화의 이론적 틀과 연결시켜 보자[34]. 우리는 어떠한 일을 왜 하고 싶어 하는 걸까? 왜 우리는 근사한 저녁, 새 옷들, 열대 섬으로의 여행, 빨간색 스포츠카, 다이아몬드 목걸이 등을 원하는 걸까? 왜 우리는 근사한 저녁보다는 다이아몬드 목걸이를 더 선호하는 걸까?

선호는 심리적 현상이다. 프로이트는 우리의 물질적 욕구가 자아의 동물적 충동에 의해 비롯되지만, 초자아에 의해 지속적으로 검열을 받는다고 주장했다. 따라서 경제적 선호는 "나는 저 비싼 자동차를 지금 갖고 싶어!"와 "그러나 향후 아이들의 교육을 위해서 지금은 저축을 해야만 해" 사이의 투쟁 결과라고 할 수 있다. 이와 달리 스키너는 선호는 본래 배움에서 얻어지는 것이라고 생각했다. 따라서 스키너 이론의 지지자들은 우리가 고가의 자동차를 선호하는 이유는 사회에서 고가의 자동차가 매력적이라는 사실을 배웠기 때문이며, 자동차 제조사들이 설득력 있는 마케팅 문구로 우리를 현혹하여 고가의 자동차를 구입하게끔 만들기 때문이라고 이야기할 수 있을 것이다.

1960년경 심리학자 에이브러햄 매슬로Abraham Maslow는 프로이트의 동물적 욕구와 스키너의 교육에 근거한 행위, 그 중간쯤에 해당하는 새로운 이론을 내놓았다. 그는 인간이 음식, 물, 섹스, 안식처, 잠 등 기본적인 물질적 욕구에서부터 자기 존중과 사회적 존경 등의 보다 고차원적 욕구에 이르기까지 욕구의 위계질서를 가지고 있다고 주장했다. 따라서 이미 음식과 보금자리 등에 대한 욕구가 해결된 중산층 가정의 사람들은 고급 자동차나 옷 등을 통해 사회적으로 존경받고 싶어 하게 된다. 매슬로의 욕구 위계질서에서 가장 높은 위치를 차지하고 있는 것은 이른바 '자기완성'이다. 백만장자가 되어 모든 것을 가지게 되면, 사람들은 물질 우선주의를 접어 두고 선행을 하거나, 자신을 찾기 위해 티베트로 향하거나, 뜨거운 욕조에 누워 삶의 의미를 음미하려 할 것이다. 할리우드의 돈 많은 스타들이 채식주의자가 되거나 불교 수도원으로 향하는 이유가 바로 이것이다. 페라리를 몰고 다니는 할리우드 스타들은 모두 B급 연예인이라고 보면 된다.

> 선호는 심리적 현상이다. 프로이트는 물질적 욕구가 자아의 동물적 충동에 의해 비롯되지만, 초자아에 의해 지속적으로 검열을 받는다고 주장했다. 따라서 경제적 선호는 "나는 저 값비싼 자동차를 지금 갖고 싶어!"와 "향후 자녀 교육을 위해 지금은 저축을 해야만 해" 사이에 벌어진 투쟁의 결과라고 할 수 있다.

비록 매슬로가 우리의 욕구를 유용한(임시적이라고 주장하는 이도 있을 수 있다) 구조로 조직화하여 설명했지만, 그의 이론도 이러한 욕구가 어디에서 오는지, 왜 소비자들은 이 제품을 다른 제품보다 선호하는 것인지 등에 대한 깊이 있는 질문에는 해답을 주지 못했다. 이러한 질문들에 대한 해답은 최근의 진화심리학evolutionary psychology에서 찾을 수 있다[35]. 진화심리학에서는 우리 뇌 속의 유전자가 단 하나의 목적만을 위해 생성되었다고 주장한다. 즉, 후세대에 유전자를 물려주는 것이 바로 그것이다.

사람들은 종종 진화심리학과 모든 행위가 유전적으로 결정된다고 보는 관점을 혼동하는 경향이 있다. 그러나 진화심리학자 중에서 사람들이 맥도날드보다 버거킹을 더 선호하는 이유가 그들의 유전자에 따른 것이라고 주장하는 이는 아무도 없을 것이다. 진화심리학에서는 우리의 행위 대부분을 결정하는 것은 10만 년에서 50만 년 전 아프리카 사바나에서 우리의 조상들이 살아남고 또 후손을 볼 수 있었던 것처럼, 우리의 행위 대부분 역시 그럴 만한 이유가 있기 때문에 발생한다고 주장한다. 진화심리학자들은 이를 '조상 환경ancestral environment'이라고 말한다.

모든 인간은 음식, 섹스, 사회적 지위 등을 위한 공통적인 욕구를 가지고 있지만 또한 매우 적응적이다. 그래서 로버트 라이트가 말했듯이 이러한 욕구는 주변 환경에 맞게 조정된다[36]. 진화심리학자들에게 '천성天性 대 교육'은 그리 흥미로운 과제가 되지 못한다. 천성과 교육 모두 행위의 결정 과정에 개입되어 있는 것은 분명한 사실이기 때문이다. 오히려 이들은 "천성적 부분은 왜 진화하였는가", "환경은 교육적 부분에 어떠한 영향을 미치고 이를 어떻게 조정하는가", "천성과 교육은 서로 어떻게 상호 작용하는가" 등과 같은 질문에 더 많은 관심을 갖고 있다.

수렵·채집민에 대한 인류학적 연구를 통해 우리는 사람들이 각자의 환경에서 살아가는 법, 지위를 위해 경쟁하는 법, 재생산하는 법, 아이들을 교육시키는 법 등과 관련하여 선호가 어떻게 직접적인 영향을 미치고 있는지 알 수 있다. 그러나 현대인의 삶의 경우 관련된 모든 것을 다 추려 내어 사람들의 선호가 서로 어떻게 연결되어 있는지를 파악하기는 어렵다. 그러나 진화심리학자들은 아프리카 사바나의 수렵·채집민 생활 방식의 진화된 흔적이 근대 경제의 선호 속에 내재되어 있다고 주장한다. 미국 노동통계국에 따르면, 미국인들의 소비지출의 약 90%가 다음의 7가지 범주에 속하는 것으로 나타났다[37]. 진화심리학적 관점에서 7가지 범주를 분석해 본다면, 한 가지 일정한 패턴이 있음을 알 수 있을 것이다.

• 주거(총지출의 32% 차지) - 집은 (자연으로부터) 물리적으로 우리를 보호해 주며, 가족에게 편안한 환경을 제공하고, 규모·장식·위치 등을 통해 사회적 지위를 나타내 주기도 한다. 아이들을 양육하기에 좋은 집이 우리에게 갖는 진화적 이익은 너무도 분명하다. 사회적 지위 및 부의 측정 기준으로서의 주거는 인간이 이동 생활에서 정착 생활로 변환하는 고고학적 증거에서부터 시작된다[38].
인지과학자인 스티븐 핑커는 심지어 매력적인 물리적 환경에 관한 근대 사람들의 선호도는 부분적으로 인류 초기 역사에서 진화적 기준에서 성공적이었던 환경에 그 기반을 두고 있다고 주장했다[39].

• 교통 운송(총지출의 20% 차지) - 교통은 우리로 하여금 친척들과 친구들을 방문하거나 함께할 수 있도록 도와줄 뿐 아니라 돈벌이의 수단이 되기도 한다. 남자들의 경우 교통수단은 사회적 지휘를 상징하기도 하며 여자를 유혹하기 위한 수단으로 사용되기도 한다.

• 음식(총지출의 14% 차지) - 음식의 진화 역시 명백하다. 오늘날 우리가 풍부하고, 달콤하고, 기름기 있는 음식을 선호하게 된 이유는 이러한 음식들이 우리 조상의 환경에서는 귀했을 뿐만 아니라 영양적으로도 우수한 음식이기 때문이었다. 맥도날드에서 고급 프랑스 레스토랑에 이르기까지 수많은 사업체들이 진화하는 소비자들의 입맛에 맞게 메뉴를 제공하고 있다[40].
로버트 라이트는 지금처럼 포화 지방이 가득한 음식들을 파는 음식점들이 곳곳에 들어서고, 대부분의 사람들 직업이 책상 앞에서 이루어지기 훨씬 이전부터 음식 문화의 진화가 이루어지고 있었다고 주장한다[41].

• 생명 보험과 연금(총지출의 9% 차지) – 생명보험은 당신이 궁극적으로 사망하게 되면 당신의 자녀와 배우자가 삶을 꾸려 나갈 수 있도록 최대한의 도움을 줄 수 있는 장치이다. 연금은 당신이 자녀를 낳고 이들이 성인이 되고 나면 당신의 진화적 가치는 감소하겠지만, 그럼에도 불구하고 평탄한 삶을 살아갈 수 있도록 해주는 장치이다.

• 건강 관리(총지출의 5% 차지) – 우수한 건강 관리의 진화적 이점 역시 분명하다. 진화론에서 주장했듯이 우리는 자신과 가족들의 건강에 가장 큰 주의를 기울이는 경향이 있다

• 의복(총지출의 5% 차지) – 의복은 자연으로부터 우리의 인체를 보호하기 위한 가장 기본적인 이익일 뿐만 아니라 자신의 지위를 과시하고, 특정 단체의 일원임을 알리고, 배우자를 유혹하기 위한 목적으로도 이용된다. 까르띠에 시계는 당신이 높은 지위에 있는 사람임을 알려 주며, 당신의 신발은 당신이 힙합 가수인지 회계사인지를 구분할 수 있게 해준다. 또한 끈이 없는 섹시한 드레스나 매력적인 수트는 이성을 유혹하기에 안성맞춤인 복장이 될 수 있다. 이는 비단 고급 제품에만 한정되지 않는다. 심지어 가장 실용적인 가격대의 브랜드도 같은 필요에 의해 사용될 수 있다. 다만 복장이 내포하는 메시지는 달라질 수 있다. 예를 들어, 랜즈엔드 **Land's End** 브랜드를 입은 남성은 의복을 통해 "나는 기능적인 면바지와 파란 셔츠를 입는 중산층 남성입니다. 그리고 나는 신뢰할 수 있는 사람이며 굳이 고급품으로 과시해야 할 필요성을 느끼지 못합니다" 등의 메시지를 전달하고 있는 것이다.

- 오락, 미디어, 통신(총지출의 5% 차지) — 심지어 우리가 놀이라고 정의하는 것들조차 진화적 이익과 관계가 있다. 친구들과 어울리는 일, 사업 파트너와 저녁을 하면서 협력 관계를 맺는 일, 술집에서 마음에 드는 이성을 유혹하는 일 등이 그 예가 될 수 있다. 스포츠는 정복을 위한 싸움과 가슴을 두드리는 행위 등을 통해 먼 옛날 원시 시대로 돌아가고 싶은 충동을 불러일으킨다. 마찬가지로 이야기, 뉴스, 소문, 정보 역시 우리 조상의 환경에서 수많은 생존의 이익을 행사했다. 휴대폰 사용에 관한 내용을 다룬 한 보고서는, 동물들은 물리적 꾸밈을 통해 서로 간의 관계를 형성시키는 데 비해, 사람들은 휴대폰을 사용한 사회적 꾸밈을 통해 사회적 관계를 형성하고 유지한다고 분석했다[42].

또 다른 연구에 의하면 남성 휴대폰 사용자들은 고가의 휴대폰을 선호하는 한편, 혼자 있을 때나 동성과 함께 있을 때보다 이성 앞에서 시선을 끌면서 통화하는 것을 선호하는 것으로 밝혀졌다. 또한 부, 지위, 사회적 관계(과거 조상의 환경에서 성공적인 생식 가능성을 증가시키는 데 기여한 모든 것들) 등을 상징하기 위해 휴대폰을 이용하는 경향 역시 남성들에게서 더 많이 찾아볼 수 있는 것으로 나타났다[43].

적합도②: 즐거움의 단추를 누르는 것

빅맥, 포르쉐 자동차, 지미추Jimmy Choo 구두, 휴대폰 등은 모두 옛날 수렵과 채집을 통해 살아가던 시기의 아프리카 사바나에는 존재하지 않았던 것들이다. 그럼에도 과거에서부터 생존과 번식 능력의 증대에 대한 욕구는 시간이 지날수록 진화를 거듭하여 오늘날 우리의 필요, 욕망, 감정 등과도 부합하게 되었으며, 우리가 오늘날의 소비 사회에서 무엇을 왜 원하게 되었는지 등에 대한 설명도 가능하게 해주었다.

인류가 음식, 주거, 의복, 건강 관리, 그리고 휴대폰 등에 많은 금액을 지출하는 이유는 진화적 논리로 설명이 가능하지만, 그렇지 않은 경우도 있다. 예를 들어, 우리는 왜 그림을 구입하거나 음악을 듣기 위해 돈을 지출하려고 하는 걸까? 혹자는 그림이나 음악에 돈을 지출함으로써 지위를 과시하거나 이성을 유혹하려는 것이라고 비꼬아 얘기할 수도 있겠다. 핑커는 "고픈 배도 채워 주지 못하고 비도 막아 주지 못하는, 하찮은 것들에 돈을 낭비하는 것보다는 저축하는 게 낫지 않을까"라고 말한 바 있다[44].

역사를 통틀어 예술을 후원하는 일에 가장 열심이었던 이들은 부유층이었다. 그러나 많은 사람들이 심미적 경험의 즐거움은 그 자체로 가치가 있는 것이며 부유층만이 그러한 즐거움을 느낄 수 있는 것은 아니라고 주장한다. 그렇다면 예술에 대한 갈망은 우리 조상 환경의 진화적 이점과 어떠한 연관성이 있을까? 답은 "연관성이 없다"이다. 진화심리학자들에 따르면, 진화론에서 예술은 '굴절 적응exaptation' 이라고 일컬어지며, 이는 다른 목적을 위해 진화시킨 무언가에 대한 부작용이라고 할 수 있다.

우리가 아름다운 장면, 매력적인 얼굴, 듣기 좋은 음악 소리 등에 관한 생각을 하게 된 계기는 본디 다른 목적 때문이었다. 예를 들어, 세계의 모든 사람들은 물, 높은 곳의 대지, 넓은 그늘을 드리우는 나무 등이 펼쳐진 그림에 매력을 느끼게 되는데, 이는 심미학만큼이나 과거 조상 환경에서의 생존 방식과도 많은 연관성이 있다. 마찬가지로 사람들은 대부분 젊음과 다산을 가능케 하는 건강함의 상징인 대칭적인 얼굴을 아름다운 얼굴이라고 여긴다.

핑커는 예술을 가리켜 '정신적 치즈 케이크'라고 표현했다[45]. 조상 환경에서는 치즈 케이크가 존재하지 않았지만, 현재는 많은 사람들이 치즈 케이크를 좋아한다. 이들이 치즈 케이크를 좋아하는 이유는 시간이 지남에 따라 조상 환경에서는 접할 수 없었던 지방과 설탕을 좋아하도록 진화하였기 때문이며, 음식이 풍부하지 않을 시기를 대비해

지방을 저장하고 아이들의 양육을 돕는 등의 발전을 거듭해 왔다. 진화 초기의 물리적 욕구를 충족시키기 위한 치즈 케이크를 만드는 법을 배웠듯이, 우리는 매력적인 이미지와 소리 등에 대한 진화 초기의 정신적 욕구를 충족시키기 위한 치즈 케이크를 만드는 법도 배웠다. 두 가지 모두 예술을 체험할 때 느껴지는 진실하면서도 격앙된 감정이나 예술을 창조하는 이의 독창성을 부인하지 않는다. 진화심리학은 단순히 그러한 욕구가 처음부터 왜 존재하게 되었는지에 관한 통찰만을 제공할 뿐이다.

인간의 영혼은 조상 환경에서부터 지금까지 다양한 기쁨과 고통의 단추를 진화시켜 왔으며, 그 단추들은 인간들의 생존과 번식에 크게 기여해 왔다. 그러나 우수한 두뇌와 재주 있는 손을 가진 인간들은 후천적 방법을 통해 맥도날드에서 고급 레스토랑에 이르기까지, 그리고 포르노그래피에서 수준 높은 예술에 이르기까지 자신의 정신적 즐거움의 단추를 누르는 법(그리고 고통의 단추를 피하는 법)을 체득해 왔다.

전통 경제학은 역사적으로 선호도의 차이에 중점을 두는 경향을 보여 왔다. 그러나 더욱 흥미로운 것은 세계적으로 64억 명의 인구가 살고 있는 이 지구에서 사람들은 왜 서로 비슷한 선호도를 나타내는 걸까? 영양사들이나 반세계화주의자들에게는 억울하겠지만 왜 사람들은 코카콜라처럼 당분이 많은 탄산 음료를 좋아하는 것일까? 왜 러시아에서 브라질에 이르기까지 10대 청소년들은 나이키의 최신 운동화에 열광하는 것일까? 왜 TV 드라마인 〈SOS해상 구조대Bay Watch〉가 미국의 교외에서부터 중국의 작은 마을에 이르기까지 큰 히트를 기록했던 걸까? 진화심리학자들에게 그 이유는 명백하다. 달콤한 음료, 지위를 표시하는 물품, 섹시한 외모의 사람들은 오랫동안 진화해 온 정신적 즐거움의 단추를 누르게 만든다. 진화심리학을 경제적 선호도 및 소비자 행동에 관한 연구에 도입한 지 얼마 되지 않았

고 또 아직은 다소 추론에 의존하는 부분도 있긴 하지만, 진화심리학
은 특정 질서가 왜 다른 질서에 비해 사람들의 주목을 받게 되는가에
대한 통찰을 제공하고 있다.

이제 다시 경제적 진화의 이야기로 돌아가서, 우리의 선호가 진화
할수록 사업 계획의 진화에도 적합도의 제약이 가해짐을 알 수 있다.
사업 계획과 선호는 공진화를 한다. 이를 가리켜 진화론자들은 '틈새
구성niche construction'이라고 했다. 유기체는 진화하면서 주변 환경에 영
향을 미치게 되는데, 이는 결국 주변 환경도 함께 진화하게 되는 결과
를 가져온다[46]. 예를 들면, 식물들은 이산화탄소를 흡수하고 산소를
발생시키는 반면, 호기성aerobic 동물들(벌레, 물고기, 포유동물 등)은 산
소를 흡수하고 이산화탄소를 배출한다. 이러한 두 종류의 유기체들이
오랫동안 함께 진화해 오면서 원생대에 단 1%의 산소만을 함유하고
있던 대기의 성질이 오늘날에는 21%의 산소를 함유하게 되는 등 미
래 진화에 대한 이른바 적합도의 제약을 가하고 있다.

경제학의 영역에는 필요와 기호(또는 취미)의 공진화, 이 두 조건을
모두 충족시킬 수 있도록 진화하는 사업 계획이 있다. 예를 들면, 우
리의 청력은 태초에는 생존의 도구로 진화하였고, 아프리카 사바나에
서는 사방의 포식자들을 경계하기 위해 주변의 유용한 소리들을 알
아챌 수 있도록 진화하였으며, 이는 인간이 언어 능력을 습득하게 됨
에 따라 더욱 진화하였다.

음악은 청각의 진화 및 정신적 능력에 부합하기 위해 약 3만 년 전
에 '굴절 적응' 혹은 '청각의 치즈 케이크'로 개발되었다. 다시 말해
MP3 플레이어는 인간의 생존과 번식과는 직접적인 관련이 없다[47]. 우
리는 MP3 플레이어가 발명되기 이전에는 이를 갖고 싶어 하지도 않
았을 것이다. 그러나 앞서 묘사했던 이유들로 인해 인간은 음악에 대
한 기호를 발전시켜 왔으며, 그 이후로 이러한 고객들의 기호를 만족
시키기 위해 사업 계획서 역시 발전을 거듭해 왔다. 과거에는 뼈로 만

498

들어진 플루트와 동물 가죽으로 만들어진 드럼을 만들었다면 근대에는 기타, 하모니카 등을 팔게 되었으며 더욱 최근에 와서는 트랜지스터, 라디오와 MP3 플레이어를 판매하기 시작했다. 따라서 음악을 듣고 싶어 하는 우리의 욕구는 상당히 오랜 기간 동안 존재해 왔으며 진화적 논리성도 지니고 있다고 할 수 있다. 그리고 욕구를 충족시키기 위한 해결 방법 역시 오랫동안 큰 발전을 이루었다. 우리의 선호도가 사업 계획의 발전을 촉진시켰으며, 사업 계획의 발전 역시 우리의 선호도를 촉진시킨 셈이다.

보편적 효용 함수

지금까지의 내용을 모두 결합하면 3가지 G-R 조건이 말하는 것은 모든 경제 활동은 본질적으로 질서의 창조를 위한 것이라는 점이다. 무질서와 임의의 세계가 마주치게 되면 인간은 깨어 있는 시간의 대부분을 주변 환경을 우호적이고 즐거운 곳으로 만드는 등의 질서 복구를 위한 노력에 사용하게 된다. 우리는 에너지, 물질, 정보 등을 우리가 원하는 제품과 서비스로 변환시키면서 주변 환경의 질서를 만든다. 그리고 우리는 진화적으로 우수한 기술들을 발견해 왔는데 특히 협력, 특화, 거래 등을 통해 그렇지 않은 경우보다 더욱 많은 질서를 만들어 낼 수 있었다.

그렇다면 우리는 왜 이렇게 질서를 창조하려고 바쁘게 아등바등하며 사는 것일까? 왜 그래야만 할까?

당시 뢰겐은 모든 질서 창조적 행위는 인간의 행복을 증진시키는데 그 목적이 있다며 다소 추상적인 주장을 내놓았다. 그가 도달한 결론은 과거 벤담의 효용에 관한 정의에 귀결된다. 뢰겐은 '영혼의 흐름'이라는 신비한 영기靈氣가 지속적으로 인간의 몸에 흐르고 있으며 이는 그때의 즉각적인 행복을 측정할 수 있는 도구가 된다고 주장했다[48]. 뢰겐은 이를 진화적 용어로, 모든 엔트로피를 감소시키는 우리의 모든 행위의 적합도 함수가 인간의 개인적 행복이라고 표현했다.

이제부터는 덜 추상적이면서도 보다 과학적 근거를 갖춘 대안을 다룰 예정인 만큼, 그와 작별을 고한다. 진화생물학 이론에 따르면 범용적으로 유용한 기능은 단 하나만 존재한다. 즉, 유전자 복제다.

유전자의 입장에서 보면, 유전자는 그들 자신을 복제하기 위한 전략으로 인체를 구성한다. 복잡하고 협력적인 사회 환경에서 살아가고 도구를 제작할 수 있도록 하기 위해 인체 중 뇌 부분을 확대시키고자 하는 것 또한 유전자 전략 중 일부이다. 뇌는 자신을 형성하는 유전자들을 복제하는 업무를 수행한다. 그 결과, 뇌는 오늘날 과거 조상 환경의 생존, 짝짓기, 자녀 양육 등과 일치하는 목적, 선호도, 욕구 등을 발달시켰다. 우리는 이러한 목표, 선호도, 욕구 등을 만족시키기 위해 두뇌를 이용하여 환경에 질서를 부여하고자 한다.

리처드 도킨스는 유전자가 계속해서 스스로를 복제하고자 하는 것과 현재 우리가 행복을 추구하는 것은 다른 차원의 문제임을 분명히 했다[49]. 우리의 유전자는 조상 환경에서는 접하기 힘들었던 기름기와 당분이 많은 음식을 좋아하게끔 하고 있으나 사실 오늘날 당분이나 지방은 건강에 백해무익할 뿐이다. 마찬가지로 분노를 제어하지 못하고 감정적으로 표출하는 행위 등도 유전자에 의한 것이다. 협력 아니면 처벌의 공식만이 존재하고 의사소통의 가능성도 한정되어 있었던 언어 이전의 수렵·채집민 시기였다면 이는 적절한 전략이었을 수 있다. 그러나 오늘날에는 법, 규범, 그리고 기타 선행을 촉구하는 여러 장치 등으로 인해 무분별한 분노 표출은 백해무익할 뿐이다. 진화는 우리의 행복에 조금도 관여하지 않으며 그렇다고 우리를 행복한 상태로 이끌어 줄 수 있는 목표, 선호도, 욕구 등을 제공하는 것도 아니다. 진화를 통해 우리에게 제공되는 것은 단지 조상 환경에서 생존과 번식을 위해 사용되었던 전략들이 전부다. 논리적으로 진화를 통해

500

우리가 얻을 수 있는 것은 그런 것이 전부다.

진화의 종교적 혹은 정신적 의미는 이 책의 범위를 넘어서는 것이지만 현대 생활의 한 가지 의문점만은 효과적으로 설명하고 있다. 그것은 바로 "왜 행복은 돈으로 살 수 없는가?"이다. 이건 그저 그런 진부한 표현이 아니라 경험적인 사실이다. 노벨상 수상자인 프린스턴 대학의 대니얼 카너먼을 포함한 많은 심리학자들이 다양한 문화의 사람들을 대상으로 오랫동안 행복의 원인에 대해 깊은 연구를 해왔다[50]. 그들은 행복의 약 50%가 강력한 유전적 연관성에 의해 직접적으로 설명될 수 있음을 밝혀냈다. 과학자들이 뇌에서 행복을 관장하는 강력한 생화학적 물질이 배출된다는 사실(항우울제가 많은 사람들에게 효용을 나타내고 있는 이유다)을 알고 있음을 감안하면 유전학이 개개인의 뇌의 화학 작용에 따른 상대적 행복에 영향을 미친다는 사실이 크게 놀랄 만한 일은 아니다.

카너먼과 그의 동료들은 연구를 통해 결혼, 사회적 관계, 고용, 사회적 지위, 물리적 환경 등 모든 요소들이 행복에 지대한 영향을 미친다는 사실을 발견했다. 진화적 관점에서 다시 표현하자면 배우자, 사회적 결속, 높은 지위, 편안한 환경 등을 소유하는 것이-조상 환경에서 유전자의 성공적인 복제를 가능토록 했던 중요한 요인들-뇌에서 '행복'의 화학 물질을 배출하도록 유도한다는 사실은 그리 놀랍지 않다.

부의 절대적 단위는 행복에 영향을 미치기는 하지만 선형적인 관계는 아니다. 가난하고 생존을 위해 투쟁하는 사람들은 그렇지 않은 사람들보다 덜 행복하다. 그러나 사람들은 기본적 욕구가 일단 충족되고 나면 부와 행복 간의 상호 관계는 현저하게 평등해진다. 이 시점을 지나면 사람들은 부를 절대적이 아닌 상대적 관점으로 보려는 경향이 생긴다. 부의 증가, 특히 기대하지 않았던 부의 증가는 우리를 행복하게 하지만, 그것도 잠시일 뿐 얼마 지나지 않아 우리는 다시 기존에 느끼던 만큼의 행복을 느낄 뿐이다. 기대하지 않았던 급여 인상이 이루어지면 두어 달간은 이를 기뻐하겠지만, 어느덧 늘어난 급여에 익숙해지게 되며, 시간이 좀 더 흐르면 다시 자신의 급여가 박봉이라고 불평하게 될 것이다.

복권 당첨자들을 대상으로 한 연구에서도 이와 유사한 패턴을 발견할 수 있었다. 복권 당첨자들은 처음에는 큰 행운에 기뻐하고 인생의 문제들이 모두 해결될 것으로 기대하지만, 시간이 지나면 다시 이전에 느끼던 행복만큼만 느끼게 되며 심지어는 그보다 못하다고 여기게 되는 경향도 있다. 다시 말해 부에 대한 이러한 태도는 진화적으로 타당하다. 경쟁 사회에서 투쟁하고, 부를 축적하고, 쉬지 않고, 결코 만족하지 않는 유전자들이 만족감을 느끼고, 행복을 느끼는 유전자들을 어떻게 이길 수 있을지 한번 상상해 보라. 탐욕은 자신과 주변인 모두의 행복에 좋을 것이 없지만, 적당한 욕심은(사회의 규범과 조직에 의해서 조절될 수 있을 정도) 역사적으로 유전자 복제에 긍정적 역할을 해왔다.

부는 적합한 질서다

모든 부는 열역학적으로 불가역적이고 엔트로피를 감소시키는 과정을 통해 만들어진다. 부를 창출하는 행위는 질서를 창조하는 행위이지만, 질서를 창조하는 모든 행위가 부를 창출하는 것은 아니다. 개인, 조직, 시장 등은 다양한 형태의 경제적 질서를 추구하는 사업 계획을 개발해 낸다. 시장은 제안을 하고 소비자는 소비를 한다. 이들은 오늘날의 필요에서 오는 것처럼 보이는 요구와 선호도를 충족시키는 질서 형태를 선호하지만 그 역사적 뿌리는 유전자의 보편적인 효용함수에 있다.

부는 반反엔트로피의 형태다. 부는 질서의 한 형태이기는 하나 다른 질서와는 다르다. 부는 적합한 질서이다. 상품과 서비스의 형태를 띤 경제적 질서의 패턴들은 소비자들의 필요, 욕구, 심지어 갈망 등을 두고 서로 경쟁한다. 우리는 경험과 선례를 참고하여 우리의 선호도를 충족시키기 위한 경쟁에서 가장 성공적이었던 경제적 질서의 패턴을 적합하다고 표현할 수 있다. 그리고 적합한 경제적 질서를 창조하는 데 기여한 사업 계획 모듈은 시간이 지남에 따라 증폭된다. 종과 환경이 공진화하듯이, 사업 계획과 소비자 선호도의 경쟁적 생태계 또한 공진화하면서 오늘날의 적합한 질서가 미래에도 적합할 수 있는지의 여부 등 적합도를 중요한 개념으로 만들었다

적합한 질서로서의 부의 개념을 전통 경제학의 경제적 가치 개념과 연관 지어 생각해 볼 수 있다. 고전주의 시대의 (고전파) 경제학자들은 경제의 무한한 가치는 공급 측면에 있으며 가치는 생산 요소들로부터 파생된다고 주장했다. 예를 들면, 캉티용Cantillon은 가치는 제품을 생산하기 위해 한정된 땅을 많이 사용하는 방법이라고 믿었으며, 마르크스는 노동력이 가치의 궁극적인 원천이라고 보았다. 리카르도는 노동 못지않게 자본도 중요한 요소라고 주장했다. 제번스와 한계 효용주의자들에 따르면 가치는 수요 측면에서 나오는 것으로, 그들은 가치란 한 상품에 대한 사람들의 상대적 효용의 차이에 달려 있다고 주장했다. 신고전주의(신고전파) 이론은 두 관점을 모두 수용하였다. 즉, 한정된 생산 요소들이 시장 메커니즘을 통해 소비자의 개별적 선호도를 충족시키게 되며, 가치는 간단히 말해 두 사람이 거래를 통해 서로 얻고자 하는 것을 의미한다. 만약 소형 가전 제품 제조업자가 1달러에 하나의 제품을 판매하려 하고 소비자는 1달러에 이 제품을 사고자 한다면 가전 제품의 가치는 1달러가 된다.

진화론적 관점으로 보는 가치 역시 공급과 수요의 측면을 모두 가지고 있다. 공급 측면에서는 낮은 엔트로피를 가진 사물이 경제학적 가치를 지니고 있다. 당연하게도 낮은 엔트로피를 지닌 사물은 흔치

않으며 이를 창조해 내기 위해서는 에너지, 물질, 정보 등이 요구된다. 반면 수요 측면에서는 우리의 선호도에 따라 경쟁 중인 두 개 이상의 제품 및 서비스의 상대적 매력도가 결정된다. 전통적 경제학에서와 마찬가지로 양측은 시장 메커니즘을 통해 만나게 되며, 사업 계획은 개인적 선호도와 부족한 질서를 연결시키는 역할을 한다. 화폐는 이러한 상호 작용을 가능하게 한 사회적 기술이라고 볼 수 있다. 복잡계 경제학에서도 소형 가전 제품의 가치는 여전히 1달러이지만, 우리는 왜 1달러인지에 대해 좀 더 깊이 이해할 수 있게 되었다.

경제적 부와 생물학적 부는 은유적으로뿐만 아니라 열역학적으로도 같은 종류의 현상이라고 할 수 있다. 두 경우 모두 낮은 엔트로피 시스템들이며 적합도 함수의 제약하에 오랜 시간 동안 진화해 온 질서의 패턴들이다. 두 경우 모두 적합한 질서의 형태를 지니고 있다. 그리고 경제의 적합도 함수(기호 및 선호도)는 생물학적 세계의 적합도 함수(유전자 복제)와 근본적으로 연결되어 있다. "경제는 궁극적으로 유전자의 복제 전략이다." 이는 표범의 카무플라주(위장) 무늬, 박쥐의 레이더, 초파리의 눈 등과 같은 또 하나의 진화적으로 우수한 기술이다. 경제는 우수한 두뇌, 도구를 만드는 재주 좋은 손, 협력적 성향, 언어, 문화 등의 복잡하고 뛰어난 기술에 근거하여 형성된 엄청나게 복잡하고 뛰어난 기술이다[51].

만약 부가 정말로 적합한 질서라면, 우리는 친숙한 또 다른 단어를 사용하여 이를 표현할 수 있다. 물리학에서 질서란 정보와 같다. 따라서 우리는 부를 가리켜 적합한 정보, 달리 말하면 지식이라고 표현할 수 있다. 정보란 그 자체로는 효용이 없다. 반면 지식은 우리가 활용할 수 있는, 그리고 특정한 목적에 부합될 수 있는 유용한 정보이다. 그렇다면 처음 출발했던 곳으로 되돌아온 셈이다.

전통적 성장 이론의 창시자인 로버트 솔로가 옳았다. 부의 기원은 바로 지식이었다. 그러나 내가 주장하고자 하는 복잡계 경제학적 관

504

점은 지식을 가설, 외적 주입, 경제학 경계 밖의 이해할 수 없는 과정으로 취급하기보다 경제학 내부의 가장 중심적인 곳에서 발생하는 것으로 본다[52].

진화는 지식을 창출하는 기계, 즉 학습 알고리즘이다[53]. 생물학적 세계의 고유한 디자인들에 내포되어 있는 모든 지식들을 생각해 보자. 메뚜기는 공학적으로 경이로운 생물체이며 물리학, 화학, 생물역학의 지식(현재 인간이 복제할 수 있는 능력을 넘어서는 지식)의 창고이다. 메뚜기는 또한 그가 진화한 환경, 주된 먹이, 경계의 대상이었던 천적, 이성을 유혹하는 데 효과적인 전략, 효과적 번식 방법 등의 지식에 대한 일종의 스냅 사진이다. 메뚜기 한 마리에 내포된 지식은 테라바이트에 달한다.

그렇다면 우주의 생물권 전체에 내포된 지식의 양은 엄청나게 방대함을 알 수 있다. 이 모든 질서와 복잡성, 모든 지식들은 가장 단순한 알고리즘, 다시 말해 차별화, 선택, 복제, 그리고 이의 반복에 의해 만들어지거나 조합된 것들이다.

이제 여러분이 있는 방을 둘러보고 주변의 사물에는 어떠한 지식들이 들어 있는지 생각해 보자. 당신이 앉아 있는 의자에는 목공에 대한 지식이 들어 있을 것이고, 당신이 입고 있는 옷에는 목화 재배, 방직, 패션 디자인 등의 지식이 들어 있을 것이며, 전등에는 전기와 물질 등에 대한 정보가 들어 있을 것이다. 책에는 모든 지식이 총망라되어 있을 것이다. 경제권 전체에 내포된 지식의 양은 생물권의 그것과 마찬가지로 경이로울 만큼 엄청날 것이다. 경제권 역시 차별화, 선별, 중복, 그리고 이의 반복 과정에 의해 창조된다.

우리는 이제 질문에 대한 해답을 얻었다. 부는 지식이며, 부의 기원은 바로 진화다.

우리는 시험을 통과했을까?

책의 도입부에서 나는 부의 창조를 설명하려는 이론이라면 반드시 통과해야 할 시험에 대해 언급한 바 있다. 부의 창조를 설명하는 이론이라면 일정 수의 사람들과 천연자원이 있는 자연 상태에서 시작하여 시간이 지남에 따라 엔트로피의 감소와 복잡성, 조직, 다양성, 부의 증가를 보여 줄 수 있는 역사를 창조할 수 있어야 한다. 또한 철제 도구를 생산하던 원시 인류에서 샤르도네 포도주를 즐기는 뉴요커에 이르기까지 모든 역사를 설명할 수 있어야 한다. 그것도 불연속적이고, 폭발적이며, 소위 단속 균형 패턴을 보이는 역사적 기록을 통해서 말이다. 또한 외부에서 핵심 동력을 끌어오지 않고 설명할 수 있어야 하며, 그것도 최소한의 가설만을 가지고 그렇게 해야 한다. 그리고 마지막으로, 널리 받아들여진 다른 과학 이론들과도 일치해야 하고, 모순되지 않아야 한다.

우리가 다시 진화의 '테이프를 튼다면' 오늘날과 똑같은 결과가 나타날 것이라는 보장은 전혀 없다. 진화는 수백만 개의 작은 사건, 사고 들이 누적된 결과이다. 역사상의 아주 작은 변화라도 미래의 결과에 큰 차이를 가져올 수 있다.

이 같은 조건은 엄청난 질서를 요구하는 일이며 이러한 이론은 실제로 존재하지도 않는다. 그러나 나는 이러한 이론이 발생할 수 있다고 믿는다. 지금까지 바로 앞 5개의 장들에 걸쳐 많은 학자들의 이론들을 살펴보며 우리는 하나의 종합적 이론의 가능성을 점쳐 보았다. 우리는 본질적으로 석기 손도끼를 발명했던 물리적 시발점 혹은 가까운 친척들이 모여 작은 단위의 무리를 이루기 시작했던 사회적 기술의 시발점 등을 기준으로 하여 약 250만 년 전의 원시 인류 시대에서 이 모델을 '시작'할 수 있다.

유일한 외생적 요소들은 에너지 및 물질의 물리적 주입과 열과 노폐물의 배출이다. 그리고 유일한 외생적 동력은 연역적 추론을 하는 인간 두뇌의 성장, 언어의 발달, 기초적인 선호도의 진화 등 생물학적인 것들이다. 일단 갖추어지고 나면, 물리적 기술, 사회적 기술, 사업 계획이라는 세 공간들을 통한 탐색이 시작되고 이것이 계속 진행되면서 서로에게 동력을 부여하는 등 공진화를 하고, 새로운 발견이 일어나면서 기하급수적으로 팽창한다. 이 세 디자인 공간을 통해 점진적인 1차적 발달 패턴 발생을 볼 수 있는데, 기간에 따라 변화의 속도에 차이가 나는 단속 패턴이 나타난다. 그러나 엔트로피 감소, 복잡성과 다양성을 향한 추세가 가속화하고 이에 따라 부가 크게 증가한다. 주목할 것은, 높은 질서와 부를 추구하는 이러한 경향이 진화하면서 반드시 나타나는 결과는 아니라는 사실이다. 이를 위해서는 필요조건이 형성되어야 한다. 만약 우리가 다시 진화의 '테이프를 튼다면'(스티븐 제이 굴드의 표현을 빌리자면) 오늘날 경제와 똑같은 결과가 나타날 것이라는 보장은 전혀 없다.

진화는 수백만 개의 작은 사건 사고들이 누적된 결과이다. 역사상의 아주 작은 변화라도 미래의 결과상에 큰 차이를 가져올 수 있다[54]. 그러나 이론은 경제적 복잡성의 발생과 증가에 필요한 조건, 그리고 오늘날의 경제 발달을 가능케 했던 많은 모수들을 이해하는 데 도움을 줄 수 있다.

앞서 3가지 G-R 조건을 통해 확실하게 나타난 뢰겐의 통찰력은 이러한 이론의 가장 근본이 되는 증거를 제시한다. 사실 일부 사람들은 첫 번째와 두 번째 조건인 불가역성과 엔트로피의 감소가 경제의 실증적 법칙을 구성한다고 주장할 수도 있다. 이는 매우 강경한 발언이 될 수 있는 만큼 여기서 '법칙'이 무엇을 의미하는지와 관련하여 정확하게 짚고 넘어갈 필요가 있다.

일반적으로 어떤 것이 사실상 예외 없이 범용적 규칙성을 가진 것이라고 판단되면, 이를 '법칙'이라고 말한다[55]. 법칙 그 자체가 '왜' 규칙성이 존재하는지를 반드시 설명해 주는 것은 아니다. 법칙은 단순히 규칙성이 '존재한다'는 것을 설명하는 데 그친다. 반면 이론은 규칙성이 왜 존재하는지, 어떻게 적용되는지 등을 설명한다. 과학은 우리가 실증적 법칙들과 이에 대한 깊고 이론적인 설명을 모두 갖고 있을 때 가장 큰 효력을 발휘한다. 예를 들어, 열역학 법칙들은 그 자체가 실증적 규칙성이지만, 과학은 왜 그러한 규칙성이 존재하는지에 대한 깊고 다양한 지식을 제공해 준다. 반대로 앞의 3장에서 보았듯이 경제학에서 법칙이라 함은 자세히 살펴보면 현실에 대한 대강의 근사치에 불과하다. 첫 번째와 두 번째 G-R 조건이 '법칙'으로 간주될 수 있는 이유는 이들이 실증적으로 증명이 가능할 뿐 아니라 저자는 이들이 예외 없이 항상 옳다고 생각하기 때문이다(여러분이 돈을 지불하고 구입하는 것이 엔트로피가 감소하는 불가역적 과정의 결과가 아니라고 생각해 보라).

세 번째 G-R 조건은 다소 복잡한데, 이는 앞서 얘기한 바 있지만 적합도는 오직 사후에만 판별이 가능하기 때문이다. 경제적 적합도를 판단할 수 있는 실질적 방법은 단 한 가지, 사람들이 해당 제품이나 서비스를 위해 돈을 주고 구입하려 하거나 거래하려고 시도하는지를 지켜보는 것이다. 따라서 세 번째 G-R 조건은 실증적 법칙이라기보다는 논리적 구성에 더 가깝다고 하겠다.

정밀하고 수학적이면서도 이러한 모든 이슈들을 총망라하는 실증적으로 증명된 진화적 경제 모델을 찾기 위해서는 앞으로도 수년간의 연구가 더 필요하다. 우리는 앞의 2장과 3장에서 살펴보았지만 복잡계 경제학에 대한 광범위한 연구를 통해 퍼즐의 많은 조각들이 제자리를 찾은 것을 보면 이러한 이론이 가능할 뿐만 아니라 수년 안에 도래할 가능성이 크다는 것을 알 수 있다. 그렇게 되면 지금까지 여기서 다루었던 추측들 중에 일부는 옳지 않은 것으로 판정되거나 수정이 필요할 수도 있을 것이다. 그러나 전체적인 방향이 전통적 경제학의 균형적 관점에서 진화적이고, 복잡성에 기초한 관점으로 이동하고

있는 것만은 분명하다. 이러한 패러다임의 전환이 시사해 주는 의미
는 무척 많으며 매우 넓다. 4부에서 이를 살펴볼 것이다.

4부

기업과 사회에 대한 의미

자연을 지휘하려면 자연에 순응하라.

- 프랜시스 베이컨

15

전략: 진화의 경주

⋮

　인간이 정말 합리적으로 행동할 능력이 있고 충분한 정보를 갖게 된다면, 경제는 정확하게 예측 가능하다는 것이 전통 경제학의 메시지이다. 심지어 전통 경제학에서는 불확실성조차 잘 정의된 개념으로 다루어졌다[1]. 정확하게 과학의 미래를 예측하겠다는 꿈은 20세기에 끝났고 경제를 정확하게 예측하겠다는 꿈도 21세기에 들어서면서 접어야 할 것 같다. 경제는 너무나도 복잡하고, 비선형적이며, 동태적이고, 우연한 요인의 변화에 민감한 탓에, 극도로 짧은 기간을 대상으로 한 경우가 아니면 예측이 어렵다[2]. 우리가 제아무리 합리적이고 원하는 모든 정보를 가지고 있다고 해도 경제를 계산하는 데에는 복잡성이 따르기 때문에 예측할 시간을 갖기도 전에 미래의 사건은 일어나 버린다[3].

　이는 정신이 번쩍 들게 하는 놀라운 메시지이다. 우리가 통상적으로 사람들이 장기 예측을 요하는 경제적 의사 결정을 하는 것으로 기대하기 때문에 특히 그렇다. 이는 그저 GDP나 인플레이션의 등락을 예측하려고 애쓰는 경제학자들만의 문제가 아니다. 사람들은 CEO들이 특정 사업 전략이 다른 전략에 비해 더 나은 결과를 가져다줄지 여부를 판정할 것으로 기대하고 있다. 투자자들은 어떤 특정한 투자 전략이 다른 전략보다 높은 수익을 가져다줄 것이라고 기대한다. 또, 우리는 정치 지도자들이 특정 정책이 다른 정책에 비해 미래 사회의 욕구에 더 잘 부응할지를 결정해 줄 것으로 기대한다.

복잡계 경제학의 메시지가 옳다면 우리는 어떻게 되는 것인가? 오늘은 그럭저럭 헤쳐 나가고 있다. CEO, 투자자 그리고 정책 결정자들은 최선을 다해 자신들이 가진 합리성이라는 능력을 이용하고 있다. 이들은 예측하고 의사 결정을 내린다. 때로는 그것이 옳기도 하고 때로는 틀리기도 한다. 이들은 실험을 하고, 경로를 조정하며, 서툴지만 연역적인 추론 방식으로 앞길을 열어 나간다. 그렇다면 복잡계 경제학의 메시지는 우리가 결코 이보다 더 잘할 수 없다는 말일까?

복잡계 경제학은 우리가 우리의 경제적 운명을 통제할 수 있다는 환상을 깨버렸지만 한편으로는 우리에게 한 가지 방편을(우리가 늘 가지고 있었지만 그 가치를 잘 몰랐던) 넘겨주었다. 경제적 진화를 예측하거나 지휘할 수는 없겠지만, 진화를 잘하느냐 잘 못하느냐 하는 것은 우리가 제도와 사회를 어떻게 디자인하느냐에 달려 있다는 것이다.

우리는 이러한 방편이 힘을 가지고 있다는 증거를 이미 보았다. 즉, 18세기와 19세기 전반에 걸쳐 인류는 과학과 시장이라는 사회적 기술을 발전시킴으로써 경제적 진화를 가속화하고 유례없는 막대한 부를 창출했다. 복잡계 경제학의 메시지는 진화가 우리보다 실제로 더 영리할 수 있고, 우리는 진화에 맞서기보다는 그것을 이해하고 그 힘을 인간의 목적에 맞게 활용하여야 한다는 것이다. 우리가 이를 어떻게 실행할 것인가는, 사업 전략에 관한 논의로 시작되는 4부에서 다루게 될 주제다.

전략 실행을 위한 개입

사업 전략의 정의는 경영대학원의 교수 그리고 경영학 분야 권위자들마다 다르다[4]. 사업 전략에 대한 초기의 정의이면서도 여전히 가장 적절한 정의는 경영사상가인 앨프리드 챈들러가 1962년 출간한 고전 『전략과 구조Strategy and Structure』에 나온다.

전략이란 기업의 기본적인 장기 목표와 목적, 그리고 이를 위해 필요한 행동 경로, 그리고 그에 따른 자원 배분에 관한 결정으로 정의할 수 있다[5].

챈들러의 정의는 경영자들이 전략을 정의하는 데 매우 중요한 두 가지 요소를 포착하고 있기 때문에 논의의 출발점으로 적절하다. 첫째, 전략은 본질적으로 미래를 지향한다. 전략을 개발하려면 자신이 미래의 어디에 있기를 원하는지 결정해야 한다. 둘째, 전략은 바람직한 미래 상태에 도달하기 위한 계획을 수립하고 그 계획이 설정한 행동 경로를 따르도록 하는 것이다.

이러한 두 요소가 대부분의 기업에서 이루어지는 전략 개발의 핵심 내용이다[6]. 계획 수립 과정은 보통 산업의 현 상태를 검토하는 상황 분석에서 시작된다. 그다음, 경영진은 고객, 경쟁자, 기술 등에 영향을 미치는 주요 추세를 평가하고, 이를 바탕으로 미래 시나리오를 예측하며, 예측된 시나리오상에서 바람직한 위치를 평가, 설정한다. 바람직한 위치라 함은 기업이 지속 가능한 경쟁 우위를 확보할 수 있는 위치를 말한다. 이러한 위치에서 기업은 업계 경쟁자들보다 더 많은 이익을 거두어들일 수 있다.

전통 경제학은 완전 경쟁 균형 상태에서는 어떠한 기업도 자본 투자자가 요구하는 최소 수익을 초과하는 이익을 낼 수 없다고 예측한다. 하버드 경영대학원의 마이클 포터Michael Porter 교수는 1980년대 발표한 자신의 독창적 연구에서, 기업이 최소 수익을 초과하는 이익을 얻기 위한 유일한 방법은 (합법적인 방식으로) 경쟁을 완화시키고 회사의 시장 지배력을 증대시키는 경쟁 우위의 원천을 창출하는 데 있다고 주장했다[7]. 여기서 경쟁 우위의 원천으로는 생산 원가 절감, 제품의 차별화를 가능케 하는 독점적 기술, 강력한 브랜드 및 핵심 파트너와의 긴밀한 관계 등과 같은 요소들이 포함된다[8]. 예를 들어, 월마트는 독점적인 물류 및 재고 관리 방법, 널리 알려진 회사 브랜드, 그리고 공급자에 대한 회사의 지배력을 결합함으로써 경쟁 업체들보다 높은 이익을 거둬들이고 있다.

18세기와 19세기 전반에 걸쳐 인류는 과학과 시장이라는 사회적 기술을 발전시킴으로써 경제적 진화를 가속화하고 유례없는 막대한 부를 창출했다. 복잡계 경제학의 메시지는 진화가 우리보다 실제로 더 영리할 수 있으며 우리는 진화를 이해하고 그 힘을 인간의 목적에 맞게 활용해야 한다는 것이다.

일단 예측 가능한 미래 상태에서 지속 가능한 경쟁 우위를 확보할 수 있는 위치가 확인되면, 이러한 위치에 도달하기 위한 계획이 개발되어야 한다. 하버드 경영대학원 교수인 판카지 게마와트 Pankaj Ghemawat는 모든 전략적 계획에는 이른바 '개입'이 수반된다고 말한 바 있다[9]. 진정한 전략적 선택의 경우 일단 선택이 이루어지면 되돌리기 어렵거니와 설령 되돌릴 수 있다 하더라도 많은 비용이 든다. 이러한 되돌리기 어려운 개입에는 새로운 시장으로의 진입, 기업 인수 및 특정 브랜드에 대한 투자가 포함된다. 개입의 수준에 따라 전략적 결정과 전술적 결정이 구분된다. 예를 들어 가격 인하를 쉽게 되돌릴 수 있다면, 가격 인하는 전술적 결정이다(예컨대, 세일 행사 후 다시 가격을 쉽게 올릴 수 있다). 또한 월마트의 사례에서와 같이 가격 인하가 장기적이고 "매일 싼 가격으로" 판매하겠다고 널리 광고된 약속인 경우 가격 인하는 전략적 결정일 수도 있다. 이러한 약속은 이후 다시 되돌리기 어려울 것이다. 1519년 스페인에서 온 정복자 코르테스 Cortés는 멕시코 남동 해안에 상륙하면서 자신의 부하들에게 자신들이

타고 온 배를 불태우라고 명령했다. 그로 인해 이들은 내륙으로 전진해 가지 않을 수 없었다. 이것이 바로 개입이다.

지속 가능한 경쟁 우위를 확보할 수 있는 위치를 구축하려면 약속과 같은 실천이 필요하다. 약속이 필요치 않은 위치는 모방이 쉽기 때문이다. 예를 들어 특정 소매업체가 또 다른 소매업체를 따라 세일 행사를 여는 것은 쉽지만 "매일 싼 가격으로"라고 약속하는 것은 보통 일이 아니다. 전략의 위험성은 바로 이러한 약속에 따른 의사 결정의 비가역성irreversibility 때문이다. 전략적 결정이 되돌리기 쉽거나 되돌리는 데 비용이 적게 든다면, 그러한 전략에는 아무 위험도 없을 것이다. 따라서 게마와트 교수의 지적은 앞 장에서 논의된 첫 번째 G-R 조건과 직접 관련이 있다. 즉, 비가역성 없이는 부의 창출도 없다. 부의 창출을 위험하게 만드는 것 또한 비가역성이다.

따라서 전략에 대한 표준적 접근 방법은 두 가지 가정에 의존한다. 첫째, 미래에 어떤 전략이 성공을 거둘지 자신 있게 예측할 수 있다는 것이다. 둘째, 지속 가능한 경쟁 우위를 확보할 수 있는 전략적 개입을 할 수 있다는 것이다. 기업들은 매일같이 이러한 가정을 믿고 수십억 달러를 투자하고 있다. 하지만 불행히도 두 가정 모두 틀렸다.

2,700억 달러 동결 사건

만약 하잘것없는 우연한 사건이 다른 방향으로 전개되었다면 역사가 어떻게 달라졌을까 상상해 보는 대안 역사를 취미 삼아 하는 사람들이 있다. 내가 즐겨 사용하는 사례는 물리학자 머리 겔만에게서 처음 들은 것이다[10]. 1800년대 후반 버펄로 빌 코디Buffalo Bill Cody는 버펄로 빌의 '와일드 웨스트 쇼Wild West Show'라는 것을 고안하여 전 미국을 순회하면서 권총 결투, 승마술과 다른 여러 카우보이 기술을 무대에서 보여 주었다. 이 쇼에서 가장 인기 있었던 것은 애니 오클리Annie

Oakley라는 별명으로 불린 피비 모지스Phoebe Moses라는 여성이 출연하는 프로그램이었다. 애니는 열두 살에 달리는 메추라기의 머리를 쏘아 떨어뜨릴 수 있을 정도의 사격 솜씨로 유명해졌고, 버펄로 빌의 쇼에서는 총으로 촛불을 끈다거나 코르크 병마개를 뽑는 등의 사격 솜씨를 시연해 보였다. 애니는 자기 무대의 대미를 장식하기 위해서 남자가 입에 물고 있는 불붙은 담배의 끝을 쏘아 떨어뜨리겠다고 발표하고 관객 중에 용감한 지원자는 나와 달라고 요청하곤 했다. 앞에 나설 만한 용기를 가진 사람이 아무도 없었던 탓에 애니는 자신의 남편인 프랭크를 관객들 틈에 숨겼다. 그는 자원했고 둘이서 함께 이 속임수를 마무리했다. '와일드 웨스트 쇼'가 유럽을 순회하던 1890년, 관객 중에 어린 황태자 빌헬름이 있었다. 무대의 대미가 다가오자 놀랍게도 남자다움을 과시하던 황태자가 자리에서 일어나 자원했다. 미래의 독일 황제가 성큼성큼 걸어 링으로 올라가서는 입에 담배를 물고 준비된 상태로 섰다. 전날 밤늦게까지 지역 노천 맥줏집에서 시간을 보낸 애니는 이런 예기치 못한 상황에 온몸의 기운이 쫙 빠졌다. 그녀는 자신의 눈앞에 있는 담배를 조준하고는 어렵사리 방아쇠를 당겼다. 그러고는…… 표적을 정확히 맞추었다.

많은 사람들은 만약 그때 애니의 손이 약간만 떨렸어도 제1차 세계대전은 결코 일어나지 않았을 것이라고 생각했다. 제1차 세계 대전이 일어나지 않았더라면, 850만 명의 군인과 1,300만 명의 민간인이 목숨을 건졌을 것이었다. 한 걸음 더 나아가 만약 애니의 손이 떨려서 제1차 세계 대전이 일어나지 않았더라면, 패전 독일의 잿더미 속에서 히틀러가 나타나지 않았을 것이고, 레닌은 타락한 러시아 정부를 전복하지 않았을 것이다. 20세기의 역사가 보잘것없는 손의 떨림으로 인해 송두리째 뒤바뀌었을지도 모르는 중요한 순간이었다. 하지만 그때는 아무도 그 사건이 지닌 중대성을 알지 못했다.

애니 오클리의 이야기는 겔만이 동결 사건(하잘것없고 우연한 일이지

만 역사의 방향을 결정하는 사건)이라고 부르는 것의 한 예다[11]. 복잡 적
응 시스템의 비선형적, 동태적 성격은 비록 그러한 사건이 아무리 작
은 것이라고 해도 그로 인해 역사의 경로에 나타나는 차이는 매우 클
수 있음을 의미한다.

기업의 역사 또한 동결 사건들이 누적된 토대 위에 세워진다. 현대
에서 가장 유명한 예는, IBM이 최초의 개인용 컴퓨터를 출시하여 당
시 빠르게 성장하는 시장에 진입하려고 한창 준비 중이던 1980년 여
름에 일어난 사건이다. IBM은 워싱턴주 벨
레뷰Bellevue에 있는 직원 40명의 작은 회사
에 접근했다. 마이크로소프트라는 이름의
이 회사는 빌 게이츠라는 이름의 하버드
중퇴자와 친구 폴 알렌이 운영하고 있었
다. IBM은 프로그래밍 언어인 베이식
BASIC을 새로운 PC용 버전으로 만드는
일에 관해 이 작은 회사와 협의하고자

> 만약 시애틀 컴퓨터 프로덕츠가
> Q-DOS에 대한 라이선스에 동의하
> 지 않았더라면? 만약 빌 게이츠가
> 계약서에서 최종 문안을 변경하지
> 않았더라면? 하지만 당시에는 아무
> 도 그러한 사건들이 얼마나 큰 역사
> 적 중요성을 갖는지 예측하지 못했
> 다.

했다. 두 회사 간 회의에서, IBM은 게이츠에게 새로운 PC에서 어
떠한 운영 체제OS를 써야 할지 자문을 구했다. 게이츠는 IBM에게 디
지털 리서치Digital Research의 게리 킬달과 의논해 보라고 제안했다. 당
시 킬달이 개발한 CP/M 운영 체제는 소형 컴퓨터에 취미를 가지고
있는 사람들에게는 표준이 되어 있었다. 그러나 킬달은 IBM의 대단
한 구애에 의심을 품었고, IBM이 만나려고 하자 그는 열기구 여행을
떠나 버렸다. 심지어는 기밀 준수 합의서조차 서명하지 말라는 지시
와 함께 자신의 부인과 변호사만 보내 IBM 경영진과 만나 이야기하
도록 하였다. 낙담한 IBM 경영진은 게이츠에게 돌아와서 그에게 OS
프로젝트에 관심이 있는지 물었다. OS를 만들어 본 적은 없었지만 게
이츠는 그렇게 하겠다고 대답했다. 그리고 나서 그는 시애틀 컴퓨터 프
로덕츠Seattle Computer Products라는 작은 회사가 개발한 간편 운영 체제

Quick and Dirty OS 또는 Q-DOS라는 이름을 가진 제품에 눈을 돌려 5만 달러에 이 제품에 대한 라이선스를 얻은 후, 이를 수정하여 MS-DOS 라는 이름으로 IBM에 다시 라이선스를 주었다. IBM과 마이크로소 프트가 계약의 최종 문안에 합의할 즈음 게이츠가 약간의 변경을 요 구했다. 그는 자신의 DOS를 MS-DOS라는 명칭의 버전으로 IBM 이외의 컴퓨터에도 판매할 권리를 갖기를 원했다. 게이츠의 가격 조건 이 좋았고 IBM은 소프트웨어보다 PC 하드웨어 판매에 더 큰 관심을 가지고 있었던 터라 게이츠의 요구에 동의했다. 계약은 1981년 8월 12일에 체결되었다. 그 나머지는 사람들이 이야기하는 것처럼 역사 그대로다. 현재 마이크로소프트의 가치는 2조 937억 달러에 달하는 반면, IBM의 기업 가치는 1,181억 달러 정도다.

이 일화는 동결된 사건들로 가득 차 있다. 만약 킬달이 열기구 여 행을 떠나지 않았더라면? 만약 시애틀 컴퓨터 프로덕츠가 Q-DOS에 대한 라이선스에 동의하지 않았더라면? 만약 게이츠가 계약서에서 최 종 문안을 변경하지 않았더라면? 이러한 하잘것없는 사건 중 어느 하 나라도 변하였다면 기업 역사의 방향은 크게 달라졌을 것이다. 하지 만 바로 애니 오클리와 그녀의 관객들처럼 당시에는 아무도 그러한 사건들이 얼마나 큰 역사적 중요성을 갖는지 예측하지 못했다.

미래는 과거의 재판이 아니다

누군가는 불확실성은 경제학에서도, 그리고 전략적 계획 분야에서 도 새로운 이슈가 아니라고 답변할지 모르겠다[12]. 전통 경제학은 많 은 내용을 불확실성을 이해하는 데 할애하고 있으며 전략적 기획자들 은 시나리오 분석을 포함한 다양한 기법을 불확실성의 관리에 적용한 다[13]. 그러나 전통 경제학이 우리가 직면하는 불확실성의 유형에 대 한 가지 큰 가정을 하고 있다는 사실을 반드시 기억해야 한다. 불확실성을 모형화할 때 경제학자들은 일반적으로 불확실성을 무작위적인 것으로 모형화한다[14]. 이는 무작위성이 제대로 작동하면 연구자는 통계 법칙을 사용하여 무작위 시스템에 관한 예측을 내릴 수 있기 때문이다.

그러나 애니 오클리와 마이크로소프트의 이야기에서 본 불확실성의 유형은 우리가 8장에서 보았던 것과 같은, 매우 이례적이거나 매우 무작위적이지 않은 그런 종류이다. 무작위적 사건도 하나의 역할을 하지만(이쪽에서는 손가락의 떨림, 그리고 저쪽에서는 우연한 회의 등) 작은 사건이 역사를 바꾸는 결과로 확대되는 것은 바로 시스템 그 자체의 비선형적이고 동태적인 구조 때문이다. 이러한 유형의 불확실성이 갖는 특성은 정상적인 무작위성이 아니라 앞에서 살펴본 대로 뚝뚝 끊어지는 단속 균형과 거듭제곱 법칙에 의해 보다 명확히 설명된다.

이른바 복잡 적응 시스템 안에서 단속 균형과 거듭제곱 법칙의 결합은 사람들을 달래서 자신감을 심어 주고 나서는 엄청난 놀라움을 주기 위해 거의 극악한 방식으로 설계된 것이다. 6장에서 보았듯이 사람은 뛰어난 패턴 인식 능력을 가지고 있다. 우리는 과거에서 패턴을 찾아내고 그러한 패턴에 의거하여 미래를 추정함으로써 예측을 행하는 경향이 있다. 대개의 경우 이러한 방법은 상당히 효과가 있다(만약 그렇지 않았다면 진화는 우리의 뇌를 그러한 방향으로 만들어 놓지 않았을 것이다). 대체로 세상은 꽤 안정적이다. 전통적인 전략 분석으로부터 매우 유용한 정보를 얻을 수 있으며 이를 이용해 상당히 정확한 단기 예측도 할 수 있다. 그러나 단속점斷續点 사이의 '안정적인' 시기가 너무 빈번하게 발생하면 예측 가능성에 관해 오인할 수 있다. 사실 '안정적인' 산업만큼 위험천만한 것은 없다[15]. 마찬가지로 거듭제곱 법칙의 존재는 큰 변화가 일어날 가능성은 과거 경험을 토대로 한 모형에 따라 형성된 기대보다 훨씬 더 높을 것이라는 의미이다[16].

이어지는 시나리오는 산업마다 반복해서 일어났다[17]. 젊은 신생 기업이 성공을 거두고 대기업으로 성장한다. 이 회사의 최고 경영진들은 자기들의 패턴 인식 틀을 통해 지금까지 거둔 성공을 뒤돌아보며 이렇게 이야기한다. "아, 우리가 이 산업을 이해했던 거죠." 이 회사의 경영진은 이제 현재의 패턴에 근거하여 미래를 추정하고 전략적 계획을 수립한다. 이 전략이 효과를 발휘하고 회사는 계속해서 성공을 거두게 된다. 이 산업이 상대적으로 안정적인 상태를 유지하는 기간이 길어질수록 경영진은 현재 진행되고 있는 일의 내용과 사업의 향후 방향에 대해서 더욱 강한 확신을 갖게 된다. 이들 경영진의 확신이 강화될수록 이들은 보다 정확하게, 그리고 보다 구체적으로 회사의 자산과 기술, 인력을 현재의 사업 환경에서 성공할 수 있도록 조정한다. 그러던 어느 날, 애니의 손이 떨리는 데도(신기술이 개발되거나 경쟁자가 새로운 아이디어를 가지고 있거나 혹은 소비자의 취향이 변하기 시작하는 경우) 최고 경영진은 어느 누구도 이 사실을 알지 못한다. 역사는 길을 바꾸었고 세계는 변화하기 시작한다. 우선 회사 경영진의 패턴 인식 구조는 이러한 변화가 정말 일어난 것인지 믿지 못한다. 이들은 자신들이 지금 경험하고 있는 문제가 '일시적 변이'라고 믿으면서 더 많은 증거를 요구한다. 누가 뭐라고 해도, 이들은 자신의 산업을 오랜 기간 동안 속속들이 파악하고 있었으니 말이다. 하지만 경영진이 보다 많은 증거를 기다리는 동안, 세계는 계속 변화하고 변화의 눈사태는 가속화한다. 회사는 이제 단속점의 중간에 놓이게 되고, 갑작스럽게 경영진은 새로운 게임에 처해 있으면서도 그릇된 사고의 틀, 그릇된 자산, 그리고 그릇된 기술에 얽매어 있는 자신을 발견한다. 다행히도 운이 좋아서 변화가 그다지 크거나 빠르지 않아 이 어려움을 헤치고 생존하게 될지도 모른다. 그러나 변화가 크고 빠르게 진행된다면 이 회사는 사멸하거나 새로운 환경에 보다 잘 적응한 누군가에게 먹히게 된다.

바로 여기서 문제가 생긴다. 전략적 계획은 우리에게 미래에 대한 예측을 하고 전략적으로 개입할 것을 요구한다. 다른 한편에서는 우리의 미래는 거의 무한한 수의 가능성을 가지고 있지만 예측 불가능한 일련의 동결 사건들이 우리의 진로 결정을 좌우할지도 모른다는 것이다. 동시에 변화의 불연속적인 성격으로 인하여 우리의 패턴 인식틀은 세상을 실제보다 더 안정적인 것으로 오판하게 된다. 그러나 이제부터 알게 되겠지만 더 암담한 것은 불확실성과의 싸움은 고작해야 전체 싸움의 반도 안 된다는 것이다.

지속 가능한 경쟁 우위의 신화

17세기와 18세기에 영국의 동인도주식회사는 모든 부문에서 최고의 전략적 위치를 확보하고 있었다. 이 회사를 오늘날의 마이크로소프트와 비교하자면 마이크로소프트는 가족이 운영하는 구멍가게 수준이다. 이 회사는 4개 국가의 무역을 완전히 독점했고 커피와 양모, 아편에 이르기까지 전 세계적인 이권을 확보하고 있었다. 또한 사적인 육군과 해군을 보유하고 왕실로부터 회사의 이익이 위협받을 경우 선전 포고를 할 수 있는 권한도 부여받았으며, 실제 전 세계 인구의 5분의 1 이상을 통치하고 있었다. 영국의 동인도회사라면 분명 당대의 '가장 찬양받는(그리고 두려움의 대상이 되는) 기업'들 중 1위를 차지했을 법하다. 그러나 이 회사가 누리던 모든 규모 및 범위의 경제, 경쟁 장벽, 특혜적 이권 관계 그리고 수많은 핵심 보유역량(원주민을 야만적인 방식으로 억압하는 따위의)에도 불구하고, 19세기 기술혁신과 새로운 경쟁자의 진입으로 이 회사가 지닌 어마어마한 경쟁 우위의 장벽은 붕괴되고 말았다. 그리고 1873년 마침내 동인도회사는 사업에서 손을 떼게 되었다[18]. 비록 영국의 동인도회사가 상당히 오랜 기간 동안 장수했다고 하더라도, 결국 세계는 변했는데 이 회사는 그러지 못했다.

모든 경쟁 우위는 일시적이다[19]. 일부 우위는 다른 우위에 비해 오래 지속되지만 모든 우위의 원천은 한정된 '유통 기간'을 갖는다. 뻔한 얘기로 들릴지 모르지만, 지속 가능한 경쟁 우위를 구축하고 매년 경쟁 업체들을 능가하는 성과를 거두고 있는 '탁월한' 기업을 찾다 보면 의외로 이 사실을 망각하는 수가 있다. 저자의 서가는 그러한 대단한 기업들의 감동적인 이야기들과 이들 기업이 성공을 위해 어떤 일들을 했으며, 여러분의 회사가 어떻게 해야 이들처럼 대단한 회사가 될 수 있을지를 전하는 책들로 가득 차 있다. 여기에는 톰 피터스Tom Peters와 로버트 워터먼Robert Waterman이 쓴 『초우량 기업의 조건In Search of Excellence』, 짐 콜린스와 제리 포라스의 『성공하는 기업들의 8가지 습관』과 같은 고전들, 그리고 잭 웰치Jack Welch나 래리 보시디Larry Bossidy와 같이 존경받는 경영자들이 쓴 책들도 포함되어 있다.

> 모든 경쟁 우위는 일시적이다. 애플은 젊은 유망 기업으로서 주목 받아 '탁월한' 기업의 영역으로 이동했고 그다음에는 '실패한' 기업으로 옮겨 갔다가, 스티브 잡스 체제하에서 거둔 성공으로 인해 다시 '탁월한' 기업 쪽으로 복귀했다.

하지만 정작 흥미로운 것은 저자의 서가 정반대편에 꽂혀 있는 '왜 위대한 기업들이 실패하는가' 류의 책들이라는 사실이다. 여기에는 클레이턴 크리스텐슨의 『성공 기업의 딜레마Innovator's Dilemma』와 게리 해멀Gary Hamel의 『꿀벌과 게릴라Leading the Revolution』와 같은 베스트셀러가 포함되어 있다. 이러한 책들은 한때 성공을 거두었던 대기업들이 어떻게 실패했는지, 그리고 산업을 뒤바꾸는 혁신, 장애가 되는 관료제, 그리고 오만이 한때 강력했던 제도를 어떻게 완전히 망하게 했는지에 관한 무서운 이야기들을 전한다. 이러한 책들이 전하는 메시지는 냉혹한 운명을 피하려면 여러분의 회사가 지속적으로 혁신하고 대기업의 힘을 신생 기업의 민첩함과 결합할 필요가 있다는 것이다. 이러한 메시지는 보통 운이 다한 잘나가던 기업들을 더 이상 견디지 못하도록 만드는 젊고 유망한 기업들의 사례를 통해 예시된다.

524

아주 재미있는 사실은 같은 회사가 서가의 양쪽 모두에 등장한다는 점이다. 1980년대 초 IBM은 '탁월한' 기업이었지만 이후 1990년 대에는 '실패한' 기업에 관한 책들로 넘어갔다. 애플은 젊은 유망 기업으로서 주목받아 '탁월한' 기업의 영역으로 이동했고, 그다음에는 '실패한' 기업으로 옮겨 갔다가, 지금은 최근 스티브 잡스Steve Jobs 체제하에서 거둔 성공으로 인해 다시 '탁월한' 기업 쪽으로 복귀함으로써 서가 전체를 횡으로 가로지르고 있다. 암달Amdahl, 디지털 이퀴프먼트 코퍼레이션Digital Equipment Corporation, 웨스팅하우스Westinghouse, 아타리 Atari, 폴라로이드Polaroid 그리고 K마트와 같이 '초우량 기업의 조건'에서 원래 다루어졌던 기업들 중 충격적인 수의 기업들이 파산, 해산 또는 인수됨으로써 서가에서 완전히 탈락했다. 제록스·록히드 마틴 Rockheed Martin과 같은 다른 여러 기업들은 아직 존속하고 있지만, 이들의 실적은 역할 모델로 칭송을 받자마자 급전직하했다. 1990년대 가장 많은 칭송을 받았던 기업들 가운데 하나인 엔론Enron과 월드컴 WORLDCOM은 2002년 극적이고도 비극적인 방식으로 완전히 분해되어 버렸다.

하지만 많은 기업들이 실패하고 있는 와중에도, 분명히 지속 가능한 경쟁 우위를 구축하고 장기간에 걸쳐 높은 실적을 유지하는 일부 '탁월한' 기업들도 존재한다. 내가 맥킨지에 근무하던 시절 동료였던 리처드 포스터Dick Foster와 세라 캐플런Sarah Kaplan은 『창조적 파괴 Creative Destruction』라는 자신들의 책에서 가장 오래된 경영 분야 실적 대비 일람표인 '포브스 100'에 대한 분석을 바탕으로 이 문제를 다루었다[20]. 1917년 『포브스』지의 창간자 버티 포브스Bertie Forbes는 미국의 100대 기업 리스트인 「포브스 100」을 최초로 발행했다. 1987년, 이 리스트의 70주년을 축하하기 위해서, 『포브스』지는 최초의 리스트를 재발행하면서 이렇게 물었다. "지금 이들은 어디 있는가?" 최초의 리스트에 수록되었던 100대 기업의 대다수인 61개 기업이 다른 회사에 합병되거나 파산하는 등 이러저러한 이유로 더 이상 존속하지 않았다 [21]. 생존 기업들 중에서, 21개 기업은 아직 존속하고 있지만 이미 100대 기업 리스트에서 탈락했으며, 프록터 앤 갬블Procter & Gamble: P&G, 엑손Exxon 그리고 시티뱅크 같은 유서 깊은 이름을 포함해 단 18개 기업만이 여전히 우량 기업 집단에 남아 있었다. 이들 18개 기업은 포스터와 캐플런이 언급하는 바와 같이 대공황, 제2차 세계 대전, 1970년대의 인플레이션, 1980년대의 기업 인수 합병의 혼란, 1990년대의 기술 혁명의 모진 풍파를 뚫고 살아남은 위대한 챔피언들이었다. 따라서 이들은 대단한 실적을 올린 기업들이고 진정으로 '탁월한' 기업들임에 틀림없다고 생각할 수 있다.

그러나 과연 그럴까? 아니다. GE와 코닥을 제외하면 이들 기업 모두 70년간 주식 시장 가치로 따져 평균 성장을 밑도는 실적을 거두었다. 1987년 이래 코닥의 성과 또한 하락하여 현재 GE만이 유일하게 최초의 '포브스' 100대 기업으로 존속하면서 동시에 지난 80년 동안 평균 이상의 실적을 거두고 있다[22]. 또 하나의 참고 사항으로서, 포스터와 캐플런은 1957년 스탠더드 앤 푸어스Standard & Poor's: S&P 500 지수가 도입되면서 당시 이 지수에 편입되었던 500개 기업들을 조사하였는데, 이들 기업 가운데 74개만이 1997년까지 존속했음을 밝혀냈다. 더욱이 이들 74개 생존 기업들은 전체 S&P 500 지수보다 20% 낮은 실적을 기록했다.

보다 장기적인 시간 틀에서 이들을 보면 '탁월한 기업' 부류의 책들이 들려주는 이야기들은 지속 가능한 경쟁 우위와 영속적인 높은 실적에 관한 이야기가 아니다. 오히려, 그러한 이야기들은 경쟁 우위의 일시적 성격, 그리고 기업들이 흥망을 거듭하는 시장의 믿기 힘든 역동성에 관한 설명이라고 보아야 한다.

전략은 진화의 경주

2002년과 2005년에 출간된 두 편의 중요한 연구서에서 멤피스 대학교의 로버트 위긴스Robert Wiggins와 텍사스 대학교의 팀 뤼플리Tim Ruefli는 경쟁 우위에 관한 문제를 통계적으로 다루었다[23]. 이들은 1974년부터 1997년까지 40개 산업에 걸쳐 6,772개의 기업 표본을 조사했고, 이들 기업을 산업별로 우량 기업, 열등 그리고 보통(즉, 표본 집단의 중간에 해당하는 최빈치를 기준) 기업으로 계층화했다[24]. 이들 두 연구자는 많은 '탁월한 기업' 부류의 연구가 범하는 두 가지 공통적인 오류를 해결했다. 첫째, 위긴스와 뤼플리는 최고 기업들 중에서 성과 우량 기업들은 통계적으로 유의미하다고 확인했다. 큰 방에 사람들이 모여 동전을 던지면 누군가는 필연적으로 계속해서 앞면이 나올 것이다. 위긴스와 뤼플리는 자신들이 관찰한 양상이 단순히 운 때문만이 아니었음을 확인하고자 했다. 둘째, 5년 주기로 나누어 관찰함으로써 이들은 또한 실적이 그저 호조를 보인 몇 년의 기간에 의해 좌우되는 것이 아니라 지속적이며, 조사된 특정 시간대에 그다지 민감하게 반응하지 않았다는 사실도 확인했다.

이들의 연구 결과는 진정한 경쟁 우위는 희소한 동시에 비교적 수명도 짧다는 사실을 확인했다[25]. 이들은 표본에 포함된 기업들 중 단 5%만이 10년 이상 우량 성과를 유지할 수 있었다는 것도 발견했다. 0.5%에도 미치지 못하는 단 32개의 기업만이 20년 이상, 그리고 0.04%에 해당하는 단 3개 기업, 즉 아메리칸 홈 프로덕츠American Home Products, 엘리 릴리Eli Lylly 그리고 3M만이 50년간 지속적으로 높은 성과를 유지했다. 위긴스와 뤼플리는 또한 경쟁의 강도가 23년의 표본 기간 동안 높아졌음을 발견했다. 경쟁 우위의 평균 지속 기간이 짧아졌고, 기업들은 더욱더 빠르게 성과 우량 계층으로 몰려 들어왔다가 빠져나갔으며, 연구 대상 기간 중 우량 기업에서 탈락할 확률은 두 배로 증가했다[26].

위긴스와 뤼플리는 또한 안전하고, 안정적인 산업은 없다는 것을 입증했다. 이들은 자신들의 표본을 첨단 기술 및 저급 기술 집단으로 구분하여 분석하였다. 첨단 기술 집단의 경우 변화의 속도가 다소 빨랐지만 변화의 속도가 빨라진 것은 산업 전반의 현상이라는 것도 발견했다. 연구 결과를 설명하면서 위긴스와 뤼플리는 슘페터의 망령이 아직 건재하며, '창조적 파괴의 광풍'이 그 어느 때보다 거세게 불어오고 있다고 말했다.

위긴스와 뤼플리의 연구가 전통 경제학에 기초한 전략 개념에 중대한 도전을 제기하고 있지만 이들이 확인한 양상은 진화생물학자들에게는 결코 놀라운 일이 못 된다. 경쟁 우위가 희소하고 수명이 짧기는 생물의 세계에서도 마찬가지다. 그게 바로 진화 시스템에서 일어나는 현상이다. 생물계에서 종種은 서로 간 끊임없는 공진화적 군비 경쟁 속에 엮여 있다. 앞서 언급한 바와 같이 포식 동물들이 더 빨리 달릴 수 있도록 진화한다면, 그 먹이들은 더 나은 위장술을 발휘하도록 진화되고, 다시 포식 동물들의 후각이 더 예민해질 수 있도록 진화하는 등, 진화의 피곤한 여정은 휴식도 없이 무한히 진행된다. 생물학자들은 이러한 공진화적인 연쇄적 변화를 루이스 캐럴Lewis Carroll의 『거울나라의 앨리스Through the Looking Glass』에 등장하는 레드 퀸의 이름을 따서 '레드 퀸의 경주Red Queen races(진화의 경쟁)'라고 하였다. "여기에서는 네가 그곳에 머물려면 지금처럼 있는 힘을 다해서 달려야 한다"고 말하는 사람이 바로 레드 퀸이다[27].

레드 퀸의 경주에서 승리한다는 것 따위는 있지도 않다. 자신이 할 수 있는 최선은 경쟁이 아니라 빠르게 달리는 것이다. 10장에서 논의되었던 린드그렌의 진화적 '죄수의 딜레마' 모형을 기억해 보라. 그 모형에서 "최선의 전략은 무엇인가?"라는 질문에 최종적인 답변은 없었다. 성공적인 죄수의 딜레마 전략은 필연적으로 다른 전략으로부터 대응과 혁신을 불러일으킴으로써 전략의 생태 체계를 변화시키고 따라서 승리 전략을 구성하는 요소가 시간이 흐름에 따라 변화하도록 만든다. 진화 시스템에서 지속 가능한 경쟁 우위란 존재하지 않는다. 오로지 일시적인 우위의 새로운 원천을 창출하려는 끝없는 경주만이 있을 뿐이다.

따라서 이러한 논의는 탁월한 기업에 관한 정의를 장기간에 걸쳐 지속적으로 높은 실적(거의 존재하지 않는 성과)을 거두는 회사에서, 시간 경과에 따라 일시적인 우위를 계속 연결하여 나갈 수 있는 기업, 달리 말해서 레드 퀸의 경주에서 말하는 강한 주자로 바꾸어 놓았다[28]. 필연적으로, 하나의 경쟁 우위가 퇴조하는 시간을 또 하나의 경쟁 우위가 대두하는 시간과 정확히 맞춘다는 것은 불가능하다. 따라서 우리는 그러한 기업들이 실적 최상위 집단에 올랐다가 순간 타격을 받아 휘청거리다가도, 마치 강인한 권투 선수처럼 다시 일어나 싸워 승리를 쟁취하는 양상을 보여 주기를 기대할 것이다. 위긴스와 뤼플리는 바로 이러한 유형의 기업들에 관한 증거를 찾아냈다. 이들은 자신들의 데이터베이스에서 첫 5년 주기 동안 실적 우량 계층에 속했다가 일정 시점에 중간 또는 실적 저조 계층으로 추락하고 다시 최소한 다른 5년 주기 동안 실적 우량 집단으로 복귀한 기업들을 선별했다. 이러한 기업들에는 존슨앤드존슨과 머크Merck처럼 잘 알려진 이름이 있는가 하면 패밀리 달러 스토어Family Dollar Store와 일리노이 공작 기계Illinois Tool Works같이 잘 알려지지 않은 이름도 있다[29]. 탁월함을 반복하는 이러한 양상을 보이는 기업의 수는 매우 적어 표본의 단 1%에 불과했지만 시간이 경과함에 따라 약간 증가하고 있으며, 이는 아마도 경쟁의 강도가 증가함에 따라 더 많은 기업들이 반복적인 혁신자가 되는 방법을 학습하고 있다는 증거로 보인다.

혁신하지 않는 기업, 혁신하는 시장

수십 년 동안 탁월함을 지속하는 기업은 사실상 없는 거나 다름없다(다시 말하지만 0.5% 미만). 반복적으로 탁월함을 성취하는 기업조차 극히 드물다(다시 말하지만 1%)는 사실은 우리에게 대부분의 기업에 관한 꾸밈 없는 진실을 알려 준다. 시장은 고도로 동태적이지만, 기업의 대부분은 그렇지 않다.

실제로 사회학자 마이클 해넌Michael Hannan과 경영 연구가인 존 프리먼John Freeman에 따르면 기업들은 본질적으로 타성에 의해 움직인다고 한다. 1970년대, 해넌과 프리먼은 시장의 '조직 생태organizational ecology'에 관한 일련의 이정표적 연구를 시작했다[30]. 이 연구에서 얻어진 증거들로 시장에서는 어마어마한 양의 혁신과 변화가 존재하는 반면 개별 기업의 수준에서는 변화가 훨씬 적다는 사실을 밝혀냈다. 이들의 결론은 경제의 변화는 개별 기업의 적응에 의해서라기보다는 기업들의 시장 진입과 퇴출에 의해서 일어난다는 것이었다. 예를 들어, 반도체 산업은 1950년대의 트랜지스터에서 1980년대의 초고밀도 집적회로VLSI 칩으로 바로 전환하지 않았는데, 이는 당시의 선도 기업인 휴스Hughes, 트랜지트론Transitron과 필코Philco가 이미 기존 기술에 적응했기 때문이었다[31]. 오히려 변화는 이들 기업이 인텔, 히타치Hitachi, 필립스와 같은 기업들에 의해 대체됨으로써 일어났다. 원래의 10대 반도체 기업 중에서 텍사스 인스트루먼츠Texas Instruments와 모토롤라만이 그러한 전환에도 불구하고 살아남았다. 그리고 그러한 전환은 여러 첨단 산업에서 보다 더 첨예하게 일어날 수 있지만, 여러 조직 생태론자들의 연구 결과에 따르면 시간에 따른 기업 집단들의 동태적 변화는 모든 산업 전반에 걸쳐 비슷하게 나타난다[32].

장기간 생존한 S&P 500 지수 기업들을 한 집단으로 보았을 때 이들 기업이 평균 이하의 실적을 거두었다는 다소 역설적인 포스터와 캐플런의 연구 결과를 설명해 주는 것이 바로 이러한 시장의 진입 및 퇴출의 동태적 양상이다. 평균 실적을 상승시키는 것은 바로 지속적으로 진입하는 신규 기업들 때문이다.

이러한 실증 분석 결과가 크게 놀라운 것은 아니다. 3부에서 우리는 시장 경제라는 진화 시스템에서 사업들이 어떻게 상호 작용자의 역할을 수행하는지 논의한 바 있다. 시장의 관점에서 볼 때 각 사업은 사업 계획으로 구성된 공간에서 이루어지는 실험이며 일부는 성공을 거두어 확산되는 반면 일부는 실패해서 사라진다. 따라서 사업 계획을 실행하는 기업도 그 사업의 운명과 같이 흥하기도 하고 망하기도 한다. 이러한 결과는 사업 계획을 차별화하고 선택하며 확산하는 과정이 폐쇄된 기업의 울타리 안에서보다 시장에서 보다 원활하게 이루어진다는 사실을 입증한다. 포스터와 캐플런이 언급했듯이 '시장은 기업보다 더 많은 놀라움과 혁신을 창출한다'[33].

기업은 인간의 모든 단점과 편견을 지닌 이른바 빅맨**Big Man**(남녀를 차별하면 안 되는 오늘날엔 Big Person이라고 표현해야 한다)에 좌우되는 계층 구조인 반면, 시장은 거의 순수한 진화 기계와 같다. 기업은 시장이 가지고 있는 만큼의 다양한 사업 계획을 결코 갖지 못하기 때문에 본질적으로 불리한 위치에 있다. 기업은 실제 시장의 선택 압력을 완벽하게 반영하지도 못하고, 그렇다고 성공적인 사업 계획을 확장해 그 규모를 확대하는 데 필요한 투자 자본을 시장으로부터 조달하는 데도 한계가 있다. 감정이 배제된 진화의 알고리즘이라는 관점에서 볼 때 사업은 진화라는 제분기를 위한 실험용 곡식에 해당한다.

지금까지 나는 상당히 침울한 그림을 그려 왔다. 전략은 경쟁 우위를 가져올 장기적 개입에 관한 것이다. 그러나 우리는 동결 사건들의 우발성으로 인해 미래를 정확하게 예측하지 못한다. 나아가 경쟁 우위는 희소하고 일시적이며 아주 짧은 시간 동안만 지속되는 것으로 보인다. 이러한 여러 가지 증거를 종합해 보면 기업의 대다수는 레드 퀸의 경주에서 서툰 주자들이며, 시장에서의 적응 속도에 보조를 맞출 능력이 없는 것 같다.

그렇다면 이제 남은 질문은 이것이다. 우리가 보다 잘할 수는 없는가? 우리는 지금보다 훨씬 적응력이 뛰어난 기업을 설계할 수 있는가? 그리고 구체적으로 우리는 예측의 문제를 피하면서 전략에 대하여 보다 확고하고 적응력이 뛰어난 접근 방법을 개발할 수 있는가?[34]

실험 포트폴리오로서의 전략

보다 잘하기 위해서는 회사를 사방으로 둘러싼 벽 안으로 진화를 들여와서 그 안에서 차별화, 선택 그리고 확산이라는 물레로 실을 짜게 만드는 것이다. 전략을 미래 예측에 근거한 단일의 계획으로 간주하기보다 여러 실험으로 이루어진 포트폴리오[35], 즉 시간의 경과에 따라 서로 경쟁하며 진화하는 일단의 사업 계획 집단으로 간주해야 한다. 그러한 접근 방법을 구성하는 요소들에 대해 곧 살펴보겠지만, 우선 한 가지 예를 들어 보는 것이 전략적 실험의 포트폴리오가 무엇인지 설명하는 데 도움이 될 것이다.

마이크로소프트의 이야기로 돌아가서 지금이 게이츠가 IBM과의 계약서에 서명한 때로부터 6년이 경과한 1987년이라고 상상해 보자. 아직 초창기인 PC 산업이 이제 막 폭발적 성장기에 접어들었다[36]. 그 어느 기업도 마이크로소프트만큼 급격한 성장을 경험하지 못했다. 그러나 MS-DOS는 이제 자연적 수명 주기의 종료 시점에 가까워지고 있다. 고객들은 그래픽과 신세대 컴퓨터의 보다 향상된 성능을 더 잘 이용할 수 있는 대체 운영 체제를 찾기 시작할 것이다. S곡선에 변화가 다가오고 산업은 어떤 변화가 일어날지 전혀 확신하지 못하고 있다. 마이크로소프트가 성공을 거두었다고 하지만 1987년 현재 수익성 높은 마이크로소프트의 위치는, 그것을 탐욕에 가득 찬 눈으로 바라보는 수십억 달러 규모의 대기업들과 비교해 볼 때 아직 3억 4,600만 달러 규모의 소규모 기업에 불과했다. IBM은 자체적으로 강력한 멀티태스킹 OS/2 체제를 개발하고 있었고, AT&T는 널리 호평을 받고 있는 유닉스Unix 운영 체제의 사용자 친화적 버전을 창출하기 위해선 마이크로시스템스와 제록스를 포함하여 다른 여러 기업들로 구성된 컨소시엄을 주도하고 있었다. 휴렛패커드와 디지털 이퀴프먼트 코퍼레이션은 독자적인 유닉스 버전을 추진하고 있었다. 애플은 여전히 위협적인 상대로 다른 기업들을 능가하는 혁신을 일관되게 추진하였고 그래픽 성능이 매우 뛰어난 매킨토시의 판매 또한 호조를 보이고 있었다.

우리는 이 시점에서 마이크로소프트 앞에 놓인 몇 가지 대안을 상정해 볼 수 있다. 첫 번째 대안, 게이츠는 윈도라고 불리는 새로운 운영 체제 구축에 투자함으로써 사운을 걸고 엄청난 도박을 감행하여 DOS 사용자 기반을 이 새로운 표준으로 이동시킨다. 이는 경쟁자가 독자적인 운영 체제로 핵심 고객에 이르기 전에 실시하는 것이 이상적이다. 두 번째 대안, 게이츠는 시장의 운영 체제 부분에서 나와 이를 대규모 재원 조달 능력이 있는 경쟁자에게 양도하고 그 대신 마이크로소프트의 역량을 민첩성이 보다 중요한 소규모 애플리케이션에 집중한다. 세 번째 대안, 게이츠는 회사를 매각하거나 주요 경쟁사와 제휴한다. 세 번째 대안으로 인해 마이크로소프트는 독립성을 상실하겠지만, 이러한 조치는 아마도 게이츠가 어떤 회사를 자신의 파트너로 선택하는가에 따라 시장 지배력의 균형에 결정적인 영향을 미치게 될 것이다.

이러한 모든 대안은 한번 실행에 옮기면 돌이킬 수 없는, 이른바 비가역적 행동 경로에 대한 엄청난 개입이고, 위험을 수반한다. 우리가 알고 있는 통념은 게이츠가 대안 1을 선택했고, 그 도박이 큰 성과를 가져다 주어 마이크로소프트는 데스크톱 운영 체제에 대한 지배력을 계속 유지할 수 있었다는 것과, 반독점 규제 기관들과 싸우면서 그 이후 10년을 보냈다는 것이다. 그러나 이러한 통념은 실제로 일어난 일이 아니다. 게이츠와 그의 경영진이 행한 조치는 이보다 훨씬 흥미롭다. 이들은 동시에 6개의 전략적 실험을 추진했다.

첫째, 마이크로소프트는 계속해서 MS-DOS에 투자했다. 비록 모든 사람이 그 운영 체제의 사멸을 예측했지만, 여전히 막대한 고객 기반을 가지고 있었다. 많은 고객들이 운영 체제의 전환에 매우 신중한 태도를 보였고, DOS의 각 버전은 점진적으로 이전 버전보다 강력해졌다. DOS가 지속적으로 변화하고 진화하면서 얼마 동안 고객들이 원하는 것을 제공할 수 있는 가능성은 여전히 존재했다.

> 빌 게이츠와 경영진은 동시에 6개의 전략적 실험을 추진했다. 한 판의 도박이 아니라 전략적 대안들로 이루어진 포트폴리오를 선택한 것이다. 그는 미래를 예측하려고 애쓰기보다 마이크로소프트 밖에서 진행 중인 진화적 경쟁을 반영해 회사 내부에서 서로 경쟁을 벌이는 사업 계획 집단을 창출했다.

둘째, 마이크로소프트는 IBM을 현실적 위협으로 여겼다. 빅블루 **Big Blue**(IBM의 별명)는 1987년 이래 하드웨어 측면에서 여전히 지배적인 기업이었고 운영 체제 시장에 대한 지배력을 되찾기를 원했다. 그러나 IBM은 단독으로 그러한 일을 진행하는 데는 위험이 따른다는 사실을 잘 알고 있었다. 영화 〈대부 2〉에서 "친구를 가까이 두라. 하지만 적이라면 더욱 가까이 두라"던 마이클 코를레오네 **Michael Corleone**의 대사처럼 게이츠와 IBM은 IBM의 OS/2 운영 체제 프로젝트를 합작 사업으로 전환하는 데 합의했다.

셋째, 마이크로소프트는 유닉스 역시 IBM만큼은 아니지만 위협으로 간주했다. 마이크로소프트는 AT&T를 포함한 다양한 기업들과 함께 유닉스에 대한 공동 사업 참여에 관하여 논의했다. 이 논의로 마이크로소프트의 대안은 계속 유효한 상태로 유지되었고 마이크로소

534

프트는 계속 당시 진행 중이던 일에 관여할 수 있었다. 그러나 이로 인하여 마이크로소프트의 대 유닉스 전략에 관한 억측을 불러일으켰다. 이는 유닉스 옹호자들에게 불확실성을 증대시켜, 결과적으로 유닉스의 발전을 더디게 만드는 이점이 있었다.

넷째, 유닉스 제휴 게임을 하는 것 이외에도 마이크로소프트는 유닉스의 PC 부문 최대 판매자인 산타크루즈 오퍼레이션**Santa Cruz Operation**이라는 회사 지분의 과반을 매수하였다. 따라서 유닉스가 도약하게 될 경우 마이크로소프트는 시장에서 적어도 한 가지 자체 제품을 갖게 되어 있었다.

다섯째, 게이츠는 애플리케이션에 대한 투자를 철회한 게 아니라 자원 압박에도 불구하고 계속해서 이 사업을 함께 키워 갔다. 특히, 마이크로소프트는 애플 매킨토시용 소프트웨어 분야에서 최대 공급자 위치를 구축하여 애플 자체를 추월했다. 이를 통해 애플이 자신의 독자적인 운영 체제를 추진하기 위해서 시장에서 불연속성을 이용할 경우, 이에 대한 위험 분산용 대비책을 마련한 것이다.

여섯째, 게이츠는 윈도에 대규모 투자를 실시했다. 윈도가 전 세계에서 최고가 되는 것을 목표로 삼았다. 이는 DOS에 기반한 것으로, DOS 애플리케이션과 후방 호환되었으며 OS/2나 유닉스처럼 멀티태스킹 능력도 갖추었고 매킨토시처럼 사용하기 쉬웠다. 그러나 가장 중요한 것은 윈도가 PC 운영 체제 시장에 대한 지배력을 계속 유지시켰다는 점이다.

게이츠가 창출한 것은 집중적인 한 판의 도박이 아니라 전략적 대안들로 이루어진 포트폴리오였다. 게이츠가 한 일을 해석하자면 그는 우선 최고의 PC 소프트웨어 기업이 되겠다는 높은 수준의 열망을 설정했고, 그다음에는 그러한 목표가 실현할 수 있는 전략적 실험 포트폴리오를 만들어 냈다는 것이다.

1987년만 하더라도 윈도는 결코 확실한 승자가 아니었다. 1985년 버전 1.0이 출시되었지만 판매는 매우 저조했고, 1987년의 버전 2.0은 기술적 문제와 출시 지연에 시달렸다. 1990년 버전 3.0이 등장하고 나서야 비로소 마이크로소프트가 운영 체제 시장에서 성공을 거두리라는 확신이 공고해졌다. 만약 IBM이 OS/2를 조금 더 빨리 가졌더라면, 만약 유닉스 기업들이 함께 움직였더라면, 또는 만약 마이크로소프트의 윈도에 더 많은 사소한 결함이 있었더라면, 앞서 말한 대로 애니의 손이 또 다른 방향으로 경련을 일으켜 역사는 매우 다른 길로 갈 수도 있었을 것이다.

게이츠는 미래를 예측하려고 애쓰기보다 마이크로소프트 회사 밖에서 진행 중인 진화적 경쟁을 반영해 회사 내부에 서로 경쟁을 벌이는 일련의 사업 계획 집단을 창출했다. 따라서 마이크로소프트는 미래를 향해 진화해 나아갈 수 있었다. 다른 사업들은 폐기되거나 그 규모가 축소되었으나 윈도는 확장되어 운영 체제 사업의 핵심이 되었다. 당시 게이츠는 이러한 포트폴리오 접근 방법 때문에 큰 비난을 받았다. 저널리스트들은 마이크로소프트가 아무 전략도 가지고 있지 않으며 혼란스럽게 표류하고 있다고 성토했다. 이들은 게이츠가 언제 자신의 결심을 굳힐 것인지 궁금해했다. 마찬가지로 회사 내부에서 일하는 직원들도 자신들이 아래층에서 근무하는 동료들과 직접 경쟁하고 있다는 사실을 알기 힘들었다. 빌 게이츠가 진화론에 기대고 있었다거나 이러한 전략을 구상하면서 적합도 지형을 생각해 보았다는 정황 증거는 없다. 그러나 이러한 접근 방법이 구체적으로 어떠한 방식으로 개발되었는가라는 물음과는 무관하게 그 결과는 변덕스러운 역사를 상대로 견고한 적응 전략을 창출한 것이었다. 마이크로소프트는 계속해서 이러한 접근 방법을 고수하고 있으며 현재 웹 Web에서부터 기업 컴퓨팅, 홈 엔터테인먼트 그리고 휴대용 기기까지를 망라하는 분야에서 서로 경쟁하는 실험들로 구성된 포트폴리오를 가지고 있다.

우리는 전략에 대한 실험 포트폴리오 접근 방법에서 몇 가지 일반적인 교훈을 배울 수 있다. 첫째, 전략을 위한 여건이 조성되어야 한다. 실험 포트폴리오를 구성하려면 경영진 내부에 현 상황에 대한 공통의 이해와 공유하는 열망이 있어야 한다. 둘째, 사업 계획을 차별화하는 과정이 필요하다. 그래야 다양한 사업 계획들로 구성된 포트폴리오가 나올 수 있다. 셋째, 조직은 시장에서의 환경과 유사한 선택환경을 조성할 필요가 있다. 그리고 마지막으로, 성공적인 사업 계획은 확산되고 성공하지 못한 계획은 폐기되는 과정이 확립되어야 한다. 이제 우리는 이러한 핵심 사항을 차례로 논의할 것이다.

문맥: 준비된 마음가짐

나는 과거에 매우 무뚝뚝하고 실용적인 성격의 고위 경영자 한 사람과 함께 근무한 적이 있다. 그는 전략적 계획이란 "아는 체하는 난센스" 덩어리라면서 자신은 전략적 계획의 존재를 믿지 않는다고 했다. 그는 매우 성공한 사람이었다. 어려운 시장에서 잡동사니 사업들을 긁어모아 잘 관리해 여러 해 동안 성장과 이윤을 이끌어 냈다. 어느 날 나는 다른 곳에서 전략적 계획에 관한 사전 준비 자료를 보게 되었는데, 이것은 그 경영자와 그의 팀이 작성해 바인더 속에 넣어 둔 것으로 정말 최고였다. 그가 전략적 계획의 존재를 믿지 않는다고 주장했기에 나는 다음 날 그에게 전략적 계획을 만드는 데 왜 그렇게 큰 노력을 기울이는지 물어보았다. 그의 대답은 이랬다. "나는 계획을 믿지 않는다네. 내가 그렇게 하는 이유는 준비된 마음가짐을 갖기 위해서지." 이 비상식적이지 않은 경영자가 루이 파스퇴르Louis Pasteur를 인용하여 "기회는 준비된 사람의 편이다"라고 한 말이 담고 있는, 거의 선불교와 다름없는 그의 지혜가 비로소 이해되기 시작했다. 그가 설명한 대로 그와 그의 팀은 미래에 대한 예언 같은 예측을 위해 전통적 전략 분석 기법을 활용하지 않았다. 대신, 그들은 실시간 결정을 내릴 수 있는 여건을 조성하고 자신들에게 닥칠 것으로 예상되는 모든 불확실성을 대처하는 데 도움이 되는 기법을 사용했다. 논의가 계속되면서, 그는 전략적 계획 실험이 고위 간부들의 중요한 의사소통 수단이라고 설명했다. 그리고 이러한 실험은 이들에게 자신들의 사업에 대한 공통의 준거 틀, 핵심 사안에 대한 이해 공유, 그리고 상호 간의 대화를 위한 언어를 제공한다고 했다[37].

GE 캐피털의 전임 고위 경영자였던 한 사람은 나에게 기업 인수 계획과 관련하여 비슷한 철학을 이야기해 주었다. 그는 전략적 계획의 요체는 미래 예측이 아니라 사람들로 하여금 본질적으로 불확실한 미래에 대비하도록 하는 학습으로 보았다. 예를 들어, 그는 중요한 기업 인수 기회가 언제 나타날지 전혀 알지 못했다고 했다. 설령 그가 '우리는 기업 X, Y 그리고 Z를 매수할 것'이라는 계획을 가지고 있지 않았더라도, 만약 기업 X가 매각을 제의한다면 그의 팀은 다른 어느 팀보다 빠르게 그리고 우발적 사건 발생 가능성을 최소화하면서 그 제안을 테이블 위로 올려놓음으로써 성공의 가능성을 높인다고 했다. 그의 팀 구성원들이 이렇게 할 수 있는 것은 이들이 이미 시장에 대한 모든 논의를 거쳤고, 기업 X에 대해 많은 사항을 알고 있으며, 기업 X가 자기 회사에 어떠한 경제적 영향을 줄 것인지 등 거의 모든 것을 이해하고 있기 때문이다. 이들은 이미 이러한 기업 인수가 자신들에게 어떠한 의미를 갖는지에 관한 견해를 공유하고 있다. 달리 말하자면 이들은 준비된 마음가짐을 가지고 있다는 얘기다.

이러한 메시지는 여러분이 가지고 있는 전략 관련 서적들을 찢어 버리라는 것이 아니라 전통적인 전략 분석 기법들은 그와 다른 목적을 가진 것으로 생각하라는 주문이다. 다시 말해, 전략 계획의 목적은 전통적으로 생각하듯이 미래 예측에 근거해 단일 목표의 5개년 계획에 대하여 '답'을 구하는 데 있는 것이 아니라 '준비된 마음가짐'을 창출하는 데 있다는 것이다. 그러자면 누가 마음가짐에 대한 준비가 필요한지, 그리고 어떻게 최선을 다해 준비할 것인지에 대한 고민이 필요하다.

대부분의 기업에서 이러한 관점의 전환은 전략적 계획 과정에 대한 중요한 변화를 요구한다. 지금까지는 대부분의 과정이 학습보다는 계획 수립과 의사 결정에 초점을 맞추었다. 그러나 학습에 초점을 맞춘 계획 과정은 다음과 같은 세 가지 특징을 갖는다[38].

첫째, 과정의 초점을 주요 의사 결정자들 간의 심층적 논의와 논쟁을 구조화하는 데 두어야 한다. 전형적인 계획 과정은 사전에 미리 짜 놓은 겉만 번지르르한 회의에서 부하 직원이 고위 의사 결정자에게 슬라이드로 설명하는 형태이다. 이러한 회의에서는 아무런 학습도 일어나지 않는다. 고위 의사 결정자들이 만나 소매를 걷어 올리고 열정적으로 문제와(그리고 경우에 따라서는 상대와) 씨름하는 포럼에 초점이 맞추어져야 한다[39]. 이러한 포럼은 작은 규모로(회의실에 참모가 너무 많으면, 고위 경영자들은 허심탄회하게 이야기하려 들지 않을 것이다) 충분한 시간을 가지고 해야 한다. 경험상 회의 시간은 CEO와 최고 경영진을 대상으로 각 사업 단위별로 매년 1일 정도는 되어야 한다. 그러나 보통은 한두 시간 정도밖에 안 된다.

둘째, 그 과정은 반드시 사실 및 분석에 바탕을 두어야 한다. 단순히 의견만을 테이블에 가져다 놓으면 대부분의 사람들은 처음 회의실에 들어올 때와 동일한 생각의 틀을 가지고 회의실을 나설 가능성이 있다. 이는 전략에 관한 대화를 주도하려면 수개월에 걸친 철저한 준비가 필요하다는 점을 의미하며, 이 과정에서 참모 및 전문가들이 도움을 줄 수도 있겠지만 고위 경영자 스스로가 처음부터 끝까지 준비 과정에 관여할 필요가 있다. 공통의 사실에 근거한 이해의 공유가 이 과정에서 가장 중요한 성과이기 때문이다.

셋째, 의사 결정을 위한 별도의 포럼이 반드시 있어야 한다. 예산,

목표 설정 및 자원 배분에 관한 단기적인 의사 결정들이 전략 과정에 과도한 부담을 주게 되면 학습은 온데간데 없어진다. 그리고 이러한 의사 결정 포럼은 전략적 학습 과정과 연계하되 별도로 존재해야 한다. 다시 말하지만, 전략 포럼의 초점은 실험 포트폴리오의 설계 및 관리에 관한 정보를 공유하기 위한 여건을 마련하는 것이어야 한다.

차별화: 여러분의 전략 나무는 얼마나 무성한가?

일반적인 전략 계획 과정은 전략적 의사 결정 나무에서 가지를 쳐 내고, 대안을 제거해 나가며, 선택하고 개입을 결정하는 데 초점을 맞춘다. 반면, 전략에 대한 진화적 접근 방법은 대안을 창출하고 대안을 열린 상태로 유지하며, 특정 시점에서 가능한 최대로 가능성의 나무가 무성해지도록 만드는 것을 강조한다. 대안은 가치가 있다[40]. 진화하는 전략적 실험 포트폴리오는 경영진에게 더 많은 선택을 제공하며, 이를 통해 그것들 중 일부가 옳을 가능성을 높인다는 뜻이다. 달리 말하면, 저자의 맥킨지 시절 동료였던 로웰 브라이언Lowell Bryan이 말했듯이 "주사위를 바라는 수가 나오도록 미리 조작한다"는 의미이다[41]. 목표는 작은 내기들을 여러 번 할 수 있게 하고 불확실성이 훨씬 낮아졌을 때 성공적인 실험을 확산하는 일환으로 큰 내기를 할 수 있게 하는 것이다. 불확실성하에서 어쩔 수 없이 '모 아니면 도'라는 식의 내기를 강요당하는 것은 회사가 상자 속에 갇혀 있음을 의미한다. 이는 많은 선택 대안을 가진 무성한 전략적 의사 결정 나무와 반대되는 상황이다. 언론은 크고 중요한 내기에 나서는 CEO의 용기와 비전을 칭송하기도 하지만, 마찬가지로 큰 내기에서 아무 성과도 거두지 못한 CEO를 조롱하면서 즐거워하기도 한다.

진화는 사업 계획의 과임신 현상을 필요로 한다. 넘칠 정도로 충분한 사업 계획들이 존재해야 한다는 얘기다. 물론, 어떠한 기업도 시장

540

전체에 존재하는 사업 계획의 다양성에 필적하지는 못하겠지만, 대부분의 기업은 오히려 그 반대 극단에서 운영되고 있다. 다시 말해, 사업마다 실행 중인 사업 계획이 하나밖에 없는 경우가 많다. 사업 계획의 다양성에 관한 한 기업 스스로가 가장 최악의 적이기도 하다. 이는 탐색 및 혁신의 필요성과 활용 및 실행의 필요성 사이에 본질적인 긴장이 존재하기 때문이다[42]. 성공적이고 효율적인 경영을 위해서는 방향과 원칙이 있어야 한다. 이는 또한 명확한 리더십과 방향 제시를 요구한다. 반대로, 진화적 전략은 산지사방으로 동시에 움직이면서 위험이 수반된 아이디어를 실험하는 사람들에 대해 관대해야 한다. 마찬가지로, 실행에 관한 피드백 고리는 엄격하고 측정 가능하다. 사람들은 분기마다 그 결과를 확인할 수 있다. 이에 비해 전략의 진화에 관한 피드백 고리는 측정하기가 어렵고, 할 수 있다고 하더라도 여러 해가 걸린다. 마지막으로, 사람들은 중복을 싫어하지만(관리자들은 항상 여유 slack 능력을 쥐어 짜냄으로써 보다 효율적으로 업무를 수행하기를 기대한다) 다양성은 그 정의상 중복, 중첩 및 잉여 능력을 필요로 한다. 따라서 운영 효율을 위한 드라이브는 필요하고 가치 있는 목표이기는 하지만 전략적 실험의 다양성과 내부적 경쟁 관계에 있는 사업 계획의 수 등을 감소시키는 의도하지 않은 부작용도 초래한다.

충분한 실험을 통해 포트폴리오를 창출하는 것 외에도 진화적 탐색 과정의 효과성을 극대화하기 위해서는 경쟁 관계에 있는 사업 계획들을 앞서 살펴보았던 적합도 지형 전반으로 확산시킬 필요가 있다. 우리가 앞서 살펴본 바와 같이, 개략적인 수준의 상관관계를 갖는 지형(예컨대, 알프스 산과 같은 산악 지형)에서 탐색을 수행하는 데 진화가 효과적인 이유 중 하나는, 진화가 점프의 거리를 혼합(조금씩 조심스레 움직이는 방식과 멀리 뛰는 방식을 혼합)할 수 있기 때문이다. 생물의 경우, 돌연변이와 짝짓기가 혼재되어 짧은 점프와 긴 점프가 혼합된다. 사업 계획의 적합도 지형에서 '점프의 거리'를 고려할 때 우리는 위험, 관계 그리고 시간이라는 세 가지 차원을 고려해야 한다. 위험은 특정한 전략적 실험의 결과에 영향을 미칠 수 있는 모든 불확실성과 개입의 비가역성 정도를 지칭한다. 관계는 사업이 이미 보유하고 있는 경험, 기술 및 자산으로부터 실험이 얼마나 멀리 또는 얼마나 가깝게 위치하고 있는가를 나타낸다[43]. 시간은 실험으로부터 성과를 얻게 되는 기대 시간을 말한다.

마이크로소프트의 사례를 예로 들자면, 회사의 유닉스 사업은 비교적 위험이 높고, 장기간을 요하며, 다른 실험에 비해 회사의 기존 제품과의 관련성도 낮았다. 반대로, 윈도는 그런 차원에서 본다면 중간 정도가 될 것이고, OS/2는 위험도가 가장 낮은 실험이었을 것이다. 왜냐하면 OS/2는 윈도에 비해 기술적 야심이 적었고 가장 위험한 경쟁자를 자기 조직에 흡수했기 때문이다. 따라서 마이크로소프트는 전 지형에 걸쳐 사업을 상당히 확산시켜 놓은 셈이다. 포트폴리오에 포함된 전략적 실험의 정확한 수와 위험도, 관계, 시간이라는 세 가지 차원에서 이들의 분포 등은 궁극적으로 주관적 판단의 문제이고 사업 환경에 따라 달라질 것이다. 그러나 그 실험의 수는 분명히 한 개보다는 많아야 한다. 대부분의 기업들이 사업마다 일반적으로 한 개의 사업 계획만 가지고 있는데, 이것은 잘못된 일이다.

전략 포트폴리오라는 개념에 대한 공통적인 반박은 모든 기업들이 마이크로소프트가 행했던 방식처럼 일거에 6개의 전략을 추진할 여력이 없다는 것이다. 그러나 당시 마이크로소프트는 경쟁자 집단에서 가장 작았으며 대부분의 자원에 제약이 있었음을 상기하기 바란다. 마이크로소프트가 6개의 운영 체제 사업 계획을, 그리고 IBM이 12개의 사업 계획을 추진했다는 것은 사실이 아니다. IBM은 기본적으로 하나의 사업 계획만 추진했다. 더욱이, 모든 대안에 대하여 동일한 수준으로 개입하는 것은 아니다. 마이크로소프트의 경우, 윈도의 성공에 우선을 두었고, 따라서 그 사업에 가장 많이 투자하였다. 조직의 자원은 한정되어 있지만 이 때문에 조직이 다양한 대안들로 구성된 포트폴리오를 추진하지 못하는 것은 아니다.

마지막으로, 중요한 것은 사업 계획의 다양성은 사업의 다양성과 똑같은 게 아니라는 점이다. 1960년대에는 기업이 위험을 감소시키려면 다각화된 사업 포트폴리오를 만들어야 한다는 주장이 유행하였다. 예를 들어, 한 사업은 경제가 호전될 때 잘 운영되는 반면, 또 다른 사업은 경제가 침체될 때 실적이 좋을 수 있다. 이러한 논리에 따라 상호 무관한 다양한 사업들로 구성된 대규모 기업 집단이 출현하였다. 그러나 기업 성과가 부진한 집단들이 나왔고 이들은 그 후 대부분 기업 사냥꾼에 의해 사업별로 분해되었다. 위긴스와 뤼플리의 연구 결과, 그리고 다른 연구들을 종합해 보면 제한된 수의 사업에 집중하는 기업들의 성과가 훨씬 좋았다는 증거를 제시하고 있다[44]. 그러나 내가 주장하는 것은 이와 매우 다르다. 내 얘기는 하나의 사업 내에서 여러 전략으로 이루어진 전략 포트폴리오가 반드시 있어야 한다는 것이다. 예를 들어, 마이크로소프트의 실험 포트폴리오는 전적으로 운영 체제라는 사업 내의 것들이다.

선택 압력: 열망의 설정

사업 계획 선택은 많은 기업들이 고심하고 있는 또 하나의 분야이다. 기업들은 시장에서 작동하는 선택 압력을 반영하려고 하지만 일단 시장으로부터 나온 신호가 회사의 장벽 안으로 들어오면, 한 고위 경영자가 말한 것처럼, 마치 "유령의 집에 달려 있는 거울"처럼 왜곡될 수 있다. 회사 내부에는, "이것은 CEO가 좋아하는 아이디어이고, 만약 이것이 선택되지 않는다면 그의 체면이 크게 상하게 될 것"이라든가, "이것은 우리 사업부의 전문 분야"라는 말과 같이, 시장에는 절대 존재하지 않는 여러 가지 선택 압력이 회사 내부에 존재한다. 기업 내부의 정치, 관료주의 그리고 기타 요인에서 비롯되는 이러한 왜곡이 항상 나쁜 의도에서 나오는 것은 아니다. 이러한 왜곡은 현실 세계의 인간들로 이루어진 조직에서는 흔히 있는 일일 따름이다. 우리가 앞서 논의한 바 있지만 심리학자들은 사람들이 무수한 편견 및 지각 오류에 빠져 있을 뿐 아니라 사회적 계층 구조에서 높은 지위를 얻기 위해 경쟁하고자 하는 본능이 있음을 발견했다. 이러한 인간의 약점은 필연적으로 조직이 시장으로부터 받은 신호를 어떻게 해석하는가에 영향을 미친다.

이러한 유령의 집 거울 효과를 억제하기 위한 두 가지 방법이 있다. 첫 번째 방법은 상당히 간명한 것으로서, 시장으로부터 조직으로 유입되는 정보의 양, 질 그리고 속도를 향상시키라는 것이다. 이러한 정보에는 세부적인 판매 및 고객 정보, 시장 조사, 고객 만족도 조사, 경쟁자 첩보 등이 포함된다. 시장으로부터의 피드백이 누락되거나 불완전할 경우 개인의 의견과 정치적 의도가 그 정보 공백을 메우면서 사업 계획의 선택을 왜곡시킬 수 있다.

두 번째 방법은 약간 술책의 성격을 띤 것이다. CEO와 고위 경영진은 다양한 메커니즘을 통해 조직 내에서 선택 환경을 조성하는 데 중추적 역할을 담당한다. 이러한 메커니즘은 보상 체계와 승진 과정처럼 공식적인 것에서부터 회의에서 CEO가 이야기하는 주제와 같이 비공식적인 것을 총망라한다. 전체적으로, 이러한 메커니즘은 사람들에게 어떠한 종류의 행동과 의사 결정이 보상을 받을 것인지를 알려주는 일단의 신호를 만들어 낸다. 일단의 중간 관리자들이 회의실에 앉아 특정 사업 계획의 장점에 대해 논쟁을 벌이고 있을 때 이러한 신호는 필연적으로 어떠한 유형의 계획이 지지를 얻고 어떠한 유형의 계획이 그렇지 못할지에 관한 이들의 생각에 영향을 미칠 것이다. 따라서 이러한 내부 선택 환경을 주의 깊게 그리고 세심하게 조성하는 것이 중요하다. CEO와 고위 경영진은 항상 조직 내에서 이루어지고

544

있는 의사 결정의 일부분밖에 알 수가 없다. 물론 다수의 핵심적 선택 의사 결정은 필연적으로 고위 경영자의 감시 아래에서 이루어진다. 선택 환경이 심사숙고를 거쳐 잘 조성되면 이러한 의사 결정이 시장의 현실과 회사의 우선순위 모두를 반영하도록 하는 데 도움이 될 것이다.

내부 선택 환경을 조성하는 한 가지 중요한 수단은 회사의 열망이다. 대부분의 회사가 사명, 비전, 가치 그리고 기타 열망에 관한 것들을 가지고 있다. 그러나 이러한 열망은 방문객에게 깊은 인상을 심어주기 위해 본사 벽에 걸린 형형색색의 포스터 위에만 존재할 뿐 조직 구성원들이 실제로 행하는 일에는 거의 아무런 영향도 미치지 못한다. 시장의 신호를 자기 조직 내부로 투사하고 의사 결정을 내리기 위해서 회사의 열망을 활용할 줄 아는 경영자는 많지 않다.

무엇이 좋은 열망인지, 그리고 그러한 열망을 어떻게 개발하고 어떻게 소통할 것인지에 관한 문헌은 많다[45]. 그러나 우리의 목적에 비추어 볼 때 그러한 열망이 사업 계획 선택에서 효과적인 역할을 수행하려면 다음과 같은 네 가지 특징을 필수적으로 갖춰야 한다.

첫째, 열망은 반드시 조직 내 여러 구성원들의 뇌리에 심어져 있어야 한다. 짐 콜린스와 제리 포라스가 『성공하는 기업의 8가지 습관』에서 말하고 있듯이, 효과가 있는 열망은 '사람들을 참여시킨다'. 그것은 사람들에게 손을 뻗쳐 그들의 마음을 사로잡는다. 그러한 열망은 가시적이고 힘을 북돋우며 초점이 분명하다. 사람들이 보고 금방 알 수 있는 내용이어야 한다. 그래서 긴 설명이 필요 없거나 아예 설명이 없어도 알 수 있어야 한다[46]. 이와는 반대로 대부분 기업의 열망 내용은 어느 누구도 사로잡지 못하며 그저 PR 재료처럼 들린다. 콜린스와 포라스는 자신들의 연구에서 열망 점수를 조사했고 전 시대에 걸쳐 가장 위대한 열망으로서 1980년대 잭 웰치가 설정한 GE의 열망을 인용하고 있다. "우리가 서비스를 제공하는 모든 시장에서 1위 아니면 2위가 됩시다. 그리고 작은 기업의 속도와 민첩성을 갖추도록 개혁합시다."[47] 콜린스와 포라스는 이를 (예전에는 탁월한 기업이었던) 웨스팅하우스의 '전사적 품질, 시장 리더십, 기술 중심주의' 등과 비교했다. 웰치의 비전은 명확하고, 도전적이며, 정서에 호소하고, 기억에 남는다. 그러나 말만으로는 특정한 열망이 사람들의 머릿속에 새겨지지 않는다. 웰치는 1등 아니면 2등이라는 아이디어를 보상 제도, 성과 평가 및 사업부 평가와 연계시켰고, 지나칠 정도로 자주 이에 관해 이야기했다[48]. 간단히 말해서, 웰치는 열망을 중심으로 선택 환경을 조성했고, 따라서 수천 명의 직원들의 생각, 그리고 어떤 사업 계획이 살아남고 어떤 것이 사멸할 것인지를 결정하는 수십만 개의 의사 결정에 영향을 미쳤다. 1980년대에 경쟁자를 추월하여 3위 사업을 2위 자리에 올려놓기 위한 새로운 GE 제품을 계획하였다면 많은 관심은 물론 많은 자원을 얻었을 것이다. 마찬가지로, 5위였던 사업에 투자하자는 계획을 제안했다면 그것이 설령 수익성이 매우 높은 것이었다 할지라도 이 사업을 1위 자리로 끌어올릴 정도의 구체적인 결과를 약속하는 것이 아니라면 지지를 얻지 못했을 것이다. 웰치는 열망에 의해 형성된 선택 압력이 확실하고 실제적인 영향을 미치도록 하였다. 웰치 예하의 고위 경영자들 중 몇 명이나 3위 또는 4위의 사업을 운영하고 있었으리라고 생각하는가?

둘째, 열망은 반드시 외부 세계가 조직에 부과하는 선택 압력에 관한 중요한 통찰력을 포착해야 한다. 웰치가 1981년 자신의 유명한 '1위 아니면 2위' 열망을 발표하기 전 GE는 붕괴 직전이었다. 당시 GE는 '거대 기업 할인'으로 팔려 나갈 참이었다. 즉, 플라스틱에서 가전 그리고 항공기 부품에 이르는 광범위한 사업의 개별적 가치를 합산하면 GE의 전체 가치를 초과했다. 또한 당시 몇몇 유명 기업 사냥꾼들은 인수 또는 분리 매각될 수 있는 기업들을 찾아다니고 있었다. 웰치는 GE의 주주들로부터 GE의 기업 가치를 상승시키고 거대 기업 할인을 제거하라는 엄청난 압력을 받고 있었다. '1위 아니면 2위'라는 열망은 웰치가 그러한 외부적 선택 압력을 수용하고 이를 해석하여 다시 모든 사람들이 이해하기 쉽고 감정에 호소하며 행동으로 옮길 수 있는 방식으로 조직 안에 투사하기 위해 만든 방법이었다. 그저 "우리는 거대 기업 할인을 제거해야 합니다"라고 말했다면, 이는 실행되지 못했을 것이다. 그러나 GE의 인재 선정 과정에서 높이 평가받는, 경쟁력 있는 경영자들은 '1위 아니면 2위'라는 도전에 정서적으로 쉽게 연결될 수 있었다.

셋째, 열망을 형성할 때는 한 가지 중요한 균형을 맞추어야 한다. 열망은 선택 압력을 느끼게 할 만큼 충분히 구체적이어야 하지만 미래 예측 능력을 필요로 할 만큼 구체적일 필요는 없다. 예를 들어, '직원에게 관심을 기울이는 회사'라는 열망은 지나치게 담담하고 포괄적이다. 그 누구도 이 말이 무슨 의미인지 모른다. 그러나 '북부 잉글랜드 최고의 고래수염 코르셋 제조업체'가 되겠다는 열망은 북부 잉글랜드에서 고래수염으로 만든 코르셋 제품의 미래 시장 기회에 대한 확실치 않은 가정을 전제로 하고 있다. 웰치의 '1위 아니면 2위'라는 열망은, 대중을 위한 자동차를 만들겠다는 헨리 포드의 열망과 마찬가지로 균형을 맞추고 있다. 포드의 비전은 선택 압력을 주기에 충분할 정도로 명료하다. 예를 들어, "사업 계획상의 어떤 변화가 자동차 원가를 낮추었고 이로 인해 서민들이 보다 저렴하게 자동차를 구입할 수 있게 되었습니까?" 또는 "새로운 기능으로 인해 기계적 훈련을 거의 받지 않은 사람들에게 더욱 믿을 만한 자동차가 되었습니까?" 그러나 포드의 비전은 충분히 일반적이어서 이러한 목표가 어떻게 달성될 것인지에 관해 수많은 연역적 실험을 허용할 수 있게 했다. 예측에서 완전히 도피할 수는 없다. 포드의 목표는 자동차에 대한 시장이 존재할 것이라고 전제하긴 했지만 부유한 사람들만이 자동차를 구입할 경제적 여유를 가지고 있었던 1907년에 '대중을 위한 자동차'라는 열망은 매우 안전한 전략이었고, 만약 그러한 자동차가 만들어질 수 있었다면 최고의 히트가 되었을 것이다. 다시 말하지만, 중요한 것은 외부 시장에서 작동 중인 선택 압력에 대한 중요한 통찰력을 반영하도록 만드는 아이디어라는 것이다.

마지막으로, 좋은 열망은 회사를 끊임없이 움직이도록 만들고, 새로운 일을 시도하며, 실험 정신을 장려하도록 하는 강력한 동기를 부여한다. 진화 시스템의 관점에서 적합도 지형에서의 정체는 바로 멸종의 지름길이다. 실험과 이동을 멈추면 사멸한다. 적응하려면 기업은 반드시 부단히 움직여야 하고, 결코 발전에 만족하지 않고 지속적으로 탐구하고 실험해야 한다. 인텔의 전임 회장인 앤디 그로브**Andy Grove**가 "편집증 환자만이 살아남는다"라고 말했듯이, GE의 사례에서 "1위 아니면 2위가 되자는 말은 한낱 목표에 불과한 것이 아닙니다. 그것은 필수입니다"라는 웰치의 강력한 열망을 듣고 그 당시 3위 또는 4위의 사업을 운영하던 사람들은 새로운 일을 시도하는 등 빠르게 움직였으리라고 쉽게 짐작할 수 있다.

하지만 어떠한 열망도 영원히 지속되지는 않는다. 외부 환경에서의 선택 압력이 변화하면 그에 따라 내부 선택 압력의 원천이 되는 열망 또한 바뀌어야 한다. 시간이 경과함에 따라 열망은 포드의 사례처럼 달성되거나 아니면 그 현실 적합성이 변한다. GE가 문자 그대로 전 사업에서 '1위 아니면 2위'가 되는 지점에 이르지는 못했지만 1980년대 말까지 웰치와 그의 경영진은 실적이 저조한 대부분의 사업을 수정하거나 매각 처분했다. 거대 기업 할인은 사라졌으며 대부분의 사업이 정상적으로 운영되었다. 따라서 웰치는 세계화와 서비스 사업에서 GE의 위상 구축이라는 새로운 열망으로 옮겨 갔다.

확장: 꿀벌처럼 무리 짓기

기업이 역경을 헤치고 유망한 사업 아이디어를 개발, 선택하더라도

548

그러한 사업 아이디어의 규모를 확장하는 것은 쉬운 일이 아니다. 눈을 멀쩡히 뜨고도 성공적인 새로운 아이디어를 살리는 데 실패했던 대기업들의 이야기는 하나 둘이 아니다. 시장이 보유하고 있는 막대한 인력 및 자본 풀pool과 비교할 때 기업의 경우 자산의 공급에 한계가 있다. 인력 및 자본을 확보하기 위한 내부 경쟁에서 자산을 많이 물려받은 사업이 유리하다. 새롭고 실험적인 사업은 흔히 자본에 굶주리고 'B급 팀'에 의해 운영되며 고위 경영진의 주목을 받지 못한다. 또는 큰 규모의, 확고히 자리 잡은 사업에 흡수되고 만다. 대부분의 기업에서 인력 및 자본을 배분하는 과정 또한 시장에 비해 느리다. 주식 시장은 1/1000초에 기업 간 자본을 이동시킬 수 있는 반면 기업 내부에서의 자본 이동에는 몇 개월에서 몇 년이 걸린다. 그리고 끝으로, 많은 기업들은 소규모의 신생 사업의 성과를 오랜 기간 자리 잡은 대규모 사업의 성과와 같은 방식으로 평가함으로써 자원 배분을 왜곡시킨다. 대기업들은 기본적으로 유산으로 물려받은 사업과 전략을 활용하도록 되어 있다. 이러한 사업으로 대기업의 인력 및 자원을 집중하고 또한 이를 기준으로 평가를 실시한다. 반대로 시장은 새롭게 성장하는 사업을 찾아내고 이를 촉진하도록 되어 있다.

전략에 대한 진화적 접근 방법은 가능한 한 전략 나무를 무성하게 하고 다양한 대안들이 살아 있는 상태로 유지되는 것을 강조한다. 그러나 비가역성(부 창출의 첫 번째 G-R 조건)을 영원히 회피하는 것은 불가능하며, 일정 시점에는 돌이키기 어렵더라도 전략적 개입이 이루어져야 한다. 기업 조직은 계층 구조이기 때문에 고위 경영진은 반드시 최종적으로 적극적인 약속을 표명하고 자원을 배분해야 한다. 진화의 맥락에서는 어떻게 이러한 결정을 내리는가?

캐피털원CapitalOne은 성장하는 혁신적인 신용 카드 회사로서 금융 서비스라는 적합도 지형에서 새로운 적합도 정점을 탐색하기 위해 명시적으로 실험에 의한 전략을 사용한다. 캐피털원이 어떤 전략은 확장하고 어떤 전략은 폐기할 것인지를 어떠한 방식으로 결정하는지에 대하여 물었을 때, 한 고위 경영자는 꿀벌의 행동에서 관찰된 현상을 설명함으로써 이에 답변했다. 꿀벌들은 좋은 화밀의 원천을 찾기 위해 탐색 패턴으로 벌집에서 퍼져 나간다. 꿀벌 한 마리가 화밀을 발견하면 벌집으로 돌아와 다른 꿀벌들 앞에서 8자 모양의 춤을 춘다. 화밀이 많을수록 춤은 더욱 격렬하다. 춤이 격렬해질수록 더 많은 벌들이 그 꽃밭을 개척하기 위하여 무리 지어 날아간다. 그 꽃밭의 화밀이 마르기 시작하면 꿀벌들은 벌집으로 돌아와서 다른 꿀벌이 춤추기를 기다린다[49]. 캐피털원의 경영자는 이렇게 말한다. "우리는 얼마나 많은 수의 꿀벌들이 춤을 추는지 살펴봤습니다. 만약 많은 벌이 춤을 추면 우리는 그 기회를 향해 무리 지어 움직입니다."[50]

꿀벌의 비유를 계속하자면, 성공적인 확산에는 세 가지 중요한 요소가 있다. '화밀'이 어디에 있는지 안다는 것이 실험 포트폴리오 속에 있어야 하고, 매력적인 기회로 무리 지어 이동하려면 주변에 남아 있는 '꿀벌들'이 있어야 하고, 상황이 변화하면 한 '꽃밭'에서 다음 꽃밭으로 이동할 수 있는 능력이 있어야 한다는 것이다.

첫째, 어떠한 사업이 유망하고 어떠한 사업이 그렇지 않은지를 알아야 한다. 실험 포트폴리오 속에는 분명히 명시적인 시장 피드백 메커니즘이 구축되어 있어야 한다. 모든 사업 계획은 반드시 명확하고 신중하게 성과가 평가되어야 하고, 가능한 한 실시간에 가까운 시간에 자료를 수집할 수 있는 방안을 수립해야 한다. 많은 기업들이 범하는 한 가지 실수는 전체 사업과 전략적 실험에 동일한 평가 기준을 적용한다는 것이다. 그 논리는 보통 금융 시장 때문이다. 예를 들어 "시장은 기업 차원에서 투자 이익 및 수익률을 기초로 평가하기 때문에 모든 사업 역시 그러한 기준으로 평가되어야 한다"는 것이다. 그러나 이러한 평가는 성숙 단계에 이른 사업에 더 유리한 경향이 있으며 신규의 실험적 사업에 대해서는 적절하지 않을 수 있다. 이러한 실험적 신규 사업의 경우 주요 경영자의 영입, 조기 구매 고객의 확보, 예산 목표의 성취와 같은 단계적 평가가 보다 적합하다. 그리고 재무적 지표는 흔히 시장 피드백의 후행 지표lagging indicator이다. 바꿔 말하자면, 고객 만족, 조립 시간, 제곱미터당 매출액, 직원 이직률 및 재작업 시간과 같은 운영 측면의 평가 지표가 재무 자료에 추가된다면, 표준적인 회계 기준의 재무적 평가 지표보다 훨씬 완전한 실시간의 그림을 제공할 수도 있다. 진화적 접근 방법이 작동하려면 어디에 화밀이 존재하는지에 관한 실시간 피드백이 필요하며, 거기서 각각의 전략 실험은 반드시 고객 중심의 BSCbalanced score card와 이를 실행하기 위한 평가 체계를 가지고 있어야 한다[51]. 이 책의 후반부에서 이 개념을 보다 세밀하게 설명하겠지만 간략히 언급하자면, BSC는 평가 대상 사업에서 가치 창출을 가시화할 수 있도록 설계된 일단의 성과 측정표이다. BSC는 성과에 대해 다차원적 관점이 그 바탕이어서 재무적 지표와 비재무적 지표를 모두 포함한다.

둘째, 진화가 작동하기 위해서는 시스템이 실험에 필요한 여유 능력(예컨대, 무리를 지을 꿀벌들)을 가지고 있어야 한다. 한 기업의 자원 전량이 물려받은 사업 계획을 실행하는 데 투여되었다면 이 회사는 어떠한 새로운 사업도 시작할 수 없다. 많은 기업들이 범하는 한 가지 실수는 예산 과정을 활용하여 각 사업으로부터 모든 여유 능력을 회수, 이를 중앙 집중의 기업 통제하에 둔다는 것이다. 일반적으로 새로운 사업에 소요되는 자금은 기업의 중심부가 통제한다. 이러한 접근 방법이 안고 있는 문제는 고위 경영진의 업무 범위가 자원 관련 결정을 승인하는 데 한정됨으로써 소규모 실험들의 성패를 가장 정확히 파악할 수 있는 업무 일선에서 지나치게 멀리 떨어져 있다는 점이다. 따라서 사업의 수가 지나치게 적어지거나, 사업의 규모가 지나치게 커지는 경향이 있다. 여유 자원을 아래 사업 부서로 내려 보내 이들 부서에게 실험 포트폴리오를 구성하고 이에 필요한 자금 조달 책임을 부여하는 것이 중요하다. 그러나 고위 경영진은 여전히 일부 고위 수준의 자원 배분 결정을 내려야 할 필요가 있다. 알프스 산맥과 같이 느슨하게 상호 연관된 지형에서 하나의 정점은 다른 정점 주변에 위치하는 경향이 있기 때문에 BSC의 지표상 성공 징후를 보이는 사업에는 자원을 과다 배분하고 분투 중인 사업에 대해서는 자원을 과소 배분하는 것이 합리적이다. 이는 자원 배분이 현재의 사업 규모 기준에서 신규 성장 사업 성과 기준으로 바뀜에 따른 자원 배분 패턴의 변화를 의미할 수 있다.

셋째, 마지막으로 실험 간 자원 배분은 상당히 유연하고 실시간으로 변경 가능할 필요가 있다. 실시간 피드백, BSC 및 분권화된 의사결정은 이들이 포트폴리오 내에서 실시간 조정으로 이어지지 않는다면 그다지 유용성이 없을 것이다. 그러나 1년 내내 피드백을 받아 자원을 상향 또는 하향 조정할 수 있는 기업은 거의 없다. 예산은 연 단위로 고정되어 있고 비상시를 대비한 과정은 단기적 경향이 있으며 자금도 제한적이다. 중앙 집중적인 기업의 경영 과정은 이러한 문제를 해결하기에는 본질적으로 너무 느리기 때문에 자원 배분이 실시간에 가깝게 이루어지도록 하는 유일한 방법은 자원 배분 재량권을 조직의 하부에 부여하는 것이다. 사업 책임자는 자신의 사업이 보유하고 있는 여유 자원이 무엇인지를 파악할 필요가 있으며 여유 자원을 그저 '일상적인 사업'에 투입할 것이 아니라 그러한 자원의 성과를 평가할 수 있어야 한다. 만약 여유 자원을 제대로 활용하지 못한다면 경영자는 이를 되돌려 받는 인센티브를 갖고 있어야 한다. 마찬가지로, 비생산적이고 가망 없는 실험에서 자원을 회수하여 이를 재분배할 수 있는 인센티브도 갖고 있어야 한다.

적응적 사고방식

사람들은 기업의 경영자들이 미래를 예측하고, 원대한 전략을 구상하며, 자신의 군대를 영광스러운 전투로 이끄는 과감한 장군이 되어주길 기대한다. 그리고 그다음 최초의 소규모 접전에서 이들은 패배하여 해고된다. 이러한 사고방식을 뒤로 밀어내고 미래가 가지고 있는 본질적인 불확실성을 인정하고, 예측과 계획보다 학습과 적응을 강조하려면 용감한 경영자가 필요하다.

사실상 사람의 사고방식이야말로 전략에 대한 적응적 접근 방법을 창출하는 데 가장 중요한 요인일 것이다. 적응적 사고방식을 떠올리는 한 가지 방법은 경영자보다는 벤처 자본가들과 비슷하게 생각하는 것이다[52]. 모험 자본 회사는 본질적으로 전략적 실험으로 이루어진 포트폴리오이다. 이들의 포트폴리오는 위험, 관계, 그리고 시간의 측면에서 다양한 투자들을 포함한다. 모험 자본의 포트폴리오는 흔히 같은 산업 부문에 하나 이상의 투자 대상을 가지고 있으며 본질적으로 다양한 사업 전략을 시도하면서 최소한 그중 하나가 적합도 정점을 발견할 것으로 기대하고 돈을 거는 것이다. 벤처 자본가들은 적합도 지형을 포괄하는 시장과, 개별 기업의 협소한 포괄 범위 그 사이 어딘가에 위치한다. 벤처 자본가들은 성공적인 사업은 매우 신속하게 확장하며 냉정하게 손실 보는 사업에서는 손을 뗀다. 비록 이들이 주로 투자의 단기적 성과에 초점을 맞추고 있지만 선택 압력을 주기 위해서 광범위하고 장기적인 투자 주제 및 수익 목표도 활용한다. 벤처 자본가들은 자신이 투자하고 있는 산업에 대해 정확하게 예측하고 있다고 과신하지 않으며, 전통적인 전략적 결정에 많은 시간을 할애하지도 않는다. 오히려 벤처 자본가들은 그들의 포트폴리오를 활용해 학습하면서 미래를 개척해 나가고, 가장 위험이 크고 가장 빠르게 변화하는 시장에서 높은 수익을 창출한다.

일반적인 통념에 따르면 혁신적 사고방식은 위험, 모호성 그리고 무질서를 용인한다. 이 책에서 내가 개략적으로 제시한 접근 방법은 그러한 사고방식을 요하지 않는다. 오히려, 나의 접근 방법은 이들 개념들에 대한 재정의를 요구한다[53]. 혁신을 위해 규모가 크고 위험성이 높은 내기를 하기보다는 낮은 내기들을 받아들이고 오로지 가능성이 있을 때 크게 내기를 걸어라. 좋은 계획과 나쁜 계획에 대한 선택 압력이 명확하다면, 동시에 여러 개의 사업 계획을 추구하는 것이 반드시 모호함을 의미하는 것만은 아니다. 또한 고위 경영자가 전략적 실험의 결과까지 반드시 통제할 수 있는 것은 아니지만 실험의 성공 가능성을 높이기 위해 실험을 창출하고, 선택하며, 확장하는 과정은 통제할 수 있다.

적응적 사고방식은 많은 측면에서, 미래 비전을 바탕으로 한 전통적인 접근과는 정반대이다. 적응적 사고방식은 매우 실용적이다. 이는 내일에 관한 추측보다는 오늘에 관한 확실한 사실을 중요시하고, 모든 일이 계획된 대로 실행될 것이라고 기대하지 않으며, 큰 실패보다는 많은 수의 작은 실패들을 선호한다. 무엇보다도, 적응적 사고방식은 기꺼이 이렇게 말한다. "우리는 새로운 것을 배운다. 그래서 우리는 경로를 변경할 필요가 있다."

BP가 여러 가지 중요한 전략적 변화를 만들어 냈던 1980년대 후반을 뒤돌아보면서, BP의 CEO인 브라운 경**Lord Browne**은 이 과정을 "각 단계는 바로 전 단계 위에 구축되며 사전에 정해진 계획이 없는 일련의 단계이다. 우리는 필요한 일을 했고 성과를 내든 문제에 봉착하든 우리가 다음에 해야 할 일이 무엇인지 명확해졌다"라고 설명했다. 그리고 그룹의 부회장인 로드니 체이스**Rodney Chase**는 "그것은 직선이 아니었다. 우리는 실수를 범했고, 모든 일이 제대로 된 것은 아니었다. 하지만 우리는 일하면서 배우고 있다는 사실을 깨달았다. 모든 실수는 우리에게 무엇인가를 가르쳐 주었다"라고 덧붙였다[54].

16

조직: 사고하는 사람들의 사회

웨스팅하우스와 GE는 20세기 초 미국 산업을 대표하는 쌍두마차였다[1]. 두 회사는 모두 카리스마와 기술력을 겸비한 창업자에 의해 만들어졌다. 웨스팅하우스는 조지 웨스팅하우스 주니어, 그리고 GE는 토머스 에디슨이 창업하였다. GE와 웨스팅하우스는 철도와 전기 부문의 기술을 선도한 기업으로서 대공황의 어려움을 겪었고, 1940년대 전쟁 와중에도 중심적인 역할을 하였다. 전후 호황기에는 냉장고로부터 라디오에 이르는 여러 가지 제품을 팔아 돈을 많이 벌기도 하였다. 1950년대와 1960년대 이 두 거대 기업의 상표는 집집마다 없는 곳이 없었다.

그러나 1970년대 전후 경제 호황이 끝나자 이 두 거대 기업도 어려움에 봉착하게 되었다. 웨스팅하우스의 성장은 정체되었고 이익률은 떨어졌으며 회사는 거대한 관료 조직으로 변해 가고 있었다. GE는 살아남기 위하여 부동산 사업과 같은 회사의 핵심 역량과 무관한 사업에 뛰어들기도 하였다. 웨스팅하우스는 1980년대 사업을 팔고 공장문을 닫기 시작하였고, 1980년대 말엔 운수 및 제조업 부문의 거의 모든 회사를 팔았다. 1990년대 중반에는 미디어 회사로 살아남기 위하여 CBS 텔레비전 네트워크를 사들였다. 그러나 그것도 소용이 없었다. 21세기에 들어서면서 한때 영화로웠던 조지 웨스팅하우스의 회사는 사라지고 말았다. CBS는 비아콤Viacom사로 넘어갔고, 나머지 기업들도 이리저리 매각되었으며, 웨스팅하우스라는 이름조차 영국 핵연료사의 한 사업 부문으로 전락하고 말았다

1970년대와 1980년대의 어려운 경제 상황에서 고난을 겪기는 GE도 마찬가지였다. GE도 새로운 시장 수요의 정체, 성장의 둔화, 그리고 관료화되어 가는 기업 문화를 극복해야만 했다. 그러나 GE의 경우에는 이러한 어려움을 이겨내 살아남을 수 있었다. GE는 1990년대에 접어들면서 다시 세계적인 명성을 되찾게 되었다. 이 기간 동안 GE는 여러 가지 획기적인 변혁을 시도하였다. 특히 제조업, 내구재 중심에서 금융 서비스, 미디어, 기술 등 탈공업화에 주력하였다. 20세기가 끝날 무렵 GE는 세계에서 가장 기업 가치가 높은 회사가 되어 있었다.

사회적 구조와 적응 능력

같은 제조업을 하였고, 비슷한 역사적 배경을 갖고 있으며, 거의 동일한 전략적인 입장에 있던 이 두 회사가 어떻게 하여 각기 다른 흥망의 길을 걷게 되었는가? 왜 GE는 성공하고 웨스팅하우스는 망했는가? 어떤 사람은 GE의 CEO인 웰치의 리더십이 주효했다고 한다. 그러나 GE를 면밀히 연구한 사람들은 그보다 훨씬 더 많은 여러 가지 이유가 있다고 주장한다. 그러한 점에 대해서는 웰치도 동의한다[2].

GE는 회사의 긴 역사 속에서 여러 번 변신을 거듭하였다. 1980년대 웰치의 회사 부흥 노력도 그러한 과정의 일환이었다. GE의 역사에

는 여러 번 흥망의 고비가 있었는데, 1893년에는 거의 부도 상황까지
갔다. 웨스팅하우스의 교류 기술이 GE의 직류 기술을 밀어내고 미국
의 표준이 되는 기술적 수모도 겪어야 했다. 대공황기에는 다른 기업
과 마찬가지로 여러 가지 어려움을 겪었다. 1950년대에는 윤리적인
스캔들에 휘말렸고, 1970년대는 기업 전체가 아사 지경에 이르렀다.
그러나 이 회사는 경제 상황이 변할 때마다 칠전팔기의 정신으로 회
사의 성가를 회복하는 놀라운 능력을 보여 주었다.

창립 초기부터 GE는 단순한 기업 이상의 그 무엇이었다. 1900년
대 초 창립 CEO인 찰스 코핀Charles Coffin의 리더십을 바탕으로 GE는
전설적이라고 할 정도의 강한 문화와 가치를 지닌 조직으로 성장하
였다. 짐 콜린스와 제리 포라스는 그들의 저서 『성공하는 기업의 8가
지 습관』에서 웨스팅하우스는 그러한 기업 문화를 만들어 내기 위해
서 의식적인 노력을 한 적이 없다고 하였다[3]. 웰치도 사실은 그러한
GE 문화의 산물이었으며 그러한 문화를 대표하는 가장 강력한 CEO
였다. 웰치는 그러한 문화의 배경으로서 GE의 사람, 구조, 그리고 문
화의 결합을 GE의 '사회적 구조'라고 설명하였다. 그리고 그는 GE의
생존과 성공의 능력도 바로 여기에서 유래한다고 믿었다[4]. 그는 그러
한 사회적 구조야말로 어떠한 경쟁사도 만들어 내기 어려운 GE만의
특징이라고 믿었으며, 이 점에 대해서는 스스로 숨기지 않고 자랑하
였다[5].

이 장의 주제는 웰치의 접근법이 옳았다는 것, 그리고 한 기업의 사
회적 구조를 디자인하는 것이 그 조직의 생존력을 결정하는 데 얼마
나 중요한 역할을 하는지 설명하는 것이다. 우리는 사회적 구조가 다
음 세 가지 요소로 구성되는 것으로 정의한다.

- 조직에서 개별 사람들의 행태
- 조직의 목적을 달성하기 위하여 사람과 자원을 배분하는 구조와 과정

• 조직 내의 사람들이 서로 간 그리고 주변 환경과 상호 작용하면서 형성되는 문화

그러나 효과적인 사회적 구조를 구성하는 요소들을 이해하기 전에 어떤 조직은 왜 변화에 저항하는지 살펴볼 필요가 있다. 먼저 진화적 관점에서 조직이 무엇이며, 왜 존재하는지 보기로 한다. 그다음에 조직들의 당면한 변화를 저해하는 몇 가지 뿌리 깊은 장애 요인을 찾아내려고 한다. 그러고는 마지막으로 기업의 사회적 구조를 어떻게 디자인해야만 이러한 저해 요인을 극복할 수 있는지 볼 것이다. 특히 하드웨어적인 구조보다 소프트웨어적인 문화가 기업 활동에 영향을 더 미치는 경우 어떠한 사회적 구조가 더 유리한지 살펴볼 것이다. 기업은 매우 효과적인 사회적 구조를 구축함으로써 내부적으로 진화를 촉진하고 '진화적 확장 경쟁'에서도 앞서 나갈 수 있다.

복잡 적응 시스템으로서의 조직

학자들에게 조직을 정의하라고 하면 그 학자가 경제학자인지 사회학자인지 심리학자인지 인류학자인지 혹은 법학자인지에 따라 각기 다른 대답을 할 것이다. 분야마다 각기 다른 시각에서 조직을 연구하며 각기 나름대로 통찰력을 갖고 있다[6]. 그러나 모든 분야가 공유하는 공통적인 시각이 있다면 그것은 바로 조직은 복잡 적응 시스템이라는 것이다[7].

조직은 동태적으로 상호 작용하는 개별적인 행위자들로 구성되어 있다. 행위자들의 행태 규칙과 상호 작용의 네트워크는 환경 변화에 따라 변화하며, 행위자 간의 상호 작용에 따라 거시적인 차원에서 창발적인 행태가 형성되어 나타난다. "포드의 분기 실적이 좋았다" 혹은 "소니는 혁신적인 기업이다"라고 한다면 그것은 그 회사들의 사원 수만 명의 행동과 상호 작용이 만들어 낸 결과로 보는 것이다. 기업은 복합 적응 시스템이며 규모가 더 큰 국가 경제라는 복잡 적응 시스템

내에서 활동한다.

조직을 복잡 적응 시스템으로 분류하는 것도 매우 유용하지만 조직의 의미에 대해서 좀 더 분명히 이해할 필요가 있다. 예를 들어, 교통 체증에 갇힌 사람들을 어떤 기준에 따라 분류했을 때 분류된 각 그룹을 복잡 적응 시스템이라고 할 수 있다. 그러나 그것을 조직이라고 부르진 않는다. 이 차이를 이해하기 위해서 노스캐롤라이나 대학의 사회학자 하워드 알드리치Howard Aldrich의 정의를 보기로 한다.

조직은 목표 지향적이고 경계가 분명하며 인간 활동의 사회적 구조체이다[8].

다시 말해서, 조직은 목적을 위하여 디자인되고 구축된 것이다. 조직의 목표는 조직원에게 행동의 동기가 된다. 즉, 어떤 바람직한 상태를 조직의 목적으로 정하고 이러한 상태와 현재 상태 사이에 존재하는 차이를 채우도록 구성원을 독려한다는 것이다. 인간 조직의 목표는 돈을 버는 것일 수도 있고(사업), 어린이를 돕는 것일 수도 있고(자선사업) 또는 스포츠 경기에서 챔피언이 되는 것일 수도 있다(스포츠팀). 공동의 목표가 존재한다는 것과 힘을 합하여 노력한다는 것은 바로 조직과 단순한 사람들의 모임(교통 체증, 친구들 모임 등)을 구분하는 좋은 지표가 될 수 있다[9].

알드리치의 정의대로 조직에는 경계가 분명하다. 이 점은 독일 사회철학자인 막스 베버Max Weber가 20세기 초에 이미 설명한 바 있다. 그에 의하면 조직은 구성원과 비구성원의 경계가 분명하다. 기업은 신입 사원을 세심하게 평가하고 시민들은 정치인을 선출하며 종교는 새로운 구성원을 환영하는 예식을 갖기도 한다. 좀 더 일반적인 용어로 설명하자면 조직은 열린 열역학 시스템이라고 말할 수 있다. 조직에는 내부 세계와 외부 세계를 구분하는 경계가 있으며, 조직의 목적은 외부 환경에 비해서 높은 내부의 엔트로피를 낮추도록 하는 조직 구성원의 노력을 독려한다.

결국 알드리치가 말하듯이 "조직은 원재료, 정보, 혹은 사람을 활용하여 어떠한 목적을 달성하는 활동 시스템들을 갖고 있다"[10]. 3부에서 우리가 논의한 용어를 빌리자면, 조직은 물질, 에너지, 그리고 정보를 열역학적으로, 그리고 불가역적으로 변환시키는 일을 수행한다. 그럼으로써 높은 엔트로피의 투입을 낮은 엔트로피의 산출물로 만들어내는 것이다. 그러한 변환은 조직의 목표에 따라 이루어진다. 따라서 우리는 조직을 적합한 질서 혹은 부를 창출하는 수단으로 볼 수 있다.

기업의 존재 이유

3부에서 사업이란 경제적 진화 과정에서의 상호 작용자라고 한 바 있다. 그리고 기업은 하나의 공통 관리 체계하에서 하나 혹은 그 이상의 사업 단위들로 이루어진 구성체이다. 그러므로 기본적으로 기업은 이익을 창출한다는 공동의 목적 아래 사업 계획을 개발하고 추진하는 조직이라고 할 수 있다.

그러면 기업은 왜 존재하는가?[11] 앞에서 협력이란 하나 더하기 하나를 셋으로 만드는 논제로섬 게임이라는 마술적 효과가 있다는 것을 설명하였다. 과업과 협력을 나눔으로써 우리는 사람들이 혼자서는 할 수 없는 일들을 같이 이루어 냄으로써 그 보상을 얻을 수 있게 할 수 있다. 그러나 이조차 왜 우리가 뭉쳐야 하는지에 대한 대답은 되지만 왜 우리가 조직을 구성해야 하는지에 대한 대답으로는 충분치 못하다. 우리는 왜 프리랜서로서 일이 있으면 서로 모여 일하고, 일이 끝나면 흩어지는 형태를 취하지 못하는가? 우리는 왜 그보다 항구적인 합명회사나 주식회사와 같은 조직체를 만드는가?

이러한 질문은 1937년 젊은 변호사 로널드 코스**Ronald Coase**가 그의

560

저명한 논문 「기업의 본질The Nature of the Firm」에서 제기한 것이다[12]. 코스는 이에 대해 매우 간단하고도 통찰력 있는 해답을 제시하였다. 사람들은 '거래 비용'을 최소화하기 위하여 조직을 만든다고 하였다. 만약 주택 건설업자와 목수가 어떤 특정한 사업에서 한 번 같이 일하고 헤어진다면 둘 사이엔 그 일을 위한 계약서만 작성하면 된다. 그러나 만약 그들이 반복적으로 같이 일하고자 하는데 그런 계약을 계속 반복해서 체결한다면 여러 가지 비용이 계속 들어갈 것이다. 그 경우에는 어떤 형태의 장기적인 조직적 관계를 만들어 같이 일하는 것이 훨씬 비용이 적게 들 것이다. 합명회사를 만든다든지, 아니면 한 사람이 사주가 되고 다른 한 사람이 피고용인이 된다든지 하는 관계가 훨씬 더 효율적이라는 얘기다. 간단히 말하자면 코스가 말한 대로 프리랜서가 되는 것이 비용이 적게 든다면 모두가 프리랜서로 활동할 것이다. 그러나 사람을 조직해서 일하는 것이 비용이 적게 든다면 사람들은 그렇게 할 것이다.

이러한 코스의 아이디어를 진화론적 관점에서 본다면 조직은 어떤 경우에는 협력의 메커니즘으로서 효율적일 뿐만 아니라 개별 계약으로는 확보할 수 없는 사업 계획과 아이디어를 얻을 수 있는 매우 유용한 방법이 된다. 요약하면, 조직은 사업 계획 공간을 활용하는 더 유용한 수단이며, 따라서 부의 창출에서도 더욱더 효과적인 수단이다. 조직을 만드는 데는 네 가지 이유가 있다.

첫째, 경제학자들이 말하는 '계약의 불완전성'이다[13]. 변호사가 아무리 똑똑하다 하더라도 계약서가 모든 불확실성을 규정할 수는 없다. 사람 사는 사회라는 것이 너무 복잡하기 때문이다. 협력의 내용이 복잡할수록 계약의 불완전성도 높아진다. 계약이 불완전하기 때문에 프리랜싱의 경우에는 하나의 사업 계획 공간에서 매우 간단한 역할만 담당하게 된다.

둘째, 경제학자들이 말하는 '투자 자산의 억류 현상'이다[14]. 앞에서 본 대로 부의 창출은 불가역적인 자원의 개입이 있어야 한다. 간혹 그러한 개입은 특정한 자산에 대한 투자의 형태를 띠기도 한다. 용어로부터 알 수 있듯이 그러한 자산은 생산 과정에서 어떤 특정한 기능을 수행하도록 고안된다. 그래서 다른 용도에는 쓸모가 없다. 예를 들어, 피자 오븐은 피자 굽기에 매우 유용하나 다른 요리에는 별 소용이 없다. 불완전 계약의 문제는 여러 사람의 프리랜서가 모인 경우 언제든 계약이 깨지기 쉽고, 손해 보는 상황이 생길 수 있다는 점이다. 어떤 프리랜서들은 자산의 소유자에게 계약 조건을 개선하지 않으면 그만두겠다고 위협할 수도 있다(이 자산은 다른 용도에 사용이 불가능하므로 계약이 깨지면 자산 자체의 가치가 소멸될 수도 있다). 그러나 회사 자산을 공동 소유화하고 그들 간에 이윤 배분에 대한 합의가 이루어진다면 조직은 특정 자산에 투자해서 돌이키기 어려운 개입을 하는 위험을 줄일 수가 있다.

셋째, 조직은 특정한 구성원이 바뀌더라도 장기적으로 협력할 수 있는 그런 구조를 제공한다. 어떤 프로젝트는 수년이 걸리기도 한다. 예를 들면, 신약을 발견하고 시험하고 생산하는 것은 10년 혹은 그 이상이 걸릴 수도 있다. 그러나 개인들은 중간에 그만두기도 하고, 퇴출되기도 하고, 다른 회사로 옮기기도 하고, 병에 걸릴 수도 있고, 혹은 죽을 수도 있다. 만약 글락소스미스클라인GlaxoSmithKline사가 누군가가 그만둘 때마다 기업을 해체하고 다시 시작해야 한다면 일이 추진되지 않을 것이다. 구성원들보다 더 오래 지속되는 협력 구조를 만듦으로써 조직은 프리랜서들이 할 수 있는 것보다 훨씬 더 복잡한 사업 계획을 추진할 수 있게 되는 것이다.

넷째, 조직은 집단 학습을 가능케 한다. 우리는 학습을 개별적인 활동으로만 생각해 왔다. 그러나 1950년대 여러 가지 실험 결과 프랑스의 과학자 피에르 그라세Pierre Grassé는 조직도 학습을 할 수 있다는 것을 보여 주었다[15]. 인간 조직은 복잡하기 때문에 동물학자인 그라

세는 매우 간단한 형태의 조직을 갖고 실험을 하였다. 그의 실험 대상은 불개미였다. 불개미들은 집을 지을 때 흙으로 기둥을 쌓는데, 그 기둥은 집의 구조를 떠받치고 통풍을 가능케 한다. 놀랍게도 그러한 기둥 사이의 간격과 높이는 매우 일정하였다. 불개미의 지적 능력은 높지 않고 상호 간 의사소통 능력도 제한되어 있다. 그런데도 어떻게 집단적인 작업을 배웠는지 그라세는 놀랐다. 불개미의 활동을 조심스럽게 관찰한 결과 그라세는 불개미가 공동의 작품을 통하여 일하는 방법을 학습한다는 사실을 발견하였다. 기둥을 세우면서 한 불개미가 기둥 설치 작업을 시작하면 나머지 후속 작업에는 다른 불개미들이 수행하는 규칙(앞에서 우리가 언급했던 간단한 〈IF-THEN〉 규칙을 떠올리면 된다)이 작동되고 있음을 발견하였다. 또한 기둥이 설치되고 나면 특정 영역 내에서는 더 이상 기둥을 세우지 못하게 하는 규칙 때문에 기둥 간 간격이 동일하게 유지되었다. 기본적으로 불개미는 기둥(그들의 공동 작품)에 내장되어 있는 정보를 읽어 내고 그에 따라 반응한다는 것이다. 예를 들면, 기둥이 낮으면 흙을 더 쌓아 올리고, 기둥이 높으면 다른 작업장으로 옮겨 간다. 그리고 기둥이 있는 곳으로부터 일정한 범위 내에서는 다른 기둥을 세우지 않는다. 그라세는 이러한 학습 형태를 '스티머지stimergy'라고 명명하였다[16].

인간도 마찬가지다. 인간은 서로 협력하여 정보가 내재된 인공재를 만들고 내재된 정보의 신호에 따라 행동한다. 건축 설계사의 예를 보자. 한 사람이 설계도를 수정하고 그것을 또 다른 수정을 위해 다른 사람에게 넘긴다. 다음 사람은 설계도를 엔지니어에게 넘기고 그는 또 다른 엔지니어에게 수정을 위해 넘긴다. 결국 그 설계도는 집단 학습 과정을 거쳐서 수정된다. 그러한 과정에서 설계도(협업의 결과물)에는 정보가 내재되며 집단 학습의 도구가 되기도 한다. 이와 같이 조직은 행위자가 변하더라도 집단 학습이 가능하도록 하는 여러 가지 문서, 도표, 컴퓨터, 그리고 다른 물리적인 인공재를 가지고 있다. 3부의 논리를 따르자면 조직은 도식들(여기서는 사업 계획들)의 저장고, 혹은 이것들에 대한 집단 메모리 역할을 한다고 볼 수 있다.

이제 학습과 적응의 차이에 대해서 알아볼 필요가 있다. 학습은 특정한 목적을 염두에 둔 지식의 획득을 의미하는 반면, 적응은 환경으로부터 받는 선택의 압력에 대응하여 스스로 변화하는 것을 말한다. 적응을 위해서는 지식의 획득이 필요하고, 환경의 변화에 따라 새로운 학습이 일어나기도 하지만 학습과 적응 사이의 차이점을 분명히 하는 것이 논리상 필요하다. 다음에 보겠지만 조직은 대개 학습 능력이 좋은 반면 적응에는 문제가 많을 수도 있다.

코스의 통찰력을 바탕으로 우리는 조직들로 구성되어 있는 경제가 프리랜서 간의 계약으로 되어 있는 경제보다도 훨씬 우월하다는 것을 알 수 있다. 기본적으로 조직은 개별적으로는 도저히 접근할 수 없는 다양한 사업 계획 공간에 접근할 수 있는 능력을 제공한다. 조직화하는 방법(사회적 기술)이 진화하면서 우리는 더 복잡하고 세밀한 조직을 만들 수 있는 능력을 갖게 되었고, 그 덕분에 우리는 다시 더 복잡하고 부를 창조해 내는 그런 사업 계획을 발견하고 실행할 수 있게 되었다[17].

실행과 적응

모든 경제 조직은 두 가지 기본적인 문제에 봉착하게 된다. 즉, 오늘의 도전을 극복하기 위해서 현재 사업 계획을 추진해야 하며, 또 내일의 도전에서 살아남기 위해서 사업 계획을 수정해야 하는 것이 그것이다.

실행과 적응은 진화 시스템의 모든 디자인에 필수적인 행위이다[18]. 제2의 열역학 법칙이 지배하는 세상에서는 현재 환경에서 자기의 강점을 성공적으로 활용하는 것이 생존의 필요조건이다. 말하자면 벌어들이는 칼로리가 소모된 칼로리보다 높아야 하며, 벌어들인 돈이 쓴 돈보다 많아야 한다는 것이다. 그러나 우리가 알고 있듯이 진화 시스템에서 전략의 수명은 짧을 수도 있기 때문에 새로운 전략을 항상 모색해야 하며, 그게 아니면 환경이 변할 때 불리한 위치에 처할 수 있는 위험을 감수해야 한다. 그러나 실행과 적응의 과정에서는 자원이 필요하기 때문에 진화의 시스템에서는 긴장이 존재한다(다시 말해, 경쟁이 불가피하다는 얘기다). 얼마나 많은 자원을 오늘의 생존을 위해서 사용할 것이며, 얼마나 많은 자원을 내일의 생존을 위해 써야 할 것인가? 기업 조직에서는 기업이 보유한 돈, 사람, CEO의 시간과 같은 자원 배분을 놓고, 단기적인 사업 수행이라는 수요와 장기적인 투자 및 혁신에 대한 수요 간에 경쟁이 항상 존재한다.

톰 피터스와 보브 워터만Bob Waterman은 1982년 출판한『초우량 기업의 조건』이라는 저서에서 그러한 문제의 경영학적 시사점에 대해서 논의하였다[19]. 그들은, 조직이란 일은 철저하게 해야 하지만 적응은 느슨하게 하여야 한다고 주장하였다. 이러한 주장은 그 이후 여러 경영학 서적에서 핵심적인 주제로 다루어졌다. 앞서 콜린스와 포라스는『성공하는 기업들의 8가지 습관』에서 통제와 창의성 모두가 중요하다는 것을 강조하였다. 리처드 포스터와 세라 캐플런은 그들의 저서『창조적인 파괴Creative Destruction』에서 실행과 혁신 간의 조화가 필요하다고 주장한 바 있다. 마이클 터시먼Michael Tushman과 찰스 오라일리 Charles O'Reilly는『혁신을 통한 승리Winning through Innovation』라는 저서에서 이 둘을 다 할 수 있는 양손잡이의 조직 모델을 제시하였다[20]. 1991년 스탠퍼드 대학의 제임스 마치는 한 논문에서 탐색과 활용이라는 개념을 소개하였다[21]. 이들 저자들의 표현방법이나 의미하는 바는 서로 다르지만 상호 상반되는 도전에 대응하는 주제로서 음양의 원리를 원용하였다는 것은 우연의 일치라고 볼 수만은 없다. 그러나 우리가 앞장에서 보았듯이 기업들은 일반적으로 '적응'보다는 '실행'에 더 능숙한 것 같다.

그러나 어떤 사람들은 이것을 매우 당연한 현상으로 보고 경제적인 진화는 시장이 담당할 몫이고 기업이라는 조직은 단순한 실행 수단에 불과할 수도 있다고 말한다. 시장은 탐색하고 기업은 활용토록 내버려 두어야 한다는 것이다. 그러나 기업 내부의 적응이 잘되면 잘될수록 사회적인 부담은 줄어든다는 주장도 있다. 왜냐하면 기업이 망하거나 실업이 발생했을 때 초래될 사회적 마찰이 그러한 적응을 통해 줄어들 수 있기 때문이다. 기업이 적응에 실패하면 개인들과 지역 사회에 비극적인 결과를 초래할 수 있다. 뿐만 아니라 조직적인 적응 능력이 중요하다는 것은 기업에만 해당되는 문제가 아니다. 다른 조직, 예를 들어 비영리 단체로부터 정부, 군사 조직에 이르기까지 이 것은 똑같이 중요한 문제이다[22].

조직이 무엇이며 왜 존재하는가에 대한 이해를 하였으므로 이제 조직이 왜 미래의 적응보다 현재의 실행에 더 비중을 두고 있는가에 대해 알아보기로 한다. 조직이라는 복잡 적응 시스템 관점에서 다음과 같은 세 가지 차원으로 나누어 이를 논의하고자 한다.

- 개별 행위자 차원: 개별 행위자들의 적응을 어렵게 하는 심적·정신적 요소들은 무엇인가?
- 조직 구조 차원: 어떻게 계층 조직, 복잡성, 그리고 자원의 구성이 적응을 저해하는가?
- 창발성: 기업 문화가 창발적인 조직 행태와 관련하여 어떠한 역할을 하는가?

이러한 세 가지 이슈는 우리가 앞에서 본 사회적 구조의 개념에 포함되어 있는 행태, 구조, 그리고 문화라는 세 가지 요소와 일맥상통한다. 기본적으로 사회적 구조의 목적은 이러한 차원의 문제를 해결하고 적응의 저해 요소를 해소하며 조직으로 하여금 단기적인 성과와 장기적인 진화 과정에서 균형을 이루도록 해주는 것이다.

개인①: 장밋빛 술잔을 통해 본 인간

조직의 적응 능력은 부분적으로 구성원의 적응 능력과 관련이 있다. 이것은 조직 상층부에 있는 사람들뿐만 아니라 중간 및 하위에 있는 모든 구성원들의 사고思考의 문제다. CEO가 아무리 바꾸고자 하더라도 다른 사람들이 따르지 않으면 변화는 불가능하다. 반대로 젊은 관리자들이 개혁의 필요성을 주장하더라도 경영진이 이를 받아들이지 않으면 불가능하다. 변화한다는 것은 도전한다는 것이다. 최근 인지과학에서는 사람이란 자기의 사고 틀을 통해 학습하는 경향이 있다는 것, 그리고 사람이란 기존의 사고 틀에 새로운 정보를 추가하는 능력은 있지만 사고의 틀 자체를 바꾸는 것은 매우 어려워한다는 사실을 발견했다. 간단히 말해 사람은 자기의 방식에 집착하는 경향이 있다는 것이다.

> 조직의 상층부로 갈수록 낙관주의자가 더 많다. 낙관주의자들은 현실주의자들보다 변화에 덜 민감하기 때문에 이러한 현상은 기업에 있어서 적응의 저해 요인으로 작용한다.

개인들의 적응 능력이 취약한 데는 네 가지 이유가 있다. 첫째, 사람들은 과도하게 낙관하는 경향이 있어서 변화의 필요성을 느끼지 못한다. 둘째, 사람들은 손실을 싫어해서 천성적으로 손실에 대한 두려움이 있고 위험 부담을 지지 않으려 한다. 셋째, 사람들은 고착된 세계관이나 사고 구조 때문에 변화의 물결을 타지 못한다. 넷째, 변화의 단속 균형이 말해 주듯이 사람들은 안주하는 성향 때문에 유연한 리더십보다는 경직된 리더십을 선호하는 경향이 있다[23].

사고의 틀을 바꾸려면 변화의 필요성을 먼저 느껴야 한다. 그러한 필요성은 자기들이 설정한 목표와 현재의 상황이 얼마나 다른가를 느낌으로써 촉발된다. 더욱이 근본적인 변화가 일어나려면, 자신이 바꾸지 않으면 매우 어려운 상황에 봉착할 것이라는 절박함이 있어야 한다. 9·11 사태 이전 미국 정부 내의 상황은 과거의 패러다임에 고착되어 있는 사고의 구조를 잘 보여 주고 있다. CIA 분석 요원들은 그때까지도 냉전 시대의 상황 인식을 갖고 있었으며, FBI 요원들도 테러리스트보다는 범죄 집단과의 전쟁에 매몰되어 있었고, 정치인들조차 민족 국가적 시각에서 세계를 이해하고 있었다[24]. 알카에다Al-Qaeda의 위협에 대한 여러 가지 정황 증거에도 불구하고 비극이 일어난 이후에야 사람들은 적응을 시작하였다. 사람들은 대개 자기의 현실을 긍정적으로 생각하고 불리한 사실들은 애써 무시하려는 경향이 있다. 그래서 위험이 닥치고 있다는 것을 인식시키는 데는 충격 요법도 필요하다.

오스트레일리아 경영대학원의 댄 로발로Dan Lovallo와 노벨상 수상자인 프린스턴 대학의 대니얼 카너먼은 그러한 인간의 낙관주의적 사고방식을 '망상적 낙관주의'라고 하였다[25]. 그러한 현상이 확산되어 있다는 증거로서 그들은 경영 예측과 계획에 나타나 있는 과도한 낙관주의적 지표를 들었다. 예를 들어, 44개 화학 처리 공장 건설 사업 계획에 대한 랜드 코퍼레이션의 분석 결과를 보면 계획서상의 예상과 후에 나타난 실제 상황 사이에는 큰 차이가 나타났다. 실제 건설비는 당초 예상보다 평균 두 배를 넘어섰고 생산 능력은 당초 예상치의 4분의 3 수준에 불과하였다고 한다. 건설비를 낙관적으로 예측한 것이다. 현실 세계에서는 예측이 틀릴 수도 있고, 사업의 진행이 더딜 수도 있고, 기술이 예상했던 것처럼 작동하지 않을 수도 있고, 기업의 합병이 예상대로 성공하지 못할 수도 있다. 과도한 낙관주의적 경향은 스스로의 능력을 믿고자 하는 인간의 욕망으로부터 비롯된다. 로발로와 카너먼이 다른 사람의 연구 결과를 인용한 것을 보면서 1백만 명의 학생을 대상으로 조사한 결과 70% 이상의 학생이 지도자로서의 능력이 있다고 스스로를 평가한 데 비해 2%만이 자신의 능력이 평균 이하라고 인정하였다는 것이다.

낙관적인 사람이 경영자가 될 가능성이 높은 데는 이유가 있다. 낙관주의자들과 일하기는 편하고 재미있는 반면에 비관론자들은 대체로 충성심이 없는 것으로 비칠 수도 있다. 로발로와 카너먼은 이렇게 말하였다. "나쁜 뉴스를 갖고 오는 사람은 왕따가 되거나 다른 구성원으로부터 무시당하기가 십상이다. 비판적인 의견이 받아들여지지 않고 낙관적인 의견이 칭찬을 받으면 조직의 비판적인 사고 능력이 훼손될 수밖에 없다. 조직원들의 낙관주의적 편견이 모여 대세가 되고 조직은 그로 인해 미래에 대한 정확한 인식을 하지 못하게 되는 것이다."[26]

이는 조직의 상층부로 갈수록 낙관주의자가 더 많다는 것을 의미한다. 낙관주의자들은 현실주의자들보다 변화에 대한 인식이 약하기 때문에 이러한 현상은 기업에 있어서 적응의 저해 요인으로 작용한다.

로발로와 카너먼은 이에 대해 외부의 견해와 데이터를 정기적으로 받아들여서 활용하라는 권유를 하였다. 만약 화학 공장을 건설하고자 한다면 다른 44개의 사례를 먼저 보라는 것이다. 잭 웰치는 그의 직원들이 지나치게 낙관적인 것을 꾸짖은 것으로 악명이 높았다. 그의 원칙 중 하나는 관리자는 "현실을 직시하고, 사물을 있는 그대로 보아야지, 자기가 원하는 대로 보아서는 안 된다"는 것이었다[27].

개인②: 적응력과 손실 회피

대니얼 카너먼은 사람들의 적응 능력을 저해하는 또 하나의 요소로서 손실에 대한 두려움을 들었다. 예를 들어, 이기면 1,500달러를 받고, 지면 1,000달러를 내야 하는 동전던지기 게임이 있다고 하자. 전통 경제학에 의하면 그 게임에 참여하는 것이 합리적 결정이다. 그러나 여러 실험 결과를 보면 대부분 사람들은 그 게임에 참여하지 않으려 하는 것으로 나타났다. 사람들은 1,500달러를 따는 것은 좋은 일이라고 생각하지만, 반면에 1,000달러를 잃는 것은 재앙이라고 생각한다. 잃는 것에 대한 두려움은 비단 금전적 상황에서만이 아니다. 대중 연설 기회가 있을 때 자기가 원하는 바를 얼마나 정확히 전달하느냐보다 혹시 바보스럽게 보이지 않을까에 더 신경 쓰는 것도 같은 경우이다.

손실을 두려워하는 일반적 경향으로 인하여 기업은 새로운 것을 탐색하기보다는 현재 있는 것을 활용하는 데 더욱 열을 올리게 된다. 탐색이라는 것은 그 뜻으로 보아 불확실성과 위험성이 내포되어 있다. 또 다른 미묘한 의미도 내포되어 있다. 위험성을 판단하는 데 사람들은 절대적 기준보다는 상대적 기준에 의존하는 경향이 있다. CEO들이 1억 달러에 상당하는 의사 결정을 할 때는 규모가 크기 때문에 손실에 대한 두려움이 큰 반면, 1백만 달러 규모의 의사 결정 시에는 그 액수가 적다고 생각하여 손실에 대한 두려움을 적게 가질 수도 있다. 그러나 중간 관리자에게는 1백만 달러 규모의 의사 결정이 마치 CEO의 1억 달러 규모의 의사 결정과 마찬가지로 여겨질 수도 있을 것이다. 이는 기업의 의사 결정 과정에서 1억 달러 규모의 사업이나 1백만 달러 규모의 사업이나 위험에 대한 평가는 똑같을 수도 있다는 것을 의미한다. 논리적으로 본다면 기업은 1억 달러 사업에 대해 훨씬 더 위험 회피적인 태도를 취해야 할 것이다. 그러나 중간 관리자가 1백만 달러 프로젝트에서 실패함으로써 처벌을 받는다면 CEO가 1억 달러 프로젝트에서 실패하여 고통을 받는 것이나 개인적인 차원에서는 다를 바가 없을 것이다. 사실 CEO는

조직은 계층 구조의 하부에서 결정하는 소규모의 사업에서는 과도하게 위험 회피적이고 상층부에서 결정하는 대규모 사업에 대해서는 위험 회피 장치가 충분치 못하다. 중간 관리자와 하급 관리자들에게 책임을 과도하게 묻지 않으면 소규모 사업들에 대한 실험이 활발해질 것이고, 기업의 적응 능력도 높아질 것이다.

570

여러 가지 조건으로 보아 처벌을 받는다 하더라도 훨씬 유리한 안전 장치가 있어서 개인적인 고통은 훨씬 적을 수도 있다. 카너먼이 지적한 바 있듯이 도박사의 '상대성 원리'에 따르면 조직은 계층 구조의 하부에서 결정하는 소규모 사업에서는 과도하게 위험 회피적이고 상층부에서 결정하는 대규모 사업에 대해서는 위험 회피 장치가 충분치 못하다는 것이다.

그러나 실험의 필요성이라는 관점에서 보면 이런 소규모 프로젝트에 대한 위험 기피는 문제가 있다. 앞 장에서 우리는 위험도가 다른 소규모 프로젝트에 대하여 다양한 선택이 가능할 때 진화가 가장 잘 작동한다는 것을 보았다. 기업들이 위험도가 낮은 소규모 프로젝트를 기피하게 되면 전략적으로 모든 자원을 대규모 사업이나 인수 합병에 집중하여 여기에 묶이게 된다. 중간 관리자와 하급 관리자들에게 소규모 사업에 대한 책임을 과도하게 묻지 않으면 소규모 사업들에 대한 실험이 가능할 것이고, 따라서 기업의 적응 능력도 제고될 수 있을 것이다.

개인③: 경험의 가치

6장에서 인간의 사고 모델이 어떻게 기본적인 계층 구조로 굳어지는지에 대한 인지과학자 존 홀랜드와 그의 동료들의 설명을 살펴본 적이 있다[28]. 먼저 개념들은 사고의 계층적 구조로 서로 묶인다(예를 들어, '작고, 푸른색, 윙 소리에 해당하는 물체는 파리'라고 구분하는 것과 같이). 그리고 우리의 의사 결정과 행동 규칙들은 구체적인 정보가 있을 경우에는 활용하지만 정보가 불확실할 때는 가장 기본적인 규칙에 의존하게 된다.

기본적인 사고의 계층 구조는 충분한 정보가 없을 때에도 행동할 수 있도록 해준다는 점에서 장점이 있다. 그리고 사람들이 구체적인 정보와 경험이 쌓이면서 행동을 더욱 세밀하게 조절하고 또 학습할 수 있도록 해준다. 좀 더 구체적으로 파고 들어가 보면 이런 구조에서 경험은 양날의 칼이 될 수 있다[29]. 우리가 젊고 경험이 없을 때 기본적 사고의 계층 구조는 아주 얇을 수밖에 없고 따라서 세상이 구체적이기보다는 일반적인 현상으로 보일 수밖에 없다. 이러한 사고 구조는 장단점을 다 갖고 있다. 장점은 이 경우 사고 구조를 쉽게 바꿀 수 있다는 점이다. 새로운 경험은 쉽게 흡수되고 사고의 계층 구조는 쉽게 재편될 수 있다. 약점은 어떤 주어진 상황에서 올바른 대응을 할 수 있는 능력이 약하다는 점이다. 그래서 젊은 사람들은 대체로 사고적 응력이 높지만 실수 가능성 또한 높다.

나이가 들고 경험이 많아지면 사고의 계층 구조는 꽉 차게 되고 상황은 정반대로 바뀌게 된다. 우리는 구체적인 경험과 성공 사례, 실패 사례에 대한 정보를 더욱 많이 갖게 된다. 우리의 사고 구조는 다양한 종류의 정보, 상호 연계된 규칙, 정보의 중요도 등으로 인하여 고도로 복잡해진다. 우리는 사안을 새로운 시각에서 보기보다는 과거의 경험에 비추어 이해하고 과거 경험의 범주에 따라 분류하려 할 것이다. 간혹 우리가 경험하지 못한 일을 당하기도 하는데, 그때는 기존 정보의 범주를 재편하거나 새로운 정보의 범주를 추가하여야 한다. 그러나 우리의 사고 구조가 복잡해질수록 그러한 재편은 더욱 어려워진다. 나이 많고 경험 많은 사람의 사고 구조를 재편하는 것은 마치 GM을 구조 조정하는 것만큼 어려울 것이다. 이와 마찬가지로 젊고 경험이 적은 사람의 사고 구조를 재편하는 것은 소형 벤처 기업을 재편하는 것같이 쉬울 것이다. 우리의 사고 구조는 시간이 지나면서 고착화되고 그 구조를 흔드는 데는 더욱더 큰 충격 요법이 요구된다.

기본적으로 우리는 일생 동안 탐색과 활용 간 균형을 유지한다. 초기에 우리가 사고 구조를 형성하고 주변 환경으로부터 영향을 받아들이는 동안에는 탐색에 치중하게 되지만 점차 나이가 들면서 이미 형성된 사고 구조를 활용하는 쪽으로 옮겨 가게 된다. 이것은 연령 결정론자의 주장만이 아니다. 머리가 굳은 20대가 있는가 하면 70세가 넘었어도 머리가 유연한 사람도 있다. 그러나 넓게 보면 우리의 사고 구조는 시간이 지나면서 변하고 각 단계마다 약점과 장점이 공존하게 마련이다.

이것이 조직에 대해 던지는 시사점은 매우 중요하다. 안정적 여건하에서는 안정적 사고 구조가 훨씬 적합하다. 그런 여건이 시간의 대부분을 차지한다. 그러나 앞서 본 대로 복잡 적응 시스템에서 변화는 단속적 특성을 갖는다. 이 때문에 사람들은 안정적인 패턴 인식 능력과 규칙 생성 구조에 만족하다가 갑자기 큰 변화에 직면한다. 기업은 경험이 많은 사람들이 상층부에 자리 잡고 있는 계층 조직으로 되어 있다. 이러한 구조는 양면성이 있는데 상층부의 사고 구조는 안정적인 상황에서 사업을 실행하는 데는 적합하다. 하지만 새로운 것을 탐색하거나 새로운 환경에 적응하는 데는 취약하다. 결과적으로 이는 환경이 변할 때 따라잡지 못하는 조직의 타성을 초래하게 된다. 이러한 사고 구조에 의한 타성 때문에 경영난이 발생하면 상층 경영진을 모두 갈아치우곤 한다. 사람의 사고 구조를 바꾸기보다는 사람 자체를 바꾸는 것이 더 쉽고 더 빠를 수 있다는 생각 때문이다.

> 만일 모든 이사들이 백발의 노인이거나 반대로 닷컴 회사들처럼 모두 젊다면 좋은 현상이 아니다. 나이뿐만 아니라 경험도 다양해야 한다. 기업의 상층부에 다양한 사람들이 존재한다면, 최소한 그중 한 사람이라도 환경 변화를 인식하고 그에 따라 대응할 수 있는 새로운 아이디어를 내놓을 확률이 높아진다.

만약에 경험 많은 사람들의 사고 구조가 보여 주는 변화에 대한 저항이 인간이 갖는 뿌리 깊은 본성이라면 어떻게 그것을 막을 수 있겠는가? 우선 이를 인정하는 것이야말로 좋은 출발점이라는 생각이 필요하다. 조직을 운영하는 사람들은 자기들의 지혜도 매우 중요하지만 변화에 대한 감수성이나 유연성이 낮을 수 있다는 점을 인정해야 한다. 또한 이들의 권위주의적 행태는 환경 변화에 더 예민하고 변화에 대해 다른 시각을 갖고 있는 젊은 사람들에게 억압적 분위기를 조성할 수 있다. 이러한 현상을 막기 위한 가장 중요한 일은 상층부의 연령과 경험을 다양화하는 것이다. 만일 모든 이사들이 백발의 노인이라면 좋은 현상이 아니다. 그와 마찬가지로 모두 젊다면(예를 들어, 1990년대의 닷컴 회사처럼) 그 또한 좋은 현상이 아니다. 그러나 나이가 다양성의 유일한 척도는 아니다. 경험도 다양화되어야 한다. 다른 산업, 다른 업무 배경, 국제 경험, 기업가적 경험, 경영 경험, 비사업적 경험, 이 모든 것이 망라되어야 한다. 상층부의 다양한 사고 구조는 최소한 그중 한 사람이라도 환경 변화를 인식하고 그에 따라 대응할 수 있는 새로운 아이디어를 내놓을 확률을 높여 준다. 그러나 사고 구조의 다양성을 효과적으로 활용하기 위해서는 CEO가 비판과 토론을 허용하는 비계층적 문화를 수용하여야 한다. 하지만 권위주의적인 CEO는 활발하고 다양할 수 있는 경영 팀의 출현을 억제한다.

개인④: 경직성 대 유연성

1980년 영국 보수당 연차 대회에서 마거릿 대처 수상은 정부의 치적을 열렬하게 변호하는 연설을 하였다. 파업과 폭력적인 데모 등으로 얼룩진 '불만의 겨울'은 넘겼지만 추진하고 있던 일련의 경제 개혁을 멈추지 않겠다고 강조하면서 다음과 같이 선언하였다.

"경제 개혁으로부터 과거로의 회귀, 즉 언론이 말하는 'U턴'을 기다리는 사람들에게 나는 이렇게 대답하겠다. U턴을 하고 싶으면 당신들이 하시오. 대처는 돌아가지 않을 것입니다."[30] 대처는 전설적일 정도로 강력한 리더였다. 그 철의 여인은 영국을 어떻게 통치하여야 하는지에 대해 분명한 비전과 철학을 갖고 있었고 그 철학에 충실하였으며 어떠한 비판에도 귀 기울이지 않았다. 어떤 사람들은 그녀의 강력한 리더십을 칭송하였고, 혹자는 그녀의 타협할 줄 모르는 경직성을 혐오하였다.

이와는 대조적으로 미국 대통령 빌 클린턴에 대해서 언론은 "공허한 달변가"라고 불렀다. 그는 곧잘 일관성 없이 타협하고 모든 가능성을 열어 놓고 여론의 향배에만 민감하게 반응한다고 비판을 받았다. 그러나 이러한 유연성, 그리고 환경에 대한 민감성 때문에 클린턴은 아칸소주의 주지사로서 어려운 1차 임기를 마치고 재선할 수 있었고, 1994년 중간 선거에서 패하고 난 이후 1996년 대통령에 재선할 수 있었다. 그러한 특성 때문에 그는 여러 가지 논란이 많았던 정책을 추진할 수 있었다. 그중에서도 특히 복지 개혁, NAFTA 등은 의회 내의 첨예한 의견 대립에도 불구하고 추진되었다. 어떤 사람은 클린턴이 가지고 있는 사람 마음을 읽는 능력, 적응 능력, 합의 도출 능력을 칭송하였다. 반대로 어떤 이들은 그의 불분명한 태도, 이런저런 수단을 동원하는 수완 발휘 행태를 참지 못하였다.

이 두 대조적인 정치 지도자, 즉 '철의 여인' 대 '돌아온 아이', '경직된 지휘자' 대 '유연성 있는 합의 도출자'인 이들은 각기 강점과 약점을 지니고 있으면서 정책에서 크게 성공하기도 하였고, 크게 실패하기도 하였다. 이들은 우리가 경험한 가장 대비되는 리더십 유형이라고 할 수 있다(물론 다소 변형이 있기는 하지만). 경직된 리더십과 유연한 리더십이 있다는 것을 전제로 이 두 가지 대비되는 유형이 경직된 조직, 유연한 조직과 어떠한 관계가 있을까라는 질문이 가능하다.

이것은 존스홉킨스 대학의 경제학자 조지프 해링턴 주니어Joseph Harrington Jr.가 그의 연구에서 제기한 문제다. 그는 조직을 하나의 계층으로 설명하는 비교적 간단한 모델을 설정하였다. 개인들은 계층의 밑바닥으로 들어와 성과에 따라 승진하거나 해고당하며, 그러한 과정을 거쳐 끝까지 올라가는 사람은 정년퇴직을 한다[31]. 해링턴의 모델에는 두 가지 유형의 직원이 있다. 앞서 언급했던 경직된 마거릿 대처형과 유연한 빌 클린턴형이다. 계층 구조 속에서 그 직원들은 단계마다 의사 결정을 하는 데 A전략을 따를 것인지, B전략을 따를 것인지 결정한다. 그리고 환경에 따라 A전략, 혹은 B전략의 성공률은 변하기 때문에 직원들의 성과는 부분적으로는 환경에 의해서 결정된다.

경직된 직원들은 기본적으로 의사가 확고하다. 따라서 그들은 매번 전략도 같고 일관성이 있어서 환경 변화에 관계없이 전략 A 혹은 전략 B를 고수한다. 이에 비해서 유연한 직원들은 환경이 요구하는 것을 먼저 파악한 뒤 상황에 따라서 전략 A 혹은 전략 B를 선택한다.

이러한 상황에서 사람들은 유연한 직원이 항상 이길 것으로 생각하기 쉽다. 왜냐하면 그들의 의사 결정은 항상 환경의 수요를 반영하고 있기 때문이다. 그러나 또 다른 중요한 요소가 있다. 해링턴은 경험이 중요하다는 것을 가정하였다. 따라서 어떤 직원이 일생 동안 A전략을 다섯 번 선택해 봤고, 다른 직원은 A전략을 단지 세 번 실행해 보았다면 그 전략에 경험이 많은 직원이 더 나은 성과를 낼 수 있을 것이다. 전반적으로 직원의 성과는 선택된 전략과 환경, 그리고 경험에 의해서 결정된다고 할 수 있다. 해링턴은 어떤 특정한 직원을 그 계층 구조에서 승진시킬 것인가 말 것인가에 대한 결정을 하나의 경쟁 구조로 설명하였다. 성과가 좋은 직원은 위로 올라가고 반대의 직원은 퇴출되는 것으로 설정하였다. 그렇다면 경직된 직원과 유연한 직원 중 누가 이겼을까?

그에 대한 대답은 환경에 따라 달랐다. 만약 환경이 완벽하게 예측 불가능한 것이라면 유연한 직원이 이겼을 것이고 아마도 조직의 상층부를 형성하였을 것이다. 그러한 환경에서는 경직된 직원이 이길 확률이 매번 50 대 50으로서 끝까지 살아남기 힘들었을 것이다.

그러나 만약 환경이 어느 정도 안정적이고 어떤 특정 전략이 유리한가를 예측할 수 있었다면(예컨대, 전략 B가 유리한 환경이라면) 경직된 직원이 이겼을 것이다. 이유는 B전략을 구사한 경직된 직원은 이길 확률이 50 대 50보다 높았고, 따라서 매번 승진할 확률도 더 높았을 것이다. 뿐만 아니라 경직된 직원은 매번 같은 전략을 쓰기 때문에 설령 같은 전략을 들고 나온 유연한 직원을 만나더라도 그때마다 이길 것이다. 왜냐하면 훨씬 많은 경험을 갖고 있기 때문이다. 즉, 경직된 직원은 항상 B전략을 들고 나온 반면 유연한 직원은 B전략을 때때로만 들고 나온 것이기 때문이다. 환경이 A전략을 필요로 하는 상황에서도 경직된 직원이 가끔 이길 수 있는 가능성이 있다. 즉, 세 번 중 한 번은 또 다른 경직된 직원과 경쟁할 가능성이 있고, 그 경우 승자는 경험이 많은 사람이 될 것이며, 경험이 같은 경우에는 제비뽑기가 될 것이다. 그 결과 조직의 상층부는 경직된 직원이 차지할 가능성이 높다. 핵심은 안정적인 환경에서는 경험이 중요하다는 것이다. 안정적인 환경에서 경직된 직원이 모두 상층부로 승진하는 것은 아니지만 많은 경우에 그들은 성공하였다.

이것은 매우 단순한 모델에 불과하지만 현실 세계의 조직에서 일어날 수 있는 동태적인 측면을 잘 설명하여 준다. 환경이 특정 유형의 전략에 유리하게 되어 있는 경우 그 전략을 따르는 사람들이 승진할 가능성이 많을 것이다. 그러나 환경이 변할 때 그 조직은 환경에 적응할 수 없는 사람으로 가득 차게 될 수도 있다.

해링턴은 그의 모델에 또 하나의 현실적인 요소를 가미하였다. 환경이 A와 B라는 두 가지 사이에서 임의로 변화는 환경(그리고 어느 한쪽 전략에 유리한 그런 환경) 대신에 이번에는 우리가 앞에서 살펴보았던 이른바 단속 균형이 보여 주는 변화 패턴과 닮은 그런 환경 조건을 도입하였다. 이러한 환경 패턴에서는 A와 B가 집적 형태로 올 수 있다. 그러니까 환경이 한동안은 안정적이다가(예를 들어, 모두 A인 경우), 갑자기 변화의 기간을 거치게 되고(A와 B 사이를 왔다 갔다 함), 다시 새로운 패턴으로 일정 기간 정착하는 식이다(모두 B인 경우). 그런데 해링턴은 이런 식의 변화는 경직된 직원의 상층부 지배를 더욱 공고히 한다는 사실을 발견했다. 이에 대해 우리가 직관적으로 알 수 있는 것은 장기적으로 안정적인 기간에는 적절한 전략을 선택한 경직된 사람이 그들의 경험 때문에 유리한 입장에 서게 되고 그래서 상층부로 승진하리라는 것이다. 그러나 그런 좋은 세월은 새로운 단속적인 변화가 오기 전까지다. 이들은 그 좋은 기간이 끝나면서 함께 끝나게 된다. 즉, 과거의 경직된 사람들의 전략은 환경 적합성을 상실하게 되고 밀려나게 되는 것이다. 그리고 이행기에는 유연한 사람들이 한동안 회사를 리드한다. 그러나 또다시 그 환경이 정착하게 되면 새로운 세대의 경직된 직원들이 다시 주도권을 잡게 되는 식으로 사이클이 반복된다. 해링턴의 모델이 단순함에도 불구하고 이러한 패턴은 대기업이 경험하는 경영진 변화의 패턴과 놀랍게도 유사하다.

해링턴은 그런 이행기가 덜 빈번하고, 보다 갑작스럽고, 보다 가혹할수록, 그리고 경직된 사람들이 보다 많이 지배하고 있을수록, 환경이 바뀔 때 상황은 보다 재앙적이라고 주장한다. 환경이 끊임없이 변하는 경우에는 유연한 사람들이 더욱 유리하다. 해링턴은 변화의 이행기 동안 그가 설정한 모델 조직의 경제적 효율성을 측정한 결과, 변화에 따른 경제적 손실의 정도는 해당 조직이 안정기 동안 어렵사리 끌고 온 유연성 있는 직원의 수와 직접적으로 관련이 있다는 점을 발견했다. 즉, 유연성 있는 직원을 몰아내고 경직적 직원들로 운영된 조직은 환경이 안정적인 동안에 매우 좋은 성과를 나타냈지만(즉, 모든 경영 목표를 달성하였지만), 안정기가 끝나고 급작스러운 변화가 왔을 때는 걷잡을 수 없는 위기에 봉착하였다. 이와는 대조적으로 유연성 있는 직원을 환경이 안정적인 기간에도 다수 고용하고 있던 조직의 경우는 환경이 안정적일 때는 성과가 다소 나빴지만 환경의 변화기에는 훨씬 효과적으로 적응하였다.

조직 구조①: 어느 정도 계층적이어야 하는가?

이제 한 차원 높여 개별 직원의 차원으로부터 조직 차원에서 적응 문제를 다루기로 한다. 잭 웰치는 구조structure를 보고 관계, 관리 과정, 회사 자원의 배분 등을 규정하는 조직의 하드웨어 측면으로 보았다[32]. 이 책의 앞부분에서 우리는 조직에서 계층적 구조가 갖는 이점을 살펴보았다. 계층 구조는 모든 사람을 개입시키지 않고도 의사 결정을 할 수 있는 네트워크 구조를 가능하게 한다. 즉, 의사 결정에 있어서 복잡성의 문제를 해결해 줄 수 있다. 계층 구조가 충분치 못한 조직의 경우에는 변화와 적응이 어려운데, 이는 의사소통의 밀도가 과도하게 높고 합의 도출로 인해 의사 결정 자체가 지연되기 때문이다. 그러나 7장에서 〈계층 구조에 대한 두 찬사〉를 살펴보았는데, 여기서 우리가 왜 세 가지라고 하지 않았는지에 주목하기 바란다. 이 장에서는 계층 구조가 필요하긴 하지만 적응에 장애가 될 수 있다는 점을 논의하고자 한다.

미시간 대학의 복잡계연구 센터 부소장이자 정치학자인 스콧 페이지Scott Page는 조직에 따라 왜 계층 구조가 다르게 진화하는지에 대한 연구를 한 바 있다[33]. 왜 어떤 조직은 넓고 수평적이며, 또 어떤 조직은 폭이 좁고 수직적인가? 그래서 그는 조직 구조란 조직이 해결하고자 하는 문제의 성격에 따라 달라진다는 가설을 설정하였다. 조직은 여러 가지 문제를 해결한다. 어떻게 제품을 생산하고, 어떻게 서비스를 공급하며, 또 어떻게 사람을 고용하고, 어떻게 회사 재정을 관리하는지 등 여러 가지 문제를 해결해야 한다. 이러한 문제는 경우에 따라 그 난이도가 다르다. 예를 들어, 집을 청소하기 위하여 두 사람의 일을 어떻게 조정하느냐 하는 것은 비교적 쉽지만 에어버스의 A380을 제조하기 위하여 수천 명의 사람을 어떻게 조정하느냐 하는 것은 훨씬 어려운 문제다.

페이지는 그러한 조정 문제의 난이도에는 두 가지 차원이 있다고 하였다. 하나는 문제를 동시에 해결할 수 있을 정도로 업무를 나누는 것이 얼마나 어려운가 하는 문제다. 예를 들어, 집 안 청소를 할 때는 한 사람이 부엌을 청소하고 다른 사람이 침실을 청소하는 식으로 나눌 수 있다. 이 경우 작업에 소요되는 시간을 기준으로 일을 나눌 수 있을 것이다. 이때 분리된 작업의 난이도도 작업에 소요되는 시간을 기준으로 측정할 수 있다(예를 들어, 부엌 청소에 시간이 더 많이 든다든가 하는). 또 하나는 일이 순차적으로 되어야 하는 단계가 얼마나 많으냐 하는 문제다. 예를 들어, A380 비행기를 조립하기 위해서는 먼저 연료 탱크와 날개를 만드는 순서가 세심하게 계획되어야 하고, 그 다음에는 전반적인 비행기 조립 과정으로 들어가야 한다. 작업의 단계가 많을수록 적절한 작업 순서를 디자인하기가 더욱 어려워질 것이다. 시간을 많이 들여야 하는 단계와 세심한 작업을 들여야 하는 단계는 난이도가 높은 작업이라고 할 수 있다. 페이지는 조직은 해결하고자 하는 문제의 성격이나 난이도에 맞게 진화한다고 말하였다. 만약 문제가 쉽게 나누어질 수 있고 작업 단계가 많지 않다면 조직은 수평적인 형태를 취할 것이다. 만약에 해결하고자 하는 문제가 쉽게 구분되지 않고 여러 단계로 되어 있다면 조직의 계층 구조는 더욱 전문화되고 수직화될 것이다. 예를 들어, 법률 회사의 경우에는 변호사 몇 사람이 몇 사건을 동시에 별로 큰 조정 노력 없이도 수행할 수 있을 것이다. 따라서 법률 회사는 비교적 평평한 조직적 구조를 갖고 있을 것이다. 그리고 실제 대부분의 대형 법률 회사도 신참 변호사와 고참 파트너 사이에 4~5개의 계층이 있을 따름이다. 이에 비해 비행기를 설계하고 제조하는 경우에는 세심하게 작업 단계를 짜져야 하고, 모든 작업이 순조롭게 이루어지도록 여러 단계의 조정자가 필요하다. 따라서 에어버스와 같은 회사의 경우에 현장 근로자로부터 CEO 간에는 수 없는 조직 계층이 있게 마련이다.

580

계층 구조와 작업의 난이도 관계는 산업에 따라 왜 조직 구조가 다른지를 설명하는 데 매우 유용하기도 하지만, 이는 또한 산업에 따라 사업을 실행하고 변화에 적응하는 데 다른 조직적 특성이 필요하다는 것을 설명해 주기도 한다. 일반적으로 집행 작업은 복잡하고 순차적이며 동시적인 수많은 과정의 조정을 필요로 하기 때문에 계층 구조가 심화될 수밖에 없다. 이에 비하여 탐색 활동은 대개 넓고 평평한 조직으로도 가능하다. 전략적인 실험의 구성을 보면 전체적인 차원에서 기본적인 조정은 이루어지지만 대개 소규모의 팀들로 구성되며, 각 팀은 동시에 자율적으로 탐색 활동을 벌인다. 이러한 집행과 탐색의 차이 때문에 자연적으로 두 가지 간에는 자원을 둘러싼 긴장 관계가 형성된다. 대규모의 전문화된 계층 구조를 가지고 있는 실행 조직은 대형 복합 과제를 해결하도록 고안된 것이며 조직의 통제, 효율, 책임성 면에서 뛰어나다. 그러나 그러한 조직은 다양한 사소한 문제를 동시에, 빨리, 유연하게 해결하는 데는 적합하지 않다. 그리고 이 경우에는 자율성, 업무의 중복, 사소한 실패 같은 것도 허용되지 않는다.

따라서 기업에 있어서 탐색 활동은 실행 조직에서 이루어지지 않는다. 해결해야 할 문제의 특성과 조직의 구조가 서로 맞지 않기 때문이다. 고위 경영층에서 탐색 작업이 필요한 경우 별도의 사무실에서 혁신적인 일을 할 수 있도록 계층 조직과 분리된 조그만 팀을 만드는 것도 바로 이 때문이다. 예를 들어, 애플 컴퓨터의 매킨토시는 소규모 자율 팀이 본 조직과는 별도로 개발하였다. 집행 조직과 별도로 이루어지는 작업의 경우 대개 이러한 방식으로 작업의 성격과 조직 간의 부조화 문제를 해결한다. 그러나 이 경우에도 두 가지 문제가 있다. 첫째, 만약에 모든 탐색 작업이 기업 상층부에 의해 운영되고 지원된다면 이른바 진화의 적합도 지형에서 특정한 부분만 탐색하는 결과가 될 수 있다. 즉, 우연히 최고 경영진이 관심을 갖게 된 경우에 한정된다는 얘기다. 둘째, 그러한 탐색 결과를 본 조직의 업무와 연결시키는 데도 어려움이 발생할 수 있다. 탐색 결과를 성공적으로 활용하기 위해서는 집행 부서와의 연계가 필수적이기 때문에 이는 매우 중요하다. 이 두 가지 문제를 완화하기 위해서는 회사 본부뿐 아니라 각 사업부에도 탐색을 위한 자원을 배분하고 자율성을 부여할 필요가 있다. 이렇게 함으로써 탐색의 범위를 넓히고 탐색의 결과를 집행조직과 연계시킬 경로를 확대할 수 있을 것이다.

조직 구조②: 자원과 사업 계획의 공진화

탐색과 활용 간의 긴장 관계가 경영계에서 중요한 화두로 등장하기 훨씬 전인 1959년 런던 정경대학의 이디스 펜로즈Edith Penrose라는 경제학자는 매우 짧지만, 매우 영향력 있는『기업의 성장 이론The Theory of the Growth of the Firm』이라는 저서를 출간하였다[34]. 펜로즈는 성장을 탐색의 과정으로 설명하면서 경영진의 핵심적인 역할은 주어진 환경에서 새로운 기회를 포착하고 기업의 자원을 그러한 기회를 활용하는 데 투입하는 것이라고 하였다. 펜로즈는 기본적으로 기업의 물리적 자원(예를 들어, 생산 공장 및 시설), 그리고 인적 자원(예를 들어, 경영 능력, 직원들의 숙련도)을 중심으로 설명하였으나 현대 이론은 이를 더 확장하여 무형이지만 중요한 자원, 예를 들어 지식, 상표, 성가聲價, 그리고 관계 등 이른바 무형의 자산도 포함하고 있다. 즉, 자원은 기회를 활용하기 위해서 경영자가 활용하는 모든 것을 의미한다[35].

펜로즈의 이론은 두 가지 시사점을 던져 주고 있다. 첫째, 기업의 자원은 경영진이 활용하고자 하는 기회의 특성에 의해서 결정된다는 것이다. 만약 나노테크놀로지에서 새로운 기회를 발견하려 한다면 그 기업은 나노테크놀로지 연구 경험을 가진 연구원을 채용할 것이며, 나노테크놀로지 기기를 제조할 수 있는 장비를 구매하여 새로운 상표와 명성을 구축하려고 할 것이다. 그러나 한편으로는 기업이 특정

582

시점에 보유하고 있는 자원은 그 기업의 탐색 능력과 한계를 설명하는 것이 되기도 한다. 예를 들어, 생선 처리 공장을 운영하고 있는 기업의 CEO가 어느 날 갑자기 나노테크놀로지에서 사업 기회를 보았다고 하자. 이 경우 그 기회 자체는 좋으나 그 기업의 자원(생선 처리 기술을 가진 노동자, 통조림 기계, 같은 상표 등)은 생선 처리업에는 적합하지만 나노테크놀로지라는 기회를 활용하는 데는 한계가 있을 수밖에 없는 것이다.

3부에서 우리가 발전시킨 용어로 펜로즈의 아이디어를 다시 조명해 볼 수도 있다[36]. 경영진은 연역적인 추론을 통하여 돈벌이가 되는 사업 계획을 탐색하지만 그러한 탐색 과정은 자기들이 실행할 수 있는 사업 계획들에 국한된다. 그리고 이러한 사업 실행 능력은 그 당시 조직의 자원에 의해서 결정된다. 그러나 사업 계획이 실행되면서 경영자는 자원 배분 계획을 재조정하고 이를 통해 미래 사업 계획의 범위를 바꾸기도 한다. 따라서 사업 계획과 기업의 자원 간에는 끊임없이 공동으로 진화하는 그런 관계가 존재한다.

이러한 사업 계획과 자원 간의 공진화는 조직의 구조에서 경로 의존성을 만들고 변화에 대한 적응에 또 다른 장애 요인이 되기도 한다. 기업이 생선 처리 회사에서 나노테크놀로지로 명성을 날리는 회사로 금방 탈바꿈할 수는 없다. 이 경우에는 나노테크놀로지의 수익성이 생선 처리 회사보다 아무리 높다 하더라도 불가능하다. 보다 정확히 말하자면 그런 변화는 일어날 수 없다. 아마 투자 은행들은 만약 생선 처리 회사가 나노테크놀로지 사업을 매수할 만한 재정적 능력만 있다면 기꺼이 팔려고 할 것이다. 그러나 생선 처리 회사의 경영진들은 나노테크놀로지 회사를 운영할 기술도, 경험도 없다는 것이 문제다. 웨스팅하우스가 제조업에서 미디어 사업으로 변신하려고 했을 때 이와 비슷한 시도를 하였지만 실패는 이미 예측되었었다.

산업의 혁신적 변화나 기업의 전략 변화가 성공할 수는 있지만, 그러한 성공은 단계적인 진화 과정을 거쳐 일어나는 것이지 단번에 이루어지는 것은 아니다. C. K. 프라할라드Prahalad와 개리 해멀의 1999년 논문 「기업의 핵심 역량The Core Competency of the Corporation」은 어떻게 캐논사가 사진과 석판 인쇄(특히 광학 및 정밀 기계) 사업 자원을 복사기 사업으로 전환했는지를 분석, 설명하고 있다[37]. 캐논은 자원 배분의 전환을 통해 레이저 프린터와 팩스라는 새로운 사업 영역을 창출하였다. 이 부문의 사업 기회를 활용하기 위해 캐논은 정밀 전자 기술 능력을 확보했고, 이를 바탕으로 디지털 사진 기술에서 세계적인 선도 기업으로 발전할 수 있었다. 시간에 따라서 자원과 기회는 서로를 쫓아가는 관계에 있다.

자원의 경로 의존적 특성, 그리고 사업 계획과 자원의 공진화 관계는 적응 능력을 저해하는 또 다른 요소로 작용한다. 왜냐하면 기업은 발전하고자 하는 방향과 관계가 먼 자원에 발이 묶일 수도 있고, 그러한 자원을 재배분하는 것이 시간과 비용 면에서 더 어려울 수도 있기 때문이다.

펜로즈의 이론은 전략적 실험의 적절한 배분이 필요하다는 것을 강조한 셈이다. 전략적 실험의 배분은 조직 내부의 사업 계획을 더욱 다양화해 줄 뿐만 아니라 자원 구성의 다양성도 높여 줄 수 있다. 그런 실험을 수행하기 위해서는 대개 새로운 사람을 고용해야 하고, 새로운 기술을 개발해야 하며, 새로운 자산을 구매해야 한다. 마이크로소프트의 예로 되돌아가 보면 윈도와 유닉스의 잠재력을 탐색하기 위하여 게이츠는 유닉스 프로그래머를 포함한 각 부문별 기술자를 새로 고용하고, PC용 유닉스 기반 운영 체제에 대한 특허권을 매입했다. 따라서 만약 시장이 유닉스 쪽으로 움직였더라도 게이츠는 사업 계획 측면에서는 물론이고 자원 측면에서도 적절한 대응을 할 수 있었을 것이다. 이런 실험이 없었다면 게이츠는 꼼짝없이 붙잡히는 꼴이 되었을지 모른다.

584

문화①: 행동의 규칙

이제 사회적 구조의 세 번째 차원인 조직 문화에 대해 알아보기로 한다. 문화는 조직의 특성을 나타내기 때문에 매우 중요하다. 앞에서도 언급했지만, 만약 우리가 "에머슨사가 성과주의적 문화를 가지고 있다"라고 말한다면 이는 구성원 수천 명의 결정과 행동의 창발적 결과를 말하는 것과 다름이 없다[38].

문화는 그 의미가 워낙 다양하게 사용되고 있기 때문에 간혹 분명치 않게 보일 때도 있다[39]. 우리는 문화라는 말을 진화의 시스템에 맞게 쓰되 인류학자 로버트 보이드와 피터 리처슨의 정의를 따르도록 한다.

> 문화란 구성원들로 이루어진 집단의 창발적 특성을 나타내는 것으로서 구성원들이 사회 환경에 맞추어 행동하기 위한, 또 구성원들 간에 상호 작용하기 위한 그런 규칙들에 의해 결정된다. 문화적인 규칙은 사회적으로 확산되고 학습된다.[40]

문화적인 규범은 간단히 말해서 사회 환경 속에서의 행동을 위한 경험적 규칙들이다. 규범은 주어진 상황에서 그 사회나 조직이 무엇이 옳고 적절하다고 보는지, 또 구성원들에게 기대하는 일이 무엇인지를 규정한다[41].

조직적인 관점에서 문화는 하나의 동심원同心圓 세트와 같다. 즉, 대부분의 사회가 공유하는 규범인 큰 원으로부터 구체적이고 개별적인 사항을 규정하는 좁은 의미의 규범까지를 다 포함하는 개념이다. 가장 밖의 원은 인류 공통의 규범을 말한다. 인류학자와 인지과학자의 연구 결과를 보면 몇 가지 규범들은 인간 사고에서 거의 표준화된 장치처럼 되어 있으며, 이는 생물학적 진화와 관계가 있을 수 있다고 말한다[42]. 예를 들어, 살인은 세계 모든 나라가 금하고 있으며, 앞에서 살펴본 적이 있듯이 모든 사회는 이른바 상호주의적 행동에 대해서도 비슷한 규범을 갖고 있다. 그러나 이러한 기본적인 규범의 세부적 내용들은 모방과 교육을 통해서 이루어지며, 문화적으로 전파된다. 예를 들어, 무엇이 살인 범죄를 구성하는지는 사회마다 다르며(즉, 명예를 위한 살인, 정당방어, 전쟁 등) 6장에서 보았듯이 무엇이 공정성을 구성하는지도 사회마다 다를 수 있다[43].

동심원 속으로 들어가 보면 문화적으로 각기 다른 규범의 사례는 무수히 많다. 이러한 규범들은 특정 사회를 배경으로 진화한 것으로서 개인에서 개인으로, 부모로부터 자식으로, 선생으로부터 학생으로, 상사로부터 부하로, 그리고 친구에서 친구로 전파된 것이다. 문화별 규범은 이야기, 음악, 책, 미디어 등을 통해 퍼져 나간다. 이러한 규범은 성性, 손님 접대, 존경의 표시 등 여러 가지로 광범위한 행동들을 포괄한다. 그 결과 행동 규칙의 차이가 생기고, 이 때문에 다른 문화 간에 끊임없는 분쟁이 일어나기도 한다. 또한 외국에서 여행할 때 문화적인 차이 때문에 여러 가지 재미있는 일이 벌어지기도 한다. 넓은 사회 규범 속에는 종종 하위 규범, 그리고 그 밑의 또 다른 하위 규범 등 층별로 다양한 규범들이 존재한다. 이는 대개 지리, 종교, 혹은 다른 요인들 때문이다. 예컨대, 독일 문화, 그 속의 바이에른 문화, 그리고 가톨릭 바이에른 문화를 말할 수 있는 것이다.

동심원의 더 안쪽으로 가면 조직 문화를 찾을 수 있다. 조직 문화는 항상 사회 문화, 좀 더 넓게는 인류 문화라는 테두리 속에 존재한다. 그러나 기업을 포함하는 조직 문화는 시간이 흐르면서 나름대로 독특한 특징을 갖게 된다. 우리는 이러한 특징을 조직 내부에서 일어나는 구성원들 간 상호 작용 방식에 관한 행동 규칙으로 생각할 수 있다. 예를 들어, 어떤 조직에서는 후배가 선배에게 자기의 생각을 자유롭게 이야기할 수 있는가 하면, 다른 어떤 조직의 경우는 후배는 선배를 깍듯이 모셔야 하는 권위주의적 분위기가 지배하기도 한다. 또 다른 사례를 들자면 어떤 기업에서는 약속 같은 것이 매우 자유롭고 심각하게 여겨지지 않는 문화를 가지고 있는가 하면, 반대로 매우 구속적이고 그것을 지키지 않으면 심각한 결과를 초래하는 그런 문화를 가진 기업들도 있다. 중요한 것은 이런 것들은 일반적인 사회적 특성이 아니라 조직의 차이에 의해 결정된다는 것이다. 일례로 소니와 마쓰시타는 일본 문화를 공유하고 있지만 각 사에서의 행동 규칙은 서로 다르다. 이것이 바로 조직의 차이에서 오는 것이다.

기업 문화를 논의할 때 많은 기업이나 경영 관련 서적에서 '가치'라는 말을 많이 쓰는데 우리는 가치와 규범을 구별하여 사용하여야 한다. 가치는 무엇이 중요한 것인가에 대한 신념을 나타내는 것으로서, 이를 테면 "우리는 팀워크에서 평등주의적 접근에 가치를 둔다(중요하다고 믿는다)"라고 할 때의 의미와 같다. 반면에 규범은 "팀에서 일할 때는 비계층적 방식으로(수평적인 관계를 바탕으로) 행동해야 한다"라고 할 때의 의미이다. 가치와 규범은 신념과 행동이라는 말과 상호 관련이 있다(예를 들어, 평등주의적 신념과 비계층적 행동). 많은 경우 기업들은 이 두 말을 혼용하고 있으나 중요한 것은 개별적인 행동을 결정하는 요소라는 점을 강조하는 의미에서 '규범' 혹은 '문화적 규칙'이라는 용어를 쓰고자 한다.

끝으로, 동심원의 제일 안쪽에 있는 원은 개인적 규범을 나타낸다. 개인들마다 자기가 따르는 행동 규칙이 있다. 마쓰시타에 있는 모든 사람들도 인류 사회의 규범, 일본의 규범, 그리고 마쓰시타의 조직 규범을 따르겠지만 그들 역시 개인들이며 개인으로서 각기 다른 행동 규칙을 가지고 있을 것이다. 개인 특유의 규범과 조직, 사회, 혹은 인간 규범의 차이는 규범이 적용되는 범위를 보면 알 수 있다. 예를 들어, 어떤 사람은 청소년 시절 남을 앞서가면 보상을 받는다는 것을 배운다. 그 반면 어떤 사람은 겸손하게 자신을 낮추는 것이 최상이라는 것을 터득하기도 한다. 만약 남을 앞서 나가는 것이 사회의 보편적인 미덕이라면 이를 사회 규범이라고 할 수 있을 것이다. 만약 이것이 사회 전반보다는 특정 조직에서 두드러지게 나타나는 현상이라면 이를 조직 규범이라고 해야 할 것이다. 이러한 행동 규칙 자체가 조직 내에서 일반적으로 받아들여지는 것이 아니라 특정 개인들에게 국한된 것이라면 이는 개인적 규범이라고 할 수 있을 것이다.

문화②: 성공하는 기업의 십계명

문화가 조직의 성과에 어떻게 영향을 미치느냐 하는 것은 너무 뻔한 질문이 될지도 모른다. 만약 모든(혹은 대부분의) 회사 직원이 특정한 방식으로 행동한다면 그 행동은 회사의 전반적인 성과에 영향을 줄 것이다. 그보다 더 재미있는 질문은 어떤 행동이 바람직하며 어떤 행동이 그렇지 않느냐 하는 것이다.

당연히 기업의 성공에 기여하는 규범은 대개 그 기업, 산업 혹은 특정한 사업 계획, 아니면 경쟁 환경 등과 밀접한 관련이 있을 것이다. 그러나 톨스토이가 말한 대로 "모든 행복한 가정은 서로 유사한 데가 있지만 불행한 가정은 불행한 이유가 각기 다르다". 이와 같이 성과가 좋고 적응력이 뛰어난 기업 문화에 대한 연구 결과를 보면 이들 기업들은 몇 가지 공통점을 가지고 있다[44].

나는 이들 공통점을 모아서 10가지 규범의 범주로 분류하였다. 물론 이 범주는 변경 불가 혹은 완성된 것이 아니고, 어떤 항목이 더 들어가야 한다거나 빼야 한다는 등 논란의 여지가 있다. 오히려 이들 범주는 다양한 연구자들이 그동안 주장해 온 규범의 유형을 나타내는 것으로 볼 수도 있다. 이러한 규범을 세 가지 범주로 나누어 보면 첫째, 개인의 성과와 관련된 것으로서, 나 혼자 있을 때 나는 어떻게 행동해야 하는가에 관련된 것이다. 둘째, 협력과 관련된 것으로서, 다른 사람과 같이 일할 때 나는 어떻게 행동해야 하는가와 관련된 것이다. 셋째는 탐색과 혁신을 촉진시키는 행동을 설명하고 있다.

성과 규범

1. 성과 지향: 언제나 최선을 다하고 그 이상으로 하라. 남보다 앞서고 끊임없이 자기계발을 하라.
2. 정직: 타인에게 정직하고 자신에게 정직하라. 투명하게 행동하고 현실을 직시하라.
3. 실력주의: 장점을 바탕으로 직원에게 보상하라.

협력 규범

4. 상호 신뢰: 동료의 동기를 신뢰하고 그들의 직무 능력을 신뢰하라.
5. 상호주의: 황금률을 따르라. 남들이 당신에게 하기를 바라는 것처럼 남들을 대하라.
6. 목표 공유: 조직의 이익을 당신 자신의 이익보다 우선시하라. 조직의 이익에서는 모두가 하나인 것처럼 행동하라.

혁신 규범

7. 비계층적 사고: 젊은 사람들은 선배들에게 도전하기 마련이다. 중요한 것은 아이디어이지 그 사람의 직위가 아니다.
8. 개방성: 외부의 생각에 호기심을 가지고 개방적인 태도를 취하라. 실험을 즐기고 어디에서건 최선을 추구하라.
9. 사실 파악 우선: 사실을 제대로 파악하라. 궁극적으로 중요한 것은 의견이 아니라 사실이다.
10. 도전: 경쟁심을 가지라. 도전은 결승점이 없는 달리기와 같다.

이 목록의 규범들은 예로부터 많이 들어온 것이다. 말하기도 쉽고 반대할 것도 없는 규범이다. 문제는 어떻게 이러한 규범을 수백, 수천 혹은 수십만의 다양한 사람들이 종사하고 있는 거대한 조직에 적용하는가이다.

어떤 기업들은 이들 규범 중 최소한 몇 개라도 실천하는 데 성공하고 있다. 존슨앤드존슨사는 로버트 W. 존슨 주니어Robert W. Johnson Jr.가 1943년에 작성하여 회사의 행동 지침으로 쓰고 있는 '크레도 Credo'라는 것을 갖고 있다. 크레도는 병자와 병자를 치료하는 사람들을 지원하는 것(규범 6), 실력주의 원칙(규범 3), 윤리적 행동(규범 2)과 같은 것을 앞세운다. 존슨앤드존슨사의 창업자인 로버트 W. 존 시니어는 "실패는 우리에게 가장 중요한 제품이다"라고 말하면서 실험하려는 정신, 위험을 감수하려는 정신(규범 8)을 강조하였다[45].

내가 속해 있는 맥킨지도 매우 강한 기업 문화를 갖고 있다. 마빈 바워Marvin Bower가 1940~1950년대에 창안하여 회사의 사훈처럼 59년간 중요한 영향을 미쳐 온 몇 가지 규범을 갖고 있다[46]. 그 후 표현 방법은 다소 바뀌었지만 핵심 내용은 변하지 않았다. "맥킨지는 세계에서 하나밖에 없다"라는 것으로, 회사 내의 조직원들에게 신뢰와 상호주의를 강조하고 있다(규범 4와 5). 맥킨지는 실력주의를 존중하며 (규범 3) 비계층적 회사이다(규범 7). "맥킨지의 고객에게 장기적으로 긍정적 영향을 줄 수 있는 서비스 제공"이라는 규범은 조직원에게 공동의 목적을 제시하고 있다(규범 6). 끝으로 사람들의 승진 또는 퇴출과 관련된 "경쟁에서 이기거나, 아니면 떠나라" 원칙은 성과 문화와 관련된 규범을 제시하고 있다(규범 1과 10).

GE도 경쟁적이고 성과주의적인 문화로 유명한데, 그 회사의 규범은 "최고가 되어라A players", "개선하거나, 폐쇄하거나, 아니면 매각하라"이다. 그리고 지도력의 4E(energy, edge, energizer, execution)가 GE의 규범에 속한다[47]. 잭 웰치의 말 중에 "경계 없는 조직"이라는 것이 있는데, 이것은 규범 8과 일맥상통한다. 웰치의 정신 중에서 현실 직시는 규범 2와 관련된 것이며, 직위와 관계없이 인정받는다는 'A' 아이디어의 의미는 규범 7과 통한다.

그러나 이러한 10가지 규범을 모두 지키는 기업은 없다. 매우 잘하고 있다는 GE조차 여기에 미치지 못한다. 특히 협력 규범에 관련해서는 GE도 취약한 것으로 나타났다. 개별 조직은 어차피 이런 규범들에 대하여 나름대로 다르게 해석할 것이고, 필요에 따라서 각기 다른 측면을 강조할 수도 있을 것이다. 요점은 내가 말한 특정 규범들이 완벽하다는 것이 아니다. 집단 내에서 널리 활용될 경우 거시적 성과에 긍정적인 영향을 미칠 가능성이 있는 그런 문화적인 규칙들을 식별해 내는 것이 가능하다는 것을 말하고자 하는 것이다.

문화③: 내재된 긴장

이러한 규범은 업무 실행 및 변화 적응 과정에서 매우 중요한 역할을 하며 조직의 유연성을 높여 준다. 개별 행동 규범은 실행에 있어서 매우 중요하다. 그러나 적용에 있어서도 역시 중요한 역할을 한다. 만약 행위자의 행동 규범이 기업에 깊이 내재되어 행위자의 행동에 큰 영향을 미치는 경우에는 조직과 프로세스가 그렇게 엄격할 필요가 없을 것이다. 만약 계층 구조와 중앙 집중적 관리 프로세스가 엄격하지 않다면 조직은 실험에 더 많은 자원을 쓸 수 있고 말단 조직에 책임과 권한을 줄 수도 있을 것이다. 행위자의 행동 규범이 취약하면 수직적 관리 체제가 강화되고 업무 프로세스가 강화되어 업무의 실행에는 성공할지 모르지만 조직의 적응 능력은 큰 손상을 입게 될 것이다.

협력 규범도 적용과 실행에 모두 중요하다. 신뢰가 낮고 협력이 잘 안 되는 환경에서는 직원 간의 상호 작용이 세세히 감시되어야 하므로 세세한 규칙과 운영 기술이 필요하다. 특히 노사 간의 관계가 안 좋고 노조가 세세한 고용 계약에까지 개입하는 경우 이러한 문제가 일어나기 쉽다. 신뢰와 협력을 촉진하는 규범은 사람으로 하여금 주어진 환경에서 무엇이 최선인가를 생각하게 한다. 따라서 성과가 좋아지고 실험 정신과 행위자 능력 개발이 촉진된다.

끝으로 행위자 행동, 신뢰, 그리고 협력과 관련된 규범은 모두 필요한 조건이기는 하지만 적응을 위한 충분한 조건은 못 된다. 적응력을 갖기 위해서는 행위자로 하여금 탐구하고 위험을 감수하게 하는 규범이 필요하다. 이에 더하여 조직 내에서 행위자를 보호하고 행위자로 하여금 혁신할 수 있는 여지를 주는 규범이 필요하다(규범 7과 9).

이 3가지 범주에 속해 있는 규범은 기업 조직의 경직성을 최소화하고, 기업 문화를 개선하는 데 기여할 것이다. 이러한 규범을 잘 실행하면 모든 조직에서 좋은 성과가 나타날 것이다.

그러나 대부분 조직의 현실은 그러한 규범을 제대로 지키지 못한다는 것이다. 회사 여기저기에 포스터로 걸려 있기는 하지만 많은 기업의 경우 가치와 문화가 경영 우선순위에서 별로 높은 자리를 차지하고 있지 못하다. 그런 기업에서 문화라는 것은 개별 직원 상호 간에만 일어나는 일이고, 경영자와는 별로 관계가 없는 현상으로 보인다. 그러한 조직 문화에도 강점과 약점이 있다. 예를 들어, 어떤 조직은 행위자 행동 규범에 매우 강하지만 협력 규범에 매우 약하거나 그 반대일 수도 있다. 따라서 위에 있는 10가지 규범 상호 간에는 긴장이 내재되어 있다. 예를 들면, 성과주의, 수월성 위주의 규범과 협업을 강조하는 협력 규범 간에는 마찰이 있을 수 있다. 그러한 마찰을 경영진이 제대로 관리하지 않고 조직 구조에 따라 오히려 악화되는 경우에는 이중의 하나가 조직의 주된 문화로서 자리 잡을 수 있다. 따라서 이 경우 강력한 지도력 없이는 행동 규범, 협동 규범, 혁신 규범이 조화롭게 시행될 수 없다.

적응력이 뛰어난 사회적 구조 형성

지금까지 조직이 왜 빨리 혹은 성공적으로 적응하지 못하는가에 대한 몇 가지 요인을 분석하였다.

개인 차원

- 인간의 사고 구조는 낙천적인 경향이 있어서 변화를 감지하는 능력이 약하다.
- 손실을 회피하려는 본능으로 인하여 사람들은 실험에 충분히 투자하지 않는다.
- 사고 구조가 안정된 환경 속에서 경험을 쌓아 가면 그 환경 속에서의 효율성은 높아지지만 환경 변화에 적응하는 유연성은 약화된다.
- 안정된 환경에서는 경험이 많고 실행 능력이 뛰어난 사람이 승진하기 쉽다. 이 경우 탐색이나 적응 능력이 뛰어나지만 경험이 적은 사람들은 손해를 보게 된다.

구조 차원

- 복잡한 생산 및 서비스 프로세스를 실행하기 위해서는 탄탄히 짜인 수직적 조직이 필요하다. 그러나 이러한 조직은 수평적이고 자율성을 요구하는 탐구에는 적합하지 못하다.
- 사업 계획과 자원 간의 공동 진화 관계는 한 기업이 새로운 영역을 탐구할 수 있는 사업 계획 공간을 제한하며 자원 구성에서 경로 의존성을 높일 뿐 아니라 새로운 사업으로 전환할 수 있는 능력과 속도를 제한한다.

문화 차원

- 강력한 문화적 규범은 적응력을 높이는 데 매우 중요하다. 왜냐하면 그러한 규범은 기업의 실행 능력을 약화시키지 않고서도 중앙 집중식 수직

적 통제 구조를 개선할 수 있기 때문이다.

- 그러나 행위자의 행동과 협력, 그리고 혁신을 촉진하는 규범 간에는 상호 마찰이 내재되어 있다. 이러한 마찰은 조직의 경영자가 적극적으로 관리하지 않으면 안 된다.

업무 실행과 변화 적응은 서로 조화될 수 없는 상반된 개념처럼 보일 수도 있으며, 앞 장에서 본 실증 통계에서도 대개의 기업들이 적응보다는 실행 능력을 더 중시하는 것으로 나타났다. 그러나 규범 간 부조화의 원인을 이해함으로써 문제의 해결책도 찾을 수 있을 것이다. 경영의 수단을 하드웨어적인 조직 구조로부터 문화적인 소프트웨어로 바꿈으로써 이러한 문제의 해결책을 모색할 수 있다.

큰 조직을 운영하는 데는 기본적으로 두 가지 방법밖에 없다. 하나는 수직적으로 되어 있는 경영 조직 자체를 이용하는 것이다. 이 경우 역할과 목적, 임무, 그리고 절차를 정하고 목적에 대한 행위자와 집단의 성과를 측정하며 거기에 따라서 상을 주거나 벌을 준다. 그러한 구조는 행위자의 자유를 억제하고 행위자의 바람직한 행동을 제약하게 된다. 이러한 방법의 장점은 통제가 쉽고 조직 운영에 대한 신뢰도와 예측 가능성을 높일 수 있다는 것이다. 이러한 구조적 경영 방법을 이용하면 각자가 해야 할 일을 제대로 하는지에 대한 평가가 용이하다. 비록 수직적 조직을 바탕으로 한 경영이 긍정적인 것 같아 보이지는 않지만 사실 이 경우에 각 행위자의 직무가 매우 구체화되고 업무수행이 용이하며 성과의 측정이 구체적이어서 매우 효율적인 점도 많다. 그러한 조직적 구조가 아니라면 직무를 구체화하고 수행하기가 매우 어려울 것이다.

두 번째 방법은 수직적 조직 체계가 어느 정도 중요하지만 지휘 통제식 관리는 줄어드는 경우이다. 행위자의 행동을 유도하기 위해서 조직과 프로세스에 의존하기보다는 오히려 문화적인 방법을 동원한

594

다는 것이다. 문화적 조직의 기본적인 장점은 문화적인 규칙이 구조
적 규칙에 비해서 훨씬 유연하다는 점이다. 문화적 규칙은 일반적인
행동 지침은 제시하지만 구체적인 행동은 행위자의 결정에 맡긴다. 문
화적인 규칙의 경우에는 행위자에게 사고와 판단의 여지를 준다는 것
이다.

　문화적 규칙은 우리가 이제까지 언급한 여러 가지 문제를 해결하
는 데에도 적용될 수 있다. 과도한 낙관주의와 위험 회피 경향에 대해
서는 사람들에게 현실을 직시하게 하고 사실에 입각한 의사 결정을
강조하며 위험 감수를 강조하는 문화적 규범으로 대응할 수 있다. 마
찬가지로 문화적인 규범은 고위 경영진의 사고 구조를 바꾸는 역할
도 할 수 있다. 왜냐하면 문화적 규범하에서는 젊은 하급 직원들도
자기의 생각을 자유스럽게 이야기하는 것이 허용될 뿐 아니라 권장되
고 있기 때문이다(맥킨지는 이를 '반대해야 하는 의무'라고 하였다). 경직
성과 유연성의 문제도 다양한 관리 방식과 실행, 혁신을 중히 여기는
문화에 의해서 해결될 수 있다. 끝으로 실험보다는 실행을 중시하는
구조적 문제도 문화를 바꿈으로써 해결될 수 있다. 특히 행위자의 행
동 및 협력 규범을 강화함으로써 단기적인 성과를 손상하지 않고서
도 조직 약화의 빈틈을 메울 수가 있다. 이를 통해 더 많은 자원을 실
험 쪽으로 배분할 수 있게 될 것이다.

　문화적 경영으로 이행하는 것은 조직 구조와 프로세스라는 하드웨
어를 포기한다는 의미가 아니다. 반대로 앞에서 논의하였듯이 사회적
구조는 이 두 양면이 다 필요하다. 오히려 하드웨어와 소프트웨어 측
면이 일관적이고 상호 보완적이어야 한다는 의미다. 만약에 목적이 업
무 실행과 변화 적응 간 균형을 이루는 것이라면 어떠한 문화가 더
유효하며 어떠한 조직 구조와 프로세스가 그러한 문화 형성을 촉진
할 것인가? 예를 들어, 규범 중의 하나가 행위자의 책임감과 관련된
것인데도 책임을 다하는 직원에게 보상이 없고 책임을 다하지 못하는

자에게 처벌이 없다면 그러한 규범은 공허한 말에 불과할 것이다. 따라서 혁신과 모험과 관련된 규정이 실효성을 갖기 위해서는 예산, 인적 자원, 그리고 성과 프로세스와 같은 지원이 필요하다.

아마도 사회적 구조에서 가장 중요한 하드웨어는 기업의 인적 자원과 훈련 프로세스일 것이다. 강력한 문화를 가진 기업의 경우 사람을 그 회사의 문화에 맞추기보다 문화적으로 그 회사와 맞는 사람을 고용하는 것이 훨씬 좋은 방법일 것이다. 따라서 이러한 기업들은 어떤 사람이 그 기업에 맞는 DNA를 가졌는지에 대한 뚜렷한 기준을 갖고 있다. 그리고 그러한 기준에 따라서 사람을 뽑는다. 그러나 새로 채용한 사람들이 적절한 재능을 갖고 있다 하더라도 그들이 그 기업의 문화에 스스로 적응하리라고 생각하지는 않는다. 그보다는 신규 직원에게 그 기업의 문화적 규범을 주입하는 프로그램을 세밀하게 개발하여 그 직원의 경력 과정에서 지속적으로 주입한다. 평가와 승진 과정을 통해서 규범을 지키는 자를 보상하고 그렇지 않은 자를 벌함으로써 이러한 문화는 더욱 강하게 주입된다. 따라서 사람들은 채용에서 은퇴에 이르기까지 전 과정을 통하여 기업의 문화에 대한 메시지를 듣고 영향을 받게 되는 것이다.

끝으로 상급 경영자의 행동과 의사소통은 문화적인 사회적 구조를 구축하고 유지하는 데 매우 중요하다. 상급 경영자가 문화를 실천하고 규범을 솔선하여 지키지 않으면 아무도 그 규범을 따르지 않을 것이다. 앞서 말한 대로 문화적인 규범을 균형 있게 체계화하는 것은 누가 따로 해주는 것이 아니라 기업들이 그 기업의 역사를 통해서, CEO의 역할을 통해서 만들어 나가는 것이다. 경영자들은 회사의 목적을 위해 다양한 규범을 고안해 내고, 이를 지키기 위해서 여러 가지 노력을 해왔다. 시간이 지나면서 문화가 자리를 잡게 되면 그 문화를 강화하고 새로이 디자인하는 것은 경영진의 몫이지만, 문화가 만들어지는 중요한 시기에는 CEO의 행위자적인 리더십이 가장 중요하다.

의사소통은 당연히 매우 중요하다. 그러나 인지과학이 말하듯이 대부분의 기업 혁신 프로그램은 의사소통의 효과성이라는 측면에서 볼 때 180도 거꾸로 가고 있다[48]. 인간은 고집스러워서 자신의 사고 구조나 행동을 상사나 상사의 지시 때문에 바꾸지 않는다. 뿐만 아니다. 어떠한 의미 있는 강의나 메시지를 들어도 꼼짝하지 않는다. 따라서 사실에 입각한 논리적인 방법보다 기업 개혁 프로그램의 내용을 좀 더 흥미 위주, 패턴 인식 위주로 하여 인간의 정서적인 측면에 호소하는 방법이 훨씬 효과적이다. 현재에 안주하기보다는 변화가 필요하다는 것을 느끼게 하는 데는 일종의 충격 요법도 필요하다. 기업의 개혁 프로그램은 물론 사실에 입각하여야 하지만 그것을 전달하는 방법은 좀 더 쉽고 재미있어야 한다는 것이다. 대부분의 기업 혁신 프로그램의 내용은 매우 수동적이어서 의사소통이 쌍방향이 아니라 상의하달 방식이다. 그러나 학습은 상호 작용의 과정이며 개혁의 필요성을 인식시키기 위해서는 사람들이 직접 그 문제에 부딪히게 하여야 한다.

많은 경영자들은 말로 하는 아이디어에 대하여 다소 염증을 느끼고 있으며 정치인들이나 하는 것으로 치부하는 경향이 있다. 그러나 현실적으로 대개 우리는 짧고 마음을 끄는 리드미컬한 말을 잘 기억하는 경향이 있다. 그 경우 대개 사람들은 조어를 하거나 은유법을 쓰거나 유머러스한 표현을 쓰거나, 혹은 다른 언어 기술을 사용한다. 잭 웰치는 매우 정교한 말의 대가로 잘 알려져 있으며, 그러한 능력을 최대한 활용하여 자기가 설정한 규범을 회사 조직의 행동으로 옮기는 데 최대한 활용하였다[49]. 끝으로 집중적인 반복도 중요하다. 종교 지도자들이 교인들을 매주 만나 설교하고 정치인들이 같은 연설을 반복하는 데는 이유가 있다. 사람이란 내용도 중요하지만 자주 듣는 이야기를 중시하는 경향이 있기 때문이다.

이러한 경영 방법은 쉽지 않을 뿐 아니라 현실적으로 많이 활용되는 것도 아니다. 로버트 위긴스와 팀 뤼플리가 지적하였듯이 하나의 적응 패턴으로 성공을 거듭한 기업은 전체의 1%도 안 된다고 한다. GE, 휴렛패커드, IBM, 존슨앤드존슨, BP, 듀폰, P&G, 그리고 골드만 삭스가 이런 범주에 속하는 몇 안 되는 성공적인 기업이다. 이들은 대개 적응 능력을 키우기 위해 사회적 구조를 구축한 기업들이다[50]. 그렇다고 해서 이들 기업이 완벽하다고는 말할 수 없다. 그러나 이들 기업은 아주 높은 성과를 자랑하고 있을 뿐 아니라 어려움을 이겨 내고 환경 변화에 잘 적응하였다.

생각하는 사람들의 사회

이디스 펜로즈는 그의 저서에서 기업의 규모와 성장을 제약하는 기본적인 요인이 무엇이냐는 질문을 제기한 바 있다[51]. 그는 여기서 두 가지 요인을 제시하였다. 첫째는 복잡성을 관리하는 기업의 능력이다. 어떤 단계가 되면 조직은 펜로즈가 말하듯이 "효율적으로 관리하기가 어려울 정도로 커지게 된다."[52] 그러나 물리적 기술과 사회적 기술이 발전함에 따라 이러한 제약의 영향은 줄어들었다. 분명히 컴퓨터, 전화, 비행기, 현대 경영 기술이 있는 오늘날에는 편지나 비둘기, 증기선에 의존하였던 과거보다 대규모 글로벌 기업을 운영하는 것이 훨씬 쉬워졌다. 실제로 앞서 이야기한 제약은 시간이 지나면서 점점 그 영향력이 줄어들었으며 포춘 500대 기업의 평균 고용 인원도 과거 1955년의 1만 6천 명에서 2003년에는 4만 8천 명으로 세 배나 늘어났다[53].

펜로즈가 제시한 두 번째 제약 요인은 지식이다. 기업은 지식의 한도 내에서만 성장할 수가 있다[54]. 그리고 지식은 진화의 산물이기 때문에, 기업의 성장 속도는 진화 속도보다 빠를 수 없다. 경제에서 조직의 규모가 커지기는 했지만 기업 규모의 분포와 성장에는 큰 변화가 없었다. 브루킹스 연구소의 로버트 액스텔과 보스턴 대학의 진 스탠리의 보고서에 의하면 기업 규모의 분포와 성장은 옛날 그대로라는 것이다[55]. 이런 관성이 남아 있다는 것은 우리의 시스템에 아직도 진정한 제약 요인이 작용하고 있음을 뜻한다. 따라서 우리의 성장을 제약하는 것은 실제 펜로즈가 말한 두 번째 요소라고 할 수 있다. 물리적 기술과 사회적 기술로 말미암아 조직의 업무 조정, 통제 및 실행 능력이 높아졌지만 혁신 및 지식 창출 능력은 이에 못 미치고 있다.

수직적인 지휘 통제 조직은 과거 상상할 수 없었던 규모의 협력을 통해 고도로 복잡한 사업 계획의 실행을 가능케 하였다. 그러나 이러한 조직에 내재된 경직성은 결국 진화 과정에서 제약 요인으로 작용하게 되었다. 하지만 문화라는 수단을 이용하여 기업은 조직 구성원의 사고를 자유롭게 할 수 있다.

사실이 그렇다면 이는 우리가 인간의 잠재력을 충분히 활용하지 못하고 있다는 의미이기도 하다. 인지과학과 인공지능 분야의 대가인 마빈 민스키Marvin Minsky 는 우리가 말하는 '지능'은 한 가지를 의미하는 것이 아니라 많은 개별 분야들의 집단적인 상호 작용으로부터 초래되는 현상이라고 주장하였다. 지능의 마력은 그것이 잘 조직되고 활용되면 어떤 개별적 분야가 단독으로 할 수 없는 것을 해결해 낼 수 있다는 것이다. 민스키는 그와 같은 지능을 가리켜 '사고하는 사람의 사회'라고 명명하였다[56].

인간 조직은 세 단계의 발전 과정을 거치는 것으로 볼 수 있다. 그 첫 번째 단계는 타인과 협력할 수 있게 하는 '사회적 기술'의 진화이다. 두 번째 단계는 산업 혁명에서 만들어진 '물리적 기술'의 활용을 가능하게 만든 대형 조직의 출현이다. 그러나 지금 우리는 세 번째 단계에 막 들어서고 있다. 우리는 이제 대규모 조직 속에서 어떻게 '생각하는 사람의 사회'를 만들 것인가를 배우고 있는 것이다.

대개의 조직은 그 조직 구성원들이 갖고 있는 두뇌력의 극히 일부분만을 활용하고 있다. 수직적인 지휘 통제 조직은 산업 사회에 출현하여 인간으로 하여금 과거 상상할 수 없었던 규모의 협력을 할 수 있게 하였고, 이를 통해서 고도로 복잡한 사업 계획의 실행을 가능케 하였다. 그럼에도 불구하고 이러한 조직에 내재된 경직성은 결국 진화 과정에서 제약 요인으로 작용하게 되었다. 하지만 문화라는 수단을 이용하여 기업은 그들 조직 속에 진정한 의미의 사회를 구축하여 조직 구성원의 사고를 자유롭게 할 수 있다. 어느 사회에서나 마찬가지로 자유에는 책임이 따른다. 그리고 문화는 성과와 실행, 그리고 실험과 적응을 촉진하는 역할을 해야 한다. 그러한 문화를 창출하는 것이 진정한 의미의 사회공학이라고 할 수 있다. 여기에는 그에 상응하는 위험과 불확실성이 따를 수 있다. 그러나 이를 극복하고 성공하는 기업에는 보상이 있다. 그것은 바로 미래 세대를 위해 부를 창출할 수 있는 엔진 역할을 하는 '제도'일 것이다.

17

금융: 기대의 생태계

$$\vdots$$

1998년 여름 초대형 헤지펀드인 롱텀 캐피털의 존 메리웨더 사장은 휴가 중에 급한 전화를 받았다. 그해 8월은 세계 금융 시장이 급락을 거듭하는 가운데 아시아 경제는 하나 둘 무너져 가고 있었다. 8월 말 그 급락 사태는 드디어 일을 내고 말았다. 롱텀 캐피털은 며칠 만에 44억 달러의 손실을 입었다[1]. 메리웨더 사장은 코네티컷 그리니치에 있는 본사로 돌아가 회사의 회생 작업을 시작했다.

노벨상을 비웃다

1998년 여름은 금융 이론이 막을 내리고 새로운 이론이 시작되는 순간으로 기억될 수 있다. 1987년의 주가 폭락 사태가 금융 이론의 기본을 흔들었다면 1998년의 사태는 이론을 송두리째 붕괴시켰다고 말할 수 있다. 시장의 불완전성과 금융 시장의 연쇄적 붕괴, 그리고 위험에 대한 인식의 변화 등에 대하여 전통 경제학은 아무런 설명을 내놓지 못하였다. 아이러니의 극치로서 롱텀 캐피털 투자 전략의 핵심 주도자는 현대 금융 이론의 아버지라고 불리는 로버트 머턴^{Robert Merton}과 마이런 숄스^{Myron Scholes}로서, 두 사람 모두 노벨 경제학상을 수상하였다. 롱텀 캐피털이 큰 손실을 입은 후 머턴은 "우리의 모델에 의하면 이런 일은 일어날 수가 없었는데"라고 말하였으나 그 사건은 일어났다. 이 같은 일은 『월 스트리트 저널』에 대대적으로 보도되었다[2].

최근 전통 경제학의 금융 이론에 대해 문제를 제기할 수 있는 또 하나의 사건이 일어났다. 전통 금융 이론에서는 주식 시장의 버블 현상은 존재할 수 없다. 그러나 1997년~2000년 주식 시장이 활황일 때 미국 금융 시장의 자산은 12조 7천억 달러 이상 늘어났다. 그러나 그 후 2001년에 접어들면서 어느 순간에 10조 8천억 달러가 물거품처럼 사라졌다. 현실 세계와 교과서의 괴리가 극명하게 드러난 것이다.

금융은 경제학 분야 중에서도 이론의 현실 응용이 가장 잘되어 있는 분야이다. 따라서 투자가, 은행, 기업 경영자, 그리고 정부 정책 책임자들은 전통 금융학의 수단을 잘 활용해 왔다. 이러한 수단에 의거한 의사 결정으로 수십만 달러의 거래가 이루어지고 거대한 기업이 합병되기도 하고 중앙은행이 이자율을 결정하기도 한다. 그러므로 전통 금융 이론이 틀렸다고 말하는 것은 우리에게 충격이 아닐 수가 없다.

롱텀 캐피털의 투자 전략을 주도한 머턴과 숄스는 둘 다 노벨 경제학상을 수상하였다. 롱텀 캐피털이 큰 손실을 입은 후 머턴은 "우리의 모델에 의하면 이런 일은 일어날 수가 없었는데"라고 말했다. 이 일은 『월 스트리트 저널』에 대대적으로 보도되었다.

금융 이론은 매우 실증적인 분석 데이터를 바탕으로 하고 있다는 점에서 다른 분야와 차별화된다. 금융 경제학자들은 분 단위의 데이터를 대규모의 자산 거래에 활용함으로써 엄청난 돈을 벌었다. 그들은 또한 금융 시장이 그동안 계속 호황이었고 금융 데이터를 분 단위가 아닌, 10년 단위로 보면서 분석할 수 있었기 때문에 운이 좋았다고 할 수 있다. 그러나 불행히도 최근 이 모든 데이터가 전통 이론을 배신하고 말았다.

잊힌 프랑스 남자와 먼지에 덮인 도서관

1900년 소르본 대학 수학과 대학원생 루이 바슐리에Louis Bachelier에는 「투기 이론The Theory of Speculation」이라는 논문을 썼다[3]. 그 논문에서 그는 주식 가격의 움직임에는 규칙이 없다는 놀라운 주장을 하였다. 이 책의 앞부분에서 설명하였듯이 규칙이 없다는 것은 어떤 일이 거리, 방향, 그리고 발생 시점에서 전혀 규칙성 없이 일어난다는 것을 말한다. 바슐리에의 주장은 장기적으로 볼 때 주식 시장의 가격을 예측할 수 있는 유용한 정보는 없다는 의미다. 그에 의하면 주식 시장의 정보라는 것은 술 취한 사람이 파리의 거리를 헤매는 것보다 예측력이 없다는 것이다. 불행히도 그 논문 심사 위원장은 그의 주장을 받아들이지 못하였고 그 논문은 그 후 60년간 주목받지 못한 채 파묻혀 있었다[4].

그 후 1954년 지미 새비지Jimmie Savage라는 통계학자가 시카고 대학의 서고를 뒤지다가 먼지가 가득 낀 바슐리에의 1914년도 논문을 발견하였다. 새비지는 관심을 갖게 되었고 폴 새뮤얼슨에게 그 논문의 내용에 대하여 편지를 썼다. 새뮤얼슨도 바슐리에의 논문을 소르본 대학에서 입수하였고, 그의 영향력에 힘입어 주가 예측 불가능 가설random-walk hypothesis은 전통 금융학의 근간이 되었다. 새뮤얼슨이 바슐리에를 부활시킨 후 30년 동안 많은 경제학자들, 예를 들어 새뮤얼슨, 폴 쿠트너Paul Cootner, 해리 마코비츠Harry Markowitz, 제임스 토빈James Tobin, 프랑코 모딜리아니Franco Modigliani, 머턴 밀러Merton Miller, 피셔 블랙Fisher Black, 마이런 숄스, 유진 파머Eugene Fama, 윌리엄 샤프William Sharpe, 로버트 머턴 등이 전통 금융학의 핵심 이론을 개발하였다. 1973년 프린스턴 대학의 버턴 말킬Burton Malkiel 교수는 『랜덤워크 투자수업A Random Walk down Wall Street』이라는 책을 출간하였다. 그 책은 그간의 금융경제학 연구 결과를 잘 요약하여 월스트리트의 전문가들과 개인 투자자들에게 필독서가 되었다[5]. 이 책은 베스트셀러가 되었고, MBA 코스의 필수 교과서가 되었으며, 모든 주식 투자자와 주식 거래자들에게 그동안 잊혔던 한 프랑스 남성의 아이디어를 주입시켜 주었다.

교과서식 주식 선택

전통 금융 이론에 의하면 주식(혹은 여타 금융 자산)의 가치를 평가하기 위해서는 그 주식으로부터 앞으로 얻을 수 있는 현금 수익을 보아야 한다[6]. 여기 프리딕터블 엔터프라이즈Predictable Enterprise라는 기업이 있다고 가정하자. 그 기업은 주식에 대해서 배당을 지급한다. 이제 우리가 수정水晶 볼*을 이용해 프리딕터블 엔터프라이즈가 향후 5년간 매년 주당 10달러의 배당을 줄 것이라는 예측을 완벽하게 했다고 하자. 그 수정 볼이 6년 후에는 그 회사를 노벨 벤처사가 주당 100달러에 인수·합병할 것이라고 예측했다고 하자. 이 경우 이 회사의 주식 1주를 보유함으로써 앞으로 5년간 매년 10달러를 받을 수 있고, 이에 더하여 6년째는 주가가 100달러가 되어 합계 150달러의 자산을 갖게 된다(일단 세금은 무시하고). 그래서 프리딕터블 엔터프라이즈 1주의 미래 가치는 150달러라고 할 수 있다. 그러나 우리가 알다시피 오늘 1달러의 가치는 내일의 1달러 가치보다 높다. 아무도 6년 후에 150달러가 될 주식을 오늘 150달러를 주고 사지는 않을 것이다. 사람들은 150달러에 대한 이자 소득을 생각하기 때문이다. 얼마나 많은 이자 소득을 바라느냐 하는 것은 바로 그 투자가 얼마나 위험하며

---

* 서양에서 점술가들은 미래를 보기 위해 수정 볼을 이용한다.

604

그 외에 다른 어떠한 투자 기회가 있는가에 따라서 달라진다. 이제 수정 볼을 치우고 프리딕터블 엔터프라이즈가 앞에서 말한 것과 같은 성과를 낼 것이라고 예측했다고 하자. 이 경우 단순한 추측이 아니라 모든 공개된 기업 정보, 시장 정보를 이용해서 이러한 예측을 뒷받침하는 분석을 했을 것이다. 그러나 프리딕터블 엔터프라이즈가 그러한 성과를 낼 것이라는 예측은 가능하지만 실제로는 성과가 예측보다 훨씬 나쁠 수도 있고 더 좋은 수도 있다는 것을 사람들은 알고 있다. 그래서 돈을 프리딕터블 엔터프라이즈에 투자하는 대신 정부 보증으로 안전한 은행에 저축할 수도 있다. 프리딕터블 엔터프라이즈에 대한 투자는 위험성이 있기 때문에 최소한 연 10% 이상의 투자 수익이 예상되어야만 투자 가치가 있다고 가정하자. 그렇다면 6년 후에 150달러가 될 것으로 분석된 주식의 현재 가치는 94달러에 불과하다. 따라서 그 주식을 사기 위해 그 이상을 지불하려는 사람은 없을 것이다. 그래서 그러한 투자를 통해 대개 연 10% 정도의 투자 수익을 올리게 된다[7]. 오늘 투자자들이 내일의 1달러를 오늘의 1달러보다 낮게 평가하는 것을 '할인한다'라고 한다. 그래서 할인율은 투자의 위험도에 따라 달라진다.

전통 금융 이론에서는 모든 투자자가 합리적으로 행동한다고 가정한다. 투자자들은 모든 가능한 정보를 갖고 있으며 투자를 통해 얻을 수 있는 미래 현금 수익에 대한 기대치를 정하고 위험도를 평가하여 할인율을 정한 다음, 그 주식의 현재 가치를 평가하게 된다. 따라서 어떤 시점에서 주식의 가치는 그 주식에 대한 모든 정보를 바탕으로 한 모든 사람들의 기대치를 반영한 것이 된다. 예를 들어, 프리딕터블 엔터프라이즈가 성장해서 그 회사의 배당이 10달러에서 11, 12, 13, 14달러로 매년 늘어난다고 예측되었다고 하자. 그러면 현재 사람들은 그 주식의 현재 가치를 94달러가 아닌 101달러로 평가할 것이다. 따라서 투자자들이 미래에 성장할 것으로 예측하는 주식의 경우에는 그 주가에 이러한 예측이 이미 반영된 것으로 보아야 한다. 마찬가지로 미래의 배당이 줄어들 것을 예상하면 주식의 현재 가치가 떨어지게 된다. 이와 비슷하게 투자 위험도에 대한 인식이 달라지는 경우에도 할인율이 바뀌며, 따라서 주식의 현재 가치도 달라지게 된다.

주식에 대한 모든 정보를 소화하고 이론에 따라 주식의 가격을 평가했다면 주식의 미래 가치에 대한 예측을 바꿀 만한 새로운 정보가 나타나지 않는 한 그 평가치를 바꿀 이유가 없다. 따라서 예상했던 대로 프리딕터블 엔터프라이즈가 매년 10달러씩 배당을 지불한다면 그 회사의 주식 가치는 주당 94달러로 유지될 것이다. 그러나 예상과 달리 프리딕터블 엔터프라이즈가 그보다 더 많은 배당을 지불한다는 뉴스가 나오면 그 회사의 주식 가치는 그에 맞게 조정될 것이다.

지금까지는 전통 금융 이론에 따라 개인 투자자가 어떤 의사 결정을 하는지 보았다. 지금부터 상호 거래하는 다수의 투자자가 있을 때 어떠한 현상이 일어나는가 보도록 하겠다. 사실 모든 사람이 정보를 똑같은 방식으로 해석하지는 않는다. 어떤 사람은 프리딕터블 엔터프라이즈의 미래를 낙관적으로 보고 그 주식의 현재 가치를 101달러로 평가할 수도 있고, 어떤 사람은 비관적이어서 그 주식의 평가 가치를 87달러로 볼 수도 있다. 낙관주의자는 그 주가가 101달러 밑에 있다면 얼마든지 사려고 할 것이고 비관주의자는 그 주가가 87달러 이상이면 얼마든지 팔려고 할 것이다. 따라서 이 두 부류의 투자자 간에 거래가 발생할 가능성이 있다. 이제 시장에 많은 투자자들이 있고 그들의 주가에 대한 예측치가 각기 다르다고 가정하자. 이 모든 사람이 참여해서 사고팔 수 있는 경매를 연다고 하자. 그렇게 되면 비관주의자들은 낙관주의자들에게 팔고 낙관주의자들은 비관주의자들의 주식을 사들이게 될 것이다. 어떤 시점에 이르면 모든 투자자가 자기가 원하는 가격에 원하는 만큼의 주식을 보유하게 되고 더 이상 거래를 할 동기가 없어지게 된다. 바로 모든 사람들이 더 이상 거래를 할 동기를 갖고 있지 않은 이 순간 시장은 균형 상태에 있게 되고 그때 시장에서 형성되는 가격이 바로 시장 가격이 된다. 실제 시장 가격은 모든 시장 참여자들의 정보와 예측을 바탕으로 하는 합의의 결과다.

여기서 시장은 균형 상태에 있고 새로운 정보가 시장을 흔들지 않는 한 거래는 일어나지 않는다. 따라서 모든 사람들이 하품하면서 일 없이 거래소를 배회하게 되고 그 순간 어디선가 프리딕터블 엔터프라이즈가 새로운 대량 수주를 받았다는 뉴스가 들려온다. 이러한 소식이 전해지면 모든 사람은 그 뉴스의 내용을 자세히 분석하기에 바빠진다. 이 뉴스를 바탕으로 투자자들은 프리딕터블 엔터프라이즈 주식 가격에 대한 자기들의 예측치를 수정하기 시작하고 새로운 평가를 내리게 된다. 이와 함께 거래는 다시 시작되고 그 거래는 시장에 참여한 모든 사람들이 만족할 때까지 계속된다. 그리고 더 거래할 동기가 소진될 때 시장은 새로운 균형에 이르게 된다.

시장이 효율적이라고 말하는 이유는 시장이 가격 변화의 원인이 되는 정보를 해석하는 데 가장 뛰어난 능력을 갖고 있기 때문이다. 만약 모든 사람에게 모든 정보를 입수하여 정확하게 계산하는 능력이 있다면 프리딕터블 엔터프라이즈의 주식 가격에 변화를 일으킬 수 있는 것은 새로운 뉴스밖에 없을 것이다. 전통 경제학은 그러한 뉴스가 무작위적으로 전달된다고 가정하고, 그러한 뉴스가 좋은 소식인지 나쁜 소식인지 사전에 아무도 모른다는 것을 전제로 하기 때문에 가격이 무작위적으로 움직인다는 것이다. 그러나 산업 사회에서 경제는 매년 몇 퍼센트씩 성장하여 왔기 때문에 경제학자들은 새로운 뉴스를 낙관적으로 해석하여 모델에 주입하는 경향이 있었다. 프리딕터블 엔터프라이즈에 대해 전혀 모르면서도 우리는 경제가 성장함에 따라 그 회사에도 좋은 일이 있을 것이라는 막연한 기대를 한다는 것이다. 따라서 주식 시장은 무작위적으로 움직이는데도 불구하고 주가는 시간이 지나면서 평균적으로 상승해 왔던 것이다.

예측 불가능 가설의 핵심적인 의미는 과거 주식 시장 변화에 대한 정보는 미래 가격을 예측하는 데 유용성이 없다는 것이다. 어제 주가의 등락은 내일 주가의 등락과 아무 관계가 없다. 주가를 움직이는 것은 뉴스밖에 없다. 그러한 뉴스는 불규칙하게 무작위적으로 발생한다. 만약 과거 주가에 어떤 패턴이 있었다면 합리적인 투자자들은 그러한 패턴을 찾아낼 것이고 그러한 패턴은 유용한 정보로서 주식을 평가하는 데 활용될 수 있을 것이다. 그러나 이러한 주식 투자는 차액 매매를 가능케 할 것이고, 따라서 결국 주가는 무작위적으로 변동한다.

더욱이 합리적인 투자자와 차액 매매가 결합되면 궁극적으로 시장에서 평균 수익률 이상의 수익을 얻기가 불가능해진다. 이것을 '효율적 시장 가설'이라고 한다. 이 이론을 처음 개발한 시카고 대학의 유진 파머는 가격이 모든 정보를 충분히 반영하고 있다면 그 시장은 효율적이라고 규정하였다[8]. 모든 사람이 똑같은 공식을 사용해서 가격을 계산하고(완벽한 합리성), 모든 사람이 똑같이 정보에 접근할 수 있다면 이때 결정되는 가격이 바로 이러한 가격일 것이다. 완벽한 합리성을 전제로 했을 때 누구도 다른 사람보다 현명할 수 없기 때문에 다른 사람보다 더 정확한 가격을 예측하는 방법은 다른 사람이 갖지 못한 정보를 확보하는 길밖에 없다. 그래서 불공정 거래를 막기 위해 정보의 공개와 이용이 기업 관계자 혹은 그들의 친지, 가족 등에게는 금지되어 있다. 새로운 정보가 시장으로 공개될 때는 그 정보가 회사의 수익에 관한 것이든 정부의 경제 통계든 미디어나 인터넷 등을 통해서 모든 사람이 동시에 취득할 수 있도록 되어 있다. 이러한 효율적인 시장의 의미는 아무도 시장에서 조직적인 우위를 점할 수 없다는 것이다. 폴 새뮤얼슨이 말했듯이 "라스베이거스나 처칠 다운스 혹은 메릴린치에서 돈을 벌기는 쉽지 않다"[9].

   아마 누군가는 "그럼, 워런 버핏Warren Buffet은 어떻게 돈을 벌었단 말인가?"라고 반문할 것이다. 세상에는 똑똑한 투자자도, 바보 같은 투자자도 있지 않은가? 이에 대해 전통 금융 이론가들은 "그렇기는 하지만 똑똑한 투자자들은 시장에서 가격을 결정하는 사람들이다"라고 말할 것이다. 두 유형의 투자자가 있는 시장을 가정하자. 모든 정보를 모아 똑똑한 두뇌를 이용해 완벽하게 분석해서 돈을 잘 버는 워런 버핏 같은 투자자와 택시 운전수나 바텐더의 이야기를 듣고 주식을 덥석 사는 조 식스팩Joe Six Pack 같은 투자자가 있다고 가정하자. 이 두 유형의 투자자를 동시에 시장에 투입해서 거래를 시작하면 워런 버핏 유형의 투자자들은 상대방의 무식함을 이용해서 자기가 예측한 가격과 일치될 때까지 주식을 사들일 것이다. 조 식스팩은 돈을 다 잃고 워런 버핏 유형 투자자는 돈을 다 긁을 것이다. 그래서 시간이 지나면 워런 버핏 유형 투자자가 관리하는 자본의 규모는 계속 커지고 조 식스팩 유형의 투자자들이 관리하는 자본은 계속 줄어들어 거의 모든 돈이 현명한 투자자의 손에 들어갈 것이다[10]. 실제 시장에서는 거의 대부분의 자금이 연·기금이나 뮤추얼 펀드나 다른 전문 투자자들의 통제하에 있으며 이들에 의해서 대개 가격이 결정된다. 조 식스팩 유형의 투자자들은 워낙 무식해서 전문가들을 당할 수가 없다 치더라도 어떤 뮤추얼 펀드가 다른 뮤추얼 펀드보다 돈을 더 잘 버는 이유는 무엇인가? 전통 금융 경제학자에 따르면 이에 대해서는 두 가지 설명이 가능하다. 하나는 펀드는 대개 시장 평균치보다 더 위험도가 높은 투자를 한다. 효율적인 시장에서 시장 평균 수익률보다 더 높은 수익을 올릴 수 있지만 비용을 들이지 않고 되는 것은 아니다. 이 경우 비용은 바로 위험이다. 따라서 위험까지 고려했을 때 그 수익률이 시장 평균 수준보다 높다고 보기 어렵다. 두 번째 설명은 바로 운이다. 우수한 기업의 경우와 같이 만약 어느 시점에 뮤추얼 펀드들의 실적을 비교하면 펀드에 따라 수익률이 달리 나타나는 경우가 있다. 이는 마치 여러 사람이 동전을 던졌을 때 누구의 동전이 앞면을 나타내는가 하는 것과 같다. 1973년 저서에서 말킬이 설명하였듯이 평균적으로 뮤추얼 펀드와 기관 투자자들의 수익률은 크게 차이 나지 않는 것으로 분석되었다. 대개 S&P 500 지수의 수준을 넘어서지 않았다[11].

전통 금융 이론은 개인 투자자의 행태뿐 아니라 글로벌 시장의 움직임까지도 설명할 수 있는 이론을 개발하였다. 여러 측면에서 금융 이론은 전통 경제학에서 가장 발전된 분야라고 할 수 있다.

그러나 지난 20년간 현실은 이론과 달랐다. 이 장의 서두에서 밝혔듯이 1987년 주식 시장의 붕괴, 그리고 1990년대 기술 주식 거품 현상 등은 전통 금융 이론에 대한 중요한 도전으로 부상하였다. 그러나 더욱 중요한 것은 고도의 통계적 방법을 이용한 실증 분석이 속속 등장하면서 금융 이론의 핵심 부분에 대한 기본적인 의문이 제기되었다는 것이다. 이러한 관점에서 본다면 금융 이론은 기껏해야 어떤 주어진 환경하에서 일어나는 현상의 개략적인 유추에 불과하다는 것이며, 최악의 경우에는 그 이론 자체가 틀렸다고 말할 수 있다. 본질적인 이슈로서 다음 세 가지 문제를 제기할 필요가 있다.

• 첫째, 실증 분석과 실험의 결과를 보면 현실 세계의 투자자는 이론에 나오듯이 완벽하게 합리적인 투자자와는 전혀 다르다[12]. 투자자들은 전통 이론이 가정하듯이 할인을 하지 않으며 투자자들은 위험에 대하여 다양한 편견을 갖고 있어서 정보를 분석하고 이해하는 과정에서 여러 가지 오류를 범한다. 그리고 투자자들은 의사 결정에서 자기 나름대로의 방법을 사용한다. 6장에서 보았듯이 이는 투자자들이 비합리적이라든가 감성에 의해서 의사 결정을 한다는 뜻이 아니다. 오히려 투자자들은 완벽하게 합리적이고 논리적인 것은 아니지만 제한적으로는 합리적이라고 할 수 있다.

지난 30년의 연구 결과에 의하면 완벽한 합리성의 가설은 경제 현실을 설명하는 데 매우 부적절하다는 데 의심의 여지가 없다.

- 둘째, 바슐리에도 틀렸다. 시장은 무작위적으로 움직이는 게 아니다. 여러 가지 증거를 보면 시장 데이터는 복잡한 적응 시스템에서 시장 참여자에게 신호를 보내는 구조적 특성을 갖고 있기 때문이다.
- 셋째, 전통 경제학적 관점에서 금융 시장은 효율적이지 못하지만 진화적인 관점에서는 매우 효과적이라고 할 수 있다.

면 가격, 살찐 꼬리, 그리고 프랙탈Fractal

전통 이론의 무엇이 틀렸는가를 이해하기 위해서는, 그리고 금융 시장의 현상을 이해하기 위해서는 1960년대로 돌아가 뉴욕의 요크타운 하이츠에 있는 IBM 연구 센터 사례를 볼 필요가 있다. 그 연구소에는 폴란드에서 태어나 프랑스에서 교육을 받은 브누아 망델브로Benoit Mandelbrot라는 당시 떠오르는 수학자가 있었다(8장에서 그의 연구에 대해서 간단하게 언급한 바 있다)[13]. 그는 유년기부터 반항기가 많았다. 프랑스의 수학계가 부르바키스트Bourbakist의 순수 논리 문제에 집착해 있을 때 망델브로는 당시 전혀 인기가 없었던 기하 문제에 관심을 두었고, 수식을 쓰기보다는 데이터를 이용한 그림 그리기를 좋아했다.

망델브로는 1960년 하버드 대학에서 강의하면서 칠판에 그가 항상 관심을 가졌던 그림을 그렸다. 그 그림은 경제학자인 헨드릭 하우트하커르Hendrick Houthakker가 수집한 면綿 가격 데이터를 그림으로 옮겨 놓은 것이었다. 하우트하커르는 면 가격의 일간日間 변화를 그래프로 그리고 있었으며 그것을 이용하여 예측 불가능 가설이 예측했던 종 모양의 가우시안Gaussian 커브가 그려지는지 보고자 하였다. 그러나 그 데이터는 그 가설에 맞지 않았다. 그럼에도 망델브로는 그 데이터가 그려 내는 어떤 패턴이 있을 거라고 생각하여 하우트하커르의 데이터를 컴퓨터 펀치카드에 담아 요크타운 하이츠로 가져왔다. 1963년 그 분석 결과를 토대로 망델브로는 「어떤 투기적 가격의 변화The Variation of Certain Speculative Prices」라는 논문을 발표하였다. 네 가지 문제점을 제시함으로써 그는 예측 불가능 가설을 무너뜨렸다. (1) 데이터의 분포는 꼬리 부분이 종의 모양에 비해서 훨씬 두껍게 나타났다. 다시 말해서 예측 불가능 가설의 예측치보다 가격 변동 폭이 훨씬 큰 사례의 빈도가 높았다. (2) 가격 변화의 폭이 워낙 커서 전체 가격 편차의 대부분을 단지 몇 개의 극심한 가격 변화가 설명하였다. (3) 시간에 따라 가격의 움직임에 뭉침 현상이 있는 것으로 나타났다. 다시 말해서 일시적 균형 상태가 형성되었다가 붕괴되고 다시 새로운 균형이 형성되는 반복적 패턴이 나타났다는 것이다. (4) 그 데이터를 설명하는 통계는 예측 불가능 가설이 예측했던 것처럼 정태적인 것이 아니라 동태적인 것이었다[14].

망델브로는 예측 불가능 가설을 무너뜨렸을 뿐 아니라 새로운 대안 가설을 제시하였다. 그는 면 가격의 분포가 거듭제곱 법칙을 따른다고 설명하였다[15]. 망델브로의 제안은 두툼한 꼬리 부분과 극심한 가격 변화 현상을 잘 설명하였다. 이들은 예측 불가능 가설로서는 도저히 설명될 수 없었다. 그 후 망델브로는 금융 시장 가격이 차원 분열次元分裂 도형(프랙탈)과 같은 형태를 가졌다는 것을 보여 주었다. 즉, 금융 데이터에 구조적 특성이 있을 뿐 아니라 그러한 구조적 특성이 분 단위에서 월 단위로 나타났다는 것이다. 그리고 그 모양이 마치 망델브로를 유명하게 한 차원 분열 도형과 같았다는 것이다[16].

1963년 논문이 발표되었을 때 비판적인 반론이 많았다. 예측 불가능 가설의 주도자였던 폴 쿠트너는 "수 세기에 걸친 연구 결과를 버리기 전에 우리의 연구 결과가 정말 쓸모없는 것인가 다시 한번 확인할 필요가 있다"라고 말하였다[17]. 그 논문으로 인한 논쟁에는 시카고 대학의 유진 파머도 참여하였다[18]. 그러나 1967년 논문에서 망델브로는 그의 비판에 대해 반론하면서 밀 가격, 철도 운임, 이자율, 환율 등을 이용해 추가 분석한 결과, 당초의 결론을 확인하였다고 말하였다[19]. 결국 그 논쟁은 잠잠해지고 경제학자들은 다른 주제로 옮겨 갔다. 망델브로는 경제학에서 이방인이었고, IBM의 수학자로서 경제학 전문가도 아니었다. 예측 불가능 가설은 강력한 힘을 가진 전통 경제학의 지지를 받고 있었다. 그리고 그때 망델브로의 결과를 지지할 이론적 대안도 없었다. 그래서 복잡 적응 시스템이라는 아이디어와 그러한 체계를 이해하기 위한 방법론이 빛을 보기 위해서는 앞으로 20년 이상을 기다려야 할지 모른다. 망델브로의 논문들은 경제학자들의 서랍 속에 불편한 혼돈 정도로 취급당한 채 버려져 있다. 바슐리에의 논문처럼 아마도 새로운 세대가 그의 가치를 발견할 때까지 잊힌 채로 버려져 있을 것이다.

월 스트리트에서의 작위적 산책

1986년 MIT의 앤드루 로 교수와 워튼 경영대학원의 크레이그 맥킨리Craig MacKinlay는 금융 학술 회의에서 공동 논문을 발표하고 주식 시장은 예측 불가능 가설을 따르지 않음을 증명하였다고 주장했다. 1999년 저서 『월 스트리트에서의 작위적 산책A non-Random Walk down Wall Street』에서 그들의 논문에 대한 여러 가지 반응에 대해 기술한 바도 있다[20]. 그들이 논문을 발표하는 동안 그 자리에 참석했던 한 저명한 경제학자는 그들의 연구 결과는 불가능한 것이며 컴퓨터의 계산 오류일 수 있다고 말하였다.

그러나 그 후 수년이 지나면서 그들의 결과를 다른 사람들이 복제하고 그들의 프로그래밍도 문제가 없는 것으로 판명되어 그러한 결론이 받아들여졌다. 망델브로와 달리 로와 맥킨리는 금융학계의 인물이었고, 그들이 연구에서 사용한 기법도 전통 금융학계에서 사용하는 것들이었다. 로와 맥킨리의 논문이 나오기 전에는 수십 년간 예측 불가능 가설에 대한 통계적 시험이 있었지만 그러한 시험은 미래 주가가 과거 주가를 바탕으로 예측 가능한 것인가에 국한되었었다[21]. 그리고 그러한 시험 결과는 과거의 주가를 이용해 미래의 주가를 예측하기는 어렵다는 것이었다. 그러나 로와 맥킨리가 지적하였듯이 그전의 연구 결과가 예측 불가능 가설과 일치하기는 하였지만 예측 불가능 가설을 증명한 것은 아니다. 로와 맥킨리는 다음과 같이 연구 논제를 수정하였다. 실제 데이터에 나타나는 어떠한 패턴이나 규칙성이 무작위적 패턴과 통계적으로 다른가?[22] 돈을 벌기 위해 그러한 패턴을 이용할 수 있느냐, 없느냐는 별개의 문제였다. 로와 맥킨리는 예측 불가능 가설을 부정하는 강력한 증거가 되는 두 가지 패턴을 발견하였다(두 가지 다 망델브로의 결과와 일치하였다). 첫째, 시간과 가격 간에 상관관계가 있다는 것이다. 둘째, 시장 가격의 분산이 예측 불가능 가설이 예측했던 것과 다르게 나타난다는 것이다[23].

로와 매킨리는 그 후 10년을 여러 비판자들의 반론이나 공격에 대응하는 데 소비하였다. 뿐만 아니라 많은 연구자들이 강력한 컴퓨터 및 통계적인 방법을 이용, 세계 도처의 금융 시장에서 나오는 데이터에서 흥미 있는 패턴을 발견하기 위한 연구를 시작하였다[24]. 따라서 예측 불가능 가설은 관 속으로 들어가고 새로운 연구 결과들이 관에 못을 박기 시작하였다. 2000년이 되면서 버턴 말킬은 그의 저서 『랜덤워크 투자수업』 제7판에서 시장이 예측 불가능 가설을 따르지 않는다는 점을 결국 인정하였다.

경제물리학자의 공격

로와 매킨리가 전통 금융 이론에 대한 공격을 하고 있을 즈음, 외부에서는 또 다른 그룹의 연구자들이 공격을 시작하였다. 1989년 11월 9일 베를린 장벽이 허물어지고 세계는 축제 분위기에 싸여 있었다. 갑자기 모든 사람들이 국방비 감축과 이에 따른 평화 배당금에 관해서 이야기하기 시작하였다. 이것이 세계를 위해 좋은 소식이기는 하였지만 로스앨러모스와 산디아 같은 미국의 국립 군사연구소에서 일하던 수천 명의 물리학자와 수학자에게는 실업을 의미하는 것이었다. 마찬가지로 세계의 다른 쪽, 당시 구소련에서는 무기 산업에서 일하던 세계적인 과학자들이 일자리를 잃을 상황에 놓여 있었다. 그와 동시에 한참 호황을 누리던 월 스트리트에서는 잘 훈련된 수학자에 대한 수요가 넘쳐흘렀다. 그래서 곧 공급이 시작되었고, 실제로 세계 도처에서 로켓을 연구하던 과학자들이 골드만 삭스, 모건 스탠리, 그리고 다양한 헤지펀드에서 직장을 잡는 기이한 일이 벌어졌다. 이들은 새로운 직장에서 폭탄 관련 연구 대신 주식 가격 예측을 놓고 서로 경쟁을 벌이고 있다.

처음에 그 젊은 물리학자들은 단순하게 금융 교과서를 공부하고 그에 따라 돈을 벌기 위한 모델을 만들고 운용하는 데 여념이 없었다. 그 후 그중 많은 사람들은 그들이 관찰하는 현실 세계의 데이터와 교과서의 설명 사이에 큰 괴리가 있음을 발견하였다. 동시에 카오스 이론, 비선형 동학non-linear dynamics, 그리고 복잡계 이론 등의 새로운 이론이 물리학계에서 급속히 발전하고 있었다. 그러한 괴리를 설명하기 위해 물리학자들은 금융과 복잡계 이론을 결합하기 시작하였다. 그 후 전통 물리학 학술지인 『피지컬 리뷰 레터』와 『네이처』 등은 경제물리학자들이 쓴 금융에 관한 논문을 싣기 시작하였다[25]. 1990년대까지 유진 스탠리Eugene Stanley, 장 필립 부샤르Jean Philipe Bouchard, 닐 존슨Neil

Johnson, 로자리오 만테냐Rosario Mantenga, 그리고 디디에 소네트Didier Sornette 등의 과학자들은 망델브로의 주장을 바탕으로 전통 금융학에 정면 도전을 시작하였다[26].

무기 연구에서 월 스트리트로 넘어온 물리학자 도인 파머는 산타페 연구소의 경제학 워크숍에 참석했던 사람 중 하나였으며 8장에서 이미 그의 거듭제곱 법칙과 주식 시장에 대한 연구 논문을 소개한 바 있다. 1991년 파머는 로스앨러모스 국립연구소의 복잡계 연구 그룹 장직을 사직하고 그의 친구인 동료 물리학자 노먼 패커드Norman Packard와 함께 프리딕션 컴퍼니라는 회사를 설립하였다. 이 회사의 목적은 금융 시장에 최신의 물리학 아이디어를 접목하는 것이었다. 물리학계에서 널리 알려져 있던 파머는 그의 복잡계 연구뿐만 아니라 물리학 지식을 이용하여 라스베이거스 룰렛 게임에서 이기는 법칙을 개발하였다. 그는 패커드 등 동료와 함께 비선형 룰렛 모델을 컴퓨터에 입력하고 그 컴퓨터를 그들의 구두에 장착한 다음 카지노로 향했다. 그들이 희망했던 것처럼 돈을 벌지는 못했지만 네바다주가 이들의 아이디어를 보고 컴퓨터를 이용한 도박을 금지하는 법을 제정하였다. 그 프리딕션 컴퍼니가 세계에서 가장 큰 도박장인 월 스트리트에서 쓸 금융 예측용 컴퓨터의 제조를 처음 시도한 회사이다. 8년 동안 현실 시장에서 UBS와 같은 프리딕션 컴퍼니의 고객을 위해서 일한 후에 파머는 현실 세계에서 배운 것을 이론 세계에 접목하기 위해 산타페 연구소로 돌아갔다[27].

시장은 생태계처럼 진화한다

전통 금융학의 기본적인 주장은 시장에서의 가격 변동 패턴이나 신호는 밤잠을 자지 않고 돈을 벌려는 투자자들에 의해서 조정되어 알아볼 수 없게 된다는 것이다. 전통 금융학은 모든 투자자가 똑같은 정보에 접근할 수 있으며 주식 가격에 패턴이 형성되면 투자자들이 이를 인지하고 가격 결정에 이를 고려함으로써 시장 움직임이 다시 무작위적 상태로 돌아간다는 가정을 하고 있다. 그러나 파머가 발견한 대로 전통 경제학에서 말하는 조정의 개념으로는 3장에서 본 20달러 지폐의 문제를 해결할 수 없다. 전통 금융학의 균형 이론 때문에 경제학자들은 시간 개념과 시장이 동태적이라는 사실을 잊어버리고 있다. 프리딕션 컴퍼니의 파머와 그의 동료들은 시장 데이터로부터 통계적으로 의미 있는 신호를 포착할 수 있다는 것을 알게 되었다(〈그림 17-1〉)[28]. 이러한 신호는 복잡한 패턴과 미래 주식 가격을 예측하는 다양한 요소들 간의 관계 등으로 구성되어 있다(예를 들면, 이자율, 거래량 등 신호 그 자체가 재산권이기 때문에 요인들을 구체적으로 밝히지 않았음). 전통 이론에 의하면 그러한 신호가 일단 감지되면 순식간에 투자자들에 의해 조정되어 없어진다고 한다. 그러나 파머와 그의 팀은 신호가 장시간, 때로는 며칠 혹은 몇 달 동안 지속되며 어떤 경우 10년이나 간다고 하였다(〈그림 17-1a〉). 간혹 투자자들이 감지하고

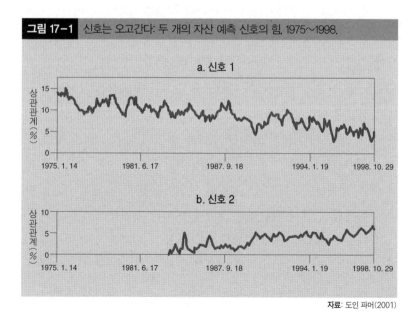

그림 17-1 신호는 오고간다: 두 개의 자산 예측 신호의 힘, 1975~1998.

a. 신호 1

상관관계 (%)

b. 신호 2

상관관계 (%)

자료: 도인 파머(2001)

대응하는 경우 그 신호가 약해지기도 한다. 그러나 시장의 움직임이 복잡하고 비선형적이기 때문에 새로운 신호는 끊임없이 형성되고 시장 조정에 따라 기존의 신호는 사라지기도 한다는 것이다(〈그림 17-1b〉).

사실, 파머가 직접 거래 경험과 연구로부터 터득한 사실은 시장이 진화하는 생태계와 같다는 것이다. 시장에는 다양한 거래자들과 투자자들이 각기 다른 사고 구조와 전략을 가지고 참여하고 있다. 이러한 참여자들이 시간을 두고 상호 작용하면서 그들은 끊임없이 학습하고 전략을 조정한다. 사실 그들은 연역적 추론을 통해 모든 투자 전략을 찾기 위해 노력한다고 할 수 있다. 이러한 사람들 간의 복잡한 상호 작용과 그들의 변화무쌍한 전략, 그리고 환경으로부터 들어오는 새로운 정보 등은 시장의 패턴과 거래 기회를 끊임없이 생성하고 소멸시킨다.

산타페 연구소의 브라이언 아서는 시장을 '기대expectation의 생태계'라고 시적으로 표현한 적이 있다. 그는 시장 참여자와 그들 전략 간의 상호 관계를 설명하기 위하여 이러한 이름을 붙였던 것이다[29]. 6장에서 우리는 아서, 존 홀란드, 그리고 그들의 동료가 만든 산타페 가상의 주식 시장 모델에 대해서 살펴본 바 있다[30]. 완벽한 합리성을 바탕으로 한 전통 금융 이론의 대안으로서 그들이 제시한 것은 투자자들이 귀납적 합리성을 바탕으로 한다는 이론이다[31]. 산타페 모델에서는 각 주체가 이익을 얻기 위한 전략을 찾는 진화적 노력을 하고 있다. 어떤 전략이 특정 시점에서 더 성공적일 것인가 하는 것은 시장에서 다른 주체들이 사용하는 전략이 무엇이냐에 따라 결정되었다. 따라서 특정한 전략의 결합이 시장에서 어떠한 패턴을 형성하고 이는 다시 다른 주체들의 행태를 변화시킨다. 또한 이러한 전략을 활용하려고 하면 다른 주체들이 이에 대응하게 되고 그 결과로 다른 패턴이 형성되는 등 이런 과정이 계속 반복된다는 것이다. 산타페 모델의 결

618

과는 현실 시장의 통계적 특징을 효과적으로 설명할 수 있었다. 집적 형태의 변동성, 다시 말해 앞에서 숱하게 언급했던 불연속적 변화를 상징적으로 보여 주는 단속 균형 패턴이 그 좋은 예이다. 더욱이 그 모델은 파머가 관찰한 바 있는 패턴의 생성·소멸을 전략적으로 설명할 수 있었다[32]. 그러나 그 모델에도 한계가 없는 것은 아니었다. 현실에 너무 가깝게 설명하려다 보니 모델 자체가 너무 복잡해진 것이다. 모델에서 시장 참여자가 무한대에 가까운 전략 중에서 하나를 선택할 수 있다는 것은 그 모델 자체를 이해하는 것이 현실 시장을 이해하는 것 못지않게 어렵다는 의미이다. 물리학 연구에서 파머는 복잡한 거시적 행동은 아주 간단한 미시적 행동의 결과일 수 있다는 것을 알았다. 파머가 말한 대로 그는 현실성 있는 시장 모델을 만들려고 한 것이 아니라 합리적이고도 간단한 모델을 구축하고 싶었던 것이다[33].

현실 시장에서의 거래 경험을 이용하여 파머는 새롭고 더 간단한 모델을 구축하기 위한 연구를 시작하였다[34]. 개별 참여자가 각각의 전략을 갖고 행동한다는 가정 대신에 시장에는 기본적으로 세 가지 유형의 참여자밖에 없다고 가정하였다[35].

첫째는 가치 투자자로서, 회사의 이익, 성장, 경쟁력 등 기본적인 정보 신호를 분석하고 그를 바탕으로 주식 거래를 한다. 실제 가치 투자자들은 전통 이론이 말하는 대로 투자를 한다.

둘째 유형은 기술적 거래자이다. 기본적인 정보를 분석하는 대신 이 투자자들은 과거 가격 변동과 거래량을 보고 전략을 결정한다. 예를 들어, 주식 가격이 오를 것이라는 가능성을 보면 주식을 사서 주식의 상승 물결을 탄다. 전통 이론에 의하면 이러한 투자는 절대 돈을 벌 수 없다. 왜냐하면 시장이 무작위적으로 움직인다면 과거의 가격은 전혀 유용한 정보가 될 수 없기 때문이다. 그러나 파머가 지적한 대로 현실 세계에는 이와 같이 독특한 전략을 바탕으로 거래하는 사람도 많다. 따라서 이러한 투자자들이 시장에 어떠한 영향을 미치는

가를 보는 것도 매우 중요하다.

그리고 파머는 세 번째 주체를 '유동성 거래자'라고 하였다. 이 사람들은 예를 들어 집을 사고 집값을 내기 위해서 주식을 판다. 이러한 투자자들이 주식을 파는 이유는 주식의 가격이 올라서가 아니라 현금이 필요해서다.

마지막으로 파머는 그의 인위적 시장에 참여자로서, 거래자는 아니지만 시장에서 중요한 역할을 하는 '시장 조성자(흔히 마켓 메이커라고 한다)'를 모델에 도입하였다. 대개 전통 금융 모델은 현실 세계의 주식 시장이 어떻게 작동하는가에 대한 제도적인 문제들은 그렇게 중요시하지 않는다. 단지 가격은 발라 경매Walrasian auction에 의해서 결정된다고 본다[36]. 앞서 논의한 대로 레옹 발라는 신과 같은 경매자가 있어서 구매자와 판매자가 가격을 결정하도록 짝을 맞추어 준다고 가정하였다. 경매인에 대한 발라의 생각은 19세기 후반 파리 증권 거래소에서 따온 것이다. 그러나 대개의 현대 금융 시장은 발라 옥션 개념을 버린 지 오래되었고 지금은 연속적 이중 경매 제도를 채택하고 있다('연속적'이라는 것은 경매가 시장이 열려 있는 동안 계속 진행된다는 것이며, '이중'이라는 것은 한 거래자가 동시에 사고팔 수도 있다는 의미이다). 우리가 앞서 본 대로 파머와 그의 동료들은 시장의 제도적 내용이 시장의 동태적 움직임에 중요한 역할을 하며 시장의 동태적 움직임, 특히 거듭제곱 법칙의 분포를 따르는 변동성을 형성하는 데 매우 중요하다고 본다. 비록 이 모델에서 시장 조성자는 현실 시장을 극도로 단순화한 것이기는 하지만 전통 모델은 발라 옥션을 바탕으로 하는 데 비하여 이 모델은 연속적 이중 경매를 바탕으로 하기 때문에 훨씬 현실에 가깝다. 이 사실은 매우 중요하다. 왜냐하면 거래의 시간에 따른 동태적 움직임과 대량 주문의 가격에 대한 영향 등이 모델에 충분히 고려되어 있기 때문이다. 이는 모든 것이 동시에 일어난다는 발라의 가정과는 크게 대비된다.

가격과 가치는 다르다

원래 파머는 펀더멘털을 중시하는 한 사람의 참여자와 시장 조성자만 가지고 시장 모델을 만들었다. 그리고 펀더멘털 참여자는 항상 주식의 합리적인 가치를 정확하게 알고 있다는 것을 가정함으로써 그 모델을 더욱더 단순화하였다. 전통 모델을 본떠 파머는 또한 진정한 가치는 무작위적으로 움직인다고 가정하였다. 그리고 시장 참여자가 간단한 거래 규칙을 따라야 하는 것으로 가정하였다. 즉, 만약 주식 가격이 기본적인 가치보다 낮으면 사고, 높으면 팔라는 것이다. 이러한 간단한 모델로부터 전통 금융 모델의 균형 조건을 찾을 수 있을 것으로 예상하였으며 가격도 실제 가치를 따라 무작위적으로 움직일 것으로 보았다.

그러나 그러한 예상은 맞지 않았다(〈그림 17-2〉). 가격과 가치는 엇비슷하게 움직이지만 완전하게 동일하지는 않다. 이유는 우리가 5장의 동태적 시스템에서 본 대로 시차 같은 요인 때문이었다. 샤워기의 손잡이를 돌릴 때와 샤워꼭지에서 물이 나오는 때와 같은 시차, 그리고 물의 온도가 변하는 때의 시차를 생각해 보자. 맨 처음에는 적절한 온도를 찾기 위해서 손잡이를 이리저리 돌리다가 결국 돌리는 범위가 줄어들면서 원하는 온도의 지점을 찾게 된다. 이제 우리가 원하는 온도가 정해져 있는 것이 아니라 무작위적으로 변한다고 생각해 보자. 이 경우에 손잡이를 돌리는 범위는 절대 줄어들지 않을 것이다. 더구나 바라는 온도가 크게 올라갔을 경우에, 혹은 크게 떨어졌을 경우에 온도의 차이는 커지고, 그래서 손잡이를 돌리는 범위도 더 넓어질 것이다. 결국은 그 온도를 찾겠지만 맨 처음에는 온도를 너무 많이 올리거나 내리게 될 수도 있다. 따라서 샤워물의 실제 온도는 바람직한 온도의 무작위적 변화를 순차적으로 쫓아가는 형태가 될 것이다. 그렇지만 절대 동시에 움직이지는 못한다. 이 샤워의 경우에 이러한 경험은 〈그림 17-2〉에 나타나 있는 것과 같다. 파머의 모델 시장에서는 그러한 조그만 시차, 거래자의 행동과 시장 조성자 간에 있는 조그만 시차가 그 둘 사이에 동태적인 관계를 형성하고 결국은 불완전한 가격과 가치 간의 관계가 형성되는 것이다. 전통 금융 이론의 균형론적 관점은 모든 것이 동시에 완벽하게 일어난다고 보고 그 과정의 동적인 움직임에 대해서는 설명하지 못한다.

전통 경제학은 이에 대해 "좋다. 그렇지만 가격이 가치와 다르다는 것이 편향된 것이 아니기 때문에 하나의 무작위적 소음으로 취급하고 시장 조성 과정에서 나타나는 시차는 초 단위, 분 단위 정도이기 때문에 하루, 일주일 등의 시간 단위에서 보면 이것은 무의미하다"라고 말할 것이다. 그러나 여기에 반론이 있다. 첫째, 편차 자체가 실제 무작위적인 것이 아니다. 실제 가치는 무작위적인 숫자인 데 반해 가격은 거래자와 시장 조성자 간의 상호 작용에 의해서 동태적으로 결정되는 것이다. 따라서 그것은 소음이 아니다. 그것은 물리학자들이 이야기하

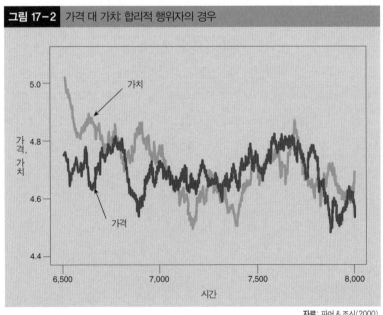

그림 17-2 가격 대 가치: 합리적 행위자의 경우

자료: 파머 & 조시(2000).

는 '일시적 구조'이다. 즉, 거래자와 시장 조성자 간의 상호 작용에 의해 형성된 가격은 그 자체에 하나의 추세와 동인을 포함하고 있다. 둘째, 파머는 그 일시적인 구조가 초 단위, 분 단위에서 어떤 영향을 미칠 수 있을 뿐만 아니라 굴 껍데기 속에 있는 모래알처럼 동태적 시스템을 통하여 훨씬 큰 규모의 패턴으로 변할 수 있다는 것을 알고 있었다.

이를 설명하기 위하여 파머는 두 번째 유형의 시장 참여자를 모델에 넣었다. 이 참여자가 바로 기술적 거래자다. 간단히 하기 위해 그는 기술적 거래자를 추세 추종자라고 가정하였다. 즉, 거래자는 주가가 올라갈 때 사고, 주가가 떨어지면 주식을 판다는 것이었다. 기술적 거래자를 모델에 추가시킨 목적은 동태적 과정을 좀 더 확장하기 위해서였다. 앞서 본 샤워기의 예로 돌아가서, 실제 온도를 무작위적으로 바꾸는 바람직한 온도와 일치시키기 위해서 손잡이를 이리저리 돌린다고 생각해 보자(실제 이 경우는 기본적인 거래자에 해당된다). 그러나 아래층에 있는 또 다른 사람이 수도꼭지를 틀어서 물을 사용하려 한다(이 사람을 기술적 거래자라고 하자). 물의 온도를 올리기 위해 수도꼭지를 틀면 약간의 시차는 있지만 온도는 올라간다. 그동안 아래층의 기술적 거래자는 물의 온도가 올라가는 것을 보고 더운 물 꼭지를 더 열고, 그러면 물의 온도가 더 올라가게 한다. 그래서 이를 중화시키기 위해서 찬물 꼭지를 틀게 되는데 이때부터 기술적 거래자와의 사이에서 일종의 경쟁이 벌어진다. 결국 찬물을 충분히 틀어서 물의 온도는 떨어지기 시작할 것이다. 그러나 기술적 거래자가 물의 온도가 떨어지는 것을 보고 찬물 꼭지를 더 틀어서 물의 온도는 더 떨어지게 된다. 실제 온도와 바람직한 온도를 맞춰야 하는 사람의 입장에서 보면 기술적 거래자의 등장은 일을 매우 어렵게 만들고 있는 것이다. 처음에는 조그만 변화가 지금은 엄청난 변화로 확대되었다.

이것이 바로 파머의 모델에서 일어난 현상이다. 추세를 추종하는 기술적 거래자를 모델에 등장시킴으로써 가격에 있어서의 일시적 구조가 훨씬 더 확장된 것이다. 그리고 기본적인 거래자와 기술적 거래자 간의 상호 작용이 장기적으로 계속되는 가격과 가치의 차이를 더 벌려 놓았다[37]. 파머는 다른 현실 세계 요소들이 가격과 가치의 괴리를 더욱더 벌려 놓는다는 것을 발견하기도 하였다. 특히 성공적인 투자자들은 그들의 수입을 재투자하는 경향이 있어서 그것으로 자본을 더 키우고 그들의 시장에 대한 영향력을 증대해 나가는 것이다. 따라서 추세 추종형 기술적 거래자가 일시적으로 성공했다면 그의 자본이 늘어나고 주가는 더욱더 가치로부터 멀어지게 될 것이다.

여기에 이르면 전통 경제학자들은 이렇게 소리칠지도 모르겠다. "그러나 차액 매매를 통한 시장 조정이 있는 것 아닌가? 차액 매매자가 가격을 원래 기본 가치 수준으로 내려놓을 수 있는 것 아닌가?" 전통 금융 이론에 의하면 가격과 가치는 다를 수 있다. 그러나 그 차이는 무작위적인 것이고 단기적인 소음에 불과하여 가격이 곧 가치와 일치되는 점으로 돌아간다고 보았다. 따라서 평균적으로는 가격과 가치가 일치한다고 보았다. 가격과 기본적인 가치와의 차이가 무작위적이고 단기적이기 때문에 아무도 이를 이용해서 돈을 벌 수는 없다. 따라서 아주 효과적인 전략은 펀더멘털 투자자처럼 하는 것이다. 이러한 가정은 효율적인 시장 가설에 내재되어 있는 역설을 극명하게 드러내 보여 주는 것이다. 밀턴 프리드먼은 처음으로 이 역설을 지적하였다.

시장은 펀더멘털 가치와 가격의 차이를 조정하고 시장을 효율적으로 유지하기 위해서 기술적 거래자가 필요하다. 그러나 기술적 거래자는 효율적인 시장에서 절대 돈을 벌 수 없으며 따라서 시장을 떠나고 말 것이다.

이렇게 되면 오랫동안 경제학자들을 괴롭혀 온 또 다른 문제가 제기될 수 있다. 만약에 시장이 효율적이라서 기술적 거래자가 돈을 벌 수 없다면, 왜 그렇게 많은 기술적 거래자들이 시장에 참가하고 있는가?

파머는 이러한 역설에 대해서 해답을 찾아냈다. 그는 자신의 모델을 이용해서 주식의 펀더멘털 가치를 어떤 수준에 고정시켰다. 그러고는 일단의 시장 참여자, 계절적 거래자를 투입하여 이들이 단순하게 번갈아 가면서 주식을 팔고 사도록 하였다. 그들의 거래 행동으로 인하여 주식 가격에는 매우 간단하고 규칙적이며 반복적인 패턴이 나타났다. 그는 각각의 기술적 거래자에게 전기의 주가 등락 여부에 따라 무작위적으로 도출된 전략을 부여했다(즉, 가격이 떨어졌다가 올라가면 팔고, 가격이 내려갔다가 또다시 내려가면 사는 식의 전략). 각 시장 참여자들에게 돈을 조금씩 주고 돈을 벌면 번 돈을 재투자하도록 하였다. 실제 그것은 매우 간단한 진화 체계와도 같았다. 시장 참여자들은 여러 가지 기술 전략을 시험해 보고 가장 효과 있는 전략을 선택하고 그렇지 못한 것은 버릴 것이다. 만약 전통적 금융 이론이 옳았다면 이러한 짓은 쓸데없는 행위였을 것이다. 기술적 거래자가 옳은 전략을 갖고 가격 등락 패턴에서 거래를 한다면 그들의 거래는 그 등락 패턴을 완화시키고 계절적 거래 패턴이 시장에서 사라지게 만들 것이다. 그리하여 시장은 다시 효율적인 상태로 돌아가게 된다. 그러나 파머가 이 모델을 실행했을 때 이보다는 훨씬 흥미로운 결과를 발견할 수 있었다.

처음에는 전통적 이론이 예측했던 대로 결과가 나왔다. 우선 기술적 거래자는 돈도 많지 않았고 그래서 시장 가격에 큰 영향을 미치지 못하였다. 그러나 그들은 시장의 가격 등락 패턴에 빨리 올라타 그 패턴을 이용했고, 그러면서 돈을 많이 벌기 시작하였다. 여기서 성공하자 그들은 거래 규모를 더 늘렸고 따라서 가격에 영향을 미치기 시작하였다. 얼마 후 파머는 거래자들이 비효율적 가격 패턴을 이용하고 가격이 펀더멘털 가치에 가까이 접근했을 때 가격 등락 패턴은 완화되는 것을 볼 수 있었다(〈그림 17-3〉). 모델에서 5,000단위 기간이 지나고 난 다음 가격 등락 패턴은 사실상 사라지고 시장은 매우 빨리 완벽한 효율적인 상태로 수렴하는 듯하였다. 그러나 다시 변화가 일어났다. 그리고 가격이 혼란스럽게 움직이기 시작하였다. 바로 이런 일이 벌어졌던 것이다. 기술적 거래자가 돈을 벌자 그들의 거래 규모가 커지고, 거래 규모가 커지자 가격에 영향을 미치기 시작하였다. 이러한 움직임은 다른 기술적 거래자에게 가격 패턴을 이용할 수 있는 기회가 되기도 하였다. 기술적 거래자들이 계절적 거래자들을 다 잡아 먹고 난 다음 기술적 거래자 간의 싸움이 시작되었다.

파머는 수만 번 반복하여 그 모델을 실행하였고 이상한 가격 패턴이 계속 나타나고 있었다. 5,000단위 기간 이후에 매우 불규칙적인 패턴이 무작위적인 것처럼 보이지만 사실은 그렇지 않다(〈그림 17-3〉). 모델은 완벽하게 결정론적인 것이며 그 모델에 무작위적인 요소는 하나도 없다. 따라서 여기서 어떤 창발적 패턴이 나타났다면, 그것은 완전히 그 속에 있는 거래자들의 동태적인 행위에 의해서 형성된 것이다. 전통 경제학자는 기술적 거래자 간의 거래 행위가 제로섬 게임이라는 것, 그리고 돈이 한 기술적 거래자의 호주머니로부터 다른 사람의 호주머니로 옮겨 갈 뿐이라는 것, 그리고 평균적으로는 아무도 돈을 벌 수 없을 것이라고 반박하고 싶을 것이다. 만약 거래자들이 완벽

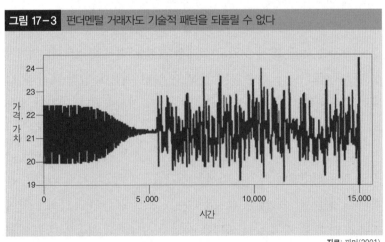

그림 17-3 펀더멘털 거래자도 기술적 패턴을 되돌릴 수 없다

자료: 파머(2001).

하게 합리적이면 그들은 그런 게임을 하지 않을 것이다. 그들은 5,000단위 기간 동안만 시장에 참여하다가 떠남으로써 시장을 원래의 효율적인 균형 상태로 돌려 놓을 것이다. 그러나 우리가 본 대로 실제로는 현실 시장에서 사람들은 완벽하게 합리적이지 못하다. 사람들은 낙관주의적 편견을 갖고 있고 다른 사람보다 더 잘할 수 있다고 믿으며, 경험을 통해서 많은 것을 배울 수 있다고 믿고 있다. 투자자들은 실험을 계속하고 다양한 전략을 시장에서 시험하면서 거래 흔적이 남게 되고 이를 다른 투자자들이 배워 활용한다. 다른 투자자들이 그 패턴을 활용하면서 새로운 패턴이 형성되고 그 패턴을 또 다른 투자자들이 감지하는 식의 패턴 변화가 계속된다. 기회가 늘어나면서 새로운 투자자가 시장에 진입하고 더 많은 자본이 투입되며 어떤 투자자들은 전략이 실패하여 시장을 떠나기도 한다. 파머의 모델은 그가 현실 거래 경험에서 관찰한 거래 행동을 그대로 설명하였다. 시장의 복잡한 동태적 움직임이 밝혀지면서 시간에 따라 가격 패턴은 생성되기도 하고 소멸되기도 하며 시장은 조용해지기도 하고 요동치기도 한다.

파머의 모델은 자신의 개인적인 경험과 일치하였을 뿐만 아니라 다른 실증적 증거와도 일치하였다. 첫째, 파머의 결과는 현실 데이터의 정성적定性的 · 통계적 특성과 그대로 일치하였다. 예를 들어, 망델브로가 발견한 꼬리 부분이 두툼한 종 모양의 분포 같은 것도 확인되었다. 둘째, 전통 이론의 주장에도 불구하고 많은 연구 결과는 기술적 거래를 통해서 돈을 벌 수 있음을 보여 주고 있다[38]. 끝으로 몇몇 연구에 의하면 펀더멘털 가치는 전반적인 주식 가격 변화의 아주 작은 일부분만 설명할 뿐이다. 〈그림 17-4b〉는 한 연구의 결과를 나타낸 것인데, 이것은 파머 모델의 결과(〈그림 17-4a〉)와 아주 유사하다는 것이 눈에 뚜렷이 보일 정도이다[39]. 이것은 단지 단기적인 효과가 아니라는 점에 유의하여야 한다. 가치와 가격 간의 큰 차이는 수년 혹

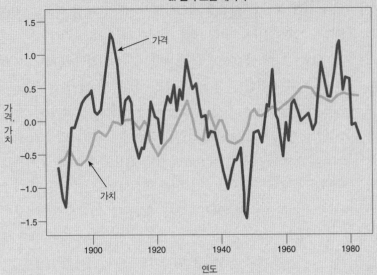

a. 진화 모델 예측치

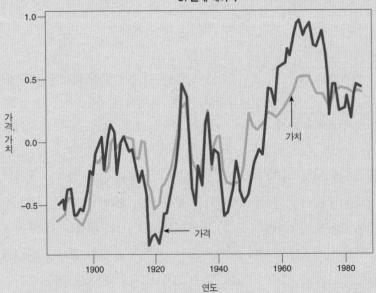

b. 실제 데이터

〈그림 17-4〉 진화적 모델의 예측은 정량적으로 실제 데이터와 비슷하다

은 10년 이상도 지속될 수 있다는 것이다.

시장 효율에 대한 새로운 정의

금융 시장은 효율적인가? 복잡계 경제학의 관점에서 보았을 때 금융 시장은 경쟁적인 거래 전략으로 구성되어 있는 진화하는 생태계와 같다. 따라서 시장이 효율적이냐고 묻는 것은 아마존의 열대 우림 생태계가 효율적이냐고 묻는 것과 다를 바가 없다. 도대체 무엇에 비하여 효율적인가?

그럼에도 우리는 몇 가지 의미 있고 구체적인 질문을 할 수 있을 것이다. 시장이 새로운 정보에 빨리 반응하느냐? 그렇다. 많은 연구에 의하면, 어떤 뉴스가 전파되면 시장이 거의 동시에 반응하는 것으로 나타났다[40]. 시장 진화 체계의 경쟁력은 바로 이러한 민감도에서 시작된다. 아마존의 어느 나무로부터 부드러운 새잎이 땅으로 떨어지면 다양한 곤충들이 거의 동시에 모여든다. 사실 시장은 정보를 처리하는 능력이 매우 빨라졌다. 이는 물론 CNN, 블룸버그, 인터넷, 그리고 컴퓨터 용량 등의 발전 덕분이다. 그리고 재미있는 사실은 전통 이론이 정보가 더 좋으면 가격은 가치와 더 근접할 것이라고 예측하지만 현실은 그 반대다. 정보와 기술력이 발전하면서 시장은 더욱더 가변적이 되고 말았다[41]. 에에 대해 진화론은 정보 기술이 발전하면서 투자 전략이 더욱 다양해졌고, 차액 매매와 기술적 거래 기회가 더 많아짐으로써 우리가 흔히 이야기하는 헤지펀드의 숫자도 크게 늘어났기 때문이라고 설명한다[42].

시장은 정보를 효율적으로 처리하고 있는가? 그렇다. 시장은 많은 사람으로부터 나오는 대량의 정보를 분류, 정리하는 데는 비교할 수 없이 효율적인 능력을 갖고 있으며, 또한 정보가 의미하는 것에 대한 총체적인 입장을 도출해 내는 데도 탁월한 능력이 있다[43]. 시장을 이용해서 선거 결과, 스포츠 스코어, 학술상 결과 등 여러 가지를 예측하는 실험을 한 적이 있다. 시장은 개인 전문가나 여론 조사보다 훨씬 정확한 예측을 할 수 있다[44]. 이런 시장의 정보 효율성을 효율적 시장 가설의 근간이라고 할 수 있다. 그러나 이론은 투자자들이 주식의 기본적인 내용과 관련된 정보의 취사 선택에 있어서 고도의 예측 능력만을 사용한다고 가정하고 있으나, 실제 현실 세계에서 거래자들은 다른 거래자들이 무엇을 하고 어떻게 생각하는가를 고려하여 투자를 결정한다. 이와 같이 시장은 투자자가 다른 투자자의 기대에 근거하여 기대치를 결정하고 그 투자자는 또 다른 투자자의 기대치에 근거하여 기대치를 결정하는 과정을 끝없이 반복하는 영원한 순환 체계이다. 이러한 끝없는 회귀 현상에 대해서는 케인스도 언급한 바 있다. 그는 "우리는 평균적인 의견이 평균적인 의견일 것이라고 기대하는 바를 예측하기 위해 우리의 지능을 쏟고 있다"라고

> 시장은 투자자가 다른 투자자의 기대에 근거하여 기대치를 결정하고 그 투자자는 또 다른 투자자의 기대치에 근거하여 기대치를 결정하는 과정을 끝없이 반복하는 영원한 순환 체계이다. "우리는 평균적인 의견이 평균적인 의견일 것이라고 기대하는 바를 예측하기 위해 우리의 지능을 활용하고 있다."

하였으며, 이는 이 책의 서두에서 언급한 아서의 '술집 문제 Bar Problem'에서 수학적으로 설명되어 있다[45]. 이러한 기대치에 근거한 기대치는 시장의 진화적 변화를 가속화하는데, 이 말은 시장이 매우 강력한 정보 처리자이기는 하나 전통 경제학의 관점에서처럼 그리 효율적인 것은 아니라는 것이다.

투자자들은 완벽하게 합리적인가? 그렇지 않다. 그러나 투자자들은 이기적인가? 그렇다. 금융 시장은 자선 단체가 아니며 언제나 두려움과 탐욕에 의해 작동된다. 투자자들은 영리한가? 대체적으로 투자자들은 영리하지만 대부분의 자금은 노련한 개인 투자자부터 박사급 로켓 과학자에 이르는 전문가들이 관리한다. 펀드 매니저들은 탁월한 패턴 인식, 창의적인 학습 능력과 같은 강점과, 동시에 비합리성

이라든가 편견과 같은 인간의 모든 약점도 갖고 있다. 시장은 경쟁적인가? 매우 경쟁적이다. 증권사의 마감 객장에서 일그러진 얼굴들을 보면 알 수 있다. 그리고 국제 자본 이전의 자유화가 진행되면서 시장 경쟁은 더욱 치열해지고 있다.

똑똑하고 경쟁력 있는 투자자들은 이익 실현 매매를 함으로써 시장을 효율적인 상태로 이끌어 갈 것인가? 일부 그렇긴 하지만 항상 그런 것은 아니다. 파머는 전통 이론에 시장의 효율성에 관한 두 가지 중요한 가정이 있음을 지적하였다[46]. 첫째, 차액 매매가 효과를 발휘하려면 거래자들은 비정상적 수익을 내는 전략을 인지할 수 있어야 한다. 둘째, 비정상적 수익을 내는 전략에 투자할 자금의 규모는 그 비정상 수익을 얻어 내고 시장을 다시 효율적 상태로 되돌려 놓을 수 있을 정도가 되어야 한다. 파머는 이 두 가지 가정이 현실 세계에서는 문제가 있다는 점을 지적한다. 비정상적 수익 전략은 정보 비율(샤프 비율, 또는 위험에 대한 보상이라고도 함)로 측정한다. 고수익, 저위험 투자는 정보 비율이 높을 것이고, 반면에 저수익 고위험 투자는 정보 비율이 낮을 것이다. 대개의 거래자들은 정보 비율이 1이면 해볼 만한 전략이라고 생각한다. 그러나 파머가 말했듯이 투자 전략의 정보 비율을 이해하는 데도 시간이 걸린다. 만약 수익이 정상적으로 분포되어 있다면(종 모양의 커브) 통계의 법칙에 따라 95% 신뢰 수준에서 거래자의 전략이 1의 정보 비율을 갖게 되는 데는 4년이 걸릴 것이다(데이터 마이닝의 문제 때문에 과거의 데이터에만 의존할 수는 없다. 그래서 우리는 그러한 전략을 실제 실행하면서 시험하는 수밖에 없다). 만약 수익 분포가 두꺼운 꼬리 부분을 나타낸다면(데이터가 보여 주듯이) 시험하는 데 소요되는 시간은 더 길어진다. 일반적으로 거래자들이 어떤 전략이 효과적인가 판단하는 데 5년 정도의 투자 경험이 소요된다. 정보가 너무 많으면 이러한 소요 기간은 더 길어진다. 많은 사람들이 거래를 한다면 그중 한 사람은 5년 동안 순전히 운으로 돈을 잘 벌 확률도 있다. 그래서 비정상적 수익을 얻을 수 있는 전략을 인식하는 데 시간은 더 걸리게 된다.

두 번째 가정에도 비슷한 문제가 있다. 전통 이론은 무한대의 자본이 동시에 순간적으로 비정상적 수익 전략을 위해 투입될 수 있다고 가정한다. 그러나 현실 세계에서는 성공적인 거래자도 시간을 두고 자본을 축적할 필요가 있다. 예를 들어, 거래자가 100만 달러로 투자를 시작하고 연 25%의 수익을 올린다면(이것은 매우 높은 수익률이다) 자금을 10억 달러로 늘리는 데 30년이 걸릴 것이다. 거래자가 그의 자금을 매년 외부 재원을 이용해서 두 배로 늘린다고 하더라도 10억 달러를 만드는 데는 10년이 걸릴 것이다. 성공적인 거래자들은 외부 투자자들로부터 훨씬 빨리 대규모 자금을 모을 수가 있다. 그러나 파머는 그러한 성과를 내고 그것을 바탕으로 자금을 모으는 데는 수년이 걸린다고 보고 있다. 시장은 그 사이에도 가만히 있지 않는다. 이익을 많이 내는 거래 전략은 시장이 효율적인 지점으로 복귀하는 속도보다 훨씬 빠른 속도로 나타나고 사라진다.

부자가 되는 데는 비법이 있는가? 아니다. 새뮤얼슨은 라스베이거스, 처칠 다운스 혹은 메릴린치 증권사에서 부자가 되는 것은 매우 어렵다고 하였다. 그러나 그 이유에 대한 설명은 옳지 않았다. 그런 곳에서 부자가 될 수 없는 것은 금융 시장이 인위적으로 움직이기 때문이 아니라 경쟁적인 진화 환경에서 부자가 되기 어렵기 때문이다. 이것은 월 스트리트의 거래자나 브라질 열대 우림의 청개구리나 마찬가지다. 그러나 월 스트리트와 라스베이거스 사이에는 중요한 차이점이 있다. 라스베이거스에서는 아무리 열심히 노력하고 아무리 똑똑해도 이길 수 있는 확률을 높일 방법이 없다. 그러나 월 스트리트는 순전히 운에 의존하는 게임은 아니다. 그것은 매우 동적이고 끊임없이 진화하는 복잡한 시스템이다. 언젠가 모든 사람들은 그러한 시스템을 빨리 더 잘 파악하게 될 것이고, 그래서 언젠가는 잠시라도 돈을 벌 수 있게 될 것이다. 전통 경제학은 스스로 자문할 필요가 있다. 금융 시장은 효율적인가? 왜 월 스트리트에는 포르셰나 페라리와 같은 고급 자동차가 메인 가보다 더 많은가? 그러나 경쟁력은 제품 시장에서와 마찬가지로 금융 시장에서도 일시적인 것이다. 언젠가 더 좋은 아이디어, 더 좋은 전략, 더 강력한 기술이 나타날 것이기 때문이다. 효율적 시장 가설은 19세기 균형 이론과 바슐리에의 예측 불가능 가설로부터 도출된 것이다. 비록 전통적 시장 효율은 그렇게 중요한 개념이 아니지만, 금융 시장은 매우 효과적인 진화 시스템이다. 시장은 지금까지 고안된 최상의 사회적 기술이다. 시장은 많은 사람의 견해를 통합시켜 복잡한 자산에 가격을 부여하고 자본을 배분하는 역할을 한다. 뿐만 아니라 시장이 경쟁적일수록 정보 처리 속도가 빨라지고 시장 참여자들에게 지속적인 혁신을 압박한다. MIT의 앤드루 로 **Andrew Lo**는 이러한 시장의 진화적 효과성을 '적응 시장 가설'이라고 하였다[47]. 뉴욕 월 스트리트, 런던, 혹은 세계의 다른 시장에서 통용될 수 있는 비법이 있다면 그것은 차별화하고, 선택하고, 확대하고, 반복하여 터득하는 수밖에 없다.

복잡계 경제학의 관점에서 보면 금융 이론은 여전히 형성되고 있는 단계이며 여러 가지 설명되어야 할 부분이 많다. 그러나 전통 이론이 부적절하고 새로운 접근법이 필요하다는 것은 분명하다. 월 스트리트나 런던이나 혹은 다른 금융 시장에 있어서 복잡계 금융 이론의 의미는 이제 감지되기 시작한 단계이다. 많은 기업들, 은행이나 헤지펀드들도 투자 전략을 개발하기 위하여 통계학과 복잡계 경제학을 이용한 통계 및 모델 기법을 활용하고 있다. 그리고 많은 기업들은 다양한 경제물리학자, 그리고 행동경제학자를 고용하거나 자문위원으로 활용하고 있다. 당연히 이러한 기업들은 그들이 무엇을 하고 있고, 그로부터 얻는 성과가 어떠한지에 대해 밝히지 않고 있다. 그러나 복잡계 과학은 투자의 세계를 바꾸어 놓을 것이며 치열한 투자 전략 경쟁에서 새로운 혁신을 일구어 낼 것이다.

이것이 개인 투자자에 미치는 영향이 나타나는 데는 시간이 많이 걸릴 것이다. 복잡계 금융 이론이 개인 투자자에게 제공되는 일반적인 투자 지침을 크게 바꾸어 놓지는 않을 것이다. 예를 들어, 장기 투자에서 투자 포트폴리오를 다양화하는 것이 중요하다는 점에서는 입장이 같다. 그러나 금융에서 혁신은 결국 기관으로부터 개인 투자자로 확산되며, 어떤 시점이 되면 이러한 기법을 활용하는 펀드가 개인 투자자들에게도 접근 가능해질 것이다.

펀드 매니저에 대한 시사점

그러나 복잡계 금융 이론이 중요한 이슈를 제기해야 하는 또 다른 대상이 있다. 기업 경영자들이다. 복잡계 금융 이론은 세 가지 부문에서 기업에 영향을 미친다. 첫째, 기업의 자본 비용을 계산하는 방법이 달라질 것이다. 둘째, 복잡계 금융 이론은 경영진에 대한 보상으로서 스톡옵션을 제공하는 것이 적정한가에 대해서 의문을 제기한다. 셋째, 가장 중요한 것으로서 복잡계 이론은 기업의 기본적인 목표, 주주 자본주의의 특성에 대해서 다시 한번 생각해 볼 것을 요구하고 있다. 이 문제에 대해서 논의하기로 한다.

자본의 비용

기업의 자본 비용은 재미없는 기술적 문제처럼 보인다. 그러나 그것은 고위 경영자의 의사 결정에 매우 중요한 영향을 미친다. 즉, 어떤 투자를 할 것이며, 어떤 전략을 채택할 것인가? 인수 합병을 할 것인가 등이 여기에 해당된다[48].

모든 기업은 은행으로부터 빌린 것이든, 주주가 투자한 것이든 간에 자본을 외부로부터 조달하게 된다. 자본의 제공자는 물론 보상을 받아야 하고 자본의 비용은 간단히 말해서 여러 자본 제공자들이 기대하는 수익의 가중 평균치라고 보면 된다. 예를 들어, 한 기업이 자본금 총액의 50%는 은행으로부터 이자율 6%에 차입한 것이고 나머지 50%는 12%의 수익을 기대하는 투자자들로부터 조달한 것이라면 그 기업의 자본 비용은 9%가 될 것이다. 그러면 이 수치는 그 기업에 하나의 기준, 즉 그 기업의 경영자가 실시하는 투자는 최소한 9% 이상의 수익을 내야 한다는 기준을 제시하게 된다. 그래야만 투자자들에게 투자 비용을 갚을 수 있기 때문이다. 주주들은 경영자들의 투자 사업에 대한 위험을 부담하기 때문에 경영자들이 자본 비용 이상으로 벌어들이는 수익은 주주의 몫이 되며 수익이 자본 비용보다 낮을 때는 주주의 투자 가치가 떨어지게 된다(채권자들의 경우에는 수익이 떨어지더라도 자본 비용을 보호받기 때문에 수익이 자본 비용을 초과해도 더 이상의 보상을 받을 자격이 없다).

기준 수익률을 정확하게 계산하기 위해서는 경영진이 얼마나 잘하고 있는가를 판단하는 것이 매우 중요하다. 불행히도 이 기준 수익률을 계산하는 일반적인 방법이 전통 금융 이론을 바탕으로 하고 있다. 그 표준 방식은 금융 자산 평가 모델이라고 하는데(혹은 CAPM) 이 방법은 투자자가 완벽하게 합리적이라는 것과 시장이 효율적이고 균형 상태에 있다는 것을 가정하고 있다[49]. 그러나 또 다른 중요한 가정은 투자자들의 위험 관리 방식과 관련된 것이다. 시카고 대학의 경제학자 해리 마코비츠가 1950년대에 개발한 것으로서, CAPM은 모든 투자자가 위험과 수익을 적정화하는 주식 포트폴리오를 갖고 있다고 가정한다. 만약 시장에 있는 모든 사람이 그러한 포트폴리오를 갖고 있다면 그들은 모두 모여서 마켓 포트폴리오를 형성하게 될 것이다. 그렇다면 개별 주식의 위험도는 이론적으로 말하는 마켓 포트폴리오를 기준으로 측정된다. 이렇게 측정된 위험 요소를 '주식의 베타beta'

라고 하는데 이는 주식의 비용 혹은 주주들이 위험을 감수하는 대가로 받아야 하는 수익을 계산하는 데 사용된다.

문제는 시장의 어느 누구도 실제 마코비츠가 말하는 완벽한 포트폴리오를 갖고 있지 않다는 것이다[50]. 실제 마코비츠의 아이디어를 실행하는 것은 불가능하다. 예를 들어, 그 이론은 기업 위험에 대한 완벽한 정보를 가지고 있고, 주식 시장에서 무한정으로 주식을 공매할 수 있으며 모든 투자자들이 똑같은 투자 기간 개념을 갖고 있다는 것을 가정한다. 뿐만 아니라 위험과 수익이 바뀌기 때문에 마켓 포트폴리오도 끊임없이 바뀌어야 한다. 그러나 현실 시장에서는 포트폴리오에 새로운 주식을 추가하거나 빼거나 혹은 구성을 달리하기 위해서는 엄청난 거래 비용이 소요된다. 따라서 그런 이유 때문에 이론이 제시하는 것처럼 포트폴리오를 자주 바꿀 수가 없다. 사실 경제학자조차 이론적인 마켓 포트폴리오를 만들어 낼 수 없으며 그들이 이론을 시험할 때는 단지 시장에 있는 모든 주식의 가중 평균치를 대리 변수로 사용할 뿐이다[51]. 실제로 펀드매니저들은 실적을 평가할 때 주로 S&P 500 지수나 FTSE 100 지수를 기준으로 삼는다. 마코비츠의 이론적인 마켓 포트폴리오를 현실에 적용하기는 어렵다. 더욱이 여러 가지 증거에 의하면 펀드 매니저들은 CAPM에서 가정하듯이 위험과 수익의 적정화보다는 단순히 수익을 좇는 전략을 쓰고 있다[52].

CAPM의 가정이 비현실적이라는 것은 실증 분석에서 이론적 예측이 제대로 맞지 않는다는 것을 의미한다. 이는 놀라운 일이 아니다. 가장 중요한 것은 베타 변수가 위험도의 지표로서 정보적 가치를 전혀 갖고 있지 못하다는 점이다[53]. 결과적으로 CAPM 방식에 근거한 기업의 주식 비용 계산은 별로 의미가 없다. 조금 더 비판하자면 CAPM 방식을 현실 세계에 적용하기 위해서는 더 많은 가정과 판단이 필요하다. 예를 들어, 부채를 기준으로 주식의 위험 프리미엄을 계산하는 방식은 사용되는 인덱스 및 기간에 따라서 달라진다. 그리고 위험이 없는 수익률을 어느 수준에서 정할 것인가에 대한 가정도 필요하다[54]. 최소한 이론적이고 실증적인 바탕에서 볼 때 CAPM은 자본 비용을 계산하는 방식으로서 여러 가지 문제를 안고 있다. 다요소 모형多要素模型과 같은 다른 대안이 제시되기는 하였으나 이 또한 CAPM과 같이 여러 가지 문제를 안고 있는 것으로 드러났다[55].

워런 버핏은 『오마하의 현인The Sage of Omaha』이라는 저서에서 자본 비용에 대한 견해를 요약하였다. "찰리와 나는 우리의 자본 비용이 얼마인지 도대체 알지 못한다. 그리고 그 자본 비용이라는 개념 자체도 적절치 못하다. 솔직히 의미 있는 자본 비용을 나는 본 적이 없다."[56] 자본 비용을 계산하는 전통적 방법이 잘못되어 있기는 하지만 불행히도 그것을 대체할 만한 더 좋은 방법이 아직 제시되지 않고 있다[57]. 복잡계 금융 이론의 중요한 우선 과제는 CAPM을 대체할 만한 방법론을 개발하고, 위험을 측정하는 새로운 방법을 고안하는 것이다. 현재도 금융 책임자나 경영자들은 전통적인 방법을 쓰고 있으나 그들은 이러한 숫자를 매우 조심스럽게 쓰고 있으며 중요한 의사 결정에 활용할 시에는 철저히 실증적 검토를 거친다.

스톡옵션은 의미가 있는가?

1970년대 금융 혁명의 결과 중 하나는 주식 시장에서의 성과를 이사회와 경영진이 회사의 경영 성과를 판단하는 기준으로 사용하였다는 것이다. 이로 인해 경영자에 대한 보상을 스톡옵션을 통해서 주식 시장에서의 성과와 연계시키는 방향으로 제도가 바뀌어 갔다.

이것의 이면에 있는 동기 부여와 원초적인 아이디어는 매우 의미가 있다. 상장 기업의 경우에는 회사의 주인(주주)과 대리인(경영자)을 반목하게 하는 주인/대리인 문제가 있다. 한편으로 회사의 소유자인 주주는 그들이 소유하는 회사의 주가가 극대화되기를 바란다. 다른 한편으로 경영자들은 자신들의 연봉, 근무 여건, 자가용 제트기의 크기 등을 극대화하는 데 오히려 더 관심이 있다. 1960~1970년대 많은 기업들이 이러한 경영진의 포로가 되었고 경영자들은 자신들의 연봉과 개인적 이익을 극대화하는 방향으로 회사를 운영하였다. 전통 금융학 교수들은 회사의 소유주가 주주라는 사실과 함께 경영자들은 자기 이익이 아니라 주주의 이익을 위해서 일해야 한다는 점을 깨우쳐 주었다는 점에서 좋은 일을 했다.

소유주와 경영자의 이익을 논리적으로 조화시키는 방법으로 경영자를 주가를 기준으로 평가하고, 주가를 올리는 일을 하도록 인센티브를 주는 것이다. 그러기 위해서는 경영자들의 미래 소득을 미래의 주가와 연계시키는 스톡옵션을 경영자들에게 제공하는 것이 최선의 방법이라는 의견이 제시되었다. 이 아이디어는 1980년대 크게 번졌고, 특히 적대적 기업 인수가 회사의 주가를 올리도록 큰 압력 요인으로 작용하였다. 그래서 스톡옵션이 미국 CEO의 평균 보수 패키지에서 차지하는 비율이 1983년 23%에서 1998년에는 45%로 늘어났다[58].

이것은 이론적으로는 아주 좋은 아이디어임에 틀림없다. 그러나 복잡계 금융 이론이나 현실적인 관점에서 보면 문제가 많다. 경영자의 의무는 주주의 이익 제고라는 것이 모든 국가의 법률적 규정이다. 그리고 대부분의 복잡계 경제학자들은 앞서 본 주인/대리인 문제의 중요성에 대해서 의견을 달리하지 않는다. 그러나 그들은 다음과 같은 문제를 제기하고자 할 것이다. 경영진은 실제 주가를 관리하지 않는다. 그들은 경영 전략이나 비용, 투자, 인력과 같이 기업의 수익, 이익, 자본 수익, 그리고 성장과 관련된 요소들을 관리한다. 경영진이 관리하는 수단을 통하여 기업의 경제적 가치 창출 능력을 제고할 수 있으나 주가에는 간접적인 방법 외에는 영향을 미칠 수가 없다. 전통 경제학자들은 효율적인 시장에서는 경영진이 영향을 미칠 수 있는 기업의 기본적인 내용들이 주가에도 영향을 미치므로 경영진의 성과를 주가와 연계시키는 것은 괜찮다고 하였다. 특히 장기적으로는 더욱더 그러하다는 것이다. 그러나 우리가 보았듯이 현실 세계에서 가격은 가치와 항상 일치하지 않고, 그 차이가 상당히 클 수도 있으며, 오랜 기간 지속될 수도 있다. 물론 가격과 기본적인 가치 사이에 상관관계가 있고, 또 시장이 경영자의 경영 활동에 대해서 대략 감지하고 있으나 상관관계가 그렇게 밀접한 것은 아니다. 그렇게 CEO를 평가하는 것은 나사 빠진 운전대로 운전을 얼마나 잘하는가를 평가하는 것과 같다.

> 전혀 통제할 수 없는 주가 변화에 대하여 경영자에게 책임을 물어서는 안 된다. 그들이 실제로 해야 하고 할 수 있는 일의 결과에 대해서 책임을 물어야 한다. 즉, 기업의 기본적인 경제적 성과, 장기적인 가치 창출에 대해서 책임을 물어야 한다.

앞에서 본 대로 투자 전략, 거래자 심리, 시장 제도, 그리고 경영자의 통제 밖에 있는 여러 가지 요소들 간의 상호 작용은 때때로 주가를 움직이는 펀더멘털 요소보다 훨씬 더 중요한 작용을 할 수도 있다. 예를 들어, 1990년에 있었던 주가 버블 현상으로 경영자들은 크게 일을 하지 않고도 막대한 돈을 벌 수 있었다. 마찬가지로 버블이 꺼졌을 때는 CEO의 연봉이 크게 줄어드는 현상이 일어났다. 맥킨지의 조사에 의하면 1991~2000년 사이에 개별 기업 수익의 70%가 시장 요인에 의한 것이었으며, 겨우 30%만이 회사 스스로가 벌어들인 것으로 밝혀졌다[59]. 이론대로 한다면 시장 지수의 변화에 따른 효과는 제거해야 하지만 주가의 나머지 부분조차 그 의미가 의심스럽다. 주식 가격이 경영자의 새로운 전략이 좋아서 올라간 것인지, 아니면 헤지펀드의 컴퓨터가 좋아서 고차원의 수학 모델이 효과적으로 작용하여 올라갔는지는 아무도 알 수가 없다.

경영자에 대한 보상을 주식 시장의 성과에 연계시킴으로써 경영자의 태도가 바뀌는 결과를 초래하였다. 어떤 경우에는 좋은 방향으로 바뀌어서 경영 책임자가 회사의 성과에 대해 더욱 책임을 지는 변화를 나타내기도 하였다. 다른 경우에는 많은 CEO가 시장 변화에 집착하여 주가를 올릴 수 있는 단기적인 전략에만 몰두하고 회사의 장기적 가치 창출은 게을리 하는 부작용도 낳았다. 또한 엔론, 월드콤, 타이코와 같은 주식 시장의 어두운 면과 관련된 사건들도 보아 왔다. 이 경우 경영자들의 탐욕과 두려움이 기업의 수익을 조작하는 결과로 연결된 것이다. CEO와 경영진이 주가에 대한 영향이 없다고는 볼 수 없다. 그러나 그들은 주가를 결정하는 다양한 결정 요인 중 적은 일부분일 뿐이다. 그리고 그들이 제시하는 여러 가지 신호는 복잡하게 진화하는 시장의 동태적인 움직임에서 발생되는 여러 가지 변화에 따라 그 영향이 달라질 수 있다.

나는 CEO가 주식 시장의 가격 변동에 전혀 관계가 없다고 주장하지는 않는다. 단지 주주들을 볼모로 이용하는 무책임한 경영자들이 활개를 치던 과거로 돌아가서는 안 된다는 것이다. 그렇다고 전혀 통제할 수 없는 주가 변화에 대하여 경영자에게 책임을 물어서도 안 된다. 그들이 실제 해야 하고 할 수 있는 일의 결과에 대해서 책임을 물어야 한다. 즉, 기업의 기본적인 경제성과 장기적인 가치 창출에 대해서 책임을 물어야 한다. 1990년대 초부터 하버드 경영대학원의 로버트 캐플런 교수와 그의 공저자인 데이비드 노턴은 기업 성과를 측정하는 새로운 방법을 제시하였다. 그들은 이것을 BSC라고 하였다[60]. 그들은 주가와 같은 하나의 지표로 기업 성과를 완전하게 설명할 수 없다고 하였다. 캐플런과 노턴은 각 기업이 기업의 가치 창출을 촉진하는 요소들을 분석하고 그 요소들의 성과를 측정하는 지수를 만들어서 평가에 활용할 것을 권고하였다. 그러한 점수 체계는 기업의 성장과 이익, 그리고 자본 수익에 영향을 미치는 요소인 회계, 금융 시장, 다른 기준(예를 들어, 인력 운용, 고객) 들을 혼합한 지수들을 포함하며, 과거에 대한 평가뿐 아니라 미래에 대한 평가 지수도 포함한다. 전반적인 평가의 초점을 경영진이 장기적으로 경제적 가치 창출에 성공했느냐 하는 데 두어야 한다[61].

의심의 여지도 없이 새로운 기업 성과 평가 척도는 금융 시장에 대한 연구가 지속되는 한 계속 개발될 것이다. 그러나 그동안에라도 이러한 점수 체계가 경영진과 주주 간의 성과에 관한 계약의 근거로서 합리적인 기준이 될 수 있을 것이다.

기업의 목적은 무엇인가?

만약 주가를 기준으로 기업의 성과를 측정하는 것이 문제가 된다면 큰 문제가 제기될 수 있다. 무엇이 기업의 목적이냐 하는 것이다. 전통 경제학자들은 기업의 목적이 사회의 경제적 이익을 도모하는 것이라고 한다. 우리가 앞에서 보았듯이 일반 균형 이론은 만약 경영진이 개별 기업의 이익을 극대화하기 위해서 행동하고 소비자가 자기들의 행복을 극대화하기 위해 소비한다면 그 사회의 자원은 적정하게 배분될 것이라고 말한다. 케인스가 말했듯이 "자본주의는 가장 사악한 인간이 가장 사악한 일을 해서 모든 사람에게 최선이 되는 결과를 낳는다는 놀라운 신념 그 자체이다". 경영자들이 사회에 봉사하는 가장 최선의 방법은 기업의 이익을 극대화하는 것이다[62].

그러나 이윤 극대화의 목적에도 문제가 있다. 경영자들이 진심으로 이익을 극대화하고 있는지 우리가 어떻게 알 수 있는가? 10%의 이익률이 충분한가? 15%의 이익률은 어떠한가? 무엇과 비교를 해야 하는가? 전통 경제학자의 시각에서 경영자가 자기 임무를 제대로 하고 있는가를 판단하는 가장 좋은 방법은 자본 시장을 통해서라고 한다. 이기적인 투자자들은 위험을 감수하는 대신 가장 높은 수익을 내는 곳에 자기들의 자본을 투자하고자 할 것이다. 차입한 자본의 경우에는 정해진 이자를 지불하고, 주식 수익률은 회사의 이익률에 따라 변하기 때문에 경영자의 성과를 가장 잘 판단할 수 있는 것은 주주들이다. 그러므로 이윤 극대화는 주주 가치 극대화와 상통하게 된다.

뿐만 아니라 많은 나라에서는 이사회와 경영진이 주주의 경제적 이익을 위해 일하여야 한다는 법적인 규정을 두고 있다. 미국과 영국은 한 걸음 더 나아가 주주의 이익을 최우선으로 하고 있다. 다른 나라의 법 체계, 특히 유럽 대륙의 많은 국가와 일본에서는 경영진의 주주에 대한 의무를 규정하고 있으나 주주들은 그 기업의 다양한 이해관계자 중 하나로 취급되고 있다. 그러한 이해관계자들에는 피고용인(이 경우 대개 노동 조합에 의해 대표됨), 소비자, 그 회사가 운영되는 지역 사회와 정부를 포함한다. 예를 들어, 네덜란드에서는 대기업의 경우 노동자 대표가 이사회에 참여하도록 되어 있으며 기업의 목적은 주주 가치의 극대화보다는 사업의 영속성을 유지하는 것으로 되어 있다. 주주자본주의를 주창하는 사람들은 그러한 이해관계자 시스템은 여러 가지 그룹의 상반된 이익을 회사가 보호해야 하므로 경영진에게 책임을 묻기 어렵고, 따라서 기업이 사회적 책임을 제대로 수행하지 못할 수 있다고 주장한다. 이에 대한 증거로서 주주자본주의 주창자들은 미국에서 주주자본주의가 창출해 낸 고생산성, 고성장, 고고용 경제를 들고 있다[63].

이것은 사실 단순한 학문적인 이슈가 아니다. 누구의 이익을 기업이 보호해야 하는가는 그동안 많은 논란의 대상이었고, 이것은 기업 지배 구조 개혁, 기업의 사회적 책임, 반세계화 운동, 그리고 EU 경제 모델의 미래 등과 관련해서 많이 논의된 사항이다[64].

견뎌 내고 성장해야 한다

복잡계 경제학이 전통 이론과 반드시 배치되는 것은 아니다. 시장은 아직도 가격 결정과 자원 배분의 가장 효율적인 메커니즘이다. 주주는 기업의 소유주이다. 그리고 경영진은 기업의 성과에 책임을 져야 한다. 그러나 복잡계 이론은 조금 색다른 견해를 갖고 있으며, 이에 대한 중요한 문제를 제기함과 동시에 새로운 대안을 제시하고 있다.

진화 시스템의 첫 번째 원칙으로 돌아가 보면 기업의 목적에 대한 통찰력을 발견할 수 있다. 9장에서 논의한 대로 진화 시스템에는 원초적인 원리가 있다. 즉, 복제를 잘하는 자가 복제된다는 것이다. 어떤 도식이든 목적 함수는 상호 작용자의 생존과 복제가 되어야 한다. 그 이외의 다른 목적 함수는 멸종으로 가는 길이 될 수밖에 없다. 경제적 관점에서 본다면 어떤 사업 계획의 목적도 살아남고 사업 활동을 확장하는 것이 되어야 한다는 것이다. 따라서 경영자의 책무는 이러한 목적을 갖고 사업 계획을 기획하고 실행하는 것이다. 좀 더 통상적인 표현을 빌리자면 경영자의 책무라는 것은 그 기업이 오래 생존하고 성장할 수 있도록 계획을 짜고 실행하는 것이다.

얼핏 보면 오래 견디고 성장한다는 것의 목적 함수는 미국의 주주 가치 극대화보다는 네덜란드의 사업 영속이라는 목적에 더 가까운 것으로 보일 것이다. 그러나 좀 더 생각해 보면 사업을 지속한다는 것과 주주 이익의 극대화는 서로 배치되는 목적이 아니라는 것을 알 수 있다.

모든 진화 시스템은 열역학의 법칙에 의해 주어진 제약 속에서 작동한다. 생존과 복제를 위해서는 엔트로피와 싸우는 에너지와 물질과 정보가 필요하다. 생물적 시스템에서 이것은 모든 생물 개체가 섭취한 칼로리가 소비한 칼로리보다 같거나 혹은 많아야 한다는 열역학적 제약 조건을 만족시켜야 한다는 것을 의미한다. 복제를 잘하는 생물은 순 칼로리 섭취량이 많은 개체이며, 그들은 자원이 유한한 경쟁적 환경에서 칼로리를 더 많이 섭취할 수 있었던 것이다. 마찬가지로 경제 체제에서 엔트로피를 줄이기 위해서도 에너지, 물질, 정보가 필요하다(현대 경제에선 이것들이 화폐 단위로 측정된다). 모든 사업의 경우에도 수입이 지출과 같거나 많아야 하는 제약 조건을 만족시켜야 한다.

진화 시스템에서 수익이라는 것은 그 자체가 목적이라고 할 수 없다. 오히려 그것은 사업이 생존하고 복제하기(혹은 오래 견디고 성장하는 것) 위해서 만족시켜야 할 기본적인 제약 조건인 것이다. 경영 사상가인 찰스 핸디Charles Handy는 음식을 먹는 것은 살기 위한 제약이지만,

아무도 삶의 목적이 먹는 것이라고 주장하는 사람은 없을 것이라고 하면서 생존하는 것과 성장하는 것의 차이를 설명하였다[65].

그러나 만약에 경제적 관점에서 수익성의 개념을 분석해 보면 또 다른 제약 요인을 발견할 수 있다. 성공적으로 사업 계획을 수행하기 위해서 경영진은 조직 안팎으로 협력의 생태계를 조성해야 한다. 첫째, 자본을 기업으로 끌어들이고, 자본의 제공자들로 하여금 그 기업에 대한 투자 수익률이 다른 투자 기회에서 얻을 수 있는 수익률보다 높다는 것을 인식하게 해야 한다. 둘째, 직원들이 생산적으로 일할 수 있도록 동기 부여를 해야 한다. 셋째, 공급자들에게는 이 사업을 통하여 이익을 확보할 수 있다는 것을 인식시켜야 한다. 넷째, 사업은 사람들이 원하는 재화와 서비스를 제공하여야 한다. 그러나 이것이 전부가 아니다. 경영진은 기업의 법적 책임을 다하고 세금을 납부하며 일반 대중이 싫어하는 어떤 일도 하지 말아야 한다. 사실 수익성이라는 것은 많은 사람을 기쁘게 하는 다차원의 문제다. 진화론적 관점에서 보면 이것은 경제적 적자생존 함수와 같다. 적응을 잘하는 기업은 그렇지 못한 기업보다도 이러한 다차원적 제약을 더 잘 만족시킨다. 그러므로 진화론적 시각에서 볼 때 주주주의株主主義 대 이해관계자주의利害關係者主義는 잘못된 이분법이다. 적합도 함수는 있는 그대로를 말하며 그것이 주주주의이거나 이해관계자주의이거나 아무 관계가 없다. 단지 경영진이 그 사업을 유지하며 성장시키기 위해 무엇을 해야 하는지를 말할 따름이다.

주주주의 대 이해관계자주의는 실제로 잘못된 이분법이다. 주주자본주의의 주창자들도 근로자에게 부당 행위를 하고 법을 어기며 고객 관리를 잘 못하는 회사는 주주에게 장기 수익을 가져다줄 가능성이 매우 낮다고 생각한다. 그리고 대부분의 이해관계자 시스템의 주창자들도 기업이 투자자들을 유지하기 위해서 경쟁적인 자본 수익을 창출해야 한다는 사실을 인정한다. 주주와 이해관계자 사이의 현실적 동등성은 바로 경쟁적인 시장이 핵심 요소가 된다. 경쟁적인 시장에서는 노동, 자본, 고객, 그리고 공급자 모두 이 회사가 아니라도 갈 곳이 있기 때문이다.

그러나 전통 경제학이 주주와 다른 이해관계자를 구분하는 또 다른 이유가 있다. 주주만이 기업 잉여에 대해서 소유권을 가지고 있다는 것이다. 달리 말하면 그들은 기업 수익 중 필요한 지출 이후에 남은 이익에 대해서는 권리를 갖는다. 그러나 다른 이해관계자들이 아무것도 남기지 않고 다 가져갈 수도 있다. 결과적으로 주주들은 더 큰 위험을 감수하는 만큼 더 많은 보호를 받을 필요가 있다. 그러나 벤처 회사는 모든 사람이 위험을 안고 있다. 직원들도 경력상의 위험을 감수해야 하고, 소비자들도 생산되는 제품의 질에 대해 위험을 감수해야 하며, 또 다른 사람들도 이와 관련된 위험을 감수해야 한다. 만약 시장이 자유롭고 경쟁적이라면 그러한 위험은 가격에 반영된다 (이 점에서는 전통 경제학과 의견이 같다). 주식 자본은 위험하다. 그렇기 때문에 차입 자본보다 더 높은 수익률을 요구한다.

끝으로, 어떤 이는 주주의 권리가 경제적 함수가 아니라 하더라도 미국 같은 나라에서는 법률로 보호하고 있다고 한다. 그러나 그것은 사실이 아니다. 법률은 주주에 대한 책무를 규정하고 있지만 그와 동시에 주주들의 다른 이해관계자에 대한 책무도 동시에 규정하고 있다. 만약에 미국법에서 어떤 이해관계자가 최우선의 위치에 있다면, 그것은 바로 납세를 기업 의무의 최우선으로 보는 미국 정부이다. 법률적인 입장은 진화적·경제적 관점과 크게 다르지 않다. 즉, 경영진은 모든 이해관계자에 대해서 의무를 다해야 한다는 것이다.

그러므로 진화론과 현실적인 시각에서 주주에게 경쟁적인 수익을 보장한다는 것은 목적이라기보다는 제약이 된다. 그리고 그 자체가 매우 중요한 제약일 수 있지만 경제적 적합도 함수에서 보면 그 또한 여러 가지 제약 조건 중 하나에 불과하다. 이제 다시 목적 자체의 논의로 돌아가서, 기업이 '생존하고 성장하는' 목적의 의미는 무엇인가?

이 질문에 답하기 위해 기업의 우월성에 관한 주제로 돌아갈 필요가 있다. 1960~1970년대에 혜성같이 주가가 올라 수년에 걸쳐서 그야말로 세계적인 성과를 낸 후 서서히 약화되더니 마침내 1980년대에 사멸한 왕 연구소가 우수한 회사인가? 아니면 주식 시장에서의 성과는 좋지 않았지만 1802년에 설립되어 2005년에 270억 달러의 수익을 올리고 6만 명의 직원을 고용하고 있는 듀폰이 더 우수한 회사인가?[66] 아니면 795년 이후 지금까지 영국의 세인트 알반스Saint Albans 시민에게 청량제를 공급해 왔으나 아직도 시골의 주점으로 남아 있는 예 올드 파이팅 콕스Ye Olde Fighting Cocks 주점이 더 우수한 기업인가?

대부분의 사람들은 듀폰이라고 말할 것이다. 왕 연구소는 일정 기간 동안 눈부신 성장을 하였으나 오래 견디지 못하였고, 예 올드 파이팅 콕스 주점은 오랫동안 견디었으나 성장하지 못하였다. 듀폰은 오래 견디기도 하였고 성장도 하였다. 주식 시장에서의 성과가 평균을 밑돌았지만 왕 연구소가 혜성처럼 나타났다가 사멸하는 동안 듀폰은 조그만 화약 창업 기업으로부터 천천히 성장하여 세계적인 화학 재료 및 생명 과학 기업으로 성장하였고 두 세기 이상을 시장에서 견디어 왔다. 이에 대해서는 전통 경제학자들도 동의할 것이다. 왜냐하면 듀폰이 창출한 경제적 가치가 다른 두 기업이 창출한 것보다 훨씬 크기 때문이다. 사실 오래 견디고 성장하기 위해서 듀폰은 전통 경제학자들이 해야 한다고 말하는 온갖 것을 다 해왔다. 듀폰은 수익성 없는 회사가 오래 견딜 수 없기 때문에 수익성을 유지했고, 성장하기 위해서 자본이 필요했기 때문에 주주들에게 경쟁적 수준의 자본 수익을 보장해 주어야 했다(비록 제일 높은 수익률은 아니었지만)[67].

그러면 만약 "전통 경제학자와 복잡계 경제학이 경로는 다르지만 비슷한 결론에 이른다면 그 둘 간의 차이가 무엇이냐?"는 질문이 가능하다. 아마 제약과 목적 간의 차이가 있다는 것은 학문적인 관심사일 뿐인지도 모른다.

두 회사의 중요한 차이는 어떻게 경영 팀이 이러한 개념을 현실에 적용하느냐에 있다. 주주 가치를 극대화하는 목적은 많은 경영 팀이 실천해 왔고, 그 결과 단기 주식 시장과 분기별 이익에 큰 변화를 나타냈다. 400개 기업의 금융 책임자에 대한 NBER National Bureau of Economic Research 조사에서 대부분 기업에서 분기 이익이 굉장히 중요한 평가 기준으로 인식되고 있다는 것을 발견하였다. 그것은 분기 이익을 제고함으로써 주가를 극대화할 수 있다고 믿었기 때문이다[68]. 그러나 우리가 앞에서 본 대로 분기 이익률에 대한 뉴스는 주가를 움직이는 데 아주 미미한 역할을 했을 뿐이다. 분기 이익에 대한 집착은 경영 의사 결정을 왜곡시키기도 한다. 같은 조사에서 대부분의 금융 책임자들은 가치 창출을 위한 장기 투자를 포기할 수 있다고 대답하였다. 그것은 그러한 투자 때문에 증권 분석가들이 그 기업의 수익 예상치를 낮출 가능성이 있기 때문이었다. 그리고 4분의 3 이상의 금융 책임자들은 기업 수익의 안정성을 위하여 장기적인 경제 가치를 포기할 수 있다고 대답하였다.

생존과 성장에 집중해 온 경영진은 좀 더 균형 잡힌 시각을 갖고 있을 가능성이 높다[69]. 그러한 경영진은 경영 목표 달성을 위해 그들이 실제 활용할 수 있는 수단에 주로 의존할 것이다. 그러나 그러한 수단은 주가보다는 경제적 가치 창출에 적합한 수단들이다. 경영진들은 장기적 생존과 성장의 다차원적 특성을 잘 이해하고 있을 것이며, 주주들도 매우 중요한 경영 목표의 대상이기도 하지만 생존과 성장을 추구하는 경영진은 모든 이해관계자와 건강한 관계를 유지할 수 있도록 시간과 노력을 우선 배분할 것이다. 그 기관의 생존을 하나의 목적으로 삼는다는 것은 투자의 장기적인 관점을 중시하는 것이며 기업의 강력한 조직 문화와 같은 요소들을 통하여 장수의 기반을 구축하는 데 더 많은 관심과 자원을 배분하게 될 것이다. 그리고 이에 못지않게 성장에 초점을 두게 되면 기업 성과에 관련된 압력이 가중되고 도전과 혁신을 촉진하는 데 더 많은 관심을 기울이게 될 것이다. 확실히 한 기업은 성장할 수도 있지만 수익성이 없는 성장을 추구하다 보면 사멸한다. 적절한 수익률이 보장되지 않는 성장 전략의 경우에도 마찬가지다. 그러나 다시 돌아가서, 앞서 말한 이 두 목적은 자연적으로 상호 균형을 이루게 되어 있다. 다시 말해, 이익이 나지 않는 성장 투자는 장기 생존이라는 목적을 위협하는 반면, 생존을 위한 과도한 보수적 운영은 성장이라는 목적을 저해할 수 있다.

생존과 성장이라는 두 목적은 경영자로 하여금 기업의 존재 이유를 분명하게 할 수 있도록 할 뿐 아니라, 의사 결정의 균형을 이루도록 하고, 기업을 둘러싼 이해관계자들과 기업의 목적에 관해서 의사소통하는 데도 도움이 될 것이다. 특히 직원과 외부 이해 관련 단체와의 의사소통에서 매우 중요할 것이다. 주주 이익을 극대화하기 위하여 열성적으로 출근할 직원들은 없을 것이다. 대부분의 직원들은 스톡옵션도 없고 주주들이란 돈 많은 익명의 조직으로 간주하는 경향이 있다. 그러나 직원들은 성장을 통하여 사람들에게 기회를 창출하는 위대한 조직을 만들자는 데는 동참할 것이다.

마찬가지로 정치인·사회운동가를 포함한 외부적 이해관계자들은 주주 가치 극대화를 기업의 목적과 연관시키는 것을 잘 이해하지 못한다. 그들은 기업이 옳든 그르든 사회의 더 큰 목적을 위하여 존재한다고 생각하고 주주의 이익을 보호하는 것이 사회의 이익을 보호하는 것이라는 논리를 받아들이지 못한다. 이러한 사고방식이 최근 기업의 사회적 책임에 대한 논란에서 의사소통의 큰 차이를 초래하였던 것이다. 그리고 이 때문에 기업의 대외 홍보가 경영진에게 매우 어려운 문제가 되고 있다[70]. 만약 경영진의 목표가 시민들이 원하는 제품이나 서비스를 공급하고, 고용을 창출하며, 세금을 납부하고, 법 테두리 안에서 회사를 운영하며 외부 이해관계자들과 좋은 관계를 유지할 뿐 아니라 더 많은 사회적 이익을 미래에 창출하기 위하여 혁신하고 성장하는 기업을 구축하는 것이라면, 그러한 이해관계자들은 사회적 이익과 기업의 이익이 어떻게 연계되어 있는지 쉽게 이해하게 될 것이다.

끝으로, 몇몇 연구 결과에 의하면 주주 가치의 극대화가 듀폰과 같이 오랫동안 생존하고 대기업으로 성장한 기업의 주된 목적이 아니었다고 한다. 오랜 역사를 가진 27개 대기업을 대상으로 조사한 더치셸Dutch Shell의 연구 결과를 바탕으로 저술된 『살아 있는 기업The Living Company』에서 저자 아리 드 호이스Arie de Gues는 어떻게 그 기업들이 기업의 목표를 생존하고 성장하는 것으로 설정하였는지 설명하고 있다[71]. 비슷한 맥락에서 짐 콜린스와 제리 포라스는 『성공하는 기업들의 8가지 습관』에서 역사가 오래된 18개 기업을 분석하고 그 기업들의 태도를 '이윤 이상의 것'을 추구하는 것으로 요약하였다. 저자들은 이러한 기업들에게는 "이익은 마치 산소, 음식, 물, 그리고 피와 같은 것이다. 그것들이 생명 자체는 아니지만 그것들이 없으면 생명도 있을 수 없다"라고 덧붙였다[72].

오래 생존하고 성장해야 한다는 목적이 실행과 적응의 필요성을 반영한다는 것은 이미 앞 장에서 논의한 바 있다. 둘 다 진화적 논리에서 나오는 이야기이다. 기업이 전형적으로 적응보다는 실행에 더 익숙하다는 사실은 단기 수익에 초점을 두기 때문이다. 생존과 성장이라는 두 가지 목표를 동시에 추구하기 위해서 경영진은 실행과 적응 사이에 내재되어 있는 갈등 구조를 지혜롭게 해결해야 하며 그 둘 사이에 좀 더 조화로운 균형을 유지할 수 있도록 노력해야 한다. 경쟁적인 진화 환경에서, '생존하고 성장한다는 것'은 목적이며 '적응하고 실행한다는 것'은 방법을 말한다. 생존하고 성장한다는 것은 진화 시스템 안에 있는 모든 디자인에 가해지는 시간을 초월한 요구이다.

정치와 정책: 좌우 대결의 종말

경제 사상은 항상 정치와 연계되어, 역사적으로 보면 경제 이론의 패러다임이 바뀌면 정치 지형도 변하여 왔다. 애덤 스미스의 아이디어 덕분에 19세기 자유 무역은 빠르게 확산되었다. 카를 마르크스 이론은 20세기 지각 변동의 동인이 되었다. 신고전학파 이론은 서구 정통 자본주의의 이론적 기반이 되었고, 케인스학파는 국가의 역할을 강조함으로써 정통 이론에 수정을 가하였다. 제2차 세계 대전 이후 서구 경제에서 국가의 개입이 점점 늘어나 1970년대 말 절정에 달하였다. 그러나 이러한 추세는 1980년대 밀턴 프리드먼과 프리드리히 하이에크와 같은 경제학자의 영향을 받은 로널드 레이건과 마거릿 대처의 등장으로 새로운 도전에 직면하게 되었다.

그럼 복잡계 경제학은 어떻게 정치와 정책을 변화시킬 것인가? 경제학의 새로운 아이디어가 개발되고, 그것이 사회적인 영향을 미치는 데는 수십 년이 걸린다고 보아야 한다. 마르크스가 『공산당 선언Communist

650

Manifesto』을 발표한 것이 1848년이었다. 그 직접적인 영향을 받아 러시아 혁명이 일어난 것은 1917년이었다. 케인스가 가장 중요한 연구 결과를 발표한 것은 1930년대이지만, 그의 아이디어가 실제 영향을 미친 것은 제2차 세계 대전 이후였다. 『국부론』이 발표된 지 200년이 지났지만 아직도 정치 지도자들은 애덤 스미스의 아이디어를 제대로 이해하고 있는 것 같지 않다. 복잡계 경제학이 앞으로 공공 분야에 영향을 발휘하는 데는 아직 시간이 더 걸리겠지만, 어떠한 변화가 생길지 미리 생각해 보는 것만으로도 흥미로운 일이다.

정치적 관점에서 사람들이 복잡계 경제학에 대해 가지고 있는 질문은 아마도 "어느 편에 속하는가?"일 것이다. 다시 말해, "복잡계 경제학은 우냐? 좌냐?" 하는 물음이다. 복잡계 경제학이 시장에 긍정적 시각을 가지고 있다고 하여 어떤 이는 우파라고 할 것이고, 시장은 전통 경제학이 주장하는 만큼 효율적이지 않다는 복잡계 경제학의 논리 때문에 어떤 이는 좌파에 속한다고 할 것이다. 이 장에서는 복잡계 경제학은 좌도 우도 아니지만 지금까지 역사적으로 형성되어 온 정치 구조를 무력화할 수 있는 이론적 잠재력이 있다는 것을 보여 줄 것이다.

우선 좌-우 구조의 역사를 훑어보고 그 둘 사이 갈등의 핵심에는 두 가지 뿌리 깊은 기본적인 인식의 차이가 있다는 것을 설명하고자 한다. 그 하나는 인간 본성에 대한 양측의 시각 차이이며, 다른 하나는 시장과 국가의 역할에 대한 견해 차이이다. 복잡계 경제학은 이러한 오랜 주제에 대해 좌도 우도 아닌 전혀 새로운 견해를 제시한다. 그리고 복잡계 경제학이 개발도상국의 빈곤 문제, 미국 등 선진국의 '사회적 자본' 잠식 현상, 그리고 경제적 불균형 문제를 해결하기 위해 어떻게 활용될 수 있는지를 살펴볼 것이다. 그리고 마지막으로 복잡계 경제학의 미래 연구 방향에 대해서도 논의해 보기로 한다.

퇴물이 된 구조

정치를 좌와 우 사이의 이념적 스펙트럼을 기준으로 구분해 온 지가 200년이 넘었으니 매우 끈질긴 현상이 아닐 수 없다. 좌와 우라는 말은 1789년 혁명 와중에 만들어진 프랑스 국회의 의석 배치에서 유래된 것이다. 제3계급(평민)인 혁명 세력은 왼쪽에 앉았고, 제1계급인 보수 세력은 오른쪽에 앉았다. 당초 '좌'라는 말은 사회 진보를 위해 투쟁하고 사회적 약자를 보호하며 사회를 개혁해야 한다는 의미가 있었으며 유토피아니즘적 냄새를 풍겼다. 마찬가지로 '우'라는 말은 개인의 자유와 책임을 중시하고 사회 안정과 자연적·점진적 발전을 신봉한다는 의미를 가지고 있으나 은연중에 사회의 기득권과 권력층을 비호하는 것으로 비치고 있다. 경제적 관점에서의 좌우 이분법은 100년 뒤 마르크스와 엥겔스의 이론에 의해 구체화되었으며 이때부터 사회주의와 자본주의 간의 긴 전쟁이 시작되었다[1]. 20세기 초에 이르러서 좌파는 경제에 있어서 정부의 강력한 개입을 주창하였다. 따라서 공산 경제 체제의 경우 모든 경제적 자산을 국유화하였고, 사회민주주의 체제에서도 부분적 국유화와 강력한 정부 규제 제도를 도입, 시행하였다. 이와는 대조적으로 우파 체제의 경우 자유 시장 경제의 온상이 되었다. 이러한 용어의 구체적 의미는 시대의 변화와 함께 변화하여 왔지만 둘 간의 기본적인 차이는 20세기 중엽에서 말에 이르는 기간 동안 큰 변화 없이 유지되었다. 즉, 국가 대 시장, 사회적 진보주의 대 사회적 보수주의, 그리고 다수의 요구 대 개인의 권리 등 기본적인 입장의 차이에는 변화가 없었다.

1989년 베를린 장벽이 무너지고 난 후 존스홉킨스 대학의 프랜시스 후쿠야마Francis Fukuyama 교수는 좌우 간의 논쟁은 이미 끝나고 '역사의 종말'이 다가온다고 예측하였다[2]. 이 기간 동안 몇몇 지식인과 정치인들이 좌·우의 개념을 새롭게 재정립하려는 시도를 하였다.

1996년 미국의 민주당 리더십 위원회는 「신진보 선언」을 발표하였고, 1998년 런던 정경대학의 학장이자 토니 블레어 총리의 고문인 앤서니 기든스(기든스 경)는 『제3의 길The Third Way』이라는 저서를 출간하였다[3]. 이로 인해 그들은 미국의 '신민주당', 영국의 '신노동당'으로 불리게 되었다. 그들 주장의 핵심은 자본주의의 부를 창출하는 제도적 강점과 사회주의가 추구하는 인본주의적 목적을 결합하여야 한다는 것이었다. 말하자면 자본주의적 수단을 사회주의적 목적을 위해 활용하자는 것이다. 이는 클린턴 행정부와 블레어 정부가 그들의 경제적 이념을 현실 장치에서 실행하는 데 큰 힘이 되었다. 대표적인 정책 사례로서, 클린턴은 미국의 복지 제도를 개혁하였고, 블레어는 운영난을 겪고 있던 영국 국가보건청 운영에 시장 원리를 도입하고자 하였다. 친절한 얼굴의 자본주의라는 아이디어는 우파에게도 상당히 설득력을 얻고 있었다. 조지 W. 부시의 첫 선거 공약도 '온정적 보수주의'라는 아이디어에 바탕을 둔 것이었다.

그러나 역사는 끝나지 않았다. 1999년 시애틀 세계무역기구 회의에 반대하는 극렬한 시위대는 좌우 대립이 아직도 사라지지 않았음을 보여 주었다. 블레어의 개혁 정책도 당내 좌파의 맹렬한 저항에 봉착하여 앞으로 나아가지 못하고 있었으며, 부시의 온정적 보수주의는 기껏 부유층을 위한 대대적인 감세 정책으로 나타났다. 베를린 장벽 붕괴 이후 좌우의 간격은 좁혀졌을지 몰라도 해소되지는 않았다.

1990년 창안된 '제3의 길'은 새로운 경제 이론이 아니라 실용적인 정치적 아이디어에 바탕을 두고 있다. 좌우 양측 모두 극단적 혹은 순수한 이념의 현실 적용은 문제 해결에 도움이 안 된다는 뼈저린 학습을 한 것이다. 국가가 만들어 준다던 유토피아는 악몽 같은 경험에 지나지 않았고 시장 경제 체제가 약속한 낙원은 기능 장애증에 걸린 사회에 불과하였다. 이와 같이 한 세기 동안 소련의 노동수용소, 그리고 대공황 등을 경험한 후에야 정부도, 시장도 우리 사회에서 각기 역할이 따로 있다는 실용적 합의에 이를 수 있었다. 그럼에도 불구하고 이러한 중도적 합의는 지적 공백을 초래하고 말았다. 20세기 말 마르크스와 스미스로 대표되는 두 이념이 모두 틀렸다는 인식이 일기 시작하였으나 이를 대체할 새로운 이념 체계는 나타나지 않았다. 선각자들의 바람과 달리 제3의 길은 새로운 경제 패러다임보다는 선거에 이기기 위한 전략으로 전락하고 말았다[4].

이러한 지적 공백을 메울 잠재력을 가진 이론적 대안이 바로 복잡계 경제학이다. 경제학에 대한 복잡계적 접근은 이것저것 섞어 놓은 중도가 아니다. 그것은 시장 실패를 인정하는 신고전 경제학도 아니요, 시장적 요소를 가미한 사회주의도 아닌 전혀 새로운 이념이다. 여기서 핵심 이슈는 좌우 대결이 아니라 어떻게 최상으로 진화하느냐이다.

인간 본성과 강한 상호주의

좌우 대결의 철학적·역사적 내용을 심층적으로 보면 인간 본성의 두 가지 모순된 측면을 발견하게 된다. 좌는 인간을 원초적으로 이타적이라고 보고 인간의 탐욕과 이기심은 본성이 아니라 계급 사회에 기인한다고 주장한다. 따라서 인간은 정의로운 사회를 통해 개조될 수 있다고 본다. 이러한 생각은 장 자크 루소에서 시작되어 카를 마르크스로 계승되었다.

우는 인간이란 원래 이기적이고 개인의 이익을 추구하는 것은 인간의 기본적인 권리라고 본다. 따라서 이러한 인간의 본성을 고치려 하기보다는 이를 수용하는 정부 체제가 가장 효과적이라고 주장한다. 18세기 스코틀랜드의 철학자 데이비드 흄David Hume이 말하였듯이 "정부 체제를 고안하는데…… 모든 사람은 악당이라서 그 행동이 사적 이득을 취하는 것 외에는 다른 목적이 없다고 간주하여야 한다"[5]. 그러나 우파는 만약 사람들이 시장 메커니즘을 통해 사익을 추구하면 사회 전체의 이익 증진에 기여할 것이라고 주장한다. 이러한 철학은 흄에서 존 로크John Locke 그리고 토머스 홉스Thomas Hobbes로 이어지며 발전하였다.

여기에 애덤 스미스의 이름이 없어 의아해하는 사람도 있을 것이다. 그러나 경제학자인 허버트 긴티스, 새뮤얼 보울스와 에른스트 페르 그리고 인류학자 로버트 보이드가 지적한 대로 스미스의 시각은 이들과 다소 다르다. 『국부론』에서 스미스는 어떻게 이기심이 시장의 역할을 통해 사회적 편익에 기여하는지를 잘 보여 주었다. 그러나 『도덕감정론』에서 그는 "사람이 아무리 이기주의적이라고 할지라도 남의 재산에 관심을 갖게 하는 본성에도 분명히 원칙은 있다"라고 하였다[6]. 다시 말해서, 스미스는 인간 행태에 대하여 좀 더 중도적 시각을 가졌으며 인간 본성에 이기적인 면과 이타적인 면이 공존한다는 점을 인정하였다.

긴티스와 그의 동료들은 최근 연구 결과를 바탕으로 인간 본성에 대한 좌우의 역사적인 시각은 너무 단순하다고 비판하였다. 인간의 본성이 이기적이냐 아니면 이타적이냐 하는 문제는 수 세기에 걸친 철학적 논쟁거리였지만, 사실 이는 궁극적으로 개인의 의견에 따라 달라질 수밖에 없다. 그러나 1980년대 이후 이것이 하나의 과학적인 문제로 부상하였다. 여러 가지 실증 연구와 실험, 인류학의 현장 연구 그리고 게임 이론을 통한 분석에 의하면 스미스의 주장이 기본적으로 맞는 것으로 나타났다.

인간은 본성적으로 이타적이지도 이기적이지도 않다. 연구자들의 말을 빌리면 인간이란 '조건부 협력자'이자 '이타적인 응징자'라고 할 수 있다. 긴티스와 그의 동료들은 이러한 인간의 행태를 '강한 상호주의'라고 하며 "타인과 협력하고자 하는 성향과 협력의 규범을 위반하는 자에 대해서는 어떠한 대가를 치르더라도 응징하려는 성향(개인적인 희생을 치르더라도)"이라고 정의하였다[7]. 이것이 우리가 앞에서 논의했던 '최후통첩 게임'과 '죄수의 딜레마'에 나타난 인간의 행태다. 기본적으로 사람들은 황금률Golden Rule을 따르고자 하지만 거기에 약간의 변칙을 가한다. 남이 자기에게 하기를 원하는 것처럼 남에게 하라는 것(즉, 조건부 협력)도 만약 남이 그렇게 하지 않으면 개인적인 비용을 치르더라도 응징하겠다는 의미다(즉, 이타적 응징). 사람은 어떤 사람을 믿을 수 있고 어떤 사람을 믿을 수 없는지, 누구에게 신세를 지고 있으며 누가 자기에게 신세를 지고 있는지, 그리고 누군가가 자기를 이용하고 있는 건 아닌지에 대한 고도의 판단력을 가지고 있다. 옛말대로 "나를 한 번 속이면 속인 사람이 나쁘지만, 두 번 속이면 속은 내가 바보다".

> 인간은 본성적으로 이타적이지도 이기적이지도 않다. 인간이란 조건부 협력자이자 이타적인 응징자라고 할 수 있다. 긴티스는 이러한 인간의 행태를 "타인과 협력하고자 하는 성향과 협력의 규범을 위반하는 자에 대해서는 어떠한 대가를 치르더라도 응징하려는 성향"이라고 정의하였다.

그러나 강한 상호주의에 바탕을 둔 인간의 행태는 매우 보편적인 현상이다. 이는 현대 산업 사회의 사람들뿐 아니라 오지의 수렵·채집 부족 사회 사람들의 경우에도 마찬가지다. 이러한 인간 행태가 어느 정도 유전적인 것인지, 어느 정도 문화적인 산물인지에 대해서는 논란이 있다. 그러나 이것이 유전적인 것이라는 세 가지 증거가 있다. 첫째, 강한 상호주의 행태는 여러 문화에서 공통적으로 확인되었다. 어떤 사회에서도 상호주의 행태를 보이지 않은 경우는 없었다. 따라서 상호주의는 순전히 문화적인 산물이라고 할 수 없다는 것이다[8]. 둘째, 다른 영장류에서도 비슷한 행태가 관찰되었다[9]. 셋째, 이러한 행태와 관련된 생물학적 증거도 있다. 뇌에서 분비되는 옥시토신이라는 호르몬은 인간에 대한 신뢰감을 느끼게 하고 협력을 유도하는 역할을 한다는 것이다[10]. 그러나 강한 상호주의가 보편적 현상으로 보이기는 하지만 그러한 본성을 촉발하고 표현하는 방식은 사회에 따라 다르게 나타난다. 따라서 이것은 유전자와 문화의 공진화에 의한 것이라고 볼 수 있다.

강한 상호주의에 대한 진화론적 논리는 간단하다. 제로섬 게임이 아닌 세계에서 조건부 협력자가 순전히 이타적 혹은 이기적 전략을 따르는 사람보다 좋은 성과를 낸다. 린드그렌의 '죄수의 딜레마' 모델에서 어느 한 전략이 절대적 우위를 나타내지는 못하였으나 이기는 전략이 조건부 협력자 전략의 변형에서 나왔다는 사실은 우연의 일치가 아니다. 마찬가지로 세계 여기저기서 실행한 최후통첩 게임 실험의 결과들을 보면 전통 경제학이 가정하고 있는 이기주의에 가장 가깝게 행동하는 종족은 페루 우림에 사는 마치구엥가Machiguenga 사람들인 것으로 나타났다. 마치구엥가족의 문화적 규범은 다른 사회처럼 강한 상호주의를 강조하지 않는 것으로 나타났다. 따라서 마치구엥가 문화는 이기주의, 상호 불신, 낮은 협동 정신 등이 특징이다. 그들 사회의 조직은 가족 단위의 범위를 넘어서지 못하였으며, 따라서 실험 대상 중 가장 가난한 사회였다[11].

전통 경제학자는 강한 상호주의가 또 다른 형태의 이기주의에 불과하다고 할지 모른다. 결국 사람들은 자기의 목적을 달성하기 위해 협력한다는 것이다. 제로섬 게임이 아닌 사회에서는 협력이 유리하다. 그러나 강한 상호주의와 전통 경제학의 이기주의는 두 가지 점에서 다르다. 첫째, 전통 경제학의 호모 에코노미쿠스는 경제적 상호 작용 과정엔 관심이 없다. 다만 결과적으로 개인의 이익이 극대화되었느냐에만 관심이 있다. 그러나 실험 결과를 보면, 사람들은 결과뿐 아니라 그 과정의 정당성도 매우 중시한다. 둘째, 최후통첩 게임에서 보았듯이 사람들은 자기 자신에게 돌이킬 수 없는 손해가 되더라도 부당한 행동을 응징한다. 다시 말해, 정말 속았다고 생각되면 사람들은 어떤 짓을 할지 모른다. 이것이 바로 이기주의적 합리성과 다른 점이다.

강한 상호주의의 경제적·정치적 파급 효과는 확실치 않지만 인간 행태의 기본적인 가정을 바꾸면 많은 것이 바뀐다. 예를 들어, 복지 국가를 위한 공공 지원 제도를 보자[12]. 1930년대부터 1960년대에 이르는 기간 동안 사회적 약자를 돕기 위한 미국 정부의 사업들은 많은 국민의 지지를 받았다. 그러나 1970대, 1990년대에 이르면서 그러한 정책에 대한 국민의 지지는 크게 떨어졌다. 그러한 지지 하락의 원인에 대해서는 논란이 분분하다. 좌파는 그 이유를 인종 차별주의에서 찾는다. 그러한 지원을 받는 계층이 대부분 소수 인종이라는 점, 그리고 최근 나밖에 모르는 이기적 세대의 등장이 그 원인이라는 것이다. 한마디로 이타 정신의 결핍이 원인이라는 것이다. 우파는 드디어 사람들이 그러한 지원의 효과성이 낮다는 것을 깨달았기 때문이라고 본다. 그러한 정책은 세금의 낭비이니 이제 돈을 돌려 달라는 것이다. 한마디로 이기주의의 발로이다.

여러 가지 조사 및 실험 결과와 전문 그룹의 토론 등을 통해 크리스티나 퐁Christina Fong, 보울스 그리고 긴티스는 그러한 국민의 태도 변화는 앞서 본 그런 이유가 아니라, 바로 강한 상호주의 때문이라는 의미 있는 증거를 발견하였다. 처음 지원 사업이 도입되었을 때, 그러한 혜택을 받는 사람들은 일은 하고 싶지만 운이 없거나 경제 상황이 안 좋아서 일자리를 구할 수 없는 사람들로 간주되었다. 그러한 사람들은 도와주어야 한다는 것이 당시의 사회 규범이었다. 그러나 최근 국민들의 인식이 국가 지원의 수혜자들은 대개 게으르고 일하기 싫어하며 사회의 선의를 오용하고 있다는 식으로 바뀌기 시작하였다. 그러한 행태는 상호주의의 규범에 맞지 않으므로 지원은 철회되어야 하고 응징도 할 필요가 있다는 것이다.

퐁, 보울스 그리고 긴티스는 사회 정책은 '상호주의의 가치를 위배하지 않아야 하며 상호주의의 가치를 오히려 잘 활용할 수 있도록' 기획되어야 한다고 말한다. 예를 들어, 상호주의의 가치와 맞는 정책으로서, 일을 하고자 하는 이들에 대한 직능 훈련, 빈곤층에게 저축을 촉진할 수 있는 인센티브 제도, 낙후 지역에서의 기업 활동 지원, 사회적 약자에 대한 교육 기회 확대 등을 들 수 있다. 이와 같이 강한 상호주의의 규범은 사회적 약자 중에서도 지원을 받을 자격이 있는 사람과 그렇지 못한 사람을 구분하도록 한다. 이러한 차별을 고려한 지원 정책은 국민의 지지를 받는다. 예를 들어, 고용 보험금 제도에 대한 국민의 지지도는 매우 높다. 이 경우 사람들은 고용 기간 동안 보험금을 불입하고 경제 상황이 안 좋거나 운이 나빠 해고되는 경우 지원금을 받기 때문이다. 마찬가지로 사회 보장 제도도 지난 70여 년간 범정파적 지지를 받아왔다. 이 또한 상호주의의 원칙에 바탕을 둔 정책이기 때문이다. 사람은 어쩔 수 없이 늙게 되어 있고 젊어서 불입한 만큼 노후에 지원을 받는 것은 당연하다. 다른 한편으로, 이러한 원칙에 어긋나는 정책은 자격이 없는 자들에게 혜택을 주게 되고 결국 문제에 봉착하게 된다. 상호주의적 요건이 없는 지원 정책의 예로서 약물 중독자를 위한 교육, 재활 프로그램 등이 있다. 약물 중독의 경우 자기 스스로의 행위에 의한 결과이므로 상호주의라는 요건에는 맞지 않는다는 것이다. 그러나 이러한 상호주의 원칙이 반영된다면(예를 들어, 수혜자들은 일을 해야 한다든지, 약물 중독자들은 범법 행위를 해서는 안 된다는 등), 그러한 정책도 국민의 지지를 회복할 수 있을 것이다.

강력한 상호주의 원칙은 왜 미국과 영국의 신좌파들이 진보주의적 정책에 개인의 책임성을 반영하려고 하는가를 잘 설명하여 준다. 클린턴이 복지 정책 개혁을 통해 복지 수혜자의 노동 요건을 추가하였고, 블레어가 범죄의 척결, 범죄 원인의 척결을 주창한 것 등이 그 좋은 예이다. 우파도 이러한 규범을 받아들이고 있다. 예를 들어, 부시 행정부가 지지하는 신앙을 기반으로 한 사업들은 사회적 목표에다 종교적 의미의 책임성과 상호주의의 가치를 결합하고 있다.

인간은 루소가 말하듯이 순수한 마음을 가진 이타적 피조물도 아니며, 그렇다고 해서 흄이 말하듯이 가슴도 없는 이기적인 피조물도 아니다. 결국 인간은 양면성을 지니고 있다는 경제학자이자 도덕철학자인 스미스의 견해가 옳았다. 복잡계 경제학이 강한 상호주의를 강조하는 것은 결국 좌파도 모든 죄악의 근원은 사회라는 루소의 견해를 벗어나 개인의 책임성도 인정해야 한다는 의미이다. 마찬가지로 우파 또한 인간의 본성은 사악하다는 가정을 전제로 사회 제도가 구축되어야 한다는 흄의 견해에서 벗어나 인간 본성의 너그러운 측면도 인정해야 한다는 것이다.

그러나 복잡계 경제학에 의하면 개개인의 행동은 한 부분에 불과하다. 결국 개개인의 행동이 통합되고 그것이 제도적 구조와 연계되어 한 시스템의 창발적 행태를 결정하는 것이다. 이러한 논리를 바탕으로 좌우 논쟁의 또 다른 핵심 주제인 시장과 국가의 역할에 대해서 살펴보기로 한다.

좌파의 유토피아와 자유 시장에 대한 환상

3부에서 보았듯이 인류는 모르는 사람들 간의 대규모 경제 협력을 위해 두 가지 메커니즘을 개발하였다. 즉, 시장과 계층 구조이다[13]. 이 두 메커니즘 속에는 엄청나게 다양한 실행 수단과 방법이 포함되어 있으나 결국은 모두 이 둘로 나누어질 수 있다. 수평적인 조직으로 알려진 집단 농장이나 협동조합 같은 경우에도 계층 조직적 권력 구조가 어느 정도 존재한다[14]. 복잡계 경제학적 관점에서 본 자본주의 경제와 사회주의 경제의 차이점은 경제적 적합도를 판단하는 것이 '시장이냐 계층 구조냐'이다.

자본주의 경제, 사회주의 경제를 막론하고 사업 계획의 차별화, 선택, 확산은 계층 구조의 틀 속에서 일어난다. 자본주의 경제에서는 그러한 과정이 민간 기업에서 일어나는데, 이를 앨프리드 챈들러는 '보이는 손'이 작용하는 것이라고 하였다. 이에 반해 사회주의 경제에서는 이러한 과정이 직접·간접으로 국가가 통제하는 조직 속에서 일어난다. 그러나 자본주의 경제에서 진화의 과정은 결국 시장이라는 거름 장치를 거치게 되어 있고, 이 과정에서 애덤 스미스의 '보이지 않는 손'이 사업 계획의 선택과 확산을 최종 결정한다. 사회주의 경제에는 이러한 시장이라는 거름 장치는 존재하지 않으며(달리 말해, 국가가 이를 관장하며), 사업 계획의 선택과 확산 같은 진화 과정에서의 결정은 정부라는 계층 구조 속에서 이루어진다.

좌파에 대한 비판

복잡계 경제학의 사회주의 경제에 대한 비판은 명료하며 예상대로이다. 즉, 경제란 너무 복잡해서 사회주의가 요구하는 것처럼 중앙 계획 당국이 감당할 수 없다는 것이다. 이러한 비판에는 세 가지 요소가 포함되어 있으며, 이중 두 가지는 오스트리아 경제학자 프리드리히 하이에크가 1930년대와 1940년대에 주장한 것이다[15].

그 첫째는 하이에크가 말한 '지식의 조정 문제'이다[16]. 무엇을 생산할 것인가 하는 문제를 해결하는 데 필요한 지식은 사회 전반에 산재해 있다. 그러한 지식은 사람들의 취향에 대한 정보, 비용, 기술 등에 대한 정보를 포함한다. 시장이라는 메커니즘이 없다면 이러한 정보를 모은다는 것이 이론적으로나 현실적으로 불가능하다. 만약 전 국민을 대상으로 10^{10} SKUs(재고 유지 단위)에 달하는 재화와 서비스에 대한 취향을 조사한다면(평생 동안 해도 이러한 조사가 불가능하겠지만), 조사가 끝나는 순간 조사의 내용은 아무 쓸모 없는 과거의 데이터가 되고 말 것이다(시간이 너무 많이 걸린다는 얘기다). 그리고 비용의 경우도 마찬가지다.

두 번째 문제도 이와 관련이 있는데, 하이에크는 이를 사회주의의 '결정적 자만심'이라고 하였다[17]. 만약 완벽한 합리성의 가정이 신고전학파 이론의 결정적인 흠이라면 이 또한 사회주의 이론의 핵심적인 문제라고 할 수 있다. 영국의 경제학자 H. D. 디킨슨Dickenson은 1933

년 논문에서 사회주의와 자본주의 간에 다른 점이 없다고 주장하였다. 그 이유는 시장 균형을 도출하기 위한 발라의 방정식도 사회주의 경제 계획 당국이 풀어 시장과 같이 최적의 결과를 도출해 낼 수 있기 때문이라는 것이다[18]. 하이에크는 이에 대해 우리가 그러한 결과를 찾기 위해 필요한 데이터는 모을 수 있을지 몰라도 이를 처리할 능력은 없다고 반격하였다. 앞에서 논의한 대로 하이에크는 인간의 연역적 합리성도 경제와 같은 비선형적이고 동태적인 시스템에서 사안을 이해하고, 예측하며, 계획하는 데는 한계가 있다고 주장하였다. 기본적으로 완벽한 합리성이라는 가정은 신고전학파 이론에서와 마찬가지로 사회주의 이론에서도 비현실적이기는 마찬가지라는 것이 하이에크의 주장이다.

세 번째 비판은 하이에크의 두 가지 비판을 바탕으로 한 것으로서, 우리가 이미 앞에서 논의한 바 있다. 우리가 완벽한 합리성을 버리고 연역적 추론에 의존한다면 추론의 성공 여부를 가릴 수 있는 잣대가 필요하며, 무엇이 좋은 사업 계획이며 무엇이 나쁜 사업 계획인지 피드백할 수 있어야 한다. 그러한 피드백을 할 시장 메커니즘이 없다면 우리는 하이에크의 '지식의 조정 문제'에 빠지고 만다. 사회가 원하는 것이 무엇인가에 대한 지식이 없다면, 그리고 사회가 원하는 것을 선택하게 하는 메커니즘이 없다면, 국가라는 계층 구조가 마음대로 생산하는 수밖에 없을 것이다. 앞에서 본 대로, 통치자의 계층 구조는 통치자의 이익을 위해 일하는 경향이 있다. 그러므로 순수한 계획 경제에서의 적합도 함수는 사회 전체의 이익보다는 권력의 이익을 반영하게 된다.

따라서 복잡계 경제학의 관점에서 본다면 시장은 정보를 수집하고 처리하는 역할과 함께 사업 계획의 선택을 위한 적합도 함수를 제공함으로써 권력의 계층 구조를 견제하는 역할을 한다. 한마디로, 계획된 유토피아라는 깔끔한 비전은 복잡 적응 시스템인 번잡한 현실 세계에는 맞지 않는다.

우파에 대한 비판

다른 한편의 이념 체계에 대한 복잡계 이론의 비판은 자본주의에 대한 비판이라기보다는 신고전학파 이론을 바탕으로 한 자본주의에 관한 우익의 환상에 대한 비판이다. 논점은 두 가지다.

첫째, 복잡계 경제학은 시장이 유용하고 필요하지만 완벽하게 효율적이라고 보지는 않는다. 앞서 본 대로, 교과서에서 말하는 시장과 가장 가깝다는 금융 시장도 실제 이론적인 효율성과는 거리가 멀다. 이는 시장이 사회의 모든 문제에 대한 답을 줄 것이라는 일부 우파의 가정이 잘못된 것이라는 의미다. 공정하게 말하자면 대개의 전통 경제학자들은 시장이 실패할 수 있다는 것을 인식하고 있으며 시장 실패에 대한 연구도 많다. 그러나 복잡계 경제학은 시장 실패를 떠나 전통 경제학의 비현실적 가정을 근거로 한 여러 가지 시장 해법에 대하여 의문을 제기한다.

작은 문제지만 전형적인 예로서, 영국의 전화번호 안내 체제에 대한 규제 해제를 들 수 있다. 50년간 영국은 전국의 전화번호 안내 서비스를 위해 단일 번호를 사용하였다. 이러한 독점적 사업은 당시 국영 회사였던 브리티시 텔리콤British Telecom이 운영하였으며 정부가 통화료 및 서비스의 질을 감시, 통제하였다. 서비스 자체가 간단한 데다, 비교적 잘 운영되었으며, 소비자의 불만도 많지 않았다. 그러나 2001년 정부는 그 서비스를 자유화하기로 하고 경쟁 시장으로 개방하였다. 시장 경쟁으로 가격을 내리고 서비스 혁신을 촉진시키기 위해서였다. 예상대로 새로운 회사들이 시장에 뛰어들었으며 2004년에는 무려 120개사가 시장에서 경쟁하게 되었다. 그러나 이론과 현실의 차이가 드러나기 시작하였다. 종전의 체제에서는 전화번호 안내 번호가 192 하나밖에 없어서 모두가 이를 잘 기억하였다. 그러나 120개사가 경쟁하게 되자 사람들이 몇 개의 번호 외에는 기억할 수가 없게 되었다. 회사별 안내 번호가 제비뽑기로 부여되어 어떤 회사는 운 좋게도 기억하기 쉬운 '118'과 같은 번호를 받아, 전화번호 안내 시장에서 독점적 위치를 차지하게 되었다. 뿐만 아니라 대개의 경우 전화번호 안내 서비스 비용은 적은 금액으로 여겨져 굳이 시간을 들여 가며 가격이 낮은 회사를 찾으려 하지도 않았다. 결과적으로 새로운 제도하에서 좋은 번호를 가진 회사들이 더 높은 가격으로 과점적 전화번호 안내 서비스를 하면서 소비자의 불만은 과거 브리티시 텔레콤 독점 시보다 더 늘어났다. 더욱이 새 안내 번호는 전국적으로 사용되는 것이 아니라 통신망별로 다른 번호의 사용을 허용하였기 때문에 집, 사무실, 이동 전화 등 통신망에 따라 다른 번호를 이용해야 하는 번거로움이 있었다. 인간 인지 능력과 제도 및 이론 사이의 현실적 괴리로 인하여 전통 이론은 당초의 효과를 내지 못하였고, 결국 시장 경쟁의 편익은 실현되지 못하였다[19].

비슷한 예로서 미국 캘리포니아주의 전력 시장 자유화는 2001년 심각한 전력 공급 부족을 초래하였고, 영국 철도 산업의 민영화는 기차의 연발, 연착 등 서비스 질을 크게 떨어뜨렸다. 그렇다고 해서 시장 경쟁이 나쁘고 독점이 좋다는 의미는 아니다. 복잡계 경제학은 경제의 진화에서 시장이 가장 효율적인 메커니즘이라는 것에 인식을 같이한다. 문제의 핵심은 이러한 간단한 전통 경제학의 이론을 바탕으로 우파는 모든 사회 문제를 시장이 해결해 줄 수 있다고 생각하는 데 있다. 앞서 제기한 사안들의 경우 인간의 합리성과 제도가 이론과 일치하는 것이 아니었으며, 그 결과 시장이 사회적으로 적절한 해결책을 제시해 주지 못한 것이다.

두 번째 비판은 우파가 가지고 있는 반정부적 입장은 복잡계 경제학의 관점에서 보면 매우 '순진한' 측면이 있다. 신고전학파 이론은 정부의 간섭이 없는 원초적인 자연 상태에 존재하는 이상적인 경제를 만들어 놓는다. 이러한 이상적인 상태에서 바로 파레토의 최적 상태가 형성되며 사회의 부가 극대화되는 것이다. 여기에 세금이니 규제가 개입되면 경제는 이상적 상태에서 멀어지고 사회적 부의 창출도 줄어들게 된다. 그러므로 세금은 억제하고 정부 지출도 최소화하는 것이 이들의 목적이다. 이와 같이 우파는 시장이 기능을 하기 위해서 기본적인 규제는 필요하지만 일반적으로 세금과 같은 규제는 시장을 왜곡시키고 가격 신호를 오도하며 경제를 이상적인 상태에서 멀어지게 한다고 주장한다. 1986년 중소기업 관련 백악관 회의에서 로널드 레이건은 "정부의 경제관은 몇 마디로 요약될 수 있다. 즉, 경제가 움직이면 세금을 거두어라. 경제가 계속 움직이면 규제하라. 그리고 경제가 정지하면 보조금을 주라"고 한 바 있다(정부 개입에 대한 부정적 입장을 그렇게 피력한 것이다).

그러나 반정부적 시장론자들은 경제가 고립되어 존재하는 것이 아니라는 사실을 잊고 있다. 경제적 진화 시스템은 수없이 많은 사회적 기술을 바탕으로 하고 있으며 그러한 사회적 기술은 대개 정부와 밀접하게 연계되어 있다[20]. 시장을 기반으로 하는 진화는 협력과 경쟁의 균형을 필요로 하며, 이러한 균형을 이루는 데는 정부의 역할이 중요하다. 계약법, 소비자 보호법, 근로자 안전법, 증권법과 같은 사회적 기술은 모두 협력과 신뢰를 강화하기 위한 것인 반면, 반독점 규제는 건강한 수준의 시장 경쟁을 유지하는 데 목적이 있다.

미국의 우파들은 간혹 뉴딜 정책으로 정부의 경제 개입이 시작됐다고 해서 민주당 출신 프랭클린 D. 루스벨트 대통령을 비난한다. 그러나 협력과 경쟁의 균형자로서 정부의 역할을 정립한 대통령은 사실 공화당 출신인 시어도어 루스벨트다[21]. 1901~1909년 동안 그는 록펠러, 모건과 같은 독점 기업을 해체하였고 최초로 식품 안전법을 제정하였을 뿐 아니라 20세기 경제 발전을 위한 제도적 기틀을 마련하는 등 다양한 개혁 정책을 추진하였다.

정부의 영향력이 약한 개발도상국에 가보면 정부의 개입이 없을 때 국민 생활이 얼마나 어려운가 알 수 있다. 정부가 이러한 역할을 하지 못하면, 경제는 협력도 경쟁도 약한 막다른 골목에 이르고 만다. 그렇다고 해서 정부의 개입이 모두 좋다고 할 수는 없다. 바보 같은 낭비적 규제도 있을 수 있다. 그럼에도 "정부는 문제가 될 뿐 해결책이 아니다"라는 식의 우파적 주장은 경제 시스템의 진화를 효과적으로 떠받치는 정부 제도의 역할을 훼손하는 것이다.

정부는 적합도 함수를 설정한다

복잡계 경제학은 기업의 역할에 대한 새로운 시각을 제시한 것과 같이 정부의 경제적 역할에 대해서도 새로운 관점을 제시한다. 신고전학파의 영향을 받은 우파의 입장은 대략 다음과 같다. 자유로운 사회에서는 파레토 최적이 도덕적으로 가장 바람직한 해결이며, 그러한 파레토 최적을 달성하는 가장 효율적인 메커니즘은 시장이므로(사실 시장이 유일한 메커니즘), 도덕적으로 올바른 정부의 역할은 시장 효율을 확보하는 것이다. 따라서 시장에 개입하는 어떠한 정부의 행위도 그로 인해 발생하는 시장 효율의 손실을 기준으로 비용 편익이 평가되어야 한다고 생각한다. 이 때문에 우파 사람들은 시장 효율을 이유로 환경 규제에 대해서도 반대한다.

이에 비하여 복잡계 이론의 시각은 정부의 개입을 두 가지 유형으로 나누어 본다. 한 가지는 사업 계획의 차별화, 선택 그리고 확산과 관련된 정부 행위는 경제적 진화 과정에 대한 개입으로서 사회주의 경제에 대한 비판에서 본 여러 가지 문제를 야기할 수 있다는 것이다. 예로서, 특정 산업에 보조금을 지급하고 보호하는 일본의 산업 정책, 자국 은행을 위해 유럽의 은행 간 합병에 개입하는 프랑스 정부 정책, 혹은 아이오와주의 정치적 중요성 때문에 옥수수를 이용한 에탄올 개발을 지원하는 미국의 에너지 정책 등을 들 수 있다. 반대로 다른 한 가지는 사업 계획의 차별화, 선택, 확산 등은 시장 메커니즘에 맡겨 두고 경제적 '적합도 환경'을 조성하기 위한 정부의 정책 개입은 달리 평가되어야 한다는 것이다. 앞에서 본 대로 진화 시스템에서 효율의 의미는 제한적이다. 복잡계 이론의 시각에서 본다면 정부 규제는 기업 경쟁 환경의 일부분이다. 시장 메커니즘이 사업 계획을 차별화하고 선택하고 확산하는 역할을 해준다면 경제적 진화 과정은 정부의 규제에 대응하기 위하여 혁신하고 적응해 나갈 것이다.

예를 들어, 유권자들이 자기들이 선출한 의원에게 환경 보호가 사회적 우선 과제라고 말한다면 정부는 환경 친화적 사업 계획이 그렇지 않은 것보다 유리하도록 경제적 적합도 함수를 설정할 것이다. 탄소세, 배출량 거래 제도, 재활용 의무화 등이 좋은 예이다. 이 경우 정부는 사업 계획을 선택하는 것이 아니라(즉, 연료 전지, 에탄올, 풍력 발전, 혹은 다른 물리적 기술 중 어느 것이 배출량을 줄이는 데 가장 좋은지) 선택된 사업 계획이 성공하거나 실패할 수 있는 적합도 환경을 조성한다(즉, 탄소세가 있는 곳에서는 저배출 사업 계획이 고배출 사업보다 유리할 것이다).

> 국가의 역할은 시장의 진화를 촉진하고, 협력과 경쟁 간 효과적 균형을 이루게 하며, 사회의 요구에 가장 효과적으로 대응할 수 있는 경제적 적합도 함수를 설정하는 제도적 틀을 만드는 것이다. 국가와 시장은 대립적 관계가 아니다. 문제는 효과적인 진화 시스템을 구축하기 위해 어떻게 국가와 시장을 결합하느냐이다.

정부를 적합도 함수의 설정자로 보는 시각은 좌우 어느 쪽과도 맞지 않는다. 우파는 효율의 대가를 치러야 한다고 불만이다. 그러나 앞에서 본 대로 이들이 말하는 효율은 정태적 상태의 것을 말한다. 만약 탄소세가 도입되어 기술 혁신을 촉진하고 결과적으로 태양열 발전 비용이 급격히 줄어들었다면 경제는 더 효율화될 것 아닌가? 반면에 좌파 사람들은 시장의 창의적인 힘보다 관료의 합리성을 더 신뢰하고 지시형의 접근을 더 선호하는 경향이 있다(즉, 배출량 거래 제도보다는 발전소의 의무 배출량 절감 목표를 설정하는 것을 더 선호한다). 그래서 만약 좌우 양쪽이 다 반대하면 그게 바로 옳은 게 아닌가 하고 주장할 수 있을 정도이다.

그러나 정부를 적합도 함수의 설정자로 보아야 한다는 아이디어는 하이에크가 지적한 여러 가지 이유를 고려할 때 조심스럽게 해석해야 한다. 정부가 적합도 함수를 설정함에 따른 영향, 그리고 전혀 예기치 못한 결과가 발생할 가능성 등을 우리의 능력으로 예측할 수 있는지에 대해 솔직해질 필요가 있다. 이는 정부가 그러한 역할을 할 수 없다는 의미가 아니라 기꺼이 그런 역할에 대한 실험을 하고, 그 결과를 피드백 받고, 경우에 따라 역할의 방향을 바꿀 필요가 있다는 것이다. 그러나 정치적으로 이는 쉬운 일이 아니다. 그리고 이제 논점은 시장 효율이 중요한가, 사회적 목적이 중요한가 하는 고루한 이념적 논쟁에서 벗어나 어떻게 시장의 진화 과정이 우리 사회의 필요에 맞게 잘 진행될 수 있을까 하는 토론으로 바뀌어야 한다.

복잡계 경제학은 좌우의 이념적 입장뿐 아니라 이 둘 간 논쟁의 대상인 거대한 제도, 즉 국가와 시장에 대한 우리의 시각을 바꾸고 있다. 국가의 경제적 역할은 시장의 진화를 촉진하고, 협력과 경쟁 간의 효과적 균형을 이루게 하며, 사회의 요구에 가장 효과적으로 대응할 수 있는 경제적 적합도 함수를 설정하도록 하는 제도적 틀을 만들어 주는 것이다. 강력한 상호주의 규범에 따라 국가는 모든 국민이 경제 시스템에 참여할 수 있는 평등한 기회를 가질 수 있도록 해야 하며, 그러한 시스템에서 성공하지 못한 사람들에게는 기초적인 지원을 해 줄 책무가 있다. 시장의 경제적 역할은 사업 계획을 발굴하고 차별화하도록 인센티브를 제공하고 소비자 수요, 기술 그리고 국가가 설정한 적합도 함수를 고려하여 사업 계획을 선정하며 선정된 계획이 확산되도록 자원을 배분하는 것이다. 따라서 국가와 시장은 대립 관계가 아니다. 문제는 효과적인 진화 시스템을 구축하기 위하여 국가와 시장을 어떻게 결합하느냐이다.

이제 복잡계 이론을 이용해 오랜 사회 문제에 대한 해법을 제시한 세 가지 연구에 대해서 살펴보기로 한다. 만약 복잡계 경제학이 아직 성숙되지 못하였다면 공공 정책에 대한 적용도 초기 단계에 머물 수밖에 없을 것이다. 사실 지금 여기서 거론되는 모든 연구자들을 복잡계 경제학자라고 할 수는 없다. 다만, 그들의 연구 결과가 복잡계 경제학의 이론적 틀에 부합되고 복잡계 이론의 시각과 일치되는 결과를 보여 주기 때문에 여기에 포함시킨 것이다.

세 가지 사례에 나타나는 공통점은 미시적 행태가 중요하다는 것이다. 앞에서 본 대로 '복잡 적응 시스템'에서는 개별 주체의 행동 규칙이 시스템 전체의 거시적 성과에 심대하고도 예상 밖의 영향을 미친다. 우리는 앞서 '슈거스케이프' 모형에서 간단한 개별 주체의 행동 규칙이 어떻게 부의 편재 현상을 초래하는지 보았다. 그리고 진화적인 죄수의 딜레마 게임에서 어떻게 개별 주체의 전략이 창조적 파괴라는 슘페터적 바람을 일으키며, 맥주 게임에서 실제 사람들의 행동이 어떻게 호경기와 불경기를 초래하는지도 살펴보았다. 전통 경제학은 역사적으로 미시적 행태를 매우 좁은, 협의로 보았다. 즉, 모든 사람이 완벽하게 합리적이라고 가정한다면 어떻게 각기 다른 개인의 행동이 거시적 수준의 성과에 영향을 미치는지 탐색한다는 것은 말도 안 되는 짓인 것이다. 그러나 앞으로 보겠지만 문화적 규범, 어디에 살고, TV에서 무엇을 볼 것인가 등과 같은 개인의 취향, 그리고 부모의 행동 등은 거시 경제적 문제의 근원일 수도 있다.

문화가 중요하다

세계은행에 의하면 2002년 세계에서 가장 가난한 나라는 콩고로, 그 나라의 1인당 소득은 100달러였다[22]. 이 소득은 브래드퍼드 들롱이 추정한 약 1만 5천 년 전 수렵·채집민 부족의 소득인 92달러와 비슷한 수준이다(1장 참조). 동시에 가장 부자 나라는 룩셈부르크로서, 1인당 소득이 3만 9,470달러였다. 룩셈부르크 국민 한 사람이 콩고 국민 394명만큼의 돈을 번다는 것이다. 부유한 사람과 가난한 사람의 격차는 이 두 나라의 격차 이상이다. 현재 사하라 사막 이남 아프리카 인구의 반 이상, 그리고 인도 및 동남 아시아 인구 3분의 1을 포함하는 21퍼센트의 세계 인구가 하루에 1달러 미만으로 살아가고 있다[23]. 경제사학자 데이비드 렌즈 David Landes가 말한 대로 "세계는 대략 세 부류의 나라로 나누어진다. 즉 체중을 줄이기 위해 많은 돈을 쓰는 나라, 살기 위해서 먹는 나라, 그리고 다음 끼니가 어디에서 올지도 모르는 나라 등이다".[24]

국민의 65%가 상호 신뢰한다고 답한 노르웨이, 60%가 상호 신뢰한다고 대답한 스웨덴처럼 신뢰도가 매우 높은 나라가 있는가 하면 반대로 페루는 국민의 5%만이, 브라질은 국민의 3% 만이 상호 신뢰한다고 대답했다. 신뢰와 경제적 성과 사이에는 중요한 상관관계가 있다.

이러한 격차의 원인은 좌우에 따라 다르게 설명된다[25]. 좌파의 설명은 식민주의, 인종주의, 자본가 수탈, 그리고 부자 나라들의 빈약한 지원 등이 주된 원인이라는 것이다. 반면, 우파는 이러한 격차가 나쁜 정부, 부패, 자유 시장의 부재, 외국 원조에 대한 의존, 그리고 다소 미묘한 것이기는 하지만(어떤 경우에는 꼭 그렇지만도 않은) 인종적 열등감 때문이라고 한다. 여기에 더하여 지리적 여건, 기후, 그리고 특히 아프리카의 경우 끊임없는 전쟁 등도 중요한 원인으로 꼽히고 있다[26].

1999년 하버드 대학의 국제학 교수인 로렌스 해리슨Lawrence Harrison과 그의 동료 새뮤얼 헌팅턴Samuel Huntington(냉전 종식 후 문명 간의 충돌을 예고하였던 것으로 유명함)은 '문화적 가치와 인류 발전'이라는 주제로 심포지엄을 열었다. 그 심포지엄은 지난 수십 년간 세계 도처에서 수행된, 경제 발전에 있어서 문화의 역할에 관한 연구 결과를 종합하는 것이 목적이었다. 그 회의에는 데이비드 렌즈, 마이클 포터, 제프리 삭스Jeffrey Sachs, 프랜시스 후쿠야마, 네이선 글레이저Nathan Glazer 등 서구의 경제학자, 역사학자, 사회사상가 등이 참석하였다. 그 회의에는 먼 나라들의 문화에 대하여 추상적인 토론만 하는 서구의 학자뿐 아니라 토론 대상 국가들의 연구자, 평론가, 그리고 국제 지원 기구의 대표들도 참석하였다. 그 회의의 성과로서 토론의 결론을 요약한 『문화가 중요하다Culture Matters』라는 책이 출판되었다[27].

16장에서 문화를 개인들이 준수하는 미시적 규칙들의 결과로 나타나는 창발적 현상이라고 정의하였고, 조직의 경제적 성과에 있어서 문화가 어떠한 역할을 하는지에 대해 논의한 바 있다. 하버드 심포지엄 참석자들은 문화는 국가 경제에도 매우 중요한 역할을 한다는 데 의견을 같이하였다. 국가 경제의 경우 수천 명이 아니라 수백만 명의 사람들이 주어진 행동 규범 혹은 규칙을 따른다는 것이다.

문화와 거시 경제 성과 간의 관계를 처음 관찰한 사람은 20세기 초 독일 사회학자 막스 베버이다. 그러나 1950년대와 1960년대 경제적 성과에 대한 문화적 설명은 두 가지 이유로 주목을 받지 못하였다. 첫째는 정치적인 합당성의 문제였다. 렌즈가 말한 대로 "문화는…… 학자들에게 겁을 준다. 문화는 인종과 유산이라는 유황과 같은 향과 변치 않는 자태를 지니고 있다."[28] 두 번째 이유는 신고전학파 경제학의 높은 벽이다. 완벽한 합리성의 세계에서 문화가 설 자리는 매우 좁고, 있다 하더라도 그 문화적 규칙은 이기적인 최적화의 전략이어야 할 것이다. 왜냐하면 그렇지 않는 경우 사람들이 그 규칙을 활용하려 하지 않을 것이기 때문이다[29].

다행히도 정치적 합당성 문제는 많이 해소되었다. 과학적으로도 의미가 있고 인간의 다양성을 존중하는 문화적 토론이 가능해졌다. 이제 상대주의적 함정에서 벗어나 어떠한 문화적 규범이 경제 발전을 더 촉진하는지에 대해 말할 수 있어야 한다. 그러나 동시에 경제를 성공으로 이끄는 문화적 공식이 하나뿐이 아니라는 것도 알아야 한다. 경제적으로 성공한 나라 중에 일본과 같은 문화도 있고 노르웨이와 같은 문화도 있는 것처럼, 경제적 성공을 위한 완벽한 공식은 있을 수 없다. 이와 같은 행동경제학의 부상으로 신고전학과 이론의 영향력이 줄어들면서 경제라는 마구간에 문화적 말(馬)을 끌어들이게 되었다.

여기서 매우 중요한 질문이 제기될 수 있다. 어떤 규범은 경제 발전을 받쳐 주고, 또 어떤 규범은 그렇지 못한가? 연구를 더 해봐야 알겠지만 아르헨티나의 마리아노 그론도나Mariano Grondona를 포함한 여러 학자들이 문화적 규칙의 유형을 제시한 바 있다[30]. 이러한 유형을 바탕으로 보면 문화적 규칙은 앞서 16장에서 본 조직 규칙의 경우와 같이 대략 세 가지의 범주로 나누어진다. 이러한 유사성은 전혀 놀라운 것이 아니다. 왜냐하면 조직적 규범이든 사회적 규범이든 그것이 부의 창출을 촉진하기 위해서는 진화의 과정을 촉진하는 것이 되어야 하기 때문이다.

첫째 범주는 개인의 행동과 관련된 규범이다. 여기에는 노동 윤리, 개인의 책임성, 그리고 자신이 인생의 주역이며 신이나 통치자의 뜻에 얽매이지 않는다는 신념 등과 관련된 규범이 포함된다. 운명주의는 개인의 동기를 훼손한다. 그리고 열심히 일하고 도덕적인 삶을 살면 내세뿐 아니라 금세에도 반드시 보상이 있다고 믿는 것이 매우 중요하다. 끝으로 경제적으로 성공하려면 앞으로 더 잘할 수 있다는 낙천주의와 현재 상황을 정확하게 인식하는 현실주의를 균형 있게 고려하는 문화를 가져야 한다.

둘째 범주는 협력과 관련된 것이다. 가장 중요한 것은 인생이 제로섬 게임이 아니며 협력하면 보상이 있다고 믿는 것이다. 부의 파이가 고정되어 있다고 믿는 사회는 협력을 유도하기 어려우며 구성원 간의 상호 신뢰도가 낮은 경향이 있다. 강력한 상호주의에 대한 논의에서 보았듯이 우리 문화가 관용과 공정성을 중히 여기는 규범을 갖는 것도 중요하지만 무위도식하거나 남을 속이는 일을 응징하는 규범도 있어야 한다.

셋째 범주는 혁신과 관련된 규범을 포함한다[31]. 연역적 부분이 강할수록 연역적 추론은 더욱 효과적이게 된다. 따라서 현상을 종교적 혹은 마술적으로 설명하는 문화보다 합리적·과학적으로 설명하려는 문화가 훨씬 더 혁신적이라고 할 수 있다. 마찬가지로 정통만을 고집하는 것은 혁신을 억제하는 것이므로, 문화는 이론異論이나 실험에 대해 참을성을 가져야 한다. 끝으로, 과도한 평등주의는 위험 부담에 대한 동기를 감퇴시키므로 경쟁을 촉진하고 성과를 높이 사는 그런 문화가 되어야 한다.

마지막으로, 위의 세 범주 모두와 관련된 중요한 규범이 있다. 즉, 사람들의 시간에 대한 시각이다. 오늘을 위해 사는 문화(혹은 과거에 물든 문화)는 낮은 노동 윤리, 협력의 결핍, 낮은 혁신 투자 등 여러 가지 문제가 많다. 내일이 중요하지 않다면 왜 일을 열심히 하고 왜 협력과 혁신에 투자해야 하는가? 이와 반대로 내일을 위해 투자하는 윤리를 가진 문화에서는 노동을 중히 여기고, 세대 간 저축률이 높으며, 장기적인 이득을 위해 단기적인 쾌락쯤은 희생할 줄 알 뿐 아니라 서로 협력하기를 즐겨 한다.

조직의 경우와 마찬가지로 열심히 일하고, 협력하며, 혁신하는 문화를 가진 사회에서는 복잡한 사업 계획의 발굴, 실행 및 진화가 쉽게 일어난다. 이와 같이 앞에서 본 문화적 규범 중 무엇이든지 결핍되면 경제적 진화가 늦어지거나 중단될 가능성이 높다.

다시 말하지만 이러한 일반적인 형태의 규범을 실행하는 데 왕도란 없다. 안정적 협력을 장려하는 일본식 방법이 노르웨이의 접근 방식과 같을 수 없고, 모든 부문에서 다 잘하는 문화도 있을 수 없다. 더욱이 이러한 규범을 바탕으로 한 평가가 반드시 도덕적 평가라고 할 수도 없다. 어떤 규범은 경제적인 면과 도덕적인 면, 즉 양면성을 가지고 있다. 예를 들어 남을 속이는 행위에 대한 응징은 경제적으로뿐 아니라 도덕적으로도 의미를 가진다. 그러나 그렇지 못한 경우도 많다. 예를 들어 '오늘만을 위해 사는' 사회와 '내일을 위해 투자하는' 사회를 두고 도덕적 우열을 가릴 수는 없다. 그러나 경제적으로는 다르다. 끝으로 우리가 경제적 성공에 초점을 두고 있지만 그것만이 건강한 사회의 척도라고는 할 수 없다. 인내와 용서를 중요한 규범으로 여기는 사회에서는 사기가 판을 치고, 그래서 대규모 협력이 불가능해지며, 그 결과 경제적 성과도 악화되기 십상이다. 그러나 그러한 규범은 사회를 따뜻하고 친절하며 평화롭게 할 수도 있는 것이다.

이러한 단서를 전제로 할 때, 개별 사회의 문화를 분석하고 그 사회 규범의 경제적 효과를 평가하는 일을 시작할 수 있다. 하버드 대학 학술 회의에 참석하였던 아프리카의 기업인 다니엘 에퉁가 망겔**Daniel Etounga-Mangeulle**은 아프리카 문화의 다양성에도 불구하고 "사하라 사막 이남의 아프리카 국가들을 하나로 묶는 공통의 가치, 태도, 그리고 제도가 있다"고 하였다[32]. 그는 이 공통된 규범의 대부분이 문화적 유형상 경제적으로 불리한 것들이라고 주장하였다. 그러면서 특히 두 가지 예를 들었다. 즉, 개인 통치자에 과도하게 집중된 권력(그는 이를 마술적 권력이라고도 하였다)과 미래가 아닌 과거와 현재를 중시하는, 시간에 대한 시각이 문제라는 것이다. 그는 "미래에 대한 동태적 인식 없이는 계획도, 통찰도, 시나리오도, 사회 발전을 위한 정책도 있을 수 없다"라고 강조하였다.

이러한 규범의 영향은 사회 구성원 전체로 볼 때 단순히 추가적이거나 선형적이라고 할 수 없다. 개별 주체들이 문화적 규범을 따르는 가운데 상호 작용하면서 복잡한 동태적 변화를 만들어 낸다. 예를 들어, 세계는 제로섬 게임이라고 믿는 사람들과 논제로섬 게임이라고 믿는 사람들 간의 상호 작용을 보자. 만약 이 세상이 제로섬 게임이라고 믿는 편이라면 당신의 목적은 당신 몫의 파이를 차지하는 게 될 것이다. 다른 사람이 더 가져가면 당신 몫은 줄어들 것이고, 다른 사람들과 협력하고자 하는 마음도 줄어들 것이다. 이러한 상황에서 사람들은 새로운 부를 창출하기 위해서 복잡한 협력을 새로이 추구하기보다 지금 있는 부에서 더 큰 몫을 차지하기 위해 에너지를 더 쓸 것이다. 그러한 제로섬 사회에서는 절도, 부정, 부패가 창궐할 것이다. 그러한 사회에서는 부도덕, 불법에 대한 사람의 태도도 달라진다. 예를 들어, 절도에 대해서 절도범은 단지 '정당한 내 몫'을 원래의 몫보다 더 많이 가져간 사람으로부터 찾아가는 것쯤으로 생각할 것이다.

이제 경제적 파이가 고정되어 있다고 생각하는 사람들과 사회는 논제로섬 게임이라고 생각하는 사람들이 혼재해 있는 집단이 있다고 하자. 시간이 지나면서 논제로섬 게임이라고 생각하는 사람들이 서로 힘을 합하여 부를 창출하는 방법을 찾아낸다면 제로섬 게임이라고 생각하는 사람들은 이들이 만들어 낸 부에 대한 자기들의 몫을 공격적인 방법으로 요구할 것이다. 이러한 갈등은 협력으로부터의 편익을 감소시키고, 논제로섬의 견해를 가진 사람들조차 협력이 의미가 없다고 생각하게 만들어 결국 제로섬론자가 되고 말 것이다. 논제로섬적 태도는 불변의 유전적 특성이 아니다. 똑같은 자연적 본성과 성격을 갖고 태어난 사람들도 서로 다른 입장을 가질 수 있다는 것이다. 그러나 협동심이 낮은 사회에서는 논제로섬의 태도를 가진 사람들도 제로섬론자들에 밀려 결국 모두 제로섬론자가 되고 말 것이다. 연구자들은 이러한 동태적 현상을 모형화하면서 일종의 티핑 포인트tipping point가 존재한다는 것을 종종 발견한다. 즉, 사회에서 협력자와 비협력자의 구성비가 어떤 한계치를 넘어서면 그 사회에서 대규모 협력 행위를 유지하기가 매우 어려워지고 결국 빈곤의 함정에 빠지게 된다는 것이다[33]. 그러한 지적은 엉뚱한 역사적 사건이 한 사회를 비협력의 길로 이끌고 결국 빈곤의 함정으로 몰아가는 반면에, 같은 협력 성향을 가진 사회라 할지라도 이러한 역사적 사건이 그 사회를 부의 길로 연결시켜 줄 수도 있다는 의미이다. 그러므로 협력자와 배반자 간의 상호 작용은 사회의 규범과 신뢰성의 진화에 영향을 미친다. 문

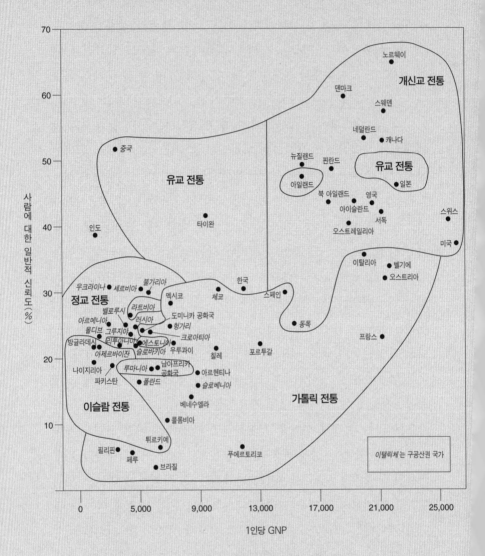

자료: 해리슨과 헌팅턴(2000). 1인당 GNP는 세계은행이 추정한 구매력 평가 기준으로서 1995년 불변 미달러화임.

〈그림 18-1〉 신뢰와 경제적 성과의 관계

화는 불변의 힘이 아니라 사회의 구성원들이 상호 작용하는 과정에서 사회와 같이 공진화한다. 문화는 역사의 산물이며 역사는 문화의 산물이다[34].

많은 연구에서 나타나듯이 문화에 따라 신뢰도는 크게 차이가 난다[35]. 1996년 여러 나라 사람을 대상으로 대대적인 설문 조사를 실시하였다. 그 조사에서 사람들에게(각기 자국어로), "일반적으로 대부분의 사람들은 믿을 만하다고 보는가? 아니면 사람들을 대할 때는 지극히 조심하여야 한다고 생각하는가?"라고 물었다[36]. 그 질문에 대한 대답은 매우 다양하였다. 국민의 65%가 상호 신뢰한다고 한 노르웨이, 60%가 상호 신뢰한다고 대답한 스웨덴과 같이 신뢰도가 매우 높은 나라가 있었는가 하면, 그 반대로 페루는 국민의 5%만이, 브라질은 국민의 3%만이 상호 신뢰한다고 대답하였다.

신뢰와 경제적 성과 간에는 중요한 상관관계가 있다(〈그림 18-1〉). 높은 신뢰는 경제적 협력으로 이어지고 이는 다시 경제적 번영으로 연결되며 결국은 신뢰를 제고시키는 선순환을 이루게 된다. 그러나 그러한 순환은 악순환이 될 수도 있다. 신뢰도가 낮으면 협력이 낮아지고 이는 빈곤으로 연결되며 또다시 신뢰를 잠식하는 결과를 초래한다. 그러나 그러한 인과 관계가 완벽한 것은 아니다. 왜냐하면 신뢰라는 것이 협력의 수준을 결정하는 유일한 요소가 아니기 때문이다. 예를 들어, 중국인과 인도인들은 미국인에 비해서 스스로 신뢰도가 높다고 생각한다. 이에 대해서는 다음과 같은 설명이 가능하다. 미국인들이 신뢰도가 낮음에도 경제적으로 성공할 수 있었던 것은 그들의 강한 사회적 기술, 특히 전통적으로 법치주의 중시 사상 때문이다. 또 다른 설명은 미국은 과거의 사회적 자본을 먹고 산다는 것이다. 사회적 자본이 다시 재건되지 않으면 신뢰는 계속 잠식될 것이다. 신뢰의 잠식이 미국 경제도 잠식할 것인가 하는 것은 다음 절에서 논의할 것이다.

프랜시스 후쿠야마는 왜 어떤 문화에서는 사회적 신뢰도가 높은 반면에 어떤 문화는 낮은 신뢰의 함정에 빠져 있는가에 대해서 연구한 바 있다. 그의 결론 중의 하나는 다소 모순적이다. 아주 강한 가족 가치를 갖고 있는 사회는 광범위한 형태의 사회적 신뢰를 구축하기 어렵다는 것이다[37]. 그는 가족 중심의 문화는 가족 간의 신뢰는 강화시키는 반면에 가족 밖의 신뢰 범위는 좁아진다고 주장하였다. 이러한 문화에서는 경제적 네트워크가 대개 가족 관계에 바탕을 두고 있으며, 따라서 그러한 네트워크가 확장될 수 있는 범위가 제한된다. 예로서, 그는 중국, 한국, 이탈리아의 경우에는 대부분의 기업이 소규모 가족 회사이며, 그 나라들의 경제 규모에 비해서 글로벌 기업의 숫자는 매우 적다고 하였다. 반면에 일본, 독일, 네덜란드와 같이 가족 전통이 약한 사회에서는 가족 밖의 신뢰를 확보하기 위한 사회적 기술을 발전시켜 왔다. 이러한 사회적 기술은 법치주의의 정착으로부터 자발적인 사회 조직에 이르기까지 다양하다. 그러므로 가족 내의 신뢰 관계는 다른 문화에 비해서 약할지 모르지만 신뢰의 범위는 훨씬 넓다. 예를 들어, 네덜란드와 같이 조그만 나라가 로열더치셸, 필립스, ABN 암로와 같은 세계적인 대기업들을 발전시켰다는 것은 매우 놀라운 일이다.

세계은행의 칼라 호프Karla Hoff와 인도통계연구원의 아리지트 센Arijit Sen은 과도하게 강한 가족 관계는 사회 발전에 부정적인 영향을 미칠 수 있다고 하였다[38]. 북유럽 기독교 전통에서는 가족은 부모와 자식이라는 핵가족으로 인식되고 있어서 조부모, 고모, 삼촌, 사촌 간의 관계가 약하다. 아프리카, 남아시아의 전통에서는 가족의 범위가 넓고 그 관계가 더 강하여 조부모, 고모, 삼촌, 대고모, 작은할아버지, 사촌, 8촌, 6촌 등과의 관계가 친밀하다. 이러한 대가족 사회는 가족 구성원 간에 경제적 부를 공유하는 데 아주 엄격한 규범이 있다. 부자인 가족 구성원은 가난한 가족 구성원을 도와주도록 되어 있다. 가족 상호 간에 나눔을 바탕으로 한 따뜻한 대가족의 이미지가 매우 좋아 보이기도 하고 경제적 관점에서는 심리적 혹은 그 외의 이점도 있을 수 있으나 문제도 많다. 만약 취직을 하고 일을 열심히 해서 재산을 모으게 되면 아무것도 가진 게 없는 게으른 6촌 동생이 같이 살자며 애써 번 돈을 탕진해 버릴 수도 있다. 경제학자들은 이것을 도덕적 해이라고 한다. 가족에 대한 광의의 해석은 무위도식과 근로와 저축에 대한 낮은 보상 등 경제적 동기를 약화시킨다. 호프와 센은 대가족 제도가 개인적 수준에서 문제를 일으킬 뿐 아니라 기업과 정부에 가족주의를 개입시킴으로써 사회 발전을 지체시킬 수 있다고 주장한다.

사회 발전 정책에 대한 문화의 의미는 아직 연구 단계에 있지만 발전이라는 방정식에 있어서 문화가 필수의 변수라는 것은 분명하다. 세계은행 경제 분석가인 윌리엄 이스털리William Easterly는 1950～1959년 사이에 선진 세계가 1조 달러 이상의 경제 원조를 개발도상국에 제공하였으나 그러한 수혜국의 대부분은 아직도 빈곤을 벗어나지 못하였다고 지적하였다. 그리고 많은 아프리카 국가들은 1960년대 독립 이후에 오히려 퇴보하였다고 한다[39]. 극심한 빈곤을 없애기 위한 원조도 매우 중요하지만 그러한 빈곤의 원인을 이해하고 대응하는 방법을 아는 것이 더 중요하다. 문화적 요소가 유일한 것은 아니라고 할지라도 빈곤의 문화적 근원을 고려하지 않는 원조 프로그램은 실패할 수밖에 없는 것이다.

사회적 자본과 대붕괴

2000년 하버드 대학의 공공 정책 교수인 로버트 퍼트넘Robert Putnam은 『나 홀로 볼링Bowling Alone』이라는 책에서 사회적 자본이라는 용어를 대중의 의식 속에 각인시켰다. 그리고 그는 사회적 자본에 대한 경제학자 및 정책 입안자들 간의 관심과 토론을 촉발시켰다[40]. 퍼트넘은 사회적 자본을 "개인 간의 유대-사회적 네트워크, 그리고 그로부터 초래되는 상호주의와 신뢰의 규범"이라고 규정한다[41]. 복잡계 경제학의 용어로는 문화적 규범이 개별 주체(행위자)들의 미시적 행동 규칙을 제공한다면, 사회적 자본은 협력 네트워크를 창출하는, 개별 주체들이 만들어 낸 창발적 결과라고 할 수 있다.

그러나 모든 협력 활동이 사회적 자본을 창출하는 것은 아니다. 예를 들어, 시장에서 거래하는 익명의 협력은 사회적 자본을 만들어 내지 않는다. 사회적 자본을 가진 네트워크의 특성은 그 속의 사람들이 반복적인 상호 작용을 한다는 것이다. 그런 점에서 사회적 자본은 접촉의 스포츠와 같다. 사회적 자본을 가진 네트워크의 전형적인 예로서 주민 모임, 자선 단체, 종교 단체, 스포츠 팀, 사교 클럽, 시민 단체, 동호인 모임, 볼링 리그 등이 있다. 회사와 직장 역시 중요한 사회적 자본의 원천이다. 왜냐하면 깨어 있는 시간의 대부분을 직장에서 보내고 직장 동료들과 중요한 개인적 네트워크를 형성하기 때문이다.

퍼트넘은 사회적 자본이 매우 친근하게 들리기는 하지만 그저 좋기만 한 것은 아니라고 말한다. 조직 범죄, 테러리스트 단체도 그 조직원 간에 아주 높은 신뢰를 갖고 있으며, 효과적인 네트워크와 아주 강력한 행동 규범(간혹 잔혹하게 적용되는)을 갖고 있다[42]. FBI나 CIA 첩보원이 아닌 한 이들 범죄 단체의 신뢰 관계는 매우 가까운 친척, 그들 내부의 종교적 혹은 민족적 구성원, 그리고 다른 동료에 국한되고, 따라서 그러한 신뢰 관계가 외부로 확산되지 않는다.

1970년대 이후 퍼트넘은 사회적 자본과 경제적 성과의 관계를 연구해 왔다. 이 연구의 한 부분으로서 그는 부유한 북부 이탈리아와 가난한 남부 이탈리아 간의 경제적 성과의 차이에 대해서 심층 분석하였다. 그는 『민주주의가 작동하려면Making Democracy Work』 서문에서 남부 이탈리아의 플리아Puglia 지역의 관공서 방문 경험을 다음과 같이 기술하였다.

침침한 대기실에 몇몇 나태한 공무원들이 서성대고 있다. 그들은 하루에 한두 시간밖에 출근하지 않지만 민원인의 요구에 대응하지도 않는다. 자주 가는 민원인들은 건너편 사무실에 놓인 텅 빈 책상만 보게 된다. 이러한 지방 공무원들을 일하도록 만들 수 없는 자신의 무능을 개탄한 시장은 다음과 같이 말하였다. "그들은 편지에 회신하지 않고 전화도 받지 않는다."[43]

그리고 퍼트넘은 이러한 분위기와 대비해 북부 이탈리아 에밀리아로마냐Emilia-Romagna 지역 관청을 다음과 같이 소개했다.

유리벽으로 되어 있는 지방 관청에 들어가는 것은 마치 현대식 첨단 기업을 방문하는 것과 같았다. 활달하고 예의 바른 안내원이 방문자들을 사무실로 안내하였고 공무원들은 전산화된 데이터베이스를 이용하여 지역의 문제나 정책에 대해서 잘 설명하였다…… 많은 분야에서 입법을 선도한 에밀리아 정부는 약속을 실천에 옮겼으며 정부 정책의 효과성은 수십 개에 달하는 어린이 보육 센터, 산업 단지, 공연장, 직업 훈련원 등으로 설명된다.[44]

플리아에서 에밀리아로마냐는 단지 640킬로미터, 자동차로 6시간 거리밖에 되지 않는다. 두 지역에 사는 사람들은 똑같이 이탈리아 사람이고, 같은 이탈리아 역사를 공유함에도 불구하고 정부의 효과성에서는 어떻게 그토록 다를 수 있는가?

퍼트넘은 이탈리아 지역 간에 존재하는 차이의 근원을 대규모 협력을 실행할 수 없는 낮은 신뢰성에서 찾는다. 퍼트넘은 신뢰성의 차이는 중세 시대로 거슬러 올라가는 두 지역 간의 역사적 경험의 차이에 기인한다고 주장한다. 역사는 이 두 지역에 상이한 사회적 자본을 상속으로 물려주었다는 것이다. 남부는 전통적으로 교회 중심의 군주주의적 계층 구조를 가진 폐쇄적 사회였다. 그러한 계층 구조는 민간 단체나 기업 네트워크를 권력에 대한 위협으로 보고 이를 억압하였다. 반면에 북부 지역은 비교적 평등주의적 지역 공동체로 개방 무역 등을 통해 계몽주의의 영향을 받기도 하였다. 그러한 여건하에서 사회적 네트워크는 확대되고 번창하였다[45]. 퍼트넘이 말한 대로 역사는 경로 의존적이어서 북부의 지역 공화국들은 그러한 역사적 기반을 바탕으로 수세기에 걸쳐 사회적 자본을 키워 갈 수 있었다. 반면에 남부 군주주의 공화국들은 사회적 자본 형성을 위한 선순환의 고리를 확립할 수 없었다. 장기적으로 이러한 둘 사이의 차이는 경제적 성과에서 큰 격차로 연결되었다. 북부 이탈리아는 유럽 공동체에서도 가장 부유하고 급성장하는 지역이 된 반면 남부 지역은 가장 가난한 지역이 되고 말았다.

『나 홀로 볼링』에서 퍼트넘은 미국의 사회적 자본 상황에 대한 연구를 위해 미국으로 눈을 돌렸다. 그의 대답은 부정적이었다. 그는 책 서두에서 반세기나 된 펜실베이니아의 '브리지 클럽bridge club'이 없어지고, 버지니아에서 한 세기 동안 활동하였던 '유색인종 발전을 위한 전국협회NAACP'가 붕괴되었으며, 해외 참전군인협회가 해체되고, 자선단체 연맹, 바느질 모임, 악대 등이 전국적으로 사라지고 있다고 설명하였다[46]. 이러한 변화는 통계적으로도 설명이 가능하다. 미국 정부에 대한 신뢰는 1966년 40%에서 2003년 20%로 떨어졌다(9·11 사건 이후 일시적인 상승을 제외하고). 마찬가지로 기업에 대한 신뢰도 55%에서 16%로 떨어졌으며, 종교에 대한 신뢰는 23%로 거의 반이나 줄어들었다[47]. 더욱 놀라운 것은 개인 간의 신뢰가 꾸준히 떨어지고 있다는 것이다. 대개의 사람들은 믿을 만하다는 말에 찬동하는 미국인은 1958년 50% 이상에서 2003년에는 30% 남짓으로 줄어들었다. 이러한 신뢰 저하는, 신뢰하는 사회에서 사는 것이 훨씬 더 유쾌하다는 것 그 이상을 의미하는 것이다. 앞서 보았듯이 사회적 신뢰와 거시 경제적 성과 사이에는 매우 중요한 관련성이 있기 때문이다.

퍼트넘의 연구 결과는 프랜시스 후쿠야마의 연구 결과로 보완된다. 후쿠야마의 연구에 의하면 사회적 자본의 감소를 나타내는 몇 개의 지표가 1960년대 동시에 움직이기 시작하였다고 한다. 즉, 1963~1993년 사이에 강력 범죄율이 7배나 늘어났으며(최근에 조금 떨어지기는 하였지만), 그와 비슷한 수준의 이혼율 증가, 그와 비슷한 수준의 미혼모 증가 등이 나타났다[48]. 후쿠야마는 1960~2000년 사이의 기간을 대붕괴라고 명명하였으며, 사회적 자본의 붕괴는 미국에 국한된 것이 아니라 선진 세계의 많은 국가에서 일어난 공통적인 현상이라고 하였다(정도의 차이는 있지만).

후쿠야마와 퍼트넘은 그 원인은 복합적이며 따라서 한 가지로 설명할 수 없다는 데 의견을 같이한다. 두 사람 다 많은 요인들은 칼의 양날과 같은 것이어서 사람들에게 긍정적인 영향을 줬는가 하면, 그 사회에 나타난 효과는 부정적이기도 하였다는 것이다. 그 예로서 후쿠야마와 퍼트넘은 이 기간 동안에 일어난 가족 구조의 급격한 변화, 특히 이혼율의 증가, 그리고 여성의 사회 진출을 들었다. 이혼이 쉬워졌다는 것은 많은 불행한 결혼을 자유롭게 하였지만, 어린아이들과 그들의 사회 발전에 부인할 수 없는 부정적 영향을 미치기도 하였다.

마찬가지로 여성에 대한 일자리 개방은 여성으로 하여금 개인적인 잠재력을 충족시킬 수 있는 중요한 동인을 마련해 주었다. 그러나 퍼트넘이 말했듯이 여성은 역사적으로 한 사회의 사회적 망을 창출하는 데 남자보다 더욱 중요한 역할을 해왔다. 여성은 대개 민간 단체 활동, 풀뿌리 정치, 종교 단체 활동 등에 더욱 활발하였다. 여성은 또한 역사적으로 친구와 이웃으로 구성된 가족의 사회적 네트워크를 관리해 왔다. 퍼트넘의 연구에 의하면 같은 연령, 같은 사회 경제적 계층의 여성들도 노동 시장에 진출하게 되면 자원 봉사를 50% 줄이고, 친구들과의 만남을 25% 줄이며, 클럽이나 교회 출석도 25% 줄일 뿐 아니라, 여가를 즐기는 것도 10% 줄이는 것으로 나타났다[49]. 퍼트넘은 여성이 집을 떠나 직장을 선택하는 것을 비난하지는 않는다. 개인적 차원에서 본다면 경제적으로도 필요하고, 개인의 만족을 위해서도 좋은 일일 것이다. 오히려 그는 이러한 미시적 차원의 변화가 비교적 짧은 기간 동안 수백만 명의 여성들 사이로 확산됨으로써 매우 중요한 거시적 차원의 영향을 초래했다고 말한다.

또 다른 중요한 요인은 사회의 물리적 배치도, 특히 도시 외곽의 확장이다. 이것은 신뢰와 네트워크의 구축에 여러 가지 면에서 영향을 미쳤다. 첫째, 이제 이웃 간 거리가 더 넓어지고, 그리하여 서로 만나 이야기할 기회가 줄어들었다. 둘째, 사람들은 집 주변을 산책하기보다 운전을 하고, 그래서 이웃 간에 만날 기회가 줄어드는 반면 차 안에서 혼자 보내는 시간이 늘어났다. 또한 직장과 집의 거리가 멀어짐으로써 퇴근 시간이 길어지고, 그에 따라 직장에서 교류의 시간이 줄어들었다. 1950년대 서로 길 건너편에 살면서 퇴근 후 마티니 한 잔을 즐기던 직장 동료 '오지와 해리엇 Ozzie-Harriot'의 이미지는 이제 찾아보기 어렵다.

또 다른 요인으로서 아주 중요한 결과를 초래한 것은 매스미디어의 격리 효과이다. 여가 생활은 댄스홀이나 연주회, 선술집, 브리지 클럽, 볼링장 등에서 하던 단체 놀이에서 개인 놀이로 급격하게 바뀌었다. 라디오, TV, 스테레오, 비디오 게임, 홈시어터, 그리고 인터넷의 확산으로 많은 시간을 집에서 혼자 혹은 가족끼리만 보낸다는 것이다. 그러한 미디어 자체 못지않게 중요한 것은 메시지다. 미디어 산업은 경제적인 이유 때문에 일반 대중을 겨냥한 콘텐츠에 집중하게 되고, 따라서 인간 정서의 가장 낮은 공통분모를 반영하는 프로그램에 치중하게 된다(어떤 사람은 이것도 인터넷의 맞춤형 콘텐츠에 따라 변하고 있다고 말하지만, 웹상에서의 포르노나 도박의 인기로 보아 여전히 의문스럽다).

지난 40년 이상 우리 사회는 드라마뿐 아니라 뉴스에서의 살인과 폭력에 식상해 있다. 인간은 언제나 섹스와 폭력의 이야기를 좋아했다. 그러나 그런 것들을 간단한 리모트 컨트롤이나 컴퓨터 마우스를 갖고 볼 수 있게 된 것, 그리고 영화, TV, 만화, 컴퓨터 게임에서 볼 수 있게 된 것은 인간 역사에서 새로운 현상이다. 6장에서 우리는 의사 결정의 대표성이라고 하는 편견에 대해서 논의한 바 있다. 이는 통계적 분석의 한계, 대표성이 없는 표본을 바탕으로 한, 확률에 대한 오판의 경향을 말한다. 만약에 어떤 사람이 살인과 관련된 이야기를 끊임없이 읽게 되면 무의식적으로 살인은 일반적인 현상이고, 자기도 살인당할 가능성이 높은 것으로 생각한다. 이런 미디어에 의해 전달되는 일종의 공포심은 사회의 신뢰를 떨어뜨리고 사람을 서로 격리시킨다.

여성이 직장에 진출하는 것과 마찬가지로 사람들은 교외에서 살면서 자동차를 몰고 TV를 보는 삶을 선택하였다. 그러나 이러한 개인적 선택의 거시적 효과는 전혀 예측되지 못한, 걱정스러운 사회적 자본의 저하로 나타났다. 이러한 사회적 자본의 감소가 미국 경제에 미치는 장기적 영향은 아직 확실치 않지만 긍정적일 수는 없을 것이다.

이러한 대붕괴의 원인들이 갖는 구조적 불가역적 특성을 고려할 때 (즉, 아무도 이제 여성이 집으로 돌아와야 한다고 할 수 없을 것이며, 사람들도 자동차를 포기하지 않을 것이다) 어떻게 할 것인가는 매우 어려운 질문일 수밖에 없다. 퍼트넘은 '사회적 자본가를 위한 의제agenda for social capitalists'를 주창하면서 다음과 같은 것들을 제안하였다[50].

- 사회적 활동에 대한 개인의 실천(그리고 TV 덜 보기)
- 차세대의 신뢰 규범과 사회적 자본 구축을 위한 학교 프로그램 개발
- 직장을 가족 친화적으로 개혁
- 공공 교통수단 개선 및 도시 계획법 개정

퍼트넘은 미국의 사회적 자본을 재건하기 위한 다차원적 노력은 매우 힘든 도전이며 미국의 정치 제도가 그런 변화를 주도할 수 있는 준비가 되어 있지 않다고 말한다.

후쿠야마는 이보다는 더 낙관적이다. 그는 이것이 처음의 붕괴도 아닐뿐더러 인간이 처한 마지막 대붕괴도 아니라고 주장한다[51]. 진화론적 관점을 빌려서 그는 인간 사회 시스템은 적응에 매우 강하다고 말한다. 과거 사회적 자본의 붕괴 과정에서 수십 년에 이르는 사회적 자본의 붕괴를 경험하였으며, 이는 사회적 자본의 재규범화 과정과 재건 과정으로 이어져 왔다고 한다. 그 예로서 후쿠야마는 19세기 농업 경제로부터 산업 경제로의 변화로 인해 초래된 대붕괴, 그리고 그러한 변화와 함께 일어난 범죄율의 증가, 폭력, 알코올 중독, 혼외 출산, 그리고 다른 사회적 문제들을 예로 들었다. 그는 빅토리아 시대에 이러한 변화에 대한 대응으로서 새로운 사회 질서와 규범이 형성되었다고 말한다(빅토리아 시대는 사회적 자본이 높았다고 평가되는 기간).

사회적 자본과 신뢰를 둘러싼 이슈는 경제학의 범주를 벗어나는 것이며 사실 사회 전반에 걸친 문제와 관련이 있다[52]. 그러한 이슈들은 변화무쌍한 복잡 적응 시스템과 관련이 있다. 사회적 자본은 전통 경제학이라는 레이더에는 잡히지 않는다. 왜냐하면 전통 경제학 이론은 합리적인 개인의 이기적인 선택과 관련된 것이고 모든 개인이 자신을 위해 최적의 선택을 하는 한 그러한 선택이 사회적으로도 최적이기 때문이다. 복잡계 경제학은 이와 다른 견해를 갖고 있다. 사회의 복잡한 상호 작용으로 인하여 개인의 선의에 의한 선택도 반드시 바람직한 결과로 연결되지 않을 수 있다는 것을 인정한다. 예컨대, 어디에 살 것인가, 밖에서 일할 것인가, 혹은 여가를 어떻게 보낼 것인가와 같은, 얼핏 보기에 서로 관계없는 여러 가지 요인에 대한 개인의 선택이 사회적 결속력 저하를 초래할 수 있다.

나는 후쿠야마의 이러한 진화론적 견해에 찬동하며, 적응할 방법을 찾을 수 있다는 것은 믿지만, 진화 이론이 더 나은 사회 질서와 부를 달성할 수 있는 하나의 왕도를 제시해 주는 것은 아니다. 진화 시스템은 붕괴될 수도 있고, 막다른 골목에 닿을 수도 있으며, 빈곤의 함정에 빠질 수도 있다[53]. 따라서 나는 더 적극적인 접근 방법, 즉 개인의 행동, 학교, 정부, 민간 기구, 그리고 미디어 전체를 포함하는 적극적인 접근 방법이 필요하다는 퍼트넘과 의견을 같이한다.

사회적 자본을 둘러싼 이슈들은 전통적인 좌·우파 논리로 간단히 분류될 수 없다. 한편, 협력이 경제적 번영의 핵심이라는 점은 좌파의 논리와 더 맞는 듯하고, 개인주의를 강조하는 우파와는 반대되는 것으로 보인다. 더욱이 좌파 쪽 사람들은 사회적 자본의 감소가 서구의 시장 경제에서 비롯된 문제의 결과라고 주장하고, 따라서 시장이 그 문제를 해결할 수 없다고 본다. 그러나 다른 한편으로, 사회적 자본의 감소에 대해서 관심을 갖고 있는 사람들은 옛날의 가치로 돌아가고 싶어 하는 경향이 있다. 즉, 이웃에 대한 신뢰, 자원 봉사, 시민의 책무, 종교적인 참여, 강한 가족 관계 등 이 모두가 보수적 우파의 대표적인 가치이다. 이러한 주장이 약간의 공동체 의식, 약간의 전통 가치를 지지하는 중도적 입장으로 가자는 것은 아니다. 오히려 더 많은 공동체 의식과 더 많은 전통 가치, 정부 지도력의 핵심적 역할 등 좌와 우, 양 쪽에서 동시에 우리를 강하게 끌어당기고 있다.

불평등, 사회적 이동성, 그리고 빈곤의 문화

우리는 지금까지 빈곤, 문화, 그리고 사회적 자본 간의 관계에 대해서 살펴보았다. 여기에 불평등이라는 이슈를 더 추가하고자 한다. 앞서 말한 대로 세계 인구의 21%, 혹은 10억이 넘는 인구가 하루에 1 달러 미만으로 살아가고 있다. 뿐만 아니라 중국이나 인도 같은 나라가 급진적으로 발전하고 있음에도 불구하고 많은 경제학자들이 세계적인 불평등은 확대되고 있다고 말한다[54].

경제적 불평등은 경제가 존재한 이후부터 줄곧 있어 왔다. 수학자인 A. Y. 아불-마그드Abul-Magd는 고대 이집트 사회에서의 부의 분배 상황을 파악하기 위하여 고고학 자료를 분석하였다[55]. 기원전 1370~1340년 사이에 정착민들의 주택 면적을 부의 대리 변수로 사용하여 분석한 결과, 그는 당시 부의 분배가 현대 사회와 비슷한 파레토 분포를 나타낸다는 것을 발견하였다.

불평등은 도덕적으로 옳은가?

불평등은 끝없이 확산되어 왔지만, "과연 불평등은 도덕적으로 옳은가?" 하는 질문을 할 수 있다. 정치 평론가인 맷 밀러Matt Miller는 그의 『2% 해결2% Solution』이라는 저서에서 그 질문에 대한 답은 바로 좌·우파 간의 차이를 구분하는 핵심적인 내용이 될 수 있다고 주장한다[56]. 우파는, 사람들이 의사 결정을 할 자유를 가지며 시장은 경쟁적이기 때문에 자유로운 사람과 경쟁적인 시장에서 만들어지는 결과는 도덕적으로 건전한 것이라고 말한다. 밀러가 말했듯이 시장이 도덕적으로 선한 행위, 예를 들어 노동, 책임, 절약, 혁신, 위험 감수 등을 보상한다. 사람이 불운한 사람에 대해서 동정심을 가질 수도 있고, 온정을 표할 수도 있지만 자원을 배분하는 데 이보다 더 효율적인 방법은 없다. 시장이 경제를 조직하는 가장 좋은 방식이라는 것을 받아들인다면 시장의 결과도 받아들여야 한다는 것이다.

좌파는 인간이 자기들의 목적을 달성하기 위해서 만든 사회적 기술의 산물이 곧 시장이라고 주장한다. 시장 경제가 사회적으로 만들어진 시스템이라면, 시장이 만들어 낸 결과에 대해서 사회 구성원인

688

우리가 책임을 져야 한다는 것이다. 더욱이 그러한 시스템 안에서는 결과를 만들어 내는 것이 반드시 선한 것이라고만은 할 수 없다. 출생이라는 복권 제도, 특히 유전적으로 물려받은 지적 능력, 사회적으로 물려받은 부, 외모, 인종, 출생지 등은 매우 중요한 역할을 한다. 이러한 요소들의 영향을 감안할 때 밀러가 말했듯이 "시장의 결과가 도덕적으로 옳다고 추정하는 것은 옳지 않다".

다시 본론으로 돌아와서 이러한 양극단은 강한 상호주의의 원리로 설명될 수 있다. 대략 말하자면 한 사람이 부자가 되거나 가난한 사람이 되는 것이 그 자신의 행위의 결과라면(우파의 주장) 사람들은 자기의 현실을 그대로 받아들여야 할 것이다. 그러나 그것이 운 혹은 한 개인이 통제할 수 없는 외적 요소에 의한 것이라면(좌파의 주장) 그러한 결과를 사람들은 그러한 결과를 받아들이지 않을 것이다.

부모와 자녀의 경제적 지위 사이에는 높은 상관관계가 있으며, 사실상 부는 대물림되고 있다. 그러나 부모로부터 받은 경제적 유산과 유전자는 그러한 상관관계의 아주 작은 부분만을 설명할 뿐이다. 많은 연구자들은 이러한 방정식에서 빠진 부분이 바로 문화적으로 형성된 행동과 사회적 자본이라고 믿고 있다.

'이기주의 대 이타주의'라는 문제와 같이 이러한 견해는 오랜 기간 동안 단순한 의견의 차이로 치부되었다. 그러나 많은 연구자들의 연구 덕분에 이제 이 주제에 대한 많은 학문적 증거들이 쌓이게 되었다. 산타페 연구소의 새뮤얼 보울스와 매사추세츠 대학의 허버트 긴티스, 그리고 타우슨 대학의 멜리사 오즈번 그로브스Melissa Osborne Groves는 최근 이러한 연구 결과를 조사하여 좌도, 우도 완벽하게 옳지 않다는 결론을 내렸다[57].

사회적 이동성의 결핍

우파의 주장이 맞으려면 높은 사회적 이동성이 보장되어야 한다. 끈질긴 근성, 결단력, 그리고 근면을 통하여 이 세계의 '난관을 극복

하고 자수성가한 사람들, 예를 들어 허레이쇼 앨저Horatio Algers'는 가난
으로부터 일어나 부자가 될 수 있었다. 이러한 이야기들은 실제, 특히
미국에는 많다. 그러나 미국에서의 전반적인 사회적 이동성은 보통
사람들이 생각하는 것보다 높지 않다. 아메리칸 대학의 톰 허츠Tom
Hertz가 6,273가족을 32년 이상(1968~2000년) 관찰한 자료를 바탕으
로 한 연구에 의하면 사회적 이동성이 아주 가난하거나 아주 부자인
계층에서는 특히 낮았다고 한다(〈표 18-1〉 참조). 만약 부모가 상위
소득 10%에 속해 있었다면 그들의 자녀가 최상위 소득 계층에 속할
확률은 29.5%인 것으로 나타났다. 더욱이 〈표 18-1〉을 보면 그와 같
은 자녀가 상류층, 즉 상위 30% 소득 계층에 속할 확률은 59.1%이
며, 소득 최하위 계층으로 추락할 확률은 매우 적은 것으로 나타났
다. 반대로 소득 최하 10% 계층의 부모에게서 태어난 아이가 최하위
계층에 머물게 될 확률은 31.5%였으며 하위 30% 계층에 머물 확률
이 67%, 그리고 자수성가할 확률은 1.3%밖에 안 되는 것으로 나타
났다. 끝으로 중산층 부모를 둔 아이들은 중산층이 될 확률이 가장
높은 것으로 나타났다. 이와 같은 경제적 이동성의 부재는 흑인의 경

부모의 소득 수준과 비교하여 자녀의 소득이 일정 수준 내 도달할 확률(%)

자녀의 성년 소득	부모의 소득 수준		
	최고	중간(5십분위)	최저
최고	29.6	7.3	1.3
상위 3개 십분위	59.1	23.0	9.3
중위 4개 십분위	34.3	48.0	28.3
하위 3개 십분위	6.6	29.1	62.4
최저	1.5	7.3	31.5

자료: 톰 헤르츠 「흑인 가정과 백인 가정의 사회적 이동성」(2005).
소득은 연령으로 조정된 가족 소득의 로그 수치임. 성년 기준은 26세 이상.

〈표 18-1〉 자녀의 성년 소득 수준에 대한 부모 소득의 영향

우에 더욱더 뚜렷하게 나타났다. 백인의 17%가 최하위 계층으로 태어난 반면, 흑인의 42%가 최하위 소득 계층으로 태어났다는 것이다.

이걸 보면 좌파는 "아하!" 하고 환호할 것이다. "이것이야말로 우리가 불공평한 세상에 살고 있다는 증거이며 가난한 자와 소수 계층에게는 경제적 성취를 막는 장애가 존재한다는 증거이다"라고 할 것이다. 그러나 그것은 너무 이른 판단이다. 이동성이 없는 이유는 훨씬 더 복잡하고 다양하며, 문제가 무엇인지 알기 위해서는 양파 껍질을 까듯이 하나하나 들여다보아야 하는 것이다.[58]

첫째, 부모들이 자녀들에게 준 돈의 영향에 대해서 알 필요가 있다. 이 요소는 부모의 소득과 자녀의 소득 간 상관관계의 약 12%를 설명하였다. 따라서 나머지 설명되지 않는 부분은 자녀들이 실제로 벌었다는 이야기가 된다. 둘째, 본성(선천성) 대 교육(후천성)에 관한 문제를 들여다볼 필요가 있다. 소득이 많은 부모들은 고소득의 유전자를 자기 자녀들에게 물려준다. 쌍둥이에 관한 연구에 의하면 부모와 자녀의 소득 간 관계의 12%는 유전자에 의해서 설명되며, 28%는 환경에 의해서 설명된다고 한다. 다른 연구에 의하면 소득 상관관계의 5%만이 IQ에 의해서 설명되는데, 이는 유전자에 의해서 설명되는 12% 중 타고난 지능(IQ로 측정된) 외에 다른 유전적 특성, 예를 들어 성격 등의 요소들도 중요하다는 것을 뜻한다. 그러므로 유전자가 중요하지만 절대적인 것은 아니다.

다른 연구는 교육, 인종 등 환경적 요소에 대해서 살펴보았다. 가난한 부모들은 자녀들을 가난한 학교에 보낼 가능성이 높고, 따라서 부모와 자녀의 빈곤에는 인종 차별이 중요한 요소일 수 있다. 놀랍게도 교육은 부모 자녀 간 소득 상관관계의 10%만을 설명하는 것으로 나타났는데, 이는 다른 환경적인 요소가 중요하다는 의미이기도 하다. 그리고 다른 인구학적 요소들을 통제했을 때 인종은 7%만을 설명하는 것으로 나타나 흑백 간의 소득 격차에는 다른 요소들이 더 있는 것으로 보인다.

결국 우리는 미스터리를 하나 갖게 되었다. 부모와 자녀의 소득 간에는 높은 상관관계가 있으며, 사실상 부는 대물림되고 있다. 그러나 부모로부터 받는 유산, 즉 현금과 유전자는 그러한 상관관계의 아주 적은 부분만을 설명할 뿐이다. 한편 학교의 질이나 인종 차별 같은 환경적인 요소도 나머지 부분을 설명하지 못하는 것으로 나타났다. 이러한 요소들이 전체 상관관계의 약 30%밖에 설명하지 못하므로 우리가 부모로부터 받는 것 중에서 설명하지 못하고 있는 부분이 확실히 있다. 많은 연구자들은 이러한 방정식에서 빠진 부분이 바로 문화적으로 형성된 행동과 앞의 두 절에서 논의한 바 있는 사회적 자본이라고 믿고 있다.

빈곤의 문화

「사과는 나무에서 멀리 떨어지지 않는다The Apple Does Not Fall Far From the Tree」라는 논문에서 연구진들은 부모와 자식의 행동에 있어서 상관관계를 연구하였다[59]. 그 연구진은 행동을 친사회적 행동, 예를 들어 학교를 졸업하고 교회에 다니고 학교 클럽에 참가하는 것과 같은 친사회적 행동과, 약물 사용, 15세 이전의 성 경험, 싸움, 재산 손괴, 그리고 학교로부터의 정학 등 이른바 불량 행동으로 나누었다. 연구 팀은 또한 자존심, 울적함, 부끄러움과 같은 경제적 영향이 있는 개인적 특성도 분석하였다. 논문의 제목이 암시하듯이 연구진은 부모와 자식 간 행동과 개인적 특성에 상당한 상관관계가 있음을 발견하였다. 학교를 졸업하고 교회에 가고 클럽 활동에 참여하는 사람은 착한 아이를 가질 확률이 높고, 반면에 약물 복용자들은 불량한 자녀를 가질 확률이 높은 것으로 나타났다. 재미있는 것은 부모의 사회 경제적 위치가 별로 영향을 미치지 않는 것으로 나타났는데, 부유한 불량 부모들은 가난한 불량 부모와 마찬가지로 불량 자녀를 가질 확률이 높은 것으로 나타났다. 다섯 가지 차원에서 측정된 육아 방식(개입, 감시, 자율, 정서적 안정감, 인지적 자극)은 사람들이 예상했던 것보다 그렇게 중요하지 않은 것으로 나타났다. 중요한 것은 자녀를 기르는 방식이 아니라 부모가 보여 주는 행동 그 자체였다는 것이다. 따라서 내가 말하는 대로 하고, 내가 행하는 대로 하지 말라는 부모의 말은 통하지 않는다.

연구진은 부모의 행동이 자식의 행동에 아주 강한 영향을 미친다고 결론을 내렸다(이는 어느 부모에게도 놀라운 것이 아니다). 따라서 부모의 행동은 자녀의 미래 소득에 큰 영향을 미친다는 것이다. 물론 부모의 행동은 어떤 유전적인 것일 수도 있다. 예를 들어, 약물 중독, 우울증으로 인한 장애 등은 유전적 요소들을 갖고 있다. 그러나 앞의 쌍둥이 연구에서 나타난 것처럼 대체로 유전적 요소들은 장래 소득을 예측하는 데 중요한 역할을 하지 않는다. 부모로부터 물려받은 행동의 또 다른 원천은 부모가 자녀들에게 전해 주는 문화적인 규범과 가치관이다. 이 연구 결과에 따르면 물려받은 문화가 개인의 경제적인 성과에 상당히 중요한 역할을 한다고 말할 수 있다[60].

이 또한 놀라운 사실이 아니다. 만약 문화적 행동에 대한 미시적 규칙이 조직이나 사회의 경제적 성과에 중요한 역할을 한다면 그러한 요소들이 개인의 경제적 성과에도 똑같은 역할을 할 것이라고 예상할 수 있다. 문화를 부모나 혹은 동료 네트워크, 그리고 사회 공동체로부터 물려받는다고 하는 사실은 사회적 이동성의 결핍을 부분적으로나마 설명할 수 있는 메커니즘을 보여 주고 있다. 상위 소득 계층의 사람이 개인의 성취, 협력, 그리고 혁신을 장려하는 규범을 가지고 있다면 그러한 규범은 그들의 자손들에게 유전되고, 그런 자손들은 그러한 규범을 경제적 성공을 성취하는 데 사용할 뿐 아니라 다시 그들의 자손에게 물려줄 것이다. 마찬가지로 저소득 계층의 사람들은 세대에 걸친 반사회적·반경제적 행동을 영속시키는 문화적 규범의 함정에 빠져 있다고 말할 수도 있다. 1960년 대니얼 패트릭 모이니핸 Daniel Patrick Moynihan 상원 의원은 미국에 경제적 약자가 존재하는 중요한 요인으로 '빈곤의 문화'를 들었다.

이러한 논리를 연장한다면 반사회적 문화 규범이 빈약한 사회적 자본을 바탕으로 한 네트워크로 연결된다고 주장할 수도 있다[61]. 그러므로 역기능적 문화 속에서 자란 개인들은 그들의 친구, 이웃, 동료들로부터 수혜를 적게 받을 수밖에 없을 것이다[62]. 그러한 경우에는 협력을 위한 기회도 적을 것이고 지식의 교류도 적을 것이며, 위험을 분담할 기회도 적을 것이다. 젊은 사람들의 경우에 닮고자 하는 역할 모델도 적을 것이고, 젊은이에게 투자하고자 하는 멘토mentor도 적을 것이다. 그러한 문화에서는 그나마 있는 빈약한 사회적 자본도 갱이나 마약 거래 네트워크와 같은 건전하지 못한 조직에서 발견될 수 있다. 친사회적 문화 배경을 가진 사람은 전혀 반대의 경험을 하게 될 것이다. 그들은 풍부한 사회적 자본 네트워크로부터 많은 도움을 받을 것이다. 예컨대, 거기서는 역할 모델들이 젊은 사람들에게 투자하고, 사람들은 서로에게 일자리를 찾아주기 위해서 자기들의 네트워크를 활용하며, 성공은 축하받고 어려움에 처하면 도움을 받는다.

롤스 지지자들의 논리Rawlsian Logic와 정책

이제 우리는 좌우파의 스펙트럼에서 어디쯤 위치하고 있는가? 우파는 개인의 책임이 중요하며 긍정적인 행동이 긍정적인 결과로 연결된다고 하는 점에서 옳다. 문화적 규범은 특정한 행동의 유전 가능성과 영속성을 설명해 줄 수 있으나 반사회적 행동을 도덕적으로 변명해 주지 못한다. 마찬가지로 사람들이 생각하고 있는 것보다 못하지만 미국은 아직도 비교적 이동성이 높은 사회이다. 중산층의 경우에는 더욱더 그러하다.

그러나 좌파도 옳은 점이 있다. 부와 천부의 재능, 그리고 인종과

694

같은 출생이라는 복권福券은 경제적인 성과를 설명하는 데 매우 중요한 역할을 한다(그들의 개별적인 역할은 크지 않을지라도). 복권에 문화적인 요소를 더 추가하면 출생 복권론은 더욱 설득력을 얻는다. 개인은 그가 어떤 문화 속에서 태어날지 선택할 수 없기 때문이다.

정책적 관점에서 보면 좌파도 우파도 효과적인 해결책을 제시하지 못하고 있다. 소득 재분배는 행동에 관한 문제를 해결해 주지 않는다(그러한 행동이 유전에서 왔거나 문화에서 왔거나 관계없이). 그리고 자유방임주의 시장도 수많은 사람들이 평생 빈곤에 허덕이는 것을 볼 때 전적으로 옳다고만은 할 수 없다.

밀러는 이러한 이슈에 대한 좌파 및 우파적 논리를 이제 버리고 철학자 존 롤스John Rawls의 입장을 취할 필요가 있다고 주장한다[63]. 우리는 스스로에게 자문해야 한다. "우리가 만약 출생 복권에서 무엇을 뽑았는지 알지 못했다면 우리가 어떤 체제를 원할 것인가?" 다시 말해 우리가 어퍼 이스트 사이드Upper East Side의 부유한 투자 은행 집안에 태어날 것인지, 아니면 브롱크스Bronx의 마약 중독자 미혼모의 사생아로 태어날 것인지를 알지 못한 채 시스템을 디자인한다고 해보자.

이러한 '사고 실험'에 대한 답으로서 기회의 균등과 사회 안전망을 결합하는 시스템을 구축해야 한다고 밀러는 주장한다. 첫째, 우리는 가능한 한 브롱크스로부터 탈출할 기회를 많이 주어야 한다. 그러나 동시에 은행가의 집안에 태어날 운을 가졌다고 처벌해서도 안 된다. 초점은 가난한 사람들을 부자가 되게 도와주는 것이지, 부자들을 경제적으로 응징하는 것이 되어서는 안 된다. 특히 브롱크스에 있는 학교가 은행가의 자녀들이 다니는 학교처럼 질적으로 개선되도록 해야 한다. 또한 인종주의와 같은 불공정한 장벽이 제거되도록 해야 한다. 동시에 약자들을 보호해 주어야 한다. 가난한 아이들은 학교에서 열심히 공부하더라도, 그들의 엄마들을 위한 약물 재활 프로그램이 필요할 수도 있고 식품, 주거, 보건 등의 지원도 필요할 것이다. 이와 마찬가지로 은행가의 아이들도 그 집안이 불운으로 망하더라도 최소한의 경제적 생활을 유지할 수 있다는 것을 안다면 밤에 더욱 편안하게 잠잘 수 있을 것이다.

밀러는 롤스의 논리를 네 가지 구체적인 정책 제안으로 전환하였다. 첫째, 사람들이 민간 건강 보험에 들 수 있도록 세제 지원을 해줌으로써 모든 국민이 건강보험 혜택을 받도록 해주어야 한다. 둘째, 교사 노조와 성과 보상 제도에 합의하는 대신, 교사의 급여를 획기적으로 인상함으로써 공교육, 특히 가난한 아이들을 위한 교육의 질을 제고시켜야 한다. 셋째, 교육 예산 지출과 재산세를 분리시키고(재산세를 교육 예산에 연계시키면 부자 아이들이 가장 좋은 학교에 가게 된다) 전반적인 교육 투자를 늘리는 대신 바우처 시스템(사립 학교 등록금 대신 정부에서 발행한 공적 지불 증서를 제출하는 제도)을 통한 교육의 경쟁을 허용한다는 데 진보와 보수가 대합의를 이룸으로써 교육 체제를 개혁해야 한다. 넷째, 연방 정부는 저소득층을 위해 '최저 생활 임금'을 보장하여야 한다. 밀러는 이러한 정책을 시행하는 데 GDP의 2%를 사용할 것을 제안하였다.

밀러가 말하는 롤스의 도덕적 논리는 공정성에 대한 우리의 강한 상호주의 원칙에도 부합된다. 근면과 도덕적 청렴성은 이러한 제안에 따라 보상을 받게 되겠지만 나태함은 보상받지 못할 것이며, 불운한 자는 관대한 대우를 받을 것이다. 밀러의 제안은 강한 상호주의 특성 때문에 국민의 지지를 받을 가능성이 많을 것이며 정치인들도 이를 주시할 것이다.

문화를 바꾸고 공통의 규범을 만들어야 한다

밀러의 제안은 틀림없이 사회적으로 가장 취약한 사람들에 대한 장애 요소를 제거하고 그들을 보호해 주는 데 도움이 되겠지만, 그보다 더 깊은 빈곤과 불평등의 문화적 기반을 해결하지는 못할 것이다.

문화와 빈곤이라는 주제는 풀기 어려운 난제다. 특히 그것이 인종과 같은 민감한 이슈를 다룰 때는 더욱더 그러하다. 민주당 출신으로서 진보적인 인사로 인정받는 모이니핸 상원 의원은 1960년대 빈곤의 문화에 대해서 토론하였다고 하여 좌파로부터 인종주의자라는 공격을 받았다. 그러나 빈곤의 문화를 토론한다는 것 자체가 어떤 특정한 소수 문화를 비난하는 것이 아니다. 또한 소수 민족이 백인처럼 행동해야 한다는 뜻은 더더욱 아니다. 근면과 협력, 그리고 혁신을 촉진하는 규범에 있어서 원초적으로 일본적인 것, 혹은 노르웨이적인 것이 없듯이, 그러한 문화의 속성이나 자질에서 원초적으로 흰 것, 검은 것, 갈색이 없다. 아프리카계 미국인 가운데 CEO, 정부 고위 관리, 학계 지도자, 그리고 전문가의 숫자가 늘어난다는 것은 그러한 규범과 행동의 힘이 중요하다는 것을 증명해 주고 있다. 그리고 이는 그러한 사람의 자녀들도 성공할 것이라는 증거이기도 하다[64].

인종과 문화 간에는 불변의 관계가 없지만 문화와 역사 간에는 그 관계가 긴밀하다. 이것은 우리가 퍼트넘의 남부 이탈리아 연구에서도 보았고, 협력적 주체와 비협력적 주체를 상대로 한 시뮬레이션 모형을 통해서도 보았다. 공개적인 인종주의는 미국에서 경제적 이동성에 대한 장애물과 함께 많이 줄었지만(그러나 완전히 없어진 것은 아니다), 250년의 노예 역사와 그 후 1백여 년간의 인종 격리는 많은 아프리카계 미국인 사회의 문화에 씻을 수 없는 흔적을 남겼다. 그러한 역사가 흑인 문화에 어떠한 반사회적·반경제적 규범을 만들어 놓았는가? 그리고 어떻게 그러한 규범을 바꿀 수 있는가? 이러한 관점은 흑인 정치·종교 지도자들 중 상호 경쟁적인 두 진영을 화해시킬 수 있다. 즉, 사회를 비난하는 좌파와 개인의 책임을 강조하는 우파 간의 조정이 가능하다는 것이다. 동시에 과거의 잘못을 인정하는 한편 문화적 빈곤의 함정을 탈출하기 위한 열쇠로서 규범과 개인의 행동을 바꾸고자 노력할 수 있다.

이러한 견해가 갖는 긍정적인 메시지는 문화가 한두 세대 내에 바뀔 수 있고 또 바뀐다는 것이다. 뿐만 아니라 문화는 문화적 정체성을 형성하는 긍정적인 규범을 희생시키지 않고서도 경제적 진보를 촉진하는 방식으로 바뀔 수 있다. 예를 들어, 스페인과 아일랜드는 상당한 문화적 변화와 함께 1970년대 이래 기록적인 경제 성장을 경험하였다. 그러나 두 나라 다 각기 스페인적인 것, 아일랜드적인 것은 그대로 유지하고 있다. 빈곤의 문화를 제거하기 위해서는 문화적 규범을 바꿔야 하지만 미국 문화와의 총체적인 동질화를 요구하는 것은 아니다.

그러나 그렇다고 하더라도 광범위한 공통적 규범이 있을 때 모든 사회는 더 효율적으로 기능한다. 동질적인 사회에서는 신뢰가 높아지고 협력도 쉬워진다. 미국 사회의 오랜 문제이자 유럽 국가들에도 새로운 문제로 등장하고 있는 것이 대규모 이민과 관련된 것이다. 즉, 어떻게 하면 다민족·다문화 사이에서 신뢰와 협력의 싹을 틔우느냐 하는 것이다. 이상적인 세계라면 그 사람이 미국인이든, 영국인 또는 브라질인이든 그 사회가 널리 공유하는 공통의 문화 규범을 가질 것이다. 이러한 공통적 문화 규범에는 민주주의(즉, 표현의 자유에 대한 권리, 정치 과정 참여의 중요성)와 경제적인 성취(즉, 근면과 혁신에 대한 보상, 교육과 자기계발의 중요성 등)를 촉진하는 규범이 포함된다. 민주주의를 공고히 하고 빈곤의 문화를 퇴치하는 것은 바로 우리가 공유하고 있는 문화의 공통적 규범이다. 그러나 이러한 공통적 규범 아래에는 다문화 사회를 동태적으로 만드는 다양한 규범과 전통, 그리고 신념이 공존할 것이다.

그러나 공통의 규범을 만들어 내는 것은 정치, 교육 체제, 그리고 미디어에 걸쳐 엄청난 과제이다. 경제 성장으로 많은 시민들이 뒤처지고 있고, 이민과 세계화로 인해 사회적 긴장이 높아지고 있다는 점을 감안할 때 그러한 과제는 더욱더 중요해지고 있다. 여러 측면에서 볼 때 미국은 그러한 공통의 규범을 만들어 내는 데 가장 성공한 나라다. 아메리카 원주민과 아프리카계 미국인을 역사적으로 배제한 것을 제외하면 미국은 이민을 사회의 일원으로 융화시키고, 경제 성장과 기회를 창출하는 데 유례없는 성과를 거두었다. 건국의 아버지들이 준비한 문서들은 단순한 법률적 자료가 아니라 가치에 대한 선언이었다. 그러한 가치는 두 세기 동안 국가를 지탱하였다. 그러나 대붕괴라는 사회적 격변 기간 동안 이 나라의 가정과 학교, 교회, 미디어 및 정치적인 조직에서 그러한 가치를 확산하고, 새롭게 하며, 강화하는 메커니즘이 그 기능을 잃고 말았다.

현대 세계를 위해 문화를 활성화하고 새롭게 하는 것은 새로운 세기에 미국이 감당해야 할 가장 중요한 책무 중 하나다. 그러나 이것은 미국만의 과제가 아니다. 유럽도 2,300만 무슬림을 통합시켜야 하는 비슷한 문제를 안고 있으며, 유럽 연합이 문화적·경제적·정치적 통합체가 되어야 하는가를 결정해야 하는 문제도 안고 있다. 마찬가지로 중국과 인도의 경제적 급성장은 매우 어려운 문화적 변화를 수반할 것이다. 그리고 끝으로 앞에서 논의한 바와 같이 세계에서 가장 빈곤한 나라들의 경제적 성장은 외국의 지원과 투자, 그리고 구조적 개혁을 뒷받침할 문화적 변화 없이는 결코 일어나지 않을 것이다.

다시 한번 말하지만, 이러한 이슈는 좌우의 논리로서는 설명될 수 없다. 모이니핸 상원 의원이 말했듯이 "중도 보수주의의 진실은 한 사회의 성공을 결정하는 것이 정치가 아니라 문화라는 것이다. 중도 진보주의의 진실은 정치는 문화를 바꿀 수 있고, 정치로부터 문화를 구할 수 있다는 것이다"[65].

미래의 방향

이 장에서 나는 복잡계 경제학의 아이디어를 중요한 공공 정책 문제에 적용한 연구 사례를 설명하고자 하였다. 그러나 복잡계 경제학은 다른 분야에서도 우리의 이해를 증진시킬 수 있다.

예를 들어서, 복잡계 경제학은 인플레이션을 예측하는 데는 도움이 되지 않지만 앞서 본 대로 경기 변동의 역동성에 대한 새로운 성찰을 바탕으로 거시 경제 정책을 더 효과적으로 관리할 수 있도록 도와줄 수 있다. 경기 변동에서 오랜 수수께끼는 "왜 임금은 하방 경직적이며 불경기를 예방하기 위해서 떨어지지 않는가?"라는 것이었다. 완벽하게 합리적인 사회라면 사람을 대량 해고하기보다 임금을 낮춰 경제의 하강 움직임을 흡수할 수 있을 텐데 말이다. 이러한 수수께끼 같은 현상은 바로 강한 상호주의에 바탕을 둔 행동, 다시 말해 피고용인들은 임금 삭감을 불공정 행위로 보기 때문이다. 동태적인 통찰력이 약하다 보니 경제가 불황이 되면 실업이 늘어날 수밖에 없다는 것을 깨닫지 못하는 것이다[66].

환경적 이슈에서도 예를 찾을 수 있다. 물리적 환경 자체도 하나의 복잡 적응 시스템이다. 1750년경에 시작된 세계적 부(富)의 급증으로 대기 중의 탄소량도 크게 늘어났다. 환경의 긴 시간 단위를 놓고 보더라도, 경제 성장이 환경에 미친 영향은 인간이 글로벌 생태계의 변화 속도를 바꾸었다고 할 정도로 엄청난 것이었다. 이것은 마치 인간이 눈을 감고 환경에 대한 실험을 하는 것과 같다. 그 실험의 결과에 대해서는 알 길이 없다. 복잡 시스템의 경우 대개 잠시 증세를 보이다가 갑자기 변하면서 급기야는 붕괴된다는 성향을 감안할 때, 이러한 실험에 대해 우려하지 않을 수 없다. 대대적인 조사 결과에 의하면 우리는 이미 지구의 재생 능력을 초과하여 지구 환경 능력의 1.2배를 소비하고 있는 것으로 나타났다[67]. 복잡계 경제학은 경제와 환경의 공진화에 대한 이해를 돕고, 경제학과 열역학을 다시 연계함과 동시에(모든 생산 과정은 환경 비용을 발생시키기 때문), 인간이 왜 이러한 지구적 차원의 문제에 대해 제때 대응하지 못하였는가에 대한 통찰을 제공함으로써 문제 해결에 기여할 수 있을 것이다[68].

현재 보건 시스템 개혁으로부터 선거 자금 개혁, 선거구 제도, 국제 무역, 산업 규제 해제 등 광범위한 분야에 대한 복잡계 경제학적 연구가 진행되고 있다[69]. 이러한 분야별 연구의 공통점은 끊임없이 변하고 있는 복잡 적응 시스템에 대한 이해가 선결되어야 한다는 것이다.

복잡계 경제학은 공공 정책 분야에서는 아직 새로 뛰어든 주자에 비유할 수 있다. 이 장에서 논의한 많은 아이디어들은 탐색적 단계에 있으나 매일 새로운 연구가 진행되면서 발전과 이해의 속도가 빨라지고 있다.

마거릿 대처는 "사회라는 것은 없다. 남자와 여자, 개인 그리고 가족이 있을 뿐이다"라고 하였다[70]. 복잡계 경제학의 관점에서 보면 대처의 말은 옳지 않다. 수백만 사람 간의 상호 작용, 의사 결정, 강한 상호주의적 행동, 문화적 규범의 작동, 협력, 경쟁, 그리고 하루하루를 살아가는 것, 이 모든 것이 바로 우리가 사회라고 부르는 현상을 만들어 내기 때문이다. 이러한 현상은 소용돌이가 만들어 내는 창발적 패턴만큼이나 실제적이다. 사회 속에는 국가, 시장 그리고 공동체가 있어서 이 셋이 합하여 우리가 살고 있는 경제적 세계를 형성한다. 우리가 사회의 미래 방향을 통제하거나 예측할 수는 없다. 그러나 우리는 이러한 세 가지 요소가 서로 결합해 경제적 부와 사회적 자본 그리고 기회를 창출하도록 노력해야 할 것이다.

나는 복잡계 경제학은 전통적인 좌우 구분을 초월할 뿐 아니라 그러한 구분을 무용화한다고 주장한 바 있다. 그렇다고 복잡계 경제학이 그러한 양극 사이에서 모호한 중도적 입장을 취하는 것은 아니다.

복잡계 경제학은 전혀 새로운 이론적 시각이며 문제를 바라보는 새로운 차원의 이론적 틀을 제공한다. 개인적인 희망은 경제학을 좀 더 과학적인 기반 위에 올려놓음으로써, 특히 1990년대 중반 이후 미국 내 정치적 논쟁의 핵심이 되고 있는 극심한 당파주의를 완화하는 데 복잡계 경제학이 기여하였으면 한다. 결국, 정책 입안자들이 섬기는 시민들은 좌와 우 둘 중 누가 점수를 더 따고, 누가 이기는지에는 관심이 없다. 그들은 다만 그들의 삶이 나아지기를 바랄 뿐이다.

나는 이 책을 통하여 시장과 과학이라는 두 가지 제도가 경제적 진화의 기반을 제공한다고 주장하였다. 거기에 세 번째 요소를 가미한다면 그것은 민주주의다. 민주주의는 그 자체가 정책 아이디어의 진화 시스템이다. E. M. 포스터Forster가 말하였듯이 "민주주의에 대해 두 번의 축배를 들자. 첫째, 민주주의가 인정하는 다양성을 위하여, 그리고 둘째 민주주의가 허용하는 비판을 위하여!"[71] 앞으로 복잡계 경제학은 정치와 정책에 대한 논쟁에 새로운 다양성을 불어넣을 것이다. 우리 사회에 가장 도움이 되는 아이디어를 선택하고 확산하는 것은 민주적 절차의 진화적 역할에 달려 있다.

맺음말

18세기 중엽 마사이족의 위대한 지도자로 추앙받던 추장이 하얀 새 떼가 날아와 자기들의 영토를 초토화하는 꿈을 꾸었다는 전설이 있다. 그 추장은 또한 거대한 뱀이 바다로부터 나와 육지의 마사이 사람들을 마구 잡아가는 꿈도 꾸었다고 한다. 마사이족은 하얀 새 떼를 유럽인의 침략을 예언하는 것으로, 거대한 뱀은 몸바사-Mombasa 철도 건설을 예언하는 것으로 해석하고 있다. 그 세력들이 이들 영토에 발을 디딘 지 한 세기가 넘도록 마사이족은 그들의 유목 생활 방식을 지키기 위해 고군분투하여 왔다.

마사이족 장로의 집에 앉아서 나는 어떻게 경제적 진화의 과정이 사람 사는 곳을 이렇게 다양하게 만들어 냈을까 하고 생각하였다. 마사이족 장로는 내가 겪어 보지 못한 어려운 인생을 살고 있다고 볼 수도 있다. 마을 사람이 제대로 치료를 받지 못해 감염된 상처를 보여 주었을 때, 문득 그러한 생각이 들었다. 우리는 마침 그 상처를 항생제로 치료할 수 있었다. 서구에서 온 우리에게는 정말 몇 푼 들지 않는 치료였지만 그게 아니었더라면 그 사람은 다리를 잃었거나 목숨까지 잃었을지도 모를 일이다. 그러나 그러한 어려움에도 불구하고 이 마을 사람들의 얼굴에는 미소가 있었고, 그들의 환경은 아름답게 보전되었을 뿐 아니라, 그들은 강한 공동체 의식을 갖고 있었다. 대조적으로 내가 런던으로 돌아왔을 때 본 것은 세계에서 가장 잘산다는 사람들의 스트레스에 찌든 얼굴이었다.

도대체 경제적 진화가 우리를 어떠한 미래로 안내할 것인가 곰곰이 생각하였다. 곧 생겨날지도 모를 포장도로, 휴대전화, 그리고 TV 등의 출현과 관련하여 이 마사이 장로는 무슨 꿈을 꿀 것인가 하는 생각도 했다. 마사이족이 얼마나 오랫동안 이 변화의 물결에 저항할 수 있을까? 변화가 일어났을 때 과연 마사이족은 이에 적응하여 마사이족으로서의 정체성을 포기할 것인가? 무엇보다도 이러한 변화가 과연 그들을 더 행복하게 할 것인가? 이러한 물음은 비단 마사이족에게만 해당되는 것이 아니다. 우리 모두에게 해당된다. 경제적 진화와 성장으로 우리는 엄청난 혜택을 받았다. 돈 많은 서구 사람들은 불과 여덟 세대 이전의 삶이 어떠했는지, 그리고 아직도 세계 인구의 3분의 1이 그러한 삶을 살고 있다는 사실을 쉽게 잊을 수 있을지 모른다. 지난 두 세기 동안의 폭발적인 경제 성장은 수십억의 사람들을 고생, 기아 그리고 질병밖에 없는 '홉스적 생존Hobbesian existence'으로부터 해방시켰다[1]. 다음 세기에도 또 수십억 명의 사람들이 이러한 생존으로부터 해방될 수 있을 것이다. 그러나 그러한 성장도 비용을 치르지 않고는 불가능하다. 오랫동안 지켜 온 생활 패턴의 대붕괴로부터 환경 파괴에 이르기까지 많은 비용을 치러야 한다는 것이다.

진화를 진보와 동일시하는 경향이 있다. 그것이 아메바에서 인간으로의 생물적 진화든, 석기 시대에서 현대에 이르는 경제적 진화든, 진화를 진보라고 생각한다는 것이다. 그러나 진화론 학자들은 진화가 진보를 보장해 줄 수 없음을 강조한다. 진보는 매우 주관적 개념이다. 우리가 객관적으로 말할 수 있는 것은, 어떤 조건하에서 진화는 시간이 지나면서 복잡성을 증대시키며, 경제적인 의미로는 부를 증대시킨다는 것이다. 그러나 진화론 학자들은 복잡화되는 추세도 확실한 것만은 아니라고 주장한다. 생물의 역사를 보면 수많은 소멸, 멸종의 사례가 있으며, 이는 인류 사회의 경우에도 마찬가지다[2].

따라서 1750년대 이래 지속된 생장 곡선을 우리가 계속 탈 수 있으리라는 보장도 없다. 오랜 인류 역사에 비추어 보면 그러한 성장은 매우 최근의 현상으로서 성장의 지속 기간은 인류 경제 역사의 0.01%에도 못 미친다. 그러한 생장 곡선을 계속 타기 위해서는 성장의 기반이 되었던 사회적 기술, 즉 시장, 과학, 그리고 민주주의를 더욱 발전 진화시켜야 한다. 사회적 기술이 뿌리를 잘 내리고 있는 부유한 서구에서도 사회적 기술을 당연히 있는 것쯤으로 여겨서는 안 된다. 예를 들어, 미국도 최근 일반인의 시장에 대한 불신을 초래한 스캔들에 시달리고 있으며 과학 교육의 질 저하, 민주주의 체제의 경쟁 저하 등의 문제로 고심하고 있다(2004년 선거에서 재선에 나섰던 의원들 중 98%가 다시 당선되었다)[3]. 경제적 진화는 건강한 사회적 기술에 의해 좌우되므로 사회적 기술을 새롭게 하는 노력이 무엇보다 중요하다.

또한 그러한 성장을 지속하기 위해서는 시장, 과학 그리고 민주주의가 세계로 더 번지고 뿌리를 내려야 한다. 인도와 중국의 성장과 같은 최근의 움직임은 이러한 방향으로의 큰 발전이라고 볼 수 있다. 그러나 이것으로는 충분치 않다. 인도의 경우 민주주의는 강하고 과학도 발전하고 있으나 시장 개혁은 더디다. 반면에 중국은 시장을 과감하게 개방하고 과학에 대대적인 투자를 하고 있으나 민주주의는 처져 있다. 서글프게도 세계의 큰 부분, 특히 사하라 사막 이남의 아프리카는 이러한 사회적 기술의 혜택을 전혀 보지 못하고 있다. 이러한 곳에는 부패와 미신, 지배자Big Men가 아직도 권력을 쥐고 있다. 경제적 진화를 떠받칠 수 있는 제도와 문화를 인내심을 가지고 구축하는 것만이 이들 국가를 빈곤으로부터 해방시키는 길이다.

그러나 지금까지의 생장 곡선이 앞으로도 지속될 것이라고 낙관할 만한 이유도 있다. 앞에서 우리는 마빈 민스키의 표현을 이해하기 쉽게 바꾸어 사람들이 조직한 '생각하는 사람들의 사회society of minds'가할 수 있는 특별한 것들에 대해서 논의한 바 있다. 경제는 지금 지구적 차원에서 '생각하는 사람들의 사회'로 진화하고 있다. 물리적 기술의 진화는 비용을 낮추고 인간들의 상호 작용 속도를 기하급수적으로 높이고 있다[4]. 인간의 지식 창고 전체가 디지털화되고 있으며 지구 어디에서나 누구에게나 접근 가능해지고 있다. 생각하는 사람들의 글로벌 사회는 이제 글로벌 기억 장치를 만들어 내고 있다. 인도와 중국이 개혁을 계속한다면 다음 세대에는 23억 명의 인구가 세계 경제에 참여하게 될 것이다. 잘되면, 사하라 사막 이남의 6억 5천만 명의 사람들도 금세기 안에 세계 경제에 자리를 함께할 것이다. 생각하는 사람들의 글로벌 사회에 이 많은 사람들이 더 참여하면 물리적 기술 혁신은 진화 시스템의 가능성을 크게 향상시킬 것이다. 우리는 그러한 시스템이 무엇을 해낼지 그저 상상만 할 뿐이다.

따라서 물리적 기술과 사회적 기술의 지속적인 진화와 확산은 우리에게 낙관적 희망을 갖게 한다. 그러나 어떤 이는 인류의 진짜 위기는 생장 곡선에서 떨어지는 것이 아니라 생장 곡선을 계속 타는 것이라고 주장한다. 여기에는 세 가지 이슈가 있다. 첫째, 프랑켄슈타인 박사의 괴물처럼 우리의 경제적 피조물들이 이제 창조주에 반기를 들기 시작하였다는 것이다. 그래서 이들은 지구의 땅, 바다, 그리고 하늘을 오염시킬 것이라고 한다. 앞서 본 대로 환경은 그 자체가 하나의 복잡 적응 시스템이므로 조그마한 충격에도 무너져 버리거나 급격히 변하거나 또는 단번에 붕괴될 잠재성을 가지고 있다. 둘째, 18세기 이래 물리적 기술의 진화 속도가 사회적 기술의 진화보다 빨랐다. 우리는 핵 기술과 유전 공학 기술의 영향을 완전히 흡수하지 못한 채 고민하고 있으며 다음 세대에는 인공 지능과 나노 기술이 새로운 문제를 만들어 낼 것이다. 우리의 사회적 기술이 물리적 기술 발전을 따라잡지 못하면 세계적 재앙의 위험성은 계속 커질 것이다. 셋째, 문화의 충돌이다[5]. 옛날에는 문화 간 충돌이 지리적인 전선을 중심으로 일어났다. 그러나 오늘날의 문화는 TV, 인터넷, 그리고 우리의 거대한 다문화 도시 속에서 매일 충돌하고 있다. 불행히도 코르테스가 멕시코에 들어갔을 때부터 최근의 서구와 이슬람 간의 긴장 관계에 이르기까지 인류 사회의 문화 충돌 관리 성적은 매우 실망스럽다[6].

이러한 문제에도 불구하고 내 견해로는 낙관주의가 우세한 것 같다. 이제 복잡한 인간 시스템도 곧 이해할 수 있는 단계에 왔기 때문이다. 우리는 그 시스템을 예측하거나 통제하지는 못하겠지만 행동을 통해 그 시스템의 모양을 만들어 갈 수는 있을 것이다.

그러기 위해서는 해야 할 일이 많다. 우선 정치 지도자와 경제계 지도자들의 비전과 지혜가 요구된다. 우리는 진화 시스템에서 권력은 위에서 아래로 오는 것이 아니라 아래에서 위로 향하는 것이라는 점을 기억해야 한다. 진화는 눈에 보이지 않는 과정이며 진화의 알고리즘은 주어진 적합도 함수에 반응하도록 되어 있다. 개인 소비자로서, 근로자로서, 그리고 유권자로서 우리가 정치 및 경제 당국에 대하여 우리의 단기적 욕구를 극대화해 달라고, 물질적 생활을 충족시켜 달라고, 그리고 지구의 건강이나 다음 세대의 삶은 무시한 채 그렇게 해달라고 요구한다면 우리는 그러한 것을 얻을 수 있을 것이다.

그러나 대안도 있다. 돈을 쓰는 방식, 직장의 선택, 투표권의 행사를 통하여, 그리고 목소리를 냄으로써 경제, 정치 그리고 과학 제도가 장기적인 시각에서 글로벌 사회의 수요를 좀 더 폭넓고 지속 가능한 방식으로 다루도록 유도하는 적합도 함수를 만들어 낼 수도 있다. 그러한 적합도 함수를 만든다면 제도와 경제는 필연적으로 거기에 적응하여 우리의 요구에 부응하게 될 것이다. 에드먼드 버크Edmund Burke는 사회란 "살아 있는 사람 간의 연대일 뿐 아니라 산 사람과 죽은 사람, 그리고 앞으로 태어날 사람들 간의 연대"라고 하였다[7]. 우리는 모두 생각하는 사람들이 모인 글로벌 사회의 일원이며 역사가 어떻게 진화하느냐는 바로 우리 각자에게 달려 있다.

감사의 글

　복잡계 경제학이 많은 연구자들의 노력의 산물인 것처럼 이 책은
내가 깊이 감사하고 있는 수많은 사람들의 아낌없는 지원과 지적인
도움의 결과다.

　우선 버킹엄 브라운&니콜스 학교의 리처드 에멋에게 감사하고 싶
다. 그가 가르친 고교 경제학 수업이 내가 일생 동안 이 분야에 관심
을 갖게 된 자극제가 됐다. 다트머스 대학에 있는 나의 지도 교수 배
리 리치먼드는 그런 나의 욕구를 부추기고 역학 시스템이라는 보다
넓은 세계에 눈을 뜨게 해준 분이다. 그는 내가 다트머스를 떠난 후에
도 오래도록 친구로 남아 있다가 2002년에 세상을 떴다. MIT에서는
리베카 헨더슨을 빼놓을 수 없다. 그는 영감을 제공하는 논문의 조언
자로서 나에게 경제학적 아이디어의 힘과 지적인 미를 깨닫게 해주었
다. 또 다른 조언자 존 스터먼은 바로 그와 같은 경제학적 아이디어
에 대해 의문을 갖게 하면서 처음으로 나에게 복잡계 이론의 개념을
소개해 준 사람이다. 존은 수년 동안 나의 친구이자 조언자로서 이
책을 모두 읽고 코멘트를 해주었다.

　맥킨지는 정말 독특한 회사로 이 책을 내는 데 많은 지원을 해주었
다. 이 회사는 내가 가진 관심을 추구할 수 있는 지적인 자유를 제공
해 주었다(그것이 앞으로 어떤 결과로 나타날지 확실하지 않았을 때도 그

랬다). 또 이 회사의 동료들은 내가 생각하는 방식에 과제를 던지고 이를 검정하는 데 큰 도움을 주었다. 빌 바넷, 로웰 브라이언, 휴 코트니, 케빈 코인, 조나단 데이, 앤드루 도먼, 존 하겔, 존 흄, 빌 후예트, 세라 캐플런, 팀 콜러, 빌헬름 랄, 찰스 록스버그, 소무 수브라마니언, 패트릭 비구에, 그리고 아딜 자이눌브하이 등은 이 책에서 나의 사고를 구체화하는 데 실질적인 도움을 준 전·현직 동료들이다. 그리고 스튜어트 플랙, 랑 데이비슨, 사울 로젠버그, 트리시 클리퍼드, 살리 호니처치와 맥킨지의 우수한 연구원들의 지원도 도움이 되었다.

맥킨지와 관련해서는 특별히 언급해야 할 두 사람이 있다. 리처드 포스터는 내가 이 회사에서 일할 초창기부터 친구이자 조언자가 되어 주었다. 그는 자신의 일을 통해 나에게 하나의 영감을 제고했다. 이 책에 있는 아이디어 중 훌륭한 점이 있다면 그와의 수많은 대화에서 나온 결과일 가능성이 크다. 또 한 사람은 맥킨지의 관리 책임자 이안 데이비스다. 그는 한 프로젝트가 예상을 뛰어넘어 훨씬 오랜 시간이 소요되었어도 그 기간 내내 지속적인 격려와 지원을 아끼지 않았고, 수시로 엄호도 해주었다.

나는 이 책에서 연구가 논의되거나 좋은 참고서가 되어 준 수많은 학자들에게도 감사한다. 수년에 걸쳐 그들은 자신들의 연구와 관련한 나의 의문에 답을 주고 아이디어를 서로 교환하는 데 귀중한 시간을 할애해 주었다. 로버트 액스텔, 야니어 바 얌, 래리 블룸, 에릭 보나보, 새뮤얼 보울스, 조슈아 엡스타인, 던컨 폴리, 존 기나코플로스, 머리 겔만, 존 홀란드, 스튜어트 카우프만, 크리스티안 린드그렌, 브누아 망델브로, 필 미로스키, 멜라니 미첼, 리처드 넬슨, 팀 뤼플리, 디디어 소네트, 진 스탠리, 던컨 와츠, 그리고 피턴 영 등이다.

사람이 받을 수 있는 가장 소중한 선물은 사려 깊은 비판이다. 몇몇 분들은 이 책 원고의 주요 부분을 읽고 통찰력 있는 피드백을 제공했다. 빈스 달리, 데이비드 레인, 스콧 페이지, 에릭 스미스, 마이크로스, 그리고 제임스 투겐해트 등이 그분들이다. 또 존 스터먼과 더불어 전체 원고를 읽고 세세한 코멘트를 해준 마이클 모부신과 로렌스 홀트에게 특별히 감사하며, 하버드 경영대학원 출판부가 이 책의 검토를 의뢰했던 익명의 심사자 두 분에게도 마찬가지로 감사한다. 여기서 나온 의견들은 확실히 통찰력 있는 것들이었지만 초판 출간일이 정해진 상황에서 그들의 의견은 정말이지 인내에 대한 하나의 진정한 시험이 되었다.

산타페 연구소SFI는 복잡계 경제학 이야기의 중심 역할을 하는 곳이고 지금도 그렇다. 이 연구소가 몇 년 전 안식년 때 나를 맞이해 준 것에 감사한다. 뿐만 아니라 이 연구소는 수많은 회의와 심포지엄에 나를 초대해 주었고 여기저기 돌아다니며 사람들과 대화를 나누도록 배려를 아까지 않았다. 산타페 연구소는 정말 특별한 곳이다. 현재 소장을 맡고 있는 지오프리 웨스트와 과거 소장이었던 엘렌 골드버그와 밥 에이젠슈타인에게 감사한다. 수잔 덜레, 수잔 발라티에게도 마찬가지다.

산타페 연구소에서는 특히 다음 두 사람이 이 책과 관련해 큰 역할을 했다. 브라이언 아서와 도인 파머다. 나는 이 두 분으로부터 굉장한 지적 영감을 받았다. 이분들은 자신들의 시간을 흔쾌히 내주었다. 나의 사고에 깊은 영향을 미쳤을 뿐만 아니라 종종 바로잡아 주었고, 이 책 원고의 실질적인 부분에 대해서도 코멘트를 해주었다.

여기서 분명히 말하지만 이 모든 분들이 이 책이 담고 있는 내용 전부에 동의한다고 볼 수는 없다. 이 책에 있는 어떤 잘못이나 결점은 그들의 책임이 아니다.

이 책에는 지난 수년에 걸쳐 회의에서 제시된 내용들도 군데군데 담겨 있다. 예컨대, 2002년 미시간 대학의 복잡계 워크숍, 2004년 런던 정경대학의 복잡계 심포지엄, 2005년 시스템 다이내믹스에 관한 회의, 그리고 맥킨지와 산타페 연구소에서 주최한 수많은 회의들이 그것이다. 이 모든 회의 참가자들의 소중한 의견에도 고마운 마음을 표시하고 싶다.

마지막으로 내 가족이 없었다면 그 어떤 것도 가능하지 못했을 것이다. 나의 부모 길버트와 바바라, 나의 형제들인 엘리자베스와 로브의 사랑과 격려에 항상 감사할 것이다.

가장 큰 감사는 아내 틸리에게 하고 싶다. 아내는 이 프로젝트를 하는 동안 가장 믿음직한 조언자였을 뿐만 아니라 가능한 모든 방법으로 나를 도와주었다. 편집 기한을 앞두고는 주말마다 싱글맘 역할을 마다하지 않았고 밤늦게 작업하는 동안에는 격려의 말을 아끼지 않았다. 나의 가장 큰 사랑과, 존경, 그리고 고마움을 담아 이 책을 아내에게 바친다.

런던에서
에릭 바인하커

주

머리말

1   Kuhn(1962) 참조. 쿤의 연구에 대한 니콜러스 웨이드의 회고(『Science』, July 8, 1977, pp. 143~145)에서 인용.

2   우울한 과학은 맬서스의 이론을 묘사하기 위해 토머스 칼라일이 사용했다고 일반적으로 알려져 있다(Samuelson&Nordhaus, 1998, p. 323, 또는 Heibroner, 1953, p. 76). 그러나 이것은 잘못된 것이다. Levy(2003)가 지적하고 있듯이 이는 칼라일이 그의 소름 끼치는 인종 차별적 견해를 발전시키는 과정에서 사용한 개념이다. 칼라일은 1849년 「니그로와 관련한 의문에 대한 특별한 이야기(An Occasional Discourse on the Negro Question)」라는 팸플릿에서 이 말을 했다. 이 시기는 밀과 같은 경제학자들이 노예 제도에 대해 기본적인 인권을 부정하는 것이라고 비난하고 있었던 때다. 칼라일이 오늘날 유명해진 이런 색다른 표현을 사용했을 당시 그는 경제학자들과 노예 제도 폐지론자의 연합을 비웃고 있었다.

3   케인스의 1936년 『고용 · 이자 및 화폐에 관한 일반 이론』, 제5부 24장에서 인용.

4   예컨대, Brown&Eisenhardt(1998), Clippinger(1999), Kelly&Allison(1999), Lissack&Roos(1999), Petzinger(1999), Koch(2000), Lewin&Regine(2000), Pascale&Millemann&Gioja(2000), 그리고 Stacey&Griffin&Shaw(2000) 참조.

1장

1   Smith(1776), 4장, p. 25 참조.

2   사람을 행복하게 만드는 문제는 '쾌락주의적 심리학'으로 불리는 분야에서 연구돼 왔다. 연구자들이 발견한 바에 따르면 한 사람의 절대적 부는 유전학, 관계, 그리고 성취 등 다른 요인들과 비교할 때 행복을 결정하는 강한 요인은 아니지만 시간에 따른 부의 변화율은 매우 중요한 요인이라고 한다. 조사 결과를 보려면 Kahneman&Diener&Schwarz(1999) 참조.

3   Krugman(1992)의 서문 참조.

4   스튜어트 카우프만의 『혼돈의 가장자리(At Home in the Universe, 1995)』는 산타페에서 창밖을 바라보며 "이 모든 질서는 어디에서 오는 것인가?"라는 질문을 던지며 출발하고 있다. 저자는 이 질문의 핵심을 이해하도록 도움을 준 데 대해 스튜어트에게 감사한다. Kauffman(2000), pp. 211~241을 보면 경제학에서 질서의 문제에 대한 그의 견해를 알 수 있다.

5   이 사례는 다른 데서 영감을 얻은 것이다. 산타페 연구소에서 열린 '1987 경제학

미팅'에서 자기 조직화에 대한 한 예로서 제기됐던 "뉴욕은 어떻게 먹고 사나?"라는 질문이 그것이다. 산타페 연구소의 이 미팅은 책 뒤에서 다시 거론될 것이다. Anderson&Arrow&Pines(1988) 참조.

6 '복잡(complex)'이라는 용어에 대한 기술적 정의, 복잡성에 대한 측정 문제 등은 이 책 뒤에서 토의하게 될 것이다. 당분간 일반적 의미로 사용한다. 복잡성에 대한 정의나 측정 등에 대해서는 Gell-Mann(1994)과 Flake(1998) 참조. 기술적인 논의는 Haken(2000) 참조.

7 Seabright(2004), pp. 13~26 참조.

8 인류의 장기적 경제사에 대한 상세한 설명은 Diamond(1997), Wright(2000), Landes(1998), Jay(2000), Cameron&Neal(2003), 그리고 Seabright(2004) 참조.

9 이 섹션에 나오는 이야기들은 모두 추정치에 불과하다. 추정치들은 매우 가변적인 것이다. 새로운 증거들이 나타나면 연구자들은 연대학의 각종 요소들을 다시 고려해야 한다. 여기에 나오는 이야기에 대해서는 Jones와 그의 동료들(1992), Diamond(1997) 참조.

10 Horan&Bulte&Shogren(2005) 참조.

11 Seabright(2004) 참조. 물론 다른 종(種)들도 동거하는 집단, 노동의 분업, 음식물 거래 등을 특징으로 하는 '경제'를 한다. 사회성 곤충에서부터 학명이 'Physalis physalis'인 강장동물에 이르기까지. 강장동물은 고깔해파리속(Physalis)에 딸린 큰 해양성 히드로충의 총칭. 몸체 길이 20cm, 촉수 길이 12~50cm. 몸체가 포르투갈 병정의 모자와 비슷하다고 해서 '포르투갈 병정'이라는 영어 이름을 가지고 있다. 이들은 단일 유기체라기보다는 여러 단세포 유기체들의 집단이다. 이런 종들 중 많은 것들이 암컷은 2배체, 수컷은 1배체인 반배수성 생물, 즉 반수배수체이고 이 집단의 여성은 모두 자매들이다. 그러나 혈연관계가 없는 집단 사이에서의 진정한 사회성은 알려져 있지 않다. 시브라이트에 따르면 이것은 큰가시고기(stickleback), 흡혈박쥐(vampire), 기타 종에서 찾아볼 수 있다고 한다. 그러나 그 사회성은 특정일을 중심으로, 매우 작은 그룹 내부에서, 제한적 기간 동안 이루어지는 경향이 있다. 수많은 비혈연자 사이의 광범위한 협력이 오랜 기간 동안 끈질기게 유지되는 것은 인간들에게서만 찾아볼 수 있는 독특한 것이다. 그럼에도 불구하고 다른 사회적 종들과 초개체(超個體)에 대한 연구는 협력의 역동성과 진화에 대해 놀라운 통찰력을 제공해 주고 있다. 인간 경제에도 적용될 수 있는 그런 통찰력들이다. Bonabeau&Dorigo&Theraulaz(2005) 참조.

12 Horan&Bulte&Shogren(2005) 참조.

13 야노마모족의 이야기는 Chagnon(1992)에서 인용.

14 90달러라는 숫자는 오랜 기간 전 세계 GDP에 대한 추정치에 기초한 것이다. 캘리포니아 버클리 대학의 J. 브래드퍼드 들롱의 웹사이트 www.j-bradford-delong.net의 데이터와 방법론 참조. 야노마모족에 직접 관련된 GDP 통계는 구할 수 없었지만 이 종족은 1만 년에서 1만 5천 년 전에 찾아볼 수 있는 그런 생활양식으로 살고 있다. 들롱 교수는 이를 토대로 1인당 국민소득을 약 93달러(1990년 달러 기준으로)로 추정한 것이다. 그러나 그렇게 정확한 수치를 들이대기

는 어렵다고 보아 약 90달러라고 했다. 여기서 나는 1인당 GDP를 소득의 대리 지표로 사용했다. 그 이유는 야노마모족의 경우 저축이 거의 없고, 정부 또한 없다고 보아 생산된 것은 모두 소비된다고 생각했기 때문이다. 또 다른 참고의 근거가 있다. 세계 최빈국의 1인당 국민소득에 대한 세계은행의 추정치는 280달러다. 이들 국가들의 상대적인 개발 수준을 보여 주는 사례적인 지표들을 보면 1천 명당 11.9개의 전화선, 역시 1천 명당 2.8대의 컴퓨터, 그리고 14%의 도로 포장률 등이다. 야노마모족의 소득을 이 수준의 약 3분의 1 정도라고 보면 93달러라는 계산이 나온다. 그렇게 생각하면 비록 정확한 것은 아니지만 그렇게 비합리적인 수치는 아닌 셈이다. 뉴욕시의 평균 소득은 뉴욕 주정부 통계에서 얻은 것이다. 그러나 중앙값에 해당되는 소득이 평균치보다 더 유익할 수 있다. 미국 센서스 조사국 보고에 따르면 뉴욕주의 가계 소득의 중앙값은 2001~2003년 평균 4만 3,160달러였다. 그러나 야노마모 사회의 소득 분포에 대해선 이런 정보가 없다. 그래서 단순히 평균치를 비교했다.

15 Chagnon(1992)은 기술의 등장 이전의 삶이 일종의 전혀 때 묻지 않은 에덴동산이었다는 신화를 깨기 위해 많은 노력을 한다. 예를 들어, 야노마모족 남성의 4분의 1이 폭력으로 죽는다. 또 야노마모족은 높은 유아 사망률로도 고통을 당한다. 야노마모족의 전체 사망률은 평균 6.5%다. 현대 사회와 거의 접촉이 없는 가장 멀리 격리된 오지의 이 마을에 대한 데이터를 사용하는 이유는 그래도 옛 조상들의 수렵·채집민 생활양식에 가장 근접한다고 보았기 때문이다. 뉴요커들의 경우 이와 비교할 만한 데이터는 0.84%다(사망률, 2002년 미국 센서스 자료). 야노마모족의 인구학적 구성을 보면 뉴요커들에 비해 확실히 더 젊기 때문에 이런 식의 대충 비교는 사실 두 집단의 차이를 과소평가하는 측면도 있다.

16 이 부분은 들롱 교수의 장기 GDP에 대한 연구에서 나온 얘기를 쉽게 풀어쓴 것이다. 들롱 교수가 실제로 표현한 것은 이렇다. "내가 현재의(경상) 소득을 넘겨받고, 그것을 현재의(경상) 가격으로 물건을 사는 데 쓸 수 있다는 이야기를 들었다고 하자. 그런데 1800년 이전에 만들어지지 않았던 물건은 그 어떤 것도 살 수 없다는 조건이 부가된다면 내가 극도로 불행할 것이라는 점을 나는 알고 있다." www.j-bradford-delong.net 참조.

17 Schwarz(2004)는 그런 넓은 선택의 폭이, 경제학자들이 오랫동안 주장한 것처럼 반드시 후생의 증가를 의미하는 것은 아니라는 점을 지적한다. 나는 그 책의 pp. 9~22에 나오는 몇 가지 사례를 활용했다.

18 야노마모족에 관한 어떤 연구에서도 SKUs에 대한 정확한 측정치를 찾을 수가 없었다. 그러나 Chagnon(1992)에 언급된 비공식적 품목 수 계산과 몇 가지 가정으로 약 300SKUs라는 추정치를 얻게 됐다. 또 다른 참고 자료가 있는데, 야노마모족보다 밖의 세계와 훨씬 더 많은 접촉을 하는, 확실히 더 발전된 마사이 마을을 저자가 방문했을 때 물품 수를 세어 보았더니 대략 800SKUs였다.

19 현대 경제에서 고유한 제품과 서비스의 전체 수에 대한 신뢰할 만한 추정치는 발견하지 못했지만 그럴듯한 단위를 계산하는 데 도움이 되는 게 있다. 바로 세계 제품 코드(universal product code, UPC)가 그것이다. UPC 시스템은 물론 그

자체만 보면 정확하지 않은 잣대다. 모든 최종 제품들이 UPC 코드를 가지고 있는 것도 아니고, 선진국에서 가장 많은 소비를 설명해 주는 서비스의 대부분도 그 코드를 가지고 있지 않다. 그리고 UPC 코드는 중간재에 대해 사용되기도 한다. 그럼에도 불구하고 이 코드는 제품의 다양성에 대한 하나의 잣대가 된다. 현재 UPS 시스템은 12개의 숫자로 구성되는데, 그중 두 자리는 관리적인 것이다. 따라서 코드의 제품을 나타나는 고유한 숫자는 10개다. UPC를 관리하는 위원회는 최근 코드가 바닥나자 13자리 숫자 체계로 바꾸었다. 10개의 숫자로 나낼 수 있는 제품 코드는 모두 100억 개다. 그러나 UPS의 계층적 구조로 보면 모든 제품에 대해 코드가 부여될 수 있는 것은 아니다. 예컨대, 펩시가 자신들의 고유한 코드가 바닥나면 콜라에 할당된 숫자 코드를 사용할 수 없다. 따라서 코드 활용률을 50%라고 하자. 그리고 설명의 편의상 잘못된 코드의 수와 코드가 없는 제품의 수는 대충 서로 상쇄된다고 하자. 또 경제에 있어서 제품 SKUs와 서비스 SKUs의 비율은 제품과 서비스 소비 비율에 비례한다고 가정하자. 참고로 2002년 미국 총소비의 59%가 서비스였다. 이런 가정들하에서 나온 것이 약 120억 개의 SKUs, 다시 말해 10^{10}의 규모로 나타난 것이다.

또 다른 관점에서도 체크해 볼 수 있다. 세계 GDP가 36조 5천억 달러면 SKUs당 GDP는 평균 3,650달러다. 숫자 자릿수 기준으로 보면 대충 맞아떨어진다. Petroski(1992, p. 23)는 SKUs의 다양성 크기에 대한 감을 잡는 데 도움이 되는 이야기를 하고 있다. 그에 따르면 지금까지 미국에서만 500만 개의 특허가 쏟아졌고, 화학학회의 DB에는 1천 개가 넘는 화학 물질이 등록돼 있다. 마찬가지로 Schwartz(2004, pp. 9~22)는 필라델피아의 현지 환경에서 발견한 놀라울 정도의 물품 수를 보여 주는 표본을 제시하고 있다. SKUs의 정확한 수치가 무엇이건 그것이 대단히 크다는 것만은 분명하다. 여기서의 계산은 단지 현대 경제의 복잡성을 설명하기 위한 것이다. 이런 주제에 대한 진지한 분석은 매우 흥미로운 결과를 보여 줄 것이 틀림없다.

20 야노마모족의 생활양식을 있는 그대로의 시간 선상에 정확히 표시하기는 어렵다. 아메리카에서의 첫 번째 인간 집단화 시점에 대해서는 연구자들 사이에 많은 논쟁이 있지만 대략 1만 년 전에서 3만 5천 년 전 사이라고 한다. 남아메리카에서 취락의 증거는 약 1만 5천 년 전부터다(Diamond, 1997, pp. 45~50). 전 세계 여러 지역에서 정착 농업은 약 1만 년 전에 시작됐다는 증거가 있다(p. 100). 야노마모족이 아메리카로 이주해 온 사람들의 후손들이지만 그들의 경제가 정착 농업의 하나가 아니라고 한다면 이들의 생활양식은 1만 년에서 1만 5천 년 전에 산 사람들의 전형적인 것일 가능성이 있다. 다시 한번 말하지만 이런 관찰은 어디까지나 정확성보다는 설명의 편의를 위한 것이다.

21 들롱은 7가지 데이터에서 이 추정치를 만들었다. 크레머가 제시한 인구 규모에 대한 장기 추정치, 1인당 GDP에 대한 3가지 장기 시계열 자료, 세계 GDP에 관한 3가지 시계열 자료가 그것이다. 이 데이터와, 들롱이 어떻게 이런 시계열 자료를 만들었는지에 대한 설명은 '세계 GDP 추정, B. C. 1백만 년에서 현재까지'라는 제목으로 들롱의 웹사이트 www.j-bradford-delong.net에 발표된 바 있

다. B. C. 250만 년(대략 첫 번째 도구가 출현한 시기)에서 B. C. 1백만 년, 다시 말해 들롱의 시계열 자료가 시작되는 시점까지(들롱은 이때 1인당 GDP를 92달러로 추정)의 기간 동안 나는 간단하게 0에서 시작하는 선형 외삽법(linear extrapolation)을 가정했다. 당연히 이 오랜 기간 동안의 특정 추정치는 매우 불확실한 것이다. 하지만 경제 역사는 이 데이터가 보여 주는 전반적인 패턴과 관련하여 의미 있는 증거들을 보여 주고 있다.

22 1인당 GDP 성장 곡선을 보면서, 곡선이 갑작스럽게 수직에 가까운 성장으로 변하는 것이 매우 오랜 기간 동안 관찰된 기하급수적 성장의 결과라고 생각할지도 모르겠다. 그러나 1인당 GDP의 로그 값으로 변환시켜 보면 거의 동일한 모양임을 알 수 있다. 산타페 연구소의 도인 파머는 들롱의 데이터를 분석한 뒤 이 데이터가 더블(double) 기하급수적 성장을 보여 주었다고 결론 내렸다(www.santafe.edu/~jdf). 데이터 시리즈가 오차 범위를 갖는 하나의 추정치이고 보면 그 함수 형태가 확정적일 수는 없다. 하지만 성장률이 시간이 가면서 가속화돼 왔다는 유의미한 증거는 있다. 더 많은 논의와 데이터를 보려면 Bernstein(2004, pp. 17~23) 참조.

23 Ormerod(1994, p. 10)는 서구 경제가 퍼센티지로 따진 성장률에서 보면 500년에서 1500년 사이에 성장한 것만큼 1950년에서 1970년 사이에 성장했다는 통계를 보여 주는 앵거스 매디슨의 연구를 인용하고 있다. Bernstein(2004)도 그의 데이터를 얘기하고 있다.

24 Landes(1969, p. 5) 참조.

25 스튜어트 카우프만으로부터 경제권(econosphere)이라는 용어를 차용했다. Kauffman(2000, p. 211) 참조.

26 다윈은 물론 맨 처음 진화를 알고리즘으로 생각한 사람이다. 그는 그것을 구체적인 방법으로 분명하게 표현하지 못했다. 앨런 튜링, 쿠르트 괴델 또는 알론조 처치 등의 수학적 발견들을 그가 접했더라면 보다 많은 시사점을 얻었을 텐데, 그러지 못했다는 것은 아쉬운 점이다(Dennett, 1995, pp. 48~50). 진화를 알고리즘으로 보는 아이디어에 대해 보다 일반적인 설명을 찾으려면 Dawkins(1976, 1982)와 Dennett(1995) 참조. 특히 저자가 차용한 기질(substrate)이라는 용어의 출처인 Dennett(1995)의 2장 section 4 참조. 이를 수학적으로 다룬 것을 보려면 Landweber&Winfree(2002) 참조.

27 Michael Rothschild의 『Bionomics』(1990)에 대한 폴 크루그먼의 비판 참조. 「The Power of Biobabble」은 1997년 10월 23일 Slate 웹사이트에서 발표되었다.

28 Holland(1975), Whitley(1993), Mitchell(1996), Landweber&Winfree(2002), 그리고 Crutchfield&Schuster(2003) 참조.

29 Hodgson(1993), p. 81을 보면 '적자생존(survival of the fittest)'이라는 용어를 만든 사람은 다윈이 아니라 실제로는 사회학자 허버트 스펜서라고 적고 있다. 호지슨은 스펜서의 아이디어가 당시 통찰력 있는 것이었다고 옹호하는 쪽으로 흐르고 있다. 그러나 스펜서의 아이디어는 세기가 바뀌면서 정치적이고 인종주의적

어젠다(agenda)를 내세운 이른바 사회적 다원주의자들에 의해 점점 탈취당하고 말았다.

30 Dennett(1995), pp. 28~34, 48~60 참조. 리처드 도킨스 또한 1986년『눈먼 시계공(The Blind Watchmaker)』이라는 책에서 이 점을 인상 깊게 말하고 있다.

31 다윈주의 대(對) '지적 디자인' 이론들(또 다른 이름으로는 창조론)에 대한 논쟁을 보려면 Dembski&Ruse(2004) 참조.

32 복잡성의 증대가 진화 과정에서 보장된 결과는 아니다. 오히려 이것은 시스템의 실행과 모수(parameter)들의 조율에 달렸다. Kauffman(1993)은 생물학적 진화는 이 모수들을 스스로 조율해 복잡성의 증대를 가능하게 한다고 주장한다. 그러나 생물학적 진화는 생물계의 평균적인 복잡성과 가장 복잡한 유기체의 복잡성을 증가시켰지만, 그러한 증가가 단조로운 것은 결코 아니었다. 화석의 기록들을 보면 소멸과 갑작스러운 종(種) 분화의 폭발 등 다양한 충돌이 나타나고 있다. 마찬가지로 경제적 진화의 전반적인 추세도 보다 큰 질서와 복잡성을 향해 진행돼 왔지만 그 역사적 기록들을 보면 단조로운 것이 결코 아니었다. Wright(2000), Cameron&Neal(2003) 참조.

33 Dennett(1995)과 Kauffman(1995a), pp. 149~189 또한 이 점을 말하고 있다.

34 폴 시브라이트도 2004년『낯선 사람들과의 동행(The Company of Strangers: A Natural History of Economic Life)』제1장에서 이 셔츠 얘기를 하고 있다. 그는 글로벌 경제에서 가장 무미건조한 제품일지라도 그 제조 과정에는 복잡한 협동이 관계된다는 점을 보여 주고자 했다. 나의 목적은 물론 다르다. 어디까지나 디자인의 진화에 대해 주장을 펴기 위함이다. 시브라이트의 책과 그의 셔츠 얘기는 나중에 이 책의 편집 과정에서 알게 됐다. 내가 셔츠를 예로 든 것은, 그러니까 독립적으로 우연히 일어난 일이다. 게다가, 최종 편집을 하는 동안 피에트라 리볼리는 『티셔츠의 경제학(The Travel of a T-Shirt in the Global Economy: An Economist Examines the Markets, Power, and Politics of World Trade)』(John Wiley&Sons, 2005)를 펴냈다. 아마도 셔츠는 애덤 스미스의 핀이 노동 분업의 규범적인 보기가 되었듯이 경제 진화와 세계화의 표준적 보기인 것 같다.

35 물리적 기술과 사회적 기술이라는 용어의 사용은 Nelson(2003)에서 나온 것으로, 보다 완전한 정의는 나중에 다루게 될 것이다.

36 사회적 기술은 경제학자들이 말하는 제도(institutions)라는 것과 유사하지만 동일한 개념은 아니다. 이 책의 12장에서 사회적 기술에 대한 보다 완전한 정의를 다루게 될 것인데, 그때 이런 구별도 분명히 할 것이다.

37 Freeman&Soete(1997) 참조.

38 경제학에서의 진화 이론 역사에 대해서는 Hodgson(1993) 참조.

39 찰스 다윈의『자서전(Autobiography)』, p. 120, Plotkin(1993), pp. 28~29에서 인용.

40 앨프리드 러셀 월러스는 다윈이 가졌던 그런 통찰력을 상당 부분 독자적으로 보여 준 사람이다. 다윈은 월러스의 공헌을 인정하는 데 관대했지만(그러면서 혹 뒤처지지나 않을까 두려워하기도 했음), 역사적 기록들은 다윈이 어쨌든 먼저였음을 보

여 주고 있다(Browne, 2002).

41 Thorstein Veblen, "Why Is Economics Not an Evolutionary Science?", Quarterly Journal of Economics 12(1898), pp. 373~397, Gherity(1965) 가 다시 편집.

42 이런 표현을 한 마셜의 의도에 대해서는 여러 논쟁이 있어 왔다. 그는 4판에서 시작해 그 후 『경제학 원리(Principles)』의 매판마다 이런 표현을 반복했다. 경제학과 진화에 관한 마셜의 사고를 참조하려면 Hodgson(1993), 7장 참조.

43 하이에크는 진화와 자신이 말한 '자발적인 질서(spontaneous order)'의 관계에 대해 반복해서 주장하고 있다. 그는 아마도 화학자 일리야 프리고진이 발전시킨 자기 조직론에 대해 진지하게 생각한 첫 경제학자였을 것이다. Hodgson(1993), 12장 참조. 하이에크와 복잡성에 대해서는 Vriend(2002)를, 그리고 경제학에서의 복잡성에 대한 역사적 고찰은 Colander(2000)를 각각 참조.

44 Nelson&Winter(1982) 참조.

45 Waldrop(1992), p. 82 참조.

46 복잡 적응 시스템에 대한 입문서로는 Waldrop(1992) 참조. 그 외에도 훌륭한 참고서로는 Gell-Mann(1994), Kauffman(1995a), Holland(1998), 그리고 Johnson(2001) 등이 있다. 특히 Flake(1998)는 매우 잘 쓴 입문용 교과서로 참고할 만하다. 포괄적이고 기술적인 입문서를 원한다면 Bar-Yam(1997)을 참조하고, 초기의 논문과 논의에 대한 요약은 Cowan, Pines, 그리고 Meltzer(1994) 참조.

47 예를 들어, Anderson&Arrow&Pines(1988), Cowan&Pines&Meltzer(1994) 참조.

48 나는 맨 처음 브라이언 아서가 1994년 한 강의에서 '복잡계 경제학'이라는 용어를 사용하는 것을 들었다. 출판된 첫 참고서로는 아서가 『Science』(1999)에 게재한 「Complexity economics is not a temporary adjunct to static economic theory, but theory at a more general, out-of-equilibrium level(복잡계 경제학은 정태적인 경제 이론의 임시 부속물이 아니라 보다 일반적인, 균형을 벗어난 그런 차원의 이론이다)」이 있다.

49 과학적 프로그램이라는 개념은 1960년대 후반 과학철학자 아임레 라카토스에 의해 발전됐다. 경제학적 방법론으로 응용된 것과 관련해서는 Hausman(1994, pp. 348~375)에 나오는 마크 블라우그의 에세이 참조. 이에 대한 더 많은 논의를 원한다면 Hands(2001) 참조.

2장

1 이에 대한 설명은 Waldrop(1992) 참조. 그 당시 각종 뉴스 리포트, 산타페 창립 멤버들과의 개인적인 인터뷰, 그리고 시티 그룹 웹사이트 등 여러 자료들에서 나온 것이다.

2 Waldrop(1992), p. 91 참조.

3   예컨대, Ormerod(1194), Keen(2001), 그리고 Fullbrook과 동료들(2004) 참조.

4   Cassidy(1996) 참조. 이 논문은 1996년 12월 미국 경제학회의 연례 모임, 그리고 1997년 1월 스탠퍼드 대학에서 열린 60명이 넘는 선도 경제학자들의 후속적인 모임 등에서 광범위하게 논의됐다.

5   예를 들어, Colander&Holt&Rosser(2004) 참조.

6   Cassidy(1996)에서 인용.

7   앨런 그린스펀의 경우 Andrews(2005)에서 인용.

8   여기서 나는 경제학이 물리학과 똑같은 과학이냐 아니냐를 놓고 철학적 논쟁을 벌일 생각은 없다. 내가 말하고자 하는 것은, 경제학의 목표가 엄격하고, 논리적으로 일관성이 있으며, 실증적 관찰로 뒷받침되는 그런 설명으로 경제 현상에 대한 이해를 제고하는 것이라고 한다면, 경제학은 보다 과학적이 되고자 하는 열망을 갖고 있다는 것이다. 하나의 과학으로서 경제학의 위상에 대한 논의는 Hausman(1994)과 Hands(2001) 참조. 경제학의 과학적 열망에 대한 증거는 사실 모든 경제학 교과서, 또는 엄격한 심사를 거쳐 논문을 게재하는 각종 경제학 저널에서 요구하는 논문의 기준 등에서 쉽게 찾아볼 수 있다.

9   예를 들어, 경제학의 역사에 관해서는 Niehans(1990), Backhouse(2002) 참조. 고전적인 입문 교과서로는 Samuelson&Nordhaus(1998), Stiglitz(1997)가 좋다. 경영적 관점으로 접근한 책으로는 Mansfield(1999) 참조.

10 전통 경제학에 대한 나의 이런 규정에 대해 일부 독자들은 앵글로-아메리칸 계통의 이른바 신고전파 경제학에 대한 편견에서 비롯된 것 아니냐고 할 수도 있다. 이는 아마도 최근 수십 년 동안 신고전파 경제학이 세계를 풍미했던 데 기인할 것이다. 앵글로-아메리칸 계통과 달리 대륙 쪽의 경제학(continental academics)은 대개 역사적·제도적 관점의 경제학을 보다 중시했다. 어쨌든 이런 관점들과 복잡계 경제학과의 관련성에 대해서는 나중에 논의하게 될 것이다.

11 Nelson&Winter(1982), pp. 6~11 참조. 그러나 이 자료에만 한정하지 않고 보다 진전된 연구들을 수용한다는 취지에서 관련된 조사 논문들을 나의 정의에 보탰다. 또 넬슨과 윈터가 사용한 '정통 경제학'이라는 용어를 나는 따르지 않았다. 그 이유는 전통 경제학이 이제 더 이상 '정통 경제학'을 대표한다고 믿지 않기 때문이다. 나중에 알게 되겠지만 수많은 경제학자들과 물리학자들은 역사적 패러다임이 갖는 많은 요소들에 대해 동의하지 않는다. 어쨌든 지금 시점에서는 '전통'이라는 용어가 더 정확하다. 그렇지만 넬슨과 윈터가 정통 경제학에 대해 장점과 단점을 분석한 내용은 내가 규정한 전통 경제학에 대해서도 그대로 적용된다.

12 각자 자기가 좋아하는 교과서들이 있지만 그래도 대표적인 것들이 있다. 미시 경제학으로는 Samuelson&Nordhaus(1998), Stiglitz(1997)&Mas-Collel&Whinston&Green(1995)이 있다. 거시 경제학으로는, Dornbusch&Fischer(1990), Mankiw(1994), Krugman&Obstfeld(1991), D. Romer(1996), Blanchard&Fischer(1989), Heijdra&Van Der Ploeg(2002)가 있다. 내가 말하는 조사 논문 형태의 한 보기는 『Quarterly Journal of Economics 115』, 1권과 4권(2000)이

다. 새로운 밀레니엄을 기념하여 하버드 대학의 권위 있는 저널이 "마셜은 당시 몰랐지만 오늘날 우리가 경제학에 대해서 새로이 알고 있는 것은 무엇인가?"라는 질문에 대한 선도 경제학들의 에세이 6편을 위탁한 곳도 바로 여기다. 최근의 전문적 조사 논문으로는 Aghion과 그 동료들(2003), Szenberg&Ramrattan(2004) 이 있다.

13　Baumol(2000), pp. 3~4에서도 교과서는 해당 분야의 현주소를 보여 주는 유용한 기준이 된다고 말하고 있는데 그 이유를 이렇게 설명하고 있다. "책을 위해 선택된 자료라면 경제의 작동과 정책 설계에 도움이 되는 그런 주제에 초점을 맞출 것으로 기대할 수 있다. 그러니까 교과서는 다른 사람들에게 진실로 중요하다고 생각되는 경제학의 공헌들을 정리하기 위한 목적이다. 물론 이 분야의 첨단을 연구하는, 때로는 마셜이 말했듯이 주로 "······수학적 전환을 위해" 연구하는 그런 사람들에게는 중요하지 않은 내용들이다. 결론적으로, 교과서의 기준은 경제학자들이 보기에 다른 사람들이 이 분야의 연구로부터 뭔가 정보를 얻어 낼 수 있을 것으로 생각되는 게 무엇인지······ 다시 말해 경제학자들이 보기에 무엇이 유용한지를 보여 주는 것이다".

14　물론 예외도 있다. Szenberg&Ramrattan(2004) 참조.

15　모든 노벨 수상자들이 내가 전통 캠프라고 명명한 부류에 해당되는 것은 아니다. 예컨대, 허버트 사이먼, 프리드리히 하이에크, 더글러스 노스, 대니얼 카너먼 등은 모두 복잡계 경제학 연구의 중요한 기초를 제공해 준 경제학자들이다.

16　Colander(1999), pp. 6~7 참조. 콜랜더는 다른 여러 연구들에 대한 검토 논문에서 내가 전통 경제학이라고 말하는 것과 관련하여 다음과 같이 훌륭한 요약을 제시하고 있다. "1990년대 동안 경제학자들은 일련의 원칙들을 가지고 출발했다. 예컨대, 소비자들의 효용 극대화, 기업들의 이윤 극대화, 멀리까지 내다보는 개인들의 합리성, 그리고 구조적으로 이런 개인들의 의사 결정들이 무리 없이 서로 잘 들어맞게 돼 있음을 뜻하는 '균형'에 대한 믿음 등이 그것이다. 이 원칙들에 대해서는 드브뢰가 1959년 발표한 '가치 이론(Theory of Value)'이 가장 구체적으로 잘 표현하고 있다. 1900년대 후반부 내내 이 원칙들은 미시 경제학에 포괄적으로 녹아들어 갔고, 그 뒤 1980년대에 들어 케인지언 경제학이 쇠퇴하고 대신 신고전파 거시 경제학이 득세하면서 이런 원칙들은 거시 경제학 쪽으로도 퍼지게 됐다. 이에 따라 20세기 후반까지 이 원칙들은 경제학자들이 현실을 바라보는 비전의 핵심적 요소가 됐다. 다시 말해 모든 경제 모델들이 바로 이 원칙들 위에서 세워지거나 그 변종들로 볼 수 있는 예컨대 제한적 합리성, 불완전 정보 등을 토대로 만들어졌다는 그런 얘기다."

17　크세노폰이 한 일에 대해서는 Backhouse(2002), pp. 13~17 참조.

18　애덤 스미스의 생애에 관한 상세한 설명은 Ross(1995), Niehans(1990), 그리고 Backhouse(2002)에서 인용한 것들이다 '고전파 경제학(classical economics)' 이라는 용어는 그 기원이 마르크스(Niehans, 1990, pp. 9~13)에서 유래된 것이다. 그러나 마르크스 자신도 이제는 이 고전파 시대로 분류되고 있다. 마르크스가 애덤 스미스와 똑같은 부류 속에 포함되는 것을 알았으면 소리치며 반대했을

지 모르겠지만 말이다.

19 물론 그 외에도 경제학자들이 씨름을 해왔던 많은 중요한 문제들이 있다. 그러나 경제적 가치의 본질과 그 궁극적인 원천, 성장, 그리고 분배는 고전파, 한계효용론자, 그리고 신고전파 시대를 지배했던 핵심 문제였다(Niehans, 1990). 화폐의 역할, 가격의 결정, 교환을 통한 이익 등과 같은 보다 구체적인 문제들은 사실 이런 기본적이고 더 큰 차원의 질문 속에 다 포함된 것이다. 예외가 있다면 실업률의 본질 같은 거시 경제의 현상학적인 의문들이 있을 수 있다. 하지만 거시 경제학은 이런 문제들도 가치와 성장, 그리고 배분에 기초한 보다 근본적인 체계 안으로 통합하려는 탐구를 오랫동안 해왔다.

20 스미스가 이 두 가지 문제를 명시적으로 다루려고 했다는 것은 『국부론』 제1부 제목에서 명확히 드러나고 있다. 제목은 '생산적인 노동력 향상의 원인에 대하여 (즉, 부의 근원), 그리고 그에 따른 생산이 여러 다른 계층으로 자연스럽게 배분되는 질서에 관하여(즉, 부의 배분)'이다. Smith(1776), p. ix 참조.

21 스미스도 생산성을 높이는 데 기술과 자본의 중요성을 알고 있었다. 그러나 스미스는 이런 것들을 궁극적으로 노동의 분업에 의해 촉진되는 것이라고 보았다. 예를 들어, 필요한 기계의 양과 형태는 노동을 어떻게 조직화하느냐에 따라 결정된다고 본 것이다. Backhouse(2002), p. 124 참조.

22 Smith(1776), 1권, 제1장, p. 4 참조.

23 Niehans(1990), p. 60 참조.

24 Smith(1776), 1권, 제2장, p. 15 참조.

25 앞의 책, 4권, 제2장, p. 482 참조.

26 앞의 책, 4권, 제2장, p. 485 참조.

27 오로지 설명의 편의상, 나는 공급과 수요에 관한 스미스의 견해를 크게 단순화시켰다. 애덤 스미스는 공급과 수요를 맞추는 데 있어서 가격의 역할을 처음으로 분명히 제시한 공로를 인정받을 만하지만, 그의 표현은 우리가 오늘날 익숙한 현대적인 그런 형태는 아니었다. 스미스는 요소 비용에다 자본에 대한 자연 수익률을 더한 이른바 자연 가격이라는 것을 가정했다. 시장 가격이 자연 가격보다 위에 있으면 소비자들은 그들의 수요를 줄여 가격을 다시 자연 가격 수준으로 되돌아가게 한다는 얘기다. 자연 수익률 개념은 오늘날 '제로 이윤(zero-profit)' 조건이라는 형태로 생산 이론에서 살아남기는 했지만 스미스는 수요 측면에서 제약 조건이 될 효용 이론과 예산 문제에 관한 것은 생각하지 못했다. 그로부터 72년이 지난 뒤, 존 스튜어트 밀이 『정치 경제학의 원리(Principles of Political Economy)』를 출판하고 나서야 비로소 공급-수요에 관한 완벽한 이론이 등장한다. 그리고 1890년 마셜이 그 유명한 공급-수요 그래프(X-diagram)를 제시했다. Niehans(1990)와 Backhouse(2002) 참조.

28 Niehans(1990), pp. 24~36에 따르면 캉티용은 매우 구체적이었는데, 그는 균형점이 1인당 1.5에이커에서 달성된다고 계산해 냈다. 캉티용에 따르면 이 균형점에서 임금은 최저 생활수준(생존수준)이 되고 인구는 더 늘어나지도 또 굶어 죽지도 않는다는 것이다.

29 케네의 경제표에 대한 설명은 Niehans(1990), pp. 37~48 참조. 18세기에 의사였던 그는, 몸의 건강은 피, 담즙, 임파액, 점액 등과 같은 액(humor)들의 순환적 흐름에 달렸으며, 몸의 건강에 대한 자신의 의학적 견해와 경제적 건강에 관한 자신의 견해 사이에는 분명히 상징적 관련성이 있다고 믿었다. 경제를 순환 시스템으로 비유한 것과 관련한 논의는 Mirowski(1989) 참조.

30 그러나 자유방임주의라는 용어는 루이 14세 정부에 대한 비판가였던 피에르 드 부아즈길베르에게로 돌려야 할 것이다. Backhouse(2002), p. 91 참조.

31 Backhouse, pp. 104~108, 그리고 Niehans(1990), pp. 73~76 참조.

32 수확 체증에 대한 이론은 다음 장에서 다루게 될 것이다. 그리고 제2부에서도 이른바 '양(+)의 되먹임 역학'이라는 관점에서 수확 체증 문제를 다룰 것이다.

33 튀르고의 연구는 그 뒤 앙투안 아우구스틴 쿠르노와 요한 하인리히 폰 튀넨에 의해 더 확장되면서 분석적으로 확고한 지위를 획득하게 된다. Niehans(1990), pp. 164~187 참조.

34 앞의 책, pp. 123~126 참조.

35 효용의 개념은 1738년 맨 처음 네덜란드 수학자 다니엘 베르노울리에게서 나왔다. 60년 뒤 벤담은 독자적으로 이 개념을 다시 발견했고, 베르노울리와 달리 효용을 수학적 형식으로 표현하지는 않았다. 그러나 베르노울리의 발견은 상당 기간이 흐른 뒤에까지도 의미 있는 영향을 미치지 못했다. 반면 벤담의 저서들은 그 뒤 경제학자들, 즉 밀, 리카르도, 그리고 그 후 신고전파 경제학자들을 포함해 차세대 경제학자에게 큰 영향을 미쳤다. Niehans(1990), pp. 118~137 참조. 그리고 Backhouse(2002), pp. 132~165 참조.

36 Backhouse(2002), p. 136 참조.

37 베르노울리와 벤담 모두 소득의 한계 효용 체감을 주장했지만 둘 다 이 개념을 소비로 확장하거나 분석적으로 다루지 못했다. Niehans(1990), pp. 187~196 에서는 한계 효용 체감이라는 개념의 공을 고센에게로 돌리는 것도 그 때문이다. 나는 고센의 연구를 스미스, 튀르고, 벤담 같은 고전파 경제학자들과 함께 이 섹션에서 다루었다. 효용에 대한 고센의 분석적 설명으로 볼 때, 또 그가 쿠르노와 튀넨의 동시대인이라는 점에서 니한스가 그를 초기 한계주의자로 분류한 것은 적절하다고 생각된다.

38 이에 관한 발라의 자전적 이야기는 Ingrao&Israel(1990), p. 87에 소개되고 있다.

39 Ingrao&Israel(1990), p. 88에서 인용.

40 Mirowski(1989), Niehans(1990), Backhouse(2002) 참조.

41 고전파 경제학에서 수적인 사례들을 사용한 것에 대해서는 Backhouse(2002), pp. 237~240 참조. 발라와 신고전파에 앞서 쿠르노, 튀넨, 고센 같은 10세기 초기 경제학자들은 기본적인 대수학적 기법과 미분학을 사용했다. 앞의 책, pp. 166~168 참조.

42 Stewart(1989) 참조.

43 Ingrao&Israel(1990) 참조.

44 Stewart(1989), p. 60 참조.

45 발라는 여러 편지와 논문을 통해 자신의 이론을 발전시키는 과정에서 푸앙소의 책과 합리적인 역학(기계학)에 관한 다른 저서들의 영향이 컸다고 적고 있다. Ingrao&Israel(1990), p. 88과 Mirowski(1989), pp. 219~220 참조.

46 Ingrao&Israel(1990), p. 88 참조.

47 발라는 실질적으로 균형의 존재, 고유성, 그리고 안정성을 증명한 적이 없다. 오히려 그는 그런 조건들을 만족시키는 솔루션을 찾을 때까지 방정식과 씨름해 왔다. 이에 대한 공식적이고 일반적인 증명은 노이만이 고정점(fixed technique)이라는 기법을 이 분야에 도입한 20세기까지 기다려야만 했다. 발라 균형점들의 존재와 특성에 대해서는 Mas-Colell&Whinston&Green(1995), pp. 584~598 참조.

48 Mirowski(1989), pp. 243~248에는 이들 가정에 대한 초기의 비판에 발라가 어떻게 반응했는지를 설명하고 있다.

49 Niehans(1990), pp. 197~207 참조.

50 앞의 책, pp. 197~198에서 인용.

51 Mirowski(1989), pp. 217, 256~257을 보면 영국 내에 라그랑주, 맥스웰, 패러데이의 핵심 아이디어들을 보급시키는 데 기여한 이 교과서의 대중적 인기에 대해 적고 있다. 제번스는 영국 왕립과학연구소에서 열렸던 패러데이의 강연에 참석했고 톰슨, 맥스웰, 줄의 저서를 세밀하게 섭렵한 것으로 알려졌다.

52 Mirowski(1989), p. 257에 따르면, 이를 토대로 제번스가 처음 선택한 비유는 균형에 있어서의 지레(lever) 개념이었다. 그는 초기 교환 방정식을 유도할 때 이 개념을 사용했다. 그 뒤 보다 일반적인 에너지학의 개념과 장(field) 이론의 수학적 활용으로까지 범위를 넓혔다.

53 앞의 책, p. 216 참조.

54 Mirowski(1989), pp. 217~222, Niehans(1990), pp. 189~201에 따르면 제번스의 『경제학의 이론』 제1판에서는 제번스가 한계 효용 체감의 개념을 고센으로부터 직접 알게 되었는지가 분명하게 나타나 있지 않다. 그는 이 원리가 수많은 경제학자들의 저서에 암시되어 있다고 말하면서 리처드 제닝스에 대해서만 구체적으로 언급하고 있다. 그러나 제2판에서는 서문의 6쪽 정도를 고센의 얘기에 할애하면서 그의 독창성을 인정했다.

55 Mirowski(1989), p. 219에서 인용.

56 Niehans(1990), pp. 259~266 참조.

57 Niehans(1990), p. 265는 파레토가 고정 비용이 없다면 어떤 중앙의 계획자는 단지 시장과 똑같은 결과를 낼 뿐이고, 반면 고정 비용이 있다면 중앙의 계획자는 시장보다 더 나은 우월한 결과를 이룰 수 있다고 주장했다고 적고 있다. 니한스가 덧붙였듯이 호텔링은 1938년 독점적 경쟁 분석을 통해 파레토의 이런 주장을 더욱 발전시켰다.

58 볼테르의 소설 『캉디드(Candide)』(1759), 1장 참조.

59 Mirowski(1989), pp. 219~221 참조.

60 Niehans(1990), p. 420~444 참조.

61 새뮤얼슨 자신은 힉스의 책과 자신의 책의 관계에 대해 이렇게 말했다. "힉스의 『가치와 자본』은 위대한 독창성을 가진 말 그대로 대걸작으로 나의 저서 『경제학적 분석의 기초』가 해결하려고 노력했던 문제들에 대한, 또 그 뒤에 등장하는 수리경제학의 확장에 대한 독자층을 이미 만들어 놓았다." Backhouse(2002), p. 259에서 인용.

62 새뮤얼슨의 '현시 선호 이론(revealed preference theory)'에 대한 설명은 Mas-Colell&Whinston&Green(1995), pp. 5~16 참조.

63 애로와 드브뢰의 일반 균형에 대한 설명은 앞의 책, pp. 691~693 참조.

64 시장 경제 대(對) 중앙 계획 경제의 배분 효율성에 관한 논쟁은 파레토와 엔리코 바론으로 거슬러 올라갈 만큼 역사적으로 오래됐다. 이들은 중앙 계획자가 시장만큼이나 최소한 잘할 수 있다고 보았다. 왜냐하면 중앙 계획자와 시장 모두 발라의 방정식 시스템을 간단히 풀 것이라고 생각했기 때문이다. 오스카 랭지는 사회적 후생 관점에서 정말 중요한 것은 정확한 가격이 사용되느냐에 있는 것이지 이 가격이 시장 또는 중앙 계획자에 의해 발견되었는지는 관계없다고 말한다. 프리드리히 하이에크는 이를 현실적인 관점에서 반박했다. 어떤 중앙 계획자가 정확한 가격을 계산하는 데 필요한 모든 정보를 획득한다는 것은 불가능하다는 것이다. 소련은 실제로 랭지의 기법을 채택하려고 시도했으며, 가격을 계산해 내기 위해 대규모 수학 모델을 만들었다. 그러나 역사는 하이에크가 옳았음을 증명해 준 것 같다. 나중에 다시 살펴보겠지만 하이에크는 사회주의에 대한 자신의 주장을 발전시키는 과정에서 복잡계 경제학에 해당하는 많은 주제들을 이미 예견했다. 이 논쟁의 역사를 알고 싶으면 Niehans(1990)와 Backhouse(2002) 참조. 그리고 하이에크의 견해에 대한 논의를 알고자 한다면 Hayek(1988), Bernstein(2001), 그리고 Caldwell(2004) 참조.

65 Niehans(1990), pp. 445~451, Schumpeter(1934)의 1983년도 판에서 존 엘리엇의 서문 참조.

66 Schumpeter(1934), p. xix에서 존 엘리엇이 인용.

67 앞의 책, p. xxiv 참조.

68 로버트 솔로와 폴 로머의 후속 연구로 드러난 신고전파 성장 모델이 이 세기 말에 전통 경제학을 지배했다고 말하는 것은 옳지만 슘페터의 성장 이론 전통도 계속돼 왔다. 이에 대한 논의는 Nelson(1996), Scherer(1999), 그리고 Helpman(2004) 참조.

69 그러나 Niehans(1990), pp. 451~456에서는 이 기간 동안 로이 해로드의 공헌에 대해 적고 있다. 해로드는 주로 케인스의 경기 사이클 이론을 확장하는 데 관심이 있었다. 또 그의 수학적 능력이 제한적이었음에도 불구하고 슘페터와 솔로 사이에서 가장 중요한 이행기적 인물이었다.

70 로버트 솔로는 가끔 맥킨지의 자문위원으로도 활동했다.

71 Solow(2000), pp. ix-xxvi 참조.

72 '균형 성장(balanced-growth)' 개념은 솔로가 1953년 폴 새뮤얼슨과 공동으로 쓴 초기 『Econometrica』(계량경제학 분야의 저명 저널)의 논문에서 소개됐다. 그

러나 인구 증가를 외생 변수로 한 완전한 '솔로 모델(Solow model)'은 Solow (1956)에서 처음 나왔다.

73 솔로 모델에 대한 설명은 Solow(2000), Barro & Sala-i-Martin(1995), D. Romer(1996) 참조.

74 이에 대한 고찰은 P. M. Romer(1994), Aghion & Howitt(1998), Barro & Sala-i-Martin(1995) 참조.

75 P. M. Romer(1990) 참조.

76 Heijdra & Van Der Ploeg(2002) 참조.

77 예를 들어, 마이클 포터의 가장 널리 알려진 전략 연구는 신고전파 미시 경제학에 그 뿌리가 있다. Porter(1980)(1985) 참조.

78 Niehans(1990), p. 491 참조.

3장

1 이 설명은 Waldrop(1992)에서 나왔다.

2 Anderson(1972) 참조.

3 1944년 물리학자 슈뢰딩거는 '생명은 무엇인가?'라는 자극적인 제목의 에세이를 썼는데, 바로 이런 이슈들과 씨름하는 내용이었다. 이에 대한 그동안의 논의에 대해서는 Haynie(2001) 참조.

4 맥킨지사는 1994년 이래 산타페 연구소의 연구에 대해 재정적 후원자 역할을 해오고 있다.

5 이 미팅에 대한 설명은 Waldrop(1992), pp. 136~197, Anderson&Arrow&Pines (1988), 그리고 미팅 참가자들과의 개인적인 대화로부터 나온 것이다.

6 Waldrop(1992), p. 142 참조

7 Ingrao & Israel(1990), p. 158에서 인용.

8 앞의 책, p. 159 참조.

9 Mirowski(1988), pp. 241~265, Ingrao & Israel(1990), pp. 148~173은 한계주의자들의 프로그램에 대한 과학적 비판에 관하여 설명하고 있다.

10 Friedman(1953) 참조.

11 Hands(2001), p. 53은 이 에세이의 영향에 대해 "거의 모든 교과서에 인용이 될 정도였다"고 적고 있다. 경제철학자 Danial Hausman(1994)에 따르면 이 에세이는 반세기 후 수많은, 아마도 경제학자들 대다수가 한 번은 읽은 방법론상의 유일한 에세이다.

12 H. Simon, 「Problems of Methodology-Discussion」, 『American Economic Review』: Papers and Proceedings 53(1963): 229~231, reprinted in Hausman(1994), pp. 214~216 참조.

13 나 역시 물론 단순화하고 있는 것이지만 이 논리는 사이먼이 들었던 사례와 똑같다. "X사업가는 이윤을 최대화하길 원한다. Y사업가는 이윤을 최대화하는 행동

을 식별해 내는 그런 계산을 할 수 있고, 또 실제로 그렇게 한다…… (그러므로) Z 가격과 양은 시장에 있는 이 기업들의 이윤을 최대화하는 수준에서 발견된다." 사이먼은 나겔이 X와 Y를 지원하기 위해 Z의 유효성을 활용하는 오류를 보여준 바 있다고 지적했다…… 나아가 사이먼은 Z가 관찰된다고 해도 이 이론을 뒷받침하려면 X와 Y를 관찰할 필요가 있다고 주장했다. 앞의 책.

14 D. M. Hausman, "Why Look Under the Hood?", Hausman(1994), pp. 217~221 참조.

15 프리드먼에 대한 비판을 요약한 내용은 Hands(2001), pp. 53~60 참조. 저자는 지금 여기서 이 내용을 간단히 다루고 있다. 과학과 경제학에서 가정의 역할에 대한 검토와 세부적인 참고 문헌에 대해서는 앞의 책 참조. 고전적 논문들을 선별한 모음집으로는 Hausman(1994) 참조. 경제학 방법론과 과학철학에 관한 논의 과정에서 저자는 다양한 모델들을 활용할 것이다. 헴펠의 연역 법칙적 모델 (deductive-nomological(D-N) model), 쿤 이후의 과학 지식 사회학(post-Kuhnian sociology of scientific knowledge:SSK), 라카토스의 과학 연구 프로그램 방법론(methodology of scientific research program:MSRP), 그리고 캠프벨의 진화론적 인식론(evolutionary epistemology) 등이 그것이다.

16 지도로서의 이론이라는 비유를 창안한 이는 과학철학자 로널드 기어(Hands, 2001, p. 311)다. 저자의 설명은 Holland(1998), pp. 28~33에서 따온 것이다. 그리고 현실 근사로서의 모델에 관한 논의에 대해서는 Sterman(2002) 참조.

17 Axel Leijonhufvud, "Towards a Not-Too-Rational Macroeconomics", in Colander(1996), pp. 39~55 참조.

18 예를 들어, Kahneman&Slovic&Tversky(1982) 참조.

19 물론 기술의 발전은 적당한 만족을 선택하는 행위의 한계에 영향을 미칠 수 있다. 예를 들어, 언젠가는 근처 모든 주유소의 가격을 무선 인터넷을 통해 알게 되고, GPS를 통해 가장 가격이 싼 주유소의 위치를 파악할 수 있을 것이다. 그렇게 되면 컴퓨터상으로 그 거리까지 운전하는 데 소요되는 연료와 절약할 수 있는 비용 간의 상관관계를 계산할 수 있다. 그러나 이렇게 보다 많은 정보가 이용 가능하더라도 사람들은 여전히 적당한 만족을 주는 선택을 할 수 있다. 예를 들어, 몇 달러 아끼기 위해 더 먼 거리를 가는 것을 귀찮은 일로 받아들이고 근처 주유소가 화장실이 더 깨끗하다고 생각해 아예 컴퓨터를 꺼놓을지도 모른다.

20 행태론적 게임 이론은 아마도 행태, 정보, 시장 구조 측면의 연구 결과들을 균형이라는 상황에 편입시키는 데 가장 근접했다고 볼 수 있다. 이에 대한 조사는 Camerer(2003) 참조. 그러나 캐머러가 지적하듯이(pp. 473~476) 이 모든 결과들을 동시에 현실적인 방법으로 모델에 편입시키려면 여전히 가야 할 길이 남아 있다.

21 Kirman&Gérard-Varet(1999) p. 10 참조. 물론 예외들도 있다. Hahn&Negishi 의 비(非)모색 모델은 시간을 명시적으로 다루고 있다고 키르만은 말한다. 스티브 스메일은 1970년대에 동적인 모델을 연구했고, 1980~1990년대에는 리처드 데어가 그런 연구를 했다. 한편, 저자는 힉스가 말한 '주(week)'와 같은 개념은

그 명칭이 '주'일 뿐 현실 세계의 시간 척도와는 무관한 임의의 지수 시간이라고 생각한다. 이는 힉스 스스로도 인정했다(Hicks, 1939, p.122).

22 20달러짜리 지폐가 특정 지역에 무작위적으로 비처럼 떨어지는 장면을 상상하라. 이 지역에서 A라는 지역은 인구가 많은 곳이다. 사람들이 많지 않은 B라는 지역에 돈이 쌓여 있다. 일단 이 지폐들이 눈에 띄면, 사람들은 B 지역으로 몰려갈 것이다. 시간이 흐르면, 지폐는 A 지역에만 쌓여 있을 것이다. 사람들은 다시 A로 몰려간다. A와 B 지역에 쌓인 돈의 거시적 패턴은 이처럼 변동성이 있다.

23 예를 들어, Richard Day(1994)(1999)는 동적인 관점을 경제학에 도입하기 위한 연구를 많이 했다(이 연구가 전통 경제학과 복잡계 경제학 사이의 회색 영역에 해당된다는 얘기도 있다). 보는 사람에 따라서는 게임 이론, 그리고 많은 거시 경제학 모델들이 동적인 이론들이라고 주장할 수도 있다. 그러나 대부분의 모델에서 이런 동적인 측면은 그저 이미 설정되어 있는 균형에 이르는 한 경로에 불과하며, 절대적인 혹은 상대적인 시간의 척도에 관한 명시적인 인정은 아니다. Fudenberg & Tirole(1991)과 Heijdra & Van Der Ploeg(2002) 참조.

24 이에 대한 논의는 Anderson & Arrow & Pines(1988) 및 Arthur & Durlauf & Lane(1997), Sterman(2000), Durlauf & Young(2001) 참조.

25 이렇게 말하면 누구는 '내생적 성장 이론(endogenous growth theory)'과 같은 연구(Aghion & Howitt, 1998)를 그 반증 사례로 제시할지 모르겠다. 그러나 전에도 언급한 바 있지만, 이런 이론들은 총론적인 수준에서 혁신과 경제 변수들 사이의 상호 작용에 관한 이해를 높였을 뿐, 혁신을 블랙박스로 만든 채 단지 경제 모델 내로 가져온 것에 불과하며 그 박스 안에 무엇이 실제로 있는지에 대해서는 거의 말하는 게 없다. 제3부에서 혁신에 관한 근본적이고 내생적인 이론이라면 과연 어떠한 모습이어야 하는지에 대해서 보다 명확히 논의할 것이다.

26 예를 들어, Crutchfield & Schuster(2003), pp. 65~78, 81~100 참조.

27 Culter & Poterba & Summers(1989) 참조.

28 Mankiw(1994), p. 326 참조.

29 Mordecai Kurz(1997)와 같은 연구자들은 균형이라는 틀 내에서 내생적인 변동의 모델화를 시도했다. 이 연구는 아마도 전통 경제학과 복잡계 경제학이라는 접근 사이의 회색 영역에 해당된다고 볼 수 있다.

30 Arthur(1994a). 수확 체증에 관한 아서의 이론은 1990년대 과학 저술가 Mitchell Waldrop(1992)과 경제 저술가 John Cassidy가 잡지 『뉴요커』에 쓴 칼럼(1998년 1월 12일, pp. 32~37)에 의해 널리 알려지게 되었다. 프린스턴 대학 경제학자이자 「뉴욕 타임스」 칼럼니스트인 폴 크루그먼은 1998년 1월 수확 체증에 관한 아서의 공헌을 공격하는, 한마디로 아서를 뼈아프게 하는 논문 「The Legend of Arthur」를 썼다. 이는 다시 아서를 옹호하는 월드롭과 캐시디의 반박을 불러왔다. 노벨상 수상자인 케네스 애로는 특히 이에 대해 결정적인 말을 했는데, 그는 아서를 강력히 옹호하면서 그가 수확 체증에 대한 이해를 높이는 데 중요한 기여를 했다고 주장했다. 크루그먼의 최초 칼럼 등은 www.pkarchive.org에서 볼 수 있다.

31 Keynes(1923), p. 65 참조.

32 Thomas Love Peacock(1835), 『Crotchet Castle』, 제2장 'The March of Mind' 참조.

33 과학의 목적은 설명이라는 주장은 1950년대 논리실증주의 학파에서 제기됐다. 그 중요 인물은 리처드 브레트 웨이트, 에른스트 나겔, 그리고 카를 헴펠 등이다. 고전적인 설명은 헴펠의 연역 법칙적 모델(D-N model) 참조(Hempel, 1965). 경제학적 맥락에서의 논의는 Hands(2001), pp. 82~88, 그리고 Hausman(1994), pp. 1~50 참조.

34 이 주제에 대한 칼 포퍼의 고전적 강의에 대해서는 Klemke&Hollinger&Kline (1980), pp. 19~34 참조. 경제적 맥락에서 현대적 설명을 원하면 Hands(2001), pp. 88~93 참조.

35 저자는 여기서 진화의 과정으로서 과학에 대한 매우 단순화된 견해를 제시하고 있다. 보다 완전한 설명을 원한다면 Hull(1988)과 Plotkin(1993) 참조.

36 Kirman&Gérard-Varet(1999), p. 8 참조.

37 계량 경제학에 대한 소개는 W. H. Greene(2000) 참조.

38 예를 들어, Campbell&Lo&MacKinlay(1997), Mandelbrot(1997), Lo& MacKinlay(1999), Mantegna&Stanley(2000), Shleifer(2000), Shiller(2000), Johnson&Jeffries&Hui(2003), 그리고 Sornette(2003) 참조.

39 예를 들어, Kagel&Roth(1995), Camerer&Loewenstein&Rabin(2004) 참조.

40 역설적이게도, 미시 경제학은 재고 효과를 전형적으로 무시하는 반면, 재고의 역동성은 거시 경제학에서 그 중요성을 크게 인정받고 있다. 예를 들어 Blanchard &Fischer(1989), pp. 301~308, 332~336 참조. 그러나 이런 모델조차 재고 효과의 완전한 의미는 파악하지 못했다. 재고, 주문 잔고, 생산 능력의 거시 차원 효과에 대한 설명은 Sterman(2000), pp. 661~842 참조. 이 설명에는 진정한 의미의 동태적 모델도 포함돼 있다.

41 Lillo&Farmer(2004) 참조.

42 Samuelson&Nordhaus(1998), p. 681 참조.

43 F. T. Cave(2004) 참조.

44 Montier(2002), pp. 29~31 참조.

45 실제로 컴퓨터 과학자 카이 나겔, 경제학자 마틴 슈빅, 물리학자들인 마야 패추스키와 퍼백 등은 이런 관점에서 모델들을 만들었다. Nagel과 그 동료들(2000) 참조. 그들의 모델은 낮은 탐색 비용과 공간적 동태학이 결합되면 가격 수렴이 일어나지만 현실 세계와 통계적으로 유사성을 갖는 가격의 분포, 시차가 있다는 점을 보여 준다.

46 높은 평가를 받고 있는 거시 경제학자 Olivier Blanchard(2000), p. 1402는 이렇게 말한다. "오늘날 거시 경제학은 하나의 일반 균형 구조에 튼튼한 기반을 두고 있다. 현대 모델들은 경제를 잠정적인 균형 상태에 있는 것으로 본다."

47 Scarf&Hansen(1973), 그리고 Axtell(2002)(2003) 참조.

48 Scalf&Hansen(1973) 참조.

49 Lo&MacKinlay(1999), pp. 26~40 참조.

50 이에 대한 논의는 Mandelbrot(1997), Lo&MacKinlay(1999), Mantegna&Stanley (2000), 그리고 Johnson&Jeffries&Hui(2001) 참조.

51 Sornette(2003), Mandelbrot&Hudson(2004) 참조.

52 예를 들어, LeBaron&Scheinkman(1989), LeBaron(1994), Farmer&Lo(1999), 그리고 Farmer(2001) 참조. 이에 대한 보다 완전한 논의와 추가적인 참고 자료에 대해서는 17장 참조.

53 Ijiri&Simon(1977) 참조. 저자가 이런 인용을 할 수 있게 해준 데 대해서는 도인 파머에게 감사한다.

54 B. Greene(1999) 참조.

55 은유와 과학적 모델 간 관계에 관한 토의는 Holland(1998) 참조. 또 Cartwright (1999)와 Hands(2001) 참조.

56 발라의 영감에 대해서는 그 자신이 수차례 얘기한 적이 있다. Mirowski(1989), Ingrao&Israel(1990) 참조. 은유적 영감에 관한 다른 사례에 대해서는 물리학과 경제학적 개념들 간의 유사성을 보여 줄 목적으로 Irving Fisher가 만들고, 나중에 Mirowski(1989)가 재생한 표 참조.

57 Anderson&Arrow&Pines(1988) 참조.

58 열역학에 대한 일반적인 소개서로는 von Baeyer(1998) 참조. 보다 기술적인 설명을 원한다면 Kondepudi&Prigogine(1998) 참조.

59 구체적으로 Mirowski(1989)는 소비 측면에서는 소득과 효용의 합을(pp. 230~233), 규범적인 신고전파 모델의 생산 측면에서는 산출물과 비용의 합을 (pp. 314, 328) 묵시적으로 보존된 양으로 보았다. 그는 이들 고정된 양과 관련하여 내재적 모순과 혼합된 단위를 지적하면서 이런 불일치는 주창자들의 보존의 법칙에 대한 이해 부족 탓이라고 했다. Smith&Foley(2002)는 효용 이론과 열역학의 관계에 대한 철저한 수학적 탐구를 통해 미로스키와는 좀 다른 결론을 이끌어 내는데, 그는 상품들의 보존을 제1법칙에 상응하는 것으로 해석했다

60 전에도 지적했지만, 신고전파 경제학과 성장 이론이 통합된 것은 1950년대에 이르러서다. 그러나 제3부에서 살펴보겠지만 신고전파 성장 모델은 완전히 새로운 신상품의 창출을 설명하는 데는 여전히 문제가 있다.

61 Lionel Robbins, 「An Essay on the Nature and Significance of Economic Science」, reprinted in Hausman(1994), pp. 83~110 참조.

62 Samuelson&Nordhaus(1998), p. 4 참조.

63 머리 겔만은 2001년 2월 16일 런던에 있는 맥킨지에서 했던 강의에서 이런 보기를 들었다. 리처드 파인먼도 유리를 깨거나 우유를 쏟는 것 같은 일을 담은 필름을 구해서 양쪽으로 돌려보면 어디가 뒤로 가는 쪽인지 구별할 수 있을 것이라고 했다. 이것을 보여 주면 청중들은 파안대소하는 일도 벌어진다(von Bayer, 1998, p. 133). 저자는 파인먼이나 겔만이 불가역성에 대한 필름 테스트를 처음 말한 것인지에 대해서는 확인해 보지 않았다.

64 영국의 위대한 천체 물리학자 아서 에딩턴 경은 이렇게 말한 적이 있다. 제2법칙은 "내 생각에는 자연에 관한 법칙들 중 최고의 위치에 있다". von Bayer(1998), p. 56에서 인용.

65 저자는 제번스가 활용했을 톰슨과 테이트가 쓴 책의 1867년 제1판 복사본을 찾을 수 없었다. 그러나 영국 도서관에 1890년 제4판 복사본이 있는데 톰슨과 테이트는 이렇게 출판이 이루어지는 동안 무엇이 달라졌는지에 대해 상세한 설명을 해주고 있다. 1890년용 출판에서 엔트로피에 대한 얘기는 없었다.

66 그러나 물리학의 멀티-우주론(다중세계론)에서는 블랙홀이나 양자 효과(quantum effects) 등을 통한 우주들 간의 상호 작용 가능성에 관한 의문이 때때로 제기되고 있다.

67 Waldrop(1992), p. 147 참조.

68 전통 경제학의 균형 분석에서 계속 중심을 이룬 것은 다음 인용에서 잘 설명되고 있다. "경제를 다른 과학 분야들과 구분 짓는 특징을 말하라고 하면 그것은 균형 방정식이 우리 학문의 중심을 구성한다는 점이다"(Mas-Colell&Whinston&Green, 1995, p. 620). "거시 경제학은 일반 균형 구조에 탄탄한 뿌리를 두고 있다. 현대 모델들은 과거의 시사점과 미래에 대한 기대 등이 주어졌다는 조건하에 경제를 임시적인 균형 상태에 있는 것으로 특징짓고 있다"(Blanchard, 2000, p. 1402).

69 이에 대한 대표적인 예외는 니콜라스 게오르게스쿠-뢰겐이다. 그는 1970년대 이런 관찰을 했다(Georgescu-Roegen, 1971). 우리는 그의 연구를 뒤에서 논의할 것이다.

70 닫힌 시스템이 최소한의 에너지 균형으로 가까이 감에 따라 에너지가 용케 빠져나와 그 과정에서 질서를 만들 수도 있다. 그러나 이렇게 자유로운 에너지가 흐르면서 질서가 만들어지는 영역은 보다 큰 닫힌 시스템 내에서 하나의 열린 하위 시스템으로 볼 수 있다. 예를 들어, 태양 에너지의 소산(消散)은 그것이 열의 소멸로 향하면서 우주라는 닫힌 시스템에서 일어나는 에너지 대개편의 한 부분이고, 지구는 보다 큰 닫힌 시스템 안에 있는 하나의 열린 하위 시스템으로 볼 수 있다. 마찬가지로 경제는 인간 사회라는 열린 하위 시스템 안에 있는 또 하나의 열린 하위 시스템이고, 다시 인간 사회라는 하위 시스템은 지구 생태 시스템이라는 열린 하위 시스템 안에 있다.

71 고전파 경제학자들은 모두 경제의 물리적 성질을 알고 있었다(예컨대, 캉티용이나 케네의 모델 등). 그러나 신고전파 경제학자들의 현실 추상화 과정에서 실종되고 말았다. 보다 최근에 이르러 그런 견해를 가진 대표적인 선구자는 Nicholas Georgescu-Roegen(1971)이었다. 그의 연구는 환경경제학 분야에 관련된 많은 이들에게 영감을 던져 주었다. 그리고 Jay Forrester(1961)도 빼놓을 수 없다. 그의 시스템 역학 방법론은 「The Limits to Growth」 연구에서 환경 이슈들에 적용됐던 것으로 유명하다(Meadows&Randers&Meadows, 2004).

72 1996년 나스닥 컴퓨터 센터를 방문했을 때 이 이야기를 들었다. 물론 이 센터는 당연히 만일의 경우를 대비해 백업 발전소들을 갖고 있었지만 분명히 다람쥐가 연쇄적으로 문제를 일으켜 백업 발전소를 가동하는 데 어느 정도 지연을 초래했

다. 그러나 시장의 중단은 그것이 설령 사소한 것이라고 해도 매우 심각하다. 이 후 시장은 다람쥐 공격에 대한 대응 능력을 갖춘 것이 분명하다.

73 예를 들어, 로버트 솔로는 이런 견해를 말한 적이 있다. "때때로 경제학의 어떤 부분은 완전히 상관없는 물리학의 어떤 부분과 수학적으로 똑같다는 것이 밝혀질 것이다(물리학에 대해 절대적으로 아는 게 없음에도 나에게 이런 일이 실제로 일어났다). 나는 이것이 무슨 방법론적인 의미를 갖는 게 아니라 이런 종류의 게임에 참여하는 모든 사람들이 수학적 저항이 가장 적은 그런 쪽을 따르다 보니 일어나는 일이라고 생각한다." T. Bender&C. Schorske, 『American Academic Culture in Transformation』(Princeton, NJ: Prinston University Press, 1997), pp. 73~74에서 나온 것으로, Mirowski(2002) p. 8 n3에서 인용되고 있다.

74 저자는 경제를 하나의 열린 불균형 시스템으로 모델화하는 것이 가장 알맞다고 주장하지만 이것이 균형 기법은 앞으로 아무 소용이 없을 것이라는 의미는 아니다. 균형 분석은 매우 강력한 기법이고 의심할 여지없이 복잡 적응 시스템이라는 보다 일반적인 경우 내에서 어떤 구체적인 케이스를 모델화하는 데는 계속 유용할 것이다. 앞으로 살펴보겠지만 게임 이론과 어떤 균형 기법들이 생물 진화 시스템을 이해하는 데 매우 유용했던 것처럼(Maynard Smith, 1982 참조) 복잡계 경제학에서도 매우 유용할 수 있다. 복잡성과 전통적 접근 간의 핵심적인 차이는 균형을 특별한 경우로서 또는 일반적인 불균형 상황에 대한 하나의 근사로서 모델화한다는 점을 제대로 아는 것과, 이 특별한 경우 및 근사가 갖는 한계를 역시 제대로 아는 것에 있다.

75 수학에 관한 철학과 언어로서의 수학의 특징들에 관한 논의는 Devlin(2000)과 Lakoff&Núñez(2000) 참조.

76 이들 중 가장 유명한 것은 부르바키 학파로, 1939년에 시작되어 1950년대를 통해 활발했던 프랑스의 운동이다. 거의 똑같은 때 논리 실증주의자들도 수학의 순수한 객관성을 증명하려는 시도를 했다. 그러나 그 노력은 계속 이어지지 못했다. 부르바키주의에 대한 경제학의 관심이 최고조에 달했던 것은 1959년 드브뢰의 빛나는 저서 『가치론(Theory of Value)』에서였다. Ingrao와 Israel(1990), pp. 280~288 참조. 물리학은 대략 1950~1960년대에 부르바키주의를 포기했다. 그러나 경제학에서의 그 영향은 심지어 최근 몇 년간 순수한 공리적 스타일의 많은 연구들을 통해 계속 볼 수 있다. Alan Kirman은 Kirman과 Gérard-Varet(1999) 제1장에서 최근 경제학에 나오는 많은 이론적 연구들이 자폐적이고 실증적으로는 아무것도 없다며 비판한다.

77 이 이슈에 대한 훌륭한 대중적 논의는 Deutsch(1997), 제10장 참조.

78 그렇다고 이것이 직관적인 수학적 대상만이 실제적이라는 의미는 아니다. 물리학자들은 직관적인 게 아니라 실제적으로 물리적 의미를 갖는 온갖 종류의 괴상한 수학적 대상들을 만들어 낸다. 예를 들어 초끈 이론(superstring theory)은 이 우주에서 11차원 또는 그 이상의 차원을 가정한다. 다시 돌아와 얘기를 매듭짓자면 이렇다. 어떤 범주를 정하고, 해석을 할 때는 궁극적으로 물리적 세계와의 어떤 상호 작용과 다시 연관될 수밖에 없다. 그것이 복잡하기 짝이 없는 물리학 실

험이건, 어린아이들이 세는 조약돌이건 상관없이 말이다.

79 『Oxford Dictionary of Physics』(2000), pp. 158∼159 참조.

80 『Collins Dictionary of Economics』(2000), p.164. 또 다른 정의는 Stiglitz (1997), p. 88에서 찾아볼 수 있는데, 그대로 옮기면 이렇다. "물리학자들도 용수철에 매달려 있는 추를 묘사할 때 균형을 말한다. 두 가지 힘이 추에 작용한다. 중력은 끌어 내리는 쪽이고, 용수철은 끌어당기는 쪽이다. 추가 정지 상태에 있을 때는 두 힘이 서로를 상쇄하는 균형 상태에 놓인 것이다…… 경제학적 균형도 똑같은 방식으로 정립됐다."

81 신고전파 경제학과 경제의 물리적 에너지 특성 사이의 모순에 관한 이런 주장은 니콜라스 게오르게스쿠-뢰겐이 1971년 『엔트로피와 경제(The Entropy Law and the Economic Process)』를 통해 처음으로 했다. 이 책은 뒤에서 자세히 논의할 것이다. Daly(1999), pp. 75∼88에서는 이 이슈에 대한 게오르게스쿠-뢰겐과 로버트 솔로 간의 논쟁을 아주 훌륭하게 설명하고 있으니 참조하기 바란다.

82 이 표현은 Anderson&Arrow&Pines(1988), Waldrop(1992), 그리고 몇몇 참가자들과의 개인적 토론에서 나온 것이다.

83 Arthur&Durlauf&Lane(1997), Durlauf&Young(2001), Bowles&Gintis& Osborne Groves(2005), Gintis와 그의 동료들(2005), 그리고 산타페 연구소 웹사이트 www.santafe.edu 참조.

84 이에 대한 논의는 Krugman(1998) 참조.

4장

1 이런 표현과 인용은 Seth Mydans로부터 나온 것으로, 「In a Philippine Wasteland, a 'Living Metaphor'」, 『International Herald Tribune』(reprinted from 『The New York Times』), July 19, 2000, p. 1 참조.

2 경제의 기원에 관한 질문은 일부 고전파 경제학자들의 저서에서 제기되기는 했다. 특히 마르크스가 그 예다. 하지만 신고전파 경제학에서는 그렇게 강하게 부각된 적이 없다. 예를 들어, 힉스의 저서 『Value and Capital』(1939) 어디를 찾아봐도 이에 대한 언급은 없다. 그러나 물론 오스트리아학파, 제도학파, 역사학파에서는 이것이 중요한 역할을 했다. Schumpeter(1934), Hayek(1948), North(1990) (2005), Rosenberg&Birdzell(1986), 그리고 Mokyr(1990)(2002) 참조.

3 Epstein&Axtell(1996). 이 연구에 대한 일반적인 설명을 원한다면 Rauch(2002) 참조.

4 산타페 연구소의 브라이언 아서는 1987년 슈거스케이프와 매우 유사한 '사고 실험(thought experiment)'을 설명한 바 있다. Waldrop(1992), pp. 241∼243 참조.

5 이런 규칙들은 다양한 실험 과정에서 변화되기도 하는데, 여기에 제시된 규칙들은 많은 기본적인 실험에서 활용되고 있는 전형적인 것들이다. Epstein&

Axtell(1996), 제2장 참조.

6 Epstein&Axtell(1996, pp. 71~82)은 각 행위자들에게 문화적인 '태그'를 부여함으로써 그룹 형성에 관한 또 다른 실험도 보여 주고 있다.

7 Aghion과 그 동료들(2003), p. 368에서는 소득 불평등도를 보여 주는 지니계수 표를 제시하고 있다. 19개 선진국의 평균치는 0.274다. 엡스타인과 액스텔의 가장 단순한 모델에서 지니계수는 0.23에서 시작하여 꽤 높은 0.503으로 발전한다(Epstein&Axtell, 1996, p. 37). 상속, 거래 등이 허용되는 '완전한 모델'을 돌려보면 지니계수는 0.268이 나오는데, 선진 국가들에 꽤 가깝다.

8 Epstein&Axtell(1996), pp. 54~68 참조.

9 앞의 책, pp. 94~137 참조.

10 설탕과 향료에 대한 행위자들의 선호는 코브-더글러스(Cobb-Douglass) 형태로 모델화되었는데, 슈거스케이프 환경에서 이에 대한 해석은 전형적인 신고전파 모델과는 일부 중요한 차이가 있다(앞의 책, p. 97).

11 Thaler(1993)와 Lo&MacKinlay(1999) 참조.

12 Axtell(2002) 참조.

13 엡스타인과 액스텔(1996), pp. 36~37, 154 참조.

14 복잡성과 경제적 사상(thought)에 관한 논의는 Colander(2000), Mirowski(2002) 참조.

15 Anderson&Arrow&Pines(1988), Arthur(1994a)&(1994c), Colander(1996), Arthur&Durlauf&Lane(1997), Axelrod(1997a), Albin(1998), Lesourne&OrLéan(1998), Prietula&Carley&Gasser(1998), Young(1998), Gintis(2000), Durlauf&Young(2001), Rauch&Casella(2001), Camerer(2003), Johnson&Jefferies&Hui(2003), Kollman&Miller&Page(2003), 그리고 Bowles(2004) 참조.

5장

1 동태적 시스템에 대한 대중적인 개관서로서는 Gleik(1987)과 Stewart(1989) 참조. 입문서로는 Devaney(1992), Flake(1998), 그리고 Kaplan&Glass(1995) 참조. 어느 정도 고급 수준의 책으로는 Strogatz(1994)와 Bar-Yam(1997) 참조.

2 이 보기는 Devaney(1992), pp. 9~11에서 영감을 받아 나온 것으로, 여기서 이자 지급을 동태적 시스템의 한 사례로 활용했다.

3 스톡과 플로 용어는 동태적 시스템을 모델화하는 하나의 방법론인 시스템 역학에서 나온 것이다. 이에 대한 고전적 참고서로는 Forrester(1961)가 있다. 현대적 개관서로는 Sterman(2000), 그리고 보다 대중적인 입문서로는 Senge(1990)가 있다.

4 Sterman(2000), pp. 649~654 참조.

5 Skidelsky(1994) 참조.

6 기술적으로 보면, 음의 피드백의 경우도 만약 투입과 산출 사이에 충분히 긴 지

체가 있으면 진폭이 점점 증가하는 그런 진동을 보일 수도 있다. 그러나 음의 피드백의 가장 일반적인 효과는 진폭을 줄이는 그런 행태라고 할 수 있다.

7 Stewart(1989), pp. 60~72, 그리고 Mirowski(1989), p. 72 참조.

8 비선형 시스템 연구에 대한 역사를 살펴보려면 Gleik(1987), Stewart(1989), 그리고 Devaney(1992) 참조.

9 Stewart(1989), pp. 81~84 참조.

10 LeBaron(1994)은 거시 경제 데이터에서 비선형 증거들을 제시한다.

11 Peters(1991), Chorafas(1994) 참조.

12 Anderson&Arrow&Pines(1988)에 실린 Brock, pp. 77~97, LeBaron(1994)&Arthur&Durlauf&Lane(1997)에 실린 Brock, pp. 385~423, Mandelbrot(1997), Mantegna&Stanley(2000), Sornette(2003) 참조. 그리고 토론 자료로는 Johnson&Jeffries&Hui(2003) 참조.

13 Stewart(1989), pp. 60~62 참조.

14 이 섹션의 제목은 Sterman(2000)의 제2장 제목에서 따온 것이다. 스터먼 교수는 MIT에서 내 논문에 대한 지도 교수 중 한 사람이었다.

15 앞의 책, pp. 791~798 참조.

16 시간은 많은 전통 경제학 모델에서 일반적으로 무시되고 있지만 일부 이론적(비계량경제학적인) 모델은 시간 지체를 명시적으로 다루고 있다. Sterman(2000), p. 798은 상품 사이클에 대한 전통적인 설명인 '거미줄 모형(cobweb model)'의 경우 1차 시간 지체가 특징이다. 그 덕분에 정규화된 기간의 두 배에 해당하는 기간 동안 '안정적인 제한 사이클 형태'의 진동을 보여 준다고 주장한다. 그러나 스터먼이 설명하듯이 이런 선형적 시간 지체 방정식으로는 현실 세계 상품 사이클이 보여 주는 보다 복잡한 패턴들을 만들어 낼 수 없다.

17 앞의 책, pp. 798~841 참조.

18 앞의 책, pp. 824~828 참조.

19 Paich&Sterman(1993) 참조.

20 Sterman(1989a)(1989b) 참조.

6장

1 이는 다양한 전통 모델에서 사용되는 전형적인 합리성 가정들을 보여 주는 하나의 복합적인 모습이다. 여기서 말하는 다양한 전통 모델이란 선호도의 완전성(completeness), 이행성(transitivity), 현시 선호 이론(weak axiom of revealed preference), 발라의 예산 집합, 나이트의 불확실성 하의 기대 효용[참고로 프랭크 H. 나이트는 앞으로 일어날 사건의 확률 분포를 객관적으로 아는 경우를 위험(이를 Knightian risk라고도 한다)이 있는 사건이라고 했고, 그렇지 못한 경우를 불확실성(이를 Knightian uncertainty라고 한다)이 있는 사건이라고 하여 양자를 명확히 구별한다.), 디아먼드의 소비-저축 상관관계, 할인 행태, 그리고 합리적 기대 등을 모두 포함한다.

2 소비자 선택과 합리성에 대한 입문적 논의서로는 Pindyck & Rubinfeld(1989) 참조. 그보다 고급 수준의 설명서로는 Mas-Colell과 그 동료들(1995) 참조. 또한 거시 경제학에서의 합리성 논의에 대해서는 D. Romer(1996) 참조. 경제적 의사 결정 이론에 대한 논의와 그것이 실험적으로 어떻게 검증받아 왔는지에 대해서는 Plous(1993) 참조. 그러나 경제학자들은 합리성에 대하여 균형을 보존하면서도 보다 동태적이고 학습 등을 포함하는 다양한 모델 등 여러 가지 다른 형태들도 탐구해 왔다. 이에 대한 설명으로는 Kirman & Salmon(1995) 참조.

3 Simon(1992)(1997) 참조.

4 제한적 합리성이 미친 영향에 대해서는 Selten(1990) 참조. 물론 중요한 예외도 있다. 예를 들어, 조지 애커로프가 제한적인 합리적 행태 가정을 이용해 케인스 경제학을 부활시킨 것이 그런 사례다. Akerlof & Yellen(1985) 참조.

5 Selten(1990) 참조. 흥미롭게도 허버트 사이먼과 제한적 합리성은 Samuelson & Nordhaus(1998), p. 178에서 간단히 언급되었을 뿐 Stiglitz(1997), Mas-Colell과 그의 동료들(1995), Pindyck & Rubinfeld(1989), Dornbusch & Fischer(1990), 또는 D. Romer(1996)에서는 거론조차 되지 않았다.

6 그러나 제한적 합리성을 공식적으로 모델화 하는 작업은 최근 몇 년간 발전이 있었다. Rubinstein(1998)과 Sterman(2000) 참조.

7 Camerer & Lowenstein & Rabin(2004), p. 6은 카너먼과 트버스키가 1997년에 유망한 이론들을 소개하는 『Econometrica』지에 게재한 논문은 이 저널에서 그간 발표된 논문들 중 가장 많이 인용된 논문의 하나라고 말한다. Kahneman & Slovic & Tversky(1982)는 그들 연구의 고전적 모음집이다.

8 행동경제학의 사례, 역사, 동향 등에 관해서는 Hogarth(1990), Thaler(1992), Plous(1993), Thaler(1993), Kagel & Roth(1995), Henrich와 그의 동료들(2004), Montier(2002), 그리고 Camerer & Lowenstein & Rabin(2004) 참조. 행동경제학과 이론적 연구를 통합한 사례로는 Camerer(2003), Gintis와 그의 동료들(2005) 참조. 경영자 층을 대상으로 한 것으로는 Russo & Schoemaker(1989), Bazerman(1998), 그리고 Dörner(1996) 참조.

9 대중매체가 행동경제학에 대해 논의한 것으로는 「Rethinking Thinking」(『The Economist』, December 18, 1999, pp. 63~65), Roger Lowenstein의 「Exuberance Is Rational」(『New York Times Sunday Magazine』, February 11, 2001), 그리고 Louis Uchitelle의 「Some Economists Call Behavior a Key」(『New York Times』, business section, February 11, 2001) 등이다.

10 이 보기는 Bazerman(1998), p. 81에서 인용한 것이다. 상호주의 행태에 관한 연구 조사로는 Gintis와 그의 동료들(2005) 참조.

11 최후통첩 게임 결과에 대한 조사는 Kagel & Roth(1995), pp. 253~348 참조. 최후통첩 게임의 문화별 비교 결과에 대해서는 같은 책 pp. 282~288 참조. 또한 종족별 문화 비교 결과에 대해서는 Henrich와 그의 동료들(2001), Gintis와 그의 동료들(2005) 참조.

12 Fehr & Gächter(2000) 참조.

13 「Primary Sources」, 『Atlantic Monthly』, April 2003, pp. 33~34 참조.

14 Gintis와 그의 동료들(2005), pp. 3~39 참조.

15 어떤 전통 경제학자들은 이렇게 말할지도 모른다. "아, 상호주의 행태에는 합리적
인 기초가 있다. 사람들은 서로 간에 미래에 상호 작용이 있을 것이라고 가정하
고, 따라서 이 전략은 반복 게임에서 설득력이 있다." 이에 대해서는 두 가지 대답
이 있다. 우선 나는 이 행위가 비합리적이라고 말한 적이 없다. 상호주의와 벌에
는 논리가 있다. 사실상 이것은 하나의 진화론적인 논리다. 그러나 다시 페르와
게히터 실험으로 돌아가 보면 사람들은 미래에 전혀 상호 작용의 가능성이 없는
경우라 할지라도 그렇게 행동하는 경향이 있다. 그러므로 이것은 좁은 전통 경제
학적 의미로 본다면 완전히 합리적이라고 말할 수 없다. 두 번째로 사람들은 미
래에 상호 작용이 있든 없든 상관없이 이런 행태에 관심을 갖는다는 것이다. 왜
냐하면 이것은 계산된 행태라기보다는 자기 발견적 행태이기 때문이다.

16 「Rethinking Thinking」, 『The Economist』, December 18, 1999, p. 65에
서 인용.

17 경영적 관점에서 이런 편견들에 대해 요약한 것으로는 Roxburgh(2003) 참조.

18 「The Price of Safety」, 『The Economist』, November 23, 2000 참조.

19 이 사례는 James Surowiecki, 「The Financial Page: Mind Over Money」,
『New Yorker』, April 23과 30, 2001, p. 60에서 나온 것임.

20 예를 들어, Thaler(1993), pp. 3~22에 있는 Fischer Black 참조.

21 Lewis(1985) 참조.

22 Deutsch(1997), pp. 131~140은 투어링 기계에 대해 훌륭한 설명을 하고 있다.

23 뇌를 계산하는 물질로 보는 사람들, 예컨대 Steven Pinker(1997), Andy
Clark(2001), 그리고 Daniel Dennett(1991) 같은 연구자들은 투어링 기계를
주창하는 진영에 찬동하는 경향을 보인다. 로저 펜로즈와 데이비드 겔런터 같은
이들은 뇌에는 아직 이해가 완전히 된 것은 아니지만 투어링 기계로만 볼 수 없
는, 양자 효과처럼 다른 요소들도 작동하고 있다고 주장한다.

24 여기서 논의될 아서의 바(bar) 문제 말고 다른 사례들을 보려면 Foster&Young
(2001)이 제시한 '동전 맞히기 게임'에서의 행위자 전략에 대한 분석 참조.

25 Arthur(1994b) 참조.

26 보다 구체적으로 말하면 이 바 문제의 경우 행위자에 부여된 정보 및 조정과 관
련한 제약 조건하에서 고정점은 불안정하고 도달할 수 없는 것이다. 앞의 책 참
조.

27 아서의 바 문제를 보다 일반화한 한 형태가 마이너리티 게임(minority game)인
데, 이에 대한 문헌은 Challet&Zhang(1997) 참조. 이 문제는 또한 금융 이론에
도 매우 흥미로운 방식으로 응용되었다. Johnson&Jeffries&Hui(2003), pp.
87~136 참조.

28 이에 대한 개관 및 참고 자료는 Stillings와 그의 동료들(1995), 그리고 Clark(1999)
(2001) 참조. 대중적인 소개서로는 Pinker(1997) 참조.

29 Pinker(1997) 참조.

30 Schank(1990) 참조. 또 경영적 관점에서 '이야기하기'에 대한 논의는 McKee (2003) 참조.

31 유추 만들기에 관한 구체적 이론은 Mitchell(1993) 참조.

32 Gilovich&Vallone&Tversky(1985) 참조.

33 Clark(2001), p. 38 참조.

34 컴퓨터에게 식당에서 주문을 하도록 가르치는 것은 보통 일이 아니다. Roger Schank(1990)는 실제로 1970년대에 그런 일을 시도했다.

35 브라이언 아서는 1992년 산타페 연구소 Working Paper 92-07-038에서 귀납과 연역을 대비해 설명한 바 있다.

36 상세한 설명은 Holland와 그의 동료들(1986) 참조. Holland(1995)는 또 일부 아이디어를 일반인들이 이해할 수 있는 형태로 제시하고 있다.

37 이 보기는 Holland(1995), pp. 43~62에 있는 것을 개조한 것이다.

38 Holland와 그의 동료들(1996), pp. 68~76 참조.

39 Schank(1990), pp. 4~5는 사람들이 처음 보는 문제에 부딪힐 때 어떻게 디폴트 대응(미리 내정된 대응)으로 돌아가는지 실험을 통해 보여 주고 있다.

40 유추에 의한 추론과 관련한 구체적인 모델과 논의는 Mitchell(1993) 참조.

41 아서(1995), 그리고 아서와 그 동료들의 논문「Asset Pricing Under Endogenous Expectations in an Artificial Stock Market」, Arthur&Durlauf&Lane(1997), pp. 15~44 참조.

42 이 규칙은 완전 합리성과 유사하기는 하지만 정확히 비슷한 것은 아니다. 그 이유는 투어링 기계에서 완전 합리성을 실행하는 문제로 거슬러 올라간다. 사람들은 컴퓨터 상에서 완전 합리성의 근사치만을 만들 수 있을 뿐이다.

7장

1 Rauch and Casella(2001), pp. 3~5 참조. Watts(2003)도 참고 문헌은 물론 사회학적 맥락과 경제학적 맥락에서 네트워크 연구의 역사에 대한 설명을 제공하고 있다. Giddens(2001)는 그의 사회학 소개서에서 이 분야가 어떻게 역사적으로 상호 작용 네트워크로 비쳐졌는지를 개설(槪說)하고 있다.

2 이에 관한 요약과 참고 자료는 Watts(1999) 제2장 참조.

3 네트워크에 관한 훌륭한 일반적인 소개와 참고 자료에 대해서는 Watts(2003)와 Barabási(2002) 참조. 보다 전문적인 소개서로는 Watts(1999) 참조.

4 이 사례는 Kauffman(1995a), pp. 55~58이 그 출처다. 보다 기술적인 논의에 관해서는 Kauffman(1993), pp. 307~310 참조. Watts(2003), pp. 43~47 또한 이런 사례를 논의하고 있다.

5 카우프만의 원래 모델(1993, pp. 307~310, 그리고 1995, pp. 55~58)에서 이 비율은 0.5다. 그 뒤 Watts(2003), pp. 43~47의 연구를 보면 이 비율을 1.0으로 설정한다.

6 티핑 포인트을 보여 주는 다른 사례들은 Gladwell(2000) 참조.

7 소비자 제품과 기술 관점에서의 논의는 Farrell(1998) 참조.

8 Watts(2003) 참조.

9 앞의 책, pp. 92~95, 그리고 Watts(1999), pp. 3~5 참조. 차덴의 웹사이트 www.oracleofbacon.org에 가면 베이컨 게임을 해볼 수 있다.

10 정확히 유한한 베이컨 넘버를 가진 배우 또는 여배우 숫자는 51만 829명이다. 이 표본의 10%는 베이컨과 아무런 관련성이 없거나 무한한 베이컨 넘버를 가졌다.

11 Watts(2003), pp. 121~129 참조.

12 앞의 책, pp. 39~40 참조.

13 Watts(1999)와 Newman(1999) 참조.

14 이런 계산이 어떻게 나왔는지에 대해서는 Newman(1999), pp. 3~4 참조.

15 이 슬로건은 선마이크로시스템스의 상표다.

16 이것들은 또 세포 자동자의 한 형태다. 세포 자동자는 폰 노이만이 발명한 개념으로, 뒤의 장들에서 이에 대해 논의할 것이다.

17 Kauffman(1995a), pp. 74~80 참조.

18 불리언 네트워크는 특별한 타입의 세포 자동자다. 특히 물리학자이자 수학자인 Stephen Wolfram(2002)은 우주 자체가 하나의 세포 자동자라고 주장해 왔다. 이 경우 경제 또한 마찬가지라는 결론이 나온 '계산적 관점들(computational views)'은 흥미로운 통찰력을 가져다줄 수 있는 하나의 귀중한 연구 분야라는 것이다.

19 초당 70조 6,200억의 부동점 계산이 가능한 IBM 블루진의 속도를 사용할 때 그렇다.

20 만약 양자 컴퓨터가 궁극적으로 개발된다면 큰 네트워크들을 완전히 탐색할 수 없는 지금의 현실이 바뀔지도 모른다. 이에 대해서는 Johnson(2003) 참조.

21 그러나 이 발견은 여전히 논란거리다. 인간 게놈 프로젝트와 셀레라 지노믹스 (Celera Genomics)라는 민간 회사가 3만 개를 주장했는데, 지금 많은 과학자들이 이 수치를 받아들이고 있다. 인간 게놈 과학은 처음에는 10만 개 추정치 쪽에 가까웠다. Cookson&Griffith(2001) 참조.

22 Kauffman(1993), pp. 191~203 참조.

23 이 보기는 그 당시 뉴스 보도, 델과 IBM의 여러 가지 프로파일, 그리고 이들 회사들의 웹사이트에서 나온 것이다

24 이런 견해는 사업 시스템에서 제약 조건들 간 상충 관계를 만드는 과정으로서 전략에 대한 Porter(1996)의 아이디어와 많은 점에서 일치한다.

25 Kauffman(1993), pp. 209~218 참조.

26 Kauffman(1995a), pp. 252~271. 상충하는 제약 조건에 대한 카우프만의 아이디어는 16장에서 살펴볼 것이다. 또한 상충하는 제약 조건들이 경영적으로 시사하는 바가 무엇인지에 대해서는 Eisenhardt&Brown(1999) 참조.

27 16장에서 미시간 대학에서 계산경제학를 연구하는 스콧 페이지 교수의 연구를 살펴볼 것이다. 그는 계산하기 어려운 문제를 해결하는 네트워크 능력과 관련하

여 계층적 구조의 역할을 조사했다.

28 Kauffman(1993), pp. 209~227 참조.

29 Kauffman(1995a), pp. 84~92 참조.

30 초기 조건과 동요(흔들림) 등에 대한 민감도에 더하여 카오스는 불리언 네트워크에서도 나타나는데, 자세한 것은 Kauffman(1993), p. 197 참조.

31 Katzenbach&Smith(1993) 참조.

8장

1 이 설명은 Fischer(1996), pp. 35~37에 있는 것을 토대로 개조한 것이다.

2 이를 보여 주는 사례들은 Kennedy(1987) 참조.

3 Moore(1983)와 Gordon(1986) 참조.

4 경제를 전파 과정으로 본 아이디어는 노르웨이 경제학자 Ragner Frisch가 처음 고안한 것이다. 그는 이런 접근법을 1933년 경기 사이클 모델에 활용했다. Niehans(1990), pp. 372~378 참조.

5 Heijdra&van der Ploeg(2002), pp. 477~539 참조. 또한 Hartley&Salyer &Hoover(1998) 참조.

6 사고 실험(thought experiment)을 해보면 왜 그런지 그 이유를 알 것이다. 숟가락 두드리기라는 투입을 취하고 이를 비트 열(bit string) 형태로 코드화한다고 하자. 그런 다음 압축 알고리즘을 통해 이 비트 열을 압축하는데, 가능한 많이 압축한다. 만약 숟가락 두드리기 투입이 정말 임의적이라면 그렇게 많이 압축할 수는 없을 것이다. 어쨌든 그런 다음 산출 열을 코드화하는데, 산출 열은 투입 열보다 더 길다. 왜냐하면 한 번 두드리면 두세 번 진동하는 산출 파동을 만들어 내기 때문이다. 그러나 이 산출 열을 압축 알고리즘으로 돌리면 처음과 똑같거나 조금 더 긴 정도의 열을 다시 얻을 것이다. 우리는 엔트로피와 싸운 적도 없고 실제 정보를 투입 열에 추가한 적도 없다. 단지 잡음에 에코를 좀 추가했지만 압축 알고리즘은 이를 다시 걸러냈다. 그러나 만약 우리가 임의의 비트 열로 다음의 투입, 가령 01001001011101001을 택해서 00000000011111111로 읽히는 똑같은 길이를 갖는 산출로 재배열하기 위해 작업을 했다면(엔트로피와 싸우기 위해 에너지를 사용했다면) 이것은 'print 0 nine times, print 1 eight times'의 표현으로 더 압축될 수 있고 그다음에는 다시 17개의 비트보다 더 적은 무엇으로 코드화될 수 있다. 비트를 재배열하기 위해 한 일은 비트 열에 질서를 추가한 것인데 이를 통해 투입 열보다 더 짧은 압축 버전을 만들 수 있게 됐다. 젤리 전파 과정도, 실제 경기 사이클 모델도 투입 열보다 더 짧은 길이로 산출 열을 압축하기 위해 질서를 만드는 일을 할 수 없다. 질서, 엔트로피, 정보 압축에 대한 고전적인 기술적 논의는 Shannon&Weaver(1949) 참조. 대중적인 논의를 원한다면 Gell-Mann(1994) 참조.

7 Heijdra&van der Ploeg(2002), p. 528에서 지적하는 대로다. "단위 탄력적인

(unit-elastic) RBC(Real Business Model) 모델에서 한 가지 중요한, 그러면서
도 좀 실망스러운 특징은 내부 전파의 결여다. 모든 경우 산출물의 충격 반응 함
수는 외부의 기술적 충격 자체와 사실상 동일하다. 전파 과정의 결여는 단지 단
위 탄력적인 RBC 모델만 괴롭힌 게 아니라 다른 많은 RBC 모델도 괴롭혔다.
이런 이유로 현재 활발한 연구 분야의 하나는 보다 강하고 보다 현실적인 내부
전파 과정을 갖는 모델의 개발이다." 여기서 '내부 전파'라는 용어의 의미는 투입
신호에는 없는 동태적인 구조를 산출물 신호에 추가하는 능력이다.

8 대공황 기간 동안 케인스의 삶에 대한 설명은 Skidelsky(1994) 참조.

9 Krugman(1994)은 케인스 경제학의 진화에 대해 훌륭한 설명을 제공하고 있는
데, 저자는 여기서 그의 설명을 활용했다.

10 Akerlof&Yellen(1985a)(1985b) 참조. 또한 Krugman(1994), pp. 206~220
참조.

11 Heijdra&van der Ploeg(2002), pp. 359~403 참조.

12 저자는 지금 단순화하고 있는데 다른 대안들도 있다. 예컨대, 내생적인 변동에
관해서는 스탠퍼드 대학 Mordecai Kurz(1997)의 연구 참조. 그러나 신케인스
학파가 현재에도 지배적인 이론들로 남아 있다.

13 예를 들어, Akerlof-Yellen 메뉴 비용 모델(그리고 후속 버전들)은 매우 탄력적
인 노동 공급에 의존한다. 그러나 이는 실증적 자료에 의해 뒷받침되지 못했다
(Heijdra&van der Ploeg, 2002, p. 402).

14 창발성(emergence)에 대한 훌륭한 대중적인 논의는 Holland(1998), Buchanan
(2000), Johnson(2001), 그리고 Morowitz(2002) 참조.

15 짧지만 독창적인 Anderson의 논문(1972) 참조.

16 Nijhout&Nadel&Stein(1997) 참조.

17 러시아 경제학자 니콜라이 콘드라티예프도 경제는 60년간의 '긴 파동' 사이클을
갖는다고 주장했다. 이에 대한 모델과 논의는 Sterman(1985) 참조.

18 Lotka(1956) 참조.

19 이에 대한 개괄적인 설명 및 추가적인 참고 자료를 원한다면 Sterman(2000),
pp. 684~708 참조. 대중적인 수준의 논의에 대해서는 Senge(1990) 참조.

20 Sterman(1989a)(1989b), 그리고 (2000), pp. 684~698 참조.

21 Sterman(1989b)은 또 그중 약 25%의 경우는 결정론적인 카오스가 일어난다는
것을 발견했다.

22 Casti&Karlqvist(1991), 제9장 참조. 또한 Sterman(2000), pp. 684~698 참조.

23 이 진동들은 게임이 끝날 때까지 균형으로 돌아가지 않는다. 어떤 조정 메커니즘
(예를 들어, 모든 사람이 서로 만나 주문을 조정하는 일)이 없다면 지금의 게임보다 훨
씬 더 긴 시간이 주어진다고 해도 균형으로 복귀하지 않을 것이다. 참가자들이
게임의 동태적인 구조에 대한 설명을 듣고 나서 두 번째로 이 게임을 하더라도
(처음 할 때와는 다른 주문을 갖고) 그들은 완전 합리성 균형을 이룰 수 없다.

24 맥주 게임에서 정보 증가가 완전 합리성에 관한 결과, 즉 참가자들은 합리적 균
형을 계산하는 데 필요한 모든 정보를 가진다는 것을 바꾸는 것은 아니다. 그보

다 부가적인 정보는 닻을 내리고 조절하는 탐색이 갖는 문제점을 인식하고 탐색의 성과를 향상시킨다.

25 Sensier & van Dijk(2004) 참조.

26 이에 대한 분석과 추가적인 참고 자료에 대해서는 McCarthy&Zakrajšek(2002) 참조.

27 혹자는 저자가 경기 사이클 완화와 관련하여 외생적인 요인을 인정했다고 지적할지 모르겠다. 저자는 전통 이론에 대한 비판에서 외생적 요인이 존재하고 영향도 미친다는 점을 부정한 것이 아니라 오히려 이들이 그 이론에서 수행하는 역할을 비판했다. 여기서 저자가 주장하고자 하는 것은 경기 사이클은 내생적인 동태적 구조가 갖는 하나의 창발적 특성이고(그러니까 경기 사이클은 외생적으로 일어나는 게 아니다), 기술 변화와 같은 외생적 요인들은 시스템의 동태적 구조 그 자체에 영향을 미칠 수 있다는 얘기다.

28 Gould & Eldridge(1993)와 Gould(2002) 참조.

29 Gould(1989), p. 54 참조.

30 이 용어의 기원에 관한 설명은 Gould(2002), pp. 774~775 참조. 균형을 어떤 의미로 사용했는지에 대한 굴드의 설명은 pp. 824~839 참조.

31 눈사태 얘기와 모래 산 실험 등에 관해서는 Bak(1996) 참조. 주식 시장에서 단속균형은 시간과 상관관계가 있는 변동성으로 나타난다. 시계열 분석에 나오는 '자기 회귀 조건부 이분산성(ARCH)' 또는 '일반화된 ARCH 팩트(fact)'가 그것이다. Mantegna & Stanley(2000), Johnson & Jeffries & Hui(2003) 참조.

32 사회적·생물학적 맥락에서 네트워크 구조에 관한 자세한 논의는 Girvan & Newman(2001) 참조.

33 Jain & Krishna(2002a)(2002b) 참조.

34 예를 들어, 마르크스의 『Critique of Political Economy』와 슘페터의 『Business Cycles: A Theoretical, Historical and Statistical Analysis of the Capitalist Process』 참조.

35 Lydia Adetunji, 「Inventor Found Investors Not on His Wavelength」, 『Financial Times』, December 19, 2001, p. 5 참조.

36 이에 대한 리뷰는 Ziman(2000) 참조.

37 Rosenberg(1982), pp. 55~82 참조.

38 Anderson & Arrow & Pines(1988), pp. 125~146에서 카우프만 참조.

39 Baldwin & Clark(2000) 참조.

40 Cultler & Poterba & Summers(1989) 참조.

41 이 설명은 Buchanan(2000), p. 35에서 따온 것이다.

42 어떤 분포가 거듭제곱 법칙으로 불리는 이유는 한 변수가 다른 변수의 지수적 제곱 형태로, 예를 들어 $f(x)=x^{-a}$로 나타나기 때문이다. 로그를 취하면 $\log f(x)=-a \log x$다. 함수의 로그 형태는 직선이 되고 그 기울기는 $-a$다.

43 Bak(1996)와 Buchanan(2000) 참조.

44 Niehans(1990), pp. 259~266 참조.

45 1932년 로버트 지브래트의『Les Inégalités Économiques』에서 출발하여 그 후 지속적으로 일련의 경제학자들은 파레토의 결과를 발라의 이론적 틀 내에 수용하려고 노력했다. 이들은 예컨대 소득 분평등에 관한 파레토의 연구 결과는 실제적으로는 '로그 정규적(lognormal)'이라고 주장한다. 이런 로그 정규적이라는 주장에 대한 비평은 Mandelbrot(1997), pp. 252~269 참조.

46 Mandelbrot(1997), pp. 371~411 참조. 그는 첨도(kurtosis)와 규모와는 상관없는 꼬리 분포의 행태를 식별했지만, 그 이후 꼬리 분포들의 거듭제곱 법칙 지수는 그가 처음 제안했던 '레비 안정(Lévy-stable)' 분포보다 더 크다는 것이 밝혀졌다. Plerou와 그의 동료들(2001) 참조.

47 2001년 11월 16일 산타페 연구소에서 열린, 복잡 적응 시스템으로서의 경제에 관한 제3차 회의에서 H. 유진 스탠리가 발표한 내용에서 나온 것이다.

48 Plerou와 그의 동료들(1999) 참조.

49 Axtell(2001) 참조.

50 Stanley와 그의 동료들(1996), 그리고 Lee와 그의 동료들(1998) 참조.

51 Farmer와 그의 동료들(2004), Lillo&Farmer(2004), 그리고 Lillo&Szabolcs &Farmer(2005) 참조.

52 Szabolc&Farmer(2005) 참조.

9장

1 Dennett(1995) 참조.

2 Richard Dawkins(1986)(1996), 그리고 Daniel Dennett(1995)은 디자인은 디자이너가 있어야 한다는 직관이 창조론의 강력한 동기라고 주장했다. 그리고 진화가 지적 디자인을 어떻게 스스로 창조해 내는지에 대한 이해가 없는 것이 여전히 많은 사람들이 창조론을 믿거나 진화는 단지 하나의 이론일 뿐이라고 믿는 중요한 이유라고 지적했다. 디자인에 관한 논쟁을 알고 싶으면 Dembski& Ruse(2004) 참조.

3 Dawkins(1986) 참조.

4 실험에 대한 설명은 Sims(1994a)(1994b) 참조. 이에 더하여 진화 생명체의 사진들은 심스의 웹사이트 www.genarts.com/karl에서 볼 수 있다.

5 Dennett(1995) 참조.

6 어떤 의미에서 생각하면 심스의 프로그램에서는 '창조자'가 있는 셈이다. 왜냐하면 심스가 진화를 위한 조건을 만들었기 때문이다. 우리는 빅뱅에서부터 생명의 기원, 그리고 오늘에 이르기까지의 이야기를 할 수 있는 능력에 가까이 다가서 있다(아주 가까이 간 것은 아니지만). Fry(1999), Solé and Goodwin(2000), Morowitz(2002), Schneider&Sagan(2005), 그리고 Lane(2005) 참조.

7 Dennett(1995), pp. 48~60 참조.

8 LEGO는 LEGO 그룹의 상표다.

9   Kauffman(2000),pp. 223~225 참조.

10 이 사례는 Dennett의 『Library of Babel』(1995, pp. 107~113)에서 영감을 얻
    은 것이다. Dawkins(1996), pp. 180~203 역시 유사한 사례를 활용하고 있는
    데, 그는 이를 'Museum of All Shells'라고 불렀다.

11 Holland(1975)(1995), 그리고 Mitchell(1996) 참조. 홀란드는 특히 빌딩 블록의
    코드화를 가리켜 '도식(schema)'이라는 용어를 사용한다. 여기서는 설명의 편의
    를 위해 이 용어를 보다 일반적으로 디자인의 코드화를 가리키는 것으로 사용하
    고 빌딩 블록의 개념은 뒤에서 소개할 예정이다.

12 Hull(1988) 참조.

13 허버트 시이먼은 1962년 한 논문에서 복잡 시스템에서 계층 구조와 모듈성의 역
    할을 논의했다. 이에 대한 보다 최근의 설명은 Simon(1996), pp. 183~216 참조.

14 도킨스가 쓴 용어는 다르지만 그가 선택의 단위로서 유전자를 주장할 때의 요점
    은 이것이다. Dawkins(1976)(1982) 참조.

15 원칙적으로 사고 실험이 실생활에서 실행되지 못할 이유는 없다. 따라서 흥미로
    운 레고 장난감들이 사고 실험을 통해 진화한다고 기대해 볼 수 있다. 유일한 장
    애 요인은 진화는 많은 단계와 시간을 필요로 한다는 점이다. 이는 일곱 살 어린
    이 두 사람의 인내 한계를 넘을 수 있다. 이런 실험이 대개 쉽게 싫증내거나 피곤
    해지지 않는 컴퓨터상에서 이루어지는 것은 그 때문이다.

16 Dawkins(1976), pp. 15~20. 이 부분은 또 Wilson(1992)과 Fortey(1997)의
    도움을 받았다.

17 이에 대한 논의와 추가적인 참고 자료를 원한다면 Fry(2000), Morowitz(2002),
    그리고 Schneider&Sagan(2005) 참조.

18 Dawkins(1976) 참조.

19 앞의 책 참조

20 이 추정치들은 Kauffman(1995a), p. 163에서 나온 것이다.

21 Dennett(1995), pp. 111~113은 또 자신의 멘델 도서관 사례가 Dawkins
    (1986)의 'biomorph land(생물체를 표현한 모든 형태의 땅)'에서 영감을 받았다고
    적고 있다.

22 디자인 공간의 규모는 도식의 길이로 정의된다. 도식의 길이에 대해서는 현재 작
    동하고 있는 어떤 진화 시스템에서도 그 개념적인 한계는 없다. 하지만 도식의
    길이는 도식 식별자의 구조에 제한받게 될 것이다. 무한히 긴 도식은 가능하지
    않다. 왜냐하면 그렇게 무한하면 어떤 도식 식별자가 유한한 시간 내에 식별할
    수 없기 때문이다.

23 Dennett(1995), pp. 77~80 참조.

24 이는 현실에서 적합도 지형은 수십억 가지의 차원을 가질 수 있음을 의미한다.
    그러나 시각적인 설명과 논의의 편의를 위해 단지 3가지 지형만 있는 것처럼 우
    리는 말하고 있다. 적합도 지형의 차원에 대한 논의는 Kauffman(1993)(1995)
    참조. 우리는 또한 최대 100억 염기쌍보다 적은 코드는 모두 빈 공간에 0으로
    채워진다고 가정할 것이다. 그래서 한 번에 기호 하나를 움직일 경우 이는 더 길

거나 더 짧은 게놈 방향으로의 이동을 의미할 수 있다.

25 적합도 지형은 1931년 슈얼 라이트가 처음 논의했다. 그 수학적 특성들에 대해서는 Kauffman(1993)이 광범위하게 탐구했다. 일반인에게 도움이 될 만한 설명은 Kauffman(1995a)과 Dennett(1993) 참조.

26 Kauffman(1995a), pp. 161~189 참조.

27 Crutchfield&Schuster(2003)의 Crutchfield, pp. 101~133 참조.

28 실제로 언덕을 올라가는 알고리즘은 여러 가지가 있는데, 이 특별한 규칙을 'Random Mutation Hill Climbing'이라고 한다. 다른 알고리즘에 대해서는 Mitchell(1996), p. 129 참조.

29 Kauffman(1993)(1995)은 자신의 적합도 지형인 NK 모델에서 긴 점프와 짧은 점프의 혼합 효과를 논의하고 있다

30 Kauffman(1995a), p. 180 참조.

31 Crutchfield&Schuster(2003)의 Crutchfield, pp. 101~133 참조.

32 Holland(1975)(1995), 그리고 그의 'two-armed-bandit' 문제에 대한 논의 참조. March(1991)는 한 조직 내에서 탐색하는 일과 활용하는 일 사이의 긴장을 규명했다. 진화의 관점에서 이에 대한 추가적 논의는 Mitchell(1996), pp. 117~118, Axelrod&Cohen(1999), pp. 43~50 참조.

33 'two-armed-bandit' 문제의 증명과 논의에 대해서는 Mitchell(1996), pp. 119~125 참조.

34 Dennett(1995), pp. 77~78 참조.

35 앞의 책, pp. 128~135 참조.

36 여러 가지 지형도에 대한 다른 알고리즘의 적합성에 대해서는 많은 문헌이 있다. Whitley(1993), Kauffman(1993), 그리고 Mitchell(1996) 참조. 저자는 진화가 모든 형태의 문제에 대해 가장 좋은 것이라고 주장하는 게 아니라 진화는 동적이고 개략적으로 상호 연관된 수준의 지형을 탐색하는 데 있어서 많은 유용한 특징들을 갖고 있다는 점을 강조한다. 자연은 진화가 이런 형태의 탐색 문제를 해결하는 데 나쁜 방법이 아니라는 증명을 제공하고 있다. 아직은 아니지만 이보다 더 나은 알고리즘이 발견될 수도 있을 것이다.

37 이 결과들 중 그 어느 것도 사전에 정해진 것은 없다. 진화가 반드시 질서의 증가나 성장에 이르는 것은 아니다. 그러나 적합한 모수들(parameters)이 주어지면 그렇게 할 수 있다. Kauffman(1993)은 생물학적 진화의 경우 이런 모수들이 스스로 적합하도록 맞추어진다고 주장한다.

38 이 사례들은 Koza(1992) 참조.

39 이에 대한 역사적 설명은 Hodgson(1993) 참조.

40 Crutchfield&Schuster(2003), Koza(1992), 그리고 Mitchell(1996) 참조.

41 『Henry IV』, Part I, act II, scene iv, line 460 참조.

10장

1　Axelrod(1997a), p. xi 참조.

2　게임 이론의 소개서로서 Fudenberg & Tirole(1991), 그리고 Gintis(2000) 참조. 경영 분야 독자의 경우 Brandenburger와 그의 동료들(1997)을 권함.

3　Bowles(2004), p. 24 참조.

4　1회전 게임에서 협력을 선택하는 경우가 거의 없기 때문에 역귀납 추론에 의하면 매회 양쪽이 서로 속이는 것도 횟수가 한정된 게임의 경우에는 하위 게임 균형이라고 할 수 있다. 횟수가 무제한인 게임의 경우 항상 속이는 전략이 하위 게임 균형이 되지만 미래의 보상에 대한 할인이 크면 "첫 회에서 협력하고 또 상대방이 속이지 않는 한 계속 협력하라. 그러나 상대방이 배반하면 나머지 게임에서는 배반하라"는 전략도 하위 게임 균형이다. 횟수는 제한되어 있지만 언제 끝날지 모르는 게임의 경우 결과는 알 수 없다. Fudenberg & Tirole(1991), pp. 110~111 참조.

5　Axelrod(1984) 참조.

6　Axelrod(1997a), pp. 14~29 참조.

7　Lindgren & Nordahl(1994), Arthur와 그의 동료들(1997)의 Lindgren, pp. 337~367, 그리고 Lindgren & Crutchfield & Schuster(2003)의 Johansson, pp. 341~360 참조.

8　인생 게임은 '셀룰라 오토마톤'의 가장 잘 알려진 예다. 예를 들어, Wuensche & Lesser(1992)와 Wolfram(1994)(2002) 참조. 게임 이론과 셀룰라 오토마톤이 린드그렌 모형에서 결합된 것은 적절하다. 왜냐하면 둘 다 오스카 폰 모르겐슈타인과 함께 게임 이론을 만들고 스태니슬로 울람과 같이 세룰라 오토마톤을 개발한 요한 폰 노이만 연구의 핵심이기 때문이다.

9　연결이 임의적 숫자에 의해 끊어진다. 또한 격자의 가장자리에 인접해 있는 셀들은 반대편 가장자리와 연결하기 위해 둘러싸게 된다. 따라서 격자는 평면이라기보다는 원환체(圓環體)가 된다.

10　이 기간 동안 행위자는 진화적으로 안정된 전략을 구사한다. 이는 생물학에 있어서의 내시 균형과 같다. Maynard Smith(1982) 참조.

11　Dennett(1995), pp. 107~111 참조.

12　데닛의 트릭으로서 그의 극단적인 boxed-set 전략을 보면 된다. 책이 100권밖에 없는 알파벳 도서관이 있다고 하자. 그리고 그 책은 각기 알파벳 한 자로만 되어 있다고 하자. 이 도서관은 매우 작지만 모든 가능한 책을 다 소장할 수 있다. 예를 들어, 『모비 딕』이라는 소설이 책 125만 권이 들어 있는 한 박스로 되어 있을 수도 있다. 마찬가지로 모든 5천 페이지 책을 소장하는 바벨보다 더 큰 도서관을 가질 수도 있다.

13　앞에서 말했듯이 도식의 식별자가 부호를 읽고 디자인을 만들되 부호는 한정된 시간 내에 읽어야 한다.

14　나의 사업 계획에 대한 개념은 Hannan & Freeman(1977)에 설명된 조직적 계

획의 개념과 일관성은 있지만 그보다 좀 더 넓은 개념이다. 해넌과 프리먼은 계획 (blue print)을 조직적 구조, 과정, 그리고 조직의 목적을 포함하는 것으로 보았다. 나의 정의에 의하면 이러한 요소들은 사회적 기술에 포함되며, 사업 계획은 구체적 기술의 혼합 방법(물리적 기술)과 전략을 포괄한다. 뿐만 아니라 해넌과 프리먼은 계획 자체가 선택의 단위라고 한다. 후에 논의하겠지만 나의 사업 계획에 대한 정의에 의하면 사업 계획은 선택의 단위가 아니라 상호 작용자를 위한 도식이며 거기에 포함된 사업 모듈이 선택의 단위이다.

15 이러한 경영 팀과 그들 계획 간의 선순환적 공진화 관계를 처음 관찰한 사람은 전략 연구자이자 조직 이론가인 이디스 펜로즈이다. Penrose(1959) 참조.

16 Nelson(2003) 참조.

17 Gould(2002) 참조.

11장

1 우유병을 여는 영국 박새에 관한 최초의 연구는 J. 피셔와 R. A. 하인드가 1949 년 수행하였다. 이것을 학습의 문화적 확산과 관련지어 설명한 학자는 Dawkins(1982, p. 109)이다.

2 인류 역사상 이즈음에는 언어란 자연적인 소리 혹은 몸짓이었을 것이다. 언어가 언제 어떻게 진화했는지에 대해서는 많은 논란이 있다. 교과서에 의하면 3만 년에서 10만 년 전쯤이라고 한다(Jones와 그의 동료들, 1992). 그러나 MIT의 Steven Pinker(1994, pp. 363~364)는 이보다 훨씬 전인 약 150만 년 전 호모 에렉투스 때일 것으로 믿고 있다. 따라서 언어의 진화는 매우 점진적인 과정과 오랜 기간에 걸쳐 일어난 것으로 보인다. 언어의 출현은 인간이 도구를 만들기 시작한 이후인 호모 하빌리스 시대인 것으로 추정된다. Carruthers and Chamberlain(2000)과 Cavalli-Sforza(2001) 참조.

3 물론 대개의 문화적 혁신처럼 무역의 발견은 한 개인에 의한 하나의 행동으로 된 것은 아닐 것이다. 오히려 그러한 생존을 위한 유용한 수단(데닛은 이를 유용한 트릭이라고 하였음)으로서 다양한 시기에 다른 지역에 사는 각기 다른 다양한 인간 그룹들이 각기 독립적으로 만들어 낸 것이라고 볼 수 있다. 그중의 하나가 호모 사피엔스일 것이다.

4 Horan&Bulte&Shogren(2005) 참조.

5 진화의 과정으로서 기술 혁신에 대한 문헌은 많다. 이에 대한 개관을 위해서는 Ziman(2000) 참조. Ziman이 지적한 대로(p. 3), "생물적 진화와 문화적 진화의 기본적인 유사성은 사람들이 알고 있었다. 19세기 중엽부터 윌리엄 휴엘, 카를 마르크스, 토머스 헨리 헉슬리, 에른스트 마치, 윌리엄 제임스, 그리고 조지 지멜 등의 학자들이 각기 독립적으로 이에 대한 연구를 하였다. 이들의 기본적인 아이디어가 후에 장 피아제, 콘래드 로렌츠, 도널드 캠벨, 칼 포퍼, 그리고 자크 모노 등에 의해 발전되었다." Petroski(1992), Baldwin&Clark(2000)도 참조.

6 물리적 기술이라는 용어를 처음 소개한 학자는 Richard Nelson(2003)이다. 나의 정의가 그와 같은 의미를 갖고 있으나 구체적인 정의는 나의 독자적인 것이다. 그 용어는 노스웨스턴 대학의 조엘 모키어가 창안한 기술(technique)의 의미에 그 바탕을 두고 있다. Mokyr(1990), pp. 273~299, Mokyr(2000), Ziman(2000)의 5장, Mokyr, pp. 52~65 참조.

7 모키어는 디자인 공간에서 사용 가능한 기술의 세트를 λ라 하고 유용한 기술의 세트를 Ω이라고 정의한다. 물리적 기술 공간에 대한 나의 정의는 λ와 일치하며 모키어의 Ω은 물리적 기술의 진화가 도달하고자 하는 것이며, 이것은 도식의 식별자에 의해 현실로 구현된다.

8 Ridley(2001) 참조.

9 Cavalli-Sforza(2001), pp. 92~96, 그리고 Jones와 그의 동료들(1992), pp. 107~143 참조.

10 스튜어트 카우프만과의 개인적 토론(1995. 10). 카우프만은 이러한 효과에 대해서 Anderson&Arrow&Pines(1988), pp. 125~146에서 논의하고 있다.

11 Kauffman(1993), pp. 395~402, 그리고 (2000), pp. 222~232 참조.

12 구성 요소와 전체 구조의 차이는 디자인에 대한 문헌에서 오랫동안 다루어 왔다. Simon(1996)과 Alexander(1997) 참조. 디자인 문제에서는 순수한 환원주의도 순수한 전일론(全一論)도 충분치 않다. 오히려 그 두 가지 견해가 다 필요하다. Braha&Maimon(1998) 참조. 나는 여기서 요소(component)와 전체 구조 (architecture)를 Henderson&Clark(1990)와 Baldwin&Clark(2000)을 따라 쓴다.

13 디자인에 있어서 모듈 방식의 중요성에 대해서는 Baldwin&Clark(2000) 참조. 복잡한 인공물의 수학적 표현과 관련해서는 Braha&Maimon(1998) 참조.

14 우리가 이야기하는 석기와 관련된 소규모 혁신은 오래전 인류사 초기에 일어났다. 최초의 도구가 출현한 지 약 150만 년의 기간 동안 우리 조상들이 만들어 낸 것은 손도끼, 식칼, 그리고 큰 칼 세 개밖에 없다. 잘 간 칼날, 손잡이를 단 도끼, 절구, 막자 등은 지금으로부터 50만 년~10만 년 전의 기간 동안에도 나타나지 않았다. Jones와 그의 동료들(1992), pp. 350~360 참조. 여기서 구체적인 연대에 대해서는 그냥 넘어가도록 한다. 다만 디자인의 진화와 관련된 일반적인 점만 보기로 한다.

15 스튜어트 카우프만은 (논란이 있지만) 두 가지 요소가 '개략적으로 상호 연관된 적합도 지형'과 관련이 있다고 주장한다. 즉, 모듈 방식과 물리 법칙에 따른 근본적인 제약이 그것이다. 물리적 기술은 그 둘의 성격을 다 가지고 있다. 이미 앞에서 물리적 기술의 모듈 방식에 대해서 보았고, 물리적 기술은 분명 물리 법칙의 제약을 받는다. Kauffman(1995a), pp. 191~206, 그리고 (1995b) 참조.

16 앞의 책 참조.

17 Ziman(2000), pp. 3~12, 41~51 참조.

18 연역적 추론은 Donald Campbell(1960)의 창조적 사고 프로세스에 있어서 맹목적 변이와 선택적 유보의 역할에 대한 아이디어로부터 빌려 온 것이다. 또한

Herbert Simon(1996) pp. 51~83의 의도적 적응 참조. 여기에 더하여 Boyd &Richerson(1985)은 그들의 '편기된 전달(biased transmission)' 아이디어를 캠프벨의 결과를 활용하여 창안하였다. Aldrich(1999), pp. 22~26은 의도적인 변이와 맹목적인 변이를 구분한다. 디자인 프로세스의 진화와 관련된 일반적 개관을 위해서는 Braha&Maimon(1998), pp. 19~84 참조. 또한 Kauffman(1995a), p. 202는 적합도 지형에서 인간의 기술적 진화는 의도적인 생각과 시험의 결과라고 한다.

19 과학의 발전에도 불구하고 반복적 실험은 중요하다. 가장 복잡한 디자인 문제들은 연역적으로 추적하기가 불가능하다. 디자인 문제가 다항식으로 풀 수 있는지 보기 위해서는 Braha&Maimon(1998), p. 25 참조.

20 포스트잇의 개발과 관련된 이야기는 3M사의 웹사이트 www.3m.com 참조. Post-it은 3M사의 등록 상표임.

21 Petroski(1992), p. 22 참조.

22 많은 사람들은 이 이야기가 도시에서 떠돌고 있는 전설 혹은 인터넷에 돌아다니는 것쯤으로 생각한다. 그러나 이것은 그 사고가 난 뒤 1982년 7월 3일 『뉴욕타임스』에 보도된 것이다. 그리고 같은 해 12월 19일 그 일로 연방 항공청에서 벌금을 부과했다. 그 후 그의 인생과 비행에 대한 꿈을 그린 희곡이 발표되었다.

23 이것은 Simon(1996)의 아이디어를 빌린 것이다.

24 Mokyr(1990)(2000), Ziman(2000)에 실린 Mokyr, pp. 52~65 참조.

25 벽돌의 역사 외 벽돌 디자인 사진을 보려면 Campbell&Pryce(2003) 참조.

26 Foster(1990) 참조.

27 Kauffman(1995a), pp. 202~206 참조. 카우프만은 학습 곡선이라는 용어를 기술 투자의 수확 체감 현상을 설명하기 위해 사용한다. 그러나 경영학에서 학습 곡선은 생산이 축적되면서 생산비가 감소한다는 의미로 쓰인다. Foster(1986)에 따르면 카우프만이 말하는 현상은 S커브를 의미한다고 하겠다. 이럴 경우 카우프만의 주장도 옳다.

28 Henderson&Clark(1990) 참조.

29 당연한 질문은 왜 기존의 기업이 두 가지 전략을 다 쓰지 않느냐이다. 왜 그들은 지금의 정상적인 위치를 충분히 활용하면서 동시에 새로운 탐색을 하지 않는가? Henderson&Clark(1990)는 이에 대해 내부의 조직적 장벽 때문이라고 한다. 이 문제는 이 책의 후반에서 상술할 것이다.

30 과학 혁명에 대해서는 Jardine(1999), Dear(2001), 그리고 Gribbin(2002) 참조.

12장

1 Easterly&Levine(2002) 참조. 그들은 국가 간 경제적 성과의 차이를 제도로 설명하였다. 이러한 제도는 내가 말하는 사회적 기술에 포함된다.

2 Lewis와 그의 동료들(2002), Johnson(2002) 참조. 또한 맥킨지 웹사이트에서

'US Productivity Growth 1995∼2000' 참조. 경영 기법의 거시 경제적 영향에 대해서는 Dorgan&Dowdy(2002) 참조.

3 사회적 기술이라는 용어를 처음 소개한 것은 Nelson(2003)이다. 사회적 기술의 기본 의미는 같으나 구체적인 정의는 나의 아이디어이다.

4 North(1990) 참조. 제도에 대한 다른 정의를 개관하려면 Scott(2001) 참조.

5 1970년대 말, 1980년대 초 허버트 사이먼, 리처드 넬슨 그리고 시드니 윈터는 조직 디자인은 진화적 탐색 과정의 결과라고 하였다. Simon(1996), pp. 139∼167은 경제적 제도에 대해 보았고, Nelson&Winter(1982)는 기업을 대상으로 보았다. 제도에 대한 진화적 관점을 보려면 Loasby(1999), Hodgson(2002), 그리고 Bowles(2004) 참조.

6 Krames(2002) 참조.

7 Wright(2000)는 주요 사회적 기술의 변화에 대한 분석을 하였다.

8 좀 더 자세한 것은 Diamond(1997), pp. 83∼193 참조.

9 자세한 설명은 Freeman and Soete(1997), pp. 141∼148 참조.

10 앞의 책, pp. 137∼138 참조.

11 Chandler(1962) 참조.

12 사회적 규범과 제도의 진화를 이해하는 데 있어서 게임 이론은 매우 중요한 역할을 해왔다. Axelrod(1984)(1997a), Skyrms(1996), Young(1998), Gintis(2000), 그리고 Bowles(2004) 참조.

13 Wright(2000) 참조.

14 Wright(1994), p. 194에서 찰스 다윈의 자서전을 인용한 것을 재인용.

15 이 책이 영화보다 더 잘되었다. Sylvia Nasar(1998)의 내시 전기 참조.

16 협동적 행동, 특히 이타적 행동의 진화에 대해서는 진화론적 생물학자나 사회과학자들 사이에 아직도 논쟁의 대상이 되고 있다. 이에 대해서는 Sober&Wilson (1998), Seabright(2004) 참조. 저자는 Dawkins(1976), Maynard Smith(1982)와 의견을 같이한다.

17 Lindgren&Nordahl(1994), Arthur와 그의 동료들(1997), pp. 337∼367 참조.

18 협상 게임 결과에 대한 개관을 위해서는 Kagel&Roth(1995), pp. 253∼348 참조. 최후통첩 게임 결과의 문화별 차이에 대해서는 같은 책, pp. 282∼288, Henrich와 그의 동료들(2004) 참조.

19 협동적 행동의 진화적 관점에 대해서는 Axelrod(1984)(1997), Wright(1994), Ridley(1996), Pinker(1997), Buss(1999), Skyrms(1996), Sober&Wilson(1998), 그리고 Gintis와 그의 동료들(2005) 참조.

20 Fukuyama(1995), Harrison&Huntington(2000), 그리고 Maynard Smith (1982), Axelrod(1997b) 참조.

21 Sober&Wilson(1998) 참조.

22 초기 인류는 한 남자가 여러 여자와 혼인하는 일부다처제를 취했다. 이는 다수의 남자가 다수의 여자와 동시에 결혼하는 제도와는 다르다. 이에 대해서는 Wright(1994), pp. 155∼180 참조.

23 Wright(2000), pp. 30~31 참조.

24 Diamond(1997) 참조.

25 Seabright(2004) 참조.

26 Wright(2000), pp. 33~35 참조.

27 Wright(1994) 참조.

28 Wright(2000), p. 33 참조.

29 앞의 책, pp. 39~41이 지적하듯이 인류학자들은 쿵(Kung)과 쇼숀(Shoshone) 같은 사회를 '비교적 덜 계층구조적인 사회'라고 한다. 이는 '평등 사회'라기보다는 '덜 복잡한 사회'로 보아야 한다는 것이 그의 주장이다. 유럽인들이 들어오고 비옥도가 떨어지는 토지도 생기면서 이들 사회 계층 조직의 복잡성이 줄어들었다는 것이다.

30 Easterly&Levine(2002) 참조.

31 언어의 진화에 대해서는 11장 주2 참조.

32 조직에 대한 정보-전산적 관점이 처음 제기된 것은, 논란이 있기는 하나, Herbert Simon(1992, 1996)이 아닌가 싶다. Cyert&March(1992)도 이 분야의 초기 연구자이다. 최근의 예로는 Prietula와 그의 동료들(1998), Kennedy&Eberhart(2001), Monge&Contractor(2003) 등이 있다.

33 Hutchins(1996) 참조.

34 Jay(2000), p. 38 참조.

35 앞의 책, pp. 121~122 참조.

36 Micklethwait&Wooldridge(2003) 참조.

13장

1 물론 생물학에서 진화의 단위가 유전자라고 하는 것은 너무 단순화한 측면이 있다. 이 문제는 아직도 연구가 더 되어야 할 부분이다. 그러나 앞으로도 나는 도킨스의 유전자적 관점에서 본 선택 과정을 따르기로 한다.

2 Nelson(1995), Hodgson(2002), Knudson(2002) 참조.

3 Dawkins(1976)(1982) 참조.

4 모범 사례 경영 연구와 비즈니스 스쿨에 대한 사례 연구는 사람들이 사후적으로는 모듈을 찾아내는 능력이 있다는 것을 보여 준다. 예로서 기업 경영자 웹사이트 www.executiveboard.com 참조.

5 'Routines'의 원래 의미를 이해하려면 Nelson&Winter(1982), p. 14 참조. 그리고 좀 더 자세히 알려면 Cohen&Sproull(1996) 참조. memes의 정의에 대해서는 Dawkins(1976), p. 192, memetics에 대해서는 Dawkins(1982), Dennett (1995), Lynch(1996), Brodie(1996), Blackmore(1999) Aunger(2000), 그리고 Shennan(2002) 참조. 분화적 진화 등에 대해서는 Boyd&Richerson(1985), Dunbar&Knight&Power(1999), Balkin(1998), Klein&Edgar(2002),

Plotkin(2002), 그리고 Boyd & Richerson(2005) 참조.

6   Amazon.com에는 사업 계획의 작성과 관련된 9만 7,041권의 책이 올라와 있다. 대강 들여다본 결과 이들은 대부분 똑같은 형식을 따르고 있었다.

7   Collins & Porras(1994), pp. 140~168 참조.

8   Niehans(1990), p. 447 참조.

9   이 점에 대해서는 Hayek(1948)(1988)과 의견을 같이함.

10 Wright(2000) 참조.

11 Cameron&Neal(2003). 시장의 역사에 관해서는 McMillan(2002), 그리고 Bevir &Trentmann(2004) 참조.

12 Baumol(2002) 참조.

13 Chandler(1977) 참조.

14 이러한 맥락에서 내가 사용하는 자원의 개념은 경영학 문헌에 흔히 사용되는 것과 일치한다. 예로서 Wernerfelt(1984)(1995), 그리고 Segal-Horn(1998)의 Robert Grant, pp. 179~199, 참조.

15 Nelson & Winter(1982), pp. 119~121, Nelson(1995), p. 69 참조.

16 이 점은 Nelson(1995)이 강조하고 있다.

17 배분에 대한 강조는 대개 맞지만 어떤 전통 경제학자들은 혁신에 있어서 시장의 역할도 강조한다. 일반적으로 그러한 접근은 시장 균형이 어떻게 혁신의 동기를 부여하며 혁신자에게 자원을 배분하는지를 보여 주고자 함이다. 예로서, Aghion&Howitt(1998)과 Baumol(2002) 참조.

18 Gintis(2003) 참조.

19 Axtell(2002)(2003) 참조.

20 Baumol(2002)의 제목에서 따온 것임.

21 Kahneman & Diener & Schwarz(1999), 그리고 Schwarz(2004) 참조.

22 V. Havel의 『Summer Meditations』(New York: Alfred A. Knopf, 1992), p. 62에서 따옴. 그리고 McMillan(2002), p. 7에서 인용.

23 Campbell(1960) 참조. 진화적 인식론에 대한 최근의 논의에 대해서는 Plotkin (1993), Ziman(2000) 참조.
    과학 이론의 진화에 대해서는 Hull(1988) 참조.

24 Cameron & Neal(2003), pp. 154~155 참조.

25 Johnson(1997) 참조.

26 앞의 책, pp. 94~95 참조.

27 앞의 책, p. 94 참조.

14장

1   그의 전기에 대한 자세한 내용은 뉴욕 뉴스쿨 대학의 웹사이트 http://www.cepa.
    newschool.edu 'History of Economic Thoughts'에서 따옴.

2 게오르게스쿠-뢰겐의 비판은 그의 저서 『Analytical Economics: Issues and Problems』(Cambridge, MA: Harvard University Press, 1966)의 서문에서 볼 수 있다.

3 Georgescu-Rogen(1971) 참조.

4 Teilhard de Chardin(1969), 그리고 Wright(2000)에 실린 샤르댕의 일에 대한 토론 참조.

5 Hayek(1960)(1988), Boulding(1978) 참조.

6 Schneider & Sagan(2005) 참조.

7 Kauffman(1995a), pp. 44~45에서 인용.

8 Georgescu-Roegen(1971), p. 18 참조.

9 Roegen(1971), Daly(1999), 그리고 Mirowski(1989) 참조.

10 Daly(1999), p. 78~79에서 재인용.

11 게오르게스쿠-뢰겐은 20년 이상 반복적으로 스티글리츠와 솔로(이들을 전통 경제학의 대표적인 학자로 보고)에게 토론을 하자고 도전했다. 그러나 그들은 거절했다. 그가 죽고 난 다음 솔로는 결국 그가 제시한 문제에 대한 답을 하기로 했다. 날선 토론이 오갔다. 그 내용에 대해서는 독자들이 직접 판단할 수 있을 것이다. 그 토론이 처음 실린 것은 『Ecological Economics』 22, no. 3(1997, 9), pp. 271~273, 그리고 Daly(1999), pp. 85~89에서 재인용.

12 원칙적으로는 맞지만 게오르게스쿠-뢰겐은 환경에 대한 종말론적 논조 때문에 신뢰를 잃었다. 예를 들어, Georgescu-Roegen(1971, p. 21)은 2000년 말 인류는 인공 단백질에 의존하게 될 것이며 언젠가 석유의 고갈로 다시 동물 에너지를 써야 할 때가 올 것이라고도 했다.

13 게오르게스쿠-뢰겐은 계량경제학자인 Harold T. Davis의 1940년 논문과 그의 J. H. C. Lisman(앞의 책, p. 17)에 대한 비판을 예로 든다. 물리학자도 경제학자와 마찬가지로 잘못된 표현을 쓴다는 것을 보여 주기 위해 Mirowski(1989, p. 367)는 1983 논문에서 Robert Bordley를 예로 들었다.

14 Mirowski(1989), p. 382에서 인용.

15 앞의 책, p. 383에서 인용.

16 게오르게스쿠-뢰겐의 어떤 주장은 이상하기도 하고 현대인이 보기에는 틀리기도 하다. 엔트로피에 대한 그의 견해는 1980년대와 1990년대에 발전되어 온 정보 이론을 전혀 고려하지 않고 있으며 진화에 대한 그의 견해도 컴퓨터의 발달로 진화 이론의 수학적 탐색과 알고리즘적 시각의 발달이 가능해지기 이전에 나온 것이다. 그럼에도 그의 주장의 전반적인 내용은 아직도 영향력을 가지고 있다.

17 A. S. Eddington, 『The Nature of the Physical World』(New York: MacMillan, 1930), p. 74, 그리고 Haynie(2001), p. xii에서 인용.

18 Georgescu-Roegen(1971), pp. 6, 11, 196~198, 278 참조.

19 앞의 책, p. 277 참조.

20 앞의 책, p. 18 참조.

21 Keizer(1987)에서 기브스의 앙상블에 대한 토론과 Onsager-Boltzmann 방

정식 참고.

22 고정된 일단(一團)의 별에 대한 대조점(reference point)을 설정할 수 있을 때 우리는 시간의 방향을 구별할 수 있다. 그러나 우리가 궤도의 위치에 대해 사전적으로 정확히 알아야 이 정보도 유용성을 갖는다. 우리는 과정이 비가역적이라고 말할 수 있다. 왜냐하면 우리의 태양계에 대해서 아무것도 모르는 외계의 물리학자는 전방 궤도와 후방 궤도를 구분할 수 없기 때문이다. 반면에 열역학 제2법칙을 잘 아는 외계 물리학자는 우유병이 깨지는 영화 장면(느린 화면 같은)과 시간의 흐름을 구분할 수 있을 것이다.

23 시간의 방향성, 그리고 매크로 레벨과 퀀텀 레벨에서 시간의 관계는 매우 복잡한 이슈로서 계속 진행 중인 연구 과제. 이에 대한 일반인 수준의 설명은 Prigogine (1996)과 Deutsch(1997) 참조.

24 Baeyer(1998), p. 133에서 따옴.

25 '맥스웰의 도끼비'에 대한 역사는 Baeyer(1998) 참조.

26 비가역성의 문제는 전통 경제학에서 명시적으로 다루지 않고 있다. 그러나 비가역성의 렌즈를 통해 전통 경제학 이론을 보면 재미있는 모순점을 발견하게 된다. 예를 들어, 거래는 발라 옥션에서 보는 것처럼 대개 비가역적인 것으로 되어 있다. 그러나 신고전학 생산 함수(예를 들어, 코브-더글러스 생산 함수)는 본질적으로 역행이 가능하다. 그러므로 신고전학파 이론에 '시간의 방향'을 주는 것은 시스템을 균형 상태에서 벗어나게 하는 효용의 배분, 그리고 부존 자원 혹은 외부의 쇼크밖에 없다. 그렇게 되면 비가역적 거래를 통해 효용이 경제를 앞서 당기게 된다는 것이다('Hicksian Week' 같은). 효용으로 인한 이러한 미시적 비가역성이 거시적 비가역성으로 전환되지는 않는다는 점이 흥미롭다. 대개의 거시 모형은 시간적으로 가역적이거나(솔로의 성장 모형), 시간의 방향이 외부로부터 주어진다(디아먼드의 Overlapping Generation Model). 이로서 전통적 미시 경제학 이론과 거시 경제 이론 간에 일관성이 없음을 알 수 있다.

27 이 문제를 지적하여 준 데 대하여 미시간 대학의 코스마 셸리지에게 감사한다. 데닛과 랜다우어의 연구 결과는 von Baeyer(1998), pp. 152~155에서 볼 수 있다.

28 산타페 연구소의 에릭 스미스와 뉴스쿨 대학의 던컨 폴리는 소비자가 거래에 대해 무차별적이고 효용이 불변인 시점에서 가역적 거래를 일으킬 수 있다는 것을 보여 주었다. 그러나 그러한 거래는 가치의 창출 조건을 만족시키지 못한다. Smith&Foley(2002) 참조.

29 물리학자 레오 스질라드의 1920년대 연구와 그 후 1950년대 레온 브릴루인이 발전시킨 연구 결과는 정보의 획득이 엔트로피의 증가를 초래하는 것과 시간의 방향성을 이론적으로 보여 주었다. von Baeyer(1998), pp. 146~152 참조.

30 반달족처럼 파괴를 재미로 삼는 사람에 대한 문제를 제기할 수 있다. 그러한 사람은 심리적 욕구를 충족시키지만 경제적 가치를 창출하는 것은 아니다. 사실, 납세자는 그런 사람들을 막으라고 세금을 낸다. 사회적인 관점에서 본다면 반달족은 가치 파괴자들이다.

31 이러한 폭파라는 중간 단계를 따로 떼어 놓고 이를 일종의 전환이라고 본다면, 물리적 건물이라는 엔트로피는 증가하나 폭파 기업은 성장하고, 고용을 늘리면서 조직 확장, 장비 구입, 폭파에 대한 지식 창출 등으로 그 기업의 엔트로피는 감소하게 된다. 따라서 경제 전체에서 부분적인 엔트로피는 감소하고 건물의 잔해가 환경으로 돌아가면서 우주 전체의 엔트로피는 늘어난다.

32 이러한 사례를 제안한, 2002년 '미시간 대학 SFI 복잡성 워크숍' 참석자들에게 감사한다.

33 이 예는 von Baeyer(1998), pp. 157~158에서 따온 것임.

34 Bowles(2004), pp. 93~126은 선호 이론과 실험 경제학의 행동 규칙을 상호 접목하려는 노력에 대해서 개관하고 있다. 그러나 내가 아는 한 선호 이론과 진화심리학을 접목시키려는 시도는 없었다(Buss, 1999). 여기서는 이에 대한 나의 대략의 생각을 설명하고자 한다.

35 진화심리학의 개관을 위해서는 Wright(1994), Pinker(1997)(2002), Ridley(1997), 그리고 Buss(1999) 참조. 진화심리학에 대해서는 아직 논란이 있다. 반대 의견은 Rose&Rose(2001) 참조.

36 Wright(1994) 참조.

37 미국 노동부, 「Bureau of Labor Statistics」, 『Consumer Expenditures in 2000』(2002. 4) www.bls.gov에서 얻을 수 있음.

38 Abul-Magd(2002) 참조.

39 Pinker(1997), pp. 374~378 참조.

40 앞의 책, pp. 378~385 참조.

41 Wright(1994) 참조.

42 영국 통신 회사 BT Cellnet가 지원한 연구, Fox(2002) 참조.

43 노르웨이 통신 회사 Telenor의 조사. www.telenor.no/fou/program/nomadiske/artikler.shtml 참조.

44 Pinker(1997), p. 522 참조.

45 앞의 책, pp. 521~538 참조.

46 Laland&Odling-Smee&Feldman(2000), 그리고 Bowles&Gintis(2002) 참조.

47 가장 오래된 악기는 3만에서 3만 2천 년 전에 새 뼈로 만든 플루트다. 그 플루트는 독일과 프랑스의 남부 동굴에서 발견되었다(Klein&Edgar, 2002, pp. 194~195). 음악 감상의 진화에 대해서는 Pinker(1997), pp. 528~538 참조.

48 Georgescu-Roegen(1971), pp. 283~291 참조.

49 Dawkins(1976)(1998), Dennett(1995), 그리고 Wright(2000) 참조.

50 Kahneman과 그의 동료들(1999), 그리고 Layard(2005) 참조.

51 이에 대한 논의로서 Wright(2000) 참조. 인간 진화와 관련된 우위의 원천으로서 경제 활동에 대해서는 Horan&Bulte&Shogren(2005) 참조.

52 역사적으로 신고전파 경제학은 지식을 외생 변수로 취급하였으나 경영, 조직론, 사회학 연구자들은 지식을 연구의 중심에 두고 있다. 특히 1950년대 Edith

Penrose(1959)는 지식과 조직적 학습이 기업의 부 창출에 얼마나 중요한지에 대해 설명하였다. 이는 전략과 조직에 있어서 지식과 학습의 역할에 관한 연구를 촉발시켰다. 이에 대해서는 Cohen&Sproull(1996), Mintzberg&Ahlstrand &Lampel(1998), pp. 175~231, 그리고 Pettigrew&Thomas&Whittingt on(2002)의 Eisenhardt&Santos, pp. 139~164 참조.

53 진화적 인식론에 대해서는 Plotkin(1993) 참조.

54 Gould(2002) 참조.

55 과학적 법칙에 대한 나의 정의는 너무나 복잡한 주제를 매우 단순화하였다. Hausman(1994), pp. 10~15, 그리고 Cartwright(1999), pp. 49~74 참조.

15장

1 1920년대 프랭크 나이트는 확률이 알려진 위험과, 확률을 알 수 없는 불확실성을 구분하였다. 확률 분포를 알 수 없는 불확실성은 모형화할 수 없었기 때문에 이는 균형의 이론적 틀로서는 문제가 되었다. 이 문제에 대한 해결책은 1954년 레오나르드 새비지가 그의 저서 『The Foundations of Statistics』에서 제시하였다(New York: John Wiley&Sons). 새비지는 행위자가 잘 정의된 확률적 신념을 가지고 있는 것으로 모형화할 것을 제안하였다. 새비지의 주관적 확률 이론은 그 후 전통 경제학에서 불확실성을 모형화하는 표준 기법이 되었다. Mas-Colell&Whinston&Green(1995), pp. 167~215 참조.

2 이것이 단기 예측을 개선하거나 혹은 장기 예측이 적중할 확률을 높일 수 있다는 것을 부정하는 것은 아니다. 자료 수집, 전산 모형, 그리고 복잡한 현상의 과학적 이해가 개선되면서 날씨와 경제 같은 복잡한 시스템을 예측하는 것도 개선될 것이다(「And Now, the War Forecast」, 『Economist Technology Quarterly』, 2005, 9. 17. pp. 21~22 참조). 오히려 앞서 살펴본 대로 복잡계 이론은 그러한 시스템의 경우 장기적 예측에 기본적인 한계가 있다는 점을 보여 준다.

3 적합도 지형에서 탐색은 대개 'NP Complete' 문제로 간주된다. NP Complete 문제에 대해서는 Flake(1998) 참조. NP Completeness와 적합도 지형에 대해서는 Weinberger(1996) 참조. 진화 예측의 어려움에 대해서는 Grant& Grant(2002) 참조.

4 이와 관련한 조사는 Mintzberg&Ahlstrand&Lampel(1998), 그리고 Pettigrew &Thomas&Whittington(2002) 참조.

5 Chandler(1962), p. 13 참조.

6 불행히도 전략에 관한 문헌에 나온 견해와 접근법을 다 살펴볼 여유가 없다. 일반 독자를 위한 개관서로서 Mintzberg&Ahlstrand&Lampel(1994) 참조. 전문적인 문헌으로는 Rumelt&Schendel&Teece(1994), 그리고 Pettigrew&Thomas &Whittington(2002) 참조. 전략은 기업, 컨설팅, MBA 과정 등에서 광범위하게 응용되므로 여기서는 관점 정립 차원에서 전략 혹은 구조로서의 전략에 초점을

맞춘다. 자원 기반 기업관에 대해서는 이 책의 후반에서 보기로 한다.

7 경쟁 우위 개념은 Joe Bain의 『Industrial Organization』(1959), Igor Ansoff의 『Corporate Strategy』(1965)로 거슬러 올라간다. Porter(1980)(1985)는 그 후 이를 경전에 가까운 용어로 만들어 놓았다. Pettigrew&Thomas&Whittington(2002), pp. 55~71 참조.

8 앞의 책, pp. 55~71 참조.

9 Ghemawat(1991) 참조.

10 머리 겔만은 2001년 2월 16일 맥킨지사의 런던 지사에서 이 이야기를 하였다. 보통 하듯이 머리는 이 이야기에 대해 조사를 철저히 했다. 다음에 이 이야기에 대한 사실들은 내가 확인하였다. 그러나 빌헬름 왕자가 담배를 입에 물었는지 손에 들었는지에 대해서는 논란이 있다.

11 Gell-Mann(1994), pp. 133~134 참조.

12 소제목은 야구 선수 요기 베라의 말을 인용한 것이다(www.yogi-berra.com).

13 시나리오 분석에 관해서는 van der Hijden(1996), 그리고 Schwartz(1991) 참조. 불확실성하에서의 전략에 대해서는 Courtney(2001) 참조.

14 전통 경제학의 불확실성에 대한 접근 방법에 대해서는 Mas-Colell과 그의 동료들(1995) 참조.

15 귀납적 시스템에서 사격의 법칙은 과거의 성공에 의해 가중치가 주어진다(Holland와 그의 동료들(1989)에 설명되어 있음). 따라서 안정된 환경이 오래 계속되면 법규의 구조가 세세해지고, 구체화되며 가중치가 높아져 적응 능력을 상실하고 만다.

16 기업의 성장, 규모, 그리고 성과에 있어서 거듭제곱 법칙의 증거는 Lee와 그의 동료들(1998), Axtell(2001), 그리고 Powell(2003) 참조. Camerer와 그의 동료들(2004), pp. 9~12는 사람들이 확률 판단을 형성하는 경험적 과정과 이러한 과정이 초래하는 오차에 대해서 설명한다.

17 Foster&Kaplan(2001), 3장도 이와 유사한 시나리오를 설명한다.

18 이에 대한 역사는 Micklethwait&Wooldridge(2003) 참조. 이 회사를 이어 동인도회사라는 이름으로 차, 커피 등 무역을 하는 조그만 회사가 아직 있다.

19 경쟁 우위의 상대적 지속 가능성은 1980년대 이래 전략 분야의 논쟁 주제였다. Wiggins&Ruefli(2005)는 실증 분석의 역사와 논쟁의 내용을 개관한다. Wiggins&Ruefli(2002)는 경쟁 우위의 일시성에 대한 증거를 제시한다.

20 Foster&Kaplan(2001) 참조.

21 인수 합병의 경우 소유권은 바뀌더라도 인수된 기업의 자산은 없어지지 않는다. 그러나 제3부의 분석 틀에 따라 자산은 다른 기업의 통제 하에 들어가므로 나는 이것을 '리스트에서 탈락'하는 것으로 본다. 인수 합병의 과정은 성공적 기업이 자원 통제의 범위를 확대해 가는 하나의 메커니즘이다.

22 포스터와 캐플런이 사용한 성과 측정 방법은 배당을 재투자했을 때 주주에게 돌아오는 총수익이다. 다른 방법을 사용하여(자산 수익) 두 가지 연구를 결합함으로써 Wiggins&Ruefli(2002)는 살아남았을 뿐 아니라 1950~1997 기간 중 성과가 계속 우수했던 세 개의 기업을 찾아냈다. 아메리칸 홈 프로덕츠, 엘리 릴리, 그

리고 3M이다. 이로써 오래 생존하고 성과를 잘 낸다는 것이 얼마나 어려운지를 보여 준다.

23 Wiggins & Ruefli(2002)(2005) 참조.

24 성과는 자산 수익과 토빈(Tobin)의 q로 측정하였다. 여기 나온 결과들은 자산 수익이다.

25 경쟁 우위 그 자체는 관찰할 수 없다. 그래서 위긴스와 뤼플리는 경쟁 우위는 산업과 관련하여 장기적, 지속적, 탁월한 성과를 가능케 한다는 가설을 테스트하였다. 경쟁 우위는 관찰할 수 없다는 특성 때문에 그것이 과학적 타당성이 있는지, 테스트 가능한 것인지에 대해 오랜 논쟁이 있었다. 이에 대해서는 Powell(2002) 참조.

26 T. 뤼플리와의 이메일 교신, 2005년 9월 25~26일.

27 『Red Queen Principle』(여기서는 Red Queen Race로 응용하였음)을 이러한 현상에 처음 적용한 것은 시카고 대학 생물학자 Leigh van Valen, 「A New Evolutionary Law」, 『Evolutionary Theory 1』 (1973): 1~30. Kauffman(1995b)은 Red Queen Race를 생물학과 경제학에 적용한 바도 있다.

28 1980년대 중엽 이후 전략 분야는 구조와 자원이라는 두 캠프로 나누어졌다 (Wernerfelt, 1984와 1995; Henderson & Mitchell, 1997; Pettigrew & Thomas & Whittington, 2002; 그리고 Hoopes & Madsen & Walker, 2003). 진화론적 관점에서 이러한 이분법은 '본성(선천) 대(對) 교육(후천)'과 같이 옳지 못하다는 것이다. 사실 그것은 기질만 다를 뿐 똑같은 오류의 이분법이다. 전략 분야 문헌에서 말하는 자원은 하나의 사업(상호 작용자에 해당)에서 사업 계획(도식에 해당)의 한 측면을 말한다. 그리고 구조는 사업이 이루어지는 환경이라고 할 수 있다. 진화론적 관점에서 보면 사업 계획은 환경으로부터의 선택 압력에 대응하면서 진화하는 것이고, 환경은 기업들이 추진하는 전체 사업 계획들로 구성된 함수이다(이것이 진화 이론이 말하는 니치 구성이다). 그러므로 사업 성과를 자원의 함수 혹은 구조의 함수라고 할 수 없다. 오히려 자원과 구조는 동태적으로 공진화하면서 시간을 두고 서로를 창출한다. Mintzberg & Ahlstrand & Lampel(1998)의 분류에서 진화적 관점은 전략에 관하여 디자인, 기획, 위치 설정 학파들을 거부한다. 여기서의 관점은 기업가, 인지, 학습, 권력, 문화, 환경 그리고 배치(configuration) 관련 학파들과 여러 요소를 같이할 뿐 아니라 그러한 요소들을 종합한다. 복잡계 경제학이 이러한 개별 이론과 의견을 같이하는 것은 아니지만 여러 문헌에 나타난 많은 실증적 분석에 대한 이론적인 기반을 제공한다.

29 T. 뤼플리, 저자와의 이메일 교신. 2005. 9. 25~26. 이들 기업들에 대한 성과 측정은 자산 수익이다.

30 Hannan & Freeman(1977)(1984)(1989), 그리고 Hannan & Carroll(1992) 참조.

31 Foster(1986), pp. 132~135, Tushman & O'Reilly(1997), pp. 17~25 참조.

32 Hannan & Freeman(1989), 그리고 Baum & Singh(1994) 참조.

33 Foster & Kaplan(2001), p. 20 참조.

34 대개 기업의 전략 추진은 적응을 목적으로 하는 것이 아니었지만 진화는 1980년

대 초부터 경영학자들의 주목을 받아 왔다. Boyd & Richerson(1985)의 문화적 진화에 대한 아이디어, 경제학의 Nelson & Winter(1982), 그리고 인식론의 Campbell(1960) 등을 바탕으로 경영학자들은 진화적 관점에서 전략을 보기 시작하였다. 특히 스탠퍼드 대학교 경영대학의 로버트 버겔먼은 이 분야의 연구를 선도하였다. Burgelman(1983), Barnett & Burgelman(1996) 참조. 진화는 일반인을 위한 경영학 서적에서도 간혹 등장하였다. Peters & Waterman(1982), p.114와 Hamel(2000), pp. 264~269, 297~306 참조.

35 전략을 실제 옵션으로 생각하는 아이디어는 처음 Avinash Dixit and Robert Pindyck(1994)에서 나왔다. Beinhocker(1999)에서 나는 옵션 포트폴리오를 만드는 것을 적합도 지형에서의 진화적 탐색이라고 보았다. 맥킨지사의 Lowell Bryan(2002)는 'portfolio of initiatives'라고 하여 이것이 경영 실무에 대해 갖는 의미를 탐색하였다.

36 Beinhocker(1999)에서 따옴.

37 Beinhocker & Kaplan(2002)에서 따옴.

38 이 주제에 대한 내 생각은 오늘날 'Frameworks'라고 알려진 하나의 과정에 대하여 리처드 포스터와 세라 캐플런이 존슨앤드존슨과 공동으로 수행한 연구로부터 영향을 받은 것이다. Foster & Kaplan(2001), 제11장 참조.

39 Mintzberg & Ahlstrand & Lampel(1998), pp. 176~231 참조.

40 Real option과 전략에 대해서는 Dixit&Pindyck(1994), Copeland&Keenan(1998), 그리고 Leslie&Michaels(2000) 참조.

41 Bryan(2002) 참조.

42 탐색과 활용 간의 긴장은 Peters&Waterman(1982), March(1991), Collins&Porras(1994), Tushman&O'Reilly(1997), 그리고 Foster&Kaplan(2001) 참조.

43 Bryan(2002)은 이를 친밀도(familiarity)라고 하였다.

44 Wiggins & Ruefli(2002), p. 95 참조.

45 열망에 관한 입문서로는 Collins & Porras(1994), Tushman & O'Reilly(1997), 그리고 Lencioni(2002)를 권함.

46 Collins & Porras(1994), p. 94 참조. 나는 우수한 기업이 있다는 가정(장기 생존과는 반대되는)에 대해 비판하였으나, 그래도 여전히 『성공하는 기업의 8가지 습관』과 같이 기업 행태에 관한 심층적 연구가 기업이 개발한 사회적 기술에 대한 통찰력을 던져 줄 수 있다고 믿는다.

47 Collins & Porras(1994), p 95에서 인용.

48 Welch(2001) 참조.

49 벌의 화밀 탐색 행동에 대해서는 Camazine과 그의 동료들(2001), pp. 188~215 참조.

50 캐피털원의 J. 돈헤이와 G. 오버홀저의 발표에서 인용(Embracing Complexity Conference, Earnst & Young, Boston, 1998. 8. 2~4) 캐피털원의 접근에 대한 자세한 것은 Bonabeau & Meyer(2001) 참조.

51 Kaplan과 동료들(1996) 참조.

52 나는 모험 자본가적 사고방식을 옹호하는 것이지 기업의 벤처 투자를 옹호하는 것은 아니다. 대부분 기업들의 그러한 노력들은 실망스러운 것이었다. Campbell과 그의 동료들(2003) 참조.

53 Hamel(2000) 참조.

54 Berzins와 그의 동료들(1998), p. 7 참조.

16장

1 이 이야기는 이 두 회사의 웹사이트(www.westinghousenuclear.com, www.ge. com)와 Collins&Porras(1994), Slater(1999), 그리고 Welch(2001)에 근거함.

2 Welch(2001), Collins&Porras(1994) 참조.

3 Collins&Porras(1994) 참조.

4 Slater(1999), Welch(2001) 참조.

5 Krames(2002), Slater(1999) 참조.

6 이에 대한 예와 관련 연구 결과는 Arrow(1974), Simon(1997), Williamson&Winter(1991), Jensen(1998), Hatch(1997), Penrose(1959), Williamson(1990), Cyert&March(1963), Astely와 그의 동료들(1983), Koza&Thoenig(1995), 그리고 Giddens(2001) 참조. 포스트모던 시각에 대해서는 Hatch(1997) 참조.

7 예를 들어, Nelson&Winter(1982), Aldrich(1999), Dosi&Nelson&Winter (2000), Haken(2000), Lee와 그의 동료들(1998), Lesourne&Orléan(1998), Morecroft&Sterman(1994), Prietula와 그의 동료들(1998), Axelrod(1984) (1997a), Axelrod&Cohen(1999), Durlauf&Young(2001), Young(1998), 그리고 Monge&Contractor(2003) 참조.

8 Aldrich(1999) 참조.

9 Cyert&March(1992)는 조직 자체는 목적이 없다고 한다. 오직 개인들만 목적을 가진다는 것이다. 우리가 조직의 목적이라고 하는 것은 행위자들 간의 상호작용의 결과로 나타나는 현상이다. 체스터 바너드는 1938년 『The Functions of the Executive』(Cambridge, MA: Harvard University Press)에서 개인의 목적을 긍정적인 창발적 목적으로 조정하는 데 있어서 경영 계층 조직 역할의 중요성에 대하여 설명하였다. 바너드의 이론에 대해서는 Williamson(1995) 참조.

10 Aldrich(1999), p. 4 참조.

11 기업의 존재 이유에 대한 전통 경제학적 설명은 Roberts(2004), pp. 74~117 참조.

12 코스의 연구에 대한 최근의 개관은 Williamson&Winter(1993) 참조.

13 앞의 책, 그리고 Williamson(1995) 참조.

14 Holmström&Roberts(1998) 참조.

15 Camazine과 그의 동료들(2001), pp. 23~26 참조.

16 그들의 1988년 고전적 논문 「Organizational Learning」(Cohen&Sproull,

1996, pp. 516~540에 재수록)에서 레빗과 마치는 '조직 학습은 일상적이고, 역사 의존적이며, 목표 지향적'이라고 했다. 'Stimergistic' 학습은 이러한 정의와 맞다. 집단 학습에 대해서는 Hutchins(1996) 참조.

17 Wright(2000) 참조.

18 Axelrod&Cohen(1999), pp. 43~50 참조.

19 Peters&Waterman(1982). 뒤에서 보겠지만 조지프 슘페터와 이디스 펜로즈가 훨씬 먼저 이러한 이분법을 찾아낸 것으로 인정받고 있다.

20 Collins&Porras(1994), Foster&Kaplan(2001), Tushman&O'Reilly(1997) 참조.

21 March(1991) 참조.

22 예를 들면, HIV/AIDS 사태에 대한 대응에 있어서 보건 조직과 정부가 겪은 어려움 등이다. 「Help At Last」, 『The Economist』, 2003. 11. 29, p. 11 참조.

23 이것은 인간의 적응 능력 결핍의 유일한 이유가 아니다. 예를 들어, 사고 모형의 경직성 연구에 중요한 기여를 하였다.

24 예를 들어, 밥 우드워드의 『부시는 전쟁 중(Bush at War)』(New York: Simon& Shuster, 2002)와 리처드 클라크의 『모든 적들에 맞서(Against All Enemies)』 (New York: Free Press, 2004) 참조.

25 Lovallo&Kahneman(2003) 참조.

26 앞의 책, p. 5 참조.

27 Welch(2001), p. 106 참조.

28 Holland와 그의 동료들(1986), Holland(1995) 참조.

29 계층 구조가 나이와 경험이 많은 사람들로 압도되고 있다는 점을 감안할 때, 사고의 적응력과 의사 결정에 대한 연령과 경험의 영향에 대한 연구가 거의 없다시피 한 것은 놀랍다. Sternberg(1999), pp. 122~123은 이에 대한 실증적 증거를 요약하고 있으며, Holland와 그의 동료들(1986), pp. 250~254는 이 문제를 기본적인 계층 구조를 전제로 다루었다. 따라서 이 절에서 논의된 견해는 홀란드의 모형을 저자 나름대로 해석한 것이라고 할 수 있다. 앞으로 중요한 연구 분야가 될 것이다.

30 마거릿 대처의 1980년 보수당 전당 대회 연설 「Special Report: Politics Past (특별 보고서: 과거의 정치)」. 가디언 웹사이트 www.politics.guardian.co.uk에서 볼 수 있음.

31 Harrington(1998) 참조.

32 Krames(2002), p. 105 참조.

33 Page(1996) 참조.

34 Penrose(1959) 참조. 그러나 이러한 상쇄 관계를 처음 발견한 공은 슘페터의 1934년 저서 『Theory of Economic Development』로 가야 할 것이다.

35 Wernerfelt(1984)(1995), Barney(1991), Henderson&Mitchell(1997), Segal-Horn(1998), Mintzberg&Ahlstrand&Lampel(1998) 참조. 자원 기반 기업론에 대해서는 Dosi&Nelson&Winter(2000) 참조.

36 Penrose(1959) 자신은 진화 이론을 경제에 적용하는 데 대하여 비판적이었다. 그녀의 논문은 다윈주의의 현대적 이론이 발전되기 전에 나왔고, 생물학 이론을 단순한 표현 방법으로 활용하는 데 대하여 반대하였다. 그럼에도 그녀의 주장은 진화론적 사고와 매우 일치하며, 그녀 스스로도 그녀의 저서 제3판 서문에서 넬슨과 윈터 그리고 브라이언 로스비의 진화론적 견해에 대하여 긍정적인 평을 하였다.

37 Prahalad&Hamel(1990) 참조. 또 다른 예를 보려면 Baghai&Coley&White (1999) 참조.

38 행위자 간 상호 작용으로부터 출현하는 문화 시뮬레이션으로서 Prietula& Carley&Gasser(1998), pp. 3~22 참조.

39 1952년 연구에서 크뢰버와 클루크혼은 인류학과 사회학에 나오는 164개에 달하는 문화에 대한 정의를 인용하였다. 그 숫자는 분명 그 후 더 늘어났을 것이다. Boyd&Richerson(1985), p. 33 참조.

40 이 정의는 문화를 협의로 해석한 것이지만 Boyd&Richerson(1985), p. 2의 "문화란 인간 행동에 영향을 미치는 지식, 가치 그리고 다른 요소들을 교육과 모방을 통해 한 세대에서 다른 세대로 전달하는 것이다"와는 상통한다. 핵심적으로 다른 점은 나는 문화의 창발적 특성을 강조하고 지식과 가치 그 자체보다는 지식과 가치를 행동으로 전환시키는 인식 법칙에 초점을 둔다는 것이다. 끝으로 나는 모든 행동이 아니라 사회적 행동의 하위 행동에 관심이 있다. 문화는 행동으로 나타나고 사회적으로 학습되며 수직적(부모나 상급자를 통한) 그리고 수평적(동료를 통해)으로 전달된다는 점에서는 같다. 나의 정의는 문화에 대한 관습적 관점과도 배치되지 않는다. Balkin(1998), Aunger(2000), 그리고 Shennan(2002) 참조. 문화에 대한 관습적 관점에 대한 나의 입장은 불가지론적이다(그 내용을 잘 알 수 없다는 의미). 그러나 나의 입장은 문화의 진화론적 관점에 달려 있다. Dunbar와 그의 동료들(1999), 그리고 Klein&Edgar(2002) 참조.

41 규칙이 기업에 적용되는지 혹은 특정 사업에만 적용되는지를 물어봄으로써 우리는 문화적 규범과 지침을 구분할 수 있다(Nelson&Winter, 1982). 예를 들어 화학 회사는 화학 물질 생산, 판매 등과 관련된 여러 가지 규칙을 가지고 있을 것이다. 그러나 이러한 규칙은 사업 계획이 바뀌면 같이 바뀔 수 있기 때문에 지침이라고 할 수 있다. 동시에 이러한 규칙 중에는 구체적 사업이 아니라 회사 전체에 적용되는 안전 규칙도 있다. 그러한 규범은 지침이 아니라 회사의 안전 규칙이라고 할 수 있다. 문화적 규범과 사업 계획(지침 포함)은 공진화한다. 규범은 사업 계획 혹은 사업 지침의 기반이 되기도 한다.

42 인간에게 진화에 의해 유입된 공통의 규범이 있다는 생각에는 논란의 여지가 있다. 그러나 이를 강력히 지지하는 사람들도 있다. 이론적인 문헌으로 Katz(2000), 일반인을 위한 설명으로는 Wright(1994), Ridley(1996), Pinker(2002) 참조.

43 Henrich와 그의 동료들(2004) 참조.

44 톨스토이의 『안나 카레리나』 제1부 제1장에서 인용. 기업 문화와 그것의 기업 성과 및 적응력에 대한 영향에 관한 연구는 전문적인 것으로부터 일반인을 위한 것

까지 매우 다양하다. Deal&Kennedy(1982), Peters&Waterman(1982), Kotter&Heskett(1992), Schein(1992), Howard&Haas(1993), Collins& Porras(1994), Cohen&Sproull(1996), de Gues(1997), Tushman&O'Reilly (1997), Aldrich(1999), Cohen&Prusak(2001), Collins(2001), Welch(2001), Bower(2003), Roberts(2004) 참조.

45 Collins&Porras(1994), p. 147에서 인용.

46 바워의 이력에 대해서는 Edersheim(2004) 참조. 현재 맥킨지사의 가치에 대한 설명은 www.mckinsey.com에서 볼 수 있음.

47 Krames(2002) 참조.

48 Gardner(2004) 참조.

49 Krames(2002) 참조.

50 Collins&Porras(1994), Collins(2001), Slater(1999), Foster&Kaplan(2001), Tushman&O'Reilly(1997), 그리고 Roberts(2004) 참조.

51 Penrose(1959) 참조.

52 앞의 책, p. 18 참조.

53 Axtell(2001)도 미국 센서스에 조사된 모든 기업의 평균 규모(피고용인 기준)는 1988년 17.73명에서 1997년 19명으로 점점 커졌다.

54 이에 대한 논의는 Penrose(1959), pp. xvi~xviii, 12~13, 18~19, 213~214 참조.

55 Axtell(2001), Stanley와 그의 동료들(1996), 그리고 Amaral과 그의 동료들(1997) (1998) 참조

56 Minsky(1985) 참조.

17장

1 롱텀 캐피털의 실패에 대해서는 Lewis(1999)와 Lowenstein(2000) 참조.

2 Lewis(1999) 참조.

3 이 부분은 Peter Bernstein(1992)의 금융 이론사에 많이 의존하였음.

4 바슐리에가 그의 논문을 제출한 지 5년 후 알베르트 아인슈타인이 이 이론을 다른 맥락에서 재정립하였다. 스코틀랜드의 생물학자 로버트 브라운의 연구를 바탕으로 아인슈타인은 『Brownian Motion』에 대한 수학적 설명 방법을 개발하였다. 바슐리에의 무작위적 산책과 수학적으로 같은 브라우니언 모션의 형태는 지속적 운동이다. 그것은 1921년 노베르트 비너에 의해 정립되었다(Mandelbrot, 1997, p. 24).

5 Malkiel(1973) 참조.

6 전통 금융 이론의 개관을 위해서는 Brealey&Myers(1988), Cochrane(2005), 그리고 Ross(2005) 참조. Lengwiler(2004)는 자산 가치 평가와 일반 균형 이론과의 관계를 설명한다.

7 달러는 미래 수익의 현재 가치 계산 방식 $PV=\sum C_t/(1+r_t)$을 이용하였다. 여기서 C는 현금, t는 연도, r는 할인율이다.

8 Campbell과 그의 동료들(1997), p. 20에서 인용.

9 Bernstein(1992), p. 17에서 인용.

10 '잡음을 일으키는 거래자와 그들이 시장 균형에 미치는 영향에 대해서는 Thaler (1993)의 Fischer Black, 「Noise」, pp. 3~22 참조.

11 Malkiel(1973), pp. 161~172 참조.

12 Thaler(1993), Shleifer(2000), Montier(2002), 그리고 Camerer&Loewenstein &Rabin(2004). 반대되는 견해는 Ross(2005) 참조.

13 망델브로의 이력 사항은 Gleick(1987), pp. 83~90에서 따옴.

14 망델브로의 1963년 원 논문은 Mandelbrot(1997), pp. 371~411에 재수록되어 있다.

15 더 구체적으로 망델브로는, 데이터는 꼬리 부분의 크기가 일정치 않은 레비 안정 분포(Lévy-stable distribution)를 하고 있다고 하였다.

16 Mandelbrot&Hudson(2004) 참조.

17 앞의 책, p. 166에서 인용.

18 이에 대한 파머의 반응은 Mandelbrot(1997), pp. 444~457에서 볼 수 있음.

19 앞의 책, pp. 419~443 참조.

20 Lo&MacKinlay(1999), p. 4 참조.

21 이 연구에 관한 고전적 논문은 Fama(1970)이다. Lo&MacKinlay(1999), p. 13 에 관련 문헌을 망라하고 있다.

22 Lo&MacKinlay(1999)가 지적한 대로 그들이 처음으로 이러한 문제를 제기하고 예측 불가능 가설을 부정한 것은 아니다. 그러나 그들의 결과가 새로운 논쟁과 연구를 촉발한 것은 사실이다. 여러 가지 이유로 인해 이보다 선행 연구인 망델브로는 대체로 인정받지 못했다.

23 앞의 책, pp. 17~45. 하우대커는 1960년대 망델브로에게 금융 시계열 자료에는 군집 휘발성(clustered volatility)이 존재한다는 지적을 하였다(Mandelbrot, 1997과 Mandelbrot&Hudson, 2004). 또한 Engle(1982) 참조.

24 LeBaron(1989)(1994), Campbell과 그의 동료들(1997), 그리고 Lo&MacKinlay (1999) 참조.

25 환경물리학 연구에 대해서는 Farmer(1999), Farmer&Lo(1999), Mantegna& Stanley(2000), Sornette(2003), 그리고 Johnson&Jeffries&Hui(2003) 참조.

26 예로서 Mantegna&Stanley(1996), Plerou와 그의 동료들(1999), Cont& Bouchaud(2000), 그리고 Sornette(2003) 참조.

27 파머의 이력 사항에 대해서는 Gleick(1987), Bass(1999) 참조. 맥킨지사가 산타 페 연구소에서의 연구를 위해 파머 교수에게 재정 지원을 하였다.

28 Farmer(2001) 참조.

29 브라이언 아서가 처음으로 '기대의 바다(ocean of expectations)'라는 용어를 Arthur(1995)에서 쓰고, 기대의 '생태계'라는 말도 Arthur와 그의 동료들(1997),

p. 38에서 썼다. 그 후 그는 줄곧 '기대의 생태계'라는 표현을 쓰고 있다.

30 "Asset Pricing Under Endogenous Expectations in an Artificial Stock Market", in Arthur & Durlauf & Lane(1997), pp. 15~43 참조.

31 Kahneman과 그의 동료들(1982), Thaler(1993), Kagel과 그의 동료들(1995), 그리고 Shleifer(2000) 참조.

32 LeBaron과 그의 동료들(1999) 참조.

33 Farmer(1998), p. 5 참조.

34 Farmer(1998)(2002) 참조.

35 Farmer(2001), p. 64 참조.

36 20세기 미시 경제학과 금융 연구에 있어서 발라 경매는 광범위하게 사용되고 있는 가정이기는 하지만 경제학자들이 이 외의 다른 메커니즘을 전혀 무시한 것은 아니다. 하부 분야로서 시장 미시 구조 분야에서는 다른 가격 형성 메커니즘의 특성에 대해 연구하였다. O'Hara(1995) 참조.

37 현실 세계의 시장조성자들은 현실적인 한계가 있어서 일정 기간 동안 같은 수준의 재고를 유지하여야 한다. 이런 이유로 해서 그들은 위험 회피적 행동을 하게되고 시장조성자 간의 거래를 통해 시장의 역동성 추세를 반영하게 된다. 시장조성자의 위험 회피적 행동이 어떻게 작위적으로 일시적 구조를 만들어 내는지에 대해서는 Farmer(1998)(2001)(2002) 참조.

38 예를 들어, Neftci(1991), Brock와 그의 동료들(1992), 그리고 LeBaron(1998) 참조.

39 추가적인 논의와 문헌에 대해서는 Campbell과 그의 동료들(1997), pp. 253~287 참조.

40 Thaler(1993)의 Bernard, 「Stock Price Reactions to Earnings Announce -ments」, pp. 303~340 참조.

41 예로서, 「A Survey of Risk」, 『The Economist』, 2004. 1. 24, pp. 10~11 참조.

42 예를 들어, 외환 거래 규모가 정보 기술의 발달로 폭발적으로 증가하였으며 이를 무역의 증가, 헤징, 혹은 다른 펀더멘털한 원인으로는 설명이 안 된다. 그보다, 정보 기술의 발달로 외환 투기는 크게 늘어났다. Farmer(1998), p. 4 각주들이 지적하였듯이 매일 외환 거래 규모가 1일 세계 GDP의 50배인 1조 달러에 달한다.

43 Surowiecki(2004) 참조.

44 예를 들어, Iowa Electronic Market에서는 미래 선거에서 후보들이 획득할 것으로 생각되는 득표율에 대한 예측을 바탕으로 주식을 사고팔 수 있다. 2000년 미국 대통령 선거의 경우 시장에서의 예측이 모든 600번의 여론 조사 결과보다 정확했다. Surowiecki(2003) 참조.

45 케인스의 유명한 '미인 대회' 인용의 원전은 그의 1936년 저서 『고용·이자 및 화폐에 관한 일반 이론』이다.

46 Farmer(1998), pp. 44~45, 그리고 Farmer(2002), p. 935 참조.

47 Lo(2004) 참조.

48 Copeland & Koller & Murrin(2000) 참조.

49 CAPM에 대한 교과서적 개관을 위해서는 Brealey & Myers(1988) 참조. 수학적 접근은 Cochrane(2005) 참조.

50 Campbell & Lo & MacKinlay(1997), pp. 188~217, 그리고 CAPM의 실증 분석에 대해서는 Montier(2002), pp. 81~86 참조.

51 이 문제는 리처드 롤이 1977년 찾아냈다. 시장 포트폴리오의 대리 변수로는 보통 가중 CRSP 지수를 쓴다.

52 Karceski(2002) 참조.

53 베타의 적절성에 대한 논란은 Basu(1977)의 주가 수익 효과의 발견, 그리고 Banz (1981)의 소기업 효과 발견으로부터 시작되었다. Campbell&Lo&MacKinlay(1997), pp. 211~212, 그리고 관련 문헌에 대해서는 Montier(2002), pp. 83~84 참조. Copeland&Koller&Murrin(2000), pp. 224~226은 "만약 베타가 죽지 않았더라도 상처는 받았을 것이다"라고 했다.

54 이론에 의하면 비교 기준은 제로 베타포트폴리오가 되어야 한다. 그러나 그 대리 기준으로 정부채를 사용해야 하며 대리 기준을 선정하는 데 있어서 시간, 구체적인 증권의 종류, 발행 정부 등도 선택해야 한다.

55 Campbell & Lo & MacKinlay(1997), pp. 219~251, Lo & MacKinlay(1999), pp. 189~212, 그리고 관련 참고 문헌은 Montier(2002), pp. 87~92 참조.

56 Andrew Hill, 『Financial Times』기사, 2003. 5. 14 참조.

57 대안도 있다(예: McNulty와 그의 동료들(2002), 그리고 Shefrin (2005)). 그러나 이들은 더 큰 이론적 틀에 통합시켜 실증적 테스트를 거쳐야 한다.

58 Copelandl & Kollerl & Murrin(2000), p. 7 참조.

59 De Swaan and Harper(2003) 참조.

60 BSC에 대해서는 Kaplan & Norton(1996)(2000) 참조.

61 Dobbs & Koller(2005) 참조.

62 이에 대한 논의는 Jensen(1998)(2001), 그리고 Mas-Colell&Whinston&Green (1995), pp. 152~154 참조.

63 예를 들어, Copeland & Koller & Murrin(2000), pp. 3~15 참조.

64 예를 들어, Elkington(1999), Kelly(2003), Zadek(2003), 그리고 Bakan(2004) 참조.

65 Handy(2002) 참조.

66 1917~1987년간 듀폰의 시장 자본 평가액은 연 7.2%의 복리 성장률을 나타냈다. 미국 시장 평균치는 7.5%이다(Foster&Kaplan, 2001, p. 8). 1970년부터 2004년까지 듀폰의 주당 수익률은 510%였는 데 비하여 S&P 지수는 1000% 증가하였다. www.dupont.com.

67 물론 회사는 외부의 투자가 없이 자기 자본만으로도 성장할 수 있다. 주주에게 배당하지 않은 사내 유보금도 재투자될 수 있고 자본금으로 산입될 수 있다.

68 Graham & Harvey & Rajgopal(2005) 참조.

69 Davis(2005a) 참조.

70 Davis(2005b) 참조.

71 de Gues(1997), p. 11 참조.

72 Collins & Porras(1994), pp. 48~79 참조.

18장

1 그러나 사유 재산권을 비판하는 좌파 연합은 마르크스 이전에도 있었으며 루소는 그의 저서 『Discours sur l'inégalité』와 『Narcisse』의 서문에서 사유 재산과 경쟁이라는 악(惡)에 대하여 언급하였다. Johnson(1988), p. 4 참조.

2 Fukuyama(1992) 참조.

3 Giddens(1998)(2000) 참조.

4 제3의 길에 대한 비판과 반론에 대해서는 Giddens(2000) 참조.

5 Hume, 『Essays: Moral, Political and Literary』(1754). Gintis와 그의 동료들(2005), p. 4에서 인용.

6 Gintis와 그의 동료들(2005), p. 3 참조.

7 앞의 책, p. 8 참조.

8 Gintis와 그의 동료들(2005), 그리고 Henrich와 그의 동료들(2004) 참조.

9 영장류의 협력에 대해서는 Gintis와 그의 동료들(2005), pp. 43~75의 Silk 참조.

10 옥시토신과 신뢰의 관계에 대해서는 Damasio(2005) 참조.

11 Gintis와 그의 동료들(2005), p. 29, 그리고 Henrich와 그의 동료들(2004), pp. 125~167 참조.

12 Gintis와 그의 동료들(2005), pp. 278~302 참조.

13 Arrow(1974) 참조.

14 인류학자들은 먼 옛날 우리 인류가 소규모의 공통체로 살았을 것이라는 아이디어는 신화 같은 이야기에 불과하다는 것을 보여 주었다(Wright, 2000). 어떤 문화의 계층 구조는 다른 문화에 비해 상호 협의와 만장일치를 중시하지만 그것도 계층 구조이기는 마찬가지이다. 그러한 공동체가 소규모로 살아갈 수는 있었겠지만 규모가 커지면서 생기는 혼란을 피하기 위하여 단체는 계층 조직이 필요하다. 경제 성장에 있어서 논제로섬 요소로서 규모가 중요하기 때문에 우리는 계층 조직 아니면 시장이라는 대안이 있다.

15 Hayek(1944)(1948)(1988) 참조.

16 Hayek(1948), pp. 33~56, 77~91 참조.

17 Hayek(1980), pp. 21 참조.

18 사회주의의 계산법에 대한 논쟁은 바론이 1908년 처음 제기하였으나 하이에크의 반론은 디킨슨에 대한 것이었다. Caldwell(2004), pp. 214~220 참조.

19 영국의 전화번호 안내 규제 해제와 관련된 경험은 BBC Two에서 방송한 다큐 프로그램 〈Wrong Numbers〉에 자세하게 설명되었다(2004. 5. 20).

20 Fligstein(2001) 참조.

21 Morris(2001) 참조.

22 세계은행, 「2002 GNI Per Capita, Atlas Method」. 자료는 미국 달러화로 되어 있으며, www.worldbank.org에서 볼 수 있음.

23 세계은행, 「Global Poverty Monitoring Program, 2001」. 자료는 미국 달러화로 되어 있으며, www.worldbank.org에서 볼 수 있음.

24 Landes(1998), p. xix 참조.

25 North&Thomas(1973), Rosenberg&Birdzell(1986), 그리고 Landes(1998) 참조.

26 Diamond(1997) 참조.

27 Harrison&Huntington(2000) 참조.

28 앞의 책, p. 2 참조.

29 개인적으로는 최적이 아니지만 그룹의 선택으로 살아남은 규범 창출 모델의 사례에 대해서는 Bednar&Page(2003), 그리고 Bowles(2001a) 참조.

30 Harrison&Huntington(2000)의 Grondona, pp. 44~55 참조.

31 Thomas&Mueller(2000)의 연구는 다양한 문화적 배경을 가진 기업가들이 지키는 공통의 문화적 규범을 설명한다.

32 Harrison(2001)에서 인용.

33 이러한 예를 보기 위해서는 Hammond(2000) 참조.

34 문화와 경험 간의 상호 작용은 부분적으로는 뇌 속의 신경화학적 변화에 의해 조절될 수도 있다. 예를 들어, 사회에서의 경험은 옥시토신의 분비를 변화시켜 신뢰 행동도 바꾸게 된다. Zak&Knack(2001), Zak(2003), 그리고 Glimcher(2002)(2003) 참조.

35 Henrich와 그의 동료(2004) 참조.

36 Zak(2003) 참조. 그러나 Gintis와 그의 동료(2005), pp. 381은 그러한 설문 조사에 대한 방법론적 문제가 제기되었다고 하였다.

37 Fukuyama(1995), pp. 62~145 참조.

38 Hoff&Sen(2001) 참조.

39 Easterly(2002) 참조.

40 Putnam(2000) 참조.

41 앞의 책, p. 19 참조.

42 앞의 책, pp. 21~22 참조.

43 Putnam(1993), p. 5 참조.

44 앞의 책, pp. 5~6 참조.

45 플로렌스 메디시스의 복잡한 사회 네트워크를 재미있게 설명하고 있는 Padgett&Ansell(1993) 참조.

46 Putnam(2000), pp. 15~17 참조.

47 Purdy(2003), Fukuyama(1995) 참조.

48 Fukuyama(1999), pp. 31~44 참조.

49 Putnam(2000), p. 195 참조.

50 앞의 책, pp. 402~414 참조.

51 Fukuyama(1999), pp. 263~282 참조.

52 Putnam(1993)(2000), Fukuyama(1995)(1999), Bowles&Choi&Hopfensitz
    (2003), Skyrms(1996), Sober&Wilson(1998), 그리고 Bowles(2004) 참조.

52 Bowles(2004), p. 12 참조.

54 세계은행의 「2006 World Development」 참조. 그러나 세계적 불평등이 심화
    되고 있는지(국내의 불평등과 비교하여)는 논란거리가 되고 있다. Stanley
    Fischer, 「Global Inequality: More or Less Equal」, 『The Economist』,
    2004. 5. 11 참조.

55 Abul-Magd(2002) 참조.

56 Miller(2003), p. 50 참조. 밀러도 맥킨지사의 선임 고문이다.

57 Arrow&Bowles&Durlauf(2000), 그리고 Bowles&Gintis&Osborne
    Groves(2005) 참조.

58 앞의 책, pp. 1~22 참조.

59 Bowles&Gintis&Osborne Groves(2005)의 Duncan과 그의 동료들, pp.
    23~79, 그리고 Bowles&Gintis&Osborne(2001) 참조.

60 Arrow&Bowles&Durlauf(2000)의 Feldman&Otto&Christiansen, pp.
    62~85 참조.

61 Bowles(2001b) 참조.

62 Durlauf(2001)는 단체 회원 가입과 경제적 성과 간에도 상관관계가 있다는 것
    을 발견하였다.

63 Miller(2003), pp. 69~91 참조.

64 Bowles&Gintis&Osborne Groves(2005)의 Hertz, p. 188은 흑인의 경우
    세대 간 소득 탄력도는 상위 90% 소득 계층의 백인의 경우와 비슷하다는 것을
    보여 준다.

65 Harrison&Huntington(2000)에서 인용.

66 Gintis와 그의 동료들(2005)의 Bewley, pp. 303~338 참조.

67 Wackernagel과 그의 동료들(2002) 참조.

68 예를 들어, Sterman&Sweeney(2002) 참조.

69 예를 들어, Richards(2000), 그리고 Kollman&Miller&Page(2003) 참조.

70 『Woman's Own』지와의 인터뷰(1987. 10. 31)에서 따옴. 『The Oxford Dictionary
    of Quotations』(Oxford: Oxford University Press, 1999)에서 인용.

71 E. M. Forster, 『Two Cheers for Democracy』(1938) 참조.

맺음말

1 Fogel(2004), Bernstein(2004) 참조.

2 Diamond(2005) 참조.

3 자료: University of Michigan Library "Elections 2004" (www.lib.umich.edu/govdocs/elec2004).

4 Butler와 그의 동료들(1997), Johnson & Manyika & Yee(2005) 참조.

5 Huntington(1996) 참조.

6 Kennedy(1987), Diamond(1997), Wright(2000) 참조.

7 Edmund Burke, 『Reflections on the Revolution in France』(1970) 참조.

참고 문헌

• Abul-Magd, A. Y. 2002. Wealth Distribution in Ancient Egyptian Society. *Physical Review E* 66: 057104.
• Aghion, P., and Howitt, P. 1998. *Endogenous Growth Theory*. Cambridge, MA: MIT Press.
• Aghion, P., Frydman, R., Stiglitz, J., and Woodford, M. 2003. *Knowledge, Information, and Expectations in Modern Macroeconomics: In Honor of Edmund S. Phelps*. Princeton, NJ: Princeton University Press.
• Akerlof, G. A., and Yellen, J. L. 1985a. A Near-Rational Model of the Business Cycle, with Wage and Price Inertia. *Quarterly Journal of Economics, Supplement*, 100: 823-838.
• ———. 1985b. Can Small Deviations from Rationality Make Significant Differences to Economic Equilibria? *American Economic Review* 75: 708-721.
• Albin, P. S. 1998. *Barriers and Bounds to Rationality*. Princeton, NJ: Princeton University Press.
• Alchian, A. A. 1950. Uncertainty, Evolution and Economic Theory. *Journal of Political Economy* 58: 211-221.
• Aldrich, H. 1999. *Organizations Evolving*. London: Sage.
• Alexander, C. 1997. *Notes on the Synthesis of Form*. Fourteenth Edition. Cambridge, MA: Harvard University Press.
• Amaral, L. A. N., Buldyrev, S. V., Havlin, S., Leschhorn, H., Maass, P., Salinger, M. A., Stanley, H. E., and Stanley, M.H.R. 1997. Scaling Behavior in Economics: I. Empirical Results for Company Growth. *Journal of Physigue I*, 7: 621-633.
• Amaral, L. A. N., Buldyrev, S. V., Havlin, S., Salinger, M. A., and Stanley, H. E. 1998. Power Law Scaling for System of Interacting Units With Complex Internal Structure. *Physical Review Letters* 80: 1385-1388.
• Anderson, P. W. 1972. More is Different. *Science* 177: 393-396.
• Anderson, P. W., Arrow, K.J., and Pines, D., eds. 1988. *The Economy as an Evolving Complex System*. Redwood City, CA: Addison-Wesley.
• Andrews, E. L. 2005. 'Maestro' Leaves Stellar Record and Murky Legacy. *International Herald Tribune*, August 26: 13 and 17.
• Arrow, K. J. 1974. *The Limits of Organization*. New York: W. W. Norton.
• Arrow, K., Bowles, S., and Durlauf, S., eds. 2000. *Meritocracy and Eco-*

nomic Inequality. Princeton, NJ: Princeton University Press.

- Arthur, W. B. 1992. On Learning and Adaptation in the Economy. Santa Fe Institute working paper 92-07-038.

- ———. 1994a. *Increasing Return and Path Dependence in the Economy*. Ann Arbor, MI: The University of Michigan Press.

- ———. 1994b. Inductive Reasoning and Bounded Rationality (the El Farol Problem). *American Economic Review Papers and Proceedings*, 84: 406-411.

- ———. 1994c. The End of Certainty in Economics. Talk delivered at the conference *Einstein Meets Magritte*., Free University of Brussels.Reprinted in *The Biology of Business*, J.H. Clippinger, ed., 1999., San Francisco: Jossey-Bass.

- ———. 1995. Complexity in Economic and Financial Markets. *Complexity* 1: 20-25.

- ———. 1999. Complexity and the Economy. *Science* 284: 107-109.

- ———., Durlauf, S. N., and Lane, D.A., eds. 1997. *The Economy as an Evolving Complex System II*. Reading, MA: Addison-Wesley.

- Astely, W. G. and Van de Ven, A. H. 1983. Central Perspectives and Debates in Organization Theory. *Administrative Science Quarterly* 28: 245-273.

- Audretsch, D. B. 1995. *Innovation and Industry Evolution*. Cambridge, MA: MIT Press.

- Aunger, R., ed. 2000. *Darwinizing Culture: The Status of Memetics as a Science*. Oxford: Oxford University Press.

- Axelrod, R. 1984. *The Evolution of Cooperation*. 1990 edition. London: Penguin Books.

- ———. 1997a. *The Complexity of Cooperation*. Princeton, NJ: Princeton University Press.

- ———. 1997b. The Dissemination of Culture. *Journal of Conflict Resolution* 41, no. 2: 203-226.

- Axelrod, R., and Cohen, M.D. 1999. *Harnessing Complexity*. New York: Free Press.

- Axtell, R. L. 1999. The Emergence of Firms in a Population of Agents: Local Increasing Returns, Unstable Nash Equilibria, and Power Law Size Distributions. Brookings Institution, Center on Social and Economic Dynamics working paper, no. 3.

- ———. 2001. Zipf Distribution of U.S. Firm Sizes. *Science* 293: 1818-1820.

- ———. 2002. The Complexity of Exchange. Brookings Institution working paper.

• ———. 2003. Economics as Distributed Computation. Brookings Institution working paper.

• Backhouse, R. E. 2002. *The Penguin History of Economics*. London: Penguin Books.

• Baghai, M., Coley, S., and White, D. 1999. *The Alchemy of Growth: Kickstarting and Sustaining Growth in Your Company*. London: Orion Business Books.

• Bak, P. 1996. *How Nature Works: The Science of Self-Organized Criticality*. New York: Springer-Verlag.

• Bakan, J. 2004. *The Corporation: The Pathological Pursuit of Profit and Power*. London: Constable.

• Baldwin, C. Y. and Clark, K. B. 2000. *Design Rules: The Power of Modularity*. Cambridge, M. A.: MIT Press.

• Baldwin, W. L., and Scott, J. T. 1987. *Market Structure and Technological Change*. London: Harwood Academic Publishers.

• Balkin, J. M. 1998. *Cultural Software*. New Haven, CT: Yale University Press.

• Banz, R. 1981. The Relation Between Return and Market Value of Common Stocks. *Journal of Financial Economics* 9: 3-18.

• Barabási, A-L. 2002. *Linked: The New Science of Networks*. Cambridge, MA: Perseus Publishing.

• Barkow, J. H., Cosmides, L., and Tooby, J. 1992. *The Adapted Mind*. New York: Oxford University Press.

• Barnett, W. P., and Burgelman, R. A., eds. 1996. Evolutionary Perspectives on Strategy. Special Issue, *Strategic Management Journal*. 17 (Summer).

• Barney, J. 1991. Firm Resources and Sustained Competitive Advantage. *Journal of Management* 17: 99-120.

• Barro, R. J., and Sala-i-Martin, X. 1995. *Economic Growth*. 1999 edition. Cambridge, MA: MIT Press.

• Bar-Yam, Y. 1997. *Dynamics of Complex Systems*. Reading, MA: Addison-Wesley.

• Bass, T. A. 1999. *The Predictors*. New York: Henry Holt.

• Basu, S. 1977. The Investment Performance of Common Stocks in Relation to Their Price Earnings Ratios: A Test of the Efficient Market Hypothesis. *Journal of Finance* 32: 663-682

• Baum, J. A. C., and Singh, J. V. 1994. *Evolutionary Dynamics of Organisations*. New York: Oxford University Press.

• Baumol, W. J. 2000. What Marshall Didn't Know: On the Twentieth Century's Contributions to Economics. *The Quarterly Journal of Economics*

772

CXV, no. 1 (February): 1-44.

- Baumol, W. J. 2002. *The Free-Market Innovation Machine: Analyzing the Growth Miracle of Capitalism.* Princeton, NJ: Princeton University Press.
- Bazerman, M. 1998. *Judgement in Managerial Decision Making.* New York: John Wiley & Sons.
- Bednar, J., and Page, S. 2003. Can Game(s) Theory Explain Culture? University of Michigan working paper, October 9.
- Beinhocker, E. D. 1997. Strategy at the Edge of Chaos. *McKinsey Quarterly*, no. 1: 24-39.
- ———. 1999. Robust Adaptive Strategy. *Sloan Management Review,*. 40, no. 3 (spring): 95-106.
- Beinhocker, E. D. and Kaplan, S. 2002. Tired of Strategic Planning? In Risk and Resilience. Special edition, *McKinsey Quarterly*: 48-57.
- Bernstein, P. L. 1992. *Capital Ideas.* New York: Free Press.
- Bernstein, W. J. 2004. *The Birth of Plenty: How the Prosperity of the Modern World Was Created.* New York: McGraw-Hill.
- Berzins, A., Podolny, J., and Roberts, J. 1998. British Petroleum (A): Growth and Performance. Graduate School of Business, Stanford University, Case 8-IB-16A, May 18.
- Bevir, M., and Trentmann, F., eds. 2004. *Markets in Historical Context.* Cambridge, UK: Cambridge University Press.
- Blackmore, S. 1999. *The Meme Machine.* New York: Oxford University Press.
- Blanchard, O. J. 2000. What Do We Know About Macroeconomics That Fisher and Wicksell Did Not? *Quarterly Journal of Economics* CXV, no. 4 (November): 1375-1409.
- Blanchard, O. J., and Fischer, S. 1989. *Lectures on Macroeconomics.* Cambridge, MA: MIT Press.
- Bonabeau, E., Dorigo, M., and Theraulaz, G. 1999. *Swarm Intelligence, from Natural To Artificial Systems.* Oxford: Oxford University Press.
- Bonabeau, E. and Meyer, C. 2001. Swarm Intelligence: A Whole New Way to Think About Business. *Harvard Business Review* (May-June): 106-114
- Bossidy, L., and Charan, R. 2002. *Execution: The Discipline of Getting Things Done.* New York: Crown Business Books.
- Bouchaud, J. P., and Potters, M. 2000. *Theory of Financial Risks: From Statistical Physics to Risk Management.* Cambridge, UK: Cambridge University Press.
- Boulding, K. E. 1978. *Ecodynamics: A New Theory of Societal Evolution.*

Beverly Hills, A: Sage Publications.

- Bower, M. 2003. Company Philosophy: "The Way We Do Things Around Here." *McKinsey Quarterly*, no. 2. Reprinted from Chapter 2 of M. Bower. 1966, *The Will to Manage* (New York: McGraw-Hill).
- Bowles, S. 2001a. Individual Interactions, Group Conflicts, and the Evolution of Preferences. Chapter 6 in Durlauf and Young, eds. *Social Dynamics*. Washington, DC: Brookings Institution.
- ———. 2001b. The Evolution of Inequality. Santa Fe Institute Working Paper for the Poverty Traps Workshop, July 20-22.
- ———. 2004. *Microeconomics: Behavior, Institutions and Evolution*. New York: Russell Sage Foundation and Princeton, NJ: Princeton University Press.
- Bowles, S., and Gintis, H. 2002. The Origins of Human Cooperation. Santa Fe Institute working paper 02-08-035, July 24.
- Bowles, S., Gintis, H., and Osborne, M. 2001. The Determinants of Earnings: A Behavioral Approach, *Journal of Economic Literature* 39 (December) 1137-1176.
- Bowles, S., Choi, J-K., Hopfensitz, A. 2003. The Co-Evolution of Individual Behaviors and Social Institutions. *Journal of Theoretical Biology* 223: 135-147.
- Bowles, S., Gintis, H., and Osborne Groves, M., eds. 2005. *Unequal Chances: Family Background and Economic Success*. Princeton, NJ: Princeton University Press.
- Boyd, R., and Richerson, P. J. 1985. *Culture and the Evolutionary Process*. Chicago: University of Chicago Press.
- ———. 2005. *The Origin and Evolution of Cultures*. Oxford: Oxford University Press.
- Braha, D., and Maimon, O. 1998. *A Mathematical Theory of Design: Foundations, Algorithms and Applications*. London: Kluwer Academic Publishers.
- Brandenburger, A. M., and Nalebuff, B. J. 1997. *Co-Operation*. New York: Doubleday.
- Brealey, R. A. and Myers, S. C. 1988. *Principles of Corporate Finance*. Third edition. New York: McGraw-Hill Publishing.
- Brock, W., Lakonishok, J., and LeBaron, B. 1992. Simple Technical Trading Rules and the Stochastic Properties of Stock Returns. *Journal of Finance* 47, no. 5: 1731-1764.
- Brodie, R. 1996. *Virus of the Mind*. Washington, DC: Integral Press.
- Brown, A. 1999. *The Darwin Wars*. London: Simon & Schuster.

- Brown, S. L., and Eisenhardt, K. M. 1998. *Competing on the Edge: Strategy as Structured Chaos*. Boston, MA: Harvard Business School Press.
- Browne, J. 1995. *Charles Darwin: Voyaging*. London: Pimlico.
- ———. 2002. *Charles Darwin: The Power of Place*. London: Pimlico
- Bryan, L. L. 2002. Just-in-Time Strategy for a Turbulent World. In Risk and Resilience. Special Edition, *McKinsey Quarterly*: 17-27.
- Bryan, L., Fraiser, J., Oppenheim, J., and Rall, W. 1999. *Race for the World: Strategies to Build a Great Global Firm*. Boston: Harvard Business School Press.
- Buchanan, M. 2000. *Ubiquity: The Science of History...Or why the World Is simpler Than We Think*. London: Weidenfeld & Nicolson.
- ———. 2002. The Physics of the Trading Floor. *Nature* 415: 10-12.
- Burgelman, R. A. 1983. A Model of the Interaction of Strategic Behavior, Corporate Context and the Concept of Strategy. *Academy of Management Review* 8: 61-70.
- ———. 2002. *Strategy Is Destiny: How Strategy-Making Shapes a Company's Future*. New York: The Free Press.
- Buss, D. M. 1999. *Evolutionary Psychology: The New Science of the Mind*. Boston: Allyn & Bacon.
- Butler, P., Hall, T.W., Hanna, A. M., Mendonca, L., Auguste, B., Manyika, J., and Sahay, A. 1997. A Revolution in Interaction. *Mckinsey Quarterly*, no. 1: 4-23
- Caldwell, B. 2004. *Hayek's Challenge: An Intellectual Biography of F. A. Hayek*. Chicago: University of Chicago Press.
- Camazine, S., Deneubourg, J-L., Franks, N. R., Sneyd, J., Theraulaz, G., and Bonabeau, E., eds. 2001. *Self-Organization in Biological Systems*. Princeton, NJ: Princeton University Press.
- Camerer, C. F. 2003. *Behavioral Game Theory: Experiments in Strategic Interaction*. Princeton, NJ: Princeton University Press.
- Camerer, C. F., Lowenstein, G., and Rabin, M., eds. 2004. *Advances in Behavioral Economics*. Princeton, NJ: Princeton University Press.
- Cameron, R., and Neal, L. 2003. *A Concise Economic History of the World: From Palaeolithic Times to the Present*. Fourth edition. Oxford: Oxford University Press.
- Campbell, A., Birkinshaw, J., Morrison, A., and van Basten Batenburg, R. 2003. The Future of Corporate Venturing. *Sloan Management Review*, 45, no. 1: 30-37.
- Campbell, D. T. 1960. Blind Variation and Selective Retention in Creative Thought as in Other Knowledge Processes. *Psychological Review*, 67:

380-400.

- Campbell, J. W. P., and Pryce, W. 2003. *Brick: A World History*. London: Thames and Hudson.
- Campbell, J.Y., Lo, A. W., and MacKinlay, A. C. 1997. *The Econometrics of Financial Markets*. Princeton, NJ: Princeton University Press.
- Cartwright, N. 1999. *The Dappled World: A Study of the Boundaries of Science*. Cambridge, UK: Cambridge University Press.
- Cassidy, J. 1996. The Decline of Economics. *The New Yorker*, December 2: 50-60.
- Casti, J. L. 1994. *Complexification*. New York: HarperCollins.
- ———. 1997. *Would-be Worlds*. New York: John Wiley & Sons.
- Casti, J.L., and Karlqvist, A. 1991. *Beyond Belief*. Boca Raton, FL: CRC Press.
- Cavalli-Sforza, L. L. 2001. *Genes, Peoples and Languages*. London: Penguin Books.
- Cave, F. T. 2004. Economists and Politicians at a Loss as Eurozone's Price Disparities Increase. *Financial Times*, March 3
- Caves, R. 1982. *American Industry: Structure, Conduct, Performance*. Fifth edition. Englewood Cliffs, NJ: Prentice Hall.
- Chagnon, N.A. 1992. *Yanomamo: The Last Days of Eden*. San Diego: Harcourt Brace & Company.
- Challet, D., and Zhang, Y-C. 1997. Emergence of Cooperation and Organization in an Evolutionary Game. *Physica A* 246:407-418.
- Chandler, A.D. Jr. 1962. *Strategy and Structure: Chapters in the History of the American Industrial Enterprise*. 1990 edition. Cambridge, MA: MIT Press.
- ———. 1977. *The Visible Hand: The Managerial Revolution in American Business*. Cambridge, MA: Belknap Press of Harvard University Press.
- ———. 1990. *Scale and Scope: The Dynamics of Industrial Capitalism*. Cambridge, MA: Belknap Press of Harvard University Press.
- Chorafas, D. N. 1994. *Chaos Theory in the Financial Markets*. Chicago: Probus Publishing Co.
- Christensen, C. M. 1997. *The Innovator's Dilemma: When New Technologies Cause Great Firms to Fail*. Boston: Harvard Business School Press.
- Churchill, G. A. 1991. *Marketing Research Methodological Foundations*. Fifth edition. Chicago: Dryden Press.
- Clark, A. 1999. *Being There: Putting Brain, Body, and World Together Again*. Cambridge, MA: A Bradford Book, MIT Press.
- ———. 2001. *Mindware: An Introduction to the Philosophy of Cognitive Science*. New York: Oxford University Press.

- Clippinger, J. H. III. 1999. *The Biology of Business: Decoding the Natural Laws of Enterprise.* San Francisco: Jossey-Bass.
- Cochrane, J. H. 2005. *Asset Pricing.* Revised edition. Princeton, NJ: Princeton University Press.
- Cohen, D., and Prusak, L. 2001. *In Good Company: How Social Capital Makes Organizations Work.* Boston: Harvard Business School Press.
- Cohen, M. D., and Sproull, L. S., eds. 1996. *Organizational Learning.* Thousand Oaks, CA: Sage Publications.
- Colander, D. ed. 1996. *Beyond Microfoundations: Post Walrasian Macroeconomics*, Cambridge: Cambridge University Press.
- ———. 1999. New Millenium Economics: How Did It Get This Way, and What Way is It? *Journal of Economic Perspectives* 14, no. 1 (Winter):121-132.
- ———. 2000. *Complexity and the History of Economic Thought.* London: Routledge.
- Colander, D., Holt, R. P. F., and Rosser, J. B. Jr. 2004. *The Changing Face of Economics: Conversations with Cutting Edge Economists.* Ann Arbor, M.I: University of Michigan Press.
- Collins, J. C. 2001. *Good to Great.* New York: HarperCollins.
- Collins, J. C., and Porras, J. I. 1994. *Built to Last: Successful Habits of Visionary Companies.* New York: Harper-Business.
- Cont, R., and Bouchaud, J. P. 2000. Herd Behavior and Aggregate Fluctuations in Financial Markets. *Macroeconomic Dynamics* 4: 1-27.
- Cookson, C., and Griffith, V. 2001. UK: Inside Track – An Argument about Human Complexity. *Financial Times,* June 12.
- Copeland, T. E., and Keenan, P. E. 1998. Making Real Options Real. *McKinsey Quarterly*, no. 3:128-141
- Copeland, T., Koller, T., and Murrin, J. 2000. *Valuation: Measuring and Managing the Value of Companies.* Third edition. New York: John Wiley & Sons.
- Courtney, H. 2001. *20/20 Foresight: Crafting Strategy in an Uncertain World.* Boston: Harvard Business School Press.
- Cowan, G. A., Pines, D., and Meltzer, D. 1994. *Complexity. Metaphors, Models and Reality.* Cambridge, MA: Perseus Books.
- Crutchfield, J.P., and Schuster, P. 2003. *Evolutionary Dynamics: Exploring the Interplay of Selection, Accident, Neutrality, and Function.* New York: Oxford University Press.
- Cutler, D. M., Poterba, J.M., and Summers, L.H. 1989. What Moves Stock Prices? *Journal of Portfolio Management* (spring): 4-12.

- Cyert, R. M., and March, J. G. 1992. *A Behavioral Theory of the Firm*. Second edition. Oxford: Blackwell Publishers.
- Daly, H. E. 1999. *Ecological Economics and the Ecology of Economics*. Northampton, MA: Edward Elgar.
- Darmasio, A. 2005. Human Behavior: Brain Trust. *Nature* 435 (June): 571-572.
- D'Aveni, R. A., and Gunther, R. 1994. *Hyper-Competition: Managing the Dynamics of Strategic Manoeuvring*. New York: Free Press.
- Davis, I. 2005a. How to Escape the Short-term Trap. *Financial Times*, April 11.
- ———. 2005b. The Biggest Contract. *The Economist*, May 26.
- Dawkins, R. 1976. *The Selfish Gene*. Oxford: Oxford University Press.
- ———. 1982. *The Extended Phenotype*. 1999 edition. Oxford: Oxford University Press.
- ———. 1986. *The Blind Watchmaker*. London: Longmans.
- ———. 1996. *Climbing Mount Improbable*. London: Penguin Books.
- ———. 1998. *Unweaving the Rainbow: Science, Delusions and the Appetite for Wonder*. Boston: Houghton Mifflin.
- Day, R. H. 1994. *Complex Economic Dynamics*. Cambridge, MA: MIT Press.
- ———. 1999. *Complex Economic Dynamics (Volume II): An Introduction to Macroeconomic Dynamics*. Cambridge, MA: MIT Press.
- Deal, T. E., and Kennedy, A.A. 1982. *Corporate Culture: The Rites and Rituals of Corporate Life*. 2000 edition. New York: Persus Publishing.
- Dear, P. 2001. *Revolutionizing the Sciences: European Knowledge and its Ambitions, 1500-1700*. Hampshire, UK: Palgrave.
- De Geus, A. 1997. *The Living Company: Habits for Survival in A Turbulent Business Environment*. Boston: Harvard Business School Press.
- Dembski, W., and Ruse, M. 2004. *Debating Design: From Darwin to DNA*. Cambridge, UK: Cambridge University Press.
- Dennett, D. C. 1991. *Consciousness Explained*. Boston: Little, Brown.
- ———. 1995. *Darwin's Dangerous Idea*. New York: Touchstone.
- De Soto, H. 2000. *The Mystery of Capital: Why Capitalism Triumphs in the West and Fails Everywhere Else*. New York: Basic Books.
- De Swaan, J. C., and Harper, N. W. C. 2003. Getting What You Pay For With Stock Options. *McKinsey Quarterly*, no. 1: 152-155
- Deutsch, D. 1997. *The Fabric of Reality*. New York: Penguin Books.
- Devaney, R. L. 1992. *A First Course in Chaotic Dynamical Systems*. Reading, MA: Addison-Wesley.
- Devlin K. 2000. *The Language of Mathematics: Making the Invisible Visible*.

New York: W. H. Freeman.

- Diamond, J. 1991. *The Rise and Fall of the Third Chimpanzee: How Our Animal Heritage Affects the Way We Live*. London: Vintage.
- ———. 1997. *Guns, Germs and Steel*. New York: W. W. Norton & Company.
- ———. 2005. Collapse: How Societies Choose to Fail or Succeed. New York: Viking Penguin.
- Dixit, A. K., and Pindyck, R. S. 1994. *Investment Under Uncertainty*. Princeton, NJ: Princeton University Press.
- Dobbs, R., and Koller, T. 2005. Measuring Long-Term Performance. In Value and Performance. Special edition, *McKinsey Quarterly*: 16-27
- Dorgan, S. J., and Dowdy, J. 2002. How Good Management Raises Productivity. *McKinsey Quarterly*, no. 4: 14-16
- Dornbusch, R., and Fischer, S. 1990. *Macroeconomics* Fifth edition. New York: McGraw-Hill.
- Dorner, D. 1996. *The Logic of Failure; Recognising and Avoiding Error in Complex Situations*. London: Merloyd Lawrence.
- Dosi, G., Nelson, R. R., and Winter, S. G., eds. 2000. *The Nature and Dynamics of Organizational Capabilitites*. Oxford: Oxford University Press.
- Dosi, G., Teece, D. J., and Chytry, J., eds. 1998. *Technology, Organization, and Competitiveness*. Oxford: Oxford University Press.
- Dunbar, R., Knight, C., and Power, C., eds. 1999. *The Evolution of Culture*. Edinburgh: Edinburgh University Press.
- Durlauf, S. N. 2001. The Membership Theory of Poverty: The Role of Group Affiliations in Determining Socioeconomic Outcomes. Working paper for the Santa Fe Institute workshop on "Poverty Traps", July 20-22.
- Durlauf, S. N., and Young, H. P., eds. 2001. *Social Dynamics*. Washington, DC: Brookings Institution Press.
- Easterly, W. 2002. *The Elusive Quest for Growth: Economists' Adventures and Misadventures in the Topics*. Cambridge, MA: MIT Press.
- Easterly, W., and Levine, R. 2002. Tropics, Germs and Crops: How Endowments Influence Economic Development, NBER working paper 9106.
- Edersheim, E. H. 2004. *McKinsey's Marvin Bower*. New York: John Wiley & Sons.
- Eicher, T. S., and Turnovsky, S. J. 2003. *Inequality and Growth: Theory and Policy Implications*. Cambridge, MA: MIT Press.
- Eisenhardt, K. M., and Brown, S. L. 1999. Patching: Re-stitching Business

Portfolios in Dynamic Markets. *Harvard Business Review* (May-June): 72-80.

- Elkington, J. 1999. *Cannibals with Forks: The Triple Bottom Line of 21st Century Business*. Oxford: Capstone.
- Engle, R. 1982. Autoregressive Conditional Heteroscedasticity with Estimates of Variance of United Kingdom Inflation. *Econometrica* 50: 987-1007.
- Epstein, J. M. 1997. *Nonlinear Dynamics, Mathematical Biology and Social Science*. Reading, MA: Addison-Wesley.
- Epstein, J. M., and Axtell, R. 1996. *Growing Artificial Societies*. Washington, DC: Brookings Institution Press. Cambridge, MA: MIT Press.
- Ethiraj, S. K., and Levinthal, D. 2002. *Search for Architecture in Complex Worlds: An Evolutionary Perspective on Modularity and the Emergence of Dominant Design*. University of Michigan and University of Pennsylvania, Wharton School working paper (November).
- Fama, E. 1970. Efficient Capital Markets: A Review of Theory and Empirical Work. *Journal of Finance* 25: 383-417.
- Farmer, J. D. 1998. Market Force, Ecology, and Evolution. Santa Fe Institute working paper 98-12-117
- ———. 2001. Toward Agent-Based Models for Investment. *Benchmarks and Attribution Analysis*, The Association for Investment Management and Research: 61-70.
- ———. 2002. Market Force, Ecology, and Evolution. *Industrial and Corporate Change* 11, no. 5: 895-953.
- Farmer, J. D., Gillemot, L., Lillo, F., Szabolcs, M., and Sen, A. 2004. What Really Causes Large Price Changes? *Quantitative Finance* 4 (August): 383-397.
- Farmer, J. D. and Lo, A.W. 1999. Frontiers of Finance: Evolution and Efficient Markets. *Proceedings of the National Academy of Science* 96: 9991-9992.
- Farmer, J. D., Patelli, P., and Zovko, I. I. 2005. The Predictive Power of Zero Intelligence in Financial Markets. *Proceedings of the National Academy of Sciences* 102, no. 6: 2254-2259.
- Farmer, J. D., Shubik, M., and Smith, E. 2005. Is Economics the Next Physical Science? *Physics Today* (September) 37-42.
- Farrell, W. 1998. *How Hits Happen: Forecasting Predictability in a Chaotic Marketplace*. New York: Harper-Business.
- Fehr, E., and Gächter, S. 2000. Cooperation and Punishment in Public Goods Experiments. *American Economic Review* 90, no. 4 (September):

780

980-994.

- Feyerabend, P. 1975. *Against Method: Outline of an Anarchistic Theory of Knowledge*. London: New Left Books.
- Fischer, D. H. 1996. *The Great Wave: Price Revolutions and the Rhythm of History*. New York: Oxford University Press.
- Flake, G. W. 1998. *The Computational Beauty of Nature: Computer Explorations of Fractals, Chaos, Complex Systems and Adaption*. Cambridge, MA: MIT Press.
- Forrester, J. W. 1961. *Industrial Dynamics*. Cambridge, MA: MIT Press.
- Forty, R. 1997. *Life: A Natural History of the First Four Billion Years of Life on Earth*. New York: Alfred A. Knopf.
- Foster, D. P., and Young, H. P. 2001. On the Impossibility of Predicting the Behavior of Rational Agents. *The Proceedings of the National Academy of Sciences* 98, no. 22: 12848-12853.
- Foster, R. 1986. *Innovation: The Attacker's Advantage*. New York: Summit Books.
- Foster, R., and Kaplan, S. 2001. *Creative Destruction*. New York: Doubleday.
- Fox, K. 2002. Evolution, Alienation and Gossip: *The Role of Mobile Telecommunications in the 21st Century*. Working paper of the Social Issues Research Centre, Oxford University.
- Fox, R. F. 1988. *Energy and the Evolution of Life*. New York: W. H. Freeman.
- Frank, S. A. 1998. *Foundations of Social Evolution*. Princeton, NJ: Princeton University Press.
- Freeman, C., and Soete, L. 1997. *The Economics of Industrial Innovation*. Third edition. Cambridge, MA: MIT Press.
- Friedman, M. 1953. *Essays in Positive Economics*. Chicago: University of Chicago Press.
- ———. 1962. *Capitalism and Freedom*. Fortieth anniversary edition, 2002. Chicago: University of Chicago Press.
- Fry, I. 1999. *The Emergence of Life on Earth: A Historical and Scientific Overview*. London: Free Association Books.
- Fudenberg, D., and Tirole, J. 1991. *Game Theory*. Cambridge, MA: MIT Press.
- Fukuyama, F. 1992. *The End of History and the Last Man*. New York: Free Press.
- ———. 1995. *Trust*. New York: Free Press.
- ———. 1999. *The Great Disruption: Human Nature and the Reconstitution of Social Order*. New York: Free Press.

- Fullbrook, E., ed. 2004. *A Guide to What's Wrong With Economics*. London: Anthem Press.
- Gardner, H. 2004. *Changing Minds: The Art and Science of Changing Our Own and Other People's Minds*. Boston: Harvard Business School Press.
- Gell-Mann, M. 1994. *The Quark and the Jaguar*. New York: W. H. Freeman.
- Georgescu-Roegen, N. 1971. *The Entropy Law and the Economic Process*. Cambridge, MA: Harvard University Press.
- Ghemawat, P. 1991. *Commitment: The Dynamic of Strategy*. New York: Free Press.
- Ghemawat, P., Collins, D. J., Pisano, G. P., and Rivkin, J. W. 1999. *Strategy and the Business Landscape*. Reading, MA: Addison-Wesley.
- Gherity, J. A. 1965. *Economic Thought: A Historical Anthology*. New York: Random House.
- Giddens, A. 1998. *The Third Way: The Renewal of Social Democracy*. Cambridge, UK: Polity.
- ———. 2000. *The Third Way and Its Critics*. Cambridge, UK: Polity.
- ———. 2001. *Sociology*. 4th Edition. Cambridge, UK: Polity.
- Gilovich, T., Vallone, R., and Tversky, A. 1985. The Hot Hand in Basketball: On the Misperception of Random Sequences. *Cognitive Psychology* 17: 295-314.
- Gintis, H. 2000. *Game Theory Evolving: A Problem-Centred Introduction to Modeling Strategic Interaction*. Princeton, NJ: Princeton University Press.
- ———. 2003. Agent-Based Simulation of a General Equilibrium Economy with Complete and Incomplete Contracting. Working paper available from the author.
- Gintis, H., Bowles, S., Boyd, R., and Fehr, E. 2005. *Moral Sentiments and Material Interests*. Cambridge, MA: MIT Press.
- Girvan, M., and Newman, M. E. J. December 2001. *Community Structure in Social and Biological Networks*, Santa Fe Institute working paper 01 12 077.
- Gladwell, M. 2000. *The Tipping Point: How Little Things Can Make a Big Difference*. Boston: Little, Brown.
- Gleick, J. 1987. *Chaos: Making a New Science*. New York: Viking Penguin.
- Glimcher, P. W. 2002. Decisions, Decisions, Decisions: Choosing a Biological Science of Choice. *Neuron* 36, no. 2: 323-332.
- ———. 2003. *Decisions, Uncertainty, and the Brain: The Science of Neuroeconomics*. Cambridge, MA: MIT Press.
- Gordon, R. 1986. *The American Business Cycle: Continuity and Challenge*. National Bureau of Economic Research Studies in Business Cycles Se-

ries, vol 25. Chicago: University of Chicago Press.

- Gould, S. J. 1989. *Wonderful Life: The Burgess Shale and the Nature of History*. New York: W. W. Norton.

- ———. 2002. *The Structure of Evolutionary Theory*. Cambridge, MA: Belknap Press of Harvard University Press.

- Gould, S. J., and Eldridge, N. 1993. Punctuated Equilibrium Comes of Age. *Nature* 366: 223-227.

- Gould, S. J., and Lewontin, R. 1979. The Spandrels of San Marco and the Panglossian Paradigm: A Critique of the Adaptionist Programme. *Proceedings of the Royal Society* B205: 581-598.

- Graham, J. R., Harvey, C. R., and Rajgopal, S. 2005. The Economic Implications of Corporate Financial Reporting. NBER working paper no. 10550, January 11.

- Grant, P. R., and Grant, B. R. 2002. Unpredictable Evolution in a 30-Year Study of Darwin's Finches. *Science*, 296, 26 April: 707-711.

- Greene, B. 1999. *The Elegant Universe: Superstings, Hidden Dimensions, and the Quest for the Ultimate Theory*. London: Random House Publishing.

- Greene, W. H. 2000. *Econometric Analysis*. Fourth edition. Englewood Cliffs, NJ: Prentice Hall.

- Gribbin, J. 2002. *Science: A History 1543-2001*. London: Allen Lane/Penguin.

- Haken, H. 2000. *Information and Self-Organization: A Macroscopic Approach to Complex Systems*. Second edition Berlin: Springer-Verlag.

- Hamel, G. 2000. *Leading the Revolution*. Boston: Harvard Business School Press.

- Hamel, G., and Prahalad, C. K. 1994. *Competing for the Future*. Boston: Harvard Business School Press.

- Hammond, R. 2000. Endogenous Transition Dynamics in Corruption: An Agent-Based Computer Model. The Brookings Institution, Center on Social and Economic Dynamics, working paper no. 19.

- Hands, D. W. 2001. *Reflection Without Rules: Economic Methodology and Contemporary Science Theory*. New York: Cambridge University Press.

- Handy, C. 2002. What's a Business For? *Harvard Business Review* (December): 49-55.

- Hannan, M. T., and Carroll, G. R. 1992. *Dynamics of Organizational Populations: Density, Legitimation, and Competition*. New York: Oxford University Press.

- Hannan, M. T., and Freeman J. H. 1977. The Population Ecology of Organizations. *American Journal of Sociology* l, no. 83: 929-964.

• ———. 1984. Structural Inertia and Organizational Change. *American Sociological Review* 49, no. 2 (April): 149-164.

• ———. 1989. *Organizational Ecology*. Cambridge, MA: Harvard University Press.

• Harrington, J. E. Jr. 1998. The Social Selection of Flexible and Rigid Agents. *The American Economic Review* 88, no. 1 (March): 63-82.

• Harrison, L. E. 2001. To Modernize, Some Have to Change Their Culture. *International Herald Tribune*, Editorials/Opinion, March 1.

• Harrison, L. E., and Huntington, S.P. 2000. *Culture Matters: How Values Shape Human Progress*. New York: Basic Books.

• Hartley, J. E., Salyer, K. D., and Hoover, K. D., eds. 1998. *Real Business Cycles: A Reader*. London: Routledge.

• Hatch, M. J. 1997. *Organisation Theory: Modern Symbolic and Postmodern Perspectives*. Oxford: Oxford University Press.

• Hausman, D. M. 1994. *The Philosophy of Economics*. Second edition. Cambridge: Cambridge University Press.

• Hayek, F. A. 1944. *The Road to Serfdom*. 2001 edition. London: Routledge Classics.

• ———. 1948. *Individualism and Economic Order*. 1980 edition. Chicago: University of Chicago Press.

• ———. 1960. *The Constitution of Liberty*. 1976 edition. London: Routledge Classics.

• ———. 1988. *The Fatal Conceit: The Errors of Socialism*. 1991 edition. Chicago: University of Chicago Press.

• Haynie, D. T. 2001. *Biological Thermodynamics*. Cambridge: Cambridge University Press.

• Heijdra, B. J. and van der Ploeg, F. 2002. *Foundations of Modern Macroeconomics*. Oxford: Oxford University Press.

• Heilbroner, R. L. 1953. *The Worldly Philosophers: The Lives, Times and Ideas of the Great Economic Thinkers*. 1972 edition. New York: Touchstone Books.

• Helpman, E. 2004. *The Mystery of Economic Growth*. Cambridge, M. A.: Belknap Press of Harvard University Press.

• Hempel, C. 1965. *Aspects of Scientific Explanation and Other Essays in the Philosophy of Science*. New York: Free Press.

• Henderson, R., and Mitchell, W., eds. 1997. Organizational and Competitive Interactions. Special Issue. *Strategic Management Journal* 18 (July).

• Henderson, R. M., and Clark, K. B. 1990. Architectural Innovation: The

Reconfiguration of Existing Product Technologies and the Failure of Established Firms. *Administrative Science Quarterly*, no. 35: 9-30.

- Henrich, J., Boyd, R., Bowles, S., Camerer, C., Fehr, E., and Gintis, H. 2004. *Foundations of Human Sociality: Economic Experiments and Ethnographic Evidence from Fifteen Small-Scale Societies*. Oxford: Oxford University Press.
- Heymannn, D., and Leijonhufvud, A. 1995. *High Inflation*. Oxford: Oxford University Press.
- Hicks, J. 1939. *Value and Capital*. Second edition. Oxford: Clarendon Press.
- Hodgson, G. M. 1993. *Economics and Evolution*. Ann Arbor, MI: University of Michigan Press.
- ———. 2002. Darwinism in Economics: From Analogy to Ontology. *Journal of Evolutionary Economics* 12: 259-281.
- Hodgson, G.M., ed. 2002. *A Modern Reader in Institutional and Evolutionary Economics*. Northampton, MA: Edward Elgar.
- Hoff, K., and Sen, A. 2001. A Simple Theory of the Extended Family System and Market Barriers to the Poor. Santa Fe Institute Conference on Poverty Traps, working paper, July 20-22, 2001.
- Hogarth, R. M. 1990. *Insights in Decision Making*. Chicago: University of Chicago Press.
- Holland, J. H. 1975. *Adaption in Natural and Artificial Systems*. 1992 edition. Cambridge, MA: MIT Press.
- ———. 1995. *Hidden Order*. Reading, MA: Addison-Wesly.
- ———. 1998. *Emergence. From Chaos to Order*. Reading, MA: Addison-Wesley.
- Holland, J. H., Holyoak, K. J., Nisbett, R. E., and Thagard, P. R. 1986. *Induction: Processes of Inference, Learning, and Discovery*. Cambridge, MA: MIT Press.
- Holmstrom, B., and Roberts, J. 1998. The Boundaries of the Firm Revisited. *Journal of Economic Perspectives* 12; 73-94.
- Hoopes, D. G., Madsen, T. L., and Walker, G., eds. 2003. Why Is There a Resource-Based View? Toward a Theory of Competitive Heterogeneity. *Strategic Management Journal*, Special Issue 24 (October).
- Horan, R. D., Bulte, E., and Shogren, J. 2005. How Trade Saved Humanity from Biological Exclusion: An Economic Theory of Neanderthal Extinction. *Journal of Economic Behavior and Organization*.
- Howard, R., and Haas, R.D., eds. 1993. *The Learning Imperative: Managing People for Continuous Innovation*. Boston: Harvard Business School

Press.

• Huntington, S. P. 1996. *The Clash of Civilizations and the Remaking of the World Order.* New York: Simon & Schuster.

• Hutchins, E. 1996. *Cognition in the Wild.* Cambridge, MA: MIT Press.

• Hull, D. L. 1988. *Science as a Process: An Evolutionary Account of the Social and Conceptual Development of Science.* Chicago: University of Chicago Press.

• Ijiri, Y., and Simon, H. A., eds. 1977. *Skew Distributions and the Sizes of Business Firms.* Amsterdam: North-Holland.

• Ingrao, B., and Israel, G. 1990. *The Invisible Hand.* Cambridge, MA: MIT Press.

• Jain, S., and Krishna, S. 2002a. Large Extinctions in an Evolutionary Model: The Role of Innovation and Keystone Species. *Proceedings of the National Academy of Science* 99, no. 4 (February 19): 2055-2060.

• ———. 2002b. Crashes, Recoveries, and Core Shifts in a Model of Evolving Networks. *Physical Review E* 65: 026103.

• Jardine, L. 1999. *Ingenious Pursuits: Building the Scientific Revolution.* London: Abacus.

• Jay, P. 2000. *Road to Riches or The Wealth of Man.* London: Weidenfeld & Nicolson.

• Jensen, M. C. 1998. *Foundations of Organizational Strategy.* Cambridge, MA: Harvard University Press.

• ———. 2001. *A Theory of the Firm.* Cambridge, MA: Harvard University Press.

• Johnson, B. C. 2002. Retail: The Wal-Mart Effect. *McKinsey Quarterly*, no 1: 40-43.

• Johnson, B. C., Manyika, J. M., and Yee, L. A. 2005. The Next Revolution in Interactions. *Mckinsey Quarterly*, no. 4: 20-33

• Johnson, G. 2001. All Science is Computer Science. *New York Times*, March 25.

• ———. 2003. *A Shortcut Through Time: The Path to the Quantum Computer.* New York: Alfred Knopf.

• Johnson, N. F., Jefferies, P., and Hui, P. M. 2003. *Financial Market Complexity: What Physics Can Tell Us About Market Behavior.* Oxford: Oxford University Press.

• Johnson, P. 1988. *Intellectuals.* New York: Harper & Row.

• ———. 1997. *A History of the American People.* New York: HarperCollins.

• Johnson, S. 2001. *Emergence: The Connected Lives of Ants, Brains, Cities, and Software.* London: Allen Lane.

786

• Jones, S., Martin R., Pilbeam, D., and Bunney, S. 1992. *The Cambridge Encyclopedia of Human Evolution*. Cambridge: Cambridge University Press.

• Kagel, J. H, and Roth, A. E. 1995. *The Handbook of Experimental Economics*. Princeton, NJ: Princeton University Press.

• Kahneman, D., Slovic, P., and Tversky, A. 1982. *Judgement Under Uncertainty: Heuristics and Biases*. Cambridge: Cambridge University Press.

• Kahneman, D., Diener, E., and Schwarz, N. eds. 1999. *Well-Being: The Foundations of Hedonic Psychology*. New York: Russell Sage Foundation.

• Kaplan, D., and Glass, L. 1995. *Understanding Nonlinear Dynamics*. New York: Springer-Verlag.

• Kaplan, R. S., Lowes, A., and Norton, D. P. 1996. *The Balanced Scorecard: Translating Strategy Into Action*. Cambridge, MA: Harvard Business School Press.

• Kaplan, R. S., and Norton, D. P. 2000. *The Strategy-Focused Organization: How Balanced Scorecard Companies Thrive in the New Business Environment*. Boston: Harvard Business School Press.

• Karceski, J. 2002. Returns-Chasing Behavior, Mutual Funds, and Beta's Death. *Journal of Financial and Quantitative Analysis* 37, no. 4 (December): 559-594.

• Katz, L. D., ed. 2000. *Evolutionary Origins of Morality: Cross-Disciplinary Perspectives*. Bowling Green, OH: Imprint Academic.

• Katzenbach, J. R., and Smith, D. K. 1993. *The Wisdom of Teams: Creating the High-Performance Organisation*. Boston: Harvard Business School Press.

• Kauffman, S. 1993. *The Origins of Order*. New York: Oxford University Press.

• ———. 1995. *At Home in the Universe*. New York: Oxford University Press.

• ———. 1995b. Technology and Evolution: Escaping the Red Queen Effect. *McKinsey Quarterly*, no. 1: 119-129.

• ———. 2000. *Investigations*. New York: Oxford University Press.

• Kay, J. 2003. *The Truth About Markets: Their Genuis, Their Limits, Their Follies*. London: Allen Lane.

• Keen, S. 2001. *Debunking Economics: The Naked Emperor of the Social Sciences*. London: Zed Books.

• Keizer, J. 1987. *Statistical Thermodynamics of Nonequilibrium Processes*. New York: Springer-Verlag.

• Kelly, K. 1994. *Out of Control*. Reading, MA: Addison-Wesley.

• Kelly, M. 2003. *The Divine Right of Capital: Dethroning the Corporate Aristocracy*. San Francisco, CA: Berrett-Koehler.

• Kelly, S., and Allison, M. A. 1999. *The Complexity Advantage*. New York: Business Week Books/McGraw-Hill.

• Kennedy, J., and Eberhart, R. C. 2001. *Swarm Intelligence*. San Francisco: Morgan Kauffmann.

• Kennedy, P. 1987. *The Rise and Fall of the Great Powers: Economic Change and Military Conflict from 1500 to 2000*. New York: Random House.

• Keynes, J. M. 1923. A Tract on Monetary Reform. *The Collected Writings of John Maynard Keynes*, vol. 4, 1977 edition. London: Palgrave MacMillan.

• Kirman, A., and Gérard-Varet, L-A., eds. 1999. *Economics Beyond the Millennium*. New York: Oxford University Press.

• Kirman, A., and Salmon, M. 1995. *Learning and Rationality in Economics*. Oxford: Blackwell.

• Klein, B. H. 1977. *Dynamic Economics*. Cambridge, MA: Harvard University Press.

• Klein, R. G., and Edgar, B. 2002. *The Dawn of Human Culture*. New York: John Wiley.

• Klemke, E. D., Hollinger, R., and Kline, A. D. 1980. *Introductory Readings In the Philosophy of Science*. New York: Prometheus Books.

• Knudsen, T. 2002. Economic Selection Theory. *Journal of Evolutionary Economics* 12: 443-470.

• Koch, R. 2000. *The Natural Laws of Business*. New York: Doubleday.

• Kohler, T. A., and Gumerman, G. J. 2000. *Dynamics in Human and Primate Societies*. New York: Oxford University Press.

• Kollman, K., Miller, J. H., and Page, S. E. 2003. *Computational Models in Political Economy*. Cambridge, MA: MIT Press.

• Kondepudi, D., and Prigogine, I. 1998. *Modern Thermodynamics: From Heat Engines to Dissipative Structures*. New York: John Wiley & Sons.

• Kotter, J. P., and Heskett, J. L. 1992. *Corporate Culture and Performance*. New York: Free Press.

• Koza, J. R. 1992. *Genetic Programming*. Cambridge, MA: MIT Press.

• Koza, M. P., and Thoenig, J. C. 1995. Organizational Theory at the Crossroads: Some Reflections on European and United States Approaches to Organizational Research. *Organization Studies*, vol. 6: 1-8.

• Krames, J. A. 2002. *The Jack Welch Lexicon of Leadership*. New York: McGraw-Hill.

- Kremer, M. Population Growth and Technological Change: One Million B. C. to 1990. *Quarterly Journal of Economics* 108 (August):681-716.
- Krugman, P. 1992. *The Age of Diminished Expectations: U.S. Economics Policy in the 1990s.* Cambridge, MA: MIT Press.
- ———. 1994. *Peddling Prosperity: Economic Sense and Nonsense in the Age of Diminished Expectations.* New York: Norton.
- ———. 1996. *The Self-Organizing Economy.* Cambridge, MA: Blackwell Publishing.
- ———. 1997. The Power of Biobabble. Slate, October 23. http://www.slate.com/id/1925/.
- ———. 1998. Two Cheers for Formalism. *Economic Journal*:108: 1829-1836.
- Krugman, P. and Obstfeld, M. 1991. *International Economics: Theory and Policy.* Second edition. New York: HarperCollins.
- Kuhn, T. S. 1962. *The Structure of Scientific Revolutions.* Chicago: University of Chicago Press.
- Kurz, M. 1997. *Endogenous Economic Fluctuations.* Berlin: Springer-Verlag.
- Kurzweil, R. 1999. *The Age of Spiritual Machines: When Computers Exceed Human Intelligence.* New York: Viking Press.
- Lakatos, I., and Musgrave, A. 1970. *Criticism and the Growth of Knowledge.* Cambridge, UK: Cambridge University Press.
- Lakoff, G., and Núñez, R. E. 2000. *Where Mathematics Comes From: How the Embodied Mind Brings Mathematics Into Being.* New York: Basics Books.
- Laland, K. N., Odling-Smee, J., and Feldman, M. W. 2000. Niche Construction, Biological Evolution and Cultural Change. *Behavioral and Brain Sciences*, 23, no. 1: 131-146.
- Landes, D. S. 1969. *Prometheus Unbound: Technological Change and Industrial Development in Western Europe from 1750 to the Present.* Cambridge: Cambridge University Press.
- ———. 1998. *The Wealth and Poverty of Nations.* New York: W. W. Norton.
- Landweber, L. F., and Winfree, E., eds. 2002. *Evolution as Computation.* Berlin: Springer-Verlag.
- Lane, N. 2005. *power, Sex, Suicide: Mitochondria and the Meaning of Life.* Oxford: Oxford University Press.
- Layard, R. 2005. *Happiness: Lessons from a New Science.* London: Allen Lane.
- Leavitt, H. J. 2003. Why Hierarchies Thrive. *Harvard Business Review*

(March): 96-102.

- LeBaron, B. 1994. Chaos and Nonlinear Forecastability in Economics and Finance, *Philosophical Transactions of the Royal Society of London (A)*, 348: 397-404.

- ———. 1998. An Evolutionary Bootstrap Method for Selecting Dynamic Trading Strategies. University of Wisconsin working paper.

- ———. 2000. Agent Based Computational Finance: Suggested Readings and Early Research. *Journal of Economic Dynamics and Control* 24: 679-702.

- ———. 2001a. Empirical Regularities from Interacting Long and Short Memory Investors in an Agent-Based Financial Market. *IEEE Transactions on Evolutionary Computation* 5: 442-455.

- ———. 2001b. Evolution and Time Horizons in an Agent-Based Stock Market. *Macroeconomic Dynamics* 5: 225-254.

- LeBaron, B., Arthur, W. B., and Palmer, R. 1999. Time Series Properties of an Artificial Stock Market. *Journal of Economics Dynamics and Control* 23: 1487-1516.

- LeBaron, B., Brock, W. A., and Lakonishok, J. 1992. Simple Technical Trading Rules and the Stochastic Properties of Stock Returns. *Journal of Finance* 47: 1731-1764.

- LeBaron, B., and Scheinkman, J. A. 1989. Nonlinear Dynamics and Stock Returns. *Journal of Business* 62: 311-337

- Lee, Y., Amaral L. A., Canning, D., Meyer M., and Stanley H. E. 1998. Universal Features in the Growth of Complex Organizations. *Physical Review Letters* 81, no. 15: 3275-3278.

- Lencioni, P. M. 2002. Make Your Values Mean Something. *Harvard Business Review* (July-August): 113-117.

- Lengwiler, Y. 2004. *Microfoundations of Financial Economics: An Introduction to General Equilibrium Asset Pricing*. Princeton, NJ: Princeton University Press.

- Leslie, K. J., and Michaels, M. P. 2000. The Real Power of Real Options. *McKinsey Quarterly Strategy Anthology*: 97-108.

- Lesourne, J., and Orléan, A. 1998. *Advances in Self-Organization and Evolutionary Economics*. London: Economica.

- Levy, D. M. 2003. *How the Dismal Science Got its Name: Classical Economics and the Ur Text of Racial Politics*. Ann Arbor, MI: University of Michigan Press.

- Lewin, R., and Regine, B. 2000. *The Soul at Work*. New York: Simon & Schuster.

• Lewis, A. A. 1985. On Effectively Computable Realizations of Choice Functions. *Mathematical Social Sciences* 10: 43-80.

• Lewis, M. 1999. How the Eggheads Cracked. *The New York Times Magazine*, January 24: 24-77.

• Lewis, W., Palmade, V., Regout, B., and Webb, A. P. 2002. What's Right with the U.S. Economy. *McKinsey Quarterly,* no. 1, 2002: 31-40.

• Lillo, F., and Farmer, J. D. 2004. The Long Memory of the Efficient Market. *Studies in Nonlinear Dynamics & Econometrics* 8, no. 3, article 1.

• Lillo, F., Szabolcs, M., and Farmer, J. D. 2005. Theory for Long Memory in Supply and Demand. *Physical Review* E 71: 066122.

• Lindgren, K., and Nordahl, M. G. 1994. Evolutionary Dynamics of Spatial Games. *Physica D*, 75: 292-309.

• Lissack, M., and Roos, J. 1999. *The Next Common Sense.* London: Nicholas Brealey Publishing.

• Ljungqvist, L., and Sargent, T. J. 2000. *Recursive Macroeconomic Theory.* Cambridge, MA: MIT Press.

• Lo, A. W. 2004. The Adaptive Markets Hypothesis: Market Efficiency from an Evolutionary Perspective. *Journal of Portfolio Management* 30: 15-29.

• Lo, A. W., and MacKinlay, A. C. 1999. *A Non-Random Walk Down Wall Street.* Princeton, NJ: Princeton University Press.

• Loasby, B. 1999. *Graz Schumpeter Lectures: Knowledge, Institutions and Evolution in Economics.* London: Routledge.

• Lotka, A. 1956. *Elements of Mathematical Biology.* New York: Dover Publications.

• Lovallo, D., and Kahneman, D. 2003. Delusions of Success: How Optimism Undermines Executive's Decisions. *Harvard Business Review* (July): 56-63.

• Lowenstein, R. 2000. *When Genius Failed: The Rise and Fall of Long-Term Capital Management.* London: Fourth Estate.

• Lucas, R. E., Jr. 2002. *Lectures on Economic Growth.* Cambridge, MA: Harvard University Press.

• Lynch, A. 1996. *Thought Contagion.* New York: Basic Books.

• Malkiel, B. G. 1973. *A Random Walk Down Wall Street.* Seventh edition. 2000. New York: W.W. Norton & Company.

• Mandelbrot, B. B. 1997. *Fractals and Scaling in Finance.* New York: Springer.

• Mandelbrot, B. B,. and Hudson, R. L. 2004. *The (Mis)Behaviour of Markets: A Fractal View of Risk, Ruin and Reward.* London: Profile Books.

- Mankiw, N. G. 1994. *Macroeconomics*. Second edition. New York: Worth Publishers.
- Mansfield, E. 1999. *Managerial Economics: Theory, Applications and Cases*. New York: W.W. Norton & Company.
- Mantegna, R. N., and Stanley, H. E. 2000. *An Introduction to Econophysics: Correlations and Complexity in Finance*. Cambridge: Cambridge University Press.
- ———. 1996. Turbulence and Financial Markets. *Nature* 383 (October 17): 587-588.
- March, J. G. 1991. Exploration and Exploitation in Organizational Learning. *Organization Science* 2, no. 1 (February): 71-87.
- March, J. G., Schulz, M., and Zhou, X. 2000. *The Dynamics of Rules: Change in Written Organizational Codes*. Stanford, CA: Stanford University Press.
- Mas-Colell, A., Whinston, M. D., and Green, J. R. 1995. *Microecconomic Theory*. New York: Oxford University Press.
- Maynard Smith, J. 1958. *The Theory of Evolution*. Cambridge: Cambridge University Press.
- ———. 1982. *Evolution and the Theory of Games*. Cambridge: Cambridge University Press.
- Maynard Smith, J., and Szathmáry, E. 1999. *The Origins of Life*. Oxford: Oxford University Press.
- McCarthy, J., and Zakrajšek, E. 2002. Inventory Dynamics and the Business Cycle: What Has Changed? U.S. Federal Reserve Board working paper, December 18.
- McKee, R. 2003. Storytelling That Moves People. *Harvard Business Review* (June): 51-55.
- McMillan, J. 2002. *Reinventing the Bazaar: A Natural History of Markets*. New York: Norton.
- McNulty, J. J., Yeh, T. D., Schulze, W. S., and Lubatkin, M. H. 2002. What's Your Real Cost of Capital? *Harvard Business Review* (October): 114-121.
- Meadows, D. H., Randers, J., and Meadows, D. L. 2004. *The Limits to Growth: The 30-Year Update*. White River Junction, VT: Chelsea Green Publishing.
- Micklethwait, J., and Wooldridge, A. 2003. *The Company: A Short History of a Revolutionary Idea*. New York: Modern Library.
- Miller, M. 2003. *The Two Percent Solution: Fixing America's Problems in Ways Liberals and Conservatives Can Love*. New York: Public Affairs.
- Minsky, M. 1985. *The Society of Mind*. New York: Simon & Schuster.

- Mintzberg, H., Ahlstrand, B., and Lampel, J. 1998. *Strategy Safari: A Guided Tour Through the Wilds of Strategic Management.* New York: Free Press.
- Mintzberg, H., Quinn, J. B., and Ghoshal, S. 1998. *The Strategy Process.* Englewood Cliffs, NJ: Prentice Hall.
- Mirowski, P. 1988. *Against Mechanism.* Totowa, NJ: Rowman & Littlefield.
- ———. 1989. *More Heat than Light: Economics as Social Physics, Physics as Nature's Ecomonics.* Cambridge: Cambridge University Press.
- ———. 1994. *Natural Images in Economic Thought.* Cambridge, UK: Cambridge University Press.
- ———. 2002. *Machine Dreams: Economics Becomes a Cyborg Science.* Cambridge: Cambridge University Press.
- Mitchell, M. 1993. *Analogy-Making as Perception.* Cambridge, MA: MIT Press.
- ———. 1996. *An Introduction to Genetic Algorithms.* Cambridge, MA: MIT Press.
- Mokyr, J. 1990. *The Lever of Riches: Technological Creativity and Economic Progress.* Oxford: Oxford University Press.
- ———. 2000. Natural History and Economic History: Is Technological Change an Evolutionary Process? Northwestern University working paper, April.
- ———. 2002. *The Gifts of Athena: Historical Origins of the Knowledge Economy.* Princeton, NJ: Princeton University Press.
- Monge, P. R., and Contractor, N. S. 2003. *Theories of Communications Networks.* Oxford: Oxford University Press.
- Montgomery, C. A., and Porter, M. E. 1991. *Strategy: Seeking and Securing Competitive Advantage,* Boston: Harvard Business School Press.
- Montier, J. 2002. *Behavioral Finance: Insights Into Irrational Minds and Markets.* Chichester, UK: John Wiley & Sons.
- Moore, G. 1983. Business Cycles, Inflation and Forecasting, *National Bureau of Economic Research Studies in Business Cycles,* no. 24, Second edition. Cambridge, MA: Ballingham.
- Morecroft, J. D. W., and Sternam, J. D. 1994. *Modelling for Learning Organizations.* Portland, OR: Productivity Press.
- Morowitz, H. J. 2002. *The Emergence of Everything: How the World Became Complex.* Oxford: Oxford University Press.
- Morris, E. 2001. *Theodore Rex.* New York: HarperCollins.
- Nagel, K., Shubik, M., Paczuski, M., and Bak, P. 2000. Spatial Competition and Price Formation. Santa Fe Institute working paper 00-05-029, Else-

vier Preprint.

• National Bureau of Economic Research. 2000. *Macroeconomics Annual 1999*. NBER. Cambridge, MA: MIT Press.

• Nasar, S. 1998. *A Beautiful Mind*. New York: Faber and Faber.

• Neftci, S. N. 1991. Naive Trading Rules in Financial Markets and Wiener-Kolmogorov Prediction Theory: A Study of "Technical Analysis." *Journal of Business* 64, no. 4: 549-571.

• Nelson, R. R. 1995. Recent Evolutionary Theorizing About Economic Change, *Journal of Economic Literature*, vol. XXXIII, March, pp. 48-90.

• ———. 1996. *The Sources of Economic Growth*. Cambridge, MA: Harvard University Press.

• ———. 2003. Physical and Social Technologies and Their Evolution. Columbia University working paper, available from the author.

• Nelson, R. R., and Winter, S. G. 1982. *An Evolutionary Theory of Economic Change*. Cambridge, MA: Belknap Press of Harvard University Press.

• Newbold, P. 1995. *Statistics for Business and Economics*. Fourth Edition. Englewood Cliffs, NJ: Prentice Hall.

• Newman, M. E. J. 1999. *Small Worlds: The Structure of Social Networks*. Santa Fe Institute working paper 99-12-080.

• Newman, M. E. J., and Watts, D. J. 1999. *Scaling and Percolation in the Small-World Network Model*. Santa Fe Institute working paper 99-05-034.

• Nicolis, G., and Prigogine, I. 1989. *Exploring Complexity: An Introduction:* New York: W. H. Freeman and Company.

• Niehans, J. 1990. *A History of Economic Theory*. Baltimore, MD: John Hopkins University Press.

• Nijhout, H. F., Nadel, L., and Stein, D. L. 1997 *Pattern Fouration in the Physical and Biological Sciences*. Reading, MA: Addison-Wesley.

• North, D. C. 1990. *Institutions, Institutional Change and Economic Performance*. Cambridge: Cambridge University Press.

• ———. 2005. *Understanding the Process of Economic Change*. Princeton, NJ: Princeton University Press.

• North, D.C., and Thomas, R. P. 1973. *The Rise of the Western World: A New Economic History*. Cambridge: Cambridge University Press.

• O'Hara, M. 1995. *Market Microstructure Theory*. Cambridge, MA: Blackwell Business.

• Ormerod, P. 1994. *The Death of Economics*. 1997 North American edition. New York: John Wiley & Sons.

• ———. 1998. *Butterfly Economics*. New York: Pantheon Books.

794

• Oswald, A.J. 1991. *Surveys in Economics*. vol. 2. Oxford: Blackwell.
• Padgett, J. F., and Ansell, C. K. 1993. Robust Action and the Rise of the Medici, 1400-1434. *American Journal of Sociology* 98, no. 6 (May): 1259-1319.
• Page, S. E. 1996. Two Measures of Difficulty, *Economic Theory* 8: 321-346.
• Paich, M., and Sterman, J. 1993. Boom, Bust, and Failures to Learn in Experimental Markets. *Management Science* 39, no. 12: 1439-1458.
• Pascale, R. T., Millemann, M., and Gioja, L. 2000. *Surfing the Edge of Chaos: The Laws of Nature and New Laws of Business*. New York: Crown Business
• Peak, D., and Frame, M. 1994. *Chaos Under Control*. Reading, MA: Addison-Wesley.
• Penrose, E. 1959. *The Theory of the Growth of the Firm*. 1995 edition. Oxford: Oxford University Press.
• Persky, J. 1992. Retrospectives: Pareto's Law. *Journal of Economic Perspectives* 2, 767-773.
• Peters, E. E. 1991. *Chaos and Order in the Capital Markets: A New View of Cycles, Prices, and Market Volatility*. New York: John Wiley & Sons.
• Peters, T. J. and Waterman, R. H. jr. 1982. *In Search of Excellence: Lessons from America's Best-Run Companies*. New York: Warner Books.
• Petroski, H. 1992. *The Evolution of Useful Things*. New York: Vintage Books
• Pettigrew, A., Thomas, H., and Whittington, R., eds. 2002. *Handbook of Strategy and Management*. London: Sage.
• Petzinger, T. 1999. *The New Pioneers*. New York: Simon & Suchuster.
• Pindyck, R. S., and Rubinfeld, D. L. 1989. *Microeconomics*. New York: Macmillan.
• Pinker, S. 1994. *The Language Instinct: How the Mind Creates Language*. New York: HarperCollins.
• ———. 1997. *How the Mind Works*. New York, London: W.W. Norton & Company.
• ———. 2002. *The Blank Slate: The Modern Denial of Human Nature*. London: Allen Lane-Penguin Press.
• Plerou, V., Gopikrishnan, P., Amaral, L. A. N., Meyer, M., and Stanley, H. E. 1999. Scaling of the Distribution of Price Fluctuations of Individual Companies. *Physical Review* E 60: 6519-6529.
• Plotkin, H. 1993. *Darwin Machines*. London: Penguin Books.
• ———. 2002. *The Imagined World Made Real: Toward a Natural Science of Culture*. London: Penguin Press.

- Plous, S. 1993. *The Psychology of Judgment and Decision Making*. New York: McGraw-Hill.
- Porter, M. E. 1980. *Competitive Strategy: Techniques for Analyzing Industries and Competitors*. New York: Free Press.
- ———. 1985. *Competitive Advantage: Creating and Sustaining Superior Performance*. New York: Free Press.
- ———. 1996. What is Strategy? *Harvard Business Review* (November-December): 61-78.
- Powell, T. C. 2002. The Philosophy of Strategy. *Strategic Management Journal* 23: 873-880.
- ———. 2003. Varieties of Competitive Parity. *Strategic Management Journal* 24: 61-86.
- Prahalad, C. K., and Hamel, G. 1990. The Core Competence of the Corporation. *Harvard Business Review* (May-June): 79-91.
- Prietula, M. J., Carley, K. M., and Gasser, L., eds. 1998. *Simulating Organisations*. Cambridge, MA: MIT Press.
- Prigogine, I. 1996. *The End of Certainty: Time, Chaos, and the New Laws of Nature*. New York: Free Press.
- Putnam, R. D. 1993. *Making Democracy Work: Civic Traditions in Modern Italy*. Princeton, NJ: Princeton University Press.
- ———. 2000. *Bowling Alone: The Collapse and Revival of American Community*. New York: Simon & Schuster.
- Rauch, J. 2002. Seeing Around Corners. *Atlantic Monthly* 289, no 4 (April).
- Rauch, J. E. and Casella, A., eds. 2001. *Networks and Markets*. New York: Russell Sage Foundation.
- Resnick, M. 1997. *Turtles, Termites and Traffic Jams*. Cambridge, MA: MIT Press.
- Ridley, M. 1996. *The Origins of Virtue*. London: Penguin Books.
- ———. 2001. *The Cooperative Gene*. New York: Free Press.
- Roberts, J. 2004. *The Modern Firm: Organizational Design for Performance and Growth*. Oxford: Oxford University Press.
- Romer, D. 1996. *Advanced Macroeconomics*. New York: McGraw-Hill.
- Romer, P. M. 1990. Endogenous Technological Change. *Journal of Political Economy* 98, no. 5: S71-S102.
- ———. 1994. The Origins of Endogenous Growth. *The Journal of Economic Perspectives* 8, no. 1: 3-22.
- Rose, H., and Rose, S., eds. 2001. *Alas Poor Darwin: Arguments Against Evolutionary Psychology*. London: Vintage.
- Rosenberg, N. 1982. *Inside the Black Box: Technology and Economics*.

Cambridge: Cambridge University Press.

• ———. 1994. *Exploring the Black Box: Technology, Economics, and History.* Cambridge: Cambridge University Press.

• Rosenberg, N., and Birdzell, L. E. Jr. 1986. *How the West Grew Rich: The Economic Transformation of the Industrial World.* New York: Basic Books.

• Ross, I. S. 1995. *The Life of Adam Smith.* Oxford: Clarendon Press.

• Ross, S. A. 2005. *Neoclassical Finance.* Princeton, NJ: Princeton University Press.

• Rothschild, M. 1990. *Bionomics: Economy as Ecosystem.* New York: Henry Holt and Co.

• Roxburgh, C. F. 2003. Hidden Flaws in Strategy. *McKinsey Quarterly,* no. 2: 26-39.

• Rubinstein, A, 1998. *Modeling Bounded Rationality.* Cambridge, MA: MIT Press.

• Rumelt, R. P., Schendel, D. E., and Teece, D. J. 1994. *Fundamental Issues in Strategy. A Research Agenda.* Boston: Harvard Business School Press.

• Russo, J. E., and Schoemaker, P. J. H. 1989. *Decision Traps.* New York: Fireside.

• Samuelson, P. A., and Nordhaus, W. D. 1998. *Economics.* Sixteenth edition (International edition). Boston: Irwin McGraw-Hill.

• Sargent, T. 1995. *Bounded Rationality in Macroeconomics.* New York: Oxford University Press.

• Sato, Y., Akiyama, E., and Farmer, J. D. 2002. Chaos and Learning in a Simple Two Person Game. *Proceedings of the National Academy of Sciences* 99, no. 7: 4748-4751.

• Scarf, H., and Hansen, T. 1973. *Computation of Economic Equilibrium.* New Haven, CT: Yale University Press.

• Schank, R. C. 1990. *Tell Me a Story.* New York: Charles Scribner's Sons.

• Schein, E. H. 1992. *Organizational Culture and Leadership.* Second edition. San Francisco: Jossey-Bass.

• Scherer, F. M. 1999. *New Perspectives on Economic Growth and Technological Innovation.* Washington, DC: Brookings Institution Press.

• Schneider, E. D., and Sagan, D. 2005. Into the Cool: Energy Flow, Thermodynamics, and Life. Chicago: University of Chicago Press.

• Schumpeter, J. A. 1934. *The Theory of Economic Development.* 1983 edition. London: Transaction Publishers.

• ———. 1943. *Capitalism, Socialism* and *Democracy.* Fifth edition, 1976. London: Routledge.

• Schwager, J. D. 1992. *The New Market Wizards: Conversations With America's Top Traders*. New York: Harper-Business.
• Schwartz, B. 2004. *The Paradox of Choice: Why More is Less*. New York: HarperCollins.
• Schwartz, P. 1991. *The Art of The Long View: Planning for the Future in an Uncertain World*. New York: Currency Doubleday.
• Scott, W. R. 2001. *Institutions and Organizations*. Thousand Oaks, CA: Sage Publications.
• Seabright, P. 2004. *The Company of Strangers: A Natural History of Economic Life*. Princeton, NJ: Princeton University Press.
• Segal-Horn, S. 1998. *The Strategy Reader*. Milton Keynes, UK: Blackwell Business.
• Selten, R. 1990. Bounded Rationality. *Journal of Institutional and Theoretical Economics* 46, no. 4 (December) 649-658.
• Senge, P. M. 1990. *The Fifth Discipline*. New York: Currency Doubleday.
• Sensier, M., and van Dijk, D. 2004. Testing for Volatility Changes in U.S. Macroeconomic Time Series. *Review of Economics and Statistics* 86, no. 3 (August): 833-839.
• Shannon, C. E., and Weaver, W. 1949. *The Mathematical Theory of Communications*. 1963 Illini Books edition. Chicago: University of Illinois Press.
• Shefrin, H. 2005. *A Behavioral Approach to Asset Pricing*. London: Elsevier Academic Press.
• Shennan, S. 2002. *Genes, Memes and Human History: Darwinian Archaeology and Cultural Evolution*. London: Thames and Hudson.
• Shiller, R. J. 2000. *Irrational Exuberance*. Princeton, NJ: Princeton University Press.
• Shleifer, A. 2000. *Inefficient Markets: An Introduction to Behavioral Finance*. Oxford, UK: Oxford University Press.
• Simms, K. 1994a. *Evolving 3D Morphology and Behavior by Competition*. Cambridge, MA: MIT Press.
• ———. 1994b. Evolving Virtual Creatures. *Computer Graphics*, SIGGRAPH '94 Proceedings, July: 15-22.
• Simon, H. A. 1978. Rational Decision-Making in Business Organizations. Nobel Memorial Lecture, December 8.
• ———. 1991. *Models of My Life*. New York: Basic Books.
• ———. 1992. *Economics, Bounded Rationality and the Cognitive Revolution*. Hampshire, UK: Edward Elgar Publishing.
• ———. 1996. *The Sciences of the Artificial*. Third edition. Cambridge, MA:

MIT Press.

• ———. 1997. *Administrative Behavior*. Fourth edition. New York: Free Press.

• Simpson Ross, I. 1995. *The Life of Adam Smith*. Oxford: Oxford University Press.

• Skidelsky, R. 1994. *John Maynard Keynes: The Economist as Saviour 1920-1937*. London: Macmillan.

• Skyrms, B. 1996. *Evolution of the Social Contract*. Cambridge: Cambridge University Press.

• Slater, R. 1999. *Jack Welch and the GE Way: Management Insights and Leadership Secrets of the Legendary CEO*. New York: McGraw-Hill.

• Smith, A. 1776. *The Wealth of Nations*. Reprint edition, 1994. New York: Modern Library.

• Smith, D. E., and Foley, D. K. 2002. *Is Utility Theory So Different From Thermodynamics?* Santa Fe Institute working paper 02-04-016.

• Sober, E., and Wilson, D. S. 1998. *Unto Others: The Evolution and Psychology of Unselfish Behavior*. Cambridge, MA: Harvard University Press.

• Solé, R., and Goodwin, B. 2001. *Signs of Life: How Complexity Pervades Biology*. New York: Basic Books.

• Solow, R. M. 1956. A Contribution to the Theory of Economic Growth. *Quarterly Journal of Economics* 70, no. 1: 65-94.

• ———. 2000. *Growth Theory: An Exposition*. Second edition. New York: Oxford University Press.

• Sornette, D. 2003. *Why Stock Markets Crash: Critical Events in Financial Systems*. Princeton, NJ: Princeton University Press.

• Soros, G. 1987. *The Alchemy of Finance: Reading the Mind of the Market*. New York: John Wiley & Sons.

• Stacey, R. D., Griffin, D., and Shaw, P. 2000. *Complexity and Management*. London: Routledge.

• Stanley, M. H. R., Amaral, L. A. N., Buldyrev, S. V., Havlin, S., Leschhorn, H., Maass, P., Salinger, M. A., and Stanley, H. E. 1996. Scaling Behavior in the Growth of Companies. *Nature* 379: 804-806.

• Sterman, J. D. 1985. A Behavioral Model of the Economic Long Wave. *Journal of Economic Behavior and Organization* 6: 17-53.

• ———. 1989a. Modeling Managerial Behavior: Misperceptions of Feedback in a Dynamic Decision Making Experiment. *Management Science* 35, no. 3: 321-339.

• ———. 1989b. Deterministic Chaos in an Experimental Economic System. *Journal of Economic Behavior and Organization*, 12: 1-28.

• ———. 2000. *Business Dynamics*. New York: McGraw-Hill.

• ———. 2002. All Models Are Wrong: Reflections on Becoming a Systems Scientist. Jay Wright Forrester Prize Lecture. *System Dynamics Review* 18, no. 4: 501-531.

• Sterman, J. D., and Sweeney, L. B. 2002. Cloudy Skies: Assessing Public Understanding of Global Warming. *System Dynamics Review* 18, no. 2: 207-240.

• Sternberg, R. J., and Davidson, J. E. 1995. *The Nature of Insight*. Cambridge, MA: The MIT Press.

• Stewart, I. 1989. *Does God Play Dice? The Mathematics of Chaos*. Cambridge, MA: Basic Blackwell.

• Stiglitz, J. 1997. *Economics*. Second edition. New York: W.W. Norton & Company.

• Stiglitz, J. E. 2002. *Globalization and its Discontents*. New York: W.W. Norton & Company.

• Stillings, N. A., Weisler, S. E., Chase, C. H., Feinstein, M. H., Garfield, J. L., and Rissland, E. L. 1995. *Cognitive Science. An Introduction*. Second edition. Cambridge, MA: MIT Press.

• Strogatz, S. 1994. *Nonlinear Dynamics and Chaos*. Cambridge, MA: Westview Press.

• Suh, N. P. 1990. *The Principles of Design*. New York: Oxford University Press.

• Surowiecki, J. 2003. The Financial Page: Decisions, Decisions. *New Yorker* (March 24): 33.

• ———. 2004. *The Wisdom of Crowds*. New York: Doubleday.

• Sutton, R. S., and Barto, A. G. 1999. *Reinforcement Learning: An Introduction*. Cambridge, MA: MIT Press.

• Szabolcs, M., and Farmer, J. D. 2005. An Empirical Model of Price Formation. Santa Fe Institute working paper 05-10-039.

• Szenberg, M., and Ramrattan, L., eds. 2004. *New Frontiers in Economics*. Cambridge: Cambridge University Press.

• Teilhard de Chardin, P. 1969. *The Future of Man*. New York: Harper Torchbooks.

• Thaler, R. H. 1992. *The Winner's Curse: Paradoxes and Anomalies of Economic Life*. Princeton, NJ: Princeton University Press.

• ———. ed. 1993. *Advances in Behavioral Finance*. New York: Russell Sage Foundation.

• Thomas, A. S., and Mueller, S. L. 2000. A Case for Comparative Entrepreneurship: Assessing the Relevance of Culture. *Journal of International*

Business Studies 31, no. 2.

- Tirole, J. 1988. *The Theory of Industrial Organisation*. Cambridge, MA: MIT Press.
- Tushman, M. L., O'Reilly, C. A. 1997. *Winning Through Innovation: A Practical Guide to Leading Organizational Change and Renewal*. Boston: Harvard Business School Press.
- Van der Hijden, K. 1996. *Scenarios: The Art of Strategic Conversation*. Boston: John Wiley & Sons.
- Vega-Redondo, F. 1996. *Evolution, Games and Economic Behaviour*. New York: Oxford University Press.
- von Baeyer, H. C. 1998. *Warmth Disperses and Time Passes: The History of Heat*. New York: Modern Library.
- Von Neumann, J., and Morgenstern, O. 1944. *Theory of Games and Economic Behavior*. Sixtieth Anniversary Edition 2004. Princeton, NJ: Princeton University Press.
- Vriend, N. J. 2002. Was Hayek an ACE? *Southern Economic Journal* 68, no. 4: 811-840.
- Wackernagel, M., Schulz, N. B., Deumling, D., Linares, A. C., Jenkins, M., Kapos, V., Monfreda, C., Loh, J., Myers, N., Norgaard, R., and Randers, J. 2002. Tracking the Ecological Overshoot of the Human Economy. *Proceedings of the National Academy of Science* 99, no. 14 (July 9): 9266-9271.
- Waldrop, M. M. 1992. *Complexity: The Emerging Science at the Edge of Order and Chaos*. New York: Touchstone.
- Watts, D. J. 2003. *Six Degrees: The Science of a Connected Age*. New York: W.W. Norton.
- ———. 1999. *Small Worlds*. Princeton, NJ: Princeton University Press.
- Weinberger, E. D. 1996. NP Completeness of Kauffman's N-K Model. Santa Fe Institute working paper 96-02-003.
- Welch, J. 2001. *Jack: Straight From the Gut*. New York: Warner Business Books.
- Wernerfelt, B. 1984. A Resource-based View of the Firm. Strategic Management Journal 5: 171-180
- ———. 1995. The Resource-based View of the Firm: Ten Years After. Strategic Management Journal 16: 171-174.
- Wheen, F. 1999. *Karl Marx*. London: Fourth Estate.
- Whitley, L.D., ed. 1993. *Foundations of Genetic Algorithms 2*. San Mateo, C.A.: Morgan Kaufmann Publishers.
- Wiggins, R.R. and Ruefli, T.W. 2002. Sustained Competitive Advantage:

Temporal Dynamics and the Incidence and Persistence of Superior Economic Performance. *Organization Science*, 13, no. 1: 81-105.

• ———. 2005. Schumpeter's Ghost: Is Hypercompetition Making the Best of Times Shorter? *Strategic Management Journal*, 26: 887-911.

• Williamson, O.E., ed. 1995. *Organization Theory: From Chester Barnard to Present*. Oxford: Oxford University Press.

• Williamson, O. E., and Winter, S. G. 1993. *The Nature of the Firm: Origins, Evolution, and Development*. New York: Oxford University Press.

• Wilson, E.O. 1992. *The Diversity of Life*. New York: W.W. Norton & Company.

• ———. 1998. *Consilience: The Unity of Knowledge*. New York: Random House.

• Wolfram, S. 1994. *Cellular Automata and Complexity*. Reading, M.A.: Addison-Wesley.

• ———. 2002. *A New Kind of Science*. Champaign, I.L.: Wolfram Media.

• Wright, R. 1994. *The Moral Animal: Why We Are the Way We Are: The New Science of Evolutionary Psychology*. New York: Vintage Books.

• ———. 2000. *Non Zero: The Logic of Human Destiny*. New York: Pantheon Books.

• Wuensche, A., and Lesser, M.J. 1992. *The Global Dynamics of Cellular Automata*. Reading M.A.: Addison-Wesley.

• ———. 1998. Discrete Dynamical Networks and Their Attractor Basins. *Proceedings of Complex Systems 98*, University of New South Wales, Sydney, Australia. Also Santa Fe Institute working paper 98-11-101.

• Young, H.P. 1998. *Individual Strategy and Social Structure: The Evolutionary Theory of Institutions*. Princeton NJ: Princeton University Press.

• Zak, P.J. 2003. Trust. *The Journal of Financial Transformations*. The CAPCO Institute: 17-24.

• Zak, P.J. and Knack, S. 2001. Trust and Growth. *The Economic Journal*, no. 111: 295-321.

• Zarnowitz, V. 1992. Business Cycles: Theory, History, Indicators and Forecasting. *NBER Studies in Business Cycles*. vol. 27. Chicago: University of Chicago Press.

• Ziman, J., ed. 2000. *Technological Innovation as an Evolutionary Process*. Cambridge, MA: Cambridge University Press.

찾아보기

804

ㅎ

부는 어디에서 오는가

1판 1쇄 발행 2007년 8월 27일
2판 1쇄 발행 2015년 1월 30일
3판 1쇄 발행 2022년 9월 14일

지은이 에릭 바인하커
옮긴이 안현실, 정성철

발행인 양원석 **편집장** 김건희 **디자인** 신자용, 김미선 **영업마케팅** 윤우성, 박소정

펴낸 곳 ㈜알에이치코리아
주소 서울시 금천구 가산디지털2로 53, 20층(가산동, 한라시그마밸리)
편집문의 02-6443-8902　**도서문의** 02-6443-8800
홈페이지 http://rhk.co.kr
등록 2004년 1월 15일 제2-3726호

ISBN 978-89-255-7751-7(03320)